합격의 공식 시대에듀

합격의 길

公務員

KB126580

국어

1권

공무원

9·7급 대비

2022
최신개정판

유료강의
www.sdedu.co.kr
제공

☑ 공무원 수험생을 위한
   맞춤 기본서

☑ 단원별 Full수록 합격

편저 | SD 공무원시험연구소

▲시대에듀_공무원

항균99.9% 안심도서
본 도서는 항균잉크로 인쇄하였습니다.

 ▶ 최신기출해설 무료 동영상 강의
▶ 공무원 올인원 패키지 동영상 강의

SD에듀
(주)시대고시기획

공무원 합격의 공식 시대고시기획

BEST 도서

공무원 기출문제집 분야
[기출이 답이다] 9급 공무원 공통과목 6개년 기출문제집

소방공무원 기출(복원)문제집 분야
[기출이 답이다] 소방공무원 국어 7개년 기출(복원)문제집

경찰공무원 기출문제집 분야
[기출이 답이다] 경찰공무원 형법 5개년 기출문제집

파셋(PSAT) 분야
민간경력자 10개년 기출문제집

※ 2020년 공무원 도서 판매량 기준(2021.1.10. 자료)

※ 도서의 이미지는 변동될 수 있습니다.

SD에듀
도서 및 동영상 강의 문의
1600-3600

책 출간 이후에도 끝까지 최선을 다하는 시대고시기획!
도서 출간 이후에 발견되는 오류와 바뀌는 시험정보, 기출문제, 도서 업데이트 자료 등을 홈페이지 자료실 및 시대북 통합서비스 앱을 통해 알려 드리고 있습니다. 또한, 도서가 파본인 경우에는 구입하신 곳에서 교환해 드립니다.

편집진행 강상희 · 임현희 | **표지디자인** 조혜령 | **본문디자인** 박지은 · 장성복

※ 이 책은 저작권법에 의해 보호를 받는 저작물이므로 동영상 제작 및 무단전재와 복제를 금합니다.

항균잉크란?

코로나19 바이러스
"친환경 99.9% 항균잉크 인쇄"
전격 도입

언제 끝날지 모를 코로나19 바이러스
99.9% 항균잉크(V−CLEAN99)를 도입하여 「안심도서」로
독자분들의 건강과 안전을 위해 노력하겠습니다.

(주)시대고시기획

Clean Zone

본 도서는 항균잉크로 인쇄하였습니다.

항균잉크(V-CLEAN99)의 특징

- ◉ 바이러스, 박테리아, 곰팡이 등에 항균효과가 있는 산화아연을 적용
- ◉ 산화아연은 한국의 식약처와 미국의 FDA에서 식품첨가물로 인증받아 **강력한 항균력**을 구현하는 소재
- ◉ 황색포도상구균과 대장균에 대한 테스트를 완료하여 **99.9%의 강력한 항균효과** 확인
- ◉ 잉크 내 중금속, 잔류성 오염물질 등 **유해 물질 저감**

TEST REPORT

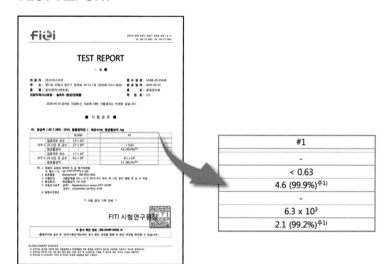

합격의 공식 시대에듀

합격의 길

국어

公務員

Always **with you**

사람이 길에서 우연하게 만나거나 함께 살아가는 것만이 인연은 아니라고 생각합니다.
책을 펴내는 출판사와 그 책을 읽는 독자의 만남도 소중한 인연입니다.
(주)시대고시기획은 항상 독자의 마음을 헤아리기 위해 노력하고 있습니다.
늘 독자와 함께하겠습니다.

합격의 공식
온라인 강의

잠깐!

혼자 공부하기 힘드시다면 방법이 있습니다.
시대에듀의 동영상강의를 이용하시면 됩니다.
www.sdedu.co.kr ➜ 회원가입(로그인) ➜ 강의 살펴보기

"성공을 확신하는 것이 성공의 첫걸음이다."

공무원 선발 인원이 증가함에 따라 많은 수험생이 공무원 시험에 도전하고 있습니다. 공무원이 되어 국가 행정 발전에 기여하겠다는 목표를 가지고 있는 수험생 여러분을 위해 이 도서를 준비했습니다. 공무원 기출문제를 분석하여 공무원 시험에 꼭 필요한 내용만을 담았습니다. 공무원 시험 합격이라는 목표를 설정했다면 주위를 돌아보지 말고 오직 목표를 향해서 달려가십시오. 지루한 가시밭길의 수험생활은 합격의 그 순간에 환희로 돌아올 것입니다.

최근 공무원 국어 과목의 기출문제는 문제 유형들이 반복되는 경향성이 나타납니다. 따라서 기존에 출제되었던 이론을 중심으로 학습하는 것이 중요합니다. 또한 점점 높아지는 난도에 대비하여 다양한 직렬의 기출문제를 통해 핵심이론을 집중 학습할 필요가 있습니다. 이에 따라 SD 공무원시험연구소에서는 공무원 국어 필기시험의 최근 경향에 최적화된 내용으로 본서를 구성했습니다.

공무원 국어 도서의 특징

첫째, 간결하고 체계적인 내용 전개

스마트하게 공부해야 승자가 된다! 국어 과목의 방대한 이론을 모두 망라하되, 최신 출제경향에 맞춰 핵심이론만 체계적으로 정리했습니다. 백과사전식 이론의 나열이 아닌, 흐름 중심의 체계를 갖춘 기본서가 수험 공부의 부담을 확 줄여줄 것입니다.

둘째, 다양한 직렬의 기출문제 수록

핵심이론에 걸맞는 핵심예제로 다양한 직렬의 기출문제를 수록하였습니다. 본문에서 학습한 이론을 바로바로 기출문제를 통해 적용함으로써 확실하게 실력을 업그레이드할 수 있습니다. 또한 파트가 끝날 때마다 파트별 관련 기출문제를 "Full수록 합격"으로 수록하였습니다.

셋째, 보충 · 심화 학습자료로 실력 굳히기

보조단을 활용하여 본문의 핵심이론에서 더 나아가 개념을 보충 · 심화할 수 있는 다양한 학습자료를 수록하였습니다. 이를 통해 만점에 한 걸음 더! 실력 굳히기를 경험해 보세요.

이 책은 이론을 단순히 나열함에 그치지 않고, 어떻게 하면 핵심이론을 쉽게 이해하고 체계적으로 정리하여 시험장에서 좋은 점수로 이어지게끔 할 수 있을지 끊임없이 고민하며 다듬은 책입니다. 바로 이 점이 이 책으로 공부하는 여러분을 다른 경쟁자보다 앞선 위치로 인도할 것이라 확신합니다. '긍정의 힘'으로 유명한 로버트 슐러는 "성공을 확신하는 것이 성공의 첫걸음"이라고 강조하였습니다. 반드시 공무원 합격을 거머쥘 수험생 여러분의 합격의 길에 SD 공무원시험연구소가 동행하겠습니다. 합격을 위한 고독한 길을 떠나는 여러분을 축원하고 응원합니다.

SD 공무원시험연구소 올림

공무원 채용 **필수체크**

✿ 응시자격

❶ **응시연령**: 18세 이상(9급 공채시험)
❷ **학력 및 경력**: 제한 없음

✿ 시험방법

구분		세부사항
제1 · 2차 시험 (병합 실시)	선택형 필기시험	• 9급 공채시험: 5과목(과목별 20문항, 4지택일형) • 시험시간: 100분(과목별 20분, 1문항 1분 기준)
제3차 시험	면접시험	• 제1 · 2차 시험에 합격한 자만 제3차 시험에 응시할 수 있음 • 면접시험 결과 "우수, 보통, 미흡" 등급 중 "우수"와 "미흡" 등급에 대해 추가면접을 실시할 수 있음

⋯▸ 지방직의 경우, 필기시험 합격자를 대상으로 면접시험일 전에 임용예정기관별로 인성검사를 실시할 수 있으며, 일정 등 세부사항은 필기시험 합격자 발표 이후 임용예정기관별로 공고 예정

✿ 시험과목

직렬(직류)	과목명
9급 행정직(일반행정)	국어, 영어, 한국사 행정법총론, 행정학개론(지방행정 포함)

❶ 9급 공채시험의 선택과목에 대해서는 선택과목간 난이도 차이로 인한 점수 편차 해소를 위해 조정(표준)점수를 적용함

※ 2022년부터 전 과목이 필수화됨에 따라 조정(표준)점수 제도는 폐지될 예정

❷ 9급 공채시험의 경우, 2022년도부터 일반행정 직류는 사회, 과학, 수학이 시험과목에서 제외됨

✿ 2022년 공채 달라지는 제도

❶ 9급 공개경쟁 임용 필기시험 시험과목 개편 및 조정점수 폐지
➡ 9급 공채 시험 선택과목에서 사회, 과학, 수학 제외 및 직렬(직류)별 전문과목으로 2과목 필수화

기존
- 필수: 국어, 영어, 한국사
- 선택: 전문 2과목(행정법총론, 행정학개론)+ 고교 3과목(사회, 과학, 수학) 중 2과목

변경
필수: 국어, 영어, 한국사, 전문 2과목(행정법총론, 행정학개론)
※ 선택과목 폐지에 따른 조정점수제 폐지

❷ 9급 공채 선택과목 현황 및 개편 안내

구분		현행 선택과목	개편(안) ※ 필수과목
직렬	직류		
행정	일반행정	행정법총론, 행정학개론(지방행정 포함), 사회, 과학, 수학 중 2과목	행정법총론, 행정학개론(지방행정 포함)
	법무행정	행정법총론, 민법총칙, 사회, 과학, 수학, 행정학개론 중 2과목	행정법총론, 민법총칙
	재경	경제학개론, 회계원리, 사회, 과학, 수학, 행정학개론 중 2과목	경제학개론, 회계원리
	국제통상	국제법개론, 경제학개론, 사회, 과학, 수학, 행정학개론 중 2과목	국제법개론, 경제학개론
	노동	노동법개론, 행정법총론, 사회, 과학, 수학, 행정학개론 중 2과목	노동법개론, 행정법총론
	문화홍보	문화사, 커뮤니케이션이론, 사회, 과학, 수학, 행정학개론 중 2과목	문화사, 커뮤니케이션이론
	감사	행정법총론, 회계학, 사회, 과학, 수학, 행정학개론 중 2과목	행정법총론, 회계학
	통계	통계학개론, 경제학개론, 사회, 과학, 수학, 행정학개론 중 2과목	통계학개론, 경제학개론
	기업행정	행정법총론, 행정학개론(지방행정 포함), 사회, 과학, 수학 중 2과목	행정법총론, 행정학개론(지방행정 포함)
	운수	경영학개론, 철도법개론, 사회, 과학, 수학, 행정학개론 중 2과목	경영학개론, 철도법개론

GUIDE
STRUCTURES

이 책의 구성과 특징

— 한 권으로 공무원 필기시험 합격하기! —

최신 출제경향에 맞춘 핵심이론과 보충·심화학습 자료

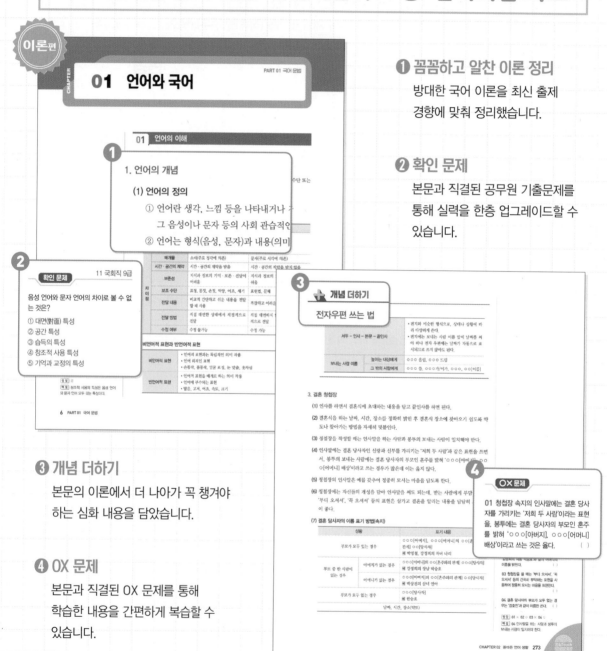

❶ 꼼꼼하고 알찬 이론 정리

방대한 국어 이론을 최신 출제
경향에 맞춰 정리했습니다.

❷ 확인 문제

본문과 직결된 공무원 기출문제를
통해 실력을 한층 업그레이드할 수
있습니다.

❸ 개념 더하기

본문의 이론에서 더 나아가 꼭 챙겨야
하는 심화 내용을 담았습니다.

❹ OX 문제

본문과 직결된 OX 문제를 통해
학습한 내용을 간편하게 복습할 수
있습니다.

— 한 권으로 기출문제까지 섭렵하기! —

핵심이론과 직결된 Full수록 합격

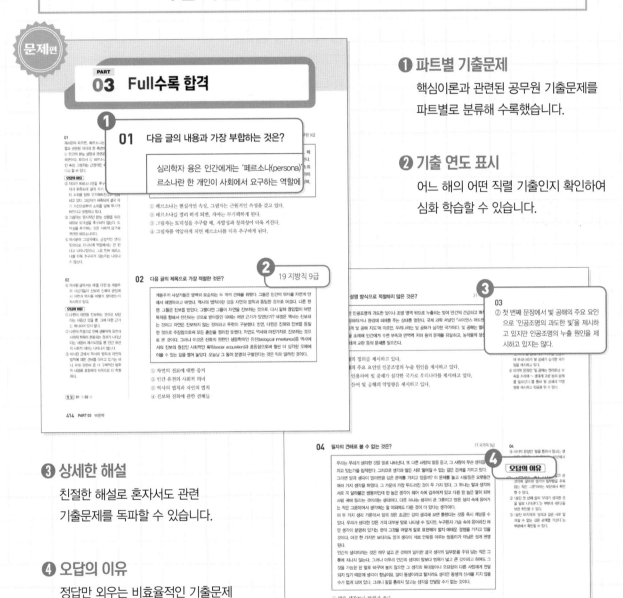

❶ 파트별 기출문제

핵심이론과 관련된 공무원 기출문제를
파트별로 분류해 수록했습니다.

❷ 기출 연도 표시

어느 해의 어떤 직렬 기출인지 확인하여
심화 학습할 수 있습니다.

❸ 상세한 해설

친절한 해설로 혼자서도 관련
기출문제를 독파할 수 있습니다.

❹ 오답의 이유

정답만 외우는 비효율적인 기출문제
학습이 아닌, 빈틈없는 독학이 가능합니다.

GUIDE
REVIEW

공무원 필기시험 합격 수기

공무원 합격의 1등 공신!

안녕하세요? 2021년 지방직 9급 공무원 일반행정직에 합격한 강○○이라고 합니다.

공무원 시험 공부를 시작하면서 흔히 '노베이스'라고 이야기하는 경우가 바로 저였습니다. 기초가 정말 부족해서 공무원 시험에 응시할 마음을 먹기조차 겁났습니다. 많은 사람들이 공무원 시험을 준비하고 있는데 '과연 내가 할 수 있을까?'라는 생각이 가장 많이 들었습니다. 공무원 시험을 준비하려고 마음먹고 서점에서 여러 가지 관련 수험서를 비교해 보다가 이 도서가 눈에 딱 들어왔습니다. "시대고시 공무원 시리즈"는 그야말로 바닥부터 공부해서 합격한 저에게 가장 큰 도움이 된 수험서라고 할 수 있습니다.

공무원 시험에는 과목이 많은데, 각 과목의 특성을 잘 고려해서 만든 기본서라는 생각이 들었습니다. 공무원 기본서 시리즈들을 많이 봐 왔는데, 가장 성의 있게 만든 수험서라는 생각이 들 정도로 내용이 좋았습니다. '기본서'라는 포지션에 충실하게 전 영역의 이론이 들어 있으면서도 불필요한 내용은 최대한 배제했다는 느낌을 받을 수 있었습니다. 또한 이론을 적용해 볼 수 있는 기출문제가 파트별로 있어서 기본서이지만 문제집의 역할도 하고 있었습니다. 이론을 학습하고, 문제로 실력을 확인하고, 부족한 부분은 다시 복습하는 방법으로 공부했습니다. 기출이나 모의고사 문제를 풀다가 막히는 개념이 나올 때마다 다시 이론을 찾아보며 기본서의 도움을 많이 받았습니다.

동영상 강의를 제공하고 있어서 학습에 활용할 수 있다는 것도 큰 장점이라고 생각합니다. 제공되는 여러 가지 학습 자료를 잘 활용해서 계획적으로 공부한다면 누구나 얼마든지 합격할 수 있을 것입니다. 남들은 기출을 몇 회독씩 할 때 저는 기출을 풀 실력이 안 돼서 기본서를 3회독하였습니다. 그랬더니 조금씩 문제의 답이 보이기 시작했습니다. '노베이스'인 저도 해냈습니다!

여러분도 "공무원 기본서" 시리즈와 함께 미래의 공무원을 꿈꾸시길 바랍니다.

※ 본 독자 후기는 실제 (주)시대고시기획의 도서를 통해 공부하여 합격한 독자들께서 보내주신 후기를 재구성한 것입니다.

합격의 공식 시대에듀

합격의 길

국어

公務員

제1권

혼자 공부하기 힘드시다면 방법이 있습니다.
시대에듀의 동영상강의를 이용하시면 됩니다.
www.sdedu.co.kr ➜ 회원가입(로그인) ➜ 강의 살펴보기

이 책의 차례

CONTENTS

국어 문법

www.edusd.co.kr

CHAPTER

01 언어와 국어

01 언어의 이해

1. 언어의 개념

(1) 언어의 정의

① 언어란 생각, 느낌 등을 나타내거나 전달하는 데에 쓰는 음성, 문자 등의 수단 또는 그 음성이나 문자 등의 사회 관습적인 체계를 말한다.

② 언어는 형식(음성, 문자)과 내용(의미)을 갖춘 체계이다.

③ 언어는 표현 수단에 따라 음성 언어(말)와 문자 언어(글)로 구분할 수 있다.

(2) 음성 언어와 문자 언어

구분		음성 언어	문자 언어
공통점		• 의사소통, 감정 표현 등의 기능을 수행 • 사용하는 사람들의 교양 수준, 인격, 지식 등을 드러냄 • 원활한 의사소통을 위해 약속된 부호를 사용	
차이점	매개물	소리(주로 청각에 의존)	문자(주로 시각에 의존)
	시간·공간의 제약	시간·공간의 제약을 받음	시간·공간의 제약을 받지 않음
	보존성	지식과 정보의 기억·보존·전달이 어려움	지식과 정보의 기억·보존·전달이 쉬움
	보조 수단	표정, 몸짓, 손짓, 억양, 어조, 세기	표현법, 문체
	전달 내용	비교적 간단하고 쉬운 내용을 전달할 때 사용	복잡하고 어려운 내용도 전달 가능
	전달 방법	직접 대면한 상태에서 직접적으로 전달	직접 대면하지 않은 상태에서 간접적으로 전달
	수정 여부	수정 불가능	수정 가능

(3) 비언어적 표현과 반언어적 표현

비언어적 표현	• 언어적 표현과는 독립적인 의미 작용 • 언어 외적인 표현 • 손동작, 몸동작, 얼굴 표정, 눈 맞춤, 옷차림
반언어적 표현	• 언어적 표현을 매개로 하는 의미 작용 • 언어에 부수되는 표현 • 발음, 고저, 어조, 속도, 크기

확인 문제   11 국회직 9급

음성 언어와 문자 언어의 차이로 볼 수 없는 것은?

① 대면(對面) 특성
② 공간 특성
③ 습득의 특성
④ 창조적 사용 특성
⑤ 기억과 교정의 특성

정답 ④

해설 창조적 사용 특성은 음성 언어와 문자 언어 모두 갖는 특성이다.

2. 언어의 특징

(1) 기호성

① 언어는 기호의 한 종류로, 전달하고자 하는 의미를 기호를 통해 표현한다.

② 언어는 의미를 내용으로, 음성이나 문자를 형식으로 하여 대상(형상)을 나타내는 하나의 기호 체계이다. 예 손

형식		내용(의미)
문자	음성	
손	[손]	사람의 팔목 끝에 달린 부분

(2) 자의성

① 언어에서 소리와 의미의 관계가 필연적①이지 않다.

② 언어는 공통된 언어를 사용하는 각각의 사회 구성원들이 임의적②으로 정해 놓은 약속이기 때문에 의미와 형식 간에는 필연적 관계가 없다.

③ 언어의 내용(의미)과 형식(말소리)의 관계는 필연적이지 않고 임의적인 약속으로 정해진 기호이다.

④ 각 언어마다 동일한 내용을 표현하는 형식이 다르다.

예 • 한국에서는 '시계'라고 부르지만, 영어로는 'clock'이라고 부른다.

• 동일한 사물을 두고 영국에서는 [tri:], 한국에서는 [namu]라 표현한다.

• '오늘'이라는 의미를 가진 말을 한국어에서는 '오늘[오늘]', 영어에서는 'today[təˈdeɪ]'라고 한다.

(3) 사회성

① 언어는 그것을 사용하는 사람들[언중(言衆)] 사이의 약속이다.

② 언어는 사회적으로 약속된 규칙이므로 개인이 마음대로 바꿀 수 없다.

예 • '시계'라고 약속한 것을 마음대로 '자동차'로 바꿔 부를 수 없다.

• '밥'이라는 의미의 말소리 [밥]을 내 마음대로 [법]으로 바꾸면 다른 사람들은 '밥'이라는 의미로 이해할 수 없다.

> 한솔: (꽃집 주인에게 장미꽃을 가리키며) 토끼 한 다발만 포장해 주세요.
> 꽃집 주인: 네? 어떤 꽃을 말씀하시는 건가요?

(4) 창조성

① 한정된 음운이나 어휘로 무한히 새로운 문장을 창조해 낸다.

② 새로운 사상, 개념, 사물 등을 모두 언어로 무한하게 만들어 낼 수 있다.

예 • '종이가 찢어졌어.'라는 말을 배운 아이는 '책이 찢어졌어.'라는 새로운 문장을 만들어 낸다.

• 상상의 산물(용, 봉황)이나 관념적이고 추상적 개념(희망, 사랑) 등을 표현한다.

어휘 풀이

❶ 필연적(必然的): 사물의 관련이나 일의 결과가 반드시 그렇게 될 수밖에 없는 것을 의미한다.

❷ 임의적(任意的): 일정한 기준이나 원칙 없이 하고 싶은 대로 하는 것을 말한다.

확인 문제   18 소방직

다음 글의 내용이 나타내고 있는 언어의 특성으로 적절한 것은?

> 영미는 모두가 사물을 하나의 이름으로 부르는 게 싫어서 사물의 이름을 자신이 정한 다른 단어로 바꿔 부르기로 결심하였다. 영미는 '침대'를 '사진'이라 부르기로 결심하고는 "침대에 누울 거야."가 아닌, "사진에 누울 거야."라고 말하였으며, '의자'를 '시계'라 부르면서 "시계에 앉아 있다."라고 이야기하였다. 영미 주변의 친구들은 영미의 말을 좀처럼 알아들을 수 없었다.

① 창조성   ② 사회성
③ 역사성   ④ 자의성

정답 ②

해설 언어는 그것을 사용하는 사람들 사이의 약속으로, 개인이 마음대로 바꿀 수 없다는 것은 언어의 사회성에 대한 설명이다.

(5) 규칙성

① 언어 구조는 구성 요소 간 일정한 규칙의 배열로 조직되고, 운용되어야 의사소통의 수단이 될 수 있다.

② 언어에는 문법 등 일정한 법칙이 있고, 규칙(어법)에 따라 단어나 문장을 만든다.

③ 띄어쓰기, 문장의 호응, 맞춤법 등과 관련이 있다.

> **예** · 그는 어제 몸이 아프니까 결석했다. (×) → 그는 어제 몸이 아파서 결석했다. (○)
> · 철수가 밥에게 먹었다. (×) → 철수가 밥을 먹었다. (○)

(6) 역사성

① 시간이 흐름에 따라 언중(言衆)의 약속이 변하면 단어의 소리와 의미가 변하거나 문법 요소가 변화할 수 있다.

② 언어는 생성, 성장, 소멸의 과정을 거친다.

생성	새로운 개념이나 대상물이 생겨나면서 그에 해당하는 새로운 말 필요 **예** 휴대폰, 컴퓨터, 자동차, 햄버거, 인터넷, 게임
성장	시간의 흐름에 따른 말의 형태 또는 의미의 변화 • 형태의 변화 − '·'가 현대 국어에서 더 이상 사용되지 않는다. − 원순 모음화로 '믈[水]'이 현대 국어에 와서 '물'로 형태가 바뀌었다. • 의미의 변화 − '방송(放送)'은 '석방'에서 '보도'로 의미가 변하였다. − '영감'은 '정삼품과 종이품의 벼슬아치를 이르던 말'에서 '나이가 많아 중년이 지난 남자를 대접하여 이르는 말'로 변하였다.
소멸	어떤 개념이나 대상이 사라지면서 그것을 표현하던 말이 소멸됨 **예** 즈믄[千], 온[百], マ룸[江]

(7) 분절성

① 언어는 연속적으로 이루어진 현실 세계를 불연속으로 끊어 표현하는 특성이 있다.

② 분절성에는 형태의 분절성과 의미의 분절성이 있다.

<table>
<tr><td rowspan="3">형태의 분절성</td><td colspan="6">• 언어는 문장, 단어, 형태소, 음운으로 쪼개어 나눌 수 있음
• 한정된 음운을 결합하여 수많은 형태소와 단어를 만들고, 무한한 문장을 만들 수 있음</td></tr>
<tr><td colspan="6">예 영수가 옷을 입는다.</td></tr>
</table>

문장	어절	단어	형태소	음절	음운
1개	3개	5개	7개	8개	17개

의미의 분절성	현실 세계를 반영할 때 있는 그대로 반영하지 않고 연속적으로 이루어져 있는 세계를 불연속적인 것으로 끊어서 표현 **예** 연속된 시간을 '1시, 2시, 3시, 4시 …'로 나타낸다. 무지개 색깔 → 빨, 주, 노, 초, 파, 남, 보 계절 → 봄, 여름, 가을, 겨울

확인 문제   17 사복직 9급

다음 중 괄호 안에 들어갈 말로 가장 적절한 것은?

'·'가 현대 국어에서 더 이상 사용되지 않고, '믈[水]'이 현대 국어에 와서 '물'로 형태가 바뀌었으며, '어리다'가 '어리석다[愚]'로 쓰이다가 현대 국어에 와서 '나이가 어리다[幼]'의 뜻으로 바뀌어 쓰이는 것 등과 같은 예에서 알 수 있는 언어의 특성을 언어의 (　　)이라고 한다.

① 사회성   ② 역사성
③ 자의성   ④ 분절성

정답 ②

해설 '·'의 소멸, 원순 모음화(믈 → 물, 플 → 풀), '어리다'가 '어리석다[愚]'에서 '나이가 어리다[幼]'로 의미가 변하는 것은 시간의 흐름에 따라 변화한 것이므로, '역사성'에 해당한다.

(8) 추상성

① 수많은 개별적 · 구체적인 대상으로부터 공통되는 속성을 추출하는 과정을 통해 형성된다.

② 여러 대상의 공통점을 추출하는 과정을 통하여 개념을 형성한다.

[개념 형성의 예]

개별 사물	공통 속성	상위 개념
축구, 농구, 배구, 야구, 탁구	공을 사용하는 운동 종목	구기 종목
수박, 딸기, 사과, 배	사람이 먹을 수 있는 열매	과일
목련, 진달래, 개나리, 국화	꽃이 피는 식물	꽃

3. 언어의 기능

(1) 정보 전달 및 정보 보존의 기능

① 언어를 통해 어떤 사실이나 상황 · 정보 · 지식을 전달하고, 정보와 지식을 보존하고 축적하는 언어의 기능이다.

② 언어의 정보 전달의 기능과 정보 보존의 기능은 밀접한 관련이 있다.

예 해운대 해수욕장은 부산에 있다. / 한라산에는 백록담이 있다. / '경주'의 옛 이름은 '서라벌'이다.

(2) 친교적 기능(사교적 기능)

① 화자가 청자와 친교를 확인하거나 확보하기 위한 수단으로 사용하는 언어의 기능이다.

② 사회생활을 원만하게 유지하는 데 도움이 되는 기능이다.

③ 발화의 내용보다는 발화의 상황을 중요시한다.

④ 가장 대표적인 예는 인사말이다.

예 안녕하세요? / (인사치레로) 식사하셨어요?

(3) 표출적 기능

① 화자가 표현 의도나 전달 의도 없이 거의 본능적 · 순간적으로 사용하는 언어의 기능이다.

② 화자가 청자를 의식하지 않고 발화하는 것으로, 감탄사가 대표적인 예이다.

예 에그머니나! / 아이고 / 으악!

(4) 표현적 기능

① 초점을 화자에게 맞춘 것으로, 언어를 통해 감정이나 태도를 표현하는 언어의 기능이다.

② 현실 세계에 대한 판단, 섬세한 감정을 표현한다.

예 • 이 책은 정말 재미있다. (지시 대상에 대한 화자의 태도)
  • 오늘 구운 생선은 덜 익은 것 같다. (자신의 판단에 대한 확신성 여부)

확인 문제　　19 서울시 9급

〈보기1〉의 사례와 〈보기2〉의 언어 특성이 가장 잘못 짝지어진 것은?

보기 1

(가) '방송(放送)'은 '석방'에서 '보도'로 의미가 변하였다.

(나) '밥'이라는 의미의 말소리 [밥]을 내 마음대로 [법]으로 바꾸면 다른 사람들은 '밥'이라는 의미로 이해할 수 없다.

(다) '종이가 찢어졌어.'라는 말을 배운 아이는 '책이 찢어졌어.'라는 새로운 문장을 만들어 낸다.

(라) '오늘'이라는 의미를 가진 말을 한국어에서는 '오늘[오늘]', 영어에서는 'today(투데이)'라고 한다.

보기 2

㉠ 규칙성　　㉡ 역사성
㉢ 창조성　　㉣ 사회성

① (가) – ㉡　　② (나) – ㉣
③ (다) – ㉢　　④ (라) – ㉠

정답 ④

해설 (라)는 언어에 따라 같은 의미에 대한 기호가 자의적으로 결합되는 사례로, '언어의 자의성'에 해당된다.

(5) 감화적 기능(지령적 · 명령적 · 환기적 기능)

① 화자가 청자로 하여금 자신의 의도에 따라 행동하도록 유도하는 기능이다.

② 명령형, 청유형, 평서형 등 다양한 형태로 나타난다.

형태	예문
명령형	어서 숙제를 하거라. / 빨리 갔다 와라.
청유형	우리 운동하러 가자. / 함께 영화 보러 가자.
평서형	이곳은 금연 장소입니다. / 반려동물의 출입을 금합니다.

③ 표어, 속담, 교통 표지판, 광고문, 선거 연설 등에 나타난다.

형태	예문
표어	꺼진 불도 다시 보자
속담	발 없는 말이 천 리 간다
교통 표지판	좌회전 금지
광고문	이 그릇은 유해 물질을 사용하지 않았습니다.
선거 연설	모든 것을 바쳐 국민 여러분을 위해 헌신하겠습니다.

(6) 미학적 기능(미적 기능, 시적 기능)

① 언어를 듣기 좋게, 읽기 좋게, 효과적으로, 아름답게 전달하는 것을 목적으로 하는 언어의 기능이다.

② 음절의 수가 긴 단어보다 적은 단어를 먼저 표현하는 것이 자연스럽다고 느낀다.

예 '바둑이와 순이'보다 '순이와 바둑이'라고 말하는 것이 부드럽게 들린다.

③ 듣기 좋으면서도 효과적으로 표현하기 위해 대구적 표현을 사용한다.

예 낮말은 새가 듣고, 밤말은 쥐가 듣는다.

4. 언어와 사고 및 언어와 문화

(1) 언어와 사고

① 언어 우위설

㉠ 언어가 사고보다 우위에 있다.

㉡ 사고 과정 없이도 언어는 존재할 수 있지만, 언어 없이는 사고가 불가능하다.

㉢ 우리가 느끼는 세계는 있는 그대로의 객관적인 세계가 아니라, 언어로 반영된 주관적 세계이다.

예 • 뜻도 모르는 팝송을 따라 부른다. (사고 과정 없이 언어 존재)
　• 어린 아이들이 뜻도 모른 채 어른들의 말을 흉내 낸다.
　• 학생들에게 100여 개의 색종이 중 하나를 보여 준 뒤, 다시 그 색종이를 찾도록 하는 실험에서 색 이름을 잘 알고 있는 색종이는 비교적 쉽게 찾아냈지만, 색 이름을 잘 모르는 색종이는 어렵게 찾아냈다.

확인 문제

16 사복직 9급

01 밑줄 친 표현에서 주로 나타나는 언어적 기능은?

나흘 전 감자 쪼간만 하더라도, 나는 저에게 조금도 잘못한 것은 없다. 계집애가 나물을 캐러 가면 갔지 남 울타리 엮는데 쌩이질을 하는 것은 다 뭐냐. 그것도 발소리를 죽여 가지고 등 뒤로 살며시 와서 "얘! 너 혼자만 일하니?" 하고 긴치 않은 수작을 하는 것이었다. 어제까지도 저와 나는 이야기도 잘 않고 서로 만나도 본척만척하고 이렇게 점잖게 지내던 터이련만, 오늘로 갑작스레 대견해졌음은 웬일인가. 항차 망아지만한 계집애가 남 일하는 놈 보구…….
"그럼 혼자 하지 떼루 하디?"
– 김유정, 〈동백꽃〉

① 미학적 기능　　② 지령적 기능
③ 친교적 기능　　④ 표현적 기능

06 국회직 8급

02 다음 글의 내용과 가장 관계가 깊은 언어의 기능은?

'순이와 바둑이'라고 말하는 경우와 '바둑이와 순이'라고 말하는 경우에 어느 것이 우리 귀에 부드럽게 들리는가를 생각해 보자. 보통 우리는 음절수가 적은 단어부터 말하는 것이 자연스러움을 느낄 것이다. 이와 같이 말은 그 말 자체 속에 보다 듣기 좋은 표현을 가지려는 본능적인 모습이 감추어져 있다.

① 정보적 기능　　② 표출적 기능
③ 친교적 기능　　④ 감화적 기능
⑤ 미학적 기능

정답 01 ③ 02 ⑤

해설 **01** 점순이는 나에게 대답을 얻고자 물어본 것이 아니라, 나와 친해지기 위해 말을 건넨 것이다. 이는 친교적 기능에 해당한다.
02 음절수를 고려하여 보다 듣기 좋게, 자연스럽게 표현하는 것은 언어의 미학적 기능이다.

② 사고 우위설

　　㉠ 사고가 언어보다 우위에 있다.

　　㉡ 언어 없이도 사고가 가능하지만, 표현하기 어려울 뿐이다.

　　　예　• 영화를 보고 너무 좋았는데, 왜 좋았는지 말로 표현하지는 못한다.

　　　　　• 장미꽃은 우리가 장미꽃이라 부르지 않아도 충분히 향기로울 것이다. (셰익스피어)

　　　　　• 좋아하는 사람에게 자신의 마음을 표현하고 싶지만 적당한 말이 생각나지 않는다.

③ 상호 의존설

　　㉠ 언어와 사고는 서로 깊은 관계를 맺고 있으며, 서로에게 영향을 준다.

　　㉡ 언어 없이는 사고가 불완전하고, 사고 없이는 언어를 생각할 수 없다.

　　㉢ 유아기 때에는 언어와 사고가 독립적이고 평행적으로 발달하지만, 시간이 지나면서 상호 관련성을 지니며 발달한다.

(2) 언어와 문화

① 언어는 문화를 담는 그릇으로, 언어를 사용하는 민족의 고유하고 독특한 문화를 반영한다.

② 문화적 산물은 대부분 언어로 축적되고 전승되기 때문에 언어와 문화는 밀접한 관계가 있다.

③ 언어를 배우는 것은, 그 언어를 사용하는 사람들이 이룩한 문화를 배우는 것을 의미한다.

　　예　• '눈[雪]'과 더불어 생활하는 에스키모 사람들의 언어는 '쌓인 눈', '큰 눈', '내리는 눈' 등 눈과 관련된 말이 발달했다.

　　　　• 우리말에서 구분하여 사용하는 '모', '벼', '쌀', '밥'은 영어에서 하나의 단어인 'rice'로 사용한다.

◯✕ 문제

01 언어와 사고가 서로 깊은 관계를 맺고 있다는 것은 사고 우위설에 대한 설명이다. (　　)

02 언어 없이는 사고가 불가능하지만, 사고 과정 없이도 언어는 존재할 수 있다는 것은 언어 우위설에 대한 설명이다. (　　)

03 언어와 문화는 서로 독립적인 관계를 맺고 있다. (　　)

정답 01 ✕ 02 ◯ 03 ✕

해설 01 상호 의존설에 대한 설명임
03 언어와 문화는 서로 밀접한 관계를 맺고 있으며, 문화적 산물은 대부분 언어에 의해 축적·전승됨

확인 문제　　　　　07 국가직 9급

다음 글의 제목으로 가장 적절한 것은?

'언어는 사고를 규정한다.'라고 주장하는 연구자들은 인간이 언어를 통해 사물을 인지한다고 말한다. 예를 들어, 우리나라 사람은 '벼'와 '쌀'과 '밥'을 서로 다른 것으로 범주화하여 인식하는 반면, 에스키모인은 하늘에서 내리는 눈, 땅에 쌓인 눈, 얼음처럼 굳어서 이글루를 지을 수 있는 눈을 서로 다른 것으로 범주화하여 파악한다. 이처럼 언어는 사물을 자의적으로 범주화한다. 그래서 인간이 언어를 통해 사물을 파악하는 방식도 다양할 수밖에 없다.

① 언어와 인지
② 언어의 범주화
③ 언어의 다양성
④ 한국어와 에스키모어

정답 ①

1. 국어의 갈래

(1) 첨가어, 교착어(형태상 분류)

① 형식 형태소인 조사, 어미 등이 발달한 언어이다.

② 실질적 의미를 지닌 실질 형태소에 형식 형태소가 결합하여 문법적인 관계를 나타 낸다.

> **예** 영희가 밥을 먹었다.
>> → '가'는 앞말이 주어임을 나타내는 조사, '을'은 앞말이 목적어임을 나타내는 조 사, '-었-'은 과거 시제를 나타내는 어미이다.

★ 개념 더하기

언어의 형태상 분류

- 교착어: 실질적인 의미를 가진 단어 또는 어간에 문법적인 기능을 가진 요소가 차례로 결합함으로 써 문장 속에서의 문법적인 역할이나 관계의 차이를 나타내는 언어이다.
  예 대표적으로는 한국어, 터키어, 일본어, 핀란드어 등이 있다.
- 굴절어: 어형과 어미의 변화로써 단어가 문장 속에서 가지는 여러 가지 관계를 나타내는 언어이다.
  예 인도 · 유럽 어족에 속한 대부분의 언어가 포함된다.
- 고립어: 어형 변화나 접사 등이 없고, 그 실현 위치에 의하여 단어가 문장 속에서 가지는 여러 가지 관계가 결정되는 언어이다.
  예 대표적으로는 중국어, 타이어, 베트남어 등이 있다.
- 포합어: 동사를 중심으로 하여 그 앞뒤에 인칭 접사나 목적을 나타내는 어사를 결합 또는 삽입하여 한 단어로서 한 문장과 같은 형태를 가지는 언어이다.
  예 대표적으로는 에스키모어, 아이누어 등이 있다.

(2) 알타이 어족(계통상 분류)

① 알타이 어족은 튀르크 어파, 몽골 어파, 만주 · 퉁구스 어파를 포함하는 어족으로, 국어는 계통상 알타이 어족에 속할 가능성이 높다.

② 알타이 어족의 특징

ㄱ 모음 조화가 있다.

ㄴ 어두의 자음 조직이 제한을 받는다.

ㄷ 수식어가 피수식어 앞에 놓인다.

ㄹ 접속사가 없다.

ㅁ 자음 교체와 모음 교체가 없다.

(3) 표음 문자(문자상 분류)

① 말소리를 그대로 기호로 나타낸 문자를 말한다.

② 한글, 로마자, 아라비아 문자 등이 있다.

표의 문자
- 표음 문자와 반의 관계의 개념이다.
- 하나하나의 글자가 언어의 음과 상관없이 일정한 뜻을 나타내는 문자이다.
- 고대의 회화 문자나 상형 문자가 발달한 것이다.
- 대표적인 예로는 '한자'가 있다.

확인 문제   20 경찰 1차

다음 중 국어의 특질에 대한 설명으로 가 장 적절한 것은?

① 국어의 마찰음은 '예사소리 – 된소리 – 거센소리'의 3항 대립을 보인다.

② 국어의 단모음은 'ㅏ, ㅓ, ㅗ, ㅜ, ㅡ, ㅣ, ㅔ, ㅐ'로 모두 8개이다.

③ 국어는 조사와 어미로 다양한 문법적 기능을 수행하는 교착어적 특성을 가 진다.

④ 국어의 어두(語頭)에는 '끝'과 같이 둘 이상의 자음이 올 수 있다.

정답 ③

해설 ① 국어의 마찰음은 '예사소리 – 된소리'의 대립을 보이며, 거센소리가 없다. ② 국어의 단모음은 'ㅏ, ㅐ, ㅓ, ㅔ, ㅗ, ㅚ, ㅜ, ㅟ, ㅡ, ㅣ'로 모두 10개이다. ④ 'ㄲ'은 된소리로 하나의 자음이다. 겹자 음은 'ㄳ, ㅄ, ㄺ, ㄽ' 등으로, 국어의 어 두(語頭)에는 겹자음이 올 수 없다.

2. 국어의 분류

(1) 어원에 따른 분류

① 고유어

  ㉠ 해당 언어에 본디부터 있던 말이나 그것에 기초하여 새로 만들어진 말이다.

    예 아버지, 어머니, 하늘, 땅

  ㉡ 예로부터 우리의 문화와 정서를 표현하는 말로, '순우리말'이라고도 한다.

  ㉢ 하나의 단어가 여러 가지 의미를 담고 있는 경우가 많다.

    예 '하늘'의 의미

      • 하늘이 맑다. → 지평선이나 수평선 위로 보이는 무한대의 넓은 공간

      • 하늘도 참 무심하시지. → '하느님'을 달리 이르는 말

② 한자어

  ㉠ 한자에 기초하여 만들어진 말이다.

    예 연필(鉛筆), 교실(敎室), 시계(時計)

  ㉡ 추상적인 내용이나 개념을 표현하는 말에 많이 사용된다.

  ㉢ 고유어보다 더 자세하고 분명한 뜻을 전달한다. 고유어와 한자어는 '1 : 多'의 관계인 경우가 많다.

    예 '말'과 바꾸어 쓸 수 있는 한자어

      → 설명(說明): 어떤 일이나 대상의 내용을 상대편이 잘 알 수 있도록 밝혀 말하는 것

      → 해명(解明): 까닭이나 내용을 풀어서 밝히는 것

      → 대화(對話): 마주 대하여 이야기를 주고받는 것

      → 표현(表現): 생각이나 느낌 등을 언어나 몸짓 등의 형상으로 드러내어 나타내는 것

③ 외래어

  ㉠ 외국에서 들어온 말로 국어에서 널리 쓰이는 단어이다.

  ㉡ 외국의 문화와 문물이 들어오면서 해당하는 말도 따라 들어와 사용되었다.

(2) 사회성에 따른 분류

① 표준어

  ㉠ 한 나라에서 공용어로 쓰는 규범으로서의 언어를 말한다.

  ㉡ 우리나라에서는 교양 있는 사람들이 두루 쓰는 현대 서울말로 정함을 원칙으로 한다.

② 방언

  ㉠ 사용 지역 또는 사회 계층에 따라 분화된 말의 체계이다.

  ㉡ 방언에는 사회 방언과 지역 방언이 있다.

    • 사회 방언: 한 언어에서, 계층적으로 분화되어 직업, 연령, 성별 등에 따라 특징적으로 쓰는 말이다.

    • 지역 방언: 한 언어에서, 지역적으로 분화되어 지역에 따라 다르게 쓰는 말이다.

외래어와 외국어	
외래어	외국어
처음에는 다른 나라의 말이었지만 지금은 우리말이 된 말	다른 나라의 말
대신할 만한 고유어나 한자어가 없음	대신할 만한 고유어나 한자어가 있음
예 텔레비전, 피아노, 컴퓨터	예 오케이(좋아), 밀크(우유), 스커트(치마)

③ 은어

　　㉠ 어떤 계층이나 부류의 사람들이 다른 사람들이 알아듣지 못하도록 자기네 구성원들끼리만 빈번하게 사용하는 말이다.

　　㉡ 상인, 학생, 군인, 노름꾼 등의 각종 집단에 따라 다르게 사용한다.

　　㉢ 같은 구성원끼리는 친밀감과 소속감을 형성할 수 있지만, 다른 구성원들에게는 소외감을 줄 수 있다.

　　예 짭새(범죄자들이 '경찰관'을 이르는 말), 심(심마니들이 '산삼'을 이르는 말)

④ 속어

　　㉠ 점잖지 못하고 천한 말을 가리킨다.

　　㉡ 은어와 달리 비밀 유지의 기능이 없다.

　　예 주둥아리(사람의 '입'을 속되게 이르는 말), 쪽팔리다(부끄러워 체면이 깎이다.)

⑤ 금기어와 완곡어

　　㉠ 금기어는 마음에 꺼려서 하지 않거나 피하는 말이다.

　　㉡ 완곡어는 금기어를 대체하는 완곡한 표현의 말이다.

　　㉢ 관습, 신앙, 질병, 배설 등과 관련되는 경우가 많다.

　　예 산신령(호랑이), 화장실(변소), 서생원(쥐)

⑥ 전문어

　　㉠ 특정한 전문 분야에서 주로 사용하는 용어이다.

　　㉡ 전문적인 일을 효율적으로 수행하기 위해 사용하는 말로, 의미가 정밀하고, 다의적 표현이 적다.

⑦ 관용어

　　㉠ 두 개 이상의 단어로 이루어져 있으면서 그 단어들의 의미만으로는 전체의 의미를 알 수 없는, 특수한 의미를 나타내는 어구이다.

　　㉡ 하나의 단어처럼 취급한다.

　　예 ・ 발 디딜 틈이 없다: 복작거리어 혼잡스럽다.

　　　　・ 발 벗고 나서다: 적극적으로 나서다.

　　　　・ 발이 닳다: 매우 분주하게 많이 다니다.

⑧ 속담

　　㉠ 예로부터 민간에 전하여 오는 쉬운 격언이나 잠언을 말한다.

　　㉡ 관용어와 달리 완결된 문장 구조를 이룬다.

　　예 발 없는 말이 천 리 간다: 말은 비록 발이 없지만 천 리 밖까지도 순식간에 퍼진다는 뜻으로, 말을 삼가야 함을 비유적으로 이르는 말이다.

OX 문제

01 지역적으로 분화되어 지역에 따라 다르게 쓰는 말을 사회 방언이라고 한다. (　)

02 종교나 도덕적인 이유로 꺼려하는 언어 표현을 은어라고 한다. (　)

03 특정한 전문 분야에서 사용하는 전문어는 다의적 표현이 적다. (　)

정답 01 × 02 × 03 ○

해설 01 사회 방언은 계층적으로 분화되어 직업 등에 따라 특징적으로 쓰는 말이고, 지역 방언은 지역적으로 분화되어 지역에 따라 다르게 쓰는 말이다.
02 금기어에 대한 설명이다.

확인 문제　　　　16 해경 3차

다음 중 그 용어 '해설'이 올바른 것은?

① '미역국을 먹었다'처럼 관습적으로 굳어진 말을 '속담(俗談)'이라 한다.
② 연령, 성별, 사회 집단 등에 따라 분화하는 방언을 '사회 방언(社會方言)'이라 한다.
③ 특정 집단이 외부인들에게 무엇인가를 숨길 목적으로 쓰는 말을 '속어(俗語)'라 한다.
④ 사람들이 불쾌감이나 공포 때문에 사용하기를 꺼려하는 말을 '완곡어(婉曲語)'라 한다.

정답 ②

해설 ① 속담(×) → 관용어(○)
③ 속어(×) → 은어(○)
④ 완곡어(×) → 금기어(○)

3. 국어의 특징

(1) 국어의 음운상 특징

① 음운의 대립
  ㉠ 자음의 경우 예사소리, 된소리, 거센소리의 음운 대립이 나타난다.
  ㉡ 삼중 체계로 음운의 대립이 이루어져 삼지적 상관속이라고도 한다.

구분	삼지적 상관속(삼중 관계)		
	예사소리(평음)	된소리(경음)	거센소리(격음)
파열음	ㄱ	ㄲ	ㅋ
	ㄷ	ㄸ	ㅌ
	ㅂ	ㅃ	ㅍ
파찰음	ㅈ	ㅉ	ㅊ

② 마찰음의 수: 국어의 마찰음(ㅅ, ㅆ, ㅎ)의 수는 다른 언어에 비해 많지 않다.

③ 단모음의 수: 국어의 단모음(ㅏ, ㅐ, ㅓ, ㅔ, ㅗ, ㅚ, ㅜ, ㅟ, ㅡ, ㅣ)의 수는 10개로 다른 언어에 비해 많다.

④ 음절의 끝소리 규칙
  ㉠ 음절의 끝소리에는 'ㄱ, ㄴ, ㄷ, ㄹ, ㅁ, ㅂ, ㅇ' 7개의 자음만 발음된다.
  ㉡ 7개 이외의 자음이 올 경우 7개 자음의 하나로 바뀌어 발음된다.
    예 입[입], 잎[입], 옷[옫], 낮[낟], 꽃[꼳], 밭[받], 앞[압]

⑤ 두음 법칙: 일부 소리가 단어의 첫머리에 발음되는 것을 꺼려 나타나지 않거나 다른 소리로 발음되는 현상을 말한다.
  ㉠ 'ㅣ, ㅑ, ㅕ, ㅛ, ㅠ' 앞에서의 'ㄹ'과 'ㄴ'이 없어진다.
    예 女子(녀자) → 여자
  ㉡ 'ㅏ, ㅗ, ㅜ, ㅡ, ㅐ, ㅔ, ㅚ' 앞의 'ㄹ'은 'ㄴ'으로 변한다.
    예 老人(로인) → 노인

⑥ 어두 자음군의 제약: 어두에 둘 이상의 자음(어두 자음군)이 오지 않는다.
    예 쑴 → 꿈

⑦ 모음 조화
  ㉠ 두 음절 이상의 단어에서, 뒤의 모음이 앞 모음의 영향으로 그와 가깝거나 같은 소리로 되는 언어 현상을 말한다.
  ㉡ 'ㅏ, ㅗ' 등의 양성 모음은 양성 모음끼리, 'ㅓ, ㅜ' 등의 음성 모음은 음성 모음끼리 어울리는 현상이다.
    예 알록달록, 얼룩덜룩, 졸졸, 줄줄, 깎아, 숨어

⑧ 음상의 차이
  ㉠ 모음의 차이: 양성 모음(ㅏ, ㅗ, ㅑ, ㅛ, ㅘ)이 밝고 산뜻한 느낌이라면, 음성 모음(ㅓ, ㅜ, ㅕ, ㅠ, ㅝ)은 어둡고 큰 느낌이 있다.
  ㉡ 자음의 차이: 예사소리(ㄱ, ㄷ, ㅂ, ㅅ, ㅈ)에 비해, 된소리(ㄲ, ㄸ, ㅃ, ㅆ, ㅉ)는 모질고 센 느낌을 주고, 거센소리(ㅋ, ㅌ, ㅍ, ㅊ)는 거칠고 힘찬 느낌을 준다.

확인 문제   18 서울시 9급

국어의 특징으로 가장 옳지 않은 것은?
① 조사와 어미가 발달한 교착어적 특성을 보여 준다.
② '값'과 같이 음절 말에서 두 개의 자음이 발음될 수 있다.
③ 담화 중심의 언어로서 주어, 목적어 등이 흔히 생략된다.
④ 가족 관계를 나타내는 친족어가 발달해 있다.

정답 ②
해설 '값'은 [갑]으로 소리 나며, 음절 말에서 하나의 자음으로 발음된다.

(2) 국어의 어휘상 특징

① 삼중 체계: 고유어, 한자어, 외래어의 삼중 체계로 이루어져 있다.

② 감각어의 발달

  ㉠ 빛깔을 나타내는 색채어가 발달했다.

   예 빨갛다, 새빨갛다, 불그스름하다, 불그레하다, 불긋불긋하다, 불그데데하다
   파랗다, 새파랗다, 푸르스름하다, 푸르레하다, 푸릇푸릇하다, 푸르데데하다

  ㉡ 감각어는 정서적 유사성에 의해 비유적 표현으로도 사용된다.

   예 그런 싱거운 소리는 그만해라. / 약속을 새까맣게 잊고 있었다.

③ 음성 상징어의 발달

  ㉠ 의성어: 사람이나 사물의 소리를 흉내 낸 말이다.

   예 쌕쌕, 멍멍, 땡땡, 우당탕, 퍼덕퍼덕

  ㉡ 의태어: 사람이나 사물의 모양이나 움직임을 흉내 낸 말이다.

   예 아장아장, 엉금엉금, 번쩍번쩍

> 동짓들 기나긴 밤을 한 허리를 버혀 내여
> 춘풍 니불 아래 서리서리 너헛다가
> 어론 님 오신 날 밤이여든 구뷔구뷔 펴리라
>
> – 황진이

④ 친족 관계어의 발달: 혈연을 중시하는 대가족 생활을 했기 때문에 친족 관계를 나타내는 말이 발달했다.

  예 Aunt: 큰어머니, 작은어머니, 고모, 이모

⑤ 높임말의 발달: 상하 관계를 중시하는 유교 문화의 영향으로 높임말이 발달했다.

  예 생일 – 생신, 밥 – 진지, 먹다 – 드시다, 있다 – 계시다

⑥ 성의 구별, 접속사, 관사, 관계 대명사 등이 없다.

(3) 국어의 형태상 특징

① 조사와 어미의 발달: 조사와 어미를 첨가하여 다양한 문법적 기능을 수행한다.

체언+조사	철수+가: 주어, 철수+를: 목적어
어간+어미	먹-+-다: 서술어, 먹-+-는: 관형어

② 단어 형성법의 발달: 파생법과 합성법이 발달하였다.

  ㉠ 파생법: 실질 형태소에 접사를 붙여 파생어를 만드는 단어 형성 방법으로, 접사와 어근의 결합으로 이루어진다.

  ㉡ 합성법: 실질 형태소끼리 결합하여 합성어를 만드는 단어 형성 방법으로, 어근과 어근의 결합으로 이루어진다.

③ 단위성 의존 명사의 발달: 수효나 분량 등을 나타내는 단위성 의존 명사가 발달했다.

  예 쇠고기 한 근, 종이 한 장, 북어 한 쾌

확인 문제

19 경찰 1차

01 국어의 특징으로 적절하지 않은 것은?

① 조사가 발달하여 어순에 따른 제약이 전혀 없다.
② 어휘의 종류가 '고유어, 한자어, 외래어'로 구분되며, 친족어나 의성어·의태어가 발달해 있다.
③ 자음 중에서 파열음(폐쇄음)이 '예사소리, 된소리, 거센소리'의 3항 대립을 보인다.
④ 공손성을 표현하는 다양한 수단이 발달되어 있다.

15 경찰 3차

02 국어의 특성으로 옳지 않은 것은?

① 국어는 '아름다운 고향'과 같이 수식어가 피수식어 앞에 오는 특징이 있다.
② 일반적으로 국어의 단모음은 'ㅣ, ㅔ, ㅐ, ㅏ, ㅓ, ㅗ, ㅜ, ㅡ, ㅚ, ㅟ' 열 개가 인정되고 있다.
③ 국어는 단어 형성법이 발달되어 '작은집, 벗어나다' 등과 같은 파생어와 '군소리, 날고기' 등과 같은 합성어가 많다.
④ 국어는 다른 언어에 비해 높임법이 상당히 발달되어 있는데, 크게 주체를 높이는 주체 높임법, 상대방을 높이는 상대 높임법, 문장의 객체를 높이는 객체 높임법으로 구분된다.

정답 01 ① 02 ③

해설 01 국어는 비교적 자유롭게 어순을 바꿀 수 있지만, 제약이 전혀 없는 것은 아니다.
02 ③ '작은집, 벗어나다'는 합성어, '군소리, 날고기'는 파생어이다.

(4) 국어의 통사적 특징

① '주어 – 목적어(보어) – 서술어'의 어순: 서술어가 문장의 맨 끝에 위치한다.

주어 – 서술어	철수가(주어) 달린다.(서술어)
주어 – 목적어 – 서술어	철수가(주어) 밥을(목적어) 먹는다.(서술어)
주어 – 보어 – 서술어	철수는(주어) 요리사가(보어) 되었다.(서술어)

② 수식어+피수식어: 수식어(꾸미는 말)는 피수식어(꾸밈을 받는 말) 앞에 위치한다.

예 예쁜(수식어) 꽃(피수식어) / 헌(수식어) 옷가지(피수식어)

③ 비교적 자유로운 어순: 문장 내에서 비교적 자유롭게 어순을 바꿀 수 있다. 단어의 위치를 바꿀 경우 미묘하게 의미가 달라지기도 한다.

예 내가 그 일을 했다. (주어 강조) / 그 일을 내가 했다. (목적어 강조)

④ 주어와 목적어의 중복

주어의 중복	• 철수가 싫어할 일이 생겼다. • 누나는 마음이 넓다.
목적어의 중복	철수가 밥을 한 그릇을 더 달라고 했다.

⑤ 높임법의 발달: 높임법에는 주체 높임법, 객체 높임법, 상대 높임법이 있다.

㉠ 주체 높임법: 문장의 주체를 높여 표현하는 방법이다.

㉡ 객체 높임법: 문장의 객체를 높여 표현하는 방법이다.

㉢ 상대 높임법: 상대편을 높여 표현하는 방법이다.

(5) 국어의 화법상 특징

① 보조사와 보조 용언(보조 동사, 보조 형용사)의 발달: 보조사와 보조 용언을 사용하여 화자의 심리를 드러낸다.

예 말을 들어 보았다. (보조 동사 '보다'는 시험 삼아 하는 것을 드러냄)

먹고 싶다. (보조 형용사 '싶다'는 행동을 하고자 하는 마음이나 욕구를 드러냄)

② 문장 성분의 생략: 담화 상황에서 문장 성분이 생략되는 경우가 많다.

예
> 철이: 아침에 뭐 먹었어? (주어 생략)
> 미애: 빵하고 우유. (주어 생략, 서술어 생략)

③ 존재 중심의 언어: 국어는 화용론적으로 소유 중심의 언어가 아니라 존재 중심의 언어이다.

예 영어: I have a pencil.(연필 한 자루를 가지고 있다.) – 소유 중심의 표현

국어: 연필 한 자루가 있다. – 존재 중심의 표현

4. 한글의 이해

(1) 한글 명칭의 변화

① 훈민정음(訓民正音): 1443년에 세종이 창제한 우리나라 글자로, '훈민정음'은 '백성을 가르치는 바른 소리'라는 뜻이다.

○× 문제

다음 한국어 특질에 대한 설명을 읽고 옳으면 ○, 틀리면 ×로 표기하시오.

01 교착어로서 문법적 관계를 나타내는 조사와 어미가 발달되어 있다. ( )

02 상하 관계를 중시하던 사회 구조 때문에 높임법이 발달되어 있다. ( )

03 서술어가 문장 끝에 오는 어순이라 끝까지 들어야 뜻을 제대로 이해할 수 있다. ( )

04 어두에 특정 자음이 오는 것을 피하는 현상이 있다. ( )

05 음절 끝에 오는 자음도 음절의 첫소리와 같이 모두 제 음가대로 발음되어야 한다. ( )

정답 01 ○ 02 ○ 03 ○ 04 ○ 05 ×

해설 05 음절 끝에 오는 자음은 7개의 대표음으로 발음된다.

확인 문제 17 경찰 1차

국어의 특질에 대한 설명으로 적절한 것은?

① 장애음(특히 파열음과 파찰음)이 '평음 – 경음 – 유성음'의 3항 대립을 보인다.

② 조사와 어미가 발달한 굴절어적 특성을 보인다.

③ 음절 초에 'ㄲ', 'ㄸ', 'ㅃ' 등 둘 이상의 자음이 함께 올 수 있다.

④ 화용론적으로 소유 중심의 언어가 아니라 존재 중심의 언어이다.

정답 ④

해설 ① 국어는 '평음 – 경음 – 격음'의 3항 대립을 보인다.

② 국어는 조사와 어미가 발달한 교착어이다.

③ 국어는 음절 초에 둘 이상의 자음이 올 수 없으나, 'ㄲ', 'ㄸ', 'ㅃ' 등은 된소리로 하나의 자음이다.

② 언문(諺文): 한자를 '진서(眞書)'라고 부른 것에 대한 상대적인 말로, 한글을 속되게 이르는 말이다.

③ 반절(反切): 최세진의 《훈몽자회》에서 등장한 말로, 한글이 초성, 중성, 종성을 합하여 한 글자를 이룬다는 사실에서 유래하는 명칭이다.

④ 국문(國文): 민족주의 정신이 대두되면서 19세기 말에 생긴 명칭이다.

⑤ 한글: 국권 피탈로 '국어'라는 명칭을 사용할 수 없게 되자, 주시경 선생이 처음 사용한 명칭으로 알려졌다. '하나의 글', '세상에서 첫째가는 글', '크고 좋은 글' 등의 의미를 지닌 말이다.

(2) 한글 자모의 명칭과 순서

① 최세진의 《훈몽자회》

 ⊙ 1527년에 지은 한자 학습서로, 한글 자모의 명칭이 처음 제시되었다.

 ⓛ 한글 자모의 명칭과 순서가 오늘날과 비슷하기는 하지만 차이가 있다.

 ⓒ 훈민정음의 28자 중 'ㆆ'이 빠져 있다.

  • 자음의 순서와 명칭

ㄱ	ㄴ	ㄷ	ㄹ	ㅁ	ㅂ	ㅅ	ㆁ
기역 其役	니은 尼隱	디귿 池末	리을 梨乙	미음 眉音	비읍 非邑	시옷 時衣	이응 異凝

ㅋ	ㅌ	ㅍ	ㅈ	ㅊ	ㅿ	ㅇ	ㅎ
키 箕	티 治	피 皮	지 之	치 齒	ㅅㅣ 而	이 伊	히 屎

  • 모음의 순서와 명칭

ㅏ	ㅑ	ㅓ	ㅕ	ㅗ	ㅛ	ㅜ	ㅠ	ㅡ	ㅣ	·
아 阿	야 也	어 於	여 余	오 吾	요 要	우 牛	유 由	으 應 不用終聲	이 伊 只用中聲	ㅇ 思 不用初聲

② 현재 한글 자모의 순서와 명칭

 ⊙ 자음의 순서와 명칭

ㄱ	ㄴ	ㄷ	ㄹ	ㅁ	ㅂ	ㅅ
기역	니은	디귿	리을	미음	비읍	시옷

ㅇ	ㅈ	ㅊ	ㅋ	ㅌ	ㅍ	ㅎ
이응	지읒	치읓	키읔	티읕	피읖	히읗

 ⓛ 모음의 순서와 명칭

ㅏ	ㅑ	ㅓ	ㅕ	ㅗ	ㅛ	ㅜ	ㅠ	ㅡ	ㅣ
아	야	어	여	오	요	우	유	으	이

③ 사전 등재 순서

자음	ㄱ ㄲ ㄴ ㄷ ㄸ ㄹ ㅁ ㅂ ㅃ ㅅ ㅆ ㅇ ㅈ ㅉ ㅊ ㅋ ㅌ ㅍ ㅎ
모음	ㅏ ㅐ ㅑ ㅒ ㅓ ㅔ ㅕ ㅖ ㅗ ㅘ ㅙ ㅚ ㅛ ㅜ ㅝ ㅞ ㅟ ㅠ ㅡ ㅢ ㅣ

현재 한글 자모
• 현재 한글 자모의 순서와 명칭은 1933년 〈한글 맞춤법 통일안〉에서 제시한 것이다.
• 〈한글 맞춤법〉 제4항에 제시되어 있다.

확인 문제   14 지방직 9급

사전 등재 순서에 맞게 배열된 것은?
① 두다, 뒤켠, 뒤뜰, 따뜻하다
② 냠냠, 네모, 넘기다, 늘리리
③ 얇다, 앳되다, 여름, 에누리
④ 괴롭다, 교실, 구름, 귀엽다

정답 ④
해설 ① 두다, 뒤뜰, 뒤켠, 따뜻하다
② 냠냠, 넘기다, 네모, 늘리리
③ 앳되다, 얇다, 에누리, 여름

CHAPTER

02 문법 체계

01 음운론

1. 음운과 음절

(1) 음운

① 음운의 개념

ㄱ 말의 뜻을 구별하여 주는 소리의 가장 작은 단위를 말한다.

ㄴ 사람들이 같은 음이라고 생각하는 관념적 · 추상적인 소리이다.

예 • 님, 남: 모음 'ㅣ'와 'ㅏ'에 의한 의미 구별

• 물, 불: 자음 'ㅁ'과 'ㅂ'에 의한 의미 구별

ㄷ 음운은 사람들의 관념에 따라 그 수가 달라질 수 있다.

예 우리말 'ㄹ'이 영어에서는 'l'과 'r' 두 개의 음운으로 인식된다.

➕ 개념 더하기

음성과 음운

음성	음운
• 발음 기관을 통해 내는 소리	• 말의 뜻을 구별하여 주는 소리
• 구체적 · 물리적 · 개별적 소리	• 추상적 · 관념적 · 심리적 소리
• 발화시에 따라 다르게 나는 소리	• 사람들이 같은 것으로 인식하는 소리

② 음운의 종류

ㄱ 분절 음운(음소)

• 말의 뜻을 구별해 주는 기능이 있으며, 마디로 나눌 수 있는 음운이다.

• 자음(19개)과 모음(21개)이 있다.

ㄴ 비분절 음운(운소)

• 말의 뜻을 구별해 주는 기능이 있지만, 독립적으로 쓰이지 못하고 음소에 덧붙여 실현된다.

• 소리의 높낮이, 길이, 세기 등이 있다.

확인 문제   18 경찰 1차

국어의 비분절 음운에 대한 설명으로 가장 적절하지 않은 것은?

① 국어의 비분절 음운에는 장단과 억양이 있다.

② 국어에서 장단의 문제는 모음과 자음 모두 해당된다.

③ 국어의 비분절 음운은 자음, 모음처럼 소리마디의 경계를 그을 수 없지만 말소리 요소로서 의미를 변별하는 기능을 한다.

④ 국어에서 장음은 일반적으로 단어의 첫째 음절에 나타나는데, 특이하게 둘째 음절 이하에 오면 장음이 단음으로 발음되는 경향이 있다

정답 ②

해설 국어에서 소리의 장단은 모음에서 실현된다.

안심Touch

(2) 음절

① 음절의 개념

　㉠ 하나의 종합된 음의 느낌을 주는 말소리의 단위로, 발음할 때 한 번에 낼 수 있는 소리의 덩어리이다.

　㉡ 몇 개의 음소로 이루어지며, 모음은 단독으로 한 음절이 되기도 한다.

② 음절의 형성

　㉠ 모음

　　예 [아], [여], [와]

　㉡ 자음+모음

　　예 [가], [도], [해]

　㉢ 모음+자음

　　예 [열], [왕], [연]

　㉣ 자음+모음+자음

　　예 [잘], [건], [착]

③ 음절의 특징

　㉠ 자음 혼자서는 음절을 만들지 못한다.

　㉡ 모음이 있어야 음절이 형성된다.

　㉢ 음절의 개수와 모음의 개수는 같다.

　㉣ 음절의 첫소리에는 하나의 자음만 올 수 있다.

　㉤ 음절의 끝소리에는 7개의 자음만 올 수 있다.

　㉥ 음절은 발음이 기준이 되는 소리의 단위이다.

2. 국어의 음운 체계

(1) 모음

① 모음의 개념: 성대의 진동을 받은 소리가 목, 입, 코를 거쳐 나오면서, 그 통로가 좁아지거나 완전히 막히거나 하는 등의 장애를 받지 않고 나는 소리로, '홀소리'라고도 한다.

② 모음의 종류

　㉠ 단모음

　　• 단모음의 개념

　　　– 소리를 내는 도중에 입술 모양이나 혀의 위치가 달라지지 않는 모음이다.

　　　– 국어의 단모음은 'ㅏ, ㅐ, ㅓ, ㅔ, ㅗ, ㅚ, ㅜ, ㅟ, ㅡ, ㅣ' 10개이며, 이 중 'ㅚ, ㅟ'는 이중 모음으로 발음할 수도 있다.

확인 문제　20 경찰 1차

다음의 조건에 따라서 국어의 단모음을 나눈다면 가장 맞지 않는 것은?

국어의 단모음은 '혀의 앞뒤(앞, 뒤)'와 '혀의 높낮이(높음, 중간, 낮음)', '입술의 둥긂(둥긂, 안 둥긂)'에 따라 나눈다.

① ㅣ: 앞, 높음, 안 둥긂
② ㅓ: 뒤, 중간, 둥긂
③ ㅜ: 뒤, 높음, 둥긂
④ ㅚ: 앞, 중간, 둥긂

정답 ②

해설 'ㅓ'는 후설 모음(뒤), 중모음(중간), 평순 모음(안 둥긂)이다.

• 단모음의 종류
  – 입술의 모양에 따른 분류

평순 모음	입술을 둥글게 오므리지 않고 발음하는 모음 예 ㅣ, ㅡ, ㅓ, ㅏ, ㅐ, ㅔ
원순 모음	입술을 둥글게 오므려 발음하는 모음 예 ㅗ, ㅜ, ㅚ, ㅟ

  – 혀의 앞뒤 위치에 따른 분류

전설 모음	혀의 정점이 입 안의 앞쪽에 위치하여 발음되는 모음 예 ㅣ, ㅔ, ㅐ, ㅟ, ㅚ
후설 모음	혀의 정점이 입 안의 뒤쪽에 위치하여 발음되는 모음 예 ㅡ, ㅓ, ㅏ, ㅜ, ㅗ

  – 혀의 높이에 따른 분류

고모음	입을 조금 열고, 혀의 위치를 높여서 발음하는 모음 예 ㅣ, ㅟ, ㅡ, ㅜ
중모음	입을 보통으로 열고 혀의 높이를 중간으로 하여 발음하는 모음 예 ㅓ, ㅔ, ㅗ, ㅚ
저모음	입을 크게 벌리고 혀의 위치를 가장 낮추어서 발음하는 모음 예 ㅏ, ㅐ

• 국어의 단모음 체계

구분	전설 모음		후설 모음	
	평순 모음	원순 모음	평순 모음	원순 모음
고모음	ㅣ	ㅟ	ㅡ	ㅜ
중모음	ㅔ	ㅚ	ㅓ	ㅗ
저모음	ㅐ		ㅏ	

ⓒ 이중 모음
  • 이중 모음의 개념
    – 입술 모양이나 혀의 위치를 처음과 나중이 서로 달라지게 하여 내는 모음이다.
    – 반모음과 단모음이 결합하여 이루어진다.
    – 국어의 이중 모음은 'ㅑ, ㅒ, ㅕ, ㅖ, ㅘ, ㅙ, ㅛ, ㅝ, ㅞ, ㅠ, ㅢ' 11개이다.
  • 이중 모음의 종류

상향 이중 모음	반모음+단모음	반모음 'ㅣ'+단모음	ㅑ, ㅕ, ㅛ, ㅠ, ㅒ, ㅖ
		반모음 'ㅗ/ㅜ'+단모음	ㅘ, ㅙ, ㅝ, ㅞ
하향 이중 모음	단모음+반모음	단모음+반모음 'ㅣ'	ㅢ

반모음
• 반모음은 모음과 같이 발음하지만 음절을 이루지 못하는 아주 짧은 모음이다.
• 홀로 쓰이지 못하고, 다른 모음과 결합해야만 발음될 수 있는 모음이다.
• 이중 모음에서 나는 'ㅣ'와 'ㅗ/ㅜ'가 있다.

확인 문제   14 경찰 2차

다음의 설명을 고려할 때, 제시된 예들 중에서 이중 모음이 아닌 것은?

모음은 소리를 내는 도중에 입술이나 혀가 고정되어 움직이지 않아 소리가 처음과 끝이 동일한 단모음과 입술이나 혀가 움직여서 소리의 처음과 끝이 다른 이중 모음으로 나누어진다.

① ㅕ [여]   ② ㅢ [의]
③ ㅘ [와]   ④ ㅔ [에]

정답 ④

(2) 자음

① 자음의 개념: 목, 입, 혀 등의 발음 기관에 의해 구강 통로가 좁아지거나 완전히 막히는 등의 장애를 받으며 나는 소리로, '닿소리'라고도 한다.

② 자음의 종류

ⓐ 조음 위치에 따른 분류

양순음 (입술소리)	두 입술 사이에서 나는 소리 예 ㅂ, ㅃ, ㅍ, ㅁ
치조음 (혀끝소리)	혀끝과 윗잇몸이 닿아서 나는 소리 예 ㄷ, ㄸ, ㅌ, ㅅ, ㅆ, ㄴ, ㄹ
경구개음 (센입천장소리)	혓바닥과 경구개 사이에서 나는 소리 예 ㅈ, ㅉ, ㅊ
연구개음 (여린입천장소리)	혀의 뒷부분과 연구개 사이에서 나는 소리 예 ㄱ, ㄲ, ㅋ, ㅇ
후음 (목청소리)	성대를 막거나 마찰시켜서 내는 소리 예 ㅎ

ⓑ 조음 방법에 따른 분류

파열음	폐에서 나오는 공기를 일단 막았다가 그 막은 자리를 터뜨리면서 내는 소리 예 ㅂ, ㅃ, ㅍ, ㄷ, ㄸ, ㅌ, ㄱ, ㄲ, ㅋ
파찰음	파열음과 마찰음의 두 가지 성질을 다 가지는 소리 예 ㅈ, ㅉ, ㅊ
마찰음	입 안이나 목청 등의 조음 기관이 좁혀진 사이로 공기가 비집고 나오면서 마찰하여 나는 소리 예 ㅅ, ㅆ, ㅎ
비음	입 안의 통로를 막고 코로 공기를 내보내면서 내는 소리 예 ㄴ, ㅁ, ㅇ
유음	혀끝을 잇몸에 가볍게 대었다가 떼거나, 잇몸에 댄 채 공기를 그 양옆으로 흘려 보내면서 내는 소리 예 ㄹ

ⓒ 소리의 세기에 따른 분류

평음 (예사소리)	구강 내부의 기압 및 발음 기관의 긴장도가 낮아 약하게 파열되는 자음 예 ㄱ, ㄷ, ㅂ, ㅅ, ㅈ
경음 (된소리)	후두 근육을 긴장하면서 기식이 거의 없이 내는 자음 예 ㄲ, ㄸ, ㅃ, ㅆ, ㅉ
격음 (거센소리)	숨이 거세게 나오는 자음 예 ㅊ, ㅋ, ㅌ, ㅍ

ⓓ 목청의 울림 여부에 다른 분류

유성음 (울림소리)	목청이 떨려 울리는 소리(비음, 유음) 예 ㄴ, ㄹ, ㅁ, ㅇ
무성음 (안울림소리)	성대를 진동시키지 않고 내는 소리(파열음, 마찰음, 파찰음) 예 ㄱ, ㄷ, ㅂ, ㅅ, ㅈ, ㅊ, ㅋ, ㅌ, ㅍ, ㅎ, ㄲ, ㄸ, ㅃ, ㅆ, ㅉ

확인 문제

13 지방직 9급
01 조음 기관이 좁혀진 사이로 공기가 마찰하여 나는 소리가 들어 있지 않은 것은?

① 개나리   ② 하얗다
③ 고사리   ④ 싸우다

14 경찰 1차
02 다음 중 'ㄷ', 'ㄸ', 'ㅌ' 소리의 공통 자질로만 묶어 놓은 것은?

ⓐ 공기가 코를 통과하면서 나오는 소리
ⓑ 조음 기관의 어떤 부분이 장애를 받아 나는 소리
ⓒ 혀의 앞부분이 딱딱한 입천장에 닿아서 나는 소리
ⓓ 소리를 낼 때 공기가 빠져 나가면서 마찰이 나는 소리
ⓔ 폐에서 나오는 공기를 일단 막았다가 그 막은 자리를 터뜨리면서 내는 소리

① ㉠, ㉣   ② ㉡, ㉤
③ ㉢, ㉣   ④ ㉣, ㉤

정답 01 ① 02 ②

해설 01 조음 기관이 좁혀진 사이로 공기가 비집고 나오면서 마찰하여 나는 소리는 마찰음으로, 'ㅅ, ㅆ, ㅎ'이다.
02 ㉠ 비음. ㉡ 자음. ㉢ 경구개음. ㉣ 마찰음. ㉤ 파열음에 대한 설명이다. 'ㄷ', 'ㄸ', 'ㅌ'은 자음 중에서 파열음, 치조음에 해당한다.

③ 국어의 자음 체계

조음 방법 \ 조음 위치		입술소리 (양순음)	허끝소리 (치조음)	센입천장소리 (경구개음)	여린입천장소리 (연구개음)	목청소리 (후음)
안울림소리	파열음 예사소리(평음)	ㅂ	ㄷ		ㄱ	
	파열음 된소리(경음)	ㅃ	ㄸ		ㄲ	
	파열음 거센소리(격음)	ㅍ	ㅌ		ㅋ	
	마찰음 예사소리(평음)		ㅅ			ㅎ
	마찰음 된소리(경음)		ㅆ			
	파찰음 예사소리(평음)			ㅈ		
	파찰음 된소리(경음)			ㅉ		
	파찰음 거센소리(격음)			ㅊ		
울림소리	비음	ㅁ	ㄴ		ㅇ	
	유음		ㄹ			

(3) 비분절 음운

① 장단(소리의 길이)

㉠ 국어의 장단은 모음에서 나타난다.

㉡ 장단(소리의 길이)에 따라 의미의 변별이 나타나므로 음운으로 인정된다.

말	[말:] – 言	사람의 생각이나 느낌 등을 표현하고 전달하는 데 쓰는 음성 기호
	[말] – 馬	말과의 포유류
눈	[눈:] – 雪	대기 중의 수증기가 찬 기운을 만나 얼어서 땅 위로 떨어지는 얼음의 결정체
	[눈] – 目	빛의 자극을 받아 물체를 볼 수 있는 감각 기관
밤	[밤:] – 栗	밤나무의 열매
	[밤] – 夜	해가 져서 어두워진 때부터 다음 날 해가 떠서 밝아지기 전까지의 동안
굴	[굴:] – 窟	자연적으로 땅이나 바위가 안으로 깊숙이 패어 들어간 곳
	[굴] – 石花	굴과의 연체동물을 통틀어 이르는 말
발	[발:] – 簾	가늘고 긴 대를 줄로 엮거나, 줄 등을 여러 개 나란히 늘어뜨려 만든 물건
	[발] – 足	사람이나 동물의 다리 맨 끝부분
돌	[돌:] – 石	흙 등이 굳어서 된 광물질의 단단한 덩어리
	[돌] – 生日	어린아이가 태어난 날로부터 한 해가 되는 날
배	[배:] – 倍	어떤 수나 양을 두 번 합한 만큼
	[배] – 腹	사람이나 동물의 몸에서 내장이 들어 있는 곳으로 가슴과 엉덩이 사이의 부위
	[배] – 船	사람이나 짐 등을 싣고 물 위로 떠다니도록 나무나 쇠 등으로 만든 물건
병	[병:] – 病	생물체에 이상이 생겨 정상적 활동이 이루어지지 않아 괴로움을 느끼게 되는 현상
	[병] – 瓶	주로 액체나 가루를 담는 데에 쓰는 목과 아가리가 좁은 그릇

확인 문제   12 서울시 9급

다음 밑줄 친 부분이 긴소리로 발음되는 것은?

① 말을 바꾸어 탄다.
② 함박눈이 펑펑 내린다.
③ 그날 밤 비가 지독히 내렸다.
④ 멀리 떨어져 있어 말이 제대로 들리지 않았다.
⑤ 추운 겨울에는 군밤과 군고구마가 생각난다.

정답 ④

해설 '말'은 '言'의 의미일 때, '밤'은 '栗'의 의미일 때 긴소리로 발음되기 때문에 ①의 '말'과 ③의 '밤'은 긴소리로 발음되지 않는다. 또한 단어의 첫음절에서만 긴소리가 나타나는 것을 원칙으로 하기 때문에 ②의 '눈'과 ⑤의 '밤'은 긴소리로 발음되지 않는다.

ⓒ 모음의 장단을 구별하여 발음하되, 단어의 첫음절에서만 긴소리가 나타나는 것을 원칙으로 한다.

구분	장음	단음
눈	눈보라[눈:보라]	첫눈[천눈], 함박눈[함방눈]
말	말씨[말:씨]	참말[참말]
밤	밤나무[밤:나무]	쌍동밤[쌍동밤], 군밤[군:밤]
별	별자리[별:자리]	꼬리별[꼬리별]
굴	굴가마[굴:가마]	땅굴[땅꿀]

② 억양

ⓐ 음(音)의 상대적인 높이에 따라 의미가 달라진다.

ⓑ 평서문은 하강 어조, 의문문은 상승 어조가 나타난다.

예 책 읽어. (\ 하강 어조, 평서문) / 책 읽어? (/ 상승 어조, 의문문)

3. 음운의 변동

교체	원래의 음운이 다른 음운으로 바뀌는 현상 예 음절의 끝소리 규칙, 자음 동화, 모음 동화, 구개음화, 된소리되기
첨가	원래 없던 음운이 새로 덧붙는 현상 예 사잇소리 현상, 'ㄴ' 첨가
축약	두 개의 음운이 하나로 줄어드는 현상 예 자음 축약, 모음 축약
탈락	원래 있었던 음운이 없어지는 현상 예 자음 탈락, 모음 탈락, 자음군 단순화

(1) 음운의 교체

① 음절의 끝소리 규칙

ⓐ 개념

- 표기법상으로는 대부분의 자음을 종성에 표기할 수 있지만, 실제로 발음할 수 있는 것은 'ㄱ, ㄴ, ㄷ, ㄹ, ㅁ, ㅂ, ㅇ' 7개밖에 없다.
- 7개 자음에 속하지 않은 자음이 종성에 놓일 때에는 7개 자음 중 하나로 바뀐다.

ⓑ 받침의 발음

받침의 표기	발음	예시
ㄱ, ㄲ, ㅋ	[ㄱ]	익다[익따], 닦다[닥따], 키읔[키윽]
ㄴ	[ㄴ]	신[신]
ㄷ, ㅅ, ㅆ, ㅈ, ㅊ, ㅌ, ㅎ	[ㄷ]	닫다[닫따], 옷[옫], 있다[읻따], 젖[젇], 꽃[꼳], 솥[솓], 히읗[히은]
ㄹ	[ㄹ]	벌[벌]
ㅁ	[ㅁ]	감[감]
ㅂ, ㅍ	[ㅂ]	입다[입따], 앞[압]
ㅇ	[ㅇ]	강[강]

음운의 변동
- 단어 내부에서 말소리가 바뀌는 현상이다.
- 음운의 변동 현상은 발음을 좀 더 쉽게 하고자 하는 경제성 때문에 나타난다.
- 음운의 변동 현상에는 교체, 첨가, 축약, 탈락 등이 있다.

확인 문제　18 국가직 9급

'깎다'의 활용형에 적용된 음운 변동에 대한 설명으로 옳은 것은?

- 교체: 한 음운이 다른 음운으로 바뀌는 현상
- 탈락: 한 음운이 없어지는 현상
- 첨가: 없던 음운이 생기는 현상
- 축약: 두 음운이 합쳐서서 또 다른 음운 하나로 바뀌는 현상
- 도치: 두 음운의 위치가 서로 바뀌는 현상

① '깎는'은 교체 현상에 의해 '깡는'으로 발음된다.
② '깎아'는 탈락 현상에 의해 '까까'로 발음된다.
③ '깎고'는 도치 현상에 의해 '깍꼬'로 발음된다.
④ '깎지'는 축약 현상과 첨가 현상에 의해 '깍찌'로 발음 된다.

정답 ①

해설 '깎는'은 음절의 끝소리 규칙(교체)에 의해 [깍는]으로 바뀌고, 다시 비음화(교체) 현상에 의해 [깡는]으로 발음된다.
② '깎아'는 연음되어 [까까]로 발음되는 것으로, 탈락과는 관계가 없다.
③ '깎고'는 음절의 끝소리 규칙(교체)에 의해 [깍고]로 바뀌고, 다시 된소리되기(교체)에 의해 [깍꼬]로 발음된다.
④ '깎지'는 음절의 끝소리 규칙(교체)에 의해 [깍지]로 바뀌고, 다시 된소리되기(교체)에 의해 [깍찌]로 발음된다.

② **자음 동화**: 자음과 자음이 만났을 때, 어느 한쪽이 다른 쪽의 영향을 받아 그와 같거나 비슷한 다른 자음으로 바뀌는 현상이다.
  ㉠ **비음화**: 비음(ㄴ, ㅁ, ㅇ)이 아닌 자음이 비음으로 바뀌어 발음되는 현상이다. 받침 'ㄱ(ㄲ, ㅋ, ㄳ, ㄺ), ㄷ(ㅅ, ㅆ, ㅈ, ㅊ, ㅌ, ㅎ), ㅂ(ㅍ, ㄼ, ㄿ, ㅄ)'은 'ㄴ, ㅁ' 앞에서 [ㅇ, ㄴ, ㅁ]으로 발음한다.

[ㄱ]+[ㄴ, ㅁ]→[ㅇ]+[ㄴ, ㅁ]	국물[궁물], 깎는[깡는], 키읔만[키응만], 몫몫이[몽목씨], 읽는[잉는]
[ㄷ]+[ㄴ, ㅁ]→[ㄴ]+[ㄴ, ㅁ]	걷는[건ː는], 옷맵시[온맵씨], 있는[인는], 잊는[인는], 쫓는[쫀는], 붙는[분는], 놓는[논는]
[ㅂ]+[ㄴ, ㅁ]→[ㅁ]+[ㄴ, ㅁ]	입는[임는], 앞마당[암마당], 밟는[밤ː는], 읊는[음는], 없는[엄ː는]

  ㉡ **유음화**: 'ㄴ'은 'ㄹ'의 앞이나 뒤에서 [ㄹ]로 발음한다. 첫소리 'ㄴ'이 'ㄶ', 'ㄾ' 뒤에 연결되는 경우에도 [ㄹ]로 발음한다.

[ㄴ]+[ㄹ]→[ㄹ]+[ㄹ]	난리[날ː리], 광한루[광ː할루]
[ㄹ]+[ㄴ]→[ㄹ]+[ㄹ]	줄넘기[줄럼끼], 할는지[할른지], 뚫는[뚤른], 핥네[할레]

③ **모음 동화**: 모음과 모음이 만났을 때, 어느 한쪽이 다른 쪽의 영향을 받아 그와 같거나 비슷한 다른 모음으로 바뀌는 현상이다.
  ㉠ **'ㅣ' 모음 역행 동화**
  • 후설 모음 'ㅓ, ㅏ, ㅜ, ㅗ'가 뒤에 오는 'ㅣ'의 영향을 받아 전설 모음 'ㅔ, ㅐ, ㅟ, ㅚ'로 바뀌는 현상이다.

ㅓ + ㅣ → ㅔ	어미 → 에미*
ㅏ + ㅣ → ㅐ	아기 → 애기*, 손잡이 → 손잽이*, 잡히다 → 잽히다*
ㅜ + ㅣ → ㅟ	죽이다 → 쥑이다*
ㅗ + ㅣ → ㅚ	고기 → 괴기*, 속이다 → 쇡이다*

  • 'ㅣ' 모음 역행 동화 현상은 원칙적으로 표준 발음으로 인정하지 않지만, 다음 단어들은 표준어로 인정한다.

> 서울내기, 시골내기, 신출내기, 풋내기, 냄비, 동댕이치다, 멋쟁이, 소금쟁이, 담쟁이덩굴, 골목쟁이, 발목쟁이

  ㉡ **'ㅣ' 모음 순행 동화**
  • 'ㅣ' 모음 뒤에 후설 모음 'ㅓ, ㅗ'가 오는 경우, 'ㅣ'의 영향을 받아 이중 모음 'ㅕ, ㅛ'가 되는 현상이다.

ㅣ + ㅓ → ㅕ	피어[피어/피여], 기어[기어/기여], 되어[되어/되여]
ㅣ + ㅗ → ㅛ	이오[이오/이요], 아니오[아니오/아니요]

  • 'ㅣ' 모음 순행 동화 현상은 표준어 표기로는 인정하지 않지만, 표준 발음으로는 인정한다.

동화의 분류
• 동화의 방향에 따른 분류

순행 동화	앞소리를 닮아 뒷소리가 바뀌는 것 예 종로 → [종노]
역행 동화	뒷소리를 닮아 앞소리가 바뀌는 것 예 신라 → [실라]
상호 동화	앞뒤 소리가 서로 닮는 것 예 독립 → [동닙]

• 동화의 정도에 따른 분류

완전 동화	어느 한쪽이 다른 쪽과 같은 소리로 변하는 것 예 천리 → [철리]
불완전 동화	어느 한쪽이 다른 쪽과 비슷한 소리로 변하는 것 예 먹는 → [멍는]

확인 문제

15 법원직 9급
01 〈보기〉를 참고했을 때, ㉠과 ㉡이 동시에 드러난 사례를 고르면?

보기
> ㉠ 음절 끝소리 규칙은 받침 위치에 있는 자음이 'ㄱ, ㄴ, ㄷ, ㄹ, ㅁ, ㅂ, ㅇ'의 7개 자음으로만 발음되는 현상이다. 밖[박], 부엌[부억], 낮[낟], 숲[숩]과 같은 경우를 예로 들 수 있다.
> ㉡ 비음화는 비음이 아닌 자음이 비음의 영향을 받아 비음 'ㄴ, ㅁ, ㅇ'으로 동화되는 현상이다. 닫는다[단는다], 접는다[점는다], 먹는다[멍는다]를 예로 들 수 있다.

① 입는다[임는다] ② 돋는[돈는]
③ 낮대[낟따] ④ 앞만[암만]

18 서울시 7급
02 동화의 방향이 다른 것은?

① 손난로 ② 불놀이
③ 찰나 ④ 강릉

[정답] 01 ④ 02 ①
[해설] 01 ④ 앞만 → [압만](음절 끝소리 규칙) → [암만](비음화)
①・② 비음화
③ 음절 끝소리 규칙, 된소리되기
02 ① 손난로[손날로]: 역행 동화
② 불놀이[불로리]: 순행 동화
③ 찰나[찰라]: 순행 동화
④ 강릉[강능]: 순행 동화

안심Touch

④ 구개음화

　　㉠ 받침 'ㄷ, ㅌ(ㄹㅌ)'이 조사나 접미사의 모음 'ㅣ'와 결합되는 경우에는 [ㅈ, ㅊ]으로 바꾸어서 뒤 음절 첫소리로 옮겨 발음한다.

받침 'ㄷ'+ㅣ → [ㅈ]	여닫이[여:다지], 곧이듣다[고지듣따]
받침 'ㅌ'+ㅣ → [ㅊ]	밭이[바치], 같이[가치]
받침 'ㄹㅌ'+ㅣ → [ㅊ]	벼훑이[벼훌치]

　　㉡ 'ㄷ' 뒤에 접미사 '히'가 결합되어 '티'를 이루는 것은 [치]로 발음한다.
　　　예 굳히다[구치다], 닫히다[다치다], 묻히다[무치다]

➕ **개념 더하기**

구개음화가 일어나지 않는 경우

　• 하나의 형태소 안에서는 일어나지 않는다.
　　예 잔디: [잔디](○) [잔지](×) / 느티나무: [느티나무](○) [느치나무](×)
　　　견디다: [견디다](○) [견지다](×) / 티끌: [티끌](○) [치끌](×)
　• 복합어(합성어, 파생어)에서는 일어나지 않는다.

합성어	밭이랑: [반니랑](○) [바치랑](×)
파생어	홑이불: [혼니불](○) [호치불](×)

　• 'ㅣ' 모음이 아닌 다른 모음이 오는 경우에는 일어나지 않는다.
　　예 밭을: [바틀](○) [바츨](×) / 걷을: [거들](○) [거즐](×)

⑤ 된소리되기(경음화)

　　㉠ 개념: 예사소리였던 것이 된소리로 바뀌는 현상이다.
　　㉡ 유형

　　　• 받침 'ㄱ, ㄷ, ㅂ'+'ㄱ, ㄷ, ㅂ, ㅅ, ㅈ'

'ㄱ(ㄲ, ㅋ, ㄳ, ㄹㄱ)' 뒤	국밥[국빱], 깎다[깍따], 삯돈[삭똔], 칡범[칙뻠]
'ㄷ(ㅅ, ㅆ, ㅈ, ㅊ, ㅌ)' 뒤	뻗대다[뻗때다], 옷고름[옫꼬름], 낯설다[낟썰다]
'ㅂ(ㅍ, ㄹㅂ, ㄹㅍ, ㅄ)' 뒤	곱돌[곱똘], 넓죽하다[넙쭈카다], 읊조리다[읍쪼리다]

　　　• 어간 받침 'ㄴ(ㄵ), ㅁ(ㄻ)'+'ㄱ, ㄷ, ㅅ, ㅈ'

'ㄴ(ㄵ)' 뒤	신고[신:꼬], 앉고[안꼬]
'ㅁ(ㄻ)' 뒤	삼고[삼:꼬], 젊지[점:찌]

　　　• 어간 받침 'ㄹㅂ, ㄹㅌ'+'ㄱ, ㄷ, ㅅ, ㅈ'

'ㄹㅂ' 뒤	넓게[널께], 떫지[떨:찌]
'ㄹㅌ' 뒤	핥다[할따], 훑소[훌쏘]

　　　• 한자어에서 'ㄹ'+'ㄷ, ㅅ, ㅈ'
　　　　예 갈등(葛藤)[갈뜽], 말살(抹殺/抹摋)[말쌀], 갈증(渴症)[갈쯩]
　　　• 관형사형 '-(으)ㄹ'+'ㄱ, ㄷ, ㅂ, ㅅ, ㅈ'
　　　　예 갈 곳[갈꼳], 할 도리[할또리], 할 바를[할빠를], 만날 사람[만날싸람], 할 적에[할쩌게]

확인 문제

14 사복직 9급
01 다음에서 설명하고 있는 음운 변동의 예로 적절하지 않은 것은?

음운 변동은 그 결과에 따라 한 음운이 다른 음운으로 바뀌는 교체(交替), 원래 있던 음운이 없어지는 탈락(脫落), 없던 음운이 추가되는 첨가(添加), 두 개의 음운이 합쳐져서 하나로 되는 축약(縮約) 등으로 분류할 수 있다.

① 교체 – 부엌[부억]
② 탈락 – 굳이[구지]
③ 첨가 – 솜이불[솜니불]
④ 축약 – 법학[버팍]

14 기상직 9급
02 음운 변동의 원인을 ㉠과 ㉡으로 구분할 때, 변동의 원인이 이질적인 하나는?

음운 변동이 일어나는 원인으로 발음을 좀 더 쉽게 하려는 ㉠ 경제성의 원리에 의한 것과 표현 강화를 위한 ㉡ 표현 효과의 원리에 의한 것이 있다. 전자에는 음절의 끝소리 규칙, 음운의 동화, 음운의 축약과 탈락이 있고, 후자에는 된소리되기와 사잇소리 현상 등이 있다.

① 맏누이　　② 굳히다
③ 잡히다　　④ 집비둘기

[정답] 01 ②　02 ④
[해설] 01 굳이[구지]: 구개음화(교체)
02 ④ [집삐둘기]: 된소리되기(표현 효과의 원리)
① [만누이]: 자음 동화(경제성의 원리)
② [구치다]: 구개음화(경제성의 원리)
③ [자피다]: 자음 축약(경제성의 원리)

(2) 음운의 첨가

① 사잇소리 현상

ⓐ 개념: 합성 명사가 될 때 그 사이에 소리가 덧나는 현상이다.

ⓑ 유형

- 된소리되기: 합성 명사에서 앞말의 끝소리가 울림소리이고 뒷말의 첫소리가 안울림 예사소리일 때 뒤의 예사소리가 된소리로 변하는 현상이다.

  예 길+가 → 길가[길까], 눈+동자 → 눈동자[눈똥자]

- 'ㄴ' 첨가

  - 합성 명사에서 앞말이 모음으로 끝나는데 뒷말이 'ㅁ, ㄴ'으로 시작되면 앞말의 끝소리에 'ㄴ' 소리가 하나 덧나는 현상이다.

    예 후+날 → 훗날[훈:날], 이+몸 → 잇몸[인몸], 코+날 → 콧날[콘날]

  - 합성 명사에서 모음 'ㅣ'나 반모음 'ㅣ'로 시작되면 앞말의 끝소리와 뒷말의 첫소리에 'ㄴㄴ'이 덧나는 현상이다.

    예 나무+잎 → 나뭇잎[나문닙], 후+일 → 훗일[훈:닐]

ⓒ 사잇소리 현상이 일어나지 않는 경우와 일어나는 경우

사잇소리 현상이 일어나지 않는 경우	사잇소리 현상이 일어나는 경우
• 머리+말 → 머리말[머리말] • 인사+말 → 인사말[인사말]	• 뒤+말 → 뒷말[뒨:말] • 노래+말 → 노랫말[노랜말]
고무+줄 → 고무줄[고무줄]	• 끝+줄 → [끝쭐] • 빨래+줄 → 빨랫줄[빨래쭐/빨랟쭐]
회수(回收)[회수/훼수]: 도로 거두어들임	횟수(回數)[회쑤/훼쑤]: 돌아오는 차례의 수효
유리잔(琉璃盞)[유리잔]	술잔(술盞)[술짠]

➕ 개념 더하기

사이시옷 표기

• 순우리말로 된 합성어

된소리로 나는 것	바닷가, 선짓국, 모깃불, 냇가, 찻집, 아랫집
'ㄴ, ㅁ' 앞에서 'ㄴ' 소리가 덧나는 것	잇몸, 아랫마을, 아랫니, 빗물, 냇물, 뒷머리
모음 앞에서 'ㄴㄴ' 소리가 덧나는 것	베갯잇, 나뭇잎, 뒷일, 뒷입맛, 댓잎, 깻잎

• 순우리말과 한자어로 된 합성어

된소리로 나는 것	찻잔(차+盞), 전셋집(傳貰+집), 머릿방(머리+房)
'ㄴ, ㅁ' 앞에서 'ㄴ' 소리가 덧나는 것	제삿날(祭祀+날), 훗날(後+날), 툇마루(退+마루)
모음 앞에서 'ㄴㄴ' 소리가 덧나는 것	예삿일(例事+일), 훗일(後+일), 가욋일(加外+일)

• 한자어

곳간(庫間), 셋방(貰房), 숫자(數字), 찻간(車間), 툇간(退間), 횟수(回數)

확인 문제   14 국가직 7급

동일한 음운 변동 현상을 보여 주는 예들로 묶인 것은?

① 늫는, 않고
② 맏형, 쇠붙이
③ 산동네, 보름달
④ 생일날, 추진력

정답 ③

해설 ③ 산동네[산똥네]: 사잇소리 현상
보름달[보름딸]: 사잇소리 현상
① 늫는[능는]: 자음군 단순화, 비음화
  않고[안코]: 자음 축약
② 맏형[마텽]: 자음 축약
  쇠붙이[쇠부치/쉐부치]: 구개음화
④ 생일날[생일랄]: 유음화
  추진력[추진녁]: 유음화의 예외

② 'ㄴ' 첨가: 합성어 및 파생어에서 앞 단어나 접두사의 끝이 자음이고 뒤 단어나 접미
사의 첫음절이 '이, 야, 여, 요, 유'인 경우에는, [니, 냐, 녀, 뇨, 뉴]로 발음한다.
　　㉠ 합성어
　　　　예 솜+이불 → 솜이불[솜:니불], 색+연필 → 색연필[생년필], 밤+윷 → 밤윷
　　　　　[밤:뉻]
　　㉡ 파생어
　　　　예 한+여름 → 한여름[한녀름], 맨+입 → 맨입[맨닙], 신+여성 → 신여성[신녀성]

(3) 음운의 축약

① 자음 축약(거센소리되기)
　　㉠ 개념: 평음 'ㄱ, ㄷ, ㅂ, ㅈ'이 'ㅎ'과 인접할 경우 두 자음이 합쳐져서 격음 'ㅋ,
　　　　ㅌ, ㅍ, ㅊ'으로 축약된다.
　　㉡ 종류

ㄱ+ㅎ → ㅋ	낙하[나카], 먹히다[머키다], 국화[구콰]
ㄷ+ㅎ → ㅌ	쌓다[싸타], 파랗다[파:라타], 좋다[조:타]
ㅂ+ㅎ → ㅍ	입히다[이피다], 잡히다[자피다], 씹히다[씨피다]
ㅈ+ㅎ → ㅊ	젖히다[저치다], 꽂히다[꼬치다], 맞히다[마치다]

② 모음 축약
　　㉠ 개념: 두 개의 모음이 만나 하나의 모음으로 축약되는 현상이다.
　　㉡ 종류

ㅏ+ㅣ → ㅐ	싸이다 → 쌔다, 파이다 → 패다, 사이 → 새
ㅗ+ㅣ → ㅚ	보이다 → 뵈다, 쏘이다 → 쐬다
ㅜ+ㅣ → ㅟ	누이다 → 뉘다, 꾸이다 → 뀌다
ㅡ+ㅣ → ㅢ	뜨이다 → 띄다, 쓰이다 → 씌다
ㅗ+ㅏ → ㅘ	보아 → 봐, 고아 → 과
ㅜ+ㅓ → ㅝ	두어 → 둬, 주어 → 줘
ㅚ+ㅓ → ㅙ	되어 → 돼
ㅣ+ㅓ → ㅕ	녹이어 → 녹여, 먹이어서 → 먹여서, 다니어 → 다녀, 가리어 → 가려

음운 축약과 표준어 표기
• 자음 축약: 표준어 표기에는 반영하지 않고, 발음으로만 인정한다.
• 모음 축약: 표준어 표기로 인정한다.

확인 문제 　16 사복직 9급

표준 발음에서 축약 현상이 나타나는 것은?

① 놓치다　　　② 헛웃음
③ 똑같이　　　④ 닫히다

정답 ④

해설 ④ 닫히다[다치다]: 자음 축약[다
티다] → 구개음화[다치다]
① 놓치다[녿치다]: 음절의 끝소리 규칙
② 헛웃음[허두슴]: 음절의 끝소리 규칙
③ 똑같이[똑까치]: 된소리되기[똑까티]
　→ 구개음화[똑까치]

(4) 음운의 탈락

① 자음 탈락

ㄱ 개념: 두 개의 자음이 만났을 때, 하나의 자음이 탈락하는 현상이다.

ㄴ 종류

동음 탈락	같은 자음이 연이어 나타나는 경우 예 간난(艱難) → 가난, 목과(木瓜) → 모과, 출렴(出斂) → 추렴
'ㄹ' 탈락	• 어간 끝 받침 'ㄹ'이 'ㄴ, ㅂ, ㅅ'으로 시작하는 어미 또는 어미 '−오' 앞에서 예 불+니 → 부니, 놀+세 → 노세, 살+오 → 사오 • 합성어나 파생어를 형성할 때, 주로 'ㄴ, ㄷ, ㅅ, ㅈ' 앞에서 예 아들+님 → 아드님, 찰+돌 → 차돌, 바늘+질 → 바느질 • 한자 '불(不)'이 첫소리 'ㄷ, ㅈ' 앞에서 '부'로 읽히는 경우 예 부득이(不得已), 부조리(不條理), 부주의(不注意), 부당(不當)
'ㅎ' 탈락	• 활용할 때, 어간의 끝 'ㅎ'이 줄어드는 경우 예 노랗+은 → 노란, 파랗+면 → 파라면 • 표기상 'ㅎ'이 있어도 발음하지 않는 경우 예 놓+아 → 놓아[노아], 닿+으니 → 닿으니[다으니], 좋+아 → 좋아[조:아]
'ㅅ' 탈락	활용할 때, 어간의 끝 'ㅅ'이 줄어드는 경우 예 긋+어 → 그어, 낫+으니 → 나으니, 짓+은 → 지은

② 모음 탈락

ㄱ 개념: 두 개의 모음이 만났을 때, 하나의 모음이 탈락하는 현상이다.

ㄴ 종류

동음 탈락	같은 모음이 연이어 나타나는 경우 예 자+아 → 자, 건너+어서 → 건너서
'ㅡ' 탈락	활용할 때, 'ㅏ, ㅓ'로 시작하는 어미 앞에서 예 아프+아 → 아파, 뜨+어 → 떠
'ㅜ' 탈락	활용할 때, 'ㅓ'로 시작하는 어미 앞에서 예 푸+어 → 퍼
'ㅓ' 탈락	활용할 때, 어간이 'ㅐ, ㅔ'로 끝나는 경우 'ㅏ, ㅓ'로 시작하는 어미 앞에서(모음 탈락하는 것도 인정하지만, 모음이 탈락하지 않은 것도 인정) 예 캐+어 → 캐어/캐, 새+어 → 새어/새, 설레+어 → 설레어/설레

③ 자음군 단순화

ㄱ 개념: 음절 끝에 겹받침이 올 경우, 둘 중 하나의 자음이 탈락하는 현상이다.

ㄴ 종류

ㄳ, ㄵ, ㄼ, ㄾ, ㅄ	첫째 자음으로 발음 예 넋[넉], 앉다[안따], 외곬[외골], 핥다[할따], 값[갑]
ㄻ, ㄿ	둘째 자음으로 발음 예 삶[삼:], 읊다[읍따]
ㄺ	• 체언인 경우 둘째 자음으로 발음 예 닭[닥], 흙[흑] • 용언인 경우 − 'ㄱ' 이외의 자음을 만나는 경우 둘째 자음으로 발음 예 늙지[늑찌] − 'ㄱ'으로 시작하는 어미를 만나는 경우 첫째 자음으로 발음 예 읽고[일꼬]
ㄼ	• 대체로 첫째 자음으로 발음 예 여덟[여덜], 넓다[널따], 얇다[얄:따] • '밟'은 자음 앞에서 둘째 자음으로 발음 예 밟다[밥:따], 밟소[밥:쏘], 밟지[밥:찌] • '넓'은 다음의 경우 둘째 자음으로 발음 예 넓죽하다[넙쭈카다], 넓둥글다[넙뚱글다]

확인 문제

15 경찰 1차

01 다음 중 밑줄 친 단어에 적용된 음운 변동의 성격이 나머지 셋과 다른 것은?

① 책상 위에 책을 둬.
② 너는 이번 일에 대한 반성문을 써라.
③ 철수가 와서 나는 기분이 좋았다.
④ 밖을 볼 수 없도록 구멍이 막혀 있었다.

17 경찰 1차

02 다음 중 국어의 음운 현상에 대한 설명으로 가장 적절하지 않은 것은?

① 탈락: 자음군 단순화는 겹받침을 가진 형태소 뒤에 모음으로 시작하는 문법 형태소가 결합할 때 일어나는 현상이다.
② 첨가: 'ㄴ' 첨가는 자음으로 끝나는 말 뒤에 'ㅣ'나 반모음 'ㅣ[j]'로 시작하는 말이 결합할 때 'ㄴ'이 새로 덧붙는 현상이다.
③ 축약: 유기음화는 'ㅎ'과 'ㄱ, ㄷ, ㅂ, ㅈ' 중 하나가 만날 때 이 두 자음이 하나의 음으로 실현되는 현상이다.
④ 교체(대치): 유음화는 'ㄴ'이 앞이나 뒤에 오는 'ㄹ'의 영향을 받아 'ㄹ'로 동화되는 현상이다.

정답 01 ② 02 ①

해설 01 쓰+어라 → 써라: 'ㅡ' 모음 탈락
① 두+어 → 둬: 모음 축약
③ 오+아서 → 와서: 모음 축약
④ 막히+어 → 막혀: 모음 축약
02 자음군 단순화는 음절 끝에 겹받침이 올 경우, 둘 중 하나의 자음이 탈락하는 현상이다. 겹받침을 가진 형태소 뒤에 모음으로 시작하는 문법 형태소가 결합하는 경우 연음이 일어난다.

1. 형태소와 단어

(1) 형태소

① **개념**: 뜻을 가진 가장 작은 말의 단위로, 더 나누면 뜻을 잃어버린다.

② **종류**

㉠ 자립성의 유무에 따라

자립 형태소	• 다른 말에 의존하지 아니하고 혼자 설 수 있는 형태소 • 체언(명사, 대명사, 수사), 수식언(관형사, 부사), 독립언(감탄사)
의존 형태소	• 다른 말에 의존하여 쓰이는 형태소 • 조사, 접사, 용언(동사, 형용사)의 어간, 용언(동사, 형용사)의 어미

예 철수가 책을 읽었다.

→ 자립 형태소: 철수(명사), 책(명사)

→ 의존 형태소: 가(조사), 을(조사), 읽-(어간), -었-(어미), -다(어미)

㉡ 의미의 기능에 따라

실질 형태소	• 구체적인 대상이나 동작, 상태를 표시하는 형태소 • 체언(명사, 대명사, 수사), 수식언(관형사, 부사), 독립언(감탄사), 용언(동사, 형용사)의 어간
형식 형태소	• 실질 형태소에 붙어 주로 말과 말 사이의 관계를 표시하는 형태소 • 조사, 접사, 용언(동사, 형용사)의 어미

예 철수가 책을 읽었다.

→ 실질 형태소: 철수(명사), 책(명사), 읽-(어간)

→ 형식 형태소: 가(조사), 을(조사), -었-(어미), -다(어미)

➕ 개념 더하기

이형태(異形態)

• **개념**: 한 형태소가 주위 환경에 따라 음상(音相)을 달리하는 경우가 있는데, 이때 달라진 한 형태소의 여러 모양을 이형태라고 한다.

• **종류**

음운론적 이형태	• 특정 음운(자음, 모음) 조건에서 나타나는 이형태 • 앞에 오는 체언의 받침 유무에 따라 달라지는 주격 조사 '이'와 '가', 목적격 조사 '을'과 '를' **예** 주격 조사: 밥이 / 다리가 목적격 조사: 밥을 / 다리를
형태론적 이형태	• 특정 형태소와 어울릴 때 나타나는 이형태 • 어간 '하'와 결합하는 명령형 어미 '여라' **예** 하여라 / 먹어라, 넘어라

확인 문제   17 경찰 1차

다음 문장에서 실질 형태소이면서 의존 형태소인 것은?

저 나뭇잎은 참 빨갛다.

① 저   ② 은
③ 참   ④ 빨갛-

정답 ④

해설 실질 형태소이면서 의존 형태소인 것은 용언(동사, 형용사)의 어간이다.

(2) 단어

① 개념: 분리하여 자립적으로 쓸 수 있는 말, 또는 그 말의 뒤에 붙어서 문법적 기능을 나타내는 말이다.

　예 철수가 책을 읽었다.

　　→ 단어(5개): 철수, 가, 책, 을, 읽었다

　　→ 자립적으로 쓸 수 있는 말: 철수, 책, 읽었다

　　→ 문법적 기능을 나타내는 말: 가, 을

② 특징

　㉠ 단어는 독립적으로 쓰이는 말의 최소 단위이다.

　㉡ 단어는 띄어 씀을 원칙으로 한다. 단, 조사는 앞말에 붙여 쓴다.

　㉢ 조사는 단독으로 쓰이지 못하고 체언 뒤에 연결되어 실현되지만 하나의 단어로 인정한다.

　㉣ 의존 명사는 의미가 형식적이어서 다른 말 아래에 기대어 쓰이지만 하나의 단어로 인정한다.

　㉤ 보조 용언은 본용언과 연결되어 그것의 뜻을 보충하는 역할을 하지만 하나의 단어로 인정한다.

　㉥ 파생어나 합성어는 하나의 단어이다.

　㉦ 숫자는 만 단위로 띄어 쓰지만 하나의 단어이다.

⭐ 개념 더하기

형태소, 단어 및 어절을 구별하는 방법

• 어절: 문장을 띄어쓰기 단위로 구분한다.
• 단어: 어절에서 조사를 구분한다.
• 형태소: 단어에서 어간, 어미, 어근, 접사 등을 구분한다.

문장 (1개)	하늘이 맑고 푸르다.					
어절 (3개)	하늘이		맑고		푸르다	
단어 (4개)	하늘	이	맑고		푸르다	
	체언(명사)	관계언(조사)	용언(형용사)		용언(형용사)	
형태소 (6개)	하늘	이	맑-	-고	푸르-	-다
	자립 형태소 실질 형태소	의존 형태소 형식 형태소	의존 형태소 실질 형태소	의존 형태소 형식 형태소	의존 형태소 실질 형태소	의존 형태소 형식 형태소

확인 문제　　　17 기상직 9급

〈보기〉에 사용된 단어의 개수와 형태소의 개수를 모두 더하면?

보기

이 고기는 매우 기름지다.

① 10　　　　② 11
③ 12　　　　④ 13

정답 ③

해설 • 단어(5개): 이, 고기, 는, 매우, 기름지다
• 형태소(7개): 이, 고기, 는, 매우, 기름, 지-, -다

안심Touch

2. 단어의 형성

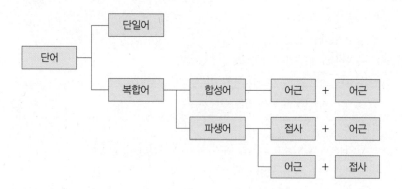

(1) 어근과 접사

① 어근: 단어를 분석할 때, 실질적 의미를 나타내는 중심이 되는 부분이다.

② 접사

ㄱ 개념: 단독으로 쓰이지 아니하고 항상 다른 어근(語根)이나 단어에 붙어 새로운 단어를 구성하는 부분이다.

ㄴ 종류

• 위치에 따른 구분

접두사	어근의 앞에 붙어 새로운 단어가 되게 하는 말 예 맨(접두사)+손(어근) → 맨손 덧(접두사)+버선(어근) → 덧버선
접미사	어근의 뒤에 붙어 새로운 단어가 되게 하는 말 예 선생(어근)+님(접미사) → 선생님 먹(어근)+보(접미사) → 먹보

• 기능에 따른 구분

한정적 접사	의미를 제한하는 접사(품사는 그대로) 예 개(한정적 접사)+살구(어근) → 개살구: 명사 → 명사 살림(어근)+꾼(한정적 접사) → 살림꾼: 명사 → 명사
지배적 접사	품사를 바꾸어 주는 접사 예 덮(어근)+개(지배적 접사) → 덮개: 동사 → 명사 공부(어근)+하다(지배적 접사) → 공부하다: 명사 → 동사

⭐ 개념 더하기

어근과 어간

• 어근: 단어 형성법에 쓰이는 개념으로, 실질적 의미를 가지는 부분이다.
• 어간: 용언의 활용에서 사용하는 개념으로, 활용할 때에 변하지 않는 부분이다.

접사와 어미

• 접사: 단어 형성법에 쓰이는 개념으로, 다른 어근에 기대어 사용되는 부분이다.
• 어미: 용언의 활용에서 사용하는 개념으로, 활용할 때에 변하는 부분이다.

확인 문제   19 경찰 2차

다음 밑줄 친 부분에 해당하는 예로 가장 적절한 것은?

단어는 하나의 실질 형태소로 이루어진 ㄱ 단일어와 두 개 이상의 형태소가 결합하여 만들어진 복합어로 나눌 수 있다. 복합어는 다시 실질 형태소에 접사가 붙어서 만들어진 ㄴ 파생어와 둘 이상의 실질 형태소가 결합하여 만들어진 ㄷ 합성어로 나눌 수 있다. (이하 생략)

	ㄱ	ㄴ	ㄷ
①	아버지	값어치	덮밥
②	바가지	값어치	마중
③	아버지	곧잘	마중
④	바가지	곧잘	덮밥

정답 ①

해설 • 단일어: 아버지
• 파생어: 값어치, 바가지, 마중
• 합성어: 덮밥, 곧잘

(2) 단일어: 하나의 어근(실질 형태소)으로 이루어진 말이다.

　예 하늘, 밥, 시나브로, 가방, 예쁘다, 가다

(3) 복합어: 하나의 어근(실질 형태소)에 접사가 붙거나, 두 개 이상의 어근(실질 형태소) 이 결합된 말이다.

① 합성어

　㉠ 개념: 둘 이상의 어근(실질 형태소)이 결합하여 하나의 단어가 된 말이다.

　㉡ 종류

　　• 형성 방법에 따른 분류

　　　– 통사적 합성어: 우리말의 일반적인 단어 배열법과 일치하는 합성어이다.

형성 방법		용례
명사＋명사		강줄기, 길바닥, 논밭, 눈곱, 마소(말＋소), 목소리, 밤낮, 소나무(솔＋나무), 이슬비, 할미꽃
부사＋부사		곧잘, 더욱더, 이리저리, 죄다
부사＋용언		그만두다, 똑같다, 못쓰다, 잘생기다
관형사＋명사		새집, 아무것, 여러분, 옛일, 온종일
용언의 어간＋관형사형 어미 ＋명사		늙은이, 어린이, 열쇠, 작은형, 젊은이, 큰집, 큰형
용언의 어간＋연결 어미＋용언		내려가다(내리＋어＋가다), 들어가다(들＋어＋가다), 스며들다(스미＋어＋들다), 알아보다(알＋아＋보다)
조사의 생략	주격 조사의 생략	값싸다(값이 싸다), 빛나다(빛이 나다), 살찌다(살이 찌다)
	목적격 조사의 생략	맛보다(맛을 보다), 본받다(본을 받다), 손들다(손을 들다)
	부사격 조사의 생략	꿈같다(꿈과 같다), 남다르다(남과 다르다), 앞서다(앞에 서다)

　　　– 비통사적 합성어: 우리말의 일반적인 단어 배열법에 어긋나는 합성어이다.

형성 방법		용례
용언의 어간＋(관형사형 어미 생략)＋명사		감발, 검버섯, 덮밥, 묵밭
용언의 어간＋(연결 어미 생략)＋용언		검붉다, 높푸르다, 붙잡다, 여닫다, 오가다
부사＋명사		산들바람, 오랫동안, 척척박사
한자어의 어순이 국어의 어순과 다른 경우	서술어＋목적어	독서(讀: 읽다, 書: 책)
	서술어＋부사어	등산(登: 오르다, 山: 산)

　　• 의미 관계에 따른 분류

　　　– 대등 합성어: 어근이 본래의 의미를 가지고 대등한 자격으로 결합하여 이루어진 단어이다.

　　　　예 대여섯(다섯＋여섯), 마소(말＋소), 봄가을, 손발, 팔다리, 한두, 뛰놀다, 오가다, 오르내리다

확인 문제 | 17 경찰 1차

다음 ㉠과 ㉡을 모두 만족하는 단어로 가장 적절하지 않은 것은?

㉠ 두 개 이상의 형태소로 이루어진 단어
㉡ 단어를 구성하는 형태소가 모두 실질 형태소로 이루어진 단어

① 밤낮　　　　② 옛날
③ 함박눈　　　④ 사냥꾼

정답 ④

해설 ㉠과 ㉡을 모두 만족하는 단어는 합성어이다. ④는 어근(사냥)과 접사(-꾼)가 결합하여 만들어진 파생어이다.

– 종속 합성어: 두 어근이 각자 본래의 의미를 가지고 있지만, 서로 주종 관계로 결합하여 이루어진 단어이다.
　예 가죽신, 비빔밥, 소고기, 손수건, 쇠못, 잔돈, 책가방, 통나무
– 융합 합성어: 어근의 결합으로 새로운 의미의 단어가 생기는 경우이다.
　예 · 강산: 강과 산 → 자연의 경치, 나라의 영토
　　· 광음: 햇빛과 그늘 → 시간, 세월
　　· 돌아가다: 돌아서 가다 → 죽다[死]
　　· 밤낮: 밤과 낮 → 늘, 항상
　　· 빈말: 비(비다)+말 → 실속 없이 헛된 말
　　· 쑥밭: 쑥이 무성한 밭 → 매우 어지럽거나 못 쓰게 된 모양
　　· 연세: 年(해 년)+歲(해 세) → 나이
　　· 종이호랑이: 종이로 만든 호랑이 → 겉보기에는 힘이 셀 것 같으나 사실은 아주 약한 것
　　· 쥐뿔: 쥐의 뿔 → 아주 보잘것없거나 규모가 작은 것
　　· 천지: 하늘과 땅 → 세상, 우주, 세계
　　· 춘추: 봄과 가을 → 나이, 연세
　　· 피땀: 피와 땀 → 노력과 정성

✚ 개념 더하기

합성어 결합 과정에서의 음운의 변화
· 'ㄹ' 탈락: 'ㄹ' 받침을 가진 말이 합성어를 형성할 때 'ㄹ' 받침이 발음되지 않는 경우 'ㄹ'을 생략한다.
　예 무논(물+논), 싸전(쌀+전), 여닫이(열+닫이), 우짖다(울+짖다)
· 'ㄹ' → 'ㄷ': 'ㄹ' 소리가 'ㄷ' 소리로 나는 것은 'ㄷ'으로 적는다.
　예 숟가락(술+가락), 섣달(설+달)
· 'ㅎ' 첨가: 'ㅎ' 소리가 덧나는 것은 'ㅎ'을 첨가하여 소리나는 대로 적는다.
　예 머리카락(머리+ㅎ+가락), 안팎(안+ㅎ+밖)
· 모음 탈락: 준말을 만들 때 모음 탈락 현상이 나타난다.
　예 갖가지(가지+가지), 엊저녁(어제+저녁)

✚ 개념 더하기

합성어와 구(句)

구분	합성어	구(句)
띄어쓰기	띄어쓰기를 하지 않음 예 우리 작은형이 더 착하다.	띄어쓰기를 함 예 키가 작은 형이 우리 형이다.
분리성	사이에 다른 말을 넣을 수 없음 예 우리 작은형이 더 착하다.	사이에 다른 말을 넣을 수 있음 예 키가 작은 저 형이 우리 형이다.

확인 문제　14 사복직 9급

통사적 합성어의 유형과 그 예가 맞지 않는 것은?
① 명사와 명사가 결합된 경우 – 할미꽃
② 관형어와 체언이 결합된 경우 – 큰형
③ 주어와 서술어가 결합된 경우 – 빛나다
④ 용언의 연결형과 용언이 결합된 경우 – 날뛰다

정답 ④

해설 '날뛰다'는 용언의 어간(날–)과 용언(뛰다)이 결합할 때 연결 어미(–고)가 생략된 말로, 비통사적 합성어이다.

② 파생어

　㉠ 개념: 어근(실질 형태소)에 접사가 결합하여 하나의 단어가 된 말이다.

　㉡ 종류

　　• 접두사에 의한 파생(접두사+어근): 접두사와 어근이 결합하여 파생어가 만들어지는 방법으로, 접두사는 뒤에 오는 어근의 의미를 제한하는 한정적 접사로 쓰인다.

접두사	의미	용례
가(假)-	가짜, 거짓, 임시적인	가건물, 가계약, 가등기
강-	다른 것이 섞이지 않고 그것만으로 이루어진	강굴, 강술, 강참숯
	마른, 물기가 없는	강기침, 강더위, 강모
	억지스러운	강울음, 강호령
	몹시	강마르다, 강밭다, 강파리하다
강(强)-	매우 센, 호된	강염기, 강추위, 강타자
개-	야생 상태의, 질이 떨어지는, 흡사하지만 다른	개금, 개꿀, 개떡
	헛된, 쓸데없는	개꿈, 개나발, 개수작
	정도가 심한	개망나니, 개잡놈
건(乾)-	마른, 말린	건가자미, 건과자, 건바닥
	겉으로만	건울음, 건주정
	근거나 이유 없는	건강짜
겹-	면이나 선 등이 포개져 있는 또는 비슷한 사물이나 일이 거듭된	겹주머니
공(空)-	힘이나 돈이 들지 않은	공것, 공돈, 공밥
	빈, 효과가 없는	공가교, 공수표, 공염불
	쓸모없이	공돌다, 공뜨다, 공치다
군-	쓸데없는	군것, 군글자, 군기침
	가외로 더한, 덧붙은	군사람, 군식구
날-	말리거나 익히거나 가공하지 않은	날것, 날김치, 날고기
	다른 것이 없는	날바늘, 날바닥, 날봉당
	장례를 다 치르지 않은	날상가, 날상제, 날송장
	지독한	날강도, 날건달, 날도둑놈
	교육을 받지 않았거나 경험이 없어 어떤 일에 서투른	날뜨기, 날짜
	부질없이	날밤, 날소일, 날장구
내(內)-	안	내배엽, 내분비, 내출혈
늦-	늦은	늦공부, 늦가을, 늦더위
	늦게	늦되다, 늦들다, 늦심다

확인 문제

17 국가직 9급

01 밑줄 친 접두사가 한자에서 온 말이 아닌 것은?

① 강염기　　　　② 강타자
③ 강기침　　　　④ 강행군

14 국가직 9급

02 다음 국어사전의 정보를 참고할 때, 접두사 '군-'의 의미가 다른 것은?

군-
접사 (일부 명사 앞에 붙어)
1. '쓸데없는'의 뜻을 더하는 접두사
2. '가외로 더한', '덧붙은'의 뜻을 더하는 접두사

① 그녀는 신혼살림에 군식구가 끼는 것을 원치 않았다.
② 이번에 지면 깨끗이 군말하지 않기로 합시다.
③ 건강을 유지하려면 운동을 해서 군살을 빼야 한다.
④ 그는 꺼림칙한지 군기침을 두어 번 해 댔다.

정답 01 ③ 02 ①

해설 **01** 한자에서 온 접두사 '강(强)-'은 '매우 센, 호된'의 의미를 지니고 있다.
③ '강기침'에 사용된 '강-'은 '마른' 또는 '물기가 없는'의 뜻을 더하는 고유어 접두사이다.
02 ① 가외로 더한, 덧붙은
②·③·④ 쓸데없는

덧-	거듭된, 겹쳐 신거나 입는	덧니, 덧버선, 덧신
	거듭, 겹쳐	덧대다, 덧붙이다
돌-	품질이 떨어지는, 야생으로 자라는	돌배, 돌감, 돌조개
되-	도로	되돌아가다, 되찾다, 되팔다
	도리어, 반대로	되깔리다, 되넘겨짚다
	다시	되살리다, 되새기다, 되씹다
뒤-	몹시, 마구, 온통	뒤꼬다, 뒤끓다, 뒤덮다
	반대로, 뒤집어	뒤바꾸다, 뒤받다, 뒤엎다
드-	심하게, 높이	드날리다, 드넓다, 드높다
들-	야생으로 자라는	들벌, 들오리, 들국화
들-	무리하게 힘을 들여, 마구, 몹시	들끓다, 들볶다, 들쑤시다
들이-	몹시, 마구, 갑자기	들이갈기다, 들이꽂다, 들이닥치다
막-	거친, 품질이 낮은	막고무신, 막과자, 막국수
	닥치는 대로 하는	막노동, 막말, 막일
막-	마지막	막차, 막판
맏-	맏이	맏며느리, 맏사위, 맏손자
	그해에 처음 나온	맏나물, 맏배
맞-	마주 대하여 하는, 서로 엇비슷한	맞고함, 맞담배, 맞대결
	마주, 서로 엇비슷하게	맞들다, 맞물다, 맞바꾸다
맨-	다른 것이 없는	맨눈, 맨다리, 맨땅
메-	찰기가 없이 메진	메조, 메벼
민-	꾸미거나 딸린 것이 없는	민가락지, 민돗자리, 민얼굴
	그것이 없음, 그것이 없는 것	민꽃, 민등뼈, 민무늬
부(不)-	아님, 아니함, 어긋남	부도덕, 부정확, 부자유
부(副)-	버금가는	부반장, 부사장, 부사수
	부차적인	부산물, 부수입
불-	몹시 심한	불가물, 불깍쟁이, 불상놈
불-	붉은 빛깔을 가진	불개미, 불곰, 불암소
불(不)-	아님, 아니함, 어긋남	불가능, 불경기, 불공정
빗-	기울어지게	빗대다, 빗뚫다, 빗물다
	잘못	빗나가다, 빗듣다, 빗디디다
	기울어진	빗금, 빗면, 빗이음
새-	매우 짙고 선명하게	새까맣다, 새빨갛다, 새뽀얗다
샛-	매우 짙고 선명하게	샛노랗다, 샛말갛다

'부(不)-'와 '불(不)-'

'아님', '아니함', '어긋남'의 뜻을 더하는 접두사로, 그 의미가 동일하지만 결합하는 말에 차이가 있다.

부(不)-	'ㄷ', 'ㅈ'으로 시작하는 명사 앞에 붙음
불(不)-	'ㄷ', 'ㅈ'으로 시작되지 않는 일부 명사 앞에 붙음

확인 문제   14 국회직 9급

다음 중 밑줄 친 부분이 접두사가 아닌 것은?

① <u>막</u>그릇에 찬밥이지만 진수성찬이 따로 없네.
② 올해 심을 <u>씨</u>감자가 비를 맞고 다 썩어 버렸어요.
③ 최근 일본산 참다랑어의 가격이 매우 <u>하락</u>하였다.
④ 처남이 우리 집으로 이사 오면서 <u>군</u>식구가 늘었어.
⑤ 피지도 못한 꽃들을 <u>짓</u>밟아버린 사람은 대체 누구인가.

정답 ②

해설 '씨감자'는 씨앗으로 쓸 감자를 의미하는 말로, 여기에서 '씨'는 어근이다. 따라서 '씨감자'는 합성어이다.

접두사	뜻	예
생(生)-	익지 아니한	생김치, 생나물, 생쌀
	물기가 아직 마르지 아니한	생가지, 생나무, 생장작
	가공하지 아니한	생가죽, 생맥주, 생모시
	직접적인 혈연관계인	생부모, 생어머니, 생아버지
	억지스러운, 공연한	생고생, 생과부, 생이별
	지독한, 혹독한	생급살, 생지옥
	얼리지 아니한	생고기, 생갈치, 생새우
선-	서툰, 충분치 않은	선무당, 선웃음, 선잠
선(先)-	앞선	선보름, 선이자
	이미 죽은	선대왕, 선대인
설-	충분하지 못하게	설깨다, 설듣다, 설마르다
수-	새끼를 배지 않거나 열매를 맺지 않는	수꿩, 수소, 수캐
	길게 튀어나온 모양의, 안쪽에 들어가는, 잘 보이는	수나사, 수단추, 수무지개
숫-	더럽혀지지 않아 깨끗한	숫눈, 숫백성, 숫사람
숫-	새끼를 배지 않는	숫양, 숫염소, 숫쥐
시-	매우 짙고 선명하게	시꺼멓다, 시뻘겋다, 시뿌옇다
시(媤)-	남편의	시아버지, 시어머니, 시동생
싯-	매우 짙고 선명하게	싯누렇다, 싯멀겋다
알-	겉을 덮어 싼 것이나 딸린 것을 다 제거한	알감, 알몸, 알바늘
	작은	알바가지, 알요강, 알항아리
	진짜, 알짜	알가난, 알건달, 알거지
암-	새끼를 배거나 열매를 맺는	암꽃, 암놈, 암사자
	오목한 형태를 가진, 상대적으로 약한	암나사, 암단추, 암무지개
애-	맨 처음	애당초
	어린, 작은	애벌레, 애송아지, 애호박
양(洋)-	서구식의, 외국에서 들어온	양변기, 양약, 양송이
양(養)-	직접적인 혈연관계가 아닌	양부모, 양아들, 양딸
엇-	어긋나게, 삐뚜로	엇걸리다, 엇나가다, 엇베다
	어긋난, 어긋나게 하는	엇각, 엇결, 엇길
	어지간한 정도로 대충	엇구수하다, 엇비슷하다
엿-	몰래	엿듣다, 엿보다, 엿살피다
올-	생육 일수가 짧아 빨리 여무는	올밤, 올콩, 올벼
	빨리	올되다
외-	혼자인, 하나인, 한쪽에 치우친	외갈래, 외고집, 외골수
	홀로	외따로, 외떨어지다
외(外)-	모계 혈족 관계인	외삼촌, 외손녀, 외할머니
	밖, 바깥	외배엽, 외분비, 외출혈

'수-'

• '수-'와 '숫-'

'새끼를 배지 않는'의 뜻을 더하는 접두사로, 그 의미가 동일하지만 결합하는 말에 차이가 있다.

수-	'양', '염소', '쥐'를 제외한 성의 구별이 있는 동식물을 나타내는 일부 명사 앞에 붙음
숫-	'양', '염소', '쥐' 앞에 붙음

• '수-'와 '암-'

결합하는 단어의 첫소리를 거센소리로 표기하는 경우가 있다.

수-	수캉아지, 수캐, 수컷, 수키와, 수탉, 수탕나귀, 수톨쩌귀, 수퇘지, 수평아리
암-	암캉아지, 암캐, 암컷, 암키와, 암탉, 암탕나귀, 암톨쩌귀, 암퇘지, 암평아리

'시-', '싯-', '새-', '샛-'

'매우 짙고 선명하게'의 뜻을 더하는 접두사로, 그 의미가 동일하지만 결합하는 말에 차이가 있다.

시-	어두음이 된소리나 거센소리 또는 'ㅎ'이고 첫음절의 모음이 'ㅓ, ㅜ'인 색채를 나타내는 일부 형용사 앞에 붙음
싯-	어두음이 유성음이고 첫음절의 모음이 'ㅓ, ㅜ'인 색채를 나타내는 형용사 앞에 붙음
새-	어두음이 된소리나 거센소리 또는 'ㅎ'이고 첫음절의 모음이 'ㅏ, ㅗ'인 색채를 나타내는 일부 형용사 앞에 붙음
샛-	어두음이 유성음이고 첫음절의 모음이 'ㅏ, ㅗ'인 색채를 나타내는 일부 형용사 앞에 붙음

<table>
<tr><td rowspan="2">잡(雜)-</td><td>여러 가지가 뒤섞인, 자질구레한</td><td>잡것, 잡귀신, 잡상인</td></tr>
<tr><td>막된</td><td>잡놈, 잡년</td></tr>
<tr><td>제(第)-</td><td>그 숫자에 해당되는 차례</td><td>제일, 제이, 제삼</td></tr>
<tr><td rowspan="2">짓-</td><td>마구, 함부로, 몹시</td><td>짓개다, 짓널다, 짓누르다</td></tr>
<tr><td>심한</td><td>짓고생, 짓망신, 짓북새</td></tr>
<tr><td>차-</td><td>끈기가 있어 차진</td><td>차조, 차좁쌀</td></tr>
<tr><td rowspan="4">찰-</td><td>끈기가 있고 차진</td><td>찰떡, 찰벼, 찰옥수수</td></tr>
<tr><td>매우 심한, 지독한</td><td>찰가난, 찰거머리, 찰깍쟁이</td></tr>
<tr><td>제대로 된, 충실한</td><td>찰개화, 찰교인</td></tr>
<tr><td>품질이 좋은</td><td>찰가자미, 찰복숭아</td></tr>
<tr><td rowspan="3">참-</td><td>진짜, 진실하고 올바른</td><td>참사랑, 참뜻</td></tr>
<tr><td>품질이 우수한</td><td>참먹, 참젖, 참흙</td></tr>
<tr><td>먹을 수 있는</td><td>참꽃</td></tr>
<tr><td>치-</td><td>위로 향하게, 위로 올려</td><td>치뜨다, 치닫다, 치받다</td></tr>
<tr><td rowspan="3">친(親)-</td><td>혈연관계로 맺어진</td><td>친부모, 친아들, 친형제</td></tr>
<tr><td>부계 혈족 관계인</td><td>친삼촌, 친손녀, 친할머니</td></tr>
<tr><td>그것에 찬성하는, 그것을 돕는</td><td>친미, 친정부, 친혁명 세력</td></tr>
<tr><td rowspan="2">풋-</td><td>처음 나온, 덜 익은</td><td>풋감, 풋고추, 풋과실</td></tr>
<tr><td>미숙한, 깊지 않은</td><td>풋사랑, 풋잠</td></tr>
<tr><td>피(被)-</td><td>그것을 당함</td><td>피보험, 피압박, 피정복</td></tr>
<tr><td rowspan="2">한-</td><td>큰</td><td>한걱정, 한길, 한시름</td></tr>
<tr><td>정확한, 한창인</td><td>한가운데, 한겨울, 한낮</td></tr>
<tr><td rowspan="2">한-</td><td>바깥</td><td>한데</td></tr>
<tr><td>끼니때 밖</td><td>한동자, 한음식, 한저녁</td></tr>
<tr><td>핫-</td><td>짝을 갖춘</td><td>핫아비, 핫어미</td></tr>
<tr><td>핫-</td><td>솜을 둔</td><td>핫것, 핫바지, 핫옷</td></tr>
<tr><td>해-</td><td>당해에 난</td><td>해쑥, 해콩, 해팥</td></tr>
<tr><td rowspan="2">햇-</td><td>당해에 난</td><td>햇감자, 햇과일, 햇양파</td></tr>
<tr><td>얼마 되지 않은</td><td>햇병아리, 햇비둘기</td></tr>
<tr><td rowspan="2">헛-</td><td>이유 없는, 보람 없는</td><td>헛걸음, 헛고생, 헛소문</td></tr>
<tr><td>보람 없이, 잘못</td><td>헛살다, 헛디디다, 헛보다</td></tr>
<tr><td>홀-</td><td>짝이 없이 혼자뿐인</td><td>홀몸, 홀시아버지, 홀시어머니</td></tr>
<tr><td>홑-</td><td>한 겹으로 된, 하나인, 혼자인</td><td>홑바지, 홑옷, 홑이불</td></tr>
<tr><td rowspan="2">휘-</td><td>마구, 매우 심하게</td><td>휘갈기다, 휘감다, 휘날리다</td></tr>
<tr><td>매우</td><td>휘넓다, 휘둥그렇다, 휘둥글다</td></tr>
</table>

'차-'와 '찰-'

'끈기가 있고 차진'의 뜻을 더하는 접두사로, 그 의미가 동일하지만 결합하는 말에 차이가 있다.

차-	'ㅈ'으로 시작되는 몇몇 명사 앞에 붙음
찰-	'ㅈ'으로 시작되지 않는 몇몇 명사 앞에 붙음

'해-'와 '햇-'

'당해에 난', '얼마 되지 않은'의 뜻을 더하는 접두사로, 그 의미가 동일하지만 결합하는 말에 차이가 있다.

해-	어두음이 된소리나 거센소리인 일부 명사 앞에 붙음
햇-	어두음이 된소리나 거센소리가 아닌 일부 명사 앞에 붙음

• 접미사에 의한 파생(어근＋접미사): 어근과 접미사가 결합하여 파생어가 만들어지는 방법으로, 접미사는 어근의 의미를 제한하고 품사를 바꾸지 않는 한정적 접사와 품사를 바꾸는 지배적 접사 모두로 쓰인다.

[한정적 접사]

접미사	의미	용례
-가(家)	그것을 전문적으로 하는 사람, 그것을 직업으로 하는 사람	건축가, 교육가, 문학가
	그것에 능한 사람	외교가, 이론가, 전략가
	그것을 많이 가진 사람	자본가, 장서가
	그 특성을 지닌 사람	대식가, 명망가, 애연가
-가(家)	가문	명문가, 세도가, 재상가
-가(街)	거리, 지역	상점가, 주택가, 환락가
-가(歌)	노래	농부가, 애국가, 유행가
-가(價)	값	감정가, 고시가, 상한가
-거리	비하	떼거리, 패거리, 짓거리
-기(氣)	기운, 느낌, 성분	시장기, 소금기, 기름기
-깔	상태, 바탕	맛깔, 빛깔, 성깔
-껏	그때까지 내내	지금껏, 아직껏, 여태껏
-꾸러기	그것이 심하거나 많은 사람	장난꾸러기, 욕심꾸러기, 잠꾸러기
-꾼	어떤 일을 전문적으로 하는 사람, 어떤 일을 잘하는 사람	살림꾼, 소리꾼, 심부름꾼
	어떤 일을 습관적으로 하는 사람, 어떤 일을 즐겨 하는 사람	낚시꾼, 난봉꾼, 노름꾼
	어떤 일 때문에 모인 사람	구경꾼, 일꾼, 장꾼
	어떤 일을 하는 사람(낮잡는 뜻)	과거꾼, 건달꾼, 도망꾼
	어떤 사물이나 특성을 많이 가진 사람	건성꾼, 꾀꾼
-내기	그 지역에서 태어나고 자라서 그 지역 특성을 지니고 있는 사람	서울내기, 시골내기
-님	높임	사장님, 총장님
	그 대상을 인격화하여 높임	달님, 별님, 토끼님
	그 대상을 높이고 존경의 뜻을 더함	공자님, 맹자님, 부처님
-다랗다	그 정도가 꽤 뚜렷함	가느다랗다, 굵다랗다, 기다랗다
-둥이	그러한 성질이 있거나 그와 긴밀한 관련이 있는 사람	귀염둥이, 막내둥이, 해방둥이
-들	복수(複數)	사람들, 그들, 너희들
-뜨리다/-트리다	강조	깨뜨리다/깨트리다, 밀어뜨리다/밀어트리다, 망가뜨리다/망가트리다
-리(裡/裏)	가운데, 속	경쟁리, 비밀리, 성황리
-바가지	매우 심함(속되거나 놀림조)	고생바가지, 주책바가지

확인 문제   18 서울시 9급

단어 형성 원리에 대한 설명으로 가장 옳은 것은?
① 형용사 '기쁘다'에 동사 파생 접미사 '-하다'가 붙으면 동사 '기뻐하다'가 생성된다.
② '시누이'와 '선생님'은 접미 파생 명사들이다.
③ '빛나가다'와 '공부하다'는 합성 동사들이다.
④ '한여름'은 단일 명사이다.

정답 ①
해설 ② '선생님'은 접미사가 결합된 파생어이지만, '시누이'는 '남편의'라는 뜻을 나타내는 접두사 '시-'와 어근 '누이'가 합쳐진 파생어이다.
③ '빛나가다'와 '공부하다'는 파생어이다.
④ '한여름'은 파생어이다.

	무엇이 박혀 있는 사람, 짐승, 물건	점박이, 금니박이, 덧니박이
-박이	무엇이 박혀 있는 곳, 한곳에 일정하게 고정되어 있는 것	장승박이
-배기	그것이 들어 있거나 차 있음	나이배기
	그런 물건	공짜배기, 대짜배기, 진짜배기
-뱅이	그것을 특성으로 가진 사람이나 사물	가난뱅이, 게으름뱅이, 안달뱅이
-보	그것을 특성으로 지닌 사람	꾀보, 싸움보, 잠보
-보	그것이 쌓여 모인 것	말보, 심술보, 울음보
-보(補)	보좌하는 직책	주사보, 차관보, 학장보
-사(士)	직업	변호사, 세무사, 회계사
-사(史)	역사(歷史)	문학사, 서양사, 철학사
-사(事)	일	관심사, 세상사, 인간사
-사(社)	회사	신문사, 잡지사, 출판사
-사(師)	그것을 직업으로 하는 사람	도박사, 사진사, 요리사
-사(辭)	말	개회사, 기념사, 추모사
-새	모양, 상태, 정도	걸음새, 모양새, 생김새
-씨	태도, 모양	말씨, 마음씨, 바람씨
-씨(氏)	그 성씨 자체, 그 성씨의 가문이나 문중	김씨, 이씨
-애(愛)	사랑	동성애, 동포애, 모성애
-인	사람	원시인, 종교인, 한국인
-장이	그것과 관련된 기술을 가진 사람	간판장이, 땜장이, 양복장이
-쟁이	그것이 나타내는 속성을 많이 가진 사람	겁쟁이, 고집쟁이, 떼쟁이
	그것과 관련된 일을 직업으로 하는 사람 (그런 사람을 낮잡아 이르는 말)	관상쟁이, 그림쟁이, 이발쟁이
-질	그 도구를 가지고 하는 일	가위질, 걸레질, 망치질
	그 신체 부위를 이용한 어떤 행위	곁눈질, 손가락질, 입질
	직업이나 직책에 비하하는 뜻을 더함	선생질, 순사질, 목수질
	주로 좋지 않은 행위에 비하하는 뜻을 더함	계집질, 노름질, 서방질
	그것을 가지고 하는 일, 그것과 관계된 일	물질, 불질, 풀질
-치	물건	날림치, 당년치, 중간치
-치(値)	값	기대치, 최고치, 평균치
-한	그와 관련된 사람의 뜻을 더함	무뢰한, 인색한, 파렴치한

확인 문제

19 소방직

01 단어의 형성 방법이 다른 것은?

① 기와집   ② 지우개
③ 선생님   ④ 개살구

18 경찰 3차

02 파생어끼리 묶인 것으로 가장 적절한 것은?

① 치솟다, 고무신
② 새빨갛다, 놀이
③ 얽매다, 풋사랑
④ 굶주리다, 까막까치

정답 01 ① 02 ②

해설 01 ① 기와(어근)+집(어근) → 합성어
② 지우(어근)+개(접사) → 파생어
③ 선생(어근)+님(접사) → 파생어
④ 개(접사)+살구(어근) → 파생어
02 ② 새(접두사)+빨갛다: 파생어 / 놀+이(접미사): 파생어
① 치(접두사)+솟다: 파생어 / 고무+신: 합성어
③ 얽+매다: 합성어 / 풋(접두사)+사랑: 파생어
④ 굶+주리다: 합성어 / 까막(까마귀)+까치: 합성어

[지배적 접사]

구분	접미사	의미	용례
명사로 파생	-개	동사 어간 뒤에 붙어 '그러한 행위를 하는 간단한 도구'의 뜻을 더함	날개, 덮개, 지우개
		동사 어간 뒤에 붙어 '그러한 행위를 특성으로 지닌 사람'의 뜻을 더함	오줌싸개, 코흘리개
	-기	일부 동사나 형용사 어간 뒤	굵기, 달리기, 돌려짓기
	-ㅁ/음	용언의 어간 뒤	꿈, 삶, 앎 / 믿음, 죽음, 웃음
	-보	동사, 형용사 어간 뒤에 붙어 '그러한 행위를 특성으로 지닌 사람'의 뜻을 더함	먹보, 울보, 째보
	-이	형용사, 동사 어간 뒤	길이, 높이, 먹이
		동사 어간의 결합형, 어근 뒤에 붙어 '사람', '사물', '일'의 뜻을 더함	곱삶이, 길잡이, 멍청이
동사로 파생	-되다	명사 뒤에 붙어 '피동'의 뜻을 더함	가결되다, 사용되다, 형성되다
	-이다	동작 또는 상태를 나타내는 일부 어근 뒤	끄덕이다, 망설이다, 반짝이다
	-하다	명사 뒤	공부하다, 생각하다, 사랑하다
		의성 · 의태어 뒤	덜컹덜컹하다, 소곤소곤하다
		부사 뒤	달리하다, 빨리하다
		의존 명사 뒤	체하다, 척하다
	-이-/ -히-/ -추-	형용사 어간 뒤에 붙어 '사동'의 뜻을 더함	높이다, 깊이다 / 괴롭히다, 붉히다, 넓히다 / 곧추다, 낮추다
형용사로 파생	-나다	명사 뒤에 붙어 그런 성질이 있음을 더함	맛나다
	-답다	명사 뒤에 붙어 '성질이 있음'의 뜻을 더함	꽃답다, 정답다, 참답다
	-롭다	모음으로 끝나는 어근 뒤에 붙어 '그러함' 또는 '그럴 만함'의 뜻을 더함	명예롭다, 신비롭다, 자유롭다
	-맞다	사람의 성격을 나타내는 일부 명사 또는 어근 뒤에 붙어 '그것을 지니고 있음'의 뜻을 더함	궁상맞다, 능글맞다, 방정맞다
	-스럽다	어근 뒤에 붙어 '그러한 성질이 있음'의 뜻을 더함	복스럽다, 걱정스럽다, 자랑스럽다
	-지다	명사 뒤에 붙어 '그런 성질이 있음' 또는 '그런 모양임'의 뜻을 더함	값지다, 기름지다, 세모지다
	-쩍다	명사 뒤에 붙어 '그런 것을 느끼게 하는 데가 있음'의 뜻을 더함	수상쩍다, 의심쩍다, 미심쩍다
	-하다	명사 뒤	건강하다, 순수하다, 정직하다
		부사 뒤	돌연하다
		의존 명사 뒤	뻔하다

> **'-ㅁ'와 '-음'**
> 둘 다 명사를 만드는 접미사로, 그 의미가 동일하지만 결합하는 말에 차이가 있다.
>
> | -ㅁ | 받침이 없거나 'ㄹ' 받침으로 끝나는 동사, 형용사 어간 뒤에 붙음 |
> |---|---|
> | -음 | 받침 있는 용언의 어간 뒤에 붙음 |

확인 문제   17 서울시 9급

다음 〈보기〉에 제시된 단어들과 단어 형성 원리가 같은 것은?

보기

개살구, 헛웃음, 낚시질, 지우개

① 건어물(乾魚物)
② 금지곡(禁止曲)
③ 한자음(漢字音)
④ 핵폭발(核爆發)

정답 ①

해설 〈보기〉에 제시된 단어들은 모두 파생어이다. ①의 '건(乾)-'은 '마른' 또는 '말린'의 뜻을 더하는 접두사로, '건어물(乾魚物)'은 접사와 어근이 결합하여 이루어진 파생어이다. ② · ③ · ④는 어근과 어근의 결합으로 이루어진 합성어이다.

부사로 파생	-껏	명사 뒤에 붙어 '그것이 닿는 데까지'의 뜻을 더함	마음껏, 정성껏, 힘껏
	-히	명사나 형용사 어근 뒤	조용히, 무사히, 나란히
	-이	형용사 어근 뒤	높이, 많이
		1음절 명사의 반복 구성 뒤	집집이, 나날이, 다달이
	-내	기간을 나타내는 일부 명사 뒤에 붙어 '그 기간의 처음부터 끝까지'의 뜻을 더함	봄내, 여름내, 저녁내
		때를 나타내는 몇몇 명사 뒤에 붙어 '그때까지'의 뜻을 더함	마침내, 끝내
관형사로 파생	-적	그 성격을 띠는, 그에 관계된, 그 상태로 된	가급적, 국가적, 기술적
	-까짓	대명사 뒤에 붙어 업신여기는 뜻에서 '…만 한 정도의'의 뜻을 더함	이까짓, 저까짓, 그까짓

➕ 개념 더하기

어간의 원형

• 어간의 원형을 밝혀 적는다.

어간에 '-이'나 '-음/-ㅁ'이 붙어서 명사로 된 것	길이, 걸음, 앎
어간에 '-이'나 '-히'가 붙어서 부사로 된 것	굳이, 익히
명사 뒤에 '-이'가 붙어서 된 말	몫몫이(부사), 삼발이(명사)
명사 뒤에 자음으로 시작된 접미사가 붙어서 된 것	값지다, 넋두리, 빛깔, 잎사귀
어간 뒤에 자음으로 시작된 접미사가 붙어서 된 것	낚시, 덮개, 깊숙하다, 굵직하다, 높다랗다
어간 뒤에 '-치-, -뜨리-, -트리-'가 붙는 것	놓치다, 흩뜨리다, 찢트리다

• 어간의 원형을 밝혀 적지 아니한다.

어간에 '-이'나 '-음'이 붙어서 명사로 바뀐 것이라도 그 어간의 뜻과 멀어진 것	무녀리, 코끼리, 거름(비료), 노름(도박)
어간에 '-이'나 '-음' 이외의 모음으로 시작된 접미사가 붙어서 다른 품사로 바뀐 것	귀머거리(명사), 자주(부사), 부터(조사)
명사 뒤에 '-이' 이외의 모음으로 시작된 접미사가 붙어서 된 말	이파리, 꼬락서니, 바가지, 지붕
겹받침의 끝소리가 드러나지 아니하는 것	널따랗다, 말끔하다, 짤막하다, 실컷
어원이 분명하지 아니하거나 본뜻에서 멀어진 것	넙치, 올무, 골막하다
'-이-, -히-, -우-'가 붙어서 된 말이라도 본뜻에서 멀어진 것	미루다, 부치다(편지를 -), 바치다(세금을 -)
'-업-, -읍-, -브-'가 붙어서 된 말	미덥다, 우습다, 미쁘다
'-하다'나 '-거리다'가 붙을 수 없는 어근에 '-이'나 또는 다른 모음으로 시작되는 접미사가 붙어서 명사가 된 것	개구리, 귀뚜라미, 기러기, 매미, 뻐꾸기, 기러기

'목걸이'와 '목거리' / '놀음'과 '노름'
본뜻이 유지되고 있을 때에는 원형을 밝혀 적지만 본뜻에서 멀어졌을 경우에는 소리대로 적는 것이 원칙이다.

구분	본뜻이 유지됨	본뜻에서 멀어짐
걸다	목걸이(목에 거는 물건)	목거리(목이 아픈 병)
놀다	놀음(놀이)	노름 (돈내기)

확인 문제   16 지방직 7급

밑줄 친 단어 가운데 품사를 바꾸어 주는 접사가 포함된 것은?

① 그 남자가 미간을 <u>좁혔다</u>.
② 청년이 여자의 어깨를 <u>밀쳤다</u>.
③ 이 말에 그만 아버지의 울화가 <u>치솟았다</u>.
④ 나는 문틈 사이에 눈을 대고 바깥을 <u>엿</u>보았다.

정답 ①

해설 ①의 '좁혔다'는 형용사 '좁다'에 '사동'의 뜻을 더하고 동사를 만드는 접미사 '-히-'가 결합하여 만들어진 동사이다.

3. 단어의 갈래(품사)

(1) 품사의 분류

① 품사 분류의 기준

㉠ 형태: 단어의 형태가 변하느냐 변하지 않느냐에 따른 구분이다.

가변어	형태가 변하는 말 **예** 동사, 형용사, 서술격 조사 '이다'
불변어	형태가 변하지 않는 말 **예** 명사, 대명사, 수사, 관형사, 부사, 감탄사, 조사(서술격 조사 제외)

㉡ 기능: 단어가 문장에서 어떤 구실을 하느냐에 따른 구분이다.

체언	문장에서 주어 등의 기능을 하는 말 **예** 명사, 대명사, 수사
수식언	문장에서 다른 말을 수식하는 말 **예** 관형사, 부사
독립언	문장에서 독립적으로 쓰이는 말 **예** 감탄사
관계언	다른 단어들의 관계를 나타내는 말 **예** 조사
용언	문장에서 서술어의 기능을 하는 말 **예** 동사, 형용사

㉢ 의미: 단어들이 공통으로 갖고 있는 의미적 특성에 따른 구분이다.

명사	이름을 나타내는 말
대명사	이름을 대신 나타내는 말
수사	수량이나 순서를 나타내는 말
관형사	체언을 꾸며주는 말
부사	용언 등의 의미를 분명하게 하는 말
감탄사	놀람, 응답 등을 나타내는 말
조사	문법적 관계 등을 나타내는 말
동사	대상의 동작을 나타내는 말
형용사	대상의 상태를 나타내는 말

② 품사의 분류

형태에 따른 구분	기능에 따른 구분	의미에 따른 구분	예
불변어	체언	명사	사람, 책상, 가방, 교실
		대명사	이, 저것, 우리, 여기
		수사	하나, 둘, 첫째, 둘째
	수식언	관형사	새, 온
		부사	그러나, 빨리, 갑자기
	독립언	감탄사	아이코, 네, 아니요
	관계언	조사	은/는, 이/가, 을/를
가변어	용언	동사	가다, 먹다, 주다
		형용사	예쁘다, 좋다, 아프다

품사
• 단어를 형태, 기능, 의미에 따라 나눈 갈래이다.
• 공통된 성질의 단어를 묶어 놓은 것이다.
• 현재 우리나라의 학교 문법에서는 아홉 가지(명사, 대명사, 수사, 관형사, 부사, 감탄사, 조사, 동사, 형용사)로 분류한다.

확인 문제　　　17 경찰 2차

다음 중 국어의 품사에 대한 설명으로 가장 적절하지 않은 것은?

① 관형사와 부사는 뒤에 오는 다른 말을 꾸며 주기 때문에 수식언이라 한다.
② 접속사는 문장과 문장을 이어 주는 것으로 '그러나, 그런데' 등과 같은 것이 있다.
③ 감탄사는 화자의 부름, 느낌, 놀람이나 대답을 나타내며 형태가 변하지 않는 특성이 있다.
④ 조사는 체언 뒤에 결합해서 다른 말과의 문법적 관계를 나타내거나 특별한 뜻을 더해 주는 말로서, 격 조사, 접속조사, 보조사가 있다.

정답 ②

해설 우리말 품사에 '접속사'는 없다. '그러나, 그런데' 등은 부사 중 접속 부사에 속한다.

(2) 체언

① 체언의 정의: 문장에서 주체의 기능을 담당하는 명사, 대명사, 수사를 통틀어 이르는 말이다.

② 명사

　㉠ 개념: 사물의 이름을 구체적으로 나타내는 품사이다.

　㉡ 특징

　　• 형태가 변하지 않는다.

　　• 관형사의 수식을 받는다.

　　• 조사와 결합하여 다양한 문장 성분으로 사용할 수 있다.

　　• 보통 명사의 경우 복수형 접미사와 결합하여 복수형을 만들 수 있다.

 개념 더하기

고유 명사의 복수 표현

• 고유 명사는 복수형 접미사와의 결합이 불가능하다.
　예 이순신들(×), 신라들(×), 임진강들(×)

• 고유 명사가 보통 명사화 된 경우 복수 표현이 가능하다.
　예 이순신들(○): '이순신'이라는 이름을 가진 많은 사람들

　㉢ 종류

　　• 사용 범위에 따라

고유 명사	특정한 사물이나 사람에 붙인 이름 예 이순신, 신라, 임진강, 북한산
보통 명사	같은 종류의 모든 사물에 두루 쓰이는 이름 예 사람, 나라, 강, 산

　　• 자립성의 유무에 따라

자립 명사	다른 말의 도움을 받지 아니하고 단독으로 쓰일 수 있는 명사 예 사람, 나라, 북한산, 임진강
의존 명사	의미가 형식적이어서 다른 말 아래에 기대어 쓰이는 명사 예 바, 것, 데, 뿐

　　• 감정 표현 능력의 여부에 따라

유정 명사	감정을 나타내는, 사람이나 동물을 가리키는 명사 예 사람, 고양이, 말
무정 명사	감정을 나타내지 못하는, 식물이나 무생물을 가리키는 명사 예 꽃, 바다, 나무, 창문

　　• 손으로 만질 수 있는지의 여부에 따라

구체 명사	구체적인 모습을 갖춘 물건을 나타내는 명사 예 사람, 나무, 돌, 밥
추상 명사	추상적 개념을 나타내는 명사 예 사랑, 희망, 믿음, 기억

확인 문제　16 지방직 9급

명사의 개수가 가장 많은 것은?

① 타율에 관한 한 독보적인 기록도 깨졌다.
② 상자에 이런 것이 깔끔하게 정돈되어 있었다.
③ 친구 외에는 다른 사람에게 항상 못되게 군다.
④ 저 모퉁이에서 얼굴이 하얀 이가 걸어오고 있다.

정답 ①

해설 ① 타율, 한, 독보적, 기록(4개)
② 상자, 것(2개)
③ 친구, 외, 사람(3개)
④ 모퉁이, 얼굴, 이(3개)

ㄹ 의존 명사

• 개념
  – 홀로 쓰일 수 없어 그 앞에 반드시 꾸미는 말인 관형어가 있어야 한다.
  – 자립성을 없지만, 하나의 단어이므로 띄어쓰기를 해야 한다.
    예 이 우산은 언니 것이다.

• 종류

형식성 의존 명사	보편성 의존 명사	여러 가지 문장 성분으로 두루 쓰이는 의존 명사: 것, 분, 데, 바 예 새파란 것이 어른에게 대든다. (주어) 　　이 우산은 언니 것이다. (서술어) 　　먹을 것을 많이 주었다. (목적어)
	주어성 의존 명사	문장에서 주로 주어로 쓰이는 의존 명사: 리, 수, 나위 예 그럴 리가 없다. 　　아무 것도 할 수가 없다.
	서술성 의존 명사	문장에서 주로 서술어로 쓰이는 의존 명사: 따름, 뿐, 때문 예 최선을 다할 따름이다. 　　일만 할 뿐이다.
	부사성 의존 명사	문장에서 부사어로 쓰이는 의존 명사: 만큼, 대로, 척, 양 예 먹을 만큼 먹었다. 　　하고 싶은 대로 하여라.
단위성 의존 명사		수효나 분량 등의 단위를 나타내는 의존 명사: 근, 켤레, 쾌, 말, 필 예 쇠고기 한 근 　　고무신 한 켤레

• 의존 명사와 조사의 구분

의존 명사	관형사형 뒤에 오고, 앞말과 띄어 쓴다.
조사	체언 뒤에 오고, 앞말에 붙여 쓴다.

예

만큼	의존 명사	앞의 내용에 상당한 수량이나 정도임을 나타내는 말 예 주는 만큼 받아 왔다.
		뒤에 나오는 내용의 원인이나 근거가 됨을 나타내는 말 예 까다롭게 검사하는 만큼 준비를 철저히 해야겠다.
	조사	앞말과 비슷한 정도나 한도임을 나타내는 격 조사 예 집을 대궐만큼 크게 지을 것이다.
뿐	의존 명사	다만 어떠하거나 어찌할 따름이라는 뜻을 나타내는 말 예 소문으로만 들었을 뿐이네.
		오직 그렇게 하거나 그러하다는 것을 나타내는 말 예 시간만 보냈다 뿐이지 한 일은 없다.
	조사	'그것만이고 더는 없음' 또는 '오직 그렇게 하거나 그러하다는 것'을 나타내는 보조사 예 가진 것은 이것뿐이다.

확인 문제

15 서울시 7급
01 다음 중 밑줄 친 단어의 품사가 나머지 셋과 다른 하나는?

① 오늘은 비가 올 듯하다.
② 당신 좋을 대로 하십시오.
③ 아기는 아버지를 빼다 박은 듯 닮았다.
④ 자기가 아는 만큼 보인다.

17 경찰 2차
02 다음 〈보기〉 중 밑줄 친 단어들에 대한 설명으로 가장 적절한 것은?

보기
㉠ 사람을 기르는 것이 중요해.
㉡ 그것은 그가 할 따름이죠.
㉢ 우리가 할 만큼은 했어.
㉣ 선생님 한 분이 새로 오신대요.

① 명사를 대신하여 대상을 가리키는 말이다.
② 사용 범위에 따라 고유 명사와 보통 명사로 나뉜다.
③ 사물의 수량을 가리키는 양수사와 순서를 가리키는 서수사로 나뉜다.
④ 실질적 의미가 희박한 형식성 의존 명사와 수량 등의 단위를 나타내는 단위성 의존 명사로 나뉜다.

정답 01 ① 02 ④
해설 01 ① '듯하다'의 품사는 보조 형용사이다. ②·③·④ '대로', '듯', '만큼'의 품사는 의존 명사이다.
02 〈보기〉 중 밑줄 친 단어들은 의존 명사이다. 의존 명사는 형식성 의존 명사와 단위성 의존 명사로 나눌 수 있다.
① 대명사에 대한 설명
② 명사에 대한 설명
③ 수사에 대한 설명

'당신'

2인칭 대명사로도 재귀칭(3인칭) 대명사로도 쓰인다.

2인칭 대명사	이 일을 한 사람이 당신이오?
재귀칭 대명사	할아버지께서는 생전에 당신의 장서를 소중히 다루셨다.

'저희'

1인칭 대명사로도 재귀칭(3인칭) 대명사로도 쓰인다.

1인칭 대명사	언제라도 저희 집에 들러 주십시오.
재귀칭 대명사	아들 내외도 저희의 잘못을 알고 있을 것이다.

확인 문제

18 경찰 1차

01 다음 밑줄 친 단어에 대한 설명으로 가장 적절하지 않은 것은?

- ㉠ 당신은 누구시오?
- ㉡ 당신, 요즘 직장에서 피곤하시죠?
- ㉢ 뭐? 당신? 누구한테 당신이야!
- ㉣ 할아버지께서는 생전에 당신의 장서를 소중히 다루셨다.

① ㉠에서 '당신'은 청자를 가리키는 2인칭 대명사이다.
② ㉡에서 '당신'은 부부 사이에서 상대편을 높여 이르는 2인칭 대명사이다.
③ ㉢에서 '당신'은 맞서 싸울 때 상대편을 낮잡아 이르는 2인칭 대명사이다.
④ ㉣에서 '당신'은 상대방을 높여 부르는 2인칭 대명사이다.

17 기상직 9급

02 문장의 밑줄 친 부분 중 품사가 다른 것은?

① 어머니는 당신께서 기른 채소를 종종 드셨어.
② 벌써 거기까지 갔을 리가 없지 않니?
③ 우리가 다니는 학교는 참 시설이 좋아.
④ 대영아, 조기 한 두름만 사오너라.

정답 01 ④ 02 ①

해설 01 ④ ㉣에서 '당신'은 '자기'를 아주 높여 이르는 말로, 앞에 나온 명사를 다시 가리킬 때 사용하는 재귀칭이며 3인칭 대명사이다.
02 ①의 '당신'은 대명사, ②의 '리'는 의존 명사, ③의 '학교'는 명사, ④의 '두름'은 명사이다. 의존 명사는 명사에 포함되기 때문에 품사가 다른 것은 ①의 '당신'이다.

③ 대명사

㉠ 개념: 사람이나 사물의 이름을 대신 나타내는 말들을 지칭하는 품사이다.

㉡ 특징

- 명사를 대신하는 말이다.
- 형태가 변하지 않고, 조사와 결합하여 다양한 문장 성분으로 사용할 수 있다.
- 복수형 접미사와 결합하여 복수 표현을 할 수 있다.
  예 그녀들, 우리들

㉢ 종류

- 인칭 대명사: 사람을 가리키는 대명사이다.

1인칭	말하는 사람이 자기를 이르는 인칭: 나, 우리, 저, 저희, 소인, 짐 예 나와 그 친구는 사이가 참 좋다. / 우리는 소풍을 간다.
2인칭	듣는 사람을 이르는 인칭: 너, 너희, 자네, 당신, 그대 예 누가 너를 데리고 왔니? / 자네는 쓸모 있는 사람이 될 것이라고 믿네.
3인칭	화자와 청자 이외의 사람을 가리키는 말: 이분, 이자, 그이, 그분, 저이, 저분 예 이자를 나무에 꽁꽁 묶어라. / 그분이 어제 집에 오셨다.

- 지시 대명사: 사물이나 처소 등을 이르는 대명사이다.

사물 대명사	사물을 대신 나타내는 말: 이것, 그것, 저것, 무엇, 아무것 예 이것은 연필이다. / 저 꽃의 이름은 무엇일까?
처소 대명사	처소를 대신 나타내는 말: 여기, 거기, 저기, 이곳, 그곳, 저곳, 어디 예 여기에 텐트를 치면 좋겠다. / 저곳은 항상 사람들로 붐빈다.

개념 더하기

대명사의 분류

근칭	말하는 사람 가까이 있는 사람이나 사물·장소를 가리키는 말: 여기, 이분, 이것 예 이분은 내 생명의 은인이다. / 여기가 바로 내 고향이다.
중칭	그리 멀지 아니한 곳에 있는 사람·사물을 가리키는 말: 그이, 그것, 그분, 그자 예 그이도 우리가 어려울 때 많은 도움을 주었지. / 그것은 거기다 내려놓고 이리 와라.
원칭	멀리 있는 사람·사물을 가리키는 말: 저것, 저기, 저분 예 저기가 경치가 제일 좋은 곳이다. / 저분은 우리 선생님이시다.
미지칭	모르는 사물이나 사람을 가리키는 대명사: 누구, 어디, 무엇 예 저 사람이 누구입니까? / 내게 무엇을 달라고 하였지?
부정칭	정해지지 아니한 사람, 물건, 방향, 장소 등을 가리키는 대명사: 아무, 아무개, 누구 예 이 일은 아무라도 할 수 있어. / 죄를 지으면 누구나 벌을 받는다.
재귀칭	앞에 나온 명사를 다시 가리킬 때 사용하는 대명사: 당신, 자기, 저, 저희 예 철수는 자기가 가겠다고 했다. / 동생들은 용돈 정도는 저희들이 벌어 썼지만 큰 보탬이 되지는 않았다.

④ 수사

　㉠ 개념: 사물의 수량이나 순서를 나타내는 품사이다.

　㉡ 특징

　　• 형용사의 수식이 불가능하다.

　　　예 예쁜 하나 (×)

　　• 복수 접미사와의 결합이 불가능하다.

　　　예 하나들 (×)

　　• 하루, 이틀, 사흘, 나흘 등은 수사가 아니라 명사이다.

　　• 수 관형사와 달리 수사는 조사와 결합할 수 있다.

수사	사물의 수나 양을 나타내는 품사로, 조사와 결합할 수 있다. 예 사람 여섯이 모여 있다.
수 관형사	사물의 수나 양을 나타내는 관형사로, 후행 단어로 나오는 체언을 수식한다. 예 여섯 사람이 모여 있다.

　㉢ 종류

　　• 양수사: 수량을 셀 때 쓰는 수사이다.

고유어	하나, 둘, 셋, 넷, 한둘, 서넛, 대여섯 예 학생 하나가 손을 들었다. 　　젊은 사람 대여섯이 모였다.
한자어	일(一), 이(二), 삼(三), 사(四), 오(五) 예 삼에 삼을 더해 보자. 　　내 나이가 오십이 다 되었다.

　　• 서수사: 순서를 나타내는 수사이다.

고유어	첫째, 둘째, 셋째, 넷째, 한두째, 두세째, 서너째 예 넷째로 성실하게 살아야 한다. 　　달리기 시합에서 서너째로 들어왔다.
한자어	제일(第一), 제이(第二), 제삼(第三), 제사(第四)

'첫째'

수사	순서가 가장 먼저인 차례 예 첫째, 생각하고 행동해야 한다.
명사	(주로 '첫째로' 꼴로 쓰여) 무엇보다도 앞서는 것 예 신발은 첫째로 발이 편안해야 한다.
	여러 형제자매 가운데서 제일 손위인 사람 예 첫째가 벌써 초등학교 5학년이다.
관형사	순서가 가장 먼저인 차례의 예 매월 첫째 주 화요일에 쉰다.

---

16 서울시 9급

확인 문제

다음 중 밑줄 친 부분의 품사가 다른 하나는?

① 그 가방에 소설책 한 권이 들어 있었다.
② 넓은 들판에는 농부가 한둘 눈에 띨 뿐 한적했다.
③ 두 사람은 서로 다투다가 화해했다.
④ 보따리에서 석류가 두세 개 굴러 나왔다.

정답 ②

해설 ②의 밑줄 친 부분의 품사는 수사이고, ① · ③ · ④의 밑줄 친 부분의 품사는 관형사이다.

(3) 수식언

① 수식언의 정의: 뒤에 오는 말을 수식하거나 한정하기 위하여 첨가하는 관형사와 부사를 이르는 말이다.

② 관형사

　㉠ 개념: 체언 앞에 놓여서, 그 체언의 내용을 자세히 꾸며 주는 품사이다.

　㉡ 특징

　　• 조사와 결합할 수 없다.

　　• 활용을 하지 않는다.

　　• 체언을 수식한다.

　　• 부사에 비해 자리 이동이 자유롭지 않다.

　　　예 새 옷을 입었다. (○) / 옷을 새 입었다. (×)

🔷 **개념 더하기**

관형사와 관형사형

관형사	• 활용을 하지 않는다. • 뒤에 오는 체언을 수식한다. 예 새 옷
관형사형	• 활용을 한다. • 수식의 기능과 더불어 서술성을 지닌다. • 기본형이 있다. 예 새로운 옷 (기본형: 새롭다)

　㉢ 종류

성상 관형사	사람이나 사물의 모양, 상태, 성질을 나타내는 관형사: 새, 헌, 순(純), 헌, 외딴 예 새 옷 / 순 살코기 / 외딴 봉우리
지시 관형사	특정한 대상을 지시하여 가리키는 관형사: 이, 그, 저, 다른 예 이 사람 / 저 어린이 / 다른 생각
수 관형사	사물의 수나 양을 나타내는 관형사: 한, 두, 첫째, 둘째 예 한 그루 / 둘째 아이

🔷 **개념 더하기**

'이', '그', '저'의 쓰임

구분	관형사	대명사
특징	후행 단어인 체언을 수식	조사와 결합할 수 있음
예문	이 사과가 맛있게 생겼다.	이보다 더 좋을 수는 없다.
	그 책을 좀 줘 봐.	그는 참으로 좋은 사람이다.
	저 거리에는 항상 사람이 많다.	이도 저도 다 싫다.

밑줄 친 부분의 품사가 다른 하나는?

① 새 신발을 신으니 발이 아프다.
② 과연 우리는 앞으로 어떻게 될까?
③ 그는 해외로 출장을 자주 다닌다.
④ 철수는 이번 시험을 위해 정말 열심히 공부했다.

정답 ①

해설 ①의 밑줄 친 부분의 품사는 관형사이고, ② · ③ · ④의 밑줄 친 부분의 품사는 부사이다.

③ 부사

  ㉠ 개념: 용언 또는 다른 말 앞에 놓여 그 뜻을 분명하게 하는 품사이다.

  ㉡ 특징

- 활용을 하지 못한다.
- 문장 내에서 위치의 이동이 자유롭다.

  예 <u>빨리</u> 학교에 가거라. / 학교에 <u>빨리</u> 가거라.

- 보조사와는 결합할 수 있지만, 격조사와는 결합할 수 없다.

  예 <u>빨리들</u> 걷는다. (O) / <u>빨리가</u> 걷는다. (×)

  ㉢ 종류

- 성분 부사: 문장의 한 성분을 꾸며 주는 부사이다.

성상 부사	사람이나 사물의 모양, 상태, 성질을 한정하여 꾸미는 부사: 그냥, 잘, 매우, 바로, 겨우, 몹시 예 환자를 <u>잘</u> 치료하다. 오늘에야 <u>겨우</u> 완성했다.
지시 부사	처소나 시간을 가리켜 한정하거나 앞의 이야기에 나온 사실을 가리키는 부사: 이리, 그리, 저리, 내일, 오늘, 어제 예 <u>저리</u> 가 있어라. 그 일은 <u>어제</u> 끝냈어야 했다.
부정 부사	용언의 앞에 놓여 그 내용을 부정하는 부사: 안, 아니, 못 예 비가 <u>안</u> 온다. 요즘 잠을 통 <u>못</u> 잔다.
의성 부사	사람이나 사물의 소리를 흉내 낸 부사 예 으앙으앙, 개굴개굴, 철썩철썩
의태 부사	사람이나 사물의 모양이나 움직임을 흉내 낸 부사 예 뒤뚱뒤뚱, 까불까불, 데굴데굴

- 문장 부사: 문장 전체를 꾸미는 부사이다.

양태 부사	화자(話者)의 태도를 나타내는 문장 부사(과연, 설마, 제발, 정말, 결코, 모름 지기, 응당, 어찌) 예 <u>제발</u> 비가 왔으면 좋겠다. 그것은 <u>결코</u> 우연한 일이 아니었다.
접속 부사	앞의 체언이나 문장의 뜻을 뒤의 체언이나 문장에 이어 주면서 뒤의 말을 꾸 며 주는 부사(그리고, 그러나, 그런데, 하지만, 그러므로, 즉) 예 초등학교, 중학교, 고등학교 <u>그리고</u> 대학교. 아내는 조용히 <u>그러나</u> 단호하게 말했다.

확인 문제

18 서울시 9급

밑줄 친 단어의 품사가 다른 하나는?

① 그곳에서 <u>갖은</u> 고생을 다 겪었다.
② 우리가 찾던 것이 <u>바로</u> 이것이구나.
③ 인천으로 갔다. <u>그리고</u> 배를 탔다.
④ 아기가 <u>방글방글</u> 웃는다.

정답 ①

해설 ①의 밑줄 친 부분의 품사는 관형 사이고, ②·③·④의 밑줄 친 부분의 품 사는 부사이다.

(4) 독립언

① 독립언의 정의: 독립적으로 쓰이는 감탄사를 이르는 말이다.

② 감탄사

　㉠ 개념: 말하는 이의 본능적인 놀람이나 느낌, 부름, 응답 등을 나타내는 품사이다.

　㉡ 특징

　　• 독립성이 매우 강하며, 단독으로 하나의 문장을 이룰 수 있다.

　　• 조사와 결합하지 않으며, 형태가 변하지 않는다.

　　• 문장 내에서 위치의 이동이 비교적 자유롭다.

　　• 쓰기보다 말하기에서 자주 사용된다.

　㉢ 종류

감정 감탄사	놀람, 느낌 등 감정을 나타내는 감탄사(와, 아, 아차, 아이코, 저런) 예 와, 정말 멋있다! 아이코, 우리는 이제 망했다.
의지 감탄사	의지를 나타내는 감탄사(자, 글쎄, 천만에, 그렇지) 예 자! 나를 따르라! 글쎄, 내가 뭐라고 했어요.
호응 감탄사	부름 또는 대답을 나타내는 감탄사(여보, 여보세요, 예, 그래, 응) 예 여보세요! 말 좀 물읍시다. 그래, 알아들었으니까 그만 가 봐.
구습 감탄사	특별한 의미 없이 입버릇으로 하는 감탄사(음, 아, 저, 뭐) 예 오늘은 음, 뭘 하고 놀까? 뭐, 그렇게 생각할 수도 있지.

(5) 관계언

① 관계언의 정의: 문장에 쓰인 단어들의 관계를 나타내는 기능을 하는 조사를 이르는 말이다.

② 조사

　㉠ 개념: 체언이나 부사, 어미 등에 붙어 그 말과 다른 말과의 문법적 관계를 표시하거나 그 말의 뜻을 도와주는 품사이다.

　㉡ 특징

　　• 홀로 쓰일 수 없는 의존 형태소로, 반드시 다른 말에 붙어서 사용된다.

　　• 자립성이 없지만, 앞말과 쉽게 분리되기 때문에 단어로 인정한다.

　　• 여러 개 겹쳐서 사용할 수 있다.

　　　예 집에서만이라도 편하게 쉬고 싶다.

　　　　→ 에서(처소격 조사)+만(보조사)+이라도(보조사)

　　• 대체로 형태의 변화가 없지만, 서술격 조사 '이다'의 경우 활용을 한다.

　　• 앞말의 조건에 따라 이형태 '은/는, 이/가, 을/를'이 존재한다.

　　　예 철수가 밥을 먹는다. / 철수가 사과를 먹는다.

확인 문제　18 기상직 9급

밑줄 친 단어 중 품사가 다른 하나는?

① 글쎄, 그 일은 나도 잘 모르겠어.

② 설마 너까지 나를 의심하는 것은 아니겠지?

③ 그는 자리에서 일어났다. 그리고 창문을 열었다.

④ 오월로 접어든 산골짝의 날씨는 이제야 겨우 봄기운이 느껴진다.

[정답] ①

[해설] ①의 밑줄 친 부분의 품사는 감탄사이고, ②·③·④의 밑줄 친 부분의 품사는 부사이다.

ⓒ 종류

- 격 조사: 체언이나 체언 구실을 하는 말 뒤에 붙어 앞말이 다른 말에 대하여 갖는 일정한 자격을 나타내는 조사이다.

주격 조사	문장 안에서, 체언이나 체언 구실을 하는 말 뒤에 붙어 주어의 자격을 가지게 하는 격 조사(이/가, 께서, 에서, 서) 예 산이 높고, 물이 맑다. 　아버님께서 신문을 보신다.
서술격 조사	• 문장 안에서, 체언이나 체언 구실을 하는 말 또는 일부 부사나 연결 어미 뒤에 붙어 서술어 자격을 가지게 하는 격 조사(이다) 예 이것은 책이다. • 서술격 조사 '이다'는 다른 조사와는 달리 '이고, 이니, 이면, 이지' 등의 형태로 활용 예 책이다, 책이고, 책이니, 책이면, 책이지
목적격 조사	문장 안에서, 체언이나 체언 구실을 하는 말 뒤에 붙어 목적어 자격을 가지게 하는 격 조사(을/를) 예 나는 책을 읽었다. 　길에서 울고 있는 아이를 보았다.
보격 조사	문장 안에서, 체언이나 체언 구실을 하는 말 뒤에 붙어 보어 자격을 가지게 하는 격 조사(이/가) 예 철수는 위대한 학자가 되었다. 　그는 보통 인물이 아니다.
관형격 조사	문장 안에서, 앞에 오는 체언이나 체언 구실을 하는 말이 뒤에 오는 체언이나 체언 구실을 하는 말의 관형어임을 보이는 조사(의) 예 너의 부탁을 들어줄 수 없다.
부사격 조사	문장 안에서, 체언이나 체언 구실을 하는 말 뒤에 붙어 부사어 자격을 가지게 하는 격 조사(에, 에게, 에서, (으)로, 와/과, 보다) 예 나는 아침에 운동을 한다. 　그는 나보다 두 살 위이다.
호격 조사	문장 안에서, 체언이나 체언 구실을 하는 말 뒤에 붙어 독립어 자격을 가지게 하는 격 조사(아/야, 여) 예 철수야, 이리 와 봐. 　그대여 내 마음을 알아주오.

➕ 개념 더하기

격 조사 '에서'
주격 조사와 부사격 조사로 사용된다.

주격 조사	단체를 나타내는 명사 뒤에 붙어 앞말이 주어임을 나타내는 조사 예 이번 대회는 우리 학교에서 우승을 차지했다.	
부사격 조사	행동이 이루어지고 있는 처소	예 이 물건은 시장에서 사 왔다.
	출발점	예 서울에서 몇 시에 출발할 예정이냐?
	어떤 일의 출처	예 모 기업에서 후원 물품을 보냈다.
	근거의 뜻	예 고마운 마음에서 드리는 말씀입니다.
	비교의 기준이 되는 점	예 이에서 어찌 더 나쁠 수가 있겠어요?

부사격 조사 '에게'와 '에'

에게	유정 명사 뒤에 사용 예 친구에게 합격 사실을 알렸다.
에	무정 명사 뒤에 사용 예 우리는 햇볕에 옷을 말렸다.

부사격 조사 '라고'와 '고'

라고	직접 인용에 사용 예 주인이 "많이 드세요." 라고 권한다.
고	간접 인용에 사용 예 아직도 네가 잘했다고 생각하느냐?

확인 문제 　14 경찰 2차

〈보기〉의 밑줄 친 표현들 중에서 주어를 구성하는 주격 조사가 아닌 것은?

보기
ⓐ 철수는 학생이 아니다.
ⓑ 정부에서 학생들에게 장학금을 주었다.
ⓒ 영수가 물을 마신다.
ⓓ 할아버지께서 집에 오셨다.

① ⓐ의 '이'　　② ⓑ의 '에서'
③ ⓒ의 '가'　　④ ⓓ의 '께서'

정답 ①

해설 ⓐ의 '이'는 서술어 '되다', '아니다' 앞에서 보어 자격을 가지게 하는 보격 조사이다.

- 접속 조사: 둘 이상의 사물이나 사람을 같은 자격으로 이어 주는 구실을 하는 조사이다.

와/과	우리는 자유와 평등의 실현을 위해 싸웠다. 경숙과 민희는 여고 동창이다.
하고	붓하고 먹을 가져와라.
(이)나	바자회 물품으로 책이나 옷을 받고 있다.
(이)랑	나는 영희랑 철수를 우리 집에 초대했다.
(이)며	옷이며 신이며 죄다 흩어져 있었다.
(이)다	연습이다 레슨이다 시간이 하나도 없다.
에	잔칫집에서 밥에 떡에 술에 아주 잘 먹었다.

➕ 개념 더하기

조사 '와/과'

격 조사와 접속 조사로 사용된다. 접속 조사로 사용될 때에는 두 개 이상의 문장으로 바꾸어 쓸 수 있다.
예 개와 늑대는 비슷하다. (격 조사)
　→ 개는 비슷하다. 늑대는 비슷하다. (×)
예 나는 사과와 딸기를 좋아한다. (접속 조사)
　→ 나는 사과를 좋아한다. 나는 딸기를 좋아한다. (○)

격 조사	다른 것과 비교하거나 기준으로 삼는 대상임을 나타내는 격 조사 예 개는 늑대와 비슷하게 생겼다.
	일 등을 함께 함을 나타내는 격 조사 예 어제는 친구와 테니스를 쳤다.
	상대로 하는 대상임을 나타내는 격 조사 예 한 검사가 거대한 폭력 조직과 맞섰다.
접속 조사	사람이나 사물을 대등하게 이어 주는 접속 조사 예 나는 사과와 딸기를 좋아한다.

- 보조사: 선행하는 체언, 부사, 활용 어미 등에 붙어서 어떤 특별한 의미를 더해 주는 조사이다.

은/는	어떤 대상이 다른 것과 대조됨을 나타내는 보조사 예 인생은 짧고 예술은 길다.
	문장 속에서 어떤 대상이 화제임을 나타내는 보조사 예 나는 학생이다.
	강조의 뜻을 나타내는 보조사 예 너에게도 잘못은 있다.
도	이미 어떤 것이 포함되고 그 위에 더함의 뜻을 나타내는 보조사 예 밥만 먹지 말고 반찬도 먹어라.
	둘 이상의 대상이나 사태를 똑같이 아우름을 나타내는 보조사 예 아기가 눈도 코도 다 예쁘다.
	양보하여도 마찬가지로 허용됨을 나타내는 보조사 예 찬밥도 좋으니 빨리만 먹게 해 주세요.

확인 문제　19 서울시 7급

밑줄 친 조사의 성격이 다른 하나는?

① 인생은 과연 뜬구름과 같은 것일까?
② 누구나 영수하고 친하게 지낸다.
③ 고등학교 때 수학과 영어를 무척 좋아했다.
④ 나와 그 친구는 서로 의지하는 사이였다.

정답 ③
해설 ③의 밑줄 친 부분은 접속 조사.
①·②·④는 격 조사이다.

대로	앞에 오는 말에 근거하거나 달라짐이 없음을 나타내는 보조사 예 처벌하려면 법대로 해라.
	따로따로 구별됨을 나타내는 보조사 예 너는 너대로 나는 나대로 서로 상관 말고 살자.
만	다른 것으로부터 제한하여 어느 것을 한정함을 나타내는 보조사 예 모임에 그 사람만 참석했다.
	무엇을 강조하는 뜻을 나타내는 보조사 예 그를 만나야만 모든 문제가 해결될 수 있다.
까지	어떤 일이나 상태 등에 관련되는 범위의 끝임을 나타내는 보조사 예 동생을 역까지 바래다주었다.
	이미 어떤 것이 포함되고 그 위에 더함의 뜻을 나타내는 보조사 예 너까지 나를 못 믿겠니?
	그것이 극단적인 경우임을 나타내는 보조사 예 우리가 할 수 있는 데까지 해 봅시다.
조차	이미 어떤 것이 포함되고 그 위에 더함의 뜻을 나타내는 보조사 예 그는 편지는커녕 제 이름조차 못 쓴다.
마저	이미 어떤 것이 포함되고 그 위에 더함의 뜻을 나타내는 보조사(하나 남은 마지막) 예 너마저 나를 떠나는구나.
부터	어떤 일이나 상태 등에 관련된 범위의 시작임을 나타내는 보조사 예 너부터 먼저 먹어라.
마다	'낱낱이 모두'의 뜻을 나타내는 보조사 예 날마다 책을 읽는다.
	'앞말이 가리키는 시기에 한 번씩'의 뜻을 나타내는 보조사 예 시계가 5분마다 종을 친다.
(이)나	마음에 차지 않는 선택, 최소한 허용되어야 할 선택이라는 뜻을 나타내는 보조사 예 굿이나 보고 떡이나 먹자.
	마치 현실의 것인 양 가정된 가장 좋은 선택이라는 뜻을 나타내는 보조사 예 자기가 무슨 대장이나 되는 것처럼 굴더라.
	어떤 대상이 최선의 자격 또는 조건이 됨을 뜻하는 보조사 예 사월이나 되니까 날씨가 따뜻하다.
요	청자에게 존대의 뜻을 나타내는 보조사 예 기차가 참 빨리 가지요.
밖에	'그것 말고는', '그것 이외에는', '기꺼이 받아들이는', '피할 수 없는'의 뜻을 나타내는 보조사 예 나를 알아주는 사람은 너밖에 없다.

확인 문제   16 국가직 9급

밑줄 친 보조사의 의미를 설명한 것으로 옳지 않은 것은?

① 그렇게 천천히 가다가는 지각하겠다.
   (-는: 어떤 대상이 다른 것과 대조됨을 나타냄)
② 웃지만 말고 다른 말을 좀 해 보아라.
   (-만: 다른 것으로부터 제한하여 어느 것을 한정함을 나타냄)
③ 단추는 단추대로 모아 두어야 한다.
   (-대로: 따로따로 구별됨을 나타냄)
④ 비가 오는데 바람조차 부는구나.
   (-조차: 이미 어떤 것이 포함되고 그 위에 더함을 나타냄)

정답 ①
해설 ①에서 '는'은 강조의 뜻을 나타내는 보조사로 사용되었다.

(6) 용언

① 용언의 정의: 문장에서 서술어의 기능을 하는 동사, 형용사를 이르는 말이다.

② 동사

    ㉠ 개념: 사물의 동작이나 작용을 나타내는 품사이다.

    ㉡ 특징

        • 형용사, 서술격 조사와 함께 활용을 한다.

        • 부사의 수식을 받지만, 관형사의 수식을 받지는 않는다.

    ㉢ 종류(성질에 따른 분류)

자동사	동사가 나타내는 동작이나 작용이 주어에만 미치는 동사 예 꽃이 핀다.(피다) 해가 솟는다.(솟다)
타동사	동작의 대상인 목적어를 필요로 하는 동사 예 철수가 밥을 먹는다.(먹다)

③ 형용사

    ㉠ 개념: 사물의 성질이나 상태를 나타내는 품사이다.

    ㉡ 특징

        • 형태의 변화가 있다.

        • 부사의 수식을 받는다.

    ㉢ 종류(의미에 따른 분류)

성상 형용사	사물의 성질이나 상태를 나타내는 형용사(예쁘다, 달다, 고프다, 붉다, 높다) 예 걸음걸이가 참 예쁘구나. / 가을에는 하늘이 높다.
지시 형용사	사물의 성질, 시간, 수량 등이 어떠하다는 것을 형식적으로 나타내는 형용사(그러하다, 어떠하다, 저렇다, 아무러하다) 예 이야기의 전모는 이러하다. / 생김은 저러나 마음은 매우 유순하다.

④ 동사와 형용사의 구분

구분	동사	형용사
명령형 어미 '-어라/아라'	먹어라(○), 잡아라(○)	젊어라(×), 순해라(×)
청유형 어미 '-자'	먹자(○), 잡자(○)	젊자(×), 순하자(×)
현재 시제 어미 '-는/ㄴ'	먹는다(○), 잡는다(○)	젊는다(×), 순한다(×)
관형사형 어미 '-는'	먹는(○), 잡는(○)	젊는(×), 순하는(×)
의도 표시 어미 '-(으)려'	먹으려(○), 잡으려(○)	젊으려(×), 순하려(×)
목적 표시 어미 -(으)러'	먹으러(○), 잡으러(○)	젊으러(×), 순하러(×)

확인 문제

18 교행직 9급

다음의 ㉠에 해당하는 것은?

국어에는 ㉠ 자동사와 타동사의 기능을 모두 가지고 있는 동사가 있다. '눈물이 그치다 / 눈물을 그치다'의 '그치다'가 이러한 예이다.

① 뱉다   ② 쌓이다
③ 움직이다   ④ 읽다

정답 ③

해설 ③ '사람이 움직이다 / 사람을 움직이다'로 쓰일 수 있기 때문에 ㉠에 해당
① 타동사
② 자동사
④ 타동사

⑤ 동사와 형용사로 모두 쓰이는 단어

길다	동사	머리가 꽤 많이 길었다. / 수염이 길어 턱 밑이 시커멨다.
	형용사	길게 한숨을 내쉬었다. / 해안선이 길다.
크다	동사	키가 몰라보게 컸구나. / 너 커서 무엇이 되고 싶니?
	형용사	키가 크다. / 그녀는 씀씀이가 크다.
늦다	동사	그는 약속 시간에 항상 늦는다. / 그는 버스 시간에 늦어 고향에 가지 못했다.
	형용사	시계가 오 분 늦게 간다. / 발걸음이 늦다.
감사하다	동사	나는 친구에게 도와준 것에 감사했다.
	형용사	당신의 작은 배려가 대단히 감사합니다.
있다	동사	그는 내일 집에 있는다고 했다. / 떠들지 말고 얌전하게 있어라.
	형용사	나는 신이 있다고 믿는다. / 나는 그와 만난 적이 있다.
밝다	동사	벌써 새벽이 밝아 온다. / 내일 날이 밝는 대로 떠나겠다.
	형용사	햇불이 밝게 타오른다. / 인사성과 예의가 밝다.

⑥ 본용언과 보조 용언

　ㄱ 본용언
　　• 문장의 주체를 주되게 서술하면서 보조 용언의 도움을 받는 용언이다.
　　• 자립성이 있고, 실질적인 의미를 지닌다.
　　　예 나는 사과를 먹어 버렸다. / 그는 잠을 자고 싶다.
　ㄴ 보조 용언
　　• 본용언과 연결되어 그것의 뜻을 보충하는 역할을 하는 용언이다.
　　• 혼자서 독립적으로 쓰이지 못하고, 보조적 의미를 지닌다.
　　　예 나는 사과를 먹어 버렸다. / 그는 잠을 자고 싶다.
　　• 보조 용언에는 보조 동사, 보조 형용사가 있다.

| 보조 동사 | 본동사와 연결되어 그 풀이를 보조하는 동사
예 감상을 적어 두다. / 그는 학교에 가 보았다. |
| 보조 형용사 | 본용언과 연결되어 의미를 보충하는 역할을 하는 형용사
예 먹고 싶다. / 예쁘지 아니하다. |

　• 보조 동사와 보조 형용사의 구별

않다	보조 동사	책을 보지 않는다. / 그는 이유도 묻지 않고 돈을 빌려주었다.
	보조 형용사	옳지 않다. / 일이 생각만큼 쉽지 않다.
못하다	보조 동사	눈물 때문에 말을 잇지 못했다. / 배가 아파 밥을 먹지 못한다.
	보조 형용사	음식 맛이 좋지 못하다. / 먹다 못해 음식을 남겼다.
하다	보조 동사	노래를 부르게 한다. / 주방은 늘 청결해야 한다.
	보조 형용사	생선이 참 싱싱하기도 하다. / 길도 멀고 하니 일찍 출발해라.
보다	보조 동사	그런 책은 읽어 본 적이 없다. / 말을 들어 보자.
	보조 형용사	열차가 도착했나 보다. / 한 대 때릴까 보다.

본용언과 보조 용언의 구별
• '본용언+보조 용언'의 순으로 나열된다.
• 본용언과 보조 용언은 띄어 씀을 원칙으로 하지만, 경우에 따라 붙여 씀도 허용한다.
예 불이 꺼져 간다. (원칙) / 불이 꺼져간다. (허용)
비가 올 듯하다. (원칙) / 비가 올듯하다. (허용)

확인 문제

19 서울시 9급
01 밑줄 친 부분의 품사가 다른 하나는?

① 옷 색깔이 아주 밝구나!
② 이 분야는 전망이 아주 밝다.
③ 내일 날이 밝는 대로 떠나겠다.
④ 그는 예의가 밝은 사람이다.

18 서울시 9급
02 '본용언+보조 용언' 구성이 아닌 것은?

① 영수는 쓰레기를 주워서 버렸다.
② 모르는 사람이 나를 아는 척한다.
③ 요리 맛이 어떤지 일단 먹어 본다.
④ 우리는 공부를 할수록 더 많은 것을 알아 간다.

정답 01 ③ 02 ①
해설 01 ③ '밤이 지나고 환해지며 새날이 오다.'라는 의미의 동사
① '빛깔의 느낌이 환하고 산뜻하다.'라는 의미의 형용사
② '예측되는 미래 상황이 긍정적이고 좋다.'라는 의미의 형용사
④ '생각이나 태도가 분명하고 바르다.'라는 의미의 형용사
02 ① '줍다'와 '버리다'의 의미가 모두 분명한 '본용언+본용언'의 구성이다.
② 척하다: 앞말이 뜻하는 행동이나 상태를 거짓으로 그럴듯하게 꾸밈을 나타내는 보조 동사
③ 보다: 어떤 행동을 시험 삼아 함을 나타내는 보조 동사
④ 가다: 앞말이 뜻하는 행동이나 상태가 계속 진행됨을 나타내는 보조 동사

⑦ 용언의 어간과 어미

ⓐ 어간: 활용어가 활용할 때에 변하지 않는 부분이다.

ⓑ 어미: 활용어가 활용할 때에 변하는 부분이다.

• 선어말 어미: 어말 어미 앞에 나타나는 어미이다.

높임 선어말 어미	-시-	충무공은 훌륭한 장군이<u>시</u>었다. (주체 높임)
공손 선어말 어미	-옵-	조심히 가<u>옵</u>소서.
시제 선어말 어미	-ㄴ/는-	우리는 너만 믿<u>는</u>다. (현재)
	-았/었-	그는 집에 <u>갔</u>다. (과거)
	-겠-	내일 새벽에 도착하<u>겠</u>구나. (미래, 추측)
	-더-	선생님은 기분이 좋으시<u>더</u>라. (과거 회상)

• 어말 어미: 활용 어미에 있어서 맨 뒤에 오는 어미이다.

– 종결 어미: 한 문장을 종결되게 하는 어말 어미

평서형	설명: -다, -네, -오, -습니다 예 밥을 먹는<u>다</u>.
의문형	물음: -니, -느냐, -ㄴ가, -(으)ㅂ니까 예 밥을 먹<u>니</u>?
명령형	행동을 요구: -아라/어라, -게, -오, -ㅂ시오 예 밥을 먹<u>어라</u>.
청유형	행동을 권유: -자, -자꾸나, -세, -읍시다 예 밥을 먹<u>자</u>.
감탄형	감탄, 느낌: -구나, -도다 예 밥을 먹는<u>구나</u>!

– 비종결 어미

㉮ 연결 어미: 어간에 붙어 다음 말에 연결하는 구실을 하는 어미

대등적 연결 어미	나열	-고, -(으)며 예 여름에는 비가 내리<u>고</u> 겨울에는 눈이 내린다.
	상반	-(으)나, -지만 예 동생은 시험에 합격했<u>으나</u> 형은 그러지 못했다.
종속적 연결 어미	원인/ 이유	-(으)니, -(으)니까, -(어/아)서, -(으)므로, -느라고 예 봄이 오<u>니</u> 꽃이 핀다.
	결과	-도록, -게 예 나무가 잘 자라<u>게</u> 거름을 주었다.
	목적/ 의도	-(으)러, -(으)려고 예 점심을 먹<u>으러</u> 집에 간다.
	양보/ 가정	-더라도, 어도 예 무슨 일이 있<u>더라도</u> 일찍 집에 가야 한다.
보조적 연결 어미		본용언과 보조 용언의 연결: -어/아, -게, -지, -고 예 무거운 짐을 들<u>어</u> 주었다.

㉯ 전성 어미: 용언의 어간에 붙어 다른 품사의 기능을 수행하게 하는 어미

명사형 전성 어미	-(으)ㅁ, -기 예 학생 신분<u>임</u>을 밝히다.
관형사형 전성 어미	-(으)ㄴ, -는, -던, -(으)ㄹ 예 청바지를 입<u>은</u> 남자가 지나갔다.
부사형 전성 어미	-게, -도록 예 날이 추운데 따뜻하<u>게</u> 입어.

확인 문제

17 국가직 9급

밑줄 친 말의 기본형이 옳지 않은 것은?

① 무를 강판에 <u>가니</u> 즙이 나온다. (기본형: 갈다)

② 오래되어 <u>불은</u> 국수는 맛이 없다. (기본형: 불다)

③ 아이들에게 위험한 데서 놀지 말라고 <u>일렀다</u>. (기본형: 이르다)

④ 퇴근하는 길에 포장마차에 <u>들렀다가</u> 친구를 만났다. (기본형: 들르다)

정답 ②

해설 ② '불다'는 '바람이 일어나서 어느 방향으로 움직이다.', '유행, 풍조, 변화 등이 일어나 휩쓸다.' 등의 의미로 사용된다. '물에 젖어서 부피가 커지다.'라는 의미의 동사는 '붇다'이다.

⑧ 용언의 활용

　㉠ 활용의 개념
　　• 용언의 어간이나 서술격 조사에 변하는 말이 붙어 문장의 성격을 바꾸는 것이다.
　　• 국어에서는 동사, 형용사, 서술격 조사의 어간에 여러 가지 어미가 붙는 형태로 활용한다.
　　• 활용을 통해 시제, 서법 등을 나타낸다.
　　• 기본형은 활용하는 단어에서 활용형의 기본이 되는 것으로, 국어에서는 어간에 어미 '-다'를 붙인 형태이다.

　㉡ 활용의 종류
　　• 규칙 활용
　　　- 동사와 형용사가 활용을 할 때에 어간과 어미의 형태가 규칙적인 것이다.
　　　- 활용을 할 때 어간과 어미의 형태 변화가 없거나, 보편적인 음운 규칙으로 설명이 되는 경우를 말한다.

형태 변화가 없는 경우		활용을 할 때 어간과 어미의 형태 변화가 없는 것 예 먹다: 먹고, 먹으니, 먹어서, 먹었다 뛰다: 뛰고, 뛰니, 뛰어서, 뛰었다
보편적 음운 규칙	'ㅡ' 탈락 규칙	어간이 모음 'ㅡ'로 끝날 때 '아/어'와 결합하면 'ㅡ' 탈락 예 아프다: 아프고, 아프니, 아파서, 아팠다 크다: 크고, 크니, 커서, 컸다
	'ㄹ' 탈락 규칙	어간 끝 받침 'ㄹ'이 'ㄴ, ㅂ, ㅅ' 또는 '오, -ㄹ' 앞에서 탈락 예 살다: 살고, 살지, 사니, 삽시다, 사세, 사오 갈다: 갈고, 갈지, 가니, 갑시다, 가세, 가오

　　• 불규칙 활용
　　　- 용언이 활용할 때 어간 또는 어미의 모습이 달라지는 것이다.
　　　- 활용을 할 때 어간과 어미의 달라지는 형태가 보편적인 음운 규칙으로 설명이 되지 않는 경우를 말한다.

어간이 바뀌는 경우	'ㅅ' 불규칙	어간 끝 받침 'ㅅ'이 모음 앞에서 탈락 예 짓다: 짓고, 짓지, 지어, 지으니 잇다: 잇고, 잇지, 이어, 이으니
	'ㅂ' 불규칙	어간 끝 받침 'ㅂ'이 모음 앞에서 '오/우'로 바뀌는 경우 예 덥다: 덥고, 덥지, 더워, 더우니 곱다: 곱고, 곱지, 고와, 고우니
	'ㄷ' 불규칙	어간 끝 받침 'ㄷ'이 모음 앞에서 'ㄹ'로 바뀌는 경우 예 깨닫다: 깨닫고, 깨닫지, 깨달아, 깨달으니 싣다: 싣고, 싣지, 실어, 실으니
	'르' 불규칙	'르'로 끝나는 어간 뒤에 어미 '-아/어'가 결합하여 'ㅡ'가 탈락하고 'ㄹ'이 덧붙는 경우 예 흐르다: 흐르고, 흐르지, 흘러, 흘러서 빠르다: 빠르고, 빠르지, 빨라, 빨라서
	'우' 불규칙	어간이 모음 'ㅜ'로 끝날 때 '아/어'와 결합하면 'ㅜ' 탈락 예 푸다: 푸고, 푸지, 퍼(푸+어), 퍼서(푸+어서)

확인 문제

밑줄 친 단어의 불규칙 활용 유형이 같은 것은?
① 나뭇잎이 <u>누르니</u> 가을이 왔다.
　나무가 높아 <u>오르기</u> 힘들다.
② 목적지에 <u>이르기</u>는 아직 멀었다.
　앞으로 <u>구르기</u>를 잘한다.
③ 주먹을 <u>휘두르지</u> 마라.
　머리를 짧게 <u>자른다</u>.
④ 그를 불운한 천재라 <u>부른다</u>.
　색깔이 아주 <u>푸르다</u>.

정답 ③

해설 ③ 주먹을 휘두르다.('르' 불규칙)
머리를 자르다.('르' 불규칙)
① 나뭇잎이 누르다.('러' 불규칙)
　나무에 오르다.('르' 불규칙)
② 목적지에 이르다.('러' 불규칙)
　앞으로 구르다.('르' 불규칙)
④ 천재라고 부르다.('르' 불규칙)
　색깔이 푸르다.('러' 불규칙)

		어간 '하-' 뒤에 어미 '아'가 결합하여 '하여'로 바뀌어 나타나는 경우
어미가 바뀌는 경우	'여' 불규칙	예 하다: 하고, 하지, 하러, 하여(해) 　　공부하다: 공부하고, 공부하지, 공부하러, 공부하여(공부해)
	'러' 불규칙	'르'로 끝나는 어간 뒤에 어미 '-어'가 결합하여 '러'로 바뀌어 나타나는 경우 예 푸르다: 푸르고, 푸르지, 푸르니, 푸르러, 푸르렀다 　　이르다[至]: 이르고, 이르지, 이르니, 이르러, 이르렀다
어간 · 어미 모두 바뀌는 경우	'ㅎ' 불규칙	'ㅎ'으로 끝나는 어간의 경우 'ㅎ'이 줄어들고, 어미의 형태도 바뀜 예 하얗다: 하얗고, 하얗지, 하야니, 하얘(하얗+아) 　　동그랗다: 동그랗고, 동그랗지, 동그라니, 동그래(동그랗+아)

✚ 개념 더하기

'걷다'와 '묻다'의 활용

구분	규칙 활용	'ㄷ' 불규칙 활용
걷다	(빨래를) 걷다: 걷고, 걷지, 걷으니, 걷어	(걸음을) 걷다: 걷고, 걷지, 걸으니, 걸어
묻다	(땅에) 묻다: 묻고, 묻지, 묻으니, 묻어	(물음을) 묻다: 묻고, 묻지, 물으니, 물어

'이르다'와 '누르다'의 활용

구분	'르' 불규칙	'러' 불규칙
이르다	(시간이) 이르다: 이르고, 이르니, 일러	(목적지에) 이르다: 이르고, 이르니, 이르러
누르다	(힘으로) 누르다: 누르고, 누르니, 눌러	(빛깔이) 누르다: 누르고, 누르니, 누르러

확인 문제　　　　15 교행직 9급

〈보기〉의 ㉠과 ㉡에 해당하는 예로만 묶은 것은?

보기

불규칙 용언은 그 활용형에 따라 ㉠ 어간만이 불규칙적으로 바뀌는 것, 어미만이 불규칙적으로 바뀌는 것, ㉡ 어간과 어미 모두가 불규칙적으로 바뀌는 것으로 나뉜다.

	㉠	㉡
①	(고기를) 굽다	(진실을) 깨닫다
②	(고기를) 굽다	(하늘이) 파랗다
③	(들판이) 푸르다	(진실을) 깨닫다
④	(들판이) 푸르다	(하늘이) 파랗다

정답 ②

해설 • (고기를) 굽다: 'ㅂ' 불규칙 – 어간만이 불규칙적으로 바뀌는 것
• (진실을) 깨닫다: 'ㄷ' 불규칙 – 어간만이 불규칙적으로 바뀌는 것
• (들판이) 푸르다: '러' 불규칙 – 어미만이 불규칙적으로 바뀌는 것
• (하늘이) 파랗다: 'ㅎ' 불규칙 – 어간과 어미 모두가 불규칙적으로 바뀌는 것

1. 문장과 문장 성분

(1) 문장

① 개념: 생각이나 감정을 말과 글로 표현할 때 완결된 내용을 나타내는 최소의 단위이다.

② 문장의 성립 조건

  ㉠ 의미상 완결된 내용이어야 한다.

  ㉡ 구성상 주어와 서술어를 갖추고 있는 것이 원칙이나, 때로 이런 것이 생략될 수도 있다.

  ㉢ 형식상 문장의 끝에 문장이 끝났음을 알리는 표지로, '.', '?', '!' 등의 문장 부호를 쓴다.

③ 문장의 구성 요소

어절	• 문장을 구성하고 있는 각각의 마디로, 문장 성분의 최소 단위 • 띄어쓰기의 단위와 일치 예 나는 / 많은 / 비가 / 오기를 / 빌었다. → 어절: 5개
구	• 둘 이상의 단어가 모여 절이나 문장의 일부분을 이루는 토막 • 절과는 달리 주어와 서술어의 구성을 갖추고 있지 않음 예 나는 많은 비가 오기를 빌었다.
절	• 독립하여 쓰이지 못하고 다른 문장의 한 성분으로 쓰이는 단위 • 구와는 달리 주어와 서술어의 구성을 갖추고 있음 예 나는 많은 비가 오기를 빌었다.

④ 문장의 구조

주어부	주어 단독으로나 주어와 그에 딸린 부속 성분으로 이루어진 부분 예 아주 예쁜 꽃이 여기저기 피어 있다. 저 사람이 제일 빠르다.
서술부	서술어 단독으로나 목적어, 보어 또는 그들에 딸린 부속 성분을 통틀어 이르는 말 예 아주 예쁜 꽃이 여기저기 피어 있다. 철수가 밥을 먹는 중이다.

⑤ 문장의 성립

무엇이 어찌하다(서술어: 동사)	철수가 뛴다.
무엇이 어떠하다(서술어: 형용사)	철수는 용감하다.
무엇이 무엇이다(서술어: 체언+서술격 조사 '이다')	철수는 학생이다.

확인 문제 19 기상직 9급

〈보기〉를 바탕으로 '필요한 문장 성분'에 대해 판단한 내용으로 적절한 것은?

보기

㉠ 벤치에 앉은 그녀는 너무 예뻤다.
㉡ 경찬이는 TV에서 만화를 보았다.
㉢ 할아버지께서 우리들에게 세뱃돈을 주셨다.
㉣ 우리도 경전철이 언제 개통될지 모른다.

① ㉠에는 문장 성분이 여러 개 있지만 필수적인 것은 주어와 부사어와 서술어이다.
② ㉡에서 필수적인 문장 성분은 4개이다.
③ ㉢을 보면 문장의 부속 성분인 부사어 '우리들에게'도 필수적인 문장 성분이 될 수 있다.
④ ㉣에는 서술어 '개통되다'의 주어가 2개이므로 중복되는 주어를 생략해야 한다.

정답 ③

해설 ① ㉠의 필수적인 성분은 주어와 서술어이다.
② ㉡의 필수적 성분은 주어, 목적어, 서술 3개이다.
④ ㉣에서 서술어 '개통되다'의 주어는 '경전철이', '모른다'의 주어는 '우리도'이다.

(2) 문장 성분

① 문장 성분의 특징

ⓐ 문장을 구성하는 기능적 단위로, 문장 안에서 일정한 문법적 기능을 수행한다.

ⓑ 우리나라의 문법에서는 일곱 가지(주어, 서술어, 목적어, 보어, 관형어, 부사어, 독립어)로 분류한다.

② 문장 성분의 종류

주성분	문장의 골격을 이루는 필수적인 성분: 주어, 서술어, 목적어, 보어 예 <u>철수가</u> 집에서 <u>밥을</u> <u>먹는다.</u> → 철수가: 주어, 밥을: 목적어, 먹는다: 서술어 철수는 <u>학생이</u> 아니다. → 학생이: 보어
부속 성분	주성분의 내용을 꾸며 뜻을 더하여 주는 문장 성분: 관형어, 부사어 예 철수가 <u>입은</u> 옷이 <u>너무</u> 이상하다. → 입은: 관형어, 너무: 부사어
독립 성분	문장의 주성분이나 부속 성분과 직접적인 관련을 맺지 않고 따로 떨어져 있는 성분: 독립어 예 <u>어머나</u>, 몰라볼 정도로 멋있어졌구나! → 어머나: 독립어

③ 주성분

ⓐ 주어

- 개념: 서술어가 나타내는 동작이나 상태의 주체가 되는 말이다.
- 형식
  - 체언, 명사구, 명사절+주격 조사(이/가, 께서, 에서)
    예 <u>철수가</u> 뛰어온다.
  - 체언+보조사
    예 <u>철수는</u> 용감한 학생이다.
  - 단체 무정 명사+에서
    예 <u>정부에서</u> 실시한 조사 결과가 발표되었다
  - '혼자, 둘이, 셋이' 등 사람의 수를 나타내는 받침 없는 체언+(이)서
    예 <u>혼자서</u> 집을 지키고 있다.
- 특징
  - 우리말에서 주어는 대체로 문장의 처음에 등장한다.
  - 문장에서 '무엇이'에 해당하는 부분이다.
  - 서술어에 비해 쉽게 생략된다.
    예 너는 어디에 있니? / 집에 있어. → 주어 '나는' 생략
  - 다른 문장 성분에 영향을 주는데, 주어가 높일 대상일 경우 서술어에도 영향을 준다.
    예 철수가 일어난다. / 할머니께서 일어나신다.
      → 서술어에 높임 선어말 어미 사용

조사 '에서'

주로 부사어임을 나타내는 조사로 사용되지만, 단체를 나타내는 명사 뒤에서 앞말이 주어임을 나타내는 격 조사로도 사용된다.
예 우리 반에서 우승했다. (주어)
　 우리 반에서 노래했다. (부사어)

확인 문제　　19 경찰 2차

다음 밑줄 친 부분이 주어인 것을 모두 고른 것은?

ⓐ 철수가 <u>학자가</u> 되었다.
ⓑ 저 가게가 <u>신발이</u> 값이 싸다.
ⓒ <u>할아버지도</u> 키가 큰 편에 속하신다.
ⓓ <u>학회에서</u> 새로운 논문상 수상자를 발표했다.

① ⓐ, ⓑ　　　　② ⓑ, ⓒ
③ ⓒ, ⓓ　　　　④ ⓑ, ⓒ, ⓓ

정답 ④
해설 ⓐ 서술어 '되다' 앞에서 쓰이는 '학자가'는 보어이다.

ⓛ 서술어

- **개념**: 주어의 움직임, 상태, 성질 등을 서술하는 말이다.
- **형식**
  - 용언(동사, 형용사) 예 철수가 <u>웃는다</u>. (동사) / 철수는 <u>점잖다</u>. (형용사)
  - 체언+서술격 조사(이다) 예 철수는 <u>학생이다</u>.
  - 본용언+보조 용언 예 철수는 책을 <u>읽어 보았다</u>.
- **특징**
  - 문장에서 '어찌하다, 어떠하다, 무엇이다'에 해당하는 부분이다.
  - 문장에서 가장 중심이 되는 역할을 하며, 서술어에 따라 앞에 오는 문장 성분, 필수 성분의 수 등이 결정된다.
- **서술어의 자릿수**: 문장에서 필요한 문장 성분의 수가 달라지는데, 서술어에 따른 필수 성분의 수를 '서술어의 자릿수'라고 한다.

구분	필요 성분	서술어의 종류	
한 자리 서술어	주어	자동사	꽃이 피다.
		형용사	꽃이 예쁘다.
		체언+서술격 조사	철수는 학생이다.
두 자리 서술어	주어, 목적어	타동사	철수가 책을 읽는다.
	주어, 보어	되다, 아니다	철수는 선생님이 되었다.
	주어, (필수) 부사어	대칭 서술어	철수는 영희와 싸웠다.
세 자리 서술어	주어, 목적어, 부사어	주다, 받다, 삼다, 여기다, 넣다	철수는 선생님께 선물을 드렸다.

ⓒ 목적어

- **개념**: 타동사가 쓰인 문장에서 동작의 대상이 되는 말이다.
- **형식**
  - 체언(체언 구실을 하는 구와 절 포함)+목적격 조사(을/를)
    예 철수가 <u>밥을</u> 먹는다.
  - 체언+보조사 예 철수는 <u>밥만</u> 먹는다.
  - 체언+보조사+목적격 조사 예 철수가 <u>밥만을</u> 먹는다.
- **특징**
  - 문장에서 '무엇을'에 해당하는 부분으로, 서술어의 대상이 되는 말이다.
  - '타동사'가 서술어로 쓰인 경우, 반드시 목적어를 필요로 한다.
  - 주로 담화 상황에서 목적어는 생략이 가능하다.
    예 일기를 썼니? / 응, 썼어. (목적어 '일기를' 생략)
  - 목적격 조사는 보조사로 대체되거나, 생략이 가능하다.
    예 부모님께 <u>인사</u> 하고 나왔니? (목적격 조사 '를' 생략)

<aside>

대칭 서술어
'와/과'와 결합한 필수 부사어를 필요로 하는 두 자리 서술어이다.
예 마주치다, 다르다, 만나다, 싸우다, 같다, 부딪치다, 비슷하다, 악수하다

확인 문제

16 경찰 1차

01 다음 문장 중 밑줄 친 서술어의 자릿수가 다른 것은?

① 어제 만났던 그는 이제 선생님이 <u>아니다</u>.
② 군대에 가는 민수는 후배들에게 책을 <u>주었다</u>.
③ 배가 많이 고팠던 철수는 라면을 맛있게 <u>먹었다</u>.
④ 삶에 관심이 많은 학생들이 도서관에서 책을 <u>읽는다</u>.

19 서울시 9급

02 밑줄 친 부분의 문장 성분이 다른 하나는?

① 그는 <u>밥도</u> 안 먹고 일만 한다.
② 몸은 아파도 <u>마음만은</u> 날아갈 것 같다.
③ 그는 그녀에게 <u>물만</u> 주었다.
④ 고향의 <u>사투리까지</u> 싫어할 이유는 없었다.

[정답] 01 ② 02 ②

[해설] 01 ② 주어, 목적어, 필수 부사어를 필요로 하는 세 자리 서술어
① 주어, 보어를 필요로 하는 두 자리 서술어
③ · ④ 주어, 목적어를 필요로 하는 두 자리 서술어
02 ②의 밑줄 친 부분의 문장 성분은 주어, ① · ③ · ④의 밑줄 친 부분의 문장 성분은 목적어이다.

</aside>

ㄹ 보어
- 개념: 주어와 서술어만으로는 뜻이 완전하지 못한 문장에서, 그 불완전한 곳을 보충하여 뜻을 완전하게 하는 수식어이다.
- 형식
  - 체언+보격 조사(이/가) 예 그는 보통 <u>인물이</u> 아니다.
  - 체언+보조사 예 그는 보통 <u>인물은</u> 아니다.
- 특징
  - 서술어 '되다', '아니다'를 보충해 주는 말이다.
  - 보격 조사 대신 보조사를 사용할 수 있지만, 부사격 조사 '으로'를 사용하면 부사어가 된다.

<u>얼음이</u> 되었다. / <u>얼음도</u> 되었다. / <u>얼음은</u> 되었다.	보어
<u>얼음으로</u> 되었다.	부사어

④ 부속 성분
ㄱ 관형어
- 개념: 체언의 뜻을 꾸며 주는 구실을 하는 문장 성분이다.
- 형식
  - 관형사 예 <u>새</u> 옷을 꺼내 입었다.
  - 체언 예 <u>도시</u> 생활에 적응하고 있다.
  - 체언+관형격 조사(의) 예 <u>사람의</u> 도리를 지켜야 한다.
  - 용언(동사, 형용사)의 어간+관형사형 어미 예 <u>큰</u> 바위에 올라갔다.
- 특징
  - 관형어는 체언 앞에 위치한다.
  - 부사어와 달리 문장에서 단독으로 쓰이지 못한다.

⭐ **개념 더하기**

문장에서 관형어·부사어의 단독 사용

관형어는 문장에서 단독으로 사용하지 못하지만, 부사어는 문장에서 단독으로 사용할 수 있다.
예 헌 가방이니, 아니면 새 가방이니? / 헌.*(새.*)
→ 관형어 단독으로 사용 불가
빨리 갈까, 아니면 천천히 갈까? / 빨리.(천천히.)
→ 부사어 단독으로 사용 가능

확인 문제

15 교행직 9급

01 밑줄 친 부분이 주성분이 아닌 것은?
① 그는 나에게 <u>맹물만</u> 주었다.
② 그 사람 말은 <u>사실도</u> 아니었다.
③ 우리가 사고를 <u>미연에</u> 방지하지 못했다.
④ <u>정부에서</u> 그 일을 적극적으로 추진하고 있다.

15 서울시 7급

02 다음 〈보기〉 가운데 우리말의 관형어에 대한 설명으로 옳은 것을 모두 고르면?

보기
ㄱ 관형어는 명사, 대명사, 수사와 같은 체언류를 꾸미는 문장 성분이다.
ㄴ 명사는 그대로 관형어가 될 수 있다.
ㄷ 동사나 형용사도 관형어가 될 수 있다.
ㄹ 조사 '의'는 관형어를 만드는 중요한 격조사이다.

① ㄱ, ㄴ, ㄷ, ㄹ
② ㄱ, ㄷ, ㄹ
③ ㄴ, ㄷ
④ ㄴ, ㄹ

정답 01 ③ 02 ①

해설 01 문장의 골격을 이루는 필수적인 성분인 주성분에는 주어, 서술어, 목적어, 보어가 있다. ①의 '맹물만'은 목적어, ②의 '사실도'는 보어, ④의 '정부에서'는 주어로 주성분에 속하지만, ③의 '미연에'는 부사어로 부속 성분이다.

ⓛ 부사어

- 개념: 용언의 내용을 한정하는 문장 성분이다.

- 종류

성분 부사어	특정한 성분을 꾸며 주는 부사어 예 그녀는 매우 착하다.
문장 부사어	문장 전체를 꾸며 주는 부사어 예 어찌 걱정이 안 되겠습니까?

- 형식
  - 부사 예 그녀는 매우 아름답다.
  - 부사절 예 새가 소리도 없이 날아올랐다.
  - 부사+보조사 예 오늘 아침은 몹시도 추웠다.
  - 체언+부사격 조사 예 운동장에서 달리기를 했다.
  - 형용사의 어간+어미 '-게' 예 한 아이가 용감하게 앞으로 나섰다.

- 특징
  - 자유롭게 보조사를 취할 수 있다.
    - 예 노래를 잘도 부른다.
  - 비교적 자유롭게 자리를 이동할 수 있다.
    - 예 나는 매우 책을 좋아한다. / 나는 책을 매우 좋아한다.
  - 관형어와 달리 문장에서 단독으로 쓰일 수 있다.

- 필수 부사어: 부사어는 부속 성분으로 수의적인 성격이 있지만, 서술어의 성격에 따라 부사어를 필수적으로 요구하는 경우가 있다.

[필수 부사어의 형식]

필수 부사어의 형태	서술어	예문
체언+에게	주다, 받다, 드리다	철수는 영희에게 꽃을 주었다.
체언+에/에게	넣다, 다가서다	철수는 주머니에 공을 넣었다.
체언+와/과	닮다, 같다, 비슷하다, 싸우다, 결혼하다, 악수하다	철수는 아버지와 닮았다. 철수는 영희와 결혼했다.
체언+(으)로	삼다, 변하다, 바뀌다	철수는 영희를 며느리로 삼았다.

⑤ 독립 성분: 독립어

㉠ 개념: 문장에서 다른 성분과 밀접한 관계없이 독립적으로 쓰는 말로, 생략해도 문장이 성립한다.

㉡ 형식
- 감탄사 예 아, 벌써 여름이구나!
- 체언+호격 조사 예 재현아, 바다에 가자.
- 문장의 제시어 예 청춘, 이것은 듣기만 해도 가슴이 설레는 말이다.
- 대답하는 말 예 예, 맞습니다.

확인 문제

18 경찰 1차

01 다음 밑줄 친 성분에 대한 설명 중 가장 적절한 것은?

㉠ 영선이가 참 아름답다.
㉡ 과연 영선이는 똑똑하구나.
㉢ 영선이는 엄마와 닮았다.
㉣ 그러나 영선이는 역경을 이겨냈다.

① ㉠과 ㉡의 밑줄 친 부분은 문장 내의 다른 성분을 수식하는 성분 부사어이다.
② ㉡과 ㉢의 밑줄 친 부분은 문장 전체를 수식하는 문장 부사어이다.
③ ㉢과 ㉣의 밑줄 친 부분은 앞뒤를 연결해 주는 접속 부사어이다.
④ ㉠부터 ㉣까지 밑줄 친 부분은 모두 부사어이다.

16 서울시 7급

02 다음 중 국어의 문장 성분에 관한 설명이 옳은 것끼리 묶인 것은?

㉠ 주어는 성격에 따라 필요로 하는 문장 성분의 숫자가 다르다.
㉡ 주어, 서술어, 목적어, 부사어는 주성분에 속한다.
㉢ '물이 얼음으로 되었다.'의 문장 성분은 주어, 부사어, 서술어이다.
㉣ 부사어는 관형어나 다른 부사어를 수식하기도 한다.
㉤ 체언에 호격 조사가 결합된 형태는 독립어에 해당된다.
㉥ 문장에서 주어는 생략될 수 있지만 목적어는 생략될 수 없다.

① ㉠, ㉡, ㉢
② ㉡, ㉢, ㉣
③ ㉢, ㉣, ㉤
④ ㉣, ㉤, ㉥

정답 01 ④ 02 ③

해설 01 ㉠ '참'은 성분 부사어. ㉡ '과연'은 문장 부사어. ㉢ '엄마와'는 성분 부사어. ㉣ '그러나'는 문장 부사어 중 접속 부사어이다.
02 ㉠ 성격에 따라 필요로 하는 문장 성분의 숫자가 다른 것은 서술어이다.
㉡ 주성분은 주어, 서술어, 목적어, 보어이다. 부사어는 부속 성분이다.
㉥ 문장에서 주어, 목적어 모두 상황에 따라 생략될 수 있다.

2. 문장의 종류

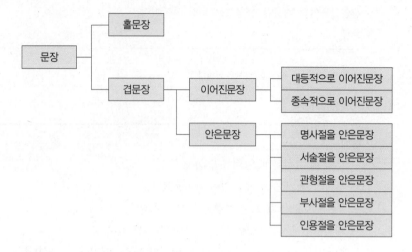

(1) 홑문장

① 주어와 서술어가 하나씩 있어서 둘 사이의 관계가 한 번만 이루어지는 문장이다.

　예 그가 얼굴에 미소를 띠었다. → '그가': 주어, '띠었다': 서술어

② 간결하고 명쾌하게 의미를 전달할 수 있다.

③ 본용언과 보조 용언이 결합하여 서술어로 쓰인 문장은 홑문장이다.

　예 산이든 바다든 어디든 가고 싶다.

④ 대칭 서술어(마주치다, 다르다, 같다, 비슷하다, 악수하다)가 사용된 문장은 홑문장이다.

　예 영희와 철수가 골목에서 마주쳤다.

　　→ '와/과'로 이어졌지만, 두 문장으로 나눌 수 없음

(2) 겹문장

① 개념

　㉠ 주어와 서술어의 관계가 두 번 이상 이루어지는 문장이다.

　　예 산은 높고, 물은 깊다. → '산은'과 '물은': 주어, '높고'와 '깊다': 서술어

　㉡ 복잡한 내용을 전달할 수 있지만, 너무 복잡해지면 오히려 의미 전달이 어려워질 수 있다.

② 종류

이어진문장	둘 이상의 절이 연결 어미에 의하여 결합된 문장 예 꽃이 피고 새가 운다. → 연결 어미 '-고'에 의하여 대등하게 이어진문장 　 여름이면 날이 덥다. → 연결 어미 '-면'에 의하여 종속적으로 이어진문장
안은문장	한 개의 홑문장이 다른 문장 속에 한 성분으로 들어가 있는 문장 예 철수가 그린 풍경화가 전람회에서 특선으로 뽑혔다. 　 → 관형절 '철수가 그린'을 안은문장

○✕문제

01 아버지는 마음이 넓다. → 안은문장의 주어와 안긴문장의 주어는 다르다. (　)

02 그 아이는 집으로 갔다. → 홑문장이다. (　)

03 우리는 그가 담임 선생님임을 알았다. → 관형어의 기능을 하는 안긴문장이 있다. (　)

04 나는 어머니가 선물로 주신 가방을 멨다. → 안긴문장의 목적어는 안은문장의 목적어와 다르므로 생략되지 않았다. (　)

정답 01 ○ 02 ○ 03 ✕ 04 ✕

해설 03 '그가 담임 선생님임을'은 목적어의 기능을 하는 안긴문장이다.
04 안긴문장의 목적어는 '가방을'로, 안은문장의 목적어와 같으므로 생략되었다.

(3) 이어진문장

① 대등하게 이어진문장: 대등적 연결 어미에 의하여 둘 이상의 문장이 이어진 것이다.

구분	연결 어미	예문
나열	-고	여름에는 비가 내리고 겨울에는 눈이 내린다.
	-며	이것은 감이며 저것은 사과이다.
대조	-(으)나	그녀는 마음은 좋으나 현명하지 못하다.
	-지만	철수는 바다를 좋아하지만 영희는 산을 좋아한다.
선택	-든지	집에 가든지 학교에 가든지 해라.
	-거나	오늘은 어머니가 오시거나 아버지가 오신다.

② 종속적으로 이어진문장: 종속적 연결 어미에 의하여 둘 이상의 문장이 이어진 것이다.

구분	연결 어미	예문
이유, 원인	-아서/어서	길이 좁아서 차가 못 지나간다.
	-(으)므로	강물이 깊으므로 배 없이는 건널 수 없다.
	-니	봄이 오니 꽃이 핀다.
조건, 가정	-(으)면	그가 착한 사람이면 복을 받게 되어 있다.
	-거든	그분을 만나거든 꼭 제 인사 말씀을 전해 주세요.
	-더라면	조금만 더 노력했더라면 성공했을 거야.
의도	-고자	나도 자네 이야기를 듣고자 찾아왔네.
	-(으)려고	새를 잡으려고 돌을 던졌다.
목적	-(으)러	점심을 먹으러 집에 간다.
배경, 상황	-는데	눈이 오는데 차를 몰고 나가도 될까?

(4) 안은문장

① 명사절을 안은문장

ㄱ 문장에서 주어, 목적어, 관형어, 부사어 등의 기능을 하는 명사절을 안은문장이다.

ㄴ 명사형 어미 '-(으)ㅁ, -기, -는 것' 등이 사용된다.

예 영희가 그 일에 관여했음이 밝혀졌다. (주어)

아침에 네가 일어나기를 기다렸다. (목적어)

너는 말하기 전에 한 번 더 생각해 보아라. (관형어)

네가 노력하기에 따라 결과가 달라진다. (부사어)

이상 기후 현상이 나타난다는 것은 사실이다. (주어)

확인 문제   18 소방직

대등하게 이어진문장인 것은?

① 까마귀 날자 배 떨어진다.
② 사공이 많으면 배가 산으로 간다.
③ 가는 말이 고와야 오는 말이 곱다.
④ 낮말은 새가 듣고 밤말은 쥐가 듣는다.

정답 ④
해설 ① · ② · ③ 종속적으로 이어진문장

② 서술절을 안은문장

　㉠ 문장에서 서술어의 기능을 하는 절을 안은문장이다.

　㉡ '주어+주어+서술어'의 구성이 나타난다.

　㉢ 특별한 절 표시가 따로 없다.

　　예 토끼는 귀가 길다. / 영희는 심성이 착하다.

③ 관형절을 안은문장

　㉠ 문장에서 관형어의 기능을 하는 절을 안은문장이다.

　㉡ 관형사형 어미 '-(으)ㄴ, -는, -(으)ㄹ, -던' 등이 사용된다.

　　예 이 옷은 어제 내가 입은 옷이다. / 어려서부터 내가 먹던 맛이 아니다.

　㉢ 관형절에는 관계 관형절과 동격 관형절이 있다.

관계 관형절	• 안긴문장의 문장 성분이 생략되어 있는 문장을 말한다. • 안긴문장과 안은문장의 문장 성분이 같은 경우 생략된다. 예 영희가 그린 그림이 전시되었다. 　→ 영희가 (그림을) 그렸다. 좁은 골목을 뛰어 다녔다. 　→ (골목이) 좁다.
동격 관형절	• 안긴문장의 문장 성분이 생략되지 않은 문장을 말한다. • 안긴문장 즉 관형절은 그 자체로 완전한 문장이 된다. 예 나는 철수가 착한 사람이라는 사실을 알고 있다. 　→ 철수는 착한 사람이다. 철수는 영희가 많이 아프다는 소식을 들었다. 　→ 영희가 많이 아프다.

④ 부사절을 안은문장

　㉠ 문장에서 부사어의 기능을 하는 절을 안은문장이다.

　㉡ '-게, -도록' 등이 사용된다.

　　예 그 집은 조명이 아름답게 장식되어 있다. / 나는 철수가 편히 쉴 수 있도록 자리를 비켜주었다.

⑤ 인용절을 안은문장

　㉠ 남의 말이나 글을 따온 절을 안은문장이다.

　㉡ 인용 조사 '고, 라고' 등이 사용된다.

　　예 주인이 "많이 드세요."라고 권한다. / 아직도 네가 잘했다고 생각하느냐?

　㉢ 인용절에는 간접 인용절과 직접 인용절이 있다.

간접 인용절	화자의 표현으로 바꾸어서 인용하는 방법으로, 부사격 조사 '고' 사용 예 조카가 나에게 삼촌은 덥지 않냐고 물었다.
직접 인용절	문장을 그대로 인용하는 방법으로, 부사격 조사 '라고' 사용 예 조카가 나에게 "삼촌은 덥지 않으세요?"라고 물었다.

확인 문제　　20 국가직 9급

안긴문장이 없는 것은?

① 나는 동생이 시험에 합격하기를 고대한다.

② 착한 영호는 언제나 친구들을 잘 도와준다.

③ 해진이는 울산에 살고 초희는 광주에 산다.

④ 아버지께서는 나에게 내일 가족 여행을 가자고 말씀하셨다

정답 ③

해설 ③은 대등절로 이어진문장이다. ①의 '동생이 시험에 합격하기를'은 명사절(목적어)로 안긴문장. ②의 '착한'은 관형절로 안긴문장, ④의 '내일 가족 여행을 가자고'는 인용절로 안긴문장이다.

3. 문법 표현

(1) 종결 표현

① 평서문

ㄱ 개념: 사건의 내용을 객관적으로 진술하는 문장으로, 평서형 어미로 문장을 끝맺는다.

ㄴ 평서형 종결 어미

해라체	-다/ㄴ다/는다	예 물이 맑다. / 아기가 잠을 잔다.
하게체	-네, -ㄹ세	예 자네 차례네. / 이게 마지막일세.
하오체	-오, -소	예 건강은 건강할 때 지키는 것이 중요하오. 수고가 많았소.
하십시오체	-ㅂ(습)니다	예 그는 착한 사람이었습니다. / 그는 학생입니다.
해체	-아/어, -지	예 네가 맞아. / 나도 가지.
해요체	-아요/어요	예 지금 밥 먹어요. / 저도 같이 가지요.

② 의문문

ㄱ 개념: 질문하여 그 해답을 요구하는 문장으로, 의문형 어미로 문장을 끝맺는다.

ㄴ 의문형 종결 어미

해라체	-느냐, -냐, -니	예 지금 무엇을 먹느냐? / 이것 좀 네가 해 주겠니?
하게체	-ㄴ가/은가, -나	예 자네 어디 아픈가? 자네 그 소식 듣고 얼마나 기뻤나?
하오체	-오, -소	예 얼마나 심려가 크시오? 그것이 말이 되는 것 같소?
하십시오체	-ㅂ(습)니까	예 그 아이가 이제는 밥을 잘 먹습니까?
해체	-아/어, -지	예 뭐가 그리 우스워? / 그는 어떤 사람이지?
해요체	-아요/어요	예 벌써 문을 닫아요?

ㄷ 의문문의 종류

판정 의문문	• 상대편에게 '예', '아니요'의 대답을 요구하는 의문문 • 의문사를 사용하지 않는 문장 예 내일 가니? / 숙제는 했니?
설명 의문문	• 상대의 구체적인 설명을 요구하는 의문문 • '어디, 언제, 누구, 무엇, 어떻게, 왜' 등의 의문사를 사용하는 문장 예 어떻게 갈 거니? / 언제 숙제를 할 거니?
수사 의문문	• 문장의 형식은 물음을 나타내나 답변을 요구하지 아니하고 강한 긍정 진술을 내포하고 있는 의문문 • 반어 의문문이라고도 함 예 철수한테 책 한 권 못 사 줄까? → 사 줄 수 있다는 뜻

종결 표현
• 문장을 끝맺는 것으로, 종결 표현을 통해 문장 전체의 의미가 결정된다.
• 종결 표현은 어떠한 종결 어미를 사용하느냐에 따라 결정된다.
• 국어에서는 종결 표현을 평서문, 의문문, 청유문, 명령문, 감탄문으로 구분하고 있다.

③ 청유문

ㄱ 개념: 같이 행동할 것을 요청하는 문장으로, 청유형 어미로 문장을 끝맺는다.

ㄴ 청유형 종결 어미

해라체	-자, -자꾸나	예 밥을 같이 먹자. / 이제 그만 가자꾸나.
하게체	-(으)세	예 우리 힘껏 일해 보세.
하오체	-ㅂ시다/읍시다	예 이번 주 일요일에는 함께 산에 갑시다.
하십시오체	-십시다, -시지요	예 함께 가십시다.
해체	-아/어, -지	예 이제 우리 손을 잡지.
해요체	-아요/어요	예 우리 손을 잡아요.

④ 명령문

ㄱ 개념: 무엇을 시키거나 행동을 요구하는 문장으로, 명령형 어미로 끝맺는다.

ㄴ 명령형 종결 어미

해라체	-아라/어라, -라	예 천천히 먹어라. / 너 자신을 알라.
하게체	-게	예 수건 좀 가져다주게.
하오체	-구려, -오	예 더 늦으면 어두워질 테니 어서 가구려.
하십시오체	-(으)십시오	예 제 말대로 하십시오.
해체	-아/어, -지	예 깨끗이 닦아.
해요체	-아요/어요	예 빨리 일어나 밥 먹어요.

ㄷ 명령문의 종류

직접 명령문	일반적인 명령문으로, 어미 '-아라/어라' 등과 결합 예 열심히 놀아라. / 밥을 먹어라.
간접 명령문	불특정 다수를 향한 명령문(매체 명령문)으로, 어미 '-(으)라'와 결합 예 알맞은 답을 고르라. / 전염병에 대한 대책을 세우라.

⑤ 감탄문

ㄱ 개념: 청자를 별로 의식하지 않거나 거의 독백 상태에서 자기의 느낌을 표현하는 문장으로, 감탄형 어미로 문장을 끝맺는다.

ㄴ 감탄형 종결 어미

해라체	-(는)구나, -로구나, -도다	예 경치가 참 아름답구나!
하게체	-ㄹ세/로세	예 그자가 바로 범인일세.
하오체	-(는)구려, 로구려	예 옷감이 색이 참 좋구려.
해체	-군	예 학교가 참 크군.
해요체	-군요	예 꽃이 참 아름답군요.

확인 문제

18 교행직 9급

01 청유형 종결 어미가 포함된 것은?

① 이따가 가세.
② 자리에 앉아라.
③ 자네 이것 좀 먹게.
④ 옷이 무척 예쁘구려.

14 사복직 9급

02 밑줄 친 부분에 해당하는 표현으로 옳은 것은?

청유문은 화자가 청자에게 같이 행동할 것을 요청하는 문장이다. 즉, 청유문은 청유형 어미 '-자', '-(으)ㅂ시다' 등이 붙는 서술어의 행동을 화자와 청자가 공동으로 하도록 유발하는 것이다. 그러나 간혹 청자만 행하기를 바라거나 화자만 행하기를 바랄 때에도 쓰인다.

① (반장이 떠드는 친구에게) 조용히 좀 하자.
② (식사를 먼저 마친 사람들이 귀찮게 말을 걸 때) 밥 좀 먹읍시다.
③ (회의에서 논의가 길어질 때) 이 문제는 나중에 다시 다루도록 합시다.
④ (같은 반 친구에게) 영화표가 두 장 생겼어. 오늘 나와 같이 보러 가자.

정답 01 ① 02 ②

해설 01 ②의 '앉아라'는 명령형 종결 어미, ③의 '먹게'는 명령형 종결 어미, ④의 '예쁘구려'는 감탄형 종결 어미가 포함되어 있다.
02 ① 청자만 행하기를 바랄 때
③·④ 화자와 청자가 공동으로 행하기를 바랄 때

(2) 높임 표현

① 주체 높임법

⊙ 개념: 문장의 주체를 높여 표현하는 방법이다.

ⓒ 실현 방법

- 선어말 어미 '-시-'를 사용한다. 예 선생님께서 오신다.
- 주격 조사 '께서'를 사용한다. 예 아버님께서 신문을 보신다.
- '높임'의 뜻을 더하는 접미사 '-님'을 사용한다. 예 회장님께서 오십니다.
- '계시다, 잡수시다, 편찮으시다, 주무시다, 진지, 돌아가시다' 등 특수 어휘를 사용한다.

  예 아버님께서 진지를 잡수신다. / 교수님은 공원에 계실 겁니다.
- 객관적이고 역사적인 사실을 표현할 때에는 선어말 어미 '-시-'를 사용하지 않기도 한다.

  예 충무공은 훌륭한 장군이다. / 세종 대왕이 훈민정음을 창제했다.

ⓒ 간접 높임

- 개념: 문장의 주체를 간접적으로 높이는 표현 방법이다.
- 실현 방법
  - 높임을 받는 대상과 관계있는 인물, 소유물, 신체 일부, 성품 등에 '-(으)시-'를 붙여 간접적으로 높인다.

    예 선생님, 양복이 멋있으십니다.
  - '있다', '없다'의 경우 직접 높임과 간접 높임에 따라 형태가 다르게 나타난다.

있다	직접 높임	표현 방법: 계시다 예 부모님은 시골에 계신다.
	간접 높임	표현 방법: 있으시다 예 교장 선생님의 말씀이 있으시겠습니다.
없다	직접 높임	표현 방법: 안 계시다 예 부모님은 안 계시니?
	간접 높임	표현 방법: 없으시다 예 선생님, 더 하실 말씀이 없으십니까?

  - 고객을 존대하는 의도로 사용하는 지나친 간접 높임 표현은 잘못된 표현이다.

    예 주문하신 음식 나오셨습니다. (×) → 나왔습니다. (○)

    문의하신 바지는 품절이십니다. (×) → 품절입니다. (○)

ⓒ 압존법

- 문장의 주체가 높여야 할 대상이지만 듣는 이가 더 높을 때 주체 높임법을 사용하지 않는 것이다.

  예 할아버지, 아버지가 아직 안 왔습니다.
- 압존법은 사적인 관계에서 사용하는 것으로, 직장에서는 적용하지 않는다.

  예 (평사원이) 부장님, 과장 어디 갔습니까? (×)

  → 부장님, 과장님 어디 가셨습니까? (○)
- 가족 이외의 사람에게 부모님을 말할 때에는 항상 높여야 한다.

  예 선생님, 저희 부모님 왔습니다. (×)

  → 선생님, 저희 부모님 오셨습니다. (○)

높임 표현
- 화자가 어떤 대상이나 상대에 대하여 높고 낮음의 정도를 표현하는 방법이다.
- 높임 표현에는 주체 높임법, 객체 높임법, 상대 높임법이 있다.

확인 문제   19 소방직

주체 높임이 실현되지 않은 문장은?
① 할머니는 시장에 가셨다.
② 선생님을 모시러 교무실에 갔다.
③ 원래 어머니의 시력은 좋으셨다.
④ 고향에 계신 할아버지를 그리워했다.

정답 ②
해설 ② 목적어인 '선생님'을 높이는 객체 높임이 사용되었다.
① 주체인 '할머니'를 높이는 표현이 사용되었다.
③ 주체 높임 표현 중 간접 높임이 쓰인 문장이다.
④ 관형절 '고향에 계신'은 주체인 '할아버지'를 높이는 표현이다.

② 객체 높임법

　　㉠ 개념: 주어의 행위가 미치는 대상을 높이는 표현 방법으로, 문장의 객체(목적어, 부사어)를 높인다.

　　㉡ 실현 방법

　　　• 부사격 조사 '에게' 대신 '께'를 사용한다.

　　　　예 나는 부모님께 인사를 드렸다.

　　　• '드리다, 뵈다(뵙다), 모시다, 여쭈다(여쭙다)' 등 특수 어휘를 사용한다.

　　　　예 할아버지를 모시고 여러 관광 명소를 다녔다.

　　　　　부모님께 여쭈어 보고 결정하겠습니다.

　　㉢ 현대 국어에서는 비교적 제한적으로 사용되지만, 중세 국어에서는 동사나 형용사에 선어말 어미 '－습－, －줍－, －습－'을 붙여 다양하게 사용했다.

③ 상대 높임법

　　㉠ 개념: 주로 일정한 종결 어미를 사용하여, 청자를 높이거나 낮추는 표현 방법이다.

　　㉡ 종류

격식체	• 의례적으로 쓰며, 직접적 · 단정적 · 객관적인 표현이다. • 하십시오체, 하오체, 하게체, 해라체 등이 있다.
비격식체	• 표현이 부드럽고 주관적이며 친근한 느낌을 준다. • 해요체, 해체 등이 있다.

　　㉢ 종결 어미의 실현 방법

높임 문형	격식체				비격식체	
	하십시오체	하오체	하게체	해라체	해요체	해체
평서문	합니다 하십니다	하오 하시오	하네 함세	한다	해요	해 하지
의문문	합니까? 하십니까?	하오? 하시오?	하나? 하는가?	하냐? 하니?	해요?	해? 하지?
청유문	하십시다	합시다	하세	하자	해요	해 하지
명령문	하십시오	하오 하구려	하게	해라 하려무나	해요	해 하지
감탄문	–	하는구려	하는구먼	하는구나	해요	해 하지

④ 높임말과 낮춤말

　　㉠ 높임말: 사람이나 사물을 높여서 이르는 말이다.

직접 높임말	아버님, 선생님, 잡수시다, 계시다, 주무시다
간접 높임말	진지(밥), 댁(집), 따님(딸), 아드님(아들), 약주(술), 말씀(말)

　　㉡ 낮춤말: 사람이나 사물을 낮추어 이르는 말

직접 낮춤말	저(나), 소인(나), 소생(나), 어미(어머니), 아비(아버지)
간접 낮춤말	졸작(작품), 졸고(원고), 말씀(말)

말씀

• 남의 말을 높여 이르는 말이다.
　예 선생님의 말씀대로 저는 집으로 돌아가겠습니다.

• 자기의 말을 낮추어 이르는 말이다. 예 웃어른께 말씀을 올리다.

확인 문제　　17 경찰 1차

〈보기〉의 ㉠과 ㉡에 해당하는 높임법의 예로 가장 적절하지 않은 것은?

보기

국어에서 높임법은 화자가 높이려는 대상에 따라 주체 높임법, 상대 높임법, 객체 높임법으로 구분된다. ㉠ 주체 높임법은 주어가 나타내는 대상인 주체를 높이는 것이며, 상대 높임법은 대화의 상대인 청자를 높이는 것이고 ㉡ 객체 높임법은 문장의 목적어나 부사어가 나타내는 대상인 객체를 높이는 것이다.

① ㉠에 해당하는 예로, "할아버지께서 산에 가셨다."를 들 수 있다.

② ㉡에 해당하는 예로, "선생님, 영이가 혼자 갔어요."를 들 수 있다.

③ ㉠에 해당하는 예로, "할머니는 예쁜 지갑이 있으시다."를 들 수 있다.

④ ㉡에 해당하는 예로, "영이는 존경하는 선생님을 뵈었다."를 들 수 있다.

정답 ②

해설 '선생님, 영이가 혼자 갔어요.'는 말을 듣는 청자인 '선생님'을 높이는 상대 높임법이 쓰인 문장이다.

(3) 부정 표현

① '안' 부정문

㉠ 개념

- '안(아니)', '않다(아니하다)'에 의해서 성립하는 부정문이다.
- 주로 단순한 부정(단순 부정)이나 주체의 의도 때문에 그 행위가 일어나지 않는 것(의지 부정)을 표현한다.

  예 오늘은 비가 안 내린다. (단순 부정)

  숙제를 안 했다. (의지 부정)

㉡ 짧은 부정문과 긴 부정문

짧은 부정문	안(아니)+용언 예 철수는 밥을 안 먹었다.
긴 부정문	용언의 어간+지 않다(아니하다) 예 철수는 밥을 먹지 않았다.

㉢ 특징

- 서술어가 '체언+서술격 조사'인 경우 '이/가 아니다'의 긴 부정문 형태로 사용한다.

  예 철수는 안 학생이다. (×)

  → 철수는 학생이 아니다. (○)

- 서술어가 '체언+하다'인 경우 '체언+안+하다'의 형태로 사용한다.

  예 철수는 안 공부한다. (×)

  → 철수는 공부를 안 한다. (○)

- 서술어가 합성어 또는 파생어인 경우 긴 부정문이 자연스럽다.

  예 구둣발로 안 짓밟았다. (×)

  → 구둣발로 짓밟지 않았다. (○)

- 음절수가 많은 형용사의 경우 긴 부정문이 자연스럽다.

  예 안 울퉁불퉁하다. (×)

  → 울퉁불퉁하지 않다. (○)

② '못' 부정문

㉠ 개념

- '못', '못하다'에 의해서 성립하는 부정문이다.
- 주로 주체의 무능력이나 외부의 원인 때문에 그 행위가 일어나지 못하는 것을 표현한다.

  예 아무리 노력해도 저 팀은 못 이긴다. (능력 부족)

  바람이 많이 불어서 배드민턴을 못 쳤다. (외부적 요인)

㉡ 짧은 부정문과 긴 부정문

짧은 부정문	못+용언 예 철수는 밥을 못 먹었다.
긴 부정문	용언의 어간+지 못하다 예 철수는 밥을 먹지 못했다.

부정 표현
- 부정을 나타내는 말을 사용하여 문장의 내용을 의미적으로 부정하는 표현 방법이다.
- 부정 표현에는 '안' 부정문, '못' 부정문, '말다' 부정문이 있다.

ⓒ 특징

• 서술어가 '체언+하다'인 경우 '체언+못+하다'의 형태로 사용한다.
예 철수는 못 수영한다. (×)
→ 철수는 수영을 못 한다. (○)

• 형용사에는 사용하지 못하는 것이 원칙이지만, 예외적으로 쓰이는 경우 기대에 미치지 못하는 것을 아쉬워함을 의미하는 긴 부정문의 형태로 사용한다.
예 못 넉넉하다. (×)
→ 넉넉하지 못하다. (○)

 개념 더하기

부정문의 중의성
• 부정의 초점이 무엇이냐에 따라 여러 의미를 갖는다.
예 영희가 책을 읽지 않았다.
→ 영희가 아닌 다른 사람이 책을 읽었다. ('영희'에 초점)
→ 영희가 읽은 것은 책이 아니다. ('책'에 초점)
→ 영희는 책을 읽은 것이 아니라 다른 행동을 했다. ('읽다'에 초점)
• 부정의 범위가 어느 정도냐에 따라 여러 의미를 갖는다.
예 손님이 다 오지 않았다.
→ 손님이 한 명도 오지 않았다. (전체 부정)
→ 일부 손님만 왔다. (부분 부정)
• 보조사 '은/는, 도, 만'을 이용하여 중의성을 해소할 수 있다.

③ '말다' 부정문
ⓐ 개념: '안' 부정문, '못' 부정문은 평서문, 감탄문, 의문문의 부정문에 사용되는 반면, '말다' 부정문은 명령문, 청유문의 부정문에 사용된다.
ⓑ 형태: 용언의 어간+지 말다
예 학교에 가지 마라. (명령문)
우리 학교에 가지 말자. (청유문)
ⓒ '말다'가 부정의 의미로 사용되지 않은 경우
• 앞말이 뜻하는 행동이 끝내 실현되게 하겠다는 것을 의미한다.
예 새로운 기계 발명에 성공하고야 말겠다.
• 일을 이루어 낸 데 대하여 긍정적인 생각을 의미한다.
예 그와 나는 마주 보고 웃고 말았다.
• 부정적이고 아쉬운 느낌을 나타낸다.
예 기차가 떠나 버리고야 말았다.

확인 문제   15 국회직 8급

다음은 국어의 부정(否定) 표현에 대한 설명이다. ⓐ~ⓔ의 예시로 적절하지 않은 것은?

부정의 의미를 나타내기 위하여 가장 많이 사용하는 방법은 이른바 부정소라고 불리는 ⓐ 부정 부사나 부정 서술어를 사용하는 경우이다. 그러나 이 밖에도 ⓑ 부정의 의미를 가지는 접두사를 이용하기도 하고 ⓒ 부정의 뜻을 가지는 어휘를 이용하여 부정의 의미를 나타내기도 한다. 더욱이 우리말에는 ⓓ 부정소를 사용하지 않아도 부정의 의미를 내포하는 경우도 있고 반대로 ⓔ 부정소를 사용하였더라도 의미상으로는 긍정인 경우도 있다.

① ⓐ: 너무 시끄럽게 떠들지 마라.
② ⓑ: 이번 계획은 너무나 비교육적이다.
③ ⓒ: 나는 그녀의 마음을 잘 모른다.
④ ⓓ: 제가 어찌 그 일을 하지 않을 수 있겠습니까?
⑤ ⓔ: 그가 이번 일을 그렇게 못 하지는 않았다.

정답 ④

해설 ④ 부정소를 사용하였지만 의미상으로는 긍정인 경우로 강한 긍정을 나타낸다.
① '마라'는 부정 서술어이다.
② '비-'는 '아님'의 뜻을 더하는 접두사이다.
③ '모르다'는 부정의 뜻을 가진 어휘이다.
⑤ '못'과 '않았다' 두 개의 부정 표현을 사용하여, 한 번 부정한 것을 다시 한 번 부정하여 긍정을 나타내는 이중 부정의 표현이다.

(4) 시간 표현

① 시제

⊙ 개념: 어떤 사건이나 사실이 일어난 시간 선상의 위치를 표시하는 문법 범주이다.

⊙ 종류

• 절대 시제와 상대 시제

절대 시제	발화시를 기준으로 한 시제로, 선어말 어미에 의해 표현
상대 시제	사건시를 기준으로 한 시제로, 용언의 관형사형이나 연결형에서 표현

예 철수는 어제 요리하시는 어머니를 도와드렸다.

→ '요리하시는'의 경우 발화시를 기준으로 하는 절대 시제는 과거형이고, 사건시를 기준으로 하는 상대 시제는 현재형이다.

• 과거 시제와 현재 시제와 미래 시제

과거 시제	사건이 말하는 시점 이전에 일어나는 시간 표현
현재 시제	사건이 말하는 시점에 일어나는 시간 표현
미래 시제	사건이 말하는 시점 이후에 일어나는 시간 표현

⊙ 과거 시제(발화시 < 사건시)

• 선어말 어미 '-았/었-, -였-'을 사용한다.

예 영철이는 밥을 먹었다.

• 관형사형 어미로는 동사의 경우 '-(으)ㄴ', 형용사와 서술격 조사의 경우 '-던'을 사용한다.

예 어제 잡은 고기, 어디서 잡았어? (동사)

아름답던 고향이 이렇게 변할 줄이야. (형용사)

성적이 가장 큰 고민이던 때도 있었다. (서술격 조사)

• 시간 부사 '어제, 작년' 등에 의해 실현된다.

예 그 일은 어제 끝냈어야 했다.

• 대과거형

– 과거의 어느 시점보다 더 앞선 시점에서 과거의 시점까지 계속됨을 나타내는 시제이다.

– '-었었-' 또는 '-았었-'으로 나타난다.

예 작년에는 이곳에 나팔꽃이 피었었다.

⭐ 개념 더하기

선어말 어미 '-았/었-'

과거 시제를 나타내는 선어말 어미 '-았/었-'은 상황에 따라서 현재 또는 미래의 표현으로 사용된다.

• 현재 표현: 상황이 현재까지 지속되거나 현재에도 영향을 미치는 상황을 나타낸다.

예 오늘 물건값이 많이 올랐구나.

• 미래 표현: 미래의 사건이나 일을 이미 정해진 사실인 것처럼 말할 때 사용한다.

예 비가 와서 내일 야유회는 다 갔네.

확인 문제   16 경찰 2차

다음 문장에서 '-었-/-았-/-였-'의 문법적 기능이 밑줄 친 예와 가장 유사한 것은?

그 두 사람은 쌍둥이인 것처럼 서로 정말 닮았다.

① 모두가 기다리던 그가 밤늦게 공항에 도착하였다.

② 윤희는 예쁜 파란색 모자를 사고서는 방금 떠났다.

③ 그 사람은 자신의 아버지와 달리 정말로 잘생겼다.

④ 결국 곧 진실이 드러날 테니 이제 우리는 다 죽었다.

정답 ③

해설 제시된 문장의 '-았-'과 ③ '잘생겼다'의 '-었-'은 현재까지 지속되거나 현재에도 영향을 미치는 상황을 나타내는 현재 표현이다.

① · ② 사건이 이미 일어났음을 나타내는 과거 표현이다.

④ 미래의 사건이나 일을 이미 정하여진 사실인 양 말하는 미래 표현이다.

선어말 어미 '-겠-'

의미	예문
미래	내일 새벽에 도착하겠다.
추측	고향에서는 벌써 추수를 끝냈겠다.
의지	나는 시인이 되겠다.
가능성	그런 것은 삼척동자도 알겠다.
완곡	이제 그만 돌아가 주시겠어요?

확인 문제

16 기상직 9급

01 밑줄 친 부분의 시제가 다른 것은?

① 친구가 도서관에서 책을 빌렸다.
② 그녀의 아름다운 마음씨가 예쁘다.
③ 잘 익은 사과를 보니 기분이 좋다.
④ 나는 그에게 받은 것이 전혀 없다.

15 경찰 3차

02 ㉠~㉣의 문장에 대한 설명으로 옳은 것은?

> ㉠ 우린 정처 없이 떠나가고 있네.
> ㉡ 어서 먹어라.
> ㉢ 영선이가 철이에게 꽃을 주었어요.
> ㉣ "참 재미있었다."라고 말할까?

① ㉠의 '떠나가고 있네.'는 현재 진행되고 있는 것을 표현한 동작상 표현이다.
② ㉡은 명령문으로 주로 '예쁘다, 귀엽다, 착하다'와 같은 어휘들이 서술어로 사용된다.
③ ㉢은 세 자리 서술어가 쓰인 문장으로 '철이에게'는 보어이다.
④ ㉣을 간접 인용 표현으로 바꾸면 '참 재미있었다라고 말할까?'가 된다.

정답 01 ② 02 ①

해설 01 ② '아름다운'의 '-(으)ㄴ'은 현재 시제를 나타내는 관형사형 어미이다.
③·④ '익은'과 '받은'의 '-은'은 과거 시제를 나타내는 관형사형 어미이다.
02 ② 형용사인 '예쁘다, 귀엽다, 착하다'는 명령문의 서술어로 사용될 수 없다.
③ ㉢의 '주었어요'는 필수 부사어를 필요로 하는 세 자리 서술어로, '철이에게'는 부사어이다.
④ ㉣을 간접 인용 표현으로 바꾸면 부사격 조사 '고'를 사용하여 '참 재미있었다고 말할까?'가 된다.

ㄹ 현재 시제(발화시 = 사건시)

- 선어말 어미는 동사의 경우 '-는/ㄴ-'을 사용하고, 형용사나 서술격 조사 '이다'의 경우에는 선어말 어미를 사용하지 않는다.
  예 철수가 밥을 먹는다. (동사)
  그녀는 아름답다. (○) / 그녀는 아름답는다. (×) (형용사)
- 관형절로 안길 때 동사는 '-는', 형용사는 '-(으)ㄴ', 서술격 조사 '이다'는 '-ㄴ'을 사용한다.
  예 밥을 먹는 사람은 누구죠? (동사)
  푸른 하늘 위로 날아갑니다. (형용사)
  학생인 그가 이 일을 담당한다. (서술격 조사)
- 시간 부사 '지금, 오늘' 등에 의해 실현된다. 예 그는 지금 운동을 한다.

ㅁ 미래 시제(발화시 > 사건시)

- 선어말 어미 '-겠-'을 사용한다. 예 내일 숙제를 하겠습니다.
- 관형사형 어미 '-(으)ㄹ'을 사용한다. 예 주말에 먹을 음식을 사야지.
- '-ㄹ/을 것이다'의 형태로 쓰여 전망, 추측, 주관적 소신 등을 나타낸다.
  예 올해도 어김없이 봄은 올 것이다.
- 시간 부사 '내일' 등에 의해 실현된다. 예 내일 다시 시도해 보자.

② 동작상

㉠ 개념

- 시간의 흐름 속에서 동작이 일어나는 모습을 나타내는 문법 범주의 하나이다.
- 동작상은 주로 보조 용언이나 연결 어미를 통해 실현된다.
- 동작상은 완료상과 진행상으로 분류할 수 있다.

㉡ 완료상: 동작의 완료를 나타낸다.

- 보조 용언 '-아/어 버리다', '-아/어 있다'를 사용한다.
  예 남은 과자를 다 먹어 버렸다. / 지금 철수는 의자에 앉아 있다.
- 연결 어미 '-고서'를 사용한다.
  예 철수는 밥을 먹고서 집을 나왔다.

㉢ 진행상: 움직임이 진행 중임을 나타낸다.

- 보조 용언 '-고 있다', '-아/어 가다'를 사용한다.
  예 나는 과자를 먹고 있다. / 철수는 밥을 다 먹어 간다.
- 연결 어미 '-(으)면서'를 사용한다.
  예 철수는 밥을 먹으면서 신문을 보았다.

➕ 개념 더하기

'-고 있다'의 중의성

'-고 있다'는 문맥상 진행상과 완료상으로 모두 해석이 가능한 경우가 있다.
예 드레스를 입고 있다.
→ 진행상: 드레스를 입는 동작의 진행을 의미
→ 동작상: 드레스를 입은 상태를 의미

(5) 사동 표현과 피동 표현

① 사동 표현

㉠ 주동과 사동의 개념

주동	주체가 직접 동작이나 행동을 하는 것
사동	주체가 남에게 동작이나 행동을 하게 하는 것

㉡ 사동문의 종류

• 파생적 사동문(단형 사동)

– 용언의 어간에 사동 접미사 '-이-, -히-, -리-, -기-, -우-, -구-, -추-'를 붙여서 만든다.

예 영수가 밥을 먹는다. (주동)

→ 철수가 영수에게 밥을 먹인다. (사동)

– 명사에 접미사 '-시키다'를 붙여서 만든다.

예 철수는 오늘 복직했다. (주동)

→ 회사에서 철수를 오늘 복직시켰다. (사동)

• 통사적 사동문(장형 사동): 용언의 어간에 보조 용언 '-게 하다'를 붙여 만든다.

예 영수가 밥을 먹었다. (주동)

→ 영수가 밥을 먹게 했다. (사동)

㉢ 사동문의 의미

• 파생적 사동문: 일반적으로 직접 사동의 의미와 간접 사동의 의미를 모두 갖는다.

예 어머니께서 아이에게 옷을 입힌다.

→ 어머니께서 직접 아이에게 옷을 입히는 것 (직접 사동)

→ 아이가 스스로 옷을 입도록 시키는 것 (간접 사동)

• 통사적 사동문: 일반적으로 간접 사동의 의미만을 갖는다.

㉣ 잘못된 사동 표현

• 접사 '시키다'의 과도한 사용: '시키다'를 '하다'로 바꿀 수 있는 경우에는 '시키다' 대신 '하다'를 사용한다.

예 내가 사람을 소개시켜 줄게. (×)

→ 내가 사람을 소개해 줄게. (○)

방과 거실을 분리시킬 벽을 만들었다. (×)

→ 방과 거실을 분리할 벽을 만들었다. (○)

• 사동 접사의 과도한 사용

예 그를 만날 생각에 마음이 설레인다. (×)

→ 그를 만날 생각에 마음이 설렌다. (○)

사람들 사이를 비집고 끼여들었다. (×)

→ 사람들 사이를 비집고 끼어들었다. (○)

직접 사동과 간접 사동
• 직접 사동: 시키는 주체가 행동에 참여하는 것
• 간접 사동: 시키는 주체가 행동에 참여하지 않는 것

확인 문제   18 지방직 9급

사동법의 특징을 고려할 때 밑줄 친 단어의 쓰임이 옳은 것은?

① 그는 김 교수에게 박 군을 소개시켰다.
② 돌아오는 길에 병원에 들러 아이를 입원시켰다.
③ 생각이 다른 타인을 설득시킨다는 건 참 힘든 일이다.
④ 우리는 토론을 거쳐 다양한 사회적 갈등을 해소시킨다.

정답 ②

해설 '시키다'를 '하다'로 바꿀 수 있는 경우에는 '시키다'를 사용하지 않는다. ①의 밑줄 친 부분은 '소개했다'로, ③의 밑줄 친 부분은 '설득한다'로, ④의 밑줄 친 부분은 '해소한다'로 바꿀 수 있다.

사동문과 피동문의 **구별**	
사동문	• 목적어가 있다. • 사동사를 '-게 하다'로 해석하면 자연스럽다. 예 친구에게 꽃을 들려 집에 보냈다
피동문	• 목적어가 없다. • 피동사를 '-어지다'로 해석하면 자연스럽다. 예 무릎을 치니 다리가 번쩍 들렸다.

② 피동 표현
ㄱ 능동과 피동의 개념

능동	주체가 스스로 움직이거나 작용을 하는 것
피동	주체가 다른 힘에 의하여 움직이거나 작용을 하는 것

ㄴ 피동문의 종류
- 파생적 피동문(단형 피동)
  - 용언의 어간에 피동 접미사 '-이-, -히-, -리-, -기-'를 붙여서 만든다.
    예 경찰이 도둑을 잡았다. (능동)
    → 도둑이 경찰에게 잡혔다. (피동)
  - 명사에 접미사 '-되다, -받다, -당하다'를 붙여서 만든다.
    예 철수는 영희를 사랑했다. (능동)
    → 영희는 철수에게 사랑받았다. (피동)
- 통사적 피동문(장형 피동): 용언의 어간에 보조 용언 '-어지다, -게 되다'를 붙여 만든다.
  예 쓰레기를 버린다. (능동)
  → 쓰레기가 버려진다. (피동)
  노래를 불렀다. (능동)
  → 노래를 부르게 되었다. (피동)
ㄷ 잘못된 피동 표현
- 이중 피동의 사용
  - 피동 접사 '-이-, -히-, -리-, -기-'+'-어지다'
    예 이 소설책은 잘 읽혀지지(읽-+-히-+-어지지) 않는다. (×)
    → 이 소설책은 잘 읽히지 않는다. (○)
  - '되어지다', '-지게 되다'
    예 그가 성공할 것이라고 생각되어진다. (×)
    → 그가 성공할 것이라고 생각된다. (○)
    가기 싫어도 학원에 가지게 된다. (×)
    → 가기 싫어도 학원에 가게 된다. (○)
- 피동사와 접사 '-우-'의 결합

갈리우다 (×) → 갈리다 (○)	불리우다 (×) → 불리다 (○)
잘리우다 (×) → 잘리다 (○)	팔리우다 (×) → 팔리다 (○)

예 새 인물로 갈리우다. (×)
→ 새 인물로 갈리다. (○)
많은 사람에게 불리우는 노래이다. (×)
→ 많은 사람에게 불리는 노래이다. (○)

③ 사동사와 피동사의 형태가 같은 경우

걸리다	'걷다'의 사동사	예 어머니는 동생은 업고 형은 걸리며 피란길을 떠났다.
	'걸다'의 피동사	예 그림이 벽에 걸렸다.
날리다	'날다'의 사동사	예 종이 비행기를 공중에 날렸다.
	'날다'의 피동사	예 아카시아 꽃이 눈처럼 날린다.
닦이다	'닦다'의 사동사	예 아이에게 구두를 닦였다.
	'닦다'의 피동사	예 깨끗이 닦인 유리창을 바라보았다.
뜯기다	'뜯다'의 사동사	예 소에게 풀을 뜯기며 앉아있었다.
	'뜯다'의 피동사	예 자물쇠가 뜯긴 자국이 나 있었다.
물리다	'물다'의 사동사	예 가해자에게 치료비를 물렸다.
	'물다'의 피동사	예 사나운 개에게 팔을 물렸다.
보이다	'보다'의 사동사	예 그는 나에게 사진첩을 보였다.
	'보다'의 피동사	예 벽에 걸려 있는 시계가 보였다.
안기다	'안다'의 사동사	예 할머니 품에 아기를 안겼다.
	'안다'의 피동사	예 동생은 아버지에게 안겨서 차에 올랐다.
업히다	'업다'의 사동사	예 할머니에게 아이를 업혀 보냈다.
	'업다'의 피동사	예 아이가 엄마 등에 업혀 잠이 들었다.
읽히다	'읽다'의 사동사	예 학생들에게는 시를 읽히곤 했다.
	'읽다'의 피동사	예 수많은 사람에게 읽혀 온 작품이다.
잡히다	'잡다'의 사동사	예 겨우 연필을 잡혔지만 아이는 아무것도 쓰지 않았다.
	'잡다'의 피동사	예 경찰에게 도둑이 잡혔다.

19 경찰 2차

확인 문제

㉠, ㉡의 예로 가장 적절하지 않은 것은?

접사 '-이-', '-하-', '-리-', '-가-'는 ㉠ 피동사를 만들기도 하고 ㉡ 사동사를 만들기도 한다. 피동사로 만들어진 문장은 어떤 행위나 동작이 주어로 나타내어진 인물이나 사물이 제힘으로 행하는 것이 아니라, 남의 행동에 의해서 됨을 표현하고, 사동사로 만들어진 문장은 남으로 하여금 어떤 동작을 하게 함을 표현한다.

① ㉠: 시청에 태극기가 걸렸다.
② ㉠: 눈발이 하늘 위로 날렸다.
③ ㉡: 형은 힘차게 팽이를 돌렸다.
④ ㉡: 토끼가 사자에게 다리를 물렸다.

정답 ④
해설 ㉡의 '물렸다'는 피동사이다.

1. 의미의 이해

(1) 의미의 특성

① 지시하는 대상과 그것을 표현하는 형식의 관계가 항상 일대일로 이루어지지는 않는다.

② 표현이 같더라도 주어지는 상황, 언중의 관습 등에 따라 다른 의미를 나타내기도 한다.

(2) 의미의 종류

① 중심적 의미와 주변적 의미

㉠ 중심적 의미(1차적 의미): 가장 핵심적이고 기본적인 의미이다.

㉡ 주변적 의미(2차적 의미): 중심적 의미가 확장된 것으로, 상황이나 문맥에 따라 달라지는 의미이다.

단어	의미의 종류	의미	예문
먹다	중심적 의미	음식 등을 입을 통하여 배 속에 들여보내다.	밥을 먹는다.
	주변적 의미	연기나 가스 등을 들이마시다.	연탄가스를 먹었다.
		어떤 마음이나 감정을 품다.	나는 마음을 독하게 먹었다.
		일정한 나이에 이르거나 나이를 더하다.	나이를 먹는다.
		욕, 핀잔 등을 듣거나 당하다.	하루 종일 욕만 먹었다.
		어떤 등급을 차지하거나 점수를 따다.	100점을 먹었다.
		구기 경기에서, 점수를 잃다.	상대편에게 한 골을 먹었다.

② 사전적 의미와 함축적 의미

㉠ 사전적 의미(외연적 의미): 어떤 단어가 지니는 가장 객관적 · 기본적 · 개념적 · 핵심적 · 지시적인 의미이다.

㉡ 함축적 의미(내포적 의미): 단어의 사전적 의미에 덧붙어서 형성되는 연상적 · 개인적 · 정서적인 의미이다.

예 엄마야 누나야 강변 살자. – 김소월, 〈엄마야 누나야〉

→ '강변'의 사전적 의미: 강의 가장자리에 잇닿아 있는 땅

→ '강변'의 함축적 의미: 동경의 대상, 이상향

2. 의미의 관계

(1) 단어 간의 의미 관계

① 동의 관계와 유의 관계

    ㉠ 동의 관계
- 소리가 다른 두 개 이상의 단어가 같은 의미를 갖는 경우를 말한다.
- 문장 내에서 교환이 가능하다.
- 모든 문장에서 교환이 가능한 동의어는 매우 제한적이다.

    ㉡ 유의 관계
- 소리가 다른 두 개 이상의 단어가 비슷한 의미를 갖는 경우를 말한다.
- 문장 내에서 교환이 불가능하다.
- 최근에는 동의 관계를 유의 관계로 통합하기도 한다.

② 동음이의 관계

    ㉠ 소리는 같으나 다른 의미를 갖는 경우를 말한다.

    ㉡ 우연히 소리만 같을 뿐, 단어들 사이에 의미적 연관성은 없다.

    ㉢ 사전에서 별개의 항목으로 분류한다.

단어		의미	예문
다리	다리¹	사람이나 동물의 몸통 아래 붙어 있는 신체의 부분	다리를 다쳤다.
	다리²	물 등을 건너다닐 수 있도록 만든 시설물	다리를 건넜다.
	다리³	여자들의 머리숱이 많아 보이라고 덧넣었던 딴머리	머리숱이 많아 보이기 위해 다리를 넣었다.

③ 다의 관계

    ㉠ 소리가 같고 의미적으로도 밀접한 관련을 갖는 경우를 말한다.

    ㉡ 사전에서 같은 항목으로 묶는다.

단어	의미	예문
다리¹	1. 사람이나 동물의 몸통 아래 붙어 있는 신체의 부분	다리에 쥐가 났다.
	2. 물체의 아래쪽에 붙어서 그 물체를 받치는 부분	이 의자는 다리가 하나 부러졌다.
	3. 오징어 등 동물의 머리에 여러 개 달려 있는 기관	그는 오징어 다리를 씹었다.
	4. 안경의 테에 붙어서 귀에 걸게 된 부분	안경다리가 부러졌다.

확인 문제

13 국회직 9급

01 다음 중 어휘의 관계가 다른 하나는?

① 뫼 – 산
② 가멸다 – 가난하다
③ 얼우다 – 결혼하다
④ 어위크다 – 관대하다
⑤ 죽사리 – 생사

14 경찰 2차

02 다의어와 동음이의어의 차이를 고려할 때, 밑줄 친 단어 중 그 관계가 나머지 셋과 다른 것은?

① 어머니는 문 밖에서 손을 기다리신다.
② 결국 모든 유산이 형의 손에 들어갔다.
③ 철수는 비누로 손을 깨끗이 씻었다.
④ 나는 이 일에서 완전히 손을 떼겠다.

[정답] **01** ② **02** ①

[해설] **01** ② '가멸다'는 '재산이나 자원 등이 넉넉하고 많다.', '가난하다'는 '살림살이가 넉넉하지 못하여 몸과 마음이 괴로운 상태에 있다.'라는 의미이다. 따라서 '가멸다'와 '가난하다'는 반의 관계이다. ①·③·④·⑤의 어휘 관계는 옛말과 현대어의 유의 관계이다.
02 ①의 '손'은 '다른 곳에서 찾아온 사람'을 의미하고, ②·③·④의 '손'은 신체의 일부와 관련된 의미를 지닌다. 따라서 ①과 나머지 ②·③·④의 밑줄 친 '손'은 동음이의어 관계에 있다.

④ 반의 관계

㉠ 서로 정반대되는 의미를 갖는 경우를 말한다.

㉡ 한 쌍의 말 사이에 서로 공통되는 의미 요소가 있으면서, 한 개의 요소만 반대의 의미를 갖고 있어야 한다.

예 남자:여자, 위:아래, 작다:크다, 오다:가다

㉢ 종류

- 상보 반의어
  - 의미 영역이 배타적으로 양분되는 것으로, 중간 항이 없다.
  - 한쪽 단어를 부정하면 다른 쪽 단어를 긍정하게 되는 것이다.
  - 두 단어를 동시에 부정하거나 긍정하면 모순이 발생하게 된다.
  - 남자:여자, 살다:죽다, 있다:없다, 알다:모르다
- 정도 반의어(등급 반의어)
  - 정도를 표현하는 것으로, 중간 항이 있다.
  - 두 단어를 동시에 부정하거나 긍정할 수 있다.
  - 높다:낮다, 밝다:어둡다, 덥다:춥다, 뜨겁다:차갑다
- 방향 반의어
  - 마주 선 방향에 따라 상대적으로 관계를 형성한다.
  - 관계 또는 이동의 측면에서 의미의 대립을 갖는다.
  - 위:아래, 부모:자식, 형:동생, 가다:오다

⑤ 상하 관계

㉠ 하나의 단어가 다른 단어에 포함되는 경우를 말한다.

㉡ 상의어와 하의어

상의어	상위 개념, 포함하는 단어, 포괄적, 일반적
하의어	하위 개념, 포함되는 단어, 구체적

예 과일: 사과, 배, 포도

→ 상의어: 과일

→ 하의어: 사과, 배, 포도

㉢ 계층적인 구조를 이루기 때문에, 다른 말과의 관계 속에서 파악해야 한다.

⑥ 부분 관계

㉠ 하나의 단어가 다른 단어의 일부분인 경우를 말한다.

㉡ 하의어는 상의어 범주에 포함되는 단어의 한 종류이지만, 부분 관계의 단어는 다른 단어의 종류가 되는 것은 아니다.

예 코:얼굴

→ '코'는 얼굴의 부분이지만, '코'가 '얼굴'의 종류는 아니다.

확인 문제   19 서울시 7급

의미 관계와 단어들의 연결이 옳지 않은 것은?
① 동의 관계(synonymy) – 근심:시름
② 반의 관계(antonymy) – 볼록:오목
③ 상하 관계(hyponymy) – 할아버지:손자
④ 부분 관계(meronymy) – 코:얼굴

정답 ③

해설 상하 관계는 어느 한 쪽이 다른 쪽을 포함하는 관계이어야 하는데, '할아버지'와 '손자'는 포함 관계가 성립하지 않으므로 상하 관계라고 볼 수 없다.

(2) 문장 간의 의미 관계

① 문장의 유의 관계: 상황의 진릿값❶은 같지만, 의미의 차이가 미묘하게 생긴다.

  ㉠ 능동문과 피동문의 유의 관계

  ┌ 경찰이 도둑을 잡았다. (능동문: '경찰'에 초점)
  └ 도둑이 경찰에게 잡히었다. (피동문: '도둑'에 초점)

  ㉡ 대립어에 의한 유의 관계

  ┌ 영희는 철수보다 나이가 많다.
  └ 철수는 영희보다 나이가 적다.

  ㉢ 짧은 부정문과 긴 부정문에 의한 유의 관계

  ┌ 철수는 밥을 안 먹었다.
  └ 철수는 밥을 먹지 않았다.

② 문장의 반의 관계

  ㉠ 반의어에 의한 반의 관계

  ┌ 철수는 천천히 걷는다.
  └ 철수는 빨리 걷는다.

  ㉡ 긍정문과 부정문에 의한 반의 관계

  ┌ 철수는 밥을 먹는다. (긍정문)
  └ 철수는 밥을 안 먹는다. (부정문)

③ 문장의 전제와 함의

  ㉠ 문장의 전제

  • 문장 안에 또 다른 정보가 들어 있는 것이다.

  • 전제가 되는 문장은 주문장이 부정이 되어도 참이 된다.

  > ㄱ. 철수는 작년에 읽는 책을 기억하고 있다.
  > ㄴ. 철수는 작년에 책을 읽었다.
  >   → ㄱ이 ㄴ을 전제한다.
  >   → ~ㄱ(ㄱ의 부정)이어도 ㄴ은 참이 된다.
  > ~ㄱ. 철수는 작년에 읽는 책을 기억하지 못한다.

  ㉡ 문장의 함의

  • '전제'와 마찬가지로 문장 안에 또 다른 정보가 들어 있는 것이다.

  • 주문장이 부정이 되면 전제가 되는 문장은 참이 되기도 하고 부정이 되기도 한다.

  > ㄱ. 철수는 거울을 깼다.
  > ㄴ. 거울이 깨졌다.
  >   → ㄱ이 ㄴ을 함의한다.
  >   → ~ㄱ(ㄱ의 부정)이면 ㄴ은 참이 되기도 하고 부정이 되기도 한다.
  > ~ㄱ. 철수는 거울을 깨지 않았다.

어휘 풀이

❶ 진릿값(진리치): 명제나 명제 변수가 취하는 값

확인 문제   14 경찰 2차

다음의 설명을 고려할 때, 유의문의 관계에 있는 문장끼리 연결되지 않은 것은?

> 유의문은 형태는 다르지만 의미가 같거나 비슷한 문장들을 이른다.

① 철수는 책방에 갔다. – 철수는 서점에 갔다.
② 경찰이 도둑을 잡았다. – 도둑이 경찰에게 잡혔다.
③ 나는 영수를 만나지 못했다. – 나는 영수를 못 만났다.
④ 철수가 영수에게 책을 주었다. – 영수에게 철수가 책을 받았다.

[정답] ④

[해설] '철수가 영수에게 책을 주었다.'라는 문장에서 책을 주는 주체는 '철수'이고 책을 받은 사람은 '영수'이다. 그러나 '영수에게 철수가 책을 받았다.'라는 문장에서 책을 주는 주체는 '영수'이고 책을 받는 사람은 '철수'이다. 따라서 두 문장이 유의 관계라고 볼 수 없다.

3. 의미의 표현

(1) 중의적 표현

① **중의성**: 한 단어나 문장이 두 가지 이상의 뜻으로 해석될 수 있는 특성이다.

② **중의적 표현의 종류**

    ㉠ 어휘적 중의성

        • 한 단어가 두 가지 이상의 의미를 지닌다.

        • 동음이의어, 다의어 등에서 나타난다.

            예 저 <u>다리</u>를 보십시오.

                → 다리: 사람이나 동물의 신체의 일부분

                → 다리: 어느 곳에서 다른 곳으로 건너갈 수 있도록 만든 시설물

    ㉡ 구조적 중의성

        • 수식의 범위에 의한 중의성 예 내가 좋아하는 화가의 그림을 샀다.

            → '좋아하는'이 '화가'를 수식 / → '좋아하는'이 '그림'을 수식

        • 부정의 범위에 의한 중의성 예 친구들이 다 오지 않았다.

            → 친구들이 한 명도 오지 않았다. / → 친구들 중 일부분만 왔다.

    ㉢ 은유적 중의성: 은유적 표현으로 두 가지 이상의 의미를 지니게 된다.

        예 김 선생님은 호랑이야.

            → 호랑이처럼 생겼다. / → 호랑이처럼 성격이 무섭다. / → 호랑이 역할을 연기한다.

(2) 잉여적 표현

① 단어나 문장에 불필요한 말이 사용된 경우이다.

② 의미의 중복, 의미의 중첩이라고도 한다.

③ 고유어와 한자어가 어울려 쓰이면서 의미가 부분적으로 중첩되는 경우가 많다.

④ 모든 잉여적 표현이 고쳐야할 잘못된 표현은 아니다.

    예 젊은 청년 (×) → 젊은이 (○), 청년 (○)

        과반수 이상 (×) → 반수 이상 (○), 과반수 (○)

        미리 예비 (×) → 미리 준비 (○), 예비 (○)

(3) 관용적 표현

① 두 개 이상의 단어로 구성되어 새로운 의미를 나타내는 표현이다.

② 관습적으로 의미의 특수화가 이루어진 것이다.

③ 속담, 관용어 등이 대표적인 예이다.

④ 하나의 단어처럼 굳어져서 사용하기 때문에 구조의 확장, 성분의 대치 등이 불가능하다.

    예 '손을 씻다'는 '부정적인 일이나 찜찜한 일에 대하여 관계를 청산하다.'라는 의미의 관용어이다. 하지만 '손을 비누로 씻다.'처럼 구조의 확장이 이루어지면 관용적 의미가 사라지게 된다.

확인 문제

15 사복직 9급

01 중의적인 문장이 아닌 것은?

① 아내들은 남편들보다 아이들을 더 사랑한다.

② 사랑하는 조국의 딸들이여!

③ 그는 자기가 맡은 과제를 다 처리하지 못했다.

④ 그것은 아무리 노력해도 소용없는 일이다.

15 기상직 9급

02 〈보기〉와 같은 유형의 잘못된 표현을 하고 있는 문장은?

보기

참석자의 과반수 이상이 그 안건에 찬성하였다.

① 옛날 선비들은 자연 속에서 여생을 즐겼다.

② 가족과 함께 여행을 하는 것은 즐거운 일이다.

③ 바른 사회를 구현하려면 사회악부터 완전히 근절해야 한다.

④ 우리의 후손들을 위해서라도 절대로 민주주의를 지켜야 한다.

정답 01 ④ 02 ③

해설 01 ① 아내들은 남편들과 아이들 중 아이들을 더 사랑한다. / 남편들이 아이들을 사랑하는 것보다 아내들이 아이들을 더 사랑한다.

② 사랑하는 대상이 '조국'일수도, '딸들' 일수도 있다.

③ 맡은 과제를 하나도 처리하지 못했는지(전부 부정), 일부분만 처리했는지(부분 부정) 의미가 모호한 문장이다.

02 〈보기〉의 '과반수 이상'은 의미의 중복이 나타나는 표현이다. ③의 '근절'은 '다시 살아날 수 없도록 아주 뿌리째 없애 버림'이라는 뜻을 지니는 단어로 '완전히'와 의미가 중복된다.

4. 의미의 변화

(1) 의미 변화의 원인

① 언어적 원인

　ⓐ 전염: 특정한 단어와 어울리면서 의미가 변하는 현상이다.

　　예 **결코** 우연한 일이 **아니었다.**

　　　→ '별로', '결코' 등은 긍정과 부정에 모두 쓰였던 표현이었는데, 부정적 표현과 자주 어울리면서 부정적 표현에만 쓰이게 되었다.

　ⓑ 생략: 일부분을 생략하면서 의미가 변하는 현상이다.

　　예 **아침**을 먹었다.

　　　→ '밥'이 생략되어도 '아침'이 '아침밥'의 의미를 갖는다. '머리(머리카락)', '코(콧물)'도 같은 예이다.

　ⓒ 민간 어원: 민간에 전해오는 이야기에 의해 의미가 변하는 현상이다.

　　예 **행주치마**

　　　→ 원래는 '행자승이 걸치는 치마'라는 뜻으로 행주산성과 전혀 관련이 없었으나, 행주산성 이야기의 영향을 받아 '행주산성의 치마'라는 의미로 쓰이게 되었다.

② 역사적 원인

　ⓐ 지시물의 변화

　　예 **영감**

　　　→ 원래는 '정삼품과 종이품의 벼슬아치'를 의미했으나, '급수가 높은 공무원이나 지체가 높은 사람'을 지칭하는 말로 바뀌었다.

　　예 **바가지**

　　　→ 원래는 '박을 두 쪽으로 쪼개 만든 그릇'을 의미했으나, '나무, 플라스틱 등으로 만든 그릇'을 지칭하는 말로 바뀌었다.

　ⓑ 지시물에 대한 정서적 태도의 변화

　　예 **나일론**

　　　→ 원래는 질기고 강하고 좋은 의미로 쓰였지만, 새롭고 좋은 소재들이 나오면서 나일론은 좋지 않은 부정적인 의미로 바뀌었다. 이러한 변화로 '나일론 환자'는 '가짜 환자'라는 뜻으로 사용된다.

　ⓒ 지시물에 대한 지식의 변화

　　예 **해가 뜨고 진다.**

　　　→ 원래는 '지구를 중심으로 해가 돈다.'는 생각에서 나온 표현이었지만, 과학 지식의 발달로 지금은 '지구가 돈다.'라는 의미로 사용된다.

③ **사회적 원인**: 사회 계층과 사회 구조의 변화에 의해 의미 변화가 생긴다.

　　예 **양반**

　　　→ 원래는 '동반과 서반'을 아울러 칭하는 단어였으나, 사회 계층 구조가 달라지면서 '점잖고 예의 바른 사람'을 가리키게 되었다.

확인 문제　　19 서울시 7급

〈보기〉의 어휘들은 통시적으로 변화된 양상을 보여 준다. 이들에 대한 설명으로 가장 옳지 않은 것은?

보기

ⓐ 놈: '사람 평칭' → '남자의 비칭'
ⓑ 겨레: '종친, 친척' → '민족, 동족'
ⓒ 아침밥 > 아침
ⓓ 맛비 > 장맛비

① ⓐ은 시대의 변화에 따라 의미가 축소된 예이다.
② ⓑ은 시대의 변화에 따라 의미가 확대된 예이다.
③ ⓒ은 형태의 일부가 생략된 후 나머지에 전체 의미가 잔류한 예이다.
④ ⓓ은 형태의 일부가 덧붙여진 후에도 전체 의미가 변하지 않은 예이다.

정답 ④
해설 '맛비'는 '장마'를 의미하는 옛말이므로, '장맛비'와 의미가 다르다.

④ 심리적 원인

　⊙ 금기에 의한 변화

　　예 손님(홍역), 마마(천연두), 산신령(호랑이), 돌아가시다(죽다)

　⊙ 감정적 원인에 의한 변화

　　• 확장에 의한 변화: 다른 어휘로 의미가 확대되는 것이다.

　　　예 '나일론'이 인기가 있었을 때 의미가 확대되어 '나일론 참외', '나일론 박수' 등의 말이 등장했다.

　　• 견인에 의한 변화: 다른 분야의 유사한 부분을 관심 있는 대상과 연관 짓는 것이다.

　　　예 한국 전쟁 이후 군대에 관심이 많아지면서 '권총'을 '돼지다리'로, '철모'를 '바가지'로 표현했다.

(2) 의미 변화의 유형

① 의미의 확대

길	도로 → 방법, 도리 등의 의미도 포함
놀부	사람의 이름 → 욕심이 많은 사람
다리	사람이나 짐승의 다리 → 무생물의 다리 포함
박사	학위 → 어떤 일에 정통하거나 숙달된 사람 등의 의미도 포함
아저씨	작은 아버지 → 성인 남자
영감	정삼품과 종이품의 벼슬아치 → 나이가 많아 중년이 지난 남자
지갑	종이로 만든 것 → 가죽이나 헝겊 등으로 만든 것

② 의미의 축소

놈	사람 전체 → 사람이나 남자를 낮잡아 이르는 말
얼굴	형체 → 안면
중생	생물 → 동물

③ 의미의 이동

어엿브다	불쌍하다 → 아름답다
어리다	어리석다 → 나이가 적다
내외	안과 밖 → 부부
감투	벼슬아치가 쓰는 모자 → 벼슬
방송	풀어주는 것(석방) → 음성이나 영상을 전파로 내보내는 것
사랑하다	생각하다[思] → 사랑하다[愛]

확인 문제

14 서울시 9급

국어의 어휘 의미 변화에 대한 다음의 진술 중 올바르지 못한 것은?

① '다리(脚)'가 사람이나 짐승의 다리만 가리켰으나 현대에는 '책상'에도 쓰인다.
② '짐승'은 '衆生'에서 온 말로 생물 전체를 가리켰으나 지금은 사람을 제외한 동물을 가리킨다.
③ '사랑하다'는 '생각하다'는 의미가 있었으나 지금은 이 의미가 없다.
④ '어여쁘다'는 '조그맣다'라는 뜻이었으나 지금은 '아름답다'의 의미이다.
⑤ '어리다'는 '어리석다'는 뜻이었다가 지금은 '나이가 적다'의 의미로 쓰인다.

정답 ④

해설 '어여쁘다'는 '불쌍하다'라는 뜻에서 '아름답다'의 의미로 변했다.

1. 발화

(1) 발화의 개념: 소리 내어 말을 하는 현실적인 언어 행위이며, 실질적인 언어 행위를 통해 산출된 일정한 음의 연쇄체이다.

(2) 발화의 종류

직접적인 발화	간접적인 발화
• 문장 유형과 발화 의도 일치 예 창문을 닫아라. → 문장 유형: 명령 → 발화 의도: 명령 • 표현된 문장 그대로 의미를 이해할 수 있음	• 문장 유형과 발화 의도 불일치 예 창문을 닫아 줄래? → 문장 유형: 의문 → 발화 의도: 명령 • 상황에 따라 의미를 다르게 해석할 수 있음 • 요청이나 명령의 상황에서 공손하게 표현할 때는 직접적인 발화보다 간접적인 발화를 많이 사용

2. 담화

(1) 담화의 개념

① 둘 이상의 문장이 연속되어 이루어지는 말의 단위이다.

② 발화들이 모여서 이루어진 유기적인 통일체이다.

③ 여러 발화가 모여 이루어지는 담화는 내용의 통일성과 형식의 응집성을 지녀야 한다.

④ 담화는 명령, 요청, 질문, 약속, 제안, 축하, 경고 등 다양한 기능을 가지고 있다.

⑤ 실제 대화 생황에서 발화의 의미를 제대로 파악하기 위해서는 화자, 청자, 시간적 배경, 공간적 배경 등 다양한 요소들을 고려해야 한다.

(2) 담화의 구성 요소

① **화자**: 말하는 사람을 가리킨다.

② **청자**: 말을 듣는 사람을 가리킨다.

③ **발화(문장)**: 화자와 청자가 주고받는 내용, 정보 등을 의미한다.

④ **맥락(장면)**: 담화가 이루어지는 시간적·공간적·사회적 상황을 의미한다.

확인 문제 18 지방직 9급

화자의 진정한 발화 의도를 파악할 때, 밑줄 친 부분을 고려하지 않아도 되는 것은?

> 일상 대화에서는 직접 발화보다는 간접 발화가 더 많이 사용되지만, 그 의미는 맥락에 의해 파악될 수 있다. 화자는 상대방이 충분히 그 의미를 파악할 수 있다고 판단될 때 간접 발화를 전략적으로 사용함으로써 의사소통을 원활하게 하기도 한다.

① (친한 사이에서 돈을 빌릴 때) 돈 가진 것 좀 있니?

② (창문을 열고 싶을 때) 얘야, 방이 너무 더운 것 같구나.

③ (갈림길에서 방향을 물을 때) 김포공항은 어느 쪽으로 가야 합니까?

④ (선생님이 과제를 내주고 독려할 때) 우리 반 학생들은 선생님 말씀을 아주 잘 듣습니다.

정답 ③

해설 ③은 직접 발화. ①·②·④는 간접 발화이다.

(3) 담화의 유형

① 정보 제공 담화: 정보를 제공하고자 하는 담화이다.

   예 뉴스, 강의, 보고서

② 호소 담화: 상대방을 설득하고자 하는 담화이다.

   예 연설, 설교, 광고, 논설문

③ 약속 담화: 발화에 담긴 내용을 수행하겠다고 다짐하는 내용의 담화이다.

   예 선서, 맹세, 보증서, 계약서

④ 사교 담화: 인간관계를 형성하기 위해 사회적 상호 작용을 하는 담화이다.

   예 인사말, 잡담, 문안 편지

⑤ 선언 담화: 의견이나 주장을 외부에 정식으로 표명하는 담화이다.

   예 선전 포고, 개회 선언, 임명장

(4) 담화의 표현

① 지시 표현

   ㉠ 어떤 대상을 가리키는 표현으로, 지시어를 사용한다.

   ㉡ 지시 대명사(이것, 그것, 저것, 여기, 거기, 저기), 지시 관형사(이, 그, 저), 지시 부사(이리, 그리, 저리) 등을 사용한다.

   > 예
   > 성희: 네가 말한 책이 이 책이야?
   > 철수: 응, 그 책이야.
   > → 글의 맥락을 통해 '이 책'과 '그 책'이 같은 대상을 가리킴을 알 수 있다.

② 접속 표현

   ㉠ 단어와 단어, 구절과 구절, 문장과 문장 등을 이어 주는 표현이다.

   ㉡ 그리고, 그러나, 그런데, 하지만, 그러므로, 즉 등의 접속 부사를 사용한다.

③ 대용 표현

   ㉠ 앞에서 제시한 말을 대신하여 사용하는 표현이다.

   ㉡ 인칭 대명사(나, 너), 재귀칭 대명사(당신, 자기, 저희), 지시어 등을 사용한다.

(5) 담화 표지

① 화자의 발화 의도나 전체적인 분위기를 효과적으로 전달하기 위해 사용한다.

② 화자의 감정, 심리적 태도 등을 드러내기도 한다.

③ 입버릇, 군말 등으로, 생략해도 내용을 전달하는 데 직접적인 영향을 주지 않는다.

④ 언어 외적 담화 표지에는 몸짓, 손짓 등이 있다.

확인 문제   16 국가직 7급

다음 광고 문안에 포함된 담화의 기능이 아닌 것은?

이 선풍기는 바람을 차게 하는 장치가 부착되어 있습니다. 사람이 방 안에 없을 때에는 자동으로 멈춥니다. 그리고 물건이 와 닿으면 소리가 나서 어린이를 보호할 수가 있습니다. 일 년 이내에 고장이 나면 즉시 새 물건으로 교환해 드립니다.

① 호소 기능   ② 정보 제공 기능
③ 약속 기능   ④ 오락 기능

정답 ④

해설 ① 광고 문안은 상대방을 설득하고자 하는 호소의 기능을 지닌다.
② 선풍기의 장치, 기능 등에 대한 정보를 제공하고 있다.
③ 고장 시 교환해 주겠다는 다짐의 내용이 있으므로, 약속의 기능을 포함한다.

03 고전 문법

01 국어의 역사

1. 국어의 흐름

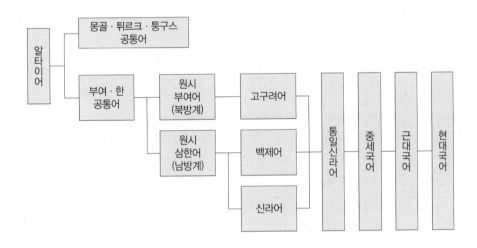

2. 시대별 특징

(1) 고대 국어

① 시기: 삼국 시대부터 통일 신라 시대까지의 국어를 고대 국어라 한다.

② 어휘의 특징: 한자의 유입과 중국 문화의 영향으로 지명이 한자식으로 바뀌기도 하였다.

③ 표기법의 특징: 우리 고유의 글자가 없었기에 한자를 이용한 여러 표기법을 만들어 사용하였다.

④ 차자 표기

　㉠ 정의: 우리의 말을 적기 위해 남의 나라 글자를 빌려 쓰는 표기법이다.

> **통일 신라어**
> 고구려, 백제, 신라의 언어는 조금씩 달랐지만, 비슷한 점이 있어서 의사 소통은 가능했을 것으로 추정하고 있다. 하지만 남아 있는 자료가 거의 없어서 구체적인 모습까지는 파악하기 힘들다. 신라를 중심으로 삼국이 통일이 되면서, 언어 또한 경주 지방의 말을 중심으로 통일되었다.

ⓛ 종류

- 고유 명사의 표기
  - 한자의 음과 뜻을 빌려 표기

  素那(或云金川) 白城郡蛇山人也 소나(혹운금천) 백성군사산인야

  소나(素那)[또는 금천(金川)이라고 한다]는 백성군(白城郡) 사산(蛇山) 사람이다.

  　　　　　　　　　　　　　　　　　　　－《삼국사기》 권 제47

  → 素那(희다 소, 어찌 나): 한자의 음을 빌려 표기한 경우(음차)
  → 金川(쇠 금, 내 천): 한자의 뜻을 빌려 표기한 경우(훈차)

  - 고유어와 한자어의 경쟁

  永同郡 本吉同郡 景德王改名 今因之 영동군 본길동군 경덕왕개명 금인지

  영동군(永同郡)은 본래 길동군(吉同郡)인데 경덕왕이 이름을 고쳤으며, 지금 이를 쓰고 있다.

  　　　　　　　　　　　　　　　　　　　－《삼국사기》 권 제34

  → '吉同郡'의 '吉': 한자의 음을 빌려 표기한 경우(음차)
  → '永同郡'의 '永': 한자의 뜻을 빌려 표기한 경우(훈차)
  → 지명이 '吉同郡'이 '永同郡'으로 바뀐 것을 통해, 고유어와 한자어의 경쟁에서 한자어가 우세했음을 알 수 있다.

- 이두
  - 한자의 음과 뜻을 빌려 우리말을 적은 표기법이다.
  - 신라 때에 발달하였다.
  - 넓은 의미로는 향찰, 구결 및 삼국 시대의 고유 명사 표기 등 한자 차용 표기법들을 통틀어 이르는 말로 쓰인다.
  - 일반적으로는 한자를 국어의 문장 구성법에 따라 고치고 이에 토를 붙인 것을 이른다.

- 구결
  - 한문을 읽을 때 그 뜻이나 독송을 위하여 각 구절 아래에 달아 쓰던 문법적 요소를 이르는 말이다.
  - 한자 구절마다 토를 다는 데 사용하였다.
  - '隱(은, 는)', '伊(이)' 등의 한자를 사용하거나, 'イ(伊의 한 부)', '厂(厓의 한 부)' 등 한자의 일부만을 사용하기도 하였다.

- 향찰
  - 한자의 음과 뜻을 빌려 국어 문장 전체를 적은 표기법이다.
  - 신라 때에 향가의 표기에 많이 사용하였다.

확인 문제

08 지방직 7급

훈민정음 이전에 우리말을 적은 차자 표기(借字表記)에 대한 설명으로 옳은 것은?

① 차자 표기의 원리는 훈민정음 창제의 이론적 바탕이 되었다.
② 차자 표기는 고려 초기에 불교의 영향을 받아 시작되었다.
③ 향찰(鄕札)은 대체로 훈주음종(訓主音從)의 원리가 적용되었다.
④ 구결(口訣)은 주로 실용 문서를 작성하는 데 사용되었다.

정답 ③

해설 '훈주음종(訓主音從)'이란 실질적인 의미는 훈차를, 형식적인 부분은 음차를 했음을 의미한다.

– 주로 실질 형태소는 훈독❶ 표기법을, 형식 형태소는 음독❷ 표기법을 사용하였다.

어휘 풀이

❶ 훈독: 한자의 뜻을 새겨서 읽음
❷ 음독: 한자를 음으로 읽음

善化公主主隱	선화 공주니믄
他密只嫁良置古	놈 그스지 얼어 두고
薯童房乙	맛둥바올
夜矣卯乙抱遺去如	바미 몰 안고 가다

– 〈서동요〉

구분	善	化	公	主	主	隱
뜻	착하다	되다	귀인	님	님	숨다
음	선	화	공	주	주	은

구분	他	密	只	嫁	良	置	古
뜻	남	그윽하다	다만	얼다	좋다	두다	옛
음	타	밀	지	가	량	치	고

구분	薯	童	房	乙
뜻	마	아이	방	새
음	서	동	방	을

구분	夜	矣	卯	乙	抱	遺	去	如
뜻	밤	어조사	토끼	새	안다	보내다	가다	같다
음	야	의	묘	을	포	견	거	여

(2) 중세 국어

① 시기: 고려 시대부터 임진왜란까지의 국어를 중세 국어라 한다.

② 표기법의 특징

　㉠ 연철(이어 적기) 표기를 하였다.

　㉡ 받침으로 8개의 자음(ㄱ, ㄴ, ㄷ, ㄹ, ㅁ, ㅂ, ㅅ, ㅇ)이 사용되었다(8종성법).

　㉢ 글자 왼쪽에 방점을 찍었다.

③ 음운의 특징

　㉠ 된소리가 나타나기 시작하였다.

　㉡ 성조가 있었는데, 성조는 방점으로 표시했다.

　㉢ 초기에는 모음 조화 현상이 잘 지켜졌으나, 후기에는 부분적으로 지켜지지 않았다.

　㉣ 순경음 비읍 'ㅸ'은 15세기까지 사용되다가 'ㅗ/ㅜ'로 변하였다.

④ 문법의 특징

　㉠ 주격 조사로는 '이'만 쓰였다.

　㉡ 의문사가 있는 설명 의문문에는 어미 '-ㄴ고, -ㄹ고'가, 의문사가 없는 판정 의문문에는 어미 '-ㄴ가, -ㄹ가'가 사용되었다.

확인 문제　18 경찰 2차

다음 자료를 토대로 중세 국어의 특징을 설명한 것으로 가장 적절하지 않은 것은?

중세 국어의 자료	중세 국어의 특징
나·라·해, 불·휘기·픈	㉠ 받침을 조사나 어미에 연달아 소리 나는 대로 이어 적는 표기를 활용하고 있다.
:됴·흔, ·프·디	㉡ 구개음화가 일어나지 않고 있다.
:수·비니 겨·낤·로 뿌·메	㉢ 명사형 어미 '-움'이 사용되고 있다.
:내·히이·러 바·르·래·가 ᄂᆞ·니	㉣ 주격 조사 '히'가 사용되고 있다.

① ㉠　　　　② ㉡
③ ㉢　　　　④ ㉣

정답 ④
해설 ':내·히'는 '냏(체언)＋이(주격 조사)'의 형태로, 주격 조사 '이'가 사용되었다.

⑤ 어휘의 특징

　　㉠ 고유어와 한자어의 경쟁이 심해졌고, 이전보다 한자어의 쓰임이 증가했다.

　　㉡ 다른 나라와 교류하는 과정에서 몽골어, 여진어, 중국어 등 외래어가 들어왔다.

(3) 근대 국어

① 시기: 임진왜란 직후부터 갑오개혁까지의 국어를 근대 국어라 한다.

② 표기법의 특징

　　㉠ 방점과 성조가 사라지고, 상성은 장음(긴소리)으로 변화되었다.

　　㉡ 문자 'ㆆ, ㅿ, ㆁ'이 소실되었다.

　　㉢ 이어 적기 대신 끊어 적기가 확대되면서, 거듭 적기 표기가 나타났다.

　　㉣ 받침으로 7개의 자음(ㄱ, ㄴ, ㄷ, ㄹ, ㅁ, ㅂ, ㅇ)이 사용되었다(7종성법).

③ 음운의 특징

　　㉠ 구개음화 현상이 나타나게 되었다.

　　㉡ 'ㆍ' 음가가 소실되면서, 모음 조화 파괴 현상이 두드러지게 나타났다. 다만 음가는 17세기에 소실되지만, 글자는 20세기에 소멸되었다.

　　㉢ 명사형 어미 '-기'의 쓰임이 확대되었다.

④ 문법의 특징

　　㉠ 주격 조사 '가'가 등장하여, 주격 조사 '이'와 구별되어 쓰였다.

　　㉡ 객체 높임법 '-ᄉᆞᆸ-, -ᄌᆞᆸ-, -ᄉᆞᆸ-'의 기능이 소실되었다.

⑤ 어휘의 특징

　　㉠ 고유어가 한자어로 많이 대체되었다.

　　㉡ 서양 문물의 유입으로 새로운 단어가 많이 생겨났다.

　　㉢ 서구에서 외래어가 유입되었다.

3. 국어사의 주요 자료

(1) 고려 국어의 주요 자료

① 《계림유사》

　　㉠ 1103년 중국 송나라의 손목이 지은 책이다.

　　㉡ 고려 시대의 풍습, 제도, 언어 등을 소개했다.

　　㉢ 당시 고려어 356단어를 한자로 적어 놓아 국어사 연구에 귀중한 자료이다.

② 《향약구급방》

　　㉠ 고려 고종 때에 대장도감에서 간행한 한의서이다.

　　㉡ 우리나라에서 구할 수 있는 약재로 급한 병자를 고칠 수 있는 방법을 적어 놓은 책으로, 동식물명과 약초명이 기록되어 있다.

③ 《대명률직해》

　　㉠ 1395년에 고사경과 김지 등이 중국 명나라 법전인 《대명률》을 이두로 풀이하고, 정도전과 당성이 다듬어서 간행한 책이다.

　　㉡ 고려 시대의 이두 문자를 연구할 수 있는 자료이다.

확인 문제　　17 서울시 9급

다음 중 국어의 역사에 대한 설명으로 옳은 것은?

① 띄어쓰기는 1933년 한글 맞춤법 통일안에서 규범화되었다.
② 주격 조사 '가'는 고대 국어에서부터 등장한다.
③ 'ㆍ'는 17세기 이후의 문헌에서부터 나타나지 않는다.
④ 'ㅸ'은 15세기 중반까지 사용되다가 'ㅃ'으로 변하였다.

정답 ①

해설 ② 주격 조사 '가'는 근대 국어에서 등장하였다.
③ 'ㆍ'의 음가는 17세기에 소실되었지만, 문자는 20세기에 소멸되었다.
④ 'ㅸ'은 'ㅗ/ㅜ'로 변하였다.

(2) 조선 국어의 주요 자료

① 《석보상절》
- ㉠ 세종 28년(1446)에 수양 대군이 세종의 명에 따라 소헌 왕후 심씨의 명복을 빌기 위하여 쓴 책이다.
- ㉡ 석가모니의 일대기를 한글로 풀이한 책으로, 조선 초기 국어 국문학의 귀중한 자료이다.

② 《동국정운》
- ㉠ 세종 30년(1448)에 신숙주, 최항, 성삼문, 박팽년, 이개 등의 집현전 학자들이 왕명에 따라 편찬한 운서(韻書)이다.
- ㉡ 중국의 운서인 《홍무정운》 등을 참고하여 우리나라의 한자음을 새로운 체계로 정리한 최초의 음운서이다.
- ㉢ 《훈민정음》의 창제 원리 및 배경 연구에 매우 귀중한 자료이다.

③ 《노걸대》
- ㉠ 조선 세종 때 편찬한 중국어 학습서이다.
- ㉡ 고려의 상인이 인삼 등의 우리나라 특산물을 베이징에 가져가서 팔고, 그곳 특산물을 사서 귀국할 때까지의 노정을 기록하고 있다.
- ㉢ 여행이나 교역 등에 알맞은 대화들로 꾸며진 책이다.

④ 《월인석보》
- ㉠ 세조 5년(1459)에 《월인천강지곡》과 《석보상절》을 합하여 간행한 책이다.
- ㉡ 《월인천강지곡》의 각 절은 본문이 되고 그에 해당한 내용의 《석보상절》을 주석(註釋)하는 식으로 편찬하였다.

⑤ 《두시언해》
- ㉠ 성종 12년(1481)에 의침, 조위 등이 왕명에 따라 두보의 시(詩)를 분류하여 한글로 풀이한 책이다.
- ㉡ 풍부한 어휘와 예스러운 문체가 드러나 있어 국어 국문학 연구에 중요한 자료이다.
- ㉢ 초간본에는 방점이 있고 'ㅿ'과 'ㆁ'이 쓰였으나, 인조 10년(1632)에 간행된 중간본에는 방점이 없고 'ㅿ'과 'ㆁ'을 쓰지 않은 점이 크게 다르다.

⑥ 《번역소학》
- ㉠ 중종 13년(1518)에 간행된 책이다.
- ㉡ 김전, 최숙생 등이 왕명에 따라 《소학》을 한글로 풀이한 책이다.

⑦ 《사성통해》
- ㉠ 중종 12년(1517)에 간행된, 최세진이 엮은 운서(韻書)이다.
- ㉡ 《홍무정운》을 바탕으로 하고 《사성통고》의 결점을 보완하여 펴낸 것이다.
- ㉢ 한자의 고음(古音)·금음(今音)·정음(正音)·속음(俗音)을 한글로 적고 뜻을 달았으며, 글자를 음모(音母)에 따라 분류하였다.
- ㉣ 450여 개의 국어 낱말이 수록되어 있어 국어 연구의 귀중한 자료이다.

확인 문제 — 17 사복직 9급

다음 자료가 간행된 시기에 나타난 국어의 특징으로 가장 옳지 않은 것은?

> 太子ㅣ 道理 일우샤 조개 慈悲호라 ᄒ시ᄂ니
> — 《석보상절》

① 'ㅚ'와 'ㅟ'가 단모음화된 시기이다.
② 합용 병서와 각자 병서가 쓰였던 시기이다.
③ 주격 조사 '가'가 나타나지 않았던 시기이다.
④ 모음 조화가 현대 국어보다 뚜렷하게 나타났던 시기이다.

정답 ①

해설 'ㅚ'와 'ㅟ'는 중세 국어에서는 이중 모음이었으나, 근대 국어에 들어오면서 단모음화되기 시작했다.

⑧ 《훈몽자회》

　⊙ 중종 22년(1527)에 최세진이 지은 한자 학습서이다.

　ⓛ 3,360자의 한자를 33항목으로 종류별로 모아서 한글로 음과 뜻을 달았다.

　ⓒ 중세 국어의 어휘를 알 수 있는 귀중한 자료이다.

⑨ 《동국신속삼강행실도》

　⊙ 광해군 9년(1617)에 유근이 왕명에 따라 편찬한, 《삼강행실도》의 속편이다.

　ⓛ 충신 · 효자 · 열녀의 사적(事跡)을 수록하고 그 덕행을 찬양하였다.

　ⓒ 한문으로 적고 한글로 풀이하였으며, 본문의 내용을 그림으로 보였다.

⑩ 《서포만필》

　⊙ 조선 숙종 때에 김만중이 지은 책이다.

　ⓛ 제자백가 가운데 의문 나는 점을 해석하고, 부록으로 신라 이후 조선 시대에 이르는 명시(名詩)에 대한 비평을 달았다.

　ⓒ 특히, 정철의 가사를 높이 평가하면서 우리 문학의 우수성을 주장하였다.

(3) 근대 국어 이후의 주요 자료

① 《독립신문》

　⊙ 1896년 독립 협회의 서재필, 윤치호가 창간한 우리나라 최초의 민간 신문이다.

　ⓛ 순 한글 신문으로 영자판과 함께 발간하여 처음에는 격일간으로 펴내던 것을 1898년 7월부터 매일 발간하다가 광무 3년(1899)에 폐간되었다.

② 《국문정리》

　⊙ 1897년에 이봉운이 지은 책으로, 순 국문으로 된 우리나라 최초의 문법책이다.

　ⓛ 띄어쓰기, 장단음(長短音), 된소리, 시제 등을 내용으로 하고 있다.

③ 《신정국문》

　⊙ 대한 제국 광무 9년(1905)에 지석영이 지은 국문 연구론이다.

　ⓛ 한글의 전용, 병서의 폐지, 자체(字體)의 개혁 등을 주장하였다.

④ 《국어 문법》

　⊙ 대한 제국 융희 4년(1910)에 주시경이 지은 국어 문법서이다.

　ⓛ 순우리말로 된 문법 용어를 사용한 것이 특징이다.

　ⓒ 후에 '한글 맞춤법 통일안'의 기본 이론이 되었다.

　ⓔ 1911년 12월에 내용을 고쳐서 《조선어 문법》으로 간행하였다.

⑤ 《우리말본》

　⊙ 1937년에 최현배가 지은 문법서이다.

　ⓛ 1929년에 간행한 《우리말 첫째 매 소리갈 성음학》에 씨갈[品詞論]과 월갈[統辭論]을 추가하여 완성한 것이다.

⑥ 《한글갈》

　⊙ 1942년 국어학자인 최현배가 쓴 한글의 역사 연구서이다.

　ⓛ 훈민정음에 관한 일체의 역사적 · 이론적인 문제를 총망라하여 체계적으로 고찰하였다.

확인 문제　11 국가직 7급

다음 글에서 밑줄 친 '겨슳디히'에 대한 설명으로 옳은 것은?

'김치'가 '沈菜'에서 왔다고 하면 곧이듣지 않는 사람이 있을지 모르나, 이것은 어김없는 사실이다. (중략) '두시언해 권3(杜詩諺解 卷三)'에 원문의 '冬菹'를 '겨슳디히'라 번역한 데서 이 소중한 단어가 확인된다. 전라 지방에서는 지금도 김치를 '지'라 하며, 서울말에도 '오이지, 짠지' 등에 '지'가 있는데, 알고 보면 이 '지'는 '디히'가 변한 것이다.

① 17세기의 자료를 토대로 재구한 파생어이다.
② '가을의 김치'라는 뜻을 가진 파생어이다.
③ '겨슬 + ㅅ + 디히'로 형태소가 분석된다.
④ '디히'가 '지'가 된 것은 단모음화 때문이다.

정답 ③

해설 ① 15~16세기 자료이고, '겨슳디히'는 합성어이다.
② '겨울의 김치'라는 뜻을 가진 합성어이다.
④ '디히'가 '지'가 된 것은 구개음화 현상 때문이다.

1. 훈민정음

(1) 창제 정신

① **자주 정신**: 중국과 우리나라의 글자가 다르다는 것을 인식하고, 우리만의 글자를 만들고자 했다.

② **애민 정신**: 글자를 모르는 백성들을 불쌍히 여기는 마음으로 글자를 만들고자 했다.

③ **실용 정신**: 쉽고 편안하게 문자를 사용할 수 있도록 만들었다.

(2) 제자 원리

① **초성(17자)**

㉠ 상형의 원리: 발음 기관의 모양을 본떠서 기본자 'ㄱ, ㄴ, ㅁ, ㅅ, ㅇ'을 만들었다.

㉡ 가획의 원리: 소리의 세기에 따라 기본자에 획을 더해 가획자 'ㅋ, ㄷ, ㅌ, ㅂ, ㅍ, ㅈ, ㅊ, ㆆ, ㅎ'을 만들었다.

㉢ 이체자: 소리의 세기와 상관없이 이체자 'ㆁ, ㄹ, ㅿ'을 만들었다.

자음 체계	상형 원리	기본자	가획자	이체자
어금닛소리 [牙音(아음)]	象舌根閉喉之形 (혀뿌리가 목구멍을 막는 모양을 상형)	ㄱ	ㅋ	ㆁ
혓소리 [舌音(설음)]	象舌附上齶之形 (혀가 윗잇몸에 붙는 모양을 상형)	ㄴ	ㄷ, ㅌ	ㄹ
입술소리 [脣音(순음)]	象口形 (입의 모양을 상형)	ㅁ	ㅂ, ㅍ	
잇소리 [齒音(치음)]	象齒形 (이의 모양을 상형)	ㅅ	ㅈ, ㅊ	ㅿ
목구멍소리 [喉音(후음)]	象喉形 (목구멍의 모양을 상형)	ㅇ	ㆆ, ㅎ	

② **중성(11자)**

㉠ 상형의 원리: 삼재(三才), 즉 하늘과 땅과 사람의 모양을 본떠 기본자 'ㆍ, ㅡ, ㅣ'를 만들었다.

㉡ 합용의 원리: 기본자를 서로 결합하여 글자를 만들었다.

- 초출자: 'ㆍ'를 한 번 써서 만든 글자로, 'ㅗ, ㅏ, ㅜ, ㅓ'가 있다.
- 재출자: 'ㆍ'를 두 번 써서 만든 글자로, 'ㅛ, ㅑ, ㅠ, ㅕ'가 있다.

상형 원리	기본자	초출자	재출자
하늘[天]의 모양을 상형	ㆍ	ㅗ, ㅏ	ㅛ, ㅑ
땅[地]의 모양을 상형	ㅡ	ㅜ, ㅓ	ㅠ, ㅕ
사람[人]의 모양을 상형	ㅣ		

훈민정음 - 종성 제자 원리

- 종성부용초성(終聲復用初聲): 별도의 글자를 만들지 않고, 초성의 글자를 다시 사용하도록 했다.
- 팔종성가족용(八終聲可足用): 'ㄱ, ㄴ, ㄷ, ㄹ, ㅁ, ㅂ, ㅅ, ㆁ' 8개의 자음만으로 충분히 종성을 표기할 수 있다고 보아, 일반적으로 팔종성가족용법을 사용하였다.

확인 문제   19 서울시 9급

〈보기〉의 밑줄 친 ㉠에 해당하는 글자가 아닌 것은?

보기

한글 중 초성자는 기본자, 가획자, 이체자로 구분된다. 기본자는 조음 기관의 모양을 상형한 글자이다. ㉠ 가획자는 기본자에 획을 더한 것으로, 획을 더할 때마다 그 글자가 나타내는 소리의 세기는 세어진다는 특징이 있다. 이체자는 획을 더한 것은 가획자와 같지만 가획을 해도 소리의 세기가 세어지지 않는다는 차이가 있다.

① ㄹ   ② ㄷ
③ ㅂ   ④ ㅊ

정답 ①

해설 'ㄹ'은 이체자이다.

(3) 글자의 운용

① 연서법(連書法): 이어 쓰기

> ○ 連書脣音之下則爲脣輕音
> ○ ㅇ를 입시울쏘리 아래 니어 쓰면 입시울가비야본소리 드외ᄂᆞ니라
>
> ○ 연서순음지하즉위순경음
> ○ ㅇ을 입술소리 아래에 이어 쓰면 입술가벼운소리가 된다.

㉠ 순경음을 표기하기 위하여 순음 밑에 'ㅇ'을 이어 쓰는 것이다.

㉡ 'ㅱ, ㅸ, ㆄ, ㅹ' 등이 있다.

㉢ 'ㅸ'은 순 우리말 표기에 사용되었고, 'ㅱ, ㆄ, ㅹ'은 한자음 표기에 사용되었다.

㉣ 세조 때부터 소멸되었다.

② 병서법(竝書法): 나란히 쓰기

> 初聲合用則竝書 終聲同
> 첫소리를 어울워 뿛디면 ᄀᆞᆯ바쓰라 乃냉終즁ㄱ소리도 ᄒᆞᆫ가지라
>
> 초성합용즉병서 종성동
> 첫소리(초성)을 합하여 쓰려면 나란히 쓴다. 끝소리(종성)도 마찬가지다.

㉠ 초성자 두 글자 또는 세 글자를 가로로 나란히 붙여 쓰는 것이다.

㉡ 각자 병서와 합용 병서가 있다.

- 각자 병서: 같은 자음 두 글자를 가로로 나란히 붙여 쓰는 것이다.
  - 예 ㄲ, ㄸ, ㅃ, ㅆ, ㅉ
- 합용 병서: 서로 다른 자음을 가로로 나란히 붙여 쓰는 것이다.
  - 예 ㅺ, ㅳ, ㄺ, ㄻ, ㄿ, ㆅ, ㅀ, ㅄ

③ 부서법(附書法): 붙여 쓰기

㉠ 중성인 모음을 초성인 자음의 아래나 오른쪽에 붙여 쓰는 것이다.

㉡ 하서법과 우서법이 있다.

- 하서법(下書法): 자음 아래에 모음 'ㆍ, ㅡ, ㅗ, ㅜ, ㅛ, ㅠ'를 붙여 쓰는 것이다.

> ㆍㅡㅗㅜㅛㅠ附書初聲之下
> ㆍ와 ㅡ와 ㅗ와 ㅜ와 ㅛ와 ㅠ와란 첫소리 아래 브텨 쓰고
>
> ㆍㅡㅗㅜㅛㅠ 부서초성지하
> 'ㆍ, ㅡ, ㅗ, ㅜ, ㅛ, ㅠ'는 초성 아래에 붙여 쓰고

- 우서법(右書法): 자음 오른쪽에 모음 'ㅣ, ㅏ, ㅓ, ㅑ, ㅕ'를 붙여 쓰는 것이다.

> ㅣㅏㅓㅑㅕ附書於右
> ㅣ와 ㅏ와 ㅓ와 ㅑ와 ㅕ와란 올ᄒᆞ녀긔 브텨 쓰라
>
> ㅣㅏㅓㅑㅕ 부서어우
> 'ㅣ, ㅏ, ㅓ, ㅑ, ㅕ'는 초성 오른쪽에 붙여 쓴다.

확인 문제 15 서울시 9급

다음에서 설명하는 훈민정음 제자 원리에 해당하는 것은?

'ㄱ, ㄷ, ㅂ, ㅅ, ㅈ, ㅎ' 등을 가로로 써서 'ㄲ, ㄸ, ㅃ, ㅆ, ㅉ, ㅎㅎ'을 만드는 것인데 필요한 경우에는 'ㅺ, ㅽ, ㅼ, ㅳ, ㅼ, ㅄ, ㅴ' 등도 만들어 썼다.

① 象形 ② 加畫
③ 竝書 ④ 連書

정답 ③

④ 성음법(成音法): 음절 이루기

> 凡字必合而成音
> 믈읫 字쫑ㅣ 모로매 어우러사 소리 이ᄂ니

> 범자필합이성음
> 무릇 글자는 모름지기 합해져야 소리를 이룬다.

ㄱ 글자는 합해져야 음절을 이룰 수 있다.

ㄴ 초성, 중성, 종성이 어울려야만 음절을 이룰 수 있다.

⑤ 사성(四聲): 점 찍기

> 左加一點則去聲 二則上聲 無則平聲 入聲加點同而促急
> 왼녀긔 ᄒᆞᆫ 點뎜을 더으면 ᄆᆞᆺ노ᄑᆞᆫ 소리오 點뎜이 둘히면 上썅聲셩이오 點뎜이 업스면 平뼝聲셩이오, 入입聲셩은 點뎜 더우믄 ᄒᆞᆫ가지로ᄃᆡ ᄲᆞᄅᆞ니라.

> 좌가일점즉거성 이즉상성 무즉평성 입성가점동이촉급
> 왼쪽에 한 점을 더하면 거성이고, 점이 두 개면 상성이고, 점이 없으면 평성이다. 입성은 점을 더함은 같지만 빠르다.

ㄱ 소리의 높낮이를 표시하기 위하여 글자의 왼쪽에 방점을 찍었다.

ㄴ 평성(平聲)은 점이 없고, 거성(去聲)은 한 점, 상성(上聲)은 두 점을 찍었다.

ㄷ 성조는 16세기 말에 소멸되었고, 상성은 현대 국어의 장음으로 남아 있다.

ㄹ 사성법

종류	방점	소리의 특징
평성(平聲)	없음	가장 낮은 소리
거성(去聲)	1점	가장 높은 소리
상성(上聲)	2점	처음이 낮고 나중이 높은 소리
입성(入聲)	없음, 1점, 2점	급하게 닫는 소리(끝 닫는 소리)

2. 표기법

(1) 표음주의와 표의주의

① 표음주의

ㄱ 소리 나는 대로 적어야 한다는 표기 원칙으로, 같은 단어라도 다르게 발음되면 소리 나는 대로 적는다.

ㄴ 소리대로 적기 때문에 표기는 쉽지만, 어형이 드러나지 않기 때문에 뜻을 밝히기 어렵다.

② 표의주의

ㄱ 뜻을 밝혀 적어야 한다는 표기 원칙이다.

ㄴ 소리대로 적지 않기 때문에 표기는 어렵지만, 어형이 드러나기 때문에 뜻을 밝히기 쉽다.

확인 문제   16 경찰 1차

훈민정음에 대한 설명 중 틀린 것을 모두 고른 것은?

> ㄱ 1443년에 창제하고 1446년에 반포하였다.
> ㄴ 초성자의 기본자는 'ㄱ, ㄴ, ㄷ, ㅁ, ㅅ, ㅇ'이다.
> ㄷ 중성자의 기본자는 조음 기관을 상형하여 창제하였다.
> ㄹ 종성자는 따로 창제하지 않고 초성자를 다시 사용하게 하였다.
> ㅁ 'ㄲ', 'ㄸ', 'ㅃ'처럼 글자를 나란히 쓰는 방식을 합용 병서라고 한다.

① ㄱ, ㄷ   ② ㄱ, ㄴ, ㄹ
③ ㄴ, ㄷ   ④ ㄴ, ㄷ, ㅁ

정답 ④

해설 ㄴ 초성자의 기본자는 'ㄱ, ㄴ, ㅁ, ㅅ, ㅇ'이다.
ㄷ 중성자의 기본자는 삼재(三才), 즉 하늘과 땅과 사람의 형상을 본떠 만들었다.
ㅁ 'ㄲ', 'ㄸ', 'ㅃ'처럼 글자를 나란히 쓰는 방식을 각자 병서라고 한다.

(2) 연철과 중철과 분철

① 연철(連綴): 이어 적기

㉠ 앞 음절의 종성을 다음 자의 초성으로 옮겨서 적는다.

㉡ 표음주의 표기법으로, 15~16세기에 두드러지게 나타난다.

② 중철(重綴): 거듭 적기

㉠ 이어 적기와 끊어 적기의 중간 단계로, 과도기적 형태의 표기 방법이다.

㉡ 앞 음절의 종성을 적고, 다음 자의 초성도 적는다.

③ 분철(分綴): 끊어 적기

㉠ 여러 형태소가 연결될 때 그 각각을 음절이나 성분 단위로 밝혀 적는다.

㉡ 표의주의 표기법으로, 현대 국어에서 사용하는 표기 방법이다.

예시	이어 적기	거듭 적기	끊어 적기
말씀+이	말싸미	말씀미	말씀이

(3) 종성 표기법

① 종성부용초성: 종성에 사용할 글자를 따로 만들지 않고, 훈민정음 초성 17자를 모두 종성에 사용한다는 원칙이다.

② 8종성가족용법(八終聲可足用法): 종성에 쓰는 글자는 8개의 종성(ㄱ, ㄴ, ㄷ, ㄹ, ㅁ, ㅂ, ㅅ, ㆁ)으로 충분하다는 원칙이다.

③ 7종성법: 받침으로 7개의 자음(ㄱ, ㄴ, ㄷ, ㄹ, ㅁ, ㅂ, ㅇ)만을 사용하는 것으로, 17세기에서 20세기 초반에 적용되었던 표기법이다.

(4) 사잇소리 표기

① 특징

㉠ 어근과 어근이 결합하고, 앞말의 끝소리가 울림소리일 때 나타나는 현상이다.

㉡ 'ㅿ'은 〈용비어천가〉에서만 사용되었다.

㉢ 성종 이후 'ㅅ'으로 통일되었다.

② 형식

구분	앞말의 끝소리	사잇소리	뒷말의 첫소리	예시
한자어 아래	ㆁ	ㄱ	안울림소리	洪ᅘᅩᆼㄱ字ᄍᆞᆼ
	ㄴ	ㄷ	안울림소리	君군ㄷ字ᄍᆞᆼ
	ㅁ	ㅂ	안울림소리	侵침ㅂ字ᄍᆞᆼ
	ㅱ	ㅸ	안울림소리	斗둥ㅸ字ᄍᆞᆼ
	ㅇ	ㆆ	안울림소리	虛헝ㆆ字ᄍᆞᆼ
	울림소리	ㅿ	울림소리	君군ㅿ ᄆᆞ슴
순수 국어 아래	울림소리	ㅿ	울림소리	눉믈
	울림소리	ㅅ	안울림소리	혀쏘리
	ㄹ	ㆆ	ㄸ	하ᄂᆞᇙ ᄠᅳᆮ

동국정운식 한자음

• 〈동국정운〉에 규정된 한자음 표기 방법이다.

• 한자음을 최대한 중국의 원음과 가깝게 표기하고자 했다.

• 현실적인 한자음이 아니라 이상적·인위적인 한자음이다.

• 우리나라 한자음을 고려하지 않은 주관적·사대주의적·복고주의적 성격을 가진다.

• 초성, 중성, 종성을 모두 갖추기 위해 종성에 음가가 없는 'ㅇ'이나 'ㅱ'을 사용하였다.

• 이영보래(以影補來): 'ㆆ'으로써 'ㄹ'을 보충한다는 의미로, 종성이 'ㄹ'인 한자음에는 'ㆆ'을 나란히 적어, 끝 닫는 소리임을 표시한다.

확인 문제   18 서울시 9급

〈보기〉는 중세 국어의 표기법에 대한 설명이다. 이에 따른 표기로 가장 옳지 않은 것은?

보기

중세 국어 표기법의 일반적 원칙은 표음적 표기법으로, 이는 음운의 기본 형태를 밝혀 적지 않고 소리 나는 대로 적는 표기를 말한다. 이어 적기는 이러한 원리에 따른 것으로 받침이 있는 체언이나 받침이 있는 용언 어간에 모음으로 시작하는 조사나 어미가 붙을 때 소리 나는 대로 이어 적는 표기를 말한다.

① 불휘 기픈

② ᄇᆞᄅᆞ매 아니 뮐씨

③ 장긔판놀 밍ᄀᆞᆯ어놀

④ 바ᄅᆞ래 가ᄂᆞ니

정답 ③

해설 ③ 장긔판놀(거듭 적기), 밍ᄀᆞᆯ어놀(끊어 적기)

3. 음운의 변화와 소실 문자

(1) 음운의 변화

① 구개음화

    ㉠ 'ㄷ, ㅌ'이 구개음 'ㅈ, ㅊ'으로 변하는 현상이다.

    ㉡ 17~18세기에 보편화 되고, 현대 국어에서 더욱 확대되어 나타난 현상이다.

        예 듕국 > 중국, 둏다 > 좋다, 디다 > 지다

② 원순 모음화

    ㉠ 순음 'ㅁ, ㅂ, ㅍ' 뒤에서 'ㅡ'가 원순 모음 'ㅜ'로 변하는 현상이다.

    ㉡ 임진왜란 이후 나타나서, 18세기에 일반화된 현상이다.

        예 믈 > 물, 플 > 풀, 브텨 > 부처

③ 두음 법칙

    ㉠ 단어의 초성에 일정한 음이 오는 것을 꺼리는 현상이다.

        예 리유 > 이유, 님금 > 임금

    ㉡ 겹자음은 된소리로 바뀌었다.

        예 쓰 > 또

④ 전설 모음화

    ㉠ 'ㅅ, ㅈ, ㅊ' 뒤에서 'ㅡ'가 전설 모음 'ㅣ'로 변하는 현상이다.

    ㉡ 18세기에 주로 나타난 현상이다.

        예 거츨다 > 거칠다, 즛 > 짓

⑤ 단모음화

    ㉠ 'ㅅ, ㅈ, ㅊ' 뒤에서 'ㅑ, ㅕ, ㅛ, ㅠ'가 'ㅏ, ㅓ, ㅗ, ㅜ'로 변하는 현상이다.

    ㉡ 갑오개혁 이후 두드러지게 나타난 현상이다.

        예 샹샹두 > 상상두, 져비 > 졔비 > 제비

⑥ 모음 조화

    ㉠ 양성 모음은 양성 모음끼리, 음성 모음은 음성 모음끼리 어울리는 현상이다.

    ㉡ 15세기에는 엄격하게 지켜졌으나, 'ㆍ'의 소실로 파괴 현상이 심해졌다.

        예 말쏨 > 말씀, 소늘 > 손을

⑦ 'ㅣ' 모음 동화

    ㉠ 순행 동화: 15세기 국어에서는 철저하게 지켜졌다.

        예 도외아 > 도외야, 뛰어 > 뛰여

    ㉡ 역행 동화: 조선 후기에 나타난 현상이다.

        예 겨집 > 계집, 져비 > 졔비

확인 문제   17 국가직 7급

다음을 분석한 것으로 옳지 않은 것은?

> 이랑이 소리를 놉히 ᄒᆞ야 나를 불러 져기 믈밋츨 보라 웨거늘 급히 눈을 드러 보니 믈밋 홍운을 헤앗고 큰 실오리 ᄀᆞᆺᄒᆞᆫ 줄이 붉기 더옥 긔이ᄒᆞ며 긔운이 진홍 ᄀᆞᆺᄒᆞᆫ 것이 츠츠 나 손바닥 너비 ᄀᆞᆺᄒᆞᆫ 것이 그믐밤의 보는 숫불빗 ᄀᆞᆺ더라. 츠츠 나오더니 그 우흐로 젹은 회오리밤 ᄀᆞᆺᄒᆞᆫ 것이 붉기 호박 구술 ᄀᆞᆺ고 묽고 통낭ᄒᆞ기는 호박도곤 더 곱더라.

① 혼철 표기가 발견된다.
② 명사형 어미 '-기'가 사용된다.
③ 원순 모음화를 반영한 표기가 나타나지 않는다.
④ '의'가 현대 국어와 다른 용법으로 사용되기도 하였다.

정답 ③

해설 ③ '숫불빗'은 원순 모음화를 반영한 표기이다.
① 혼철 표기: 믈밋츨
② 명사형 어미 '-기': 붉기, 통낭ᄒᆞ기
④ '그믐밤의'의 '의': 부사격 조사 '에'

(2) 소실 문자

① ㆆ

ㄱ 한자어에서는 주로 초성에 사용되었다.

> 예 흡흠

ㄴ '이' 뒤에서 입성을 표시할 때에도 사용되고, 사잇소리를 표기할 때에도 사용되었다.

ㄷ 15세기 중엽(세조 이후)에 소멸되었다.

② ㆁ

ㄱ 종성에 쓰인 'ㆁ'은 현대 국어의 받침 'ㅇ'과 음가가 같다.

ㄴ 16세기 말 임진왜란 이후에 소멸되었다.

> 예 징반 > 징반 > 쟁반

③ ㅿ

ㄱ 주로 울림소리와 울림소리 사이에서 사용되었다.

ㄴ 16세기 말 임진왜란 전후에 소멸되었다

> 예 짓+으니 → 지스니 > 지으니

④ ㆍ

ㄱ 음가는 17세기에, 문자는 20세기에 소멸되었다.

ㄴ 'ㆍ'의 음가가 흔들리고 소멸되면서 모음 조화 파괴 현상이 두드러지게 나타났다.

> 예 ᄆᆞᄎᆞᆷ내 > ᄆᆞ침내 > 마침내

⑤ ㅸ

ㄱ 15세기 중반 이후 변화되기 시작했다.

ㄴ 불규칙 용언에서는 'ㅗ/ㅜ'로 바뀌었다.

> 예 도ᄫᅡ > 도와

ㄷ 파생 부사의 경우 생략되었다.

> 예 쉬ᄫᅵ > 수ᄫᅵ > 수이 > 쉬

⑥ ㆅ

ㄱ 한자어뿐만 아니라 순수 국어에서도 사용되었다.

ㄴ 우리말에서는 'ㅕ' 앞에서 사용되었고, 'ㅆ'과 'ㅋ'으로 바뀌었다.

> 예 혈믈 > 썰물, 혀다 > 켜다

⑦ ㆀ

ㄱ 사동과 피동의 의미를 지닌 접사 '-이'와 결합할 때 사용되었다.

ㄴ 우리말 'ㅕ' 앞에서 사용되었다.

> 예 ᄒᆞ+이+어 → 히ᅇᅧ

확인 문제   14 기상직 9급

밑줄 친 변화의 흔적을 확인할 수 있는 것은?

중세 국어에는 현대 국어와 달리 마찰음인 'ㅸ'([β]), 'ㅿ'([z])과 같은 자음이 더 있었다. 이 중에서 'ㅸ'은 15세기 말에 이르러 반모음 'ㅗ/ㅜ'([w])로 바뀌었다. '더ᄫᅥ > 더워', '쉬ᄫᅳᆫ > 쉬운' 등에서 그 변화의 모습을 볼 수 있다. 'ㅿ'은 15세기 말에서 16세기 초에 걸쳐 소멸하였다. 'ᄆᆞᅀᆞᆷ > 마음', '처ᅀᅥᆷ > 처음' 등에서 그 변화의 모습을 볼 수 있다.

① 잡다
② 반갑다
③ 배우다
④ 들어오다

정답 ②

해설 18세기 문헌에서 나타나 현대 국어로 이어지는 '반갑다'는 현대 국어와 마찬가지로 모음으로 시작하는 어미 앞에서는 '반가온대'와 같이 ㅂ 불규칙 활용을 하였다. '반가온대'는 '반기-+-ᅌᅡᆯ-'의 결합으로 이루어진 파생어로 분석된다.

4. 주요 문헌 이해

(1) 세종어제훈민정음(世宗御製訓民正音)

나·랏:말ᄊᆞ·미 中듕國·귁·에 달·아 文문字·ᄍᆞ·와·로 서르 ᄉᆞᄆᆞᆺ·디 아·니ᄒᆞᆯ·ᄊᆡ ·이런 젼·ᄎᆞ·로 어·린 百·ᄇᆡᆨ姓·셩·이 니르·고·져 ·홇 배 이·셔·도 ᄆᆞ·ᄎᆞᆷ:내 제 ·ᄠᅳ·들 시·러 펴·디 :몯홇 ·노·미 하·니·라 내 ·이·를 爲·윙·ᄒᆞ·야 :어엿·비 너·겨 ·새·로 ·스·믈여듧字·ᄍᆞ·를 밍·ᄀᆞ노·니 :사ᄅᆞᆷ:마·다 :ᄒᆡ·ᅇᅧ :수·ᄫᅵ 니·겨 ·날·로 ·ᄡᅮ·메 便뼌安한·킈 ᄒᆞ·고·져 홇 ᄯᆞᄅᆞ·미니·라

– 《훈민정음언해본》

나라의 말이 중국과 달라 한자와 서로 통하지 아니하니 이런 이유로 어리석은 백성이 말하고자 하는 바가 있어도 마침내 제 뜻을 능히 펴지 못하는 사람이 많다. 내가 이것을 불쌍히 여겨 새로 스물여덟 글자를 만드니 사람마다 하여금 쉽게 익혀서 날로 사용하는 데 편한하게 하고자 할 따름이다.

① 출전: 《월인석보》

② 연대: 세조 5년(1459)

③ 특징

- 방점을 사용하였고, 성조가 엄격하게 지켜졌다.
- 이어 적기(연철)의 방법을 사용하였다.
- 종성은 8종성법이 사용되었다.
- 'ㆁ, ㆆ, ㅿ'이 사용되었다.
- 동국정운식 한자음 표기가 나타난다.
- 모음 조화가 엄격하게 지켜졌다.
- 어두 자음군이 사용되었다.

④ 구절 풀이

- 나·랏:말ᄊᆞ·미 中듕國·귁·에 달·아 → 자주 정신
- 中듕國·귁·에 → 동국정운식 한자 표기(中듕國·귁), 비교 부사격 조사(·에)
- 어·린 → 어리석은
- ·내 ·이·를 爲·윙·ᄒᆞ·야 :어엿·비 너·겨 → 애민 정신
- 밍·ᄀᆞ노·니 → 밍·ᄀᆞᆯ(어간)+ᄂᆞ(현재 시제)+오(1인칭 주체 표시)+니
- :사ᄅᆞᆷ :마·다 :ᄒᆡ·ᅇᅧ :수·ᄫᅵ 니·겨 ·날·로 ·ᄡᅮ·메 便뼌安한·킈 하·고·져 홇 ᄯᆞ ᄅᆞ·미니·라 → 실용 정신

확인 문제

15 기상직 9급

다음 중 ⊙에 해당하지 않는 것은?

나·랏:말ᄊᆞ·미 中듕國·귁·에 달· 아, 文문字·ᄍᆞ·와·로 서르 ᄉᆞᄆᆞᆺ· 디 아·니ᄒᆞᆯ·씨 ·이런 젼·ᄎᆞ·로 어·린 百·ᄇᆡᆨ姓·셩·이 니르·고·져 ·홇 ·배 이·셔·도, ᄆᆞ·ᄎᆞᆷ:내 제 ·ᄠᅳ·들 시·러 펴·디 :몯홇 ·노·미 하·니·라 내 ·이·를 爲·윙·ᄒᆞ· 야 :어엿·비 너·겨 ·새·로 ⊙ ·스·믈여듧字·ᄍᆞ·를 밍·ᄀᆞ노·니 :사ᄅᆞᆷ:마·다 :ᄒᆡ·ᅇᅧ :수·ᄫᅵ 니·겨 ·날·로 ·ᄡᅮ·메 便뼌安한·킈 ᄒᆞ· 고·져 홇 ᄯᆞᄅᆞ·미니·라.

– 《훈민정음언해본》

① ㅿ

② ㅸ

③ ㆆ

④ ·

정답 ②

(2) 소학언해(小學諺解)

孔·공子·ᄌ·ㅣ 曾증子·ᄌᄃ·려 닐·러 ᄀᆞᆯᄋᆞ·샤·ᄃᆡ ·몸·이며 얼굴·이며 머·리털·이·며 ·술·흔 父·부母:모
·씌 받ᄌᆞ·온 거·시·라 敢:감·히 헐·워 샹히·오·디 아니·홈·이 ·효·도·ᅵ 비·르·소미·오 ·몸·을 셰·워
道:도·를 行행·ᄒᆞ·야 일·홈·을 後:후世:셰·예 ·베퍼 ·써 父·부母:모ᄅᆞᆯ :현·뎌케 :홈·이 :효·도·ᅵ ᄆᆞ·
ᄎᆞ·이니·라

– 《소학언해》

공자께서 증자에게 일러 말씀하시기를 몸과 형체와 머리털과 살은 부모님께 받은 것이라 감히 헐게 하여 상하게 하지 아니함이 효도의 시작이고, 입신(출세)하여 도를 행하여 이름을 후세에 날려 이로써 부모를 드러나게 함이 효도의 끝이니라.

:유·익ᄒᆞᆫ ·이 :세 가·짓 :벋·이오 :해·로온 ·이 :세 가·짓 :벋·이니 直·딕ᄒᆞᆫ ·이·를 :벋ᄒᆞ·며
:신·실ᄒᆞᆫ ·이·를 :벋ᄒᆞ·며 들:온·것 한 ·이·를 :벋ᄒᆞ·면 :유·익ᄒᆞ·고 ·거·동·만 니·근·이·를 :벋ᄒᆞ·며 아:
당ᄒᆞ·기 잘·ᄒᆞ·ᄂᆞᆫ ·이·를 :벋ᄒᆞ·며 말ᄊᆞᆷ·만 니·근·이·를 :벋ᄒᆞ·면 해·로·온이·라

– 《소학언해》

유익한 벗이 셋이고, 해로운 벗이 셋이니, 정직한 이를 벗하며 신실한 이를 벗하며 견문이 많은 이를 벗하면 유익하고, 행동만 익은 이를 벗하며 아첨하기를 잘하는 이를 벗하며 말만 익은 이를 벗하면 해로우니라.

① 출전: 《소학언해》

② 연대: 선조 19년(1586)

③ 특징
- '병, ㅿ, ㆆ'이 소실되었고, 'ㆁ, ·'는 사용되었다.
- 방점이 사용되었다.
- 끊어 적기가 나타나, 이어 적기와 혼용해서 사용되었다.
- 모음 조화 파괴 현상이 나타났다.
- 명사형 어미 '-기'가 나타났다.
- 8종성법이 사용되었다.

④ 구절 풀이
- ·술·흔 → 술ㅎ: ㅎ종성 체언
- 받ᄌᆞ·온 → '병' 소실
- ·몸·을 → 모음 조화 혼란, 끊어 적기
- 써 → 문어체, 번역체
- :해·로온 → '병' 소실
- 들:온·것 한 ·이 → 견문이 넓은 사람, 박학다식한 사람
- :거·동·만 니·근·이 → 빛 좋은 개살구, 속 빈 강정
- 아:당ᄒᆞ·기 → 명사형 어미 '-기' 사용

확인 문제   19 법원직 9급

ⓐ에 들어갈 내용으로 가장 적절하지 못한 것은?

- 학습 목표: 중세 국어의 특징을 이해한다.
- 학습 자료

㉠ 孔子(공ᄌᆞ)ㅣ 曾子(증ᄌᆞ)ᄃ려 닐러 ᄀᆞᆯᄋᆞ샤ᄃᆡ 몸이며 얼굴이며 머리털이며 ㉡ 술흔 父母(부모)씌 ㉢ 받ᄌᆞ온 거시라 敢(감)히 헐워 샹히오디 아니 홈이 효도의 비르소미오 몸을 셰워 道(도)를 行(힝)ᄒᆞ야 일홈을 後世(후세)예 베퍼 ㉣ 써 父母(부모)롤 현뎌케 홈이 효도의 ᄆᆞ촘이니라.
– 《소학언해》

- 학습 자료의 활용 계획

ⓐ

① ㉠: 중세 국어 시기에도 주격 조사를 사용했다는 사례로 제시한다.
② ㉡: 중세 국어 시기에는 'ㅎ'으로 끝나는 체언을 사용했다는 사례로 제시한다.
③ ㉢: 중세 국어 시기에는 객체를 높이는 형태소로 '-줍-'이 있었다는 사례로 제시한다.
④ ㉣: 중세 국어 시기에 어두에 두 개 자음을 하나의 자음처럼 발음했다는 사례로 제시한다.

정답 ④

해설 ㉣ 어두 자음군이 사용되었으나, 이를 하나의 자음처럼 발음했는지는 알 수 없다.

---

(3) 노걸대언해(老乞大諺解)

너는 高麗ㅅ사롬이어니 쓴 엇디 漢語 니롬을 잘 ᄒᆞᄂᆞ뇨
내 漢ㅅ사롬의손디 글 빅호니 이런 견추로 져기 漢ㅅ말을 아노라.
네 뉘손디 글 빅혼다.
내 漢 혹당의셔 글 빅호라.
네 므슴 글을 빅혼다.
論語 孟子 小學을 닐그롸.
네 每日 므슴 공부ᄒᆞᄂᆞᆫ다.
每日 이른 새배 니러 學堂의 가 스승님쯰 글 빅호고 學堂의셔 노하든 집의 와 밥 먹기 뭇고 또 혹당의 가 셔품쓰기 ᄒᆞ고 셔품쓰기 뭇고 년구ᄒᆞ기 ᄒᆞ고 년구ᄒᆞ기 뭇고 글읇기 ᄒᆞ고 글읇기 뭇고 스승 앎픠셔 글을 강ᄒᆞ노라.
므슴 글을 강ᄒᆞᄂᆞ뇨.
小學 論語 孟子를 강ᄒᆞ노라.

- 《노걸대언해》

너는 고려 사람인데도 어찌 중국말을 잘하는가?
내가 중국 사람에게 글을 배우니 이런 까닭으로 조금 중국말을 아노라.
너는 누구에게 글을 배웠느냐?
나는 중국 학당에서 글을 배웠노라.
너는 무슨 글을 배웠느냐?
논어, 맹자, 소학을 읽었노라.
너는 매일 무슨 공부를 하느냐?
매일 이른 새벽에 일어나 학당에 가서 스승님께 글을 배우고, 방과 후에는 집에 와서 밥 먹기를 마치고, 또 학당에 가서 글씨 쓰기를 하고 글씨 쓰기를 마치고는 시구 짓기를 하고 시구 짓기를 마치고는 글 읊기를 하고 글 읊기를 마치고는 스승님 앞에서 글을 강하노라.
무슨 글을 강하느냐?
논어, 맹자, 소학을 강하노라.

---

① 갈래: 언해서
② 연대: 현종 11년(1670)
③ 특징
- 대화체로, 당시의 일상적인 회화 모습을 파악할 수 있는 자료이다.
- 'ㅿ, ㆁ'이 소실되었다.
- 방점이 나타나지 않는다.
- 7종성법이 사용되었다.
- 거듭 적기를 사용하였다.
- 모음 조화가 파괴되었다.

④ 구절 풀이
- 의손디 → 부사격 조사(에게)
- 빅혼다 → 2인칭과 함께 사용하는 의문형 어미 '-ㄴ다' 사용
- 닐그롸 → 평서형 종결 어미 '-라' 사용
- 뭇고 → 기본형은 '몿다'로, 7종성법 사용
- 앎픠셔 → 거듭 적기

○✕문제

다음 중 《노걸대언해》에 대한 설명으로 옳은 것은 ○, 틀린 것은 ✕로 표기하시오.

01 17세기 후반 국어의 모습과 구어체(口語體)를 보여 주는 자료이다. ( )

02 역관들의 중국어 회화 교재인 《노걸대》를 언해한 책이다. ( )

03 의문문과 명령문이 반복적으로 사용되었다. ( )

04 모음 조화가 파괴되었고 'ㅿ, ㆁ' 등이 소멸되었다. ( )

정답 01 ○ 02 ○ 03 ✕ 04 ○
해설 03 의문문은 사용되었으나, 명령문은 사용되지 않았다.

01

파열음에는 'ㄱ, ㄲ, ㅋ, ㄷ, ㄸ, ㅌ, ㅂ, ㅃ, ㅍ'가 있는데, 제시된 선택지 중 잇몸소리에 해당하는 것은 'ㄷ'뿐이다.

오답의 이유

① ㄴ: 잇몸소리, 비음
③ ㅅ: 잇몸소리, 마찰음
④ ㅈ: 센입천장소리, 파찰음

01 다음 중 '잇몸소리'이면서 '파열음'인 것은?   20 군무원 7급

① ㄴ

② ㄷ

③ ㅅ

④ ㅈ

02

① 용언의 어간 '들–'에 연결 어미 '–어'와 용언의 어간 '가–'가 결합한 형태이므로 ㉠의 예에 해당한다.

오답의 이유

② '부슬비'는 '부슬(부사)+비(명사)' 구성의 비통사적 합성어이다. 국어의 일반적인 단어 배열법에서는 부사가 명사를 수식하지 않기 때문이다.
③ '불고기'는 '불(명사)+고기(명사)' 구성의 통사적 합성어이다.
④ '높푸르다'는 '높–(어간)+푸르다(용언)' 구성의 비통사적 합성어이다. 국어의 일반적인 단어 배열법에서는 어간에 용언이 바로 결합하지 못하고, 연결 어미를 필요로 하기 때문이다.

02 밑줄 친 ㉠의 예에 해당하는 것은?   20 군무원 7급

> 합성어의 유형을 통사적 합성어와 비통사적 합성어로 분류하기도 한다. 이것은 합성어의 형성 절차가 국어의 일반적인 단어 배열법을 따르고 있는지 아니면 그렇지 않은지에 따라 나눈 것이다. 통사적 합성어에는 '명사+명사'의 구성을 취하거나 '용언의 관형사형+명사'나 ㉠ '용언의 연결형+용언 어간'의 구성을 취하는 것이 포함된다. 비통사적 합성어는 국어의 일반적인 단어 배열법과 달리 어간이 어미 없이 바로 명사나 다른 용언 어간에 연결되는 경우가 해당된다.

① 들어가다

② 부슬비

③ 불고기

④ 높푸르다

03

① '도시락'은 하나의 실질 형태소로 이루어진 단일어이다.

오답의 이유

② 어근 '선생'에 접미사 '–님'이 결합한 파생어(복합어)이다.
③ 접두사 '날–'에 어근 '고기'가 결합한 파생어(복합어)이다.
④ 어근 '밤'과 어근 '나무'가 결합한 합성어(복합어)이다.

정답 01 ② 02 ① 03 ①

03 단어의 구조가 다른 것은?   20 군무원 9급

① 도시락

② 선생님

③ 날고기

④ 밤나무

04 밑줄 친 단어의 품사가 다른 것은?

20 군무원 9급

① 집에 들어가 보니 동생이 <u>혼자</u> 밥을 먹고 있었다.
② <u>정녕</u> 가시겠다면 고이 보내 드리리다.
③ 나는 과일 중에 사과를 <u>제일</u> 좋아한다.
④ <u>둘째</u> 며느리 삼아 보아야 맏며느리 착한 줄 안다.

04

④ '둘째'는 체언 '며느리'를 수식하며, 순서나 차례를 말하고 있으므로 수 관형사이다.

오답의 이유
① 용언 '먹고 있었다'를 수식하고 있으므로 '혼자'는 부사이다.
② 용언 '가시겠다면'을 수식하고 있으므로 '정녕'은 부사이다.
③ 용언 '좋아한다'를 수식하고 있으므로 '제일'은 부사이다.

05 홑문장에 해당하는 것은?

20 군무원 9급

① 어제 빨간 모자를 샀다.
② 봄이 오니 꽃이 피었다.
③ 남긴 만큼 버려지고, 버린 만큼 오염된다.
④ 우리 집 앞마당에 드디어 장미꽃이 피었다.

05

문장에서 주어와 서술어가 한 번만 쓰이면 홑문장, 두 번 이상 쓰이면 겹문장이다. ④에 나타나는 서술어는 '피었다' 하나이므로 홑문장이다.

오답의 이유
① '어제 모자를 샀다'가 관형절 '모자가 빨갛다'를 안고 있는 겹문장이다.
② '봄이 오니'와 '꽃이 피었다'가 종속적으로 이어진 겹문장이다.
③ '남긴 만큼 버려지고'와 '버린 만큼 오염된다'가 대등하게 이어진 겹문장이다.

06

문장은 안은문장과 이어진문장을 통해 겹문장으로 확장된다. ① · ② · ③은 모두 안은문장을 이용해 문장을 확장한 반면, ④는 종속적으로 이어진 문장이다. '봄이 오면 꽃이 핀다.'에 사용된 '-면'은 조건을 나타내는 종속적 연결 어미이다.

오답의 이유
① '사람이 담배를 피우다.'가 관형절로 안겨 있는 겹문장이다.
② '말이 없다.'가 부사절로 안겨 있는 겹문장이다.
③ '그가 귀국했다.'가 인용절로 안겨 있는 겹문장이다.

06 문장의 확장 방식이 다른 것은?

20 군무원 7급

① 담배를 피우는 사람이 점점 줄어들고 있다.
② 철수가 말도 없이 가버렸다.
③ 나는 그가 귀국했다고 들었다.
④ 봄이 오면 꽃이 핀다.

정답 04 ④ 05 ④ 06 ④

07
'성김'과 '빽빽함'은 반의 관계이다. 그런데 ③ '넉넉하다'와 '푼푼하다'는 둘 다 여유가 있다는 의미로 유의 관계를 이룬다.
• 넉넉하다: 크기나 수량 따위가 기준에 차고도 남아 여유가 있다.
• 푼푼하다: 모자람이 없이 넉넉하다.

오답의 이유
① • 곱다: 모양, 생김새, 행동거지 따위가 산뜻하고 아름답다.
 • 거칠다: 나무나 살결 따위가 결이 곱지 않고 험하다.
② • 무르다: 여리고 단단하지 않다. 마음이 여리거나 힘이 약하다.
 • 야무지다: 사람의 성질이나 행동, 생김새 따위가 빈틈이 없이 꽤 단단하고 굳세다.
④ • 느슨하다: 잡아맨 끈이나 줄 따위가 늘어져 헐겁다.
 • 팽팽하다: 줄 따위가 늘어지지 않고 힘 있게 곧게 펴져서 튀기는 힘이 있다.

08
③의 '얼굴'은 사람의 전체 모습으로서의 '형체'를 뜻하다가 '눈, 코, 입이 있는 머리의 앞면', 즉 '안면'으로 의미가 축소되었다. 즉 '안면'에서 '형체'로 의미가 변한 것이 아니라, '형체'에서 '안면'으로 의미가 변한 것이다.

09
③ '밀다'에 피동 접미사 '−리−'를 결합하면 피동사 '밀리다'는 만들 수 있으나, '밀리다'는 사동사로 쓰이지 않는다. '밀다'의 사동사는 '밀게 하다'로 쓴다.

오답의 이유
①·②·④는 사동사와 피동사를 만드는 접미사 중 공통으로 쓰이는 '−이−, −하−, −리−, −기−' 중 하나와 결합하여 같은 형태와 방식의 사동사와 피동사를 만든다.
① '보다'는 접미사 '−이−'와 결합
 • 피동: 마을이 보이다.
 • 사동: 부모님께 친구들을 보이다.
② '잡다'는 접미사 '−하−'와 결합
 • 피동: 도둑이 경찰에게 잡히다.
 • 사동: 술집에 학생증을 술값으로 잡히다.
④ '안다'는 접미사 '−기−'와 결합
 • 피동: 동생은 아버지에게 안기다.
 • 사동: 엄마가 아빠에게 아이를 안기다.

정답 07 ③ 08 ③ 09 ③

07 밑줄 친 '성김'과 '빽빽함'의 의미 관계와 같지 않은 것은?　20 군무원 9급

> 구도의 필요에 따라 좌우와 상하의 거리 조정, 허와 실의 보완, 성김과 빽빽함의 변화 표현 등이 자유로워졌다.

① 곱다 : 거칠다
② 무르다 : 야무지다
③ 넉넉하다 : 푼푼하다
④ 느슨하다 : 팽팽하다

08 다음 중 단어의 의미 변화를 잘못 나타낸 것은?　20 군무원 7급

① 겨레: 종친 → 민족
② 놈: 평칭 → 비칭
③ 얼굴: 안면 → 형체
④ 끼: 시간 → 식사

09 사동사와 피동사를 만드는 형태와 방식이 다른 것은?　20 군무원 9급

> • 사동사(使動詞): 『언어』 문장의 주체가 자기 스스로 행하지 않고 남에게 그 행동이나 동작을 하게 함을 나타내는 동사
> • 피동사(被動詞): 『언어』 남의 행동을 입어서 행하여지는 동작을 나타내는 동사

① 보다
② 잡다
③ 밀다
④ 안다

MEMO

I wish you the best of luck!

AI면접은 win 시대로 www.sdedu.co.kr/winsidaero

어문 규정

www.edusd.co.kr

01 한글 맞춤법

01 총칙

1. 원칙

> 제1항 한글 맞춤법은 표준어를 소리대로 적되, 어법에 맞도록 함을 원칙으로 한다.

(1) 기본 원칙: 표준어를 소리대로 적는다 → 표음주의 표기법

'표준어를 소리대로 적는다'는 말에는 한글 맞춤법이 표준어를 대상으로 한다는 뜻이 담겨 있다. 그리고 '소리대로' 적는다는 것은 그 표준어를 적을 때 발음에 따라 적는다는 뜻이다. 이를테면 [나무]라고 소리 나는 표준어는 '나무'로 적고, [달리다]라고 소리 나는 표준어는 '달리다'로 적는다.

(2) 부원칙: 어법에 맞도록 적는다 → 표의주의 표기법

표준어를 소리대로 적는다는 원칙만으로 충분하지 않은 경우가 있다. 예를 들어 '꽃 [花]'이란 단어는 쓰이는 환경에 따라 소리가 달라진다.

> **예** 꽃이[꼬치], 꽃을[꼬츨], 꽃에[꼬체] ························· [꼬ㅊ]
> 꽃만[꼰만], 꽃나무[꼰나무], 꽃놀이[꼰노리] ············· [꼰]
> 꽃과[꼳꽈], 꽃다발[꼳따발], 꽃밭[꼳빧] ················· [꼳]

2. 띄어쓰기 원칙

> 제2항 문장의 각 단어는 띄어 씀을 원칙으로 한다.

국어에서 단어를 단위로 띄어쓰기를 하는 것은 단어가 독립적으로 쓰이는 말의 최소 단위이기 때문이다. '동생 밥 먹는다'에서 '동생', '밥', '먹는다'는 각각이 단어이므로 띄어쓰기의 단위가 되어 '동생 밥 먹는다'로 띄어 쓴다. 그런데 단어 가운데 조사는 자립성이 없어서 다른 단어와는 달리 앞말에 붙여 쓴다. '동생이 밥을 먹는다'에서 '이', '을'은 조사이므로 '동생이', '밥을'과 같이 언제나 앞말에 붙여 쓴다. 어미와 접사의 경우도 마찬가지로 앞말에 붙여 쓴다.

어법

한글 맞춤법에서 사용되는 '어법'과 일반적인 의미의 '어법'은 개념이 다르다. 한글 맞춤법에서 말하는 '어법'은 표준어를 어떻게 적을지를 정해 놓은 것으로, 표기와 관련된 원리이다. 그런데 일반적인 의미의 '어법'은 '말의 일정한 법칙'이라는 뜻으로 적용 범위가 무척 넓은 개념이다. 예를 들어 "동생이 밥을 먹는다."라는 문장에서는 여러 가지 규칙을 찾아볼 수 있다.

서술어 '먹는다'는 주어와 목적어가 필요하며, 주어의 지시 대상을 가리키는 '동생'에는 조사 '가'가 아니라 '이'가 붙어야 하고, 목적어의 지시 대상을 가리키는 '밥'에는 조사 '를'이 아니라 '을'이 붙어야 한다는 등의 여러 가지 규칙이 적용되어 있는 것이다. 이외에도 소리를 내고, 단어를 만들고, 문장을 사용하는 데에는 수없이 많은 규칙이 필요하다. 이처럼 언어를 조직하거나 운영하는 데에 필요한 규칙을 폭넓게 '어법(語法)'이라고 한다.

---

3. 외래어 표기 원칙

> 제3항 외래어는 '외래어 표기법'에 따라 적는다.

외래어는 다른 언어에서 들어온 말이므로 원어의 언어적인 특징을 고려해서 적어야 한다. 따라서 〈외래어 표기법〉을 정하여 그에 따라 적는 것이 원칙이다. 외래어는 고유어, 한자어와 함께 국어의 어휘 체계에 정착한 어휘라고 할 수 있다.

02 자모

1. 자음의 순서와 이름

ㄱ	ㄴ	ㄷ	ㄹ	ㅁ	ㅂ	ㅅ
기역	니은	디귿	리을	미음	비읍	시옷
ㅇ	ㅈ	ㅊ	ㅋ	ㅌ	ㅍ	ㅎ
이응	지읒	치읓	키읔	티읕	피읖	히읗

2. 모음의 순서와 이름

ㅏ	ㅑ	ㅓ	ㅕ	ㅗ	ㅛ	ㅜ	ㅠ	ㅡ	ㅣ
아	야	어	여	오	요	우	유	으	이

[붙임1] 위의 자모로써 적을 수 없는 소리는 두 개 이상의 자모를 어울러서 적되, 그 순서와 이름은 다음과 같이 정한다.

(1) 두 개의 자음이 어울린 글자

ㄲ	ㄸ	ㅃ	ㅆ	ㅉ
쌍기역	쌍디귿	쌍비읍	쌍시옷	쌍지읒

(2) 두 개 이상의 모음이 어울린 글자

ㅐ	ㅒ	ㅔ	ㅖ	ㅘ	ㅙ
애	얘	에	예	와	왜
ㅚ	ㅝ	ㅞ	ㅟ	ㅢ	
외	워	웨	위	의	

[붙임2] 사전에 올릴 적의 순서는 다음과 같이 정한다.

자음	ㄱ ㄲ ㄴ ㄷ ㄸ ㄹ ㅁ ㅂ ㅃ ㅅ ㅆ ㅇ ㅈ ㅉ ㅊ ㅋ ㅌ ㅍ ㅎ
모음	ㅏ ㅐ ㅑ ㅒ ㅓ ㅔ ㅕ ㅖ ㅗ ㅘ ㅙ ㅚ ㅛ ㅜ ㅝ ㅞ ㅟ ㅠ ㅡ ㅢ ㅣ
받침 글자	ㄱ ㄲ ㄳ ㄴ ㄵ ㄶ ㄷ ㄹ ㄺ ㄻ ㄼ ㄽ ㄾ ㄿ ㅀ ㅁ ㅂ ㅄ ㅅ ㅆ ㅇ ㅈ ㅊ ㅋ ㅌ ㅍ ㅎ

한글 자모(字母)

한글 자모의 수, 순서, 이름은 '한글 마춤법 통일안(1933)'에서 분명히 제시되었고, '한글 맞춤법(1988)'도 이를 이어받았다. 이 가운데 이름과 순서는 최세진(崔世珍)의 《훈몽자회(訓蒙字會)》(1527)에서 비롯한다. 최세진은 《훈몽자회》 범례(凡例)에서 한글 자모의 음가를 한자로 나타냈는데, 자음자의 경우 초성에 쓰인 것과 종성에 쓰인 것을 짝을 지어 표시했고 그것이 글자의 이름으로 굳어졌다. 예를 들어 'ㄱ' 아래에는 한자로 '其役'이라고 적었는데, '其(기)'는 초성의 음가를, '役(역)'은 종성의 음가를 나타낸다. 기본적으로 자음자의 이름은 '니은, 리을, 미음, 비읍' 등과 같이 'ㅣ ㅡ' 모음을 바탕으로 각 자음이 초성, 종성에 놓이는 방식으로 지어졌다.

03 소리에 관한 것

1. 된소리

한 단어 안에서 뚜렷한 까닭 없이 나는 된소리는 다음 음절의 첫소리를 된소리로 적는다.

(1) 두 모음 사이에서 나는 된소리

가끔	깨끗하다	거꾸로	기쁘다	부썩	소쩍새	아끼다
어깨	어떠하다	어찌	오빠	으뜸	이따금	해쓱하다

(2) 'ㄴ, ㄹ, ㅁ, ㅇ' 받침 뒤에서 나는 된소리

산뜻하다	잔뜩	살짝	훨씬	담뿍	움찔	몽땅	엉뚱하다

다만, 'ㄱ, ㅂ' 받침 뒤에서 나는 된소리는, 같은 음절이나 비슷한 음절이 겹쳐 나는 경우가 아니면 된소리로 적지 아니한다.

국수	깍두기	딱지	색시	싹둑	법석	갑자기	몹시

2. 구개음화

> **종속적 관계**
> 실질 형태소인 체언, 어근, 용언 어간 등에 형식 형태소인 조사, 접미사, 어미 등이 결합하는 관계를 말한다.
> 예 솥이[소치]: 솥(실질 형태소)+이(형식 형태소)
> 묻히다[무치다]: 묻-(실질 형태소)+-히-(형식 형태소)+-다(형식 형태소)

'ㄷ, ㅌ' 받침 뒤에 종속적 관계를 가진 '-이(-)'나 '-히-'가 올 적에는, 그 'ㄷ, ㅌ'이 'ㅈ, ㅊ'으로 소리 나더라도 'ㄷ, ㅌ'으로 적는다.

바른 표기	틀린 표기	바른 표기	틀린 표기	바른 표기	틀린 표기
맏이	마지	핥이다	할치다	해돋이	해도지
걷히다	거치다	굳이	구지	닫히다	다치다
같이	가치	묻히다	무치다	끝이	끄치

3. 'ㄷ' 소리 받침

'ㄷ' 소리로 나는 받침 중에서 'ㄷ'으로 적을 근거가 없는 것은 'ㅅ'으로 적는다.

덧저고리	돗자리	엇셈	웃어른	핫옷	무릇	사뭇
얼핏	자칫하면	뭇[衆]	옛	첫	헛	

> ➕ **개념 더하기**
>
> **'ㄷ' 소리로 나는 받침**
> 음절 종성에서 [ㄷ]으로 소리 나는 'ㄷ, ㅅ, ㅆ, ㅈ, ㅊ, ㅌ, ㅎ' 등을 말한다. 이 받침들은 다음과 같은 경우에 음절 종성에서 [ㄷ]으로 소리가 난다.
> • 뒤에 다른 형태소가 오지 않을 때: 밭[받], 빛[빋], 꽃[꼳]
> • 뒤에 자음으로 시작하는 형태소가 올 때: 밭과[받꽈], 젖다[젇따], 꽃병[꼳뼝]
> • 뒤에 모음으로 시작하는 실질 형태소 뒤에 올 때: 젖어미[저더미]

4. 모음

(1) '계, 례, 몌, 폐, 혜'의 'ㅖ'는 'ㅔ'로 소리 나는 경우가 있더라도 'ㅖ'로 적는다.

바른 표기	틀린 표기	바른 표기	틀린 표기
계수(桂樹)	게수	혜택(惠澤)	헤택
사례(謝禮)	사레	계집	게집
연몌(連袂)	연메	핑계	핑게
폐품(廢品)	페품	계시다	게시다

다만, '게송(偈頌), 게시판(揭示板), 휴게실(休憩室)' 등은 '偈(쉴 게), 揭(걸 게), 憩(쉴 게)'의 본음이 [게]이므로 '게'로 적는다.

(2) '의'나, 자음을 첫소리로 가지고 있는 음절의 'ㅢ'는 'ㅣ'로 소리 나는 경우가 있더라도 'ㅢ'로 적는다.

바른 표기	틀린 표기	바른 표기	틀린 표기
의의(意義)	의이	닁큼	닝큼
본의(本義)	본이	띄어쓰기	띠어쓰기
무늬[紋]	무니	씌어	씨어
보늬	보니	틔어	티어
오늬	오니	희망(希望)	히망
하늬바람	하니바람	희다	히다
늴리리	닐리리	유희(遊戱)	유히

5. 두음 법칙

(1) 한자음 '녀, 뇨, 뉴, 니'가 단어 첫머리에 올 적에는 두음 법칙에 따라 '여, 요, 유, 이'로 적는다.

바른 표기	틀린 표기	바른 표기	틀린 표기
여자(女子)	녀자	유대(紐帶)	뉴대
연세(年歲)	년세	이토(泥土)	니토
요소(尿素)	뇨소	익명(匿名)	닉명

다만, '냥(兩)(금 한 냥), 냥쭝(兩-)(은 두 냥쭝), 년(年)(몇 년)' 등의 의존 명사는 그 앞의 말과 연결되어 하나의 단위를 구성하는 것이므로, 두음 법칙을 적용하지 않고 본음대로 적는다.

[붙임1] 단어의 첫머리 이외의 경우에는 본음대로 적는다.

남녀(男女)	당뇨(糖尿)	결뉴(結紐)	은닉(隱匿)

[붙임2] 접두사처럼 쓰이는 한자가 붙어서 된 말이나 합성어에서, 뒷말의 첫소리가 'ㄴ' 소리로 나더라도 두음 법칙에 따라 적는다.

신여성(新女性)	공염불(空念佛)	남존여비(男尊女卑)

'ㅢ' 발음

• 'ㅢ' 발음 예시

<u>희망주의의 의의</u>
① ②③ ④②

① 자음을 첫소리로 가지고 있는 'ㅢ'는 [ㅣ]로만 발음한다.
② 단어의 첫음절 이외의 '의'는 [ㅢ/ㅣ]로 발음한다.
③ 관형격 조사 '의'는 [의/에]로 발음한다.
④ 첫 번째 음절의 '의'는 [의]로만 발음한다.

• '늬' 발음과 표기: '늴리리, 무늬' 등의 '늬'를 '니'로 읽지만 표기는 '늬'로 하는 것을 'ㄴ'의 음가와 관련하여 설명하기도 한다. '무늬'의 'ㄴ'은 '어머니'의 'ㄴ'과 음가가 다르므로 이를 고려하여 '늬'로 적는다는 견해이다. 이에 따르면 'ㄴ'은 'ㅣ(ㅑ, ㅕ, ㅛ, ㅠ)'와 결합하면 '어머니, 읽으니까'에서의 [니]처럼 경구개음 [ɲ]으로 발음되지만, '늴리리, 무늬' 등의 '늬'에서는 구개음화하지 않은 'ㄴ', 곧 치경음 [n]으로 발음된다. 이를 고려하여 '늴리리, 무늬' 등에서는 전통적인 표기대로 '늬'로 적는다고 본다.

[붙임3] 둘 이상의 단어로 이루어진 고유 명사를 붙여 쓰는 경우에도 [붙임2]에 준하여 적는다.

한국여자대학	대한요소비료회사

(2) 한자음 '랴, 려, 례, 료, 류, 리'가 단어 첫머리에 올 적에는 두음 법칙에 따라 '야, 여, 예, 요, 유, 이'로 적는다.

바른 표기	틀린 표기	바른 표기	틀린 표기
양심(良心)	량심	용궁(龍宮)	룡궁
역사(歷史)	력사	유행(流行)	류행
예의(禮儀)	례의	이발(理髮)	리발

다만, '리(里)(몇 리냐?), 리(理)(그럴 리가 없다.)' 등의 의존 명사는 그 앞의 말과 연결되어 하나의 단위를 구성하는 것이므로, 두음 법칙을 적용하지 않고 본음대로 적는다.

[붙임1] 단어의 첫머리 이외의 경우에는 본음대로 적는다.

개량(改良)	선량(善良)	수력(水力)	협력(協力)
사례(謝禮)	혼례(婚禮)	와룡(臥龍)	쌍룡(雙龍)
하류(下流)	급류(急流)	도리(道理)	진리(眞理)

다만, 모음이나 'ㄴ' 받침 뒤에 이어지는 '렬, 률'은 '열, 율'로 적는다.

바른 표기	틀린 표기	바른 표기	틀린 표기
나열(羅列)	나렬	분열(分裂)	분렬
치열(齒列)	치렬	선열(先烈)	선렬
비열(卑劣)	비렬	진열(陳列)	진렬
규율(規律)	규률	선율(旋律)	선률
비율(比率)	비률	전율(戰慄)	전률
실패율(失敗率)	실패률	백분율(百分率)	백분률

[붙임2] 외자로 된 이름을 성에 붙여 쓸 경우에도 본음대로 적을 수 있다.

신립(申砬)	최린(崔麟)	채륜(蔡倫)	하륜(河崙)

[붙임3] 준말에서 본음으로 소리 나는 것은 본음대로 적는다.

국련(국제 연합)	한시련(한국 시각 장애인 연합회)

[붙임4] 접두사처럼 쓰이는 한자가 붙어서 된 말이나 합성어에서, 뒷말의 첫소리가 'ㄴ' 또는 'ㄹ' 소리로 나더라도 두음 법칙에 따라 적는다.

역이용(逆利用)	연이율(年利率)	열역학(熱力學)	해외여행(海外旅行)

[붙임5] 둘 이상의 단어로 이루어진 고유 명사를 붙여 쓰는 경우나 십진법에 따라 쓰는 수(數)도 [붙임4]에 준하여 적는다.

서울여관	신흥이발관	육천육백육십육(六千六百六十六)

(3) 한자음 '라, 래, 로, 뢰, 루, 르'가 단어의 첫머리에 올 적에는 두음 법칙에 따라 '나, 내, 노, 뇌, 누, 느'로 적는다.

바른 표기	틀린 표기	바른 표기	틀린 표기
낙원(樂園)	락원	뇌성(雷聲)	뢰성
내일(來日)	래일	누각(樓閣)	루각
노인(老人)	로인	능묘(陵墓)	릉묘

[붙임1] 단어의 첫머리 이외의 경우에는 본음대로 적는다.

쾌락(快樂)	극락(極樂)	거래(去來)	왕래(往來)
부로(父老)	연로(年老)	지뢰(地雷)	낙뢰(落雷)
고루(高樓)	광한루(廣寒樓)	동구릉(東九陵)	가정란(家庭欄)

[붙임2] 접두사처럼 쓰이는 한자가 붙어서 된 단어는 뒷말을 두음 법칙에 따라 적는다.

내내월(來來月)	상노인(上老人)	중노동(重勞動)	비논리적(非論理的)

6. 겹쳐 나는 소리

한 단어 안에서 같은 음절이나 비슷한 음절이 겹쳐 나는 부분은 같은 글자로 적는다.

바른 표기	틀린 표기	바른 표기	틀린 표기
딱딱	딱닥	꼿꼿하다	꼿곳하다
쌕쌕	쌕색	놀놀하다	놀롤하다
씩씩	씩식	눅눅하다	눙눅하다
똑딱똑딱	똑닥똑닥	밋밋하다	민밋하다
쓱싹쓱싹	쓱삭쓱삭	싹싹하다	싹삭하다
연연불망(戀戀不忘)	연련불망	쌉쌀하다	쌉살하다
유유상종(類類相從)	유류상종	씁쓸하다	씁슬하다
누누이(屢屢-)	누루이	짭짤하다	짭잘하다

1. 체언과 조사

체언과 조사
• 한글 맞춤법 제1항의 소리대로 적되 어법에 맞도록 한다는 원칙 가운데 '어법'에 해당하는 원칙을 제시하고 있다.
• 실질 형태소인 체언과 형식 형태소인 조사를 분리하여 적음으로써 체언과 조사의 형태를 고정한다. 이는 의미 파악을 쉽게 하여 독서의 능률을 높인다.

체언은 조사와 구별하여 적는다.

떡이	떡을	떡에	떡도	떡만	손이	손을	손에	손도	손만
팔이	팔을	팔에	팔도	팔만	밤이	밤을	밤에	밤도	밤만
집이	집을	집에	집도	집만	옷이	옷을	옷에	옷도	옷만
콩이	콩을	콩에	콩도	콩만	낮이	낮을	낮에	낮도	낮만
꽃이	꽃을	꽃에	꽃도	꽃만	밭이	밭을	밭에	밭도	밭만

2. 어간과 어미

(1) 용언의 어간과 어미는 구별하여 적는다.

먹다	먹고	먹어	먹으니	신다	신고	신어	신으니
믿다	믿고	믿어	믿으니	울다	울고	울어	(우니)
넘다	넘고	넘어	넘으니	입다	입고	입어	입으니
웃다	웃고	웃어	웃으니	찾다	찾고	찾아	찾으니
좇다	좇고	좇아	좇으니	같다	같고	같아	같으니
높다	높고	높아	높으니	좋다	좋고	좋아	좋으니
깎다	깎고	깎아	깎으니	앉다	앉고	앉아	앉으니
많다	많고	많아	많으니	늙다	늙고	늙어	늙으니
젊다	젊고	젊어	젊으니	넓다	넓고	넓어	넓으니
훑다	훑고	훑어	훑으니	읊다	읊고	읊어	읊으니
옳다	옳고	옳아	옳으니	없다	없고	없어	없으니
있다	있고	있어	있으니				

[붙임1] 두 개의 용언이 어울려 한 개의 용언이 될 적에, 앞말의 본뜻이 유지되고 있는 것은 그 원형을 밝히어 적고, 그 본뜻에서 멀어진 것은 밝히어 적지 아니한다.

① 앞말의 본뜻이 유지되고 있는 것

넘어지다	늘어나다	늘어지다	돌아가다
되짚어가다	들어가다	떨어지다	벌어지다
엎어지다	접어들다	틀어지다	흩어지다

② 본뜻에서 멀어진 것

드러나다	사라지다	쓰러지다

[붙임2] 종결형에서 사용되는 어미 '-오'는 '요'로 소리나는 경우가 있더라도 그 원형을 밝혀 '오'로 적는다.

바른 표기	틀린 표기
이것은 책이오.	이것은 책이요.
이리로 오시오.	이리로 오시요.
이것은 책이 아니오.	이것은 책이 아니요.

[붙임3] 연결형에서 사용되는 '이요'는 '이요'로 적는다.

바른 표기	틀린 표기
이것은 책이요, 저것은 붓이요, 또 저것은 먹이다.	이것은 책이오, 저것은 붓이오, 또 저것은 먹이다.

(2) 어간의 끝음절 모음이 'ㅏ, ㅗ'일 때에는 어미를 '-아'로 적고, 그 밖의 모음일 때에는 '-어'로 적는다.(모음 조화 현상)

① '-아'로 적는 경우

나아	나아도	나아서		막아	막아도	막아서
얇아	얇아도	얇아서		돌아	돌아도	돌아서
보아	보아도	보아서				

② '-어'로 적는 경우

개어	개어도	개어서		겪어	겪어도	겪어서
되어	되어도	되어서		베어	베어도	베어서
쉬어	쉬어도	쉬어서		저어	저어도	저어서
주어	주어도	주어서		피어	피어도	피어서
희어	희어도	희어서				

(3) 어미 뒤에 덧붙는 조사 '요'는 '요'로 적는다.

읽어 – 읽어요	참으리 – 참으리요	좋지 – 좋지요

'요'는 주로 문장을 종결하는 어미 뒤에 붙어서 청자에게 높임의 뜻을 나타내는 보조사이다.

(4) 다음과 같은 용언들은, 어미가 바뀔 경우, 그 어간이나 어미가 원칙에 벗어나면 벗어나는 대로 적는다.

① 어간의 끝 'ㄹ'이 줄어질 적('ㄹ' 탈락 규칙)

갈다:	가니	간	갑니다	가시다	가오
놀다:	노니	논	놉니다	노시다	노오
불다:	부니	분	붑니다	부시다	부오
둥글다:	둥그니	둥근	둥급니다	둥그시다	둥그오
어질다:	어지니	어진	어집니다	어지시다	어지오

<aside>
연결형의 '이요'

한글 맞춤법에서는 연결형에 나타나는 [이요]를 '이요'로 적는다고 규정하였다. 그렇지만 이를 근거로 '이요'를 연결 어미로 기술하는 것은 적절하지 않다. 만약 '이요'를 연결 어미로 기술하면 '책+이요'처럼 체언에 바로 어미가 연결되는 것이 문제가 된다. 따라서 '이요'는 '이다'의 어간 '이-'와 연결 어미 '-요'를 분리해서 기술해야 한다.
</aside>

<aside>
'ㄹ' 탈락 규칙

• 어간의 끝받침 'ㄹ'+'ㄴ, ㅂ, ㅅ', '-(으)오, -(으)ㄹ' 앞에서 탈락한다.
• 용언의 활용 과정에서 어간이나 어미의 모양이 바뀌면 불규칙 활용이지만, 'ㄹ' 탈락의 경우 보편적인 음운 규칙으로 설명할 수 있기 때문에 규칙 활용이다.
</aside>

[붙임] 다음과 같은 말에서도 'ㄹ'이 준 대로 적는다.

마지못하다	마지않다	(하)다마다
(하)자마자	(하)지 마라	(하)지 마(아)

② 어간의 끝 'ㅅ'이 줄어질 적

긋다:	그어	그으니	그었다
낫다:	나아	나으니	나았다
잇다:	이어	이으니	이었다
짓다:	지어	지으니	지었다

㉠ 어간이 바뀌는 경우: 긋다, 낫다, 붓다, 잇다, 잣다, 젓다, 짓다

㉡ 어간이 바뀌지 않는 경우: 벗다, 빗다, 빼앗다, 솟다, 씻다, 웃다

③ 어간의 끝 'ㅎ'이 줄어질 적

그렇다:	그러니	그럴	그러면	그러오
까맣다:	까마니	까말	까마면	까마오
동그랗다:	동그라니	동그랄	동그라면	동그라오
퍼렇다:	퍼러니	퍼럴	퍼러면	퍼러오
하얗다:	하야니	하얄	하야면	하야오

㉠ 어간 끝 받침 'ㅎ' 뒤에 어미 '-아/-어'가 결합하면 '-애/-에'로 나타난다.

예 노랗-+-아 → 노래 / 누렇-+-어 → 누레

㉡ 어간 끝 받침이 'ㅎ'인 형용사 어간에 '-네'가 결합하면 '노라네'와 '노랗네'로 활용한다.

노랗다	노랗-+-은 → 노란	누렇다	누렇-+-은 → 누런
	노랗-+-으니 → 노라니		누렇-+-으니 → 누러니
	노랗-+-아 → 노래		누렇-+-어 → 누레
	노랗-+-아지다 → 노래지다		누렇-+-어지다 → 누레지다
	노랗-+-네 → 노라네/노랗네		누렇-+-네 → 누러네/누렇네

㉢ 어간 끝 받침이 'ㅎ'인 형용사 중 '좋다'는 활용할 때 'ㅎ'이 탈락하지 않는다.

좋다	좋-+-네 → 좋네	좋-+-은 → 좋은
	좋-+-으니 → 좋으니	좋-+-아 → 좋아
	좋-+-아지다 → 좋아지다	

④ 어간의 끝 'ㅜ, ㅡ'가 줄어질 적

푸다:	퍼	펐다		뜨다:	떠	떴다
끄다:	꺼	껐다		크다:	커	컸다
담그다:	담가	담갔다		고프다:	고파	고팠다
따르다:	따라	따랐다		바쁘다:	바빠	바빴다

'ㅜ, ㅡ' 탈락
'ㅜ' 탈락은 불규칙 활용이고, 'ㅡ' 탈락은 규칙 활용이다.
• ㅜ 탈락: '푸다'가 유일함
• ㅡ 탈락: 끄다, 담그다, 따르다, 뜨다, 잠그다, 치르다, 트다, 가쁘다, 고프다, 기쁘다, 나쁘다, 미쁘다, 바쁘다, 슬프다

⑤ 어간의 끝 'ㄷ'이 'ㄹ'로 바뀔 적

걷다[步]:	걸어	걸으니	걸었다
듣다[聽]:	들어	들으니	들었다
묻다[問]:	물어	물으니	물었다
싣다[載]:	실어	실으니	실었다

㉠ 어간이 바뀌는 경우: (걸음을) 걷다, 긷다, 깨닫다, 눋다, 닫다(빨리 뛰다), 듣다, (물음을) 묻다, 붇다, 싣다, 일컫다

㉡ 어간이 바뀌지 않는 경우: (빨래를) 걷다, 곧다, 굳다, (문을) 닫다, 돋다, 뜯다, (땅에) 묻다, 믿다, 받다, 벋다, 뻗다

(안부를) 묻다	묻-+-어 → 물어	(땅에) 묻다	묻-+-어 → 묻어
	묻-+-으니 → 물으니		묻-+-으니 → 묻으니
	묻-+-은 → 물은		묻-+-은 → 묻은

⑥ 어간의 끝 'ㅂ'이 'ㅜ'로 바뀔 적

깁다:	기워	기우니	기웠다
굽다[炙]:	구워	구우니	구웠다
가깝다:	가까워	가까우니	가까웠다
괴롭다:	괴로워	괴로우니	괴로웠다
맵다:	매워	매우니	매웠다
무겁다:	무거워	무거우니	무거웠다
밉다:	미워	미우니	미웠다
쉽다:	쉬워	쉬우니	쉬웠다

㉠ 어간이 바뀌는 경우
   • 가깝다, 가볍다, 간지럽다, 괴롭다, (고기를) 굽다, 깁다, 노엽다, 눕다, 더럽다, 덥다, 맵다, 메스껍다, 무겁다, 미덥다, 밉다, 사납다, 서럽다, 쉽다, 아니꼽다, 어둡다, 역겹다, 즐겁다, 지겹다, 차갑다, 춥다
   • 꽃답다, 슬기롭다, 자연스럽다

㉡ 어간이 바뀌지 않는 경우: (추위에 손이) 곱다, (허리가) 굽다, 꼬집다, (손을) 꼽다, 다잡다, 비집다, 뽑다, 수줍다, 씹다, 업다, 잡다, 접다, 좁다, 집다, 헤집다

㉢ 다만, '돕-, 곱-'과 같은 단음절 어간에 어미 '-아'가 결합되어 '와'로 소리 나는 것은 '-와'로 적는다.

돕다[助]:	도와	도와서	도와도	도왔다
곱다[麗]:	고와	고와서	고와도	고왔다

⑦ '하다'의 활용에서 어미 '-아'가 '-여'로 바뀔 적

하다:	하여	하여서	하여도	하여라	하였다

'ㅂ' 불규칙 활용
어간 끝에 'ㅂ' 받침을 가진 용언 중 접미사 '-답다, -롭다, -스럽다'가 결합하여 된 단어들은 'ㅂ' 불규칙 활용이 일어나지만, (손을) 꼽다[屈指], 뽑다, 씹다, 업다, 잡다, 접다, 집다, (손이) 곱다, 굽다[曲], 좁다 등은 'ㅂ' 받침이 '우'로 바뀌지 않는다.

'여' 불규칙 활용 추가
'하다'의 어간인 '하-' 뒤에 어미 '-아'가 결합하면 '-아'가 '-여'로 바뀐다. 또한 '하-' 뒤에 과거 시제 선어말어미인 '-았-'이 결합하면 '-았-'이 '-였-'으로 바뀐다. 이를 '여 불규칙 활용'이라고 한다. 이때 '-아'가 '-여'로 바뀌는 이유는 자음이나 모음 때문이 아니라 어간 '하-' 때문이다.

⑧ 어간의 끝음절 '르' 뒤에 오는 어미 '-어'가 '-러'로 바뀔 적

| 이르다[至]: | 이르러 | 이르렀다 | | 노르다: | 노르러 | 노르렀다 |
| 누르다: | 누르러 | 누르렀다 | | 푸르다: | 푸르러 | 푸르렀다 |

⑨ 어간의 끝음절 '르'의 'ㅡ'가 줄고, 그 뒤에 오는 어미 '-아/-어'가 '-라/-러'로 바뀔 적

가르다:	갈라	갈랐다		부르다:	불러	불렀다
거르다:	걸러	걸렀다		오르다:	올라	올랐다
구르다:	굴러	굴렀다		이르다:	일러	일렀다
벼르다:	별러	별렀다		지르다:	질러	질렀다

개념 더하기

'말다'의 활용형

'말다'의 어간 '말-'에 명령형 어미 '-아라'가 결합하면 '마라'와 '말아라' 두 가지로 활용하고, '-아'가 결합할 때에도 '마'와 '말아' 두 가지로 활용한다. 또한 '말-'에 명령형 어미 '-라'가 결합한 '말라'는 구체적으로 청자가 정해지지 않은 명령문이나 간접 인용문에서 사용된다.

> 너무 걱정하지 마/말아.
> 너무 걱정하지 마라/말아라.
> 너무 걱정하지 마요/말아요.
> 나의 일을 남에게 미루지 말라. → 청자 미정 명령문
> 실내에서는 떠들지 말라고 하셨다. → 간접 인용문

피·사동 접미사 결합형

어간 끝음절 '르' 뒤에 모음으로 시작하는 어미가 결합할 때 어간 모음 'ㅡ'가 탈락하면서 'ㄹ'이 덧붙는 현상이 있다. 이 현상은 '르'로 끝나는 어간에 피·사동 접미사 '-이-'가 결합하는 경우에도 나타난다.

| 가르다 | 가르-+-이-+-다 → 갈리다 | 부르다 | 부르-+-이-+-다 → 불리다 |
| 구르다 | 구르-+-이-+-다 → 굴리다 | 오르다 | 오르-+-이-+-다 → 올리다 |

3. 접미사가 붙어서 된 말

(1) 어간에 '-이'나 '-음/-ㅁ'이 붙어서 명사로 된 것과 '-이'나 '-히'가 붙어서 부사로 된 것은 그 어간의 원형을 밝히어 적는다.

① '-이'가 붙어서 명사로 된 것

| 길이 | 깊이 | 높이 | 다듬이 | 땀받이 | 달맞이 |
| 먹이 | 미닫이 | 벌이 | 벼훑이 | 살림살이 | 쇠붙이 |

② '-음/-ㅁ'이 붙어서 명사로 된 것

| 걸음 | 묶음 | 믿음 | 얼음 | 엮음 | 울음 | 웃음 | 졸음 | 죽음 | 앎 |

사이드 노트

'르' 불규칙 활용
'르' 불규칙 활용이란 용언의 어간인 '르'가 'ㄹㄹ'로 바뀌어 앞의 'ㄹ'은 앞 음절의 받침으로, 뒤의 'ㄹ'은 뒤 음절의 초성으로 가는 것을 말한다.

'-거라/-너라 불규칙'의 소멸
'가다'와 '오다'에는 일반적인 명령형 어미 '-아라/-어라' 대신에 '-거라'와 '-너라'가 결합한다고 본 적이 있다. 하지만 현재는 '-아라/-어라'와 '-거라', '-너라'가 의미와 어감이 다르다고 보아 '가라(← 가-+-아라), 가거라'와 '와라(← 오-+-아라), 오너라'를 모두 표준형으로 인정하였다. 따라서 이전에 '-거라/-너라 불규칙'이라고 하였던 현상은 더 이상 존재하지 않는다. '-거라', '-너라'는 '-아라/-어라'에 비해 예스러운 느낌을 준다는 차이가 있다.

③ '-이'가 붙어서 부사로 된 것

같이	굳이	길이	높이	많이	실없이	좋이	짓궂이

④ '-히'가 붙어서 부사로 된 것

밝히	익히	작히

다만, 어간에 '-이'나 '-음'이 붙어서 명사로 바뀐 것이라도 그 어간의 뜻과 멀어진 것은 원형을 밝히어 적지 아니한다.

굽도리	다리[髢]	목거리(목병)	무녀리
코끼리	거름(비료)	고름[膿]	노름(도박)

[붙임] 어간에 '-이'나 '-음' 이외의 모음으로 시작된 접미사가 붙어서 다른 품사로 바뀐 것은 그 어간의 원형을 밝히어 적지 아니한다.

㉠ 명사로 바뀐 것

귀머거리	까마귀	너머	뜨더귀	마감	마개
마중	무덤	비렁뱅이	쓰레기	올가미	주검

㉡ 부사로 바뀐 것

거뭇거뭇	너무	도로	뜨덤뜨덤	바투
불긋불긋	비로소	오긋오긋	자주	차마

㉢ 조사로 바뀌어 뜻이 달라진 것

나마	부터	조차

(2) 명사 뒤에 '-이'가 붙어서 된 말은 그 명사의 원형을 밝히어 적는다.

① 부사로 된 것

곳곳이	낱낱이	몫몫이	샅샅이	앞앞이	집집이

② 명사로 된 것

곰배팔이	바둑이	삼발이	애꾸눈이	육손이	절뚝발이/절름발이

[붙임] '-이' 이외의 모음으로 시작된 접미사가 붙어서 된 말은 그 명사의 원형을 밝히어 적지 아니한다.

꼬락서니	끄트머리	모가치	바가지	바깥	사타구니
싸라기	이파리	지붕	지푸라기	짜개	

'넓다', '넙죽', '납작' 등의 표기
- '넓다'의 어간 '넓-'에 자음으로 시작하는 접미사가 결합한 경우, 본뜻이 유지되면서 겹받침 끝소리인 'ㅂ'이 소리 나는 경우에는 원형을 밝혀 적는다.
- 본뜻이 유지되더라도 앞의 'ㄹ'이 소리 날 때에는 소리 나는 대로 적는다.

'ㅂ'이 소리 나는 경우	넓적이, 넓적하다, 넓적넓적, 넓적다리, 넓죽하다, 넓죽넓죽, 넓죽스름하다, 넓죽이
'ㄹ'이 소리 나는 경우	널따랗다, 널찍하다

- 다만, '넓-'에 접미사가 아니라 실질 형태소가 결합할 때에는 항상 원형을 밝혀 적는다.
- 다음은 실질 형태소가 결합한 경우이다. 예 넓동글다, 넓삐죽하다
- '넙죽 엎드리다'의 '넙죽'은 '넓-'의 의미가 들어 있지 않기 때문에 '넙죽'으로 적는다.
- 이러한 부류의 말 중 '납작'은 좀 더 유의해서 보아야 한다. 먼저 '넙죽 엎드리다'에 대응하는 '납작 엎드리다'의 '납작'은 넓이와 관련이 없으므로 소리 나는 대로 '납작'으로 적는다. 그런데 '판판하고 얇으면서 좀 넓다'라는 의미의 '납작하다'는 넓이와 관련이 있지만 '넓작하다'로 적지 않는다. 이는 '넓다'와 같은 말이 없기 때문이다.
- '납죽'도 마찬가지여서 의미와 상관없이 항상 소리 나는 대로 '납죽'이라고 적는다.

(3) 명사나 혹은 용언의 어간 뒤에 자음으로 시작된 접미사가 붙어서 된 말은 그 명사나 어간의 원형을 밝히어 적는다.

① 명사 뒤에 자음으로 시작된 접미사가 붙어서 된 것

값지다	홑지다	넋두리	빛깔	옆댕이	잎사귀

② 어간 뒤에 자음으로 시작된 접미사가 붙어서 된 것

낚시	늙정이	덮개	뜯게질	갉작갉작하다
갉작거리다	뜯적거리다	뜯적뜯적하다	굵다랗다	굵직하다
깊숙하다	넓적하다	높다랗다	늙수그레하다	얽죽얽죽하다

③ 다만, 다음과 같은 말은 소리대로 적는다.

㉠ 겹받침의 끝소리가 드러나지 아니하는 것

할짝거리다	널따랗다	널찍하다	말끔하다	말쑥하다
말짱하다	실쭉하다	실큼하다	얄따랗다	얄팍하다
짤따랗다	짤막하다	실컷		

㉡ 어원이 분명하지 아니하거나 본뜻에서 멀어진 것

넙치	올무	골막하다	납작하다

(4) 용언의 어간에 다음과 같은 접미사들이 붙어서 이루어진 말들은 그 어간을 밝히어 적는다.

① '-이-, -히-, -리-, -기-, -우-, -구-, -추-, -으키-, -이키-, -애-'가 붙는 것

낚이다	쌓이다	핥이다	굳히다	굽히다	넓히다
앉히다	얽히다	잡히다	뚫리다	울리다	맡기다
옮기다	웃기다	쫓기다	돋우다	돋구다	솟구다
갖추다	곧추다	맞추다	일으키다	돌이키다	없애다

다만, '-이-, -히-, -우-'가 붙어서 된 말이라도 본뜻에서 멀어진 것은 소리대로 적는다.

도리다(칼로 ~)	드리다(용돈을 ~)	고치다	바치다(세금을 ~)
부치다(편지를 ~)	거두다	미루다	이루다

② '-치-, -뜨리-, -트리-'가 붙는 것

놓치다	덮치다	떠받치다	받치다
밭치다	부딪치다	뻗치다	엎치다
부딪뜨리다/부딪트리다		쏟뜨리다/쏟트리다	
젖뜨리다/젖트리다		찢뜨리다/찢트리다	
흩뜨리다/흩트리다			

[붙임] '-업-, -읍-, -브-'가 붙어서 된 말은 소리대로 적는다.

미덥다	우습다	미쁘다

(5) '-하다'나 '-거리다'가 붙는 어근에 '-이'가 붙어서 명사가 된 것은 그 원형을 밝히어 적는다.

바른 표기	틀린 표기	바른 표기	틀린 표기
깔쭉이	깔쭈기	살살이	살사리
꿀꿀이	꿀꾸리	쌕쌕이	쌕쌔기
눈깜짝이	눈깜짜기	오뚝이	오뚜기
더펄이	더퍼리	코납작이	코납자기
배불뚝이	배불뚜기	푸석이	푸서기
삐죽이	삐주기	홀쭉이	홀쭈기

[붙임] '-하다'나 '-거리다'가 붙을 수 없는 어근에 '-이'나 다른 모음으로 시작되는 접미사가 붙어서 명사가 된 것은 그 원형을 밝히어 적지 아니한다.

개구리	귀뚜라미	기러기	깍두기	꽹과리
날라리	누더기	동그라미	두드러기	딱따구리
매미	부스러기	뻐꾸기	얼루기	칼싹두기

(6) '-거리다'가 붙을 수 있는 시늉말 어근에 '-이다'가 붙어서 된 용언은 그 어근을 밝히어 적는다.

바른 표기	틀린 표기	바른 표기	틀린 표기
깜짝이다	깜짜기다	속삭이다	속사기다
꾸벅이다	꾸버기다	숙덕이다	숙더기다
끄덕이다	끄더기다	울먹이다	울머기다
뒤척이다	뒤처기다	움직이다	움지기다
들먹이다	들머기다	지껄이다	지꺼리다
망설이다	망서리다	퍼덕이다	퍼더기다
번득이다	번드기다	허덕이다	허더기다
번쩍이다	번쩌기다	헐떡이다	헐떠기다

(7) '-하다'가 붙는 어근에 '-히'나 '-이'가 붙어서 부사가 되거나, 부사에 '-이'가 붙어서 뜻을 더하는 경우에는 그 어근이나 부사의 원형을 밝히어 적는다.

① '-하다'가 붙는 어근에 '-히'나 '-이'가 붙는 경우

급히	꾸준히	도저히	딱히	어렴풋이	깨끗이

[붙임] '-하다'가 붙지 않는 경우에는 소리대로 적는다.

갑자기	반드시(꼭)	슬며시

② 부사에 '-이'가 붙어서 역시 부사가 되는 경우

| 곰곰이 | 더욱이 | 생긋이 | 오뚝이 | 일찍이 | 해죽이 |

(8) '-하다'나 '-없다'가 붙어서 된 용언은 그 '-하다'나 '-없다'를 밝히어 적는다.

① '-하다'가 붙어서 용언이 된 것

| 딱하다 | 숱하다 | 착하다 | 텁텁하다 | 푹하다 |

② '-없다'가 붙어서 용언이 된 것

| 부질없다 | 상없다 | 시름없다 | 열없다 | 하염없다 |

4. 합성어 및 접두사가 붙은 말

(1) 둘 이상의 단어가 어울리거나 접두사가 붙어서 이루어진 말은 각각 그 원형을 밝히어 적는다.

① 합성어

값없다	국말이	굶주리다	꺾꽂이	꽃잎	끝장
낮잡다	벋놓다	물난리	밑천	받내다	부엌일
빛나다	싫증	엎누르다	옷안	옻오르다	젖몸살
첫아들	칼날	팥알	흙내		

② 파생어

겉늙다	맞먹다	빗나가다	새파랗다	샛노랗다
시꺼멓다	싯누렇다	엇나가다	엿듣다	웃옷
짓이기다	헛되다	헛웃음	홀아비	홑몸

[붙임1] 어원은 분명하나 소리만 특이하게 변한 것은 변한 대로 적는다.

| 할아버지 | 할아범 |

[붙임2] 어원이 분명하지 아니한 것은 원형을 밝히어 적지 아니한다.

| 골병 | 골탕 | 끌탕 | 며칠 |
| 아재비 | 오라비 | 업신여기다 | 부리나케 |

[붙임3] '이[齒, 虱]'가 합성어나 이에 준하는 말에서 '니' 또는 '리'로 소리날 때에는 '니'로 적는다.

| 간니 | 덧니 | 사랑니 | 송곳니 | 앞니 | 어금니 |
| 윗니 | 젖니 | 톱니 | 틀니 | 가랑니 | 머릿니 |

접두사 정리
• 겉늙다: '겉'은 실속과는 달리 겉으로만 그러하다는 뜻을 더하는 접두사
• 맞먹다: '맞'은 '마주, 서로 엇비슷하게'의 뜻을 더하는 접두사
• 빗나가다: '빗'은 '잘못'의 뜻을 더하는 접두사
• 새파랗다: '새'는 '매우 짙고 선명하다'의 뜻을 더하는 접두사
• 샛노랗다: '샛'은 '매우 짙고 선명하게'의 뜻을 더하는 접두사
• 시꺼멓다: '시'는 '매우 짙고 선명하게'의 뜻을 더하는 접두사
• 싯누렇다: '싯'은 '매우 짙고 선명하게'의 뜻을 더하는 접두사
• 엇나가다: '엇'은 '어긋나게 비뚜로'의 뜻을 더하는 접두사
• 엿듣다: '엿'은 '몰래'의 뜻을 더하는 접두사
• 웃옷: '웃'은 '위'의 뜻을 더하는 접두사
• 짓이기다: '짓'은 '마구, 함부로, 몹시'의 뜻을 더하는 접두사
• 헛되다: '헛'은 '보람없이', '잘못'의 뜻을 더하는 접두사
• 헛웃음: '헛'은 '이유 없는', '보람 없는'의 뜻을 더하는 접두사
• 홀아비: '홀'은 '짝이 없이 혼자뿐인'의 뜻을 더하는 접두사
• 홑몸: '홑'은 '한 겹으로 된' 또는 '하나인, 혼자인'의 뜻을 더하는 접두사

(2) 끝소리가 'ㄹ'인 말과 딴 말이 어울릴 적에 'ㄹ' 소리가 나지 아니하는 것은 아니 나는 대로 적는다.('ㄹ' 탈락)

다달이(달-달-이)	따님(딸-님)	마되(말-되)	마소(말-소)
무자위(물-자위)	바느질(바늘-질)	부삽(불-삽)	부손(불-손)
싸전(쌀-전)	여닫이(열-닫이)	우짖다(울-짖다)	화살(활-살)

'ㄹ' 탈락
'ㄹ'은 주로 'ㄴ, ㄷ, ㅅ, ㅈ' 앞에서 탈락한다.

(3) 끝소리가 'ㄹ'인 말과 딴 말이 어울릴 적에 'ㄹ' 소리가 'ㄷ' 소리로 나는 것은 'ㄷ'으로 적는다.

반짇고리(바느질~)	사흗날(사흘~)	삼짇날(삼질~)	섣달(설~)
숟가락(술~)	이튿날(이틀~)	잗주름(잘~)	푿소(풀~)
섣부르다(설~)	잗다듬다(잘~)	잗다랗다(잘~)	

不의 예외적 발음
• '불(不)'이 들어간 한자말에서 받침의 'ㄹ'은 'ㄷ, ㅈ' 앞에서 규칙적으로 떨어진다.
  예 부단, 부동액, 부정, 부정확
• 그러나 'ㅅ' 앞에서는 '부실'만 예외적으로 탈락한다. '불세출', '불신', '불순'은 탈락하지 않는다.

(4) 다음과 같은 경우에는 사이시옷을 받치어 적는다.

① 순우리말로 된 합성어로서 앞말이 모음으로 끝난 경우

ㄱ 뒷말의 첫소리가 된소리로 나는 것

고랫재	귓밥	나룻배	나뭇가지	냇가
댓가지	뒷갈망	맷돌	머릿기름	모깃불
못자리	바닷가	뱃길	볏가리	부싯돌
선짓국	쇳조각	아랫집	우렁잇속	잇자국
잿더미	조갯살	찻집	쳇바퀴	킷값
핏대	햇볕	혓바늘		

ㄴ 뒷말의 첫소리 'ㄴ, ㅁ' 앞에서 'ㄴ' 소리가 덧나는 것

멧나물	아랫니	텃마당	아랫마을	뒷머리
잇몸	깻묵	냇물	빗물	

ㄷ 뒷말의 첫소리 모음 앞에서 'ㄴㄴ' 소리가 덧나는 것

도리깻열	뒷윷	두렛일	뒷일	뒷입맛
베갯잇	욧잇	깻잎	나뭇잎	댓잎

② 순우리말과 한자어로 된 합성어로서 앞말이 모음으로 끝난 경우

ㄱ 뒷말의 첫소리가 된소리로 나는 것

귓병(귀病)	머릿방(머리房)	뱃병(배病)	봇둑(洑둑)
사잣밥(使者밥)	샛강(새江)	아랫방(아래房)	자릿세(자리貰)
전셋집(傳貰집)	찻잔(차盞)	찻종(차鐘)	촛국(醋국)
콧병(코病)	탯줄(胎줄)	텃세(터勢)	핏기(피氣)
햇수(해數)	횟가루(灰가루)	횟배(蛔배)	

찻잔(차盞), 찻종(차鐘)
'차'가 한자어이면 '찻잔, 찻종, 찻주전자'는 '茶盞, 茶鍾, 茶酒煎子'와 같은 한자어이므로 사이시옷이 들어가지 않는다. 그렇지만 '차'를 고유어라고 하면 '고유어+한자어' 구성이므로 사이시옷을 넣어야 한다. 현재는 '차'를 고유어로 보고 있으므로 '찻잔, 찻종, 찻주전자'와 같이 적는다.

ⓒ 뒷말의 첫소리 'ㄴ, ㅁ' 앞에서 'ㄴ' 소리가 덧나는 것

| 곗날(契날) | 제삿날(祭祀날) | 훗날(後날) | 툇마루(退마루) | 양칫물(養齒물) |

ⓒ 뒷말의 첫소리 모음 앞에서 'ㄴㄴ' 소리가 덧나는 것

| 가욋일(加外일) | 사삿일(私私일) | 예삿일(例事일) | 훗일(後일) |

③ 두 음절로 된 다음 한자어

| 곳간(庫間) | 셋방(貰房) | 숫자(數字) | 찻간(車間) | 툇간(退間) | 횟수(回數) |

사이시옷이 들어가는 예외 한자어 6개
- 한자어에는 규정에서 제시한 두 음절 단어 6개에만 사이시옷이 들어간다.
- 그 외의 한자어에는 사이시옷이 들어가지 않는다. 예 외과(外科), 이비인후과(耳鼻咽喉科), 국어과(國語科), 장미과(薔薇科)

(5) 두 말이 어울릴 적에 'ㅂ' 소리나 'ㅎ' 소리가 덧나는 것은 소리대로 적는다.

① 'ㅂ' 소리가 덧나는 것

| 댑싸리(대ㅂ싸리) | 멥쌀(메ㅂ쌀) | 볍씨(벼ㅂ씨) | 입때(이ㅂ때) |
| 입쌀(이ㅂ쌀) | 접때(저ㅂ때) | 좁쌀(조ㅂ쌀) | 햅쌀(해ㅂ쌀) |

② 'ㅎ' 소리가 덧나는 것

머리카락(머리ㅎ가락)	살코기(살ㅎ고기)	수캐(수ㅎ개)	수컷(수ㅎ것)
수탉(수ㅎ닭)	안팎(안ㅎ밖)	암캐(암ㅎ개)	암컷(암ㅎ것)
암탉(암ㅎ닭)			

5. 준말

(1) 단어의 끝모음이 줄어지고 자음만 남은 것은 그 앞의 음절에 받침으로 적는다.

본말	준말	본말	준말
기러기야	기럭아	가지고, 가지지	갖고, 갖지
어제그저께	엊그저께	디디고, 디디지	딛고, 딛지
어제저녁	엊저녁		

(2) 체언과 조사가 어울려 줄어지는 경우에는 준 대로 적는다.

본말	준말	본말	준말
그것은	그건	너는	넌
그것이	그게	너를	널
그것으로	그걸로	무엇을	뭣을/무얼/뭘
나는	난	무엇이	뭣이/무에
나를	날		

(3) 모음 'ㅏ, ㅓ'로 끝난 어간에 '-아/-어, -았-/-었-'이 어울릴 적에는 준 대로 적는다.

본말	준말	본말	준말
가아	가	가았다	갔다
나아	나	나았다	났다
타아	타	타았다	탔다
서어	서	서었다	섰다
켜어	켜	켜었다	켰다
펴어	펴	펴었다	폈다

① 본말이 아닌 준말만 인정한다.

② 'ㅅ' 불규칙 용언의 어간에서 'ㅅ'이 줄어든 경우에는 원래 자음이 있었으므로 'ㅏ/ㅓ'가 줄어들지 않는다.

낫다:	나아	나아서	나아도	나아야	나았다
젓다:	저어	저어서	저어도	저어야	저었다

[붙임1] 'ㅐ, ㅔ' 뒤에 '-어, -었-'이 어울려 줄 적에는 준 대로 적는다.

본말	준말	본말	준말
개어	개	개었다	갰다
내어	내	내었다	냈다
베어	베	베었다	벴다
세어	세	세었다	셌다

모음이 줄어들어서 'ㅐ'가 된 경우에는 '-어'가 결합하더라도 다시 줄어들지는 않는다.

옷감이 빈틈없이 째어(○)/째(×)(← 짜이어) 있다.
도로가 이곳저곳 패어(○)/패(×)(← 파이어) 있다.

[붙임2] '하여'가 한 음절로 줄어서 '해'로 될 적에는 준 대로 적는다.

본말	준말	본말	준말
하여	해	하였다	했다
더하여	더해	더하였다	더했다
흔하여	흔해	흔하였다	흔했다

(4) 모음 'ㅗ, ㅜ'로 끝난 어간에 '-아/-어, -았-/-었-'이 어울려 'ㅘ/ㅝ, ㅘㅆ/ㅝㅆ'으로 될 적에는 준 대로 적는다.

본말	준말	본말	준말
꼬아	꽈	꼬았다	꽜다
보아	봐	보았다	봤다
쏘아	쏴	쏘았다	쐈다
두어	둬	두었다	뒀다
쑤어	쒀	쑤었다	쒔다
주어	줘	주었다	줬다

[붙임1] '놓아'가 '놔'로 줄 적에는 준 대로 적는다.

[붙임2] 'ㅚ' 뒤에 '-어, -었-'이 어울려 'ㅙ, ㅙㅆ'으로 될 적에도 준 대로 적는다.

본말	준말	본말	준말
괴어	괘	괴었다	괬다
되어	돼	되었다	됐다
뵈어	봬	뵈었다	뵀다
쇠어	쇄	쇠었다	쇘다
쐬어	쐐	쐬었다	쐤다

(5) 'ㅣ' 뒤에 '-어'가 와서 'ㅕ'로 줄 적에는 준 대로 적는다.

본말	준말	본말	준말
가지어	가져	가지었다	가졌다
견디어	견뎌	견디었다	견뎠다
다니어	다녀	다니었다	다녔다
막히어	막혀	막히었다	막혔다
버티어	버텨	버티었다	버텼다
치이어	치여	치이었다	치였다

(6) 'ㅏ, ㅕ, ㅗ, ㅜ, ㅡ'로 끝난 어간에 '-이-'가 와서 각각 'ㅐ, ㅖ, ㅚ, ㅟ, ㅢ'로 줄 적에는 준 대로 적는다.

본말	준말	본말	준말
싸이다	쌔다	누이다	뉘다
펴이다	폐다	뜨이다	띄다
보이다	뵈다	쓰이다	씌다

(7) 'ㅏ, ㅗ, ㅜ, ㅡ' 뒤에 '-이어'가 어울려 줄어질 적에는 준 대로 적는다.

본말	준말	본말	준말
싸이어	쌔어, 싸여	뜨이어	띄어
보이어	뵈어, 보여	쓰이어	씌어, 쓰여
쏘이어	쐬어, 쏘여	트이어	틔어, 트여
누이어	뉘어, 누여		

① 'ㅏ, ㅗ, ㅜ, ㅡ'와 '-이어'의 '이'가 하나의 음절로 줄어 'ㅐ, ㅚ, ㅟ, ㅢ'가 되는 형태와 '-이어'가 하나의 음절로 줄어 '-여'가 되는 형태 모두 인정한다.
② 다만, 두 형태를 중복해서 줄여 써서는 안 된다.

(8) 어미 '-지' 뒤에 '않-'이 어울려 '-잖-'이 될 적과 '-하지' 뒤에 '않-'이 어울려 '-찮-'이 될 적에는 준 대로 적는다.

본말	준말	본말	준말
그렇지 않은	그렇잖은	만만하지 않다	만만찮다
적지 않은	적잖은	변변하지 않다	변변찮다

(9) 어간의 끝음절 '하'의 'ㅏ'가 줄고 'ㅎ'이 다음 음절의 첫소리와 어울려 거센소리로 될 적에는 거센소리로 적는다.

본말	준말	본말	준말
간편하게	간편케	다정하다	다정타
연구하도록	연구토록	정결하다	정결타
가하다	가타	흔하다	흔타

[붙임1] 'ㅎ'이 어간의 끝소리로 굳어진 것은 받침으로 적는다.

않다	않고	않지	않든지
그렇다	그렇고	그렇지	그렇든지
아무렇다	아무렇고	아무렇지	아무렇든지
어떻다	어떻고	어떻지	어떻든지
이렇다	이렇고	이렇지	이렇든지
저렇다	저렇고	저렇지	저렇든지

[붙임2] 어간의 끝음절 '하'가 아주 줄 적에는 준 대로 적는다.

본말	준말	본말	준말
거북하지	거북지	넉넉하지 않다	넉넉지 않다
생각하건대	생각건대	못하지 않다	못지않다
생각하다 못해	생각다 못해	섭섭하지 않다	섭섭지 않다
깨끗하지 않다	깨끗지 않다	익숙하지 않다	익숙지 않다

> **'띄어쓰기' 표기**
> - '띄다'는 본말이 두 가지가 있다. 하나는 '뜨이다'이고 다른 하나는 '띄우다'이다.
> - '뜨이다'는 '뜨다'의 피동사로, '눈이 뜨이다', '귀가 뜨이다'와 같이 사용된다. 그리고 '뜨이다'는 '뜨여'로 줄여서 사용할 수도 있다.
> - 반면 '띄우다'는 '뜨다'의 사동사로, 공간이 생기게 한다는 뜻이다. 따라서 '책상 사이를 띄우다', '단어 사이를 띄우다'와 같이 사용할 수 있다.
> - 이러한 의미 차이로 볼 때, '띄어쓰기'에 나타난 '띄다'는 '띄우다'의 준말임을 알 수 있다.
> - '띄우다'는 '뜨여'로 줄여서 사용할 수가 없기 때문에 '뜨어쓰기, 뜨여 쓰다, 뜨여 놓다'로는 쓸 수 없다.

(8), (9) 규정의 적용 순서
(8)과 (9) 규정이 함께 있을 경우는
(9)를 먼저 적용한 뒤 (8)을 적용한다.
예 갑갑하지 않다 → 갑갑지 않다
    → 갑갑잖다

[붙임3] 다음과 같은 부사는 소리대로 적는다.

결단코	결코	기필코	무심코	아무튼	요컨대
정녕코	필연코	하마터면	하여튼	한사코	

05 띄어쓰기

1. 조사

(1) 조사는 그 앞말에 붙여 쓴다.

꽃이	꽃마저	꽃밖에	꽃에서부터	꽃으로만
꽃이나마	꽃이다	꽃입니다	꽃처럼	어디까지나
거기도	멀리는	웃고만		

(2) 조사가 둘 이상 연속되거나 어미 뒤에 붙을 때에도 그 앞말에 붙여 쓴다.

조사의 연속	학교에서처럼 여기서부터입니다	나에게만이라도 아이까지도
어미 뒤 조사	말하면서까지도 먹을게요 맑군그래	사과하기는커녕 놀라기보다는 오는군요

2. 의존 명사, 단위를 나타내는 명사 및 열거하는 말 등

(1) 의존 명사는 띄어 쓴다.

아는 **것**이 힘이다.	나도 할 **수** 있다.
먹을 **만큼** 먹어라.	아는 **이**를 만났다.
네가 뜻한 **바**를 알겠다.	그가 떠난 **지**가 오래다.

의존 명사가 조사, 어미의 일부, 접미사 등과 형태가 같은 경우

- **들**
  - '남자들, 학생들, 사람들, 그들, 너희들, 사건들'처럼 셀 수 있는 명사나 대명사에 붙어 복수의 뜻을 더하는 경우는 접미사이므로 앞말에 붙여 쓴다. '들'이 '이 방에서 텔레비전을 보고들 있어라.'처럼 문장의 주어가 복수임을 나타낼 경우는 보조사이다.
  - '쌀, 보리, 콩, 조, 기장 들을 오곡(五穀)이라 한다.'와 같이 두 개 이상의 사물을 열거하는 구조에서 '그런 따위'란 뜻을 나타내는 경우는 의존 명사이므로 앞말과 띄어 쓴다. 이때의 '들'은 의존 명사 '등(等)'으로 바꾸어 쓸 수 있다. 'ㅂ, ㄷ, ㄱ 등은 파열음이다.'에서 쓰는 '등'이나 '냉장고, 텔레비전, 세탁기 따위의 가전제품이 집에 있다.'에서 쓰는 '따위'도 마찬가지이다.

- **뿐**
  - '남자뿐이다.', '셋뿐이다.'처럼 체언 뒤에 붙어서 한정의 뜻을 나타내는 경우는 보조사로 다루어 붙여 쓴다.
  - '웃을 뿐이다.', '졌을 뿐이다.'와 같이 용언의 관형사형 뒤에서 '따름'이란 뜻을 나타내는 경우는 의존 명사이므로 띄어 쓴다.

- **대로**
  - '법대로, 약속대로'처럼 체언 뒤에 붙어서 '그와 같이'라는 뜻을 나타내는 경우에는 보조사이므로 붙여 쓴다.
  - '아는 대로 말한다.', '약속한 대로 하세요.'와 같이 용언의 관형사형 뒤에 나타날 경우는 의존 명사이므로 띄어 쓴다.

- **만큼**
  - '중학생이 고등학생만큼 잘 안다.', '키가 전봇대만큼 크다.'처럼 체언 뒤에 붙어서 '앞말과 비슷한 정도로'라는 뜻을 나타내는 경우는 격 조사이므로 붙여 쓴다.
  - '볼 만큼 보았다.', '애쓴 만큼 얻는다.'와 같이, 용언의 관형사형 뒤에 나타날 경우는 의존 명사이므로 띄어 쓴다.

- **만**
  - '하나만 알고, 둘은 모른다.', '이것은 그것만 못하다.'처럼 체언에 붙어서 한정 또는 비교의 뜻을 나타내는 경우는 보조사이므로 붙여 쓴다.
  - '떠난 지 사흘 만에 돌아왔다.', '온 지 1년 만에 떠나갔다.'와 같이 시간의 경과를 나타내는 경우에는 의존 명사이므로 띄어 쓴다.
  - '세 번 만에 시험에 합격했다.', '다섯 번 만이다.'와 같이 횟수를 나타내는 말 뒤에 쓰여 '앞말이 가리키는 횟수를 끝으로'의 뜻을 나타내는 경우에는 의존 명사이므로 띄어 쓴다.

- **지**
  - '집이 큰지 작은지 모르겠다.', '어떻게 할지 모르겠다.'의 '지'는 어미 '−(으)ㄴ지, −ㄹ지'의 일부이므로 앞말에 붙여 쓴다.
  - '그가 떠난 지 보름이 지났다.', '그를 만난 지 한 달이 지났다.'와 같이, 용언의 관형사형 뒤에서 시간의 경과를 나타내는 경우에는 의존 명사이므로 띄어 쓴다.

- **듯**
  - '구름에 달이 흘러가듯'에서처럼 용언의 어간 뒤에 '듯'이 쓰일 경우에는 어미이므로 앞말에 붙여 쓴다.
  - '그가 먹은 듯'과 같이 용언의 관형사형 뒤에 '듯'이 쓰일 경우에는 의존 명사이므로 앞말과 띄어 쓴다.

- **차(次)**
  - '인사차 들렀다, 사업차 외국에 나갔다.'처럼 명사 뒤에 붙어 '목적'의 뜻을 더하는 경우에는 접미사이므로 붙여 쓴다.
  - '고향에 갔던 차에 선을 보았다.', '마침 가려던 차였다.'와 같이 용언의 관형사형 뒤에 나타날 때는 의존 명사이므로 띄어 쓴다.

의존 명사 '데'와 '바'

• 데: '곳, 장소, 일, 것, 경우' 등과 같이 쓰일 때는 의존 명사이다.
• 바: 앞에서 말한 내용 그 자체나 일 따위를 나타내거나 방법이나 방도, 앞말이 나타내는 일의 기회가 형편의 뜻을 나타낼 때는 의존 명사이다.

• 판
  - '노름판, 씨름판, 웃음판'처럼 쓰일 때는 합성어를 이루므로 붙여 쓴다.
  - '바둑 두 판, 장기를 세 판이나 두었다.'와 같이 수 관형사 뒤에서 승부를 겨루는 일을 세는 단위를 나타낼 때는 의존 명사이므로 띄어 쓴다.

• 데
  - '의지할 데가 없는 사람'처럼 쓰일 때는 의존 명사이므로 띄어 쓴다.
  - '-ㄴ데'가 '날씨가 추운데 외투를 입고 나가거라.'와 같이 뒤 절에서 어떤 일을 설명하거나 묻거나 시키거나 제안하기 위하여 그 대상과 상관되는 상황을 미리 말할 경우는 어미이므로 앞말에 붙여 쓴다.

• 바
  - '평소에 느낀 바를 말해라.'와 같이 앞에서 말한 내용 그 자체나 일 따위를 나타내거나, 어미 '-을' 뒤에서 방법이나 방도의 뜻을 나타낼 때 또는 앞말이 나타내는 기회나 그리된 형편의 뜻을 나타낼 때는 의존 명사이므로 띄어 쓴다.
  - '-ㄴ바'가 '서류를 검토한바 몇 가지 미비한 사항이 발견되었다.'와 같이 뒤 절에서 어떤 사실을 말하기 위하여 그 사실이 있게 된 것과 관련된 과거의 어떤 상황을 미리 제시하는 데 쓰이는 경우는 어미이므로 앞말에 붙여 쓴다.

• 간
  - '서울과 부산 간', '부모와 자식 간'과 같이 '한 대상과 다른 대상까지의 사이'나 '관계'의 뜻을 나타내는 경우는 의존 명사이므로 앞말과 띄어 쓴다.
  - '이러나저러나 간에'와 같이 앞에 나열된 말 가운데 어느 쪽인지를 가리지 않는다는 뜻을 나타내는 경우에는 의존 명사이므로 앞말과 띄어 쓴다.
  - '한 달간', '이틀간'이나, '외양간', '대장간'과 같이 기간을 나타내는 명사 뒤에 붙어 '동안'의 뜻을 더하거나, 몇몇 명사 뒤에서 장소의 뜻을 더할 경우는 접미사로 앞말에 붙여 쓴다.
  - 부부간, 내외간, 부자간, 부녀간, 모자간, 모녀간, 동기간, 숙질간, 고부간, 인척간 등과 같이 가족을 나타내거나 천지간, 얼마간, 피차간, 좌우간, 다소간, 조만간 등은 하나의 단어(합성어)이므로 붙여 쓴다.

• 중
  - '영웅 중의 영웅'이나 '근무 중'과 같이 '여럿의 가운데'나 '무엇을 하는 동안'의 뜻으로 사용될 경우는 의존 명사이므로 앞말과 띄어 쓴다.
  - '성적은 중은 된다.'와 같이 '등급, 수준, 차례 따위에서 가운데'의 뜻으로 사용되는 경우는 명사이므로 앞말과 띄어 쓴다.
  - 한밤중, 은연중, 무의식중, 부재중 등과 같이 하나의 단어로 굳어진 경우는 붙여 쓴다.

(2) 단위를 나타내는 명사는 띄어 쓴다.

한 개	차 한 대	금 서 돈	소 한 마리
옷 한 벌	열 살	조기 한 손	연필 한 자루
버선 한 죽	집 한 채	신 두 켤레	북어 한 쾌

① 다만, 순서를 나타내는 경우에는 붙여 쓸 수 있다.

원칙	제일 편	제삼 장	삼 학년	육 층	제7 항	제10 조
허용	제일편	제삼장	삼학년	육층	제7항	제10조

② 다만, 아라비아 숫자와 어울리어 쓰이는 경우에는 붙여 쓸 수 있다.

원칙	2 시간 2 음절 20 병 7 미터 10 명 80 원 2 학년 1446 년 10 월 9 일 2 대대 16 동 502 호 제1 실습실
허용	2시간 2음절 20병 7미터 10명 80원 2학년 1446년 10월 9일 2대대 16동 502호 제1실습실

③ 다만, 연월일, 시각 등을 나타내는 경우에는 붙여 쓸 수 있다.

> 이천십팔 년 오 월 이십 일(원칙) / 이천십팔년 오월 이십일(허용)
> 여덟 시 오십구 분(원칙) / 여덟시 오십구분(허용)

(3) 수를 적을 적에는 '만(萬)' 단위로 띄어 쓴다.

> 십이억 삼천사백오십육만 칠천팔백구십팔   12억 3456만 7898

(4) 두 말을 이어 주거나 열거할 적에 쓰이는 다음의 말들은 띄어 쓴다.

> 국장 겸 과장   열 내지 스물   청군 대 백군
> 책상, 걸상 등이 있다   이사장 및 이사들   사과, 배, 귤 등등
> 사과, 배 등속   부산, 광주 등지

(5) 단음절로 된 단어가 연이어 나타날 적에는 붙여 쓸 수 있다.

> 좀더 큰것   이말 저말   한잎 두잎

① 세 개 이상의 음절을 붙이는 것은 적절하지 않다. 예 물 한병(○) / 물한병(×)
② 의미 단위를 고려하여 적절하게 붙여야 한다. 예 물 한병(○) / 물한 병(×)

3. 보조 용언

(1) 보조 용언은 띄어 씀을 원칙으로 하되, 경우에 따라 붙여 씀도 허용한다.

원칙	허용
불이 꺼져 간다.	불이 꺼져간다.
내 힘으로 막아 낸다.	내 힘으로 막아낸다.
어머니를 도와 드린다.	어머니를 도와드린다.
그릇을 깨뜨려 버렸다.	그릇을 깨뜨려버렸다.
비가 올 듯하다.	비가 올듯하다.
그 일은 할 만하다.	그 일은 할만하다.
일이 될 법하다.	일이 될법하다.
비가 올 성싶다.	비가 올성싶다.
잘 아는 척한다.	잘 아는척한다.

> **금액 기입**
> 금액을 적을 때는 변조(變造) 등의 사고를 방지하려는 뜻에서 붙여 쓰는 게 관례로 되어 있다.
> 예 일금: 삼십일만오천육백칠십팔원정 / 돈: 일백칠십육만오천원

(2) '-아/-어 지다'와 '-아/-어 하다'

① '-아/-어 지다'와 '-아/-어 하다'가 붙는 경우는 보조 용언을 앞말에 붙여 쓴다.

> 낙서를 지운다. → 낙서가 지워진다.
> 아기가 예쁘다. → 아기를 예뻐한다.

② 다만, '-아/-어 하다'가 구(句)에 결합하는 경우에는 띄어 쓴다.

> 먹고 싶어 하다.(○) / 먹고 싶어하다.(×)
> 마음에 들어 하다.(○) / 마음에 들어하다.(×)
> 내키지 않아 하다.(○) / 내키지 않아하다.(×)

(3) 다만, 앞말에 조사가 붙거나 앞말이 합성 용언인 경우, 그리고 중간에 조사가 들어갈 적에는 그 뒤에 오는 보조 용언은 띄어 쓴다.

① 본용언에 조사 결합　예 잘도 놀아만 나는구나! / 책을 읽어도 보고…….

② 본용언이 합성 용언　예 네가 덤벼들어 보아라. / 이런 기회는 다시없을 듯하다.

③ 의존 명사 뒤에 조사가 들어가는 경우　예 그가 올 듯도 하다. / 잘난 체를 한다.

4. 고유 명사 및 전문 용어

(1) 성과 이름, 성과 호 등은 붙여 쓰고, 이에 덧붙는 호칭어, 관직명 등은 띄어 쓴다.

김양수(金良洙)	서화담(徐花潭)	채영신 씨
최치원 선생	박동식 박사	충무공 이순신 장군

다만, 성과 이름, 성과 호를 분명히 구분할 필요가 있을 경우에는 띄어 쓸 수 있다.

남궁억/남궁 억	독고준/독고 준	황보지봉(皇甫芝峰)/황보 지봉

(2) 성명 이외의 고유 명사는 단어별로 띄어 씀을 원칙으로 하되, 단위별로 띄어 쓸 수 있다.

원칙	허용
대한 중학교	대한중학교
한국 대학교 사범 대학	한국대학교 사범대학

(3) 전문 용어는 단어별로 띄어 씀을 원칙으로 하되, 붙여 쓸 수 있다.

원칙	허용
만성 골수성 백혈병	만성골수성백혈병
중거리 탄도 유도탄	중거리탄도유도탄

06 그 밖의 것

1. 부사화 접미사 '-이'와 '-히'의 구분

부사의 끝음절이 분명히 '이'로만 나는 것은 '이'로 적고, '히'로만 나거나 '이'나 '히'로 나는 것은 '히'로 적는다.

(1) '이'로 적는 것

① 겹쳐 쓰인 명사 뒤

겹겹이	골골샅샅이	곳곳이	길길이
나날이	낱낱이	다달이	땀땀이
몫몫이	번번이	샅샅이	알알이
앞앞이	줄줄이	짬짬이	철철이

② 'ㅅ' 받침 뒤

기웃이	나긋나긋이	남짓이	뜨뜻이
버젓이	번듯이	빠듯이	지긋이

③ 'ㅂ' 불규칙 용언의 어간 뒤

가벼이	괴로이	기꺼이	너그러이
새로이	쉬이	외로이	즐거이

④ '-하다'가 붙지 않는 용언 어간 뒤

같이	굳이	길이	깊이
높이	많이	실없이	헛되이

⑤ 부사 뒤(한글 맞춤법 제25항 2 참조)

곰곰이	더욱이	생긋이	오뚝이	일찍이	해죽이

> **한글 맞춤법 제25항 2**
> 부사에 '-이'가 붙어서 뜻을 더하는 경우에는 그 어근이나 부사의 원형을 밝히어 적는다.

(2) '히'로 적는 것

① '-하다'가 붙는 어근 뒤(단, 'ㅅ' 받침 제외)

간편히	고요히	공평히	과감히
극히	급히	급급히	꼼꼼히
나른히	능히	답답히	딱히
속히	엄격히	정확히	족히

② '-하다'가 붙는 어근에 '-히'가 결합하여 된 부사에서 온 말

익히(← 익숙히)	특히(← 특별히)

③ 어원적으로는 '-하다'가 붙지 않는 어근에 부사화 접미사가 결합한 형태로 분석되더라도, 그 어근 형태소의 본뜻이 유지되고 있지 않은 단어의 경우는 익어진 발음 형태대로 '히'로 적는다.

> 작히

2. 한자어의 본음과 속음

한자어에서 본음으로도 나고 속음으로도 나는 것은 각각 그 소리에 따라 적는다.

속음
원래의 음(본음)이 변하여 널리 퍼진 음을 말한다. 이러한 소리는 현실적으로 널리 쓰이는 경우에 소리 나는 대로 적는다.

본음과 속음 한자어 예시
- 提: 제공(提供), 제기(提起) / 보리(菩提), 보리수(菩提樹)
- 道: 도장(道場)(무예를 닦는 곳) / 도량(道場)(도를 얻으려고 수행하는 곳)
- 布: 공포(公布) / 보시(布施), 보싯돈(布施-)
- 宅: 자택(自宅) / 본댁(本宅), 시댁(媤宅), 댁내(宅內)
- 丹: 단심(丹心), 단풍(丹楓) / 모란(牡丹)
- 洞: 동굴(洞窟), 동네(洞-) / 통찰(洞察), 통촉(洞燭)
- 糖: 당분(糖分), 혈당(血糖) / 사탕(砂糖), 설탕(雪糖), 탕수육(糖水肉)

본음으로 나는 것	속음으로 나는 것
승낙(承諾)	수락(受諾), 쾌락(快諾), 허락(許諾)
만난(萬難)	곤란(困難), 논란(論難)
안녕(安寧)	의령(宜寧), 회령(會寧)
분노(忿怒)	대로(大怒), 희로애락(喜怒哀樂)
토론(討論)	의논(議論)
오륙십(五六十)	오뉴월(五六月), 유월(六月)
목재(木材)	모과(木瓜)
십일(十日)	시방정토(十方淨土), 시왕(十王), 시월(十月)
팔일(八日)	초파일(初八日)

3. 예사소리로 적는 어미

(1) 다음과 같은 어미는 예사소리로 적는다.

바른 표기	틀린 표기	바른 표기	틀린 표기
-(으)ㄹ거나	-(으)ㄹ꺼나	-(으)ㄹ지니라	-(으)ㄹ찌니라
-(으)ㄹ걸	-(으)ㄹ껄	-(으)ㄹ지라도	-(으)ㄹ찌라도
-(으)ㄹ게	-(으)ㄹ께	-(으)ㄹ지어다	-(으)ㄹ찌어다
-(으)ㄹ세	-(으)ㄹ쎄	-(으)ㄹ지언정	-(으)ㄹ찌언정
-(으)ㄹ세라	-(으)ㄹ쎄라	-(으)ㄹ진대	-(으)ㄹ찐대
-(으)ㄹ수록	-(으)ㄹ쑤록	-(으)ㄹ진저	-(으)ㄹ찐저
-(으)ㄹ시	-(으)ㄹ씨	-올시다	-올씨다
-(으)ㄹ지	-(으)ㄹ찌		

(2) 다만, 의문을 나타내는 다음 어미들은 된소리로 적는다.

> -(으)ㄹ까?   -(으)ㄹ꼬?   -(스)ㅂ니까?
> -(으)리까?   -(으)ㄹ쏘냐?

4. 된소리로 적는 접미사

다음과 같은 접미사는 된소리로 적는다.

바른 표기	틀린 표기	바른 표기	틀린 표기
심부름꾼	심부름군	귀때기	귓대기
익살꾼	익살군	볼때기	볼대기
일꾼	일군	판자때기	판잣대기
장꾼	장군	뒤꿈치	뒷굼치
장난꾼	장난군	팔꿈치	팔굼치
지게꾼	지겟군	이마빼기	이맛배기
때깔	땟갈	코빼기	콧배기
빛깔	빛갈	객쩍다	객적다
성깔	성갈	겸연쩍다	겸연적다

> **어휘 풀이**
> ❶ 태깔: ㉠ 모양과 빛깔 ㉡ 교만한 태도
> ❷ 귀퉁배기: '귀퉁이'를 낮잡아 이르는 말
> ❸ 나이배기: 겉보기보다 나이가 많은 사람을 낮잡아 이르는 말
> ❹ 대짜배기: 대짜인 물건

(1) '-꾼/-군'은 '꾼'으로 통일하여 적는다.

구경꾼	나무꾼	낚시꾼	난봉꾼	노름꾼
농사꾼	누리꾼	도굴꾼	도망꾼	도박꾼
막노동꾼	말썽꾼	머슴꾼	밀렵꾼	밀수꾼
방해꾼	배달꾼	사기꾼	사냥꾼	살림꾼
소리꾼	술꾼	이야기꾼	잔소리꾼	장사꾼
재주꾼	짐꾼	춤꾼	투기꾼	파수꾼
훼방꾼	힘꾼			

(2) '-깔/-갈'은 '-깔'로 통일하여 적는다.

맛깔	태깔(態-)❶

(3) '-때기/-대기'는 '-때기'로 적는다.

거적때기	나무때기	널판때기	등때기
배때기	송판때기	판때기	팔때기

(4) '-꿈치/-굼치'는 '-꿈치'로 적는다.

발꿈치	발뒤꿈치

(5) '-배기/-빼기'가 혼동될 수 있는 단어는 다음과 같이 적는다.

① [배기]로 발음되는 경우는 '-배기'로 적는다.

귀퉁배기❷	나이배기❸	대짜배기❹
육자배기(六字--)	주정배기(酒酊--)	진짜배기

어휘 풀이

❶ **학배기**: 잠자리의 애벌레를 이르는 말
❷ **괘다리적다**: ㉠ 사람됨이 멋없고 거칠다. ㉡ 성미가 무뚝뚝하고 통명스럽다.
❸ **딴기적다**: 기력이 약하여 힘차게 앞질러 나서는 기운이 없다.
❹ **열퉁적다**: 말이나 행동이 조심성이 없고 거칠며 미련스럽다.
❺ **맛적다**: 재미나 흥미가 거의 없어 싱겁다.
❻ **맥쩍다**: ㉠ 심심하고 재미가 없다. ㉡ 열없고 쑥스럽다.
❼ **해망쩍다**: 영리하지 못하고 아둔하다.
❽ **행망쩍다**: 주의력이 없고 아둔하다.

② 한 형태소 안에서 'ㄱ, ㅂ' 받침 뒤에서 [빼기]로 발음되는 경우는 '－배기'로 적는다.

뚝배기	학배기❶

③ 다른 형태소 뒤에서 [빼기]로 발음되는 것은 '－빼기'로 적는다.

고들빼기	곱빼기	과녁빼기
그루빼기	대갈빼기	머리빼기
밥빼기	악착빼기	앍둑빼기
앍작빼기	억척빼기	얽둑빼기
얽빼기	얽적빼기	재빼기

④ 단, '언덕배기'는 한 형태소 내부가 아니지만 '언덕바지'와의 형태적 연관성을 보이기 위해 '언덕배기'로 적는다.

(6) '－적다/－쩍다'가 혼동될 수 있는 단어는 다음과 같이 적는다.

① [적따]로 발음되는 경우는 '－적다'로 적는다.

괘다리적다❷	괘달머리적다	딴기적다❸	열퉁적다❹

② '적다[少]'의 뜻이 유지되고 있는 합성어의 경우는 '－적다'로 적는다.

맛적다❺

③ '적다[少]'의 뜻이 없이 [쩍따]로 발음되는 경우는 '－쩍다'로 적는다.

맥쩍다❻	멋쩍다	해망쩍다❼	행망쩍다❽

5. '맞추다'와 '뻗치다'

두 가지로 구별하여 적던 다음 말들은 한 가지로 적는다.

바른 표기	틀린 표기
맞추다 예 입을 맞춘다. / 양복을 맞춘다.	마추다
뻗치다 예 다리를 뻗친다. / 멀리 뻗친다.	뻐치다

6. '－더라, －던'과 '－든지'

(1) 지난 일을 나타내는 어미는 '－더라, －던'으로 적는다.

바른 표기	틀린 표기
지난 겨울은 몹시 춥더라.	지난 겨울은 몹시 춥드라.
깊던 물이 얕아졌다.	깊든 물이 얕아졌다.
그렇게 좋던가?	그렇게 좋든가?
그 사람 말 잘하던데!	그 사람 말 잘하든데!
얼마나 놀랐던지 몰라.	얼마나 놀랐든지 몰라.

(2) 물건이나 일의 내용을 가리지 아니하는 뜻을 나타내는 조사와 어미는 '(-)든지'로 적는다.

바른 표기	틀린 표기
배든지 사과든지 마음대로 먹어라.	배던지 사과던지 마음대로 먹어라.
가든지 오든지 마음대로 해라.	가던지 오던지 마음대로 해라.

7. 구별하여 적는 말

(1) '가름'과 '갈음'

① 가름: '가르다'의 '가르-'에 '-ㅁ'이 붙은 말이다. 나누는 것을 뜻한다.

　　예 잣나무와 소나무는 자세히 보지 않으면 **가름**이 되지 않는다.

② 갈음: '갈다'의 '갈-'에 '-음'이 붙은 말이다. 대체(代替)하는 것을 뜻한다.

　　예 가족 모임으로 돌잔치를 **갈음**한다.

(2) '거름'과 '걸음'

① 거름: '(땅이) 걸다'의 '걸-'에 '-음'이 붙은 형태이지만, 본뜻에서 멀어져 '비료'의 의미로 쓰이므로 소리 나는 대로 '거름'으로 적는다.(한글 맞춤법 제19항 다만 참조)

　　예 농부들은 배추밭에 **거름**을 주었다.

② 걸음: '걷다'의 '걷-'에 '-음'이 붙은 형태이다.

　　예 빠른 **걸음**으로 걸었다.

한글 맞춤법 제19항 다만
어간에 '-이'나 '-음'이 붙어서 명사로 바뀐 것이라도 그 어간의 뜻과 멀어진 것은 원형을 밝히어 적지 아니한다.
예 코끼리, 거름(비료), 고름[膿], 노름(도박)

(3) '거치다'와 '걷히다'

① 거치다: '무엇에 걸리거나 막히다.', '오가는 도중에 어디를 지나거나 들르다.', '어떤 과정이나 단계를 겪거나 밟다.'의 뜻으로 쓰이는 동사이다.

　　예 더 이상 마음에 **거칠** 것이 없다. / 수원을 **거쳐** 대전으로 갔다.

② 걷히다: '걷다'의 피동사이다.

　　예 해가 뜨자 안개가 **걷히기** 시작했다. / 그물이 **걷히자** 팔뚝만 한 고기가 올라오기 시작했다.

(4) '걷잡다'와 '겉잡다'

① 걷잡다: '한 방향으로 치우쳐 흘러가는 형세 따위를 붙들어 잡다.', '마음을 진정하거나 억제하다.'라는 뜻을 나타낸다.

　　예 강한 바람으로 산불이 **걷잡을** 수 없이 악화되고 있다.

② 겉잡다: '겉으로 보고 대강 짐작하여 헤아리다.'라는 뜻을 나타낸다.

　　예 오늘 경기장에는 **겉잡아서** 천 명이 넘게 온 듯하다.

(5) '그러므로'와 '그럼으로(써)'

① 그러므로: 앞의 내용이 뒤에 나오는 내용의 이유나 원인, 근거가 될 때 쓰인다.

　　예 그는 봉사하는 삶을 산다. **그러므로** 존경을 받는다.

② 그럼으로(써): '그러다'의 명사형 '그럼'에 '으로(써)'가 결합한 것으로 '그렇게 하는 것으로(써)'라는 뜻을 나타낸다.

　　예 그는 남을 돕는 일에 앞장선다. **그럼으로써** 삶의 보람을 느낀다.

'써'와의 결합
'그러므로'에는 '써'가 결합할 수 없지만, '그럼으로'에는 결합할 수 있다.

한글 맞춤법 제19항 2
어간에 '-음/-ㅁ'이 붙어서 명사로
된 것은 그 어간의 원형을 밝히어
적는다.
예 걸음, 믿음, 얼음, 웃음, 졸음, 앎

(6) '노름'과 '놀음'

① 노름(賭博): 어원적으로 '놀-'에 '-음'이 붙어서 되었다고 생각되지만, 어간의 본뜻에서 멀어졌으므로 소리 나는 대로 적는다.(한글 맞춤법 제19항 다만 참조)
예 그는 노름에 빠져 가산을 탕진했다.

② 놀음: '놀다'의 '놀-'에 '-음'이 붙은 것으로, 어간의 본뜻이 유지되므로 그 형태를 밝히어 적는다.(한글 맞춤법 제19항 2 참조)
예 놀음놀이 / 놀음판(=놀음놀이판)

(7) '느리다', '늘이다', '늘리다'

① 느리다: '동작을 하는 데 걸리는 시간이 길다.'라는 뜻을 나타낸다.
예 나무늘보는 행동이 느리다.

② 늘이다: '본디보다 더 길어지게 하다.', '아래로 길게 처지게 하다.'라는 뜻을 나타낸다.
예 치마 길이를 늘여서 입었다.

③ 늘리다: '물체의 부피 따위를 본디보다 커지게 하다.', '수나 분량 따위를 본디보다 많아지게 하다.' 등의 뜻을 나타낸다.
예 우리 가족은 평수를 늘려 새집으로 이사했다. / 실력을 늘려서 다음에 다시 도전해 보자.

(8) '다리다'와 '달이다'

① 다리다: '옷이나 천 따위의 주름이나 구김을 펴기 위해 다리미로 문지르다.'라는 뜻이다. 예 구겨진 바지를 매끈하게 다렸다.

② 달이다: '액체를 끓여서 진하게 하다.', '약재에 물을 부어 우러나도록 끓이다.'라는 뜻을 나타낸다. 예 보약을 달이는지 한약 냄새가 가득했다.

(9) '다치다', '닫히다', '닫치다'

① 다치다: '신체에 상처가 생기다.'라는 뜻을 나타낸다.
예 넘어져서 다리를 다쳤다.

② 닫히다: '닫다'(문짝 따위를 제자리로 가게 하여 막다.)의 피동사이다.
예 열어 놓은 문이 바람에 닫혔다.

③ 닫치다: '문짝 따위를 세게 닫다.', '입을 굳게 다물다.'의 뜻을 나타낸다.
예 동생은 화가 났는지 문을 탁 닫치고 나갔다.

(10) '마치다'와 '맞히다'

① 마치다: '일이나 과정, 절차 따위가 끝나다.'라는 뜻이다.
예 하루 일과를 마치고 집으로 돌아간다.

② 맞히다: '표적에 적중하다.', '맞는 답을 내놓다.', '침이나 매 따위를 맞게 하다.'라는 뜻이다.
예 화살을 과녁에 정확하게 맞혔다. / 문제의 정답을 맞혔다. / 꼬마들에게는 주사를 맞히기가 힘들다.

(11) '목거리'와 '목걸이'

① 목거리: '목이 붓고 아픈 병'을 뜻한다. 예 약을 먹어도 목거리가 잘 낫지 않는다.

② 목걸이: '목에 거는 장신구'를 뜻한다. 예 새로 산 목걸이가 옷과 잘 어울린다.

(12) '바치다', '받치다', '받히다', '밭치다'

① 바치다: '신이나 웃어른께 드리다.', '무엇을 위하여 모든 것을 아낌없이 내놓거나 쓰다.'라는 뜻이다.

예 새로 부임한 사또에게 떡을 만들어 바쳤다. / 과학자는 평생을 신약 개발에 몸을 바쳤다.

② 받치다: '물건의 밑이나 옆 따위에 다른 물체를 대다.', '어떤 일을 잘할 수 있도록 뒷받침해 주다.' 등의 뜻이다.

예 쟁반에 찻잔을 받쳐 가져왔다. / 이 영화는 배경 음악이 장면을 잘 받쳐 주어서 더욱 감동적이다.

③ 받히다: '받다'(머리나 뿔 따위로 세차게 부딪치다.)의 피동사이다.

예 소에게 받히었다.

④ 밭치다: '밭다'(건더기와 액체가 섞인 것을 체 따위에 따라서 액체만을 따로 받아 내다.)를 강조하여 이르는 말이다.

예 삶은 국수를 찬물에 헹군 후 체에 밭쳐 놓았다.

(13) '반드시'와 '반듯이'

① 반드시: '틀림없이 꼭'이라는 뜻을 나타낸다.

예 겨울이 지나면 반드시 봄이 온다.

② 반듯이: '비뚤어지거나 기울거나 굽지 않고 바르게'라는 뜻을 나타낸다.

예 우리는 반듯이 몸을 누이고 잠을 청했다.

(14) '부딪치다'와 '부딪히다'

① 부딪치다: '부딪다'(무엇과 무엇이 힘 있게 닿거나 마주 대다.)를 강조하여 이르는 말이다. 예 차와 차가 마주 부딪쳤다.

② 부딪히다: '부딪다'의 피동사이다. 예 마차가 화물차에 부딪혔다.

(15) '부치다'와 '붙이다'

① '부치다'의 의미

㉠ 모자라거나 미치지 못하다. 예 힘이 부치는 일이다.

㉡ 편지나 물건 따위를 상대에게 보내다. 예 소보를 부치다.

㉢ 논밭을 이용하여 농사를 짓다. 예 논밭을 부친다.

㉣ 프라이팬 따위에 기름을 바르고 빈대떡 따위의 음식을 만들다. 예 비 오는 날 부치는 빈대떡

㉤ 어떤 행사나 특별한 날에 즈음하여 어떤 의견을 나타내다. 예 식목일에 부치는 글

㉥ 어떤 문제를 다른 곳이나 다른 기회로 넘기어 맡기다. 예 회의에 부치는 안건

㉦ 원고를 인쇄에 넘기다. 예 인쇄에 부치는 원고

㉧ 먹고 자는 일을 제집이 아닌 다른 곳에서 하다. 예 삼촌 집에 숙식을 부친다.

② '붙이다'의 의미

    ㉠ 맞닿아 떨어지지 아니하게 하다. 예 우표를 **붙인다**.

    ㉡ 물체와 물체 따위를 서로 바짝 가깝게 놓다. 예 책상을 벽에 **붙였다**.

    ㉢ 겨루는 일 따위가 서로 어울려 시작되게 하다. 예 흥정을 **붙인다**.

    ㉣ 불을 옮겨 타게 하다. 예 불을 **붙인다**.

    ㉤ 사람 등을 딸려 붙게 하다. 예 감시원을 **붙인다**.

    ㉥ 조건, 이유, 구실 따위를 달다. 예 조건을 **붙인다**.

    ㉦ 어떤 감정이나 감각이 생겨나게 하다. 예 취미를 **붙인다**.

    ㉧ 이름 따위를 만들어 주다. 예 별명을 **붙인다**.

(16) '시키다'와 '식히다'

① 시키다: '어떤 일이나 행동을 하게 하다.'라는 뜻을 나타낸다.

    예 인부들에게 일을 **시켰다**.

② 식히다: '식다'(더운 기가 없어지다. / 어떤 일에 대한 열의나 생각 따위가 줄거나 가라앉다.)의 사동사이다.

    예 국이 뜨거우니 **식혀** 드세요.

사동화 접미사 '시키다'
'공부시키다, 청소시키다'처럼 쓰일 경우는. '－시키다'를 사동화 접미사로 다루어 붙여 쓴다.

(17) '아름', '알음', '앎'

① 아름: '두 팔을 둥글게 모아서 만든 둘레' 또는 '그러한 둘레의 길이를 나타내는 단위'를 뜻한다.

    예 둘레가 두 **아름**이나 되는 나무

② 알음: '알음'은 '사람끼리 서로 아는 일', '지식이나 지혜가 있음'과 같은 뜻을 나타낸다.

    예 우리는 서로 **알음**이 있는 사이다.

③ 앎: '아는 일'이라는 뜻의 말이다.

    예 **앎**은 삶의 힘이다.

(18) '안치다'와 '앉히다'

① 안치다: '음식을 만들기 위하여 그 재료를 솥이나 냄비 따위에 넣고 불 위에 올리다.'라는 뜻을 나타낸다.

    예 시루에 떡을 **안쳤다**. / 솥에 고구마를 **안쳐서** 찐다.

② 앉히다: '앉다'의 사동사로 쓰이거나, '문서에 줄거리를 따로 적어 놓다.', '버릇을 가르치다.'라는 뜻을 나타낸다.

    예 아이를 무릎에 **앉혔다**. / 그는 책을 읽다가 중요한 것을 여백에 **앉히는** 습관이 있다. / 선생님은 아이들에게 인사하는 버릇을 **앉혀** 주셨다.

(19) '어름'과 '얼음'

① 어름: '두 사물의 끝이 맞닿은 자리'를 뜻한다.

    예 어부들은 바닷물과 민물이 맞물린 **어름**에 그물을 내렸다.

② 얼음: '물이 얼어서 굳어진 물질'을 뜻한다. '얼음'은 '얼다'의 어간 '얼－'에 '－음'이 붙은 형태이므로 어간의 본 모양을 밝히어 적는다.(한글 맞춤법 제19항 2 참조)

    예 강에 **얼음**이 얼었다.

(20) '이따가'와 '있다가'

① 이따가: '조금 지난 뒤에'라는 뜻을 나타내는 부사이다. 어원적인 형태는 '있-+-다가'로 분석되는 것이지만, 그 어간의 본뜻에서 멀어진 것이므로 소리 나는 대로 적는다.

예 이따가 만나자.

② 있다가: '있다'의 '있-'에 어떤 동작이나 상태가 끝나고 다른 동작이나 상태로 옮겨지는 뜻을 나타내는 어미 '-다가'가 붙은 형태이다.

예 여기에 며칠 더 있다가 갈게.

(21) '저리다'와 '절이다'

① 저리다: '뼈마디나 몸의 일부가 쑤시듯이 아프다.', '몸의 일부가 오래 눌려서 피가 잘 통하지 못해 감각이 둔하고 아리다.'라는 뜻이다.

예 움직이지 않고 있었더니 발이 저리기 시작했다.

② 절이다: '푸성귀나 생선 따위에 소금기나 식초, 설탕 따위를 배어들게 하다.'라는 뜻이다.

예 배추를 소금물에 절인다.

(22) '조리다'와 '졸이다'

① 조리다: '양념을 한 고기나 생선, 채소 따위를 국물에 넣고 바짝 끓여서 양념이 배어들게 하다.'라는 뜻을 나타낸다.

예 고등어와 무를 넣고 맛있게 조렸다.

② 졸이다: '속을 태우다시피 초조해하다.'라는 뜻을 나타낸다.

예 너무 가슴 졸이지 말고 결과를 기다려 보자.

(23) '주리다'와 '줄이다'

① 주리다: '제대로 먹지 못하여 배를 곯다.'라는 의미이다.

예 모두 여러 날 배를 주린 사람처럼 허겁지겁 먹기 시작했다.

② 줄이다: '줄다'의 사동사이다.

예 건강을 위해 체중을 조금 줄이려고 한다.

(24) '-노라고'와 '-느라고'

① -노라고: 자기 나름대로 꽤 노력했음을 나타낸다.

예 모두 하노라고 했는데 만족스럽지는 않다. / 제 딴에는 열심히 쓰노라고 쓴 게 이 모양이다.

② -느라고: 앞의 내용이 뒤에 오는 내용의 목적이나 원인이 됨을 나타낸다.

예 어제 소설을 읽느라고 밤을 새웠다. / 먼 길 오시느라고 힘드셨겠습니다.

(25) '-느니보다'와 '-는 이보다'

① -느니보다: '-는 것보다'의 뜻으로 쓰인다.

예 억지로 하느니보다 차라리 안 하는 게 낫다.

② -는 이보다: '-는 사람보다'의 뜻으로 쓰인다.

예 동네에 아는 이보다 모르는 이가 더 많다.

(26) '-(으)리만큼'과 '-(으)ㄹ 이만큼'

① -(으)리만큼: '-(으)ㄹ 정도로'라는 뜻을 나타낸다.

예 친구 덕에 배가 터지리만큼 잘 먹었다.

② -(으)ㄹ 이만큼: '-(으)ㄹ 사람만큼'이라는 뜻을 나타낸다.

예 떠나는 이도 남겨질 이만큼 마음이 아프다.

(27) '-(으)러'와 '-(으)려(고)'

① -(으)러: 가거나 오거나 하는 동작의 목적을 나타낸다.

예 무엇을 사러 가니?

책을 사러 서점에 간다.

② -(으)려(고): 어떤 행동을 할 의도나 욕망을 가지고 있음을 나타낸다.

예 내일 무엇을 하려(고) 하니?

친구를 만나려(고) 한다.

(28) '(으)로서'와 '(으)로써'

① (으)로서: '지위나 신분, 자격'을 나타낸다.

예 그런 말은 친구로서 할 말이 아니다. / 나는 주민 대표로서 회의에 참석하였다.

② (으)로써: '재료, 수단, 도구' 등을 나타낸다.

예 쌀로써 떡을 빚는다. / 말로써 천 냥 빚을 갚는다고 한다.

(29) '-(으)므로'와 '-(으)ㅁ으로(써)'

① -(으)므로: 까닭을 나타내는 어미이다.

예 일교차가 크므로 건강에 유의해야 한다. / 비가 왔으므로 우산을 가지고 나갔다.

② -(으)ㅁ으로(써): '-(으)ㅁ'에 조사 '으로(써)'가 결합한 형태이다. '-(으)므로'에는 '써' 가 결합할 수 없지만, '-(으)ㅁ으로'에는 결합할 수 있다.

예 그는 늘 웃음으로(써) 친구를 맞이한다. / 평소에 운동을 함으로(써) 건강을 지 킨다.

'(으)로써'의 다른 의미

'어떤 일의 기준이 되는 시간'의 의미로 쓰이기도 한다.

예 고향을 떠난 지 올해로써 20년 이 된다.

07 | 문장 부호

문장 부호는 글에서 문장의 구조를 드러내거나 글쓴이의 의도를 전달하기 위하여 사용하는 부호이다. 문장 부호의 이름과 사용법은 다음과 같이 정한다.

1. 마침표(.)

(1) 서술, 명령, 청유 등을 나타내는 문장의 끝에 쓴다.

> • 젊은이는 나라의 기둥입니다.
> • 집으로 돌아갑시다.
> • 제 손을 꼭 잡으세요.
> • 가는 말이 고와야 오는 말이 곱다.

[붙임1] 직접 인용한 문장의 끝에는 쓰는 것을 원칙으로 하되, 쓰지 않는 것을 허용한다.

원칙	허용
그는 "지금 바로 떠나자."라고 말하며 서둘러 짐을 챙겼다.	그는 "지금 바로 떠나자"라고 말하며 서둘러 짐을 챙겼다.

[붙임2] 용언의 명사형이나 명사로 끝나는 문장에는 쓰는 것을 원칙으로 하되, 쓰지 않는 것을 허용한다.

원칙	허용
목적을 이루기 위하여 몸과 마음을 다하여 애를 씀.	목적을 이루기 위하여 몸과 마음을 다하여 애를 씀
결과에 연연하지 않고 끝까지 최선을 다하기.	결과에 연연하지 않고 끝까지 최선을 다하기
신입 사원 모집을 위한 기업 설명회 개최.	신입 사원 모집을 위한 기업 설명회 개최
내일 오전까지 보고서를 제출할 것.	내일 오전까지 보고서를 제출할 것

다만, 제목이나 표어에는 쓰지 않음을 원칙으로 한다.

> • 압록강은 흐른다
> • 꺼진 불도 다시 보자
> • 건강한 몸 만들기

(2) 아라비아 숫자만으로 연월일을 표시할 때 쓴다.

> • 1919. 3. 1.
> • 10. 1.~10. 12.

(3) 특정한 의미가 있는 날을 표시할 때 월과 일을 나타내는 아라비아 숫자 사이에 쓴다.

> • 3.1 운동
> • 8.15 광복

[붙임] 이때는 마침표 대신 가운뎃점을 쓸 수 있다.

> • 3 · 1 운동
> • 8 · 15 광복

(4) 장, 절, 항 등을 표시하는 문자나 숫자 다음에 쓴다.

> • 가. 인명
> • ㄱ. 머리말
> • I. 서론
> • 1. 연구 목적

마침표
'마침표' 대신 '온점'이라는 용어를 쓸 수 있다.

2. 물음표(?)

(1) 의문문이나 의문을 나타내는 어구의 끝에 쓴다.

- 점심 먹었어?
- 제가 부모님 말씀을 따르지 않을 리가 있겠습니까?
- 다섯 살짜리 꼬마가 이 멀고 험한 곳까지 혼자 왔다?
- 뭐라고?

- 이번에 가시면 언제 돌아오세요?
- 남북이 통일되면 얼마나 좋을까?
- 지금?
- 네?

[붙임1] 한 문장 안에 몇 개의 선택적인 물음이 이어질 때는 맨 끝의 물음에만 쓰고, 각 물음이 독립적일 때는 각 물음의 뒤에 쓴다.

- 너는 중학생이냐, 고등학생이냐?
- 너는 여기에 언제 왔니? 어디서 왔니? 무엇 하러 왔니?

[붙임2] 의문의 정도가 약할 때는 물음표 대신 마침표를 쓸 수 있다.

- 도대체 이 일을 어쩐단 말이냐.
- 이것이 과연 내가 찾던 행복일까.

다만, 제목이나 표어에는 쓰지 않음을 원칙으로 한다.

- 역사란 무엇인가
- 아직도 담배를 피우십니까

(2) 특정한 어구의 내용에 대하여 의심, 빈정거림 등을 표시할 때, 또는 적절한 말을 쓰기 어려울 때 소괄호 안에 쓴다.

- 우리와 의견을 같이할 사람은 최 선생(?) 정도인 것 같다.
- 30점이라, 거참 훌륭한(?) 성적이군.
- 우리 집 강아지가 가출(?)을 했어요.

(3) 모르거나 불확실한 내용임을 나타낼 때 쓴다.

- 최치원(857~?)은 통일 신라 말기에 이름을 떨쳤던 학자이자 문장가이다.
- 조선 시대의 시인 강백(1690?~1777?)의 자는 자청이고, 호는 우곡이다.

3. 느낌표(!)

(1) 감탄문이나 감탄사의 끝에 쓴다.

- 이거 정말 큰일이 났구나!
- 어머!

[붙임] 감탄의 정도가 약할 때는 느낌표 대신 쉼표나 마침표를 쓸 수 있다.

- 어, 벌써 끝났네.
- 날씨가 참 좋군.

(2) 특별히 강한 느낌을 나타내는 어구, 평서문, 명령문, 청유문에 쓴다.

> • 청춘! 이는 듣기만 하여도 가슴이 설레는 말이다.
> • 이야, 정말 재밌다! • 지금 즉시 대답해! • 앞만 보고 달리자!

(3) 물음의 말로 놀람이나 항의의 뜻을 나타내는 경우에 쓴다.

> • 이게 누구야! • 내가 왜 나빠!

(4) 감정을 넣어 대답하거나 다른 사람을 부를 때 쓴다.

> • 네! • 네, 선생님! • 흥부야! • 언니!

4. 쉼표(,)

(1) 같은 자격의 어구를 열거할 때 그 사이에 쓴다.

> • 근면, 검소, 협동은 우리 겨레의 미덕이다.
> • 충청도의 계룡산, 전라도의 내장산, 강원도의 설악산은 모두 국립 공원이다.
> • 집을 보러 가면 그 집이 내가 원하는 조건에 맞는지, 살기에 편한지, 망가진 곳은 없는지 확인해야 한다.
> • 5보다 작은 자연수는 1, 2, 3, 4이다.

① 다만, 쉼표 없이도 열거되는 사항임이 쉽게 드러날 때는 쓰지 않을 수 있다.

> • 아버지 어머니께서 함께 오셨어요. • 네 돈 내 돈 다 합쳐 보아야 만 원도 안 되겠다.

② 다만, 열거할 어구들을 생략할 때 사용하는 줄임표 앞에는 쉼표를 쓰지 않는다.

> 광역시: 광주, 대구, 대전⋯⋯

(2) 짝을 지어 구별할 때 쓴다.

> 닭과 지네, 개와 고양이는 상극이다.

(3) 이웃하는 수를 개략적으로 나타낼 때 쓴다.

> • 5, 6세기 • 6, 7, 8개

(4) 열거의 순서를 나타내는 어구 다음에 쓴다.

> • 첫째, 몸이 튼튼해야 한다. • 마지막으로, 무엇보다 마음이 편해야 한다.

쉼표
'쉼표' 대신 '반점'이라는 용어를 쓸 수 있다.

(5) 문장의 연결 관계를 분명히 하고자 할 때 절과 절 사이에 쓴다.

> - 콩 심은 데 콩 나고, 팥 심은 데 팥 난다.
> - 저는 신뢰와 정직을 생명과 같이 여기고 살아온바, 이번 비리 사건과는 무관하다는 점을 분명히 밝힙니다.
> - 떡국은 설날의 대표적인 음식인데, 이걸 먹어야 비로소 나이도 한 살 더 먹는다고 한다.

(6) 같은 말이 되풀이되는 것을 피하기 위하여 일정한 부분을 줄여서 열거할 때 쓴다.

> 여름에는 바다에서, 겨울에는 산에서 휴가를 즐겼다.

(7) 부르거나 대답하는 말 뒤에 쓴다.

> - 지은아, 이리 좀 와 봐.   - 네, 지금 가겠습니다.

(8) 한 문장 안에서 앞말을 '곧', '다시 말해' 등과 같은 어구로 다시 설명할 때 앞말 다음에 쓴다.

> - 책의 서문, 곧 머리말에는 책을 지은 목적이 드러나 있다.
> - 원만한 인간관계는 말과 관련한 예의, 즉 언어 예절을 갖추는 것에서 시작된다.
> - 호준이 어머니, 다시 말해 나의 누님은 올해로 결혼한 지 20년이 된다.
> - 나에게도 작은 소망, 이를테면 나만의 정원을 가졌으면 하는 소망이 있어.

(9) 문장 앞부분에서 조사 없이 쓰인 제시어나 주제어의 뒤에 쓴다.

> - 돈, 돈이 인생의 전부이더냐?
> - 열정, 이것이야말로 젊은이의 가장 소중한 자산이다.
> - 지금 네가 여기 있다는 것, 그것만으로도 나는 충분히 행복해.
> - 저 친구, 저러다가 큰일 한번 내겠어.   - 그 사실, 넌 알고 있었지?

(10) 한 문장에 같은 의미의 어구가 반복될 때 앞에 오는 어구 다음에 쓴다.

> 그의 애국심, 몸을 사리지 않고 국가를 위해 헌신한 정신을 우리는 본받아야 한다.

(11) 도치문에서 도치된 어구들 사이에 쓴다.

> - 이리 오세요, 어머님.   - 다시 보자, 한강수야.

(12) 바로 다음 말과 직접적인 관계에 있지 않음을 나타낼 때 쓴다.

> - 갑돌이는, 울면서 떠나는 갑순이를 배웅했다.
> - 철원과, 대관령을 중심으로 한 강원도 산간 지대에 예년보다 일찍 첫눈이 내렸습니다.

(13) 문장 중간에 끼어든 어구의 앞뒤에 쓴다.

> - 나는, 솔직히 말하면, 그 말이 별로 탐탁지 않아.
> - 영호는 미소를 띠고, 속으로는 화가 치밀어 올라 잠시라도 견딜 수 없을 만큼 괴로웠지만, 그들을 맞았다.

[붙임1] 이때는 쉼표 대신 줄표를 쓸 수 있다.

> • 나는 — 솔직히 말하면 — 그 말이 별로 탐탁지 않아.
> • 영호는 미소를 띠고 — 속으로는 화가 치밀어 올라 잠시라도 견딜 수 없을 만큼 괴로웠지만 — 그 늘을 맞았다.

[붙임2] 끼어든 어구 안에 다른 쉼표가 들어 있을 때는 쉼표 대신 줄표를 쓴다.

> 이건 내 것이니까 — 아니, 내가 처음 발견한 것이니까 — 절대로 양보할 수가 없다.

(14) 특별한 효과를 위해 끊어 읽는 곳을 나타낼 때 쓴다.

> • 내가, 정말 그 일을 오늘 안에 해낼 수 있을까?
> • 이 전투는 바로 우리가, 우리만이, 승리로 이끌 수 있다.

(15) 짧게 더듬는 말을 표시할 때 쓴다.

> 선생님, 부, 부정행위라니요? 그런 건 새, 생각조차 하지 않았습니다.

5. 가운뎃점(·)

(1) 열거할 어구들을 일정한 기준으로 묶어서 나타낼 때 쓴다.

> • 민수 · 영희, 선미 · 준호가 서로 짝이 되어 윷놀이를 하였다.
> • 지금의 경상남도 · 경상북도, 전라남도 · 전라북도, 충청남도 · 충청북도 지역을 예부터 삼남이라 일러 왔다.

(2) 짝을 이루는 어구들 사이에 쓴다.

> • 한(韓) · 이(伊) 양국 간의 무역량이 늘고 있다.   • 우리는 그 일의 참 · 거짓을 따질 겨를도 없었다.
> • 하천 수질의 조사 · 분석   • 빨강 · 초록 · 파랑이 빛의 삼원색이다.

다만, 이때는 가운뎃점을 쓰지 않거나 쉼표를 쓸 수도 있다.

> • 한(韓) 이(伊) 양국 간의 무역량이 늘고 있다.   • 우리는 그 일의 참 거짓을 따질 겨를도 없었다.
> • 하천 수질의 조사, 분석   • 빨강, 초록, 파랑이 빛의 삼원색이다.

(3) 공통 성분을 줄여서 하나의 어구로 묶을 때 쓴다.

> • 상 · 중 · 하위권   • 금 · 은 · 동메달   • 통권 제54 · 55 · 56호

[붙임] 이때는 가운뎃점 대신 쉼표를 쓸 수 있다.

> • 상, 중, 하위권   • 금, 은, 동메달   • 통권 제54, 55, 56호

6. 쌍점(:)

(1) 표제 다음에 해당 항목을 들거나 설명을 붙일 때 쓴다.

- 문방사우: 종이, 붓, 먹, 벼루
- 흔하진 않지만 두 자로 된 성씨도 있다. (예: 남궁, 선우, 황보)
- 올림표(#): 음의 높이를 반음 올릴 것을 지시한다.
- 일시: 2014년 10월 9일 10시

(2) 희곡 등에서 대화 내용을 제시할 때 말하는 이와 말한 내용 사이에 쓴다.

- 김 과장: 난 못 참겠다.
- 아들: 아버지, 제발 제 말씀 좀 들어 보세요.

(3) 시와 분, 장과 절, 조와 항과 호 등을 구별할 때 쓴다.

- 오전 10:20(오전 10시 20분)
- 「국어기본법」 14:1(제14조 제1항)
- 두시언해 6:15(두시언해 제6권 제15장)

(4) 의존 명사 '대'가 쓰일 자리에 쓴다.

- 65:60(65 대 60)
- 청군:백군(청군 대 백군)

[붙임] 쌍점의 앞은 붙여 쓰고 뒤는 띄어 쓴다. 다만, (3)과 (4)에서는 쌍점의 앞뒤를 붙여 쓴다.

7. 빗금(/)

(1) 대비되는 두 개 이상의 어구를 묶어 나타낼 때 그 사이에 쓴다.

- 먹이다/먹히다
- 금메달/은메달/동메달
- 남반구/북반구
- (   )이/가 우리나라의 보물 제1호이다.

(2) 기준 단위당 수량을 표시할 때 해당 수량과 기준 단위 사이에 쓴다.

- 100미터/초
- 1,000원/개

(3) 시의 행이 바뀌는 부분임을 나타낼 때 쓴다.

산에 / 산에 / 피는 꽃은 / 저만치 혼자서 피어 있네

다만, 연이 바뀜을 나타낼 때는 두 번 겹쳐 쓴다.

산에는 꽃 피네 / 꽃이 피네 / 갈 봄 여름 없이 / 꽃이 피네 // 산에 / 산에 / 피는 꽃은 / 저만치 혼자서 피어 있네

[붙임] 빗금의 앞뒤는 (1)과 (2)에서는 붙여 쓰며, (3)에서는 띄어 쓰는 것을 원칙으로 하되 붙여 쓰는 것을 허용한다. 단, (1)에서 대비되는 어구가 두 어절 이상인 경우에는 빗금의 앞뒤를 띄어 쓸 수 있다.

8. 큰따옴표(" ")

(1) 글 가운데에서 직접 대화를 표시할 때 쓴다.

"어머니, 제가 가겠어요."
"아니다. 내가 다녀오마."

(2) 말이나 글을 직접 인용할 때 쓴다.

- 나는 "어, 광훈이 아니냐?" 하는 소리에 깜짝 놀랐다.
- 밤하늘에 반짝이는 별들을 보면서 "나는 아무 걱정도 없이 가을 속의 별들을 다 헬 듯합니다."라는 시구를 떠올렸다.
- 편지의 끝머리에는 이렇게 적혀 있었다.
 "할머니, 편지에 사진을 동봉했다고 하셨지만 봉투 안에는 아무것도 없었어요."

9. 작은따옴표(' ')

(1) 인용한 말 안에 있는 인용한 말을 나타낼 때 쓴다.

그는 "여러분! '시작이 반이다.'라는 말 들어 보셨죠?"라고 말하며 강연을 시작했다.

(2) 마음속으로 한 말을 적을 때 쓴다.

- 나는 '일이 다 틀렸나 보군.' 하고 생각하였다.
- '이번에는 꼭 이기고야 말겠어.' 호연이는 마음속으로 몇 번이나 그렇게 다짐하며 주먹을 불끈 쥐었다.

10. 소괄호(( ))

(1) 주석이나 보충적인 내용을 덧붙일 때 쓴다.

- 니체(독일의 철학자)의 말을 빌리면 다음과 같다.
- 2014. 12. 19.(금)
- 문인화의 대표적인 소재인 사군자(매화, 난초, 국화, 대나무)는 고결한 선비 정신을 상징한다.

(2) 우리말 표기와 원어 표기를 아울러 보일 때 쓴다.

- 기호(嗜好), 자세(姿勢)   • 커피(coffee), 에티켓(étiquette)

(3) 생략할 수 있는 요소임을 나타낼 때 쓴다.

- 학교에서 동료 교사를 부를 때는 이름 뒤에 '선생(님)'이라는 말을 덧붙인다.
- 광개토(대)왕은 고구려의 전성기를 이끌었던 임금이다.

(4) 희곡 등 대화를 적은 글에서 동작이나 분위기, 상태를 드러낼 때 쓴다.

> • 현우: (가쁜 숨을 내쉬며) 왜 이렇게 빨리 뛰어?
> • "관찰한 것을 쓰는 것이 습관이 되었죠. 그러다 보니, 상상력이 생겼나 봐요." (웃음)

(5) 내용이 들어갈 자리임을 나타낼 때 쓴다.

> • 우리나라의 수도는 (   )이다.
> • 다음 빈칸에 알맞은 조사를 쓰시오.
>   민수가 할아버지(   ) 꽃을 드렸다.

(6) 항목의 순서나 종류를 나타내는 숫자나 문자 등에 쓴다.

> • 사람의 인격은 (1) 용모, (2) 언어, (3) 행동, (4) 덕성 등으로 표현된다.
> • (가) 동해, (나) 서해, (다) 남해

11. 중괄호({ })

(1) 같은 범주에 속하는 여러 요소를 세로로 묶어서 보일 때 쓴다.

> • 주격 조사 { 이 / 가 }   • 국가의 성립 요소 { 영토 / 국민 / 주권 }

(2) 열거된 항목 중 어느 하나가 자유롭게 선택될 수 있음을 보일 때 쓴다.

> 아이들이 모두 학교 {에, 로, 까지} 갔어요.

12. 대괄호([ ])

(1) 괄호 안에 또 괄호를 쓸 필요가 있을 때 바깥쪽의 괄호로 쓴다.

> • 어린이날이 새로 제정되었을 당시에는 어린이들에게 경어를 쓰라고 하였다.[윤석중 전집(1988), 70쪽 참조]
> • 이번 회의에는 두 명[이혜정(실장), 박철용(과장)]만 빼고 모두 참석했습니다.

(2) 고유어에 대응하는 한자어를 함께 보일 때 쓴다.

> • 나이[年歲]   • 낱말[單語]   • 손발[手足]

(3) 원문에 대한 이해를 돕기 위해 설명이나 논평 등을 덧붙일 때 쓴다.

> • 그것[한글]은 이처럼 정보화 시대에 알맞은 과학적인 문자이다.
> • 신경준의 《여암전서》에 "삼각산은 산이 모두 돌 봉우리인데, 그 으뜸 봉우리를 구름 위에 솟아 있다고 백운(白雲)이라 하며 [이하 생략]"
> • 그런 일은 결코 있을 수 없다.[원문에는 '업다'임.]

한자어 풀이
• 연세(年歲 해 년, 해 세)
• 단어(單語 홑 단, 말씀 어)
• 수족(手足 손 수, 발 족)

13. 겹낫표(『 』)와 겹화살괄호(《 》)

책의 제목이나 신문 이름 등을 나타낼 때 쓴다.

> • 우리나라 최초의 민간 신문은 1896년에 창간된 『독립신문』이다.
> • 『훈민정음』은 1997년에 유네스코 세계 기록 유산으로 지정되었다.
> • 《한성순보》는 우리나라 최초의 근대 신문이다.
> • 윤동주의 유고 시집인 《하늘과 바람과 별과 시》에는 31편의 시가 실려 있다.

[붙임] 겹낫표나 겹화살괄호 대신 큰따옴표를 쓸 수 있다.

> • 우리나라 최초의 민간 신문은 1896년에 창간된 "독립신문"이다.
> • 윤동주의 유고 시집인 "하늘과 바람과 별과 시"에는 31편의 시가 실려 있다.

14. 홑낫표(「 」)와 홑화살괄호(〈 〉)

소제목, 그림이나 노래와 같은 예술 작품의 제목, 상호, 법률, 규정 등을 나타낼 때 쓴다.

> • 「국어 기본법 시행령」은 「국어 기본법」에서 위임된 사항과 그 시행에 필요한 사항을 규정함을 목적으로 한다.
> • 이 곡은 베르디가 작곡한 「축배의 노래」이다.
> • 사무실 밖에 「해와 달」이라고 쓴 간판을 달았다.
> • 〈한강〉은 사진집 《아름다운 땅》에 실린 작품이다.
> • 백남준은 2005년에 〈엄마〉라는 작품을 선보였다.

[붙임] 홑낫표나 홑화살괄호 대신 작은따옴표를 쓸 수 있다.

> • 사무실 밖에 '해와 달'이라고 쓴 간판을 달았다.
> • '한강'은 사진집 "아름다운 땅"에 실린 작품이다.

15. 줄표(―)

제목 다음에 표시하는 부제의 앞뒤에 쓴다.

> • 이번 토론회의 제목은 '역사 바로잡기 ― 근대의 설정 ―'이다.
> • '환경 보호 ― 숲 가꾸기 ―'라는 제목으로 글짓기를 했다.

다만, 뒤에 오는 줄표는 생략할 수 있다.

> • 이번 토론회의 제목은 '역사 바로잡기 ― 근대의 설정'이다.
> • '환경 보호 ― 숲 가꾸기'라는 제목으로 글짓기를 했다.

[붙임] 줄표의 앞뒤는 띄어 쓰는 것을 원칙으로 하되, 붙여 쓰는 것을 허용한다.

16. 붙임표(-)

(1) 차례대로 이어지는 내용을 하나로 묶어 열거할 때 각 어구 사이에 쓴다.

- 멀리뛰기는 도움닫기-도약-공중 자세-착지의 순서로 이루어진다.
- 김 과장은 기획-실무-홍보까지 직접 발로 뛰었다.

(2) 두 개 이상의 어구가 밀접한 관련이 있음을 나타내고자 할 때 쓴다.

- 드디어 서울-북경의 항로가 열렸다.   • 원-달러 환율   • 남한-북한-일본 삼자 관계

17. 물결표(~)

기간이나 거리 또는 범위를 나타낼 때 쓴다.

- 9월 15일~9월 25일
- 서울~천안 정도는 출퇴근이 가능하다.
- 김정희(1786~1856)
- 이번 시험의 범위는 3~78쪽입니다.

[붙임] 물결표 대신 붙임표를 쓸 수 있다.

- 9월 15일-9월 25일
- 서울-천안 정도는 출퇴근이 가능하다.
- 김정희(1786-1856)
- 이번 시험의 범위는 3-78쪽입니다.

> **물결표와 붙임표의 띄어쓰기**
> 물결표(~)와 붙임표(-)는 앞말과 뒷말에 붙여 쓴다.

18. 드러냄표(˙)와 밑줄(__)

문장 내용 중에서 주의가 미쳐야 할 곳이나 중요한 부분을 특별히 드러내 보일 때 쓴다.

- 한글의 본디 이름은 훈민정음이다.
- 중요한 것은 왜 사느냐가 아니라 어떻게 사느냐이다.
- 지금 필요한 것은 지식이 아니라 실천입니다.
- 다음 보기에서 명사가 아닌 것은?

[붙임] 드러냄표나 밑줄 대신 작은따옴표를 쓸 수 있다.

- 한글의 본디 이름은 '훈민정음'이다.
- 중요한 것은 '왜 사느냐'가 아니라 '어떻게 사느냐'이다.
- 지금 필요한 것은 '지식'이 아니라 '실천'입니다.
- 다음 보기에서 명사가 '아닌' 것은?

19. 숨김표(○, ×)

> **숨김표의 띄어쓰기**
> 숨김표(○, ×)는 문장의 어느 곳에나 쓸 수 있으므로 띄어쓰기가 일정하지 않다.

(1) 금기어나 공공연히 쓰기 어려운 비속어임을 나타낼 때, 그 글자의 수효만큼 쓴다.

- 배운 사람 입에서 어찌 ○○○란 말이 나올 수 있느냐?
- 그 말을 듣는 순간 ×××란 말이 목구멍까지 치밀었다.

(2) 비밀을 유지해야 하거나 밝힐 수 없는 사항임을 나타낼 때 쓴다.

> • 1차 시험 합격자는 김○영, 이○준, 박○순 등 모두 3명이다.
> • 육군 ○○ 부대 ○○○ 명이 작전에 참가하였다.
> • 그 모임의 참석자는 김×× 씨, 정×× 씨 등 5명이었다.

20. 빠짐표(□)

빠짐표의 띄어쓰기
빠짐표(□)는 문장의 어느 곳에나 쓸 수 있으므로 띄어쓰기가 일정하지 않다.

(1) 옛 비문이나 문헌 등에서 글자가 분명하지 않을 때 그 글자의 수효만큼 쓴다.

> 大師爲法主□□賴之大□薦

(2) 글자가 들어가야 할 자리를 나타낼 때 쓴다.

> 훈민정음의 초성 중에서 아음(牙音)은 □□□의 석 자다.

21. 줄임표(……)

줄임표의 띄어쓰기
줄임표(……)는 앞말에 붙여 쓰는 것이 원칙이다. 다만, 문장이나 글의 일부를 생략하는 경우에는 앞뒤를 띄어 쓴다.

(1) 할 말을 줄였을 때 쓴다.

> "어디 나하고 한번……." 하고 민수가 나섰다.

(2) 말이 없음을 나타낼 때 쓴다.

> "빨리 말해!"
> "……."

(3) 문장이나 글의 일부를 생략할 때 쓴다.

> '고유'라는 말은 문자 그대로 본디부터 있었다는 뜻은 아닙니다. …… 같은 역사적 환경에서 공동의 집단생활을 영위해 오는 동안 공동으로 발견된, 사물에 대한 공동의 사고방식을 우리는 한국의 고유 사상이라 부를 수 있다는 것입니다.

(4) 머뭇거림을 보일 때 쓴다.

> "우리는 모두…… 그러니까…… 예외 없이 눈물만…… 흘렸다."

[붙임1] 점은 가운데에 찍는 대신 아래쪽에 찍을 수도 있다.

> • "어디 나하고 한번.......” 하고 민수가 나섰다.
> • "실은...... 저 사람...... 우리 아저씨일지 몰라."

[붙임2] 점은 여섯 점을 찍는 대신 세 점을 찍을 수도 있다.

> • "어디 나하고 한번…." 하고 민수가 나섰다.
> • "실은... 저 사람... 우리 아저씨일지 몰라."

02 표준어 규정

01 표준어 사정 원칙

1. 총칙

제1항 표준어는 교양 있는 사람들이 두루 쓰는 현대 서울말로 정함을 원칙으로 한다.

(1) **사회적 기준**: 표준어는 교양 있는 사람들이 쓰는 언어여야 한다.

(2) **시대적 기준**: 표준어는 현대의 언어여야 한다.

(3) **지역적 기준**: 표준어는 서울말이어야 한다.

제2항 외래어는 따로 사정한다.

2. 발음 변화에 따른 표준어 규정

(1) 자음

① 다음 단어들은 거센소리를 가진 형태를 표준어로 삼는다.

바른 표기	틀린 표기	비고
끄나풀	끄나불	• 길지 아니한 끈의 나부랭이 • 남의 앞잡이 노릇을 하는 사람을 낮잡아 이르는 말
나팔꽃	나발꽃	
녘	녁	동~, 들~, 새벽~, 동틀~
부엌	부억	
살쾡이	삵괭이	'삵'은 표준어임
칸	간	• ~막이, 빈~, 방 한~ • '초가삼간, 윗간'의 경우에는 '간'임
털어먹다	떨어먹다	재물을 다 없애다.

② 다음 단어들은 거센소리로 나지 않는 형태를 표준어로 삼는다.

바른 표기	틀린 표기	비고
가을갈이	가을카리	다음 해의 농사에 대비하여 가을에 논밭을 미리 갈아 두는 일
거시기	거시키	• 이름이 얼른 생각나지 않거나 바로 말하기 곤란한 사람 또는 사물을 가리키는 대명사 • 하려는 말이 얼른 생각나지 않거나 바로 말하기가 거북할 때 쓰는 군소리
분침(分針)	푼침	시계에서 분을 가리키는 긴 바늘

③ 어원에서 멀어진 형태로 굳어져서 널리 쓰이는 것은, 그것을 표준어로 삼는다.

바른 표기	틀린 표기	비고
강낭콩	강남콩	
고샅❶	고샅	겉~, 속~
사글세	삭월세	'월세'는 표준어임
울력성당	위력성당	떼를 지어서 으르고 협박하는 일

㉠ 학문적으로는 어원이 밝혀져 있더라도 언중의 어원 의식이 약해져서 어원으로부터 멀어진 형태가 널리 쓰이면 그 말을 표준어로 삼고, 어원에 충실한 형태이더라도 현실적으로 쓰이지 않는 말은 표준어로 삼지 않겠다는 것을 다룬 조항이다.

㉡ 다만, 어원적으로 원형에 더 가까운 형태가 아직 쓰이고 있는 경우에는, 그것을 표준어로 삼는다.

바른 표기	틀린 표기	비고
갈비	가리	~구이, ~찜, 갈빗-대
갓모	갈모	• 사기 만드는 물레 밑 고리 • '갈모(−帽)'는 갓 위에 쓰는, 유지로 만든 우비
굴−젓	구−젓	생굴로 담근 젓
말곁	말곁	남이 말하는 옆에서 덩달아 참견하는 말
물수란	물수랄	달걀을 깨뜨려 그대로 끓는 물에 넣어 반쯤 익힌 음식
밀뜨리다	미뜨리다	갑자기 힘 있게 밀어 버리다.
적이❷	저으기	적이−나, 적이나−하면
휴지	수지	

④ 다음 단어들은 의미를 구별함이 없이, 한 가지 형태만을 표준어로 삼는다.

바른 표기	틀린 표기	비고
돌	돍	생일, 주기
둘째	두째	'제2, 두 개째'의 뜻
셋째	세째	'제3, 세 개째'의 뜻
넷째	네째	'제4, 네 개째'의 뜻
빌리다	빌다	• 빌려주다. 빌려 오다 • '용서를 빌다'는 '빌다'임

'고샅'의 다른 뜻
'고샅'을 뜻하는 경우의 '고샅'은 틀린 표기이나, '시골 마을의 좁은 골목길'이나 '좁은 골짜기 사이'를 뜻하는 경우의 '고샅'은 표준어이다.

다만, '둘째'는 십 단위 이상의 서수사에 쓰일 때에 '두째'로 한다.

바른 표기	틀린 표기	비고
열두째		열두 개째의 뜻은 '열둘째'로
스물두째		스물두 개째의 뜻은 '스물둘째'로

⑤ 수컷을 이르는 접두사는 '수-'로 통일한다.

바른 표기	틀린 표기	비고
수꿩	수퀑, 숫꿩	'장끼'도 표준어임
수나사	숫나사	두 물체를 죄거나 붙이는 데 쓰는, 육각이나 사각의 머리를 가진 나사
수놈	숫놈	짐승의 수컷
수사돈	숫사돈	사위 쪽의 사돈
수소	숫소	'황소'도 표준어임
수은행나무	숫은행나무	수꽃만 피고 열매는 맺지 못하는 은행나무

<aside>
'수사돈'의 반어의
수사돈: 사위 쪽의 사돈
↔ 암사돈: 며느리 쪽의 사돈
</aside>

㉠ '암'과 '수'는 역사적으로 '암ㅎ, 수ㅎ'과 같이 'ㅎ'을 맨 마지막 음으로 가지고 있는 말이었으나 현대에 와서는 이러한 'ㅎ'이 모두 떨어졌으므로 떨어진 형태를 기본적인 표준어로 규정하였다.

㉡ 다만, 다음 단어에서는 접두사 다음에서 나는 거센소리를 인정한다. 접두사 '암-'이 결합되는 경우에도 이에 준한다.

바른 표기	틀린 표기	비고
수캉아지	숫강아지	
수캐	숫개	
수컷	숫것	
수키와	숫기와	두 암키와 사이를 엎어 잇는 기와
수탉	숫닭	
수탕나귀	숫당나귀	
수톨쩌귀	숫돌쩌귀	문짝에 박아서 문설주에 있는 암톨쩌귀에 꽂게 되어 있는, 뾰족한 촉이 달린 돌쩌귀
수퇘지	숫돼지	
수평아리	숫병아리	

㉢ 다만, 다음 단어의 접두사는 '숫-'으로 한다.

바른 표기	틀린 표기	비고
숫양	수양	
숫염소	수염소	
숫쥐	수쥐	

<aside>
'숫-'의 예외적 사용
• '양', '염소', '쥐'의 경우에 한하여 '숫-'을 쓴다.
• '수-'가 '양', '염소', '쥐'와 결합하는 경우에는 각각 [순냥], [순념소], [순쮜]로 발음되어 사이시옷과 유사하기 때문이다.
</aside>

(2) 모음

① 양성 모음이 음성 모음으로 바뀌어 굳어진 다음 단어는 음성 모음 형태를 표준어로 삼는다.

바른 표기	틀린 표기	비고
깡충깡충	깡총깡총	큰말은 '껑충껑충'임
-둥이	-동이	← 童-이. 귀-, 막-, 선-, 쌍-, 검-, 바람-, 흰-
발가숭이	발가송이	센말은 '빨가숭이', 큰말은 '벌거숭이, 뻘거숭이'임
보퉁이	보통이	
봉죽❶	봉족	← 奉足(받들 봉, 발 족). ~꾼, ~들다
뻗정다리	뻗장다리	구부렸다 폈다 하지 못하고 늘 벋어 있는 다리. 또는 그런 다리를 가진 사람('뻗정다리'는 '벋정다리'의 센말)
아서, 아서라	앗아, 앗아라	하지 말라고 금지하는 말
오뚝이	오똑이	부사도 '오뚝이'임
주추	주초	← 柱礎(기둥 주, 주춧돌 초). 주춧-돌

㉠ 모음 조화 붕괴 현상과 관련된 규정이다.

㉡ 다만, 어원 의식이 강하게 작용하는 다음 단어에서는 양성 모음 형태를 그대로 표준어로 삼는다.

바른 표기	틀린 표기	비고
부조(扶助)	부주	~금, 부좃-술
사돈(査頓)	사둔	밭~, 안~
삼촌(三寸)	삼춘	시~, 외~, 처~

② 'ㅣ' 모음 역행 동화 현상에 의한 발음은 원칙적으로 표준 발음으로 인정하지 아니하되, 다만 다음 단어들은 그러한 동화가 적용된 형태를 표준어로 삼는다.

바른 표기	틀린 표기	비고
-내기	-나기	서울-, 시골-, 신출-, 풋-
냄비	남비	
동댕이-치다	동당이-치다	• 들어서 힘껏 던지다. • 하던 일을 딱 잘라 그만두다.

🏃 어휘 풀이

❶ 봉죽: 일을 꾸려 나가는 사람을 곁에서 거들어 도와줌

'ㅣ' 모음 역행 동화

• 뒤에 오는 'ㅣ' 모음 혹은 반모음 'ㅣ[j]'에 동화되어 앞에 있는 'ㅏ, ㅓ, ㅗ, ㅜ, ㅡ'가 각각 'ㅐ, ㅔ, ㅚ, ㅟ, ㅣ'로 바뀌는 현상을 말한다.
• 가령, '아비, 어미, 고기, 죽이다. 끓이다'는 자주 [애비], [에미], [괴기], [쥐기다], [끼리다]로 발음된다.
• 'ㅣ' 모음 역행 동화는 전국적으로 자주 일어나는 현상이자 매우 광범위한 현상이지만 혼란을 일으킬 우려로 인하여 표준어 인정은 최소화하였다.

[붙임1] 다음 단어는 'ㅣ' 모음 역행 동화가 일어나지 아니한 형태를 표준어로 삼는다.

바른 표기	틀린 표기	비고
아지랑이	아지랭이	주로 봄날 햇빛이 강하게 쬘 때 공기가 공중에서 아른아른 움직이는 현상

[붙임2] 기술자에게는 '-장이', 그 외에는 '-쟁이'가 붙는 형태를 표준어로 삼는다.

바른 표기	틀린 표기	비고
미장이	미쟁이	시멘트 따위를 바르는 일을 직업으로 하는 사람
유기장이(柳器-)	유기쟁이	키버들로 고리짝이나 키 따위를 만들어 파는 일을 직업으로 하는 사람(=고리장이)
멋쟁이	멋장이	멋있거나 멋을 잘 부리는 사람
소금쟁이	소금장이	
담쟁이덩굴	담장이덩굴	'담쟁이넝쿨'도 표준어
골목쟁이	골목장이	골목에서 좀 더 깊숙이 들어간 좁은 곳
발목쟁이	발목장이	발을 속되게 이르는 말(=발모가지)

③ 다음 단어는 모음이 단순화한 형태를 표준어로 삼는다.

바른 표기	틀린 표기	비고
괴팍하다	괴팍하다/괴퍅하다	
-구먼	-구면	
미루나무	미류나무	← 美柳(아름다울 미, 버들 류)~
미륵	미력	← 彌勒(미륵 미, 굴레 륵). ~보살, ~불, 돌~
여느	여늬	
온달	왼달	만 한 달
으레	으례	
케케묵다	켸켸묵다	
허우대	허위대	
허우적허우적	허위적허위적	허우적-거리다

④ 다음 단어에서는 모음의 발음 변화를 인정하여 발음이 바뀌어 굳어진 형태를 표준어로 삼는다.

바른 표기	틀린 표기	비고
-구려	-구료	예 색이 참 좋구려. 어서 가구려.
깍쟁이	깍정이	• 서울~, 알~, 찰~ • 도토리, 상수리 등의 받침은 '깍정이'임
나무라다	나무래다	잘못을 꾸짖어 알아듣도록 말하다.
미수	미시	미숫-가루
바라다	바래다	'바램[所望 바 소, 바랄 망]'은 비표준어임
상추	상치	~쌈
시러베-아들	실업의-아들	실없는 사람을 낮잡아 이르는 말

주책	주착	← 主着(주인 주, 붙을 착). ~망나니, ~없다
지루-하다	지리-하다	← 支離(지탱할 지, 떠날 리)
튀기	트기	종이 다른 두 동물 사이에서 난 새끼
허드레	허드래	허드렛-물, 허드렛-일
호루라기	호루루기	

⑤ '웃-' 및 '윗-'은 명사 '위'에 맞추어 '윗-'으로 통일한다.

바른 표기	틀린 표기	비고
윗넓이	웃넓이	
윗눈썹	웃눈썹	윗눈시울에 있는 속눈썹
윗니	웃니	
윗당줄	웃당줄	망건당에 꿴 당줄
윗덧줄	웃덧줄	악보의 오선 위에 덧붙여 그 이상의 음높이를 나타내기 위하여 짧게 긋는 줄
윗도리	웃도리	위에 입는 옷(=윗옷)
윗동아리❶	웃동아리	긴 물체의 위쪽 부분. 준말은 '윗동'
윗막이	웃막이	물건의 위쪽 머리를 막은 부분
윗머리	웃머리	정수리 위쪽 부분의 머리
윗목	웃목	
윗몸	웃몸	~운동
윗바람	웃바람	• 물의 상류 쪽에서 불어오는 바람 • 연을 날릴 때 '서풍'을 이르는 말
윗배	웃배	
윗벌	웃벌	한 벌로 된 옷에서 윗도리에 입는 옷
윗변	웃변	수학 용어
윗사랑	웃사랑	위채에 있는 사랑
윗세장	웃세장	지게나 걸채 따위에서 윗부분에 가로질러 박은 나무
윗수염	웃수염	
윗입술	웃입술	
윗잇몸	웃잇몸	
윗자리	웃자리	윗사람이 앉는 자리
윗중방	웃중방	창문 위 또는 벽의 위쪽 사이에 가로지르는 인방(=상인방)

㉠ 언어 현실에서 자주 혼동되어 쓰이는 '웃-'과 '윗-'을 구별하여 쓰도록 한 조항이다.

㉡ 일반적으로 '위, 아래'의 개념상 대립이 성립하지 않는 경우는 '웃-'으로 쓰고, 그 외에는 '윗-'을 표준어로 삼았다.

🚶 어휘 풀이

❶ 윗동아리: ㉠ 긴 물체의 위쪽 부분 ㉡ 둘로 갈라진 토막의 위쪽 동아리

🚶 어휘 풀이

❶ **위턱**: 위쪽의 턱. 눈의 아랫부분과 얼굴의 중간 부분을 이른다.

❷ **위턱구름**: 상층운. 대기권 윗부분에 떠 있는 구름

❸ **웃국**: ㉠ 간장이나 술 따위를 담가서 익힌 뒤에 맨 처음에 떠낸 진한 국 ㉡ 뜨물, 구정물, 빗물 따위의 받아 놓은 물에서 찌꺼기가 가라앉고 남은 윗부분의 물

❹ **웃기**: ㉠ 웃기떡 ㉡ 떡, 포, 과일 따위를 괸 위에 모양을 내기 위하여 얹는 재료. 주악, 화전 따위가 있다.

❺ **웃비**: 아직 우기는 있으나 좍좍 내리다가 그친 비

❻ **웃비걷다**: 좍좍 내리던 비가 그치며 잠시 날이 들다.

❼ **성구**: ㉠ 글귀를 이룸 ㉡ 옛사람이 지어 널리 쓰이는 시문의 글귀

㉢ 다만, 된소리나 거센소리 앞에서는 '위-'로 한다.

바른 표기	틀린 표기	비고
위짝	웃짝	위아래가 한 벌을 이루는 물건의 위쪽 짝
위쪽	웃쪽	
위채	웃채	여러 채로 된 집에서 위쪽에 있는 채
위층	웃층	
위치마	웃치마	갈퀴의 앞초리 쪽으로 대나무를 가로 대고 철사나 끈 따위로 묶은 코
위턱❶	웃턱	~구름❷[上層雲(윗 상, 층 층, 구름 운)]
위팔	웃팔	어깨에서 팔꿈치까지의 부분

㉣ 다만, '아래, 위'의 대립이 없는 단어는 '웃-'으로 발음되는 형태를 표준어로 삼는다.

바른 표기	틀린 표기	비고
웃국❸	윗국	
웃기❹	윗기	
웃돈	윗돈	본래의 값에 덧붙이는 돈
웃비❺	윗비	~걷다❻
웃어른	윗어른	
웃옷	윗옷	맨 겉에 입는 옷

⑥ 한자 '구(句)'가 붙어서 이루어진 단어는 '귀'로 읽는 것을 인정하지 아니하고, '구'로 통일한다.

바른 표기	틀린 표기	비고
구법(句法)	귀법	시문 따위의 구절을 만들거나 배열하는 방법
구절(句節)	귀절	• 한 토막의 말이나 글 • 구와 절을 아울러 이르는 말
구점(句點)	귀점	구절 끝에 찍는 점
결구(結句)	결귀	• 문장, 편지 따위의 끝을 맺는 글귀 • 한시와 같은 시가의 마지막 구절
경구(警句)	경귀	진리나 삶에 대한 느낌이나 사상을 간결하고 날카롭게 표현한 말
경인구(警人句)	경인귀	사람을 놀라게 할 만큼 잘 지은 시구
난구(難句)	난귀	이해하기 어려운 문장이나 구절
단구(短句)	단귀	자수가 적은 글귀
단명구(短命句)	단명귀	글쓴이의 목숨이 짧으리라는 징조가 드러나 보이는 글귀
대구(對句)	대귀	~법(對句法)
문구(文句)	문귀	글의 구절
성구(成句)❼	성귀	~어(成句語)

시구(詩句)	시귀	시의 구절
어구(語句)	어귀	말의 마디나 구절
연구(聯句)	연귀	한 사람이 각각 한 구씩을 지어 이를 합하여 만든 시
인용구(引用句)	인용귀	다른 글에서 끌어다 쓴 구절
절구(絶句)	절귀	오언 절구, 칠언 절구

㉠ 종래 '구'와 '귀'로 혼동이 심했던 '句'의 음을 '구'로 통일한 것이다.

㉡ 다만, 다음 단어는 '귀'로 발음되는 형태를 표준어로 삼는다.

바른 표기	틀린 표기	비고
귀글	구글	한시 따위에서 두 마디가 한 덩이씩 되게 지은 글
글귀	글구	글의 구나 절

(3) 준말

① 준말이 널리 쓰이고 본말이 잘 쓰이지 않는 경우에는, 준말만을 표준어로 삼는다.

바른 표기	틀린 표기	비고
귀찮다	귀치 않다	마음에 들지 아니하고 괴롭거나 성가시다.
김	기음	~매다
똬리	또아리	둥글게 빙빙 틀어 놓은 것. 또는 그런 모양
무	무우	~강즙, ~말랭이, ~생채, 가랑~, 갓~, 왜~, 총각~
미다	무이다	• 털이 빠져 살이 드러나다. • 찢어지다.
뱀	배암	
뱀장어	배암장어	
빔	비음	설~, 생일~
샘	새암	• 샘바르다: 샘이 심하다. • 샘바리: 샘이 많아서 안달하는 사람
생쥐	새앙쥐	
솔개	소리개	수릿과의 새
온갖	온가지	이런저런 여러 가지의
장사치	장사아치	장사하는 사람을 낮잡아 이르는 말

본말이 줄어 준말이 된 경우, 본말이 이론적으로만 있거나 사전에만 남아있고 현실 언어에서 거의 쓰이지 않으면 본말이 아닌 준말을 표준어로 삼음을 말하고 있다.

② 준말이 쓰이고 있더라도, 본말이 널리 쓰이고 있으면 본말을 표준어로 삼는다.

바른 표기	틀린 표기	비고
경황없다	경없다	몹시 괴롭거나 바쁘거나 하여 다른 일을 생각할 겨를이나 흥미가 전혀 없다.
궁상떨다	궁떨다	궁상이 드러나 보이도록 행동하다.
귀이개	귀개	귀지를 파내는 기구
낌새	낌	어떤 일을 알아차릴 수 있는 눈치
낙인찍다	낙하다/낙치다	벗어나기 어려운 부정 평가를 내리다.
내왕꾼	냉꾼	절에서 심부름하는 일반 사람
돗자리	돗	
뒤웅박	뒝박	박을 쪼개지 않고 꼭지 근처에 구멍만 뚫어 속을 파낸 바가지
뒷물대야	뒷대야	
마구잡이	막잡이	이것저것 생각하지 아니하고 닥치는 대로 마구 하는 짓
맵자하다	맵자다	모양이 제격에 어울리다.
모이	모	닭이나 날짐승의 먹이
벽돌	벽	
부스럼	부럼	정월 보름에 쓰는 '부럼'은 표준어임
살얼음판	살판	• 얇게 언 얼음판 • 매우 위태롭고 아슬아슬한 상황을 비유적으로 이르는 말
수두룩하다	수둑하다	
암죽	암	곡식이나 밤의 가루로 묽게 쑨 죽
어음	엄	
일구다	일다	논밭을 만들기 위해 땅을 파서 일으키다.
죽살이	죽살	삶과 죽음을 아울러 이르는 말
퇴박맞다	퇴맞다	마음에 들지 아니하여 거절당하거나 물리침을 받다.
한통치다	통치다	나누지 아니하고 한곳에 합치다.

[붙임] 다음과 같이 명사에 조사가 붙은 경우에도 이 원칙을 적용한다.

바른 표기	틀린 표기	비고
아래로	알로	

③ 준말과 본말이 다 같이 널리 쓰이면서 준말의 효용이 뚜렷이 인정되는 것은, 두 가지를 다 표준어로 삼는다.

본말	준말	비고
거짓부리	거짓불	거짓말을 속되게 이르는 말. 작은말은 '가짓부리, 가짓불'임
노을	놀	저녁~
막대기	막대	
망태기	망태	물건을 담아 들거나 어깨에 매고 다닐 수 있도록 만든 그릇

머무르다	머물다	
서두르다	서둘다	모음 어미가 연결될 때에는 준말의 활용형을 인정하지 않음
서투르다	서툴다	
석새삼베	석새베	성글고 굵은 베를 이르는 말
시누이	시뉘/시누	남편의 누나나 여동생
오누이	오뉘/오누	오라비와 누이를 아울러 이르는 말
외우다	외다	외우며, 외워 : 외며, 외어
이기죽거리다	이죽거리다	자꾸 밉살스럽게 지껄이며 짓궂게 빈정거리다.
찌꺼기	찌끼	'찌꺽지'는 비표준어임

(4) 단수 표준어: 비슷한 발음의 몇 형태가 쓰일 경우, 그 의미에 아무런 차이가 없고, 그 중 하나가 더 널리 쓰이면, 그 한 형태만을 표준어로 삼는다.

바른 표기	틀린 표기	비고
거든그리다	거둥그리다	• 거든하게 거두어 싸다. • 작은말은 '가든그리다'임
구어박다	구워박다	사람이 한 군데에서만 지내다.
귀고리	귀엣고리	귓불에 다는 장식품
귀띔	귀틤	상대편이 눈치로 알아차릴 수 있도록 미리 슬그머니 일깨워 줌
귀지	귀에지	귓구멍 속에 낀 때
까딱하면	까땍하면	
꼭두각시	꼭둑각시	
내색	나색	감정이 나타나는 얼굴빛
내숭스럽다	내흉스럽다	겉으로는 순해 보이나 속으로는 엉큼한 데가 있다.
냠냠거리다	얌냠거리다	냠냠하다
냠냠이	얌냠이	어린아이의 말로, 먹고 싶은 음식을 이르는 말
너[四]	네	~돈, ~말, ~발, ~푼
넉[四]	너/네	~냥, ~되, ~섬, ~자
다다르다	다닫다	
댑싸리	대싸리	명아줏과의 한해살이풀
더부룩하다	더뿌룩하다 듬뿌룩하다	
-던	-든	선택, 무관의 뜻을 나타내는 어미는 '-든'임 예 가든(지) 말든(지), 보든(가) 말든(가)
-던가	-든가	
-던걸	-든걸	
-던고	-든고	
-던데	-든데	
-던지	-든지	

-(으)려고	-(으)ㄹ려고 -(으)ㄹ라고	
-(으)려야	-(으)ㄹ려야 -(으)ㄹ래야	
망가뜨리다	망그뜨리다	부수거나 찌그러지게 하여 못 쓰게 만들다.
멸치	며루치/메리치	
반빗아치	반비아치	• '반빗' 노릇을 하는 사람. 찬비(饌婢 반찬 찬, 여자 종 비) • '반비'는 밥 짓는 일을 맡은 계집종
보습	보십/보섭	쟁기날
본새	뽄새	어떤 물건의 본디의 생김새
봉숭아	봉숭화	'봉선화'도 표준어임
뺨따귀	뺌따귀/뺨따구니	'뺨'의 비속어임
뻐개다 [斫 벨 작]	뻐기다	두 조각으로 가르다.
뻐기다 [誇 자랑할 과]	뻐개다	뽐내다.
사자탈	사지탈	사자의 형상을 본떠 만들어 연희에서 쓰는 탈
상판대기	쌍판대기	얼굴을 속되게 이르는 말
서[三]	세/석	~돈, ~말, ~발, ~푼
석[三]	세	~냥, ~되, ~섬, ~자
설령(設令)	서령	設令(베풀 설, 하여금 령)
-습니다	-읍니다	모음 뒤에는 '-ㅂ니다'임
시름시름	시늠시늠	병세가 더 심해지지도 않고 나아지지도 않으면서 오래 끄는 모양
씀벅씀벅	썸벅썸벅	• 눈꺼풀을 움직이며 눈을 자꾸 감았다 떴다 하는 모양 • 눈이나 살 속이 찌르듯이 자꾸 시근시근한 모양 • '슴벅슴벅'보다 센 느낌을 준다.
아궁이	아궁지	
아내	안해	
어중간	어지중간	거의 중간쯤 되는 곳. 또는 그런 상태
오금팽이	오금탱이	• 구부러진 물건에서 오목하게 굽은 자리의 안쪽 • 오금이나 오금처럼 오목하게 팬 곳을 낮잡아 이르는 말
오래오래	도래도래	돼지 부르는 소리
-올시다	-올습니다	
옹골차다	공골차다	매우 옹골지다(실속이 있게 속이 꽉 차 있다).
우두커니	우두머니	작은말은 '오도카니'임
잠투정	잠투세/잠주정	
재봉틀	자봉틀	발~, 손~
짓무르다	짓물다	살갗이 헐어서 문드러지다.
짚북데기	짚북세기	• '짚북더기'도 비표준어임 • 짚이 아무렇게나 엉킨 북데기

쪽	짝	• 편(便 편할 편). 이~, 그~, 저~ • 다만, '아무짝'은 '짝'임
천장(天障)	천정	天障(하늘 천, 막을 장). '천정부지(天井不知)'는 '천정'임
코맹맹이	코맹녕이	코가 막혀서 소리를 제대로 내지 못하는 상태. 또는 그런 사람
흉업다	흉헙다	불쾌할 정도로 언행이 흉하다.

(5) 복수 표준어

① 다음 단어는 하나를 원칙으로 하고, 다른 하나도 허용한다.

원칙	허용	비고
네	예	
쇠–	소–	–가죽, –고기, –기름, –머리, –뼈
괴다	고이다	물이 ~, 밑을 ~
꾀다	꼬이다	어린애를 ~, 벌레가 ~
쐬다	쏘이다	바람을 ~
죄다	조이다	나사를 ~
쬐다	쪼이다	볕을 ~

㉠ 비슷한 발음을 가진 두 형태가 모두 널리 쓰이거나 국어의 일반적인 음운 현상에 따라 한쪽이 다른 한쪽의 발음을 설명할 수 있는 경우, 두 형태 모두를 표준어로 삼았음을 보인 것이다.

㉡ 복수 표준어는 이와 같이 발음에 관련된 것뿐 아니라, 어휘에 관련된 것도 있다. (표준어 규정 제26항 참조)

② 어감의 차이를 나타내는 단어 또는 발음이 비슷한 단어들이 다 같이 널리 쓰이는 경우에는, 그 모두를 표준어로 삼는다.

<table>
<tr><th>표준어</th><th>복수 표준어</th><th>비고</th></tr>
<tr><td>거슴츠레하다</td><td>게슴츠레하다</td><td>졸리거나 술에 취해서 눈의 정기가 풀리고 흐리멍덩하며 거의 감길 듯하다.</td></tr>
<tr><td>고까</td><td>꼬까</td><td>~신, ~옷. '고까와 때때'도 복수 표준어</td></tr>
<tr><td>고린내</td><td>코린내</td><td>발가락 같은데서 나는 역한 냄새</td></tr>
<tr><td>교기(驕氣)</td><td>갸기</td><td>驕氣(교만할 교, 기운 기). 교만한 태도</td></tr>
<tr><td>구린내</td><td>쿠린내</td><td>똥이나 방귀 냄새와 같이 고약한 냄새</td></tr>
<tr><td>꺼림하다</td><td>께름하다</td><td>마음에 걸려 언짢은 느낌이 있다.</td></tr>
<tr><td>나부랭이</td><td>너부렁이</td><td>'너부렝이'는 비표준어임</td></tr>
</table>

> **표준어 규정 제26항**
> 한 가지 의미를 나타내는 형태 몇 가지가 널리 쓰이며 표준어 규정에 맞으면, 그 모두를 표준어로 삼는다.
> 예 가뭄/가물. 꼬리별/살별. 넝쿨/덩굴. 딴전/딴청. 여태/입때. 옥수수/강냉이

3. 어휘 선택의 변화에 따른 표준어 규정

(1) 고어: 사어(死語)가 되어 쓰이지 않게 된 단어는 고어로 처리하고, 현재 널리 사용되는 단어를 표준어로 삼는다.

바른 표기	틀린 표기	비고
난봉	봉	허랑방탕한 짓
낭떠러지	낭	
설거지하다	설겆다	
애달프다	애닯다	마음이 안타깝거나 쓰라리다.
오동나무	머귀나무	
자두	오얏	

(2) 한자어: 한자 혹은 한자가 들어가 있는 어휘 중 현대에 쓰이지 않는 말이 표준어에서 제외되는 규정이다.

① 고유어 계열의 단어가 널리 쓰이고 그에 대응되는 한자어 계열의 단어가 용도를 잃게 된 것은, 고유어 계열의 단어만을 표준어로 삼는다.

바른 표기	틀린 표기	비고
가루약	말약(末藥)	가루로 된 약
구들장	방돌(房-)	방고래 위에 깔아 방바닥을 만드는 얇고 넓은 돌
길품삯	보행삯(步行-)	남이 갈 길을 대신 가 주고 받는 삯
까막눈	맹눈(盲-)	글을 읽을 줄 모르는 무식한 사람의 눈
꼭지미역	총각미역	한 줌 안에 들어올 만큼을 모아서 잡아맨 미역
나뭇갓	시장갓(柴場-)	나무를 가꾸는 말림갓(산의 나무나 풀 따위를 함부로 베지 못하게 단속하는 땅이나 산)
늙다리	노닥다리(老-)	늙은이를 낮잡아 이르는 말
두껍닫이	두껍창(-窓)	미닫이를 열 때, 문짝이 옆벽에 들어가 보이지 아니하도록 만든 것
떡암죽	병암죽(餅-粥)	말린 흰무리를 빻아 묽게 쑨 죽
마른갈이	건갈이(乾-)	마른논에 물을 넣지 않고 논을 가는 일
마른빨래	건빨래(乾-)	흙 묻은 옷을 말려서 비벼 깨끗하게 하는 일 또는 휘발유, 벤젠 따위의 약품으로 옷의 때를 지워 빼는 일
메찰떡	반찰떡(半-)	찹쌀과 멥쌀을 섞어서 만든 시루떡
박달나무	배달나무	
밥소라	식소라(食-)	밥, 떡국, 국수 따위를 담는 큰 놋그릇
사래논	사래답(-畓)	묘지기나 마름이 부쳐 먹는 땅
사래밭	사래전(-田)	묘지기나 마름이 부쳐 먹는 밭
삯말	삯마(-馬)	삯을 주고 빌려 쓰는 말
성냥	화곽(火-)	
솟을무늬	솟을문(-紋)	피륙 따위에 조금 도드라지게 놓은 무늬

고어가 된 단어

• 설겆다: '설겆어라, 설겆으니, 설겆더니'와 같은 활용형이 쓰이지 않아 어간 '설겆-'을 추출해 낼 길이 없기 때문에 비표준어로 처리하였다. 그리하여 명사 '설거지'를 '설겆-'에서 파생된 것으로 보지 않고 원래부터의 명사로 처리하고, '설거지하다'는 이 명사에 '-하다'가 결합된 것으로 해석했다.

• 애닯다: 노래 등에서 '애닯다 어이하리'와 같이 쓰이기도 하나 이는 옛말의 흔적이 남아 있는 것일 뿐이다. 이 용언 역시 '애닯으니, 애닯아서, 애닯은' 등의 활용형이 실현되는 일이 없어 현재는 비표준어로 처리하고, '애달프고, 애달프지, 애달파서, 애달픈'과 같이 활용에 제약이 없는 '애달프다'를 표준어로 삼았다. 이와 달리 '섧다'는 '서럽다'와 함께 복수 표준어로 인정한다.

• 오얏: '오얏 이(李)' 등에 남아 있으나 이 역시 옛말의 흔적일 뿐. 현대 국어의 어휘로는 쓰이지 않으므로 고어로 처리하였다.

외지다	벽지다(僻-)	외따로 떨어져 있어 으슥하고 후미지다.
움파	동파(冬-)	겨울에 움 속에서 자란 빛이 누런 파
잎담배	잎초(-草)	썰지 아니하고 잎사귀 그대로 말린 담배
잔돈	잔전(-錢)	얼마 안 되는 돈
조당수	조당죽(-粥)	좁쌀을 물에 불린 다음 갈아서 묽게 쑨 음식
죽데기	피죽	• '죽더기'도 비표준어임 • 통나무의 표면에서 잘라 낸 널조각
지겟다리	목발(木-)	지게 몸체의 맨 아랫부분에 있는 양쪽 다리
짐꾼	부지군(負持-)	짐을 지어 나르는 사람
푼돈	분전(分錢)/ 푼전(-錢)	많지 아니한 몇 푼의 돈
흰말	백말(白-)/ 부루말	'백마'는 표준어임
흰죽	백죽(白粥)	입쌀로 쑨 죽(=쌀죽)

🔖 개념 더하기

한자어 풀이

- 末藥 – 끝 말, 약 약
- 房돌 – 방 방
- 步行삯 – 걸음 보, 다닐 행
- 盲눈 – 소경 맹
- 總角미역 – 다 총, 뿔 각
- 柴場갓 – 섶 시, 마당 장
- 老닥다리 – 늙을 노(로)
- 두껍窓 – 창 창
- 餠암粥 – 떡 병, 죽 죽
- 乾갈이 – 마를 건
- 乾빨래 – 마를 건
- 半찰떡 – 반 반
- 配達나무 – 나눌 배, 통달할 달
- 食소라 – 밥 식
- 사래畓 – 논 답

- 사래田 – 밭 전
- 삯馬 – 말 마
- 火곽 – 불 화
- 솟을紋 – 무늬 문
- 僻지다 – 궁벽할 벽
- 冬파 – 겨울 동
- 잎草 – 풀 초
- 잔錢 – 돈 전
- 조당粥 – 죽 죽
- 皮竹 – 가죽 피, 대나무 죽
- 木발 – 나무 목
- 負持군 – 질 부, 가질 지
- 分錢/푼錢 – 나눌 분, 돈 전/돈 전
- 白말 – 흰 백
- 白粥 – 흰 백, 죽 죽

② 고유어 계열의 단어가 생명력을 잃고 그에 대응되는 한자어 계열의 단어가 널리 쓰이면, 한자어 계열의 단어를 표준어로 삼는다.

바른 표기	틀린 표기	비고
개다리소반(小盤)	개다리밥상	상다리 모양이 개의 다리처럼 휜 막치 소반
겸상(兼牀)	맞상	둘 또는 그 이상의 사람이 함께 음식을 먹을 수 있도록 차린 상
고봉(高捧)밥	높은밥	그릇 위로 수북하게 높이 담은 밥
단(單)벌	홑벌	오직 한 벌의 옷
마방(馬房)집	마바리집	말을 두고 삯짐 싣는 일을 업으로 하는 집
민망(憫惘)스럽다 면구(面구)스럽다	민주스럽다	낯을 두고 대하기에 부끄러운 데가 있다.
방(房)고래	구들고래	불길과 연기가 통하여 나가는 길
부항(附缸)단지	뜸단지	부항을 붙이는 데 쓰는 작은 단지
산(山)누에	멧누에	산누에나방과의 나방의 애벌레
산(山)줄기	멧줄기/멧발	큰 산에서 길게 뻗어 나간 산의 줄기
수삼(水蔘)	무삼	말리지 아니한 인삼
심(心)돋우개	불돋우개	등잔의 심지를 돋우는 쇠꼬챙이
양(洋)파	둥근파	
어질병(病)	어질머리	머리가 어지럽고 혼미하여지는 병
윤(閏)달	군달	윤년에 드는 달
장력(壯力)세다	장성세다	씩씩하고 굳세어 무서움을 타지 아니하다.
제석(祭席)	젯돗	제사를 지낼 때 까는 돗자리
총각(總角)무	알무/알타리무	무청째로 김치를 담그는, 뿌리가 잔 무
칫(齒)솔	잇솔	
포수(砲手)	총댕이	총으로 짐승을 잡는 사냥꾼

➕ 개념 더하기

한자어 풀이
- 개다리小盤 – 작을 소, 소반 반
- 兼牀 – 겸할 겸, 평상 상
- 高捧밥 – 높을 고, 받들 봉
- 單벌 – 홑 단
- 馬房집 – 말 마, 방 방
- 憫惘스럽다 – 민망할 민, 멍할 망
- 面구스럽다 – 낯 면
- 房고래 – 방 방
- 附缸단지 – 붙을 부, 항아리 항
- 山누에 – 뫼 산
- 山줄기 – 뫼 산
- 水蔘 – 물 수, 삼 삼
- 心돋우개 – 마음 심
- 洋파 – 큰 바다 양
- 어질病 – 병 병
- 閏달 – 윤달 윤
- 壯力세다 – 장할 장, 힘 력
- 祭席 – 제사 제, 자리 석
- 總角무 – 다 총, 뿔 각
- 齒솔 – 이 치
- 砲手 – 대포 포, 손 수

홑벌
- '단벌(單–)'과 '홑벌' 중에서 '홑벌'은 거의 쓰이지 않으므로 표준어에서 제외하였다. 그러나 '홑벌'이 '한 겹으로만 된 물건'의 의미로 쓰일 때에는 표준어이다.
- '홑벌'이 비표준어인 것과는 달리 '단자음/홑자음', '단탁자/홑탁자', '단비례/홑비례', '단수(單數)/홑수(–數)'에서는 '홑'이 쓰인 말도 표준어이다.

(3) 방언

① 방언이던 단어가 표준어보다 더 널리 쓰이게 된 것은, 그것을 표준어로 삼는다. 이 경우, 원래의 표준어는 그대로 표준어로 남겨 두는 것을 원칙으로 한다.

바른 표기	바른 표기	비고
멍게	우렁쉥이	
물방개	선두리	
애순	어린순	나무나 풀의 새로 돋아나는 어린싹

② 방언이던 단어가 널리 쓰이게 됨에 따라 표준어이던 단어가 안 쓰이게 된 것은, 방언이던 단어를 표준어로 삼는다.

바른 표기	틀린 표기	비고
귀밑머리	귓머리	• 이마 한가운데를 중심으로 좌우로 갈라 귀 뒤로 넘겨 땋은 머리 • 뺨에서 귀의 가까이에 난 머리
까뭉개다	까무느다	• 높은 데를 파서 깎아 내리다. • 인격이나 문제 따위를 무시해 버리다.
막상	마기	어떤 일에 실지로 이르러
빈대떡	빈자떡	
생인손	생안손	손가락 끝에 종기가 나서 곪는 병
역겹다	역스럽다	역정이 나거나 속에 거슬리게 싫다.
코주부	코보	코가 큰 사람을 놀림조로 이르는 말

무느다와 생인손
• 무느다: '까무느다'는 비표준어지만 '무느다'(쌓여 있는 것을 흐트러지게 하다.)는 현실 언어에서 일반적으로 쓰이므로 표준어로 인정하고 있다.
• 생인손: '생으로 앓게 된 손(가락)'이라는 뜻의 '생안손'은 그 방언형이었던 '생인손'이 훨씬 더 보편적으로 쓰이게 되었으므로 '생인손'을 표준어로 삼았다. 준말은 '생손'이다. 본말인 '생인손'과 준말인 '생손'이 모두 널리 쓰이므로 모두 표준어로 삼는다. 손가락의 모양이 새앙(생강)처럼 생긴 '새앙손이'와는 구별해서 써야 한다.

(4) 단수 표준어: 의미가 똑같은 형태가 몇 가지 있을 경우, 그중 어느 하나가 압도적으로 널리 쓰이면, 그 단어만을 표준어로 삼는다.

바른 표기	틀린 표기	비고
-게끔	-게시리	예 뒤탈이 없게끔 마무리를 잘해라.
겸사겸사	겸지겸지/ 겸두겸두	한 번에 여러 가지 일을 하려고, 이 일도 하고 저 일도 할 겸 해서
고구마	참감자	
고치다	낫우다	병을 ~
골목쟁이	골목자기	골목에서 좀 더 깊숙이 들어간 좁은 곳
광주리	광우리	대, 싸리, 버들 따위를 재료로 하여 바닥은 둥글고 촘촘하게, 전은 성기게 엮어 만든 그릇
괴통	호구	자루를 박는 부분
국물	멀국/말국	
군표	군용어음	전지(戰地)나 점령지에서 군대에 필요한 물품을 구입할 때 사용하는 긴급 통화(通貨)
길잡이	길앞잡이	'길라잡이'도 표준어임
까치발	까치다리	선반 따위를 받치는 물건
꼬창모	말뚝모	꼬챙이로 구멍을 뚫으면서 심는 모
나룻배	나루	'나루[津 나루 진]'는 표준어임
납도리	민도리	모가 나게 만든 도리
농지거리	기롱지거리	점잖지 아니하게 함부로 하는 장난이나 농담을 낮잡아 이르는 말
다사스럽다	다사하다	• 보기에 바쁜 데가 있다. • 쓸데없는 일에 간섭을 잘하는 데가 있다.
다오	다구	이리 ~
담배꽁초	담배꼬투리 담배꽁치/담배꽁추	
담배설대	대설대	담배통과 물부리 사이에 끼워 맞추는 가느다란 대
대장일	성냥일	대장간에서 쇠붙이를 다루어 기구(器具)를 만드는 일
뒤져내다	뒤어내다	샅샅이 뒤져서 들춰내거나 찾아내다.
뒤통수치다	뒤꼭지치다	• 바라던 일이 이루어지지 아니하여 매우 낙심하다. • 믿음이나 의리를 저버리고 돌아서다.
등나무	등칡	
등때기	등떠리	'등'의 낮은 말
등잔걸이	등경걸이	등잔을 걸어 놓는 기구
떡보	떡충이	떡을 매우 좋아하여 즐겨 먹는 사람을 놀림조로 이르는 말
똑딱단추	딸꼭단추	수단추와 암단추를 눌러 맞추어 채우는 단추
매만지다	우미다	잘 가다듬어 손질하다.
먼발치	먼발치기	조금 멀리 떨어진 곳

> **기롱지거리**
> '농지거리(弄———)'의 뜻으로 쓰는 '기롱지거리(譏弄———)'는 잘못이지만, '기롱지거리(欺弄———)'가 '남을 속이거나 비웃으며 놀리는 짓을 낮잡아 이르는 말'의 뜻으로 쓰일 때는 표준어이다.

며느리발톱	뒷발톱	새끼발톱 뒤에 덧달린 작은 발톱
명주붙이	주사니	명주실로 짠 여러 가지 피륙
목메다	목맺히다	기쁨이나 설움 따위의 감정이 북받쳐 솟아올라 그 기운이 목에 엉기어 막히다.
밀짚모자	보릿짚모자	
바가지	열바가지/열박	
바람꼭지	바람고다리	튜브의 바람을 넣는 구멍에 붙은, 쇠로 만든 꼭지
반나절	나절가웃	한나절의 반
반두	독대	그물의 한 가지
버젓이	뉘연히	• 남의 시선을 의식하여 조심하거나 굽히는 데가 없이 • 남의 축에 빠지지 않을 정도로 반듯하게
본받다	법받다	
부각	다시마자반	다시마를 기름에 튀긴 반찬
부끄러워하다	부끄리다	
부스러기	부스럭지	• 잘게 부스러진 물건 • 쓸 만한 것을 골라내고 남은 물건
부지깽이❶	부지팽이	
부항단지	부항항아리	부스럼에서 피고름을 빨아내기 위하여 부항을 붙이는 데 쓰는 자그마한 단지
붉으락푸르락	푸르락붉으락	
비켜덩이	옆사리미	김맬 때에 흙덩이를 옆으로 빼내는 일. 또는 그 흙덩이
빙충이	빙충맞이	• 작은말은 '뱅충이' • 똑똑지 못하고 어리석게 수줍어하기만 하는 사람
빠뜨리다	빠치다	'빠트리다'도 표준어임
뻣뻣하다	왜긋다	
뽐내다	느물다	
사로잠그다	사로채우다	자물쇠나 빗장 따위를 반 정도만 걸어 놓다.
살풀이	살막이	타고난 살(煞)❷을 미리 막는 굿
상투쟁이	상투꼬부랑이	상투 튼 이를 놀리는 말
새앙손이	생강손이	'손가락의 모양이 새앙처럼 생긴 사람'으로 '생인손'과는 다른 말이다.
샛별	새벽별	금성(金星)을 일상적으로 이르는 말
선머슴	풋머슴	차분하지 못하고 매우 거칠게 덜렁거리는 사내아이
섭섭하다	애운하다	
속말	속소리	속마음에서 우러나오는 말
손목시계	팔목시계/팔뚝시계	
손수레	손구루마	'구루마'는 일본어임
쇠고랑	고랑쇠	
수도꼭지	수도고동	

🚶 어휘 풀이

❶ 부지깽이: 아궁이 따위에 불을 땔 때에, 불을 헤치거나 끌어내거나 거두어 넣거나 하는 데 쓰는 가느스름한 막대기
❷ 살(煞): 사람을 해치거나 물건을 깨뜨리는 모질고 독한 귀신의 기운

나절가웃
'나절가웃'은 '반나절'의 뜻으로는 표준어에서 제외하나, '하룻낮의 4분의 3쯤 되는 동안'이라는 뜻으로는 표준어이다.

속소리
'속말'의 뜻으로 쓰는 '속소리'는 잘못이지만, '국악 창법의 하나로, 비단실을 뽑아내는 듯한 가느다란 목소리'를 이르는 '속소리'는 표준어이다.

안절부절하다

• '안절부절하다'는 부정어를 빼고 쓰면서도 의미는 반대가 되지 않고 부정어가 있는 '안절부절못하다'와 같은 의미로 쓰이는 특이한 용법인데, 오용(誤用)으로 판단되어 표준어로 인정하지 않은 것이다.

• 이와 비슷하게 '칠칠치 못하다/않다'의 경우에도, '칠칠하다'가 '칠칠치 못하다/않다'의 의미로는 잘 쓰이지 않으므로 부정어가 쓰인 형태만을 표준으로 삼았다. 다만 '칠칠하다'는 '주접이 들지 아니하고 깨끗하고 단정하다.', '성질이나 일 처리가 반듯하고 야무지다.'와 같은 긍정적 의미로는 표준어이다.

숙성하다	숙지다	
순대	골집	
술고래	술꾸러기/술부대 술보/술푸대	술을 아주 많이 마시는 사람을 비유적으로 이르는 말
식은땀	찬땀	
신기롭다	신기스럽다	'신기하다'도 표준어임
쌍동밤	쪽밤	한 껍데기 속에 두 쪽이 들어 있는 밤
쏜살같이	쏜살로	쏜 화살과 같이 매우 빠르게
아주	영판	
안걸이	안낚시	씨름 용어
안다미씌우다	안다미시키다	제가 담당할 책임을 남에게 넘김
안쓰럽다	안슬프다	
안절부절못하다	안절부절하다	
앉은뱅이저울	앉은저울	
알사탕	구슬사탕	
암내	곁땀내	체질적으로 겨드랑이에서 나는 고약한 냄새
앞지르다	따라먹다	
애벌레	어린벌레	
얕은꾀	물탄꾀	속이 들여다보이는 꾀
언뜻	펀뜻	
언제나	노다지	
얼룩말	워라말	
열심히	열심으로	
입담	말담	말재주나 말솜씨
자배기	너벅지	운두가 과히 높지 않고 아가리가 둥글넓적한 질그릇
전봇대	전선대	
쥐락펴락	펴락쥐락	남을 자기 손아귀에 넣고 마음대로 부리는 모양
−지만	−지만서도	← −지마는
짓고땡	지어땡/짓고땡이	노름 방식의 하나
짧은작	짜른작	기장이 짧은 화살
찹쌀	이찹쌀	
청대콩	푸른콩	열매의 껍질과 속살이 모두 푸른 콩의 한 품종
칡범	갈범	몸에 칡덩굴 같은 어룽어룽한 줄무늬가 있는 범

푸르대콩

'푸른콩'은 '청대콩'의 비표준어이지만, '푸르대콩'은 '청대콩'과 같은 말로 표준어이다.

(5) 복수 표준어: 한 가지 의미를 나타내는 형태 몇 가지가 널리 쓰이며 표준어 규정에 맞으면, 그 모두를 표준어로 삼는다.

복수 표준어	비고
가는허리/잔허리	잘록 들어간 허리의 뒷부분
가락엿/가래엿	
가뭄/가물	
가엾다/가엽다	가엾어/가여워, 가엾은/가여운
감감무소식/감감소식	소식이나 연락이 전혀 없는 상태
개수통/설거지통	'설겆다'는 '설거지하다'로 쓴다.
개숫물/설거지물	음식 그릇을 씻을 때 쓰는 물
갱엿/검은엿	검붉은 빛깔의 엿
−거리다/−대다	가물−, 출렁−
거위배/횟배	회충으로 인한 배앓이
것/해	내 ～, 네 ～, 뉘 ～
게을러빠지다/게을러터지다	
고깃간/푸줏간	'고깃관, 푸줏관, 다림방'은 비표준어임
곰곰/곰곰이	
관계없다/상관없다	
교정보다/준보다	교정쇄와 원고를 대조하여 오자 등을 바로잡다.
구들재/구재	방고래❶에 앉은 그을음과 재
귀퉁머리/귀퉁배기	'귀퉁이'의 비어임
극성떨다/극성부리다	
기세부리다/기세(氣勢)피우다	남에게 자기의 기운과 세력을 드러내 보이다.
기승떨다/기승(氣勝)부리다	성미가 억척스러워 남에게 굽히지 않는 성질을 부리다.
깃저고리/배내옷/배냇저고리	깃과 섶을 달지 않은, 갓난아이의 옷
꼬까/때때/고까	～신, ～옷
꼬리별/살별	혜성(彗星)
꽃도미/붉돔	도밋과의 바닷물고기
나귀/당나귀	
날걸/세뿔	윷판에서 날밭❷의 세 번째 자리
내리글씨/세로글씨	
넝쿨/덩굴	'덩쿨'은 비표준어임
녘/쪽	동～, 서～
눈대중/눈어림/눈짐작	
느리광이/느림보/늘보	행동이 느리거나 게으른 사람을 낮잡아 이르는 말
늦모/마냥모	← 만이앙모. 제철보다 늦게 내는 모
다기지다/다기(多氣)차다	마음이 굳고 야무지다.
다달이/매달	

어휘 풀이

❶ **방고래:** 방의 구들장 밑으로 나 있는, 불길과 연기가 통하여 나가는 길

❷ **날밭:** 윷판의 둘레를 따라 처음부터 열여섯 번째 자리인 날도부터 스무 번째 자리인 참먹이까지의 밭. 또는 맨 끝 밭

CHAPTER 02 표준어 규정 **173**

-다마다/-고말고	예 암, 네 말이 맞다마다
다박나룻/다박수염	다보록하게 난 짧은 수염
닭의 장/닭장	
댓돌/툇돌	집채의 낙숫물이 떨어지는 곳 안쪽으로 돌려 가며 놓은 돌
덧창/겉창	창문 겉에 덧달려 있는 문짝
독장치다/독판치다	어떠한 판을 혼자서 휩쓸다.
동자(童子)기둥/쪼구미	들보 위에 세워 다른 들보를 받쳐 주는 짧은 기둥
돼지감자/뚱딴지	국화과의 여러해살이풀
되우/된통/되게	아주, 몹시
두동무니/두동사니	윷놀이에서, 두 동이 한데 어울려 가는 말
뒷갈망/뒷감당	일의 뒤끝을 맡아서 처리함
뒷말/뒷소리	일이 끝난 뒤에 뒷공론으로 하는 말
들락거리다/들랑거리다	
들락날락/들랑날랑	
딴전/딴청	어떤 일을 하는 데 그 일과는 전혀 관계없는 일이나 행동
땅콩/호콩	
땔감/땔거리	
-뜨리다/-트리다	깨-, 떨어-, 쏟-
뜬것/뜬귀신	떠돌아다니는 못된 귀신
마룻줄/용총줄	돛대에 매어 놓은 줄. '이어줄'은 비표준어임
마파람/앞바람	남쪽에서 불어오는 바람
만장판/만장중(滿場中)	많은 사람이 모인 곳
만큼/만치	
말동무/말벗	더불어 이야기할 만한 친구
매갈이/매조미(~糙米)	겉벼를 매통으로 겉꺼풀만 벗긴 쌀
매통/목매	둥근 통나무 두 짝으로 만든 나무 매로, 곡식의 겉꺼풀을 벗길 때에 쓰는 기구
먹새/먹음새	음식을 먹는 태도. '먹음먹이'는 비표준어임
멀찌감치/멀찌가니/멀찍이	사이가 꽤 떨어지게
멱통/산멱/산멱통	살아 있는 동물의 목구멍
면치레/외면(外面)치레	속은 어떻든 겉으로만 꾸며 체면을 닦는 일
모내다/모심다	모내기, 모심기
모쪼록/아무쪼록	될 수 있는 대로
목판되/모되	네 모가 반듯하게 된 되
목화씨/면화씨	
무심결/무심중	아무런 생각이 없어 스스로 깨닫지 못하는 사이

먹음먹이
'먹새(먹음새)'의 뜻으로 쓰는 '먹음먹이'는 잘못이지만, '먹음직한 음식들'을 일컫는 '먹음먹이'는 표준어이다.

물봉숭아/물봉선화	봉선화과의 한해살이풀
물부리/빨부리	담배를 끼워서 빠는 물건
물심부름/물시중	세숫물이나 숭늉 따위를 떠다 줌
물추리나무/물추리막대	쟁기의 성에 앞 끝에 가로로 박은 막대기
물타작/진타작(打作)	벼를 베어 채 마르기도 전에 떠는 일
민둥산/벌거숭이산	나무가 없는 산
밑층/아래층	
바깥벽/밭벽	건물 바깥쪽을 둘러싸고 있는 벽
바른/오른[右]	~손, ~쪽, ~편
발모가지/발목쟁이	'발목'의 비속어임
버들강아지/버들개지	버드나무의 꽃
벌레/버러지	'벌거지, 벌러지'는 비표준어임
변덕스럽다/변덕맞다	
보조개/볼우물	
보통내기/여간내기/예사내기	'행내기'는 비표준어임
볼따구니/볼퉁이/볼때기	'볼'의 비속어임
부침개질/부침질/지짐질	'부치개질'은 비표준어임
불똥앉다/등화지다/등화(燈火)앉다	촛불이나 등잔불의 심지 끝에 엉긴 덩어리가 빨갛게 타다.
불사르다/사르다	불에 태워 없애다.
비발/비용(費用)	어떤 일을 하는 데 드는 돈
뾰두라지/뾰루지	뾰두락지는 비표준어임
살쾡이/삵	삵-피
삽살개/삽사리	
상두꾼/상여꾼	상여를 매는 사람. '상도꾼, 향도꾼'은 비표준어임
상씨름/소걸이	씨름판에서 결승을 다투는 싸움
생/새앙/생강	
생뿔/새앙뿔/생강뿔	'쇠뿔'의 형용
생철/양철	'生鐵'은 '무쇠'임. '서양철'은 비표준어임
서럽다/섧다	'설다'는 비표준어임
서방질/화냥질	자기 남편이 아닌 남자와 정을 통하는 짓
성글다/성기다	• 물건의 사이가 뜨다. • 반복되는 횟수나 도수가 뜨다.
-(으)세요/-(으)셔요	
송이/송이버섯	
수수깡/수숫대	
술안주/안주	
-스레하다/-스름하다	거무-, 발그-

> **밭-**
> '밭-'은 '바깥'의 준말이다. 그러나 이 말은 '바깥마당/밭마당, 바깥부모/밭부모, 바깥사돈/밭사돈, 바깥상제/밭상제, 바깥주인/밭주인'에서처럼 복합어 안에서만 '바깥' 대신에 쓸 수 있다. 예컨대 '바깥에 나가다'를 '밭에 나가다'라고 할 수는 없다. 현실 언어에서 그렇게 쓰이지 않기 때문이다.

어휘 풀이

❶ **상징어**: 소리나 모양, 동작 따위를 흉내 내는 말. 의성어와 의태어로 나뉜다.
❷ **신주**: 죽은 사람의 위패. 대개 밤나무로 만드는데, 길이는 여덟 치, 폭은 두 치가량이고, 위는 둥글고 아래는 모지게 생겼다.

시늉말/흉내말	상징어❶
시새/세사(細沙)	가늘고 고운 모래
신/신발	
신주보/독보(櫝褓)	예전에 신주❷를 모셔 두는 나무 궤를 덮던 보
심술꾸러기/심술쟁이	심술이 매우 많은 사람을 귀엽게 이르는 말
씁쓰레하다/씁쓰름하다	조금 쓴 맛이 나는 듯하다.
아귀세다/아귀차다	마음이 굳곳하여 남에게 잘 꺾이지 아니하다.
아래위/위아래	
아무튼/어떻든/어쨌든/하여튼/여하튼	
앉음새/앉음앉음	자리에 앉아 있는 모양새
알은척/알은체	어떤 일에 관심을 가지는 듯한 태도를 보임
애갈이/애벌갈이	논이나 밭을 첫 번째 가는 일
애꾸눈이/외눈박이	'외대박이, 외눈퉁이'는 비표준어임
양념감/양념거리	양념으로 쓰는 재료
어금버금하다/어금지금하다	서로 엇비슷하여 정도나 수준에 큰 차이가 없다.
어기여차/어여차	
어림잡다/어림치다	대강 짐작하여 헤아려 보다.
어이없다/어처구니없다	
어저께/어제	
언덕바지/언덕배기	언덕의 꼭대기 또는 언덕의 몹시 비탈진 곳
얼렁뚱땅/엄벙떵	어떤 상황을 얼김에 슬쩍 넘기는 모양
여왕벌/장수벌	
여쭈다/여쭙다	
여태/입때	'여직'은 비표준어임
여태껏/이제껏/입때껏	지금까지 또는 아직까지. '여직껏'은 비표준어임
역성들다/역성하다	'편역들다'는 비표준어임
연달다/잇달다	움직이는 물체가 다른 물체의 뒤를 이어 따르다.
엿가락/엿가래	
엿기름/엿길금	
엿반대기/엿자박	둥글넓적하게 반대기처럼 만든 엿
오사리잡놈/오색잡놈	• 온갖 못된 짓을 거침없이 하는 잡놈 • 여러 종류의 잡된 무리. '오합잡놈'은 비표준어임
옥수수/강냉이	~떡, ~묵, ~밥, ~튀김
왕골기직/왕골자리	왕골을 굵게 쪼개어 엮어 만든 자리
외겹실/외올실/홑실	'홑겹실, 올실'은 비표준어임
외손잡이/한손잡이	두 손 가운데 어느 한쪽 손만 능하게 쓰는 사람
욕심꾸러기/욕심쟁이	
우레/천둥	우렛소리/천둥소리

우지/울보	걸핏하면 우는 아이
을러대다/을러메다	위협적인 언동으로 을러서 남을 억누르다.
의심스럽다/의심쩍다	
–이에요/–이어요	
이틀거리/당고금	학질의 일종임. 이틀을 걸러서 발작하는 병
일일이/하나하나	
일찌감치/일찌거니	조금 이르다고 할 정도로 얼른
입찬말/입찬소리	분수를 헤아리지 아니하고 희떱게 장담하는 소리
자리옷/잠옷	잠잘 때 입는 옷
자물쇠/자물통	여닫게 되어 있는 물건을 잠그는 장치
장가가다/장가들다	'서방가다'는 비표준어임
재롱떨다/재롱부리다	
제가끔/제각기	저마다 따로따로
좀처럼/좀체	'좀체로, 좀해선, 좀해'는 비표준어임
줄꾼/줄잡이	• 가래질을 할 때, 줄을 잡아당기는 사람 • 줄모를 심을 때 줄을 대 주는 일꾼
중신/중매	
짚단/짚뭇	볏짚을 묶은 단
쪽/편	오른~, 왼~
차차/차츰	
책씻이/책(冊)거리	글방에서 읽던 책을 다 떼었을 때에 스승과 동접들에 게 한턱을 내는 일
척/체	모르는 ~, 잘난 ~
천연덕스럽다/천연스럽다	
철따구니/철딱서니/철딱지	'철때기'는 비표준어임
추어올리다/추어주다	실제보다 높여 칭찬하다.
축가다/축나다	• 일정한 수나 양에서 모자람이 생김 • 몸이나 얼굴 따위에서 살이 빠짐
침놓다/침주다	
통꼭지/통젖	통에 붙은 손잡이
파자쟁이/해자쟁이	점치는 이
편지투/편지(便紙)틀	편지를 쓸 때에 참고하도록 모범적인 편지를 모은 책
한턱내다/한턱하다	한바탕 남에게 음식을 대접하다.
해웃값/해웃돈	술좌석에서 치르는 화대(花代). '해우차'는 비표준어임
혼자되다/홀로되다	부부 가운데 한쪽이 죽어 홀로 남음
흠가다/흠나다/흠지다	흠이 생기다.

이에요/이어요
• 자음으로 끝난 명사 뒤에는 '이에요, 이어요'가 붙는다. 다만 축약은 불가능하다.
예 책이에요(책예요×), 책이어요(책여요×)
• 모음으로 끝난 명사 뒤에도 '이에요, 이어요'가 붙는다. 또한 축약도 가능하다.
예 나무이에요(나무예요○), 나무이어요(나무여요○)
• 용언의 어간 뒤에는 '에요, 어요'가 붙는다. 또한 축약도 가능하다.
예 아니에요(아녜요○), 아니어요(아녀요○)

어휘 풀이

❶ 꾀다: 그럴듯한 말이나 행동으로 남을 속이거나 부추겨서 자기 생각대로 끌다.

(6) 새로 추가된 표준어 목록(국립국어원 2019~2011)

① 별도 표준어

기존 표준어	추가 표준어	추가 표준어의 의미
가오리연	꼬리연	긴 꼬리를 단 연
개개다	개기다	(속되게) 명령이나 지시를 따르지 않고 버티거나 반항하다.
거방지다	걸판지다	• 매우 푸지다. • 동작이나 모양이 크고 어수선하다.
건울음	겉울음	• 드러내 놓고 우는 울음 • 마음에 없이 겉으로만 우는 울음
~기에	~길래	'~기에'를 구어적으로 이르는 말
괴발개발	개발새발	개의 발과 새의 발이라는 뜻으로, 글씨를 되는대로 아무렇게나 써 놓은 모양을 이르는 말
거치적거리다	걸리적거리다	• 거추장스럽게 자꾸 여기저기 걸리거나 닿다. • 거추장스럽거나 성가시어 자꾸 거슬리거나 방해가 되다.
까다롭다	까탈스럽다	• 조건, 규정 따위가 복잡하고 엄격하여 적응하거나 적용하기에 어려운 데가 있다. • 성미나 취향 따위가 원만하지 않고 별스러워 맞춰 주기에 어려운 데가 있다.
꾀다❶	꼬시다	'꾀다'를 속되게 이르는 말
끼적거리다	끄적거리다	글씨나 그림 따위를 아무렇게나 자꾸 막 쓰거나 그리다.
날개	나래	흔히 문학 작품 따위에서, '날개'를 이르는 말. '날개'보다 부드러운 어감을 준다.
냄새	내음	코로 맡을 수 있는 나쁘지 않거나 향기로운 기운. 주로 문학적 표현에 쓰인다.
눈초리	눈꼬리	귀 쪽으로 가늘게 좁혀진 눈의 가장자리
두루뭉술하다	두리뭉실하다	• 특별히 모나거나 튀지 않고 둥그스름하다. • 말이나 태도 따위가 확실하거나 분명하지 아니하다.
딴죽	딴지	일이 순순히 진행되지 못하도록 훼방을 놓거나 어기대는 것
떨어뜨리다	떨구다	• 시선을 아래로 향하다. • 위에 있던 것을 아래로 내려가게 하다. • 가지고 있던 물건을 빠뜨려 흘리다.
뜰	뜨락	• 집 안의 앞뒤나 좌우로 가까이 딸려 있는 빈터 • 앞말이 가리키는 것이 존재하거나 깃들어 있는 추상적 공간을 비유적으로 이르는 말
맨송맨송	맨숭맨숭/ 맹숭맹숭	• 몸에 털이 있어야 할 곳에 털이 없어 반반한 모양 • 산 따위에 나무나 풀이 우거지지 아니하여 반반한 모양 • 술을 마시고도 취하지 아니하여 정신이 말짱한 모양
먹을거리	먹거리	사람이 살아가기 위하여 먹는 온갖 것
메우다	메꾸다	• 시간을 적당히 또는 그럭저럭 보내다. • 부족하거나 모자라는 것을 채우다.
바동바동	바둥바둥	• 덩치가 작은 것이 매달리거나 자빠지거나 주저앉아서 자꾸 팔다리를 내저으며 움직이는 모양 • 힘에 겨운 처지에서 벗어나려고 애를 바득바득 쓰는 모양

사그라지다	사그라들다	삭아서 없어져 가다.
새치름하다	새초롬하다	• 조금 쌀쌀맞게 시치미를 떼는 태도가 있다. • 짐짓 조금 쌀쌀한 기색을 꾸미다.
섬뜩	섬찟	갑자기 소름이 끼치도록 무시무시하고 끔찍한 느낌이 드는 모양
속병	속앓이	• 속이 아픈 병. 또는 속에 병이 생겨 아파하는 일 • 겉으로 드러내지 못하고 속으로 걱정하거나 괴로워하는 일
손자(孫子)	손주	손자와 손녀를 아울러 이르는 말
실몽당이	실뭉치	실을 한데 뭉치거나 감은 덩이
아옹다옹	아웅다웅	대수롭지 아니한 일로 서로 자꾸 다투는 모양
야멸치다	야멸차다	• 자기만 생각하고 남의 사정을 돌볼 마음이 거의 없다. • 태도가 차고 야무지다.
어수룩하다	어리숙하다	• 겉모습이나 언행이 치밀하지 못하여 순진하고 어리석은 데가 있다. • 제도나 규율에 의한 통제가 제대로 되지 않아 느슨하다.
연방	연신	잇따라 자꾸
오순도순	오손도손	정답게 이야기하거나 의좋게 지내는 모양
의논	의론	어떤 사안에 대하여 각자의 의견을 제기함. 또는 그런 의견
이키	이크	• 당황하거나 놀랐을 때 내는 소리 • 남을 슬쩍 추어주면서 비웃을 때 내는 소리
잎사귀	잎새	나무의 잎사귀. 주로 문학적 표현에 쓰인다.
장난감	놀잇감	놀이 또는 아동 교육 현장 따위에서 활용되는 물건이나 재료
찌뿌듯하다	찌뿌둥하다	• 몸살이나 감기 따위로 몸이 무겁고 거북하다. • 표정이나 기분이 밝지 못하고 언짢다. • 비나 눈이 올 것같이 날씨가 궂거나 잔뜩 흐리다.
치근거리다	추근거리다	조금 성가실 정도로 은근히 자꾸 귀찮게 굴다.
푸르다	푸르르다	'푸르다'를 강조하여 이르는 말
허접스럽다	허접하다	허름하고 잡스럽다.
횡허케	횡하니	중도에서 지체하지 아니하고 곧장 빠르게 가는 모양

확인 문제   16 서울시 9급

다음 중 표준어로만 묶인 것은?
① 끄나풀, 새벽녘, 삵괭이, 떨어먹다
② 뜯게질, 세째, 수평아리, 애달프다
③ 치켜세우다, 사글세, 설거지, 수캉아지
④ 보조개, 숫양, 광우리, 강낭콩

정답 ③
해설 ① 삵괭이 → 살쾡이, 떨어먹다 → 털어먹다
② 세째 → 셋째
④ 광우리 → 광주리

② 복수 표준어

기존 표준어	추가 표준어	기존 표준어	추가 표준어
간질이다	간지럽히다	삐치다	삐지다
~고 싶다	~고프다	세간	세간살이
고운대	토란대	쌉싸래하다	쌉싸름하다
구안괘사	구안와사	에는	엘랑
굽실	굽신	예쁘다	이쁘다
꺼림칙이	꺼림직이	자장면	짜장면
꺼림칙하다	꺼림직하다	작장초	초장초
께름칙하다	께름직하다	주책없다	주책이다
남우세스럽다	남사스럽다	차지다	찰지다
노라네, 동그라네, 조그마네 …	노랗네, 동그랗네, 조그맣네 …	추어올리다	추켜올리다
눈두덩	눈두덩이	추어올리다/추켜올리다	치켜올리다
-마, -마라, -마요	-말아, -말아라, -말아요	치켜세우다	추켜세우다
마을	마실	태견	택견
목물	등물	토담	흙담
만날	맨날	품세	품새
묏자리	묫자리	허섭스레기	허접쓰레기
복사뼈	복숭아뼈		

③ 2019년 추가 표준어

기존 표준어	추가 표준어	비고
면신(免身)	문신(免身)	아이를 낳음 = 해산(解産)

免의 발음
- '免'은 '상복을 벗음', '아이를 낳음'의 뜻일 때는 [문]으로 발음된다.
- '문신(免身)'에는 《사기(史記)》에 '만삭인 부인이 아들을 문신하다(朔婦免身生男)'와 같은 용례가 있다.
- 현대 국어에 와서 이 단어는 본래 한자음에 대한 정보를 상실하고 '면신'으로 사용되게 되었다.
- 현재 우리 사전에서는 현대 국어로서 '면신'을 인정하고 전통적인 용법으로서의 '문신'을 함께 인정하는 태도를 취한다.
- 문신(免身)의 유의어로는 '면신(免身), 분만(分娩), 분산(分産), 아이 낳이, 애낳이, 출산(出産), 해만(解娩), 해복(解腹), 해산(解産)'이 있다.

1. 총칙

> **제1항** 표준 발음법은 표준어의 실제 발음을 따르되, 국어의 전통성과 합리성을 고려하여 정함을 원칙으로 한다.

(1) **표준어의 실제 발음을 따름**: 현대 서울말의 현실 발음을 기반으로 표준 발음을 정한다는 뜻이다. 그렇다고 해서 표준어의 모든 실제 발음을 표준으로 인정하는 것은 아니다.

(2) **전통성과 합리성을 고려**: 표준 발음법에서는 실제 발음이라고 하더라도 전통성과 합리성을 고려하여 표준 발음을 정하도록 하였다. 전통성을 고려한다는 것은 이전부터 내려오던 발음상의 관습을 감안한다는 의미이다.

2. 자음과 모음

(1) **표준어의 자음은 다음 19개로 한다.**

ㄱ	ㄲ	ㄴ	ㄷ	ㄸ	ㄹ	ㅁ	ㅂ	ㅃ	ㅅ
ㅆ	ㅇ	ㅈ	ㅉ	ㅊ	ㅋ	ㅌ	ㅍ	ㅎ	

(2) **표준어의 모음은 다음 21개로 한다.**

ㅏ	ㅐ	ㅑ	ㅒ	ㅓ	ㅔ	ㅕ	ㅖ	ㅗ	ㅘ	ㅙ
ㅚ	ㅛ	ㅜ	ㅝ	ㅞ	ㅟ	ㅠ	ㅡ	ㅢ	ㅣ

10개의 단모음	ㅏ, ㅐ, ㅓ, ㅔ, ㅗ, ㅚ, ㅜ, ㅟ, ㅡ, ㅣ
11개의 이중 모음	① ㅣ[j] 모음 시작하는 이중 모음: ㅑ, ㅒ, ㅕ, ㅖ, ㅛ, ㅠ ② ㅣ[j] 모음 끝나는 이중 모음: ㅢ ③ 'ㅗ/ㅜ[w]' 모음으로 시작하는 이중 모음: ㅘ, ㅙ, ㅝ, ㅞ

(3) **'ㅏ ㅐ ㅓ ㅔ ㅗ ㅚ ㅜ ㅟ ㅡ ㅣ'는 단모음(單母音)으로 발음한다.**

[붙임] 'ㅚ, ㅟ'는 이중 모음으로 발음할 수 있다.

구분	전설 모음		후설 모음	
	평순	원순	평순	원순
고모음(高母音)	ㅣ	ㅟ	ㅡ	ㅜ
중모음(中母音)	ㅔ	ㅚ	ㅓ	ㅗ
저모음(低母音)	ㅐ		ㅏ	

'ㅎ'의 지위

'ㅎ'은 학자에 따라 격음으로 보기도 하고 평음으로 보기도 한다. 'ㅎ'이 평음인 'ㄱ, ㄷ, ㅂ, ㅈ'과 인접할 경우 두 자음이 합쳐져서 격음인 'ㅋ, ㅌ, ㅍ, ㅊ'으로 축약되는데, 이러한 변동을 설명하는 데에는 'ㅎ'을 격음으로 분류하는 것이 유리하다. 'ㅎ'이 격음이기 때문에 축약된 소리가 격음이 되었다고 설명할 수 있기 때문이다. 반면 'ㅎ'은 음성적으로 유기성이 미약하여 다른 격음과 달리 쉽게 탈락하기도 한다. '좋은'이 [조:은]으로 발음되고, '낳아'가 [나아]로 발음되는 것이 그 예이다. 이러한 음성적 특성을 근거로 'ㅎ'을 평음으로 설명하기도 한다. 여기서는 'ㅎ'이 다른 자음과 달리 격음이나 평음으로 명확히 구분하기 어렵다는 현실에 근거하여 분류하지 않고 제시하였다.

단모음

단모음 중 'ㅐ'와 'ㅔ'는 현재 대부분의 세대에서 별개의 모음으로 구별되지 않고 있다. 즉 'ㅔ'와 'ㅐ'는 하나의 모음으로 합류가 일어난 것이다. 그러나 이 두 모음을 구별하는 세대가 아직은 남아 있다는 점에서 완전히 합류되지 않았고, 전통적으로 이 두 모음은 단모음으로서의 지위를 안정적으로 유지해 왔기 때문에 구별하도록 규정하였다.

❶ 닝큼: 머뭇거리지 않고 단번에 빨리

❷ 희떱다: ㉠ 실속은 없어도 마음이 넓고 손이 크다. ㉡ 말이나 행동이 분에 넘치며 버릇이 없다.

(4) 'ㅑ ㅐ ㅕ ㅖ ㅘ ㅙ ㅛ ㅝ ㅞ ㅠ ㅢ'는 이중 모음으로 발음한다.

반모음 'ㅣ[j]'로 시작하는 이중 모음	ㅑ, ㅒ, ㅕ, ㅖ, ㅛ, ㅠ
반모음 'ㅣ[j]'로 끝나는 이중 모음	ㅢ
반모음 'ㅗ/ㅜ[w]'로 시작하는 이중 모음	ㅘ, ㅙ, ㅝ, ㅞ

① 다만, 용언의 활용형에 나타나는 '져, 쪄, 쳐'는 [저, 쩌, 처]로 발음한다.

가지어 → 가져[가저]	찌어 → 쪄[쩌]	다치어 → 다쳐[다처]

② 다만, '예, 례'이외의 'ㅖ'는 [ㅔ]로도 발음한다.

계집[계:집/게:집]	계시다[계:시다/게:시다]
시계[시계/시게](時計)	연계[연계/연게](連繫)
메별[메별/메별](袂別)	개폐[개폐/개페](開閉)
혜택[혜:택/헤:택](惠澤)	지혜[지혜/지헤](智慧)

③ 다만, 자음을 첫소리로 가지고 있는 음절의 'ㅢ'는 [ㅣ]로 발음한다.

늴리리	닝큼❶	무늬	띄어쓰기	씌어
틔어	희어	희떱다❷	희망	유희

④ 다만, 단어의 첫 음절 이외의 '의'는 [ㅣ]로, 조사 '의'는 [ㅔ]로 발음함도 허용한다.

주의[주의/주이]	협의[혀븨/혀비]
우리의[우리의/우리에]	강의의[강:의의/강:이에]

개념 더하기

한자어 풀이

- 시계(時計 때 시, 셀 계)
- 연계(連繫 잇닿을 연, 맬 계): 1. 잇달아 맴 2. 어떤 일이나 사람과 관련하여 관계를 맺음 3. 예전에 다른 사람의 죄에 관련되어 옥에 매는 일을 이르던 말
- 메별(袂別 소매 메, 나눌 별): 소매를 잡고 헤어진다는 뜻으로, 섭섭히 헤어짐을 이르는 말
- 개폐(開閉 열 개, 닫을 폐): 열고 닫음
- 혜택(惠澤 은혜 혜, 못 택): 은혜와 덕택을 아울러 이르는 말
- 지혜(智慧 슬기 지, 슬기로울 혜)

3. 음의 길이

(1) 모음의 장단을 구별하여 발음하되, 단어의 첫음절에서만 긴소리가 나타나는 것을 원칙으로 한다.

장음	눈보라[눈:보라]	말씨[말:씨]	밤나무[밤:나무]
	많다[만:타]	멀리[멀:리]	벌리다[벌:리다]
단음	첫눈[천눈]	참말[참말]	쌍동밤[쌍동밤]
	수많이[수:마니]	눈멀다[눈멀다]	떠벌리다[떠벌리다]

① 다만, 합성어의 경우에는 둘째 음절 이하에서도 분명한 긴소리를 인정한다.

> 반신반의[반:신바:늬/반:신바:니]   재삼재사[재:삼재:사]❶

[붙임] 용언의 단음절 어간에 어미 '아/어'가 결합되어 한 음절로 축약되는 경우에도 긴소리로 발음한다.

> 보아 → 봐[봐:]   기어 → 겨[겨:]   되어 → 돼[돼:]
> 두어 → 둬[둬:]   하여 → 해[해:]

② 다만, '오아 → 와, 지어 → 져, 찌어 → 쪄, 치어 → 쳐' 등은 긴소리로 발음하지 않는다.

(2) 긴 소리를 가진 음절이라도, 다음과 같은 경우에는 짧게 발음한다.

① 단음절인 용언 어간에 모음으로 시작된 어미가 결합되는 경우

> 감다[감:따]-감으니[가므니]   밟다[밥:따]-밟으면[발브면]
> 신다[신:따]-신어[시너]   알다[알:다]-알아[아라]

다만, 다음과 같은 경우에는 예외적이다.

> 끌다[끌:다]-끌어[끄:러]   떫다[떨:따]-떫은[떨:븐]
> 벌다[벌:다]-벌어[버:러]   썰다[썰:다]-썰어[써:러]
> 없다[업:따]-없으니[업:쓰니]

② 용언 어간에 피동, 사동의 접미사가 결합되는 경우

> 감다[감:따]-감기다[감기다]   꼬다[꼬:다]-꼬이다[꼬이다]
> 밟다[밥:따]-밟히다[발피다]

다만, 다음과 같은 경우에는 예외적이다.

> 끌리다[끌:리다]   벌리다[벌:리다]   없애다[업:쌔다]

[붙임] 다음과 같은 복합어에서는 본디의 길이에 관계없이 짧게 발음한다.

> 밀물   썰물   쏜살같이   작은아버지

어휘 풀이

❶ 재삼재사: 여러 번 되풀이 하여

붙임 발음의 예외

'오아 → 와, 지어 → 져, 찌어 → 쪄, 치어 → 쳐'는 예외적으로 짧게 발음한다. 또 '가+아 → 가, 서+어 → 서, 켜+어 → 켜'처럼 같은 모음끼리 만나 모음 하나가 빠진 경우에도 긴소리로 발음하지 않는다.(한글 맞춤법 제34항 참조)

4. 받침의 발음

(1) 받침소리로는 'ㄱ, ㄴ, ㄷ, ㄹ, ㅁ, ㅂ, ㅇ'의 7개 자음만 발음한다.

(2) 받침 'ㄲ, ㅋ', 'ㅅ, ㅆ, ㅈ, ㅊ, ㅌ', 'ㅍ'은 어말 또는 자음 앞에서 각각 대표음 [ㄱ, ㄷ, ㅂ]으로 발음한다.

닦다[닥따]	키읔[키윽]	키읔과[키윽꽈]
옷[옫]	웃다[욷:따]	있다[읻따]
젖[젇]	빚다[빋따]	꽃[꼳]
쫓다[쫃따]	솥[솓]	뱉다[밷:따]
앞[압]	덮다[덥따]	

(3) 겹받침 'ㄳ', 'ㄵ', 'ㄼ, ㄽ, ㄾ', 'ㅄ'은 어말 또는 자음 앞에서 각각 [ㄱ, ㄴ, ㄹ, ㅂ]으로 발음한다.

넋[넉]	넋과[넉꽈]	앉다[안따]	여덟[여덜]	넓다[널따]
외곬[외골]	핥다[할따]	값[갑]	없다[업:따]	

① 다만, '밟-'은 자음 앞에서 [밥]으로 발음한다.

밟다[밥:따]	밟소[밥:쏘]	밟지[밥:찌]
밟는[밥:는 → 밤:는]	밟게[밥:께]	밟고[밥:꼬]

② '넓-'은 파생어나 합성어의 경우에 [넙]으로 발음한다.

넓죽하다[넙쭈카다]	넓둥글다[넙뚱글다]

(4) 겹받침 'ㄺ, ㄻ, ㄿ'은 어말 또는 자음 앞에서 각각 [ㄱ, ㅁ, ㅂ]으로 발음한다.

닭[닥]	흙과[흑꽈]	맑다[막따]	늙지[늑찌]
삶[삼:]	젊다[점:따]	읊고[읍꼬]	읊다[읍따]

다만, 용언의 어간 말음 'ㄺ'은 'ㄱ' 앞에서 [ㄹ]로 발음한다.

맑게[말께]	묽고[물꼬]	얽거나[얼꺼나]

겹받침 발음법

원칙	예외
'ㄺ, ㄻ, ㄿ' → 뒤의 자음으로 발음	'ㄺ+ㄱ'의 경우 앞의 자음으로 발음 (단, 용언일 경우에 한함)
그 외에는 앞의 자음으로 발음	• '밟-+자음'→ 뒤의 자음으로 발음 • '넓둥글다, 넓죽하다, 넓적하다'의 경우 뒤의 자음으로 발음

(5) 받침 'ㅎ'의 발음은 다음과 같다.

① 'ㅎ(ㄶ, ㅀ)' 뒤에 'ㄱ, ㄷ, ㅈ'이 결합되는 경우에는, 뒤 음절 첫소리와 합쳐서 [ㅋ, ㅌ, ㅊ]으로 발음한다.

놓고[노코]	좋던[조ː턴]	쌓지[싸치]
많고[만ː코]	않던[안턴]	닳지[달치]

[붙임1] 받침 'ㄱ(ㄺ), ㄷ, ㅂ(ㄼ), ㅈ(ㄵ)'이 뒤 음절 첫소리 'ㅎ'과 결합되는 경우에도, 역시 두 음을 합쳐서 [ㅋ, ㅌ, ㅍ, ㅊ]으로 발음한다.

각하[가카]	먹히다[머키다]	밝히다[발키다]	맏형[마텽]
좁히다[조피다]	넓히다[널피다]	꽂히다[꼬치다]	앉히다[안치다]

[붙임2] 규정에 따라 'ㄷ'으로 발음되는 'ㅅ, ㅈ, ㅊ, ㅌ'의 경우에도 이에 준한다.

옷 한 벌[오탄벌]	낮 한때[나탄때]
꽃 한 송이[꼬탄송이]	숱하다[수타다]

② 'ㅎ(ㄶ, ㅀ)' 뒤에 'ㅅ'이 결합되는 경우에는, 'ㅅ'을 [ㅆ]으로 발음한다.

닿소[다ː쏘]	많소[만ː쏘]	싫소[실쏘]

③ 'ㅎ' 뒤에 'ㄴ'이 결합되는 경우에, [ㄴ]으로 발음한다.

놓는[논는]	쌓네[싼네]

[붙임] 'ㄶ, ㅀ' 뒤에 'ㄴ'이 결합되는 경우에는, 'ㅎ'을 발음하지 않는다.

않네[안네]	않는[안는]	뚫네[뚤네 → 뚤레]	뚫는[뚤는 → 뚤른]

④ 'ㅎ(ㄶ, ㅀ)' 뒤에 모음으로 시작된 어미나 접미사가 결합되는 경우에는, 'ㅎ'을 발음하지 않는다.

낳은[나은]	놓아[노아]	쌓이다[싸이다]	많아[마ː나]
않은[아는]	닳아[다라]	싫어도[시러도]	

(6) 홑받침이나 쌍받침이 모음으로 시작된 조사나 어미, 접미사와 결합되는 경우에는, 제 음가대로 뒤 음절 첫소리로 옮겨 발음한다.

깎아[까까]	옷이[오시]	있어[이써]	낮이[나지]
꽂아[꼬자]	꽃을[꼬츨]	쫓아[쪼차]	밭에[바테]
앞으로[아프로]	덮이다[더피다]		

'ㅎ'의 발음 변화

'닿소[다ː쏘]'와 같이 'ㅎ(ㄶ, ㅀ)' 뒤에 'ㅅ'이 결합할 때 'ㅎ'과 'ㅅ'이 [ㅆ]으로 실현되는 것을 설명하는 방식에는 두 가지가 있다. 하나는 앞서 보인 대로, 'ㅎ'과 'ㅅ'이 곧바로 축약되어 [ㅆ]이 되었다는 것이다. 다른 하나는 'ㅎ'이 먼저 대표음 'ㄷ'으로 바뀌고(ㅎㅅ → ㄷㅅ) 'ㄷ' 뒤에서 'ㅅ'이 경음으로 바뀐 후(ㄷㅅ → ㄷㅆ) 'ㅆ' 앞에서 'ㄷ'이 탈락했다고 보는 것이다. 이러한 설명은 비록 여러 단계를 거쳐야 하지만 실제로 각 단계를 현실 발음에서 모두 확인할 수 있다는 점에서 큰 부담은 되지 않는다. 단 표준 발음법에서는 '젓살[젇쌀]'과 같이 'ㅆ' 앞의 'ㄷ'을 온전히 발음하도록 규정하고 있다는 사실과 충돌이 일어난다는 점이 문제이다.

---

(6)의 용례 추가

부엌이[부어키], 부엌을[부어클], 꽃이[꼬치], 꽃을[꼬츨]

(7)의 용례 추가
닭이[달기], 닭을[달글], 여덟이[여덜비], 여덟을[여덜블]

(7) 겹받침이 모음으로 시작된 조사나 어미, 접미사와 결합되는 경우에는 뒤엣것만을 뒤 음절 첫소리로 옮겨 발음한다.(이 경우, 'ㅅ'은 된소리로 발음함)

넋이[넉씨]	앉아[안자]	닭을[달글]	젊어[절머]
곬이[골씨]	핥아[할타]	읊어[을퍼]	값을[갑쓸]
없어[업:써]			

(8) 받침 뒤에 모음 'ㅏ, ㅓ, ㅗ, ㅜ, ㅟ'들로 시작되는 실질 형태소가 연결되는 경우에는, 대표음으로 바꾸어서 뒤 음절 첫소리로 옮겨 발음한다.

밭 아래[바다래]	늪 앞[느밥]	젖어미[저더미]	맛없다[마덥따]
겉옷[거돋]	헛웃음[허두슴]	꽃 위[꼬뒤]	

다만, '맛있다, 멋있다'는 [마싣따], [머싣따]로도 발음할 수 있다.

[붙임] 겹받침의 경우에는, 그중 하나만을 옮겨 발음한다.

넋 없다[너겁따]	닭 앞에[다가페]	값어치[가버치]	값있는[가빈는]

'맛있다/멋있다'의 발음
• '맛있다[마딛따/마싣따], 멋있다[머딛따/머싣따]'의 두 가지 표준 발음 중 [마싣따]와 [머싣따]의 경우 받침 'ㅅ'이 모음으로 시작하는 실질 형태소 앞에서 [ㄷ]으로 발음되지 않는 이유는 명확히 설명하기 어렵다. 다만 이에 대해서는 몇 가지 견해가 있다.
• '맛이 있다, 멋이 있다'가 줄어들었기 때문이라고 보는 견해이다. '맛이 있다, 멋이 있다'의 경우 '맛, 멋' 뒤에 형식 형태소인 주격 조사 '이'가 결합했으므로 연음이 되어 [마시 읻따], [머시 읻따]가 되며 이것이 줄어들어 [마싣따], [머싣따]가 되었다고 보는 것이다.
• 또 다른 견해는 단어 내의 경계에 대한 사람들의 인식 때문이라는 것이다. '맛있다', '멋있다'는 '맛/멋'과 '있다'가 결합한 합성어이지만, 사람들이 '맛있다', '멋있다'를 내부에 경계가 없는 한 단어로 인식하여 [마싣따], [머싣따]로 발음한다고 보는 것이다.

(9) 한글 자모의 이름은 그 받침소리를 연음하되, 'ㄷ, ㅈ, ㅊ, ㅋ, ㅌ, ㅍ, ㅎ'의 경우에는 특별히 다음과 같이 발음한다.

디귿이[디그시]	디귿을[디그슬]	디귿에[디그세]
지읒이[지으시]	지읒을[지으슬]	지읒에[지으세]
치읓이[치으시]	치읓을[치으슬]	치읓에[치으세]
키읔이[키으기]	키읔을[키으글]	키읔에[키으게]
티읕이[티으시]	티읕을[티으슬]	티읕에[티으세]
피읖이[피으비]	피읖을[피으블]	피읖에[피으베]
히읗이[히으시]	히읗을[히으슬]	히읗에[히으세]

5. 음의 동화

(1) 받침 'ㄷ, ㅌ(ㄾ)'이 조사나 접미사의 모음 'ㅣ'와 결합되는 경우에는, [ㅈ, ㅊ]으로 바꾸어서 뒤 음절 첫소리로 옮겨 발음한다.(구개음화)

곧이듣다[고지듣따]	굳이[구지]	미닫이[미:다지]
땀받이[땀바지]	밭이[바치]	벼훑이[벼훌치]

[붙임] 'ㄷ' 뒤에 접미사 '히'가 결합되어 '티'를 이루는 것은 [치]로 발음한다.

굳히다[구치다]	닫히다[다치다]	묻히다[무치다]

(2) 받침 'ㄱ(ㄲ, ㅋ, ㄳ, ㄹ), ㄷ(ㅅ, ㅆ, ㅈ, ㅊ, ㅌ, ㅎ), ㅂ(ㅍ, ㄼ, ㄿ, ㅄ)'은 'ㄴ, ㅁ' 앞에서 [ㅇ, ㄴ, ㅁ]으로 발음한다.

먹는[멍는]	국물[궁물]	깎는[깡는]	키읔만[키응만]
몫몫이[몽목씨]	긁는[궁는]	흙만[흥만]	닫는[단는]
짓는[진:는]	옷맵시[온맵씨]	있는[인는]	맞는[만는]
젖멍울[전멍울]	쫓는[쫀는]	꽃망울[꼰망울]	붙는[분는]
놓는[논는]	잡는[잠는]	밥물[밤물]	앞마당[암마당]
밟는[밤:는]	읊는[음는]	없는[엄:는]	

[붙임] 두 단어를 이어서 한 마디로 발음하는 경우에도 이와 같다.

책 넣는다[챙넌는다]	흙 말리다[흥말리다]	옷 맞추다[온맏추다]
밥 먹는다[밤멍는다]	값 매기다[감매기다]	

(3) 받침 'ㅁ, ㅇ' 뒤에 연결되는 'ㄹ'은 [ㄴ]으로 발음한다.

담력[담:녁]	침략[침:냑]	강릉[강능]
항로[항:노]	대통령[대:통녕]	

[붙임] 받침 'ㄱ, ㅂ' 뒤에 연결되는 'ㄹ'도 [ㄴ]으로 발음한다.

막론[막논 → 망논]	석류[석뉴 → 성뉴]
협력[협녁 → 혐녁]	법리[법니 → 범니]

(4) 'ㄴ'은 'ㄹ'의 앞이나 뒤에서 [ㄹ]로 발음한다.(유음화)

'ㄹ' 앞	난로[날:로]	신라[실라]	천리[철리]
	광한루[광:할루]	대관령[대:괄령]	
'ㄹ' 뒤	칼날[칼랄]	물난리[물랄리]	줄넘기[줄럼끼]
	할는지[할른지]		

[붙임] 첫소리 'ㄴ'이 'ㄶ', 'ㄾ' 뒤에 연결되는 경우에도 이에 준한다.

닳는[달른]	뚫는[뚤른]	핥네[할레]

다만, 다음과 같은 단어들은 'ㄹ'을 [ㄴ]으로 발음한다.

의견란[의:견난]	임진란[임:진난]	생산량[생산냥]	결단력[결딴녁]
공권력[공꿘녁]	동원령[동:원녕]	상견례[상견녜]	횡단로[횡단노]
이원론[이:원논]	입원료[이붠뇨]	구근류[구근뉴]	

(5) 위(1~4)에서 지적한 이외의 자음 동화는 인정하지 않는다.

감기[감:기](×[강:기])	옷감[옫깜](×[옥깜])	있고[읻꼬](×[익꼬])
꽃길[꼳낄](×[꼭낄])	젖먹이[전머기](×[점머기])	문법[문뻡](×[뭄뻡])
꽃밭[꼳빧](×[꼽빧])		

(6) 다음과 같은 용언의 어미는 [어]로 발음함을 원칙으로 하되, [여]로 발음함도 허용한다.

되어[되어/되여]	피어[피어/피여]

[붙임] '이오, 아니오'도 이에 준하여 [이요, 아니요]로 발음함을 허용한다.

6. 경음화(된소리되기)

(1) 받침 'ㄱ(ㄲ, ㅋ, ㄳ, ㄺ), ㄷ(ㅅ, ㅆ, ㅈ, ㅊ, ㅌ), ㅂ(ㅍ, ㄼ, ㄿ, ㅄ)' 뒤에 연결되는 'ㄱ, ㄷ, ㅂ, ㅅ, ㅈ'은 된소리로 발음한다.

국밥[국빱]	깎다[깍따]	넋받이[넉빠지]❶
삯돈[삭똔]❷	닭장[닥짱]	칡범[칙뻠]
뻗대다[뻗때다]	옷고름[옫꼬름]	있던[읻떤]
꽃고[꼳꼬]	꽃다발[꼳따발]	낯설다[낟썰다]
밭갈이[받까리]	솥전[솓쩐]❸	곱돌[곱똘]❹
덮개[덥깨]	옆집[엽찝]	넓죽하다[넙쭈카다]
읊조리다[읍쪼리다]	값지다[갑찌다]	

(2) 어간 받침 'ㄴ(ㄵ), ㅁ(ㄻ)' 뒤에 결합되는 어미의 첫소리 'ㄱ, ㄷ, ㅅ, ㅈ'은 된소리로 발음한다.

신고[신ː꼬]	껴안다[껴안따]	앉고[안꼬]	얹다[언따]
삼고[삼ː꼬]	더듬지[더듬찌]	닮고[담ː꼬]	젊지[점ː찌]

① '용언 어간 뒤'와 '어미'라는 문법적 조건이 충족되어야 한다는 점에서 앞선 (1)의 경음화와는 차이가 있다.
② 체언의 경우 같은 음운 조건이라도 된소리로 발음하지 않는다.
③ 비음 중에서 'ㄴ, ㅁ'만 제시된 것은 'ㅇ'으로 끝나는 용언 어간이 없기 때문이다.
④ 다만, 피동·사동의 접미사 '-기-'는 된소리로 발음하지 않는다.

안기다	감기다	굶기다	옮기다

(3) 어간 받침 'ㄼ, ㄾ' 뒤에 결합되는 어미의 첫소리 'ㄱ, ㄷ, ㅅ, ㅈ'은 된소리로 발음한다.

넓게[널께]	핥다[할따]	훑소[훌쏘]	떫지[떨ː찌]

① 어간이 'ㄼ, ㄾ'으로 끝나는 용언의 활용형에서만 일어난다.
② '여덟'과 같이 'ㄼ'으로 끝나는 체언 뒤에서는 경음화가 일어나지 않는다.

(4) 한자어에서, 'ㄹ' 받침 뒤에 연결되는 'ㄷ, ㅅ, ㅈ'은 된소리로 발음한다.

🚶 **어휘 풀이**

❶ 불소(弗素): 플루오린(할로겐 원소의 하나)
❷ 불세출(不世出): 좀처럼 세상에 나타나지 아니할 만큼 뛰어남

갈등[갈뜽]	발동[발똥]	절도[절또]	말살[말쌀]
불소[불쏘](弗素)❶	일시[일씨]	갈증[갈쯩]	물질[물찔]
발전[발쩐]	몰상식[몰쌍식]	불세출[불쎄출]❷	

다만, 같은 한자가 겹쳐진 단어의 경우에는 된소리로 발음하지 않는다.

허허실실[허허실실](虛虛實實)	절절하다[절절하다](切切-)

(5) 관형사형 '-(으)ㄹ' 뒤에 연결되는 'ㄱ, ㄷ, ㅂ, ㅅ, ㅈ'은 된소리로 발음한다.

특수한 제약
• 관형사형 어미라고 하더라도 '-(으)ㄹ'이 아닌 '-(으)ㄴ'이나 '-는' 뒤에서는 경음화가 일어나지 않는다.
• '을'과 같은 목적격 조사 뒤에서도 경음화가 일어나지는 않는다.

할 것을[할꺼슬]	갈 데가[갈떼가]	할 바를[할빠를]
할 수는[할쑤는]	할 적에[할쩌게]	갈 곳[갈꼳]
할 도리[할또리]	만날 사람[만날싸람]	

다만, 끊어서 말할 적에는 예사소리로 발음한다.

[붙임] '-(으)ㄹ'로 시작되는 어미의 경우에도 이에 준한다.

할걸[할껄]	할밖에[할빠께]	할세라[할쎄라]
할수록[할쑤록]	할지라도[할찌라도]	할지언정[할찌언정]
할진대[할찐대]		

(6) 표기상으로는 사이시옷이 없더라도, 관형격 기능을 지니는 사이시옷이 있어야 할(휴지가 성립되는) 합성어의 경우에는, 뒤 단어의 첫소리 'ㄱ, ㄷ, ㅂ, ㅅ, ㅈ'을 된소리로 발음한다.

(6)의 용례 추가
'안간힘'이 [안깐힘]으로 발음되는 이유는 '안(명사)+간힘(명사)'의 결합으로 이루어진 합성어이기 때문이다. 즉 '안간힘'은 '문고리'와 마찬가지로 뒤 단어의 첫소리인 'ㄱ'을 된소리로 발음하는 것이다.

문고리[문꼬리]	눈동자[눈똥자]	신바람[신빠람]
산새[산쌔]	손재주[손째주]	길가[길까]
물동이[물똥이]	발바닥[발빠닥]	굴속[굴:쏙]
술잔[술짠]	바람결[바람껼]	그믐달[그믐딸]
아침밥[아침빱]	잠자리[잠짜리]	강가[강까]
초승달[초승딸]	등불[등뿔]	창살[창쌀]
강줄기[강쭐기]		

7. 음의 첨가

(1) 합성어 및 파생어에서, 앞 단어나 접두사의 끝이 자음이고 뒤 단어나 접미사의 첫 음절이 '이, 야, 여, 요, 유'인 경우에는, 'ㄴ' 음을 첨가하여 [니, 냐, 녀, 뇨, 뉴]로 발음한다.

솜이불[솜:니불]	홑이불[혼니불]	막일[망닐]
삯일[상닐]	맨입[맨닙]	꽃잎[꼰닙]
내복약[내:봉냑]	한여름[한녀름]	남존여비[남존녀비]
신여성[신녀성]	색연필[생년필]	직행열차[지캥녈차]
늑막염[능망념]	콩엿[콩녇]	담요[담:뇨]
눈요기[눈뇨기]	영업용[영엄뇽]	식용유[시굥뉴]
백분율[백뿐뉼]	밤윷[밤:뉻]	

①의 용례 추가
짓이기다[진니기다], 야옹야옹[야옹
냐옹], 수원역[수원녁]

① 다만, 다음과 같은 말들은 'ㄴ' 음을 첨가하여 발음하되, 표기대로 발음할 수 있다.

이죽이죽[이중니죽/이주기죽]	야금야금[야금냐금/야그먀금]
검열[검:녈/거:멸]	욜랑욜랑[욜랑뇰랑/욜랑욜랑]
금융[금늉/그뮹]	

[붙임1] 'ㄹ' 받침 뒤에 첨가되는 'ㄴ' 음은 [ㄹ]로 발음한다.

들일[들:릴]	솔잎[솔립]	설익다[설릭따]
물약[물략]	불여우[불려우]	서울역[서울력]
물엿[물렫]	휘발유[휘발류]	유들유들[유들류들]

[붙임2] 두 단어를 이어서 한 마디로 발음하는 경우에도 이에 준한다.

한 일[한닐]	옷 입다[온닙따]	서른여섯[서른녀섣]
3 연대[삼년대]	먹은 엿[머근녇]	할 일[할릴]
잘 입다[잘립따]	스물여섯[스물려섣]	1 연대[일련대]
먹을 엿[머글렫]		

첨가가 없을 경우
'ㄴ(ㄹ)' 음의 첨가가 없을 경우에는,
자연히 앞의 자음을 연음하여 발음
한다.
예 절약[저략], 월요일[워료일], 목요
일[모교일], 금요일[그묘일]

② 다만, 다음과 같은 단어에서는 'ㄴ(ㄹ)' 음을 첨가하여 발음하지 않는다.

6 · 25[유기오]	3 · 1절[사밀쩔]	송별연[송:벼련]	등용문[등용문]

(2) 사이시옷이 붙은 단어는 다음과 같이 발음한다.

🏃 어휘 풀이

① 'ㄱ, ㄷ, ㅂ, ㅅ, ㅈ'으로 시작하는 단어 앞에 사이시옷이 올 때에는 이들 자음만을 된소리로 발음하는 것을 원칙으로 하되, 사이시옷을 [ㄷ]으로 발음하는 것도 허용한다. 현실 발음에서 사이시옷을 [ㄷ]으로 발음하지 않는 형태가 빈번하게 나타나기 때문이다.

❶ 도리깻열: 도리깨의 한 부분. 곧고 가느다란 나뭇가지 두세 개로 만들며, 이 부분을 위아래로 돌리어 곡식을 두드려 낟알을 떤다.
❷ 뒷윷: 윷판에서 뒷밭의 네 번째 자리

냇가[내:까/낻:까]	샛길[새:낄/샏:낄]
빨랫돌[빨래똘/빨랟똘]	콧등[코뜽/콛뜽]
깃발[기빨/긷빨]	대팻밥[대:패빱/대:팯빱]
햇살[해쌀/핻쌀]	뱃속[배쏙/밷쏙]
뱃전[배쩐/밷쩐]	고갯짓[고개찓/고갣찓]

② 사이시옷 뒤에 'ㄴ, ㅁ'이 결합되는 경우에는 [ㄴ]으로 발음한다.

콧날[콛날 → 콘날]	아랫니[아랟니 → 아랜니]
툇마루[퇻:마루 → 퇸:마루]	뱃머리[밷머리 → 밴머리]

③ 사이시옷 뒤에 '이' 음이 결합되는 경우에는 [ㄴㄴ]으로 발음한다.

베갯잇[베갣닏 → 베갠닏]	깻잎[깯닙 → 깬닙]
나뭇잎[나묻닙 → 나문닙]	도리깻열❶[도리깯녈 → 도리깬녈]
뒷윷❷[뒫:뉻 → 뒨:뉻]	뒷일[뒫:닐 → 뒨:닐]

'ㄴㄴ' 첨가 현상 보충 설명
'베갯잇'과 같이 표면상 두 개의 'ㄴ'이 첨가되는 것에 대해 사이시옷이 먼저 첨가된 후 'ㄴ'이 첨가된다고 설명하는데, 이에 대해서는 반론도 있다. 사이시옷이 첨가되기 위해서는 뒤에 오는 말이 경음으로 바뀔 수 있는 평음으로 시작하거나, 비음으로 시작해야 한다. 그런데 'ㄴㄴ'이 첨가되는 예들은 뒷말이 '이'나 반모음 'ㅣ[j]'로 시작하므로 이러한 조건을 충족하지 못한다. 그럴 경우 사이시옷이 첨가될 수 없으며 사이시옷이 첨가되지 못하면 'ㄴ'도 첨가될 수 없다.
'ㄴㄴ'이 첨가되는 예들 중 '깻잎, 나뭇잎'은 '잎'이 예전에 '닢'이었으므로 실제로는 'ㄴ' 첨가와 별반 다를 바가 없다. 즉 역사적으로 '깻닢, 나뭇닢'에서 [깬닙], [나문닙]'으로 변한 것이다. 그러나 '잎'이 결합되지 않은 '베갯잇, 도리깻열, 뒷윷' 등에서는 어떤 과정으로 'ㄴㄴ'이 첨가되었는지를 명확히 알기는 어렵다.

03 외래어 표기법

01 표기의 원칙

제1항 외래어는 국어의 현용 24 자모만으로 적는다.

외국어 음을 적기 위해서 국어에서 쓰지 않는 별도의 기호나 문자를 만들지 않고 자음 14개
(ㄱ, ㄴ, ㄷ, ㄹ, ㅁ, ㅂ, ㅅ, ㅇ, ㅈ, ㅊ, ㅋ, ㅌ, ㅍ, ㅎ)와 모음 10개(ㅏ, ㅑ, ㅓ, ㅕ ㅗ,
ㅛ, ㅜ, ㅠ, ㅡ, ㅣ)로만 표기한다는 뜻이다.
예 battery − 배터리('ㅐ'는 'ㅏ', 'ㅣ'를 결합한 음운이므로 국어의 현용 24 자모만으로 적
는다는 규정에 위배되지 않음)

제2항 외래어의 1 음운은 원칙적으로 1 기호로 적는다.

'fighting'을 '화이팅'으로 적고, 'film'를 '필름'으로 적는다면 외래어 'f'를 2개의 기호인
'ㅎ'과 'ㅍ'으로 적는다는 의미이다. 하지만 '1 음운, 1 기호'의 원칙에 따라 'f'는 반드시
'ㅍ'으로 적어야 한다.
예 파이팅[fighting], 파일[file], 패밀리[family], 판타지[fantasy]

제3항 받침에는 'ㄱ, ㄴ, ㄹ, ㅁ, ㅂ, ㅅ, ㅇ'만을 쓴다.

국어의 받침은 'ㄱ, ㄴ, ㄷ, ㄹ, ㅁ, ㅂ, ㅇ'을 쓴다. 이와 비슷하게 외래어의 받침도 'ㄱ, ㄴ, ㄹ, ㅁ, ㅂ, ㅅ, ㅇ'을 이용해서 적는다. 'ㄷ' 대신 'ㅅ'을 쓰는 이유는 외래어와 조사를 연결했을 때 [로케드로]가 아닌 [로케스로], [로보들]이 아닌 [로보슬]과 같이 발음하기 때문이다.

굳모닝 → 굿모닝	디스켇 → 디스켓	슈퍼마켇 → 슈퍼마켓
커피숖 → 커피숍	핟라인 → 핫라인	라켇 → 라켓

제4항 파열음 표기에는 된소리를 쓰지 않는 것을 원칙으로 한다.

음악의 천재 'Mozart'는 '모차르트'로 써야 할까, '모짜르트'로 써야 할까? 정답은 '모차르트'이다. 그 이유는 파열음뿐만 아니라 마찰음과 파찰음도 된소리를 쓰지 않기 때문이다. 국어는 예사소리, 거센소리, 된소리의 대립이지만 영어는 유성음과 무성음의 대립으로만 되어 있으므로 예사소리와 거센소리는 사용하되 된소리는 쓰지 않는 것이다.

까운 → 가운	까스 → 가스	까페 → 카페
께임 → 게임	꼬냑 → 코냑	꽁트 → 콩트
떠블 → 더블	르뽀 → 르포	리싸이틀 → 리사이틀
빠리 → 파리	삐에로 → 피에로	써비스 → 서비스
썬글라스 → 선글라스	썬탠 → 선탠	째즈 → 재즈
쮜리히 → 취리히	찌프 → 지프	

된소리 표기의 예외
- 중국어 표기에는 된소리인 'ㅆ, ㅉ'을 사용한다.
  예 마오쩌둥, 쑨원
- 파열음에 3중 체계가 존재하는 '타이어, 베트남어'에는 된소리를 사용한다.
  예 푸껫(타이 지명), 호찌민(베트남 인명, 지명)
- 된소리로 굳어진 단어는 된소리 표기를 허용한다.
  예 껌(gum), 빵(pāo), 히로뽕(hiropon), 빨치산(partizan)

제5항 이미 굳어진 외래어는 관용을 존중하되, 그 범위와 용례는 따로 정한다. 외래어 표기법 규정에 어긋나는 발음 표기라도 이미 널리 쓰이는 말은 관용을 존중하여 표기한다.

radio: 래이디오우(×) → 라디오(○)
bat: 뱃(×) → 배트(○)
net: 넷(×) → 네트(○)
camera: 캐머러(×) → 카메라(○)
vitamin: 바이터민(×) → 비타민(○)

02 표기 일람표

국제 음성 기호와 한글 대조표

자음			반모음		모음	
국제 음성 기호	한글		국제 음성 기호	한글	국제 음성 기호	한글
	모음 앞	자음 앞 또는 어말				
p	ㅍ	ㅂ, 프	j	이*	i	이
b	ㅂ	브	ɥ	위	y	위
t	ㅌ	ㅅ, 트	w	오, 우*	e	에
d	ㄷ	드			ø	외
k	ㅋ	ㄱ, 크			ɛ	에
g	ㄱ	그			ɛ̃	앵
f	ㅍ	프			œ	외
v	ㅂ	브			œ̃	욍
θ	ㅅ	스			æ	애
ð	ㄷ	드			a	아
s	ㅅ	스			ɑ	아
z	ㅈ	즈			ɑ̃	앙
ʃ	시	슈, 시			ʌ	어
ʒ	ㅈ	지			ɔ	오
ts	ㅊ	츠			ɔ̃	옹
dz	ㅈ	즈			o	오
tʃ	ㅊ	치			u	우
ʤ	ㅈ	지			ə**	어
m	ㅁ	ㅁ			ɚ	어
n	ㄴ	ㄴ				
ɲ	니*	뉴				
ŋ	ㅇ	ㅇ				
l	ㄹ, ㄹㄹ	ㄹ				
r	ㄹ	르				
h	ㅎ	흐				
ç	ㅎ	히				
x	ㅎ	흐				

* [j], [w]의 '이'와 '오, 우', 그리고 [ɲ]의 '니'는 모음과 결합할 때 제3장 표기 세칙에 따른다.
** 독일어의 경우에는 '에', 프랑스어의 경우에는 '으'로 적는다.

03 | 표기 세칙(영어의 표기)

1. 자음

(1) 무성 파열음([p], [t], [k])

① 짧은 모음 다음의 어말 무성 파열음([p], [t], [k])은 받침으로 적는다.

gap[gæp] 갭	cat[kæt] 캣	book[buk] 북

② 짧은 모음과 유음 · 비음([l], [r], [m], [n]) 이외의 자음 사이에 오는 무성 파열음 ([p], [t], [k])은 받침으로 적는다.

apt[æpt] 앱트	setback[setbæk] 셋백	act[ækt] 액트

③ 위 경우 이외의 어말과 자음 앞의 [p], [t], [k]는 '으'를 붙여 적는다.

stamp[stæmp] 스탬프	cape[keip] 케이프
nest[nest] 네스트	part[pɑːt] 파트
desk[desk] 데스크	make[meik] 메이크
apple[æpl] 애플	mattress[mætris] 매트리스
chipmunk[tʃipmʌŋk] 치프멍크	sickness[siknis] 시크니스

(2) 유성 파열음([b], [d], [g]): 어말과 모든 자음 앞에 오는 유성 파열음은 '으'를 붙여 적는다.

bulb[bʌlb] 벌브	land[lænd] 랜드
zigzag[zigzæg] 지그재그	lobster[lɔbstə] 로브스터
kidnap[kidnæp] 키드냅	signal[signəl] 시그널

(3) 마찰음([s], [z], [f], [v], [θ], [ð], [ʃ], [ʒ])

① 어말 또는 자음 앞의 [s], [z], [f], [v], [θ], [ð]는 '으'를 붙여 적는다.

mask[mɑːsk] 마스크	jazz[dʒæz] 재즈
graph[græf] 그래프	olive[ɔliv] 올리브
thrill[θril] 스릴	bathe[beið] 베이드

② 어말의 [ʃ]는 '시'로 적고, 자음 앞의 [ʃ]는 '슈'로, 모음 앞의 [ʃ]는 뒤따르는 모음에 따라 '샤', '섀', '셔', '셰', '쇼', '슈', '시'로 적는다.

flash[flæʃ] 플래시	shrub[ʃrʌb] 슈러브
shark[ʃɑːk] 샤크	shank[ʃæŋk] 섕크
fashion[fæʃən] 패션	sheriff[ʃerif] 셰리프
shopping[ʃɔpiŋ] 쇼핑	shoe[ʃuː] 슈
shim[ʃim] 심	

③ 어말 또는 자음 앞의 [ʒ]는 '지'로 적고, 모음 앞의 [ʒ]는 'ㅈ'으로 적는다.

mirage[mirɑːʒ] 미라지	vision[viʒən] 비전

(4) 파찰음([ts], [dz], [tʃ], [dʒ])

① 어말 또는 자음 앞의 [ts], [dz]는 '츠', '즈'로 적고, [tʃ], [dʒ]는 '치', '지'로 적는다.

Keats[kiːts] 키츠	odds[ɔdz] 오즈
switch[switʃ] 스위치	bridge[bridʒ] 브리지
Pittsburgh[pitsbəːg] 피츠버그	hitchhike[hitʃhaik] 히치하이크

② 모음 앞의 [tʃ], [dʒ]는 'ㅊ', 'ㅈ'으로 적는다.

chart[tʃɑːt] 차트	virgin[vəːdʒin] 버진

(5) 비음([m], [n], [ŋ])

① 어말 또는 자음 앞의 비음은 모두 받침으로 적는다.

steam[stiːm] 스팀	corn[kɔːn] 콘
ring[riŋ] 링	lamp[læmp] 램프
hint[hint] 힌트	ink[iŋk] 잉크

② 모음과 모음 사이의 [ŋ]은 앞 음절의 받침 'ㅇ'으로 적는다.

hanging[hæŋiŋ] 행잉	longing[lɔŋiŋ] 롱잉

(6) 유음([l])

① 어말 또는 자음 앞의 [l]은 받침으로 적는다.

hotel[houtel] 호텔	pulp[pʌlp] 펄프

② 어중의 [l]이 모음 앞에 오거나, 모음이 따르지 않는 비음([m], [n]) 앞에 올 때에는 'ㄹㄹ'로 적는다. 다만, 비음([m], [n]) 뒤의 [l]은 모음 앞에 오더라도 'ㄹ'로 적는다.

slide[slaid] 슬라이드	film[film] 필름
helm[helm] 헬름	swoln[swouln] 스월른
Hamlet[hæmlit] 햄릿	Henley[henli] 헨리

단모음, 중모음, 장모음
• 단모음: 모음 발음 기호가 홀로 (하나만) 존재하는 것을 말한다.
• 중모음: 발음 기호가 두 개 이상 존재하는 것을 말한다. 즉 [ai, ou, auə] 등으로 발음하는 것을 말한다. 이 '중모음'은 '중모음(重母音)'이므로, '중모음(中母音)'과 혼동하지 않도록 한다.
• 장모음: 발음 기호 뒤에 [ː]가 붙은 형태를 말한다.

---

2. 모음

(1) 장모음: 장모음의 장음은 따로 표기하지 않는다.

team[tiːm] 팀	route[ruːt] 루트

(2) 중모음(이중모음) ([ai], [au], [ei], [ɔi], [ou], [auə]): 중모음은 각 단모음의 음가를 살려서 적되, [ou]는 '오'로, [auə]는 '아워'로 적는다.

time[taim] 타임	house[haus] 하우스
skate[skeit] 스케이트	oil[ɔil] 오일
boat[bout] 보트	tower[tauə] 타워

(3) 반모음([w], [j])

① [w]는 뒤따르는 모음에 따라 [wə], [wɔ], [wou]는 '워', [wɑ]는 '와', [wæ]는 '왜', [we]는 '웨', [wi]는 '위', [wu]는 '우'로 적는다.

word[wəːd] 워드	want[wɔnt] 원트
woe[wou] 워	wander[wɑndə] 완더
wag[wæg] 왜그	west[west] 웨스트
witch[witʃ] 위치	wool[wul] 울

② 자음 뒤에 [w]가 올 때에는 두 음절로 갈라 적되, [gw], [hw], [kw]는 한 음절로 붙여 적는다.

swing[swiŋ] 스윙	twist[twist] 트위스트
penguin[peŋgwin] 펭귄	whistle[hwisl] 휘슬
quarter[kwɔːtə] 쿼터	

③ 반모음 [j]는 뒤따르는 모음과 합쳐 '야', '얘', '여', '예', '요', '유', '이'로 적는다. 다만, [d], [l], [n] 다음에 [jə]가 올 때에는 각각 '디어', '리어', '니어'로 적는다.

yard[jɑːd] 야드	yank[jæŋk] 앵크
yearn[jəːn] 연	yellow[jelou] 옐로
yawn[jɔːn] 욘	you[juː] 유
year[jiə] 이어	Indian[indjən] 인디언
battalion[bətæljən] 버탤리언	union[juːnjən] 유니언

(4) 합성어

① 합성어는 그것을 구성하고 있는 말이 단독으로 쓰일 때의 표기대로 적는다.

cuplike[kʌplaik] 컵라이크	bookend[bukend] 북엔드
headlight[hedlait] 헤드라이트	touchwood[tʌtʃwud] 터치우드
sit-in[sitin] 싯인	bookmaker[bukmeikə] 북메이커
flashgun[flæʃɡʌn] 플래시건	topknot[tɔpnɔt] 톱놋

② 원어에서 띄어 쓴 말은 띄어 쓴 대로 한글 표기를 하되, 붙여 쓸 수도 있다.

Los Alamos[lɔsæləmous] 로스 앨러모스/로스앨러모스
top class[tɔpklæs] 톱 클래스/톱클래스

인명
- 고흐(Gogh)
- 뉴턴(Newton)
- 도스토옙스키(Dostoevsky)
- 도요토미 히데요시(Toyotomi Hideyoshi)
- 루스벨트(Roosevelt)
- 마르크스(Marx)
- 마오쩌둥(Mao zedong)
- 모차르트(Mozart)
- 바흐(Bach)
- 비틀스(The Beatles)
- 생텍쥐페리(Saint-Exupéry)
- 셰익스피어(Shakespeare)
- 콜럼버스(Columbus)
- 체호프(Chekhov)
- 칭기즈칸(Chingiz Khan)
- 카이사르(Caesar)
- 호찌민(Ho Chi Minh)

지명
- 그리스(Greece)
- 노르망디(Normandie)
- 도이칠란트(Deutschland)
- 라스베이거스(Las Vegas)
- 리우데자네이루(Rio de Janeiro)
- 말레이시아(Malaysia)
- 맨해튼(Manhattan)
- 몽마르트르(Montmartre)
- 베르사유(Versailles)
- 블라디보스토크(Vladivostok)
- 상파울루(São Paulo)
- 싱가포르(Singapore)
- 아랍에미리트(Arab Emirates)
- 아이슬란드(Iceland)
- 에스파냐(España)
- 에티오피아(Ethiopia)
- 취리히(Zürich)
- 칭다오(Qingdao)
- 케임브리지(Cambridge)
- 타이베이(Taibei)
- 터키(Turkey)
- 템스강(Thames江)
- 티베트(Tibet)
- 푸껫섬(Phuket-)
- 하얼빈(Harbin)

1. 표기 원칙

(1) 외국의 인명, 지명의 표기는 제1장, 제2장, 제3장의 규정을 따르는 것을 원칙으로 한다.

(2) 제3장에 포함되어 있지 않은 언어권의 인명, 지명은 원지음(현지 발음)을 따르는 것을 원칙으로 한다.

Ankara 앙카라	Gandhi 간디

(3) 원지음이 아닌 제3국의 발음으로 통용되고 있는 것은 관용을 따른다.

Hague 헤이그	Caesar 시저

(4) 고유 명사의 번역명이 통용되는 경우 관용을 따른다.

Pacific Ocean 태평양	Black Sea 흑해

2. 동양의 인명, 지명 표기 원칙

(1) **중국 인명**: 과거인과 현대인을 구분하여 과거인(1911년 신해혁명 이전)은 종전의 한자음대로 표기한다. 현대인(1911년 신해혁명 이후)은 원칙적으로 중국어 표기법에 따라 표기하되, 필요한 경우 한자를 병기한다.

(2) **중국의 역사 지명**: 현재 쓰이지 않는 것은 우리 한자음대로 한다. 현재 지명과 동일한 것은 중국어 표기법에 따라 표기하되, 필요한 경우 한자를 병기한다.

(3) **일본의 인명과 지명**: 과거와 현대의 구분 없이 일본어 표기법에 따라 표기하는 것을 원칙으로 하되, 필요한 경우 한자를 병기한다.

(4) **한국 한자음 허용**: 중국 및 일본의 지명 가운데 한국 한자음으로 읽는 관용이 있는 것은 이를 허용한다.

東京 도쿄, 동경	京都 교토, 경도	上海 상하이, 상해
臺灣 타이완, 대만	黃河 황허, 황하	

3. 바다, 섬, 강, 산 등의 표기 세칙

(1) 바다는 '해(海)'로 통일한다.

홍해	발트해	아라비아해

(2) 우리나라를 제외하고 섬은 모두 '섬'으로 통일한다.

타이완섬	코르시카섬	(우리나라: 제주도, 울릉도)

(3) 한자 사용 지역(일본, 중국)의 지명이 하나의 한자로 되어 있을 경우, '강', '산', '호', '섬' 등은 겹쳐 적는다.

온타케산(御岳)	주장강(珠江)	도시마섬(利島)
하야카와강(早川)	위산산(玉山)	

(4) 지명이 산맥, 산, 강 등의 뜻이 들어 있는 것은 '산맥', '산', '강' 등을 겹쳐 적는다.

Rio Grande 리오그란데강	Monte Rosa 몬테로사산
Mont Blanc 몽블랑산	Sierra Madre 시에라마드레산맥

4. 꼭 알아야 할 외래어 표기

철자	바른 표기	틀린 표기	철자	바른 표기	틀린 표기
gas	가스	까스	gas range	가스레인지	가스렌지
Catholic	가톨릭	카톨릭	Gogh(화가)	고흐	고호
graph	그래프	그라프	gradation	그러데이션	그라데이션
Greece	그리스	그리이스	glass	글라스	그라스
glove	글러브	글로브	globe	글로브	글러브
(독)Gips	깁스	기브스	narcissism	나르시시즘	나르시즘
nonsense	난센스	넌센스	narration	내레이션	나레이션
navigation	내비게이션	네비게이션	nostalgia	노스탤지어	노스탈지아
knockdown	녹다운	넉다운	nonstop	논스톱	넌스톱
nontitle	논타이틀	넌타이틀	nonfiction	논픽션	넌픽션
news	뉴스	뉴우스	dynamic	다이내믹	다이나믹
dynamite	다이너마이트	다이나마이트	diamond	다이아몬드	다이어몬드
dial	다이얼	다이알	dash	대시	대쉬
(프)début	데뷔	데뷰	dessin	데생	뎃생
desktop	데스크톱	데스크탑	data	데이터	데이타
doughnut	도넛	도너츠	dribble	드리블	드리볼
Las Vegas	라스베이거스	라스베가스	license	라이선스	라이센스
Lions Club	라이온스클럽	라이온즈클럽	lighter	라이터	라이타

철자	바른 표기	틀린 표기	철자	바른 표기	틀린 표기
(프)rendez-vous	랑데부	랑데뷰	running shirt	러닝셔츠	런닝셔츠
rush hour	러시아워	러쉬아워	lucky	러키	럭키
remicon	레미콘	레미컨	lesson	레슨	렛슨
radar	레이더	레이다	range	레인지	렌지
recreation	레크리에이션	레크레이션	referee	레퍼리	레프리
repertory	레퍼토리	레파토리	rent-a-car	렌터카	렌트카
lotion	로션	로숀	royalty	로열티	로얄티
rocket	로켓	로케트	rotary	로터리	로타리
rock and roll	록앤드롤(=로큰롤)	록앤롤	rheumatism	류머티즘	류마티스
(프)reportage	르포	르뽀	leadership	리더십	리더쉽
rhythm and blues	리듬앤드블루스	리듬앤블루스	Ringer	링거	링게르
mania	마니아	매니아	massage	마사지	맛사지
Mao Zedong	마오쩌둥	마오저둥	Malaysia	말레이시아	말레이지아
manicure	매니큐어	매니큐	mammoth	매머드	맘모스
mansion	맨션	맨숀	muffler	머플러	마후라
Mozart	모차르트	모짜르트	(프)montage	몽타주	몽타지
mystery	미스터리	미스테리	Burberry coat	바바리코트	버버리코트
barbecue	바비큐	바베큐	baton	바통(=배턴)	바톤
badge	배지	뱃지	balance	밸런스	바란스
Valentine Day	밸런타인데이	발렌타인데이	bonnet	보닛	보넷
body language	보디랭귀지	바디랭기지	(프)bourgeois	부르주아	부르조아
bulldog	불도그	불독	(프)buffet	뷔페	부페
brush	브러시	브러쉬	block	블록	블럭
biscuit	비스킷	비스켓	vision	비전	비젼
The Beatles	비틀스	비틀즈	sash	새시	샤시
sandal	샌들	샌달	chandelier	샹들리에	상들리에
service	서비스	써비스	suntan	선탠	썬탠
sentimental	센티멘털	센티멘탈	sofa	소파	쇼파
showmanship	쇼맨십	쇼맨쉽	show window	쇼윈도	쇼윈도우
shop	숍	샵	shrimp	슈림프	쉬림프
supermarket	슈퍼마켓	수퍼마켓	snack	스낵	스넥
scout	스카우트	스카웃	schedule	스케줄	스케쥴
staff	스태프	스탭	standard	스탠더드	스탠다드
stainless	스테인리스	스텐레스	stewardess	스튜어디스	스튜디스

철자	바른 표기	틀린 표기	철자	바른 표기	틀린 표기
styrofoam	스티로폼	스티로폴	sponge	스펀지	스폰지
slab	슬래브	슬라브	thinner	시너	신나
situation	시추에이션	시츄에이션	symbol	심벌	심볼
symposium	심포지엄	심포지움	Singapore	싱가포르	싱가폴
outlet	아웃렛	아울렛	eye shadow	아이섀도	아이섀도우
Einstein	아인슈타인	아인시타인	accordion	아코디언	어코디언
accent	악센트	엑센트	alcohol	알코올	알콜
(프)enquête	앙케트	앙케이트	(프)encore	앙코르	앵콜
accessory	액세서리	악세사리	accelerator	액셀러레이터	악세레이타
ambulance	앰뷸런스	앰블란스	adapter	어댑터	아답타
emerald	에메랄드	에머랄드	Ethiopia	에티오피아	이디오피아
endorphin	엔도르핀	엔돌핀	(시인)Eliot	엘리엇	엘리어트
orange	오렌지	오랜지	original	오리지널	오리지날
omelet rice	오므라이스	오믈라이스	observer	옵서버	옵저버
yogurt	요구르트	야쿠르트	Indian	인디언	인디안
instant	인스턴트	인스탄트	Zaïre	자이르	자이레
(프)genre	장르	쟝르	jazz	재즈	째즈
jacket	재킷	자켓	gesture	제스처	제스추어
jet engine	제트엔진	젯트엔진	junior	주니어	쥬니어
juice	주스	쥬스	Jura紀	쥐라기	쥬라기
chart	차트	챠트	champion	챔피언	챔피온
Zürich	취리히	쮜리히	chocolate	초콜릿	초콜렛
cardigan	카디건	가디건	(프)cabaret	카바레	캬바레
carburetor	카뷰레터	카뷰레이터	cassette	카세트	카셋트
counseling	카운슬링	카운셀링	Caesar	카이사르	케사르
(프)café	카페	까페	carpet	카펫	카페트
collar	칼라	컬러	column	칼럼	컬럼
caramel	캐러멜	캬라멜	cabinet	캐비닛	캐비넷
cunning	커닝	컨닝	career	커리어	캐리어
conveyor	컨베이어	콘베이어	consortium	컨소시엄	콘소시움
container	컨테이너	콘테이너	control	컨트롤	콘트롤
country	컨트리	컨츄리	color	컬러	칼라
cake	케이크	케익	(프)cognac	코냑	꼬냑
comedy	코미디	코메디	cosmopolitan	코즈모폴리턴	코스모폴리턴
concert	콘서트	컨서트	concept	콘셉트	컨셉트
contact lens	콘택트렌즈	콘텍트렌즈	contest	콘테스트	컨테스트

철자	바른 표기	틀린 표기	철자	바른 표기	틀린 표기
contents	콘텐츠	컨텐츠	Columbus	콜럼버스	콜롬부스
compact	콤팩트	컴팩트	complex	콤플렉스	컴플렉스
(프)conte	콩트	꽁트	(프)coup d'État	쿠데타	쿠테타
gongfu	쿵후	쿵푸	Kremlin	크렘린	크레믈린
Christian	크리스천	크리스찬	crystal	크리스털	크리스탈
climax	클라이맥스	클라이막스	target	타깃	타켓
towel	타월	타올	tigers	타이거스	타이거즈
Titanic	타이태닉	타이타닉	tile	타일	타이루
The Times	타임스	타임즈	taboo	터부	타부
Turkey	터키	터어키	tumbler	텀블러	덤블러
tape	테이프	테입	(프)TGV	테제베	떼제베
television	텔레비전	텔레비젼	Thames	템스	템즈
total	토털	토탈	teamwork	팀워크	팀웍
Paris	파리	빠리	fighting	파이팅	화이팅
fantasy	판타지	환타지	(프)fanfare	팡파르	빵빠레
panel	패널	판넬	family	패밀리	훼밀리
paradox	패러독스	파라독스	package	패키지	팩키지
pamphlet	팸플릿	팜플렛	puncture	펑크	빵꾸
festival	페스티벌	페스티발	propose	프러포즈	프로포즈
(에)flamenco	플라멩코	플라멩고	plastic	플라스틱	프라스틱
plaza	플라자	프라자	plankton	플랑크톤	프랑크톤
flash	플래시	플래쉬	placard	플래카드	플랭카드
flute	플루트	플룻	film	필름	필림
harmony	하모니	하머니	Harbin	하얼빈	하얼삔
highlight	하이라이트	하일라이트	Hollywood	할리우드	헐리우드
hot line	핫라인	핫라인	Halloween	핼러윈	할로윈
helicopter	헬리콥터	헬리곱터	helmet	헬멧	헬맷
hormone	호르몬	홀몬	Hotchkiss	호치키스	호치께스
hula hoop	훌라후프	훌라후푸	hit and run	히트앤드런	히트앤런

16 서울시 9급

확인 문제

다음 중 외래어 표기가 모두 옳은 것은?

① 벌브(bulb), 옐로우(yellow),
　플래시(flash), 워크숍(workshop)
② 알콜(alcohol), 로봇(robot),
　보트(boat), 써클(circle)
③ 밸런스(balance), 도너츠(doughnut),
　스위치(switch), 리더십(leadership)
④ 배지(badge), 앙코르(encore),
　콘테스트(contest), 난센스(nonsense)

정답 ④

해설 ① 옐로우 → 옐로
② 알콜 → 알코올, 써클 → 서클
③ 도너츠 → 도넛

04 로마자 표기법

01 표기의 기본 원칙

제1항 국어의 로마자 표기는 국어의 표준 발음법에 따라 적는 것을 원칙으로 한다.

제2항 로마자 이외의 부호는 되도록 사용하지 않는다.

> **표기 원칙**
>
> • 전사법(轉寫法): 말소리(발음)를 글자나 부호 따위로 옮겨 적는 방법을 말한다. 일반적으로 방언이나 외국어를 국제 음성 기호로 표시하는 일을 이르는데, 현재 우리나라의 로마자 표기법은 발음을 로마자로 바꾸는 전사법(=전음법)을 쓰고 있다.
>
> • 전자법(轉字法): 다른 나라의 말을 철자대로 자기 나라 글자로 맞추어 적는 방법을 말한다. 쉽게 말하면 전사법과는 달리 한글 표기에 맞추어 로마자를 표기하는 방식이다.

02 자모의 표기

1. 모음

(1) 단모음

ㅏ	ㅓ	ㅗ	ㅜ	ㅡ	ㅣ	ㅐ	ㅔ	ㅚ	ㅟ
a	eo	o	u	eu	i	ae	e	oe	wi

(2) 이중 모음

ㅑ	ㅕ	ㅛ	ㅠ	ㅒ	ㅖ	ㅘ	ㅙ	ㅝ	ㅞ	ㅢ
ya	yeo	yo	yu	yae	ye	wa	wae	wo	we	ui

[붙임1] 'ㅢ'는 'ㅣ'로 소리 나더라도 'ui'로 적는다.

예 광희문 Gwanghuimun

[붙임2] 장모음의 표기는 따로 하지 않는다.

2. 자음

(1) 파열음

ㄱ	ㄲ	ㅋ	ㄷ	ㄸ	ㅌ	ㅂ	ㅃ	ㅍ
g, k	kk	k	d, t	tt	t	b, p	pp	p

(2) 파찰음

ㅈ	ㅉ	ㅊ
j	jj	ch

(3) 마찰음

ㅅ	ㅆ	ㅎ
s	ss	h

(4) 비음

ㄴ	ㅁ	ㅇ
n	m	ng

(5) 유음

ㄹ
r, l

[붙임1] 'ㄱ, ㄷ, ㅂ'은 모음 앞에서는 'g, d, b'로, 자음 앞이나 어말에서는 'k, t, p'로 적는다.([ ] 안의 발음에 따라 표기함)

구미	Gumi	영동	Yeongdong	백암	Baegam
옥천	Okcheon	합덕	Hapdeok	호법	Hobeop
월곶[월곧]	Wolgot	벚꽃[벋꼳]	beotkkot	한밭[한받]	Hanbat

[붙임2] 'ㄹ'은 모음 앞에서는 'r'로, 자음 앞이나 어말에서는 'l'로 적는다. 단, 'ㄹㄹ'은 'll'로 적는다.

구리	Guri	설악	Seorak	칠곡	Chilgok
임실	Imsil	울릉	Ulleung	대관령[대괄령]	Daegwallyeong

확인 문제   13 국회직 9급

국어의 〈로마자 표기법〉에 대한 진술 중에서 틀린 것은?

① '종로'를 'Jongro'로 적지 않고 'Jongno'로 적는 것은 국어의 〈로마자 표기법〉이 발음과 로마자를 대응시키는 전사법 체계를 따르기 때문이다.

② 〈로마자 표기법〉은 한국어 발음을 영어 알파벳으로 표기하는 '영문자 표기법'과 근본적으로 다르다.

③ 정보화와 기계화 시대의 흐름에 부응하기 위해 모음의 표기에서 반달표(˘)를 없앤 결과, 하나의 한국어 모음 발음 표기에 두 개의 로마자 글자가 필요한 경우도 생기게 되었다.

④ '도동'을 'Todong'처럼 표기하지 않고 'Dodong'처럼 표기한 것은 유성음과 무성음의 대립을 인식하지 않는 한국인들의 언어 감각을 고려한 조처로 볼 수 있다.

⑤ 평음 /ㄱ/과 로마자 유성자음 /g/가 대응하므로 '곡성'의 로마자 표기는 'Gogseong'처럼 된다.

정답 ⑤

해설 'ㄱ, ㄷ, ㅂ'은 모음 앞에서는 'g, d, b'로, 자음 앞이나 어말에서는 'k, t, p'로 적는다. 따라서 '곡성[곡썽]'의 로마자 표기는 'Gokseong'이라고 써야 한다.

03 표기상의 유의점

1. 음운 변화 시 표기

음운 변화가 일어날 때에는 변화의 결과에 따라 다음 각호와 같이 적는다.

(1) 자음 사이에서 동화 작용이 일어나는 경우

백마 [뱅마]	Baengma	신문로 [신문노]	Sinmunno	종로 [종노]	Jongno
왕십리 [왕심니]	Wangsimni	별내 [별래]	Byeollae	신라 [실라]	Silla

(2) 'ㄴ, ㄹ'이 덧나는 경우

학여울[항녀울]	Hangnyeoul	알약[알략]	allyak

(3) 구개음화가 되는 경우

해돋이 [해도지]	haedoji	같이 [가치]	gachi	굳히다 [구치다]	guchida

(4) 'ㄱ, ㄷ, ㅂ, ㅈ'이 'ㅎ'과 합하여 거센소리로 소리 나는 경우

좋고[조코]	joko	놓다[노타]	nota
잡혀[자펴]	japyeo	낳지[나치]	nachi

다만, 체언에서 'ㄱ, ㄷ, ㅂ' 뒤에 'ㅎ'이 따를 때에는 'ㅎ'을 밝혀 적는다.

묵호	Mukho	집현전	Jiphyeonjeon

[붙임] 된소리되기는 표기에 반영하지 않는다.

압구정	Apgujeong	낙동강	Nakdonggang
죽변	Jukbyeon	낙성대	Nakseongdae
합정	Hapjeong	팔당	Paldang
샛별	saetbyeol	울산	Ulsan

2. 붙임표 사용

발음상 혼동의 우려가 있을 때에는 음절 사이에 붙임표(-)를 쓸 수 있다.

중앙	Jung-ang	반구대	Ban-gudae
세운	Se-un	해운대	Hae-undae

3. 고유 명사

첫 글자를 대문자로 적는다.

부산	Busan	세종	Sejong

4. 인명

성과 이름의 순서로 띄어 쓴다. 이름은 붙여 쓰는 것을 원칙으로 하되 음절 사이에 붙임표 (-)를 쓰는 것을 허용한다.[( ) 안의 표기를 허용함]

민용하	Min Yongha (Min Yong-ha)	송나리	Song Nari (Song Na-ri)

(1) 이름에서 일어나는 음운 변화는 표기에 반영하지 않는다.

한복남	Han Boknam (Han Bok-nam)	홍빛나	Hong Bitna (Hong Bit-na)

(2) 성의 표기는 따로 정한다.

5. 행정 구역

'도, 시, 군, 구, 읍, 면, 리, 동'의 행정 구역 단위와 '가'는 각각 'do, si, gun, gu, eup, myeon, ri, dong, ga'로 적고, 그 앞에는 붙임표(-)를 넣는다. 붙임표(-) 앞뒤에서 일어나는 음운 변화는 표기에 반영하지 않는다.

충청북도	Chungcheongbuk-do	제주도	Jeju-do
의정부시	Uijeongbu-si	양주군	Yangju-gun
도봉구	Dobong-gu	신창읍	Sinchang-eup
삼죽면	Samjuk-myeon	인왕리	Inwang-ri
당산동	Dangsan-dong	봉천 1동	Bongcheon 1(il)-dong
종로 2가	Jongno 2(i)-ga	퇴계로 3가	Toegyero 3(sam)-ga

[붙임] '시, 군, 읍'의 행정 구역 단위는 생략할 수 있다.

청주시	Cheongju	함평군	Hampyeong	순창읍	Sunchang

6. 자연 지물명, 문화재명, 인공 축조물명

붙임표(-) 없이 붙여 쓴다.

경복궁	Gyeongbokgung	불국사	Bulguksa
극락전	Geungnakjeon	속리산	Songnisan
금강	Geumgang	안압지	Anapji
남산	Namsan	연화교	Yeonhwagyo
남한산성	Namhansanseong	오죽헌	Ojukheon
다보탑	Dabotap	종묘	Jongmyo
독도	Dokdo	촉석루	Chokseongnu
독립문	Dongnimmun	현충사	Hyeonchungsa
무량수전	Muryangsujeon	화랑대	Hwarangdae

7. 인명, 회사명, 단체명

그동안 써 온 표기를 쓸 수 있다.

이순신	Yi Sun-shin	연세	Yonsei	김	Kim/Gim

8. 특수 분야

학술 연구 논문 등 특수 분야에서 한글 복원을 전제로 표기할 경우에는 한글 표기를 대상으로 적는다. 이때 글자 대응은 제2장을 따르되 'ㄱ, ㄷ, ㅂ, ㄹ'은 'g, d, b, l'로만 적는다. 음가 없는 'ㅇ'은 붙임표(-)로 표기하되 어두에서는 생략하는 것을 원칙으로 한다. 기타 분절의 필요가 있을 때에도 붙임표(-)를 쓴다.

집	jib	짚	jip	밖	bakk
값	gabs	붓꽃	buskkoch	먹는	meogneun
독립	doglib	문리	munli	물엿	mul-yeos
굳이	gud-i	좋다	johda	가곡	gagog
조랑말	jolangmal	없었습니다	eobs-eoss-seubnida		

확인 문제 · 15 기상직 9급

다음 중 로마자 표기법이 옳지 않은 것은?

① 백령도 Baengnyeongdo
② 울릉도 Ulleungdo
③ 북한산 Bukhansan
④ 압록강 Amrokgang

정답 ④

해설 국어의 로마자 표기는 국어의 표준 발음법에 따라 적는 것을 원칙으로 한다. '압록강'의 발음이 [암녹깡]이므로 'r'이 아니라 'n'으로 써야 한다. 또한 로마자 표기는 된소리되기를 표기에 반영하지 않으므로 'Amnokgang'으로 표기해야 한다.

01

'중(中)'이 의존 명사이므로 앞의 단어와 띄어 쓰는 것이 적절하지만, '무의식중, 부재중, 은연중, 한밤중' 등은 한 단어이므로 붙여 쓴다.

오답의 이유
② '~ㄹ뿐더러'는 연결어미로 붙여 써야 한다.
③ '만'이 시간의 경과를 나타낼 때는 의존 명사로 띄어 쓴다.
④ '안된다'는 '일, 현상, 물건 따위가 좋게 이루어지지 않다.'는 의미로 붙여 쓴다.

01 다음 중 밑줄 친 부분의 띄어쓰기가 옳은 것은?

① <u>한밤중</u>에 전화가 왔다.
② 그는 일도 잘할 <u>뿐더러</u> 성격도 좋다.
③ 친구가 도착한 지 두 <u>시간만</u>에 떠났다.
④ 요즘 경기가 안 좋아서 장사가 잘 안 <u>된다</u>.

02

오답의 이유
① 부는 → 불은
② 넉넉치 → 넉넉지
④ 로써 → 로서

02 다음 밑줄 친 부분 중 한글 맞춤법에 따라 바르게 표기된 것은?

① 방학 동안 몸이 <u>부는</u> 바람에 작년에 산 옷이 맞지 않았다.
② <u>넉넉치</u> 않은 형편에도 불구하고 도움을 주셔서 감사합니다.
③ 오늘 <u>뒤풀이</u>는 길 건너에 있는 <u>맥줏집</u>에서 하도록 하겠습니다.
④ 한문을 한글로 풀이한 이 책은 중세 국어의 자료<u>로써</u> 가치가 있다.

03

쉼표의 경우 바로 다음 말과 직접적인 관계에 있지 않음을 나타낼 때 쓴다. 따라서 '낯익은' 뒤의 쉼표는 바로 다음 말인 '철수'가 아닌 '동생'만을 수식하게 한다.

03 〈보기〉의 ㉠~㉣에 대한 이해로 가장 옳지 않은 것은?

보기

㉠ 낯익은, 철수의 동생이 우리 집에 찾아왔다.
㉡ 꺼진 불도 다시 보자
㉢ 휴가를 낸 김에 며칠 푹 쉬고 온다?
㉣ 나는 '일이 다 틀렸나 보군.' 하고 생각하였다.

① ㉠: 쉼표를 보니 관형어 '낯익은'은 '철수'와 '동생'을 동시에 수식함을 알 수 있다.
② ㉡: 마침표가 없는 것을 보니 '꺼진 불도 다시 보자'는 제목이나 표어임을 알 수 있다.
③ ㉢: 물음표를 보니 의문형 종결어미로 끝나지 않았더라도 의문을 나타낼 수 있음을 알 수 있다.
④ ㉣: 작은따옴표를 보니 '일이 다 틀렸나 보군.'은 마음속으로 한 말이 인용되었음을 알 수 있다.

정답 01 ① 02 ③ 03 ①

04 밑줄 친 단어 중 어법에 맞지 않게 사용된 것은?

13 기상직 9급

① 배경 음악이 영화 장면을 잘 받쳐 주었다.

② 곡식을 깡그리 들어내어 윗마을로 옮겼다.

③ 사회자가 비슷한 말들을 엿가락처럼 늘리고 있다.

④ 김 씨는 몸이 아픈 동생을 위해 약을 달이는 중이다.

05 다음 중 밑줄 친 말이 표준어인 것은?

17 지방직 9급

① 큰 죄를 짓고도 그는 뉘연히 대중 앞에 나섰다.

② 아주머니는 부엌에서 갖가지 양념을 뒤어내고 있었다.

③ 사업에 실패했던 원인을 이제야 깨단하게 되었다.

④ 그 사람은 허구헌 날 팔자 한탄만 한다.

06 밑줄 친 ㉠을 고려할 때 표준 발음으로 옳지 않은 것은?

17 사복직 9급

「표준어 규정」 제2부 표준 발음법

[제12항] 받침 'ㅎ'의 발음은 다음과 같다.

4. ㉠ 'ㅎ(ㄶ, ㅀ)' 뒤에 모음으로 시작된 어미나 접미사가 결합되는 경우에는, 'ㅎ'을 발음하지 않는다.

　예 낳은[나은], 쌓이다[싸이다], 많아[마:나], 싫어도[시러도] ……

---

① 바지가 다 닳아서[다라서] 못 입게 되었다.

② 저녁 반찬으로 찌개를 끓이고[끄리고] 있다.

③ 가지고 온 책은 책상 위에 놓아[노아] 두렴.

④ 기회를 놓치지 않은[안는] 사람이 결국에는 성공하더라.

04

수량과 관련된 것은 '늘리다'를 쓰고, 길이와 관련된 것은 '늘이다'를 써야 한다. ③의 경우 길이와 관련되므로 '늘이고'로 써야 한다.

05

'깨단하다'는 '깨닫거나 분명히 알다.'라는 뜻으로 표준어이다.

오답의 이유

① 뉘연히: '버젓이'의 잘못

② 뒤어내다: '뒤져내다'의 잘못

④ 허구헌: '허구한'의 잘못

06

'않은'의 경우 'ㄶ' 뒤에 모음으로 시작되는 어미인 '은'이 결합되었으므로 'ㅎ'을 발음하지 않는다. 따라서 [아는]으로 발음한다.(표준 발음법 제12항)

정답 04 ③ 05 ③ 06 ④

07

표준 발음법 제21항을 보면 '문법'은 [문뻡]으로 발음되는 것 이외에 [뭄뻡]으로 발음되는 것은 인정하지 않는다.

08

오답의 이유

ㄱ. 카톨릭(Catholic) → 가톨릭
ㄷ. 숏커트(short cut) → 쇼트커트
ㅁ. 챔피온(champion) → 챔피언
ㅂ. 캐리커쳐(caricature) → 캐리커처

09

외래어를 표기할 때의 받침에는 'ㄱ, ㄴ, ㄹ, ㅁ, ㅂ, ㅅ, ㅇ'만을 쓴다.

---

07 다음 중 표준 발음법에서 규정한 표준 발음이 아닌 것은? 17 경찰 1차

① 시계[시계/시게]
② 문법[문뻡/뭄뻡]
③ 읊고[읍꼬]
④ 되어[되어/되여]

08 외래어 표기가 맞는 것을 〈보기〉에서 있는 대로 고른 것은? 17 교행직 9급

보기

ㄱ. 카톨릭(Catholic)　　　　ㄴ. 시뮬레이션(simulation)
ㄷ. 숏커트(short cut)　　　　ㄹ. 카레(curry)
ㅁ. 챔피온(champion)　　　　ㅂ. 캐리커쳐(caricature)

① ㄱ, ㅁ　　　　② ㄴ, ㄹ
③ ㄱ, ㄹ, ㅂ　　　　④ ㄴ, ㄷ, ㅁ

09 다음에 제시된 외래어 표기법의 기본 원칙 중 적절하지 않은 것은? 17 경찰 1차

외래어 표기법은 외래어를 한글로 표기하는 방법에 대한 규정으로 현행 표기법은 1986년에 고시되었다. 현재 영어, 독일어, 중국어, 일본어 등 21개 언어에 대한 표기 세칙이 마련되어 있다.
외래어 표기법의 제1장에서는 표기의 **기본 원칙**을 다음과 같이 밝혔다.
[제1항] 외래어는 국어의 현용 24자모만으로 적는다.
[제2항] 외래어의 1음운은 원칙적으로 1기호로 적는다.
[제3항] 받침에는 'ㄱ, ㄴ, ㄷ, ㄹ, ㅁ, ㅂ, ㅅ, ㅇ'만을 쓴다.
[제4항] 파열음 표기에는 된소리를 쓰지 않는 것을 원칙으로 한다.
[제5항] 이미 굳어진 외래어는 관용을 존중하되, 그 범위와 용례는 따로 정한다.

① 제1항　　　　② 제2항
③ 제3항　　　　④ 제4항

10 다음 〈보기〉의 밑줄 친 ㉠~㉤의 외래어 표기 중 옳지 않은 것을 모두 고르면?

16 국회직 8급

보기

- ㉠ <u>바베큐</u>(barbecue) 장소
- ㉡ <u>다이내믹</u>(dynamic)한 공연
- 영국의 ㉢ <u>옥스포드</u>(Oxford) 지역
- 중국의 무술인 ㉣ <u>쿵푸</u>(← 〈중〉gongfu[功夫])
- 생일 축하 ㉤ <u>케이크</u>(cake)

① ㉠, ㉡

② ㉠, ㉣

③ ㉠, ㉢, ㉣

④ ㉡, ㉢, ㉣

⑤ ㉡, ㉣, ㉤

10
㉠ 바베큐 → 바비큐
㉢ 옥스포드 → 옥스퍼드
㉣ 쿵푸 → 쿵후

11 다음 중 제시된 단어의 표준 발음과 로마자 표기가 모두 옳은 것은?

17 서울시 9급

① 선릉[선능] Seonneung

② 학여울[항녀울] Hangnyeoul

③ 낙동강[낙똥강] Nakddonggang

④ 집현전[지편전] Jipyeonjeon

11
오답의 이유
① 선릉[설릉], Seolleung
③ 낙동강[낙똥강], Nakdonggang
④ 집현전[지편전], Jiphyeonjeon

12 다음 단어의 로마자 표기나 외래어 표기가 바르지 않은 것은?

16 경찰 2차

① 수락산 Suraksan

② 오죽헌 Ojukheon

③ 앰뷸란스 ambulance

④ 마오쩌둥 毛澤東

12
③ ambulance → 앰뷸런스

정답 10 ③ 11 ② 12 ③

올바르게
표현하기

www.edusd.co.kr

01 올바른 어법

01 어휘와 표현 다듬기

1. 잘못된 어휘의 사용

(1) 불국사 대웅전과 부석사 무량수전은 <u>틀린</u> 시대에 만들어졌다. (×)

> → 불국사 대웅전과 부석사 무량수전은 <u>다른</u> 시대에 만들어졌다. (○)

① '틀리다'는 '셈이나 사실 따위가 그르게 되거나 어긋나다.', '바라거나 하려는 일이 순조롭게 되지 못하다.', '마음이나 행동 따위가 올바르지 못하고 비뚤어지다.'의 의미를 가지고 있다.

② 불국사 대웅전과 부석사 무량수전을 서로 구별하려고 할 때는 '비교가 되는 두 대상이 서로 같지 아니하다.'를 뜻하는 '다르다'를 써야 한다.

(2) 나는 감자를 간장에 푹 <u>졸였다</u>. (×)

> → 나는 감자를 간장에 푹 <u>조렸다</u>. (○)

① '졸이다'는 '찌개나 국, 한약 따위의 물을 증발시켜 분량을 적어지게 하다.'라는 의미이다.

② 감자에 간장이 배어들게 하는 것이므로 '양념을 한 고기나 생선, 채소 따위를 국물에 넣고 바짝 끓여 양념이 배어들게 하다.'를 의미하는 '조리다'를 써야 한다.

(3) 뜨거운 <u>햇빛</u>에 얼굴이 까맣게 탔다. (×)

> → 뜨거운 <u>햇볕</u>에 얼굴이 까맣게 탔다. (○)

햇빛은 '해의 빛'으로 밝고 눈부신 성질을 가리킨다. 따라서 살이 타거나 따뜻한 기운을 묘사할 때는 '해가 내리쬐는 기운'을 뜻하는 '햇볕'을 써야 한다.

(4) 불면증이 심해 뜬눈으로 밤을 <u>샜다</u>. (×)

> → 불면증에 시달려 뜬눈으로 밤을 <u>새웠다</u>. (○)

잠을 자지 않고 밤을 보내는 경우에는 '한숨도 자지 아니하고 밤을 지내다.'를 뜻하는 '새우다'를 써야 한다.

확인 문제   15 국회직 8급

어휘 사용의 측면에서 옳은 문장은?

① 일이 돌아가는걸 보니 무슨 사달이 나기는 날 것 같다.

② 우리나라 토종 식물들의 서식 환경이 점점 나빠지고 있다

③ 경기 침체로 빌라와 연립주택의 경매가 봇물을 이루고 있다.

④ 자신을 밝히지 않고 남을 도와왔던 화제의 장본인을 소개하겠습니다.

정답 ①

해설 ① 사달: 사고나 탈 / 사단(事端): 사건의 단서, 혹은 일의 실마리

② 서식 → 자생: '서식'은 '생물 따위(주로 동물)가 일정한 곳에 자리를 잡고 삶'을 뜻한다. '서식'보다는 '저절로 나서 자람'을 의미하는 '자생'이 내용상 더 적절하다.

③ 봇물을 이루고 → 봇물 터지듯 일어나고

④ 장본인 → 주인공(장본인: 어떤 일을 꾀하여 일으킨 바로 그 사람)

2. 불필요한 사동 표현

(1) 내 남자친구 소개시켜 줄게. (×)

> → 내 남자친구 소개해 줄게. (○)

'-시키다'는 '사동'의 뜻을 더하고 동사를 만드는 접미사이다. '소개하다'는 '서로 모르는 사람들 사이에서 양편이 알고 지내도록 관계를 맺어 주다.'라는 의미로 '-시키다'를 쓰지 않아도 자연스럽게 의미 전달이 되므로 '소개하다'를 쓰는 것이 적절하다.

(2) 나와 생각이 다른 사람을 설득시킨다는 건 어려운 일이야. (×)

> → 나와 생각이 다른 사람을 설득한다는 건 어려운 일이야. (○)

'설득하다'는 '상대편이 이쪽 편의 이야기를 따르도록 여러 가지로 깨우쳐 말하다.'라는 뜻으로, '-시키다'를 쓰지 않아도 자연스럽게 의미 전달이 된다.

(3) 아이들을 교육시키는 방법이 잘못되었어. (×)

> → 아이들을 교육하는 방법이 잘못되었어. (○)

'교육하다'는 '지식과 기술 따위를 가르치며 인격을 길러 주다.'라는 의미로, '-시키다'를 쓰지 않아도 자연스럽게 의미 전달이 되므로 '교육하다'를 쓰는 것이 적절하다.

3. 불필요한 피동 표현

(1) 다행히 오후가 되면서 태풍이 약화되어졌다. (×)

> → 다행히 오후가 되면서 태풍이 약화되었다. (○)

'-되어졌다'는 피동 표현인 '-되다'와 '-어지다'가 중복 사용된 이중 피동으로 잘못된 표현이다. '-어지다'를 빼고 '약화되었다'로 쓰는 것이 적절하다.

(2) 우리 회사 직원들은 낡은 관행에 얽매어 있었다. (×)

> → 우리 회사 직원들은 낡은 관행에 얽매여 있었다. (○)

'얽매다'는 '마음대로 행동할 수 없도록 몹시 구속하다.'라는 의미로, 직원들이 스스로 얽어매는 것이 아니다. 따라서 피동 접미사 '-이-'를 넣은 '얽매이다'로 써야 하며, 이를 변형하면 '얽매-+-이-+-어'가 결합한 '얽매여'로 쓰는 것이 좋다.

(3) 잊혀지는 것이 더 두렵다. (×)

> → 잊히는 것이 더 두렵다. (○)

'잊히다'는 '한번 알았던 것이 기억에서 없어지다'를 뜻하는 '잊다'의 피동사이며, '잊혀지다'는 피동사 '잊히다'와 '-어지다'가 중복 사용된 이중 피동으로 잘못된 표현이다. 따라서 피동사 '잊히다'의 활용형인 '잊히는'으로 쓰는 것이 적절하다.

> **'-시키다'의 과도한 사동 표현**
> 우리말 '-시키다'는 체언 뒤에 붙어 '사동'의 뜻을 더하고 동사로 만드는 접미사로 사용되는데, 접미사 '-시키다'를 '-하다'로 교체해도 의미의 변화가 없으면 이때 사용된 '-시키다'는 불필요한 표현이며, 과도한 사동으로 본다.

확인 문제 16 국가직 7급

어법에 맞는 문장은?

① 날씨가 내일부터 누그러져 주말에는 예년 기온을 되찾을 것으로 예상됩니다.
② 내가 유학을 떠날 때, 친구가 소개시켜 준 학교는 유명한 학교가 아니었다.
③ 1반 축구팀은 불안한 수비와 문전 처리가 미숙하여 2반 축구팀에 패배하였다.
④ 방송 장비를 휴대한 트럭이 현장에 대기하면서 실시간으로 상황을 중계합니다.

정답 ①

해설 ② 소개시켜 준 → 소개해 준: '소개하다'로 사용해도 의미의 변화가 없으므로 불필요한 표현이다.
③ 불안한 수비와 문전 처리가 미숙하여 → 수비가 불안하고 문전 처리가 미숙하여: 접속 조사 '와/과'로 이어질 경우 앞뒤 문장 구조가 대등해야 한다.
④ 휴대한 → 실은: '트럭이 휴대한' 것은 어색하다.

4. 잘못된 시제 표현

(1) 우리가 처음 만난 때는 벚꽃이 <u>피는</u> 봄이었다. (×)

> → 우리가 처음 만난 때는 벚꽃이 <u>피던</u> 봄이었다. (○)

전체 문장의 서술어가 과거 시제인 '봄이었다'이므로, 과거를 나타내는 관형사형 어미인 '-던'을 사용하는 것이 적절하다.

(2) 어제부터 계속 등이 <u>결렸다</u>. (×)

> → 어제부터 계속 등이 <u>결린다</u>. (○)

① '결리다'는 '숨을 크게 쉬거나 몸을 움직일 때에, 몸의 어떤 부분이 뜨끔뜨끔 아프거나 뻐근한 느낌이 들다.'를 의미하는 동사이므로, 시제 표현을 할 수 있는 선어말 어미와 함께 쓰는 것이 일반적이다. 따라서 과거형이라면 '결렸다'로, 현재형이라면 '결린다'로 표현해야 한다.

② 등이 결리는 것은 '어제부터 계속' 지속되고 있는 일이므로 과거 시세 선어말 어미 '-었-'이 아닌 현재 시제 선어말 어미 '-ㄴ-'을 쓰는 것이 적절하다.

5. 잘못된 높임 표현

(1) 아버지<u>가</u> 너보고 빨리 <u>오래</u>. (×)

> → 아버지<u>께서</u> 너보고 빨리 <u>오라셔</u>. (○) / 아버지<u>께서</u> 너보고 빨리 <u>오라고 하셔</u>. (○)

행위의 주체인 '아버지'를 높이는 표현으로 수정해야 한다. 주격 조사 '께서'와 주체 높임의 선어말어미 '-시-'를 사용하여 '아버지께서 너보고 빨리 오라셔(오라고 하셔)'라고 쓰는 것이 적절하다.

(2) 우리 사장님께는 아드님이 <u>계시다</u>. (×)

> → 우리 사장님께는 아드님이 <u>있으시다</u>. (○)

'계시다'는 주체를 직접 높일 때 사용하는데 여기서는 '아드님'이 주체로 '아드님' 자체를 높이게 되므로 적절하지 않다. 주어를 간접적으로 높일 때 쓰는 간접 높임 표현인 '있으시다'를 쓰는 것이 적절하다.

(3) 선생님께서 오늘은 댁에 <u>있으시대</u>. (×)

> → 선생님께서 오늘은 댁에 <u>계신대</u>. (○)

높임의 대상인 '선생님'이 주체로, 주체를 직접 높일 때는 '있으시다'보다 '계시다'를 사용하는 것이 적절하다.

확인 문제

13 국가직 9급

가장 자연스러운 표현은?
① 교장 선생님의 말씀이 계시겠습니다.
② 모두 흥에 겨워 춤과 노래를 부르고 있다.
③ 축배를 터뜨리며 함께 우승의 기쁨을 나누었다.
④ 독서는 삶의 방편인 동시에 평생의 반려자이기도 하다.

[정답] ④

[해설] ① 말씀이 계시겠습니다 → 있으시겠습니다: '교장 선생님의 말씀'은 간접 높임의 대상으로 '있다'의 간접 높임인 '있으시다'를 써야 한다.
② 춤과 노래를 부르고 → 춤을 추고, 노래를 부르고: '춤'과 호응하는 동사 '추고'를 넣어야 한다.
③ 축배를 터뜨리며 → '축배를 들며' 혹은 '축포를 터뜨리며': 축배는 '술이나 술잔'을 뜻하므로 '축배를 들다'라고 표현하는 것이 맞다. 동사 '터뜨리며'와 어울리는 단어로 '축포'를 사용하여 '축포를 터뜨리다'라고 할 수도 있다.

(4) 손님, 주문하신 메뉴 <u>나오셨습니다</u>. (×)

> → 손님, 주문하신 메뉴 <u>나왔습니다</u>. (○)

'메뉴'는 높임의 대상이 아니므로 선어말 어미 '−시−'를 사용하여 높여 표현하지 않는다.

6. 잘못된 형용사의 활용

(1) 선생님, 항상 <u>건강하세요</u>. (×)

> → 선생님, 항상 <u>건강하시길 바랍니다</u>. (○)

'건강하다'는 '정신적으로나 육체적으로 아무 탈이 없고 튼튼하다.'는 의미를 뜻하는 형용사로 명령형이나 청유형으로 쓸 수 없다. 용언의 활용이 잘못되었으며, '건강하시길 바랍니다.'가 올바른 표현이다.

(2) 빈칸에 <u>알맞는</u> 말을 넣으시오. (×)

> → 빈칸에 <u>알맞은</u> 말을 넣으시오. (○)

'알맞다'는 형용사이므로, 관형사형 전성 어미인 '−는'과 결합할 수 없다.

7. 잘못된 동사의 활용

(1) 집에 오는 길에 세탁소에 <u>들려서</u> 세탁물 좀 찾아 오렴. (×)

> → 집에 오는 길에 세탁소에 <u>들러서</u> 세탁물 좀 찾아 오렴. (○)

① '들르다'는 '지나는 길에 잠깐 들어가 머무르다'의 의미로, 모음 어미 앞에서 'ㅡ'가 규칙적으로 탈락하는 용언이다. 따라서 '들르−'와 '−어서'가 결합한 '들러서'로 쓰는 것이 적절하다.

② 같은 방식의 활용으로 '담그다 → 담가 → 담가서', '잠그다 → 잠가 → 잠가서' 등이 있다.

(2) 나는 무거운 이삿짐을 혼자 <u>날았다</u>. (×)

> → 나는 무거운 이삿짐을 혼자 <u>날랐다</u>. (○)

'나르다'는 '물건을 한 곳에서 다른 곳으로 옮기다.'라는 의미를 가진 단어로, '르' 불규칙 활용을 한다. 따라서 '나르−+−았−+−다'와 같이 결합하여 '날랐다'로 쓴다.

(3) 땀에 <u>절은</u> 체육복을 세탁기에 넣었다. (×)

> → 땀에 <u>전</u> 체육복을 세탁기에 넣었다. (○)

'절다, 갈다, 놀다'와 같이 'ㄹ' 받침인 동사 어간 뒤에 앞말이 관형어 구실을 하게 하는 어미 '−ㄴ'이 붙을 때 '전, 간, 논'과 같이 어간의 끝 'ㄹ'이 줄어지면 준 대로 적는다.

OX 문제

01 할머니, 언제나 <u>건강하세요</u>. ( )

02 분위기에 <u>걸맞는</u> 옷을 입어야 한다. ( )

03 동생이 외출하면서 문을 <u>잠가서</u> 들어갈 수가 없어. ( )

정답 01 × 02 × 03 ○

해설 01 '건강하시길 바랍니다.'가 옳다.
02 '걸맞은'이 옳다.

(4) 저 멀리 철새가 <u>날라가고</u> 있다. (×)

> → 저 멀리 철새가 <u>날아가고</u> 있다. (○)

용언의 활용이 잘못된 경우로, '날다'와 '가다'를 연결어미 '아'를 붙여 합성한 단어이나 습관적으로 발음을 잘못하여 오류가 생겼다. '날아가고'가 올바르다.

8. 잘못된 조사의 사용

(1) 학생들은 <u>학교 측에게</u> 건의 사항을 전달했다. (×)

> → 학생들은 <u>학교 측에</u> 건의 사항을 전달했다. (○)

유정 명사 뒤에는 조사 '에게'를, 무정 명사에는 '에'를 사용하는 것이 적절하다. '학교 측'은 무정 명사이므로 '에'를 써야 한다.

(2) 그는 <u>교사로써</u> 학생들을 위해 헌신하였다. (×)

> → 그는 <u>교사로서</u> 학생들을 위해 헌신하였다. (○)

'로서'는 지위나 신분 또는 자격을 나타내는 격 조사로, '자격'을 나타낼 때는 '로서'를, '수단 · 방법'을 나타낼 때는 '로써'를 쓴다.

(3) <u>말로서</u> 천 냥 빚을 갚는다. (×)

> → <u>말로써</u> 천 냥 빚을 갚는다. (○)

'시간을 셈할 때 셈에 넣는 한계를 나타내거나 어떤 일의 기준이 되는 시간임을 나타내는 조사'로는 '로써'를 쓰고, 어떤 동작이 일어나거나 시작되는 곳을 나타낼 때는 '로서'를 쓴다.

> 예 이 일을 하는 것이 <u>이로써</u> 다섯 번째입니다.
> 모든 문제는 <u>너로서</u> 시작되었다.

(4) 그는 나에게 "나 내일 야구장에 놀러 간다."<u>고</u> 자랑했다. (×)

> → 그는 나에게 "나 내일 야구장에 놀러 간다."<u>라고</u> 자랑했다. (○)

'라고'는 앞말이 직접 인용되는 말임을 나타내는 격 조사로, 직접 인용될 때는 '라고'를, 간접 인용에는 '고'를 쓰는 것이 적절하다.

(5) 무료 입장은 <u>어린이에게</u> 한한다. (×)

> → 무료 입장은 <u>어린이에</u> 한한다. (○)

'한(限)하다'는 조사 '에'와 결합하여 '~에 한하다'의 형태로 쓰여 '어떤 조건, 범위에 제한되거나 국한되다.'의 의미를 뜻한다. 따라서 '어린이에게'보다 '어린이에'가 적절하다.

확인 문제

14 경찰 2차

01 다음 중 밑줄 친 단어가 바르게 쓰인 것은?

① 해가 뜨자 안개가 다 <u>거쳤다</u>.
② 병세가 <u>겉잡을</u> 수 없게 악화되었다.
③ 그의 전화를 마을을 <u>졸이며</u> 기다렸다.
④ 그녀는 아침 내내 배추를 <u>저리고</u> 있다.

15 국가직 9급

02 밑줄 친 조사의 쓰임이 옳지 않은 것은?

① 건축 면적은 설계도<u>에서</u> 정한 기준에 따라 산정한다.
② 제안서 및 과업 지시서는 참가 신청자<u>에게</u> 한하여 교부한다.
③ 관계 조서 사본을 관리 사무소<u>에</u> 비치하고 일반인에게 보인다.
④ 제5조 제1항의 규정<u>에도</u> 불구하고 다음 각 목의 평가는 1년 유예를 둔다.

정답 01 ③ 02 ②

해설 01 ① 거쳤다 → 걷혔다
② 겉잡을 수 없게 → 걷잡을 수 없게
④ 배추를 저리고 → 배추를 절이고
02 ② 서술어 '한하다'는 필수 부사어 '~에'와 결합하여 '~에 한하다'의 형태로 쓰인다.

9. 불필요한 추측 표현

그 책의 내용이 매우 슬픈 것 같습니다. (×)

> → 그 책의 내용이 매우 슬프네요. (○)

추측이나 불확실한 단정을 나타낼 때 사용되는 '같습니다'는 해당 상황이 아닐 때에도 일상생활에서 불필요하게 자주 사용되므로, '슬프네요'와 같이 명확하게 표현하는 것이 적절하다.

02 문장 성분의 부당한 생략, 중복

1. 부당한 생략

(1) 주어의 부당한 생략

① 문학은 다양한 인간군상을 보여주는 예술의 한 장르로, 문학을 즐길 예술적 본능을 지닌다. (×)

> → 문학은 다양한 인간군상을 보여주는 예술의 한 장르로, 인간은 문학을 즐길 예술적 본능을 지닌다. (○)

주어 '문학은'은 '예술의 한 장르이다.'와 '예술적 본능을 지닌다.'라는 두 개의 서술부에 호응한다. '문학은 예술의 한 장르이다.'는 자연스러우나 '문학은 예술적 본능을 지닌다.'는 어색하며, 예술적 본능을 지닌 존재는 인간뿐이므로 주어 '인간은'을 넣어야 한다.

② 본격적인 공사가 언제 시작되고, 언제 개통될지 모른다. (×)

> → 본격적인 공사가 언제 시작되고, 지하철이 언제 개통될지 모른다. (○)

'개통될지 모른다'라는 서술어구에 호응하고 있는 주어가 없으므로, '지하철이', '기차가'와 같은 주어를 넣어야 올바른 문장이 된다.

③ 우리 방송은 시청자가 늘지 않고 계속 제자리 상태이다. (×)

> → 우리 방송은 시청자가 늘지 않고 시청률이 계속 제자리 상태이다. (○)

서술어구 '계속 제자리 상태이다'와 호응하는 주어가 생략되었다. 주어 '시청률이'와 같은 주어를 넣어주어야 의미가 명확해진다.

(2) 목적어의 부당한 생략

① 벽에 기대거나 발로 차지 마시오. (×)

> → 벽에 기대거나 벽을 발로 차지 마시오. (○)

서술어구 '발로 차지 마시오'에 호응하는 목적어가 생략되었으므로 목적어 '벽을'을 넣어주는 것이 적절하다.

○X 문제

문법적으로 부당하게 생략된 성분이 없는 문장은 ○, 있는 문장은 ×로 표기하시오.

01 작업이 본격적으로 시작되면, 언제 완성될지 모른다. ( )

02 동물들은 호수의 물로 목욕을 하거나 마시기도 한다. ( )

정답 01 × 02 ×
해설 01 '언제 완성될지 모른다.'의 주어가 없다.
02 '마시기도 한다.'의 목적어가 없다.

어휘 풀이

❶ **필수 부사어**: 언어 문장 구성에서 꼭 있어야 하는 부사어. 예를 들어 '학생들이 학교에 간다.'에서 '학교에'가 해당된다.

② 동물은 다른 동물에게 잡아먹히기도 하고, 잡아먹기도 한다. (×)

> → 동물은 다른 동물에게 잡아먹히기도 하고, 다른 동물을 잡아먹기도 한다. (○)

제시된 문장은 '동물은 다른 동물에게 잡아먹히기도 하다.'와 '동물은 다른 동물에게 잡아먹기도 한다.'로 나눌 수 있는데, 뒷 문장은 어색하다는 것을 알 수 있다. '다른 동물에게'를 목적어 '다른 동물을'로 바꾸어야 올바른 문장이 된다.

③ 그는 위험한 범죄자로, 두려워하는 사람도 많다. (×)

> → 그는 위험한 범죄자로, 그를 두려워하는 사람도 많다. (○)

서술어구 '두려워하는 사람도 많다'에 호응하는 목적어가 생략되었으므로, '그를'과 같은 목적어를 넣어주는 것이 적절하다.

(3) 부사어의 부당한 생략

① 스스로 현실을 개척해 나가는 사람도 있고, 순응하면서 사는 사람도 있다. (×)

> → 스스로 현실을 개척해 나가는 사람도 있고, 현실에 순응하면서 사는 사람도 있다. (○)

'순응하다'는 목적어가 필요 없는 자동사로 필수 부사어❶를 취한다. 따라서 '현실에'라는 부사어를 넣어주는 것이 적절하다.

② 아버지께서 생일 선물로 컴퓨터를 사 주셨다. (×)

> → 아버지께서 생일 선물로 나에게 컴퓨터를 사 주셨다. (○)

'주다'는 '주어', '목적어', '부사어'의 문장 성분 세 가지를 요구하는 세 자리 서술어이므로 '나에게'라는 부사어를 넣어 주어야 한다.

2. 불필요한 중복

(1) 단어의 중복

① 사랑이란, 다른 존재를 아끼고 귀중히 여기는 마음이 사랑이다. (×)

> → 사랑이란, 다른 존재를 아끼고 귀중히 여기는 마음이다. (○)
> → 다른 존재를 아끼고 귀중히 여기는 마음이 사랑이다. (○)

'사랑'을 반복해서 사용하여 문장이 어색하므로 한 번만 사용하는 것이 적절하다.

② 그 영화는 감독의 어린 시절 경험이 잘 녹아 있는 영화이다. (×)

> → 그 영화는 감독의 어린 시절 경험이 잘 녹아 있다. (○)

'영화'를 반복해서 사용할 필요는 없다. 한 번만 사용하는 것이 적절하다.

③ 수영이의 장점은 매사에 철저하고 꼼꼼하게 준비한다는 것이 큰 장점이다. (×)

> → 수영이의 장점은 매사에 철저하고 꼼꼼하게 준비한다는 것이다. (○)
> → 수영이는 매사에 철저하고 꼼꼼하게 준비하는 것이 장점이다. (○)

확인 문제   17 경찰 1차

다음 중 문장의 표현이 가장 적절한 것은?

① 공직자는 사회 현실과 사회적 책임을 다해야 할 것이다.
② 이 약은 예전부터 우리 집의 만병통치약으로 사용되어 왔다.
③ 인간은 환경을 지배하기도 하고 순응하기도 한다.
④ 그는 내키지 않는 일은 반드시 하지 않는다.

[정답] ②

[해설] ① 사회 현실과 사회적 책임을 → 사회 현실을 알고 사회적 책임을: 대등 접속구문(~과)으로 문장 성분의 호응을 자연스럽게 하기 위해 서술어 '알고'를 넣는다.
③ 환경을 지배하기도 하고 순응하기도 한다 → 환경을 지배하기도 하고 환경에 순응하기도 한다: 부사어 '환경에'를 넣는다.
④ 반드시 하지 않는다 → 절대로 하지 않는다: '반드시' 뒤에는 긍정 호응이 오므로, 뒤에 부정 표현이 오는 '절대로'로 바꿔야 한다.

문장에서 같은 단어가 중복되면 나중에 나온 단어는 다른 단어로 대체한다. 따라서 '큰 장점이다'를 생략하고 '장점'을 한 번만 쓰는 것이 적절하다.

(2) 의미의 중복

① 방학 <u>기간</u> <u>동안</u> 여행을 다녀왔다. (×)

> → 방학 <u>동안</u> 여행을 다녀왔다. (○)

'기간(期間)'과 '동안'은 한자와 고유어로서 '어느 일정한 시기에서 다른 일정한 시기와의 사이'를 의미한다. 의미가 중복되므로 두 단어 중 하나를 생략하고 '방학 동안'으로 쓰는 것이 자연스럽다.

② 그는 그 사건이 일어나리라는 것을 <u>미리 예견(豫見)</u>하고 있었다. (×)

> → 그는 그 사건이 일어나리라는 것을 <u>예견(豫見)</u>하고 있었다. (○)

예견(豫見)의 '예(豫)'는 '미리'라는 뜻을 가지고 있다. 따라서 앞에 '미리'를 덧붙이는 것은 중복이므로 삭제한다.

③ 우리 학교는 육군 모 부대와 <u>자매결연을 맺고</u> 있다. (×)

> → 우리 학교는 육군 모 부대와 <u>자매결연을 하고</u> 있다. (○)
> → 우리 학교는 육군 모 부대와 <u>자매의 연을 맺었다.</u> (○)

'결연'은 '인연을 맺음, 또는 그런 관계'를 뜻하는 말로 '맺다'라는 말과 같이 쓰면 중복이다.

④ 버스에 탄 <u>승객들은</u> 모두 <u>자리에 착석하시기</u> 바랍니다. (×)

> → 버스에 <u>탄 손님들은</u> 모두 <u>착석하시기</u> 바랍니다. (○)
> → 버스 <u>승객들은</u> 모두 <u>착석하시기</u> 바랍니다. (○)

㉠ '승객(乘客)'은 '차, 배, 비행기 따위의 탈것을 타는 손님'이라는 뜻을 가지고 있으므로 앞에 '타다'라는 말이 오면 중복이 된다. 둘 중 하나만 쓴다.

㉡ '착석(着席)'은 '자리에 앉음'이라는 뜻을 가지고 있으므로 앞에 '자리'를 쓰면 중복이 된다.

⑤ 나는 지금 해야 할 일이 무엇인지 <u>스스로 자각했다.</u> (×)

> → 나는 지금 해야 할 일이 무엇인지 <u>자각했다.</u> (○)

'자각(自覺)'은 '스스로 깨달음'이라는 뜻을 가지고 있다. 따라서 '스스로'라는 말을 앞에 붙이면 중복이 되므로 삭제한다.

O✕ 문제

의미가 중복된 어휘가 없는 문장은 ○, 의미가 중복된 어휘를 사용한 문장은 ✕로 표기하시오.

01 내 앞에서 어린 소녀가 춤을 추고 있었다. ( )

02 드디어 이번 시험은 탈꼴찌에서 벗어났다. ( )

정답 01 ✕ 02 ✕
해설 01 어린 소녀 → 소녀
02 탈꼴찌에서 벗어났다 → '탈꼴찌 하다' 혹은 '꼴찌에서 벗어나다'

개념 더하기

의미가 중복된 단어

의미가 중복된 단어
'국화꽃, 생일날, 완두콩'은 표준국어대사전에 등재되어 사용하는 데 문제는 없으나, 사실상 의미가 중복되었다.

가까이 접근(接近)	같은 동포(同胞)	겉표지(表紙)
*국화(菊花)꽃	긴 장(長)대	남은 여생(餘生)
다시 복습(復習)하다	도보(徒步)로 걷다	동해(東海) 바다
따뜻한 온정(溫情)	모두 다	미리 예약(豫約)하다
방학 기간(其間) 동안	빠른 쾌유(快癒)	분(粉) 가루
새 신부(新婦)	*생일(生日)날	새로 만든 신작(新作)
어린 소녀(少女)	악취(惡臭) 냄새	역전(驛前) 앞
옥상(屋上) 위	*완두(豌豆)콩	완전히 전멸(全滅)하다
죽은 시체(屍體)	큰 대문(大門)	탈(脫) 꼴찌에서 벗어나다
투고(投稿)한 원고	폭음(爆音) 소리	푸른 창공(蒼空)
하얀 백발(白髮)	함성(喊聲) 소리	혼자 독학(獨學)하다

03 관형화 · 명사화 구성의 남용

1. 관형화 구성

(1) 개념: 문장 안에 관형어가 지나치게 많은 구성을 말한다.

(2) 관형화형 전성 어미: -(으)ㄴ, -는, -(으)ㄹ, -던

(3) 예시

① 이 기계는 성능이 좋은 안전한 고도의 정밀한 기계로, 비용도 저렴한 파격적인 저비용이다. (×)

> → 이 기계는 고도로 정밀하여 성능이 좋고 안전하며, 비용도 파격적으로 저렴하다. (○)

㉠ 이 문장은 '성능이 좋은', '안전한', '고도의', '정밀한'이란 관형어가 중첩되어 '기계'를 꾸미고 있으며, '비용도 저렴한'과 '파격적인 저비용'도 중첩되어 어색하다.
㉡ 또한 '기계', '비용', '저렴'이라는 단어도 중복되었으므로 불필요한 말을 생략해야 한다.

② 위대한 찬란한 전통 문화를 단절시킬 가능성이 큰 고루한 문화 정책은 재고해야 한다. (×)

> → 위대하고 찬란한 전통 문화를 단절시킬 가능성이 큰, 고루한 문화 정책은 재고되어야 한다. (○)

○× 문제

의미가 중복된 어휘가 없는 문장은 ○, 의미가 중복된 어휘를 사용한 문장은 ×로 표기하시오.

01 남은 여생을 잘 보내는 게 마지막 목표야. ( )

02 환자분의 빠른 쾌유를 빕니다. ( )

03 어디선가 심한 악취가 났다. ( )

정답 01 × 02 × 03 ○
해설 01 남은 여생
02 빠른 쾌유

  ㉠ 이 문장은 '위대한', '찬란한', '단절시킬', '가능성이 큰', '고루한'과 같은 관형화 구성이 연속되어 어색하다. 따라서 '위대하고 찬란한'으로 바꾸어 관형화 구성을 줄이며, '단절시킬 가능성이 큰' 뒤에 쉼표를 넣어 한번 끊어 준다.

  ㉡ '재고해야 한다'의 주어는 '문화 정책'이지만, '문화 정책'은 '재고'의 주체가 될 수 없으므로 피동형으로 바꾸어 '재고되어야 한다'로 바꾼다.

2. 명사화 구성

(1) 개념: 문장 안에 명사(명사형)가 지나치게 많은 구성을 말한다.

(2) 명사형 전성 어미: −(으)ㅁ, −기

(3) 예시

 ① 이번 달에 보너스가 많이 지급될 <u>것으로</u> 예상<u>되는 것이다</u>. (×)

> → 이번 달에 보너스가 많이 지급될 <u>것으로</u> 예상<u>된다</u>. (○)

  ㉠ 명사화 구성이 중첩되어 쓰이면 전체 문장의 의미가 어색해진다. 위 문장에서는 '−것'이 중첩되었으므로 하나를 생략한다.

  ㉡ 우리말은 명사화 구성을 많이 쓰는 것을 싫어하므로 명사어구가 중복되는 경우 용언의 형태로 풀어주거나 생략하는 것이 좋다.

 ② 영수는 우수 선수 추천 명단 <u>선정이</u> 너무 주관적이라며 불만을 터뜨렸다. (×)

> → 영수는 우수 선수 추천 명단을 <u>선정한 것이</u> 너무 주관적이라며 불만을 터뜨렸다. (○)
> → 영수는 우수 선수 추천 명단이 너무 주관적으로 <u>선정되었다며</u> 불만을 터뜨렸다. (○)

 '우수 선수 추천 명단 선정'과 같이 명사화를 지나치게 하여 문장이 어색해졌다. 이런 경우에는 동사나 형용사로 풀어 설명해 주는 것이 적절하다.

---

04   단어의 호응

1. 주어와 서술어의 호응

(1) 학생 여러분에게 먼저 당부하고 싶은 것은 만일 여러분이 자신을 둘러싼 환경 탓을 하고 있다면 그런 생각은 <u>버리시길 바랍니다</u>. (×)

> → 학생 여러분에게 먼저 당부하고 싶은 것은 만일 여러분이 자신을 둘러싼 환경 탓을 하고 있다면 그런 생각은 <u>버리시라는 것입니다</u>. (○)

 주어 '당부하고 싶은 것은'은 서술어 '바랍니다'와 호응이 어색하다. '바란다'는 행위는 인간만이 가능하기 때문이다. 서술어를 '~는 것이다(사실이다, 점이다)'로 고치는 것이 적절하다.

○✕ 문제

어법에 맞으면 ○, 틀리면 ✕로 표기하시오.

01 그는 이 문제에 대해 가능한 충실히 처리하려 노력했다. ( )

02 그가 음악에 몰두했던 것은 단순히 음악이 좋아서라기보다는 가슴 속 상처를 지우기 위해서였다. ( )

03 시공에 정성을 다하고 공사 기간도 최대한 단축하여 체육관 공사를 내년 1월까지 마무리하겠습니다. ( )

정답 01 ✕ 02 ○ 03 ○
해설 01 가능한 → 가능한 한

(2) 정부의 개혁 정책은 앞으로 대대적인 수정이 <u>불가피할 전망입니다</u>. (×)

> → 정부의 개혁 정책은 앞으로 대대적인 수정이 <u>불가피할 것으로 전망됩니다</u>. (○)
> → 정부의 개혁 정책은 앞으로 대대적인 수정이 불가피할 것으로 <u>전문가들은 전망합니다</u>. (○)

주어 '정부의 개혁 정책은'과 서술어 '불가피할 전망입니다'가 호응을 이루지 못한다. '전망'하는 행위의 주체는 인간이기 때문이다. 따라서 '전망이다'를 피동형인 '전망되다'로 고쳐 쓰거나 주체인 '전문가들은'을 추가하는 것이 적절하다.

(3) 이곳은 금지구역으로 무단 침입자에 대하여는 관련 법률에 의거 <u>처벌 받습니다</u>. (×)

> → 이곳에 <u>무단으로 침입하는 자는</u> 관련 법률에 의거하여 <u>처벌 받습니다</u>. (○)
> → 이곳은 관련 법률에 의거하여 <u>무단 침입자를 처벌하는 금지구역입니다</u>. (○)

주어 '이곳은'과 서술어구 '처벌 받습니다'가 호응을 이루지 못한다. '처벌을 받는' 주체는 '무단 침입자'이기 때문이다. 따라서 '무단으로 침입하는 자는 ~ 처벌 받습니다'나 '이곳은 ~ 처벌하는 금지구역입니다' 등으로 고쳐 쓰는 것이 적절하다.

(4) 그때가 내 인생에서 가장 빛났던 <u>추억이었다</u>. (×)

> → 그때가 내 인생에서 가장 빛났던 <u>시기였다</u>. (○)

주어 '그때가'와 서술어 '추억이었다'가 호응을 이루지 못한다. '그때가'의 '그때'는 특정 시기를 나타내는 말이므로, 서술어도 '시기였다'로 고치는 것이 적절하다.

(5) 우리가 이번 일에 실패한 <u>이유는</u> 일을 너무 쉽게 <u>생각했다</u>. (×)

> → 우리가 이번 일에 실패한 <u>이유는</u> 일을 너무 쉽게 <u>생각했기 때문이다</u>. (○)

주어 '이유는'과 서술어 '생각했다'가 호응을 이루지 못한다. 따라서 '생각했기 때문이다.'로 고쳐 써야 호응을 이룰 수 있다.

(6) 누구나 <u>행정고시가</u> 얼마나 어려운 관문을 <u>통과해야 하는지</u> 알고 있다. (×)

> → 누구나 <u>행정고시가</u> 얼마나 어려운 <u>관문인지</u> 알고 있다. (○)
> → 누구나 <u>행정고시라는</u> 관문을 <u>통과하는 것이</u> 얼마나 어려운지 알고 있다. (○)

주어 '행정고시가'와 서술구 '통과해야 하는지'가 호응을 이루지 못하고 있다. 따라서 '행정고시' = '어려운 관문'이 될 수 있도록 '행정고시가 ~ 관문인지'나 '행정고시라는 관문을 통과하는 것이 얼마나 어려운지'로 고쳐 쓰는 것이 적절하다.

2. 목적어와 서술어의 호응

(1) 이 버스는 <u>사람이나 짐을 싣고</u> 매일 운행한다. (×)

> → 이 버스는 <u>사람을 태우거나 짐을 싣고</u> 매일 운행한다. (○)

사람은 '싣다'라는 서술어를 쓸 수 없고 '태우다'를 사용해야 하므로 '사람을 태우거나 짐을 싣고'로 고쳐 쓰는 것이 적절하다.

확인 문제　18 서울시 9급

문장 성분 간의 호응이 가장 옳은 것은?

① 왜냐하면 한국이 빠른 속도로 경제적 발전을 이루었다는 것이다.

② 그 사람이 우리에게 중요한 까닭은 우리가 합격했다는 사실이다.

③ 내가 그 분을 처음 뵌 것은 호텔에서 내 친구하고 만나 이야기하고 있을 때였다.

④ 학계에서는 국어 문법에 관심과 조명을 해 나가고 근대 국어에도 관심을 보이기 시작했다.

정답 ③

해설 ① 이루었다는 것이다 → 이루었기 때문이다: '왜냐하면'은 '~ 때문이다'나 '-니까'와 호응한다.

② 합격했다는 사실이다 → 합격했기 때문이다: '까닭은'과 자연스럽게 호응하려면 '~ 때문이다'로 바꾸어야 한다.

④ 관심과 조명을 해 나가고 → 관심을 두고 이를 조명해 나가고: '관심을 ~ 해 나가고'는 어색하므로 '관심'에 호응하는 서술어 '두고'를 넣어야 한다.

(2) 네가 네 <u>장점</u>과 단점을 보완하면 성공할 수 있을 거야. (×)

> → 네가 네 <u>장점을 살리고</u> 단점을 보완하면 성공할 수 있을 거야. (○)

목적어 '단점을'과 서술어 '보완하면'은 호응하지만 '장점을 보완하면'은 호응을 이루지 못한다. 따라서 목적어 '장점을'과 호응을 이루는 서술어 '살리고'를 넣는 것이 적절하다.

(3) 기상 이상 현상인 엘리뇨의 <u>문제점</u>과 대안을 마련해야 해. (×)

> → 기상 이상 현상인 엘리뇨의 <u>문제점을 파악하고</u> 대안을 마련해야 해. (○)

목적어 '대안을'과 동사 '마련하다'는 호응하지만 목적어 '문제점을'과 동사 '마련하다'는 호응을 이루지 못한다. 따라서 '문제점을'과 호응하는 서술어를 넣어 '문제점을 파악하고'로 바꾸는 것이 적절하다.

3. 부사어와 서술어의 호응

(1) **긍정의 호응**: '과연 ~구나'와 같이 긍정의 의미를 나타낸다.

부사어	예시
과연	이렇게 많은 발명품을 만들다니, <u>과연</u> 천재로<u>구나</u>.

(2) **부정의 호응**: '결코, 별로, 여간, 절대, 전혀, 차마' 등의 부사어가 '아니다, 없다, 못 하다' 등 주로 부정의 의미를 나타내는 말과 함께 쓰인다.

부사어	예시
결코	그것은 <u>결코</u> 우연한 일이다. → 그것은 <u>결코</u> 우연한 일이 <u>아니다</u>.
별로	그의 병세는 예전에 비해 <u>별로</u> 나아졌다. → 그의 병세는 예전에 비해 <u>별로</u> 나아지지 <u>않았다</u>.
전혀	그 일은 <u>전혀</u> 우연한 일이다. → 그 일은 <u>전혀</u> 우연한 일이 <u>아니다</u>.
절대로	이 물건은 <u>절대로</u> 공짜야. → 이 물건은 <u>절대로</u> 공짜가 <u>아니야</u>.
여간	혼자서 아이를 키우는 게 <u>여간</u> 어려운 일이다. → 혼자서 아이를 키우는 게 <u>여간</u> 어려운 일이 <u>아니다</u>.
그다지	양식을 <u>그다지</u> 좋아한다. → 양식을 <u>그다지</u> 좋아하지 <u>않는다</u>.
비단	이런 일은 <u>비단</u> 어제오늘의 일이다. → 이런 일은 <u>비단</u> 어제오늘의 일이 <u>아니다</u>.
좀처럼	그의 분노는 <u>좀처럼</u> 가셨다. → 그의 분노는 <u>좀처럼</u> 가시지 <u>않았다</u>.

(3) **가정의 호응**: '만약(만일) ~다면(~더라도)', '비록 ~ㄹ지라도(~지마는, ~더라도)', '아무리(혹시) ~도(~더라도)'의 형태로 호응한다.

부사어	예시
만약	<u>만약</u> 비가 와서 소풍은 취소될 것이다. → <u>만약</u> 비가 오면 소풍은 취소될 것이다.
비록	<u>비록</u> 가난해서 행복하다. → <u>비록</u> 가난하더라도 행복하다.
아무리	<u>아무리</u> 열심히 하면 일이 끝나지 않는다. → <u>아무리</u> 열심히 해도 일이 끝나지 않는다.
혹시	<u>혹시</u> 비가 오면 운동회는 진행될 것이다. → <u>혹시</u> 비가 오더라도 운동회는 진행될 것이다.

OX 문제

어법에 맞으면 ○, 틀리면 ×로 표기하시오.

01 이런 사소한 것도 처리하지 못하다니, 과연 머리가 좋지 않구나. (　)

02 그는 결코 그 일을 잘할 자신이 있었다. (　)

03 만약 눈이 내리면 비행기가 결항될 것이다. (　)

정답 01 × 02 × 03 ○

해설 01 '과연'은 긍정의 의미를 나타내는 말과 쓰인다.
02 '결코'는 부정의 의미를 나타내는 말과 함께 쓰인다.

(4) 추측의 호응: '아마(틀림없이) ~(으)ㄹ 것이다'의 형태로 주로 추측의 표현과 함께 쓰인다.

부사어	예시
아마	아마 저녁식사는 했다. → 아마 저녁식사는 했을 것이다.
틀림없이	영수는 틀림없이 숙제를 하지 않았어. → 영수는 틀림없이 숙제를 하지 않았을 거야.

(5) 인과의 호응: '왜냐하면 ~ 때문이다'와 같이 원인과 결과의 형태로 호응한다.

부사어	예시
왜냐하면	그는 올해의 우수 사원상을 받았다. 왜냐하면 이번 년도 가장 실적이 좋을 것이다. → 그는 올해의 우수 사원상을 수상했다. 왜냐하면 작년 한 해 가장 실적이 좋았기 때문이다.

(6) 당위의 호응: '마땅히, 모름지기, 당연히, 반드시' 등 당위의 의미를 가진 부사어는 '~해야(하여야) 한다' 형태의 서술어와 호응한다.

부사어	예시
마땅히	학생이라면 마땅히 열심히 공부한다. → 학생이라면 마땅히 열심히 공부해야 한다.
모름지기	모름지기 학생은 열심히 공부한다. → 모름지기 학생은 열심히 공부해야 한다.
당연히	그 정도로 귀띔을 했으면 당연히 알아듣지. → 그 정도로 귀띔을 했으면 당연히 알아들어야지.
반드시	반드시 제시간에 온다. → 반드시 제시간에 와야 한다.

(7) 비교의 호응: '마치, 흡사' 등의 부사어가 '~같다, ~양하다'와 같은 형태의 서술어와 호응하여 비교의 의미를 나타낸다.

부사어	예시
마치	그녀의 노랫소리는 마치 천사가 내는 소리다. → 그녀의 노랫소리는 마치 천사가 내는 소리 같다.
흡사	그의 얼굴빛은 하얗게 변해서 흡사 분을 칠했다. → 그의 얼굴빛은 하얗게 변해서 흡사 분을 칠한 것 같았다.

(8) 의문의 호응: '도대체, 설마, 행여'와 같은 부사어는 '~ㄹ까' 형태로 의문을 나타내는 서술어와 호응한다.

부사어	예시
도대체	도대체 이해할 수가 있다. → 도대체 이해할 수가 있을까?
행여	날도 추운데 행여 감기 들었다. → 날도 추운데 행여 감기 들까 걱정이다.
설마	돈이 급하다고 설마 도둑질을 했다. → 돈이 급하다고 설마 도둑질을 했을까?

(9) 반의적 호응: 부사어 '뉘라서'는 '~(으)ㄹ 것인가'와, 부사어 '하물며'는 '~랴' 형태의 서술어와 호응한다.

부사어	예시
하물며	덩치 큰 장정도 하기 힘든데 하물며 영희가 한다. → 덩치 큰 장정도 하기 힘든데 하물며 영희가 하랴?

○× 문제

01 아무리 열심히 하면 일이 계속 쌓인다. ( )

02 어머니는 중식을 그다지 좋아하지 않으신다. ( )

03 그 옷은 너에게 절대로 잘 어울려.( )

정답 01 × 02 ○ 03 ×

해설 01 '아무리'는 '~도(더라도)'와 호응한다.
03 '절대로'는 부정의 의미를 나타내는 말과 호응한다.

뉘라서	오랫동안 떠나 있던 그의 소식을 <u>뉘라서</u> 알 <u>것이다</u>. → 오랫동안 떠나 있던 그의 소식을 <u>뉘라서</u> 알 <u>것인가?</u>

4. 수식어와 피수식어의 호응

(1) 승민이는 <u>한결같이</u> 어려운 친구를 <u>돕는</u> 착한 학생이다. (×)

> → 승민이는 어려운 친구를 한결같이 돕는 착한 학생이다. (○)

① 수식어와 피수식어의 거리가 멀어지면 수식 관계가 불분명해지므로 수식어는 피수식어 앞에 위치하는 것이 좋다.
② 위 문장에서 '한결같이'는 '돕는'을 수식하므로 '돕는' 앞으로 옮기는 것이 적절하다.

(2) 오후 들어 <u>어김없이</u> 비바람이 쏟아지는데도 그는 도서관에 갔다. (×)

> → 오후 들어 비바람이 쏟아지는데도 그는 어김없이 도서관에 갔다. (○)

'어김없이'가 '비바람이 쏟아지는데도'를 꾸미는지 '도서관에 갔다'를 꾸미는지 불분명하다. 따라서 수식 관계가 분명해지도록 '어김없이'를 '도서관에 갔다' 앞으로 옮기는 것이 적절하다.

05 문장 구조의 호응

1. 병렬 구조

(1) A[나/와(과)/및] B[가(이)/을(를)] C하다
① 'A-C'와 'B-C' 둘 다 문장 구조가 동일하게 대응되어 호응되어야 한다.
② 나는 <u>공부도 열심히 하고, 활발한 동아리 활동도</u> 다짐했다. (×)

> → 나는 공부도 열심히 하고, 동아리 활동도 열심히 하리라 다짐했다. (○)

병렬 성분의 구조가 다르다. 앞 구문은 '목적어+동사'인데 후자는 '관형어+목적어'이다. 따라서 같은 구조로 바꾸어야 한다.
③ 자연 보호에 대한 <u>인식의 변화와 관심이 높아지고 있다</u>. (×)

> → 자연 보호에 대한 인식이 변화하고 있고 그에 대한 관심도 높아지고 있다. (○)

'인식의 변화와'와 '높아지고 있다'의 호응 구조가 어색하다. 따라서 '인식의 변화'와 어울리는 서술어를 넣어 주어 '인식이 변화하고 있고'와 '관심이 높아지고 있다'와 같이 문장 구조를 동일하게 대응시켜야 한다.

○×문제

01 선생님이라면 마땅히 사명감이 있다.
( )

02 일도 많은데 행여 몸살이라도 날까 걱정이다. ( )

03 경험 많은 직원도 하기 힘든데 하물며 신입이 한다. ( )

정답 01 × 02 ○ 03 ×
해설 01 '마땅히'는 '~해야(하여야) 한다' 형태의 서술어와 호응
03 '하물며'는 '~랴' 형태의 서술어와 호응

④ 그 집 내부는 환기와 바람이 잘 통하지 않아 습하고 퀴퀴한 냄새가 났다. (×)

> → 그 집 내부는 환기가 잘 안 되고 바람이 잘 통하지 않아 습하고 퀴퀴한 냄새가 났다. (○)

'환기가 잘 통하지 않아'의 호응 구조가 어색하다. 따라서 '환기'와 호응하는 서술어를 넣어 '환기가 잘 안 되고'로 수정하면 '바람이 잘 통하지 않아'와 같은 구조가 된다.

⑤ 영수는 방과 후 동아리 활동으로 운동이나 그림을 그리고 싶다. (×)

> → 영수는 방과 후 동아리 활동으로 운동을 하거나 그림을 그리고 싶다. (○)

'운동을'과 '그리고 싶다'의 호응 구조가 적절하지 않다. 따라서 '운동을 하거나'로 바꾸어 '그림을 그리고 싶다'와 같은 구조를 이루도록 하는 것이 자연스럽다.

⑥ 우리 팀원들은 소외 의식을 느끼지 않고 자신이 속한 팀의 문제 해결과 결정한 것을 실천하기 위해 적극적으로 나설 수 있을 것이다. (×)

> → 우리 팀원들은 소외 의식을 느끼지 않고 자신이 속한 팀에 있는 문제의 해결과 자신들이 내린 결정사항의 실천을 위해 적극적으로 나설 수 있을 것이다. (○)
> → 우리 팀원들은 소외 의식을 느끼지 않고 자신이 속한 팀에 있는 문제를 해결하기 위해, 또 자신들이 결정한 것을 실천하기 위해 적극적으로 나설 수 있을 것이다. (○)

병렬 성분인 '자신이 속한 팀의 문제 해결'과 '결정한 것을 실천하기'의 형태가 다르다. 또한 후자에서는 주어가 누락되어 누가 결정을 했는지 모호하다. 따라서 두 병렬 구조의 형태를 맞추고, 뒷문장에 주어를 추가하면 글이 명확해진다.

(2) A(에/에서/에 대해/를) B(하고/거나) C하다

① 'A-B', 'A-C'가 동일한 문장 구조로 호응되어야 한다.

② 골목에서 차를 타거나 내리기 전에는 뒤에서 다른 차가 오는지 잘 보아야 한다. (×)

> → 골목에서 차를 타거나 차에서 내리기 전에는 뒤에서 다른 차가 오는지 잘 보아야 한다. (○)

'차를 타거나'는 호응하지만 '차를 내리기 전'은 어색하다. 따라서 '내리기'와 호응하는 부사를 넣어 동일한 구조로 만들면 의미가 분명해진다.

2. 첨가 구조

(1) A뿐 아니라 B하다

① A와 B의 내용 및 구조가 대응되어야 한다.

② 그는 체격이 좋을 뿐만 아니라 성격도 나쁘다. (×)

> → 그는 체격이 좋을 뿐만 아니라 성격도 좋다. (○)

'-뿐만 아니라'는 앞에서 제시한 요소만이 아니라 추가적으로 같은 요소가 더 있다는 것을 나타낸다. 앞에서 '체격이 좋다'라는 긍정적인 요소가 제시되어 있으므로, 뒤에도 같은 구조가 대응될 수 있도록 긍정적인 요소를 제시해 주어야 한다.

확인 문제   17 경찰 1차

어법에 맞는 문장은?

① 많은 사람들이 상처와 아픔을 겪었다.
② 내 생각은 너희들이 서로를 배려해야 한다.
③ 너는 사과를 먹든지 귤을 먹든지 결정해라.
④ 그는 역에서 아마 아직도 널 기다리고 있다.

정답 ③

해설 ① '~ 상처를 입고 아픔을 겪었다.'
② '내 생각은 ~ 배려해야 한다는 것이다.'
④ '그는 역에서 아마 ~ 기다리고 있을 것이다.'

(2) A고 B하다

① A와 B의 구조 및 내용이 대응된다.

② 언니는 노래를 잘하고, 나의 특기는 피아노이다. (×)

> → 언니는 노래를 잘하고, 나는 피아노를 잘 친다. (○)

어미 '-고'의 앞뒤 절이 대등하게 이어진 문장으로, 앞 문장에서 '노래를 잘하고'라고 제시되었으니 뒷문장도 동일한 구조로 표현해 주는 것이 좋다.

06 문장의 모호성

1. 수식의 모호성

(1) 용감한 우리 군의 총기병들은 적군을 향해 돌진했다. (×)

> → 우리 군의 용감한 총기병들은 적군을 향해 돌진했다. (○)
> → 용감한 우리 군의 총기병들은 적군을 향해 돌진했다. (○)

① 어순을 활용하여 수식의 모호성을 해결할 수 있으며, 수식어를 피수식어 앞에 두면 수식하는 관계가 분명해진다.

② 위 문장에서는 '용감한'이 '우리 군'을 꾸미는지 '총기병들'을 꾸미는지 분명하지 않으므로, 수식어 뒤에 쉼표를 붙이면 수식 관계가 분명해진다.

(2) 우리는 오늘 동네에서 제일 예쁜 언니의 친구를 만난다. (×)

> → 우리는 오늘 동네에서 제일 예쁜, 언니의 친구를 만난다.(언니의 친구가 예쁨) (○)
> → 우리는 오늘 동네에서 제일 예쁜 언니의, 친구를 만난다.(언니가 예쁨) (○)

① 쉼표를 활용하면 수식의 모호성을 해결할 수 있다. 쉼표의 위치에 따라 수식하는 말이 달라지므로 의미가 분명해진다.

② 위 문장에서는 언니가 동네에서 제일 예쁜 것인지, 언니의 친구가 제일 예쁜 것인지 분명하지 않다. 따라서 쉼표를 사용하여 수식하는 말을 분명히 나타낸다.

2. 비교 대상의 모호성

영희는 나보다 딸기를 더 좋아한다. (×)

> → 영희는 내가 딸기를 좋아하는 것보다 딸기를 더 좋아한다. (○)
> → 영희는 나를 좋아하기보다는 딸기를 더 좋아한다. (○)

영희가 딸기를 좋아하는 정도와 내가 좋아하는 정도를 비교하는 것인지, 아니면 나와 딸기를 비교하는 것인지 분명하지 않다. 따라서 의미를 분명하게 밝혀 써 주어야 한다.

문장의 모호성 해소하기

• 격 조사나 보조사 '은/는, 도, 만' 등을 넣어 의미를 명확하게 한다.
• 문장의 뜻이 분명해지도록 의미를 한정하는 문맥을 제시한다.
• 수식 대상이 명확해지도록 쉼표를 사용한다.
• 문장의 뜻이 분명해지도록 단어나 문장 성분을 추가하여 자세하게 풀어 쓴다.
• 문장 성분의 자리를 바꾸어 단어의 순서를 정확히 한다.

확인 문제   14 경찰 2차

다음 중 어법에 맞게 고친 문장으로 가장 적절하지 않은 것은?

① 인간은 운명에 복종할 수도 있고, 지배할 수도 있다. → 인간은 운명에 복종도 하고 지배도 한다.

② 이 차는 사람이나 짐을 싣고 다닌다. → 이 차는 사람을 태우거나 짐을 싣고 다닌다.

③ 나는 철수에 선물을 주었다. → 나는 철수에게 선물을 주었다.

④ 나는 결코 이 일을 해야 해. → 나는 반드시 이 일을 해야 해.

정답 ①

해설 ① '인간은 운명에 복종할 수도 있고, 운명을 지배할 수도 있다.'로 고쳐야 한다.

3. 병렬 구문의 모호성

아버지께서 <u>포도와 바나나 두 개</u>를 주셨다. (×)

> → 아버지께서 <u>포도 한 개와 바나나 한 개</u>를 주셨다. (○)
> → 아버지께서 <u>포도 한 개와 바나나 두 개</u>를 주셨다. (○)
> → 아버지께서 <u>포도 두 개와 바나나 두 개</u>를 주셨다. (○)

'~과/~와' 구문은 앞뒤 구절을 묶어줄 수도 있고 분리해줄 수도 있어 문장의 명료성을 해치는 경우가 많다. 위 문장에서는 포도와 바나나가 정확히 몇 개인지 명확하지 않으므로 의미가 보다 분명하게 고쳐 쓰는 것이 좋다.

4. 의존 명사 구문의 모호성

상철이가 달리기를 <u>하는 것</u>이 이상하다. (×)

> → 상철이가 달리기를 <u>하는 모습</u>이 이상하다. (○)
> → 상철이가 달리기를 <u>한다는 사실 자체</u>가 이상하다. (○)

의존 명사 '것'이 의미하는 내용이 '달리는 모습'일 수도 있고 '달린다는 사실'일 수도 있다. 따라서 그 사실을 분명하게 밝혀 써 주어야 한다.

5. '의'를 포함한 명사 구문의 모호성

> 교실 안에는 <u>선생님의 사진</u>이 걸려 있다. (×)
> → 교실 안에는 <u>선생님께서 직접 찍은 사진</u>이 걸려 있다. (○)
> → 교실 안에는 <u>선생님께서 소유한 사진</u>이 걸려 있다. (○)
> → 교실 안에는 <u>선생님을 찍은 사진</u>이 걸려 있다. (○)

'의'를 포함한 명사구는 주체, 소유, 대상의 의미로 다양하게 해석되므로 위 문장에서 걸려 있는 것이 선생님이 직접 찍은 사진인지, 선생님 소유의 사진인지, 선생님을 찍은 사진인지 여러 가지 의미로 해석될 여지가 있다. 따라서 내용을 명확하게 밝혀 주는 것이 좋다.

6. 부정문의 모호성

(1) 그는 매사에 <u>칠칠맞아</u> 부모님의 걱정을 샀다. (×)

> → 그는 매사에 <u>칠칠치 못하여</u> 부모님의 걱정을 샀다. (○)

① 단어의 의미에 주목하지 않은 채 습관적으로 부정 표현을 구사하여 의미상 충돌을 일으키는 경우이다.

② '칠칠맞다'는 '칠칠하다'를 속되게 이르는 말로, '칠칠하다'는 '나무, 풀, 머리털 따위가 잘 자라서 알차고 길다. / 성질이나 일 처리가 반듯하고 야무지다.'의 의미를 가지고 있다. 따라서 부정적인 의미로 사용될 때는 '칠칠맞아'가 아니라 '칠칠하지(칠칠치) 못하여'가 올바른 표현이다.

③ 비슷한 오류로 '변변하다−변변치 않다' 등이 있다.

문법적인 오류가 없는 문장은?

① 나는 어제 서울에 온 현규와 밥을 먹었다.
② 무엇보다도 중요한 것은 서류가 전부는 아닙니다.
③ 선생님께서는 제게 초심을 잊지 말라고 당부하셨습니다.
④ 궂은 날씨가 계속되면서 오늘도 바람과 눈이 오는 지역이 있습니다.

정답 ③

해설 ① 현규와 어제 밥을 먹었는지, 현규가 어제 서울에 왔는지 분명하지 않은 중의적인 문장이다.
② '중요한 것은 ~ 전부는 아닙니다.' → '중요한 것은 ~ 전부는 아니라는 점입니다.'
④ '바람과 눈이 오는' → '바람이 불고 눈이 오는'

(2) 나는 오늘 아침에 빵을 먹지 않았다. (×)

> → 나는 오늘 아침에 빵을 먹지 않고 밥을 먹었다. (○)
> → 나는 오늘 아침에 빵을 먹지 않고 어제 먹었다. (○)
> → 나는 오늘 아침에 빵을 먹지 않았고, 다른 식구들은 빵을 먹었다. (○)

'안' 부정문은 문장의 대상, 시제, 주체 등을 다양하게 부정할 수 있다. 따라서 의미를 명확하게 밝혀야 한다.

(3) 언니는 항상 아침 일찍 일어나지 않는다. (×)

> → 언니가 항상 아침 일찍 일어나는 것은 아니다. (○)
> → 언니는 항상 아침 일찍 일어나는 법이 없다. (○)

'늘 아침 일찍 일어나지만 그렇지 않은 날도 있다.'는 것인지, '늘 아침 늦게 일어난다.'는 것인지 의미가 불분명하다.

(4) 엄마는 아직 그 일을 다 하지 않았다. (×)

> → 엄마는 아직 그 일을 다 하지는 않았다.(하긴 했지만 아직 남은 일이 있음) (○)
> → 엄마는 아직 그 일을 하나도 하지 않았다. (○)

엄마가 그 일을 하긴 했지만 아직 좀 남은 것인지, 아니면 하나도 하지 않았다는 것인지 의미가 분명하지 않다.

7. 단어의 논리적 모순에 의한 모호성

아메리카노 한 잔은 괜찮지만 한 잔 이상 마시면 몸에 해롭다. (×)

> → 아메리카노는 두 잔 이상 마시면 몸에 해롭다. (○)

단어의 의미에 주목하지 않은 채 사용하여 논리적 모순이 일어난 문장이다. '한 잔 이상'은 '한 잔'을 포함하므로, '한 잔은 괜찮지만'과 '한 잔 이상 마시면 해롭다'가 충돌을 일으킨다. 따라서 '두 잔 이상 마시면 몸에 해롭다'로 고쳐 쓰는 것이 적절하다.

8. 주체의 모호성

아버지는 분노한 표정으로 돌아서는 아들을 보았다. (×)

> → 아버지는 분노한 표정으로, 돌아서는 아들을 보았다. (○)
> → 아버지는, 분노한 표정으로 돌아서는 아들을 보았다. (○)

위 문장에서는 '분노한 표정으로'의 주체가 아버지인지 아들인지 모호하다. 이런 경우 쉼표를 활용하여 구분해주면 의미를 명확하게 표현할 수 있다.

확인 문제

다음 중 문장의 의미가 분명하지 않은 것은?
① 연수는 즐거운 마음으로 떠나는 언니를 배웅했다.
② 연수는, 즐거운 마음으로 떠나는 언니를 배웅했다.
③ 연수는 즐거운 마음으로 떠나는, 언니를 배웅했다.
④ 연수는 즐거운 마음으로, 떠나는 언니를 배웅했다.

정답 ①
해설 '즐거운 마음으로'의 주체가 언니인지 연수인지 분명하지 않다.

07 | 우리말답지 않은 표현

1. 영어 번역 투 표현

(1) 우리 팀은 오늘 오후 3시에 회의를 <u>갖도록 하자</u>. (×)

> → 우리 팀은 오늘 오후 3시에 회의를 <u>하도록 하자</u>. (○)
> → 우리 팀은 오늘 오후 3시에 <u>회의하자</u>. (○)

'회의를 갖다'는 영어의 'have a meeting'을 직역한 것이므로, '회의하자'나 '회의를 하도록 하자' 등으로 고쳐 쓰는 것이 좋다.

(2) 그 아이는 <u>착한 마음씨를 갖고 있다</u>. (×)

> → 그 아이는 <u>마음씨가 착하다</u>. (○)

'갖고 있다'는 모습을 나타낼 때 쓰는 'have'를 직역한 것으로, 실제로 (물건을) 소유했다는 의미가 아니므로 '착하다'라고 직접적으로 표현하는 것이 적절하다.

(3) 자연을 보호하는 것은 아무리 강조해도 <u>지나치지 않는다</u>. (×)

> → 자연을 보호하는 것은 아무리 강조해도 <u>지나침이 없다</u>. (○)
> → 자연을 보호하는 것은 <u>강조할 만하다</u>. (○)
> → <u>항상(언제나)</u> 자연을 <u>보호해야 한다</u>. (○)

'아무리 ~해도 지나치지 않다'는 영어의 'It is not too much to~'를 직역한 표현이다. 따라서 '~지나침이 없다', '~할 만하다', '~해야 된다' 등으로 고쳐 쓰는 것이 좋다.

(4) 아이는 어른의 <u>보살핌을 필요로 한다</u>. (×)

> → 아이는 어른의 <u>보살핌이 필요하다</u>. (○)

'~을 필요로 하다'는 영어의 'be in need of'를 직역한 것이다. 따라서 '~이 필요하다'로 고쳐 쓰는 것이 좋다.

(5) 비행기는 가장 빠른 교통 <u>수단 중의 하나이다</u>. (×)

> → 비행기는 가장 빠른 <u>교통 수단이다</u>. (○)

'가장 ~ 중의 하나'는 'one of the most'를 직역한 것이다. 그런데 '가장'은 '여럿 가운데 어느 것보다 정도가 높거나 세게'라는 의미이므로 그 대상이 하나일 수밖에 없다. 때문에 직역하면 의미상 모순이 일어나므로, '가장 ~이다(하다)' 등으로 바꾸어 주는 것이 좋다.

(6) 우리 회사는 공덕동에 위치하고 있습니다. (×)

> → 우리 회사는 공덕동에 있습니다. (○)

'~에 위치하고 있다'는 영어의 'be located in'을 직역한 것이다. 따라서 '~에 있다'로 고쳐 쓰는 것이 좋다.

(7) 영원호의 기장과 승무원들은 비행기 추락과 함께 사망했습니다. (×)

> → 영원호가 추락하자(추락하면서) 그 비행기의 기장과 승무원은 사망했습니다. (○)

'~과 함께'는 영어의 전치사인 'with' 구문을 직역한 것이다. '비행기 추락'과 '사망'은 '함께'로 연결될 수 없으므로 '추락하자 그 비행기의 기장과 승무원은 ~'으로 고쳐 쓰는 것이 좋다.

(8) 우리 집은 아버지에 의해 지어졌다. (×)

> → 우리 집은 아버지께서 지으셨다. (○)

'~에 의해'는 영어의 전치사인 'by'를 직역한 것이다. 따라서 '~께서 지으셨다'로 고쳐 쓰는 것이 좋다.

(9) 나는 그의 소식을 형으로부터 전해 들었다. (×)

> → 나는 그의 소식을 형에게서 전해 들었다. (○)

'~으로부터'는 영어의 전치사인 'from'을 직역한 것이다. 따라서 '~에게서'로 고쳐 쓰는 것이 적절하다.

(10) 우리 상황을 고려에 넣는다면 그 계획은 진행하기 힘들다. (×)

> → 우리 상황을 고려한다면 그 계획은 진행하기 힘들다. (○)

'고려에 넣는다면'은 'take ~ into acconut'를 직역한 것이므로, '고려한다면'으로 바꾸는 것이 좋다.

확인 문제

다음 중 영어 번역 투 표현이 아닌 것은?
① 교통신호를 잘 지키는 것은 아무리 강조해도 지나치지 않는다.
② 우리 학교는 마포구에 위치하고 있다.
③ 그 지갑은 우리 할머니에 의해 만들어졌다.
④ 아이는 어른의 보살핌이 필요하다.

정답 ④
해설 ① 교통신호를 잘 지키는 것은 강조할 만하다.
② 우리 학교는 마포구에 있다.
③ 그 지갑은 우리 할머니께서 만드셨다.

(11) <u>사람들의 대부분은</u> 노력도 해보지 않고 운이 나쁘다고만 이야기한다. (×)

> → <u>사람들은 대부분</u> 노력도 해보지 않고 운이 나쁘다고만 이야기한다. (○)

'사람들의 대부분은'은 'most of the people'을 직역한 것이므로, '사람들은 대부분'으로 바꾸는 것이 적절하다.

(12) 영식이는 <u>아버지에 의해</u> 예의 바른 아이로 <u>키워졌다</u>. (×)

> → <u>아버지는</u> 영식이를 예의 바른 아이로 <u>키우셨다</u>. (○)

'~에 의해'라는 영어의 피동 표현을 직역하여 어색해졌으므로, 능동 표현으로 바꾼다. 우리말 문장에서는 의미가 달라지지 않는 한 능동 표현을 사용한다.

(13) 그 아름다운 노랫소리는 듣는 <u>사람들을 감동시켰다</u>. (×)

> → <u>사람들은</u> 그 아름다운 노랫소리를 듣고 <u>감동했다</u>. (○)

영어에서는 사물을 주어로 쓰는 경우도 많지만, 우리말 문장에서는 사람을 주어로 사용하여 의미가 통한다면 사람을 주어로 바꾼다.

2. 일본어 번역 투 표현

(1) 그 사람은 영웅에 <u>다름 아니다</u>. (×)

> → 그 사람은 영웅이나 다름이 없다. (○)
> → 그 사람은 영웅이라 할 만하다. (○)

'~에 다름 아니다'는 일본어인 '変わりない(가와리나이)'를 직역한 표현으로, 우리말에서는 이 경우 '~(이)나/과 다름이 없다', '~라 할 만하다' 등으로 고쳐 쓰는 것이 자연스럽다.

(2) 이번 대회<u>에 있어</u> 누구보다 열심히 참여해야 한다. (×)

> → 이번 대회<u>에</u> 누구보다 열심히 참여해야 한다. (○)

'~에 있어(서)'는 일본어인 '~にあって(~니 앗테)'를 직역한 표현으로, 우리말 문장에서는 '~에/~에서'로 고쳐 쓰는 것이 자연스럽다.

(3) 연희는 아이들<u>에 대하여</u> 많은 <u>관심을 기울이고 있다</u>. (×)

> → 연희는 아이들<u>에게 관심을 많이</u> 두고 있다. (○)

'~에 대하여 관심을 기울이다'는 일본어인 '~に關心(かんしん)を傾(かたむ)ける(~니 간신오 가타무케루)'를 직역한 표현으로, 우리말 문장에서는 '~에게 관심을 두다'로 고쳐 쓰는 것이 자연스럽다.

12 국회직 9급

확인 문제

잘못된 문장을 어법에 맞게 고친 것으로 올바르지 않은 것은?
① 우리 회사는 서울에 위치하고 있다. → 우리 회사는 서울에 있다.
② 공격 찬스가 주어지면 기민하게 행동해야 한다. → 공격할 기회가 생기면 재빠르게 움직여야 한다.
③ 새로운 경제팀에는 유연한 정책 대응 자세가 요구된다. → 새로운 경제 부처들은 유연한 정책 대응 자세가 요구된다.
④ 대한민국의 주권은 국민에게 있고 모든 권력은 국민에게서 나온다. → 대한민국의 주권은 국민에게 있고 모든 권력은 국민으로부터 나온다.

[정답] ④

[해설] '국민에게서'의 '~에게서'는 적절하게 쓰였다. 하지만 '~로부터'는 영어 'from'의 번역 투로, 현재 표준국어대사전에서 그 쓰임을 인정하고 있긴 하지만 올바른 원래 문장을 영어 번역 투로 고친 것은 적절하지 않다.

(4) 기숙사에서의 생활은 힘들었다. (×)

> → 기숙사 생활은 힘들었다. (○)

'~에서의'는 일본어인 'での(데노)'를 직역한 표현으로, 우리말 문장에서는 생략하는 것이 더 자연스럽다.

(5) 부모는 부모로서의 본분을, 자식은 자식으로서의 본문을 다해야 한다. (×)

> → 부모는 부모의 본분을, 자식은 자식의 본분을 다해야 한다. (○)

'~으로서의'는 일본어인 'としての(도시테노)'를 직역한 표현으로, 우리말 문장에서는 '~의'로 고치는 것이 자연스럽다.

08 우리말 다듬기

1. 우리말 다듬기의 개념

(1) 개념: 우리말을 순수하고 올바른 언어로 가꾸는 일을 말한다. 국어 속에 있는 저속하고 규범에 어긋나는 말을 바로잡고 외래적인 요소를 제거하는 일 등을 가리킨다.

(2) 대상

① 어법이나 규범에 맞지 않은 말이나 표현은 맞춤법과 표기법에 맞게 바른 우리말로 바꿔 쓴다.

② 비속하거나 저속한 말은 고운 말로 바꿔 쓴다.

③ 어려운 한자어는 쉬운 우리말로 고쳐 쓴다.

④ 순우리말이 아닌 일본어 투 용어나 서양식 외국어, 외래어는 가급적이면 고유어나 우리식 한자로 표현한다.

2. 우리말 다듬기의 방법

(1) 어법이나 규범에 맞지 않게 변형된 우리말 표현

×	○	×	○
누네띠네	눈에 띄네	모드니에	모든 이에
설	서울	조아	좋아
포그니	포근히	함사세	함께 사는 세상

확인 문제   12 국가직 7급

번역 투의 표현이 아닌 문장으로만 짝지은 것은?

① • 나는 부모님에 의해 바르고 친절한 아이로 자랐다.
　• 그에게 있어 가정이란 나고 자라는 곳 외에 아무 의미가 없다.
② • 이번 방학에 제주도를 방문할 계획을 가지고 있다.
　• 학내 폭력 문제를 일으킨 학생들에게는 자숙하는 시간을 필요로 한다.
③ • 내 고향에는 아직도 많은 친척들이 살고 있다.
　• 이런 짓은 사회 질서를 깨뜨리는 일이므로 절대로 해서는 안 된다.
④ • 이런 사실은 아무리 강조해도 지나치지 않는다.
　• 오늘 조회 시간에는 학교 문제에 대한 교장 선생님의 솔직한 해명이 있었다.

정답 ③

해설 ① '~에 의해', '~에게 있어서'는 일본어 번역 투 문장이다.
② '~을 가지고 있다', '~을 필요로 한다'는 영어 번역 투 문장이다.
④ '아무리 강조해도 지나치지 않는다'는 영어 번역 투 문장이다(can't be too ~).

(2) 어려운 한자어

×	○	×	○
가방을 분실(紛失)하다	가방을 잃어버리다	난색(難色)을 표명(表明)하다	어려운 빛을 나타내다
법에 저촉(抵觸)되다	법에 걸리다	비산(飛散) 먼지 주의	날림 먼지 주의
사고 다발(多發) 지역	사고 잦은 곳	식별(識別)이 용이(容易)하다	알아보기 쉽다
약을 복용(服用)하다	약을 먹다	장물을 은닉(隱匿)하다	장물을 숨기다
적색등(赤色燈)이 점등(點燈)하다	빨간불이 켜지다	전력(全力)을 경주(傾注)하다	온 힘을 기울이다
촉수(觸手)를 엄금(嚴禁)하시오	손대지 마시오	콘크리트 양생(養生) 중	콘크리트 굳히는 중
화재(火災)를 진압(鎭壓)하다	불을 끄다		

(3) 일본어 투 용어나 일본식 외국어·외래어
① 우리 생활 속 일본어 잔재

일상생활	가라(空, 虛) → 헛-, 가짜	곤색(紺色) → 감색, 검남색, 진남색
	가케표 → 가위표, 가새표	기스(傷) → 흠(집), 생채기
	단도리(段取り) → 채비, 단속	땡땡이 → 물방울(무늬)
	뎃빵(鐵板) → 우두머리	뗑깡(癲癎) → 생떼
	무뎃뽀(無鐵砲) → 막무가내	소라색 → 하늘색
	잇파이(一杯) → 가득, 한껏, 많이	하꼬방(箱-) → 판잣집, 쪽방
속된 표현	곤조(根性) → 근성, 본성, 심지	삐까번쩍하다 → 번쩍번쩍하다
	삐끼 → 호객꾼	뽀록(襤褸)나다 → 들통나다
	신삥(新品) → 신출내기, 새내기	쇼부(勝負) → 흥정, 결판
	아다리 → 적중, 단수	후까시 → 부풀이, 품재기
식생활	낑깡(金柑) → 금귤, 동귤	다대기(たたき) → 다진 양념
	다마네기(玉葱) → 양파	닭도리탕 → 닭볶음탕
	사라(皿) → 접시	사시미 → 생선회
	야끼만두 → 군만두	와사비(山葵) → 고추냉이
	오뎅 → 어묵	요지(楊枝) → 이쑤시개
건설 분야	가쿠목(角木) → 각목, 각재	구루마(車) → 손수레, 달구지
	고바이(勾配) → 기울기, 오르막	시마이(仕舞い) → 마감, 마무리
	시다바리, 시다(下-) → 보조원, 곁꾼	

──●OX문제●──

우리말 다듬기로 옳은 것은 ○, 틀린 것은 ×로 표기하시오.

01 나는 어제 가방을 분실했다. → 나는 어제 가방을 잃어버렸다.　( )

02 팀장님은 이번 일에 난색을 표명했다. → 팀장님은 이번 일에 얼굴빛이 변했다.　( )

03 공사 중이니 촉수(觸手)를 엄금(嚴禁)하시오. → 공사 중이니 멀리 돌아가시오.　( )

정답 01 ○ 02 × 03 ×
해설 02 난색을 표명했다 → 어려운 빛을 나타냈다
03 촉수를 엄금하시오 → 손대지 마시오

② 일본식 한자어

어려운 일본식 한자	나대지(裸垈地) → 빈 집터	매점(買占) → 사재기
	사양서(仕樣書) → 설명서	시건(施鍵) 장치 → 잠금 장치
	취조(取調) → 문초	택배(宅配) → 집 배달, 문 앞 배달
일본식 한자 접두어	가접수(假接受) → 임시 접수	가처분(假處分) → 임시 처분
	공상자(空箱子) → 빈 상자	공수표(空手票) → 부도 수표
일본식 한자 접미어	거래선(去來先) → 거래처	수입선(輸入先) → 수입국
	제조원(製造元) → 만든 곳	매표구(賣票口) → 표 사는 곳
	비상구(非常口) → 비상문	물가고(物價高) → 높은 물가
	수확고(收穫高) → 수확량	결석계(缺席屆) → 결석 신고서
	숙박계(宿泊屆) → 숙박부	

③ 일본식 외국어와 외래어

일본을 거쳐 들어온 서양 외래어	고뿌(cup) → 컵, 잔	공구리(concrete) → 콘크리트
	다스(dozen) → 타(打), 열두 개	다시(dash) → 줄표, 대시
	다이루, 타이루(tile) → 타일	덴뿌라(tempero;포르투갈어) → 튀김
	도랏쿠(truck) → 화물차, 트럭	레자(leather) → 인조 가죽
	로타리(rotary) → 로터리, (원형)네거리	마후라(muffler) → 머플러
	맘모스(mammoth) → 대형, 매머드	바케쓰(bucket) → 양동이
	밤바(bumper) → 범퍼, 완충기	밧테리(battery) → 건전지, 배터리
	사라다(salad) → 샐러드	샷다(shutter) → 셔터, 여닫개
	악세사리(accessory) → 액세서리, 장식물, 노리개	엑기스(extract) → 진액
	자꾸(zipper) → 지퍼	추리닝(training) → 운동복, 연습복
	카라(collar) → 칼라, 옷깃	화이바(fiber) → 안전모
일본에서 만든 서양 약어	난닝구(running shirt) → 러닝셔츠	도란스(transformer) → 변압기
	레미콘(ready mixed concrete) → 회반죽(차)	미숀(transmission) → 변속기
	빼빠(sandpaper) → 사포	빵꾸(puncture) → 구멍, 펑크
	오바(overcoat) → 외투, 오버코트	스뎅(stainless) → 안녹쇠, 스테인리스
일본에서 직접 만든 영어	올드미스(old miss) → 노처녀	리어카(rear car) → 손수레
	백넘버(back number) → 등번호	백미러(back mirror, バックミラー) → 뒷거울
일본어와 서양 외래어가 뒤섞인 말	가라오케[空(から)orchestra] → 녹음 반주, 노래방	만땅(滿-tank) → 가득 채움
	터키탕(turkey-) → 증기탕	

확인 문제   13 서울시 7급

순화해야 할 일본어로 볼 수 없는 것은?

① 돈가스
② 뗑강
③ 뗑뗑이
④ 노다지
⑤ 아나고

정답 ④

해설 '노다지'는 '캐내려 하는 광물이 많이 묻혀 있는 광맥'을 뜻하는 우리말이다.

(4) 서양의 외래어와 외국어

① '영어 형용사'+'-하다'

  예 글로벌하다 / 보이시하다 / 원더풀하다 / 드라마틱하다 / 미니멀하다 / 트렌디하다 / 쿨하다 / 터프하다 / 판타스틱하다

② 영어 형용사가 합성어나 구를 구성하는 경우

  예 글로벌 예산 / 바이오 산업 / 스마트 사업 / 슬림형

③ 영어 약자

  예 셀카 / 디카 / UCC

3. 순화 및 표준화 대상어

순화 대상어	어원	순화어	순화 대상어	어원	순화어
가감	加減	더하고 빼기	가계약	假契約	임시 계약
가검물	可檢物	검사물	각본조	各本條	각 해당 조문
가봉	假縫	시침질	각서	覺書	다짐 글, 약속 문서
가드닝	gardening	생활 원예	가십거리	gossip거리	입방아거리
갈라쇼	gala show	뒤풀이공연	~게이트	gate	~ 의혹사건
건답	乾畓	마른 논	견습 (비표준어)	見習	수습
게임 체인저	game changer	국면 전환자, 국면 전환 요소	고수부지	高水敷地	둔치
고지	告知	알림, 알려 드림	고아원	孤兒院	보육원
고참	古參	선임(자), 선참(자)	공장도 가격	工場渡 價格	공장값, 공장에서 내는 값
공임	工賃	품삯	공식 스토어	公式 store	공식 매장
구인하다	求人하다	끌어가다	구좌	口座	계좌
구즈, 굿즈	goods	팬 상품	규제 샌드박스	規制 sandbox	규제 유예 (제도)
그룹홈	group home	자활꿈터	그라피티	graffiti	길거리그림
그린루프	green roof	옥상정원	그린슈머	green consumer	녹색소비자
기라성	綺羅星	빛나는 별	나시	sodena[袖無] shi	민소매
노견	路肩	갓길	님비	nimby	지역 이기주의
내비게이션	navigation	길도우미, 길안내기	네일 아티스트	nail artist	손톱미용사
네티즌	netizen (network + citizen)	누리꾼	네티켓	netiquette	누리꾼 예절

OX 문제

외래어를 우리말로 순화한 내용으로 올바른 것은 ○, 잘못된 것은 ×로 표기하시오.

01 공구리 → 공구 ( )

02 화이바 → 안전모 ( )

03 백미러 → 뒷거울 ( )

04 추리닝 → 트레이닝복 ( )

정답 01 × 02 ○ 03 ○ 04 ×

노미네이트	nominate	후보 지명	노블레스 오블리주	Noblesse Oblige	지도층의무
노이즈 마케팅	noise marketing	구설수홍보	노키즈존	No kids zone	어린이 제한 (공간)
다이 (디아이와이)	DIY(Do It Yourself)	손수제작	다크서클	dark circle	눈그늘
담합	談合	짬짜미	당혹	當惑	당황
대절	貸切	전세	더치페이	Dutch pay	각자내기
데모데이	demoday	시연회	독거	獨居	홀로 삶
돈가스	ton[豚]kasu	돼지고기 튀김	두개골	頭蓋骨	머리뼈
드라이브스루	drive-through	승차 구매(점)	드레싱	dressing	상처 치료, 상처 치료약
드레스코드	dress code	표준옷차림	드론	drone	무인기
디지털 도어록	digital doorlock	전자 잠금장치	디톡스	detox	해독 (요법)
디퓨저	diffuser	방향기	디펜딩 챔피언	defending champion	직전우승팀, 전대회우승팀
랜드마크	landmark	마루지, 상징물	러닝 개런티	running guarantee	흥행 보수
레시피	recipe	조리법	로고송	logo song	상징노래
로그인	log-in	접속, 회원 들어가기	리플	Reply의 준말	댓글
로드무비	road movie	여정영화	로드 쇼	road show	투자 설명회
로드뷰	road view	거리 보기	로드킬	roadkill	동물 찻길 사고, 동물 교통사고
론칭쇼	launching show	신제품 발표회	롤모델	Role model	본보기상
루프톱	roof top	옥상	리무버	remover	(화장) 지움액
리얼 버라이어티	real variety	생생예능	리콜	recall	결함 보상, 결함 보상제
리퍼브	refurbished	손질상품	마대	麻袋	포대, 자루
마리나	marina	해안유원지	마운틴 뷰	mountain view	산 전망
마인드 맵	mind map	생각그물	마일리지	mileage	이용실적(점수)
만전을	萬全을	최선을, 완전을	망년회	忘年會	송년 모임, 송년회
매립지	埋立地	메운 땅	매물	賣物	팔 물건, 팔 것
매점	買占	사재기	명패	名牌	이름표
명년	明年	내년, 다음 해	멀티탭	multi-tap	모둠꽂이
메신저	messenger	쪽지창	멘토	Mentor	(인생) 길잡이
무지	拇指	엄지(손가락)	무인	拇印	손도장

OX 문제

국어 순화를 올바르게 한 것은 ○, 잘못된 것은 ×로 표기하시오.

01 공식 스토어 → 공식 매장 ( )

02 노이즈 마케팅 → 입방아 홍보 ( )

03 그린슈머 → 녹색소비자 ( )

04 그린루프 → 푸른 정원 ( )

정답 01 ○ 02 × 03 ○ 04 ×

무빙워크	moving walk	자동길	미션	mission	임무, 중요 임무
미제	未濟	처리 안 된	밀키트	meal kit	바로 요리 세트
바리스타	Barista	커피전문가	바인더	binder	보관철
반제하다	返濟하다	(돈을) 갚다	발레파킹	valet parking	대리주차
발코니	balcony	난간	부지	敷地	터
버스킹	busking	거리 공연	버킷 리스트	bucket list	소망 목록
베이스캠프	base camp	주훈련장, 근거지	보이스 피싱	voice phishing	사기 전화
부킹	booking	예약	불입	拂入	납부, 치름, 냄
뷰	view	전망	뷰파인더	viewfinder	보기창
블라인드	blind	(정보) 가림	브랜드파워	brand power	상표경쟁력
블랙 컨슈머	black consumer	악덕 소비자	블루오션	blue ocean	대안시장
비상식* (비표준어임)	非常識	몰상식	사료	飼料	먹이
사양	仕樣	설명(서), 품목	살색	살色	살구색
살수	撒水	물 뿌림 (물 뿌리기)	생방송	生放送	현장 방송
선루프	sunroof	지붕창	선불(先拂)		선지급
선착장	船着場	나루터	세대	世帶	가구, 집
세면	洗面	세수	센스	sense	눈치, 분별(력), 감각
셀프 카메라	self-camera	자가촬영	소기(所期)의	所期의	바라는
소셜 네트워크 서비스(SNS)	SNS, Social Network Service	누리소통망 (서비스), 사회 관계망(서비스)	셰어 하우스	share house	공유 주택
송달	送達	보냄, 띄움	수당	手當	덤삯, 품삯
수속	手續	절차, 순서	수순	手順	순서, 절차, 차례
수출고	輸出高	수출량	수취인	受取人	받는 이
수하물	手荷物	손짐	숙박계	宿泊屆	숙박(장)부
순번	順番	차례	승강장	昇降場	타는 곳
승차권	乘車券	차표	스티커	sticker	붙임 딱지, 부착지
스마트 워크	smart work	원격 근무	스카이 라운지	sky lounge	전망쉼터, 하늘쉼터
스크린도어	screen door	안전문	스타일리스트	stylist	맵시가꿈이
시시티브이 (CCTV)	CCTV, closed circuit TV	폐(쇄)회로 텔레비전 (티브이)	스폿 광고	spot 廣告	토막 광고
시말서	始末書	경위서	십분	十分	충분히

◯✕ 문제

01 리퍼브 → 재활용품　( )

02 마인드 맵 → 마음가짐　( )

03 마일리지 → 이용실적　( )

04 셰어 하우스 → 공유 주택　( )

정답 01 ✕ 02 ✕ 03 ◯ 04 ◯

시즌오프	season off	계절마감, 계절할인	실버시터	silver sitter	어르신도우미, 경로도우미
아우라	Aura	기품	아이콘	icon	① 상징, 상징물 ② 그림 단추
아카이브	archive	① 자료 보관소, 자료 저장소, 기록 보관 ② 자료 전산화	아킬레스건	Achilles腱	치명적 약점
아나고	あなご(穴子)	붕장어	에어 워셔	air washer	공기 세척기
언론 플레이	言論play	여론몰이	얼리 어답터	early adopter	앞선사용자
에스오에스 (SOS)	SOS	조난 신호, 구조 요청	에어캡	air cap	뽁뽁이
에코백	eco-bag	친환경 가방	엔딩 크레딧	ending credit	끝자막, 맺음자막
여비	旅費	노자	연면적	延面積	총면적
오디오북	audiobook	소리책	오프라인	off-line	현실공간
용수로	用水路	물 대는 길	우편배달부	郵便配達夫	집배원
오픈 마켓	open market	열린장터	올인	all in	① 다걸기 ② 집중
운임	運賃	짐삯, 차삯	운전수	運轉手	운전사, 운전기사
워킹맘	working mom	직장인엄마	웨딩 플래너	wedding planner	결혼설계사
웰빙	well-being	참살이	웹서핑	web surfing	누리 검색, 웹 검색, 인터넷 검색
유비 쿼터스	Ubiquitous	두루누리, 유비쿼터스	유시시(UCC)	UCC(User Created Contents)	손수제작물, 손수저작물
육교	陸橋	구름다리	유턴	U-turn	되돌리기, 선회
이면도로	裏面道路	뒷길	이모티콘	emoticon	그림말
익년	翌年	다음해, 이듬해	익일	翌日	다음날, 이튿날
인센티브	incentive	유인책, 성과급	인터체인지	interchange	입체 교차로, 나들목
인턴사원	intern社員	실습 사원	인플루언서	influencer	영향력자
일소하다	一掃하다	없애다	일용잡급	日傭雜給	일용직
입회	入會	참관, 참여	잉여	剩餘	나머지
자의로	恣意로	제멋대로, 마음대로	잔반	殘飯	남은 밥, 음식찌꺼기
(법에) 저촉되다	抵觸되다	(법에) 걸리다	전조등	前照燈	머리등, 전등
전지 작업	剪枝作業	가지치기	전향적	前向的	적극적, 진취적

확인 문제   12 지방직 9급

밑줄 친 표현을 바꿔 쓴 것으로 적절하지 않은 것은?

① 선거법 저촉(抵觸)(→ 해당) 여부를 검토하다.
② 국력 배양에 가일층(加一層)(→ 한층 더) 매진하다.
③ 그들은 대절(貸切)(→ 전세) 버스 편으로 상경했다.
④ 검찰에서는 악덕 상인들의 매점(買占)을(→ 사재기를) 단속하기로 했다.

정답 ①

해설 ① 위반하다, 어긋나다, 걸리다

절취선	切取線	자름선, 자르는 선	조견표	早見表	보기표, 일람표
제로 베이스	zero base	백지상태, 원점	젠트리피케이션	gentrification	둥지 내몰림
종지부	終止符	마침표	지분	持分	몫
지불(支拂)하다	支拂하다	치르다	징크스	jinx	재수없는 일, 불 길한 일, 액(厄)
차압(비표준어)	差押	압류	차폭등	車幅燈	옆등
처녀작	處女作	첫 작품	(벌금에) 처하다	處하다	(벌금을) 물리다
천정(비표준어)	天井	천장(天障)	출입구	出入口	나들문, 출입문
취식	取食	먹기	취조	取調	문초
취하	取下	무름, 취소	(절차를) 취하다	取하다	(절차를) 밟다
카메오	cameo	깜짝출연(자)	카트	cart	수레
캐릭터	character	인물, 등장인물, 특징물	캐주얼	casual	평상복
캠프 파이어	campfire	모닥불놀이	캡쳐	capture	(장면)갈무리
커미션	commission	수수료, 중개료	콘텐츠	contents	내용(물), 꾸림정보
커플룩	couple look	짝(꿍)차림	컨트롤타워	control tower	통제탑, 지휘 본부
코드	code	① 부호 ② 성향	코르사주	corsage	맵시꽃
쿠사리		면박, 핀잔, 꾸중	쿡탑	cooktop	가열대
타운홀 미팅	town hall meeting	주민회의	타임 세일	time sale	반짝 할인
투잡	two job	겸업, 겹벌이	타임캡슐	time capsule	기억상자
테스터	tester	체험평가자	테스트베드	test bed	가늠터, 시험장, 시험(무)대
테이크아웃	take out	포장구매, 포장판매	트라우마	trauma	사고후유 (정신)장애
팁	tip	① 도움말 ② 봉사료	파일럿 프로그램	pilot program	맛보기 프로그램, 시험 프로그램
파일 박스	file box	서류함	팝업창	pop-up 窓	알림창
패셔니스타	fashionista	맵시꾼	패키지 상품	package 商品	① 꾸러미 상품 ② 기획 상품
펜스	fence	장애물	포맷	format	양식, 서식, 형식
포스트잇	Post-it	붙임쪽지	프로슈머	prosumer	참여형 소비자
플라모델	plamodel	조립 모형, 조립 장난감	플리바기닝	plea bargaining	자백감형제, 자백감형제도
피엘상품 (PL상품)	PL 商品, Private Label 商品	자체 기획 상품	하구언	河口堰	강어귀의 둑

OX 문제

외래어를 우리말로 순화한 내용으로 올바른 것은 ○, 잘못된 것은 ×로 표기하시오.

01 보육원 → 고아원 ( )

02 수당(手當) → 월급 ( )

03 일소(一掃)하다 → 깨끗이 청소하다 ( )

04 투잡 → 겹벌이 ( )

정답 01 × 02 × 03 × 04 ○

242 PART 03 올바르게 표현하기

하락세	下落勢	내림세	하명	下命	명령, 지시
하이브리드	hybrid	혼합형, 하이브리드	하이파이브	high five	손뼉맞장구
하우스푸어	house poor	내집빈곤층	하중	荷重	짐 무게
학부형	學父兄	학부모 (學父母)	한천	寒天	우무, 우뭇가사리
할당	割當	배정, 벼름, 몫 나누기	할리우드 액션	Hollywood action	눈속임짓
할증료	割增料	추가금, 웃돈	핫 플레이스	hot place	뜨는곳, 인기명소
핸드레일	handrail	안전 손잡이	행낭	行囊	우편 자루
헝그리정신	hungry精神	맨주먹정신	호조	好調	순조
호출	呼出	부름	혹성	惑星	행성
화훼	花卉	꽃	환승역	換乘驛	갈아타는 역
회람	回覽	돌려 보기	후불	後拂	후지급
(경매에) 회부하다	回附하다	(경매에) 부치다	휴테크	休tech	여가 활용 기술, 여가 활용 방법
히키코모리	引き籠もり	폐쇄은둔족			

OX 문제

01 제로 베이스 → 백지상태　　　(　)

02 타임캡슐 → 기억상자　　　(　)

03 프로슈머 → 악덕 소비자　　　(　)

04 테스트베드 → 체험평가자　　　(　)

정답 01 ○ 02 ○ 03 × 04 ×

02 올바른 언어 생활

CHAPTER

01 가계도

1. 촌수를 따지는 법

(1) 촌수(寸數)

① '친족 사이의 멀고 가까운 정도를 나타내는 수, 또는 그런 관계'를 의미한다.

② 숫자가 작을수록 친족 사이가 가까우며, 숫자가 크면 친족 사이가 그만큼 멀다.

(2) 직계 가족과의 촌수

① 자기와 대상까지의 대수(代數)가 곧 촌수이다.

② 부모와 자녀 사이는 1촌, 조부모와 손주 사이는 2촌, 증조부모와 증손자 · 증손녀 사이는 3촌, 고조부모와 고손자(현손) · 고손녀(현손녀) 사이는 4촌이다.

(3) 방계 가족의 촌수

① 자기와 대상이 어떤 조상에게서 나뉘어졌는지 파악한 후 자기와 그 조상의 대수에 그 조상과 대상의 대수를 합하여 촌수를 따진다.

② 아버지의 형제들(큰아버지, 작은아버지)의 촌수는 3촌으로, 나와 큰아버지 · 작은 아버지는 할아버지에게서 나누어졌기 때문이다. 나와 할아버지의 대수가 2촌이고 할아버지와 큰아버지 · 작은아버지의 대수가 1촌이므로 둘이 합치면 3촌이다.

③ 당숙 · 당숙모의 촌수는 5촌으로, 나와 당숙 · 당숙모는 증조부에게서 나누어졌기 때문이다. 나와 증조부의 대수가 3촌, 증조부와 당숙의 대수가 2촌이므로 둘이 합 치면 5촌이다.

(4) 외가, 처가, 시가의 촌수

① 어머니, 아내, 남편을 매개로 계산되며, 그 앞에 '외(外)', '처(妻)', '시(媤)' 자를 덧 붙인다.

② 어머니의 형제는 '외삼촌', 아내의 백부 · 숙부는 '처삼촌', 남편의 백부 · 숙부는 '시 삼촌'으로 부른다.

2. 친가 가계도

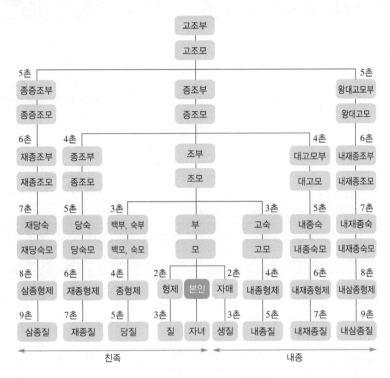

3. 외가 가계도

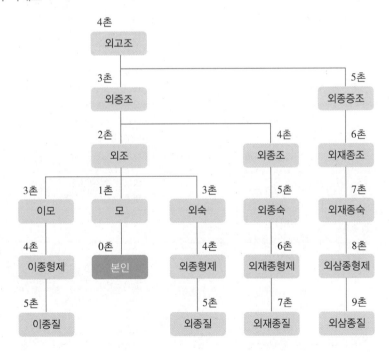

OX 문제

01 나와 증조부의 촌수는 2촌이다. (   )

02 자신과 대상까지의 대수가 촌수이다.
(   )

03 당숙의 촌수는 3촌이다. (   )

정답 01 × 02 ○ 03 ×

해설 01 3촌 03 5촌

02 가정에서의 호칭어와 지칭어

1. 부모님과 자녀 사이의 호칭어 · 지칭어

(1) 호칭어❶

구분		명칭
살아 계신 부모님에 대하여	아버지	아버지, 아빠
	어머니	어머니, 엄마
자녀에 대하여	혼인함	아범, ○○[손주] 아범, 아비, ○○[손주] 아비, 어멈, ○○[외손주] 어멈, 어미, ○○[외손주] 어미, ○○[이름]
	혼인하지 않음	○○[이름]

(2) 지칭어❷

구분	자기 부모 · 자식일 경우		남의 부모 · 자식일 경우	
	살아 계신 경우	돌아가신 경우	살아 계신 경우	돌아가신 경우
할아버지	조부(祖父), 왕부(王父)	선고조(先考祖)	존조부장(尊祖父丈)	선조부장(先祖父丈)
할머니	조모(祖母), 왕모(王母)	선조모(先祖母),선왕모(先王母)	존왕대부인(尊王大夫人)	선조비(先祖妣)
아버지	아버지, 아빠, 가군(家君), 가친(家親), 부주(夫主), 엄친(嚴親)	아버지, 아버님, 선친(先親), 선고(先考), 선부군(先夫君)	춘부장(春府丈), 춘장(椿丈), 춘당(春堂), 대인(大人), 영존(令尊), 어르신, 어르신네	아버님, 선대인(先大人), 선고장(先考丈), 선장(先丈)
어머니	어머니, 엄마, 모친(母親), 자친(慈親), 모주(母主), 가자(家慈), 모친(母親)	어머니, 어머님, 선비(先妣), 선자(先慈)	자당(慈堂), 훤당(萱堂), 북당(北堂), 모당(母堂), 모부인(母夫人), 대부인(大夫人)	어머님, 선대부인(先大夫人), 선부인(先夫人)
아들	○○[이름], 아범, ○○[손주] 아범, 아비, ○○[손주] 아비, 가아(家兒), 가돈(家豚), 돈아(豚兒), 미돈(迷豚)		아드님, 영식(令息), 영윤(令胤), 영랑(令郎)	
딸	○○[이름], 어멈, ○○[손주] 어멈, 어미, ○○[손주] 어미, 여식(女息).		따님, 영애(令愛), 영교(令嬌), 영양(令孃)	
손자	손자(孫子), 손아(孫兒), 손녀(孫女)		영손(令孫), 영포(令抱)	

확인 문제   13 지방직 9급

밑줄 친 말이 옳게 쓰인 것은?

① 자네의 선대인께서는 올해 건강하신가?
② 옆집 선배와 나는 두 살 터울이다.
③ 오늘 아버지께 걱정을 들었다.
④ 면접하러 온 사람들은 현관 앞에서 복장을 매무새하였다.

정답 ③

해설 ① '선대인'은 돌아가신 남의 부모를 지칭하는 말로, '건강하신가?'와 같이 쓰일 수 없다.
② '터울'은 동기 사이에서 사용한다.
④ '매무시하다'가 맞다.

2. 시부모와 며느리 사이의 호칭어 · 지칭어

구분		호칭어	지칭어
시부모님에 대하여	시아버지	아버님	아버님(자녀에게는 '할아버님', '할아버지'로 사용)
	시어머니	어머님, 어머니	어머님(자녀에게는 '할머님', '할머니'로 사용)
며느리에 대하여		어멈, ○○[손주] 어멈, 어미, ○○[손주] 어미, 아가, 새아가	어멈, ○○[손주] 어멈, 어미, ○○[손주] 어미, 아기, 새아기

자부와 손부
• 자부(子婦): 아들의 아내를 이르는 말. 며느리
• 손부(孫婦): 손자의 아내. 손자며느리

3. 처부모님과 사위 사이의 호칭어 · 지칭어

구분		호칭어	지칭어
처부모님에 대하여	장인	장인어른, 아버님	장인어른, 아버님(자녀에게는 '외할아버님', '외할아버지')
	장모	장모님, 어머님	장모님, 어머님(자녀에게는 '외할머님', '외할머니')
사위에 대하여		○ 서방, ○○[외손주] 아범, ○○[외손주] 아비, 여보게	○ 서방, ○○[외손주] 아범, ○○[외손주] 아비, 여보게

4. 남편과 아내 사이의 호칭어 · 지칭어

구분	호칭어	지칭어
남편	여보, ○○ 씨, ○○[자녀] 아버지, ○○[자녀] 아빠, 영감, ○○[손주, 외손주] 할아버지	당신, ○○ 씨, 영감, 아범, 아비, 그이, ○ 서방
아내	여보, ○○ 씨, ○○[자녀] 엄마, 임자, ○○[손주, 외손주] 할머니	당신, ○○ 씨, 임자, 어멈, 어미, 집사람, 안사람, ○○[자녀] 엄마

5. 남자의 동기와 그 배우자에 대한 호칭어 · 지칭어

(1) 형과 그 배우자

구분	호칭어	지칭어
형	형, 형님	형, 형님(자녀에게는 '큰아버님, 큰아버지'로 지칭)
형의 아내	형수님, 아주머님, 아주머니	형수님, 아주머님, 아주머니(자녀에게는 '큰어머님, 큰어머니'로 지칭)

(2) 남동생과 그 배우자

구분	호칭어	지칭어
남동생	○○[이름], 아우, 동생	○○[이름], 아우, 동생(자녀에게는 '삼촌, 작은아버지'로 지칭)
남동생의 아내	제수씨, 계수씨	제수씨, 계수씨(자녀에게는 '숙모, 작은어머니'로 지칭)

(3) 누나와 그 배우자

구분	호칭어	지칭어
누나	누나, 누님	누나, 누님(자녀에게는 '고모, 고모님'으로 지칭)
누나의 남편	매형, 자형, 매부	매형, 자형, 매부(자녀에게는 '고모부, 고모부님'으로 지칭)

(4) 여동생과 그 배우자

구분	호칭어	지칭어
여동생	○○[이름], 동생	○○[이름], 동생(자녀에게는 '고모'로 지칭)
여동생의 남편	○ 서방, 매부, 매제	○ 서방, 매부, 매제(자녀에게는 '고모부'로 지칭)

6. 여자의 동기와 그 배우자에 대한 호칭어·지칭어

(1) 오빠와 그 배우자 사이

구분	호칭어	지칭어			
		당사자에게	부모에게	동기와 그 배우자에게	자녀에게
오빠	오빠, 오라버니, 오라버님	오빠, 오라버니, 오라버님	오빠, 오라버니	오빠, 오라버니, 오라버님	외삼촌, 외숙부, 외숙부님
오빠의 아내	새언니, 언니	새언니, 언니	새언니, 언니, 올케, 올케언니	새언니, 언니, 올케, 올케언니	외숙모, 외숙모님

(2) 남동생과 그 배우자

구분	호칭어	지칭어
남동생	○○[이름], 동생	○○[이름], 동생(자녀에게는 '외삼촌, 외숙부'라고 지칭)
남동생의 아내	올케	올케(자녀에게는 '외숙모'라고 지칭)

확인 문제　　13 지방직 7급

호칭어가 적절하지 않은 것은?
① 아내의 여동생의 남편에게: 자부
② 누나의 남편에게: 매부
③ 남편의 남동생의 아내에게: 동서
④ 며느리나 사위의 조부모에게: 사장 어른

정답 ①
해설 자부는 며느리를 뜻한다. 아내의 여동생의 남편은 동서, ○ 서방 등으로 부른다.

(3) 언니와 그 배우자

구분	호칭어	지칭어		
		시댁 쪽 사람에게	자녀에게	그 밖의 사람에게
언니	언니	언니, ○○[자녀] 이모	이모, 이모님	언니, ○○[자녀] 이모
언니의 남편	형부	형부, ○○[자녀] 이모부	이모부, 이모부님	형부, ○○[자녀] 이모부

(4) 여동생과 그 배우자

구분	호칭어	지칭어		
		시댁 쪽 사람에게	자녀에게	그 밖의 사람에게
여동생	○○[이름], 동생	친정 여동생, ○○[자녀] 이모	이모	친정 여동생, ○○[자녀] 이모
여동생의 남편	○ 서방, 제부	동생의 남편, ○○ [자녀] 이모부, 제부	이모부	동생의 남편, ○○ [자녀] 이모부, 제부

7. 남편의 동기와 그 배우자에 대한 호칭어 · 지칭어

(1) 남편의 형과 그 배우자

구분	호칭어	지칭어	
		친정 쪽 사람에게	자녀에게
남편의 형	아주버님	시아주버니, ○○[자녀] 큰아 버지, 시숙(媤叔)	큰아버지, 큰아버님
남편 형의 아내	형님	큰동서, 형님, 맏동서[남편 맏 형의 아내만], ○○[자녀] 큰 어머니	큰어머니, 큰어머님

(2) 남편의 남동생과 그 배우자

구분	호칭어	지칭어	
		친정 쪽 사람에게	자녀에게
남편의 남동생	도련님[미혼], 서방님[기혼]	시동생, ○○[자녀] 작은아버 지, ○○[자녀] 삼촌	작은아버지, 작은아버님, 삼촌
남편 남동생의 아내	동서	동서, 작은동서, ○○[자녀] 작은어머니	작은어머니, 작은어머님

○✕ 문제

01 내가 오빠의 아내를 부를 때는 '올케', '새언니'라고 부른다. ( )

02 내가 여자일 때 남동생의 아내는 내 자녀에게 외숙모가 된다. ( )

03 여동생의 남편을 '○ 서방'으로 부르는 것은 예법에 어긋난다. ( )

정답 01 ○ 02 ○ 03 ✕

(3) 남편의 누나와 여동생

구분	호칭어	지칭어	
		친정 쪽 사람에게	자녀에게
남편의 누나	형님	시누이, 형님, ○○[자녀] 고모	고모, 고모님
남편의 여동생	아가씨, 아기씨	시누이, ○○[자녀] 고모	고모, 고모님

(4) 시누이의 남편

구분	호칭어	지칭어	
		당사자에게	자녀에게
남편 누나의 남편	아주버님	아주버님	고모부, 고모부님
남편 여동생의 남편	서방님	서방님	고모부, 고모부님

8. 아내의 동기와 그 배우자에 대한 호칭어 · 지칭어

(1) 아내의 오빠와 그 배우자

구분	호칭어	지칭어
아내의 오빠	형님	형님
아내 오빠의 아내	아주머니	아주머니, 처남의 댁, 처남댁

(2) 아내의 남동생과 그 배우자

구분	호칭어	지칭어
아내의 남동생	처남	처남, 자네
아내 남동생의 아내	처남의 댁, 처남댁	처남의 댁, 처남댁

(3) 아내의 언니와 그 배우자

구분	호칭어	지칭어				
		당사자에게	아내에게	부모, 동기, 그밖의 사람에게	장인, 장모에게	자녀에게
아내의 언니	처형	처형	처형	처형, ○○[자녀] 이모	처형	이모, 이모님
아내 언니의 남편	형님	형님	형님	동서, ○○[자녀] 이모부	형님	이모부, 이모부님

확인 문제

15 교행직 9급

호칭어와 지칭어의 사용이 바르지 않은 것은?

① (친구 사이에서) 영호, 자네 춘부장께서는 무고하신가?

② (남동생이 누나에게) 누님, 매부와 언제 여행을 가셔요?

③ (며느리가 시아버지에게) 아버님, 어머니는 어디 가셨어요?

④ (올케가 시누이에게) 고모, 할머님께서 저 찾지 않으셨어요?

정답 ④

해설 '올케'는 오빠나 남동생의 아내이고 '시누이'는 남편의 누나나 여동생이다. 올케가 손위 시누이를 부를 때는 '형님', 손아래 시누이를 부를 때는 '아가씨'나 '아기씨'로 부르는 것이 자연스럽다.

(4) 아내의 여동생과 그 배우자

구분	호칭어	지칭어				
		당사자에게	아내에게	부모, 동기, 그밖의 사람에게	장인, 장모 에게	자녀에게
아내의 여동생	처제	처제	처제	처제, ○○ [자녀] 이모	처제	이모, 이모님
아내 여동생의 남편	동서, ○ 서방	동서, ○ 서방	동서, ○ 서방	동서, ○○[자녀] 이모부	동서, ○ 서방	이모부, 이모부님

9. 숙질 사이의 호칭어와 지칭어

(1) 아버지와 어머니의 형제와 그 배우자

① 아버지의 형과 그 배우자

구분	호칭어	지칭어
아버지의 형	큰아버지	큰아버지, 백부(伯父)[아버지의 맏형만]
아버지의 형의 아내	큰어머니	큰어머니, 백모(伯母)[아버지 맏형의 아내에게만]

② 아버지의 남동생과 그 배우자

구분	호칭어	지칭어
아버지의 남동생	작은아버지, 삼촌, 아저씨	작은아버지, 삼촌, 아저씨
아버지 남동생의 아내	작은어머니	작은어머니

③ 아버지의 누이와 그 배우자

구분	호칭어	지칭어
아버지의 누이	고모, 아주머니	고모, 아주머니
아버지 누이의 남편	고모부, 아저씨	고모부, 아저씨

④ 어머니의 자매

구분	호칭어	지칭어
어머니의 자매	이모, 아주머니	이모, 아주머니
어머니 자매의 남편	이모부, 아저씨	이모부, 아저씨

⑤ 어머니의 남자 동기

구분	호칭어	지칭어
어머니의 남자 동기	외삼촌, 아저씨	외삼촌, 아저씨
어머니 남자 동기의 아내	외숙모, 아주머니	외숙모, 아주머니

확인 문제   15 교행직 9급

다음 중 호칭어가 적절하지 않은 것은?

A: ⊙ 아주버님, 안녕하세요?
B: 네, ⓒ 제수씨, 잘 지내셨죠? 여보, 어서 나와 보구려. 동생네 부부가 왔어.
C: ⓒ 동서, 왔어?
A: 네, 형님, 오랜만이에요.
C: ② 도련님, 어서 오세요.
D: 형수님, 안녕하세요? 잘 지내셨어요?

① ⊙   ② ⓒ
③ ⓒ   ④ ②

정답 ④
해설 ② 남편의 동생은 기혼일 경우 '서방님'으로 부른다.

어휘 풀이

❶ 생질(甥姪): 누이의 아들을 이르는 말
❷ 이질(姨姪): 언니나 여동생의 아들딸 혹은 아내의 자매의 아들딸
❸ 이질녀(姨姪女): 언니나 여동생의 딸
❹ 이질서(姨姪壻): 언니나 여동생의 딸이 맞이한 배우자

(2) 조카와 그 배우자

① 남자 조카와 그 배우자

구분	호칭어	지칭어
남자 조카	○○[이름], 조카[친조카, 남편의 조카], 조카님[나이 많은 조카], ○○[조카의 자녀] 아범, ○○[조카의 자녀] 아비	○○[이름], 조카[친조카, 남편의 조카], 조카님[나이 많은 조카], ○○[조카의 자녀] 아범, ○○[조카의 자녀] 아비, 생질(甥姪)❶[누이의 아들, 남편 누이의 아들], 이질(姨姪)❷[자매의 아들, 아내 자매의 아들], 처조카[아내의 조카]
남자 조카의 아내	아가, 새아가, ○○[조카의 자녀] 어멈, ○○[조카의 자녀] 어미, 질부(姪婦)[친조카의 아내, 남편 조카의 아내], 생질부(甥姪婦)[누이의 며느리], 이질부(姨姪婦)[자매의 며느리]	아기, 새아기, ○○[조카의 자녀] 어멈, ○○[조카의 자녀] 어미, 조카며느리[친조카의 아내, 남편 조카의 아내], 질부(姪婦)[친조카의 아내, 남편 조카의 아내], 생질부(甥姪婦)[누이의 며느리, 남편 누이의 며느리], 이질부(姨姪婦)[자매의 며느리], 처조카며느리[아내 조카의 아내], 처질부(妻姪婦)[아내 조카의 아내], 처이질부(妻姨姪婦)[아내 자매의 며느리]

② 여자 조카와 그 배우자

구분	호칭어	지칭어
여자 조카	○○[이름], 조카[친조카, 남편의 조카], 조카님[나이 많은 조카를], ○○[조카의 자녀] 어멈, ○○[조카의 자녀] 어미	○○[이름], 조카[친조카, 남편의 조카], 조카님[나이 많은 조카를], ○○[조카의 자녀] 어멈, ○○[조카의 자녀] 어미, 조카딸[친조카, 남편의 여자 조카], 질녀(姪女)[친조카, 남편의 여자 조카], 생질녀(甥姪女)[누이의 딸, 남편 누이의 딸], 이질(姨姪)[자매의 딸], 이질녀(姨姪女)❸[자매의 딸], 처조카[아내의 여자 조카], 처조카딸[아내의 여자 조카], 처이질(妻姨姪)[아내 자매의 딸], 처이질녀(妻姨姪女)[아내 자매의 딸]
여자 조카의 남편	○ 서방, ○○[조카의 자녀] 아범, ○○[조카의 자녀] 아비	○ 서방, ○○[조카의 자녀] 아범, ○○[조카의 자녀] 아비, 조카사위[친조카의 남편, 남편 조카의 남편], 질서(姪壻)[친조카의 남편, 남편 조카의 남편], 생질서(甥姪壻)[누이의 사위, 남편 누이의 사위], 이질서(姨姪壻)❹[자매의 사위], 처조카사위[아내 조카의 남편], 처질서(妻姪壻)[아내 조카의 남편], 처이질서(妻姨姪壻)[아내 자매의 사위]

○✕ 문제

01 백부(伯父)는 첫째 큰아버지를 이르는 호칭이다. ( )

02 어머니의 자매를 아주머니라고 지칭할 수 있다. ( )

03 아버지의 둘째 형은 작은아버지로 호칭한다. ( )

정답 01 ○ 02 ○ 03 ✕

10. 사돈 사이의 호칭어 · 지칭어

(1) 같은 항렬

① 자녀 배우자(며느리, 사위)의 부모

구분		호칭어	지칭어		
			당사자에게	자기 쪽 사람에게	사돈 쪽 사람에게
내가 아버지인 경우	자녀 배우자의 아버지를	사돈어른, 사돈	사돈어른, 사돈	사돈, ○○[외손주] 할아버지, ○○[손주] 외할아버지	사돈어른, 사돈, ○○[외손주] 할아버지, ○○[손주] 외할아버지
	자녀 배우자의 어머니를	사부인	사부인	사부인, ○○[외손주] 할머니, ○○[손주] 외할머니	사부인, ○○[외손주] 할머니, ○○[손주] 외할머니
내가 어머니인 경우	자녀 배우자의 아버지를	사돈어른, 밭사돈	사돈어른, 밭사돈	사돈어른, 밭사돈, ○○[외손주] 할아버지, ○○[손주] 외할아버지	사돈어른, ○○[외손주] 할아버지, ○○[손주] 외할아버지
	자녀 배우자의 어머니를	사부인, 사돈	사부인, 사돈	사부인, ○○[외손주] 할머니, ○○[손주] 외할머니	사부인, ○○[외손주] 할머니, ○○[손주] 외할머니

> **밭-**
> '바깥'의 뜻을 더하는 접두사
> 예 밭다리, 밭사돈, 밭주인

② 자녀 배우자(며느리, 사위)의 삼촌 항렬

구분		호칭어	지칭어		
			당사자에게	자기 쪽 사람에게	사돈 쪽 사람에게
내가 아버지인 경우	자녀 배우자의 삼촌, 외삼촌을	사돈어른, 사돈	사돈어른, 사돈	사돈	사돈어른, 사돈
	자녀 배우자의 고모, 이모를	사부인	사부인	사부인	사부인
내가 어머니인 경우	자녀 배우자의 삼촌, 외삼촌을	사돈어른, 밭사돈	사돈어른, 밭사돈	사돈어른	사돈어른
	자녀 배우자의 고모, 이모를	사부인, 사돈	사부인, 사돈	사부인	사부인

③ 동기 배우자(형수, 올케 등)의 동기 및 배우자에 대하여

구분	호칭어	지칭어	
		당사자에게	그 밖의 사람에게
남자	사돈, 사돈도령, 사돈총각	사돈, 사돈도령, 사돈총각	사돈, 사돈도령, 사돈총각
여자	사돈, 사돈아가씨, 사돈처녀	사돈, 사돈아가씨, 사돈처녀	사돈, 사돈아가씨, 사돈처녀

(2) 위 항렬: 자녀 배우자의 조부모 및 동기 배우자의 부모

구분	호칭어	지칭어	
		당사자에게	그 밖의 사람에게
명칭	사장어른	사장어른	사장어른

(3) 아래 항렬: 자녀 배우자의 동기와 그 자녀, 동기 배우자의 조카

구분	호칭어	지칭어	
		당사자에게	그 밖의 사람에게
남자	사돈, 사돈도령, 사돈총각	사돈, 사돈도령, 사돈총각	사돈, 사돈도령, 사돈총각, ○○[외손주] 삼촌, ○○[손주] 외삼촌
여자	사돈, 사돈아가씨, 사돈처녀	사돈, 사돈아가씨, 사돈처녀	사돈, 사돈아가씨, 사돈처녀, ○○[손주] 이모, ○○[외손주] 고모

OX 문제

01 아들의 부인의 조부모에게 '사장어른'
이라 부르는 것은 어법에 맞다.   ( )

02 내가 어머니일 때 며느리의 외삼촌을
'밭사돈'이라 부른다.   ( )

03 내가 남자일 때 내 형수의 언니와 내
아들 부인의 여동생은 모두 사돈이라 부
른다.   ( )

정답 01 ○ 02 ○ 03 ○

03 사회에서의 호칭어와 지칭어

1. 직장 사람들에 대한 호칭어 · 지칭어

(1) 호칭어를 사용할 때 주의할 점

① 직장에서 동료 간에 사용하는 일반적인 호칭어로는 '○○(이름) 씨'가 있다.

② 직함이 없는 선배 또는 직급은 같지만 나이가 많은 동료 직원의 경우 '○○ 씨'라고 부르기 어려우므로, '~선배'나 '~선생님' 등과 같은 호칭어를 쓸 수 있다. 예 김 선배, 한영숙 선생님 등

③ 연장자인 여자 직원에게는 '○ 여사, ○○○ 여사'라고 부를 수 있다.

④ 직함을 아는 경우 성이나 이름 뒤에 직함을 넣어 부를 수 있다. 예 김 과장님, 이영철 전무님 등

⑤ 상사가 직함이 없는 아랫사람을 부를 때는 '○○○ 씨'와 같이 부르나, 아랫사람이라도 나이가 많은 경우에는 '김 선생님'과 같이 부를 수 있다.

(2) 상사, 직급이 같은 동료, 아래 직원

구분	호칭 및 지칭						
상사		선생님, ○ 선생님, ○○○ 선생님	○ 선배님, ○○○ 선배님			○ 여사님, ○○○ 여사님	부장님, ○ 부장님, ○○○ 부장님, 총무부장님
직급이 같은 동료	○○○ 씨, ○○ 씨	선생님, ○ 선생님, ○○○ 선생님, ○ 선생, ○○○ 선생	선배(님), ○ 선배(님), ○○○ 선배(님)	형, ○ 형, ○○ 형, ○○○ 형	언니, ○○ 언니	○ 여사, ○○○ 여사	과장님, ○ 과장님, ○ 과장, ○○○ 과장
아래 직원	○○ 씨, ○○○ 씨	○ 선생님, ○○○ 선생님, ○ 선생, ○○○ 선생	○ 군, ○○ 군, ○○○ 군	○ 형, ○○ 형, ○○○ 형	○ 양, ○○ 양, ○○○ 양	○ 여사, ○○○ 여사	과장님, ○ 과장님, ○ 과장, ○○○ 과장, 총무과장

(3) 상사의 가족 : 상사의 남편을 해당 상사에게 '바깥어른'으로 부를 수 있다. 그 외의 사람에게는 '과장님 바깥어른', '○ 과장님 바깥어른' 등으로 지칭한다.

구분	호칭어	지칭어
상사의 아내	사모님, 아주머님, 아주머니, ○ 과장님[직함이 있는 경우], ○○○ 선생님, ○ ○○ 과장님, 여사님, ○ 여사님	사모님, 아주머님, 아주머니, ○ 과장님[직함이 있는 경우], ○ 선생님, 여사님, ○ 여사님, ○○○ 과장님 부인
상사의 남편	선생님, ○ 선생님, ○○○ 선생님, 과장님, ○ 과장님, ○○○ 과장님	선생님, ○ 선생님, ○○○ 선생님, 과장님, ○ 과장님, ○○○ 과장님, 바깥어른
상사의 자녀	○○[이름], ○○○ 씨, 과장님, ○ 과장님, ○ 과장	○○[이름], ○○○ 씨, 과장님, ○ 과장님, ○ 과장

확인 문제 15 사복직 9급

표준 언어 예절에 어긋난 것은?

① 직장 상사의 아내를 '여사님'이라고 부른다.

② 직장 상사의 남편을 해당 직장 상사에게 '사부님'이라고 지칭한다.

③ 직장 상사(과장)의 아내를 직장 동료에게 '과장님 부인'이라고 지칭한다.

④ 직장 상사(과장)의 남편을 직장 동료에게 '과장님 바깥어른'이라고 지칭한다.

정답 ②

해설 ② ○○ 선생님. ○○○ 선생님. 과장님. 바깥어른 등으로 지칭한다.

(4) 동료나 아래 직원의 가족

① 동료나 아래 직원의 아내는 해당 동료 및 아래 직원에게 '부인'으로 지칭할 수 있으며, 그 외의 사람들에게는 'ㅇ 과장(님) 부인, ㅇㅇㅇ 씨 부인'과 같이 해당 동료의 호칭에 '부인'을 붙인다.

② 동료나 아래 직원의 남편은 해당 동료 및 아래 직원에게 '남편, 부군, 바깥양반'으로 지칭할 수 있다.

구분	호칭어	지칭어
동료나 아래 직원의 아내	ㅇㅇ 씨, ㅇㅇㅇ 씨, 아주머님, 아주머니, ㅇ 선생님, ㅇㅇㅇ 선생님, ㅇ 과장님[직함이 있는 경우], ㅇㅇㅇ 과장님	ㅇㅇ 씨, ㅇㅇㅇ 씨, 아주머님, 아주머니, ㅇ 선생님, ㅇㅇㅇ 선생님, ㅇ 과장님[직함이 있는 경우], ㅇㅇㅇ 과장님
동료나 아래 직원의 남편	ㅇㅇ 씨, ㅇㅇㅇ 씨, 선생님, ㅇ 선생님, ㅇㅇㅇ 선생님, 과장님, ㅇ 과장님, ㅇㅇㅇ 과장님	ㅇㅇ 씨, ㅇㅇㅇ 씨, 선생님, ㅇ 선생님, ㅇㅇㅇ 선생님, 과장님, ㅇ 과장님, ㅇㅇㅇ 과장님
동료나 아래 직원의 자녀	ㅇㅇ[이름], ㅇㅇㅇ 씨, 과장님, ㅇ 과장님, ㅇ 과장	ㅇㅇ[이름], ㅇㅇㅇ 씨, 과장님, ㅇ 과장님, ㅇ 과장

(5) 식당, 상점, 회사, 영업소, 관공서 등의 직원과 손님

구분	호칭어 및 지칭어
직원에 대해	아저씨, 젊은이, 총각, 아주머니, 아가씨, ㅇㅇ 씨, ㅇㅇㅇ 씨, 과장님, ㅇ 과장님, ㅇㅇ 과장님, ㅇ 과장, ㅇㅇㅇ 과장, 선생님, ㅇ 선생님, ㅇㅇㅇ 선생님, ㅇ 선생, ㅇㅇ 선생 ※ 주로 식당, 상점 등에서의 호칭: 여기요, 여보세요
손님에 대해	손님, ㅇㅇㅇ 님, ㅇㅇㅇ 손님

2. 지인에 대한 지칭어 · 호칭어

(1) 친구의 아내와 친구의 남편

구분	호칭어	지칭어
친구의 아내	아주머니, ㅇㅇ 씨, ㅇㅇㅇ 씨, ㅇㅇ[친구 자녀] 어머니, ㅇㅇ 엄마, 과장님, ㅇ 과장님[직함이 있는 경우]	아주머니, ㅇㅇ 씨, ㅇㅇㅇ 씨, ㅇㅇ[친구 자녀] 어머니, ㅇㅇ 엄마, 과장님, ㅇ 과장님[직함이 있는 경우]
친구의 남편	ㅇㅇ 씨, ㅇㅇㅇ 씨, ㅇㅇ[친구 자녀] 아버지, ㅇㅇ 아빠, 과장님, ㅇ 과장님[직함이 있는 경우]	ㅇㅇ 씨, ㅇㅇㅇ 씨, ㅇㅇ[친구 자녀] 아버지, ㅇㅇ 아빠, 과장님, ㅇ 과장님[직함이 있는 경우]

(2) 남편의 친구와 아내의 친구

구분	호칭어	지칭어
남편의 친구	ㅇㅇ 씨, ㅇㅇㅇ 씨, ㅇㅇ[남편 친구의 자녀] 아버지, 과장님, ㅇ 과장님, ㅇㅇ ㅇ 과장님[직함이 있는 경우]	ㅇㅇ 씨, ㅇㅇㅇ 씨, ㅇㅇ[남편 친구의 자녀] 아버지, 과장님, ㅇ 과장님, ㅇㅇ ㅇ 과장님[직함이 있는 경우]
아내의 친구	ㅇㅇ 씨, ㅇㅇㅇ 씨, ㅇㅇ[아내 친구의 자녀] 어머니, 아주머니, 과장님, ㅇ 과장님, ㅇㅇㅇ 과장님[직함이 있는 경우]	ㅇㅇ 씨, ㅇㅇㅇ 씨, ㅇㅇ[아내 친구의 자녀] 어머니, 아주머니, 과장님, ㅇ 과장님, ㅇㅇㅇ 과장님[직함이 있는 경우]

OX 문제

01 직장 동료의 아내를 '아주머님'이라고 부른다. ( )

02 관공서에서 직원을 '젊은이', '총각'이라 부르는 것은 잘못된 호칭이다. ( )

03 남편의 친구는 'ㅇㅇ 씨', 'ㅇㅇㅇ 씨'라고 이름을 직접 칭하여 부를 수 있다. ( )

정답 01 ㅇ 02 × 03 ㅇ

(3) 아버지의 친구와 어머니의 친구

구분	호칭어	지칭어
아버지의 친구	아저씨, ○○[지역] 아저씨, ○○[아버지 친구의 자녀] 아버지, 어르신, 선생님, 과장님, ○ 과장님[직함이 있는 경우]	아저씨, ○○[지역] 아저씨, ○○[아버지 친구의 자녀] 아버지, 어르신, 선생님, 과장님, ○ 과장님[직함이 있는 경우]
어머니의 친구	아주머니, ○○[지역] 아주머니, 아줌마, ○○[지역] 아줌마, ○○[어머니 친구의 자녀] 어머니, 어르신, 선생님, 과장님, ○ 과장님[직함이 있는 경우]	아주머니, ○○[지역] 아주머니, 아줌마, ○○[지역] 아줌마, ○○[어머니 친구의 자녀] 어머니, 어르신, 선생님, 과장님, ○ 과장님[직함이 있는 경우]

(4) 친구의 아버지와 친구의 어머니

구분	호칭어	지칭어	
		당사자에게	해당 친구에게
친구의 아버지	아저씨, ○○[지역] 아저씨, ○○[친구] 아버지, 아버님, ○○[친구] 아버님, 어르신, ○○[친구의 자녀] 할아버지	아저씨, ○○[지역] 아저씨, ○○[친구] 아버지, ○○[친구] 아버지, 아버님, ○○[친구] 아버님, 어르신, ○○[친구의 자녀] 할아버지	아버님, 아버지, 아빠, 어르신, 부친, 춘부장
친구의 어머니	아주머니, ○○[지역] 아주머니, 아줌마, ○○[지역] 아줌마, 어머님, ○○[친구] 어머님, ○○[친구] 어머니, ○○[친구] 엄마, 어르신, ○○[친구의 자녀] 할머니	아주머니, ○○[지역] 아주머니, 아줌마, ○○[지역] 아줌마, 어머님, ○○[친구] 어머님, ○○[친구] 어머니, ○○[친구] 엄마, 어르신, ○○[친구의 자녀] 할머니	어머님, 어머니, 엄마, 어르신, 모친, 자당

(5) 남자 선생님의 아내와 여자 선생님의 남편

구분	호칭어	지칭어(당사자 및 해당 선생님에게)
남자 선생님의 아내	사모님, 선생님, ○ 선생님, ○○○ 선생님, 과장님, ○ 과장님	사모님, 선생님, ○ 선생님, ○○○ 선생님, 과장님, ○ 과장님
여자 선생님의 남편	사부(師夫)님, 선생님, ○ 선생님, ○○ ○ 선생님, 과장님, ○ 과장님	사부(師夫)님, 선생님, ○ 선생님, ○○ ○ 선생님, 과장님, ○ 과장님, 바깥어른[학부모가 지칭할 때]

○×문제

01 선생님의 남편을 '사부님'이라 부르는 것은 호칭어를 잘못 사용한 것이다. ( )

02 친구의 아버지를 당사자에게 '춘부장'이라 부르는 것은 옳은 표현이다. ( )

03 친구의 어머니를 해당 친구에게 '자당'이라 지칭할 수 있다. ( )

정답 01 × 02 × 03 ○

1. 가정에서

구분	표현
부모를 조부모께	할머니/할아버지, 어머니/아버지가 진지 잡수시라고 하였습니다. → '압존법'의 원칙에 따라 조부모 앞에서 부모를 높이지 않는다.
부모를 선생님께	저희 어머니/아버지가 이렇게 말씀하셨습니다. 저희 어머니/아버지께서 이렇게 말씀하셨습니다. 우리 어머니/아버지가 이렇게 말씀하셨습니다. 우리 어머니/아버지께서 이렇게 말씀하셨습니다. → 가족 이외의 다른 사람에게 부모를 말할 때는 언제나 높인다.
남편을 시부모나 손위 사람에게	(시부모에게 말할 때) 아범이 아직 안 들어왔습니다. (시부모에게 말할 때) 아비가 아직 안 들어왔습니다. (남편의 형, 누나에게 말할 때) 그이가 어머니/아버님께 말씀드린다고 했습니다. → 시부모에게 남편을 말할 때는 낮추어 말하며, 남편의 형·누나에게 남편을 말할 때는 '그이'라고 쓸 수 있다.
남편을 시동생이나 손아랫사람에게	형님은 아직 안 들어오셨어요.(높임) ○○[자녀] 아버지는 아직 안 들어오셨어요.(높임) ○○[자녀] 아버지는 아직 안 들어왔어요.(낮춤) → 보통 시동생이나 손아랫사람에게는 남편을 높이는 것이 좋으나, 낮추어 말할 수도 있다.
배우자를 그 밖의 사람에게	그이는/집사람은 아직 안 들어왔습니다. ○○[자녀] 어머니/○○[자녀] 아버지는 아직 안 들어왔습니다. → 배우자의 친구나 회사 상사에게 배우자를 말할 때는 보통 '–시–'를 넣지 않는다.
자녀를 손주에게	○○[손주]야, 어머니/아버지 좀 오라고 해라. ○○[손주]야, 어머니/아버지 좀 오시라고 해라. → 자녀를 손주에게 말할 때는 부모를 존중하라는 의미로 '어머니/아버지'를 쓰는 것이 좋다. 또 보통 서술어에는 '–시–'를 넣지 않으나 마찬가지로 존중의 의미로 '–시–'를 넣을 수도 있다.

2. 직장, 사회에서

(1) 존경의 표현

① 동료이거나 아래 직원인 경우: 직장에서는 자기보다 직급이 높은 사람은 물론이고 직급이 같거나 낮은 사람에게도 직장 사람들에 관해 말할 때에는 '–시–'를 넣어 존대하는 것이 좋다.

　　예 이 대리 회의에 갔습니까? (×) → 이 대리 회의에 가셨습니까? (○)

② 윗사람에 대해 말할 때: 윗사람을 그보다 윗사람에게 지칭하는 경우, 주격조사 '께서'는 곤란하여도, '이'라고 하고 주체를 높이는 '–시–'를 넣는 것이 적절하다.

　　예 사장님, 총무과장님께서는 자리를 비웠습니다. (×) → 사장님, 총무과장님이 자리를 비우셨습니다. (○)

◯✕ 문제

01 할머니, 아버지께서 진지 드시라고 하셨습니다. (　)

02 그이는 아직 안 들어왔어요. (　)

03 (할머니가 손주에게) 성훈아, 아버지 좀 오시라고 해라. (　)

정답 01 × 02 ○ 03 ○

해설 01 아버지께서 → 아버지가

③ 간접 높임에서의 '-시-' 사용: 높여야 할 대상의 신체 부분, 성품, 심리, 소유물과 같이 주어와 밀접한 관계를 맺고 있는 대상을 통하여 주어를 간접적으로 높이는 '간접 존대'의 경우 '-시-'를 동반한다.

　　예 눈이 크시다. / 걱정이 많으시다.

④ 고객 등을 존대하기 위한 표현: 서비스업이나 판매업 종사자들이 고객을 존대하려는 의도로 불필요한 '-시-'를 넣은 표현을 적지 않게 사용하는데 이는 올바른 경어법이 아니다. 판매 시 쓰이는 '사이즈', '포장', '품질' 등은 청자의 소유물이나 청자와 밀접한 관계를 맺고 있는 대상이 아니므로 '간접 존대'에 해당하지 않는다.

　　예 찾으시는 사이즈가 없으십니다. (×) → 찾으시는 사이즈가 없습니다. (○)
　　　문의하신 상품은 품절이십니다. (×) → 문의하신 상품은 품절입니다. (○)

(2) 공손의 표현

구분	표현
공식적인 상황이거나 덜 친밀한 관계에서	본부에 연락하셨습니까? / 본부에 연락했습니까? 본부에 연락하십시오. / 본부에 연락하시지요.
비공식적 상황이거나 친밀한 관계에서	본부에 연락하셨어요? / 본부에 연락했어요? 본부에 연락하세요. / 본부에 연락해요.

① 직장에서 공식적인 상황이나 덜 친밀한 관계일 때는 직급에 관계없이 '하십시오체'로 말하는 것이 좋다.

② 듣는 사람이 아랫사람이라 하더라도 '해라'체는 쓰지 않는 것이 좋으며, 상대방을 존중하는 의미로 높여 말하는 것이 바람직하다.

(3) 겸양의 표현

① 집에서 어른에 관하여 말할 때는 '잡수시다', '주무시다'와 같은 높임말과 '드리다', '여쭈다', '뵙다', '모시다'와 같은 겸양의 표현을 쓰는데, 직장에서도 이러한 표현을 적절히 쓰는 것이 좋다.

② 집에서는 '아버지, 진지 잡수셨습니까?'처럼 '밥'에 대하여 '진지'를 쓰지만 일반 사회에서는 '과장님, 점심(저녁) 잡수셨습니까?', '과장님, 점심(저녁) 드셨습니까?', '과장님, 식사하셨습니까?'처럼 '점심(저녁)'이나 '식사'로 쓰는 것이 적절하다.

③ 윗사람에게 자기와 관계된 부분을 말할 때는 낮추어 '저희 가게', '저희 학교', '저희 회사' 등과 같이 '우리' 대신 '저희'를 쓰는 것이 좋다. 하지만 나라에 대해서는 '저희 나라'가 아니라 '우리나라'로 써야 한다. 말하는 사람과 듣는 사람 모두 같은 나라 사람이기 때문이다.

➕ 개념 더하기

'우리'와 '저희'

- 저희: 윗사람이나 남에게 말할 때 자신과 관계된 부분을 낮추어 말하여 사용한다.
　　예 저희 집에 초대할게요. / 저희 회사는 상암동에 있습니다.
- 우리: 듣는 사람과 말하는 사람이 동시에 관계되어 있을 경우 사용한다.
　　예 우리 맛있는 거 먹으러 가자. / 우리가 오늘 해야 할 일이 뭐지?

확인 문제

16 사복직 9급

01 어법상 옳은 것은??

① 입사 시험에 합격하신 것을 축하드립니다.
② 고객님, 주문하신 물건이 나오셨습니다.
③ 어른들이 묻자 안절부절하며 어쩔 줄 몰라 했다.
④ 이어서 회장님의 인사 말씀이 계시겠습니다.

14 지방직 7급

02 우리말 표현으로 옳지 않은 것은?

① (같은 반 친구에게) 동건아. 선생님이 너 빨리 교실로 오래서.
② (간호사가 환자에게) 이제 주사 맞으실게요.
③ (점원이 손님에게) 총금액이 65만 원 나왔습니다.
④ (평사원이 전무에게) 과장님은 지금 외근 나가셨습니다.

정답 01 ① 02 ②

해설 01 ② 나오셨습니다 → 나왔습니다
③ 안절부절하며 → 안절부절 못하며
④ 계시겠습니다 → 있으시겠습니다
02 ② '~게요'는 화자의 의지를 나타내므로 청자에 대한 높임 표현으로 맞지 않다. '맞으시겠습니다', '맞으실 겁니다' 정도가 옳다.

1. 아침 및 저녁 인사

구분		아침 인사	저녁 인사
가정에서	윗사람에게	안녕히 주무셨습니까? 안녕히 주무셨어요?	안녕히 주무십시오. 안녕히 주무세요.
	동년배나 손아랫사람에게	잘 잤어요? / 잘 잤니?	잘 자. / 잘 자라. / 편히 쉬게.
이웃 사람에게	윗사람이나 동년배, 손아래인 성인에게	안녕하십니까? / 안녕하세요? 안녕히 주무셨습니까? 안녕히 주무셨어요?	–
	아랫사람에게	안녕? / 잘 잤니?	–
직장에서		안녕하십니까? / 안녕하세요?	–

2. 만나고 헤어질 때의 인사

(1) 올바른 인사말

구분		인사말
가정에서	나가는 사람이	다녀오겠습니다. 다녀올게요. 다녀올게.
	보내는 사람이	안녕히 다녀오십시오. 안녕히 다녀오세요. 잘 다녀와.
	들어오는 사람이	다녀왔습니다. 다녀왔어요. (아빠/엄마) 나 왔다.
	맞이하는 사람이	다녀오셨습니까? 다녀왔어요? 다녀왔어?
오랜만에 만나는 사람에게	어른일 경우	그동안 안녕하셨습니까? 그동안 잘 지내셨습니까? 그동안 별고 없으셨습니까?
	동년배나 손아랫사람	그동안 잘 지내셨어요? 그동안 잘 지냈니? 안녕하세요? 오래간만입니다. 그동안 별고 없었는가? 반갑습니다.
이웃 사람에게	만났을 때	안녕하십니까? 안녕하세요? 안녕? (어른일 경우) 어디 가십니까? 어디 다녀오십니까?
	헤어질 때	안녕히 가십시오. 안녕히 가세요. 안녕.

○✕문제

01 성인이지만 손아래인 이웃 사람에게 아침 인사할 때 "안녕히 주무셨습니까?"라고 할 수 있다. ( )

02 나와 동년배인 이웃 사람에게 "어디 다녀오십니까?"라고 인사할 수 있다. ( )

정답 01 ○ 02 ○

직장에서	만났을 때	처음 만나는 경우	안녕하십니까? 안녕하세요?
		또 마주친 경우	(인사말 없이 목례로도 충분)
		식사 시간 무렵	(윗사람에게) 점심/진지 잡수셨습니까? 점심/진지 드셨습니까? (동년배나 아랫사람에게) 식사하셨어요? 식사했어요? 점심/밥 먹었어?
	퇴근할 때	나가는 사람이	먼저 가겠습니다. 먼저 나가겠습니다. 먼저 들어가겠습니다. 내일 뵙겠습니다.
		남아 있는 사람이	안녕히 가십시오. 안녕히 가세요. (아래 직원에게) 잘 가세요. 수고했습니다.
손님과 만나고 헤어질 때	집에서	맞이할 때	어서 오십시오. 어서 오십시오. 그 동안 안녕하셨습니까.
		헤어질 때	안녕히 가십시오. 안녕히 가세요. 잘 가. 잘 가라. 잘 가거라. (손윗 사람에게) 살펴 가십시오.
	관공서나 상점 등	맞이할 때	어서 오십시오. 어떻게 오셨습니까? 어서 오십시오. 무엇을 도와드릴까요? 어서 오십시오. 무엇을 찾으십니까?
		손님이 자리에 앉으면 (찻집, 음식점 등에서)	주문하시겠습니까? (음식점에서) 무엇을 드시겠습니까? (찻집 등) 무엇을 드릴까요?
		헤어질 때	안녕히 가십시오. 고맙습니다. 안녕히 가십시오. 안녕히 가십시오. 또 찾아 주십시오.
	택시나 버스	맞이할 때	어서 오십시오. (택시) 어서 오십시오. 어디로 모실까요?
	혼례, 회갑연 등 잔치에서	맞이할 때	어서 오십시오. 와 주셔서 고맙습니다. 어서 오십시오. 먼 걸음 하셨습니다.
		헤어질 때	안녕히 가십시오. 고맙습니다. 안녕히 가십시오.

(2) 잘못된 인사말

① (윗사람에게 문안 인사를 드리며) 잘 주무셨습니까?

→ '잘'이라는 표현은 '안녕히'보다 상대를 덜 높이는 표현이다. 따라서 윗사람에게는 쓰지 않는 것이 바람직하다.

② (부하 직원이 상사에게 먼저 퇴근하면서) 수고하십시오.

→ '수고하십시오'는 젊은 사람이 윗사람에게 쓰기 부적절하다. '수고(受苦)하다'의 본래 뜻은 '고통을 받음'인데, 지금은 변해서 '힘을 들이고 애를 씀'의 의미로 사용하지만 본래의 의미가 이어져 윗사람에게 쓰지 말아야 할 표현이 된 것으로 추정된다. 단, 동년배나 아래 직원에게는 쓸 수 있다.

○✕ 문제

01 동년배에게 하는 아침 인사로 '잘 잤어요?'는 어법에 맞지 않는다. ( )

02 오랜만에 만난 손아랫사람에게 '그동안 별고 없었는가?'라고 할 수 있다. ( )

03 집을 방문한 손아랫사람과 헤어질 때 '살펴 가십시오.'라고 말하는 것은 적절하다. ( )

정답 01 ✕ 02 ○ 03 ✕

③ (어른과 전화 통화를 끊으면서) 들어가세요.

　　→ '들어가세요'는 명령형 문장으로 일부 지방 사람들만 주로 사용하므로 가급적이면 피하는 것이 좋다.

④ (할아버지께 세배를 드리기 전에) 절 받으세요. / 여기 앉으세요.

　　→ '~세요'는 명령형의 문장으로 윗사람에게 쓸 때는 예의에 어긋나는 표현이다. 예의에 어긋나지 않으려면 되도록이면 말없이 공손하게 절을 하는 것이 좋다.

⑤ (아버지의 생신을 축하하며) 건강하세요.

　　→ 형용사의 경우 명령형이나 청유형을 쓸 수 없다. '건강하시길 바랍니다.'와 같이 말하는 것이 좋다.

⑥ (퇴근할 때나 떠날 때 나가는 사람이) 먼저 실례하겠습니다

　　→ 먼저 나갈 때 이와 같이 말하는 것은 우리 정서에 맞지 않으므로 쓰지 않는 것이 좋다.

⑦ (사람을 맞이할 때) 실례지만, 어떻게 오셨습니까?

　　→ '실례지만'은 불필요한 말이다. 과하게 공손한 표현은 오히려 예의에 어긋난다.

⑧ (손님과 헤어질 때) 안녕히 돌아가십시오.

　　→ '돌아가다'라는 표현은 '죽는다', '빙 돌아서 간다'는 뜻을 나타내기도 한다. 따라서 경우에 따라 듣는 사람이 불쾌할 수도 있으므로 되도록 쓰지 않는 것이 바람직하다.

3. 전화 예절

(1) 전화 통화 시 하는 말

상황			하는 말
전화를 받을 때	벨이 울려 수화기를 들고	집에서	여보세요.
		직장에서	네, ㅇㅇㅇ[회사/부서/받는 사람]입니다.
	전화를 바꾸어 줄 때	상대방이 신분을 밝혔을 경우	잠시/잠깐/조금 기다려 주십시오. 바꾸어 드리겠습니다. 네, 잠시/잠깐/조금 기다려 주십시오. 바꾸어 드리겠습니다.
		상대방이 신분을 밝히지 않았을 경우	누구시라고 전해/말씀 드릴까요? 누구라고 전해 줄까요?
	상대방이 찾는 사람이 없을 때	집에서	지금 안 계십니다. 들어오시면 뭐라고 전해 드릴까요?
		직장에서	지금 안 계십니다. 들어오시면 뭐라고 전해 드릴까요? 지금 자리에 안 계십니다. ㅇ분 후에 다시 걸어 주시기 바랍니다.
	잘못 걸려 온 전화를 받을 때		아닌데요. / 아닙니다. / 전화 잘못 걸렸습니다.

◯✕문제

01 상사에게 하는 아침인사로 '잘 주무셨습니까?'는 적절하다. 　　( )

02 할아버지께 세배 드릴 때 '절 받으세요.'하고 말하는 것은 부적절하다. 　　( )

03 '아버지, 생신 축하드리고 오랫동안 건강하세요.'라고 말하는 것은 올바르다. 　　( )

정답 01 ✕ 02 ◯ 03 ✕

전화를 걸 때	상대방이 응답하면	집에서	안녕하십니까? 저는/여기는 ○○○입니다. ○○○ [찾는 사람] 씨 계십니까? 저는 ○○[친구]의 친구 ○○○입니다. ○○[찾는 사람] 있습니까? 안녕하십니까? ○○○[찾는 사람] 댁입니까?
		직장에서	안녕하십니까? 저는/여기는 ○○○입니다. ○○○ [찾는 사람] 씨 좀 바꾸어 주시겠습니까? [교환일 때] 안녕하십니까? ○○[부서명]부서 좀 부탁합니다.
	직장에서 전화로 자기를 밝힐 때	상사가 아래직원에게	사장입니다. ○ 이사입니다. 영업부 ○ 부장입니다.
		아래 직원이 상사에게	영업부장입니다. 영업부 ○ 부장입니다. 영업부장 ○○○입니다. 영업부 ○○○입니다.
		다른 회사 사람에게	○○[회사명] 상무이사입니다. 영업부 ○ 부장입니다. 영업부장 ○○○입니다. 영업부 ○○○입니다.
	통화하고 싶은 사람이 없을 때		죄송합니다만, ○○[이름]한테서 전화왔었다고/전화왔다고 전해 주시겠습니까? 말씀 좀 전해 주시겠습니까? ※ '～해 주십시오'와 같은 명령형은 피하는 것이 좋음
	대신 거는 전화일 때		안녕하십니까? ○○[전화 부탁한 사람] 님의 전화인데요. ○○○[찾는 사람] 씨를 부탁합니다. [부탁한 전화가 연결되었을 때] ○○○[전화 부탁한 사람] 님의 전화인데요. 바꾸어 드리겠습니다.
	전화가 잘못 걸렸을 때		죄송합니다/미안합니다, 전화가 잘못 걸렸습니다.
전화를 끊을 때			안녕히 계십시오. 고맙습니다. 이만/그만 끊겠습니다. 안녕히 계십시오.

(2) 친지에게 전화에서 자기를 밝힐 때 쓰는 지칭어

구분		지칭어
부모, 조부모에게		○○[이름]
부모의 동기에게		○○[이름], ○○[자녀] 어미/아비
배우자에게		나
동기에게	손위 동기에게	○○[이름]
	손아래 동기에게	언니, 누나, 오빠, 형
동기의 배우자에게	내게 자녀가 있을 경우	○○[자녀] 엄마/어미/어머니 ○○[자녀] 아빠/아비/아버지
	내게 자녀가 없을 경우	○○[상대방의 자녀] 이모/고모/삼촌
시부모에게		○○[이름], ○○[자녀] 어미/어멈

확인 문제

16 국가직 7급

전화를 사용할 때 표준 언어 예절로 바람직하지 않은 것은?

① 아닌데요, 전화 잘못 거셨습니다.
② 네, 잠깐 기다려 주십시오. 바꾸어 드리겠습니다.
③ 지금 안 계십니다. 들어오시면 뭐라고 전해 드릴까요?
④ 잘 알겠습니다. 이만 끊겠습니다. 안녕히 계십시오.

정답 ①

해설 '잘못 거셨습니다'는 전화도 제대로 못 거는 느낌이 들어 상대의 자존심을 건드릴 수 있다. → '잘못 걸렸습니다.'로 바꾼다.

시가 쪽 손위 친척에게		○○[자녀] 어미/어멈/엄마 ○○[남편] 처
시가 쪽 손아래 친척에게		○○[자녀] 어미/어멈/엄마 올케/형수/동서
처부모, 아내의 손위 동기에게		○ 서방
아내의 손아래 동기에게		매부, 매형, 자형 형부
처가 쪽 동서에게	손위 동서에게	○○[이름], ○ 서방, 동서
	손아래 동서에게	○○[자녀] 아버지, 동서
자녀에게		어머니, 엄마 / 아버지, 아빠
손주에게		할머니 할미 / 할아버지, 할아비
조카에게		이모, 고모, 큰어머니, 작은어머니 이모부, 고모부, 큰아버지, 작은아버지, 삼촌
배우자의 친구에게		○○○[배우자] 씨의 아내/집사람/처(妻)입니다. ○○○[배우자] 씨의 남편/바깥사람입니다. ○○○[배우자] 씨가 제 아내/남편입니다.
동기의 친구에게		○○○[동기] 씨가 제 언니/누나/오빠/형입니다. ○○○[동기] 씨의 동생입니다.

06 올바른 언어 예절 – 소개하는 말

1. 자기 자신을 직접 소개할 때

(1) 자신을 소개하는 말

구분		소개하는 말
자기를 소개할 때	인사	안녕하십니까? 처음 뵙겠습니다.
	이름 말하기	저는 ○○○입니다.
	본론	상황에 맞는 말
	끝인사	고맙습니다.
(두 사람이 만났을 때) 자신을 남에게 소개할 때		처음 뵙겠습니다. (저는) ○○○입니다. 인사드리겠습니다. (저는) ○○○입니다.
여러 사람 앞에서 자기를 소개할 때		처음 뵙겠습니다. ○○○입니다. 안녕하십니까? ○○○입니다.
자기의 성씨나 본관을 소개할 때		'○가(哥)', '○○[본관] ○가(哥)'

○×문제

01 타 부서에 전화했으나 통화하고 싶은 사람이 없을 때 '전화왔다고 전해 주십시오.'라고 말하는 것은 적절하다. ( )

02 시어머니와 전화 통화 시 자신을 '저 ○○[자녀] 엄마예요.'라고 말하는 것은 부적절하다. ( )

03 시가 쪽 손아래 친척과 통화할 때는 나를 '○○[남편] 처'라고 밝히는 것이 좋다. ( )

정답 01 × 02 × 03 ×

(2) 자신을 가족의 주변 사람들에게 소개하는 말

구분	소개하는 말
부모에게 기대어 자신을 소개할 때	저희 아버지/어머니가 ○[성] ○자 ○자 쓰십니다. 저희 아버지/어머니의 함자가 ○자 ○자 이십니다. 저희 아버지/어머니의 성함이 ○[성] ○자 ○자 이십니다. ○○○[부모] 씨 아들/딸입니다. ○○○[부모] 부장 아들/딸입니다. ○○○[부모] 부장님 아들/딸입니다.
자녀의 친구에게	○○○[자녀]의 어머니/아버지이다. ○○○[자녀]의 어미/아비이다. ○○○[자녀]의 어미/아비되는 사람이다.
자녀의 스승에게	○○○[자녀]의 어미/아비입니다. ○○○[자녀]의 어미/아비 되는 사람입니다. ○○○[자녀]의 어머니/아버지입니다.
동기의 친구에게	○○○[동기] 씨가 제 큰형님/큰누님/큰오빠/큰언니입니다. ○○○[동기] 씨가 제 큰형님/큰누님/큰오빠/큰언니이십니다. ○○○[동기] 씨의 형/누나/오빠/언니/동생입니다.
동기의 직장에 전화를 걸어서	○○○[동기] 씨의 형/누나/오빠/언니/동생입니다. ○○○[동기] 씨의 형/누나/오빠/언니/동생 되는 사람입니다. 제 형/누나/오빠/언니/동생이/가 ○○○[동기]입니다.
배우자의 친구에게	○○○[배우자] 씨의 남편/바깥사람/아내/집사람/안사람/처입니다. ○○○[배우자] 씨가 제 남편/바깥사람/아내/집사람/안사람/처입니다. ※ '부인'은 남의 아내를 높이는 말이므로 스스로를 소개할 때는 '부인'으로 지칭하지 않는다.
배우자의 직장에 전화를 걸어서	○○○[배우자] 씨 집입니다. ○○○[배우자] 씨의 남편/바깥사람/아내/집사람/안사람/처입니다.

2. 중간에서 다른 사람을 소개할 때

(1) 중간에서 다른 사람을 소개할 때의 순서: 자신을 직접 상대방에서 소개할 때와는 달리 중간에서 다른 사람을 소개할 때는 누구를 먼저 소개하느냐 하는 것이 문제가 되므로, 다음의 기준을 따른다.

① 친소 관계를 따져 자기와 가까운 사람을 먼저 소개한다.

　예 어머니를 선생님에게 먼저 소개한다.

② 손아래 사람을 손위 사람에게 먼저 소개한다.

　예 아래 직원을 상사에게 먼저 소개한다.

③ 남성을 여성에게 먼저 소개한다.

④ 이러한 상황이 섞여 있을 때에는 친소, 나이, 성별의 순서로 적용한다.

(2) 방송 매체에서 소개할 때

① 사회자가 2~30대 연예인을 소개할 때는 소개하는 사람을 높이지 않는 것이 바르다. 시청자나 청취자는 다양한 계층의 사람들이므로 해당 방송을 보거나 듣는 사람이 소개하는 사람보다 윗사람일 수 있기 때문이다.

　예 ○○○ 씨를 모시겠습니다. (×) → ○○○ 씨를 소개하겠습니다. (○)

OX 문제

01 자녀의 친구에게 자신을 소개할 때 "○○○[자녀]의 어미/아비이다."라고 한다.
　　　　　　　　　　　　( )

02 남편의 친구에게 자신을 소개할 때 "○○○[남편] 씨 부인입니다."라고 한다.
　　　　　　　　　　　　( )

03 중간에서 다른 사람을 소개할 때는 친소 관계를 따져 자기와 먼 사람을 가까운 사람에게 먼저 소개한다. ( )

정답 01 ○ 02 × 03 ×
해설 02 스스로를 소개할 때 '부인'이라 지칭하지 않는다.
03 자기와 가까운 사람을 먼저 소개한다.

② 초청 인사를 소개하는 경우에는 초청인사가 누구든 'ㅇㅇㅇ 씨'라고 할 수 있지만, 연로한 초청인사의 경우 'ㅇㅇㅇ 교수', 'ㅇㅇㅇ 사장', 'ㅇㅇㅇ 선생님'과 같이 직함을 붙여 소개하는 것이 더 자연스럽다.

07 올바른 언어 예절 – 특정한 때의 인사말

1. 송년 인사와 신년 인사

구분	인사말
송년 인사	한 해 동안 보살펴 주셔서 고맙습니다. (동료나 아랫사람에게) 한 해 동안 수고하셨습니다.
신년 인사	새해 복 많이 받으십시오. 새해 복 많이 받게. (어른이 아랫사람에게 내리는 덕담으로) 소원 성취하게.

2. 생일

(1) 상황에 따른 인사말

상황	대상	인사말
돌 때	아기 부모에게	축하합니다.
	아기에게	건강하게 자라라.
동년배나 손아래 사람의 생일에	당사자에게	축하한다. 생일 축하한다.
환갑, 고희 등의 생일에	당사자에게	축하합니다. 생신 축하합니다. 내내 건강하시기 바랍니다. 더욱 강녕하시기 바랍니다.
	당사자의 배우자에게	축하합니다.
	당사자의 자녀에게	축하하네. 수고했네.
환갑, 고희 등의 잔치에서 헌수할 때의 말		내내 건강하시기 바랍니다. 만수무강하시기 바랍니다.

인사 예절

• '감사하다'의 '감사(感謝)'는 한자어이고, '고맙다'는 고유어이므로 '감사합니다'보다는 고유어인 '고맙습니다'를 살려 쓰는 것이 좋다.

• '수고하다'라는 말은 동료나 아랫사람에게 쓰는 말이고, 윗사람에게 써서는 안 된다.

• 세배를 할 때 어른에게 '절 받으세요', '앉으세요'와 같이 명령조의 말을 하는 것은 어른에 대한 예의가 아니고 절 받는 어른의 기분을 상하게 할 수 있다. 차라리 말없이 절을 하는 것이 더 공손하다. 다만 나이 차이가 많지 않은 어른이 절 받기를 사양할 때는 권하는 의미로 '절 받으세요', '앉으세요'와 같이 말할 수 있다.

확인 문제 14 국가직 7급

표준 언어 예절에 알맞은 표현은?

① 자기의 본관을 소개할 때 "저는 ㅇㅇ[본관] ㅇ씨입니다."라고 한다.

② 남편의 친구에게 자신을 소개할 때 "저는 ㅇㅇㅇ 씨의 부인입니다."라고 한다.

③ 텔레비전에서 사회자가 20대의 연예인을 소개할 때 "ㅇㅇㅇ 씨를 모시겠습니다."라고 한다.

④ 어머니와 길을 가다 선생님을 만났을 때 "저의 어머니십니다."라고 어머니를 선생님께 먼저 소개한다.

정답 ④

해설 ① "저는 ㅇㅇ[본관] ㅇ가입니다."가 맞다.

② "저는 ㅇㅇㅇ 씨의 아내(처/집사람/안사람)입니다."가 맞다.

③ "ㅇㅇㅇ 씨를 소개하겠습니다."가 맞다.

(2) 특별한 생일(나이)의 이름

연령	이름	연령	이름
60세	육순(六旬)	77세	희수(喜壽)
61세	환갑(還甲), 회갑(回甲), 화갑(華甲)	80세	팔순(八旬)
62세	진갑(進甲)	88세	미수(米壽)
70세	칠순(七旬), 고희(古稀)	90세	구순(九旬)
71세	망팔(望八)	99세	백수(白壽)

3. 축하, 위로의 인사

(1) 결혼

대상	인사말
본인에게	축하합니다. 결혼을 축하합니다. 혼인을 축하합니다. 경축합니다. 결혼을 경축합니다. 혼인을 경축합니다.
부모에게	축하합니다. 경축합니다. 얼마나 기쁘십니까?

(2) 출산

대상	인사말
산모, 남편, 이들의 부모에게	축하합니다. 경축합니다. 순산하셨다니 반갑습니다. 순산하셨다니 축하합니다.

(3) 문병

대상	상황	인사말
환자에게	들어가서	좀 어떠십니까? 좀 어떻습니까? 얼마나 고생이 되십니까? (불의의 사고일 때) 불행 중 다행입니다.
	나올 때	조리 잘 하십시오. 조섭 잘 하십시오. 속히 나으시기 바랍니다. 쾌차하시기 바랍니다.
보호자에게	들어가서	좀 어떠십니까? 좀 어떻습니까? 얼마나 걱정이 되십니까? 고생이 많으십니다.
	나올 때	속히 나으시기 바랍니다. 쾌차하시기 바랍니다.

생일 관련 경어
- 본인보다 손윗사람의 생일에 대해서는 '생신'이라고 해야 한다. 따라서 손윗사람의 생일을 지칭하는 경우, '생일잔치'는 '생신잔치'로, '생일날'은 '생신날'로 높인다.
- 어른에게 하는 인사말을 명령형 문장으로 하는 것은 되도록 피하는 것이 좋다. 따라서 '건강하십시오', '오래 사십시오', '만수무강하십시오' 등 손윗사람에게 하는 축원의 말을 명령형으로 하는 것은 바람직하지 않다.

OX 문제

01 희수(喜壽)는 77세 생일을 이르는 말이다. ( )

02 윗사람에게 하는 축원의 말로 가장 적절한 것은 "만수무강하십시오."이다. ( )

03 자신보다 손윗사람의 생일은 "생신"으로 높여 불러야 한다. ( )

정답 01 ○ 02 × 03 ○

해설 02 어른에게 하는 인사말을 명령형으로 하는 것은 바람직하지 않다.

(4) 축하하거나 위로할 때

상황	인사말
축하해야 할 일 (신축, 개업, 이전, 합격, 입학, 졸업, 취직, 승진, 영전, 정년 퇴임 등)	축하합니다. ○○을 축하합니다. 경축합니다. ○○을 경축합니다. (정년 퇴임 시) 그 동안 애 많이 쓰셨습니다. / 벌써 정년이시라니 아쉽습니다.
위로해야 할 일	위로해야 할 상황에서도 우리의 삶에 도움이 되는 점을 찾아내어 그 점을 드러내 인사하는 정신이 필요하다.

(5) 문상

① 문상을 가서는 어느 경우에나 아무 말도 하지 않고 인사만 하는 것이 기본 예절이다. 고인에게 재배하고 상주에게 절한 후 아무 말도 하지 않고 물러 나오는 것이 일반적이며, 상주 역시 문상객에게 아무 말도 하지 않는 것이 좋다.

② 만약 말을 할 경우에는 다음과 같이 할 수 있다.

상황	문상객의 말	상주의 말
일반적으로 두루 쓸 수 있는 말	[말없이 인사만 한다.] 삼가 조의를 표합니다. 얼마나 슬프십니까? 뭐라 드릴 말씀이 없습니다. 고인의 명복을 빕니다.	고맙습니다. 드릴 말씀이 없습니다.
부모상의 경우	[말없이 인사만 한다.] [상주와 문상객의 나이가 지긋할 때] 얼마나 망극(罔極)하십니까?	

확인 문제 13 지방직 7급

어법에 맞는 표현은?

① (면접을 마친 후 면접관에게) 면접관님, 수고하십시오.
② (문상을 가서 상주에게) 삼가 조의를 표합니다.
③ (점원이 손님에게) 손님께서 찾으시는 물건은 품절이십니다.
④ (아내가 남편에게) 오빠, 외식하러 가요.

[정답] ②
[해설] ① '수고'는 윗사람이 아랫사람에게 쓰거나 동년배에게 사용하는 표현이다.
③ '품절이십니다' → '품절되었습니다'
④ 남편을 부를 때는 '오빠'가 아니라 '여보', '○○ 아빠', '○○ 씨' 등으로 부른다.

1. 편지

(1) 편지 서두의 호칭

상황	대상	표현
편지를 받는 사람이 높여야 할 대상일 경우	집안 사람일 경우	호칭어+께 예 아버지께/어머니께, 할아버지께/할머니께
		[정중한 표현으로] 호칭어+-님/-님께 예 할아버님/할머님, 할아버님께/할머님께
	집안 외 사람일 경우	성명+-님/-님께 예 ○○○ 님 / ○○○ 님께 직함+-님/-님께 예 ○○○ 과장님 / ○○○ 과장님께
회사나 단체 앞으로 보낼 때		○○[회사명] 주식회사 귀중
그 밖의 경우	부모가 자녀 혹은 나이 차이 많이 나는 어린 사람에게 쓰는 경우	○○[이름]에게 ○○[이름] 보아라
	제자와 같은 아랫사람에게 쓰는 경우	○○○ 군에게, ○○○ 양에게
	대접을 해야 하는 사람에게 쓰는 경우	아우님 보시게, ○ 서방 보시게, ○○[이름] 군 보(시)게

(2) 서명란: 편지의 끝부분에는 보내는 날짜 및 보내는 이의 이름을 쓴다.

상황		표현
과거		• 자신의 이름 뒤에 '배상(拜上)', '상서(上書)', '배백(拜白)' 등을 씀 • 부모님께 쓰는 경우에는 '소자(小子) ○○[이름] 상서(上書)' 등으로 씀
현재	높여야 할 개인에게 쓰는 경우	○○○ 올림, ○○○ 드림
	집안 사람에게 보내는 편지의 경우	아들 ○○[이름] 올립니다, ○○[이름] 드림 → 이름만 쓰고 성(姓)은 쓰지 않음
	회사나 단체에 편지를 보내는 경우	○○[회사명]주식회사 사장 ○○○ 올림, ○○[회사명]주식회사 과장 ○○○ 드림 → 직함을 이름 뒤에 넣어 말하면 자신을 높이는 것이 되어 전통 언어 예절에 어긋나므로 반드시 이름 앞에 넣을 것 예 ○○[회사명]주식회사 ○○○ 사장 올림 (×)
	그 밖의 경우	○○○ 씀, ○○○가/이가 → '○○[이름]로부터'는 외국어의 직역이므로 쓰지 말아야 함

○X 문제

01 회사 앞으로 편지를 보낼 때 편지 서두의 호칭은 '○○○[회사명] 주식회사 귀중'이라고 한다. ( )

02 아버지에게 편지를 쓰는 경우 '○○○ 드림'이라고 성과 이름을 분명히 밝힌다. ( )

03 회사나 단체에 편지를 보낼 경우 서명란에 자신의 이름을 '시대주식회사 대리 한가영 드림'이라고 쓰는 것은 옳지 않다. ( )

정답 01 ○ 02 × 03 ×

해설 02 집안 사람에게 보내는 편지의 경우 이름만 쓰고 성은 쓰지 않는다.
03 직함을 자신의 이름 앞에 넣었으므로 올바르게 썼다.

(3) 편지 봉투에 '받는 사람' 쓰기

대상	표현
높여야 할 개인에게 보내는 경우	○○○ 님, ○○○ 님께 ○○○ 과장님, ○○○ 과장님께 ○○○ 귀하(貴下), ○○○ 좌하(座下) → '씨/님'과 '귀하'는 중복되는 표현이므로 사용하지 않음 　예 ○○○ 씨/님 귀하(×) → 이름과 직함을 쓴 후에는 '귀하'를 다시 붙이지 않음 　예 ○○○ 과장님 귀하(×)
객지에 나와 있는 자녀가 고향의 부모님께 보내는 경우	[과거] 본인 이름＋본제입납(本第入納)/본가입납(本家入納) → 단 부모님이 객지에 계시는 경우에는 쓸 수 없음 [현재] ○○○[부모님 성함] 귀하(貴下), ○○○[부모님 성함] 좌하(座下)
회사나 단체로 보내는 경우	○○[회사명]주식회사 귀중(貴中) ○○[회사명]주식회사 ○○○ 사장님 ○○[회사명]주식회사 ○○○ 사장 귀하(貴下) → 받는 사람을 높이기 위해 이름 뒤에 직책을 쓴다.
그 밖의 사람에게 보내는 경우	○○○ 앞, ○○○ 님에게

① 봉투에서 보내는 사람은 서명란과 비슷하게 '○○○ 올림' 또는 '○○○ 드림'으로 쓴다.
② 편지 겉봉에는 편지를 받을 사람이 직접 펴 읽어달라는 의미인 '친전(親展)'을 쓸 수 있다.

2. 연하장

(1) 연하장은 새해를 축하하기 위하여 간단한 글이나 그림을 담아 보내는 서장(書狀)이다.

(2) 연하장은 편지의 일종이기 때문에 형식이 편지와 비슷하다.

(3) 부르는 말을 쓴 뒤 인사를 하면서 하고 싶은 말을 담고, 날짜와 보내는 사람의 이름을 쓰면 된다.

(4) 연하장 쓰는 법

구분		내용
부르는 말		상대에 따라 다양하게 쓴다.
인사말	기원	새해 복 많이 받으십시오. 새해 복 많이 받으시고 모든 일이 뜻대로 이루어지시기를 빕니다.
	감사와 기원	지난해/지난 한 해 베풀어 주신 후의에 감사하며 건강과 평안을 기원합니다.
	부탁과 기원	새해에도 변함없는 성원을 부탁드리며 새해 복 많이 받으시기 바랍니다.
날짜		
보내는 사람 이름		

확인 문제

13 지방직 9급

편지 용어에 대한 설명으로 옳지 않은 것은?
① 친전(親展): 편지를 받을 사람이 직접 펴 보라고 편지 겉봉에 적는 말
② 좌하(座下): 편지를 받을 사람이 아랫사람일 때 붙이는 말
③ 귀중(貴中): 편지나 물품 따위를 받을 단체나 기관의 이름 아래에 쓰는 높임말
④ 본제입납(本第入納): 본가로 들어가는 편지라는 뜻으로, 자기 집으로 편지할 때에 편지 겉봉에 자기 이름을 쓰고 그 밑에 쓰는 말

정답 ②

해설 '좌하(座下)'는 편지를 받을 사람을 높여 붙이는 말로 귀하(貴下)와 같은 의미이다.

전자우편 쓰는 법

서두 – 인사 – 본문 – 끝인사		• 편지와 비슷한 형식으로, 상대나 상황에 따라 다양하게 쓴다. • 편지에는 보내는 사람 이름 앞에 날짜를 써야 하나 전자 우편에는 날짜가 자동으로 표시되므로 쓰지 않아도 된다.
보내는 사람 이름	높이는 대상에게	○○○ 올림, ○○○ 드림
	그 밖의 사람에게	○○○ 씀, ○○○가/이가, ○○○, ○○[이름]

3. 결혼 청첩장

(1) 인사를 하면서 결혼식에 초대하는 내용을 담고 끝인사를 하면 된다.

(2) 결혼식을 하는 날짜, 시간, 장소를 정확히 밝힌 후 결혼식 장소에 찾아오기 쉽도록 약도나 찾아가는 방법을 자세히 덧붙인다.

(3) 청첩장을 작성할 때는 인사말을 하는 사람과 봉투의 보내는 사람이 일치해야 한다.

(4) 인사말에는 결혼 당사자인 신랑과 신부를 가리키는 '저희 두 사람'과 같은 표현을 쓰면서, 봉투의 보내는 사람에는 결혼 당사자의 부모인 혼주를 밝혀 '○○○[아버지], ○○○[어머니] 배상'이라고 쓰는 경우가 많은데 이는 옳지 않다.

(5) 청첩장의 인사말은 예를 갖추어 정중히 모시는 마음을 담도록 한다.

(6) 청첩장에는 자신들의 개성을 담아 인사말을 써도 되는데, 받는 사람에게 부담을 주는 '부디 오셔서', '꼭 오셔서' 등의 표현은 삼가고 결혼을 알리는 내용을 담담히 쓰는 것이 좋다.

(7) 결혼 당사자의 이름 표기 방법(속지)

상황		표기 내용
부모가 모두 있는 경우		○○○[아버지], ○○○[어머니]의 ○○[혼주와의 관계] ○○[당사자] 예 박영철, 강정희의 차녀 나리
부모 중 한 사람이 없는 경우	아버지가 없는 경우	○○○[어머니]의 ○○[혼주와의 관계] ○○○[당사자] 예 강정희의 장남 박승호
	어머니가 없는 경우	○○○[아버지]의 ○○[혼주와의 관계] ○○[당사자] 예 박상진의 삼녀 연아
부모가 모두 없는 경우		○○○[당사자] 예 한승호
날짜, 시간, 장소(약도)		

OX 문제

01 청첩장 속지의 인사말에는 결혼 당사자를 가리키는 '저희 두 사람'이라는 표현을, 봉투에는 결혼 당사자의 부모인 혼주를 밝혀 '○○○[아버지], ○○○[어머니] 배상'이라고 쓰는 것은 옳다. (   )

02 청첩장 속지에서 결혼 당사자 이름 표기 시 부모 중 아버지가 없는 경우에는 '김영희의 차남 박승호'와 같이 어머니의 이름을 밝힌다. (   )

03 청첩장을 쓸 때는 '부디 오셔서', '꼭 오셔서' 등의 간곡히 부탁하는 표현을 사용하여 정중히 모시는 마음을 표현한다. (   )

04 결혼 당사자의 부모가 모두 없는 경우는 '강호진'과 같이 이름만 쓴다. (   )

정답 01 × 02 ○ 03 × 04 ○

해설 01 인사말을 하는 사람과 봉투의 보내는 사람이 일치해야 한다.

어휘 풀이

❶ 단자(單子): 부조나 선물 따위의 내용을 적은 종이. 돈의 액수나 선물의 품목, 수량, 보내는 사람의 이름 따위를 써서 물건과 함께 보낸다.

(8) 발송 주체에 따른 봉투와 속지의 표현 방법

구분	위치	내용
발송 주체가 혼주일 때	봉투	○○○[아버지], ○○○[어머니] 배상(拜上)/올림/드림
	속지 인사말	여기 두 사람이 사랑으로 만나 한 가정을 이루려 합니다. 아끼고 돌봐 주신 여러 어르신과 친지를 모시고 혼인의 서약을 맺고자 하오니 축복해 주시면 고맙겠습니다.
발송 주체가 결혼하는 당사자일 때	봉투	○○○[신랑], ○○○[신부] 올림/드림
	속지 인사말 (전형적인 인사말)	저희 두 사람이 사랑과 믿음으로 한 가정을 이루게 되었습니다. 저희들의 앞날을 축복해 주시고 격려해 주시면 고맙겠습니다.
	속지 인사말 (다소 자유로운 인사말)	저희 두 사람 산길을 걸을 때나 봄날 꽃밭에 있을 때나 물길을 건너뛸 때나 두 손 잡고 함께 하기로 약속하였습니다. 그래서 여러분 모신 자리에서 촛대에 불을 밝히며 출발의 예를 드리고자 합니다. 저희를 축복해 주시면 힘이 되고 감사하겠습니다.

4. 결혼 축하 시 축의금 단자와 봉투 문구

(1) 축의금을 줄 때 봉투에 돈만 넣고 단자❶를 쓰지 않거나 선물을 줄 때도 단자를 쓰지 않는 경우가 많은데 단자에 축하의 말과 더불어 금액, 물목(物目), 날짜, 이름을 정성스레 쓰고 축의금은 단자로 싸서 넣으면 예의를 더 갖추는 것이 된다.

(2) 단자를 준비하지 않은 경우에는 봉투에 축의 문구를 적어도 된다.

(3) 단자나 봉투는 주로 세로쓰기를 하나, 가로쓰기를 해도 무방하다. 세로쓰기를 한 봉투에는 보내는 이의 이름을 뒷면에 쓰고, 가로쓰기를 한 봉투에는 앞면에 쓰는 것이 바람직하다.

(4) 소속을 밝혀야 할 경우에는 단자나 봉투의 이름 위에 주소나 직장 이름을 적을 수 있다.

(5) 단자와 봉투에 적는 축의 문구

한자	한글
축 혼인(祝 婚姻), 축 결혼(祝 結婚), 축 화혼(祝 華婚), 축의(祝儀), 하의(賀儀), 경축(慶祝)	결혼을/혼인을 축하합니다. 결혼을/혼인을 진심으로 축하합니다. 결혼을/혼인을 경축합니다. 결혼을/혼인을 진심으로 경축합니다.

○✕ 문제

01 청첩장의 발송 주체는 반드시 혼주여야 한다. ( )

02 결혼 축의금 단자를 쓰는 경우, 축하의 말과 더불어 금액, 물목, 날짜, 이름도 쓰면 좋다. ( )

03 결혼 축의금 단자에는 자신의 이름민 쓰고, 주소나 직장 등 소속을 밝혀야 할 경우에는 봉투의 이름 위에 쓴다. ( )

정답 01 × 02 ○ 03 ×

해설 01 청첩장의 발송 주체는 결혼 당사자일 수도 있다.
03 단자에도 소속을 적을 수 있다.

5. 부고

(1) 부고(訃告)는 사람의 죽음을 알리는 글이다. 지금까지 부고는 '○○公 以老患 於自宅別世 茲以告訃(○○공 이노환 어자택별세 자이고부)'와 같이 한문으로 써 왔으나, 현재는 어려운 한문 투보다 사람들이 쉽게 알 수 있도록 써야 한다는 견해가 일반적이다.

(2) 부고를 자녀의 이름으로 보내는 사람들도 있는데, 이는 예(禮)가 아니므로 꼭 호상(護喪; 초상 치르는 데에 관한 온갖 일을 책임지고 맡아 보살피는 사람)의 이름으로 보내야 한다.

(3) '아무개의 ○○'라고 쓰는 자리에 상주의 아버지면 '부친, 아버님, 대인(大人)', 어머니이면 '모친, 어머님, 대부인(大夫人)', 할아버지이면 '조부, 할아버님, 왕대인(王大人)', 할머니이면 '조모, 할머님, 왕대부인(王大夫人)', 남편이면 '부군(夫君)', 처이면 '부인(夫人), 내실(內室), 합부인(閤夫人)'이라고 쓴다.

6. 조위❶

(1) 조위금 봉투에 문구 쓰는 법

구분	내용
초상 부조 봉투	부의(賻儀), 근조(謹弔)
소상(小祥)❷이나 대상(大祥)❸ 부조 봉투	전의(奠儀), 향촉대(香燭代)

(2) 부조 시 단자 쓰는 법

① 단자는 흰 종이에 쓰며, 단자를 접을 때 가능하면 조의 문구나 이름이 접히지 않도록 한다.

② 부조하는 물목이 돈일 경우 '금 ○○○○원'이라고 쓴다. 단, 영수증을 쓰듯이 '일금 ○○○○원정(整)❹'이라고 쓰지 않는다.

7. 생일 축하 시 축의금 단자와 봉투 문구

(1) **환갑과 그 이상의 생일잔치**: 축 수연(祝 壽宴)

(2) **환갑**: 축 수연(祝 壽宴), 축 환갑(祝 還甲), 축 회갑(祝 回甲), 축 화갑(祝 華甲) 등

(3) **고희**: 축 희연(祝 稀宴), 축 고희연(祝 古稀宴) 등

(4) **희수, 미수, 백수**: 축 희수연(祝 喜壽宴), 축 미수연(祝 米壽宴), 축 백수연(祝 白壽宴) 등

(5) 단자와 봉투에는 위와 같은 한문 투만이 아니라 '건강히 오래 사시기를 빕니다.'나 '생신 축하합니다.'와 같이 쓰는 것도 좋다.

어휘 풀이

❶ 조위(弔慰): 죽은 사람을 조문(弔問)하고 유가족을 위문함
❷ 소상(小祥): 사람이 죽은 지 일 년 만에 지내는 제사
❸ 대상(大祥): 사람이 죽은 지 두 돌 만에 지내는 제사
❹ -정(整): 금액을 나타내는 명사구 뒤에 붙어 '그 금액에 한정됨'의 뜻을 더하는 접미사

부고의 예시

○○의 부친 ○○[본관] 이[성]공 ○○[돌아가신 분의 이름] 님께서 병환으로 ○○○○년 ○월 ○일 ○시 자택(○○○○병원)에서 별세하셨기에 알려 드립니다.

조위금 봉투의 문구

'삼가 고인의 명복을 빕니다.'처럼 한글로 쓰자는 주장도 있으나, 단자가 아닌 봉투에 문장으로 쓰는 것은 어색하므로 봉투에는 쓰지 않는다.

○X 문제

01 부고는 자녀의 이름이 아니라, 호상(護喪)의 이름으로 보내야 한다. ( )

02 초상 부조 봉투에 '謹弔(근조)'라고 쓰는 것은 옳다. ( )

03 부조하는 물목이 돈일 경우 '일금 ○○○○원정(整)'과 같이 명확히 써야 한다. ( )

정답 01 ○ 02 ○ 03 ✕

안심Touch

8. 출산 축하

'축 순산(祝 順産)', '순산을 축하합니다.', '순산을 경축합니다.' 등의 문구를 쓸 수 있다.

9. 정년 퇴임 축하

삼가 축하한다는 뜻의 '근축(謹祝)', 그동안의 공을 기린다는 뜻의 '송공(頌功)', '공적을 기립니다.', '그동안의 공적을 기립니다.' 등의 문구를 쓸 수 있다.

10. 문병

환자의 쾌유를 바라는 문구로 '기 쾌유(祈 快癒)', '쾌유를 바랍니다.', '조속한 쾌유를 바랍니다.' 등의 문구를 쓸 수 있다.

○✕ 문제

01 환갑연의 축의금 봉투 문구로 '祝 壽宴'이라 쓰는 것은 적절하다.　( )

02 '祝 喜壽宴'은 칠순 생일 잔치의 축의금 봉투 문구로 적절하다.　( )

03 정년 퇴임 축하 봉투에는 '頌功'이나 '謹祝' 등의 문구를 쓸 수 있다.　( )

정답 01 ○ 02 ✕ 03 ○

01 다음 중 가장 적절한 문장은?

20 군무원 9급

① 인생을 살다 보면 남을 도와주기도 하고 도움을 받기도 한다.

② 형은 조문객들과 잠시 환담을 나눈 후 다시 상주 자리로 돌아왔다.

③ 가벼운 물건이라도 높은 위치에서 던지면 인명 사고나 차량 파손을 일으킬 수 있다.

④ 중인이 보는 앞에서 병기에게 친히 불리어서 가까이 가는 것만 해도 여간한 우대였다.

02 우리말 어법에 맞고 가장 자연스러운 문장은?

20 군무원 9급

① 그의 하루 일과를 일어나자마자 아침 신문을 읽는 데서 시작한다.

② 저녁노을이 지는 들판에서 농부 내외가 조용히 기도하는 모습이 멀리 보였다.

③ 졸업한 형도 못 푸는 문제인데, 하물며 네가 풀겠다고 덤볐다.

④ 제가 여러분에게 당부하고 싶은 것은 주변 환경을 탓하지 마시기 바랍니다.

01

③ '인명 사고'와 '차량 파손' 모두 서술어 '일으킬 수 있다'와 호응하며, '가벼운 물건이라도'의 보조사 '-이라도'의 쓰임도 문맥상 적절하다.

오답의 이유

① 필수적 부사어 '남에게'가 생략되어 있어 어법에 맞지 않는 문장이다. '인생을 살다 보면 남을 도와주기도 하고 남에게 도움을 받기도 한다.'로 쓰는 것이 바람직하다.

② '환담'이란 '정답고 즐겁게 서로 나누는 이야기'를 의미하므로, 상을 당한 형의 상황과 논리적으로 모순을 이루며 어울리지 않는 단어이다.

④ '여간한'은 '아니다', '않다' 따위의 부정어와 호응한다. 따라서 '여간한 우대가 아니었다'와 같이 쓰는 것이 바람직하다.

02

오답의 이유

① '하루 일과를'과 이어지는 '일어나자마자'가 서로 호응하지 않는다. 따라서 '하루 일과는 일어나자마자 ~'와 같이 쓰는 것이 자연스럽다.

③ '하물며'는 앞의 사실이 그러하다면 뒤의 사실은 말할 것도 없다는 뜻의 접속 부사로서, 주로 물음을 나타내는 종결 어미 '-느냐, -랴' 등과 호응한다. 따라서 '~ 하물며 네가 풀겠다고 덤비느냐'와 같이 쓰는 것이 자연스럽다.

④ '것'은 서술어 '것이다'와 호응한다. 따라서 '~ 당부하고 싶은 것은 주변 환경을 탓하지 마시기 바란다는 것입니다'와 같이 쓰는 것이 자연스럽다.

정답 01 ③ 02 ②

03
③ 쉼표를 사용하여 '국민의 안전을 지키는'이 바로 뒤의 '여러분'이 아닌 '경찰'을 수식하는 것임을 명확하게 밝혀 중의성을 해소했다.

오답의 이유
① 풀려진 → 풀린, 풀어진: '풀려진'은 '풀다'의 피동사인 '풀리다'+통사적 피동문 '-어지다'를 중복 사용한 이중 피동 표현이다.
② 중의적 표현으로, '그'가 이발소에서 이발을 하는 손님인지, 이발을 해주는 이발사인지 알 수 없다.
④ 중의적 표현으로, 두 명의 경찰이 각자 한 명씩 두 명의 범인을 잡은 것인지, 함께 범인 둘을 잡은 것인지 분명하지 않다.

03 다음 문장 중에서 의사 전달이 가장 명확한 것은? 19 경찰 1차

① 다시 풀려진 묶었던 머리를 나는 움직이지 않게 더 꽉 묶였다.
② 그는 이발소에서 이발을 한다.
③ 국민의 안전을 지키는, 여러분의 경찰이 되겠습니다.
④ 두 명의 경찰이 범인 둘을 잡았다.

04
오답의 이유
① 대등 접속구문(~과)이나 문장 성분의 호응이 맞지 않는다. → 공직자는 사회 현실을 올바르게 파악하고 잘못된 부문을 개선하는 등 사회적 책임을 다해야 할 것이다.
③ 부사어 '환경을'과 서술어 '순응하기도 한다'가 호응하지 않는다. → 인간은 환경을 지배하기도 하고 환경에 순응하기도 한다.
④ '반드시' 뒤에는 긍정 호응이 온다. → 그는 내키지 않는 일은 절대로(결코) 하지 않는다.

04 다음 중 문장의 표현이 가장 적절한 것은? 17 경찰 1차

① 공직자는 사회 현실과 사회적 책임을 다해야 할 것이다.
② 이 약은 예전부터 우리 집의 만병통치약으로 사용되어 왔다.
③ 인간은 환경을 지배하기도 하고 순응하기도 한다.
④ 그는 내키지 않는 일은 반드시 하지 않는다.

05
〈보기〉는 중의적인 문장으로, '아름다운'이 수식하는 단어들이 무엇이냐에 따라 여러가지 해석이 가능하다. '아름다운 서울', '아름다운 공원', '아름다운 거리의 나무' 등은 가능하지만, 수식하는 대상이 '아름다운 ~ 나무'까지로 끊어지므로 '아름다운 봄꽃'은 가능하지 않다. 따라서 '봄꽃들이 피어난다'는 것일 뿐 봄꽃은 아름답다'라는 의미가 형성되지 않는다.

05 〈보기〉의 문장은 구조상 중의성(重義性: 여러 가지 뜻을 갖는 성질)을 가지고 있다. 이 문장의 구조로부터 형성되는 의미로 가장 적절하지 않은 것은? 18 서울시 9급

> **보기**
>
> 봄이면, 아름다운 서울의 공원과 거리의 나무에서 봄꽃들이 활짝 피어난다.

① 봄꽃은 아름답다.
② 서울은 아름답다.
③ 거리의 나무는 아름답다.
④ 서울의 공원은 아름답다.

정답 03 ③ 04 ② 05 ①

06 다음 중 가장 어법에 맞고 자연스러운 것은?

① 그 계획은 가능한 한 빨리 실행되어야 한다.
② 철수는 근거 없는 낭설에 휘말려 곤혹스러웠다.
③ 내가 너에게 하고 싶은 이야기는 힘든 일이 있더라도 잘 극복하길 바란다.
④ 영희는 철수와 싸운 뒤로 일체 대화를 하지 않는다.

07 다음에 해당하는 사례로 적절하지 않은 것은?

> '역전앞'과 마찬가지로 '피해(被害)를 당하다'에도 의미의 중복이 나타난다. '피해'의 '피(被)'에 이미 '당하다'라는 의미가 포함되어 있기 때문이다.

① 형부터 먼저 해라.
② 채훈이는 오로지 빵만 좋아한다.
③ 발언자마다 각각 다른 주장을 편다.
④ 그는 예의가 바를뿐더러 무척 부지런하다.

06

오답의 이유
② '근거 없는'과 '낭설(터무니없는 헛소문)'의 의미가 중복되었다.
③ 주어부 '~ 하고 싶은 이야기는'과 서술부 '~ 극복하길 바란다'의 호응이 맞지 않는다. '~ 극복하길 바란다는 것(점)이다'라고 해야 맞다.
④ '일체' 뒤에는 긍정의 서술어가 온다. 따라서 부정의 서술어 앞에 오는 '일절'로 바꾸어야 한다.

07
④ '-ㄹ뿐더러'는 '어떤 일이 그것만으로 그치지 않고 나아가 다른 일이 더 있음'을 나타내는 연결 어미이며, '무척'은 '다른 것과 견줄 수 없이'를 뜻하는 부사이므로 의미가 중복되지 않는다.

오답의 이유
① '부터'는 어떤 일이나 상태 따위에 관련된 범위의 시작임을 나타내는 보조사이고, '먼저'는 '시간적으로나 순서상으로 앞선 때'를 나타낸다. 따라서 '시작', '앞선 때'의 의미가 중복된다.
② '오로지'는 '오직 한 곬으로'를 뜻하고, '-만'은 다른 것으로부터 제한하여 어느 것을 한정함을 나타내는 보조사이다. 따라서 '오직 하나로 한정한다'는 의미가 중복된다.
③ '-마다'는 '낱낱이 모두'의 뜻을 나타내는 보조사이고, '각각'은 '사람이나 물건의 하나하나'를 나타내는 명사이다. 따라서 '하나씩 모두'라는 의미가 중복된다.

정답 06 ① 07 ④

안심Touch

08 문장 성분의 호응이 가장 자연스러운 것은?   18 국가직 7급

① 세종이 한글을 만든 것은 모든 한자 사용을 없애고자 한 의도였다.

② 우리는 균형 있는 식단 마련과 쾌적한 실내 분위기를 조성하는 노력을 꾸준히 해 왔다.

③ 우리 팀에서는 가능한 한 많은 관중이 동원될 수 있도록 모든 홍보 방안을 고려해 왔다.

④ 아래에 제시된 두 가지 통계 자료를 살펴보면, 2000년대 이후 복지 정책에 상당히 큰 변화가 일어나고 있다.

오답의 이유

① 주어부 '세종이 한글을 만든 것은'과 서술어 '~ 의도였다'가 자연스럽게 호응하지 않는다. 또 '모든 한자 사용'에서 '모든'이 '한자'를 수식하는지 '사용'을 수식하는지 모호하다. → '세종이 한글을 만든 것은 한자 사용을 모두 없애려는 의도에서 비롯된 것이었다.'로 바꾸면 자연스럽다.

② 접속조사 '~과'의 앞부분인 '식단 마련'은 명사형 구, 뒷부분인 '쾌적한 실내 분위기를 조성하다'는 서술형의 절로 이루어져 호응이 자연스럽지 않다. 따라서 앞의 구를 '식단을 마련하고'와 같이 절로 바꾸면 뒤 절인 '쾌적한 실내 분위기를 조성하는'과 호응이 자연스러워진다.

④ '살펴보면 ~ 일어나고 있다'보다 '살펴보면 ~ 일어나고 있다는 것을 알 수 있다'로 수정하는 것이 더 자연스럽게 호응한다.

09 언어 예절에 가장 알맞게 발화한 것은?   20 군무원 9급

① (아침에 출근해서 직급이 같은 동료에게) 좋은 아침!

② (집에서 손님을 보낼 때 손위 사람에게) 살펴 가십시오.

③ (윗사람의 생일을 축하하며) 건강하십시오.

④ (관공서에서 손님이 들어올 때) 무엇을 도와 드릴까요?

② 국립국어원에서 배포한 〈표준 언어 예절(2011)〉에 따르면 집에서 손님을 보낼 때 하는 인사말은 '안녕히 가십시오.'인데, 특별한 경우 손위 사람에게는 '살펴 가십시오.'도 가능하다. 간혹 '안녕히 돌아가십시오.'라고 쓰는 경우가 있는데 '돌아가다'라는 말이 '죽는다'는 의미나 '빙 돌아서 간다.'는 뜻을 나타내는 경우가 있어 되도록 쓰지 않는 것이 좋다.

오답의 이유

① '좋은 아침'은 외국어를 직역한 말이므로 이에 대한 전통적인 인사말인 '안녕하십니까?'를 쓰는 것이 좋다.

③ '건강하다'는 형용사이므로 명령문을 만들 수 없을뿐더러 어른에게 하는 인사말로 명령형 문장은 될 수 있으면 피해야 한다.

④ 손님이 들어오면 우선 인사를 하고 나서 무엇을 도와 드릴지 여쭈어보는 것이 적절하다.

정답 08 ③ 09 ②

10 전화를 걸 때의 표준 언어 예절에 대한 설명으로 적절하지 않은 것은? 17 지방직 7급

① 전화를 거는 사람은 인사를 하고 자신의 신분을 밝히는 것이 바람직하다. 나이 어린 사람의 경우 어른이 전화를 받았을 때는 '안녕하십니까? 저는 ○○(친구)의 친구 ○○ (이름)입니다.'처럼 통화하고 싶은 사람과 어떤 관계인가를 밝히는 것이 예(禮)이다.

② 대화를 마치고 전화를 끊을 때 '고맙습니다.', '안녕히 계십시오.'하고 인사하고 끊는다. '들어가세요.'라는 말도 많이 쓰이는데, 상대방을 배려하는 표현이므로 사용하는 것이 좋다. 만약 통화하고 싶은 사람이 없어 전화를 끊어야 할 때도 자신을 밝히고 끊어야 하며, 어른보다 먼저 전화를 끊는 것은 예의에 어긋난 행동이다.

③ 통화하고 싶은 사람이 없을 때 '죄송합니다만, ○○(이름)한테서 전화 왔었다고 전해 주시겠습니까?', '말씀 좀 전해 주시겠습니까?'라는 말을 쓴다. 이 상황에서도 '전해 주시겠습니까?'를 '전해 주시면 고맙겠습니다.' 등으로 적절히 바꾸어 쓸 수 있다.

④ 전화가 잘못 걸렸을 때 '죄송합니다. 전화가 잘못 걸렸습니다.' 또는 '미안합니다. 전화가 잘못 걸렸습니다.'라고 예의를 갖추어 정중히 말하는 것이 바람직한 표현이다.

10
② '들어가세요.'는 명령형 표현으로 상대방을 배려하는 표현이 아니다. 또한 일부 지역에서만 쓰는 표현이므로 되도록 사용하지 않는다.

11 밑줄 친 외래어를 다듬은 말로 옳지 않은 것은? 17 국회직 9급

① 최근 하루에 한 가지 상품이나 서비스를 대폭 할인된 가격으로 판매하는 소셜 커머스(social commerce)가 인기를 끌고 있다. → 공동할인구매

② 블랙컨슈머(black consumer)가 늘면 사업자의 서비스 비용이 증가하고, 그 비용은 전체 소비자에게 악영향을 미치게 된다. → 암거래 소비자

③ 핵 문제를 둘러싸고 미국과 북한이 치킨게임(chicken game)을 벌이고 있다. → 끝장 승부

④ 문제의 해결을 위해서는 기존의 틀에서 벗어나 제로베이스(zero base)에서 생각하고 새롭게 출발해야 한다. → 백지 상태

⑤ 최근 스마트폰 열풍이 불면서 무선 인터넷 활용이 급증하고 있다. 이 때문에 무료로 인터넷을 사용할 수 있는 와이파이(Wi-Fi) 지역도 점점 늘어나고 있다. → 근거리 무선망

11
② 블랙컨슈머 → 악덕소비자: 블랙컨슈머(black consumer)는 구매한 상품을 문제 삼아 피해를 본 것처럼 꾸며 악의적 민원을 제기하거나 보상을 요구하는 소비자를 뜻한다.

정답 10 ② 11 ②

12

③ 아버지 친구의 경우, 직함을 빌려 '과
장님', 'ㅇ 과장님' 등으로 부를 수 있
다. 그밖에는 보통 친근하게 '아저씨',
'ㅇㅇ[지역] 아저씨', 'ㅇㅇ[아버지 친구
의 자녀] 아버지' 등으로 부르거나 좀
더 예의를 갖추어 '어르신', '선생님'으
로 부르거나 가리킬 수 있다.

오답의 이유
① '나'는 대등한 관계에 있는 사람이나
아랫사람을 상대할 때 자신을 가리키
는 일인칭 대명사로, 윗사람이나 그다
지 가깝지 않은 사람을 상대할 때 사용
하는 것은 부적절하다. '저'를 사용하는
것이 맞다.
② '제가 한 말씀'이 아니라 '제가 드린 말
씀'이라고 표현해야 자연스럽다.
④ '수고하세요'는 자신보다 윗사람에게
사용하지 않는다. '고맙습니다. 감사합
니다. 노고가 많으십니다' 등이 자연스
럽다.

12 다음 글을 뒷받침하는 예로 적절하지 않은 것은?   17 지방직 7급

> "요즘 젊은 것들은…." 하는 나무람을 들어 보지 않은 젊은이는 그리 많지 않을 것이다. 그 나무
> 람에서 어르신 세대의 불편한 심기를 읽는 것은 어려운 일이 아니다. 말이란 시대에 따라 변하
> 기 마련인데, 그 변화에 대한 감각이 세대에 따라 크게 다르다. 어르신 세대가 민감하게 반응하
> 는 것 중의 하나가 젊은 세대의 존대법이다. 어르신 세대가 보기에, 젊은 세대의 존대법은 혼란
> 스럽기 짝이 없어 불쾌하기까지 한 것이다.

① "요즘 애들은 어른을 만나서 말을 할 때도 '저'라고 하지 않고 '나'라고 하더군."
② "선생님께 질문을 하면서 '제가 한 말씀은요.'라고 하는데 아주 깜짝 놀랐어."
③ "친구 아들이 날 '과장님'이라 부르더군. 직함이 과장이라고 그렇게 부르더군."
④ "어른한테 '수고하세요.'란 말을 어떻게 할 수 있는지 도대체 알 수가 없어."

13

③ 남편의 누나를 '형님'으로 부르는 것은
자연스럽다.

오답의 이유
① 큰아빠 → 아주버님: 남편의 형을 부
를 때는 '아주버님'이 맞다.
② 오빠 → 아범, 아비: 시부모에게 남편
을 지칭할 때 '오빠'라고 하는 것은 적
절하지 않으며, '아범', '아비'로 쓰는
것이 자연스럽다. 만약 아이가 없다면
'그이'라고 부를 수도 있다.
④ 부인 → 아내, 집사람, 처: 부인은 남의
아내를 높여 이르는 말이므로, 다른 사
람에게 자신의 배우자를 지칭하는 말
로 적합하지 않다. '집사람, 안사람, 아
내, 처, 애 어머니, 애 엄마' 등이 적당
하다.

13 호칭어와 지칭어의 사용이 적절한 것은?   17 지방직 9급

① (남편의 형에게) 큰아빠, 전화 받으세요.
② (시부모에게 남편을) 오빠는 요즘 무척 바빠요.
③ (남편의 누나에게) 형님, 어떤 것이 좋을까요?
④ (다른 사람에게 자기 배우자를) 이쪽은 제 부인입니다.

정답 12 ③ 13 ③

MEMO

I wish you the best of luck!

어휘

CHAPTER 01 주제별 어휘

01 단위를 나타내는 말

1. 특정 사물을 세는 말

가리	단으로 묶은 곡식이나 장작 따위를 차곡차곡 쌓은 더미 **예** 벼를 가리로 쌓았다. 곡식이나 장작 따위의 더미를 세는 단위. 한 가리는 스무 단이다. **예** 장작 한 가리
-가웃	앞말이 가리키는 단위에 그 절반 정도를 더 보태는 뜻을 더하는 접미사. '한 자가웃'은 '한 자 반' 정도를 의미한다. **예** 자가웃 / 말가웃
갈이	논밭 넓이의 단위. 소 한 마리가 하루에 갈 만한 넓이로, 지방마다 다르나 약 2,000평 정도이 다. **예** 터를 잡아 큰집을 지어놓고 연장들로 밭을 가니 텃밭이 여드레 갈이였다.
갓	굴비, 비웃 따위나 고비, 고사리 따위를 묶어 세는 단위. 한 갓은 굴비 · 비웃 따위 열 마리, 또는 고비 · 고사리 따위 열 모숨을 한 줄로 엮은 것을 이른다. **예** 굴비 열 갓
강다리	쪼갠 장작을 묶어 세는 단위. 한 강다리는 쪼갠 장작 백 개비를 이른다. **예** 장작 한 강다리
거리	오이나 가지 따위를 묶어 세는 단위. 한 거리는 오이나 가지 오십 개를 이른다. **예** 가지 두 거리
고리	소주를 사발에 담은 것을 묶어 세는 단위. 한 고리는 소주 열 사발을 이른다. **예** 소주 한 고리
고팽이	• 새끼나 줄 따위를 사리어 놓은 돌림을 세는 단위. **예** 새끼 한 고팽이 꽈 보겠나? • 두 지점 사이의 왕복 횟수를 세는 단위. **예** 우리가 청석골을 몇 고팽이씩 할는지 아나.
길	• 길이의 단위. 한 길은 여덟 자 또는 열 자로 약 2.4m 또는 3m에 해당한다. **예** 천 길 • 길이의 단위. 한 길은 사람의 키 정도의 길이이다.
꾸러미	• 꾸리어 싼 물건을 세는 단위 **예** 소포 두 꾸러미 • 달걀 열 개를 묶어 세는 단위 **예** 달걀 한 꾸러미
닢	납작한 물건을 세는 단위. 흔히 돈이나 가마니, 멍석 따위를 셀 때 쓴다. **예** 동전 한 닢 / 가 마니 다섯 닢
단	짚, 땔나무, 채소 따위의 묶음을 세는 단위 **예** 볏짚 한 단 / 장작 두 단
단보	땅 넓이의 단위. 단(段)으로 끝나고 우수리가 없을 때 쓴다. 1단보는 300평(991.74㎡)에 해 당한다. **예** 마을 뒷산 5단보의 땅에 유실수를 심었다.
담불	• 곡식이나 나무를 높이 쌓아 놓은 무더기 **예** 곳간에 벼가 담불로 쌓여 있다. • 벼를 백 섬씩 묶어 세는 단위 **예** 벼 한 담불
동(棟)	집채를 세거나 차례를 나타내는 단위 **예** 두 동짜리 아파트
되지기	논밭 넓이의 단위. 한 되지기는 볍씨 한 되의 모 또는 씨앗을 심을 만한 넓이로 한 마지기의 10분의 1이다. **예** 논 열 마지기와 밭 두 되지기
두름	• 조기 따위의 물고기를 짚으로 한 줄에 열 마리씩 두 줄로 엮은 것 **예** 굴비 두 두름 • 고사리 따위의 산나물을 열 모숨 정도로 엮은 것 **예** 고사리를 두름으로 엮어서 팔았다.

12 서울시 7급

확인 문제

다음 중 밑줄 친 단위어의 쓰임이 가장 옳
지 않은 것은?

① 조기 한 두름
② 오징어 한 축
③ 고등어 한 손
④ 바늘 한 접
⑤ 오이 한 거리

정답 ④

해설 바늘을 세는 단위는 '쌈'으로, 한
쌈은 바늘 24개이다.

땀	실을 꿴 바늘로 한 번 뜬 자국을 세는 단위 예 몇 땀만 더 뜨면 솔기가 마무리된다.
마리	짐승이나 물고기, 벌레 따위를 세는 단위 예 소 한 마리 / 새 두 마리
마장	거리의 단위. 오 리나 십 리가 못 되는 거리를 이를 때, '리' 대신 쓰인다. 예 일 마장/ 세 마장 정도 들을 질러갔다.
마지기	논밭 넓이의 단위. 한 마지기는 볍씨 한 말의 모 또는 씨앗을 심을 만한 넓이로, 지방마다 다르나 논은 약 150~300평, 밭은 약 100평 정도이다. 예 논 다섯 마지기
매(枚)	종이나 널빤지 따위를 세는 단위 예 원고지 백 매
매끼	곡식 섬이나 곡식 단 따위를 묶을 때 쓰는 새끼나 끈을 세는 단위 예 베 일곱 매끼 / 보릿단 열두 매끼
모	• 두부나 묵 따위를 세는 단위 예 두부 세 모 • 모시실을 묶어 세는 단위. 한 모는 모시실 열 올을 이른다.
모금	액체나 기체를 입 안에 한 번 머금는 분량을 세는 단위 예 술 한 모금 / 담배 한 모금
모숨	길고 가느다란 물건의, 한 줌 안에 들어올 만한 분량을 세는 단위 예 푸성귀 세 모숨
모태	안반에 놓고 한 번에 칠 만한 분량의 떡 덩이를 세는 단위 예 인절미 한 모태
뭇	• 짚, 장작, 채소 따위의 작은 묶음을 세는 단위(늑속) 예 조짚 몇 뭇 • 볏단을 세는 단위 • 생선을 묶어 세는 단위. 한 뭇은 생선 열 마리를 이른다. 예 삼치 다섯 뭇 • 미역을 묶어 세는 단위. 한 뭇은 미역 열 장을 이른다.
바리	마소의 등에 잔뜩 실은 짐을 세는 단위 예 나무 한 바리 / 콩 두 바리
벌	• 옷을 세는 단위 예 드레스 두 벌 • 옷이나 그릇 따위가 두 개 또는 여러 개 모여 갖추는 덩어리를 세는 단위 예 반상기 세 벌 / 바지저고리 두 벌
보(步)	• 거리의 단위. 1보는 한 걸음 정도의 거리이다. 예 이 보 앞으로 • 거리의 단위. 1보는 주척(周尺)으로 여섯 자 되는 거리이다.
사리	국수, 새끼, 실 따위의 뭉치를 세는 단위 예 국수 한 사리
손	한 손에 잡을 만한 분량을 세는 단위. 조기, 고등어, 배추 따위 한 손은 큰 것 하나와 작은 것 하나를 합한 것을 이르고, 미나리나 파 따위 한 손은 한 줌 분량을 이른다. 예 고등어 한 손
쌈	• 바늘을 묶어 세는 단위. 한 쌈은 바늘 스물네 개를 이른다. 예 바늘 세 쌈 • 옷감, 피혁 따위를 알맞은 분량으로 싸 놓은 덩이를 세는 단위 예 빨랫감 두 쌈 • 금의 무게를 나타내는 단위. 한 쌈은 금 백 냥쭝이다.
아름	• 둘레의 길이를 나타내는 단위 예 두 아름 가까이 되는 느티나무 • 두 팔을 둥글게 모아 만든 둘레 안에 들 만한 분량을 세는 단위 예 꽃을 한 아름 사 왔다.
옴큼	한 손으로 옴켜쥘 만한 분량을 세는 단위 예 한 옴큼만 집어라.
우리	기와를 세는 단위. 한 우리는 기와 2천 장이다.
움쿰	손으로 한 줌 움켜쥘 만한 분량을 세는 단위 예 사탕을 한 움쿰 집었다.
자밤	나물이나 양념 따위를 손가락을 모아서 그 끝으로 집을 만한 분량을 세는 단위 예 나물 한 자밤

확인 문제　17 지방직 9급

( ) 안에 들어갈 숫자의 합은?

• 쌈: 바늘 ( )개를 묶어 세는 단위
• 제(劑): 한약의 분량을 나타내는 단위. 한 제는 탕약(湯藥) ( )첩
• 거리: 한 거리는 오이나 가지 ( )개

① 80　　　② 82
③ 90　　　④ 94

정답 ④

해설 '쌈'은 바늘 24개를 묶어 세는 단위, '제'는 탕약 20첩을 이르는 단위, 거리는 오이나 가지 50개를 묶어 세는 단위이다. 따라서 24+20+50=94이다.

점(點)	• 성적을 나타내는 단위 예 백 점을 맞았다. • 그림, 옷 따위를 세는 단위 예 그림 한 점 • 아주 적은 양을 나타내는 말 예 구름 한 점 없다. • 잘라 내거나 뜯어진 고기 살점을 세는 단위 예 고기 한 점 • 떨어지는 물방울 따위를 세는 단위 예 빗방울이 한 점 두 점 떨어지기 시작했다. • 예전에, 시각을 세던 단위(괘종시계의 종 치는 횟수) 예 벽시계가 다섯 점 치는 소리 • 『체육』 바둑에서, 수가 낮은 사람이 더 놓는 돌이나 따낸 돌을 세는 단위 예 석 점 놓고 두었다. • 『음악』 국악에서, 북편이나 채편 따위의 장구를 치는 횟수를 나타내는 단위
접	채소나 과일 따위를 묶어 세는 단위. 한 접은 채소나 과일 백 개를 이른다. 예 마늘 한 접 / 배추 두 접
정(梃)	총(銃), 노(櫓), 먹, 호미, 삽, 양초 따위를 세는 단위 예 총 다섯 정
제(劑)	한약의 분량을 나타내는 단위. 한 제는 탕약(湯藥) 스무 첩. 또는 그만한 분량으로 지은 환약(丸藥) 따위를 이른다.
죽	옷, 그릇 따위의 열 벌을 묶어 세는 단위 예 버선 한 죽
채	• 집을 세는 단위 예 기와집 몇 채 • 큰 기구, 기물, 가구 따위를 세는 단위 예 가마 두 채 / 수레 세 채 • 이불을 세는 단위 예 솜이불 한 채 • 가공하지 아니한 인삼을 묶어 세는 단위. 한 채는 인삼 750g을 이른다.
첩	• 반상기 한 벌에 갖추어진 쟁첩을 세는 단위 • 약봉지에 싼 약의 뭉치를 세는 단위 예 한약 세 첩
축	오징어를 묶어 세는 단위. 한 축은 오징어 스무 마리를 이른다. 예 오징어 한 축
축(軸)	• 책력을 묶어 세는 단위. 한 축은 책력 스무 권을 이른다. • 종이를 세는 단위. 한 축은 한지는 열 권, 두루마리는 하나를 이른다.
칸	집의 칸살(일정한 간격으로 어떤 건물이나 물건에 사이를 갈라서 나누는 살)의 수효를 세는 단위
켤레	신, 양말, 버선, 방망이 따위의 짝이 되는 두 개를 한 벌로 세는 단위 예 구두 한 켤레
쾌	• 북어를 묶어 세는 단위. 한 쾌는 북어 스무 마리를 이른다. 예 북어 한 쾌 • 예전에, 엽전을 묶어 세던 단위. 한 쾌는 엽전 열 냥을 이른다. 예 엽전 두 쾌
타래	사리어 뭉쳐 놓은 실이나 노끈 따위의 뭉치를 세는 단위 예 색실 한 타래
테	서려 놓은 실의 묶음을 세는 단위
토리	실뭉당이를 세는 단위 예 명주실 두 토리
톨	밤이나 곡식의 낱알을 세는 단위 예 밤 한 톨
톳	김을 묶어 세는 단위. 한 톳은 김 100장을 이른다. 예 김 두 톳
통	• 배추나 박 따위를 세는 단위 예 수박 한 통 • 목이나 옥양목, 당목 따위를 일정한 크기로 끊어 놓은 것을 세는 단위
통(桶)	물건을 나무나 쇠, 플라스틱 따위로 깊게 만든 그릇에 담아 그 분량을 세는 단위 예 막걸리 한 통 / 통조림 세 통
통(通)	편지나 서류, 전화 따위를 세는 단위 예 편지 세 통 / 전화 한 통
판(板)	• 달걀을 묶어 세는 단위. 한 판은 달걀 삼십 개를 이른다. 예 달걀 두 판 • 조각을 내어 먹는 음식을 자르기 전의 큰 덩어리로 묶어 세는 단위 예 피자 두 판
필(疋)	일정한 길이로 말아 놓은 피륙을 세는 단위 예 모시 스무 필
필(匹)	말이나 소를 세는 단위 예 소 두 필
할(割)	비율을 나타내는 단위. 1할은 전체 수량의 10분의 1로 1푼의 열 배이다. 예 4할의 타율

확인 문제

01 다음 물품의 총 개수는?

> • 바늘 한 쌈   • 김 한 톳
> • 북어 세 쾌   • 마늘 두 접

총 (   )개

15 국회직 9급

02 다음 밑줄 친 부분 중 물건을 세는 단위가 옳지 않은 것은?

① 여기요, 접시 두 죽만 주세요.
② 이 북어 한 쾌는 얼마입니까?
③ 어이구, 장작을 세 우리나 팼네.
④ 올해는 마늘 한 접이 얼마일까?
⑤ 삼치 한 뭇 값이 올랐네.

정답 01 384 02 ③

해설 01 바늘 한 쌈 24개, 김 한 톳 100장, 북어 세 쾌는 북어 20마리×3=60마리, 마늘 두 접은 100개×2=200개이다.
02 ③ '우리'는 기와를 세는 단위이며, 곡식이나 장작 따위의 단위를 세는 단위는 '가리'이다.

2. 길이와 넓이를 재는 말

길	• 한 길은 여덟 자 또는 열 자로 약 2.4m 또는 3m에 해당한다. 예 천 길 낭떠러지 • 한 길은 사람의 키 정도의 길이이다. 예 통나무 길이가 열 길이 넘는다.
발	한 발은 두 팔을 양옆으로 펴서 벌렸을 때 한쪽 손끝에서 다른 쪽 손끝까지의 길이이다. 예 길이가 한 발이나 됨직한 연어
뼘	비교적 짧은 길이를 잴 때 쓴다. 한 뼘은 엄지손가락과 다른 손가락을 한껏 벌린 길이이다. 예 두 뼘 정도 더 크다.
자	한 자는 한 치의 열 배로 약 30.3cm에 해당한다. 예 비단 넉 자
치	한 치는 한 자의 10분의 1 또는 약 3.03cm에 해당한다. 예 세 치 혀
푼	• 한 푼은 한 치의 10분의 1로, 약 0.3cm에 해당한다. • 비율을 나타내는 단위. 1푼은 전체 수량의 100분의 1로, 1할의 10분의 1이다. 예 삼 할 오 푼
리(里)	거리의 단위. 1리는 약 0.393km에 해당한다. 예 학교까지 거리가 오 리쯤 된다.
장(丈)	• 한 장은 한 자(尺)의 열 배로 약 3m에 해당한다. • (주로 한자어 수 뒤에 쓰여) 길이의 단위. 1장은 사람의 키 정도의 길이이다. 예 이삼 장의 바위
평(坪)	땅 넓이의 단위. 한 평은 여섯 자의 제곱으로 3.3058㎡에 해당한다. 예 백 평 정도 되는 집
정보(町步)	땅 넓이의 단위. 정(町)으로 끝나고 우수리가 없을 때 쓴다. 1정보는 3,000평으로 약 9,917.4㎡에 해당한다. 예 논 10정보

3. 무게를 재는 말

관(貫)	한 관은 한 근의 열 배로 3.75kg에 해당한다. 예 감자 세 관
근	한 근은 고기나 한약재의 무게를 잴 때는 600g에 해당하고, 과일이나 채소 따위의 무게를 잴 때는 한 관의 10분의 1로 375g에 해당한다. 예 돼지고기 한 근
냥	귀금속이나 한약재 따위의 무게를 잴 때 쓴다. 한 냥은 한 근의 16분의 1로 37.5g에 해당한다. 예 금 다섯 냥
돈	귀금속이나 한약재 따위의 무게를 잴 때 쓴다. 한 돈은 한 냥의 10분의 1, 한 푼의 열 배로 3.75g에 해당한다. 예 금 한 냥 두 돈
푼	귀금속이나 한약재 따위의 무게를 잴 때 쓴다. 한 푼은 한 돈의 10분의 1로, 약 0.375g에 해당한다. 예 금 두 돈 일 푼

OX 문제

01 다리의 길이는 '평'으로 표시한다.
( )

02 '한 길'은 '한 발'보다 길이가 더 길다.
( )

03 '한 푼'의 무게는 '한 냥'의 10분의 1 이다. ( )

정답 01 × 02 ○ 03 ×

02 시간과 절기를 나타내는 말

1. 십간과 십이지

(1) **십간(十干)**: 육십갑자의 위 단위를 이루는 요소인 천간(天干)을 달리 이르는 말로, 포괄하는 수가 모두 열이라 하여 이렇게 이른다.

구분	갑(甲)	을(乙)	병(丙)	정(丁)	무(戊)	기(己)	경(庚)	신(辛)	임(壬)	계(癸)
음양	양	음	양	음	양	음	양	음	양	음
오행	목(木)		화(火)		토(土)		금(金)		수(水)	
방위	동		남		중앙		서		북	
색상	청		적		황		백		흑	

(2) **십이지(十二支)**: 육십갑자의 아래 단위를 이루는 요소인 지지(地支)를 달리 이르는 말로, 그 수효가 열둘인 데서 나왔다.

십이지	띠	시간	십이지	띠	시간
자(子)	쥐	23시~01시	오(午)	말	11시~13시
축(丑)	소	01시~03시	미(未)	양	13시~15시
인(寅)	호랑이	03시~05시	신(申)	원숭이	15시~17시
묘(卯)	토끼	05시~07시	유(酉)	닭	17시~19시
진(辰)	용	07시~09시	술(戌)	개	19시~21시
사(巳)	뱀	09시~11시	해(亥)	돼지	21시~23시

(3) **육십갑자(六十甲子)**: 천간 열 요소와 지지 열두 요소를 순차로 배합하여 예순 가지로 늘어놓은 것이다.

갑자 (甲子)	을축 (乙丑)	병인 (丙寅)	정묘 (丁卯)	무진 (戊辰)	기사 (己巳)	경오 (庚午)	신미 (辛未)	임신 (壬申)	계유 (癸酉)
갑술 (甲戌)	을해 (乙亥)	병자 (丙子)	정축 (丁丑)	무인 (戊寅)	기묘 (己卯)	경진 (庚辰)	신사 (辛巳)	임오 (壬午)	계미 (癸未)
갑신 (甲申)	을유 (乙酉)	병술 (丙戌)	정해 (丁亥)	무자 (戊子)	기축 (己丑)	경인 (庚寅)	신묘 (辛卯)	임진 (壬辰)	계사 (癸巳)
갑오 (甲午)	을미 (乙未)	병신 (丙申)	정유 (丁酉)	무술 (戊戌)	기해 (己亥)	경자 (更子)	신축 (辛丑)	임인 (壬寅)	계묘 (癸卯)
갑진 (甲辰)	을사 (乙巳)	병오 (丙午)	정미 (丁未)	무신 (戊申)	기유 (己酉)	경술 (庚戌)	신해 (辛亥)	임자 (壬子)	계축 (癸丑)
갑인 (甲寅)	을묘 (乙卯)	병진 (丙辰)	정사 (丁巳)	무오 (戊午)	기미 (己未)	경신 (庚申)	신유 (辛酉)	임술 (壬戌)	계해 (癸亥)

확인 문제   18 소방직

다음 중 십이지와 띠가 잘못 연결된 것은?

① 자(子): 쥐
② 오(午): 말
③ 미(未): 원숭이
④ 해(亥): 돼지

정답 ③

해설 ③ 미(未)는 양이다. 신(申)이 원숭이다.

2. 시간

(1) 하루의 시간을 표현하는 어휘

시간	어휘	의미
새벽	어둑새벽	날이 밝기 전 어둑어둑한 새벽
	갓밝이	날이 막 밝을 무렵
	닭구리	이른 새벽의 닭이 울 때
	동트기	동쪽 하늘이 밝아 오는 새벽녘
아침	아침나절	아침밥을 먹은 뒤부터 점심밥을 먹기 전까지의 한나절
한낮	낮때	한낮을 중심으로 한 한동안
	낮참	일을 하다가 점심 전후에 쉬는 동안
	낮곁	한낮부터 해가 저물 때까지의 시간을 둘로 나누었을 때 그 전반
저녁	해넘이	해가 막 넘어가는 때. 또는 그런 현상
	해거름	해가 서쪽으로 넘어가는 일. 또는 그런 때
	어스름	조금 어둑한 상태. 또는 그런 때
	땅거미	해가 진 뒤 어스레한 상태. 또는 그런 때
밤	온밤	온 하룻밤

(2) 오경(五更): 하룻밤을 다섯으로 나눈 시각을 통틀어 이르는 말이다.

명칭	초경(初更)	이경(二更)	삼경(三更)	사경(四更)	오경(五更)
시간	19~21시	21~23시	23~01시	01~03시	03~05시

3. 날짜

명칭	의미
삭일(朔日)	매달 음력 초하룻날 = 삭(朔) / 달을 세는 단위 = 개월 예 칠팔 삭(7~8개월)
순❶일(旬日)	음력 초열흘
망일(望日)	음력 보름날
망간(望間)	음력 보름께
기망(幾望)	음력으로 매달 열나흗날 밤. 또는 그날 밤의 달
기망(旣望)	음력으로 매달 열엿샛날
염일(念日)	초하룻날부터 스무 번째 되는 날 = 스무날
회일(晦日)	음력으로 그달의 마지막 날 = 그믐날
주(週)	월요일부터 일요일까지의 이레 동안 = 주일(週日)
날포	하루가 조금 넘는 동안
달포	한 달이 조금 넘는 기간
해포	한 해가 조금 넘는 동안
반월(半月)	한 달의 반
해거리	한 해를 거름. 또는 그런 간격 = 격년(隔年)

👣 어휘 풀이

❶ 순(旬): 한 달을 셋으로 나눈 열흘 동안

OX 문제

01 朔: 매달 음력 초하루 ( )

02 旬: 한 달을 반으로 나눈 보름 동안 ( )

03 望: 음력 보름날 ( )

정답 01 ○ 02 × 03 ○

4. 24절기

계절	달	절기	날짜(양력)	설명
봄	정월	입춘(立春)	2월 4일경	봄의 시작
		우수(雨水)	2월 18일경	봄비가 내리고 싹이 틈
	이월	경칩(驚蟄)	3월 5일경	개구리가 겨울잠에서 깨서 꿈틀거림
		춘분(春分)	3월 21일경	낮이 길어지기 시작해서 밤과 낮의 길이가 거의 같음
	삼월	청명(淸明)	4월 5일경	봄 농사 준비
		곡우(穀雨)	4월 20일경	봄비가 내려 곡식이 윤택해짐
여름	사월	입하(立夏)	5월 6일경	여름의 시작
		소만(小滿)	5월 21일경	본격적인 농사 시작
	오월	망종(芒種)	6월 6일경	모내기
		하지(夏至)	6월 21일경	1년 중 낮이 가장 긴 날
	유월	소서(小暑)	7월 7일경	여름 더위가 시작하는 날
		대서(大暑)	7월 23일경	더위가 가장 심한 시기
가을	칠월	입추(立秋)	8월 8일경	가을의 시작
		처서(處暑)	8월 23일경	더위가 가고 일교차가 커짐
	팔월	백로(白露)	9월 8일경	이슬이 내리기 시작
		추분(秋分)	9월 23일경	밤이 길어져서 낮과 밤의 길이가 같아짐
	구월	한로(寒露)	10월 8일경	찬 이슬이 맺히기 시작
		상강(霜降)	10월 23일경	서리가 내리기 시작
겨울	시월	입동(立冬)	11월 7일경	겨울의 시작
		소설(小雪)	11월 22일경	얼음이 얼기 시작
	동짓달	대설(大雪)	12월 8일경	큰 눈이 내림
		동지(冬至)	12월 22일경	밤이 가장 긴 때
	섣달	소한(小寒)	1월 6일경	한겨울이 닥쳐와 몹시 추워지기 시작
		대한(大寒)	1월 20일경	한 해의 가장 추운 때

5. 결혼기념일 용어

주기	명칭	주기	명칭
1주년	지혼식(紙婚式)	20주년	도혼식(陶婚式)
2주년	고혼식(藁婚式)	25주년	은혼식(銀婚式)
3주년	과혼식(菓婚式)	30주년	진주혼식(眞珠婚式) 상아혼식(象牙婚式)
4주년	혁혼식(革婚式)	35주년	산호혼식(珊瑚婚式)
5주년	목혼식(木婚式)	45주년	홍옥혼식(紅玉婚式)
7주년	화혼식(花婚式)	50주년	금혼식(金婚式)

확인 문제

다음 중 여름 절기가 아닌 것은?

① 小滿
② 芒種
③ 霜降
④ 大暑

정답 ③

해설 ③ 상강(霜降)은 음력 9월, 가을 절기로 서리가 내리기 시작하는 날이다.

10주년	석혼식(錫婚式)	60주년	회혼식(回婚式) 주량회갑(舟梁回甲)
15주년	동혼식(銅婚式)	75주년	금강혼식(金剛婚式)

03 날씨를 나타내는 말

1. 눈

어휘	의미
가랑눈	조금씩 잘게 내리는 눈 ≒ 분설(粉雪), 세설(細雪)
가루눈	가루 모양으로 내리는 눈. 기온이 낮고 수증기가 적을 때 내린다.
길눈	한 길이 될 만큼 많이 쌓인 눈
도둑눈	밤사이에 사람들이 모르게 내린 눈. ≒ 도적눈
마른눈	비가 섞이지 않고 내리는 눈
묵은눈	쌓인 눈이 오랫동안 녹지 아니하고 얼음처럼 된 것
발등눈	발등까지 빠질 정도로 비교적 많이 내린 눈
밤눈	밤에 내리는 눈 ≒ 야설(夜雪)
봄눈	봄철에 오는 눈 ≒ 춘설(春雪)
사태눈	사태로 무너져 내리는 눈
설밥	설날에 오는 눈을 비유적으로 이르는 말
숫눈	눈이 와서 쌓인 상태 그대로의 깨끗한 눈
싸라기눈	빗방울이 갑자기 찬 바람을 만나 얼어 떨어지는 쌀알 같은 눈
자국눈	겨우 발자국이 날 만큼 적게 내린 눈 ≒ 박설(薄雪)
진눈깨비	비가 섞여 내리는 눈
첫눈	그해 겨울이 시작된 후 처음으로 내리는 눈 ≒ 초설(初雪)
포슬눈	가늘고 성기게 내리는 눈
풋눈	초겨울에 들어서 조금 내린 눈
함박눈	굵고 탐스럽게 내리는 눈

OX 문제

01 묵은 눈: 비가 섞이지 않고 내리는 눈
( )

02 포슬눈: 가늘고 성기게 내리는 눈
( )

03 숫눈: 눈이 와서 쌓인 상태 그대로의
깨끗한 눈 ( )

정답 01 × 02 ○ 03 ○

어휘 풀이

❶ **명개**: 갯가나 흙탕물이 지나간 자리에 앉은 검고 고운 흙

❷ **끄느름하다**: ⊙ 날이 흐리어 어둠침침하다. ⓒ 햇볕, 장작불 따위가 약하다. ⑩ 날씨가 끄느름하더니 결국 눈이 내린다.

2. 비

어휘	의미
가랑비	가늘게 내리는 비. 이슬비보다는 좀 굵다. ≒ 삽우(霎雨), 세우(細雨)
가을비	가을에 오는 비 ≒ 추우(秋雨)
개부심	장마로 큰물이 난 뒤, 한동안 쉬었다가 다시 퍼붓는 비가 명개❶를 부시어 냄. 또는 그 비
건들장마	초가을에 비가 오다가 금방 개고 또 비가 오다가 다시 개고 하는 장마
궂은비	끄느름❷하게 오랫동안 내리는 비 ≒ 고우(苦雨)
그믐치	음력 그믐께에 비나 눈이 내림. 또는 그 비나 눈
는개	안개비보다는 조금 굵고 이슬비보다는 가는 비
단비	꼭 필요한 때 알맞게 내리는 비
먼지잼	비가 겨우 먼지나 날리지 않을 정도로 조금 옴
모종비	모종하기에 알맞은 때에 오는 비
목비	모낼 무렵에 한목 오는 비
못비	모를 다 낼 만큼 충분히 오는 비
산돌림	• 산기슭으로 내리는 소나기 • 여기저기 옮겨 다니면서 한 줄기씩 내리는 소나기
악수	물을 퍼붓듯이 세게 내리는 비
안개비	내리는 빗줄기가 매우 가늘어서 안개처럼 부옇게 보이는 비 ≒ 무우(霧雨)
약비	약이 되는 비라는 뜻으로, 꼭 필요한 때에 내리는 비를 이르는 말
억수	물을 퍼붓듯이 세차게 내리는 비
여우비	볕이 나 있는 날 잠깐 오다가 그치는 비
웃비	아직 우기(雨氣)는 있으나 좍좍 내리다가 그친 비
이슬비	아주 가늘게 내리는 비. 는개보다 굵고 가랑비보다는 가늘다.
장대비	장대처럼 굵고 거세게 좍좍 내리는 비 ≒ 작달비
장마	여름철에 여러 날을 계속해서 비가 내리는 현상이나 날씨. 또는 그 비 ≒ 구우(久雨), 임우(霖雨)
장맛비	장마 때에 오는 비 ≒ 음림(霪霖/淫霖), 음우(霪雨), 장우(長雨)
찬비	차갑게 느껴지는 비 ≒ 냉우(冷雨), 처우(凄雨), 한우(寒雨)
채찍비	채찍을 내리치듯이 굵고 세차게 쏟아져 내리는 비
칠석물	칠석날에 오는 비. 칠석날 견우와 직녀가 흘리는 눈물이라는 전설이 있다.
큰비	상당한 기간에 걸쳐 많이 쏟아지는 비 ≒ 대우(大雨)

○×문제

01 는개: 안개비보다는 조금 굵고 이슬비보다는 가는 비 ( )

02 약비: 볕이 나 있는 날 잠깐 오다가 그치는 비 ( )

03 웃비: 상당한 기간에 걸쳐 많이 쏟아지는 비 ( )

정답 01 ○ 02 × 03 ×

3. 바람

(1) 방위와 바람

높하늬바람	된바람, 높바람, 뒤바람 (북풍)	높새바람, 된새바람
하늬바람, 갈바람 (서풍)	북(北) ↑ 서(西) ← 사방(四方) → 동(東) ↓ 남(南)	샛바람, 강쇠바람 (동풍)
갈마바람	마파람, 앞바람 (남풍)	된마파람

(2) 바람의 종류

어휘	의미
갈마바람	뱃사람들의 말로, '서남풍'을 이르는 말 늑 갈마
갈바람	• '가을바람(가을에 부는 선선하고 서늘한 바람)'의 준말 • 뱃사람들의 말로, '서풍'을 이르는 말
강쇠바람	첫가을에 부는 동풍 늑 강소풍(┌素風)
건들바람	초가을에 선들선들 부는 바람
고추바람	살을 에는 듯 매섭게 부는 차가운 바람을 비유적으로 이르는 말
높바람	매섭게 부는 바람 늑 된바람
높새바람	'동북풍'을 달리 이르는 말
높하늬바람	뱃사람들의 은어로, '서북풍'을 이르는 말
눈바람	눈과 함께, 또는 눈 위로 불어오는 차가운 바람 늑 풍설(風雪)
덴바람	뱃사람들의 말로, '북풍'을 이르는 말 = 된바람
돌개바람	• 열대 지방에서 발생하는 열대성 저기압을 통틀어 이르는 말 • 갑자기 생긴 저기압 주변으로 한꺼번에 모여든 공기가 나선 모양으로 일으키는 선회(旋回) 운동 = 회오리바람
된마파람	뱃사람들의 말로, '동남풍'을 이르는 말 늑 된마
된새바람	뱃사람들의 말로, '동북풍'을 이르는 말
마파람	뱃사람들의 은어로, '남풍'을 이르는 말
맞바람	사람이나 물체의 진행 방향과 반대 방향으로 부는 바람 늑 맞은바람
매운바람	살을 엘 듯이 몹시 찬 바람
명지바람	보드랍고 화창한 바람 늑 명주바람
박초바람	배를 빨리 달리게 하는 바람이라는 뜻으로, 음력 5월에 부는 바람을 이르는 말 늑 박초풍
산바람	밤에 산꼭대기에서 평지로 부는 바람. 밤이 되면 산 중턱이 복사로 인하여 차가워지므로 산 위쪽에서 아래로 바람이 분다. 늑 산풍(山風), 재넘이
살바람	좁은 틈으로 새어 들어오는 찬 바람
색바람	이른 가을에 부는 선선한 바람
샛바람	뱃사람들의 은어로, '동풍'을 이르는 말

확인 문제

다음 중 서로 비슷한 의미를 가진 단어로 연결되지 아니한 것은?

① 샛바람 – 강쇠바람
② 된바람 – 뒤바람
③ 마파람 – 앞바람
④ 높새바람 – 하늬바람

정답 ④

해설 높새바람은 동북풍을 이르는 말이고, 하늬바람은 서풍을 이르는 말이다.

서늘바람	첫가을에 부는 서늘한 바람
서릿바람	서리가 내린 아침에 부는 쌀쌀한 바람
소소리바람	이른 봄에 살 속으로 스며드는 듯한 차고 매서운 바람
손돌바람	음력 10월 20일경에 부는 몹시 매섭고 추운 바람 = 손석풍
실바람	풍력 계급 1의 바람. 10분간의 평균 풍속이 초속 0.3~1.5m이며, 연기의 이동에 의하여 풍향을 알 수 있으나 풍향계는 움직이지 않는다.
싹쓸바람	풍력 계급 12의 몹시 강한 바람. 10분간의 평균 풍속이 32.7m 이상이며, 육지에서는 보기 드문 엄청난 피해를 일으키고 바다에서는 산더미 같은 파도를 일으킨다.
앞바람	뱃사람들의 은어로, '남풍'을 이르는 말
역풍	배가 가는 반대쪽으로 부는 바람 ≒ 앞바람
왜바람	방향이 없이 이리저리 함부로 부는 바람 ≒ 왜풍(倭風)
윗바람	• 물의 상류 쪽에서 불어오는 바람 ≒ 상풍(上風) • 연을 날릴 때 '서풍'을 이르는 말
피죽바람	피죽도 먹기 어렵게 흉년이 들 바람이라는 뜻으로, 모낼 무렵 오래 계속하여 부는 아침 동풍과 저녁 서북풍을 이르는 말
하늬바람	서쪽에서 부는 바람. 주로 농촌이나 어촌에서 이르는 말이다 ≒ 갈, 하늬
황소바람	좁은 틈으로 세게 불어 드는 바람
흔들바람	풍력 계급 5의 바람. 10분간의 평균 풍속이 초속 8.0~10.7m이며, 잎이 무성한 작은 나무가 흔들리고, 바다에서는 작은 물결이 인다. ≒ 맹풍(盲風), 질풍(疾風)

4. 그 밖의 기상현상

구분	어휘	의미
구름	매지구름	비를 머금은 검은 조각구름
	비늘구름	높은 하늘에 그늘이 없는 희고 작은 구름 덩이가 촘촘히 흩어져 나타나는 구름 = 권적운(卷積雲)
	삿갓구름	외딴 산봉우리의 꼭대기 부근에 둘러져 있는 갓 모양의 구름
	새털구름	푸른 하늘에 높이 떠 있는 하얀 섬유 모양의 구름 = 권운(卷雲)
서리와 안개	된서리	늦가을에 아주 되게 내리는 서리
	무서리	늦가을에 처음 내리는 묽은 서리
	상고대	나무나 풀에 내려 눈처럼 된 서리
	누리	큰 물방울들이 공중에서 갑자기 찬 기운을 만나 얼어 떨어지는 얼음덩어리. 크기는 지름 5mm쯤 되며, 주로 적란운에서 내린다. = 우박(雨雹)
	물안개	강이나 호수, 바다 따위에서 피어오르는 안개
	해미	바다 위에 낀 아주 짙은 안개
비	비거스렁이	비가 갠 뒤에 바람이 불고 기온이 낮아지는 현상
	빗밑	비가 그치어 날이 개는 속도
	시위	비가 많이 와서 강물이 넘쳐흘러 육지 위로 침범하는 일 또는 그 물

확인 문제

10 국가직 9급

밑줄 친 단어와 같은 뜻으로 바꾸어 쓸 수 있는 말은?

돛이 오르자 썰물에 갈바람을 맞으며 배는 조용히 미끄러져 나갔다.

① 샛바람
② 하늬바람
③ 마파람
④ 된바람

정답 ②

해설 갈바람은 서풍으로, 서풍을 가리키는 하늬바람과 바꾸어 쓸 수 있다.

	여우볕	비나 눈이 오는 날 잠깐 났다가 숨어 버리는 볕 ≒ 천소(天笑)
더위	햇무리	햇빛이 대기 속의 수증기에 비치어 해의 둘레에 둥글게 나타나는 빛깔이 있는 테두리 ≒ 일관, 일운, 일훈, 햇물
	돋을볕	아침에 해가 솟아오를 때의 햇볕
	뙤약볕	여름날에 강하게 내리쬐는 몹시 뜨거운 볕
추위	강추위	• 눈도 오지 않고 바람도 불지 않으면서 몹시 매운 추위 • 눈이 오고 매운바람이 부는 심한 추위(강(强)추위)
	꽃샘추위	이른 봄, 꽃이 필 무렵의 추위
	잎샘추위	봄에, 잎이 나올 무렵의 추위
	손돌이추위	음력 10월 20일 무렵의 심한 추위
기타	이내	해 질 무렵 멀리 보이는 푸르스름하고 흐릿한 기운

🚶 어휘 풀이

❶ **강짜**: '강샘'을 속되게 이르는 말. 부부 사이나 사랑하는 이성(異性) 사이에서 상대되는 이성이 다른 이성을 좋아할 경우에 지나치게 시기함

❷ **푸지다**: 매우 많아서 넉넉하다.
예) 잔칫상에 음식이 푸지다.

04 사람과 관련된 말

1. 사람의 태도나 성격과 관련된 말

어휘	의미
가린스럽다	다랍고 인색하다.
가살스럽다	말씨나 행동이 되바라지고, 밉상스러운 데가 있다.
가즈럽다	가진 것도 없으면서 가진 체하며 뻐기는 티가 있다.
갈강갈강하다	얼굴이 파리하고 몸이 여윈 듯하나 단단하고 굳센 기상이 있다.
갈붙이다	남을 헐뜯어 사이가 벌어지게 하다.
감궂다	태도나 외모 따위가 불량스럽고 험상궂다.
강다짐	• 밥을 국이나 물 없이, 또는 반찬 없이 그냥 먹음 • 남을 보수도 주지 아니하고 억지로 부림 • 억지로 또는 강압적으로 함 • 덮어놓고 억눌러 꾸짖음 • 이미 한 일이나 앞으로 할 일에 틀림이 없음을 매우 단단히 강조하여 확인함
강밭다	몹시 야박하고 인색하다.
강짜❶를 부리다	샘이 나서 심술을 부리다.
개염	부러워하며 샘하여 탐내는 마음
갱충쩍다	행동 따위가 조심성이 없고 아둔하다. = 갱충맞다
거방지다	• 몸집이 크다. • 하는 짓이 점잖고 무게가 있다. • 매우 푸지다❷.
거탈	실상이 아닌, 다만 겉으로 드러난 태도
건성건성	정성을 들이지 않고 대강대강 일을 하는 모양
게염	부러워하며 시샘하여 탐내는 마음
결곡하다	얼굴 생김새나 마음씨가 깨끗하고 여무져서 빈틈이 없다.

확인 문제   16 국가직 9급

밑줄 친 어휘의 뜻풀이가 옳지 않은 것은?

① 해미 때문에 한 치 앞도 보이지 않았다.
  – 해미: 바다 위에 낀 짙은 안개
② 이제는 안갚음할 때가 되었다.
  – 안갚음: 남에게 해를 받은 만큼 저도 그에게 해를 다시 줌
③ 그 울타리는 오랫동안 살피지 않아 영 볼썽이 아니었다.
  – 볼썽: 남에게 보이는 체면이나 태도
④ 상고대가 있는 풍경을 만났다.
  – 상고대: 나무나 풀에 내려 눈처럼 된 서리

정답) ②

해설) '앙갚음'에 대한 설명이다. '안갚음'은 자식이 커서 부모를 봉양하는 일을 말한다.

❶ 드레지다: ㉠ 사람의 됨됨이가 가볍지 않고 점잖아서 무게가 있다. ㉡ 물건의 무게가 가볍지 아니하다.

결기	• 못마땅한 것을 참지 못하고 성을 내거나 왈칵 행동하는 성미 • 곧고 바르며 과단성 있는 성미
곰바지런하다	일하는 것이 시원시원하지는 못하지만 꼼꼼하고 바지런하다.
곰살갑다	성질이 보기보다 상냥하고 부드럽다.
곰살궂다	태도나 성질이 부드럽고 친절하다.
곰상스럽다	성질이나 행동이 싹싹하고 부드러운 데가 있다.
곱살끼다	몹시 보채거나 짓궂게 굴다.
곱살스럽다	얼굴이나 성미가 예쁘장하고 얌전한 데가 있다.
괘장	처음에는 할 듯하다가 갑자기 딴전을 부리고 하지 않음
구성없다	격에 어울리지 않다.
굼슬겁다	성질이 보기보다 너그럽고 부드럽다.
궁싯거리다	• 잠이 오지 아니하여 누워서 몸을 이리저리 뒤척거리다. ≒ 궁싯대다 • 어찌할 바를 몰라 이리저리 머뭇거리다.
궤란쩍다	행동이 건방지거나 주제넘다.
그악하다	• 장난 따위가 지나치게 심하다. • 모질고 사납다. • 끈질기고 억척스럽다. • 산세 따위가 험하고 사납다.
꺽지다	성격이 억세고 꿋꿋하며 용감하다.
꼼바르다	마음이 좁고 지나치게 인색하다.
끌끌하다	마음이 맑고 바르고 깨끗하다.
끌밋하다	• 모양이나 차림새 따위가 매우 깨끗하고 훤칠하다. • 손끝이 여물다.
낫낫하다	• 꽤 보드랍고 무르다. • 성격이 꽤 상냥하다.
냉갈령	몹시 매정하고 쌀쌀한 태도
너볏하다	몸가짐이나 행동이 번듯하고 의젓하다
네뚜리	사람이나 물건 따위를 대수롭지 않게 여김
늘품	앞으로 좋게 발전할 품질이나 품성
늡늡하다	성격이 너그럽고 활달하다.
다기지다	마음이 굳고 야무지다. ≒ 다기있다, 다기차다
더덜거리다	분명하지 않은 목소리로 말을 자꾸 더듬다. ≒ 더덜대다
더덜뭇하다	결단성이나 다잡는 힘이 모자라다.
덩둘하다	• 매우 둔하고 어리석다. • 어리둥절하여 멍하다.
데생기다	생김새나 됨됨이가 완전하게 이루어지지 못하여 못나게 생기다.
도섭스럽다	주책없이 능청맞고 수선스럽게 변덕을 부리는 태도가 있다.
돈바르다	성미가 너그럽지 못하고 까다롭다.
두남두다	• 잘못을 두둔하다. • 애착을 가지고 돌보다.
두루춘풍	누구에게나 좋게 대하는 일. 또는 그런 사람을 비유적으로 이르는 말 ≒ 도처춘풍, 사면춘풍, 사시춘풍
드레지다❶	• 사람의 됨됨이가 가볍지 않고 점잖아서 무게가 있다. • 물건의 무게가 가볍지 아니하다.

○X 문제

01 궤란쩍다: 모질고 사납다.　( )

02 꼼바르다: 몸가짐이나 행동이 번듯하고 의젓하다.　( )

03 도섭스럽다: 주책없이 능청맞고 수선스럽게 변덕을 부리는 태도가 있다　( )

정답 01 × 02 × 03 ○

든직하다	• 사람됨이 경솔하지 않고 무게가 있다. • 물건이 제법 번듯하고 그럴듯하다.
들까불다	몹시 경망하게❶ 행동하다.
만수받이	아주 귀찮게 구는 말이나 행동을 싫증 내지 않고 잘 받아 주는 일
맨망	요망스럽게❷ 까붊. 또는 그런 짓
메꽂다	고집이 세고 심술궂다.
모르쇠	아는 것이나 모르는 것이나 다 모른다고 잡아떼는 것
모지락스럽다	보기에 억세고 모질다.
몰강스럽다	인정이 없이 억세며 성질이 악착같고 모질다.
몽총하다	• 붙임성과 인정이 없이 새침하고 쌀쌀하다. • 박력이 없고 대가 약하다.
몽태치다	남의 물건을 슬그머니 훔쳐 가지다.
무람없다	예의를 지키지 않으며 삼가고 조심하는 것이 없다.
바자위다	성질이 너그러운 맛이 없다.
반지빠르다	• 말이나 행동 따위가 어수룩한 맛이 없이 얄미울 정도로 민첩하고 약삭빠르다. • 얄밉게 교만하다. • 어중간하여 알맞지 아니하다.
발림수작	살살 비위를 맞추기 위하여 하는 말이나 행동 ≒ 발림수
발싸심	• 팔다리를 움직이고 몸을 비틀면서 비비적대는 짓 • 어떤 일을 하고 싶어서 안절부절못하고 들먹거리며 애를 쓰는 짓을 비유적으로 이르는 말
발자하다	성미가 급하다. 또는 꺼리거나 주저함이 없다.
방정(方正)하다	말이나 행동이 바르고 점잖다.
배상부리다	거만한 태도로 자기의 몸을 아껴 할 일을 제대로 하지 않고 꾀만 부리다.
배참	꾸지람을 듣고 그 화풀이를 다른 데다 함
뱀뱀이	예의범절이나 도덕에 대한 교양
버르집다	• 파서 헤치거나 크게 벌려 놓다. • 숨겨진 일을 밖으로 들추어내다. • 작은 일을 크게 부풀려 떠벌리다.
버슷하다	두 사람의 사이가 서로 잘 어울리지 않다.
벋대다	• 쉬이 따르지 않고 고집스럽게 버티다. ≒ 벋장대다 • 넘어지거나 미끄러지지 않으려고 손이나 발을 받치어 대고 버티다.
본데없다	보고 배운 것이 없다. 또는 행동이 예의범절에 어긋나는 데가 있다.
부닐다	가까이 따르며 붙임성 있게 굴다.
비쌔다	• 어떤 일에 마음이 끌리면서도 겉으로 안 그런 체하다. • 남의 부탁이나 제안에 여간해서 응하지 아니하는 태도를 보이다. • 무슨 일에나 어울리기를 싫어하다.
사박스럽다	성질이 보기에 독살스럽고 야멸친❸ 데가 있다.
사날	• 제멋대로만 하는 태도 • 비위 좋게 남의 일에 참견하는 일
산망	하는 짓이 까불까불하고 좀스러움

🚶 **어휘 풀이**

❶ **경망하다**: 행동이나 말이 가볍고 조심성이 없다.

❷ **요망스럽다**: ㉠ 간사하고 영악한 태도가 있다. ㉡ 언행이 방정맞고 경솔한 데가 있다.

❸ **야멸치다**: ㉠ 자기만 생각하고 남의 사정을 돌볼 마음이 없다. ㉡ 태도가 차고 여무지다.

○✕ 문제

01 들까불다: 몹시 경망하게 행동하다.　( )

02 몽태치다: 붙임성과 인정이 없이 새침하고 쌀쌀하다.　( )

03 버르집다: 행동이 예의범절에 어긋나는 데가 있다.　( )

정답 01 ○ 02 ✕ 03 ✕

어휘 풀이

❶ 부산하다: 급하게 서두르거나 시끄럽게 떠들어 어수선하다. 예 교실 안은 많은 아이들로 매우 부산하다.

❷ 앙큼하다: ㉠ 엉뚱한 욕심을 품고 깜찍하게 분수에 넘치는 짓을 하고자 하는 태도가 있다. ㉡ 보기와는 달리 품위가 있거나 실속이 있다.

살갑다	• 집이나 세간 따위가 겉으로 보기보다는 속이 너르다. • 마음씨가 부드럽고 상냥하다. • 닿는 느낌 같은 것이 가볍고 부드럽다.
살천스럽다	쌀쌀하고 매섭다.
상글하다	눈과 입을 귀엽게 움직이며 소리 없이 정답게 웃다.
새롱거리다	경솔하고 방정맞게 까불며 자꾸 지껄이다. 늑 새롱대다
새살스럽다	성질이 차분하지 못하고 가벼워 말이나 행동이 실없고 부산한❶ 데가 있다.
섬	불끈 일어나는 감정
설레발	몹시 서두르며 부산하게 구는 행동
성마르다	참을성이 없고 성질이 조급하다.
속절없다	단념할 수밖에 달리 어찌할 도리가 없다.
숫되다	순진하고 어수룩하다.
슬겁다	• 집이나 세간 따위가 겉으로 보기보다는 속이 꽤 너르다. • 마음씨가 너그럽고 미덥다.
아금받다	• 야무지고 다부지다. • 무슨 기회든지 재빠르게 붙잡아 이용하는 소질이 있다.
아기똥거리다	• 작은 몸을 좌우로 둔하게 움직이며 느리게 걷다. • 작은 물체가 좌우로 둔하게 흔들리며 잇따라 느리게 움직이다. • 말이나 행동 따위를 매우 거만하고 앙큼하게❷ 자꾸 하다.
아리잠직하다	키가 작고 모습이 얌전하며 어린 티가 있다.
안차다	겁이 없고 야무지다.
알심	• 은근히 동정하는 마음 • 보기보다 야무진 힘
암상스럽다	보기에 남을 시기하고 샘을 잘 내는 데가 있다.
암팡스럽다	몸은 작아도 야무지고 다부진 면이 있다.
야살스럽다	보기에 얄망궂고 되바라진 데가 있다.
야지랑스럽다	얄밉도록 능청맞고 천연스럽다.
얄	야살스럽게 구는 짓
얄망궂다	성질이나 태도가 괴상하고 까다로워 얄미운 데가 있다.
어기차다	한번 마음먹은 뜻을 굽히지 아니하고, 성질이 매우 굳세다.
어리눅다	일부러 어리석은 체하다.
어리숙하다	• 겉모습이나 언행이 치밀하지 못하여 순진하고 어리석은 데가 있다. • 제도나 규율에 의한 통제가 제대로 되지 않아 느슨하다.
억실억실	얼굴 모양이나 생김새가 선이 굵고 시원시원한 모양
얼뜨다	다부지지 못하여 어수룩하고 얼빠진 데가 있다.
엄전하다	태도나 행실이 정숙하고 점잖다.
엉너리	남의 환심을 사기 위하여 어벌쩡하게 서두르는 짓
어벌쩡하다	제 말이나 행동을 믿게 하려고 말이나 행동을 일부러 슬쩍 어물거려 넘기다.
여낙낙하다	• 성품이 곱고 부드러우며 상냥하다. • 미닫이 따위를 열거나 닫을 때에 미끄럽고 거침이 없다.
열없다	좀 겸연쩍고 부끄럽다

OX 문제

01 모기에 물려 온 몸이 가즈럽다. ( )

02 동생은 화가 났는지 험악한 표정으로 곰살궂게 군다. ( )

03 그렇게 살천스러우니까 주변에 사람이 없는 거야. ( )

04 그 아이는 몸집은 작지만 꽤 암팡스러워 보인다. ( )

정답 01 × 02 × 03 ○ 04 ○

용심	남을 시기하는 심술궂은 마음
웅숭깊다	• 생각이나 뜻이 크고 넓다. • 사물이 되바라지지 아니하고 깊숙하다.
음전하다	말이나 행동이 곱고 우아하다. 또는 얌전하고 점잖다.
이악스럽다	• 달라붙는 기세가 굳세고 끈덕진 데가 있다. • 이익을 위하여 지나치게 아득바득하는 태도가 있는 듯하다.
자발없다	행동이 가볍고 참을성이 없다.
자부락거리다	가만히 있는 사람을 실없이 자꾸 건드려 귀찮게 하다. ≒ 자부락대다
잔망스럽다	• 보기에 몹시 약하고 가냘픈 데가 있다. • 보기에 태도나 행동이 자질구레하고 가벼운 데가 있다. • 얄밉도록 맹랑한❶ 데가 있다.
잔질다	마음이 약하고 하는 짓이 잘다.
종작없다	말이나 태도가 똑똑하지 못하여 종잡을 수가 없다. ≒ 종없다
주니	• 몹시 지루함을 느끼는 싫증 • 두렵거나 확고한 자신이 없어서 내키지 아니하는 마음
지닐총	보거나 들은 것을 잊지 아니하고 오래 지니는 재주 = 지닐재주
타끈하다	치사하고 인색하며 욕심이 많다.
텁텁하다	까다롭지 아니하여 무던하고 소탈하다.
투미하다	어리석고 둔하다.
툽상스럽다	말이나 행동 따위가 투박하고 상스러운 데가 있다. ≒ 투상스럽다
틀거지	듬직하고 위엄이 있는 겉모양
틀수하다	성질이 너그럽고 침착하다.
푸접스럽다	보기에 붙임성이 없이 쌀쌀한 데가 있다.
피새	급하고 날카로워 화를 잘 내는 성질
헙헙하다	• 활발하고 융통성이 있으며 대범하다. • 규모는 없으나 인색하지 아니하여 잘 쓰는 버릇이 있다.
호도깝스럽다	말이나 행동이 조급하고 경망스러운 데가 있다.
흐락	진실하지 아니하고 장난으로 하는 짓
흥감스럽다	넉살스러운❷ 말로 실지보다 지나치게 떠벌리는 태도가 있다.
희떱다	• 실속은 없어도 마음이 넓고 손이 크다. • 말이나 행동이 분에 넘치며 버릇이 없다. ≒ 희다

어휘 풀이

❶ **맹랑하다**: ㉠ 생각하던 바와 달리 허망하다. ㉡ 하는 짓이 만만히 볼 수 없을 만큼 똘똘하고 깜찍하다. ㉢ 처리하기가 매우 어렵고 묘하다.

❷ **넉살스럽다**: 너털웃음을 치며 재치 있는 말을 늘어놓는 재주가 있다.

확인 문제   18 국회직 8급

밑줄 친 단어의 쓰임이 적절하지 않은 것은?

① 뜨거운 죽을 그릇에 담을 때에는 넘치지 않도록 골막하게 담아라.

② 그는 주춤하더니 다시 돌아누워 시름없는 투로 말했다.

③ 가만히 있는 아이를 괜히 뜯적거려 울린다.

④ 마주 보이는 담배 가게 옆댕이의 사진관을 본다.

⑤ 첫인상부터 늠늠하고 인색한 샌님티가 난다.

정답 ⑤

해설 '늠늠하다'는 '성격이 너그럽고 활달하다'는 뜻으로, 긍정적인 의미이다. 따라서 부정적인 의미인 뒷구절의 '인색한 샌님티'와 모순된다.

① 골막하다: 담긴 것이 가득 차지 아니하고 조금 모자란 듯하다.

② 시름없다: 근심과 걱정으로 맥이 없다.

③ 뜯적거리다: 괜히 트집을 잡아 짓궂게 자꾸 건드리다.

④ 옆댕이: '옆'을 속되게 이르는 말

안심Touch

2. 사람의 신체를 가리키는 말

(1) 사람의 신체를 이르는 어휘

어휘	의미
가는허리	잘록 들어간, 허리의 뒷부분 ≒ 세요(細腰), 잔허리
개미허리	매우 가는 허리를 비유적으로 이르는 말
겨드랑이	양편 팔 밑의 오목한 곳 ≒ 겨드랑
관자놀이(貫子—)	귀와 눈 사이의 맥박이 뛰는 곳. 그곳에서 맥박이 뛸 때 관자가 움직인다는 데서 나온 말이다.
광대뼈	뺨의 튀어나온 부분을 이루는 네모꼴의 뼈. 눈구멍 아래쪽 모서리를 이룬다. ≒ 관골(顴骨), 뺨뼈, 협골(頰骨)
구레나룻	귀밑에서 턱까지 잇따라 난 수염
귓밥	귓바퀴의 아래쪽에 붙어 있는 살 = 귓불
꼭뒤	뒤통수의 한가운데
꽁무니	엉덩이를 중심으로 한, 몸의 뒷부분
나룻	성숙한 남자의 입 주변이나 턱 또는 뺨에 나는 털 = 수염
눈두덩	눈언저리의 두두룩한 곳 ≒ 눈두덩이
눈망울	눈알 앞쪽의 도톰한 곳. 또는 눈동자가 있는 곳 ≒ 망울
눈매	눈이 생긴 모양새 ≒ 눈맵시, 눈모
눈살	두 눈썹 사이에 잡히는 주름
눈시울	눈언저리의 속눈썹이 난 곳 ≒ 목광(目眶)
눈초리	귀 쪽으로 가늘게 좁혀진 눈의 가장자리 = 눈꼬리
단전	배꼽 아래 한 치 다섯 푼 되는 곳 = 하단전(下丹田)
당나귀뼈	아래턱의 좌우로 당나귀 턱처럼 삐죽하게 내민 뼈
덜미	• 목의 뒤쪽 부분과 그 아래 근처 = 목덜미 • 몸과 아주 가까운 뒤쪽
들창코	코끝이 위로 들려 콧구멍이 드러나 보이는 코. 또는 그렇게 생긴 사람
멱살	사람의 멱 부분의 살. 또는 그 부분
명치	사람의 복장뼈 아래 한가운데의 오목하게 들어간 곳. 급소의 하나이다.
보조개	말하거나 웃을 때에 두 볼에 움푹 들어가는 자국
복사뼈	발목 부근에 안팎으로 둥글게 나온 뼈 = 복숭아뼈
복장	가슴의 한복판. 한자를 빌려 '腹臟'으로 적기도 한다. ≒ 흉당(胸膛)
복장뼈	가슴 한복판에 세로로 길쭉하게 있는 납작한 뼈. 세 부분으로 되어 있으며 위쪽은 빗장뼈와 관절을 이루고, 옆은 위쪽 일곱 개의 갈비 연골과 연결되어 있다. ≒ 흉골(胸骨)
뺨	얼굴의 양쪽 관자놀이에서 턱 위까지의 살이 많은 부분
사관(四關)	양팔의 어깨 관절과 팔꿈치 관절, 양다리의 대퇴 관절과 무릎 관절을 이르는 말
사타구니	'샅'을 낮잡아 이르는 말
살쩍	관자놀이와 귀 사이에 난 머리털 ≒ 귀밑털
샅	두 다리의 사이 ≒ 고간(股間)

귓불*
흔히 잘못 사용하는 '귓볼'은 '귓불'의 비표준어이다.

○×문제

01 꼭뒤: 엉덩이를 중심으로 한, 몸의 뒷부분 ( )

02 당나귀뼈: 가슴 한복판에 세로로 길쭉하게 있는 납작한 뼈 ( )

03 살쩍: 관자놀이와 귀 사이에 난 머리털 ( )

정답 01 × 02 × 03 ○

속손톱	손톱의 뿌리 쪽에 있는 반달 모양의 하얀 부분
어깨통	어깨의 둘레. 또는 두 어깨 사이의 너비
오금	무릎의 구부러지는 오목한 안쪽 부분 ≒ 곡추(曲瞅), 뒷무릎
이맛살	• 이마에 잡힌 주름살 • 이마의 살
입아귀	입의 양쪽 구석 = 입꼬리
장딴지	종아리의 살이 불룩한 부분 ≒ 어복(魚腹)
정강이	무릎 아래에서 앞 뼈가 있는 부분
종아리	무릎과 발목 사이의 뒤쪽 근육 부분 ≒ 하퇴(下腿)
쪽박귀	손을 오밀조밀하게 오므려 모은 것처럼 생긴 귀
칼귀	칼처럼 굴곡이 없이 삐죽한 귀
코허리	콧등의 잘록한 부분. 또는 콧방울 위의 잘록하게 들어간 곳
콧날	콧마루의 날을 이룬 부분 ≒ 비선(鼻線)
콧방울	코끝 양쪽으로 둥글게 방울처럼 내민 부분
하관(下顴)	광대뼈를 중심으로 얼굴의 아래쪽 턱 부분
허구리	허리 좌우의 갈비뼈 아래 잘쏙한 부분
허벅다리	넓적다리의 위쪽 부분 ≒ 허벅지

같은 뜻의 신체어
- 늑골 = 갈비뼈
- 담낭 = 쓸개
- 배알 = 창자
- 염통 = 심장
- 지라 = 비장
- 콩팥 = 신장
- 횡격막 = 가로막
- 폐 = 허파

(2) 손가락을 가리키는 말

구분	고유어	한자어
첫째 손가락	엄지손가락, 엄지(가락)	무지(拇指), 벽지(擘指)
둘째 손가락	집게손가락	검지(-指), 식지(食指), 두지(頭指), 인지(人指), 염지(鹽指)
셋째 손가락	가운뎃손가락	장지(長指/將指), 중지(中指)
넷째 손가락	약손가락(藥-), 약손	약지(藥指), 무명지(無名指)
다섯째 손가락	새끼손가락, 새끼손	계지(季指), 소지(小指), 수소지(手小指)

OX 문제

01 귓밥: 귓구멍 속에 낀 때로, 귀지라고
도 함 ( )

02 사관: 두 다리의 사이로, 사타구니라
고도 함 ( )

03 허구리: 허리 좌우의 갈비뼈 아래 잘
쏙한 부분 ( )

정답 01 × 02 × 03 ○

어휘 풀이

❶ 가살: 말씨나 행동이 되바라지고, 밉살스러움. 또는 그런 짓
❷ 가부(可否): ㉠ 옳고 그름 ≒ 가불가 ㉡ 찬성과 반대를 아울러 이르는 말
❸ 주견(主見): 자기의 주장이 있는 의견
❹ 푼푼하다: ㉠ 모자람이 없이 넉넉하다. ㉡ 옹졸하지 아니하고 시원스러우며 너그럽다.

3. 사람을 비유적으로 지칭하는 말

어휘	의미
가납사니	• 쓸데없는 말을 지껄이기 좋아하는 수다스러운 사람 • 말다툼을 잘하는 사람
가르친사위	창조성이 없이 무엇이든지 남이 가르치는 대로만 하는 사람을 낮잡아 이르는 말
가린주머니	재물에 인색한 사람을 놀림조로 이르는 말
가살쟁이	가살❶을 잘 피우는 사람을 낮잡아 이르는 말
가시버시	'부부'를 낮잡아 이르는 말
각다귀	남의 것을 뜯어먹고 사는 사람을 비유적으로 이르는 말
간나위	간사한 사람이나 간사한 짓을 낮잡아 이르는 말
간녕배(奸佞輩)	간사하고 아첨을 잘하는 무리
간살쟁이	간사스럽게 몹시 아양을 떠는 사람을 놀림조로 이르는 말
감바리	잇속을 노리고 약삭빠르게 달라붙는 사람
강원도 포수	산이 험한 강원도에서는 사냥을 떠나면 돌아오지 못하는 수가 많았다는 데서, 한 번 간 후 다시 돌아오지 않거나, 매우 늦게야 돌아오는 사람을 비유적으로 이르는 말
개차반	개가 먹는 음식인 똥이라는 뜻으로, 언행이 몹시 더러운 사람을 속되게 이르는 말 ≒ 개차반이
거수기(擧手機)	회의에서 손을 들어 가부(可否)❷를 결정할 때, 주견(主見)❸ 없이 남이 시키는 대로 손을 드는 사람을 낮잡아 이르는 말 ≒ 거수기계
겨레붙이	같은 핏줄을 이어받은 사람
고림보	• 몸이 약하여 늘 골골거리며 앓는 사람을 놀림조로 이르는 말 • 마음이 너그럽지 못하고 옹졸하며, 하는 짓이 푼푼하지❹ 못한 사람을 놀림조로 이르는 말
고명딸	아들 많은 집의 외딸
고삭부리	• 음식을 많이 먹지 못하는 사람 • 몸이 약하여서 늘 병치레를 하는 사람
구나방	말이나 행동이 모질고 거칠고 사나운 사람을 이르는 말
구년묵이(舊年-)	어떤 일에 오래 종사한 사람을 낮잡아 이르는 말
궁도련님(宮-)	부유한 집에서 자라나 세상의 어려운 일을 잘 모르는 사람을 비유적으로 이르는 말 ≒ 궁도령님
궐공	몸이 허약한 사람을 이르는 말
깎은서방님	말쑥하고 단정하게 차린 남자 ≒ 깎은선비
꼴뚜기장수	재산이나 밑천 따위를 모두 없애고 어렵게 사는 사람을 비유적으로 이르는 말
꼼바리	마음이 좁고 지나치게 인색한 사람을 낮잡아 이르는 말
나이배기	겉보기보다 나이가 많은 사람을 낮잡아 이르는 말
나지라기	지위나 등급이 낮은 사람이나 물건을 낮잡아 이르는 말
날피	가난하며 말이나 행동이 실답지 못한 사람
남산골샌님	가난하면서도 자존심만 강한 선비를 놀림조로 이르는 말
내미손	물건을 흥정하러 온 어수룩하고 만만한 사람. 또는 그렇게 보이는 사람
논다니	웃음과 몸을 파는 여자를 속되게 이르는 말

○× 문제

01 간나위: 잇속을 노리고 약삭빠르게 달라붙는 사람 ( )

02 고림보: 몸이 약하여 늘 골골거리며 앓는 사람을 놀림조로 이르는 말 ( )

03 궁도련님: 말쑥하고 단정하게 차린 남자 ( )

정답 01 × 02 ○ 03 ×

녓보	사람됨이 천하고 더러운 사람
늦깎이	• 나이가 많이 들어서 승려가 된 사람 • 나이가 많이 들어서 어떤 일을 시작한 사람 • 남보다 늦게 사리를 깨치는 일. 또는 그런 사람
달랑쇠	침착하지 못하고 몹시 담방거리는 사람 ≒ 달랑이
닷곱장님	반쯤 장님이라는 뜻으로, 시력이 아주 약한 사람을 놀림조로 이르는 말
대갈마치	온갖 어려운 일을 겪어서 아주 야무진 사람을 비유적으로 이르는 말
더펄이	• 성미가 침착하지 못하고 덜렁대는 사람 • 성미가 스스럼이 없고 붙임성이 있어 꽁하지 않은 사람
데림추	줏대 없이 남에게 딸려 다니는 사람을 비유적으로 이르는 말
동아리	같은 뜻을 가지고 모여서 한패를 이룬 무리 ≒ 필우(匹偶)
된서방	몹시 까다롭고 가혹한 남편
두루뭉수리	말이나 행동이 변변하지 못한 사람을 놀림조로 이르는 말
두루치기	한 사람이 여러 방면에 능통함. 또는 그런 사람
든거지난부자	사실은 가난하면서도 겉으로는 부자처럼 보이는 사람 ≒ 든가난, 든가난난부자, 든거지
들치기	남의 눈을 속여 날쌔게 물건을 훔쳐 들어내 감. 또는 그렇게 하는 사람
따리꾼	알랑거리면서 남의 비위를 맞추며 살살 꾀어내기를 잘하는 사람을 낮잡아 이르는 말
딸깍발이	• 일상적으로 신을 신이 없어 맑은 날에도 나막신을 신는다는 뜻으로, 가난한 선비를 낮잡아 이르는 말 • 일본 사람을 낮잡아 이르는 말
떨거지	겨레붙이❶나 한통속으로 지내는 사람들을 낮잡아 이르는 말
뚜쟁이	• 부부가 아닌 남녀가 정을 통할 수 있도록 소개하는 사람 ≒ 뚜, 여쾌 • '중매인'을 낮잡아 이르는 말
뚝별씨	걸핏하면 불뚝불뚝 성을 잘 내는 성질. 또는 그런 사람
뚱딴지	• 완고하고 우둔하며 무뚝뚝한 사람을 놀림조로 이르는 말 ≒ 뚱 • 행동이나 사고방식 따위가 너무 엉뚱한 사람을 놀림조로 이르는 말 • 심술 난 것처럼 뚱해서 붙임성이 적은 사람 = 뚱보
뜨내기	일정한 거처가 없이 떠돌아다니는 사람 ≒ 뜨내기꾼
막둥이	• '막내'를 귀엽게 이르는 말 • 잔심부름을 하는 사내아이
만무방	• 염치가 없이 막된 사람 • 아무렇게나 생긴 사람
말재기	쓸데없는 말을 수다스럽게 꾸미어 내는 사람
망석중이	남이 부추기는 대로 따라 움직이는 사람을 비유적으로 이르는 말
맷가마리	매를 맞아 마땅한 사람
모도리	빈틈없이 아주 여무진❷ 사람
모리배(謀利輩)	온갖 수단과 방법으로 자신의 이익만을 꾀하는 사람. 또는 그런 무리
모주망태(母酒–)	술을 늘 대중없이 많이 마시는 사람을 놀림조로 이르는 말 ≒ 모주, 모주꾼
몽니쟁이	몽니❸를 부리는 사람
몽짜	음흉하고 심술궂게 욕심을 부리는 짓. 또는 그런 사람

어휘 풀이

❶ **겨레붙이**: 같은 핏줄을 이어받은 사람
❷ **여무지다**: 사람의 성질이나 행동, 생김새 따위가 빈틈이 없이 매우 단단하고 굳세다.
❸ **몽니**: 받고자 하는 대우를 받지 못할 때 내는 심술 예 저 사람은 몽니가 궂어서 상대하기 어려워.

확인 문제   15 경찰 3차

밑줄 친 부분에 해당하는 어휘로 옳은 것은?

요즘 청년들은 졸업 후 회사에 입사하기 위해서 많은 시간과 돈을 들여 취직 준비를 한다. 그런데 면접관들은 그 청년들 중에서 회사에 필요한 인재를 찾기가 어렵다고 한다. 이유는 온갖 어려움을 겪은 <u>아주 야무진 사람</u>이 없다는 것이다. 면접관들은 외국어와 컴퓨터 능력도 중요하지만 어떠한 위기나 어려움에도 그 상황을 잘 극복할 수 있는 능력이 회사에는 필요하다고 말한다.

① 가납사니
② 간살쟁이
③ 고삭부리
④ 대갈마치

정답 ④

해설 대갈마치: 온갖 어려운 일을 겪어서 아주 야무진 사람을 비유적으로 이르는 말

무녀리	말이나 행동이 좀 모자란 듯이 보이는 사람을 비유적으로 이르는 말
무지렁이	아무것도 모르는 어리석은 사람
문외한(門外漢)	• 어떤 일에 직접 관계가 없는 사람 • 어떤 일에 전문적인 지식이 없는 사람
바닥쇠	• 벼슬이 없는 양반을 낮잡아 이르던 말 • 그 지방에 오래전부터 사는 사람을 낮잡아 이르는 말
바사기	사물에 어두워 아는 것이 없고 똑똑하지 못한 사람을 놀림조로 이르는 말
바지저고리	• 주견이나 능력이 전혀 없는 사람을 놀림조로 이르는 말 • '촌사람'을 속되게 이르는 말
반거들충이(半-)	무엇을 배우다가 중도에 그만두어 다 이루지 못한 사람 ≒ 반거충이
발김쟁이	못된 짓을 하며 마구 돌아다니는 사람
발쇠꾼	남의 비밀을 캐내어 다른 사람에게 넌지시 알려 주는 짓을 습관적으로 하는 사람
밥주머니	아무 일도 하지 않고 밥이나 축내는❶ 쓸모없는 사람을 낮잡아 이르는 말
방망이꾼	• 방망이질을 하는 사람 • 남의 일에 끼어들어 방해하는 사람을 낮잡아 이르는 말
뱅충이	똑똑하지 못하고 어리석으며 수줍음만 타는 사람
범강장달이 (范彊張達-)	키가 크고 우락부락하게 생긴 사람을 이르는 말. '범강(范彊)'과 '장달(張達)'은 중국의 〈삼국지연의〉에 나오는 인물로서, 그들의 대장인 장비를 죽인 사람들이다.
벽창호	고집이 세며 완고하고 우둔하여 말이 도무지 통하지 아니하는 무뚝뚝한 사람
부라퀴	• 몹시 야물고 암팡스러운 사람 • 자신에게 이로운 일이면 기를 쓰고 덤벼드는 사람
사시랑이	• 가늘고 약한 물건이나 사람 • 간사한 사람
새퉁이	밉살스럽거나 경망한 짓. 또는 그런 짓을 하는 사람
샌님	• '생원님'의 준말 • 얌전하고 고루한 사람을 놀림조로 이르는 말
샘바리	샘이 많아서 안달하는 사람
샛서방(-書房)	남편이 있는 여자가 남편 몰래 관계하는 남자
생무지(生-)	어떤 일에 익숙하지 못하고 서투른 사람 ≒ 생꾼, 생수
서리병아리	힘이 없고 추레한❷ 사람을 비유적으로 이르는 말
소소리패(-牌)	나이가 어리고 경망한 무리
수월내기	다루기 쉬운 사람을 놀림조로 이르는 말
숫사람	거짓이 없고 순진하여 어수룩한 사람
시골고라리	어리석고 고집 센 시골 사람을 놀림조로 이르는 말 ≒ 고라리
시러베아들	실없는 사람을 낮잡아 이르는 말 = 시러베자식
시시덕이	시시덕거리기를 잘하는 사람을 이르는 말
시앗	남편의 첩
악돌이	악을 쓰며 모질게 덤비기 잘하는 사람
악바리	• 성미가 깔깔하고 고집이 세며 모진 사람 • 지나치게 똑똑하고 영악한 사람
안잠	여자가 남의 집에서 먹고 자며 그 집의 일을 도와주는 일. 또는 그런 여자 ≒ 안잠자기

○✕ 문제

01 든거지난부자: 사실 부자인데 겉으로는 가난한 것처럼 보이는 사람 ( )

02 더펄이: 성미가 침착하지 못하고 덜렁대는 사람 ( )

03 말재기: 남의 비밀을 캐내어 다른 사람에게 넌지시 알려주는 짓을 습관적으로 하는 사람 ( )

04 부라퀴: 똑똑하지 못하고 어리석으며 수줍음만 타는 사람 ( )

정답 01 × 02 ○ 03 × 04 ×

알심장사(-壯士)	뚝심이 센 장사
앙짜	깐깐하게 행동하고 몹시 끈덕지게 샘을 내는 짓. 또는 그런 사람
앤생이	잔약한 사람이나 보잘것없는 물건을 낮잡아 이르는 말
앵두장수	잘못을 저지르고 어디론지 자취를 감춘 사람을 이르는 말
얄개	야살스러운 짓을 하는 아이
어리보기	말이나 행동이 다부지지 못하고 어리석은 사람을 낮잡아 이르는 말 ≒ 머저리
어이딸	어미와 딸을 아울러 이르는 말
얼간이	됨됨이가 변변하지 못하고 덜된 사람 ≒ 얼간
얼렁쇠	얼렁거리는 사람을 낮잡아 이르는 말
얼바람둥이	실없이 허황한 짓을 하는 사람을 낮잡아 이르는 말
얼치기	탐탁하지 아니한 사람
얽둑빼기	얼굴에 굵고 깊게 얽은 자국이 성기게 있는 사람을 낮잡아 이르는 말
열쭝이	겁이 많고 나약한 사람을 비유적으로 이르는 말
오그랑이	마음씨가 바르지 못한 사람을 비유적으로 이르는 말
옹춘마니	소견이 좁고 융통성이 없는 사람
욕감태기(辱-)	늘 남에게 욕을 먹는 사람 ≒ 욕바가지
왜골	허우대가 크고 말과 행동이 얌전하지 못한 사람
윤똑똑이	자기만 혼자 잘나고 영악한 체하는 사람을 낮잡아 이르는 말
자린고비	다라울 정도로 인색한 사람을 낮잡아 이르는 말
자치동갑(-同甲)	한 살밖에 차이가 나지 않아 동갑이나 다름없는 나이. 또는 그런 사람 ≒ 어깨동갑
재주아치	'재주꾼'을 낮잡아 이르는 말
주릅	흥정을 붙여 주고 보수를 받는 것을 직업으로 하는 사람
줏대잡이(主-)	중심이 되는 사람
좀팽이	몸피가 작고 좀스러운 사람을 낮잡아 이르는 말
진피	끈질기게 달라붙는 짓. 또는 그런 검질긴 성미를 가진 사람
짜발량이	짜그라져서 못 쓰게 된 사람이나 물건
찌그렁이	남에게 무턱대고 억지로 떼를 쓰는 짓. 또는 그런 사람
찰짜	성질이 수더분하지 아니하고 몹시 까다로운 사람
책상물림(册床-)	책상 앞에 앉아 글공부만 하여 세상일을 잘 모르는 사람을 낮잡아 이르는 말 ≒ 책상퇴물
천둥벌거숭이	철없이 두려운 줄 모르고 함부로 덤벙거리거나 날뛰는 사람을 비유적으로 이르는 말
청맹과니(靑盲-)	• 겉으로 보기에는 눈이 멀쩡하나 앞을 보지 못하는 눈. 또는 그런 사람 • 사리에 밝지 못하여 눈을 뜨고도 사물을 제대로 분간하지 못하는 사람을 비유적으로 이르는 말
치룽구니	어리석어서 쓸모가 없는 사람을 낮잡아 이르는 말
타짜꾼	• 노름판에서, 남을 잘 속이는 재주를 가진 사람 ≒ 타짜 • 남의 일에 공연히 훼방을 놓는 사람을 낮잡아 이르는 말
튀기	'혼혈인'을 낮잡아 이르는 말
트레바리	이유 없이 남의 말에 반대하기를 좋아함. 또는 그런 성격을 지닌 사람

확인 문제

14 서울시 9급

제시된 단어의 뜻풀이가 바르지 않은 것은?

① 궁도련님: 부유한 집에서 자라나 세상
의 어려운 일을 잘 모르는 사람
② 윤똑똑이: 사리에 어둡고, 아는 것이
없는 사람
③ 책상물림: 책상 앞에 앉아 글공부만
하여 세상일을 잘 모르는 사람
④ 두루치기: 한 사람이 여러 방면에 능
통함. 또는 그런 사람
⑤ 대갈마치: 온갖 어려운 일을 겪어서
아주 야무진 사람

정답 ②

해설 윤똑똑이: 자기만 혼자 잘나고 영
악한 체하는 사람을 낮잡아 이르는 말

파락호(破落戶)	재산이나 세력이 있는 집안의 자손으로서 집안의 재산을 몽땅 털어먹는 난봉꾼을 이르는 말
팔난봉	가지각색의 온갖 난봉을 부리는 사람
풍년거지(豐年-)	모든 사람이 다 이익을 보는데 자기 혼자만 빠져서 이익을 보지 못하는 사람을 이르는 말 ≒ 풍길, 풍년화자
풍운아(風雲兒)	좋은 때를 타고 활동하여 세상에 두각을 나타내는 사람
핫아비	아내가 있는 남자 = 유부남
핫어미	남편이 있는 여자 = 유부녀
허릅숭이	일을 실답게 하지 못하는 사람을 낮잡아 이르는 말
협잡꾼(挾雜-)	옳지 아니한 방법으로 남을 속이는 짓을 하는 사람
호사가(好事家)	• 일을 벌이기를 좋아하는 사람 • 남의 일에 특별히 흥미를 가지고 말하기 좋아하는 사람 ≒ 호사객, 호사자
홀앗이	살림살이를 혼자서 맡아 꾸려 나가는 처지. 또는 그런 처지에 있는 사람
흔들비쭉이	변덕스러워 걸핏하면 성을 내거나 심술을 부리는 사람

4. 사람이 하는 일을 나타내는 말

어휘	의미
각수장이(刻手-)	나무나 돌 따위에 조각하는 일을 직업으로 하는 사람 = 각수
갈개꾼	• 닥나무의 껍질을 벗기는 사람 • 남의 일에 훼방을 놓는 사람
갖바치	예전에, 가죽신을 만드는 일을 직업으로 하던 사람
객공잡이(客工-)	제품 하나에 일정액의 삯을 받거나, 일하는 시간·능력 따위에 따라 삯을 받으며 일하는 사람 ≒ 객공
거간꾼(居間-)	사고파는 사람 사이에 들어 흥정을 붙이는 일을 하는 사람
고지기(庫-)	• 관아의 창고를 보살피고 지키던 사람 ≒ 창고지기 • 일정한 건물이나 물품 따위를 지키고 감시하던 사람
관쇠(館-)	예전에, 푸줏간을 내어 쇠고기를 파는 사람을 이르던 말. '관'은 쇠고기를 파는 가게를 뜻하고 '쇠'는 이름이나 사람을 뜻한다.
굽갈리장수	예전에, 나막신의 굽을 갈아 대는 일을 직업으로 하던 사람
꼭지딴	거지나 딴꾼❶의 우두머리 = 꼭지
넝마주이	넝마❷나 헌 종이, 빈 병 따위를 주워 모으는 사람. 또는 그런 일
더부살이	• 남의 집에서 먹고 자면서 일을 해 주고 삯을 받는 일. 또는 그런 사람 • 남에게 얹혀사는 일
도차지(都-)	세력 있는 집이나 부잣집의 살림을 그 주인의 지시에 따라 도맡아서 하는 사람
동산바치	채소, 과일, 화초 따위를 심어서 가꾸는 일을 직업으로 하는 사람 = 원예사
되깎이	• 승려이었던 이가 환속❸하였다가 다시 승려가 되는 일 • 한 번 시집갔던 여자가 처녀로 행세하다가 다시 시집가는 일. 또는 그런 여자를 속되게 이르는 말
또드락장이	금박(金箔) 세공업자를 낮잡아 이르는 말
마사니	타작마당에서, 마름❹을 대신하여 곡식을 되는 사람

○×문제

01 그는 운동이면 운동, 공부면 공부, 못하는 것이 없는 두루치기다. ( )

02 사람들은 그를 발김쟁이라며 좋아한다. ( )

03 옹춘마니인 줄 알았더니 의외로 수단이 좋다. ( )

04 그는 말이 너무 많지만 아무렇게나 일하는 허릅숭이는 아닌 듯하다. ( )

05 그 각수장이는 품삯이 비싸니 이번 일은 다른 사람에게 맡기는 게 낫겠다. ( )

정답 01 ○ 02 × 03 ○ 04 ○ 05 ○

망나니	• 언동이 몹시 막된 사람을 비난조로 이르는 말 • 예전에, 사형을 집행할 때에 죄인의 목을 베던 사람. 주로 중죄인 가운데서 뽑아 썼다.
모가비	사당패 또는 산타령패 따위의 우두머리
미두꾼(米豆-)	현물 없이 쌀을 팔고 사는 일을 직업으로 하는 사람 ≒ 미두쟁이
봉죽꾼	남의 일을 거들어서 도와주는 사람
불목하니	절에서 밥을 짓고 물을 긷는 일을 맡아서 하는 사람 ≒ 불목한
비바리	바다에서 해산물을 채취하는 일을 하는 처녀
삐리	남사당패에서, 각 재주의 선임자 밑에서 재주를 배우는 초보자. 숙달이 되기 전까지 여장(女裝)을 하였다.
쇠살쭈	장에서 소를 팔고 사는 것을 흥정 붙이는 사람 ≒ 살쭈, 소살쭈
수할치	매를 부리면서 매사냥을 지휘하는 사람
시겟장수	곡식을 말이나 소에 싣고 이곳저곳으로 다니면서 파는 사람
신기료장수	헌 신을 꿰매어 고치는 일을 직업으로 하는 사람
심마니	산삼을 캐는 것을 직업으로 하는 사람 ≒ 채삼꾼
안저지	어린아이를 보살펴 주는 일을 하는 여자 하인
여리꾼	상점 앞에 서서 손님을 끌어들여 물건을 사게 하고 주인에게 삯을 받는 사람
잠예	해녀
칼자	지방 관아에 속하여 음식 만드는 일을 맡아보던 하인
파발꾼(擺撥-)	조선 후기에, 공문을 가지고 역참 사이를 오가던 사람. 각 역참에 다섯 명씩 있었다.
판수	• '시각 장애인'을 낮잡아 이르는 말 • 점치는 일을 직업으로 삼는 맹인 ≒ 몽수 • 남자 무당 = 박수
피장이(皮-)	'피색장❶'을 낮잡아 이르는 말

❶ 피색장: 짐승의 가죽으로 물건 만드는 일을 맡아 하던 사람 ≒ 피장

5. 사람의 나이를 나타내는 말

어휘	나이	의미
충년(沖年)	10세	열 살 안팎의 어린 나이
지학(志學)	15세	열다섯 살을 달리 이르는 말. 《논어》〈위정편(爲政篇)〉에서, 공자가 열다섯 살에 학문에 뜻을 두었다고 한 데서 나온 말이다.
성동(成童)		열다섯 살 된 사내아이를 이르는 말
과년(瓜年)	16세	결혼하기에 적당한 여자의 나이
파과(破瓜)		여자의 나이 16세를 이르는 말. '瓜' 자를 파자(破字)하면 '八'이 두 개로 '二八'은 16이 되기 때문이다 = 파과지년
약관(弱冠)	20세 전후	스무 살을 달리 이르는 말. 《예기》〈곡례편(曲禮篇)〉에서, 공자가 스무 살에 관례를 한다고 한 데서 나온 말이다.
묘년(妙年)		스무 살 안팎의 여자 나이 = 묘령(妙齡)
방년(芳年)		이십 세 전후의 한창 젊은 꽃다운 나이 ≒ 방령(芳齡)
약령(弱齡)	젊은 나이	젊은 나이 = 약년(弱年)

OX 문제

01 각수장이: 예전에, 가죽신을 만드는 일을 직업으로 하던 사람 ( )

02 관쇠: 관아의 창고를 보살피고 지키던 사람 ( )

03 불목하니: 남사당패에서 각 재주의 선임자 밑에서 재주를 배우는 초보자 ( )

04 판수: 점치는 일을 직업으로 삼는 맹인 ( )

정답 01 × 02 × 03 × 04 ○

이립(而立)	30세	서른 살을 달리 이르는 말. 《논어》〈위정편(爲政篇)〉에서, 공자가 서른 살에 자립했다고 한 데서 나온 말이다.
이모(二毛)	32세	흰 머리털이 나기 시작하는 나이라는 뜻으로, 32세를 이르는 말 = 이모지년
불혹(不惑)	40세	마흔 살을 달리 이르는 말. 《논어》〈위정편(爲政篇)〉에서, 공자가 마흔 살부터 세상일에 미혹되지 않았다고 한 데서 나온 말이다.
강사(强仕)		나이 마흔에 처음으로 벼슬을 하게 된다는 뜻으로, 마흔 살을 이르는 말. 《예기》〈곡례편(曲禮篇)〉에 나오는 말이다.
조백(早白)		늙기도 전에 머리가 셈. 흔히 마흔 살 안팎의 나이에 머리가 세는 것을 이른다.
망오(望五)	41세	쉰을 바라본다는 뜻으로, 나이 마흔하나를 이르는 말
상년(桑年)	48세	마흔여덟 살을 달리 이르는 말. '桑'의 속자인 '桒'을 분해하여 보면 '十' 자가 넷이고 '八' 자가 하나인 데서 나온 말이다.
지천명(知天命)	50세	쉰 살을 달리 이르는 말. 《논어》〈위정편(爲政篇)〉에서, 공자가 쉰 살에 하늘의 뜻을 알았다고 한 데서 나온 말이다. = 지명(知命)
장가(杖家)		집 안에서 지팡이를 짚을 만한 나이라는 뜻으로, 쉰 살을 이르는 말
애년(艾年)		머리털이 약쑥같이 희어지는 나이라는 뜻으로, 쉰 살을 이르는 말
망륙(望六)	51세	사람의 나이가 예순을 바라본다는 뜻으로, 쉰한 살을 이르는 말
이순(耳順)	60세	예순 살을 달리 이르는 말. 《논어》〈위정편(爲政篇)〉에서, 공자가 예순 살부터 생각하는 것이 원만하여 어떤 일을 들으면 곧 이해가 된다고 한 데서 나온 말이다.
하수(下壽)		60세의 나이. 또는 그 나이가 된 노인. 장수한 것을 상·중·하로 나누었을 때 가장 적은 나이를 이른다.
환갑(還甲)	61세	육십갑자의 '갑(甲)'으로 되돌아온다는 뜻으로, 예순한 살을 이르는 말 ≒ 주갑(周甲), 화갑(華甲), 환력(還曆), 회갑(回甲)
망칠(望七)		일흔을 바라본다는 뜻으로, 나이 예순한 살을 이르는 말
진갑(進甲)	62세	환갑의 이듬해. 또는 그해의 생일
고희(古稀)	70세	고래(古來)로 드문 나이란 뜻으로, 일흔 살을 이르는 말. 두보의 〈곡강시(曲江詩)〉에 나오는 말이다.
칠순(七旬)		일흔 살
희년(稀年)		드문 나이라는 뜻으로, 일흔 살을 이르는 말
희수(稀壽)		나이 일흔 살을 달리 이르는 말
종심(從心)		일흔 살을 달리 이르는 말. 《논어》의 〈위정(爲政)〉 편에서 공자가 '칠십이종심소욕불유구(七十而從心所欲不踰矩)'라고 한 것에서 유래한다.
서로(庶老)	70세 이상	서민 가운데 나이가 70세 이상 된 노인
망팔(望八)	71세	여든을 바라본다는 뜻으로, 나이 일흔한 살을 이르는 말
희수(喜壽)	77세	나이 일흔일곱 살을 달리 이르는 말
산수(傘壽)	80세	80세를 달리 이르는 말. 산(傘)의 약자가 팔(八)을 위에 쓰고 십(十)을 밑에 쓰는 것에서 유래했다.
중수(中壽)		80세의 나이. 또는 그 나이가 된 노인. 장수한 것을 상·중·하로 나누었을 때 중간에 해당하는 나이를 이른다.
팔질(八耋)		여든 살을 이르는 말

종심(從心)
칠십이종심소욕불유구(七十而從心所欲不踰矩): 일흔 살에는 마음속으로 하고 싶은 대로 해도 법도에서 벗어나지 않았다.

○× 문제

01 10세 – 충년(沖年)　( )

02 20세 – 이립(而立)　( )

03 49세 – 망오(望五)　( )

04 61세 – 진갑(進甲)　( )

정답 01 ○ 02 × 03 × 04 ×

망구(望九)	81세	사람의 나이가 아흔을 바라본다는 뜻으로, 여든한 살을 이르는 말 ≒ 망구순(望九旬)
반수(半壽)		'반(半)'을 파자하면 팔십일(八十一)이 되는 것에서 유래
미수(米壽)	88세	여든여덟 살을 달리 이르는 말
구순(九旬)	90세	아흔 살
졸수(卒壽)		90세를 달리 이르는 말. '졸(卒)'의 약자의 모양[卆]에서 따옴
망백(望百)	91세	백(百)을 바라본다는 뜻으로, 나이 아흔한 살을 이르는 말
백수(白壽)	99세	아흔아홉 살. '百'에서 '一'을 빼면 99가 되고 '白'자가 되는 데서 유래한다.
상수(上壽)	100세	100세의 나이. 또는 그 나이가 된 노인. 장수한 것을 상·중·하로 나누었을 때 가장 많은 나이를 이른다.
기이지수(期頤之壽)		백 살의 나이. 또는 그 나이의 사람 ≒ 기이(期頤)

> **졸수(卒壽)**
> '卒'에는 '마친다, 죽는다'는 뜻이 있어 마치 죽어야 할 나이, 혹은 죽기를 바란다는 의미로 들릴 수도 있기 때문에 주의하여 사용하여야 한다.

05 기타

1. 길과 관련된 말

어휘	의미
가풀막	몹시 가파르게 비탈진 곳
개골창	수채 물이 흐르는 작은 도랑
개어귀	강물이나 냇물이 바다나 호수로 들어가는 어귀
곁길	• 큰길에서 갈라져서 난 길 • 기본 방향에서 벗어난 딴 방향
고개티	고개를 넘는 가파른 비탈길
고갯길	고개를 넘나들도록 나 있는 길
고샅	• 시골 마을의 좁은 골목길. 또는 골목 사이 ≒ 고샅길 • 좁은 골짜기의 사이
기스락	• 기슭의 가장자리 • 초가의 처마 끝
길나들이	• 큰길에서 좁은 길로 들어가는 어귀 • 길의 중요한 통로가 되는 어귀 = 길목
길라잡이	길을 인도해 주는 사람이나 사물 = 길잡이
길섶	길의 가장자리. 흔히 풀이 나 있는 곳을 가리킨다.
난달	길이 여러 갈래로 통한 곳
낭길	낭떠러지를 끼고 난 길
노루목	• 노루가 자주 다니는 길목 • 넓은 들에서 다른 곳으로 이어지는 좁은 지역
더기	고원의 평평한 땅
도린곁	사람이 별로 가지 않는 외진 곳
모롱이	산모퉁이의 휘어 돌린 곳
에움길	굽은 길. 또는 에워서 돌아가는 길
오솔길	폭이 좁은 호젓한 길 ≒ 경로(徑路)

확인 문제   14 서울시 9급

70세를 가리키는 말로 옳은 것은?

① 이순(耳順)
② 종심(從心)
③ 지천명(知天命)
④ 불혹(不惑)
⑤ 이립(而立)

정답 ②
해설 종심은 일흔 살을 달리 이르는 말이다.

자드락길	나지막한 산기슭의 비탈진 땅에 난 좁은 길
조롱목	조롱 모양처럼 된 길목
토막길	원줄기에서 몇 갈래로 갈라져 나온 짤막한 길
허방	땅바닥이 움푹 패어 빠지기 쉬운 구덩이
후미	물가나 산길이 휘어서 굽어진 곳 늑 안곡(岸曲)

2. 동물의 새끼를 지칭하는 말

구분	동물	새끼의 명칭	의미
포유류	개	강아지	개의 새끼
	고양이	묘아(猫兒)	고양이의 어린 새끼
	곰	능소니	곰의 새끼
	닭	병아리	아직 다 자라지 아니한 어린 닭. 닭의 새끼를 이른다. = 계추(鷄雛)
		열쭝이	겨우 날기 시작한 어린 새. 흔히 잘 자라지 아니하는 병아리를 이른다.
	돼지	애저(−豬)	어린 새끼 돼지. 또는 고기로 먹을 어린 돼지 늑 아저, 애돼지
		애돌	한 살이 된 돼지
		저태(豬胎)	암돼지의 배 속에 든 새끼
		햇돌	당해에 나서 자란 돼지
	말	금승말	그해에 태어난 말
		망아지	말의 새끼
		생마새끼(生馬−)	길들이지 아니한 거친 망아지
	사슴	녹태(鹿胎)	암사슴의 배 속에 든 새끼
	소(암소)	송치	암소 배 속에 든 새끼
	소(얼룩소)	이우지자(犁牛之子)	얼룩소의 새끼
	조랑말	조랑망아지	조랑말의 새끼
	호랑이	개호주	범의 새끼
		호자(虎子)	
조류	꾀꼬리	추앵(雛鶯)	꾀꼬리의 새끼
	꿩	꺼병이	꿩의 어린 새끼 늑 꿩병아리
	매	초고리	작은 매
	제비	연추(燕雛)	제비의 새끼
곤충	잠자리	학배기	잠자리의 애벌레를 이르는 말
	매미	굼벵이	매미의 애벌레나 꽃무지, 풍뎅이와 같은 딱정벌레목의 애벌레. 주로 땅속에 살며, 몸통이 굵고 다리가 짧아 동작이 느리다. 늑 제조(蠐螬), 지잠(地蠶)

확인 문제

14 국가직 9급

밑줄 친 어휘의 뜻풀이로 바르지 않은 것은?

① 그는 속이 매우 슬겁다.
　– 슬겁다: 마음씨가 너그럽고 미덥다.
② 그는 해거름에 가겠다고 말했다.
　– 해거름: 해가 서쪽으로 넘어갈 때
③ 그는 길섶에 핀 코스모스를 보았다.
　– 길섶: 시골 마을의 좁은 골목길
④ 그는 책장을 데면데면 넘긴다.
　– 데면데면: 성질이 꼼꼼하지 않아 행동이 신중하거나 조심스럽지 않은 모양

정답 ③

해설 '길섶'은 길의 가장자리. 흔히 풀이 나 있는 곳을 가리킨다. '시골 마을의 좁은 골목길'은 '고샅'이다.

어류	가오리	간자미	가오리의 새끼
	갈치	풀치	갈치의 새끼
	고등어	고도리	고등어의 새끼
		소고도리	중간 크기의 고등어 새끼
	괴도라치	설치	괴도라치의 새끼. 흰색이며 이것을 말린 것이 뱅어포이다.
	노래미	노래기	노래미의 새끼
	농어	껄떼기	농어의 새끼
	누치	대갈장군	누치의 새끼
		저뀌	
	대하	소하(小蝦)	대하(大蝦)의 새끼
	돌고기	가사리	돌고기의 새끼
	명태	노가리	• 명태의 새끼 • '거짓말'을 속되게 이르는 말
		아기태(-太)	어린 명태
	민어	암치	민어의 새끼
	방어	마래미	방어의 새끼
		떡마래미	마래미보다 작은 방어의 새끼
	뱀장어	실뱀장어	뱀장어의 새끼
	베도라치	뱅아리	흰빛을 띠는 베도라치의 새끼
	송사리	추라치	굵고 큰 송사리
	숭어	모쟁이	숭어의 새끼 ≒ 모롱이
		살모치	몸길이가 두 치 정도 될 때까지의 새끼 숭어
		동어	숭어의 새끼를 이르는 말
	열목어	팽팽이	열목어의 어린 새끼
	연어	연어사리(鰱魚-)	연어의 새끼
	잉어	발강이	잉어의 새끼
	전어	전어사리	전어의 새끼
	청어	굴뚝청어(-靑魚)	겨울에 많이 잡히는, 덜 자란 청어
기타		무녀리	한 태에 낳은 여러 마리 새끼 가운데 가장 먼저 나온 새끼
		육추(育雛)	알에서 깐 새끼를 키움. 또는 그 새끼
	봉황	봉아(鳳兒)	봉황의 새끼
		봉추(鳳雛)	
		추봉(雛鳳)	

○✕ 문제

동물과 그 새끼를 지칭하는 단어가 모두 잘 연결된 것은 ○, 하나라도 잘못 연결된 것은 ✕로 표기하시오.

01 곰 - 능소니 / 닭 - 열쭝이 ( )

02 호랑이 - 개호주 / 노래미 - 노가리 ( )

03 민어 - 마래미 / 숭어 - 살모치 ( )

정답 01 ○ 02 ✕ 03 ✕

1. ㄱ

어휘	의미
가늠	• 목표나 기준에 맞고 안 맞음을 헤아려 봄. 또는 헤아려 보는 목표나 기준 • 사물을 어림잡아 헤아림
가닐대다	• 벌레가 기어가는 것처럼 살갗에 간지럽고 자릿한 느낌이 자꾸 들다. • 보기에 매우 위태롭거나 치사하고 더러워 마음에 자린 느낌이 자꾸 들다.
가름하다	• 쪼개거나 나누어 따로따로 되게 하다. • 승부나 등수 따위를 정하다. 예 우리의 투지가 승패를 가름했다.
가리사니	• 사물을 판단할 만한 지각(知覺) • 사물을 분간하여 판단할 수 있는 실마리 예 가리사니가 서다.
가멸다	재산이나 자원 따위가 넉넉하고 많다.
가멸차다	재산이나 자원 따위가 매우 많고 풍족하다.
가뭇없다	• 보이던 것이 전혀 보이지 않아 찾을 곳이 감감하다. • 눈에 띄지 않게 감쪽같다.
가시	음식물에 생긴 구더기
가꾸로	차례나 방향. 또는 형편 따위가 반대로 되게('거꾸로'보다 작은 느낌)
간종그리다	흐트러진 일이나 물건을 가닥가닥 가리고 골라서 가지런하게 하다. 늑 간종이다
갈모	예전에, 비가 올 때 갓 위에 덮어 쓰던 고깔과 비슷하게 생긴 물건. 비에 젖지 않도록 기름종이로 만들었다.
갈무리	• 물건 따위를 잘 정리하거나 간수함 • 일을 처리하여 마무리함
갈음	• 다른 것으로 바꾸어 대신함 • 일한 뒤나 외출할 때 갈아입는 옷 = 갈음옷
감발	버선이나 양말 대신 발에 감는 좁고 긴 무명천. 주로 먼 길을 걷거나 막일을 할 때 쓴다. = 발감개
걱정	• 안심이 되지 않아 속을 태움 • 아랫사람의 잘못을 꾸짖음
결결이	• 어떤 일이 일어나는 그때마다 • 경우에 따라서 가끔 = 때때로
곁다리	• 부수적인 것 • 당사자가 아닌 주변의 사람
고래실논	바닥이 깊고 물길이 좋아 기름진 논 = 고래실
곧추	굽히거나 구부리지 아니하고 곧게
골막하다	담긴 것이 가득 차지 아니하고 조금 모자란 듯하다.
골차다	매우 옹골지다. = 옹골차다
곰기다	곪은 자리에 딴딴한 멍울이 생기다.
곰삭다	• 옷 따위가 오래되어서 올이 삭고 질이 약해지다. • 젓갈 따위가 오래되어서 푹 삭다. • 풀, 나뭇가지 따위가 썩거나 오래되어 푸슬푸슬해지다.

◯✕문제

01 가닐대다: 벌레가 기어가는 것처럼 살갗에 간지럽고 자릿한 느낌이 자꾸 들다.
( )

02 결결이: 짬이 나는 대로 그때그때
( )

정답 01 ◯ 02 ✕

과줄	• 꿀과 기름을 섞은 밀가루 반죽을 판에 박아서 모양을 낸 후 기름에 지진 과자. 속까지 검은빛이 난다. • 강정, 다식(茶食), 약과(藥果), 정과(正果) 따위를 통틀어 이르는 말
괴괴하다	쓸쓸한 느낌이 들 정도로 아주 고요하다.
구뜰하다	변변하지 않은 음식의 맛이 제법 구수하여 먹을 만하다.
국으로	제 생긴 그대로. 또는 자기 주제에 맞게
굼적대다	몸이 둔하고 느리게 자꾸 움직이다. 또는 몸을 둔하고 느리게 자꾸 움직이다. = 굼적거리다
긋다	• 비가 잠시 그치다. • 비를 잠시 피하여 그치기를 기다리다.
길눈	한 번 가 본 길을 잘 익혀 두어 기억하는 눈썰미
깃들이다	• 주로 조류가 보금자리를 만들어 그 속에 들어 살다. • 사람이나 건물 따위가 어디에 살거나 그곳에 자리 잡다.
깜냥	스스로 일을 헤아림. 또는 헤아릴 수 있는 능력
깝살리다	• 찾아온 사람을 따돌려 보내다. • 재물이나 기회 따위를 흐지부지 다 없애다.
깨단하다	오랫동안 생각해 내지 못하던 일 따위를 어떠한 실마리로 말미암아 깨닫거나 분명히 알다.
꼬약대다	음식 따위를 한꺼번에 입에 많이 넣고 잇따라 조금씩 씹다. = 꼬약거리다
끌끌대다(하다)	마음에 마땅찮아 혀를 차는 소리를 자꾸 내다. = 끌끌거리다
끌밋하다	• 모양이나 차림새 따위가 매우 깨끗하고 훤칠하다. • 손끝이 여물다.

2. ㄴ

어휘	의미
난장	• 고려 · 조선 시대에, 신체의 부위를 가리지 아니하고 마구 매로 치던 고문 ≒ 난장형 • 여러 사람이 한꺼번에 덤비어 때리는 매 = 몰매
남우세스럽다	남에게 놀림과 비웃음을 받을 듯하다. ≒ 남사스럽다, 남세스럽다, 우세스럽다
노느매기	여러 몫으로 갈라 나누는 일. 또는 그렇게 나누어진 몫
노라리	건달처럼 건들건들 놀며 세월만 허비하는 짓. 또는 그런 사람을 속되게 이르는 말
눈쌈	'눈싸움'의 준말
눈엣가시	• 몹시 밉거나 싫어 늘 눈에 거슬리는 사람 • 남편의 첩을 이르는 말
능갈치다	• 교묘하게 잘 둘러대다. • 교묘하게 잘 둘러대는 재주가 있다. • 아주 능청스럽다.

◁OX문제▷

01 꼬약대다: 음식 따위를 한꺼번에 입에 많이 넣고 잇따라 조금씩 씹다. ( )

02 굼적대다: 느리고 폭이 넓게 자꾸 물결치다. ( )

03 괴괴하다: 외관이나 분위기가 괴상하고 기이하다. ( )

04 끌끌대다: 마음에 마땅찮아 혀를 차는 소리를 내다. ( )

05 남우세스럽다: 남에게 드러내어 뽐낼 만한 데가 있다. ( )

정답 01 ○ 02 × 03 × 04 ○ 05 ×

🚶 **어휘 풀이**

❶ 피륙: 아직 끊지 아니한 베, 무명, 비단 따위의 천을 통틀어 이르는 말
❷ 진집: ㉠ 물건의 가느다랗게 벌어진 작은 틈 ㉡ 너무 긁어서 살갗이 벗어지고 짓무른 상처

어휘	의미
다따가	난데없이 갑자기
다문다문	• 시간적으로 잦지 아니하고 좀 드문 모양 • 공간적으로 배지 아니하고 사이가 좀 드문 모양
다붓다붓	여럿이 다 매우 가깝게 붙어 있는 모양
다직하다	'기껏 한다고 하면', '기껏 많게 잡아서', '기껏 많다고 하여야'의 뜻으로 쓰는 말
달막거리다	• 자꾸 남에 대하여 들추어 말하다. ≒ 달막대다 • 가벼운 물체 따위가 자꾸 들렸다 내려앉았다 하다. 또는 그렇게 되게 하다. ≒ 달막대다 • 어깨나 엉덩이 따위가 자꾸 가볍게 들렸다 놓였다 하다. 또는 그렇게 되게 하다. • 말할 듯이 입술이 자꾸 가볍게 열렸다 닫혔다 하다. 또는 그렇게 되게 하다. • 가격이 조금 오르려는 기세를 자꾸 보이다
대궁	먹다가 그릇에 남긴 밥 ≒ 대궁밥, 잔반
대끼다	• 애벌 찧은 수수나 보리 따위를 물을 조금 쳐 가면서 마지막으로 깨끗이 찧다. • 어떤 일에 많이 시달리다. • 두렵고 마음이 불안하다.
대수로이	중요하게 여길 만한 정도로
대야	물을 담아서 무엇을 씻을 때 쓰는 둥글넓적한 그릇
던적스럽다	하는 짓이 보기에 매우 치사하고 더러운 데가 있다.
데면데면	• 사람을 대하는 태도가 친밀감이 없이 예사로운 모양 • 성질이 꼼꼼하지 않아 행동이 신중하거나 조심스럽지 않은 모양
데생기다	생김새나 됨됨이가 완전하게 이루어지지 못하여 못나게 생기다.
도저하다(到底−)	• 학식이나 생각, 기술 따위가 아주 깊다. • 행동이나 몸가짐이 빗나가지 않고 곧아서 훌륭하다.
되알지다	• 힘주는 맛이나 억짓손이 몹시 세다. • 힘에 겨워 벅차다. • 몹시 올차고 야무지다.
되우	아주 몹시 = 되게
두억시니	모질고 사나운 귀신의 하나 ≒ 야차
둔덕	가운데가 솟아서 불룩하게 언덕이 진 곳
둔치	• 물가의 언덕 • 강, 호수 따위의 물이 있는 곳의 가장자리
뒤놀다	• 한곳에 붙어 있지 않고 이리저리 몹시 흔들리다. • 정처 없이 여기저기 돌아다니다.
드팀전	예전에, 온갖 피륙❶을 팔던 가게
뗏장	흙이 붙어 있는 상태로 뿌리째 떠낸 잔디의 조각
똘기	채 익지 않은 과일
뚱뚱이	살이 쪄서 뚱뚱한 사람을 놀림조로 이르는 말 ≒ 뚱뚱, 뚱뚱보, 뚱보
뜨문뜨문	• 시간적으로 잦지 않고 드문 모양 • 공간적으로 배지 않고 사이가 드문 모양
뜯적뜯적하다	• 자꾸 손톱이나 칼끝 따위로 뜯거나 진집❷을 내다. ≒ 뜯적거리다 • 괜히 트집을 잡아 자꾸 짓궂게 건드리다.

확인 문제 15 지방직 7급

밑줄 친 단어의 뜻풀이로 바르지 않은 것은?

① 이 집 한 채나마 깝살릴 테냐?
 – 깝살리다: 재물이나 기회 따위를 흐지부지 다 없애다.
② 무릎을 꿇고 한참 입을 달막거렸다.
 – 달막거리다: 말할 듯이 입술이 자꾸 가볍게 열렸다 닫혔다 하다. 또는 그렇게 되게 하다.
③ 너 자꾸 자부락거리지 말고 할 일이나 해라.
 – 자부락거리다: 가만히 있는 사람을 실없이 자꾸 건드려 귀찮게 하다.
④ 데생긴 감자들이 한곳에 모여 있었다.
 – 데생기다: 생김새나 됨됨이가 번듯하고 실하다.

정답 ④

해설 데생기다: 생김새나 됨됨이가 완전하게 이루어지지 못하여 못나게 생기다.

4. ㅁ

어휘	의미
마뜩하다	제법 마음에 들 만하다.
마방집(馬房−)	말을 두고 삯짐 싣는 일을 업으로 하는 집
마실	이웃에 놀러 다니는 일 = 마을
말곁	남이 말하는 옆에서 덩달아 참견하는 말
맛문하다	몹시 지친 상태에 있다.
맨숭맨숭	• 몸에 털이 있어야 할 곳에 털이 없어 반반한 모양 • 산 따위에 나무나 풀이 우거지지 아니하여 반반한 모양 • 술을 마시고도 취하지 아니하여 정신이 말짱한 모양 • 일거리가 없거나 아무것도 생기는 것이 없어 심심하고 멋쩍은 모양
뭇매	여러 사람이 한꺼번에 덤비어 때리는 매 ≒ 난장
몸가축	몸을 매만지고 다듬음
몽따다	알고 있으면서 일부러 모르는 체하다.
무릎맞춤	두 사람의 말이 서로 어긋날 때, 제삼자를 앞에 두고 전에 한 말을 되풀이하여 옳고 그름을 따짐
미구(未久)	(주로 '미구에' 꼴로 쓰여) 얼마 오래지 아니함
미립	경험을 통하여 얻은 묘한 이치나 요령
미쁘다	믿음성이 있다.

5. ㅂ

어휘	의미
바람만바람만	바라보일 만한 정도로 뒤에 멀리 떨어져 따라가는 모양
바람벽(−壁)	방이나 칸살의 옆을 둘러막은 둘레의 벽
바투	• 두 대상이나 물체의 사이가 썩 가깝게 • 시간이나 길이가 아주 짧게
받다	• 액체가 바짝 졸아서 말라붙다. • 몸에 살이 빠져서 여위다. • 근심, 걱정 따위로 몹시 안타깝고 조마조마해지다. • 시간이나 공간이 다붙어 몹시 가깝다. • 길이가 매우 짧다. • 지나치게 아껴 인색하다. • 어떤 사물에 열중하거나 즐기는 정도가 너무 심하다. • 숨이 가쁘고 급하다.
버르집다	• 파서 헤치거나 크게 벌려 놓다. • 숨겨진 일을 밖으로 들추어내다. • 작은 일을 크게 부풀려 떠벌리다.
버름하다	• 물건의 틈이 꼭 맞지 않고 조금 벌어져 있다. • 마음이 서로 맞지 않아 사이가 뜨다.
벼리	• 그물의 위쪽 코를 꿰어 놓은 줄. 잡아당겨 그물을 오므렸다 폈다 한다. ≒ 그물줄 • 일이나 글의 뼈대가 되는 줄거리
보늬	밤이나 도토리 따위의 속껍질 ≒ 본의(本衣)
볼썽	남에게 보이는 체면이나 태도

16 경찰 1차

확인 문제

다음 밑줄 친 부분의 뜻으로 가장 적절한 것은?

> 수영과 나는 소꿉친구다. 나는 수영을 언제부턴가 친구 이상으로 좋아하고 있다. 수영은 나의 마음을 알고 있으면서 일부러 모르는 체한다. 그래서 내일은 꽃과 선물을 준비해서 고백할 생각이다.

① 가멸다   ② 슬겁다
③ 몽따다   ④ 곰삭다

정답 ③

해설 ③ 몽따다: 알고 있으면서 일부러 모르는 체하다.
① 가멸다: 재산이나 자원 따위가 넉넉하고 많다.
② 슬겁다: 집이나 세간 따위가 겉으로 보기보다는 속이 꽤 너르다. / 마음씨가 너그럽고 미덥다.
④ 곰삭다: 옷 따위가 오래되어서 올이 삭고 질이 약해지다. / 젓갈 따위가 오래되어서 푹 삭다. / 풀, 나뭇가지 따위가 썩거나 오래되어 푸슬푸슬해지다.

봇물	보에 괸 물. 또는 거기서 흘러내리는 물
봉죽	일을 꾸려 나가는 사람을 곁에서 거들어 도와줌
불뚝하다	• 무뚝뚝한 성미로 갑자기 성을 내다. • 갑자기 불룩하게 솟아오르다.
비나리	남의 환심을 사려고 아첨함 예 비나리를 치다.
뻐끔하다	• 큰 구멍이나 틈 따위가 깊고 뚜렷하게 나 있다. • 문 따위가 조금 많이 열려 있다.

6. ㅅ

어휘	의미
사달	사고나 탈
사위스럽다	마음에 불길한 느낌이 들고 꺼림칙하다.
삭신	몸의 근육과 뼈마디
산소리	어려운 가운데서도 속은 살아서 남에게 굽히지 않으려고 하는 말
살별	가스 상태의 빛나는 긴 꼬리를 끌고 태양을 초점으로 긴 타원이나 포물선에 가까운 궤도를 그리며 운행하는 천체 = 혜성
상기다	• 물건의 사이가 조금 뜨다. • 반복되는 횟수나 도수(度數)가 조금 뜨다. • 관계가 깊지 않고 조금 서먹하다.
상크름하다	• 옷감의 발이 좀 가늘고 성글다. • 서늘한 바람기가 있어 좀 선선하다.
상큼하다	• 보기에 시원스럽고 좋다. • 아랫도리가 윗도리보다 어울리지 아니하게 길쭉하다. • 여름옷이 풀이 서고 발이 가늘어 보기에 시원하다. • 냄새나 맛 따위가 향기롭고 시원하다. • 까칠하고 눈이 쏙 들어가다.
새살거리다	샐샐 웃으면서 재미있게 자꾸 지껄이다. 늑 새살대다
새우잠	새우처럼 등을 구부리고 자는 잠. 주로 모로 누워 불편하게 자는 잠을 의미한다.
새청	새된 목소리
새치름하다	• 쌀쌀맞게 시치미를 떼는 태도가 있다. • 짐짓 쌀쌀한 기색을 꾸미다.
생광스럽다 (生光−)	• 영광스러워 체면이 서는 듯하다. • 아쉬운 때에 요긴하게 쓰게 되어 보람이 있다.
생때같다(生−)	• (주로 '생때같은' 꼴로 쓰여) 아무 탈 없이 멀쩡하다. • 공을 많이 들여 매우 소중하다.
생뚱맞다	하는 행동이나 말이 상황에 맞지 아니하고 매우 엉뚱하다.
선걸음	이미 내디뎌 걷고 있는 그대로의 걸음 늑 선길
선두리	물방갯과의 곤충을 통틀어 이르는 말 = 물방개
소슬하다(蕭瑟−)	으스스하고 쓸쓸하다.
손방	아주 할 줄 모르는 솜씨
솟구다	몸 따위를 빠르고 세게 날 듯이 높이 솟게 하다.

확인 문제

15 국가직 7급

밑줄 친 부분의 뜻풀이로 바르지 않은 것은?

나는 구두를 벗으면서 '죽었으면 나 안 가기로 장사 지낼 사람이 없어서 시험 보는 사람더러 나오라는 것인가?'라는 생각이 들어, 공연히 ⊙ 불뚝하는 심사가 일어나는 것이었다. 돈은 그달 학비까지 ⓒ 얼러서 백 원이나 보내왔다. 병인은 죽었든 살았든 하여간에 돈 백 원은 반가웠다. 시험 때는 당하여 오고 ⓒ 미구에 과세(過歲)를 하려면 돈 쓸 일은 한두 가지가 아닌데, 우환이 있는 집에다 대고 철없이 돈 청구만 할 수도 없어 걱정인 판에 마침 ⓔ 생광스럽다.
– 염상섭, 〈만세전〉

① ⊙ : 갑자기 화가 나는
② ⓒ : 무턱대고 요구하여서
③ ⓒ : 오래지 않아 설을 쇠려면
④ ⓔ : 아쉬운 때 요긴하게 쓰게 되어 보람이 있다

정답 ②

해설 ⓒ '얼러서'는 '여럿을 모아 한 덩어리나 한판이 크게 되다.'를 뜻하는 '어우르다'의 준말이다.

쇄락하다 (灑落-/洒落-)	기분이나 몸이 상쾌하고 깨끗하다. ≒ 쇄연하다
숟가락총	숟가락의 자루
술독	• 술을 담그거나 담는 독 • 술을 많이 마시는 사람을 놀림조로 이르는 말
숫접다	순박하고 진실하다.
시금털털하다	• 맛이나 냄새 따위가 조금 시면서도 떫다. • 어떤 일이나 말이 실망스럽고 못마땅하다.
시름없다	• 근심과 걱정으로 맥이 없다. • 아무 생각이 없다.
시망스럽다	몹시 짓궂은 데가 있다.
시부저기	별로 힘들이지 않고 거의 저절로
실큼하다	싫은 생각이 있다.

어휘 풀이

❶ **진저리**: ㉠ 차가운 것이 몸에 닿거나 무서움을 느낄 때에, 또는 오줌을 눈 뒤에 으스스 떠는 몸짓 ㉡ 몹시 싫증이 나거나 귀찮아 떨쳐지는 몸짓

❷ **으르다**: 상대편이 겁을 먹도록 무서운 말이나 행동으로 위협하다.

7. ㅇ

어휘	의미
아퀴	• 일을 마무르는 끝매듭 • 일이나 정황 따위가 빈틈없이 들어맞음을 이르는 말
안갚음	• 까마귀 새끼가 자라서 늙은 어미에게 먹이를 물어다 주는 일 • 자식이 커서 부모를 봉양하는 일
안다미로	담은 것이 그릇에 넘치도록 많이
안손님	여자 손님을 이르는 말
알량하다	시시하고 보잘것없다.
알은체하다	• 어떤 일에 관심을 가지는 듯한 태도를 보이다. • 사람을 보고 인사하는 표정을 짓다.
알짬	여럿 가운데에 가장 중요한 내용
앙살	엄살을 부리며 버티고 겨루는 짓
애먼	• 일의 결과가 다른 데로 돌아가 억울하게 느껴지는 • 일의 결과가 다른 데로 돌아가 엉뚱하게 느껴지는
애잔하다	• 몹시 가냘프고 약하다. • 애처롭고 애틋하다.
약비나다	정도가 너무 지나쳐서 진저리❶가 날 만큼 싫증이 나다.
어르다	• 몸을 움직여 주거나 또는 무엇을 보여 주거나 들려주어서, 어린아이를 달래거나 기쁘게 하여 주다. • 사람이나 짐승을 놀리며 장난하다. • 어떤 일을 하도록 사람을 구슬리다. • 으르다 ❷
어안	어이없어 말을 못 하고 있는 혀 안 예 어안이 막히다/벙벙하다.
어정거리다	키가 큰 사람이나 짐승이 이리저리 천천히 걷다. ≒ 어정대다
에워가다	• 바른길로 가지 아니하고 둘러 가다. • 장부 따위의 쓸데없는 부분을 지워 나가다.

확인 문제   17 국가직 9급

밑줄 친 말의 사전적 의미로 가장 적절한 것은?

> 아이들이야 학교 가는 시간을 빼고는 내내 밖에서만 노는데, 놀아도 여간 시망스럽게 놀지 않았다.
> – 최일남, 〈노새 두 마리〉

① 몹시 짓궂은 데가 있다.
② 생기 있고 힘차며 시원스럽다.
③ 어수선하여 질서나 통일성이 없다.
④ 보기에 태도나 행동이 가벼운 데가 있다.

정답 ①

해설 '시망스럽다'는 '몹시 짓궂은 데가 있다.'는 뜻이다.

여봐란듯이	우쭐대고 자랑하듯이
여북	'얼마나', '오죽', '작히나'의 뜻으로 정도가 매우 심하거나 상황이 좋지 않을 때 쓰는 말 예 하루아침에 부모님이 쓰러지셨다니 그 아이가 여북 놀랐겠느냐?
여울	강이나 바다 따위의 바닥이 얕거나 폭이 좁아 물살이 세게 흐르는 곳
여의다	• 부모나 사랑하는 사람이 죽어서 이별하다. • 딸을 시집보내다. • 멀리 떠나보내다.
역성	옳고 그름에는 관계없이 무조건 한쪽 편을 들어 주는 일
옆댕이	'옆'을 속되게 이르는 말
영절스럽다	아주 그럴듯하다.
오늬	화살의 머리를 활시위에 끼도록 에어 낸 부분
오달지다	• 마음에 흡족하게 흐뭇하다. ≒ 오지다, 올지다 • 허술한 데가 없이 알차다.
오롯이	모자람이 없이 온전하게
오지랖	웃옷이나 윗도리에 입는 겉옷의 앞자락
온새미	가르거나 쪼개지 아니한 생긴 그대로의 상태
옴나위	꼼짝할 만큼의 작은 움직임
옹골지다	실속이 있게 속이 꽉 차 있다.
왜장질	쓸데없이 큰 소리로 마구 떠드는 짓
용수	• 싸리나 대오리로 만든 둥글고 긴 통. 술이나 장을 거르는 데 쓴다. • 죄수의 얼굴을 보지 못하도록 머리에 씌우는 둥근 통 같은 기구
운두	그릇이나 신 따위의 둘레나 높이
울력	여러 사람이 힘을 합하여 일함. 또는 그런 힘
을씨년스럽다	• 보기에 날씨나 분위기 따위가 몹시 스산하고 쓸쓸한 데가 있다. • 보기에 살림이 매우 가난한 데가 있다.
의뭉하다	겉으로는 어리석은 것처럼 보이면서 속으로는 엉큼하다.
이울다	꽃이나 잎이 시들다.

<aside>
단어와 관련된 관용구
• 오지랖이 넓다: 쓸데없이 지나치게 아무 일에나 참견하는 면이 있다.
• 용수(를) 지르다: 술이나 간장을 뜨기 위하여 용수를 박다.
</aside>

8. ㅈ

어휘	의미
자리끼	밤에 자다가 마시기 위하여 잠자리의 머리맡에 준비하여 두는 물
자분자분	• 성질이나 태도가 부드럽고 조용하며 찬찬한 모양 • 좀스럽게 짓궂은 말이나 행동 따위로 자꾸 남을 귀찮게 하는 모양 • 음식에 섞인 잔모래 따위가 귀찮게 자꾸 씹히는 모양 • 부드러운 물건이 씹히는 모양
잠착하다	• '참척하다'의 원말 • 한 가지 일에만 정신을 골똘하게 쓰다. • 한 가지 일에만 정신을 골똘하게 쏟아 다른 생각이 없다.
재다	• 동작이 재빠르다. 예 몸놀림이 재다. • 참을성이 모자라 입놀림이 가볍다. 예 입이 재다. • 온도에 대한 물건의 반응이 빠르다. 예 양은솥은 가마솥에 비해 재다.
저어하다	염려하거나 두려워하다.
저지레	일이나 물건에 문제가 생기게 만들어 그르치는 일
적이	꽤 어지간한 정도로
조쌀하다	늙었어도 얼굴이 깨끗하고 맵시 있다.
지청구	• 아랫사람의 잘못을 꾸짖는 말 = 꾸지람 • 까닭 없이 남을 탓하고 원망함
짐짓	• 마음으로는 그렇지 않으나 일부러 그렇게 • 아닌 게 아니라 정말로. 주로 생각과 실제가 같음을 확인할 때에 쓴다. = 과연
징건하다	먹은 것이 잘 소화되지 아니하여 더부룩하고 그득한 느낌이 있다.
짜장	과연 정말로 예 그는 짜장 사실인 것처럼 이야기를 한다.
짬짜미	남모르게 자기들끼리만 짜고 하는 약속이나 수작

9. ㅊ

어휘	의미
차끈하다	매우 차가운 느낌이 있다.
착살맞다	하는 짓이나 말 따위가 얄밉게 잘고 다랍다.
채마(菜麻)	• 먹을거리나 입을 거리로 심어서 가꾸는 식물 • 채마를 심어 가꾸는 밭 = 채마밭
착살스럽다	하는 짓이나 말 따위가 잘고 더러운 데가 있다.
칠칠맞다	• '칠칠하다'를 속되게 이르는 말 • 나무, 풀, 머리털 따위가 잘 자라서 알차고 길다. • 주접이 들지 아니하고 깨끗하고 단정하다. • 성질이나 일 처리가 반듯하고 야무지다. • 터울이 잦지 아니하다.

OX 문제

01 아퀴: 일을 마무르는 끝매듭 ( )

02 시망스럽다: 생기 있고 힘차며 시원스럽다. ( )

03 상크름하다: 느낌이 시원하고 산뜻하다. ( )

04 자리끼: 밤에 자다가 마시기 위하여 잠자리의 머리맡에 준비하여 두는 물 ( )

정답 01 ○ 02 × 03 × 04 ○

10. ㅌ

어휘	의미
터분하다	• 입맛이 개운하지 아니하다. • 음식의 맛이 신선하지 못하다. • 날씨나 기분 따위가 시원하지 아니하고 매우 답답하고 따분하다.
터울	한 어머니로부터 먼저 태어난 아이와 그다음에 태어난 아이와의 나이 차이. 또는 먼저 아이를 낳은 때로부터 다음 아이를 낳은 때까지의 사이
톺다	• 가파른 곳을 오르려고 매우 힘들여 더듬다. 예 산을 톺아 올라갔다. • 틈이 있는 곳마다 모조리 더듬어 뒤지면서 찾다.
톺아보다	샅샅이 톺아 나가면서 살피다.
틈입(闖入)	기회를 타서 느닷없이 함부로 들어감
티격나다	서로 뜻이 맞지 아니하여 사이가 벌어지다.

11. ㅍ

어휘	의미
파적(破寂)	심심함을 잊고 시간을 보내기 위하여 어떤 일을 함. 또는 그런 일 = 심심풀이
판설다	어떤 일의 사정에 아주 서투르다.
편편하다(便便−)	• 아무 불편 없이 편안하다. • 물건의 배가 부르지 않고 번듯하다.
표변하다(豹變−)	• 허물을 고쳐 말과 행동이 뚜렷이 달라지다. 또는 그렇게 되게 하다. 표범의 무늬가 가을이 되면 아름다워진다는 뜻에서 나온 말이다. • 마음, 행동 따위가 갑작스럽게 달라지다. 또는 마음, 행동 따위를 갑작스럽게 바꾸다.
푹하다	겨울 날씨가 퍽 따뜻하다.
푼더분하다	• 생김새가 두툼하고 탐스럽다. • 여유가 있고 넉넉하다. • 사람의 성품 따위가 옹졸하지 아니하고 활달하다.
푼푼이	한 푼씩 한 푼씩
푼푼하다	• 모자람이 없이 넉넉하다. ≒ 푼하다 • 옹졸하지 아니하고 시원스러우며 너그럽다.
풀소	여름에 생풀만 먹고 사는 소. 힘을 잘 쓰지 못하여 부리기에 부적당하다.
풀치다	맺혔던 생각을 돌려 너그럽게 용서하다.
피새나다	숨기던 일이 뜻밖에 발각되다.

OX 문제

01 비나리치다: 갑자기 내린 비를 피하려고 우왕좌왕하다. ( )

02 던적스럽다: 하는 짓이 무던하고 듬직한 구석이 있다. ( )

정답 01 × 02 ×

12. ㅎ

어휘	의미
하릴없다	• 달리 어떻게 할 도리가 없다. • 조금도 틀림이 없다.
하소연	억울한 일이나 잘못된 일, 딱한 사정 따위를 말함
함초롬하다	젖거나 서려 있는 모습이 가지런하고 차분하다.
핫바지	• 솜을 두어 지은 바지 • 시골 사람 또는 무식하고 어리석은 사람을 낮잡아 이르는 말
허우대	겉으로 드러난 체격. 주로 크거나 보기 좋은 체격을 이른다.
헤아리다	• 수량을 세다. • (수를 나타내는 말 뒤에 쓰여) 그 수 정도에 이르다. 비교적 많은 수에 이르는 경우를 말한다. • 짐작하여 가늠하거나 미루어 생각하다.
호젓하다	• 후미져서 무서움을 느낄 만큼 고요하다. • 매우 홀가분하여 쓸쓸하고 외롭다.
호졸근하다	• 옷이나 종이 따위가 약간 젖거나 풀기가 빠져 보기 흉하게 축 늘어져 있다. • 지치고 고단하여 몸이 축 늘어질 정도로 힘이 없다.
호탕하다(浩蕩–)	• 물이 넓어서 끝이 없다. • 세차게 내달리는 듯한 힘이 있다. • 흐무러지게 아름답다.
호화찬란하다 (豪華燦爛–)	매우 호화로워 눈부시게 아름답다.
후미지다	• 물가나 산길이 휘어서 굽어 들어간 곳이 매우 깊다. • 아주 구석지고 으슥하다.
흔전만전	• 매우 넉넉하고 흔한 모양 예 먹을 것이 흔전만전이다. • 돈이나 물건 따위를 조금도 아끼지 아니하고 함부로 쓰는 듯한 모양
흰소리	터무니없이 자랑으로 떠벌리거나 거드럭거리며 허풍을 떠는 말

── OX 문제 ──

01 국으로: 진짜로 （ ）

02 함초롬하다: 새침하다 （ ）

03 핫바지: 겉으로 드러난 체격이 크거나 보기 좋은 사람을 이른다. （ ）

04 흔전만전: 매우 넉넉하고 흔한 모양
（ ）

정답 01 × 02 × 03 × 04 ○

1. 고유어

다른 나라에서 들어온 말이 아니라, 우리말에 본디부터 있던 말이나 그것에 기초하여 새로 만들어진 말이다.

어휘	의미
감실감실	• 사람이나 물체, 빛 따위가 먼 곳에서 자꾸 아렴풋이 움직이는 모양 • 군데군데 약간 가무스름한 모양
고뿔	'감기'를 일상적으로 이르는 말
구라	• '거짓말'을 속되게 이르는 말 • '이야기'를 속되게 이르는 말 • 거짓이나 가짜를 속되게 이르는 말
기장	옷의 길이
닝큼닝큼	머뭇거리지 않고 잇따라 빨리
따까리	자질구레한 심부름을 맡아 하는 사람을 속되게 이르는 말
모꼬지	놀이나 잔치 또는 그 밖의 일로 여러 사람이 모이는 일
별똥별	'유성'을 일상적으로 이르는 말
샛별	• '금성'을 일상적으로 이르는 말 • 장래에 큰 발전을 이룩할 만한 사람을 비유적으로 이르는 말
시나브로	모르는 사이에 조금씩 조금씩
엇셈	• 서로 주고받을 것을 비겨 없애는 셈 • 제삼자에게 셈을 넘겨 당사자끼리 서로 비겨 없애는 셈
에누리	• 물건값을 받을 값보다 더 많이 부르는 일. 또는 그 물건값 • 값을 깎는 일 • 실제보다 더 보태거나 깎아서 말하는 일 • 용서하거나 사정을 보아주는 일
핫옷	안에 솜을 두어 만든 옷 = 솜옷

2. 외래어

(1) 귀화어: 외국에서 들어온 말이지만 지금은 거의 우리말처럼 사용되는 단어이다.

① 한자어에서 온 말

가난(艱難: 어려울 간, 어려울 난)	간식(間食: 사이 간, 먹을 식) * 일본식 한자어
간혹(間或: 사이 간, 혹 혹)	결국(結局: 맺을 결, 판 국)
고추(苦椒: 쓸고, 산초나무 초)	근근(僅僅: 겨우 근, 겨우 근)
급기야(及其也: 미칠 급, 그 기, 어조사 야)	김장(沈藏: 잠길 침, 감출 장)
김치(沈菜: 잠길 침, 나물 채)	단지(但只: 다만 단, 다만 지)
당연(當然: 마땅 당, 그럴 연)	대강(大綱: 큰 대, 벼리 강)
대충(大總: 큰 대, 합할 총)	도대체(都大體: 도읍 도, 큰 대, 몸 체)
매일(每日: 매양 매, 날 일)	먹(墨: 먹 묵)
무려(無慮: 없을 무, 생각할 려)	배추(白菜: 흰 백, 나물 채)

확인 문제

다음 중 고유어가 아닌 것은?

① 기장　　② 구라
③ 따까리　④ 숭늉

정답 ④

해설 ①·②·③은 고유어이고, ④는 한자어에서 온 외래어이다.

별안간(瞥眼間: 언뜻 볼 별, 눈 안, 사이 간)	부득이(不得已: 아닐 부, 얻을 득, 이미 이)
붓(筆: 붓 필)	설령(設令: 베풀 설, 명령할 령)
순식간(瞬息間: 눈 깜짝일 순, 숨쉴 식, 사이 간)	숭늉(熟冷: 익을 숙, 찰 냉)
심지어(甚至於: 심할 심, 이를 지, 어조사 어)	어차피(於此彼: 어조사 어, 이 차, 저 피)
유독(唯獨: 오직 유, 홀로 독)	점심(點心: 점찍을 점, 마음 심)
점점(漸漸: 차차 점, 차차 점)	정녕(丁寧: 고무래 정, 편안할 녕)
짐승(衆生: 무리 중, 날 생)	창피(猖披: 미쳐 날뛸 창, 헤칠 피)
채소(菜蔬: 나물 채, 푸성귀 소)	평소(平素: 평평할 평, 흴 소)
하여간(何如間: 어찌 하, 같을 여, 사이 간)	하필(何必: 어찌 하, 반드시 필)
항상(恒常: 항상 항, 항상 상)	혹시(或是: 혹 혹, 옳을 시)

② 한자어와 우리말의 결합

글자(-字: 글자 자)	급히(急-: 급할 급)
괴란쩍다(愧赧-: 부끄러워할 괴, 얼굴 붉힐 난)	군음식(-飮食: 마실 음, 먹을 식)
노적가리(露積-: 이슬 로, 쌓을 적)	다림판(-板: 널빤지 판)
담장(-牆: 담장 장)	대거리(代-: 대신할 대)
살풀이(煞-: 죽일 살)	생일빔(生日: 날 생, 날 일)
양파(洋-: 큰 바다 양)	연못(蓮-: 연꽃 연)
용솟다(湧-: 물 넘칠 용)	이간질(離間-: 떠날 이, 사이 간)
익숙하다(-熟-: 익을 숙)	자리보전(-保全: 보전할 보, 온전할 전)
적당히(適當-: 갈 적, 마땅할 당)	총각무(總角-: 거느릴 총, 뿔 각)
책씻이(冊-: 책 책)	칫솔(齒-: 이 치)
튼실하다(-實-: 열매 실)	해코지(害-: 해로울 해)
허허롭다(虛虛-: 빌 허, 빌 허)	호주머니(胡-: 오랑캐 호)

③ 우리가 만든 한자어

감기(感氣: 느낄 감, 기운 기)	고생(苦生: 괴로울 고, 날 생)
귀순(歸順: 돌아갈 귀, 순할 순)	복덕방(福德房: 복 복, 덕 덕, 방 방)
식구(食口: 먹을 식, 입 구)	편지(片紙: 조각 편, 종이 지)
행차(行次: 다닐 행, 버금 차)	

④ 몽골어에서 온 말

말(馬: 말 마)	가리말(검은 말)
구렁말(밤색 말)	매(鷹: 매 응)
송골(매의 일종)	보라(매의 일종)
수라(임금이 먹는 밥)	아기(갓난애의 높임말에서 옴)
조랑말	족두리

확인 문제

다음 중 한자어와 우리말이 결합한 단어가 아닌 것은?

① 급히   ② 이간질
③ 어차피   ④ 호주머니

정답 ③

해설 어차피(於此彼: 어조사 어, 이 차, 저 피)는 외래어 중 한자어에서 온 단어이다.

⑤ 만주어, 여진어에서 온 말

가위	메주	수수	사돈	호미

⑥ 범어(산스크리트어)에서 온 말

건달	나락	달마	만다라	바리	보살	부처	불타
사리	석가	아미타	열반	절	중	찰나	탑

⑦ 일본식 발음에서 온 말

가마니(가마스)	고구마(고코이모)	구두(구쯔)	냄비(나베)

⑧ 중국식 가차에서 온 말

어휘	의미
구라파(歐羅巴: 토할 구, 그물 라, 땅 이름 파)	유럽의 중국식 발음인 '어우뤄바'에서 온 말
불란서(佛蘭西: 부처 불, 난초 란, 서녘 서)	프랑스의 중국식 발음인 '뿌란스'에서 온 말
섭씨(攝氏: 당길 섭, 성 씨)	고안자인 스웨덴의 셀시우스(Celsius, A)의 중국 음역어 '섭이사(攝爾思)'에서 유래
화씨(華氏: 빛날 화, 성 씨)	고안자인 독일의 파렌하이트의 중국 음역어 '화륜해(華倫海)'에서 유래

⑨ 서구에서 온 말

가방(kabas – 네덜란드어)	고무(gomme – 프랑스어)
깡통(can筒 통 통 – 영어)	깡패(gang牌 패 패 – 영어)
남포등(lamp燈 등잔 등– 영어)	담배(tabaco – 포르투갈어)
루주(rouge – 프랑스)	망토(manteau – 프랑스어)
빨치산(partisan – 프랑스어)	빵(pao – 포르투갈어)

(2) **차용어**: 외국에서 들어온 단어로, 사용할 때 외국어라는 의식이 조금 남아 있는 외래어이다.

뉴스	다다미	닥터	리얼리즘	밀크
아르바이트	엘리베이터	인터넷	컴퓨터	콩트
타이어	템포	피아노		

확인 문제 13 서울시 7급

외국어에서 차용된 어휘가 아닌 것은?
① 빵   ② 구두
③ 붓   ④ 미르
⑤ 고무

정답 ④
해설 '미르'는 '용'의 옛말로, 고유어이다.

1. 표준어 규정에 어긋나게 사용하는 경우

잘못된 표기	바른 표기	의미와 예시
개구장이	개구쟁이	심하고 짓궂게 장난을 하는 아이 **예** 우리 집 아이는 개구쟁이라 옷이 성한 것이 없다.
간지르다	간질이다	살갗을 문지르거나 건드려 간지럽게 하다. **예** 아이의 겨드랑이를 간질이다.
강남콩	강낭콩	콩과의 한해살이풀 **예** 강낭콩 덩굴이 처마까지 뻗었다.
깍정이	깍쟁이	• 이기적이고 인색한 사람 • 아주 약빠른 사람 **예** 동생은 여간 깍쟁이가 아니다.
깔대기	깔때기	병 따위에 꽂아 놓고 액체를 붓는 데 쓰는 나팔 모양의 기구 **예** 깔때기에 기름을 부었다.
꼭둑각시	꼭두각시	• 꼭두각시놀음에 나오는 여러 가지 인형 • 남의 조종에 따라 움직이는 사람이나 조직을 비유적으로 이르는 말 　**예** 그는 친구를 꼭두각시처럼 조종하여 나쁜 짓을 저질렀다.
끄나불	끄나풀	• 길지 아니한 끈의 나부랭이 **예** 병을 끄나풀로 동여맸다. • 남의 앞잡이 노릇을 하는 사람을 낮잡아 이르는 말 **예** 그는 정권의 끄나풀이다.
끼여들다	끼어들다	자기 순서나 자리가 아닌 틈 사이를 비집고 들어서다. **예** 남의 대화에 끼어들다.
난장이	난쟁이	• 소인증으로 인하여 키가 평균에 비해 매우 작은 사람을 낮잡아 이르는 말 　**예** 그는 키가 일반인의 어깨까지밖에 안 차는 난쟁이다. • 보통의 높이나 키보다 아주 작은 사물을 비유적으로 이르는 말
남비	냄비	음식을 끓이거나 삶는 데 쓰는 용구의 하나 **예** 냄비에서 물이 끓는다.
널판지	널빤지, 널판자, 널판장	판판하고 넓게 켠 나뭇조각 **예** 가벽을 널빤지로 엉성하게 만들었다.
녹히다	녹이다	'녹다'의 사동사로, '얼음이나 얼음같이 매우 차가운 것을 열로 액체가 되게 하다.'를 뜻함 **예** 고드름을 녹이다.
눈커풀	눈꺼풀, 눈까풀	눈알을 덮는, 위아래로 움직이는 살갗 **예** 눈까풀이 천근만근이다.
단촐하다	단출하다	• 식구나 구성원이 많지 않아서 홀가분하다. **예** 단출한 살림 • 일이나 차림차림이 간편하다. **예** 이번 여행은 단출하게 떠난다.
돌맹이	돌멩이	돌덩이보다 작은 돌 **예** 작은 돌멩이를 던졌다.
돌뿌리	돌부리	땅 위로 내민 돌멩이의 뾰족한 부분 **예** 돌부리에 걸려 넘어졌다.
무우	무	십자화과의 한해살이풀 또는 두해살이풀과 그 뿌리 **예** 밭에 심은 무가 잘 자란다.
무릎쓰다	무릅쓰다	• 힘들고 어려운 일을 참고 견디다. **예** 어려움을 무릅쓰고 그 일을 완수했다. • 뒤집어서 머리에 덮어쓰다.

바래다, 바램, 바래	바라다, 바람, 바라	• 생각이나 바람대로 어떤 일이나 상태가 이루어지거나 그렇게 되었으면 하고 생각하다. 예 가족의 건강을 바라다. • 원하는 사물을 얻거나 가졌으면 하고 생각하다. 예 선물을 바라다.
볼성, 볼쌍	볼썽	남에게 보이는 체면이나 태도 예 추워서 몸이 볼썽 안 좋게 움츠러들었다.
부비다	비비다	• 두 물체를 맞대어 문지르다. 예 잠을 깨려고 눈을 비빈다. • 어떤 재료에 다른 재료를 넣어 한데 버무리다. 예 비빔밥을 만들기 위해 밥에 나물을 넣고 비빈다.
부주	부조(扶助)	잔칫집이나 상가(喪家) 따위에 돈이나 물건을 보내어 도와줌 예 결혼식 부조/부좃돈
뽄새	본새(本-)	• 어떤 물건의 본디의 생김새 • 어떠한 동작이나 버릇의 됨됨이 예 말하는 본새가 화가 난 듯하다.
삭월세	사글세(-貰)	• 집이나 방을 다달이 빌려 쓰는 일. 또는 그 돈 예 사글세를 내다. • 월세를 받고 빌려주는 방. 또는 월세를 주고 빌려 쓰는 방 예 사글세를 살다.
삵괭이, 삵쾡이	살쾡이	고양잇과의 포유류
상치	상추	국화과의 한해살이풀 또는 두해살이풀 예 상추가 잘 자란다.
설레이다, 설레임	설레다, 설렘	마음이 가라앉지 아니하고 들떠서 두근거리다. 예 마음이 설레다.
세째	셋째	순서가 세 번째가 되는 차례(의) 예 나는 셋째 줄에 서 있었다.
송두리채	송두리째	있는 전부를 모조리 예 노름으로 재산을 송두리째 날렸다.
숫놈	수놈	짐승의 수컷 예 저 강아지는 수놈이야.
숫병아리	수평아리	병아리의 수컷 예 수평아리와 암평아리를 따로 골라냈다.
수양	숫양	양의 수컷 예 저 양떼는 대부분 숫양이야.
-꽤나	-깨나	어느 정도 이상의 뜻을 나타내는 보조사 예 돈깨나 있다고 거들먹거린다. / 심술깨나 부리겠더군.
아지랭이	아지랑이	주로 봄날 햇빛이 강하게 쬘 때 공기가 공중에서 아른아른 움직이는 현상 예 아스팔트 위로 아지랑이가 피어오른다.
애닯다	애달프다	• 마음이 안타깝거나 쓰라리다. 예 애달픈 사연 • 애처롭고 쓸쓸하다. 예 애달픈 노랫가락
어쨋든	어쨌든	• 의견이나 일의 성질, 형편, 상태 따위가 어떻게 되어 있든 예 어쨌든 고마워. • '어찌하였든'이 줄어든 말 예 너야 어쨌든 난 싫어.
우뢰	우레	뇌성과 번개를 동반하는 대기 중의 방전 현상 예 우레가 치다. / 우레와 같은 박수가 쏟아졌다.
의례, 으례	으레	• 두말할 것 없이 당연히 예 식탁 위에 으레 있었어야 할 내 도시락이 보이지 않았다. • 틀림없이 언제나 예 집에 오면 으레 나를 반기는 강아지와 놀아준다.
인두겁	인두겁(人-)	사람의 형상이나 탈 예 인두겁을 뒤집어썼다고 이런 녀석도 사람인가?
장단지	장딴지	종아리의 살이 불룩한 부분 예 두 시간 넘어 걸었더니 장딴지가 부풀어 올랐다.

숫양

표준어 규정 제7항에 따르면 수컷을 이루는 접두사는 '수-'로 통일하지만, 7항 붙임에서 '양, 염소, 쥐'의 수컷은 사이시옷을 허용하여 접두사 '숫-'을 쓴다고 하였다.

OX 문제

01 작은 돌맹이를 던졌다. ( )

02 어려움을 무릅쓰고 일을 완수했다. ( )

03 추워서 몸이 볼썽 안 좋게 움츠러들었다. ( )

04 잠을 깨려고 눈을 부볐다. ( )

정답 01 × 02 × 03 ○ 04 ×

쭈꾸미	주꾸미	문어과의 연체동물 예 주꾸미 볶음이 맛있구나.
지리하다	지루하다	시간이 오래 걸리거나 같은 상태가 오래 계속되어 따분하고 싫증이 나다. 예 연극이 지루하다.
차돌배기	차돌박이	소의 양지머리뼈의 한복판에 붙은 기름진 고기 예 된장찌개에 차돌박이를 넣고 끓였다.
콧망울	콧방울	코끝 양쪽으로 둥글게 방울처럼 내민 부분 예 그는 콧방울이 크고 두둑하다.
쿵덕쿵	쿵더쿵	방아확❶에 공이❷를 한 번 내리칠 때 나는 소리 예 쿵더쿵대며 방아가 돌아간다.
통채	통째	나누지 아니한 덩어리 전부 예 돼지 한 마리를 통째로 구웠다.
호도과자	호두과자	껍질을 벗긴 호두의 속살을 잘게 쪼개거나 갈아서 밀가루와 섞은 다음 호두알 모양으로 둥글게 구워 만든 방울떡

❶ **방아확**: 방앗공이로 찧을 수 있게 돌절구 모양으로 우묵하게 판 돌. 방앗공이가 떨어지는 곳에 묻어 그 속에 곡식을 넣고 찧거나 빻는다. ≒ 확

❷ **공이**: ㉠ 절구나 방아확에 든 물건을 찧거나 빻는 기구. 메공이, 돌공이, 쇠공이, 절굿공이, 방앗공이 따위가 있다. ≒ 고석 ㉡ 탄환의 뇌관을 쳐 폭발하게 하는 송곳 모양의 총포(銃砲)의 한 부분 ≒ 격침

2. 한글 맞춤법 규정에 어긋나게 사용하는 경우

잘못된 표기	바른 표기	의미와 예시
가만이	가만히	움직이지 않거나 아무 말 없이 예 아무것도 만지지 말고 가만히 있어라. * 한글 맞춤법 제51항에서는 부사의 끝음절이 분명히 '이'로만 나는 것은 '-이'로 적고, '히'로만 나거나 '이'나 '히'로 나는 것은 '-히'로 적는다고 하였다.
가정난	가정란 (家庭欄)	신문이나 잡지 따위에서 주로 가정생활에 관한 기사를 싣는 난 * 한글 맞춤법 제12항에는 한자음 '라, 래, 로, 뢰, 루, 르'가 단어의 첫머리 이외에 올 적에는 본음대로 적는다고 하였다. 란(欄)은 단어의 끝에 왔으므로 본음대로 적는다.
갈께	갈게	-ㄹ게: 어떤 행동에 대한 약속이나 의지를 나타내는 종결 어미 예 이제 갈게 / 곧 연락할게
객적다	객쩍다(客-)	행동이나 말, 생각이 쓸데없고 싱겁다. 예 객쩍은 수작 하지 마세요. * 한글 맞춤법 제54항에서는 '-적다/-쩍다'가 혼용될 수 있는 단어 중 '적다[少]'의 뜻이 없이 '쩍다'로 발음되는 경우는 '쩍다'로 적는다고 하였다.
거북치 않게	거북지 않게	거북하다: 몸이 찌뿌드드하고 괴로워 움직임이 자연스럽지 못하거나 자유롭지 못하다. * 한글 맞춤법 제40항의 붙임 2에서는 어간의 끝음절 '하'가 아주 줄 적에는 준 대로 적는다고 되어 있다. 예 거북하지 않게 → 거북지 않게 / 익숙하지 않은 → 익숙지 않은
겸연적다	겸연쩍다	쑥스럽거나 미안하여 어색하다. 예 내 실수가 겸연쩍어 멋쩍은 웃음을 지었다.
고추가루	고춧가루	붉게 익은 고추를 말려서 빻은 가루 예 잘 말린 고추를 빻아 고춧가루를 만들었다.
골똘이	골똘히	한 가지 일에 온 정신을 쏟아 딴생각이 없이 예 좋은 방법이 없을까 골똘히 생각했다.

곰곰히	곰곰이	여러모로 깊이 생각하는 모양 예 나는 곰곰이 생각에 잠겼다. * 한글 맞춤법 제51항에서는 부사의 끝음절이 분명히 '이'로만 나는 것은 　'-이'로 적고, '히'로만 나거나 '이'나 '히'로 나는 것은 '-히'로 적으며, 부 　사에 '-이'가 붙어 역시 부사가 되는 경우에는 '-이'로 적는다고 하였다.
구두주걱	구둣주걱	구두를 신을 때, 발이 잘 들어가도록 뒤축에 대는 도구
구렛나루	구레나룻	귀밑에서 턱까지 잇따라 난 수염 예 얼굴에 구레나룻이 무성하다.
구비구비	굽이굽이	• 여러 개의 굽이. 또는 휘어서 굽은 곳곳 예 설악산 굽이굽이는 단풍으로 　붉게 물들었다. • 여러 굽이로 구부러지는 모양 예 강물이 굽이굽이 흘러간다.
굵따랗다	굵다랗다	길쭉한 물건의 둘레가 꽤 크다. 예 나뭇가지가 굵다랗다.
귓때기	귀때기	'귀'를 속되게 이르는 말 예 너무 추워 귀때기가 떨어져 나갈 것 같다.
급냉	급랭(急冷)	속히 얼리거나 식힘 예 생선을 손질하여 냉동실에 급랭했다.
깍뚜기	깍두기	무를 작고 네모나게 썰어서 소금에 절인 후 고춧가루 따위의 양념과 함께 버무려 만든 김치 예 깍두기가 먹기 좋게 잘 익었다.
끔직히	끔찍이	• 정도가 지나쳐 놀랍게 • 진저리가 날 정도로 참혹하게 • 정성이나 성의가 몹시 대단하고 극진하게 예 엄마는 나를 끔찍이 사랑 　하신다.
널다랗다, 넓따랗다	널따랗다	꽤 넓다. 예 들이 널따랗다. / 널따란 들을 뛰어다녔다.
넓직하다	널찍하다	꽤 너르다. 예 마당이 널찍해서 뛰어놀기 좋다.
높따랗다	높다랗다	썩 높다. 예 담장이 높다랗다.
누래지다	누레지다	누렇게 되다. 예 가을이 되자 벼 이삭이 누레졌다.
눈꼽	눈곱	눈에서 나오는 진득진득한 액. 또는 그것이 말라붙은 것 예 눈에 붙은 눈 곱을 뗐다.
눈쌀	눈살	두 눈썹 사이에 잡히는 주름 예 내리쬐는 햇살에 나도 모르게 눈살을 찌푸 렸다.
댓가	대가(代價)	• 물건의 값으로 치르는 돈 예 사들인 물품의 대가를 지불했다. • 일을 하고 그에 대한 값으로 받는 보수 예 오늘 한 일의 대가로 십만 원 　을 받았다. • 노력이나 희생을 통하여 얻게 되는 결과. 또는 일정한 결과를 얻기 위하 　여 하는 노력이나 희생 예 꿈을 이루기 위해서는 그만큼의 대가를 치러 　야 한다.
더우기	더욱이	그러한 데다가 더 예 나는 이 일을 하기에 너무 어리고, 더욱이 경험도 전 혀 없다.
두루말이	두루마리	가로로 길게 이어 돌돌 둥글게 만 종이. 길게 둘둘 만 물건 예 두루마리 화 장지를 샀다.
뒷굼치, 뒷꿈치	뒤꿈치	발의 뒤쪽 발바닥과 발목 사이의 불룩한 부분 예 발뒤꿈치를 다쳤다. * 한글 맞춤법 제54항에서는 '-꿈치/-굼치'는 '꿈치'로 적는다고 하였다.

뚜렷히	뚜렷이	엉클어지거나 흐리지 않고 아주 분명하게 예 그날 일이 뚜렷이 떠오른다.
뚝빼기	뚝배기	찌개 따위를 끓이거나 설렁탕 따위를 담을 때 쓰는 오지그릇❶ 예 뚝배기에 찌개를 끓였다. * 한글 맞춤법 제54항에서는 '-배기/-빼기'가 혼동될 수 있는 단어 중 한 형태소 안에서 'ㄱ, ㅂ'받침 뒤에서 [빼기]로 발음되는 경우는 '배기'로 적는다고 하였다.
마뜩찮다	마뜩잖다	마음에 들 만하지 아니하다. 예 아버지는 나를 후계자로 마뜩잖게 생각하신다.
머릿말	머리말	책이나 논문 따위의 첫머리에 내용이나 목적 따위를 간략하게 적은 글
몇일	며칠	• 그달의 몇째 되는 날 예 오늘이 며칠이니? • 몇 날 예 며칠 동안 집에만 있었다.
반짓고리	반짇고리	바늘, 실, 골무, 헝겊 따위의 바느질 도구를 담는 그릇 예 바늘과 실을 반짇고리에 넣어두었다.
번번히	번번이 (番番-)	매 때마다 예 그는 번번이 약속을 어겼다.
뻐꾹이	뻐꾸기	두견과의 새 예 뻐꾸기 한 마리가 날아왔다.
비로서	비로소	어느 한 시점을 기준으로 그 전까지 이루어지지 아니하였던 사건이나 사태가 이루어지거나 변화하기 시작함을 나타내는 말 예 일이 끝나고 나서야 비로소 어머니의 얼굴에 웃음기가 돌기 시작했다.
생각컨대	생각건대	-건대: 뒤 절의 내용이 화자가 보거나 듣거나 바라거나 생각하는 따위의 내용임을 미리 밝히는 연결 어미 예 짐작건대 집까지 2시간은 걸릴 것 같다. * 한글 맞춤법 제40항에서는 어간의 끝음절 '하'가 아주 줄 적에는 준 대로 적는다고 하였다. 예 생각하건대 → 생각건대 / 짐작하건대 → 짐작건대 / 섭섭하지 → 섭섭지
서슴치	서슴지	기본형 '서슴다'(결단을 내리지 못하고 머뭇거리며 망설이다.)에 어미 '-지'가 결합한 형태이다. 주로 '않다', '말다' 따위의 부정어와 함께 쓰인다. 예 서슴지 말고 가라.
설겆이	설거지	먹고 난 뒤의 그릇을 씻어 정리하는 일 예 설거지가 잔뜩 쌓였다.
솔직이	솔직히 (率直-)	거짓이나 숨김이 없이 바르고 곧게 예 솔직히 그 선생님의 수업은 재미없다.
숫가락	숟가락	밥이나 국물 따위를 떠먹는 기구 예 숟가락이 없어 젓가락으로 밥을 먹었다.
승락	승낙(承諾)	청하는 바를 들어줌 예 승낙을 받았다. * 한글 맞춤법 제52항에서는 한자어에서 본음으로도 나고 속음으로도 나는 것은 각각 그 소리에 따라 적는다고 하였다. '諾[대답할 낙(락)]'의 경우, 본음으로 나는 承諾은 '승낙'으로 적고, 속음으로 나는 受諾, 快諾, 許諾은 '수락, 쾌락, 허락'으로 적는다.
시골나기	시골내기	시골에서 나서 자란 사람을 이르는 말 예 그는 시골내기라고 종종 놀림 받는다.

어휘 풀이

❶ 오지그릇: 붉은 진흙으로 만들어 볕에 말리거나 약간 구운 다음, 오짓물을 입혀 다시 구운 그릇. 검붉은 윤이 나고 단단하다. ≒ 오자, 오자기, 오지

번번히

'번번이'의 뜻으로 쓰이는 '번번히'는 잘못이지만 '구김살이나 울퉁불퉁한 데가 없이 펀펀하고 번듯하게', '생김새가 음전하고 미끈하게'의 뜻으로 쓰이는 '번번히'는 표준어이다.

OX 문제

01 생선을 손질한 후 냉동실에 급냉했다. ( )

02 들이 <u>널따랗다</u>. ( )

03 가을이 되자 벼 이삭이 <u>누레졌다</u>. ( )

04 그는 이 일을 하기에 너무 어리고, 더우기 경험도 없다. ( )

정답 01 × 02 ○ 03 ○ 04 ×

얕으막하다	야트막하다	조금 얕은 듯하다. 예 산 능선이 야트막하게 뻗어 있다.
예사일	예삿일 (例事-)	보통 흔히 있는 일 예 일이 많으니 밤샘 작업이 예삿일이 되었다. * 한글 맞춤법 제30항에서 뒷말의 첫소리 모음 앞에서 'ㄴㄴ' 소리가 덧나는 것은 사이시옷을 받치어 적는다고 하였다. 예 예삿일, 가욋일, 훗일
오뚜기	오뚝이	밑을 무겁게 하여 아무렇게나 굴려도 오뚝오뚝 일어서는 어린아이들의 장난감 예 쓰러져도 다시 일어나는 오뚝이 같은 도전 정신을 가졌다.
오래비, 올아비	오라비	'오라버니'의 낮춤말 예 너희 오라비더러 오라고 해라.
요컨데	요컨대(要-)	중요한 점을 말하자면 예 요컨대 내 말은 오늘 안에 일을 다 끝내라는 거야.
일찌기	일찍이	• 일정한 시간보다 이르게 예 오늘은 일찍이 가야겠다. • 예전에. 전에 한 번 예 일찍이 경험하지 못했던 일
장마비	장맛비	장마 때에 오는 비 예 장맛비가 계속되고 있다.
짤다랗다, 짧다랗다	짤따랗다	매우 짧거나 생각보다 짧다. 예 나무가 짤따랗다. / 짤따란 키
촉촉히	촉촉이	물기가 있어 조금 젖은 듯이 예 비가 내려 잔디가 촉촉이 젖어 있다.
틈틈히	틈틈이	• 틈이 난 곳마다 예 좌석들이 틈틈이 비어 있다. • 겨를이 있을 때마다 예 틈틈이 만들었다.
퍼래서	퍼레서	'퍼렇다'의 활용형(퍼레 / 퍼레서 / 퍼러니) 예 그 옷은 색깔이 퍼레서 나와 어울리지 않는다.
풋나기	풋내기	• 경험이 없어서 일에 서투른 사람 예 나는 그 방면에서는 풋내기다. • 차분하지 못하여 객기를 잘 부리는 사람 예 그는 단순한 성격에 흥분을 잘하는 풋내기다. • 새로운 사람 예 일은 먼저 다 해놓고 풋내기들한테 밀려났다.
하마트면	하마터면	조금만 잘못하였더라면. 위험한 상황을 겨우 벗어났을 때에 쓰는 말이다. 예 하마터면 큰일 날 뻔했다.
핼쓱하다	해쓱하다, 핼쑥하다	얼굴에 핏기나 생기가 없어 파리하다. 예 마음고생이 심했는지 얼굴이 해쓱하다.
햇쌀	햅쌀	당해에 새로 난 쌀 예 가을 명절에는 햅쌀로 밥을 짓는다.

3. 관용적으로 잘못 사용하는 경우

잘못된 표기	올바른 표기	의미
가리마	가르마	이마에서 정수리까지의 머리카락을 양쪽으로 갈랐을 때 생기는 금 **예** 양 갈래로 가르마를 탔다.
개나리봇짐	괴나리봇짐	걸어서 먼 길을 떠날 때에 보자기에 싸서 어깨에 메는 작은 짐 **예** 괴나리봇짐을 둘러메고 여행을 떠났다.
개이다, 개였다	개다, 개었다	• 흐리거나 궂은 날씨가 맑아지다. **예** 날이 환히 개다. • 언짢거나 우울한 마음이 개운하고 홀가분해지다. **예** 귀여운 조카를 보자 우울한 기분이 개었다.
곤색	감색(紺色)	어두운 남색, 진남색 **예** 감색 양복이 잘 어울린다.
내노라하다	내로라하다	어떤 분야를 대표할 만하다. **예** 내로라하는 이 지역 유지들이 다 모였다.
넌즈시	넌지시	드러나지 않게 가만히 **예** 나는 그의 생각이 어떤지 넌지시 떠보았다.
뇌졸증	뇌졸중(腦卒中)	뇌에 혈액 공급이 제대로 되지 않아 손발의 마비, 언어 장애, 호흡 곤란 따위를 일으키는 증상 **예** 그는 운동 중 갑작스럽게 뇌졸중으로 쓰러졌다.
닥달하다	닦달하다	남을 단단히 윽박질러서 혼을 내다. **예** 엄마는 왜 시험공부를 하지 않느냐며 나를 닦달하였다.
덤테기, 덤탱이	덤터기	• 남에게 넘겨씌우거나 남에게서 넘겨받은 허물이나 걱정거리 **예** 빚보증을 잘못 서 덤터기를 만나 남의 빚을 갚아야 한다. • 억울한 누명이나 오명 **예** 억울하게 내가 덤터기를 썼다.
덮히다	덮이다	'덮다'의 피동사(덮다 / 덮이어 / 덮이니)
도매급	도매금	• 도매로 파는 가격 **예** 도매금으로 넘겼다. • 각각의 차이에도 불구하고 여럿이 같은 무리로 취급받음을 비유적으로 이르는 말 **예** 잘못한 사람이나 안 한 사람이나 모두 도매금으로 욕 먹었다.
동거동락	동고동락(同苦同樂)	괴로움도 즐거움도 함께함 **예** 우리 부부는 이십년 동안 동고동락해 왔다.
뒤치닥거리	뒤치다꺼리	• 뒤에서 일을 보살펴서 도와주는 일 **예** 엄마는 우리들의 뒤치다꺼리를 하느라 바쁘다. • 일이 끝난 뒤에 뒤끝을 정리하는 일 **예** 우리는 회의 후 남은 뒤치다꺼리를 한 후 퇴근했다.
먼지털이	먼지떨이	먼지를 떠는 기구 **예** 먼지떨이로 책장에 쌓인 먼지를 떨었다.
발자욱	발자국	발로 밟은 자리에 남은 모양 **예** 눈 위로 사슴 발자국이 선명하다.
붓뚜껑	붓두껍	붓촉에 끼워 두는 뚜껑 **예** 붓두껍으로 붓을 닫았다.
삼가하다	삼가다	• 몸가짐이나 언행을 조심하다. **예** 처음 보는 사람 앞에서는 말을 삼가는 게 좋다. • 꺼리는 마음으로 양(量)이나 횟수가 지나치지 아니하도록 하다. **예** 술을 삼가다.
석박지	섞박지	배추와 무·오이를 절여 넓적하게 썬 다음, 여러 가지 고명에 젓국을 쳐서 한데 버무려 담은 뒤 조기젓 국물을 약간 부어서 익힌 김치 **예** 섞박지가 잘 익었다.
성대묘사	성대모사(聲帶模寫)	다른 사람의 목소리나 새, 짐승 따위의 소리를 흉내 내는 일을 비유적으로 이르는 말
수근거리다	수군거리다	남이 알아듣지 못하도록 낮은 목소리로 자꾸 가만가만 이야기하다. **예** 사람들이 날 보고 수군거리는 걸 느꼈다.

OX 문제

01 산 능선이 <u>야트막하게</u> 뻗어 있다. ( )

02 이번 일은 <u>일찍이</u> 경험하지 못했던 일이다. ( )

03 비가 내려 잔디가 <u>촉촉히</u> 젖어 있다. ( )

04 마음 고생이 심했는지 얼굴이 <u>핼쓱하다</u>. ( )

정답 01 ○ 02 ○ 03 × 04 ×

쑥맥	숙맥(菽麥)	• 콩과 보리를 아울러 이르는 말 • 사리 분별을 못 하고 세상 물정을 잘 모르는 사람 예 사람들이 나더러 세상 물정을 모르는 숙맥이라고 한다.
아연질색	아연실색 (啞然失色)	뜻밖의 일에 얼굴빛이 변할 정도로 놀람 예 그는 아버지의 사고 소식에 아연실색했다.
안절부절하다	안절부절 못하다	마음이 초조하고 불안하여 어찌할 바를 모르다. 예 잘못을 들킬까 봐 안절부절못했다.
야밤도주	야반도주 (夜半逃走)	남의 눈을 피하여 한밤중에 도망함 예 빚을 갚을 수 없어 야반도주했다.
옛스럽다	예스럽다	옛것과 같은 맛이나 멋이 있다. 예 한복을 예스럽게 차려입었다.
오랫만	오랜만	어떤 일이 있은 때로부터 긴 시간이 지난 뒤 예 어릴 적 친구를 오랜만에 만났다. * '오래간만'의 준말
오돌뼈	오도독뼈	소나 돼지의 여린 뼈 예 삼겹살에 박힌 오도독뼈는 씹는 맛이 있다.
욱씬거리다	욱신거리다	머리나 상처 따위가 자꾸 쑤시는 듯이 아파 오다. 예 고민을 깊이 했더니 머리가 욱신거린다.
웬지	왠지	왜 그런지 모르게. 또는 뚜렷한 이유도 없이 예 영희가 오늘따라 왠지 예뻐 보인다.
으시대다	으스대다	어울리지 아니하게 우쭐거리며 뽐내다. 예 그는 고위층 인사와 친하다며 으스대곤 했다.
이면수	임연수어 (林延壽魚)	쥐노래밋과의 바닷물고기 예 반찬으로 임연수어 구이가 나왔다.
재털이	재떨이	담뱃재를 떨어 놓는 그릇 예 재떨이에 꽁초가 수북이 쌓여 있다.
절대절명	절체절명 (絕體絕命)	몸도 목숨도 다 되었다는 뜻으로, 어찌할 수 없는 절박한 경우를 비유적으로 이르는 말 예 그는 절체절명의 위기를 맞았다.
조그만하다	조그마하다	• 조금 작거나 적다. 예 손이 조그마하다. • 그리 대단하지 아니하다. 예 조그마한 사고
주구장창	주야장천 (晝夜長川)	밤낮으로 쉬지 아니하고 연달아 예 주야장천 걱정만 하고 아무것도 시도하지 못했다.
짜집기	짜깁기	• 직물의 찢어진 곳을 그 감의 올을 살려 본디대로 흠집 없이 짜서 깁는 일 예 바지의 터진 곳을 짜깁기하였더니 감쪽같다. • 기존의 글이나 영화 따위를 편집하여 하나의 완성품으로 만드는 일 예 그는 편집 전 필름들을 짜깁기하여 영화를 완성했다.
찌게	찌개	뚝배기나 작은 냄비에 국물을 바특하게 잡아 고기·채소·두부 따위를 넣고, 간장·된장·고추장·젓국 따위를 쳐서 갖은양념을 하여 끓인 반찬 예 찌개가 자글자글 끓고 있다.
창란젓	창난젓	명태의 창자에 소금, 고춧가루 따위의 양념을 쳐서 담근 것 예 창난젓과 명란젓을 좋아한다.

OX 문제

01 먼지떨이로 책상에 쌓인 먼지를 떨었다.
( )

02 붓두껍으로 붓을 닫았다. ( )

03 사람들이 날 보자 수근거리기 시작했다.
( )

04 그는 아버지의 사고 소식에 아연질색했다. ( )

정답 01 ○ 02 ○ 03 × 04 ×

초생달	초승달 (初生달)	초승에 뜨는 달 예 어느덧 초승달이 떴다.
추스리다	추스르다	• 추어올려 다루다. 예 바지춤을 추슬렀다. • 몸을 가누어 움직이다. 예 이제 몸을 좀 추스르고 정신을 차려야겠다. • 일이나 생각 따위를 수습하여 처리하다. 예 이번 사태를 잘 추스르고 돌아가야 한다.
떨어먹다	털어먹다	재산이나 돈을 함부로 써서 몽땅 없애다. 예 투자를 잘못하여 있는 재산을 몽땅 털어먹었다.
풍지박산	풍비박산 (風飛雹散)	사방으로 날아 흩어짐 예 아버지의 사업 실패 후 집안은 풍비박산되었다.
할일없다	하릴없다	• 달리 어떻게 할 도리가 없다. 예 하릴없는 처지가 돼 버렸다. • 조금도 틀림이 없다. 예 잔뜩 먹어 배만 볼록한 모습이 하릴없는 올챙이었다.
해꼬지	해코지(害-)	남을 해치고자 하는 짓 예 자신보다 약하다고 해코지하면 안 된다.
허구헌	허구한 (許久-)	날, 세월 따위가 매우 오래다. 예 그는 허구한 날 자신의 팔자 탓만 한다.
홀홀단신	혈혈단신 (孑孑單身)	의지할 곳이 없는 외로운 홀몸 예 그는 가족도, 친구도 없는 혈혈단신 외톨이다.

초승달
초승달은 '초생(初生)'과 '달'이 합성한 경우이나, 어원에서 멀어져 굳어진 경우 관용에 따라 쓴다는 원칙(표준어 규정 17항)에 따라, '초승달'이 올바른 표현이다.

4. 용언의 활용 시 잘못 사용하는 경우

잘못된 표기	올바른 표기	의미
가까와	가까워	'가깝다'(어느 한 곳에서 다른 곳까지의 거리가 짧다.)의 활용형(가까워 / 가까우니) 예 집이 학교에서 가까워 좋다.
가파라	가팔라	'가파르다'(산이나 길이 몹시 기울어져 있다.)의 활용형(가팔라 / 가파르니) 예 계단이 가팔라 넘어질 수 있으니 조심해라.
-구료	-구려	• 화자가 새롭게 알게 된 사실에 주목함을 나타내는 종결 어미. 흔히 감탄의 뜻이 수반된다. 예 옷이 참 아름답구려. • 상대에게 권하는 태도로 시키는 뜻을 나타내는 종결 어미 예 늦었으니 빨리 가시구려.
날라가다	날아가다	• 공중으로 날면서 가다. 예 멀리 철새떼가 날아가고 있다. • 몹시 빠르게 움직여 가다. 예 입장 시간에 늦을까 봐 거의 날아갔다.
내딛었다	내디뎠다	• '내디디다(내딛다)'의 활용형[내디디어(내딛어) / 내디디는(내딛는)] • 밖이나 앞쪽으로 발을 옮겨 현재의 위치에서 다른 장소로 이동하다. 예 정상을 향해 힘차게 걸음을 내디뎠다. • 무엇을 시작하거나, 새로운 범위 안에 처음 들어서다. 예 그는 사회에 처음으로 발을 내디디는 예비 직장인이다.
녹슬은	녹슨(綠-)	• '녹슬다'의 활용형 (녹슨 / 녹슬어 / 녹스니) • 쇠붙이가 산화하여 빛이 변하다. 예 녹슨 칼날 • 오랫동안 쓰지 않고 버려두어 낡거나 무디어지다. 예 녹슨 머리
눌다, 눌지	눋다, 눋지	누런빛이 나도록 조금 타다. 예 밥이 눋는 냄새가 온 집안에 퍼졌다.
담아, 담궈	담가	• '담그다'의 활용형 • 액체 속에 넣다. 예 시냇물에 수박을 담가 두었다. • 김치 · 술 · 장 · 젓갈 따위를 만드는 재료를 버무리거나 물을 부어서, 익거나 삭도록 그릇에 넣어 두다. 예 김치를 담가 김치냉장고에 보관했다.

돼라고	되라고	• '되다'의 활용형[되어(돼) / 되니] • 새로운 신분이나 지위를 가지다. 예 엄마는 나에게 공부를 열심히 해서 의사가 되라고 한다. • 다른 것으로 바뀌거나 변하다. * 한글 맞춤법 제35항 붙임2에는 " 'ㅚ' 뒤에 '-어, -었-'이 어울려 'ㅙ, ㅚ'으로 될 적에도 준 대로 적는다."라고 규정하고 있으며, 이에 따라 어간 '되-' 뒤에 어말 어미 '-어, -어서, -어야, 선어말 어미 '-었-'이 붙어 '되어, 되어서, 되어야, 되었다'의 형태가 되면 그 준말을 '돼, 돼서, 돼야, 됐다'의 형태로 적는다.
마라고	말라고	'말다'(어떤 일이나 행동을 하지 않거나 그만두다.)의 활용형(말아 / 마니 / 마오) 예 내가 애도 아니고, 내 걱정은 하지 말라고 전해.
마춤	맞춤	• 서로 떨어져 있는 부분을 제자리에 맞게 대어 붙임 예 글자 맞춤 • 일정한 규격으로 물건을 만들도록 미리 주문하여 만듦. 또는 그렇게 만든 물건 예 맞춤 정장
불기	붇기	• '붇다'의 활용형(붇는 / 불어 / 불으니) • 물에 젖어서 부피가 커지다. 예 짜장면이 붇기 전에 먹어야 해. • 분량이나 수효가 많아지다. 예 체중이 붇기 전에 운동을 해야지.
아니예요	아니에요	• '아니다'의 활용형('아니다'에 어미 '-에요'가 붙어 '아니에요'로 쓰인다.) • 어떤 사실을 부정하는 뜻을 나타내는 말 예 나는 학생이 아니에요.
아니오	아니요	윗사람이 묻는 말에 부정하여 대답할 때 쓰는 말 예 아니요, 저는 모르는 일이에요. * '-오'는 (예스러운 표현으로) 공손함을 더하여 주는 어미이다. 하오체에 쓴다.
알맞는	알맞은	'알맞다'(일정한 기준, 조건, 정도 따위에 넘치거나 모자라지 아니한 데가 있다.)의 활용형(알맞은 / 알맞아 / 알맞으니) 예 빈칸에 알맞은 말을 넣다.
잠궈	잠가	'잠그다'(여닫는 물건을 열지 못하도록 자물쇠를 채우거나 빗장을 걸거나 하다.)의 활용형(잠가 / 잠그니) 예 서랍을 열쇠로 잠가버렸다.
치루고, 치뤄	치르고, 치러	• '치르다'의 활용형(치르고 / 치르니 / 치러) • 주어야 할 돈을 내주다. 예 먼저 그 물건의 잔금을 치러야 해. • 무슨 일을 겪어 내다. 예 시험을 치르고 왔어.
통털어	통틀어	있는 대로 모두 합하여 예 상자 안에 남은 귤은 통틀어 세 개뿐이다.

○✕ 문제

01 나는 학생이 아니예요.　　　( )

02 빈칸에 알맞는 말을 넣으시오.　( )

03 서랍을 열쇠로 잠가버렸다.　　( )

04 접시 위의 딸기는 통틀어 세 개뿐이다.
　　　　　　　　　　　　　( )

05 짜장면이 불기 전에 먹자.　　( )

정답 01 × 02 × 03 ○ 04 ○ 05 ×

1. 개념

둘 이상의 단어가 결합되어 하나의 새로운 의미를 나타내는 표현을 말한다. 속담, 관용어 등 관습적으로 쓰여 의미가 굳어진 표현이 이에 해당한다.

2. 관용어

(1) 관용어의 개념

① 둘 이상의 단어가 결합하여 특별한 의미로 사용되는 말을 관용어라고 한다.

② 관용어에 사용되는 단어들은 지시적인 의미로 쓰이지 않기 때문에 단어의 의미만으로 전체의 의미를 알 수 없다. 따라서 해당 표현의 의미를 정확하게 알고 상황에 맞게 표현할 수 있어야 한다.

(2) 자주 출제되는 관용구

① ㄱ

가닥을 잡다	가닥을 잡다. 예 일을 그만두는 쪽으로 가닥을 잡았다.
가락(이) 나다	일하는 기운이나 능률이 오르다.
가마를 태우다	그럴듯하게 추어올려 얼렁뚱땅 넘어가거나 속여 넘기다. 예 가마를 태워 대충 넘어갈 생각 하지 마.
가슴에 멍이 들다	마음속에 고통이나 아픔이 남아 없어지지 않다. 예 그의 배신으로 내 가슴에 멍이 들었다.
간담(肝膽)이 서늘하다	매우 무섭고 놀라서 겁이 나다. 예 그가 갑자기 나타나자 간담이 서늘해졌다.
간(肝)이 붓다	처지나 상황에 맞지 않게 지나치게 용감해지다. 예 선생님께 대들다니 간이 부었구나.
간장(肝腸)을 녹이다	• 감언이설, 아양 따위로 상대편의 환심을 사다. 예 그 소녀의 웃음이 소년들의 간장을 녹였다. • 몹시 애타게 하다. 예 그렇게 거절만 해서 내 간장을 녹이는구나.
개 콧구멍으로 알다	시시한 것으로 알아 대수롭지 아니하게 여기다. 예 너는 날 개 콧구멍으로 아냐?
곁다리를 들다	당사자가 아닌 사람이 참견하여 말하다. 예 친구가 내가 말할 때마다 자꾸 곁다리를 들고 나선다.
곁을 주다	다른 사람으로 하여금 자기에게 가까이할 수 있도록 속을 터 주다. 예 그는 경계심이 많고, 좀처럼 곁을 주지 않는다.
고배를 들다	패배, 실패 따위의 쓰라린 일을 당하다. 예 이번에도 면접 탈락의 고배를 마셨다.
골머리를 앓다	어떻게 하여야 할지 몰라서 머리가 아플 정도로 생각에 몰두하다. 예 업무 처리가 원활하지 않아 골머리를 앓고 있다.
골이 오르다	화가 치밀어 오르다. 예 잔뜩 골이 오른 표정

OX 문제

01 일을 그만두는 쪽으로 가락이 났다.
( )

02 아름다운 소녀의 웃음에 소년들의 간이 부었다. ( )

정답 01 × 02 ×

꼭뒤(를) 지르다	세력이나 힘이 위에서 누르다. 예 시계 초침 소리가 꼭뒤를 지르듯 나를 압박해 온다.
귀가 여리다	속는 줄도 모르고 남의 말을 그대로 잘 믿다. 예 귀가 여려서 남의 말을 잘 믿는다.
귀가 질기다	• 둔하여 남의 말을 잘 이해하지 못하다. 예 그것도 못 알아듣는 걸 보니 귀가 질기구나. • 말을 싹싹하게 잘 듣지 않고 끈덕지다. 예 이렇게 고집만 피우는 걸 보니 귀가 질기구나.
귀를 주다	• 남의 말을 엿듣다. 예 자는 척하면서 부모님 대화에 귀를 주었다. • 남에게 살그머니 알려 조심하게 하다. 예 이미 누군가가 그에게 귀를 주었다.
귀에 익다	• 들은 기억이 있다. 예 멜로디가 귀에 익다. • 어떤 말이나 소리를 자주 들어 버릇이 되다. 예 저 얘기도 너무 들어 귀에 익었다.
길눈이 밝다	한두 번 가 본 길을 잊지 않고 찾아갈 만큼 길을 잘 기억하다. 예 나는 길눈이 밝아 한 번 간 곳은 헤매지 않아.
길눈이 어둡다	가 본 길을 잘 찾아가지 못할 만큼 길을 잘 기억하지 못하다. 예 그는 길눈이 어두워 혼자서 여길 찾아오기 힘들 거야.
꼭지가 무르다	기회가 완전히 무르익다. 예 이젠 완전히 꼭지가 물렀으니 바로 시작하면 될 것 같아.

② ㄴ

나사가 빠지다	정신이 없다. 예 그런 큰 실수를 하다니, 나사가 빠진 것 같다.
낯이 깎이다	체면이 손상되다. 예 점잖은 자리니까 낯이 깎일 만한 행동은 하지 말거라.
눈에 밟히다	잊히지 않고 자꾸 눈에 떠오르다. 예 부모님의 모습이 눈에 밟혀 이곳을 떠날 수가 없었다.
눈에 차다	흡족하게 마음에 들다. 예 여긴 내 눈에 차는 물건이 없다.
눈을 똑바로 뜨다	정신을 차리고 주의를 기울이다. 예 눈 똑바로 뜨고 일하지 않으면 또 실수할 거야.
눈이 높다	• 정도 이상의 좋은 것만 찾는 버릇이 있다. 예 그는 눈이 높아 웬만한 물건은 쳐다보지도 않는다. • 안목이 높다. 예 눈이 높아 좋은 물건을 잘 고른다.

③ ㄷ

다리가 길다	음식 먹는 자리에 우연히 가게 되어 먹을 복이 있다. 예 갈 때마다 먹을 게 나오는 걸 보면 나도 참 다리가 길다.
다리품을 팔다	길을 많이 걷다. 예 마음에 드는 옷을 고르느라 다리품을 팔았다.
다릿골이 빠지다	길을 많이 걸어서 다리가 몹시 피로해지다. 예 아버지께서 시키신 일을 하느라 온종일 다릿골만 빠졌다.
담이 결리다	담병이 들어 몸의 어떤 부분이 뜨끔뜨끔 아프거나 뻐근한 느낌이 들다. 예 지나치게 긴장한 채로 일을 했더니 담이 결린다.
덜미를 잡히다	못된 일 따위를 꾸미다가 발각되다. 예 도둑질을 하다 덜미를 잡혔다.
두 손 맞잡고 앉다	아무 일도 하지 아니하고 가만히 있다. 예 그렇게 허구한 날 두 손 맞잡고 앉아 있으면 돈이라도 나오냐?

●×문제

01 이제 완전히 꼭지가 물러버려 좋은 기회를 놓쳐버렸다. ( )

02 중요한 자리이니 낯이 깎일 만한 행동은 하지 말아야 한다. ( )

03 너도 참 다리가 길구나. 가는 곳마다 먹을 게 나오네. ( )

04 그애는 귀가 여려서 남의 말을 쉽게 믿어. ( )

정답 01 × 02 ○ 03 ○ 04 ○

등골이 서늘하다	두려움으로 아찔하고 등골이 떨리다. 예 조금만 늦었어도 사고가 났을 거라 생각하니 등골이 서늘해졌다.
등살이 바르다	등의 힘살이 뻣뻣하여 굽혔다 폈다 하기에 거북하다. 예 어제 무거운 물건을 지고 무리했더니 등살이 발라 허리를 못 들겠다.
등이 달다	마음대로 되지 아니하여 몹시 안타까워하다. 예 그렇게 말을 안 듣더니 지금은 등이 달아서 아등바등한다.
땀을 들이다	• 몸을 시원하게 하여 땀을 없애다. 예 우리는 나무 그늘에서 땀을 들였다. • 잠시 휴식하다.
땀을 빼다	몹시 힘들거나 어려운 고비를 겪느라고 크게 혼이 나다. 예 우는 아이를 달래느라 땀을 뺐다.
땀이 빠지다	몹시 힘들거나 애가 쓰이다. 예 일이 쌓여 땀이 빠지게 해야 한다.

④ ㅁ

마각(馬脚)을 드러내다	말의 다리로 분장한 사람이 자기 모습을 드러낸다는 뜻으로, 숨기고 있던 일이나 정체를 드러냄을 이르는 말 예 시간이 흐르자 그는 흉악한 마각을 드러내기 시작했다.
마른침을 삼키다	몹시 긴장하거나 초조해하다. 예 건우는 자신의 순서가 다가오자 자꾸 마른침을 삼켰다.
말길(이) 되다	남에게 소개하는 의논의 길이 트이다. 예 여러 번의 시도 끝에 겨우 말길이 되어 만날 수 있었다.
말꼬리를 물다	남의 말이 끝나자마자 이어 말하다. 예 그는 내 말꼬리를 물어 계속 설명해 나갔다.
말소리를 입에 넣다	다른 사람에게 들리지 아니하도록 중얼중얼 낮은 목소리로 말하다. 예 그는 불만이 있는지 자꾸 말소리를 입에 넣었다.
맛(을) 붙이다	마음에 당겨 재미를 붙이다. 예 나는 요즘 조경에 맛을 붙여 주말마다 정원을 가꾼다.
머리를 맞대다	어떤 일을 의논하거나 결정하기 위하여 서로 마주 대하다. 예 대책을 찾기 위해 머리를 맞대고 의논했다.
머리에 쥐가 나다	싫고 두려운 상황에서 의욕이나 생각이 없어지다. 예 피아노 연습을 너무 오래 했더니 콩나물만 봐도 머리에 쥐가 난다.
머리가 젖다	어떤 사상이나 인습 따위에 물들다. 예 고루한 사상에 머리가 젖은 정치가
머리를 싸고	있는 힘과 마음을 다하여 예 좋은 성적을 얻기 위해 머리를 싸고 공부했다.
머리가 빠지다	일이 복잡하거나 어려워 신경이 쓰이다. 예 처리해야 할 일이 너무 많아 머리가 빠지겠어.
먹고 들어가다	어떤 일을 할 때 이로운 점을 미리 얻고서 관계하다. 예 난 부모님의 유산으로 사업을 시작하니 너보다는 한 수 먹고 들어가는 셈이다.
멍에를 쓰다(메다)	마음대로 행동할 수 없도록 얽매이다. 예 그는 백정이라는 멍에를 쓰고 평생을 멸시 속에서 살았다.
모골이 송연하다	몸이 옹송그려지고 털끝이 쭈뼛해질 정도로 아주 끔찍하다. 예 여기가 살인사건 현장이라니, 모골이 송연하다.
목에 거미줄 치다	곤궁하여 아무것도 먹지 못하는 처지가 되다. 예 너무 장사가 안 되어 목에 거미줄 치게 생겼다.
미역국(을) 먹다	시험에서 떨어지다. 예 그는 공무원 시험을 쳤지만, 올해도 또 미역국을 먹었다.

OX 문제

01 며칠 동안 쌓여 있던 집안일을 다 처리하느라 온종일 다릿골만 빠졌다. ( )

02 무슨 말을 하려고 이렇게 땀을 들이고 눈치만 보니? ( )

03 너도 참 남의 말을 못 알아듣는구나. 말길이 되기 힘드네. ( )

정답 01 ○ 02 × 03 ×

확인 문제　　　17 지방직 9급

밑줄 친 말의 의미는?

> 몇 달 만에야 말길이 되어 겨우 상대편을 만나 보았다.

① 남의 말이 끝나자마자 이어 말하다.
② 자신을 소개하는 길이 트이다.
③ 어떤 말이 상정되거나 토론이 되다.
④ 마음에 당겨 재미를 붙이다.

정답 ②

해설 말길이 되다: 남에게 소개하는 의논의 길이 트이다.

안심Touch

⑤ ㅂ

바람(을) 넣다	남을 부추겨서 무슨 행동을 하려는 마음이 생기게 만들다. 예 얌전한 아이에게 바람을 넣지 말아라.
반죽(이) 좋다	노여움이나 부끄러움을 타지 아니하다. 예 내 동생은 반죽이 좋아 여간해선 화를 내지 않는다.
발꿈치를 접하여 일어나다	어떤 일들이 연달아 일어나다. 예 나의 결혼과 동생의 회사 합격이 발꿈치를 접하여 일어났다.
발(을) 타다	강아지 따위가 걸음을 걷기 시작하다. 예 우리 집 강아지가 발을 타기 시작했다.
발(이) 넓다	사귀어 아는 사람이 많아 활동하는 범위가 넓다. 예 그는 그쪽 방면에서 오래 활동하여 발이 넓다.
발(이) 묶이다	몸을 움직일 수 없거나 활동할 수 없는 형편이 되다. 예 태풍으로 인해 관광객들은 공항에 발이 묶였다.
배가 등에 붙다	먹은 것이 없어서 배가 홀쭉하고 몹시 허기지다. 예 사흘을 굶었더니 배가 등에 붙었다.
배알[밸]이 꼴리다[뒤틀리다]	비위에 거슬려 아니꼽다. 예 그가 으스대는 모습을 보니 배알이 꼴리고 열이 오른다.
밴댕이 소갈머리	아주 좁고 얕은 심지(心志)를 비유적으로 이르는 말 예 밴댕이 소갈머리처럼 걸핏하면 토라진다.
번지수가 틀리다[다르다]	어떤 일에 들어맞지 않거나 엉뚱한 데를 잘못 짚다. 예 그 일을 그렇게 처리하다니, 번지수가 틀렸어.
벌린 입을 다물지 못하다	• 몹시 감탄하거나 어이없어하다. 예 경치가 너무 아름다워 벌린 입을 다물지 못했다. • 한번 시작한 이야기를 그치지 못하다. 예 그는 말이 많아 한번 이야기를 시작하면 벌린 입을 다물지 못한다.
벼락(을) 맞다	• 아주 못된 짓을 하여 큰 벌을 받다. 예 그렇게 큰 죄를 지으면 벼락을 맞을 거야. • 심하게 꾸중을 듣다. 예 늦은 시간까지 놀다가 아버지로부터 벼락을 맞았다.
변죽을 울리다[치다]	바로 집어 말을 하지 않고 둘러서 말을 하다. 예 핵심을 이야기하는 게 아니라 변죽만 울린다.
복장이 타다	걱정이 되거나 안타까워 마음이 몹시 달다. 예 계속 기다리기만 하다 보니 복장이 탄다.
뼈가 휘도록	오랫동안 육체적 고통을 견디어 내면서 힘겨운 일을 치러 나가는 것을 비유적으로 이르는 말 예 뼈가 휘도록 일해도 손에 쥐는 건 동전 몇 푼뿐이다.
뼈를 묻다	단체나 조직에 평생토록 헌신하다. 예 이 회사에 뼈를 묻겠습니다.
뼛골이 빠지다	육체적으로 매우 힘든 일을 하여 나가다. 예 이렇게 뼛골 빠지게 일하다니, 몸이 남아나질 않겠다.

○×문제

01 그는 무슨 불만이라도 있는지 자꾸 말소리를 입에 넣었다. ( )

02 너무 신경을 많이 썼더니 머리가 젖었다. ( )

03 그렇게 열심히 공부하더니, 임용고시에서 드디어 미역국을 먹었다. ( )

04 그는 반죽이 좋아 왠만하면 화를 내지 않는다. ( )

05 산책길이 즐거운지 막내 동생이 발을 타기 시작했다. ( )

06 내 잘못도 아닌데 나한테 화를 내다니, 번지수가 틀렸어. ( )

정답 01 ○ 02 × 03 × 04 ○ 05 ×
06 ○

⑥ ㅅ

사개(가) 맞다	말이나 사리의 앞뒤 관계가 빈틈없이 딱 들어맞다. <예> 그의 주장은 언제나 사개가 맞아 모두가 고개를 끄덕이게 만든다.
사족을 못 쓰다	무슨 일에 반하거나 혹하여 꼼짝 못 하다. <예> 그는 여자친구의 말이라면 사족을 못 쓴다.
산통(을) 깨다	다 잘되어 가던 일을 이루지 못하게 뒤틀다. <예> 거의 다 된 일인데 그가 산통을 깨버렸다.
살을 붙이다	바탕에 여러 가지를 덧붙여 보태다. <예> 그 동화는 떠도는 이야기에 살을 붙여 쓴 것이다.
살을 떨다	몹시 무섭거나 격분하여 온몸을 떨다. <예> 그는 치밀어오르는 배신감에 살을 떨었다.
살(煞)이 끼다	• 사람이나 물건 따위를 해치는 불길한 기운이 들러붙다. <예> 이렇게 안 좋은 일들이 연달아 일어나는 것을 보니 살이 끼었나 봐. • 띠앗 없게 하는 기운이 들러붙다. <예> 쟤들은 저렇게 만날 때마다 싸우는 걸 보니 전생에 살이 끼었나 보다.
새빨간 거짓말	뻔히 드러날 만큼 터무니없는 거짓말 <예> 그가 숙제를 다 끝냈다고 한 것은 새빨간 거짓말이다.
서슬이 시퍼렇다	권세나 기세 따위가 아주 대단하다. <예> 어머니는 나를 보자마자 서슬이 시퍼레서 다그치기 시작했다.
속이 뒤집히다	• 비위가 상하여 욕지기가 날 듯하게 되다. <예> 골목에서 풍기는 역겨운 냄새 때문에 속이 뒤집힐 것 같다. • 몹시 아니꼽게 느껴지다. <예> 그 꼴을 보니 화가 나서 속이 뒤집힐 지경이다.
속을 달래다	좋지 아니한 위장의 상태를 좀 편안하게 만들다. <예> 해장국으로 속을 달래다.
속을 뜨다(떠보다)	남의 마음을 알려고 넘겨짚다. <예> 어떻게 생각하는지 넌지시 속을 떠보았다.
속을 뽑다	일부러 남의 마음을 떠보고 그 속내를 드러나게 하다. <예> 술 몇 잔으로 그의 속을 뽑으려 했다.
속을 주다[터놓다]	마음속에 있는 것을 숨김없이 드러내 보이다. <예> 그는 여간해선 다른 이들에게 속을 잘 주지 않는다.
속이 마르다	• 성격이 꼬장꼬장하다. • 생각하는 것이 답답하고 너그럽지 못하다.
속이 살다	겉으로는 수그러진 듯하나 속에는 반항하는 마음이 있다. <예> 그는 가볍고 유쾌한 성정이지만, 속이 살고 고집이 센 부분이 있다.
속이 풀리다	• 화를 냈거나 토라졌던 감정이 누그러지다. <예> 한바탕 화를 내고 나니 속이 풀린다. • 거북하던 배 속이 가라앉다. <예> 따끈한 국물을 먹으니 속이 풀린다.
손에 익다	일이 손에 익숙해지다. <예> 이젠 일이 속에 익어서 빨리 처리할 수 있다.
손을 끊다	교제나 거래 따위를 중단하다. <예> 나는 이제 목공 일에는 손을 끊었다.
손을 늦추다	긴장을 풀고 일을 더디게 하다. <예> 만들고 있는 가구의 납기일이 내일이라 손을 늦출 수가 없다.

OX 문제

01 본론을 얘기하지 않고 <u>변죽만 울린다</u>.
( )

02 그의 주장은 언제나 <u>사개가 맞아</u> 사람들을 화나게 만든다.
( )

03 그는 드디어 시험에 합격했다는 소식에 흥에 겨워 <u>살을 떨었다</u>.
( )

정답 01 ○ 02 × 03 ×

손(을) 뻗치다	• 이제까지 하지 아니하던 일까지 활동 범위를 넓히다. 예 대기업들이 이제 중소기업들이 하는 작은 사업까지 손을 뻗치고 있다. • 적극적인 도움, 요구, 침략, 간섭 따위의 행위가 멀리까지 미치게 하다. 예 이번 달 월세를 낼 수 없었는데 본가에서 도움의 손을 뻗쳤다.
손(을) 치르다	큰일에 여러 손님을 대접하다. 예 명절 기간 동안 손을 치르느라 정신이 없었다.
손(이) 걸다	• 씀씀이가 후하고 크다. 예 그는 손이 걸어 사람들이 좋아한다. • 수단이 좋고 많다. 예 우리 어머니는 워낙 손이 걸어 명절 때마다 음식을 산처럼 만드신다.
손(이) 뜨다	일하는 동작이 매우 굼뜨다. 예 그는 손이 떠서 늘 일을 제 시간에 끝마치지 못한다.
손이 맑다	• 재수가 없어 생기는 것이 없다. 예 아침부터 동생과 싸우고 나와 그런지 오늘은 손이 맑을 것 같아 불안하다. • 인색하여 남에게 물건을 주는 품이 후하지 못하다. 예 손이 너무 맑으면 따르는 사람도 없다.
손이 맵다	• 손으로 슬쩍 때려도 몹시 아프다. 예 언니는 손이 매워 한 대만 맞아도 얼얼하다. • 일하는 것이 빈틈없고 매우 야무지다. 예 그는 손이 매워서 무슨 일을 맡든 빈틈없이 해낸다. • 가축, 날짐승, 식물 따위를 거둔 결과가 다른 사람에 비하여 늘 좋지 아니한 경우를 미신적으로 이르는 말
싹수(가) 노랗다	잘될 가능성이나 희망이 애초부터 보이지 아니하다. 예 나이도 어린 녀석이 벌써부터 그렇게 말대꾸하는 것을 보니 싹수가 노랗다.
씨도[씨알이] 먹히지 않다	제기한 방법이나 의견이 받아들여지지 않다. 예 엄마에게 내 말은 씨도 먹히지 않았다.

⑦ ㅇ

아귀가 맞다	• 앞뒤가 빈틈없이 들어맞다. 예 일이 우리 계획대로 아귀가 맞게 잘 진행되고 있다. • 일정한 수량 따위가 들어맞다. 예 아귀가 맞는 돈
아귀(를) 짓다	일이나 말을 끝마무리하다. 예 우리끼리 만난 김에 아귀를 지어 두는 것이 어떻겠소?
어깨가 가볍다	무거운 책임에서 벗어나거나 그 책임을 덜어 마음이 홀가분하다. 예 마감을 끝내고 나니 어깨가 가볍다.
어깨가 무겁다	무거운 책임을 져서 마음에 부담이 크다. 예 너무 어려운 일을 맡게 되어 어깨가 무겁다.
어깨를 겨누다[견주다]	서로 비슷한 지위나 힘을 가지다. 예 이 분야에서 나와 어깨를 견줄 사람은 없다.
어깨를 펴다	굽힐 것이 없이 당당하다. 예 이제 시험도 합격했으니 어깨를 펴고 다닐 수 있겠구나.
얼굴을 내밀다(내놓다/비치다)	모임 따위에 모습을 나타내다. 예 그는 학교 소모임에는 전혀 얼굴을 내밀지 않았다.
얼굴이 두껍다	부끄러움을 모르고 염치가 없다. 예 그는 얼굴이 두꺼워 어려운 부탁을 아무렇지 않게 한다.

16 국회직 9급

확인 문제

다음 중 밑줄 친 표현의 쓰임이 옳지 않은 것은?

① 손이 맑으면 따르는 사람도 많은 법이다.
② 우리 집 강아지들이 발을 타기 시작했다.
③ 워낙 귀가 질긴 친구라 알아듣지 못할 것이다.
④ 마을 사람들 모두 코가 빠져 아무 일도 하지 못했다.
⑤ 그는 어머니의 모습이 눈에 밟혀 차마 발걸음을 옮길 수 없었다.

정답 ①

해설 '손이 맑다'는 '인색하여 남에게 물건을 주는 품이 후하지 못하다.'는 뜻이므로, '따르는 사람도 많은 법'이라는 예시 내용과 맞지 않다.

오금을 못 쓰다(추다/펴다)	몹시 마음이 끌리거나 두려워 꼼짝 못 하다. 예 그는 물욕이 많아 돈이라면 오금을 못 쓴다.
오금을 펴다	마음을 놓고 여유 있게 지내다. 예 원고 마감을 마친 후에야 비로소 오금을 펼 수 있었다.
오금(이) 박히다	• 큰소리치며 장담하였던 말과 반대로 말이나 행동을 할 때에, 그것을 빌미로 몹시 논박을 당하다. • 다른 사람으로부터 함부로 말이나 행동을 하지 못하게 단단히 이름을 받거나 으름을 당하다.
오금이 쑤시다	무슨 일을 하고 싶어 가만히 있지 못하다. 예 날이 좋으니 밖에 나가고 싶어 오금이 쑤신다.
오금이 저리다	저지른 잘못이 들통이 나거나 그 때문에 나쁜 결과가 있지 않을까 마음을 졸이다. 예 결석한 것이 엄마에게 들킬까 봐 자꾸 오금이 저려 온다.
오지랖(이) 넓다	쓸데없이 지나치게 아무 일에나 참견하는 면이 있다. 예 그는 쓸데없이 오지랖이 넓어 온갖 일에 간섭한다.
운(을) 떼다	어떤 이야기를 하기 위하여 말을 하기 시작하다. 예 나는 빨리 이야기하라는 어머니의 재촉에 비로소 운을 떼었다.
입 안의 소리	남이 알아듣지 못하게 입 속에서 웅얼웅얼거리는 작은 말소리 예 선생님은 입 안의 소리로 변명을 늘어놓는 학생 때문에 화가 크게 났다.
입만 살다	• 말에 따르는 행동은 없으면서 말만 그럴듯하게 잘하다. 예 너도 그거 하나 제대로 처리 못 하는 걸 보니 입만 살았구나. • 격에 맞지 아니하게 음식을 가려 먹다.
입에 달고 다니다	• 말이나 이야기 따위를 습관처럼 되풀이하거나 자주 사용하다. 예 그는 욕을 입에 달고 다닌다. • 먹을 것을 쉴 새 없이 입에서 떼지 아니하고 지내다. 예 나는 단 것을 좋아해 늘 사탕이나 젤리를 입에 달고 다닌다.
입에 발린[붙은] 소리	마음에도 없이 겉치레로 하는 말 예 그는 입에 발린 소리를 잘한다.
입에 붙다	아주 익숙하여 버릇이 되다. 예 그는 못 한다는 말이 입에 붙었다.
입에 침이 마르다	다른 사람이나 물건에 대하여 거듭해서 말하다. 예 선생님은 내가 1등을 하자 입에 침이 마르도록 칭찬하셨다.
입(을) 맞추다	서로의 말이 일치하도록 하다. 예 회의 때 어떤 이야기를 할지 미리 입을 맞추었다.
입을 모으다	(둘 이상의 사람이 어찌하다고) 모두 한결같이 말하다. 예 과도한 음주는 심장질환의 원인이 된다고 의사들은 입을 모아 얘기한다.
입이 달다	입맛이 당기어 음식이 맛있다. 예 요즘은 입이 달아 뭘 먹어도 맛있다.
입이 되다	맛있는 음식만 먹으려고 하는 버릇이 있어 음식에 매우 까다롭다. 예 그는 입이 되어 웬만한 음식은 잘 먹지 않는다.
입이 밭다[짧다]	음식을 심하게 가리거나 적게 먹다. 예 나는 입이 짧아 음식을 조금 먹다가 관둔다.
입이[입 안이] 쓰다	어떤 일이나 말 따위가 못마땅하여 기분이 언짢다. 예 일이 잘 안 풀려 입 안이 쓰다.
입이 여물다[야무지다]	말이 분명하고 실속이 있다. 예 그는 어눌해 보이는 외양과 다르게 입이 여물어 함께 일하기 좋다.

OX 문제

01 이제 마감 시간도 얼마 안 남았는데, 아직 물건이 도착하지 않으니 속이 마른다. ( )

02 그는 손이 걸어 자질구레한 물건들을 잘 훔친다. ( )

03 부장님은 입 안의 소리로 변명하는 부하 직원 때문에 크게 화가 났다. ( )

정답 01 × 02 × 03 ○

| 입이 질다 | • 속된 말씨로 거리낌 없이 말을 함부로 하다. 예 그는 입이 질어 교양이 없어 보인다.
• 말을 수다스럽게 많이 하는 버릇이 있다. 예 사람이 저렇게 입이 질어서야 어디 신임을 얻을 수 있겠나. |
| 입이 높다 | 보통 음식으로 만족하지 아니하고 맛있고 좋은 음식만을 바라는 버릇이 있다. 예 그는 입이 높아서 고급 음식이 아니면 먹지 않는다. |

⑧ ㅈ

자라목이 되다	사물이나 기세 따위가 움츠러들다. 예 아버지가 크게 호통 치자 나도 모르게 자라목이 되고 말았다.
자리를 걷다	병이 낫다. 예 지금은 상태가 안 좋아도 며칠 동안 푹 쉬면 자리를 걷겠지.
잔뼈가 굵다	오랜 기간 일정한 곳이나 직장에서 일을 하여 그 일에 익숙하다. 예 그는 이 일로 잔뼈가 굵은 사람이다.
좀이 쑤시다	마음이 들뜨거나 초조하여 가만히 있지 못하다. 예 저녁이 되기 전에 나가 놀고 싶어 좀이 쑤신다.
짝이 지다	양쪽을 비교할 때 서로 차이가 나 어울리지 아니하고 한쪽이 못하거나 떨어지다. 예 그 부부는 짝이 지지 않는다.

⑨ ㅊ

차 (떼고) 포 떼다	귀중하고 요긴한 것을 다 빼다. 예 차 포 다 떼면 어떻게 이길 수 있겠니?
천불이 나다	열기가 날 정도로 몹시 눈에 거슬리거나 화가 나다. 예 속에서 천불이 나서 못 견디겠다.
(첫)걸음마를 떼다	어떤 일이나 사업을 처음 시작함을 이르는 말 예 우리 사업이 드디어 첫걸음마를 떼었다.
침이 마르다	다른 사람이나 물건에 대하여 거듭해서 말하다. 예 그는 침이 마르도록 자식 자랑을 했다.

⑩ ㅋ

칼자루를 잡다[쥐다]	어떤 일에 실제적인 권한을 가지다. 예 이번 일에서 칼자루를 잡은 것은 우리 쪽이다.
코가 높다	잘난 체하고 뽐내는 기세가 있다. 예 그는 코가 높아서 웬만한 사람들은 상대하지 않는다.
코(가) 빠지다	근심에 싸여 기가 죽고 맥이 빠지다. 예 우리 식구들 모두 코가 빠져 아무런 일도 할 수 없었다.
코를 떼다	무안을 당하거나 핀잔을 맞다. 예 상사에게 혼나는 동료의 편을 들어주겠다고 여러 말 얹다가 코 떼었다.
코 묻은 돈	어린아이가 가지고 있는 적은 돈 예 오죽 돈이 없었으면 어린 아들의 코 묻은 돈까지 써야 했을까.
코빼기도 못 보다	도무지 나타나지 않아 전혀 볼 수 없음을 낮잡아 이르는 말 예 많이 바쁜지 요새는 통 그의 코빼기도 못 보았다.

OX문제

01 그는 입이 되어 그럴듯하게 말만 잘한다. ( )

02 그는 입이 밭아 음식을 조금만 먹고 남긴다. ( )

03 그는 입이 질어 음식을 먹는 데 매우 까다롭다. ( )

정답 01 × 02 ○ 03 ×

⑪ ㅌ

털끝도 못 건드리게 하다	조금도 손을 대지 못하게 하다. 예 그는 그 물건을 애지중지하여 남들이 털끝도 못 건드리게 했다.
틀(을) 잡다	일정한 형태나 구성을 갖추다. 예 몇 년 지나며 우리 회사도 이제 제법 틀을 잡았다.

⑫ ㅍ

파김치(가) 되다	몹시 지쳐서 기운이 아주 느른하게 되다. 예 하루 종일 바빠 뛰어다니느라 파김치가 되었다.
포문을 열다	• 대포를 쏘다. • 상대편을 공격하는 발언을 시작하다. 예 그는 상대 팀의 발언이 끝나자 공격의 포문을 열었다.
피(가) 끓다	• 기분이나 감정 따위가 북받쳐 오르다. 예 모두가 한마음 한뜻이 된 걸 보니 피가 끓고 가슴이 벅차 오른다. • 젊고 혈기가 왕성하다. 예 가슴 속에 뜨거운 피가 끓고 있다.
피가 뜨겁다	의지나 의욕 따위가 매우 강하다. 예 그는 어떤 일을 맡겨도 잘 해낼 수 있는 피가 뜨거운 사람이다.
피가 통하다	• 살아 있다. 예 나는 피가 통하는 사람이다. • 인간적인 감정이나 인정 따위로 연결되다. 예 우리는 피가 통하는 한 민족이다.
피를 말리다	몹시 괴롭히거나 애가 타게 만들다. 예 이번 시합은 접전으로 쉽게 승부가 나지 않아 양 팀 감독의 피를 말렸다.
핏줄이 당기다	혈연의 친밀감을 느끼다. 예 시어머니와 며느리 관계는 어머니와 친딸의 관계와 달리 핏줄이 당기는 사랑은 힘들지 않을까?

⑬ ㅎ

학(瘧)을 떼다	괴롭거나 어려운 상황을 벗어나느라고 진땀을 빼거나, 그것에 거의 질려 버리다. 예 그는 이제 연애라면 학을 뗀다.
허리가 휘다[휘어지다]	감당하기 어려운 일을 하느라 힘이 부치다. 예 생활비에 학비까지 대느라 허리가 휠 지경이다.
허리가 휘청거리다(휘청하다)	경제적으로 매우 힘들다. 예 대학 등록금 때문에 허리가 휘청거릴 지경이다.
허리를 펴다	어려운 고비를 넘기고 편하게 지낼 수 있게 되다. 예 생각지 않은 돈이 들어와 이제 좀 허리를 펴게 됐다.
허방(을) 짚다	• 발을 잘못 디디어 허방❶에 빠지다. 예 아무 생각 없이 걷다가 허방을 짚었다. • 잘못 알거나 잘못 예산하여 실패하다. 예 판단을 잘못하여 허방을 짚은 격이 되자 그는 의기소침해졌다.
혀를 내두르다[두르다]	몹시 놀라거나 어이없어서 말을 못하다. 예 그는 사람들이 혀를 내두를 정도로 돈을 아꼈다.
활개(를) 치다	• 힘차게 두 팔을 앞뒤로 어긋나게 흔들며 걷다. 예 그는 활개를 치며 큰 길을 걸어 내려갔다. • 의기양양하게 행동하다. 또는 제 세상인 듯 함부로 거들먹거리며 행동하다. 예 그는 그 동네에서는 제법 활개 치며 산다. • 부정적인 것이 크게 성행하다❷. 예 불법 몰래카메라가 활개 치다. • 새가 날개를 펼쳐서 퍼덕이다. 예 독수리 한 마리가 활개 치며 날아간다.

어휘 풀이

❶ 허방: 땅바닥이 움푹 패어 빠지기 쉬운 구덩이
❷ 성행하다: 매우 성하게 유행하다. 예 사실주의는 19세기에 성행하던 예술 양식이다.

OX문제

01 몇 년 동안 고생하고 나니 이제 우리 사업도 제법 틀을 잡았다. ( )

02 시합이 접전으로 쉽게 승부가 나지 않아 양 팀 감독의 피가 끓었다. ( )

03 생각지 않은 돈이 들어와 허리가 휜다. ( )

04 잘못된 계획으로 허방을 짚은 격이 되자 그는 의기소침해졌다. ( )

정답 01 ○ 02 × 03 × 04 ○

활개(를) 펴다	• 팔다리를 쭉 펴다. • 남의 눈치를 살피지 아니하고 떳떳하게 기를 펴다. 예 아버지의 사업 성공 후 우리 식구는 활개를 펴고 산다.
회가 동하다	구미가 당기거나 무엇을 하고 싶은 마음이 생기다. 예 향긋한 빵 냄새에 회가 동하여 빵을 샀다.
흰 눈으로 보다	업신여기거나 못마땅하게 여기다. 예 그는 워낙 배운 것도, 가진 것도 없었기에 사람들이 모두 그를 흰 눈으로 봤다.

3. 속담

(1) 개념

① 예로부터 민간에 전하여 오는 말로 선조들의 삶의 지혜가 담겨 있는 표현을 말한다.

② 속담은 보통 문장의 형태를 지니고 있으며, 교훈적인 내용을 담고 있다.

(2) 자주 출제되는 속담

① ㄱ

가까운 무당보다 먼 데 무당이 영하다	흔히 사람은 자신이 잘 알고 가까이 있는 것보다는 잘 모르고 멀리 있는 것을 더 좋은 것인 줄로 생각한다는 말
가난한 집 신주 굶듯	가난한 집에서는 산 사람도 배를 곯는 형편이므로 신주까지도 제사 음식을 제대로 받아 보지 못하게 된다는 뜻으로, 줄곧 굶기만 한다는 말
가난한 집에 자식이 많다	가난한 집에는 먹고 살아 나갈 걱정이 큰데 자식까지 많다는 뜻으로, 이래저래 부담되는 것이 많음을 이르는 말
가난한 집 제사[제삿날/젯날] 돌아오듯	살아가기도 어려운 가난한 집에 제삿날이 자꾸 돌아와서 그것을 치르느라 매우 어려움을 겪는다는 뜻으로, 힘든 일이 자주 닥쳐옴을 비유적으로 이르는 말
가난할수록 기와집 짓는다	• 당장 먹을 것이나 입을 것이 넉넉지 못한 가난한 살림일수록 기와집을 짓는다는 뜻으로, 실상은 가난한 사람이 남에게 업신여김을 당하기 싫어서 허세를 부리려는 심리를 비유적으로 이르는 말 • 가난하다고 주저앉고 마는 것이 아니라 어떻게든 잘살아 보려고 용단을 내어 큰일을 벌인다는 말
가는[가던] 날이 장날	일을 보러 가니 공교롭게 장이 서는 날이라는 뜻으로, 어떤 일을 하려고 하는데 뜻하지 않은 일을 공교롭게 당함을 비유적으로 이르는 말 ≒ 가는 날이 생일, 오는 날이 장날
가는 말에 채찍질	• 열심히 하고 있는데도 더 빨리하라고 독촉함을 비유적으로 이르는 말 • 형편이나 힘이 한창 좋을 때라도 더욱 마음을 써서 힘써야 함을 비유적으로 이르는 말 ≒ 가는 말에도 채찍을 치랬다
가는 말이 고와야 오는 말이 곱다	자기가 남에게 말이나 행동을 좋게 하여야 남도 자기에게 좋게 한다는 말
가는 방망이 오는 홍두깨	• 이쪽에서 방망이로 저쪽을 때리면 저쪽에서는 홍두깨로 이쪽을 때린다는 뜻으로, 자기가 한 일보다 더 가혹한 갚음을 받게 되는 경우를 비유적으로 이르는 말 • 남을 해치려고 하다가 제가 도리어 더 큰 화를 입게 됨을 비유적으로 이르는 말

확인 문제   16 지방직 9급

다음에 제시된 의미와 가장 가까운 속담은?

가난한 사람이 남에게 업신여김을 당하기 싫어서 허세를 부리려는 심리를 비유적으로 이르는 말

① 가난한 집 신주 굶듯
② 가난한 집에 자식이 많다
③ 가난할수록 기와집 짓는다
④ 가난한 집 제사 돌아오듯

정답 ③

가랑비에 옷 젖는 줄 모른다	가늘게 내리는 비는 조금씩 젖어 들기 때문에 여간해서도 옷이 젖는 줄을 깨닫지 못한다는 뜻으로, 아무리 사소한 것이라도 그것이 거듭되면 무시하지 못할 정도로 크게 됨을 비유적으로 이르는 말
가루는 칠수록 고와지고, 말은 할수록 거칠어진다	가루는 체에 칠수록 고와지지만 말은 길어질수록 시비가 붙을 수 있고 마침내는 말다툼까지 가게 되니 말을 삼가라는 말
가마 속의 콩도 삶아야 먹는다	가마 안에 들어간 콩도 끓여서 삶아야 먹을 수 있다는 뜻으로, 다 된 듯하고 쉬운 일이라도 손을 대어 힘을 들이지 않으면 이익이 되지 않음을 비유적으로 이르는 말
가만한 바람이 대목을 꺾는다	약하게 가만가만 부는 바람이 큰 나무를 꺾는다는 뜻으로, 작고 약한 것이라고 얕잡아 보아서는 안 된다는 말
가물에 돌 친다	물이 없는 가뭄에 도랑을 미리 쳐서 물길을 낸다는 뜻으로, 무슨 일이든지 사전에 미리 준비를 해야 함을 비유적으로 이르는 말
가물에 콩(씨) 나듯	가뭄에는 심은 콩이 제대로 싹이 트지 못하여 드문드문 난다는 뜻으로, 어떤 일이나 물건이 어쩌다 하나씩 드문드문 있는 경우를 비유적으로 이르는 말
가을 메는 부지깽이도 덤벙인다	• 가을에 메는 용도가 많아 부지깽이도 메로 쓰인다는 뜻으로, 어떤 물건이 자주 쓰이어 그와 비슷한 것까지 마구 대용됨을 이르는 말 • 가을걷이 때에는 일이 많아서 누구나 바삐 나서서 거들게 됨을 비유적으로 이르는 말
가자니 태산이요, 돌아서 자니 숭산이라	앞에도 높은 산이고 뒤에도 높은 산이라는 뜻으로, 이러지도 저러지도 못할 난처한 지경에 이름을 비유적으로 이르는 말
가재는 게 편	모양이나 형편이 서로 비슷하고 인연이 있는 것끼리 서로 잘 어울리고, 사정을 보아주며 감싸 주기 쉬움을 비유적으로 이르는 말
간에 붙었다 쓸개[염통]에 붙었다 한다	자기에게 조금이라도 이익이 되면 지조 없이 이편에 붙었다 저편에 붙었다 함을 비유적으로 이르는 말 늑 간에 가 붙고 쓸개[염통]에 가 붙는다, 쓸개에 가 붙고 간에 가 붙는다
갈치가 갈치 꼬리 문다	동류(同類)나 친척 간에 서로 싸움을 비유적으로 이르는 말
강물이 돌을 굴리지 못한다	강물이 아무리 흘러도 돌을 움직여 굴리지는 못한다는 뜻으로, 세태에 흔들리지 아니하고 지조 있게 꿋꿋이 행동함을 비유적으로 이르는 말 늑 강물이 흘러도 돌은 굴지 않는다
같은 값이면 다홍치마 [검정 송아지/ 과부 집 머슴살이/처녀]	값이 같거나 같은 노력을 한다면 품질이 좋은 것을 택한다는 말 늑 같은 값이면 껌정소 잡아먹는다
개구리도 옴쳐야 뛴다	뛰기를 잘하는 개구리도 뛰기 전에 옴츠려야 한다는 뜻으로, 아무리 급하더라도 일을 이루려면 그 일을 위하여 준비할 시간이 있어야 함을 이르는 말
개 꼬리 삼 년 묵어도 황모 되지 않는다	본바탕이 좋지 아니한 것은 어떻게 하여도 그 본질이 좋아지지 아니함을 비유적으로 이르는 말 늑 센 개 꼬리 시궁창에 삼 년 묻었다 보아도 센 개 꼬리다
개 발에 (주석) 편자	옷차림이나 지닌 물건 따위가 제격에 맞지 아니하여 어울리지 않음을 비유적으로 이르는 말 늑 개 귀에 방울
개밥에 도토리	개는 도토리를 먹지 아니하기 때문에 밥 속에 있어도 먹지 아니하고 남긴다는 뜻에서, 따돌림을 받아서 여럿의 축에 끼지 못하는 사람을 비유적으로 이르는 말

OX 문제

01 가난한 집 신주 굶듯: 줄곧 굶기만 한다는 말 ( )

02 가는 말에 채찍질: 마음이 급한 상황을 비유적으로 이르는 말 ( )

03 가는 방망이 오는 홍두깨: 자기가 한 일보다 더 가혹한 갚음을 받게 되는 경우를 비유적으로 이르는 말 ( )

04 가만한 바람이 대목을 꺾는다: 작고 약한 것이라고 얕잡아 보아서는 안 된다는 말 ( )

05 가물에 돌 친다: 어려울 때 더 어려운 일이 닥침을 비유적으로 이르는 말 ( )

06 가을 메는 부지깽이도 덤벙인다: 어떤 물건이 자주 쓰이어 그와 비슷한 것까지 마구 대용됨을 이르는 말 ( )

07 갈치가 갈치 꼬리 문다: 사정이 급해지면 자신의 편도 해칠 수 있다는 것을 비유적으로 이르는 말 ( )

정답 01 ○ 02 × 03 ○ 04 ○ 05 × 06 ○ 07 ×

개살구도 맛 들일 탓	시고 떫은 개살구도 자꾸 먹어 버릇하여 맛을 들이면 그 맛을 좋아하게 된다는 뜻으로, 정을 붙이면 처음에 나빠 보이던 것도 점차 좋아짐을 비유적으로 이르는 말 ≒ 떫은 배도 씹어 볼 만하다
개천에 든 소	도랑 양편에 우거진 풀을 다 먹을 수 있는 소라는 뜻으로, 이리거나 저리거나 풍족한 형편에 놓인 사람 또는 그런 형편을 비유적으로 이르는 말
게도 구멍이 크면 죽는다	분수에 지나치면 도리어 화를 당하게 된다는 말
계란에도 뼈가 있다	늘 일이 잘 안되던 사람이 모처럼 좋은 기회를 만났건만, 그 일마저 역시 잘 안됨을 이르는 말
계란으로 바위 치기	대항해도 도저히 이길 수 없는 경우를 비유적으로 이르는 말
고래 싸움에 새우 등 터진다	강한 자들끼리 싸우는 통에 아무 상관도 없는 약한 자가 중간에 끼어 피해를 입게 됨을 비유적으로 이르는 말
고생 끝에 낙이 온대[있다]	어려운 일이나 고된 일을 겪은 뒤에는 반드시 즐겁고 좋은 일이 생긴다는 말
고양이 목에 방울 달기[단다]	실행하기 어려운 것을 공연히 의논함을 이르는 말
고양이 쥐 사정 보듯	속으로는 해칠 마음을 품고 있으면서, 겉으로는 생각해 주는 척함을 이르는 말 = 고양이 쥐 생각
곤장을 메고 매 맞으러 간다	공연한 일을 하여 스스로 화를 자초함을 비유적으로 이르는 말 = 곤장 메고 매품 팔러 간다
곰이라 발바닥(을) 핥으랴	곰이라면 발바닥이라도 핥겠으나 자기는 발바닥도 핥을 수 없다는 뜻으로, 먹을 것이라고는 전혀 없어 굶주림을 면하기 어려울 때를 이르는 말
공든 탑이 무너지랴	공들여 쌓은 탑은 무너질 리 없다는 뜻으로, 힘을 다하고 정성을 다하여 한 일은 그 결과가 반드시 헛되지 아니함을 비유적으로 이르는 말
과부 설움은 홀아비가 안다	남의 곤란한 처지는 직접 그 일을 당해 보았거나 그와 비슷한 처지에 놓여 있는 사람이 잘 알 수 있음을 비유적으로 이르는 말
구슬이 서 말이라도 꿰어야 보배(라)	아무리 훌륭하고 좋은 것이라도 다듬고 정리하여 쓸모 있게 만들어 놓아야 값어치가 있음을 비유적으로 이르는 말
구운 게도 다리를 떼고 [매 놓고] 먹는다	• 구운 게라도 혹시 물지 모르므로 다리를 떼고 먹는다는 뜻으로, 틀림없을 듯하더라도 만일의 경우를 생각하여 세심한 주의를 기울여야 낭패가 없음을 이르는 말 • 겁이 지나치게 많은 사람을 놀림조로 이르는 말
굽은 나무가 선산을 지킨다	자손이 빈한해지면 선산의 나무까지 팔아 버리나 줄기가 굽어 쓸모없는 것은 그대로 남게 된다는 뜻으로, 쓸모없어 보이는 것이 도리어 제구실을 하게 됨을 비유적으로 이르는 말
기둥을 치면 대들보가 [들보가/봇장이] 운대[울린다]	• 직접 맞대고 탓하지 않고 간접적으로 넌지시 말을 하여도 알아들을 수가 있음을 비유적으로 이르는 말 • 주(主)가 되는 대상을 탓하거나 또는 그 대상에 일격을 가하거나 하면 그와 관련된 대상들이 자연히 영향을 입게 됨을 비유적으로 이르는 말
길이 아니면 가지 말고 말이 아니면 듣지 말라	언행을 소홀히 하지 말고, 정도(正道)에서 벗어나는 일이거든 아예 처음부터 하지 말라는 말
까마귀 날자 배 떨어진다	아무 관계없이 한 일이 공교롭게도 때가 같아 어떤 관계가 있는 것처럼 의심을 받게 됨을 비유적으로 이르는 말

○× 문제

01 곤장을 메고 매 맞으러 간다: 공연한 일을 하여 스스로 화를 자초함을 비유적으로 이르는 말 ( )

02 곰이라 발바닥 핥으랴: 속으로는 해칠 마음을 품고 있으면서, 겉으로는 생각해 주는 척함을 이르는 말 ( )

03 굽은 나무가 선산을 지킨다: 아무리 훌륭하고 좋은 것이라도 다듬고 정리하여 쓸모 있게 만들어 놓아야 값어치가 있음을 비유적으로 이르는 말 ( )

정답 01 ○ 02 × 03 ×

확인 문제

다음 중 속담의 뜻풀이로 적절하지 않은 것은?

① 기둥 치면 들보가 운다: 전혀 관계가 없는 일에 억울하게 배상을 하게 된다.
② 게도 구멍이 크면 죽는다: 분수에 지나치면 도리어 화를 당하게 된다.
③ 토끼 덫에 여우 걸린다: 처음 계획했던 것보다 의외로 더 큰 이익을 얻게 된다.
④ 소경이 개천 나무란다: 자기의 과실은 생각지 않고 상대만 원망한다.

정답 ①

까마귀 미역 감듯 [목욕하듯]	• 까마귀는 미역을 감아도 그냥 검다는 데서, 일한 자취나 보람이 드러 나지 않음을 비유적으로 이르는 말 • 일을 처리함에 있어 세밀하지 못하고 거친 것을 비유적으로 이르는 말
깻묵에도 씨가 있다	언뜻 보면 없을 듯한 곳에도 자세히 살펴보면 혹 있을 수 있음을 비유적 으로 이르는 말
꽃이 시들면 오던 나비도 안 온다	사람이 세도가 좋을 때는 늘 찾아오다가 그 처지가 보잘것없게 되면 찾 아오지 아니함을 비유적으로 이르는 말
꿩 구워 먹은 자리	• 어떠한 일의 흔적이 전혀 없음을 비유적으로 이르는 말 • 일은 하였으나 뒤에 아무런 결과도 드러나지 아니함을 비유적으로 이 르는 말 ≒ 꿩 구워 먹은 자리엔 재나 있지
꿩 먹고 알 먹는대[먹기]	한 가지 일을 하여 두 가지 이상의 이익을 보게 됨을 비유적으로 이르는 말

② ㄴ

나 부를 노래를 사돈집에 서 부른다	• 자기가 하려고 하는 말이나 마땅히 할 말을 도리어 남이 함을 비유적 으로 이르는 말 = 내 할 말을 사돈이 한다 • 꾸짖음이나 나무람을 들어야 할 사람이 도리어 큰소리를 침을 비유적 으로 이르는 말
낙숫물이 댓돌을 뚫는다	작은 힘이라도 꾸준히 계속하면 큰일을 이룰 수 있음을 비유적으로 이 르는 말
남의 다리 긁는다	• 기껏 한 일이 결국 남 좋은 일이 됨을 비유적으로 이르는 말 • 자기가 해야 할 일을 모른 채 엉뚱하게 다른 일을 함을 비유적으로 이 르는 말
남의 말도 석 달	소문은 시일이 지나면 흐지부지 없어지고 만다는 말
남의 말이라면 쌍지팡이 짚고 나선다	남의 허물에 대하여 시비하기를 좋아하는 사람을 비유적으로 이르는 말
낫 놓고 기역 자도 모른다	기역 자 모양으로 생긴 낫을 보면서도 기역 자를 모른다는 뜻으로, 아주 무식함을 비유적으로 이르는 말
낮말은 새가 듣고 밤말은 쥐가 듣는다	• 아무도 안 듣는 데서라도 말조심해야 한다는 말 • 아무리 비밀히 한 말이라도 반드시 남의 귀에 들어가게 된다는 말
내 코가 석 자	내 사정이 급하고 어려워서 남을 돌볼 여유가 없음을 비유적으로 이르 는 말
노루 때린 막대기 세 번 이나 국 끓여 먹는다	조금이라도 이용 가치가 있을까 하여 보잘것없는 것을 두고두고 되풀이 하여 이용함을 비유적으로 이르는 말
노처녀가 시집을 가려니 등창이 난다	오랫동안 벼르고 벼르던 일을 하려 할 때 장애물이 생겨서 하지 못하고 마는 것을 비유적으로 이르는 말
논 팔아 굿하니 맏며느리 춤추더라	없는 형편에 빚까지 내서 굿을 하니 맏며느리가 분수 없이 굿판에 뛰어 들어 춤을 춘다는 뜻으로, 어렵게 된 일을 잘하려고 노력하여야 할 사람 이 도리어 엉뚱한 행동을 한다는 말
눈 먹던 토끼 얼음 먹던 토끼가 제각각	눈을 먹고 살던 토끼와 얼음을 먹고 살던 토끼가 다르다는 뜻으로, 사람 은 자기가 겪어 온 환경에 따라서 그 능력이 다르고 생각이 다름을 비유 적으로 이르는 말 ≒ 눈 집어 먹은 토끼 다르고 얼음 집어 먹은 토끼 다 르다

OX 문제

01 꿩 구워 먹은 자리: 어떠한 일의 흔
적이 전혀 없음을 비유적으로 이르는 말
( )

02 남의 다리 긁는다: 기껏 한 일이 결국
남 좋은 일이 됨을 비유적으로 이르는 말
( )

03 남의 말도 석 달: 듣기 좋은 말도 석
달이 지나면 싫어진다는 말 ( )

04 노루 때린 막대기 세 번이나 국 끓여
먹는다: 조금이라도 이용 가치가 있을까
하여 보잘것없는 것을 두고두고 되풀이하
여 이용함을 비유적으로 이르는 말 ( )

정답 01 ○ 02 ○ 03 × 04 ○

눈 어둡다 하더니 다홍 고추만 잘 딴다	• 눈이 어두워 잘 못 본다고 하면서도 붉게 잘 익은 고추만 골라 가며 잘도 딴다는 뜻으로, 마음이 음흉하고 잇속에 밝은 사람을 비유적으로 이르는 말 • 제 일만 알고 남의 일은 핑계만 대고 도와주지 않는 사람을 비유적으로 이르는 말
눈 온 뒤에는 거지가 빨래를 한다	눈이 온 다음 날은 거지가 입고 있던 옷을 벗어 빨아 입을 만큼 따스하다는 말
눈치가 빠르면 절에 가도 젓갈[새우젓/조개젓]을 얻어먹는다	눈치가 있으면 어디를 가도 군색한 일이 없다는 말

③ ㄷ

달걀에도 뼈가 있다	늘 일이 잘 안되던 사람이 모처럼 좋은 기회를 만났건만, 그 일마저 역시 잘 안됨을 이르는 말
달도 차면 기운다	• 세상의 온갖 것이 한번 번성하면 다시 쇠하기 마련이라는 말 ≒ 그릇도 차면 넘친다 • 행운이 언제까지나 계속되는 것은 아님을 비유적으로 이르는 말
달리는 말에 채찍질	• 기세가 한창 좋을 때 더 힘을 가한다는 말 • 힘껏 하는데도 자꾸 더 하라고 한다는 말
닭 쫓던 개의 상	개에게 쫓기던 닭이 지붕으로 올라가자 개가 쫓아 올라가지 못하고 지붕만 쳐다본다는 뜻으로, 애써 하던 일이 실패로 돌아가거나 남보다 뒤떨어져 어찌할 도리가 없이 됨을 비유적으로 이르는 말 = 닭 쫓던 개 지붕[먼 산] 쳐다보듯
도끼로 제 발등 찍는다	남을 해칠 요량으로 한 것이 결국은 자기에게 해롭게 된 경우를 비유적으로 이르는 말
도랑 치고 가재 잡는다	• 일의 순서가 바뀌었기 때문에 애쓴 보람이 나타나지 않음을 비유적으로 이르는 말 • 한 가지 일로 두 가지 이익을 봄을 비유적으로 이르는 말
독을 보아 쥐를 못 친다	무엇을 처리하여 없애 버려야 하나 그렇게 하면 오히려 자기에게 손해가 생길까 두려워서 이러지도 저러지도 못하고 내버려 두는 경우를 이르는 말 = 쥐를 때리려 해도 접시가 아깝다
돌다리도 두들겨 보고 건너라	잘 아는 일이라도 세심하게 주의를 하라는 말
동냥은 안 주고 쪽박만 깬다	요구하는 것은 안 주고 도리어 방해만 한다는 말 ≒ 동냥은 아니 주고 자루 찢는다
동풍 닷 냥이다	난봉이 나서 돈을 함부로 날려 버림을 조롱하는 말
동풍 맞은 익모초	무슨 일인지 알지도 못하면서 부화뇌동한다는 말
동풍 안개 속에 수숫잎 꼬이듯	심술이 사납고 마음이 토라진 사람을 비유적으로 이르는 말 = 꼬기는 칠팔월 수숫잎 꼬이듯
두부 먹다 이 빠진다	마음을 놓으면 생각지 아니하던 실수가 생길 수 있으니 항상 조심하라는 말
뒤웅박 차고 바람 잡는다	맹랑하고 허황된 짓을 하는 사람을 비유적으로 이르는 말
들은 귀는 천 년이요 한 입은 사흘이라	모진 말을 한 사람은 쉽게 잊고 말지만 그 말을 들은 사람은 쉽게 잊지 못하고 두고두고 상처를 받는다는 말
등잔 밑이 어둡다	대상에서 가까이 있는 사람이 도리어 대상에 대하여 잘 알기 어렵다는 말

◯✕문제

01 눈 온 뒤에는 거지가 빨래를 한다: 눈이 온 다음 날은 거지가 입고 있던 옷을 벗어 빨아 입을 만큼 따스하다는 말 ( )

02 달걀에도 뼈가 있다: 행운이 언제까지나 계속되는 것은 아님을 비유적으로 이르는 말 ( )

03 독을 보아 쥐를 못 친다: 잘 아는 일이라도 세심하게 주의를 하라는 말 ( )

04 동풍 닷 냥이다: 난봉이 나서 돈을 함부로 날려 버림을 조롱하는 말 ( )

정답 01 ◦ 02 × 03 × 04 ◦

등 치고 간 내먹다	겉으로는 위하여 주는 체하면서 속으로는 해를 끼친다는 말
때리는 시늉하면 우는 시늉을 한다	서로 손발이 잘 맞는다는 말
떡 먹은 입 쓸어 치듯	떡을 먹고도 안 먹은 듯 입을 쓸어 내며 시치미를 뚝 뗀다는 말
떡 해 먹을 집안	떡을 하여 고사를 지내야 할 집안이라는 뜻으로, 화합하지 못하고 어려운 일만 계속해서 일어나는 집안을 이르는 말
떼어 놓은 당상	떼어 놓은 당상(정삼품 상 이상의 품계에 해당하는 벼슬, 혹은 그 벼슬을 하는 사람의 망건에 있던 옥관자나 금관자)이 변하거나 다른 데로 갈리 없다는 데서, 일이 확실하여 조금도 틀림이 없음을 이르는 말 ≒ 따 놓은 당상
똥 싼 놈은 달아나고 방귀 뀐 놈만 잡혔다	크게 나쁜 일을 한 사람은 들키지 아니하고 그보다 덜한 죄를 지은 사람은 들키어서 애매하게 남의 허물까지 뒤집어쓰게 됨을 비유적으로 이르는 말 = 등겨 먹던 개는 들키고 쌀 먹던 개는 안 들킨다
뚝배기보다 장맛이 좋다	겉모양은 보잘것없으나 내용은 훨씬 훌륭함을 이르는 말

④ ㅁ

마당 벌어진 데 웬 솔뿌리 걱정	마당이 벌어졌는데 그릇이 터졌을 때 필요한 솔뿌리를 걱정한다는 뜻으로, 당치도 아니한 것으로 사건을 수습하려 하는 어리석음을 비웃는 말
말 갈 데 소 간다	• 안 갈 데를 간다는 말 • 남이 할 수 있는 일이면 나도 할 수 있다는 말 ≒ 소 가는 데 말도 간다
말 같지 않은 말은 귀가 없다	이치에 맞지 아니한 말은 못 들은 척한다는 말
말 꼬리에 파리가 천 리 간다	남의 세력에 의지하여 기운을 편다는 말
말로 온 공을 갚는다	말은 일상생활에 큰 영향을 끼치는 것이니 말할 때는 애써 조심하라는 말
말 안 하면 귀신도 모른다	마음속으로만 애태울 것이 아니라 시원스럽게 말을 하여야 한다는 말
말은 꾸밀 탓이다	같은 내용의 말이라도 어떻게 하느냐가 중요하다는 뜻
말은 보태고 떡은 뗀다	말은 전해 갈수록 더 보태어지고, 먹을 떡은 돌아가는 동안에 없어진다는 뜻으로 말조심을 경계하는 말
말은 해야 맛이고 고기는 씹어야 맛이다	마땅히 할 말은 해야 한다는 말
말이란 아 해 다르고 어 해 다르다	말이란 같은 내용이라도 표현하는 데 따라서 아주 다르게 들린다는 말
말 한 마디에 천 냥 빚 갚는다	말은 일상생활에 큰 영향을 끼치는 것이니 말할 때는 애써 조심하라는 말
머리는 끝부터 가르고 말은 밑부터 한다	말은 시작부터 요령 있게 하여야 한다는 말
먹는 데는 관발이요 일에는 송곳이라	제 이익이 되는 일 특히 먹는 일에는 남보다 먼저 덤비나, 일할 때는 꽁무니만 뺀다는 말
먹던 술도 떨어진다	늘 하던 숟가락질도 간혹 잘못하여 숟가락을 떨어뜨릴 수 있다는 뜻으로, 매사에 잘 살피고 조심하여서 잘못이 없도록 하라는 말
모기 보고 칼[환도] 빼기[뽑기]	• 시시한 일로 소란을 피움을 비유적으로 이르는 말 • 보잘것없는 작은 일에 어울리지 않게 엄청나게 큰 대책을 씀을 이르는 말

○✕ 문제

01 뒤웅박 차고 바람 잡는다: 마음을 놓으면 생각지 아니하던 실수가 생길 수 있으니 항상 조심하라는 말 ( )

02 말 갈 데 소 간다: 남이 할 수 있는 일이면 나도 할 수 있다는 말 ( )

03 말은 보태고 떡은 뗀다: 마음속으로만 애태울 것이 아니라 시원스럽게 말을 하여야 한다는 말 ( )

04 말 같지 않은 말은 귀가 없다: 이치에 맞지 아니한 말은 못 들은 척한다는 말 ( )

정답 01 ✕ 02 ○ 03 ✕ 04 ○

목마른 놈이 우물 판다	제일 급하고 일이 필요한 사람이 그 일을 서둘러 하게 되어 있다는 말
무는 호랑이는 뿔이 없다	입으로 무는 호랑이에게는 받는 뿔이 없다는 뜻으로, 한 가지 장점이 있으면 단점도 있듯이 무엇이든 다 갖추기 어려움을 비유적으로 이르는 말
물 건너온 범	한풀 꺾인 사람을 비유적으로 이르는 말
물도 가다 구비를 친다	사람의 한평생에는 전환기가 있기 마련이라는 말
믿는 도끼에 발등 찍힌다	잘되리라고 믿고 있던 일이 어긋나거나 믿고 있던 사람이 배반하여 오히려 해를 입음을 비유적으로 이르는 말
밑 빠진 독[가마/항아리]에 물 붓기	밑 빠진 독에 아무리 물을 부어도 독이 채워질 수 없다는 뜻으로, 아무리 힘이나 밑천을 들여도 보람 없이 헛된 일이 되는 상태를 비유적으로 이르는 말

⑤ ㅂ

바늘구멍으로 하늘 보기	조그만 바늘구멍으로 넓디넓은 하늘을 본다는 뜻으로, 전체를 포괄적으로 보지 못하는 매우 좁은 소견이나 관찰을 비꼬는 말 ≒ 댓구멍으로 하늘을 본다
바늘 도둑이 소도둑 된다	바늘을 훔치던 사람이 계속 반복하다 보면 결국은 소까지도 훔친다는 뜻으로, 작은 나쁜 짓도 자꾸 하게 되면 큰 죄를 저지르게 됨을 비유적으로 이르는 말
바늘뼈에 두부살	바늘처럼 가는 뼈에 두부같이 힘없는 살이란 뜻으로, 몸이 아주 연약한 사람을 비유적으로 이르는 말
바람 따라 돛을 단다[올린다]	• 바람이 부는 형세를 보아 가며 돛을 단다는 뜻으로, 때를 잘 맞추어서 일을 벌여 나가야 성과를 거둘 수 있음을 비유적으로 이르는 말 • 일정한 신념과 주견이 없이 기회나 형편을 엿보다가 조건이 좋은 쪽을 따라 이리저리 흔들리는 모양을 비꼬는 말
발 없는 말이 천 리 간다	말은 비록 발이 없지만 천 리 밖까지도 순식간에 퍼진다는 뜻으로, 말을 삼가야 함을 비유적으로 이르는 말
배가 남산만[앞 남산만] 하다	• 배가 불러 앞으로 나왔다는 뜻으로, 임신부의 배가 부름을 비유적으로 이르는 말 • 되지 못하게 거만하고 떵떵거림을 놀림조로 이르는 말
뱁새가 황새를 따라가면 다리가 찢어진다	힘에 겨운 일을 억지로 하면 도리어 해만 입는다는 말
벙어리 재판	말 못 하는 벙어리를 대상으로 재판을 한다는 뜻으로, 옳고 그름을 판단하기 매우 어렵거나 곤란한 경우를 비유적으로 이르는 말
벼린 도끼가 이 빠진다	애써서 벼린 도끼의 날이 그만 이가 빠져서 꼴사납게 되었다는 뜻으로, 공을 들여 잘 장만한 것이 오히려 빨리 못쓰게 되는 경우를 비유적으로 이르는 말
보리누름까지 세배한다	보리가 누렇게 익을 무렵 즉 사오월까지도 세배를 한다는 뜻으로, 형식적인 인사 차림이 너무 과함을 이르는 말
볶은 콩에 싹이 날까	불에다 볶은 콩은 싹이 날 리가 없다는 뜻으로, 아주 가망이 없음을 비유적으로 이르는 말 ≒ 볶은 콩에 꽃이 피랴
봄에 깐 병아리 가을에 와서 세어 본다	봄에 깬 병아리를 중병아리가 되는 가을에 가서야 그 수를 세어 본다는 뜻으로, 이해타산이 어수룩함을 비유적으로 이르는 말
부뚜막의 소금도 집어넣어야 짜다	가까운 부뚜막에 있는 소금도 넣지 아니하면 음식이 짠맛이 날 수 없다는 뜻으로, 아무리 좋은 조건이 마련되었거나 손쉬운 일이라도 힘을 들이어 이용하거나 하지 아니하면 안 됨을 비유적으로 이르는 말

OX문제

01 물 건너온 범: 한풀 꺾인 사람을 비유적으로 이르는 말 (   )

02 바늘뼈에 두부살: 몸이 아주 연약한 사람을 비유적으로 이르는 말 (   )

03 바람 따라 돛을 단다: 일정한 신념과 주견이 없이 기회나 형편을 엿보다가 조건이 좋은 쪽을 따라 이리저리 흔들리는 모양을 비꼬는 말 (   )

04 배가 남산만 하다: 되지 못하게 거만하고 떵떵거림을 놀림조로 이르는 말 (   )

05 벙어리 재판: 말을 삼가야 함을 비유적으로 이르는 말 (   )

정답 01 ○ 02 ○ 03 ○ 04 ○ 05 ×

부자 하나면 세 동네가 망한다	세 동네가 망해야 그 돈이 모여 부자 하나가 난다는 뜻으로, 무슨 큰 일을 하나 이루려면 많은 희생이 있게 됨을 비유적으로 이르는 말
불면 꺼질까 쥐면 터질까	어린 자녀를 애지중지하여 기르는 부모의 사랑을 비유적으로 이르는 말
비단옷 입고 밤길 가기	비단옷을 입고 밤길을 걸으면 아무도 알아주지 않는다는 뜻으로, 생색이 나지 않는 공연한 일에 애쓰고도 보람이 없는 경우를 비유적으로 이르는 말
비렁뱅이가 하늘을 불쌍히 여긴다	빌어먹는 형편에 하늘을 보고 처지가 가련하다고 한다는 뜻으로, 주제넘게 동정을 하거나 엉뚱한 일을 걱정하는 경우를 비유적으로 이르는 말
비루먹은 강아지 대호(大虎)를 건드린다	철없이 함부로 덤비는 경우를 비유적으로 이르는 말 ≒ 하룻강아지 범 무서운 줄 모른다
빈대 잡으려고 초가삼간 태운다	손해를 크게 볼 것을 생각지 아니하고 자기에게 마땅치 아니한 것을 없애려고 그저 덤비기만 하는 경우를 비유적으로 이르는 말
빛 좋은 개살구	겉보기에는 먹음직스러운 빛깔을 띠고 있지만 맛은 없는 개살구라는 뜻으로, 겉만 그럴듯하고 실속이 없는 경우를 비유적으로 이르는 말

⑥ ㅅ

사공이 많으면 배가 산으로 간다[올라간다]	여러 사람이 저마다 제 주장대로 배를 몰려고 하면 결국에는 배가 물로 못 가고 산으로 올라간다는 뜻으로, 주관하는 사람 없이 여러 사람이 자기주장만 내세우면 일이 제대로 되기 어려움을 비유적으로 이르는 말
사또 덕분에 나팔 분다	사또와 동행한 덕분에 나팔 불고 요란히 맞아 주는 호화로운 대접을 받는다는 뜻으로, 남의 덕으로 당치도 아니한 행세를 하게 되거나 그런 대접을 받고 우쭐대는 모양을 비유적으로 이르는 말 ≒ 원님 덕에 나팔[나발] 분다
사흘 굶어 도둑질 아니할 놈 없다	아무리 착한 사람이라도 몹시 궁하게 되면 못하는 짓이 없게 됨을 비유적으로 이르는 말 ≒ 세 끼 굶으면 군자가 없다
사흘 살고 나올 집이라도 백 년 앞을 보고 짓는다	무슨 일을 하든지 형식적으로 건성건성 할 것이 아니라 앞날을 생각하여 최선을 다하여야 함을 비유적으로 이르는 말
사흘 책을 안 읽으면 머리에 곰팡이가 슨다	짧은 기간이라도 책을 안 읽고 지내면 머리가 둔하게 됨을 비유적으로 이르는 말
산 (사람) 입에 거미줄 치랴	거미가 사람의 입 안에 거미줄을 치자면 사람이 아무것도 먹지 않아야 한다는 뜻으로, 아무리 살림이 어려워 식량이 떨어져도 사람은 그럭저럭 죽지 않고 먹고 살아가기 마련임을 비유적으로 이르는 말
산지기 눈 봐라 도낏밥을 남 줄까	몹시 인색해 보이니 그에게 무엇을 얻을까 바라지도 말라는 말
산지기 눈치 보니 도끼 빼앗기겠다	눈치를 보니 손해만 입게 될 것 같으므로 일찌감치 정신을 차려야 한다는 말
서당 개 삼 년에 풍월(을) 한다[읊는다/짓는다]	서당에서 삼 년 동안 살면서 매일 글 읽는 소리를 듣다 보면 개조차도 글 읽는 소리를 내게 된다는 뜻으로, 어떤 분야에 대하여 지식과 경험이 전혀 없는 사람이라도 그 부문에 오래 있으면 얼마 간의 지식과 경험을 갖게 된다는 것을 비유적으로 이르는 말
서리 맞은 구렁이[병아리]	• 행동이 굼뜨고 힘이 없는 사람을 비유적으로 이르는 말 • 세력이 다하여 모든 희망이 좌절된 사람을 비유적으로 이르는 말
서발 막대[장대] 거칠 것 없다	서 발이나 되는 긴 막대를 휘둘러도 아무것도 거치거나 걸릴 것이 없다는 뜻으로, 가난한 집안이라 세간이 아무것도 없음을 비유적으로 이르는 말

O X 문제

01 부자 하나면 세 동네가 망한다: 부자의 재산은 어느 것이나 다 착취와 사기 협잡으로 긁어모은 것임을 비유적으로 이르는 말 ( )

02 비단옷 입고 밤길 가기: 소중한 재산을 빼앗길까 조심하며 사는 모양을 이르는 말 ( )

03 산지기 눈 봐라 도낏밥을 남 줄까: 눈치를 보니 손해만 입게 될 것 같으므로 일찌감치 정신을 차려야 한다는 말 ( )

정답 01 × 02 × 03 ×

확인 문제   14 지방직 9급

다음 문장과 관련된 속담으로 가장 적절한 것은?

그 동네에 있는 레스토랑의 음식은 보기와는 달리 너무 맛이 없었어.

① 보기 좋은 떡이 먹기도 좋다.
② 볶은 콩에 싹이 날까?
③ 빛 좋은 개살구
④ 뚝배기보다 장맛이 좋다.

정답 ③

해설 제시문의 내용은 '겉만 그럴듯하고 실속이 없는 경우를 비유적으로 이르는 말'인 '빛 좋은 개살구'와 가장 어울린다.

서울 김 서방 집도 찾아 간다	어디에 있는지를 잘 모르는 사람이나 물건도 찾으려고만 하면 어떻게든 찾아낼 수 있음을 비유적으로 이르는 말
서울 사람은 비만 오면 풍년이란다	서울 사람이 농사일에 대하여 전혀 모름을 놀림조로 이르는 말
서울 소식은 시골 가서 들어라	서울에서 벌어진 사건에 대한 소식 중의 어떤 것은 시골에 먼저 퍼진다는 뜻으로, 자기 주위의 일은 먼 데 사람이 더 잘 아는 경우가 많음을 비유적으로 이르는 말
서울에 가야 과거도 본다	서울에 가야 과거를 보든지 말든지 한다는 뜻으로, 우선 목적지에 가 봐야 어떤 일이 이루어지든지 말든지 한다는 것을 비유적으로 이르는 말
서울이 무섭다니까 남태령[서재]부터 긴다	서울 인심이 야박하여 낭떠러지와 같다는 말만 듣고 미리부터 겁을 먹는다는 뜻으로, 비굴하게 행동하는 짓을 비유적으로 이르는 말
석류는 떨어져도 안 떨어지는 유자를 부러워 하지 않는다	석류와 유자는 모두 신맛이 나는 열매이지만 석류는 익으면 떨어지고 유자는 안 떨어져 서로 다른 특성을 가지고 있는 데서 누구나 다 저 잘난 멋에 살게 마련이라는 말
섶을 지고 불로 들어가려 한다	당장에 불이 붙을 섶을 지고 이글거리는 불 속으로 뛰어든다는 뜻으로, 앞뒤 가리지 못하고 미련하게 행동함을 놀림조로 이르는 말
소경 개천 나무란다	개천에 빠진 소경이 제 결함은 생각지 아니하고 개천만 나무란다는 뜻으로, 자기 결함은 생각지 아니하고 애꿎은 사람이나 조건만 탓하는 경우를 비유적으로 이르는 말
소경 머루 먹듯	좋고 나쁜 것을 분별하지 못하고 이것저것 아무것이나 취하는 모양을 비유적으로 이르는 말
소금 먹은 놈이 물켠다	무슨 일이든 거기에는 반드시 그렇게 된 까닭이 있음을 비유적으로 이르는 말
소 잃고 외양간 고친다	소를 도둑맞은 다음에서야 빈 외양간의 허물어진 데를 고치느라 수선을 떤다는 뜻으로, 일이 이미 잘못된 뒤에는 손을 써도 소용이 없음을 비꼬는 말
솔밭에 가서 고기 낚기	물에서 사는 물고기를 산에서 구한다는 뜻으로 도저히 불가능한 일을 하려고 애쓰는 어리석음을 비유적으로 이르는 말 = 산에서 물고기 잡기
송충이가 갈잎을 먹으면 죽는다[떨어진다]	• 솔잎만 먹고 사는 송충이가 갈잎을 먹게 되면 땅에 떨어져 죽게 된다는 뜻으로, 자기 분수에 맞지 않는 짓을 하다가 낭패를 봄을 비유적으로 이르는 말 • 제 할 일은 안 하고 딴마음을 먹었다가는 낭패를 봄을 비유적으로 이르는 말
쇠뿔 잡다가 소 죽인다	어떤 것 또는 어떤 사람의 결점이나 흠을 고치려다 그 정도가 지나쳐서 도리어 그 사물이나 사람을 망치는 경우를 비유적으로 이르는 말
쇠털같이 하고많은[허구한] 날	헤아릴 수 없이 많은 나날을 비유적으로 이르는 말 ≒ 쇠털 같은 날
수박 겉 핥기	맛있는 수박을 먹는다는 것이 딱딱한 겉만 핥고 있다는 뜻으로, 사물의 속 내용은 모르고 겉만 건드리는 일을 비유적으로 이르는 말
수양산 그늘이 강동 팔십 리를 간다	수양산 그늘진 곳에 아름답기로 유명한 강동 땅 팔십 리가 펼쳐졌다는 뜻으로, 어떤 한 사람이 크게 되면 친척이나 친구들까지 그 덕을 입게 됨을 비유적으로 이르는 말
술 익자 체 장수[장사] 간다	술이 익어 체로 걸러야 할 때에 마침 체 장수가 지나간다는 뜻으로, 일이 공교롭게 잘 맞아 감을 비유적으로 이르는 말
식혜 먹은 고양이 속	죄를 짓고 그것이 탄로 날까 봐 근심하는 마음을 비유적으로 이르는 말

OX문제

01 서리 맞은 구렁이: 아무리 착해도 몹시 궁하게 되면 못하는 짓이 없게 됨을 비유적으로 이르는 말 ( )

02 서발 막대 거칠 것 없다: 가난한 집 안이라 세간이 아무것도 없음을 비유적으로 이르는 말 ( )

03 서울이 무섭다니까 남태령부터 긴다: 비굴하게 행동하는 짓을 비유적으로 이르는 말 ( )

04 소경 머루 먹듯: 앞뒤 가리지 못하고 미련하게 행동함을 놀림조로 이르는 말 ( )

정답 01 × 02 ○ 03 ○ 04 ×

신 신고 발바닥 긁기	신을 신고 발바닥을 긁으면 긁으나 마나라는 뜻으로, 요긴한 곳에 직접 미치지 못하여 안타까운 경우를 비유적으로 이르는 말
실없는 말이 송사 간다	무심하게 한 말 때문에 큰 소동이 벌어질 수도 있음을 비유적으로 이르는 말
쏘아 놓은 살이요 엎지른 [엎질러진] 물이다	한번 저지른 일을 다시 고치거나 중지할 수 없음을 비유적으로 이르는 말
씻은 배추 줄기 같다	얼굴이 희고 키가 헌칠함을 비유적으로 이르는 말

⑦ ㅇ

아는 것이 병[탈]	• 정확하지 못하거나 분명하지 않은 지식은 오히려 걱정거리가 될 수 있음을 이르는 말 • 아무것도 모르면 차라리 마음이 편하여 좋으나, 무엇이나 좀 알고 있으면 걱정거리가 많아 도리어 해롭다는 말
아닌 보살 하다	시치미를 떼고 모르는 척한다는 말 ≒ [북한어] 아니 먹은 최보살
아랫돌 빼서 윗돌 괴고 윗돌 빼서 아랫돌 괴기	일이 몹시 급하여 임시변통으로 이리저리 둘러맞추어 일함을 비유적으로 이르는 말
아무리 바빠도 바늘허리 매어 쓰지는 못한다	아무리 급하다 하여도 꼭 갖추어야 할 것은 갖추어야 일을 할 수 있음을 비유적으로 이르는 말
아홉 가진 놈(이) 하나 가진 놈 부러워한다	• 욕심이 많음을 비유적으로 이르는 말 • 가지면 가질수록 더 욕심이 생김을 비유적으로 이르는 말
양지가 음지 되고 음지가 양지 된다	운이 나쁜 사람도 좋은 수를 만날 수 있고 운이 좋은 사람도 늘 좋기만 하는 것이 아니라 어려운 시기가 있다는 말로, 세상사는 늘 돌고 돈다는 말
언 발에 오줌 누기	언 발을 녹이려고 오줌을 누어 봤자 효력이 별로 없다는 뜻으로, 임시변통은 될지 모르나 그 효력이 오래가지 못할 뿐만 아니라 결국에는 사태가 더 나빠짐을 비유적으로 이르는 말
여름 불도 쬐다 나면 섭섭하다	• 당장에 쓸데없거나 대단치 않게 생각되던 것도 막상 없어진 뒤에는 아쉽게 생각된다는 말 = 오뉴월 겻불도 쬐다 나면 서운하다 • 오랫동안 해 오던 일을 그만두기는 퍽 어렵다는 말
열 번 찍어 아니 넘어가는 나무 없다	아무리 뜻이 굳은 사람이라도 여러 번 권하거나 꾀고 달래면 결국은 마음이 변한다는 말
열흘 붉은 꽃이 없다	부귀영화란 일시적인 것이어서 그 한때가 지나면 그만임을 비유적으로 이르는 말 = 봄꽃도 한때
오동 씨만 보아도 춤춘다	오동의 씨를 보고 오동나무로 만든 거문고를 연상하여 춤을 춘다는 뜻으로, 너무 미리부터 서두름을 비유적으로 이르는 말 ≒ 오동나무만 보아도 춤을 춘다
외손뼉이 못 울고 한 다리로 가지 못한다	두 손뼉이 마주쳐야 소리가 나지 외손뼉만으로는 소리가 나지 아니한다는 뜻으로, 일은 상대가 같이 응하여야지 혼자서만 해서는 잘되는 것이 아님을 비유적으로 이르는 말 = 외손뼉이 소리 날까
우물 안 개구리[고기]	• 넓은 세상의 형편을 알지 못하는 사람을 비유적으로 이르는 말 • 견식이 좁아 저만 잘난 줄로 아는 사람을 비꼬는 말
우물에 가 숭늉 찾는다	모든 일에는 질서와 차례가 있는 법인데 일의 순서도 모르고 성급하게 덤빔을 비유적으로 이르는 말
우선 먹기는 곶감이 달다	앞일은 생각해 보지도 아니하고 당장 좋은 것만 취하는 경우를 비유적으로 이르는 말

○✕ 문제

01 쇠털같이 허구한 날: 특별할 것 없는 평범한 일상을 이르는 말 ( )

02 아닌 보살 하다: 시치미를 떼고 모르는 척한다는 말 ( )

03 술 익자 체 장수 간다: 술이 익어 같이 즐길만 할 때 체 장수가 간다는 말로 시기가 맞지 않음을 비유하는 말 ( )

정답 01 ✕ 02 ○ 03 ✕

확인 문제 15 지방직 9급

다음과 같은 뜻의 속담은?

임시변통은 될지 모르나 그 효력이 오래가지 못할 뿐만 아니라 결국에는 사태가 더 나빠진다는 것을 말한다.

① 빈대 잡으려다 초가삼간 태운다
② 언 발에 오줌 누기
③ 여름 불도 쬐다 나면 서운하다
④ 밑 빠진 독에 물 붓기

정답 ②

어휘 풀이

❶ 입추(立錐): 송곳을 세움

울며 겨자 먹기	맵다고 울면서도 겨자를 먹는다는 뜻으로, 싫은 일을 억지로 마지못하여 함을 비유적으로 이르는 말
이골이 나다	'이골'은 '아주 길이 들어서 몸에 푹 밴 버릇'의 뜻으로, 주로 '이골이 나다'라는 표현으로 사용된다.
인정은 바리로 싣고 진상은 꼬치로 꿴다	• 임금에게 바치는 물건은 꼬치에 꿸 정도로 적으나 관원에게 보내는 뇌물은 많다는 뜻으로, 자신과 이해관계에 있는 일에 더 마음을 쓰게 됨을 비유적으로 이르는 말 • 뇌물을 받는 아래 벼슬아치들의 권세가 더 큼을 비유적으로 이르는 말
입 아래 코	일의 순서가 바뀐 경우를 비유적으로 이르는 말
입추❶의 여지가 없다	송곳 끝도 세울 수 없을 정도라는 뜻으로, 발 들여놓을 데가 없을 정도로 많은 사람들이 꽉 들어찬 경우를 비유적으로 이르는 말

⑧ ㅈ

자라 보고 놀란 가슴 솥뚜껑 보고 놀란다	어떤 사물에 몹시 놀란 사람은 비슷한 사물만 보아도 겁을 냄을 이르는 말
자식 죽는 건 봐도 곡식 타는 건 못 본다	농부들이 농사짓는 일에 온 정성을 다함을 이르는 말
재미난 골에 범 난다	• 편하고 재미있다고 위험한 일이나 나쁜 일을 계속하면 나중에는 큰 화를 당하게 됨을 이르는 말 ≒ 오래 앉으면 새도 살을 맞는다. • 지나치게 재미있으면 그 끝에 가서는 좋지 않은 일이 생김을 이르는 말
적삼 벗고 은가락지 낀다	격에 맞지 아니한 짓을 하는 경우를 비유적으로 이르는 말
절에 가서 젓국 달라 한다	사람 또는 물건 따위가 있을 수 없는 데에 가서 엉뚱하게 그것을 찾는 경우를 비유적으로 이르는 말
절에 간 색시	• 남이 시키는 대로 따라 하는 사람을 이르는 말 • 아무리 싫어도 남이 시키는 대로 따라 하지 아니할 수 없는 처지에 있는 사람을 이르는 말
절하고 뺨 맞는 일 없다	누구한테나 겸손한 태도로 공대를 하면 남에게 봉변하지 않는다는 말
제 논에 물 대기	자기에게만 이롭도록 일을 하는 경우를 비유적으로 이르는 말
죽은 자식 나이 세기	이왕 그릇된 일을 자꾸 생각하여 보아야 소용없다는 말
중을 보고 칼을 뽑는다	시시한 일로 소란을 피움을 비유적으로 이르는 말

⑨ ㅊ

처삼촌 뫼에 벌초하듯	일에 정성을 들이지 아니하고 마지못하여 건성으로 함을 비유하는 말
천 리 길도 한 걸음부터	무슨 일이나 그 일의 시작이 중요하다는 말
철나자 망령 난다	• 철이 들 만하자 망령이 들었다는 뜻으로, 지각없이 굴던 사람이 정신을 차려 일을 잘할 만하니까 이번에는 망령이 들어 일을 그르치게 되는 경우를 비난조로 이르는 말 • 무슨 일이든 때를 놓치지 말고 제때에 힘쓰라는 말 • 나이 먹은 사람이 몰상식한 짓을 하는 경우를 비난조로 이르는 말
첫모 방정에 새 까먹는다	윷놀이에서 맨 처음에 모를 치면 그 판에는 실속이 없다는 뜻으로, 상대편의 첫모쯤은 문제도 아니라고 비꼬는 말
첫술에 배부르랴	어떤 일이든지 단번에 만족할 수는 없다는 말
초록은 동색	풀색과 녹색은 같은 색이라는 뜻으로, 처지가 같은 사람들끼리 한패가 되는 경우를 비유적으로 이르는 말 ≒ 그 속옷이 그 속옷이다

OX문제

01 오동 씨만 보아도 춤춘다: 욕심이 많음을 비유적으로 이르는 말 ( )

02 인정은 바리로 싣고 진상은 꼬치로 꿴다: 자신과 이해관계에 있는 일에 더 마음을 쓰게 됨을 비유적으로 이르는 말 ( )

03 입 아래 코: 일의 순서가 바뀐 경우를 비유적으로 이르는 말 ( )

04 재미난 골에 범 난다: 지나치게 재미있으면 그 끝에 가서는 좋지 않은 일이 생김을 이르는 말 ( )

정답 01 × 02 ○ 03 ○ 04 ○

확인 문제

17 지방직 7급

밑줄 친 관용어의 사용이 적절하지 않은 것은?

① 저 친구는 입이 높아 일반 음식은 먹지 않아.

② 그는 입이 뜨고 과묵한 사람이다.

③ 입 아래 코라고 일의 순서가 바뀌었어.

④ 사람이 저렇게 입이 진 것을 보니 교양이 있겠구나.

정답 ④

해설 '입이 질다'는 '속된 말씨로 거리낌 없이 말을 함부로 하다.'를 뜻한다. 따라서 '교양이 있겠구나'라는 제시문 내용과 맞지 않는다.

⑩ ㅋ

칼날이 날카로워도 제 자루 못 깎는다	• 자신이 관계된 일은 자신이 하기가 더 어려움을 비유적으로 이르는 말 = 식칼이 제 자루를 못 깎는다 • 자신의 허물은 자기가 고치기 어려움을 비유적으로 이르는 말
콩 심은 데 콩 나고 팥 심은 데 팥 난다	모든 일은 근본에 따라 걸맞은 결과가 나타나는 것임을 비유적으로 이르는 말

⑪ ㅌ

태산 명동에 서일필이라	태산이 쩡쩡 울리도록 야단법석을 떨었는데 결과는 생쥐 한 마리가 뛰어나왔을 뿐이라는 뜻으로, 아주 야단스러운 소문에 비하여 결과는 별 것 아닌 것을 비유적으로 이르는 말
터진 방앗공이에 보리알 끼듯 하였다	• 버리자니 아깝고 파내자니 품이 들어 할 수 없이 내버려 둘 수밖에 없음을 비유적으로 이르는 말 • 성가신 어떤 방해물이 끼어든 경우를 비유적으로 이르는 말
털도 안 뜯고 먹겠다 한다	• 너무 성급히 행동함을 비유적으로 이르는 말 • 사리를 돌보지 아니하고 남의 것을 통으로 먹으려 함을 비유적으로 이르는 말
털을 뽑아 신을 삼겠다	자신의 온 정성을 다하여 은혜를 꼭 갚겠다는 말

⑫ ㅍ

파방❶에 수수엿 장수	기회를 놓쳐서 이제는 별 볼 일 없게 된 사람이나 그런 경우를 비유적으로 이르는 말
패랭이❷에 숟가락 꽂고 산다	아주 가난하여 떠돌아다니며 얻어먹을 정도임을 비유적으로 이르는 말
포도청❸의 문고리 빼겠다	대담하고 겁이 없는 사람의 행동을 비유적으로 이르는 말

⑬ ㅎ

하나를 듣고 열을 안다	한마디 말을 듣고도 여러 가지 사실을 미루어 알아낼 정도로 매우 총기가 있다는 말
하루 죽을 줄은 모르고 열을 살 줄만 안다	언제 죽을지 모르는 덧없는 세상에서 자기만은 얼마든지 오래 살 것처럼 행동하는 사람을 보고 이르는 말
하룻강아지 범 무서운 줄 모른다	철없이 함부로 덤비는 경우를 비유적으로 이르는 말
형만 한 아우 없다	모든 일에 있어 아우가 형만 못하다는 말
호랑이 없는 골에 토끼가 왕 노릇 한다	뛰어난 사람이 없는 곳에서 보잘것없는 사람이 득세함을 비유적으로 이르는 말
혹 떼러 갔다 혹 붙여 온다	자기의 부담을 덜려고 하다가 다른 일까지도 맡게 된 경우를 비유적으로 이르는 말

어휘 풀이

❶ 파방(罷榜): 과거에 합격한 사람의 발표를 취소하던 일
❷ 패랭이: ㉠ 석죽과의 여러해살이풀 ㉡ 댓개비로 엮어 만든 갓. 조선 시대에는 역졸, 보부상 같은 신분이 낮은 사람이나 상제(喪制)가 썼다.
❸ 포도청(捕盜廳): 조선 시대에 범죄자를 잡거나 다스리는 일을 맡아보던 관아. 한성과 경기를 좌우로 나누어 좌포도청과 우포도청을 두었다.

OX 문제

01 철나자 망령 난다: 무슨 일이든 때를 놓치지 말고 제때에 힘쓰라는 말 ( )

02 패랭이에 숟가락 꽂고 산다: 아주 가난하여 떠돌아다니며 얻어먹을 정도임을 비유하는 말 ( )

03 하루 죽을 줄은 모르고 열을 살 줄만 안다: 너무 성급히 행동함을 비유적으로 이르는 말 ( )

정답 01 ○ 02 ○ 03 ×

확인 문제   17 국회직 9급

다음 중 밑줄 친 관용 표현의 쓰임이 옳지 않은 것은?
① 손이 싸서 일찍 끝냈구나.
② 그렇게 변죽을 치지 말고 바른대로 말해.
③ 그는 반죽이 좋아 웬만한 일에는 성을 내지 않는다.
④ 그는 살이 찌려는지 요즘은 입이 달아 무엇이든 잘 먹는다.
⑤ 그녀는 절에 간 색시같이 자발없이 나선다.

정답 ⑤
해설 '절에 간 색시'는 '남이 시키는 대로 따라 하는 사람을 이르는 말'을 뜻하므로, 예시문의 '자발없이 나선다'와 맞지 않다.

CHAPTER 02 한자의 이해

01 한자

1. 동자이음 한자

한자	뜻	예시	한자	뜻	예시
降	내릴 강 항복할 항	下降 (아래 하, 내릴 강) 降伏 (항복할 항, 엎드릴 복)	更	다시 갱 고칠 경	更生 (다시 갱, 날 생) 變更 (변할 변, 고칠 경)
車	수레 거 수레 차	車馬 (수레 거, 말 마) 車庫 (수레 차, 곳집 고)	乾	하늘 건 마를 건 마를 간	乾坤 (하늘 건, 땅 곤) 乾燥 (마를 건, 마를 조) 乾物 (마를 간, 물건 물)
見	볼 견 뵈올 현	見聞 (볼 견, 들을 문) 謁見 (뵐 알, 뵈올 현)	契	맺을 계 애쓸 결	契約 (맺을 계, 맺을 약) 契活 (애쓸 결, 살 활)
告	아뢸 고 뵈고 청할 곡	報告 (갚을 보, 아뢸 고) 出必告 (나갈 출, 반드시 필, 뵙고 청할 곡)	滑	익살스러울 골 미끄러울 활	滑稽 (익살스러울골, 상고할계) 滑走 (미끄러울 활, 달릴 주)
廓	둘레 곽 클 확	外廓 (바깥 외, 둘레 곽) 廓正 (클 확, 바를 정)	龜	터질 균 거북 귀	龜裂 (터질 균, 찢을 열) 龜鑑 (거북 귀, 거울 감)
金	쇠 금 성씨 김	金屬 (쇠 금, 무리 속) 金氏 (성씨 김, 성씨 씨)	奈	어찌 내 어찌 나	奈何 (어찌 내, 어찌 하) 奈落 (어찌 나, 떨어질 락)
茶	차 다 차 차	茶菓 (차 다, 과자 과) 茶禮 (차 차, 예도 례)	單	홑 단 오랑캐 이름 선	簡單 (대쪽 간, 홑 단) 單于 (오랑캐 이름 선, 어조 사 우)
丹	붉을 단 꽃 이름 란	丹心 (붉을 단, 마음 심) 牡丹 (수컷 모, 꽃 이름 란)	糖	사탕 당 사탕 탕	糖尿 (사탕 당, 오줌 뇨) 雪糖 (눈 설, 사탕 탕)
宅	집 댁 집 택	媤宅 (시집 시, 집 댁) 住宅 (살 주, 집 택)	度	법도 도 헤아릴 탁	制度 (지을 제, 법도 도) 忖度 (헤아릴 촌, 헤아릴 탁)
讀	읽을 독 구절 두	讀書 (읽을 독, 글 서) 吏讀 (벼슬아치 이, 구절 두)	頓	조아릴 돈 두둔할 둔	整頓 (가지런할 정, 조아릴 돈) 斗頓 (말 두, 두둔할 둔)
洞	마을 동 꿰뚫을 통	洞里 (마을 동, 마을 리) 洞察 (꿰뚫을 통, 살필 찰)	樂	즐길 락 풍류 악 좋아할 요	快樂 (쾌할 쾌, 즐길 락) 音樂 (소리 음, 풍류 악) 樂山 (좋아할 요, 뫼 산)
率	비율 률 비율 율 거느릴 솔	確率 (굳을 확, 율 률) 比率 (견줄 비, 율 율) 統率 (거느릴 통, 거느릴 솔)	反	돌이킬 반 뒤집을 번	反對 (돌이킬 반, 대답할 대) 反畓 (뒤집을 번, 논 답)

○×문제

단어와 그 한자 표기가 모두 바르게 연결된 것은 ○, 하나라도 잘못 연결된 것은 ×로 표기하시오.

01 갱생 – 更生 / 변경 – 變更 ( )

02 차고 – 車庫 / 건조 – 乾坤 ( )

03 견문 – 見聞 / 알현 – 謁賢 ( )

04 외곽 – 外廓 / 균열 – 龜裂 ( )

정답 01 ○ 02 × 03 × 04 ○

한자	음훈	예
便	오줌 변 편할 편	便器 (오줌 변, 그릇 기) 便利 (편할 편, 이로울 리)
覆	엎어질 복 덮을 부	顚覆 (머리 전, 엎어질 복) 天覆 (하늘 천, 덮을 부)
北	북녘 북 달아날 배	北向 (북녘 북, 향할 향) 敗北 (패할 패, 달아날 배)
索	쓸쓸할 삭 찾을 색	索莫 (쓸쓸할 삭, 없을 막) 索出 (찾을 색, 날 출)
狀	형상 상 문서 장	狀態 (형상 상, 모습 태) 賞狀 (상줄 상, 문서 장)
說	말씀 설 달랠 세	說明 (말씀 설, 밝을 명) 遊說 (놀 유, 달랠 세)
屬	무리 속 부탁할 촉	從屬 (좇을 종, 무리 속) 屬望 (부탁할 촉, 바랄 망)
數	셀 수 자주 삭 빽빽할 촉	數學 (셀 수, 배울 학) 頻數 (자주 빈, 자주 삭) 數罟 (빽빽할 촉, 그물 고)
食	먹을 식 먹이 사	飮食 (마실 음, 먹을 식) 簞食 (소쿠리 단, 먹이 사)
什	열 사람 십 세간 집	什長 (열 사람 십, 길 장) 什器 (세간 집, 그릇 기)
若	같을 약 반야 야	萬若 (일만 만, 같을 약) 般若 (옮길 반, 반야 야)
咽	목구멍 인 목멜 열	咽喉 (목구멍 인, 목구멍 후) 嗚咽 (슬플 오, 목멜 열)
炙	구울 자 구울 적	膾炙 (회 회, 구울 자) 散炙 (흩을 산, 구울 적)
場	마당 장 마당 량	市場 (저자 시, 마당 장) 道場 (길 도, 마당 량)
幀	그림족자 정 그림족자 탱	影幀 (그림자 영, 그림족자 정) 幀畫 (그림족자 탱, 그림 화)
辰	별 진 날 신	壬辰 (아홉째천간 임, 별 진) 誕辰 (탄생할 탄, 날 신)
拓	넓힐 척 박을 탁	開拓 (열 개, 넓힐 척) 拓本 (박을 탁, 근본 본)
沈	잠길 침 성씨 심	沈沒 (잠길 침, 잠길 몰) 沈淸 (성씨 심, 맑을 청)
便	편할 편 똥오줌 변	便紙 (편할 편, 종이 지) 小便 (작을 소, 똥오줌 변)
暴	사나울 폭 사나울 포	暴露 (사나울 폭, 이슬 로) 暴惡 (사나울 포, 악할 악)
復	회복할 복 다시 부	回復 (돌아올 회, 회복할 복) 復活 (다시 부, 살 활)
否	아닐 부 막힐 비	否定 (아닐 부, 정할 정) 否運 (막힐 비, 운전할 운)
不	아닐 불 아닐 부	不法 (아닐 불, 법도 법) 不正 (아닐 부, 바를 정)
殺	죽일 살 덜 쇄	殺生 (죽일 살, 날 생) 相殺 (서로 상, 덜 쇄)
塞	변방 새 막을 색	要塞 (요긴할 요, 변방 새) 閉塞 (닫을 폐, 막을 색)
省	살필 성 덜 생	省察 (살필 성, 살필 찰) 省略 (덜 생, 간략할 략)
衰	쇠할 쇠 상복 최	衰落 (쇠할 쇠, 떨어질 락) 衰服 (상복 최, 입을 복)
宿	잠잘 숙 별자리 수	宿泊 (잠잘 숙, 배댈 박) 星宿 (별 성, 별자리 수)
識	알 식 적을 지	識見 (알 식, 볼 견) 標識 (표할 표, 적을 지)
惡	악할 악 미워할 오	劣惡 (못날 열, 악할 악) 憎惡 (미울 증, 미워할 오)
易	바꿀 역 쉬울 이	貿易 (바꿀 무, 바꿀 역) 安易 (편안할 안, 쉬울 이)
佚	편안할 일 방탕할 질	淫佚 (음란할 음, 편안할 일) 更佚 (고칠 경, 방탕할 질)
刺	찌를 자 찌를 척	諷刺 (풍자할 풍, 찌를 자) 刺殺 (찌를 척, 죽일 살)
切	끊을 절 모두 체	切斷 (끊을 절, 끊을 단) 一切 (한 일, 모두 체)
則	곧 즉 법칙 칙	然則 (그럴 연, 곧 즉) 原則 (근원 원, 법칙 칙)
參	참여할 참 석 삼	參加 (참여할 참, 더할 가) 參萬 (석 삼, 일만 만)
推	밀 추 밀 퇴	推進 (밀 추, 나아갈 진) 推敲 (밀 퇴, 두드릴 고)
跛	절뚝발이 파 비스듬히 설 피	跛行 (절뚝발이 파, 다닐 행) 跛立 (비스듬히 설 피, 설 립)
布	펼 포 베풀 보	布告 (펼 포, 고할 고) 布施 (베풀 보, 베풀 시)
行	다닐 행 항렬 항	行路 (다닐 행, 길 로) 行列 (항렬 항, 항렬 렬)

확인 문제 18 지방직 7급

밑줄 친 한자의 독음이 다른 것으로 짝지어진 것은?

① 率先 – 引率
② 降等 – 下降
③ 樂園 – 樂勝
④ 復活 – 復命

정답 ④

해설 ④ 復活(다시 부, 살 활) – 復命(돌아올 복, 목숨 부)
① 率先(거느릴 솔, 먼저 선) – 引率(끌 인, 거느릴 솔)
② 降等(내릴 강, 같을 등) – 下降(아래 하, 내릴 강)
③ 樂園(즐길 낙, 동산 원) – 樂勝(즐길 락, 이길 승)

2. 동음이의 한자

한자	뜻	예시	한자	뜻	예시
假	거짓 가 빌릴 가	假面 (거짓 가, 낯 면) 假借 (빌릴 가, 빌릴 차)	干	방패 간 간섭할 간	干戈 (방패 간, 창 과) 干涉 (간섭할 간, 건널 섭)
間	사이 간 염탐꾼 간	間接 (사이 간, 접할 접) 間諜 (염탐꾼 간, 염탐할 첩)	甲	갑옷 갑 첫째 천간 갑	甲冑 (갑옷 갑, 투구 주) 回甲 (돌아올 회, 첫째 천간 갑)
格	격식 격 다툴 격	格式 (격식 격, 법 식) 格鬪 (다툴 격, 싸움 투)	計	꾀할 계 셈할 계	計略 (꾀할 계, 다스릴 략) 計算 (셈할 계, 계산 산)
過	지날 과 허물 과	過客 (지날 과, 손님 객) 過失 (허물 과, 잃을 실)	君	임금 군 그대 군	君主 (임금 군, 주인 주) 諸君 (모든 제, 그대 군)
端	바를 단 실마리 단	端正 (바를 단, 바를 정) 端初 (실마리 단, 처음 초)	堂	집 당 당당할 당	書堂 (글 서, 집 당) 堂堂 (당당할 당, 당당할 당)
徒	무리 도 걸을 도 헛되이 도	生徒 (날 생, 무리 도) 徒步 (걸을 도, 걸음 보) 無爲徒食 (없을 무, 할 위, 헛되이 도, 먹을 식)	圖	그림 도 꾀할 도	山水圖 (뫼 산, 물 수, 그림 도) 企圖 (꾀할 기, 꾀할 도)
略	간략할 략 꾀할 략 빼앗을 략	大略 (큰 대, 다스릴 략) 方略 (모 방, 꾀할 략) 侵略 (침노할 침, 빼앗을 략)	露	이슬 로 드러낼 로	初露 (처음 초, 이슬 로) 暴露 (나타낼 폭, 드러낼 로)
命	목숨 명 명령할 명	生命 (날 생, 목숨 명) 命令 (명령할 명, 명령할 령)	密	빽빽할 밀 몰래 밀	密集 (빽빽할 밀, 모을 집) 祕密 (숨길 비, 몰래 밀)
別	나눌 별 다를 별	惜別 (아낄 석, 나눌 별) 別般 (다를 별, 옮길 반)	服	옷 복 먹을 복 복종할 복	服裝 (옷 복, 꾸밀 장) 服用 (먹을 복, 쓸 용) 屈服 (굽을 굴, 복종할 복)
部	나눌 부 떼 부	部分 (나눌 부, 나눌 분) 部落 (떼 부, 떨어질 락)	非	아닐 비 헐뜯을 비	非常 (아닐 비, 항상 상) 非難 (헐뜯을 비, 어려울 난)
謝	사례할 사 사양할 사	謝過 (사례할 사, 지날 과) 謝絕 (사양할 사, 끊을 절)	辭	말씀 사 사양할 사	辭典 (말씀 사, 법 전) 辭職 (사양할 사, 벼슬 직)
師	스승 사 군사 사	師範 (스승 사, 법 범) 師團 (군사 사, 둥글 단)	事	일 사 섬길 사	事例 (일 사, 법식 례) 事大 (섬길 사, 큰 대)
相	서로 상 모양 상	相互 (서로 상, 서로 호) 眞相 (참 진, 모양 상)	鮮	고울 선 싱싱할 선	鮮明 (고울 선, 밝을 명) 生鮮 (날 생, 싱싱할 선)
善	착할 선 잘할 선	善行 (착할 선, 다닐 행) 善戰 (잘할 선, 싸울 전)	雪	눈 설 씻을 설	暴雪 (나타낼 폭, 눈 설) 雪辱 (씻을 설, 욕될 욕)
素	흴 소 바탕 소	素服 (흴 소, 옷 복) 素質 (바탕 소, 바탕 질)	首	머리 수 항복할 수	首尾 (머리 수, 꼬리 미) 自首 (스스로 자, 항복할 수)
順	순할 순 차례 순	順應 (순할 순, 응할 응) 式順 (법 식, 차례 순)	是	이 시 옳을 시	是日 (이 시, 날 일) 是非 (옳을 시, 아닐 비)
息	쉴 식 자식 식	休息 (쉴 휴, 쉴 식) 子息 (아들 자, 자식 식)	信	믿을 신 편지 신	信義 (믿을 신, 옳을 의) 書信 (글 서, 편지 신)
心	마음 심 가운데 심	忠誠心 (충성 충, 정성 성, 마음 심) 中心 (가운데 중, 가운데 심)	野	들 야 비천할 야	野生 (들 야, 날 생) 野卑 (비천할 야, 낮을 비)

OX문제

01 假 – 거짓 가 / 빌릴 가　( )

02 格 – 격식 격 / 사이좋을 격　( )

03 徒 – 무리 도 / 헛되이 도　( )

04 略 – 빼앗을 략 / 드러낼 략　( )

정답　01 ○　02 ×　03 ○　04 ×

約	맺을 약 아낄 약	約條 (맺을 약, 가지 조) 節約 (마디 절, 아낄 약)	弱	약할 약 젊을 약	弱小 (약할 약, 작을 소) 弱冠 (젊을 약, 갓 관)
若	만약 약 같을 약	萬若 (일만 만, 만약 약) 明若觀火 (밝을 명, 같을 약, 볼 관, 불 화)	容	얼굴 용 받아들일 용 용서할 용	容貌 (얼굴 용, 모양 모) 受容 (받을 수, 받아들일 용) 容恕 (용서할 용, 용서할 서)
長	길 장 어른 장	長短 (길 장, 짧을 단) 長幼有序 (어른 장, 어릴 유, 있을 유, 차례 서)	將	장수 장 장차 장	將軍 (장수 장, 군사 군) 將來 (장차 장, 올 래)
敵	원수 적 맞설 적	對敵 (대적할 대, 원수 적) 匹敵 (짝 필, 맞설 적)	朝	아침 조 조정 조	朝夕 (아침 조, 저녁 석) 朝野 (조정 조, 민간 야)
足	발 족 넉넉할 족	手足 (손 수, 발 족) 充足 (채울 충, 넉넉할 족)	卒	마칠 졸 군사 졸	卒業 (마칠 졸, 업 업) 卒兵 (군사 졸, 병사 병)
宗	마루 종 종교 종	宗中 (마루 종, 가운데 중) 宗敎 (종교 종, 가르칠 교)	重	무거울 중 거듭 중 귀중할 중	重裝備 (무거울 중, 꾸밀 장, 갖출 비) 重複 (거듭 중, 겹칠 복) 重視 (귀중할 중, 볼 시)
疾	병 질 시새움질 할 질 빠를 질	疾病 (병 질, 병 병) 疾視 (시새움질 할 질, 볼 시) 疾走 (빠를 질, 달릴 주)	革	가죽 혁 고칠 혁	革帶 (가죽 혁, 띠 대) 革命 (고칠 혁, 목숨 명)
興	일어날 흥 흥취 흥	興亡 (일어날 흥, 망할 망) 興味 (흥취 흥, 맛 미)			

OX 문제

01 若 – 만약 약 / 아낄 약　　( )

02 將 – 장수 장 / 장차 장　　( )

03 足 – 발 족 / 지나칠 족　　( )

04 革 – 가죽 혁 / 고칠 혁　　( )

정답 01 × 02 ○ 03 × 04 ○

3. 모양이 비슷한 한자

한자	뜻과 음	예시	한자	뜻과 음	예시
佳	아름다울 가	佳作 가작	假	거짓 가	假說 가설
往	갈 왕	往來 왕래	暇	겨를 가	休暇 휴가
住	살 주	住居 주거	瑕	허물 하	瑕疵 하자
可	옳을 가	可否 가부	恪	삼갈 각	恪別 각별
司	맡을 사	司法 사법	格	격식 격	格式 격식
間	사이 간	間隙 간극	看	볼 간	看過 간과
閣	집 각	樓閣 누각	眷	돌아볼 권	家眷 가권
開	열 개	開放 개방	着	붙을/입을 착	着服 착복
問	물을 문	質問 질문			
聞	들을 문	新聞 신문	幹	줄기 간	根幹 근간
閉	닫을 폐	開閉 개폐	斡	돌/관리할 알	斡旋 알선
閑	한가할 한	閑暇 한가	翰	편지 한	書翰 서한
渴	목마를 갈	渴症 갈증	檢	검사할 검	檢察 검찰
喝	꾸짖을 갈	喝采 갈채	儉	검소할 검	儉素 검소
揭	들 게	揭示 게시	驗	시험 험	試驗 시험
謁	아뢸 알	謁見 알현	險	험할 험	險地 험지
減	덜 감	減少 감소	勘	헤아릴 감	勘定 감정
滅	멸망할 멸	滅亡 멸망	甚	극진할 극	極甚 극심
綱	벼리 강	紀綱 기강	腔	속 빌 강	口腔 구강
網	그물 망	包圍網 포위망	空	빌 공	空間 공간
客	손님 객	客席 객석	巨	클 거	巨人 거인
容	얼굴 용	容貌 용모	臣	신하 신	使臣 사신
建	세울 건	建物 건물	劍	칼 검	劍術 검술
健	굳셀 건	健康 건강	斂	거둘 렴	收斂 수렴
坑	구덩이 갱	坑夫 갱부	誇	자랑할 과	誇張 과장
抗	겨룰 항	對抗 대항	洿	웅덩이 오	洿池 오지
決	결정할 결	決定 결정	頃	밭 넓이단위 경	頃刻 경각
訣	헤어질 결	訣別 결별	傾	기울 경	傾向 경향
抉	도려낼 결	剔抉 척결	項	목덜미 항	項目 항목
快	쾌할 쾌	愉快 유쾌	頸	목 경	頸椎 경추

● OX문제 ●

01 왕래 – 住來   ( )

02 가설 – 假說   ( )

03 사법 – 可法   ( )

04 검소 – 儉素   ( )

정답 01 × 02 ○ 03 × 04 ○

括	묶을 괄	一括 일괄		攪	흔들 교	攪亂 교란	
活	살 활	生活 생활		覺	깨달을 각	覺醒 각성	
卿	벼슬 경	公卿大夫 공경대부		苦	괴로울 고	苦痛 고통	
鄕	시골 향	故鄕 고향		若	같을 약	萬若 만약	
考	상고할 고	熟考 숙고		功	공 공	功績 공적	
老	늙을 로/노	敬老 경로		攻	칠 공	攻擊 공격	
孝	효도 효	孝子 효자		切	끊을 절	切斷 절단	
觀	볼 관	觀客 관객		乖	어그러질 괴	乖離 괴리	
勸	권할 권	勸奬 권장		乘	탈 승	乘車 승차	
歡	기뻐할 환	歡迎 환영		剩	남을 잉	剩餘 잉여	
拘	잡을 구	拘束 구속		具	갖출 구	家具 가구	
狗	개 구	兎死狗烹 토사구팽		貝	조개 패	貝塚 패총	
詭	속일 궤	詭辯 궤변		喫	먹을 끽	喫煙 끽연	
危	위태할 위	危機 위기		契	맺을 계	契約 계약	
郡	고을 군	郡守 군수		斤	도끼 근	千斤萬斤 천근만근	
群	무리 군	群衆 군중		斥	물리칠 척	排斥 배척	
券	문서 권	證券 증권		己	몸 기	克己 극기	
卷	책 권	卷數 권수		巳	뱀/여섯째지지 사	乙巳 을사	
拳	주먹 권	拳鬪 권투		已	이미 이	已往 이왕	
棄	버릴 기	投棄 투기		技	재주 기	技藝 기예	
葉	나뭇잎 엽	葉綠素 엽록소		枝	가지 지	枝葉 지엽	
拿	잡을 나	拿捕 나포		懦	나약할 나	懦弱 나약	
合	합할 합	合意 합의		儒	선비 유	儒學 유학	
納	들일 납	納付 납부		努	힘쓸 노	努力 노력	
訥	말 더듬거릴 눌	語訥 어눌		怒	성낼 노	忿怒 분노	
紛	어지러울 분	紛亂 분란		恕	용서할 서	容恕 용서	
娘	아가씨 낭/랑	娘子 낭자		郞	사내 랑/낭	花郞 화랑	
浪	물결 낭/랑	風浪 풍랑		朗	밝을 랑/낭	明朗 명랑	
沈	잠길 침	沈滯 침체		黑	검을 흑	黑心 흑심	
深	깊을 심	深刻 심각		默	잠잠할 묵	默想 묵상	
儺	푸닥거리 나	儺禮 나례		捺	누를 날	捺印 날인	

OX 문제

01 만약 – 萬苦   (   )

02 관객 – 歡客   (   )

03 배척 – 排斥   (   )

04 납부 – 納付   (   )

정답 01 × 02 × 03 ○ 04 ○

難	어려울 난	非難 비난	奈	어찌 나	奈落 나락
凜	찰 늠	凜然 늠연	旦	아침 단	旦夕 단석
稟	여쭐 품	氣稟 기품	且	또 차	且置 차치
端	바를 단	端正 단정	代	대신할 대	代理 대리
瑞	상서 서	祥瑞 상서	伐	칠 벌	討伐 토벌
撞	칠 당	撞着 당착	鈍	둔할 둔	鈍濁 둔탁
童	아이 동	童謠 동요	沌	섞을 혼	混沌 혼돈
戴	일 대	推戴 추대	徒	무리 도	信徒 신도
栽	심을 재	栽培 재배	徙	옮길 사	移徙 이사
裁	마를 재	裁斷 재단	從	좇을 종	服從 복종
載	실을 재	積載 적재	後	뒤 후	後食 후식
圖	그림 도	圖畵 도화	欒	둥글 란	團欒 단란
圓	둥글 원	圓滿 원만	樂	즐길 락	娛樂 오락
令	명령할 령/영	命令 명령	斂	거둘 렴	苛斂 가렴
今	이제 금	今方 금방	儉	검소할 검	儉素 검소
獨	홀로 독	孤獨 고독	綠	초록빛 록/녹	草綠 초록
燭	촛불 촉	華燭 화촉	錄	기록할 록/녹	錄取 녹취
濁	흐릴 탁	濁流 탁류	緣	인연 연	因緣 인연
壘	진 루/누	堡壘 보루	樓	다락 루/누	樓閣 누각
疊	겹쳐질 첩	重疊 중첩	褸	헌누더기 루/누	襤褸 남루
陸	뭍 륙/육	陸地 육지	輪	바퀴 륜	二輪車 이륜차
睦	화목할 목	和睦 화목	輸	나를 수	輸送 수송
理	다스릴 리/이	論理 논리	吏	벼슬아치 리/이	官吏 관리
埋	묻을 매	埋葬 매장	史	역사 사	歷史 역사
幕	막 막	帳幕 장막	戊	다섯째 천간 무	戊午 무오
暮	저물 모	歲暮 세모	戌	개 술	甲戌 갑술
慕	사모할 모	思慕 사모	戍	수자리 수	衛戍 위수
募	모을 모	募集 모집	成	이룰 성	完成 완성
墓	무덤 묘	墓地 묘지	咸	다 함	咸興差使 함흥차사
末	끝 말	末年 말년	買	살 매	購買 구매
未	아닐 미	未來 미래	賣	팔 매	販賣 판매

OX문제

01 혼돈 – 混鈍 ( )

02 도화 – 圓畵 ( )

03 누각 – 樓閣 ( )

정답 01 × 02 × 03 ○

昧	어두울 매	蒙昧 몽매	派	물갈래 파	派閥 파벌
味	맛 미	味覺 미각	波	물결 파	波濤 파도

盲	소경 맹	盲人 맹인	眠	잠잘 면	睡眠 수면
育	기를 육	育成 육성	眼	눈 안	眼鏡 안경

免	면할 면	免責 면책	鳴	울 명	悲鳴 비명
兎	토끼 토	守株待兎 수주대토	嗚	슬플 오	嗚咽 오열

冒	무릅쓸 모	冒險 모험	牧	칠 목	牧場 목장
胃	밥통 위	胃腸 위장	收	거둘 수	收穫 수확

杳	어두울 묘	杳然 묘연	武	굳셀 무	武術 무술
杏	살구나무 행	銀杏 은행	式	법 식	結婚式 결혼식

貿	바꿀 무	貿易 무역	蜜	꿀 밀	蜜柑 밀감
賀	하례할 하	祝賀 축하	密	빽빽할 밀	密集 밀집

迫	닥칠 박	臨迫 임박	撲	칠 박	撲滅 박멸
追	쫓을 추	追憶 추억	僕	종 복	從僕 종복

雹	우박 박	雨雹 우박	頒	나눌 반	頒布 반포
包	쌀 포	包含 포함	分	나눌 분	分析 분석

飯	밥 반	飯饌 반찬	般	가지/일반 반	全般 전반
飮	마실 음	試飮 시음	船	배 선	船舶 선박

倣	본받을 방	模倣 모방	罰	벌줄 벌	罰則 벌칙
做	지을 주	看做 간주	罪	허물 죄	罪人 죄인

壁	벽 벽	壁橫 벽장	變	변할 변	變身 변신
璧	구슬 벽	完璧 완벽	燮	불꽃 섭	燮理 섭리

辨	분별할 변	辨別 변별	唆	부추길 사	敎唆 교사
辯	말씀 변	辯護士 변호사	悛	고칠 전	改悛 개전
辦	힘들일 판	辦公費 판공비	俊	준걸 준	俊秀 준수

復	회복할 복	反復 반복	福	복 복	幸福 행복
複	겹칠 복	重複 중복	幅	폭 폭	大幅 대폭

傅	스승 부	師傅 사부	奮	떨칠 분	興奮 흥분
傳	전할 전	傳達 전달	奪	빼앗을 탈	奪取 탈취

墳	무덤 분	墳墓 분묘	碑	비석 비	口碑 구비

OX 문제

01 미래 – 末來 　　　( )

02 무역 – 貿易 　　　( )

03 반찬 – 飮饌 　　　( )

04 모방 – 模倣 　　　( )

정답 01 × 02 ○ 03 × 04 ×

憤	분할 분	憤怒 분노	牌	패 패	防牌 방패
貧	가난할 빈	貧富 빈부	唆	부추길 사	敎唆 교사
貪	탐낼 탐	貪慾 탐욕	俊	준걸 준	俊傑 준걸
徙	옮길 사	移徙 이사	思	생각 사	思考 사고
徒	무리 도	徒步 도보	恩	은혜 은	恩怨 은원
師	스승 사	講師 강사	仕	벼슬 사	奉仕 봉사
帥	장수 수	將帥 장수	任	맡길 임	任命 임명
査	조사할 사	搜査 수사	書	글 서	書籍 서적
香	향기 향	香水 향수	晝	낮 주	晝間 주간
署	마을 서	警察署 경찰서	西	서녘 서	西向 서향
暑	더울 서	避暑 피서	酉	닭 유	酉時 유시
析	쪼갤 석	分析 분석	惜	아낄 석	惜別 석별
折	꺾을 절	挫折 좌절	借	빌릴 차	賃借 임차
宣	베풀 선	宣言 선언	說	말씀 설	說明 설명
宜	마땅 의	便宜 편의	設	베풀 설	設計 설계
釋	풀 석	解釋 해석	續	이을 속	連續 연속
譯	번역할 역	通譯 통역	績	길쌈할 적	業績 업적
驛	정거장 역	簡易驛 간이역	積	쌓을 적	累積 누적
擇	가릴 택	選擇 선택	蹟	자취 적	遺蹟 유적
誠	정성 성	誠實 성실	俗	풍속 속	風俗 풍속
試	시험 시	試驗 시험	裕	넉넉할 유	富裕 부유
損	덜 손	損害 손해	遂	드디어 수	完遂 완수
捐	버릴 연	出捐 출연	逐	쫓을 축	逐出 축출
衰	쇠할 쇠	興亡盛衰 흥망성쇠	隨	따를 수	隨伴 수반
哀	슬플 애	哀悼 애도	墜	떨어질 추	墜落 추락
衷	속마음 충	苦衷 고충	墮	떨어질 타	墮落 타락
囚	가둘 수	罪囚 죄수	須	모름지기 수	必須 필수
因	인할 인	原因 원인	順	순할 순	順從 순종
純	순수할 순	純情 순정	矢	화살 시	弓矢 궁시
鈍	둔할 둔	愚鈍 우둔	失	잃을 실	失手 실수

●×문제

01 은원 – 恩怨   ( )

02 손해 – 捐害   ( )

03 애도 – 哀悼   ( )

정답 01 ○ 02 × 03 ○

植	심을 식	植木日 식목일		深	깊을 심	深刻 심각	
殖	불릴 식	增殖 증식		探	찾을 탐	探險 탐험	
識	알 식	認識 인식		衙	마을 아	官衙 관아	
織	짤 직	組織 조직		衛	지킬 위	防衛 방위	
職	직분 직	職位 직위		衝	찌를 충	衝擊 충격	
斡	돌 알	斡旋 알선		仰	우러를 앙	信仰 신앙	
幹	뿌리 근	根幹 근간		抑	누를 억	抑制 억제	
隘	좁을 애	隘路 애로❶		冶	풀무 야	陶冶 도야	
益	더할 익	利益 이익		治	다스릴 치	政治 정치	
楊	버들 양	垂楊 수양		旅	나그네 여/려	旅行 여행	
揚	날릴 양	止揚 지양		旋	돌 선	周旋 주선	
場	마당 장	場所 장소		族	겨레 족	民族 민족	
億	억 억	億劫 억겁		與	더불 여	寄與 기여	
憶	기억할 억	記憶 기억		興	일어날 흥	復興 부흥	
濾	거를 여	濾過 여과		咽	목멜 열	嗚咽 오열	
爐	화로 로	火爐 화로		因	인할 인	因果 인과	
緩	느릴 완	緩和 완화		烏	까마귀 오	烏鵲橋 오작교	
煖	더울 난	煖房 난방		鳥	새 조	鳥類 조류	
擾	시끄러울 요	騷擾 소요		茸	풀 날 용	鹿茸 녹용	
憂	근심 우	憂慮 우려		耳	귀 이	耳目 이목	
搖	흔들 요	搖動 요동		暫	잠깐 잠	暫時 잠시	
遙	멀 요	逍遙 소요		漸	점점 점	漸進 점진	
謠	노래 요	歌謠 가요		斬	벨 참	斬首 참수	
惟	생각할 유	思惟 사유		凝	엉길 응	凝結 응결	
推	밀 추	推測 추측		疑	의심할 의	疑心 의심	
湮	묻힐 인	湮滅 인멸		孕	아이 밸 잉	孕胎 잉태	
煙	연기 연	禁煙 금연		乃	이에 내	乃後 내후	
撒	뿌릴 살	撒布 살포		洩	샐 설	漏洩 누설	
擴	넓힐 확	擴散 확산		曳	끌 예	曳引 예인❷	
甦	깨어날 소	甦生 소생		遡	거스를 소	遡及 소급	
更	다시 갱	更生 갱생		朔	초하루 삭	朔望 삭망	

🏃 어휘 풀이

❶ 애로(隘路): ㉠ 좁고 험한 길 ㉡ 어떤 일을 하는 데 장애가 되는 것

❷ 예인(曳引): 끌어서 당김 예 좌초한 배를 인근 항구로 예인하였다.

○✕ 문제

01 금연 – 禁煙　　　　　( )

02 부흥 – 復與　　　　　( )

03 탐험 – 深險　　　　　( )

04 정치 – 政治　　　　　( )

05 사유 – 思惟　　　　　( )

정답 01 ○ 02 × 03 × 04 ○ 05 ○

어휘 풀이

❶ 준걸(俊傑): 재주와 슬기가 매우 뛰어남. 또는 그런 사람
❷ 형통하다: 모든 일이 뜻과 같이 잘되어 가다.

猜	시기할 시	猜忌 시기	燼	불탄 끝 신	灰燼 회신
請	청할 청	要請 요청	盡	다할 진	消盡 소진
弛	늦출 이	解弛 해이	蔗	사탕수수 자	甘蔗 감자
也	잇기 야	必也 필야	庶	여러 서	庶出 서출
材	재목 재	人材 인재	在	있을 재	現在 현재
村	마을 촌	農村 농촌	存	있을 존	保存 보존
低	낮을 저	低地帶 저지대	提	끌 제	提高 제고
抵	거스를 저	抵抗 저항	堤	둑 제	堤防 제방
悛	고칠 전	改悛 개전	塡	메울 전	補塡 보전
俊	준걸 준	俊傑 준걸❶	眞	참 진	眞僞 진위
情	뜻 정	感情 감정	亭	정자 정	亭子 정자
精	찧을 정	精誠 정성	亨	형통할 형❷	萬事亨通 만사형통
淸	맑을 청	淸掃 청소	享	누릴 향	享樂 향락
晴	갤 청	快晴 쾌청			
睛	눈동자 정	畫龍點睛 화룡점정			
早	이를 조	早熟 조숙	燥	마를 조	焦燥 초조
旱	가물 한	旱災 한재	操	잡을 조	操作 조작
祖	할아버지 조	祖父 조부	曾	일찍 증	曾孫 증손
租	조세 조	租稅 조세	會	모일 회	會社 회사
稠	빽빽할 조	稠密 조밀	嗾	부추길 주	使嗾 사주
周	두루 주	周知 주지	族	겨레 족	家族 가족
陳	베풀 진	陳列 진열	叱	꾸짖을 질	叱責 질책
陣	진 칠 진	醫療陣 의료진	匕	비수 비	匕首 비수
桎	차꼬 질	桎梏 질곡	澄	맑을 징	明澄 명징
至	이를 지	至毒 지독	登	오를 등	登校 등교
捉	잡을 착	捕捉 포착	齷	악착할 착	齷齪 악착
促	재촉할 촉	促進 촉진	足	발 족	不足 부족
站	역마을 참	兵站 병참	僭	주제넘을 참	僭濫 참람
占	점령할 점	占領 점령	潛	잠길 잠	潛在 잠재
懺	뉘우칠 참	懺悔 참회	劾	꾸짖을 핵	彈劾 탄핵

OX 문제

01 진열 – 陣列 ( )

02 감정 – 感淸 ( )

03 회사 – 曾社 ( )

04 조부 – 祖父 ( )

05 부족 – 不足 ( )

정답 01 × 02 × 03 × 04 ○ 05 ○

纖	가늘 섬	纖維 섬유		欬	기침 해	廣欬 광해
擅	멋대로 할 천	獨擅 독천❶		闡	밝힐 천	闡明 천명
壇	단 단	敎壇 교단		單	홑 단	單純 단순
諦	살필 체	諦念 체념		萃	모을 췌	拔萃 발췌
帝	임금 제	皇帝 황제		醉	취할 취	心醉 심취
取	가질 취	取消 취소		板	널빤지 판	看板 간판
恥	부끄러울 치	羞恥 수치		版	판목 판	出版 출판
側	곁 측	側面 측면		偏	치우칠 편	偏見 편견
測	헤아릴 측	豫測 예측		編	엮을 편	改編 개편
惻	슬퍼할 측	惻隱 측은		遍	두루 편	普遍 보편
幟	기 치	旗幟 기치		綻	터질 탄	綻露 탄로
識	알 식	常識 상식		定	정할 정	決定 결정
奪	빼앗을 탈	剝奪 박탈		攄	펼 터	攄得 터득
準	준할 준	基準 기준		慮	생각할 려	憂慮 우려
堆	쌓을 퇴	堆積 퇴적		辦	힘들일 판	辦得 판득
推	밀 추	推進 추진		辨	분별할 변	辨明 변명
弊	폐단 폐	疲弊 피폐		浦	개 포	浦口 포구
幣	화폐 폐	貨幣 화폐		捕	잡을 포	逮捕 체포
抱	안을 포	抱擁 포옹		褒	기릴 포	褒賞 포상
胞	세포 포	細胞 세포		保	지킬 보	保護 보호
標	표할 표	目標 목표		涸	마를 학	乾涸 건학
漂	떠다닐 표	漂流 표류		固	굳을 고	頑固 완고
恨	한 한	怨恨 원한		豪	호걸 호	豪傑 호걸
限	한할 한	制限 제한		毫	터럭 호	秋毫 추호
形	모양 형	人形 인형		護	보호할 호	保護 보호
刑	형벌 형	刑罰 형벌		穫	거둘 확	收穫 수확
型	모형 형	類型 유형		獲	얻을 획	獲得 획득
驩	기뻐할 환	交驩 교환		肓	명치끝 황	膏肓 고황❷
觀	볼 관	觀光 관광		妄	망령될 망	妄言 망언
嚆	부르짖을 효	嚆矢 효시		嗅	맡을 후	嗅覺 후각

🚶 어휘 풀이

❶ 독천(獨擅): 혼자서 마음대로 일을 처리함
❷ 고황(膏肓): 심장과 횡격막의 사이. 고는 심장의 아랫부분이고, 황은 횡격막의 윗부분으로, 이 사이에 병이 생기면 낫기 어렵다고 한다.

OX 문제

01 예측 – 豫測 ( )

02 개편 – 改偏 ( )

03 인형 – 人刑 ( )

04 획득 – 獲得 ( )

05 목표 – 目標 ( )

정답 01 ○ 02 × 03 × 04 ○ 05 ○

高	높을 고	最高 최고	惡	악할 악	惡臭 악취
欣	기쁠 흔	欣快 흔쾌	恰	흡사할 흡	恰似 흡사
欽	공경할 흠	欽慕 흠모	合	합할 합	合倂 합병
池	못 지	池塘 지당	勤	부지런할 근	勤勉 근면
沼	늪 소	沼池 소지	動	움직일 동	動作 동작
淸	쓸 소	淸掃 청소	侯	제후 후	諸侯 제후
精	찧을 정	精神 정신	候	기후 후	徵候 징후

02 자주 출제되는 한자어

어휘	음과 뜻	의미
加減	가감(더할 가, 덜 감)	더하거나 빼는 일. 또는 그렇게 하여 알맞게 맞추는 일 예 있는 사실을 가감없이 전달했다.
價格	가격(값 가, 격식 격)	물건이 지니고 있는 가치를 돈으로 나타낸 것 예 가격이 인상됐다.
假契約	가계약(거짓 가, 맺을 계, 맺을 약)	정식 계약을 맺기 전에 임시로 맺는 계약 예 정식 계약 전에 가계약 먼저 맺는다.
可憐	가련(옳을 가, 불쌍히 여길 련)	가엾고 불쌍하다. 예 부모를 잃은 아이의 처지가 가련하다.
假名	가명(거짓 가, 이름 명)	실제의 자기 이름이 아닌 이름 예 그는 본명 대신 가명을 사용했다.
假象	가상(거짓 가, 코끼리 상)	주관적으로는 실제 있는 것처럼 보이나 객관적으로는 존재하지 않는 거짓 현상 예 진짜가 아닌, 가상의 것이다.
可視	가시(옳을 가, 볼 시)	눈으로 볼 수 있는 것 예 가시 현상
加一層	가일층(더할 가, 한 일, 층 층)	정도 따위가 한층 더함 예 가일층의 노력을 해야 한다.
假定	가정(거짓 가, 정할 정)	• 사실이 아니거나 또는 사실인지 아닌지 분명하지 않은 것을 임시로 인정함 예 다음 주에 회의가 진행된다는 가정 하에 준비하고 있다. • 결론에 앞서 논리의 근거로 어떤 조건이나 전제를 내세움
呵責	가책(꾸짖을 가, 꾸짖을 책)	자기나 남의 잘못에 대하여 꾸짖어 책망함 예 양심의 가책을 느꼈다.
假稱	가칭(거짓 가, 일컬을 칭)	어떤 이름을 임시로 정하여 부름. 또는 그 이름 예 현재 우리 팀 이름은 가칭으로 부르는 것이다.
脚光	각광(다리 각, 빛 광)	사회적 관심이나 흥미 예 그가 발표한 노래는 사람들 사이에서 각광을 받기 시작했다.
刻薄	각박(새길 각, 얇을 박)	• 인정이 없고 삭막하다. 예 이 마을 인심이 너무 각박하구나. • 땅이 거칠고 기름지지 아니하다. 예 땅이 각박하여 농사 짓기가 힘들다.
覺醒	각성(깨달을 각, 깰 성)	깨달아 앎 예 현실에 대한 각성이 필요하다.

OX문제

01 주택 공시 가격(價挌)이 인상되었다.
( )

02 그는 본명 대신 가명(佳名)을 사용했다.
( )

정답 01 × 02 ×

한자	독음	뜻
刻印	각인(새길 각, 도장 인)	• 도장을 새김. 또는 그 도장 • 머릿속에 새겨 넣듯 깊이 기억됨. 또는 그 기억 예 그 사실은 내 머릿속에 각인되었다.
看過	간과(볼 간, 지날 과)	큰 관심 없이 대강 보아 넘김 예 그가 오늘 오지 않는다는 사실을 간과했다.
間隙	간극(사이 간, 틈 극)	• 사물 사이의 틈 예 간극을 메우다. • 시간 사이의 틈 예 역사적 시간의 간극 • 두 가지 사건, 두 가지 현상 사이의 틈 예 이론과 현실 사이에는 큰 간극이 있다.
干涉	간섭(막을 간, 건널 섭)	직접 관계가 없는 남의 일에 부당하게 참견함 예 남의 일에 간섭하지 마.
看做	간주(볼 간, 지을 주)	상태, 모양, 성질 따위가 그와 같다고 봄. 또는 그렇다고 여김 예 소수 의견을 대다수의 의견인 것처럼 간주하고 있다.
葛藤	갈등(칡 갈, 등나무 등)	칡과 등나무가 서로 얽히는 것과 같이, 개인이나 집단 사이에 목표나 이해관계가 달라 서로 적대시하거나 충돌함. 또는 그런 상태 예 이 회사는 노사 간 갈등이 심하다.
勘査	감사(정할 감, 조사할 사)	잘 살펴 조사함
感謝	감사(느낄 감, 사례할 사)	고마움을 나타내는 인사
甘受	감수(달 감, 받을 수)	책망이나 괴로움 따위를 달갑게 받아들임 예 어떠한 비난도 감수할 수 있다.
感情	감정(느낄 감, 뜻 정)	어떤 현상이나 일에 대하여 일어나는 마음이나 느끼는 기분
感懷	감회(느낄 감, 품을 회)	지난 일을 돌이켜 볼 때 느껴지는 회포 예 감회가 깊다.
講究	강구(강론할 강, 궁구할 구)	좋은 대책과 방법을 궁리하여 찾아내거나 좋은 대책을 세움 예 이번 일에 대한 대책을 강구해야 한다.
強度	강도(강할 강, 법도 도)	센 정도 예 금메달을 따기 위해 강도 높은 훈련을 했다.
降等	강등(내릴 강, 같을 등)	등급이나 계급 따위가 낮아짐. 또는 등급이나 계급 따위를 낮춤 예 두 계급 강등을 당했다.
強力	강력(강할 강, 힘 력)	힘이나 영향이 강함 예 이번 사건에 대해 강력 대응하겠다.
強烈	강렬(강할 강, 세찰 렬)	강하고 세차다. 예 그의 첫인상은 강렬했다.
開發	개발(열 개, 필 발)	• 토지나 천연자원 따위를 유용하게 만듦 예 토지 개발 • 지식이나 재능 따위를 발달하게 함 예 능력의 개발 • 산업이나 경제 따위를 발전하게 함 예 경제 개발 계획 • 새로운 물건을 만들거나 새로운 생각을 내어놓음 예 신제품 개발
個性	개성(낱 개, 성품 성)	다른 사람이나 개체와 구별되는 고유의 특성 예 그의 옷차림은 개성 있다.
介在	개재(끼일 개, 있을 재)	어떤 것들 사이에 끼어 있음 예 이 사업을 진행하기까지는 많은 문제가 개재해 있다.
改悛	개전(고칠 개, 고칠 전)	행실이나 태도의 잘못을 뉘우치고 마음을 바르게 고쳐먹음 예 죄인에게 개전의 기회를 주었다.
開拓	개척(열 개, 헤칠 척)	• 거친 땅을 일구어 논이나 밭과 같이 쓸모 있는 땅으로 만듦 예 황무지를 개척했다. • 새로운 영역, 운명, 진로 따위를 처음으로 열어 나감 예 우리 회사의 미래를 위해 신사업을 개척해야 한다.

○✕ 문제

01 그가 발표한 작품은 사람들 사이에서 각광(脚光)을 받았다. ( )

02 그는 소수 의견을 대다수의 의견인 것처럼 간주(看做)하고 있다. ( )

03 그의 첫 인상은 강렬(强列)했다. ( )

정답 01 ○ 02 ○ 03 ✕

확인 문제 13 국회직 9급

다음 중 한자의 독음이 모두 옳은 것은?
① 桎梏(질곡), 隘路(애로)
② 暴惡(포악), 遝至(속지)
③ 忖度(촌탁), 膏肓(고망)
④ 分別(분별), 看過(간고)
⑤ 邁進(매진), 前揭(전갈)

정답 ①
해설 ② 遝至(답지), ③ 膏肓(고황),
④ 看過(간과), ⑤ 前揭(전게)

改革	개혁(고칠 개, 가죽 혁)	제도나 기구 따위를 새롭게 뜯어고침 예 교육 개혁
更新	갱신(다시 갱, 새로울 신)	• 이미 있던 것을 고쳐 새롭게 함 = 경신 예 자기 갱신 • 법률관계의 존속 기간이 끝났을 때 그 기간을 연장하는 일 예 비자를 갱신해야 한다.
建築	건축(세울 건, 쌓을 축)	집이나 성, 다리 따위의 구조물을 그 목적에 따라 설계하여 흙이 나 나무, 돌, 벽돌, 쇠 따위를 써서 세우거나 쌓아 만드는 일 예 건축 공사 때문에 도로가 혼잡하다.
儉素	검소(검소할 검, 흴 소)	사치하지 않고 꾸밈없이 수수함 예 그는 검소한 사람이다.
揭載	게재(들 게, 실을 재)	글이나 그림 따위를 신문이나 잡지 따위에 실음 예 신문에 게재 된 논설이 재미있었다.
狷介	견개(성급할 견, 끼일 개)	굳게 절개를 지키고 구차하게 타협하지 아니하다. 예 견개한 선비
訣別	결별(헤어질 결, 다를 별)	기약 없는 이별을 함. 또는 그런 이별
決裁	결재(결정할 결, 마를 재)	결정할 권한이 있는 상관이 부하가 제출한 안건을 검토하여 허가 하거나 승인함 예 이 서류를 결재받아야 한다.
決濟	결제(결정할 결, 건널 제)	• 일을 처리하여 끝을 냄 • 증권 또는 대금을 주고받아 매매 당사자 사이의 거래 관계를 끝맺는 일 예 결제 자금이 모자란다.
更新	경신(고칠 경, 새로울 신)	• 이미 있던 것을 고쳐 새롭게 함 • 기록경기 따위에서, 종전의 기록을 깨뜨림 • 어떤 분야의 종전 최고치나 최저치를 깨뜨림 예 주가가 최고치 를 경신했다.
經緯	경위(경서 경, 씨 위)	• 직물(織物)의 날과 씨를 아울러 이르는 말 • 일이 진행되어 온 과정 예 사건이 일어나게 된 경위를 보고했다.
啓發	계발(열 계, 필 발)	슬기나 재능, 사상 따위를 일깨워 줌 예 외국어 능력 계발을 위해 노력하였다.
固陋	고루(굳을 고, 좁을 루)	낡은 관념이나 습관에 젖어 고집이 세고 새로운 것을 잘 받아들 이지 아니하다. 예 고루한 사고방식
高邁	고매(높을 고, 멀리 갈 매)	고매하다: 인격이나 품성, 학식, 재질 따위가 높고 빼어나다. 예 고매한 학식
告發	고발(아뢸 고, 필 발)	• 세상에 잘 알려지지 않은 잘못이나 비리 따위를 드러내어 알림 예 우리 신문은 회사 비리를 고발하는 기사를 게재했다. • 피해자나 고소권자가 아닌 제삼자가 수사 기관에 범죄 사실을 신고하여 수사 및 범인의 기소를 요구하는 일 예 검찰에 고발 을 당했다.
苦笑	고소(괴로울 고, 웃을 소)	어이가 없거나 마지못하여 짓는 웃음 예 어이없는 상황에 고소를 금치 못했다.
考察	고찰(생각할 고, 살필 찰)	어떤 것을 깊이 생각하고 연구함 예 인간에 대한 고찰이 있어야 사회를 이해할 수 있다.
苦衷	고충(괴로울 고, 속마음 충)	괴로운 심정이나 사정 예 그는 업무에 대한 고충을 털어놓았다.
供給	공급(이바지할 공, 줄 급)	• 요구나 필요에 따라 물품 따위를 제공함 예 수도 공급을 중단 했다. • 교환하거나 판매하기 위하여 시장에 재화나 용역을 제공하는 일. 또는 그 제공된 상품의 양 예 수요와 공급의 법칙
誇張	과장(자랑할 과, 베풀 장)	사실보다 지나치게 불려서 나타냄 예 그 광고는 과장 광고이다.

OX 문제

01 비자를 갱신(更新)해야 한다. (　)

02 이번 달에 결제(決臍)해야 할 자금이
모자란다. (　)

정답 01 ○ 02 ×

狂奔	광분(미칠 광, 달아날 분)	• 어떤 목적을 이루기 위하여 미친 듯이 날뜀 • 미친 듯이 뛰어 달아남
廣闊	광활(넓을 광, 트일 활)	광활하다: 막힌 데가 없이 트이고 넓다. 예 눈앞에 광활한 평원이 펼쳐졌다.
乖離	괴리(어그러질 괴, 떠날 리)	서로 어그러져 동떨어짐 예 현실과 이상은 항상 괴리가 있다.
交流	교류(사귈 교, 흐를 류)	• 근원이 다른 물줄기가 서로 섞이어 흐름. 또는 그런 줄기 • 문화나 사상 따위가 서로 통함 예 도시 간 교류가 활발하다.
口舌數	구설수(입 구, 혀 설, 셀 수)	남과 시비하거나 남에게서 헐뜯는 말을 듣게 될 운수
構築	구축(얽을 구, 쌓을 축)	• 어떤 시설물을 쌓아 올려 만듦 예 전쟁터에서 진지를 구축했다. • 체제, 체계 따위의 기초를 닦아 세움 예 성공적인 협약을 위해 먼저 신뢰를 구축해야 한다.
倦怠	권태(게으를 권, 게으를 태)	어떤 일이나 상태에 시들해져서 생기는 게으름이나 싫증 예 단조로운 삶이 반복되어 권태를 느낀다.
龜鑑	귀감(거북 귀, 거울 감)	거울로 삼아 본받을 만한 모범 예 우리 어머니는 모든 여성들의 귀감이 될 만하다.
規範	규범(법 규, 법 범)	인간이 행동하거나 판단할 때에 마땅히 따르고 지켜야 할 가치판단의 기준 예 살면서 도덕적 규범을 따르는 것이 중요하다.
龜裂	균열(터질 균, 찢을 열)	• 거북의 등에 있는 무늬처럼 갈라져 터짐 예 벽에 균열이 생겼다. • 친하게 지내는 사이에 틈이 남 예 사업 문제로 두 사람 사이에 균열이 생겼다.
詭辯	궤변(속일 궤, 말 잘할 변)	상대편을 이론으로 이기기 위하여 상대편의 사고(思考)를 혼란시키거나 감정을 격앙시켜 거짓을 참인 것처럼 꾸며 대는 논법 예 그는 궤변을 늘어놓았다.
規制	규제(법 규, 절제할 제)	규칙이나 규정에 의하여 일정한 한도를 정하거나 정한 한도를 넘지 못하게 막음 예 예술에 대해 지나치게 규제하는 것은 표현의 자유를 빼앗는다.
克服	극복(이길 극, 입을 복)	• 악조건이나 고생 따위를 이겨 냄 예 정부는 불황을 극복하기 위해 새 정책을 내놓았다. • 적을 이기어 굴복시킴
根本	근본(뿌리 근, 근본 본)	• 초목의 뿌리 • 사물의 본질이나 본바탕 예 업종에 대한 이해가 부족했던 것이 사업 실패의 근본 원인이다. • 자라 온 환경이나 혈통 예 그는 근본 있는 집안에서 자랐다.
汲汲	급급(길을 급, 길을 급)	한 가지 일에만 정신을 쏟아 다른 일을 할 마음의 여유가 없다. 예 먹고 살기에 급급한 처지라 주위를 돌아볼 여유가 없다.
記念	기념(기록할 기, 생각할 념)	어떤 뜻깊은 일이나 훌륭한 인물 등을 오래도록 잊지 아니하고 마음에 간직함
記錄	기록(기록할 기, 기록할 록)	• 주로 후일에 남길 목적으로 어떤 사실을 적음. 또는 그런 글 예 사건 기록을 찾아보았다. • 운동 경기 따위에서 세운 성적이나 결과를 수치로 나타냄. 특히, 그 성적이나 결과의 가장 높은 수준을 이른다. 예 그는 100m 달리기에서 세계 최고 기록을 경신했다.
氣分	기분(기운 기, 나눌 분)	대상ㆍ환경 따위에 따라 마음에 절로 생기며 한동안 지속되는, 유쾌함이나 불쾌함 따위의 감정 예 그는 엄마의 꾸지람에 기분이 상했다.

OX 문제

01 오늘 공급(拱給)할 물량이 부족하다.
( )

02 살면서 도덕적 규범(規範)을 지키는 것은 중요하다.
( )

정답 01 × 02 ○

확인 문제   17 지방직 9급

㉠~㉣의 한자 병기가 옳지 않은 것은?

㉠ 열악(劣惡)한 환경에 굴하지 않고, 희망을 현실로 만든 그의 노력에 우리는 ㉡ 경의(敬意)를 표하였다. 그의 ㉢ 태도(態道)는 우리에게 ㉣ 귀감(龜鑑)이 될 만하다.

① ㉠   ② ㉡
③ ㉢   ④ ㉣

정답 ③

해설 ㉢ 態度: 태도(모양 태, 법도 도)

機會	기회(틀 기, 모일 회)	• 어떠한 일을 하는 데 적절한 시기나 경우 예 절호의 기회를 놓쳤다. • 겨를이나 짬 예 선생님은 내가 뭐라고 말할 기회도 주지 않고 잔소리를 하셨다.
浪費	낭비(물결 낭, 쓸 비)	시간이나 재물 따위를 헛되이 헤프게 씀 예 이 일을 진행하는 것은 시간 낭비다.
論據	논거(논의할 논, 의거할 거)	어떤 이론이나 논리, 논설 따위의 근거 예 그 주장에 대한 명백한 논거를 제시했다.
論議	논의(논의할 논, 의논할 의)	어떤 문제에 대하여 서로 의견을 내어 토의함. 또는 그런 토의 예 그 법안에 대한 논의가 활발하다.
論證	논증(논의할 논, 증거 증)	옳고 그름을 이유를 들어 밝힘. 또는 그 근거나 이유 예 그 이론이 맞는지 확인하기 위해 철저한 논증이 필요하다.
賂物	뇌물(뇌물 줄 뇌, 만물 물)	어떤 직위에 있는 사람을 매수하여 사사로운 일에 이용하기 위하여 넌지시 건네는 부정한 돈이나 물건 예 비리를 덮기 위해 뇌물을 썼다.
踏襲	답습(밟을 답, 엄습할 습)	예로부터 해 오던 방식이나 수법을 좇아 그대로 행함 예 과거를 답습하기만 하면 발전하지 못한다.
遝至	답지(뒤섞일 답, 이를 지)	한군데로 몰려들거나 몰려옴 예 불우이웃을 위한 성금이 답지했다.
對處	대처(대답할 대, 곳 처)	어떤 정세나 사건에 대하여 알맞은 조치를 취함 예 더 이상 같은 사건이 발생하지 않도록 강력한 대처가 필요하다.
代替	대체(대신할 대, 바꿀 체)	다른 것으로 대신함 예 담당자를 다른 사람으로 대체했다.
貸出	대출(빌릴 대, 날 출)	돈이나 물건 따위를 빌려주거나 빌림 예 은행에서 주택 자금을 대출받았다.
德澤	덕택(덕 덕, 못 택)	베풀어 준 은혜나 도움 = 덕분 예 나는 어머니의 정성 어린 간호 덕택에 건강을 회복할 수 있었다.
淘汰	도태(일 도, 미끄러울 태)	여럿 중에서 불필요하거나 부적당한 것을 줄여 없앰 예 힘이 없으면 생존 경쟁에서 도태될 수밖에 없다.
蔓延	만연(덩굴 만, 끌 연)	식물의 줄기가 널리 뻗는다는 뜻으로, 전염병이나 나쁜 현상이 널리 퍼짐을 비유적으로 이르는 말 예 물질 만능주의가 만연하면서 사회가 각박해지고 있다.
盟誓	맹세(맹세할 맹, 맹세할 서)	일정한 약속이나 목표를 꼭 실천하겠다고 다짐함
冒瀆	모독(무릅쓸 모, 더럽힐 독)	말이나 행동으로 더럽혀 욕되게 함 예 인격을 모독하는 행위
冒頭	모두(무릅쓸 모, 머리 두)	말이나 글의 첫머리
模範	모범(법 모, 법 범)	본받아 배울 만한 대상 예 너는 장남이니 동생들에게 모범을 보여야 해.
矛盾	모순(창 모, 방패 순)	어떤 사실의 앞뒤, 또는 두 사실이 이치상 어긋나서 서로 맞지 않음을 이르는 말 예 그 이론의 세부 내용들은 기본 원칙에 모순된다.
模寫	모사(법 모, 베낄 사)	• 사물을 형체 그대로 그림. 또는 그런 그림 예 그는 그림 연습을 위해 유명 작품들을 모사하였다. • 원본을 베끼어 씀 • 어떤 그림의 본을 떠서 똑같이 그림
描寫	묘사(그릴 묘, 베낄 사)	어떤 대상이나 사물, 현상 따위를 언어로 서술하거나 그림을 그려서 표현함 예 그 소설은 심리 묘사가 탁월하다.

◯╳ 문제

01 사업에 대한 이해가 부족했던 것이 실패의 <u>근본(根本)</u> 원인이다. ( )

02 그를 만나는 것은 시간 <u>낭비(狼費)</u>이다. ( )

03 해당 법안에 대한 <u>논의(論儀)</u>가 필요하다. ( )

정답 01 ◯ 02 ╳ 03 ╳

黙想	묵상(잠잠할 묵, 생각 상)	눈을 감고 말없이 마음속으로 생각함
未達	미달(아닐 미, 통할 달)	어떤 한도에 이르거나 미치지 못함 예 올해 매출액이 목표금액에 미달하였다.
反駁	반박(돌이킬 반, 얼룩말 박)	어떤 의견, 주장, 논설 따위에 반대하여 말함 예 그 이론은 반박의 여지가 없을 정도로 완벽하다.
反響	반향(돌이킬 반, 소리 울릴 향)	어떤 사건이나 발표 따위가 세상에 영향을 미치어 일어나는 반응 예 그 사건은 사회에 큰 반향을 불러일으켰다.
反芻	반추(돌이킬 반, 꼴 추)	• 한번 삼킨 먹이를 다시 게워 내어 씹음 예 소나 염소는 먹이를 반추하는 동물이다. • 어떤 일을 되풀이하여 음미하거나 생각함. 또는 그런 일 예 지금까지의 삶을 반추하여 보니 후회되는 일이 많다.
拔萃	발췌(뺄 발, 모일 췌)	• 책, 글 따위에서 필요하거나 중요한 부분을 가려 뽑아냄 예 원문에서 발췌한 글로 보고서를 작성할 예정이다. • 여럿 가운데에서 특별히 뛰어남
發揮	발휘(필 발, 휘두를 휘)	재능, 능력 따위를 떨치어 나타냄 예 선수들이 제대로 실력을 발휘할 수 있도록 도와야 한다.
尨大 / 厖大	방대(삽살개 방, 큰 대 / 두터울 방, 큰 대)	규모나 양이 매우 크거나 많다. 예 그는 방대한 토지를 소유하고 있다.
防疫	방역(막을 방, 전염병 역)	전염병이 발생하거나 유행하는 것을 미리 막는 일 예 전염병 확산을 막기 위해 방역 대책을 세웠다.
排斥	배척(물리칠 배, 물리칠 척)	따돌리거나 거부하여 밀어 내침 예 외세를 배척하다.
辨明	변명(분별할 변, 밝을 명)	어떤 잘못이나 실수에 대하여 구실을 대며 그 까닭을 말함 예 그는 잘못을 인정하지 않고 변명만 늘어놓았다.
復權	복권(돌아올 복, 권세 권)	• 한 번 상실한 권세를 다시 찾음 예 그는 정치적 복권을 위해 동분서주했다. • 법률상 일정한 자격이나 권리를 한 번 상실한 사람이 이를 다시 찾음
福不福	복불복(복 복, 아니 불, 복 복)	복분(福分)의 좋고 좋지 않음이라는 뜻으로, 사람의 운수를 이르는 말
本來	본래(근본 본, 올 래)	• 사물이나 사실이 전하여 내려온 그 처음 예 본래의 모습은 지금과 달랐다. • 처음부터 또는 근본부터 예 본래 여기엔 아무도 살지 않았다.
否決	부결(아닐 부, 결정할 결)	의논한 안건을 받아들이지 아니하기로 결정함. 또는 그런 결정 예 이번 안건은 부결되었다.
不條理	부조리(아니 부, 가지 조, 다스릴 리)	이치에 맞지 아니하거나 도리에 어긋남. 또는 그런 일 예 부조리한 사회 제도를 바꾸어야 한다.
部族	부족(나눌 부, 겨레 족)	같은 조상·언어·종교 등을 가진, 원시 사회나 미개 사회의 구성 단위가 되는 지역적 생활 공동체 예 고대에는 부족 단위로 생활하였다.
分類	분류(나눌 분, 무리 류)	종류에 따라서 가름 예 도서를 분야별로 분류하였다.
分離	분리(나눌 분, 떠날 리)	서로 나뉘어 떨어짐. 또는 그렇게 되게 함 예 공간을 분리하면 더 효율적으로 사용할 수 있다.

O X 문제

01 그 사건은 사회적으로 큰 **반향(反響)**을 불러일으켰다. ( )

02 전염병을 확산을 막기 위해 **방역(訪疫)** 대책을 세웠다. ( )

정답 01 ○ 02 ×

확인 문제   11 경찰 2차

한자어의 독음이 옳은 것은 모두 몇 개인가?

反駁(반포), 淘汰(도태), 羨望(선망), 嗚咽(명인), 模範(규범), 懺悔(재해), 憑藉(마적), 乖離(승리)

① 1개   ② 2개
③ 3개   ④ 4개

정답 ②

해설 • 옳은 것: 淘汰(도태), 羨望(선망)
• 잘못된 것: 反駁: 반박(돌이킬 반, 얼룩말 박) / 嗚咽: 오열(탄식소리 오, 목멜 열) / 模範: 모범(법 모, 법 범) / 懺悔: 참회(뉘우칠 참, 뉘우칠 회) / 憑藉: 빙자(기댈 빙, 깔개 자) / 乖離: 괴리(어그러질 괴, 떠날 리)

悲劇	비극(슬플 비, 심할 극)	• 인생의 슬프고 애달픈 일을 당하여 불행한 경우를 이르는 말 예 그 사건은 너무 비극적이었다. • 인생의 슬픔과 비참함을 제재로 하고 주인공의 파멸, 패배, 죽음 따위의 불행한 결말을 갖는 극 형식 예 그는 비극 영화를 좋아한다.
誹謗	비방(헐뜯을 비, 헐뜯을 방)	남을 비웃고 헐뜯어서 말함 예 그들은 서로에 대한 비방을 멈추지 않았다.
悲運	비운(슬플 비, 운전할 운)	순조롭지 못하거나 슬픈 운수나 운명 예 그는 비운의 사나이였다.
憑藉	빙자(기댈 빙, 깔개 자)	• 남의 힘을 빌려서 의지함 • 말막음을 위하여 핑계로 내세움 예 그는 병을 빙자하여 일주일 넘게 집에서 칩거했다.
思惟	사유(생각 사, 생각할 유)	• 대상을 두루 생각하는 일 • 개념, 구성, 판단, 추리 따위를 행하는 인간의 이성 작용
奢侈	사치(사치할 사, 사치할 치)	필요 이상의 돈이나 물건을 쓰거나 분수에 지나친 생활을 함 예 그는 사치하는 성향이 있다.
相殺	상쇄(서로 상, 감할 쇄)	상반되는 것이 서로 영향을 주어 효과가 없어지는 일 예 이번 일의 성공으로 과거의 잘못을 상쇄할 셈이었다.
索出	색출(찾을 색, 날 출)	샅샅이 뒤져서 찾아냄 예 경찰은 범인 색출 작업에 나섰다.
羨望	선망(부러워할 선, 바랄 망)	부러워하여 바람 예 그는 뛰어난 외모에 성적도 좋아 모든 학생들의 선망의 대상이 되었다.
說明	설명(말씀 설, 밝을 명)	어떤 일이나 대상의 내용을 상대편이 잘 알 수 있도록 밝혀 말함. 또는 그런 말 예 그는 선생님의 설명을 이해하지 못했다.
收斂	수렴(거둘 수, 거둘 렴)	의견이나 사상 따위가 여럿으로 나뉘어 있는 것을 하나로 모아 정리함 예 회사에서는 신사업에 대한 사원들의 의견을 수렴하였다.
收益	수익(거둘 수, 더할 익)	• 이익을 거두어들임. 또는 그 이익 • 기업이 경제 활동의 대가로서 얻은 경제 가치 예 그 사업은 높은 수익이 보장되어 있다.
酬酌	수작(술 권할 수, 따를 작)	• 술잔을 서로 주고받음 • 서로 말을 주고받음. 또는 그 말 예 그는 나에게 슬쩍 수작을 붙였다. • 남의 말이나 행동, 계획을 낮잡아 이르는 말 예 그렇게 뻔한 수작을 부리다니.
殺到	쇄도(감할 쇄, 다다를 도)	• 전화, 주문 따위가 한꺼번에 세차게 몰려듦 예 그 제품의 광고가 방송되자 문의 전화가 쇄도했다. • 어떤 곳을 향하여 세차게 달려듦 예 공격수가 문전으로 쇄도하면서 공을 골문으로 차 넣었다.
施行	시행(베풀 시, 다닐 행)	실지로 행함 예 해당 사업의 시행을 보류하였다.
辛酸	신산(매울 신, 초 산)	• 맛이 맵고 심 예 이 음식은 신산한 맛이다. • 세상살이가 힘들고 고생스러움을 비유적으로 이르는 말 예 회사 생활이 여간 신산한 게 아니다.
十常	십상(열 십, 항상 상)	열에 여덟이나 아홉 정도로 거의 예외가 없음 예 이런 보석을 지니고 있으면 도둑에게 빼앗기기 십상이다.
蛾眉	아미(나방 아, 눈썹 미)	누에나방의 눈썹이라는 뜻으로, 가늘고 길게 굽어진 아름다운 눈썹을 이르는 말. 미인의 눈썹을 이른다. 예 고민이 있는지 그녀는 고운 아미를 찌푸렸다.

OX문제

01 서류를 가나다순으로 <u>분류(分流)</u>하였다.
( )

02 그 사건은 너무 <u>비극(非劇)</u>적이다.
( )

03 그들은 서로를 <u>비방(誹傍)</u>하느라 정신없었다. ( )

04 이번 일을 성공시켜 과거의 실패를 <u>상쇄(相殺)</u>하도록 하자.
( )

정답 01 × 02 × 03 × 04 ○

軋轢	알력(삐걱거릴 알, 수레에 칠 력)	수레바퀴가 삐걱거린다는 뜻으로, 서로 의견이 맞지 아니하여 사이가 안 좋거나 충돌하는 것을 이르는 말 예 우리 팀과 옆 팀 간에는 알력이 심하다.
斡旋	알선(관리할 알, 돌 선)	남의 일이 잘되도록 주선하는 일 예 그는 선배에게 취업 알선을 부탁했다.
謁見	알현(아뢸 알, 나타날 현)	지체가 높고 귀한 사람을 찾아가 뵘 예 그는 왕을 알현하기 위해 궁궐로 향했다.
隘路	애로(좁을 애, 길 로)	• 좁고 험한 길 • 어떤 일을 하는 데 장애가 되는 것 예 이 일을 진행하는 데는 적잖은 애로 사항이 있다.
惹起	야기(이끌 야, 일어날 기)	일이나 사건 따위를 끌어 일으킴 예 그의 행동은 혼란을 야기했다.
樣相	양상(모양 양, 서로 상)	사물이나 현상의 모양이나 상태 예 그 사건은 복잡한 양상을 보이고 있다.
嚴禁	엄금(엄할 엄, 금할 금)	엄하게 금지함 예 잔디밭 앞에는 출입 엄금 팻말이 붙어 있다.
濾過	여과(거를 여, 지날 과)	• 거름종이나 여과기를 써서 액체 속에 들어 있는 침전물이나 입자를 걸러내는 일 예 정수기로 수돗물을 여과하여 마신다. • 주로 부정적인 요소를 걸러 내는 과정을 비유적으로 이르는 말 예 외국의 수많은 이론이 여과 없이 수용되고 있다.
役割	역할(부릴 역, 나눌 할)	• 자기가 마땅히 하여야 할 맡은 바 직책이나 임무 예 자신의 역할을 다해야 한다. • 영화나 연극 따위에서 배우가 맡아서 하는 소임 예 그는 연극에서 아버지 역할을 맡았다.
劣惡	열악(못할 열, 악할 악)	품질이나 능력, 시설 따위가 매우 떨어지고 나쁘다. 예 그 회사의 복무 환경은 열악하다.
厭症	염증(싫어할 염, 증세 증)	싫은 생각이나 느낌. 또는 그런 반응 = 싫증 예 그는 하고 있는 일에 염증을 느끼고 있다.
炎症	염증(불탈 염, 증세 증)	생체 조직이 손상을 입었을 때에 체내에서 일어나는 방어적 반응 예 상처가 덧나 염증이 생겼다.
叡智	예지(밝을 예, 지혜 지)	사물의 이치를 꿰뚫어 보는 지혜롭고 밝은 마음 예 그는 많은 지식을 배우고 체득함으로써 생활의 예지를 얻었다.
嗚咽	오열(탄식소리 오, 목멜 열)	목메어 욺. 또는 그런 울음 예 그는 부모님의 사망을 알고 오열했다.
惡寒	오한(미워할 오, 찰 한)	몸이 오슬오슬 춥고 떨리는 증상 예 감기라도 걸렸는지 오한이 들었다.
療法	요법(병 고칠 요, 법도 법)	병을 고치는 방법 예 식사 요법 / 한방 요법
運命	운명(운전할 운, 목숨 명)	• 인간을 포함한 모든 것을 지배하는 초인간적인 힘. 또는 그것에 의하여 이미 정하여져 있는 목숨이나 처지 예 앞으로의 일은 운명에 맡기겠다. • 앞으로의 생사나 존망에 관한 처지 예 그의 결정에 가족의 운명이 달려 있다.
鬱寂	울적(막힐 울, 고요할 적)	마음이 답답하고 쓸쓸하다. 예 마음이 울적하다.
歪曲	왜곡(비뚤 왜, 굽을 곡)	사실과 다르게 해석하거나 그릇되게 함 예 일본은 역사 왜곡을 통해 과거를 미화하고 있다.

OX 문제

01 제품의 광고가 큰 인기를 얻으면서 제품 문의 전화가 <u>쇄도(殺到)</u>했다. ( )

02 이런 보석을 눈에 띄게 지니고 있으면 도둑에게 빼앗기기 <u>십상(十常)</u>이다. ( )

03 그는 취업 <u>알선(斡旋)</u> 업체를 운영하고 있다. ( )

정답 01 ○ 02 ○ 03 ○

확인 문제   20 국가직 9급

밑줄 친 말의 의미와 거리가 먼 것은?

• 넌 얼마나 <u>오지랖이 넓기</u>에 남의 일에 그렇게 미주알고주알 캐는 거냐?
• 강쇠네는 입이 재고 무슨 일에나 <u>오지랖이 넓었지만</u>, 무작정 덤벙거리고만 다니는 새줄랑이는 아니었다.

① 謁見   ② 干涉
③ 參見   ④ 干與

정답 ①

해설 '오지랖이 넓다'는 '쓸데없이 지나치게 아무 일에나 참견하는 면이 있다.'는 의미이다. 따라서 '지체가 높고 귀한 사람을 찾아가 뵘'을 의미하는 '謁見(알현)'과는 맞지 않는다.
② 干涉(간섭): 직접 관계가 없는 남의 일에 부당하게 참견함
③ 參見(참견): 자기와 별로 관계없는 일이나 말 따위에 끼어들어 쓸데없이 아는 체하거나 이래라저래라 함
④ 干與(간여): 어떤 일에 간섭하여 참여함

萎縮	위축(시들 위, 오그라들 축)	• 마르거나 시들어서 우그러지고 쭈그러듦 • 어떤 힘에 눌려 졸아들고 기를 펴지 못함 예 불황으로 인해 경제 활동이 위축되었다.
委託	위탁(맡길 위, 부탁할 탁)	남에게 사물이나 사람의 책임을 맡김 예 우리 부부는 아이를 부모님께 위탁하였다.
紐帶	유대(맬 유, 띠 대)	끈과 띠라는 뜻으로, 둘 이상을 서로 연결하거나 결합하게 하는 것. 또는 그런 관계 예 그들은 유대 의식을 가지고 있다.
誘導	유도(꾈 유, 이끌 도)	사람이나 물건을 목적한 장소나 방향으로 이끎 예 교통 법규 위반 차량을 길가로 유도하였다.
有名稅	유명세(있을 유, 이름 명, 세금 세)	세상에 이름이 널리 알려져 있는 탓으로 당하는 불편이나 곤욕을 속되게 이르는 말 예 유명세를 치르다.
流星	유성(흐를 유, 별 성)	지구의 대기권 안으로 들어와 빛을 내며 떨어지는 작은 물체 예 하늘에서 유성이 떨어졌다.
遊說	유세(놀 유, 달랠 세)	자기 의견 또는 자기 소속 정당의 주장을 선전하며 돌아다님 예 국회의원 선거를 앞두고 후보자들의 유세가 한창이다.
流言蜚語	유언비어(흐를 유, 말씀 언, 바퀴 비, 말씀 어)	아무 근거 없이 널리 퍼진 소문 예 선거철에는 종종 상대 후보를 비방하는 유언비어가 퍼지곤 한다.
隱匿	은닉(숨을 은, 숨길 닉)	남의 물건이나 범죄인을 감춤 예 범죄자의 은닉을 도와준 사람도 처벌받을 수 있다.
凝視	응시(엉길 응, 볼 시)	눈길을 모아 한 곳을 똑바로 바라봄 예 그는 아무 말 없이 허공을 응시했다.
履行	이행(신 이, 다닐 행)	실제로 행함 예 자신의 의무를 이행해야 한다.
移行	이행(옮길 이, 다닐 행)	다른 상태로 옮아감 예 경제의 발달로 새로운 사회로 이행하고 있다.
匿名	익명(숨길 익, 이름 명)	이름을 숨김. 또는 숨긴 이름이나 그 대신 쓰는 이름 예 그는 익명의 편지를 받았다.
認識	인식(알 인, 알 식)	사물을 분별하고 판단하여 앎 예 아직은 쓰레기 분리수거에 대한 인식이 부족하다.
一旦	일단(하나 일, 아침 단)	우선 먼저, 우선 잠깐, 만일에 한번 예 아프면 일단 병원부터 가자.
資料	자료(재물 자, 되질할 료)	연구나 조사 따위의 바탕이 되는 재료 예 레포트 작성을 위해 관련 자료를 검색했다.
藉勢	자세(깔개 자, 기세 세)	어떤 권력이나 세력 또는 특수한 조건을 믿고 세도를 부림 예 그는 자신의 부귀함을 자세하여 부인과 처 부모를 업신여겼다.
灼熱	작열(사를 작, 더울 열)	불 따위가 이글이글 뜨겁게 타오름 예 한낮의 태양이 사막마냥 뜨겁게 작열하고 있다.
長廣舌	장광설(길 장, 넓을 광, 혀 설)	• 길고도 세차게 잘하는 말솜씨 • 쓸데없이 장황하게 늘어놓는 말 예 그는 쓸데없이 장광설을 늘어놓아 사람을 지치게 만들었다.
裁量	재량(마를 재, 헤아릴 량)	• 자기의 생각과 판단에 따라 일을 처리함 예 이 일은 너의 재량에 맡길게. • 『행정』 행정청이 공익이나 행정의 목적에 보다 적합한 것이 무엇인지를 판단하는 행위 예 자유재량

○×문제

01 그의 업무 환경은 매우 열악(裂惡)하다.
( )

02 그는 형의 사망 소식을 듣자 오열(嗚烈)했다. ( )

03 일본은 역사 왜곡(歪曲)을 통해 과거를 부정하고 있다. ( )

04 범죄자의 은닉(隱匿)을 도와주면 같이 처벌받을 수 있다. ( )

정답 01 × 02 × 03 ○ 04 ○

抵觸	저촉(거스를 저, 닿을 촉)	• 서로 부딪치거나 모순됨 • 법률이나 규칙 따위에 위반되거나 어긋남 예 그 행위는 법에 저촉된다.
摘出	적출(딸 적, 날 출)	• 끄집어내거나 솎아 냄 • 감추어져 있던 것을 들추어냄
前揭	전게(앞 전, 들 게)	앞에서 게재함 예 더 자세한 내용은 전게한 논문을 참조하세요.
展示	전시(펼 전, 보일 시)	여러 가지 물품을 한곳에 벌여 놓고 보임 예 이번 미술전은 공모전의 입상작을 전시하고 있다.
傳播	전파(전할 전, 뿌릴 파)	전하여 널리 퍼뜨림 예 매체의 발달로 온갖 정보가 빠른 속도로 전파되고 있다.
情況	정황(뜻 정, 하물며 황)	일의 사정과 상황 예 그가 불법적인 선물을 받은 정황이 있다.
提示	제시(끌 제, 보일 시)	• 어떠한 의사를 말이나 글로 나타내어 보임 예 사건 해결 방법에 대한 의견을 제시하였다. • 검사나 검열 따위를 위하여 물품을 내어 보임 예 경찰은 수색을 위한 영장을 제시하였다.
提唱	제창(끌 제, 부를 창)	어떤 일을 처음 내놓아 주장함
齊唱	제창(가지런할 제, 부를 창)	여러 사람이 다 같이 큰 소리로 외침 예 우리 반 학생들은 다같이 힘차게 구호를 제창하였다.
從屬	종속(좇을 종, 무리 속)	자주성이 없이 주가 되는 것에 딸려 붙음 예 그 나라는 이웃나라에 경제적으로 종속되어 있다.
準備	준비(법도 준, 갖출 비)	미리 마련하여 갖춤 예 여행 떠날 준비를 하며 가슴이 설렜다.
證券	증권(증거 증, 문서 권)	증거가 되는 문서나 서류. '유가 증권'을 일상적으로 이르는 말 예 보험금 신청을 위해 보험 증권을 찾았다.
止揚	지양(그칠 지, 오를 양)	더 높은 단계로 오르기 위하여 어떠한 것을 하지 아니함 예 살을 빼려면 야식 먹는 것을 지양해야 한다.
支持	지지(지탱할 지, 가질 지)	• 어떤 사람이나 단체 따위의 주의·정책·의견 따위에 찬동하여 이를 위하여 힘을 씀. 또는 그 원조 예 지지 세력 • 무거운 물건을 받치거나 버팀
志向	지향(뜻 지, 향할 향)	어떤 목표로 뜻이 쏠리어 향함. 또는 그 방향이나 그쪽으로 쏠리는 의지 예 그는 도전보다 안정을 지향한다.
陳述	진술(늘어놓을 진, 지을 술)	• 일이나 상황에 대하여 자세하게 이야기함. 또는 그런 이야기 예 여러 사람에게 자신의 의견을 진술하였다. • 형사 소송에서, 당사자·증인·감정인이 관계 사항을 구술 또는 서면으로 알리는 일 예 경찰이 범행에 대한 진술 조서를 작성했다.
桎梏	질곡(차꼬 질, 수갑 곡)	• 옛 형구인 차꼬와 수갑을 아울러 이르는 말 • 몹시 속박하여 자유를 가질 수 없는 고통의 상태를 비유적으로 이르는 말 예 질곡에 빠졌다.
集中	집중(모을 집, 가운데 중)	• 한곳을 중심으로 하여 모임. 또는 그렇게 모음 예 그의 행동에 모든 이의 시선이 집중되었다. • 한 가지 일에 모든 힘을 쏟아부음 예 레포트 완성을 위해 정신을 집중하였다.
叱責	질책(꾸짖을 질, 꾸짖을 책)	꾸짖어 나무람 예 그는 상사로부터 호된 질책을 받았다.

OX 문제

01 보고서 작성을 위해 관련 **자료(資科)**를 찾아야 한다. ( )

02 이 일은 너의 **재량(載量)**에 맡기겠다. ( )

03 사건 해결을 위한 방법을 **제시(提矢)** 하였다. ( )

정답 01 × 02 × 03 ×

확인 문제   17 지방직 9급

밑줄 친 말을 한자로 바르게 표기한 것은?

• 지루한 ㉠ 장광설로 인해 관중들은 하나씩 자리를 뜨기 시작했다.
• 정보화 사회일수록 ㉡ 유언비어가 떠돌 수 있는 가능성도 높다.
• 잘못을 저질렀다면 궁색한 ㉢ 변명보다 정직한 시인이 현명한 대응이다

	㉠	㉡	㉢
①	長廣舌	流言蜚語	辨明
②	長廣舌	流言非語	辯明
③	長廣說	流言蜚語	辯明
④	長廣說	流言非語	辨明

정답 ①

해설 ㉠ 長廣舌(길 장, 넓을 광, 혀 설): 쓸데없이 장황하게 늘어놓는 말
㉡ 流言蜚語(흐를 유, 말씀 언, 바퀴 비, 말씀 어): 아무 근거 없이 널리 퍼진 소문
㉢ 辨明(분별할 변, 밝을 명): 어떤 잘못이나 실수에 대하여 구실을 대며 그 까닭을 말함

借用	차용(빌릴 차, 쓸 용)	돈이나 물건 따위를 빌려서 씀 **예** 돈을 빌리고 차용 문서를 작성했다.
且置	차치(또 차, 둘 치)	내버려 두고 문제 삼지 아니함 **늑** 차치물론 **예** 다른 건 차치하더라도, 이 문제는 반드시 해결하고 넘어가야 한다.
斬新 / 嶄新	참신(벨 참, 새로울 신 / 가파를 참, 새로울 신)	새롭고 산뜻하다. **예** 참신한 디자인이 필요하다.
悽慘	처참(슬퍼할 처, 참혹할 참)	몸서리칠 정도로 슬프고 끔찍하다. **예** 그는 누명을 쓰고 처참하게 죽었다.
捷徑	첩경(이길 첩, 지름길 경)	• 멀리 돌지 않고 가깝게 질러 통하는 길 • 가장 쉽고 빠른 방법을 비유적으로 이르는 말 **예** 성실함은 성공에 이르는 첩경이다.
淸澄	청징(맑을 청, 맑을 징)	청징하다: 맑고 깨끗하다. **예** 한없이 청징한 대기
最近	최근(가장 최, 가까울 근)	• 얼마 되지 않은 지나간 날부터 현재 또는 바로 직전까지의 기간 **예** 최근 경제 동향을 분석했다. • 거리 따위가 가장 가까움 **예** 최근 거리
推薦	추천(옮길 추, 드릴 천)	어떤 조건에 적합한 대상을 책임지고 소개함 **예** 신입 사원을 추천 받았다.
充溢	충일(가득할 충, 넘칠 일)	가득 채워져 넘치게 되다. **예** 그의 삶은 문학에 대한 열정으로 충일되어 있었다.
熾烈	치열(성할 치, 세찰 열)	기세나 세력 따위가 불길같이 맹렬함 **예** 선수 간의 우승 경쟁이 치열하다.
沈默	침묵(잠길 침, 잠잠할 묵)	• 아무 말도 없이 잠잠히 있음. 또는 그런 상태 **예** 침묵을 깨뜨리다. • 정적(靜寂)이 흐름. 또는 그런 상태 **예** 침묵에 빠졌다. • 어떤 일에 대하여 그 내용을 밝히지 아니하거나 비밀을 지킴. 또는 그런 상태
沈滯	침체(잠길 침, 막힐 체)	어떤 현상이나 사물이 진전하지 못하고 제자리에 머무름 **예** 경기 침체가 장기화되고 있다.
墮落	타락(떨어질 타, 떨어질 락)	올바른 길에서 벗어나 잘못된 길로 빠지는 일 **예** 오랫동안 집을 떠나 있으면서 그는 점점 타락의 길로 빠졌다.
妥協	타협(온당할 타, 도울 협)	어떤 일을 서로 양보하여 협의함 **예** 양사 간에 타협이 이루어졌다.
拓本	탁본(박을 탁, 근본 본)	비석, 기와, 기물 따위에 새겨진 글씨나 무늬를 종이에 그대로 떠냄. 또는 그렇게 떠낸 종이 **예** 비석의 탁본을 떴다.
態度	태도(모양 태, 법도 도)	• 몸의 동작이나 몸을 가누는 모양새 **예** 그는 군인다운 태도가 몸에 배어 있다. • 어떤 일이나 상황 따위를 대하는 마음가짐. 또는 그 마음가짐이 드러난 자세 **예** 그는 미래에 대해 비관적인 태도를 가지고 있다. • 어떤 일이나 상황 따위에 대해 취하는 입장 **예** 이 사건에 대해 우리는 기존의 태도를 유지할 것이다.
討議	토의(칠 토, 의논할 의)	어떤 문제에 대하여 검토하고 협의함 **예** 사건 해결을 위해 오랫동안 토의하였다.
洞察	통찰(꿰뚫을 통, 살필 찰)	예리한 관찰력으로 사물을 꿰뚫어 봄 **예** 그는 깊은 통찰을 통해 사물의 본질을 파악하는 데 능하다.

○✕ 문제

01 이번 법안을 <u>지지(支指)</u>하는 사람들이 많다. ( )

02 그는 상사로부터 호된 <u>질책(叱責)</u>을 받았다. ( )

03 돈을 빌린 후 이에 대한 <u>차용(借用)</u> 문서를 작성했다. ( )

04 <u>참신(斬新)</u>한 디자인이 필요하다. ( )

05 이번 프로젝트를 위해 기획력이 좋은 직원을 <u>추천(推鹿)</u>받았다. ( )

정답 01 ✕ 02 ○ 03 ○ 04 ○ 05 ✕

把握	파악(잡을 파, 쥘 악)	• 손으로 잡아 쥠 • 어떤 대상의 내용이나 본질을 확실하게 이해하여 앎 <u>예</u> 그는 눈치가 없어 분위기 파악을 잘 못 한다.
破綻	파탄(깨뜨릴 파, 터질 탄)	• 찢어져 터짐 • 일이나 계획 따위가 원만하게 진행되지 못하고 중도에서 어긋나 깨짐 <u>예</u> 우리 가정은 파탄 위기를 맞았다.
覇氣	패기(으뜸 패, 기운 기)	어떤 어려운 일이라도 해내려는 굳센 기상이나 정신 <u>예</u> 그는 젊고 패기가 넘쳤다.
敗北	패배(패할 패, 패할 배)	겨루어서 짐 <u>예</u> 우리 팀은 참담한 패배를 당했다.
貶下	폄하(떨어뜨릴 폄, 아래 하)	가치를 깎아내림 <u>예</u> 그의 나이가 어리다고 그 작품을 폄하할 순 없다.
捕捉	포착(사로잡을 포, 잡을 착)	• 꼭 붙잡음 • 요점이나 요령을 얻음 <u>예</u> 그는 요점을 잘 포착한다. • 어떤 기회나 정세를 알아차림 <u>예</u> 정찰을 통해 적의 움직임을 포착했다.
褒貶	포폄(기릴 포, 떨어뜨릴 폄)	옳고 그름이나 선하고 악함을 판단하여 결정함 <u>예</u> 관리에 대한 포폄을 공정하게 행해야 한다.
標識	표지(표 표, 기록할 지)	표시나 특징으로 어떤 사물을 다른 것과 구별하게 함. 또는 그 표시나 특징 <u>예</u> 이곳은 공사중이므로 통행금지 표지를 붙여야 한다.
諷刺	풍자(욀 풍, 찌를 자)	남의 결점을 다른 것에 빗대어 비웃으면서 폭로하고 공격함 <u>예</u> 그들의 이야기는 사회에 대한 풍자를 가득 담고 있다.
合唱	합창(합할 합, 부를 창)	여러 사람이 목소리를 맞추어서 노래를 부름. 또는 그 노래 <u>예</u> 전교생이 교가를 합창하였다.
行列	항렬(항렬 항, 벌일 렬)	같은 혈족의 직계에서 갈라져 나간 계통 사이의 대수 관계를 나타내는 말 <u>예</u> 그는 나보다 항렬이 낮다.
亢星	항성(목 항, 별 성)	이십팔수의 둘째 별자리에 있는 별들
恒星	항성(항상 항, 별 성)	천구 위에서 서로의 상대 위치를 바꾸지 아니하고 별자리를 구성하는 별(북극성, 북두칠성, 삼태성, 견우성, 직녀성 등)
該當	해당(갖출 해, 마땅할 당)	• 무엇에 관계되는 바로 그것 <u>예</u> 해당 부서 • 어떤 범위나 조건 따위에 바로 들어맞음 <u>예</u> 네 경우는 지원 조건에 해당 사항이 없다.
懈怠	해태(게으를 해, 게으를 태)	• 행동이 느리고 움직이거나 일하기를 싫어하는 태도나 버릇 • 어떤 법률 행위를 할 기일을 이유 없이 넘겨 책임을 다하지 아니하는 일 <u>예</u> 감사원은 조사를 통해 일부 공무원들의 업무 해태 사실을 발견했다.
行星	행성(다닐 행, 별 성)	중심 별의 강한 인력의 영향으로 타원 궤도를 그리며 중심 별의 주위를 도는 천체
協商	협상(도울 협, 장사 상)	• 어떤 목적에 부합되는 결정을 하기 위하여 여럿이 서로 의논함 <u>예</u> 드디어 임금 협상이 타결되었다. • 둘 이상의 나라가 통첩(通牒), 서한(書翰) 따위의 외교 문서를 교환하여 어떤 일에 대하여 약속하는 일. 또는 그런 약식 조약
協助	협조(도울 협, 도울 조)	힘을 보태어 도움 <u>예</u> 그는 관련 기관에 협조를 요청하였다.
協奏	협주(도울 협, 아뢸 주)	독주 악기와 관현악이 합주하면서 독주 악기의 기교가 돋보이게 연주함. 또는 그런 연주 <u>예</u> 이번 연주회에서는 유명한 바이올리니스트가 협주했다.

확인 문제   17 서울시 9급

다음 밑줄 친 단어의 한자어로 적합한 것은?

<u>토의</u>는 최적의 해결 방안을 선택하기 위한 공동의 <u>사고</u> 과정이다. 이 과정이 효율적으로 진행되기 위해서는 공동체가 해결해야 할 문제와 문제의 원인을 인식하고 가능한 대안들을 도출해야 한다. 그리고 대안의 <u>선택</u>에 필요한 판단 <u>준거</u>를 토대로 대안을 분석해 최적의 대안을 선택해야 한다.

① 토의 – 討義   ② 사고 – 思考
③ 선택 – 先擇   ④ 준거 – 準擧

정답 ②

해설 ① 討議(칠 토, 의논할 의)
③ 選擇(가릴 선, 가릴 택)
④ 準據(법도 준, 의거할 거)

糊塗	호도(풀 호, 진흙 도)	풀을 바른다는 뜻으로, 명확하게 결말을 내지 않고 일시적으로 감추거나 흐지부지 덮어 버림을 비유적으로 이르는 말 예 그렇게 사건의 본질을 호도하면 안 돼.
混沌 / 渾沌	혼돈(섞을 혼, 어두울 돈 / 흐릴 혼, 어두울 돈)	마구 뒤섞여 있어 갈피를 잡을 수 없음. 또는 그런 상태 예 그는 혼돈에 빠졌다.
混同	혼동(섞을 혼, 같을 동)	구별하지 못하고 뒤섞어서 생각함 예 그들 쌍둥이는 너무 비슷해서 사람들이 종종 혼동했다.
混亂	혼란(섞을 혼, 어지러울 란)	뒤죽박죽이 되어 어지럽고 질서가 없음 예 범죄가 늘어나면서 사회 혼란이 심해지고 있다.
華麗	화려(빛날 화, 고울 려)	• 환하게 빛나며 곱고 아름답다. 예 의상이 화려하다. • 어떤 일이나 생활 따위가 보통 사람들이 누리기 어려울 만큼 대단하거나 사치스럽다. 예 그는 어렸을 때부터 화려한 스타의 삶을 동경했다.
火葬	화장(불 화, 장사지낼 장)	시체를 불에 살라 장사 지냄
廓正	확정(넓을 확, 바를 정)	잘못을 바로잡다. 예 과거의 잘못을 확정해야 한다.
劃策	획책(새길 획, 꾀 책)	어떤 일을 꾸미거나 꾀함. 또는 그런 꾀 예 획책을 꾸몄다.
喧譁	훤화(지껄일 훤, 시끄러울 화)	시끄럽게 지껄이며 떠듦 예 수업 시간에는 훤화를 금한다.
膾炙	회자(회 회, 구울 자)	회와 구운 고기라는 뜻으로, 칭찬을 받으며 사람의 입에 자주 오르내림을 이르는 말 예 그의 작품은 아직까지 많은 사람 사이에 회자되고 있다.
橫說豎說	횡설수설(가로 횡, 말씀 설, 설 수, 말씀 설)	조리가 없이 말을 이러쿵저러쿵 지껄임 예 그는 아직도 잠에서 덜 깼는지 횡설수설했다.
携帶	휴대(가질 휴, 띠 대)	손에 들거나 몸에 지니고 다님 예 이 우산은 작고 가벼워서 휴대하기 좋다.
稀釋	희석(드물 희, 풀 석)	용액에 물이나 다른 용매를 더하여 농도를 묽게 함

03 한자성어

1. 주제별 한자성어

(1) 진정한 친구

肝膽相照	간담상조(간 간, 쓸개 담, 서로 상, 비출 조)	서로 속마음을 털어놓고 친하게 사귐
管鮑之交	관포지교(피리 관, 절인 어물 포, 갈 지, 사귈 교)	관중과 포숙의 사귐이란 뜻으로, 우정이 아주 돈독한 친구 관계를 이르는 말
金蘭之交	금란지교(쇠 금, 난초 란, 갈 지, 사귈 교)	쇠처럼 단단하고 난초 향기처럼 그윽한 사귐의 의리를 맺는다는 뜻으로, 친구 사이의 매우 두터운 정을 이르는 말 [=금란지계(金蘭之契)]
金石之交	금석지교(쇠 금, 돌 석, 갈 지, 사귈 교)	쇠나 돌처럼 굳고 변함없는 사귐

◯✕ 문제

01 그는 신중하기 위해 침묵(沈黙)을 지켰다. ( )

02 그는 눈치가 없어 분위기 파악(把握)을 잘 못 한다. ( )

03 그는 관련 부서에 업무 협조(協調)를 요청했다. ( )

04 그는 화려(華麗)한 화장이 잘 어울린다. ( )

정답 01 ◯ 02 ◯ 03 ✕ 04 ◯

莫逆之間	막역지간(없을 막, 거스를 역, 갈 지, 사이 간)	서로 거스르지 않는 사이라는 뜻으로, 허물이 없는 아주 친한 사이를 이르는 말
莫逆之友	막역지우(없을 막, 거스를 역, 갈 지, 벗 우)	서로 거스름이 없는 친구라는 뜻으로, 허물이 없이 아주 친한 친구를 이르는 말
刎頸之交	문경지교(목벨 문, 목 경, 갈 지, 사귈 교)	서로를 위해서라면 목이 잘린다 해도 후회하지 않을 정도의 사이라는 뜻으로, 생사를 같이할 수 있는 아주 가까운 사이, 또는 그런 친구를 이르는 말. 중국 전국 시대의 인상여(藺相如)와 염파(廉頗)의 고사에서 유래하였다.
伯牙絕絃	백아절현(맏 백, 어금니 아, 끊을 절, 악기 줄 현)	자기를 알아주는 참다운 벗의 죽음을 슬퍼함. 중국 춘추 시대에 백아(伯牙)는 거문고를 매우 잘 탔고 그의 벗 종자기(鍾子期)는 그 거문고 소리를 잘 들었는데, 종자기가 죽어 그 거문고 소리를 들을 사람이 없게 되자 백아가 절망하여 거문고 줄을 끊어 버리고 다시는 거문고를 타지 않았다는 데서 유래한다.
松茂栢悅	송무백열(소나무 송, 무성할 무, 측백 백, 기쁠 열)	소나무가 무성하면 잣나무가 기뻐한다는 뜻으로, 벗이 잘되는 것을 기뻐함을 비유적으로 이르는 말
水魚之交	수어지교(물 수, 물고기 어, 갈 지, 사귈 교)	물이 없으면 살 수 없는 물고기와 물의 관계라는 뜻으로, 아주 친밀하여 떨어질 수 없는 사이를 비유적으로 이르는 말
芝蘭之交	지란지교(지초 지, 난초 란, 갈 지, 사귈 교)	지초(芝草)와 난초(蘭草)의 교제라는 뜻으로, 벗 사이의 맑고도 고귀한 사귐을 이르는 말
芝蘭之化	지란지화(지초 지, 난초 란, 갈 지, 될 화)	지초와 난초의 감화라는 뜻으로, 좋은 친구와 사귀면 자연히 그 아름다운 덕에 감화됨을 이르는 말
竹馬故友	죽마고우(대 죽, 말 마, 옛 고, 벗 우)	대말을 타고 놀던 벗이라는 뜻으로, 어릴 때부터 같이 놀며 자란 벗
知音	지음(알 지, 소리 음)	마음이 서로 통하는 친한 벗을 비유적으로 이르는 말. 거문고의 명인 백아가 자기의 소리를 잘 이해해 준 벗 종자기가 죽자 자신의 거문고 소리를 아는 자가 없다고 하여 거문고 줄을 끊었다는 데서 유래한다.

(2) 위태로운 형세

累卵之勢	누란지세(묶을 누, 알 란, 갈 지, 기세 세)	층층이 쌓아 놓은 알의 형세라는 뜻으로, 몹시 위태로운 형세를 비유적으로 이르는 말
百尺竿頭	백척간두(일백 백, 자 척, 낚싯대 간, 머리 두)	백 자나 되는 높은 장대 위에 올라섰다는 뜻으로, 몹시 어렵고 위태로운 지경을 이르는 말
如履薄氷	여리박빙(같을 여, 신 리, 얇을 박, 얼음 빙)	살얼음을 밟는 것과 같다는 뜻으로, 아슬아슬하고 위험한 일을 비유적으로 이르는 말
危機一髮	위기일발(위태할 위, 틀 기, 하나 일, 터럭 발)	여유가 조금도 없이 몹시 절박한 순간
一觸卽發	일촉즉발(하나 일, 닿을 촉, 곧 즉, 필 발)	한 번 건드리기만 해도 폭발할 것같이 몹시 위급한 상태
焦眉之急	초미지급(그을릴 초, 눈썹 미, 갈 지, 급할 급)	눈썹에 불이 붙었다는 뜻으로, 매우 급함을 이르는 말
風前燈火	풍전등화(바람 풍, 앞 전, 등잔 등, 불 화)	바람 앞의 등불이라는 뜻으로, 사물이 매우 위태로운 처지에 놓여 있음을 비유적으로 이르는 말

확인 문제　　19 서울시 7급

사자성어 중 뜻이 나머지와 가장 다른 하나는?

① 지란지교(芝蘭之交)
② 금란지계(金蘭之契)
③ 문경지교(刎頸之交)
④ 단순호치(丹脣皓齒)

정답 ④

해설 '단순호치(丹脣皓齒)'는 '붉은 입술과 하얀 치아'라는 뜻으로, 아름다운 여자를 이르는 말'이다. 나머지 사자성어는 모두 친구와의 사귐을 나타내는 말이다.

(3) 마음에서 마음으로 전함

教外別傳	교외별전(가르칠 교, 바깥 외, 다를 별, 전할 전)	선종에서, 부처의 가르침을 말이나 글에 의하지 않고 바로 마음에서 마음으로 전하여 진리를 깨닫게 하는 법
拈華微笑	염화미소(집을 념, 빛날 화, 작을 미, 웃을 소)	말로 통하지 아니하고 마음에서 마음으로 전하는 일. 석가모니가 영산회(靈山會)에서 연꽃 한 송이를 대중에게 보이자 마하가섭만이 그 뜻을 깨닫고 미소 지으므로 그에게 불교의 진리를 주었다고 하는 데서 유래한다.
不立文字	불립문자(아닐 불, 설 립, 글월 문, 글자 자)	불도의 깨달음은 마음에서 마음으로 전하는 것이므로 말이나 글에 의지하지 않는다는 말
心心相印	심심상인(마음 심, 마음 심, 서로 상, 도장 인)	말없이 마음과 마음으로 뜻을 전함 = 이심전심(以心傳心)
以心傳心	이심전심(써 이, 마음 심, 전할 전, 마음 심)	마음과 마음으로 서로 뜻이 통함

(4) 학문하는 노력

發憤忘食	발분망식(필 발, 성낼 분, 잊을 망, 먹을 식)	끼니까지도 잊을 정도로 어떤 일에 열중하여 노력함
手不釋卷	수불석권(손 수, 아닐 불, 풀 석, 책 권)	손에서 책을 놓지 아니하고 늘 글을 읽음
如鳥數飛	여조삭비(같을 여, 새 조, 자주 삭, 날 비)	새가 하늘을 날기 위해 자주 날갯짓하는 것과 같다는 뜻으로, 배우기를 쉬지 않고 끊임없이 연습(練習)하고 익힘
自強不息	자강불식(스스로 자, 강할 강, 아닐 불, 숨쉴 식)	스스로 힘써 몸과 마음을 가다듬어 쉬지 아니함
切磋琢磨	절차탁마(끊을 절, 갈 차, 쪼을 탁, 갈 마)	옥이나 돌 따위를 갈고 닦아서 빛을 낸다는 뜻으로, 부지런히 학문과 덕행을 닦음을 이르는 말
走馬加鞭	주마가편(달릴 주, 말 마, 더할 가, 채찍 편)	달리는 말에 채찍질한다는 뜻으로, 잘하는 사람을 더욱 장려함을 이르는 말
車胤聚螢	차윤취형(수레 차, 이을 윤, 모일 취, 개똥벌레 형)	차윤이 반딧불이를 모아 그 빛으로 글을 읽었다는 고사
螢雪之功	형설지공(개똥벌레 형, 눈 설, 갈 지, 공 공)	반딧불·눈과 함께 하는 노력이라는 뜻으로, 고생을 하면서 부지런하고 꾸준하게 공부하는 자세를 이르는 말. 차윤이 반딧불이를 모아 그 빛으로 글을 읽었다는 고사에서 왔음

OX 문제

01 肝膽相照: 서로 속마음을 털어놓고 친하게 사귐　　　　　　　( )

02 伯牙絕絃: 자기를 알아주는 참다운 벗의 죽음을 슬퍼함　　　　( )

03 水魚之交: 말하지 않아도 상대를 이해할 수 있을 정도로 깊이 사귐　( )

04 知音: 같은 음악을 연주하는 상대( )

정답 01 ○ 02 ○ 03 × 04 ×

(5) 불행

鷄卵有骨	계란유골(닭 계, 알 란, 있을 유, 뼈 골)	달걀에도 뼈가 있다는 뜻으로, 운수가 나쁜 사람은 모처럼 좋은 기회를 만나도 역시 일이 잘 안됨을 이르는 말
雪上加霜	설상가상(눈 설, 위 상, 더할 가, 서리 상)	눈 위에 서리가 덮인다는 뜻으로, 난처한 일이나 불행한 일이 잇따라 일어남을 이르는 말
十顚九倒	십전구도(열 십, 머리 전, 아홉 구, 넘어질 도)	일곱 번 구르고 여덟 번 거꾸러진다는 뜻으로, 수없이 실패를 거듭하거나 매우 심하게 고생함을 이르는 말
前虎後狼	전호후랑(앞 전, 범 호, 뒤 후, 이리 랑)	앞문에서 호랑이를 막고 있으려니까 뒷문으로 이리가 들어온다는 뜻으로, 재앙이 끊일 사이 없이 닥침을 비유적으로 이르는 말
七顚八倒	칠전팔도(일곱 칠, 머리 전, 여덟 팔, 넘어질 도)	일곱 번 구르고 여덟 번 거꾸러진다는 뜻으로, 수없이 실패를 거듭하거나 매우 심하게 고생함을 이르는 말

(6) 뛰어난 인재

干城之材	간성지재(방패 간, 재 성, 갈 지, 재목 재)	나라를 지키는 믿음직한 인재
股肱之臣	고굉지신(넓적다리 고, 팔뚝 굉, 갈 지, 신하 신)	다리와 팔같이 중요한 신하라는 뜻으로, 임금이 가장 신임하는 신하를 이르는 말
群鷄一鶴	군계일학(무리 군, 닭 계, 하나 일, 학 학)	닭의 무리 가운데에서 한 마리의 학이란 뜻으로, 많은 사람 가운데서 뛰어난 인물을 이르는 말
囊中之錐	낭중지추(주머니 낭, 가운데 중, 갈 지, 송곳 추)	주머니 속의 송곳이라는 뜻으로, 재능이 뛰어난 사람은 숨어 있어도 저절로 사람들에게 알려짐을 이르는 말
棟梁之材	동량지재(마룻대 동, 들보 량, 갈 지, 재목 재)	마룻대와 들보로 쓸 만한 재목이라는 뜻으로, 집안이나 나라를 떠받치는 중대한 일을 맡을 만한 인재를 이르는 말
白眉	백미(흰 백, 눈썹 미)	흰 눈썹이라는 뜻으로, 여럿 가운데에서 가장 뛰어난 사람이나 훌륭한 물건을 비유적으로 이르는 말. 중국 촉한(蜀漢) 때 마씨(馬氏) 다섯 형제가 모두 재주가 있었는데 그중에서도 눈썹 속에 흰 털이 난 마량(馬良)이 가장 뛰어났다는 데서 유래한다.
社稷之臣	사직지신(모일 사, 기장 직, 갈 지, 신하 신)	나라의 안위(安危)와 존망(存亡)을 맡은 중신(重臣)
柱石之臣	주석지신(기둥 주, 돌 석, 갈 지, 신하 신)	나라에 중요한 구실을 하는 신하
鐵中錚錚	철중쟁쟁(쇠 철, 가운데 중, 쇳소리 쟁, 쇳소리 쟁)	여러 쇠붙이 가운데서도 유난히 맑게 쟁그랑거리는 소리가 난다는 뜻으로, 같은 무리 가운데서도 가장 뛰어남. 또는 그런 사람을 이르는 말
泰斗	태두(클 태, 말 두)	어떤 분야에서 가장 권위가 있는 사람을 비유적으로 이르는 말

○※ 문제

01 累卵之勢: 어려서부터의 오래된 사귐을 나타내는 말 ( )

02 不立文字: 불도의 깨달음은 마음에서 마음으로 전하는 것이므로 말이나 글에 의지하지 않는다는 말 ( )

03 手不釋卷: 손을 대면 바로 터질 것 같은 위험한 상황 ( )

04 走馬加鞭: 잘하는 사람을 더욱 장려함을 이르는 말 ( )

정답 01 × 02 ○ 03 × 04 ○

(7) 이러지도 저러지도 못하는 상황

鷄肋	계륵(닭 계, 갈빗대 륵)	닭의 갈비라는 뜻으로, 그다지 큰 소용은 없으나 버리기에는 아까운 것을 이르는 말
狼狽不堪	낭패불감(이리 낭, 이리 패, 아니 불, 견딜 감)	난감한 처지에 있음 = 진퇴양난(進退兩難)
四面楚歌	사면초가(넉 사, 낯 면, 가시나무 초, 노래 가)	아무에게도 도움을 받지 못하는, 외롭고 곤란한 지경에 빠진 형편을 이르는 말. 초나라 항우가 사면을 둘러싼 한나라 군사 쪽에서 들려오는 초나라의 노랫소리를 듣고 초나라 군사가 이미 항복한 줄 알고 놀랐다는 데서 유래한다.
輾轉反側	전전반측(구를 전, 구를 전, 돌이킬 반, 곁 측)	누워서 몸을 이리저리 뒤척이며 잠을 이루지 못함
進退兩難	진퇴양난(나아갈 진, 물러날 퇴, 두 양, 어려울 난)	이러지도 저러지도 못하는 어려운 처지
進退維谷	진퇴유곡(나아갈 진, 물러날 퇴, 바 유, 골 곡)	이러지도 저러지도 못하고 꼼짝할 수 없는 궁지

(8) 원수지간

犬猿之間	견원지간(개 견, 원숭이 원, 갈 지, 사이 간)	개와 원숭이의 사이라는 뜻으로, 사이가 매우 나쁜 두 관계를 비유적으로 이르는 말
戴天之讐	대천지수(일 대, 하늘 천, 갈 지, 원수 수)	하늘을 함께 이지 못한다는 뜻으로, 이 세상에서 같이 살 수 없을 만큼 큰 원한을 가짐을 비유적으로 이르는 말 = 불공대천(不共戴天)
不俱戴天	불구대천(아닐 불, 함께 구, 일 대, 하늘 천)	하늘을 함께 이지 못한다는 뜻으로, 이 세상에서 같이 살 수 없을 만큼 큰 원한을 가짐을 비유적으로 이르는 말
氷炭不相容	빙탄불상용(얼음 빙, 숯 탄, 아닐 불, 서로 상, 얼굴 용)	얼음과 숯의 성질이 정반대이어서 서로 용납하지 못한다는 뜻으로, 사물이 서로 화합하기 어려움을 이르는 말
氷炭之間	빙탄지간(얼음 빙, 숯 탄, 갈 지, 사이 간)	얼음과 숯의 사이라는 뜻으로, 서로 맞지 않아 화합하지 못하는 관계를 이르는 말

○✕문제

01 十顚九倒: 아홉 번 넘어지면 열 번 일어난다는 말로 굴복하지 않는 의지를 뜻함 ( )

02 前虎後狼: 재앙이 끊일 사이 없이 닥침을 비유적으로 이르는 말 ( )

03 囊中之錐: 주머니 속의 송곳이라는 뜻으로 모난 사람을 이르는 말 ( )

04 鐵中錚錚: 같은 무리 가운데서도 가장 뛰어난 사람을 이르는 말 ( )

정답 01 ✕ 02 ○ 03 ✕ 04 ○

(9) 효도

望雲之情	망운지정(바랄 망, 구름 운, 갈 지, 뜻 정)	자식이 객지에서 고향에 계신 어버이를 생각하는 마음
斑衣之戲	반의지희(얼룩질 반, 옷 의, 갈 지, 놀 희)	늙어서 효도함을 이르는 말. 중국 초나라의 노래자가 일흔 살에 늙은 부모님을 위로하려고 색동저고리를 입고 어린이처럼 기어 다녀 보였다는 데서 유래한다.
反哺報恩	반포보은(돌이킬 반, 먹을 포, 갚을 보, 은혜 은)	까마귀 새끼가 자라서 늙은 어미 까마귀에게 먹이를 물어다 주어 보답한다는 뜻으로, 자식이 자라서 어버이의 은혜에 보답함으로써 효를 행함을 이르는 말 = 반포지효(反哺之孝)
陸績懷橘	육적회귤(뭍 육, 지을 적, 품을 회, 귤 귤)	지극한 효성을 비유하는 말로, 중국 삼국 시대 오나라의 육적이라는 효자가 자신이 대접 받은 귤을 가슴 속에 숨겨 어머님께 드리려 했다는 이야기에서 유래한다.
風木之悲	풍목지비(바람 풍, 나무 목, 갈 지, 슬플 비)	효도를 다하지 못한 채 어버이를 여읜 자식의 슬픔을 이르는 말
風樹之歎/風樹之嘆	풍수지탄(바람 풍, 나무 수, 갈 지, 탄식할 탄/탄식할 탄)	효도를 다하지 못한 채 어버이를 여읜 자식의 슬픔을 이르는 말
昏定晨省	혼정신성(어두울 혼, 정할 정, 새벽 신, 살필 성)	밤에는 부모의 잠자리를 보아 드리고 이른 아침에는 부모의 밤새 안부를 묻는다는 뜻으로, 부모를 잘 섬기고 효성을 다함을 이르는 말

OX 문제

01 犬猿之間: 사이가 매우 나쁜 두 관계를 이르는 말 ( )

02 氷炭之間: 서로 맞지 않아 화합하지 못하는 관계를 이르는 말 ( )

03 斑衣之戲: 자식이 객지에서 고향에 계신 어버이를 생각하는 마음 ( )

04 風樹之歎: 효도를 다하지 못한 채 어버이를 여읜 자식의 슬픔을 이르는 말 ( )

05 昏定晨省: 부모에 대한 그리움이 밤낮없이 차오른다는 뜻으로, 부모를 생각하는 지극한 마음을 이름 ( )

정답 01 ○ 02 ○ 03 × 04 ○ 05 ×

2. 자주 출제되는 한자성어

(1) ㄱ

苛斂誅求	가렴주구(가혹할 가, 거둘 렴, 벨 주, 구할 구)	세금을 가혹하게 거두어들이고, 무리하게 재물을 빼앗음
苛政猛於虎	가정맹어호(가혹할 가, 정사 정, 사나울 맹, 어조사 어, 범 호)	가혹한 정치는 호랑이보다 무섭다는 뜻으로, 혹독한 정치의 폐가 큼을 이르는 말
刻苦勉勵	각고면려(새길 각, 괴로울 고, 힘쓸 면, 힘쓸 려)	어떤 일에 고생을 무릅쓰고 몸과 마음을 다하여, 무척 애를 쓰면서 부지런히 노력함
刻骨難忘	각골난망(새길 각, 뼈 골, 어려울 난, 잊을 망)	남에게 입은 은혜가 뼈에 새길 만큼 커서 잊히지 아니함
角者無齒	각자무치(뿔 각, 놈 자, 없을 무, 이 치)	뿔이 있는 짐승은 이가 없다는 뜻으로, 한 사람이 여러 가지 재주나 복을 다 가질 수 없다는 말
刻舟求劍	각주구검(새길 각, 배 주, 구할 구, 칼 검)	융통성 없이 현실에 맞지 않는 낡은 생각을 고집하는 어리석음을 이르는 말. 초나라 사람이 배에서 칼을 물속에 떨어뜨리고 그 위치를 뱃전에 표시하였다가 나중에 배가 움직인 것을 생각하지 않고 칼을 찾았다는 데서 유래한다.
艱難辛苦	간난신고(어려울 간, 어려울 난, 매울 신, 괴로울 고)	몹시 힘들고 어려우며 고생스러움
肝膽相照	간담상조(간 간, 쓸개 담, 서로 상, 비출 조)	서로 속마음을 털어놓고 친하게 사귐
渴而穿井	갈이천정(목마를 갈, 말 이을 이, 뚫을 천, 우물 정)	목이 말라야 우물을 팜
感之德之	감지덕지(느낄 감, 갈 지, 덕 덕, 갈 지)	분에 넘치는 듯싶어 매우 고맙게 여기는 모양
甘吞苦吐	감탄고토(달 감, 삼킬 탄, 괴로울 고, 토할 토)	달면 삼키고 쓰면 뱉는다는 뜻으로, 자신의 비위에 따라서 사리의 옳고 그름을 판단함을 이르는 말
甲男乙女	갑남을녀(갑옷 갑, 사내 남, 새 을, 계집 녀)	갑이란 남자와 을이란 여자라는 뜻으로, 평범한 사람들을 이르는 말
改過遷善	개과천선(고칠 개, 지날 과, 옮길 천, 착할 선)	지난날의 잘못이나 허물을 고쳐 올바르고 착하게 됨
蓋世之才	개세지재(덮을 개, 세대 세, 갈 지, 재주 재)	세상을 뒤덮을 만큼 뛰어난 재주. 또는 그 재주를 가진 사람
擧案齊眉	거안제미(들 거, 책상 안, 가지런할 제, 눈썹 미)	밥상을 눈썹과 가지런하도록 공손히 들어 남편 앞에 가지고 간다는 뜻으로, 남편을 깍듯이 공경함을 이르는 말
乾坤一擲	건곤일척(하늘 건, 땅 곤, 한 일, 던질 척)	주사위를 던져 승패를 건다는 뜻으로, 운명을 걸고 단판걸이로 승부를 겨룸을 이르는 말
乞人憐天	걸인연천(빌 걸, 사람 인, 불쌍히 여길 련, 하늘 천)	거지가 하늘을 불쌍히 여긴다는 뜻으로, 불행한 처지에 놓여 있는 사람이 부질없이 행복한 사람을 동정함을 이르는 말
格物致知	격물치지(격식 격, 만물 물, 이를 치, 알 지)	실제 사물의 이치를 연구하여 지식을 완전하게 함

○✕문제

01 苛斂誅求: 어떤 일에 고생을 무릅쓰고 몸과 마음을 다하여, 무척 애를 쓰면서 부지런히 노력함 ( )

02 角者無齒: 남에게 입은 은혜가 뼈에 새길 만큼 커서 잊히지 아니함 ( )

03 刻舟求劍: 융통성 없이 현실에 맞지 않는 낡은 생각을 고집하는 어리석음을 이르는 말 ( )

04 甘吞苦吐: 몹시 힘들고 어려우며 고생스러움 ( )

정답 01 ✕ 02 ✕ 03 ○ 04 ✕

隔世之感	격세지감(막을 격, 세대 세, 갈 지, 느낄 감)	오래지 않은 동안에 몰라보게 변하여 아주 다른 세상이 된 것 같은 느낌
隔靴搔癢	격화소양(막을 격, 신 화, 긁을 소, 가려울 양)	신을 신고 발바닥을 긁는다는 뜻으로, 성에 차지 않거나 철저하지 못한 안타까움을 이르는 말
牽強附會	견강부회(끌 견, 강할 강, 붙을 부, 모일 회)	이치에 맞지 않는 말을 억지로 끌어 붙여 자기에게 유리하게 함
見利思義	견리사의(볼 견, 이로울 리, 생각 사, 옳을 의)	눈앞의 이익을 보면 의리를 먼저 생각함
犬馬之勞	견마지로(개 견, 말 마, 갈 지, 수고로울 로)	개나 말 정도의 하찮은 힘이라는 뜻으로, 윗사람에게 충성을 다하는 자신의 노력을 낮추어 이르는 말
見蚊拔劍	견문발검(볼 견, 모기 문, 뽑을 발, 검 검)	모기를 보고 칼을 뺀다는 뜻으로, 사소한 일에 크게 성내어 덤빔을 이르는 말
見物生心	견물생심(볼 견, 물건 물, 날 생, 마음 심)	어떠한 실물을 보게 되면 그것을 가지고 싶은 욕심이 생김
結草報恩	결초보은(맺을 결, 풀 초, 갚을 보, 은혜 은)	죽은 뒤에라도 은혜를 잊지 않고 갚음을 이르는 말. 중국 춘추 시대에, 진나라의 위과(魏顆)가 아버지가 세상을 떠난 후에 서모를 개가시켜 순사(殉死)하지 않게 하였더니, 그 뒤 싸움터에서 그 서모 아버지의 혼이 적군의 앞길에 풀을 묶어 적을 넘어뜨려 위과가 공을 세울 수 있도록 하였다는 고사에서 유래한다.
傾國之色	경국지색(기울 경, 나라 국, 갈 지, 빛 색)	임금이 혹하여 나라가 기울어져도 모를 정도의 미인이라는 뜻으로, 뛰어나게 아름다운 미인을 이르는 말
鯨戰蝦死	경전하사(고래 경, 싸울 전, 새우 하, 죽을 사)	고래 싸움에 새우 등 터진다는 뜻으로, 강한 자끼리 서로 싸우는 통에 아무 상관도 없는 약한 자가 해를 입음을 비유적으로 이르는 말
鏡中美人	경중미인(거울 경, 가운데 중, 아름다울 미, 사람 인)	• 거울에 비친 미인이라는 뜻으로, 실속 없는 일을 비유적으로 이르는 말 • 경우가 바르고 얌전하다고 하여 서울ㆍ경기 지역 사람의 성격을 비유적으로 이르는 말
鷄鳴狗盜	계명구도(닭 계, 울 명, 개 구, 도둑 도)	비굴하게 남을 속이는 하찮은 재주 또는 그런 재주를 가진 사람을 이르는 말. 중국 제나라의 맹상군이 진(秦)나라 소왕(昭王)에게 죽게 되었을 때, 식객(食客) 가운데 개를 가장하여 남의 물건을 잘 훔치는 사람과 닭의 울음소리를 잘 흉내 내는 사람의 도움으로 위기에서 빠져나왔다는 데서 유래한다.
孤立無援	고립무원(외로울 고, 설 립, 없을 무, 도울 원)	고립되어 구원을 받을 데가 없음
姑息之計	고식지계(시어머니 고, 숨쉴 식, 갈 지, 꾀할 계)	우선 당장 편한 것만을 택하는 꾀나 방법. 한때의 안정을 얻기 위하여 임시로 둘러맞추어 처리하거나 이리저리 주선하여 꾸며 내는 계책을 이른다.
孤掌難鳴	고장난명(외로울 고, 손바닥 장, 어려울 난, 울 명)	• 외손뼉만으로는 소리가 울리지 아니한다는 뜻으로, 혼자의 힘만으로 어떤 일을 이루기 어려움을 이르는 말 • 맞서는 사람이 없으면 싸움이 일어나지 아니함을 이르는 말
苦盡甘來	고진감래(괴로울 고, 다할 진, 달 감, 올 래)	쓴 것이 다하면 단 것이 온다는 뜻으로, 고생 끝에 즐거움이 옴을 이르는 말

OX 문제

01 隔靴搔癢: 실제 사물의 이치를 연구하여 지식을 완전하게 함 ( )

02 見蚊拔劍: 사소한 일에 크게 성내어 덤빔을 이르는 말 ( )

03 鏡中美人: 뛰어나게 아름다운 미인을 이르는 말 ( )

04 姑息之計: 우선 당장 편한 것만을 택하는 꾀나 방법 ( )

정답 01 × 02 ○ 03 × 04 ○

曲學阿世	곡학아세(굽을 곡, 배울 학, 언덕 아, 세대 세)	바른길에서 벗어난 학문으로 세상 사람에게 아첨함
骨肉相爭	골육상쟁(뼈 골, 고기 육, 서로 상, 다툴 쟁)	가까운 혈족끼리 서로 싸움
刮目相對	괄목상대(비빌 괄, 눈 목, 서로 상, 대할 대)	눈을 비비고 상대편을 본다는 뜻으로, 남의 학식이나 재주가 놀랄 만큼 부쩍 늚을 이르는 말
矯角殺牛	교각살우(바로잡을 교, 뿔 각, 죽일 살, 소 우)	소의 뿔을 바로잡으려가 소를 죽인다는 뜻으로, 잘못된 점을 고치려다가 그 방법이나 정도가 지나쳐 오히려 일을 그르침을 이르는 말
巧言令色	교언영색(교묘할 교, 말씀 언, 명령할 영(령), 빛 색)	아첨하는 말과 알랑거리는 태도
矯枉過直	교왕과직(바로잡을 교, 굽을 왕, 지날 과, 곧을 직)	굽은 것을 바로잡으려다가 정도에 지나치게 곧게 한다는 뜻으로, 잘못된 것을 바로잡으려다가 너무 지나쳐서 오히려 나쁘게 됨을 이르는 말
敎外別傳	교외별전(가르칠 교, 바깥 외, 다를 별, 전할 전)	선종에서, 부처의 가르침을 말이나 글에 의하지 않고 바로 마음에서 마음으로 전하여 진리를 깨닫게 하는 법
敎學相長	교학상장(가르칠 교, 배울 학, 서로 상, 길 장)	가르치고 배우는 과정에서 스승과 제자가 함께 성장함
九曲肝腸	구곡간장(아홉 구, 굽을 곡, 간 간, 창자 장)	굽이굽이 서린 창자라는 뜻으로, 깊은 마음속 또는 시름이 쌓인 마음속을 비유적으로 이르는 말
口蜜腹劍	구밀복검(입 구, 꿀 밀, 배 복, 칼 검)	입에는 꿀이 있고 배 속에는 칼이 있다는 뜻으로, 말로는 친한 듯하나 속으로는 해칠 생각이 있음을 이르는 말
口尙乳臭	구상유취(입 구, 오히려 상, 젖 유, 냄새 취)	입에서 아직 젖내가 난다는 뜻으로, 말이나 행동이 유치함을 이르는 말
九牛一毛	구우일모(아홉 구, 소 우, 한 일, 털 모)	아홉 마리의 소 가운데 박힌 하나의 털이란 뜻으로, 매우 많은 것 가운데 극히 적은 수를 이르는 말
群鷄一鶴	군계일학(무리 군, 닭 계, 한 일, 학 학)	닭의 무리 가운데에서 한 마리의 학이란 뜻으로, 많은 사람 가운데서 뛰어난 인물을 이르는 말
捲土重來	권토중래(말 권, 흙 토, 무거울 중, 올 래)	• 땅을 말아 일으킬 것 같은 기세로 다시 온다는 뜻으로, 한 번 실패하였으나 힘을 회복하여 다시 쳐들어옴을 이르는 말 • 어떤 일에 실패한 뒤에 힘을 가다듬어 다시 그 일에 착수함을 비유하여 이르는 말
近墨者黑	근묵자흑(가까울 근, 먹 묵, 놈 자, 검을 흑)	먹을 가까이하는 사람은 검어진다는 뜻으로, 나쁜 사람과 가까이 지내면 나쁜 버릇에 물들기 쉬움을 비유적으로 이르는 말
錦上添花	금상첨화(비단 금, 위 상, 더할 첨, 꽃 화)	비단 위에 꽃을 더한다는 뜻으로, 좋은 일 위에 또 좋은 일이 더하여짐을 비유적으로 이르는 말
金枝玉葉	금지옥엽(쇠 금, 가지 지, 구슬 옥, 나뭇잎 엽)	• 금으로 된 가지와 옥으로 된 잎이라는 뜻으로, 임금의 가족을 높여 이르는 말 • 귀한 자손을 이르는 말
騎虎之勢	기호지세(말탈 기, 범 호, 갈 지, 기세 세)	호랑이를 타고 달리는 형세라는 뜻으로, 이미 시작한 일을 중도에서 그만둘 수 없는 경우를 비유적으로 이르는 말

01 矯角殺牛: 가까운 혈족끼리 서로 싸움
( )

02 口尙乳臭: 말이나 행동이 유치함을 이르는 말
( )

03 騎虎之勢: 기세가 사나워 거침이 없음을 이르는 말
( )

정답 01 × 02 ○ 03 ×

확인 문제　16 경찰 1차

다음 한자성어의 ( ) 안에 들어갈 한자가 모두 적절한 것은?

累卵之( )
口( )腹劍
鯨戰( )死
南( )一夢

① 稅, 蜜, 蝦, 稼
② 勢, 密, 瑕, 柯
③ 勢, 蜜, 蝦, 柯
④ 稅, 密, 瑕, 稼

정답 ③

해설 누란지세(累卵之勢) / 구밀복검(口蜜腹劍) / 경전하사(鯨戰蝦死) / 남가일몽(南柯一夢)

(2) ㄴ

難兄難弟	난형난제(어려울 난, 형 형, 어려울 난, 아우 제)	누구를 형이라 하고 누구를 아우라 하기 어렵다는 뜻으로, 두 사물이 비슷하여 낫고 못함을 정하기 어려움을 이르는 말
南柯一夢	남가일몽(남녘 남, 가지 가, 한 일, 꿈 몽)	꿈과 같이 헛된 한때의 부귀영화를 이르는 말. 중국 당나라의 순우분(淳于棼)이 술에 취하여 회화나무의 남쪽으로 뻗은 가지 밑에서 잠이 들었는데 괴안국(槐安國)의 부마가 되어 남가군(南柯郡)을 다스리며 20년 동안 영화를 누리는 꿈을 꾸었다는 데서 유래한다.
男負女戴	남부여대(사내 남, 짐질 부, 계집 여, 일 대)	남자는 지고 여자는 인다는 뜻으로, 가난한 사람들이 살 곳을 찾아 이리저리 떠돌아다님을 비유적으로 이르는 말
勞心焦思	노심초사(수고로울 노, 마음 심, 그을릴 초, 생각 사)	몹시 마음을 쓰며 애를 태움

(3) ㄷ

多岐亡羊	다기망양(많을 다, 갈림길 기, 망할 망, 양 양)	갈림길이 많아 잃어버린 양을 찾지 못한다는 뜻으로, 두루 섭렵하기만 하고 전공하는 바가 없어 끝내 성취하지 못함을 이르는 말 = 망양지탄(亡羊之歎)
斷機之戒	단기지계(끊을 단, 틀 기, 갈 지, 경계할 계)	학문을 중도에서 그만두면 짜던 베의 날을 끊는 것처럼 아무 쓸모 없음을 경계한 말로, 맹자가 수학(修學) 도중에 집에 돌아오자, 그의 어머니가 짜던 베를 끊어 그를 훈계하였다는 데서 유래한다.
簞瓢陋巷	단표누항(소쿠리 단, 바가지 표, 좁을 누, 거리 항)	누항에서 먹는 한 그릇의 밥과 한 바가지의 물이라는 뜻으로, 선비의 청빈한 생활을 이르는 말
堂狗風月	당구풍월(집 당, 개 구, 바람 풍, 달 월)	서당에서 기르는 개가 풍월을 읊는다는 뜻으로, 그 분야에 대하여 경험과 지식이 전혀 없는 사람이라도 오래 있으면 얼마간의 경험과 지식을 가짐을 이르는 말
螳螂拒轍	당랑거철(사마귀 당, 사마귀 랑, 막을 거, 바퀴 자국 철)	제 역량을 생각하지 않고, 강한 상대나 되지 않을 일에 덤벼드는 무모한 행동거지를 비유적으로 이르는 말. 중국 제나라 장공(莊公)이 사냥을 나가는데 사마귀가 앞발을 들고 수레바퀴를 멈추려 했다는 데서 유래한다.
大同小異	대동소이(큰 대, 같을 동, 작을 소, 다를 이)	큰 차이 없이 거의 같음
桃園結義	도원결의(복숭아나무 도, 동산 원, 맺을 결, 옳을 의)	의형제를 맺음을 이르는 말. 《삼국지연의》에 나오는 말로 유비, 관우, 장비가 도원에서 의형제를 맺은 데서 유래한다.
塗炭之苦	도탄지고(진흙 도, 숯 탄, 갈 지, 괴로울 고)	진구렁에 빠지고 숯불에 타는 괴로움을 이르는 말
同價紅裳	동가홍상(같을 동, 값 가, 붉을 홍, 치마 상)	같은 값이면 다홍치마라는 뜻으로, 같은 값이면 좋은 물건을 가짐을 이르는 말
東問西答	동문서답(동녘 동, 물을 문, 서녘 서, 대답할 답)	물음과는 전혀 상관없는 엉뚱한 대답
同病相憐	동병상련(같을 동, 병들 병, 서로 상, 불쌍히 여길 련)	같은 병을 앓는 사람끼리 서로 가엾게 여긴다는 뜻으로, 어려운 처지에 있는 사람끼리 서로 가엾게 여김을 이르는 말

OX문제

01 多岐亡羊: 두루 섭렵하기만 하고 전공하는 바가 없어 끝내 성취하지 못함을 이르는 말 ( )

02 堂狗風月: 그 분야에 대하여 경험과 지식이 전혀 없는 사람이라도 오래 있으면 얼마간의 경험과 지식을 가짐을 이르는 말 ( )

정답 01 ○ 02 ○

凍足放尿	동족방뇨(얼 동, 발 족, 놓을 방, 오줌 뇨)	언 발에 오줌 누기라는 뜻으로, 잠시 동안만 효력이 있을 뿐 효력이 바로 사라짐을 비유적으로 이르는 말
得隴望蜀	득롱망촉(얻을 득, 고개 이름 롱, 바랄 망, 나라 이름 촉)	농(隴)을 얻고서 촉(蜀)까지 취하고자 한다는 뜻으로, 만족할 줄을 모르고 계속 욕심을 부리는 경우를 비유적으로 이르는 말. 후한(後漢)의 광무제가 농(隴) 지방을 평정한 후에 다시 촉(蜀) 지방까지 원하였다는 데에서 유래한다.
登高自卑	등고자비(오를 등, 높을 고, 스스로 자, 낮을 비)	• 높은 곳에 오르려면 낮은 곳에서부터 오른다는 뜻으로, 일을 순서대로 하여야 함을 이르는 말 • 지위가 높아질수록 자신을 낮춤을 이르는 말
燈下不明	등하불명(등잔 등, 아래 하, 아닐 불, 밝을 명)	등잔 밑이 어둡다는 뜻으로, 가까이에 있는 물건이나 사람을 잘 찾지 못함을 이르는 말

(4) ㅁ

磨斧作針	마부작침(갈 마, 도끼 부, 지을 작, 바늘 침)	도끼를 갈아서 바늘을 만든다는 뜻으로, 아무리 어려운 일이라도 끊임없이 노력하면 반드시 이룰 수 있음을 이르는 말 = 마부위침(磨斧爲針)
馬耳東風	마이동풍(말 마, 귀 이, 동녘 동, 바람 풍)	동풍이 말의 귀를 스쳐 간다는 뜻으로, 남의 말을 귀담아 듣지 아니하고 지나쳐 흘려버림을 이르는 말
馬好替乘	마호체승(말 마, 좋을 호, 바꿀 체, 탈 승)	말도 갈아타는 것이 좋다는 뜻으로, 예전 것도 좋지만 새로운 것으로 바꾸어 보는 것도 즐겁다는 말
晩時之歎/晩時之嘆	만시지탄(늦을 만, 때 시, 갈 지, 탄식할 탄)	시기에 늦어 기회를 놓쳤음을 안타까워하는 탄식
亡羊補牢	망양보뢰(망할 망, 양 양, 기울 보, 우리 뢰)	양을 잃고 우리를 고친다는 뜻으로, 이미 어떤 일을 실패한 뒤에 뉘우쳐도 아무 소용이 없음을 이르는 말
亡羊之歎/亡羊之嘆	망양지탄(망할 망, 양 양, 갈 지, 탄식할 탄)	갈림길이 매우 많아 잃어버린 양을 찾을 길이 없음을 탄식한다는 뜻으로, 학문의 길이 여러 갈래여서 한 갈래의 진리도 얻기 어려움을 이르는 말
望洋之嘆/望洋之歎	망양지탄(바랄 망, 큰 바다 양, 갈 지, 탄식할 탄)	큰 바다를 바라보며 하는 한탄이란 뜻으로, 어떤 일에 자기 자신의 힘이 미치지 못할 때에 하는 탄식을 이르는 말
亡子計齒	망자계치(망할 망, 아들 자, 꾀할 계, 이 치)	죽은 자식 나이 세기라는 뜻으로, 이미 그릇된 일은 생각하여도 아무 소용이 없음을 이르는 말
麥秀之歎/麥秀之嘆	맥수지탄(보리 맥, 빼어날 수, 갈 지, 탄식할 탄)	고국의 멸망을 한탄함을 이르는 말. 기자(箕子)가 은(殷)나라가 망한 뒤에도 보리만은 잘 자라는 것을 보고 한탄하였다는 데서 유래한다.
面從腹背	면종복배(낯 면, 좇을 종, 배 복, 등 배)	겉으로는 복종하는 체하면서 내심으로는 배반함
明若觀火	명약관화(밝을 명, 같을 약, 볼 관, 불 화)	불을 보듯 분명하고 뻔함
目不識丁	목불식정(눈 목, 아닐 불, 알 식, 고무래 정)	아주 간단한 글자인 '丁' 자를 보고도 그것이 '고무래'인 줄을 알지 못한다는 뜻으로, 아주 까막눈임을 이르는 말
目不忍見	목불인견(눈 목, 아닐 불, 참을 인, 볼 견)	눈앞에 벌어진 상황 따위를 눈 뜨고는 차마 볼 수 없음

○X 문제

01 燈下不明: 지위가 높아질수록 자신을 낮춤을 이르는 말 ( )

02 磨斧作針: 지나친 노력은 아니함만 못하다는 것을 이르는 말 ( )

03 望洋之嘆: 학문의 길이 여러 갈래여서 한 갈래의 진리도 얻기 어려움을 이르는 말 ( )

정답 01 × 02 × 03 ×

猫頭縣鈴	묘두현령(고양이 묘, 머리 두, 매달 현, 방울 령)	쥐가 고양이 목에 방울을 단다는 뜻으로, 실행할 수 없는 헛된 논의를 이르는 말. 쥐가 고양이의 습격을 미리 막기 위한 수단으로 고양이의 목에 방울을 다는 일을 의논하였으나, 실행 불가능으로 끝났다는 우화에서 유래한다.
聞一知十	문일지십(들을 문, 한 일, 알 지, 열 십)	하나를 듣고 열 가지를 미루어 안다는 뜻으로, 지극히 총명함을 이르는 말
尾生之信	미생지신(꼬리 미, 날 생, 갈 지, 믿을 신)	우직하여 융통성이 없이 약속만을 굳게 지킴을 비유적으로 이르는 말. 중국 춘추 시대에 미생(尾生)이라는 자가 다리 밑에서 만나자고 한 여자와의 약속을 지키기 위하여 홍수에도 피하지 않고 기다리다가 마침내 익사하였다는 고사에서 유래한다.

(5) ㅂ

反面教師	반면교사(돌이킬 반, 낯 면, 가르칠 교, 스승 사)	사람이나 사물 따위의 부정적인 면에서 얻는 깨달음이나 가르침을 주는 대상을 이르는 말
拔本塞源	발본색원(뺄 발, 근본 본, 막힐 색, 근원 원)	좋지 않은 일의 근본 원인이 되는 요소를 완전히 없애 버려서 다시는 그러한 일이 생길 수 없도록 함
傍若無人	방약무인(곁 방, 같을 약, 없을 무, 사람 인)	곁에 사람이 없는 것처럼 아무 거리낌 없이 함부로 말하고 행동하는 태도가 있음
百難之中	백난지중(일백 백, 어려울 난, 갈 지, 가운데 중)	온갖 괴로움과 어려움을 겪는 가운데
百尺竿頭	백척간두(일백 백, 자 척, 낚싯대 간, 머리 두)	백 자나 되는 높은 장대 위에 올라섰다는 뜻으로, 몹시 어렵고 위태로운 지경을 이르는 말
夫唱婦隨	부창부수(지아비 부, 부를 창, 아내 부, 따를 수)	남편이 주장하고 아내가 이에 잘 따름. 또는 부부 사이의 그런 도리
附和雷同	부화뇌동(붙을 부, 화할 화, 우레 뇌, 같을 동)	줏대 없이 남의 의견에 따라 움직임
粉骨碎身	분골쇄신(가루 분, 뼈 골, 부술 쇄, 몸 신)	뼈를 가루로 만들고 몸을 부순다는 뜻으로, 정성으로 노력함을 이르는 말. 또는 그렇게 하여 뼈가 가루가 되고 몸이 부서짐
不問曲直	불문곡직(아닐 불, 물을 문, 굽을 곡, 곧을 직)	옳고 그름을 따지지 아니함
不恥下問	불치하문(아닐 불, 부끄러울 치, 아래 하, 물을 문)	손아랫사람이나 지위나 학식이 자기만 못한 사람에게 모르는 것을 묻는 일을 부끄러워하지 아니함
不偏不黨	불편부당(아닐 불, 치우칠 편, 아닐 부, 무리 당)	아주 공평하여 어느 쪽으로도 치우침이 없음
鵬程萬里	붕정만리(붕새 붕, 한도 정, 일만 만, 마을 리)	• 산을 넘고 내를 건너 아주 멂 • 아주 양양한 장래를 비유적으로 이르는 말
髀肉之嘆/ 髀肉之歎	비육지탄(넓적다리 비, 고기 육, 갈 지, 탄식할 탄)	재능을 발휘할 때를 얻지 못하여 헛되이 세월만 보내는 것을 한탄함을 이르는 말. 《삼국지》 〈촉지(蜀志)〉에서 중국 촉나라 유비가 오랫동안 말을 타고 전쟁터에 나가지 못하여 넓적다리만 살찜을 한탄한 데서 유래한다.

OX 문제

01 尾生之信: 우직하여 융통성이 없이 약속만을 굳게 지킴을 비유적으로 이르는 말 ( )

02 不偏不黨: 옳고 그름을 따지지 아니함 ( )

03 髀肉之嘆: 재능을 발휘할 때를 얻지 못하여 헛되이 세월만 보내는 것을 한탄함을 이르는 말 ( )

정답 01 ○ 02 × 03 ○

四顧無親	사고무친(넉 사, 돌아볼 고, 없을 무, 친할 친)	의지할 만한 사람이 아무도 없음
四面楚歌	사면초가(넉 사, 낯 면, 초나라 초, 노래 가)	아무에게도 도움을 받지 못하는, 외롭고 곤란한 지경에 빠진 형편을 이르는 말. 초나라 항우가 사면을 둘러싼 한나라 군사 쪽에서 들려오는 초나라의 노랫소리를 듣고 초나라 군사가 이미 항복한 줄 알고 놀랐다는 데서 유래한다.
沙上樓閣	사상누각(모래 사, 위 상, 다락 누, 문설주 각)	모래 위에 세운 누각이라는 뜻으로, 기초가 튼튼하지 못하여 오래 견디지 못할 일이나 물건을 이르는 말
捨生取義	사생취의(버릴 사, 날 생, 가질 취, 옳을 의)	목숨을 버리고 의를 좇는다는 뜻으로, 목숨을 버릴지언정 옳은 일을 함을 이르는 말
事必歸正	사필귀정(일 사, 반드시 필, 돌아올 귀, 바를 정)	모든 일은 반드시 바른길로 돌아감
死後藥方文	사후약방문(죽을 사, 뒤 후, 약 약, 모 방, 글월 문)	사람이 죽은 뒤에 약을 짓는다는 뜻으로, 일을 그르친 뒤 아무리 노력하거나 뉘우쳐도 소용이 없다는 것을 이르는 말
殺身成仁	살신성인(죽일 살, 몸 신, 이룰 성, 어질 인)	자기의 몸을 희생하여 인(仁)을 이룸
三顧草廬	삼고초려(석 삼, 돌아볼 고, 풀 초, 농막 려)	인재를 맞아들이기 위하여 참을성 있게 노력함. 중국 삼국 시대에, 촉한의 유비가 난양(南陽)에 은거하고 있던 제갈량의 초옥으로 세 번이나 찾아갔다는 데서 유래한다.
三旬九食	삼순구식(석 삼, 열흘 순, 아홉 구, 먹을 식)	삼십 일 동안에 아홉 끼니밖에 먹지 못한다는 뜻으로, 몹시 가난함을 이르는 말
桑麻之交	상마지교(뽕나무 상, 삼 마, 갈 지, 사귈 교)	뽕나무와 삼나무를 벗 삼아 지낸다는 뜻으로, 전원에 은거하여 시골 사람들과 사귀며 지냄을 비유적으로 이르는 말
相扶相助	상부상조(서로 상, 도울 부, 서로 상, 도울 조)	서로서로 도움
桑田碧海	상전벽해(뽕나무 상, 밭 전, 푸를 벽, 바다 해)	뽕나무밭이 변하여 푸른 바다가 된다는 뜻으로, 세상일의 변천이 심함을 비유적으로 이르는 말
塞翁之馬	새옹지마(변방 새, 늙은이 옹, 갈 지, 말 마)	인생의 길흉화복은 변화가 많아서 예측하기가 어렵다는 말. 옛날에 새옹이 기르던 말이 오랑캐 땅으로 달아나서 노인이 낙심하였는데, 그 후에 달아났던 말이 준마를 한 필 끌고 와서 그 덕분에 훌륭한 말을 얻게 되었으나 아들이 그 준마를 타다가 떨어져서 다리가 부러졌으므로 노인이 다시 낙심하였는데, 그로 인하여 아들이 전쟁에 끌려 나가지 아니하고 죽음을 면할 수 있었다는 이야기에서 유래한다.
生口不網	생구불망(날 생, 입 구, 아닐 불, 그물 망)	산 입에 거미줄을 치지는 아니한다는 뜻으로, 아무리 곤궁하여도 그럭저럭 먹고살 수 있음을 이르는 말
生寄死歸	생기사귀(날 생, 부칠 기, 죽을 사, 돌아올 귀)	사람이 이 세상에 사는 것은 잠시 머무는 것일 뿐이며 죽는 것은 원래 자기가 있던 본집으로 돌아가는 것임을 이르는 말
黍離之歎/黍離之嘆	서리지탄(기장 서, 떠날 리, 갈 지, 탄식할 탄)	나라가 멸망하여 옛 궁궐 터에는 기장만이 무성한 것을 탄식한다는 뜻으로, 세상의 영고성쇠가 무상함을 탄식하며 이르는 말

확인 문제

16 국가직 9급

다음의 상황에 어울리는 한자성어로 가장 적절한 것은?

김만중의 '사씨남정기'에서 사씨는 교씨의 모함을 받아 집에서 쫓겨난다. 사악한 교씨는 문객인 동청과 작당하여 남편인 유한림마저 모함한다. 그러나 결국은 교씨의 사악함이 만천하에 드러나고 유한림이 유배지에서 돌아오자 교씨는 처형되고 사씨는 누명을 벗고 다시 집으로 들어오게 된다.

① 교언영색(巧言令色)
② 절치부심(切齒腐心)
③ 만시지탄(晩時之歎)
④ 사필귀정(事必歸正)

정답 ④

해설 제시문의 내용은 사악한 교씨는 벌을 받고 사씨는 누명을 벗는다는 것으로, 이 상황과 가장 어울리는 사자성어는 '모든 일은 반드시 바른길로 돌아감'을 뜻하는 사필귀정(事必歸正)이다.

惜別之情	석별지정(아낄 석, 나눌 별, 갈 지, 뜻 정)	서로 헤어지는 것을 섭섭히 여기는 마음
善男善女	선남선녀(착할 선, 사내 남, 착할 선, 계집 녀)	• 성품이 착한 남자와 여자란 뜻으로, 착하고 어진 사람들을 이르는 말 • 곱게 단장을 한 남자와 여자를 이르는 말
先憂後樂	선우후락(먼저 선, 근심 우, 뒤 후, 즐길 락)	세상의 근심할 일은 남보다 먼저 근심하고 즐거워할 일은 남보다 나중에 즐거워한다는 뜻으로, 지사(志士)나 어진 사람의 마음씨를 이르는 말
聲東擊西	성동격서(소리 성, 동녘 동, 부딪칠 격, 서녘 서)	동쪽에서 소리를 내고 서쪽에서 적을 친다는 뜻으로, 적을 유인하여 이쪽을 공격하는 체하다가 그 반대쪽을 치는 전술을 이르는 말
笑裏藏刀	소리장도(웃음 소, 속 리, 감출 장, 칼 도)	웃는 마음속에 칼이 있다는 뜻으로, 겉으로는 웃고 있으나 마음속에는 해칠 마음을 품고 있음을 이르는 말
小貪大失	소탐대실(작을 소, 탐낼 탐, 큰 대, 잃을 실)	작은 것을 탐하다가 큰 것을 잃음
首丘初心	수구초심(머리 수, 언덕 구, 처음 초, 마음 심)	여우가 죽을 때에 머리를 자기가 살던 굴 쪽으로 둔다는 뜻으로, 고향을 그리워하는 마음을 이르는 말
修己安人	수기안인(닦을 수, 몸 기, 편안할 안, 사람 인)	논어(論語)에 나오는 말로 자신을 수양하여 남을 편안케 한다는 의미
手不釋卷	수불석권(손 수, 아닐 불, 풀 석, 책 권)	손에서 책을 놓지 아니하고 늘 글을 읽음
首鼠兩端	수서양단(머리 수, 쥐 서, 두 량, 바를 단)	구멍에서 머리를 내밀고 나갈까 말까 망설이는 쥐라는 뜻으로, 머뭇거리며 진퇴나 거취를 정하지 못하는 상태를 이르는 말
垂涎萬丈	수연만장(드리울 수, 침 연, 일만 만, 어른 장)	침을 만 길이나 흘린다는 뜻으로, 제 소유로 만들고 싶어서 몹시 탐냄을 이르는 말
水滴穿石	수적천석(물 수, 물방울 적, 뚫을 천, 돌 석)	작은 물방울이라도 끊임없이 떨어지면 결국엔 돌에 구멍을 뚫는다는 뜻으로 아무리 작은 노력이라도 계속하면 큰 일을 이룰 수 있다는 말
守株待兔	수주대토(지킬 수, 그루 주, 기다릴 대, 토끼 토)	한 가지 일에만 얽매여 발전을 모르는 어리석은 사람을 비유적으로 이르는 말. 중국 송나라의 한 농부가 우연히 나무 그루터기에 토끼가 부딪쳐 죽은 것을 잡은 후, 또 그와 같이 토끼를 잡을까 하여 일도 하지 않고 그루터기만 지키고 있었다는 데서 유래한다.
菽麥不辨	숙맥불변(콩 숙, 보리 맥, 아닐 불, 분별할 변)	콩인지 보리인지를 구별하지 못한다는 뜻으로, 사리 분별을 못 하고 세상 물정을 잘 모름을 이르는 말
宿虎衝鼻	숙호충비(잠잘 숙, 범 호, 찌를 충, 코 비)	자는 호랑이의 코를 찌른다는 뜻으로, 가만히 있는 사람을 공연히 건드려서 화를 입거나 일을 불리하게 만듦을 이르는 말
脣亡齒寒	순망치한(입술 순, 망할 망, 이 치, 찰 한)	입술이 없으면 이가 시리다는 뜻으로, 서로 이해관계가 밀접한 사이에 어느 한쪽이 망하면 다른 한쪽도 그 영향을 받아 온전하기 어려움을 이르는 말
是是非非	시시비비(옳을 시, 옳을 시, 아닐 비, 아닐 비)	• 여러 가지의 잘잘못 • 옳고 그름을 따지며 다툼

OX 문제

01 黍離之歎: 세상의 영고성쇠가 무상함을 탄식하며 이르는 말 ( )

02 笑裏藏刀: 겉으로는 웃고 있으나 마음속에는 해칠 마음을 품고 있음을 이르는 말 ( )

03 首丘初心: 아무리 곤궁하여도 그럭저럭 먹고살 수 있음을 이르는 말 ( )

04 守株待兔: 아무리 작은 노력이라도 계속하면 큰 일을 이룰 수 있다는 말 ( )

정답 01 ○ 02 ○ 03 × 04 ×

尸位素餐	시위소찬(주검 시, 자리 위, 본디 소, 삼킬 찬)	재덕이나 공로가 없어 직책을 다하지 못하면서 자리만 차지하고 녹(祿)을 받아먹음을 비유적으로 이르는 말
識字憂患	식자우환(알 식, 글자 자, 근심 우, 근심 환)	학식이 있는 것이 오히려 근심을 사게 됨
十伐之木	십벌지목(열 십, 칠 벌, 갈 지, 나무 목)	열 번 찍어 베는 나무라는 뜻으로, 열 번 찍어 안 넘어가는 나무가 없음을 이르는 말
十匙一飯	십시일반(열 십, 숟가락 시, 하나 일, 밥 반)	밥 열 술이 한 그릇이 된다는 뜻으로, 여러 사람이 조금씩 힘을 합하면 한 사람을 돕기 쉬움을 이르는 말

(7) ㅇ

阿鼻叫喚	아비규환(언덕 아, 코 비, 부르짖을 규, 부를 환)	• 불교에서 아비지옥과 규환지옥을 아울러 이르는 말 • 여러 사람이 비참한 지경에 빠져 울부짖는 참상을 비유적으로 이르는 말
我田引水	아전인수(나 아, 밭 전, 끌 인, 물 수)	자기 논에 물 대기라는 뜻으로, 자기에게만 이롭게 되도록 생각하거나 행동함을 이르는 말
安分知足	안분지족(편안할 안, 나눌 분, 알 지, 발 족)	편안한 마음으로 제 분수를 지키며 만족할 줄을 앎
安貧樂道	안빈낙도(편안할 안, 가난할 빈, 즐길 낙, 길 도)	가난한 생활을 하면서도 편안한 마음으로 도를 즐겨 지킴
暗中摸索	암중모색(어두울 암, 가운데 중, 본뜰 모, 찾을 색)	• 물건 따위를 어둠 속에서 더듬어 찾음 • 어림으로 무엇을 알아내거나 찾아내려 함 • 은밀한 가운데 일의 실마리나 해결책을 찾아내려 함
羊頭狗肉	양두구육(양 양, 머리 두, 개 구, 고기 육)	양의 머리를 걸어 놓고 개고기를 판다는 뜻으로, 겉보기만 그럴듯하게 보이고 속은 변변치 아니함을 이르는 말
梁上君子	양상군자(들보 양, 위 상, 임금 군, 아들 자)	들보 위의 군자라는 뜻으로, '도둑'을 완곡하게 이르는 말
漁父之利	어부지리(고기 잡을 어, 지아비 부, 갈 지, 이로울 리)	두 사람이 이해관계로 서로 싸우는 사이에 엉뚱한 사람이 애쓰지 않고 가로챈 이익을 이르는 말. 도요새가 무명조개의 속살을 먹으려고 부리를 조가비 안에 넣는 순간 무명조개가 껍데기를 꼭 다물고 부리를 안 놔주자, 서로 다투는 틈을 타서 어부가 둘 다 잡아 이익을 얻었다는 데서 유래한다.
掩耳盜鈴	엄이도령(닫을 엄, 귀 이, 도둑 도, 방울 령)	귀를 막고 방울을 훔친다는 뜻으로, 모든 사람이 그 잘못을 다 알고 있는데 얕은꾀를 써서 남을 속이려 함을 이르는 말
與世推移	여세추이(더불 여, 세대 세, 옮길 추, 옮길 이)	세상이 변하는 대로 따라 변함
易地思之	역지사지(바꿀 역, 땅 지, 생각 사, 갈 지)	처지를 바꾸어서 생각하여 봄
吮犢之情	연독지정(빨 연, 송아지 독, 갈 지, 뜻 정)	어미 소가 송아지를 핥아 주는 정이라는 뜻으로, 자기의 자녀나 부하에 대한 사랑을 겸손하게 이르는 말
緣木求魚	연목구어(인연 연, 나무 목, 구할 구, 물고기 어)	나무에 올라가서 물고기를 구한다는 뜻으로, 도저히 불가능한 일을 굳이 하려 함을 비유적으로 이르는 말

◯✕문제

01 脣亡齒寒: 어느 한쪽이 망하면 다른 한쪽도 그 영향을 받아 온전하기 어려움을 이르는 말 ( )

02 羊頭狗肉: 얕은꾀를 써서 남을 속이려 함을 이르는 말 ( )

정답 01 ◯ 02 ✕

戀戀不忘	연연불망(사모할 연, 사모할 연, 아닐 불, 잊을 망)	그리워서 잊지 못함
炎涼世態	염량세태(불꽃 염, 서늘할 량, 세대 세, 모양 태)	세력이 있을 때는 아첨하여 따르고 세력이 없어지면 푸대접하는 세상인심을 비유적으로 이르는 말
寤寐不忘	오매불망(깰 오, 잘 매, 아닐 불, 잊을 망)	자나 깨나 잊지 못함
吾鼻三尺	오비삼척(나 오, 코 비, 석 삼, 자 척)	내 코가 석 자라는 뜻으로, 자기 사정이 급하여 남을 돌볼 겨를이 없음을 이르는 말
烏飛梨落	오비이락(까마귀 오, 날 비, 배나무 이, 떨어질 락)	까마귀 날자 배 떨어진다는 뜻으로, 아무 관계도 없이 한 일이 공교롭게도 때가 같아 억울하게 의심을 받거나 난처한 위치에 서게 됨을 이르는 말
吳越同舟	오월동주(나라 이름 오, 넘을 월, 같을 동, 배 주)	서로 적의를 품은 사람들이 한자리에 있게 된 경우나 서로 협력하여야 하는 상황을 비유적으로 이르는 말. 중국 춘추 전국 시대에, 서로 적대시하는 오나라 사람과 월나라 사람이 같은 배를 탔으나 풍랑을 만나서 서로 단합하여야 했다는 데에서 유래한다.
臥薪嘗膽	와신상담(누울 와, 땔나무 신, 맛볼 상, 쓸개 담)	불편한 섶에 몸을 눕히고 쓸개를 맛본다는 뜻으로, 원수를 갚거나 마음먹은 일을 이루기 위하여 온갖 어려움과 괴로움을 참고 견딤을 비유적으로 이르는 말. 《사기》의 〈월세가(越世家)〉와 《십팔사략》 등에 나오는 이야기로, 중국 춘추 시대 오나라의 왕 부차(夫差)가 아버지의 원수를 갚기 위하여 장작더미 위에서 잠을 자며 월나라의 왕 구천(句踐)에게 복수할 것을 맹세하였고, 그에게 패배한 월나라의 왕 구천이 쓸개를 핥으면서 복수를 다짐한 데서 유래한다.
外富內貧	외부내빈(바깥 외, 부유할 부, 안 내, 가난할 빈)	겉으로는 부유하여 보이나 실상은 구차하고 가난함
搖之不動	요지부동(흔들 요, 갈 지, 아닐 부, 움직일 동)	흔들어도 꼼짝하지 아니함
欲速不達	욕속부달(하고자 할 욕, 빠를 속, 아닐 부, 통달할 달)	일을 빨리하려고 하면 도리어 이루지 못함
愚公移山	우공이산(어리석을 우, 공변될 공, 옮길 이, 뫼 산)	우공이 산을 옮긴다는 뜻으로, 어떤 일이든 끊임없이 노력하면 반드시 이루어짐을 이르는 말. 우공(愚公)이라는 노인이 집을 가로막은 산을 옮기려고 대대로 산의 흙을 파서 나르겠다고 하여 이에 감동한 하느님이 산을 옮겨 주었다는 데서 유래한다.
優柔不斷	우유부단(넉넉할 우, 부드러울 유, 아닐 부, 끊을 단)	어물어물 망설이기만 하고 결단성이 없음
牛耳讀經	우이독경(소 우, 귀 이, 읽을 독, 경서 경)	쇠귀에 경 읽기라는 뜻으로, 아무리 가르치고 일러 주어도 알아듣지 못함을 이르는 말
有名無實	유명무실(있을 유, 이름 명, 없을 무, 열매 실)	이름만 그럴듯하고 실속은 없음
流芳百世	유방백세(흐를 유, 꽃다울 방, 일백 백, 세대 세)	꽃다운 이름이 후세에 길이 전함
類類相從	유유상종(무리 유, 무리 유, 서로 상, 좇을 종)	같은 무리끼리 서로 사귐

OX 문제

01 緣木求魚: 도저히 불가능한 일을 굳이 하려 함을 비유적으로 이르는 말 ( )

02 吳越同舟: 아무 관계도 없이 한 일이 공교롭게도 때가 같아 억울하게 의심을 받거나 난처한 위치에 서게 됨을 이르는 말 ( )

03 愚公移山: 일을 빨리하려고 하면 도리어 이루지 못함 ( )

정답 01 ○ 02 × 03 ×

확인 문제 15 국가직 9급

밑줄 친 사자성어의 쓰임이 적절하지 않은 것은?

① 그는 결단력이 없어 좌고우면(左顧右眄)하다가 적절한 대응 시기를 놓쳐 버렸다.
② 다수의 기업이 새로운 투자보다 변화에 대한 암중모색(暗中摸索)을 시도하고 있다.
③ 그 친구는 침소봉대(針小棒大)하는 경향이 있어서 하는 말을 곧이곧대로 믿기 어렵다.
④ 그 사람이 경제적으로 매우 어려운 상황에서 성공한 것은 연목구어(緣木求魚)나 마찬가지이다.

정답 ④

해설 '연목구어(緣木求魚)'는 '나무에 올라가서 물고기를 구한다는 뜻으로, 도저히 불가능한 일을 굳이 하려 함을 비유적으로 이르는 말'이다. 따라서 경제적으로 매우 어려운 상황에서 성공했다는 제시문의 내용과는 맞지 않는다.

韋編三絕	위편삼절(가죽 위, 엮을 편, 석 삼, 끊을 절)	공자가 주역을 즐겨 읽어 책의 가죽끈이 세 번이나 끊어졌다는 뜻으로, 책을 열심히 읽음을 이르는 말
泣斬馬謖	읍참마속(울 읍, 벨 참, 말 마, 일어날 속)	큰 목적을 위하여 자기가 아끼는 사람을 버림을 이르는 말. 중국 촉나라 제갈량이 군령을 어기어 가정(街亭) 싸움에서 패한 마속을 눈물을 머금고 참형에 처하였다는 데서 유래한다.
異口同聲	이구동성(다를 이, 입 구, 같을 동, 소리 성)	입은 다르나 목소리는 같다는 뜻으로, 여러 사람의 말이 한결같음을 이르는 말
以卵投石	이란투석(써 이, 알 란, 던질 투, 돌 석)	달걀로 돌을 친다는 뜻으로, 아주 약한 것으로 강한 것에 대항하려는 어리석음을 비유적으로 이르는 말
因果應報	인과응보(인할 인, 열매 과, 응할 응, 갚을 보)	전생에 지은 선악에 따라 현재의 행과 불행이 있고, 현세에서의 선악의 결과에 따라 내세에서 행과 불행이 있는 일
一舉兩得	일거양득(한 일, 들 거, 두 양, 얻을 득)	한 가지 일을 하여 두 가지 이익을 얻음
一魚濁水	일어탁수(한 일, 물고기 어, 흐릴 탁, 물 수)	한 마리의 물고기가 물을 흐린다는 뜻으로, 한 사람의 잘못으로 여러 사람이 피해를 입게 됨을 이르는 말
一敗塗地	일패도지(한 일, 패할 패, 진흙 도, 땅 지)	싸움에 한 번 패하여 간과 뇌가 땅바닥에 으깨어진다는 뜻으로, 여지없이 패하여 다시 일어날 수 없게 되는 지경에 이름을 이르는 말
臨機應變	임기응변(임할 임, 틀 기, 응할 응, 변할 변)	그때그때 처한 사태에 맞추어 즉각 그 자리에서 결정하거나 처리함
立錐之地	입추지지(설 입, 송곳 추, 갈 지, 땅 지)	송곳 하나 세울 만한 땅이란 뜻으로, 매우 좁아 조금의 여유도 없음을 이르는 말

(8) ㅈ

自家撞着	자가당착(스스로 자, 집 가, 칠 당, 붙을 착)	같은 사람의 말이나 행동이 앞뒤가 서로 맞지 아니하고 모순됨
自激之心	자격지심(스스로 자, 과격할 격, 갈 지, 마음 심)	자기가 한 일에 대하여 스스로 미흡하게 여기는 마음
自斧刖足	자부월족(스스로 자, 도끼 부, 발꿈치 벨 월, 발 족)	자기 도끼에 자기 발등을 찍힌다는 뜻으로, 잘 알고 있다고 조심하지 아니하다가 큰 실수를 범하게 됨을 이르는 말
自繩自縛	자승자박(스스로 자, 줄 승, 스스로 자, 묶을 박)	자기의 줄로 자기 몸을 옭아 묶는다는 뜻으로, 자기가 한 말과 행동에 자기 자신이 옭혀 곤란하게 됨을 비유적으로 이르는 말
自中之亂	자중지란(스스로 자, 가운데 중, 갈 지, 어지러울 란)	같은 편끼리 하는 싸움
自暴自棄	자포자기(스스로 자, 사나울 포, 스스로 자, 버릴 기)	절망에 빠져 자신을 스스로 포기(抛棄)하고 돌아보지 아니함
自畫自讚	자화자찬(스스로 자, 그림 화, 스스로 자, 기릴 찬)	자기가 그린 그림을 스스로 칭찬한다는 뜻으로, 자기가 한 일을 스스로 자랑함을 이르는 말
雀學鸛步	작학관보(참새 작, 배울 학, 황새 관, 걸음 보)	참새가 황새의 걸음을 배운다는 뜻으로, 자기의 역량은 생각하지 아니하고 억지로 남을 모방함을 비유적으로 이르는 말

OX 문제

01 韋編三絕: 책을 열심히 읽음을 이르는 말 ( )

02 一魚濁水: 한 사람의 잘못으로 여러 사람이 피해를 입게 됨을 이르는 말 ( )

03 自斧刖足: 잘 알고 있다고 조심하지 아니하다가 큰 실수를 범하게 됨을 이르는 말 ( )

정답 01 ○ 02 ○ 03 ○

張三李四	장삼이사(베풀 장, 석 삼, 오얏 이, 넉 사)	장씨(張氏)의 셋째 아들과 이씨(李氏)의 넷째 아들이라는 뜻으로, 이름이나 신분이 특별하지 아니한 평범한 사람들을 이르는 말
賊反荷杖	적반하장(도둑 적, 돌이킬 반, 멜 하, 지팡이 장)	도둑이 도리어 매를 든다는 뜻으로, 잘못한 사람이 아무 잘못도 없는 사람을 나무람을 이르는 말
赤手空拳	적수공권(붉을 적, 손 수, 빌 공, 주먹 권)	맨손과 맨주먹이라는 뜻으로, 아무것도 가진 것이 없음을 이르는 말
轉禍爲福	전화위복(구를 전, 재앙 화, 할 위, 복 복)	재앙과 근심, 걱정이 바뀌어 오히려 복이 됨
切齒腐心	절치부심(끊을 절, 이 치, 썩을 부, 마음 심)	몹시 분하여 이를 갈며 속을 썩임
漸入佳境	점입가경(차차 점, 들 입, 아름다울 가, 지경 경)	• 들어갈수록 점점 재미가 있음 • 시간이 지날수록 하는 짓이나 몰골이 더욱 꼴불견임을 비유적으로 이르는 말
井底之蛙	정저지와(우물 정, 밑 저, 갈 지, 개구리 와)	우물 안 개구리라는 뜻으로, 견문이 좁고 세상 형편에 어두운 사람을 비유적으로 이르는 말
朝變夕改	조변석개(아침 조, 변할 변, 저녁 석, 고칠 개)	아침저녁으로 뜯어고친다는 뜻으로, 계획이나 결정 따위를 일관성이 없이 자주 고침을 이르는 말
朝三暮四	조삼모사(아침 조, 석 삼, 저물 모, 넉 사)	간사한 꾀로 남을 속여 희롱함을 이르는 말. 중국 송나라의 저공(狙公)의 고사로, 먹이를 아침에 세 개, 저녁에 네 개씩 주겠다는 말에는 원숭이들이 적다고 화를 내더니 아침에 네 개, 저녁에 세 개씩 주겠다는 말에는 좋아하였다는 데서 유래한다.
鳥足之血	조족지혈(새 조, 발 족, 갈 지, 피 혈)	새 발의 피라는 뜻으로, 매우 적은 분량을 비유적으로 이르는 말
種豆得豆	종두득두(씨 종, 콩 두, 얻을 득, 콩 두)	콩을 심으면 반드시 콩이 나온다는 뜻으로, 원인에 따라 결과가 생김을 이르는 말
左顧右眄	좌고우면(왼 좌, 돌아볼 고, 오른쪽 우, 곁눈질할 면)	이쪽저쪽을 돌아본다는 뜻으로, 앞뒤를 재고 망설임을 이르는 말
坐不安席	좌불안석(앉을 좌, 아닐 불, 편안할 안, 자리 석)	앉아도 자리가 편안하지 않다는 뜻으로, 마음이 불안하거나 걱정스러워서 한군데에 가만히 앉아 있지 못하고 안절부절못하는 모양을 이르는 말
主客顚倒	주객전도(주인 주, 손님 객, 넘어질 전, 거꾸로 도)	주인과 손의 위치가 서로 뒤바뀐다는 뜻으로, 사물의 경중·선후·완급 따위가 서로 뒤바뀜을 이르는 말
走馬加鞭	주마가편(달릴 주, 말 마, 더할 가, 채찍 편)	달리는 말에 채찍질한다는 뜻으로, 잘하는 사람을 더욱 장려함을 이르는 말
走馬看山	주마간산(달릴 주, 말 마, 볼 간, 뫼 산)	말을 타고 달리며 산천을 구경한다는 뜻으로, 자세히 살피지 아니하고 대충대충 보고 지나감을 이르는 말
指鹿爲馬	지록위마(가리킬 지, 사슴 록, 할 위, 말 마)	• 윗사람을 농락하여 권세를 마음대로 함을 이르는 말. 중국 진(秦)나라의 조고(趙高)가 자신의 권세를 시험하여 보고자 황제 호해(胡亥)에게 사슴을 가리키며 말이라고 한 데서 유래한다. • 모순된 것을 끝까지 우겨서 남을 속이려는 짓을 비유적으로 이르는 말

OX 문제

01 雀學鸛步: 자기가 한 일을 스스로 자랑함을 이르는 말 ( )

02 朝變夕改: 간사한 꾀로 남을 속여 희롱함을 이르는 말 ( )

03 左顧右眄: 앞뒤를 재고 망설임을 이르는 말 ( )

정답 01 × 02 × 03 ○

확인 문제   17 지방직 9급

한자성어의 뜻풀이로 옳지 않은 것은?
① 점입가경(漸入佳境): 들어갈수록 점점 재미가 있음
② 절치부심(切齒腐心): 몹시 분하여 이를 갈며 속을 썩임
③ 방약무인(傍若無人): 어떤 약으로도 치료할 수 없는 상태임
④ 결초보은(結草報恩): 죽은 뒤에라도 은혜를 잊지 않고 갚음을 이르는 말

정답 ③
해설 방약무인(傍若無人): 곁에 사람이 없는 것처럼 아무 거리낌 없이 함부로 말하고 행동하는 태도가 있음

支離滅裂	지리멸렬(지탱할 지, 떠날 리, 멸망할 멸, 찢을 렬)	이리저리 흩어지고 찢기어 갈피를 잡을 수 없음
進退維谷	진퇴유곡(나아갈 진, 물러날 퇴, 바 유, 골 곡)	이러지도 저러지도 못하고 꼼짝할 수 없는 궁지

(9) ㅊ

滄海一粟	창해일속(큰 바다 창, 바다 해, 한 일, 조 속)	넓고 큰 바닷속의 좁쌀 한 알이라는 뜻으로, 아주 많거나 넓은 것 가운데 있는 매우 하찮고 작은 것을 이르는 말
天高馬肥	천고마비(하늘 천, 높을 고, 말 마, 살찔 비)	하늘이 높고 말이 살찐다는 뜻으로, 하늘이 맑아 높푸르게 보이고 온갖 곡식이 익는 가을철을 이르는 말
千慮一失	천려일실(일천 천, 생각할 려, 한 일, 잃을 실)	천 번 생각에 한 번 실수라는 뜻으로, 슬기로운 사람이라도 여러 가지 생각 가운데에는 잘못되는 것이 있을 수 있음을 이르는 말
天衣無縫	천의무봉(하늘 천, 옷 의, 없을 무, 꿰맬 봉)	• 천사의 옷은 꿰맨 흔적이 없다는 뜻으로, 일부러 꾸민데 없이 자연스럽고 아름다우면서 완전함을 이르는 말 • 완전무결하여 흠이 없음을 이르는 말 • 세상사에 물들지 아니한 어린이와 같은 순진함을 이르는 말
千載一遇	천재일우(일천 천, 실을 재, 한 일, 만날 우)	천 년 동안 단 한 번 만난다는 뜻으로, 좀처럼 만나기 어려운 좋은 기회를 이르는 말
疊疊山中	첩첩산중(겹쳐질 첩, 겹쳐질 첩, 뫼 산, 가운데 중)	여러 산이 겹치고 겹친 산속
靑出於藍	청출어람(푸를 청, 날 출, 어조사 어, 쪽 람)	쪽에서 뽑아낸 푸른 물감이 쪽보다 더 푸르다는 뜻으로, 제자나 후배가 스승이나 선배보다 나음을 비유적으로 이르는 말
樵童汲婦	초동급부(나무할 초, 아이 동, 길을 급, 아내 부)	땔나무를 하는 아이와 물을 긷는 아낙네라는 뜻으로, 평범한 사람을 이르는 말
草綠同色	초록동색(풀 초, 초록빛 록, 같을 동, 색 색)	풀색과 녹색은 같은 색이라는 뜻으로, 처지가 같은 사람들끼리 한패가 되는 경우를 비유적으로 이르는 말
焦眉之急	초미지급(그을릴 초, 눈썹 미, 갈 지, 급할 급)	눈썹에 불이 붙었다는 뜻으로, 매우 급함을 이르는 말
針小棒大	침소봉대(바늘 침, 작을 소, 막대 봉, 클 대)	작은 일을 크게 불리어 떠벌림

(10) ㅌ

他山之石	타산지석(다를 타, 뫼 산, 갈 지, 돌 석)	다른 산의 나쁜 돌이라도 자신의 산의 옥돌을 가는 데에 쓸 수 있다는 뜻으로, 본이 되지 않은 남의 말이나 행동도 자신의 지식과 인격을 수양하는 데에 도움이 될 수 있음을 비유적으로 이르는 말
兎死狗烹	토사구팽(토끼 토, 죽을 사, 개 구, 삶을 팽)	토끼가 죽으면 토끼를 잡던 사냥개도 필요 없게 되어 주인에게 삶아 먹히게 된다는 뜻으로, 필요할 때는 쓰고 필요 없을 때는 야박하게 버리는 경우를 이르는 말

○✕문제

01 滄海一粟: 이러지도 저러지도 못하고 꼼짝할 수 없는 궁지 ( )

02 千慮一失: 슬기로운 사람이라도 여러 가지 생각 가운데에는 잘못되는 것이 있을 수 있음을 이르는 말 ( )

03 天衣無縫: 완전무결하여 흠이 없음을 이르는 말 ( )

정답 01 ✕ 02 ○ 03 ○

(11) ㅍ

烹頭耳熟	팽두이숙(삶을 팽, 머리 두, 귀 이, 익을 숙)	머리를 삶으면 귀까지 익는다는 뜻으로, 한 가지 일이 잘 되면 다른 일도 저절로 이루어짐을 비유적으로 이르는 말
弊袍破笠	폐포파립(해질 폐, 도포 포, 깨뜨릴 파, 삿갓 립)	해어진 옷과 부서진 갓이란 뜻으로, 초라한 차림새를 비유적으로 이르는 말 ≒ 폐의파관(敝衣破冠)
表裏不同	표리부동(겉 표, 속 리, 아닐 부, 같을 동)	겉으로 드러나는 언행과 속으로 가지는 생각이 다름
風前燈火	풍전등화(바람 풍, 앞 전, 등잔 등, 불 화)	바람 앞의 등불이라는 뜻으로, 사물이 매우 위태로운 처지에 놓여 있음을 비유적으로 이르는 말
匹夫匹婦	필부필부(짝 필, 남편 부, 짝 필, 아내 부)	평범한 남녀

(12) ㅎ

夏爐多扇	하로동선(여름 하, 화로 로, 겨울 동, 부채 선)	여름의 화로와 겨울의 부채라는 뜻으로, 격(格)이나 철에 맞지 아니함을 이르는 말
下石上臺	하석상대(아래 하, 돌 석, 위 상, 대 대)	아랫돌 빼서 윗돌 괴고 윗돌 빼서 아랫돌 괸다는 뜻으로, 임시변통으로 이리저리 둘러맞춤을 이르는 말
漢江投石	한강투석(한나라 한, 강 강, 던질 투, 돌 석)	한강에 돌 던지기라는 뜻으로, 지나치게 미미하여 아무런 효과를 미치지 못함을 이르는 말
汗牛充棟	한우충동(땀 한, 소 우, 가득할 충, 마룻대 동)	짐으로 실으면 소가 땀을 흘리고, 쌓으면 들보에까지 찬다는 뜻으로, 가지고 있는 책이 매우 많음을 이르는 말
虛張聲勢	허장성세(빌 허, 베풀 장, 소리 성, 기세 세)	실속은 없으면서 큰소리치거나 허세를 부림
狐假虎威	호가호위(여우 호, 거짓 가, 범 호, 위엄 위)	남의 권세를 빌려 위세를 부림. 《전국책》의 〈초책(楚策)〉에 나오는 말로 여우가 호랑이의 위세를 빌려 호기를 부린다는 데에서 유래한다.
和而不同	화이부동(화할 화, 말 이을 이, 아닐 부, 같을 동)	남과 사이좋게 지내기는 하나 무턱대고 어울리지는 아니함
畫中之餅	화중지병(그림 화, 가운데 중, 갈 지, 밀가루떡 병)	그림의 떡
後生可畏	후생가외(뒤 후, 날 생, 옳을 가, 두려워할 외)	젊은 후학들을 두려워할 만하다는 뜻으로, 후진들이 선배들보다 젊고 기력이 좋아, 학문을 닦음에 따라 큰 인물이 될 수 있으므로 가히 두렵다는 말

○Ⅹ 문제

01 針小棒大: 매우 급함을 이르는 말
( )

02 弊袍破笠: 초라한 차림새를 비유적으로 이르는 말
( )

03 狐假虎威: 실속은 없으면서 큰소리치거나 허세를 부림
( )

정답 01 × 02 ○ 03 ×

확인 문제   16 지방직 9급

밑줄 친 한자성어의 쓰임이 적절하지 않은 것은?

① 말이 너무 번드르르해 미덥지 않은 자들은 대부분 口蜜腹劍형의 사람이다.
② 그는 싸움다운 전쟁도 못 하고 一敗塗地가 되어 고향으로 달아나고 말았다.
③ 그에게 마땅히 대응했어야 했는데, 그대는 어찌하여 首鼠兩端하다가 시기를 놓쳤소?
④ 요새 신입생들이 선배들에게 예의를 차릴 줄 모르는 걸 보면 참 後生可畏하다는 생각이다.

정답 ④

해설 '후생가외(後生可畏)'는 선배들에게 예의를 차릴 줄 모른다는 말과 맞지 않는다.
① 구밀복검(口蜜腹劍), ② 일패도지(一敗塗地), ③ 수서양단(首鼠兩端)

각자무치(角者無齒)	뿔는 호랑이는 뿔이 없다
갈이천정(渴而穿井)	목마른 놈이 우물 판다
감탄고토(甘吞苦吐)	달면 삼키고 쓰면 뱉는다
걸인연천(乞人憐天)	비렁뱅이가 하늘을 불쌍히 여긴다
격화소양(隔靴搔癢)	신 신고 발바닥 긁기
견문발검(見蚊拔劍)	모기 보고 칼[환도] 빼기[뽑기] / 중을 보고 칼을 뽑는다
경전하사(鯨戰蝦死)	고래 싸움에 새우 등 터진다
계란유골(鷄卵有骨)	계란에도 뼈가 있다
고식지계(姑息之計)	언 발에 오줌 누기
고장난명(孤掌難鳴)	외손뼉이 소리 날까
고진감래(苦盡甘來)	고생 끝에 낙이 온다[있다]
교각살우(矯角殺牛)	빈대 잡으려고 초가삼간 태운다 / 쇠뿔 잡다가 소 죽인다
구밀복검(口蜜腹劍)	등 치고 간 내먹다
금지옥엽(金枝玉葉)	불면 꺼질까 쥐면 터질까
기호지세(騎虎之勢)	쏘아 놓은 살이요 엎지른[엎질러진] 물이다
당구풍월(堂狗風月)	서당 개 삼 년에 풍월(을) 한다[읊는다/짓는다]
당랑거철(螳螂拒轍)	하룻강아지 범 무서운 줄 모른다 / 비루먹은 강아지 대호(大虎)를 건드린다
동가홍상(同價紅裳)	같은 값이면 다홍치마
동병상련(同病相憐)	과부 설움은 홀아비가 안다
동족방뇨(凍足放尿)	언 발에 오줌 누기
동족상잔(同族相殘)	갈치가 갈치 꼬리 문다 / 망둥이 제 동무 잡아먹는다
득롱망촉(得隴望蜀)	말 타면 경마 잡히고 싶다
등고자비(登高自卑)	천 리 길도 한 걸음부터
등하불명(燈下不明)	등잔 밑이 어둡다
마부위침(磨斧爲針)	도끼를 갈아 바늘을 만든다 = 마부작침(磨斧作針)
마호체승(馬好替乘)	말도 갈아타는 것이 좋다
만시지탄(晩時之歎)	소 잃고 외양간 고친다
망자계치(亡子計齒)	죽은 자식 나이 세기
목불식정(目不識丁)	낫 놓고 기역 자도 모른다
묘두현령(猫頭懸鈴)	고양이 목에 방울 달기
문일지십(聞一知十)	하나를 듣고 열을 안다
사상누각(沙上樓閣)	모래 위에 선 누각
삼순구식(三旬九食)	서 발 막대[장대] 거칠 것 없다
생구불망(生口不網)	산 (사람) 입에 거미줄 치랴
설상가상(雪上加霜)	엎친 데 덮친 격

○× 문제

01 감탄고토(甘吞苦吐): 비렁뱅이가 하늘을 불쌍히 여긴다 ( )

02 고식지계(姑息之計): 언 발에 오줌 누기 ( )

03 교각살우(矯角殺牛): 빈대 잡으려고 초가삼간 태운다 ( )

04 기호지세(騎虎之勢): 하룻강아지 범 무서운 줄 모른다 ( )

정답 01 × 02 ○ 03 ○ 04 ×

수적천석(水滴穿石)	낙숫물이 댓돌 뚫는다
숙호충비(宿虎衝鼻)	자는 호랑이 코 찌르기
순망치한(脣亡齒寒)	입술이 없으면 이가 시리다
식자우환(識字憂患)	아는 것이 병
십벌지목(十伐之木)	열 번 찍어 아니 넘어가는 나무 없다
아전인수(我田引水)	제 논에 물 대기
오비삼척(吾鼻三尺)	내 코가 석 자
오비이락(烏飛梨落)	까마귀 날자 배 떨어진다
외부내빈(外富內貧)	난 부자 든 거지
우이독경(牛耳讀經)	쇠귀에 경 읽기
이란투석(以卵投石)	계란으로 바위 치기
일거양득(一擧兩得)	꿩 먹고 알 먹는다[먹기] / 굿 보고 떡 먹기
일어탁수(一魚濁水)	미꾸라지 한 마리가 온 웅덩이를 흐린다
입추지지(立錐之地)	입추의 여지가 없다 / 벼룩 꿇어앉을 땅도 없다 / 송곳 세울 틈[자리]도 없다 / 송곳 모로 박을 곳도 없다
자부월족(自斧刖足)	도끼로 제 발등 찍는다
작학관보(雀學鸛步)	참새가 황새 따라 하다 가랑이 찢어진다
적반하장(賊反荷杖)	도둑이 매를 든다
정저지와(井底之蛙)	우물 안 개구리
조족지혈(鳥足之血)	새 발의 피
종두득두(種豆得豆)	콩 심은 데 콩 나고 팥 심은 데 팥 난다
주마가편(走馬加鞭)	달리는 말에 채찍질
주마간산(走馬看山)	수박 겉 핥기 / 처삼촌 뫼에 벌초하듯
지부작족(知斧斫足)	믿는 도끼에 발등 찍힌다
청천벽력(靑天霹靂)	마른하늘에 날벼락
초록동색(草綠同色)	초록은 동색 / 초록은 한빛이라 / 가재는 게 편이다 / 그 속옷이 그 속이다 / 검둥개(검정개)는 돼지 편 / 이리가 짖으니 개가 꼬리를 흔든다 / 솔개는 매 편
침도도우(針盜盜牛)	바늘 도둑이 소도둑 된다
팽두이숙(烹頭耳熟)	머리를 삶으면 귀까지 익는다
하석상대(下石上臺)	아랫돌 빼서 윗돌 괴고 윗돌 빼서 아랫돌 괴기
한강투석(漢江投石)	한강에 돌 던지기
호가호위(狐假虎威)	원님 덕에 나팔[나발] 분다
화중지병(畫中之餠)	그림의 떡

확인 문제
16 지방직 9급

다음 ㉠~㉣의 뜻풀이에 해당하는 속담으로 적절하지 않은 것은?

㉠ 識字憂患
㉡ 角者無齒
㉢ 螳螂拒轍
㉣ 得隴望蜀

① ㉠ 아는 것이 병이다
② ㉡ 무는 호랑이는 뿔이 없다
③ ㉢ 하룻강아지 범 무서운 줄 모른다
④ ㉣ 양지가 음지 되고 음지가 양지 된다

정답 ④

해설 ㉣ '득롱망촉(得隴望蜀)'은 '만족할 줄을 모르고 계속 욕심을 부리는 경우를 비유적으로 이르는 말'이다. '양지가 음지 되고 음지가 양지 된다'는 '운이 나쁜 사람도 좋은 수를 만날 수 있고 운이 좋은 사람도 늘 좋기만 하는 것이 아니라 어려운 시기가 있다는 말로, 세상사는 늘 돌고 돈다'는 뜻이므로 득롱망촉의 의미와 맞지 않는다.
㉠ 식자우환(識字憂患), ㉡ 각자무치(角者無齒), ㉢ 당랑거철(螳螂拒轍)

01
② 고등어 한 손: 2마리 〈 양말 한 타: 12
개 〈 북어 한 쾌: 20마리 〈 바늘 한
쌈: 24개

01 밑줄 친 단위성 의존 명사의 수량이 적은 것부터 순서대로 바르게 나열한 것은?

20 서울시 9급

① 고등어 한 손 〈 양말 한 타 〈 바늘 한 쌈 〈 북어 한 쾌
② 고등어 한 손 〈 양말 한 타 〈 북어 한 쾌 〈 바늘 한 쌈
③ 고등어 한 손 〈 북어 한 쾌 〈 양말 한 타 〈 바늘 한 쌈
④ 고등어 한 손 〈 바늘 한 쌈 〈 양말 한 타 〈 북어 한 쾌

02
① '죽'은 옷이나 그릇 따위의 열 벌을 묶
어 이르는 말이며, 오징어를 세는 단위
는 '축'이다. 한 축은 오징어 스무 마리
를 이른다.

02 다음 물건을 세는 단위 또는 숫자가 옳지 않은 것은?

18 국회직 9급

① 죽: 오징어 열두 마리
② 쾌: 북어 스무 마리 또는 엽전 열 냥
③ 우리: 기와 이천 장
④ 강다리: 쪼갠 장작 100개비
⑤ 뭇: 생선 열 마리 또는 미역 열 장

03
㉠ 41세는 '쉰을 바라본다'는 뜻을 가진
'망오(望五)'를 쓴다.
㉡ 88세는 여든여덟 살을 달리 이르는 말
인 '미수(米壽)'를 쓴다.

03 괄호 안의 ㉠, ㉡에 들어갈 한자끼리 바르게 묶인 것은?

18 지방직

> 박 아무개는 41세에 (㉠)宴을, 77세에 喜壽宴을, 88세에 (㉡)宴을, 99세에 白壽宴을 가졌다.

	㉠	㉡
①	望五	美壽
②	忘五	米壽
③	望五	米壽
④	忘五	美壽

정답 01 ② 02 ① 03 ③

04 24절기 중 ㉠과 ㉡에 각각 들어갈 단어로 적절한 것은?

18 경찰 2차

> "오빠, 편히 사시오."
> 하고, 거의 울음이 다 된, 마지막 목소리를 남기고 돌아선 계연의 저만치 가고 있는 항라 적삼을, 고운 햇빛과 늘어진 버들가지와 산울림처럼 울려오는 뻐꾸기 울음 속에, 성기는 우두커니 지켜보고 있을 뿐이었다.
> 성기가 다시 자리에서 일어나게 된 것은 이듬해 우수(雨水)도 (㉠)도 다 지나, (㉡) 무렵의 비가 질금거릴 즈음이었다. 주막 앞에 늘어선 버들가지는 다시 실같이 푸르러지고 살구, 복숭아, 진달래 들이 골목 사이로 산기슭으로 울긋불긋 피고 지고 하는 날이었다.
> 아들의 미음상을 차려 들고 들어온 옥화는 성기가 미음 그릇을 비우는 것을 보자, 이렇게 물었다.
> "아직도 너, 강원도 쪽으로 가 보고 싶나?"
> "……."
> 성기는 조용히 고개를 돌렸다.
> "여기서 장가들어 나랑 같이 살겠나?"
> "……."
> 성기는 역시 고개를 돌렸다.

① ㉠ 청명 ㉡ 처서
② ㉠ 입춘 ㉡ 곡우
③ ㉠ 곡우 ㉡ 경칩
④ ㉠ 경칩 ㉡ 청명

05 어휘의 뜻풀이가 가장 옳지 않은 것은?

19 서울시 9급

① 가멸차다: 재산이나 자원 따위가 매우 많고 풍족하다
② 상고대: 나무나 풀에 내려 눈처럼 된 서리
③ 안다미로: 다른 사람이 믿을 수 있도록 성실하게
④ 톺아보다: 샅샅이 훑어 가며 살피다

06 고유어에 대한 풀이 중 가장 옳지 않은 것은?

18 서울시

① 갈바람: 가을바람의 준말
② 두름: 조기 따위의 물고기 열 마리를 짚으로 엮은 것
③ 트레바리: 이유 없이 남의 말에 반대하기를 좋아함
④ 지청구: 까닭 없이 남을 탓하고 원망함

04
제시문은 김동리의 〈역마〉이며, 지문에서 제시된 우수는 양력 2월 18일경으로 봄 기운이 돌고 초목이 싹트는 때이다.
제시문에서 '우수도 (㉠)도 다 지나, (㉡) 무렵의 비'라고 표현되었으며, ㉡ 무렵에 '버들가지는 실같이 푸르러지고 살구, 복숭아, 진달래 들이~울긋불긋 피고 지고 하는 날'이라고 한 것으로 보아 ㉠, ㉡은 계절적으로 봄이다. 따라서 우수에 이어 계절적으로 봄을 표현한 절기는 ㉠ 경칩(양력 3월 5일경), ㉡ 청명(양력 4월 5일경)이 맞다.

[오답의 이유]
① '처서'는 양력 8월경으로 가을의 절기이다.
②·③ '입춘'은 봄이 시작되는 절기이며 양력 2월 4일경으로 우수의 앞이고, '곡우'는 양력 4월 20일경으로 '봄비가 내려서 백곡이 윤택해지는 때'로 청명과 입하(立夏) 사이이다.

05
③ 안다미로: 담은 것이 그릇에 넘치도록 많이

06
② 두름: 조기 따위의 물고기를 짚으로 한 줄에 열 마리씩 두 줄로 엮은 것
예 굴비 두 두름

정답 04 ④ 05 ③ 06 ②

07

② 입이 되다: 맛있는 음식만 먹으려고 하는 버릇이 있어 음식에 매우 까다롭다. 예 그는 입이 되어 웬만한 음식은 잘 먹지 않는다.

07 밑줄 친 관용 표현의 쓰임이 옳지 않은 것은?

20 국회직 8급

① 그녀는 바쁘다는 말이 입에 붙었다.

② 그는 입이 되어 무엇이든 잘 먹는다.

③ 저 아이가 저렇게 마른 것은 다 입이 밭기 때문이지.

④ 그녀는 야무지게 생긴 얼굴 못지않게 입이 여물어 함께 일하기에 편하다.

⑤ 좋은 사람으로 비쳤던 김 씨가 사실 엄청난 사기꾼이었다는 말을 듣고 모두들 입이 썼다.

08

② 이골이 나다: '이골'은 '아주 길이 들어서 몸에 푹 밴 버릇'의 뜻으로, 주로 '이골이 나다'라는 표현으로 사용된다.

08 다음 관용적 표현 중 뜻이 옳지 않은 것은?

18 국회직 9급

① 떡 해 먹을 집안: 서로 마음이 맞지 않아 분란이 끊이지 않는 집안

② 이골이 나다: 지긋지긋해서 진절머리가 나다.

③ 벙어리 재판: 시비를 가리기가 어려움

④ 반죽이 좋다: 노여움이나 부끄러움을 타지 아니하다.

⑤ 아귀를 짓다: 어떤 일의 가부를 확실하게 결정하여 마무리하다.

09

① 제시문은 김유정의 소설 〈산골 나그네〉의 일부이다. 제시문에서 나그네는 남편 없고 몸 붙일 곳 없이 이리저리 얻어먹고 다닌다고 하였으므로, '아주 가난하여 떠돌아다니며 얻어먹을 정도임을 비유적으로 이르는 말'인 '패랭이에 숟가락 꽂고 산다'가 가장 나그네의 처지를 잘 나타내는 속담이다.

오답의 이유

② 태산 명동에 서일필이라: 태산이 쩌렁쩌렁 울리도록 야단법석을 떨었는데 결과는 생쥐 한 마리가 튀어나왔을 뿐이라는 뜻으로, 아주 야단스러운 소문에 비하여 결과는 별것 아닌 것을 비유적으로 이르는 말

③ 터진 방앗공이에 보리알 끼듯 하였다: 버리자니 아깝고 파내자니 품이 들어 할 수 없이 내버려 둘 수밖에 없음을 비유적으로 이르는 말 / 성가신 어떤 방해물이 끼어든 경우를 비유적으로 이르는 말

④ 보리누름까지 세배한다: 보리가 누렇게 익을 무렵 즉 사오월까지도 세배를 한다는 뜻으로, 형식적인 인사 차림이 너무 과함을 이르는 말

09 ㉠의 처지와 관련된 속담으로 가장 적절한 것은?

20 군무원 9급

> "쥔 어른 계서유?"
>
> 몸을 돌리어 바느질거리를 다시 들려 할 제 이번에는 짜장 인끼가 난다. 황급하게 "누구유?" 하고 일어서며 문을 열어보았다.
>
> "왜 그리유?"
>
> "저어, 하룻밤만 드새고 가게 해주세유."
>
> 남정네도 아닌데 이 밤중에 웬일인가, 맨발에 짚신 짝으로. 그야 아무렇든,
>
> "어서 들어와 불 쬐게유."
>
> ㉠ 나그네는 주춤주춤 방 안으로 들어와서 화로 곁에 도사려 앉는다. 낡은 치맛자락 위로 비어지려는 속살을 아무리자 허리를 지그시 튼다. 그러고는 묵묵하다. 주인은 물끄러미 보고 있다가 밥을 좀 주려느냐고 물어보아도 잠자코 있다.
>
> 그러나 먹던 대궁을 주워모아 짠지쪽하고 갖다주니 감지덕지 받는다. 그리고 물 한 모금 마심 없이 잠깐 동안에 밥그릇의 밑바닥을 긁는다.
>
> 밥숟가락을 놓기가 무섭게 주인은 이야기를 붙이기 시작하였다. 미주알고주알 물어보니 이야기는 지수가 없다. 자기로도 너무 지쳐 물은 듯싶은 만치 대구 추근거렸다. 나그네는 싫단 기색도 좋단 기색도 별로 없이 시나브로 대꾸하였다. 남편 없고 몸 붙일 곳 없다는 것을 간단히 말하고 난 뒤,
>
> "이리저리 얻어먹고 단게유" 하고 턱을 가슴에 묻는다.

① 패랭이에 숟가락 꽂고 산다

② 태산 명동에 서일필이라

③ 터진 방앗공이에 보리알 끼듯 하였다

④ 보리누름까지 세배한다

정답 07 ② 08 ② 09 ①

10 '먹다'가 들어간 속담의 의미에 대한 설명으로 옳지 않은 것은? 19 국회직 8급

① 꿩 구워 먹은 자리: 어떠한 일의 흔적이 전혀 없음을 비유적으로 이르는 말

② 소금 먹은 놈이 물켠다: 무슨 일이든 반드시 그렇게 된 까닭이 있다는 말

③ 먹던 술도 떨어진다: 매사에 조심하여 잘못이 없도록 하라는 말

④ 먹는 데는 관발이요 일에는 송곳이라: 제 이익이 되는 일 특히 먹는 일에는 남보다 먼저 덤비나, 일할 때는 꽁무니만 뺀다는 말

⑤ 노루 때린 막대기 세 번이나 국 끓여 먹는다: 어떤 일을 성공하기 위해서는 반복해야 한다는 것을 강조하는 말

10
⑤ 노루 때린 막대기 세 번이나 국 끓여 먹는다: 조금이라도 이용 가치가 있을까 하여 보잘것없는 것을 두고두고 되풀이하여 이용함을 비유적으로 이르는 말

11 밑줄 친 ㉠~㉤ 중 한자어의 한글 표기로 옳지 않은 것은? 20 국회직 8급

> 그렇기 때문에 사회 전체가 어떤 실리적 목적을 위하여 ㉠狂奔하는 시대엔 개인의 교양이라는 것은 어느 정도까지 저지되지 않을 수 없다. 가령 일례를 든다면 産業革命時代의 구라파, 더욱이 19세기 후반의 英國社會 같은 것이다. 社會 全體가 眞理를 사랑치 아니하고 精神的 價値를 돌보지 않고 다만 물질적 이득만을 위하여 ㉡汲汲하던 당시에 있어 교양은 흙에 파묻히고 말았다. 아놀드의 유명한 『敎養論』이 씌어진 것은 이러한 시대에 있어서이다. 學理보다는 관습과 先例에 의하여 처리하려 하고 理想보다는 편의주의적 임기응변에 의하여 처세하려 하고, 진리와 美보다는 세속적 성공과 物質的 利得을 취하려는 英國人의 특성을 그는 '필리스티니즘'이라 하여 그에 대립되는 ㉢淸澄하고 ㉣宏闊하며 ㉤高邁한 희랍정신을 고취하였다.

① ㉠: 광분   ② ㉡: 급급

③ ㉢: 청징   ④ ㉣: 광활

⑤ ㉤: 고매

11
④ ㉣ 宏闊은 '굉활(클 굉, 트일 활)'이다. '광활'은 '막힌 데가 없이 트이고 넓다.'의 의미로, '廣闊(넓을 광, 트일 활)'이라고 쓴다.

12 한자어의 독음이 모두 옳은 것은? 19 국회직 8급

① 更新(경신), 復權(복권), 有名稅(유명세), 劃策(획책), 周旋(주유)

② 該當(해당), 比率(비율), 收斂(수험), 墮落(추락), 開拓(개척)

③ 樣相(양상), 建築(건축), 未達(미비), 部族(부족), 傳達(전달)

④ 收益(수익), 交流(교류), 鬱寂(울적), 於此彼(어차피), 代替(대체)

⑤ 賂物(뇌물), 思惟(사변), 役割(역할), 準備(준비), 摘出(적출)

12
오답의 이유
① 周旋(주유) → 周旋(주선, 두루 주 · 돌 선): 일이 잘 되도록 여러 가지 방법으로 힘씀

② • 收斂(수험) → 收斂(수렴, 거둘 수 · 거둘 렴): 돈이나 물건 따위를 거두어들임
• 墮落(추락) → 墮落(타락, 떨어질 타 · 떨어질 락): 올바른 길에서 벗어나 잘못된 길로 빠지는 일

③ 未達(미비) → 未達(미달, 아닐 미 · 통할 달): 어떤 한도에 이르거나 미치지 못함

⑤ 思惟(사변) → 思惟(사유, 생각 사 · 생각할 유): 대상을 두루 생각하는 일

정답 10 ⑤ 11 ④ 12 ④

ㄱ. 決濟(결재) → 決濟(결제, 결정할 경·건널 제): 일을 처리하여 끝을 냄 / 증권 또는 대금을 주고받아 매매 당사자 사이의 거래 관계를 끝맺는 일

ㄴ. 火葬(화상) → 火葬(화장, 불 화·장사 지낼 장): 시체를 불에 살라 장사 지냄

ㄷ. 模寫(묘사) → 模寫(모사, 법 모·베낄 사): 사물을 형체 그대로 그림. 또는 그런 그림 / 원본을 베끼어 씀 / 어떤 그림의 본을 떠서 똑같이 그림

13 한자어의 독음으로 옳은 것을 〈보기〉에서 모두 고른 것은?

> **보기**
>
> ㄱ. 決濟(결재)　　　　　　ㄴ. 火葬(화상)
>
> ㄷ. 模寫(묘사)　　　　　　ㄹ. 裁量(재량)
>
> ㅁ. 冒頭(모두)　　　　　　ㅂ. 委託(위탁)

① ㄱ, ㄴ, ㅂ

② ㄱ, ㄷ, ㄹ

③ ㄴ, ㄷ, ㅁ

④ ㄹ, ㅁ, ㅂ

㉠ 逃戰(달아날 도, 싸울 전) → 挑戰(돋을 도, 싸울 전): 정면으로 맞서 싸움을 걺

㉡ 持地(가질 지, 땅 지) → 支持(지탱할 지, 가질 지): 어떤 사람이나 단체 따위의 주의·정책·의견 따위에 찬동하여 이를 위하여 힘을 씀

㉢ 浸黙(잠길 침, 묵묵할 묵) → 沈默(잠길 침, 잠잠할 묵): 아무 말도 없이 잠잠히 있음. 또는 그런 상태

14 ㉠～㉣의 한자 표기로 옳은 것은?

> 과학사를 들춰 보면 기존의 학문 체계에 ㉠ 도전했다가 낭패를 본 인물들의 이야기를 자주 만날 수 있다. 대표적인 인물이 천동설을 부정하고 지동설을 주장한 갈릴레이이다. 천동설을 ㉡ 지지하던 당시의 권력층은 그들의 막강한 힘을 이용하여 갈릴레이를 신의 권위에 도전하는 이단자로 욕하고 목숨까지 위협했다. 갈릴레이가 영원한 ㉢ 침묵을 ㉣ 맹세하지 않고 계속 지동설을 주장했더라면 그는 단두대의 이슬로 사라졌을지도 모른다.

① ㉠ 逃戰

② ㉡ 持地

③ ㉢ 浸黙

④ ㉣ 盟誓

㉢ 紡疫 → 防疫(막을 방, 전염병 역): 전염병이 발생하거나 유행하는 것을 미리 막는 일

15 밑줄 친 부분의 한자어로 적절하지 않은 것은?

> 코로나가 갖고 온 변화는 ㉠ 침체된 것처럼 보이는 삶 – ㉡ 위축된 경제와 단절된 관계와 불투명한 미래까지 – 에서부터 일상의 작은 규칙들, 마스크를 쓰고 손을 씻고 사회적 거리두기를 하는 것 등 삶의 전반에 크고 작은 영향을 끼쳤다. 그것이 우리 눈앞에 펼쳐진 코로나 이후의 맞닥뜨린 냉혹한 현실이지만 반대급부도 분명 존재한다. 가만히 들여다보면 차가운 현실의 이면에는 분명 또 다른 내용의 속지가 숨겨져 있다. 코로나로 인해 '국가의 감염병 예방 시스템이 새롭게 정비되고 ㉢ 방역 의료 체계가 발전하고 환경오염이 줄고'와 같은 거창한 것은 ㉣ 차치하고라도 당장, 홀로 있음의 경험을 통해서 내 자신의 마음 들여다보기가 가능해졌다.

① ㉠ 沈滯

② ㉡ 萎縮

③ ㉢ 紡疫

④ ㉣ 且置

16 밑줄 친 부분의 한자 표기가 잘못된 것은? 19 지방직 9급

① 그는 여러 차례 TV 출연으로 유명세(<u>有名勢</u>)를 치렀다.

② 누가 먼저 할 것인지 복불복(<u>福不福</u>)으로 정하기로 했다.

③ 긴박한 상황이라 대증요법(<u>對症療法</u>)을 쓸 수밖에 없었다.

④ 사건의 경위(<u>經緯</u>)는 알 수 없지만, 결과만 본다면 우리에게 유리하다.

16
① '세상에 이름이 널리 알려져 있는 탓으로 당하는 불편이나 곤욕을 속되게 이르는 말'을 뜻하는 '유명세'는 有名稅 (있을 유, 이름 명, 세금 세)'라고 쓴다.

17 다음에 서술된 A사의 상황을 가장 적절하게 표현한 한자성어는? 20 지방직 9급

> 최근 출시된 A사의 신제품이 뜨거운 호응을 얻고 있다. 이번 신제품의 성공으로 A사는 B사에게 내주었던 업계 1위 자리를 탈환했다.

① 兔死狗烹

② 捲土重來

③ 手不釋卷

④ 我田引水

17
② 업계 1위를 내주었으나 신제품의 성공으로 이를 다시 탈환한 A사의 상황은 '한 번 실패하였으나 힘을 회복하여 다시 쳐들어옴'을 이르는 말인 권토중래(捲土重來)가 적절하다.

오답의 이유
① 兔死狗烹(토사구팽)
③ 手不釋卷(수불석권)
④ 我田引水(아전인수)

18 유사한 의미로 사용할 수 있는 사자성어가 연결된 것으로 가장 옳은 것은? 20 서울시 9급

① 경국지색(傾國之色) – 경중미인(鏡中美人)

② 지록위마(指鹿爲馬) – 지란지화(芝蘭之化)

③ 목불식정(目不識丁) – 목불인견(目不忍見)

④ 폐의파관(敝衣破冠) – 폐포파립(敝袍破笠)

18
④ '폐의파관(敝衣破冠)'과 '폐포파립(敝袍破笠)' 모두 해어진 옷과 부서진 갓이란 뜻으로, 초라한 차림새를 비유적으로 이르는 말이다.

정답 16 ① 17 ② 18 ④

19

④ '梁上君子(양상군자)'는 '들보 위의 군자'라는 뜻으로 '도둑'을 완곡하게 이르는 말이며, 선비가 갖추어야 할 덕목과 상관없다.

오답의 이유
① 見利思義(견리사의)
② 勞謙君子(노겸군자)
③ 修己安人(수기안인)

20

④ '水滴穿石(수적천석)'은 '작은 물방울이라도 끊임없이 떨어지면 결국 돌에 구멍을 뚫는다.'는 말로, 아무리 작은 노력이라도 계속하면 큰 일을 이룰 수 있다는 말이다. 따라서 짬짬이 지속적인 습관을 기르는 것이 중요하다는 제시문의 내용과 가장 잘 어울린다.

오답의 이유
① 矯枉過直(교왕과직)
② 深思熟考(심사숙고)
③ 尸位素餐(시위소찬)

21

② 斷機之戒(단기지계)는 학문을 중도에서 그만두면 짜던 베의 날을 끊는 것처럼 아무 쓸모 없음을 경계한 말로, 맹자가 수학(修學) 도중에 집에 돌아오자, 그의 어머니가 짜던 베를 끊어 그를 훈계하였다는 데서 유래한다. 따라서 효와는 관련이 없다.

오답의 이유
① 斑衣之戲(반의지희)
③ 陸績懷橘(육적회귤)
④ 望雲之情(망운지정)

정답 19 ④ 20 ④ 21 ②

---

19 다음 내용과 관계있는 한자성어로 가장 거리가 먼 것은?   20 군무원 9급

> 선비는 단순한 지식 습득에 목적을 두지 않고 아는 것을 실천하는 것에 중점을 두고 있다. 또한 선비는 개인의 이익보다 사회 정의를 생각하며 행동하고 살아간다. 자신의 인격을 완성하고 그것을 통해 모든 사람에게 평안한 삶을 살게 하는 것이 그들의 궁극적 목적이다. 선비가 갖추어야 할 덕목은 많지만 상호 연결되어 있다. 자신을 낮추는 자세, 타인을 존중하는 마음, 검소하고 청렴결백한 삶 등이 하나로 연결되어 있는 것이다.

① 見利思義 　　② 勞謙君子
③ 修己安人 　　④ 梁上君子

20 다음 글과 관련이 있는 한자성어로 가장 적절한 것은?   19 경찰 1차

> 좋은 독서 습관을 만들기 위해서는 짬짬이 아주 조금씩 독서를 시작한다. 독서는 책상에 앉아 책상 등을 켜고 해야만 한다고 생각하는 사람은 드물 것이다. 그래서 그런지 지하철을 타면 독서를 하는 사람들을 심심치 않게 볼 수 있다. 그러나 지하철에서도 시간적 여유와 앉을 자리 등의 여건이 갖추어져야 독서를 할 수 있다고 생각하는 경우가 많다. 이런 기준으로 따진다면 하루에 독서할 수 있는 시간이 얼마나 될까? 나는 '짬짬이 독서'를 추천한다. 항상 책을 가방에 넣고 다니며 버스나 지하철을 기다리면서 5~10분간 2~3장 읽고, 친구나 음식을 기다리면서 5~10분을 읽는다. 분량에 얽매이지 않고 계속 읽어 가다 보면 생각보다 많은 양을 읽을 수 있다. 두꺼운 책을 한 번에 다 읽으려 하지 말고 짬짬이 지속적으로 읽는 습관을 만드는 것이 중요하다.

① 矯枉過直 　　② 深思熟考
③ 尸位素餐 　　④ 水滴穿石

21 효(孝)와 관계된 사자성어가 아닌 것은?   19 서울시 7급

① 斑衣之戲 　　② 斷機之戒
③ 陸績懷橘 　　④ 望雲之情

22 다음 단어의 문맥적 의미를 설명한 것으로 적절하지 <u>않은</u> 것은?

16 경찰 2차

> 여름 장이란 애시당초에 글러서, 해는 아직 중천에 있건만 장판은 벌써 쓸쓸하고 더운 햇발이 벌여 놓은 전 휘장 밑으로 등줄기를 훅훅 볶는다. 마을 사람들은 거지반 돌아간 뒤요, 팔리지 못한 나무꾼 패가 길거리에 ㉠ <u>궁싯거리고</u>들 있으나, 석유 병이나 받고 고깃 마리나 사면 족할 이 축들을 바라고 언제까지든지 버티고 있을 법은 없다. 춥춥스럽게 날아드는 파리 떼도, 장난꾼 ㉡ <u>각다귀</u>들도 귀찮다. ㉢ <u>얼금뱅이요</u> 왼손잡이인 ㉣ <u>드팀전</u>의 허생원은 기어코 동업의 조 선달을 나꾸어 보았다.
>
> "그만 걷을까?"
>
> – 이효석, 〈메밀꽃 필 무렵〉

① ㉠: 어찌할 바를 몰라 이리저리 머뭇거리다.
② ㉡: 곤충의 한 종류로 남의 것을 뜯어먹고 사는 사람을 비유적으로 이르는 말이다.
③ ㉢: 얼굴에 우묵한 마맛자국이 생긴 사람을 낮잡아 이르는 말이다.
④ ㉣: 여러 가지 농기구를 파는 작은 가게를 일컫는다.

22
㉣ 드팀전: 온갖 피륙을 팔던 가게

23 다음 중 단어의 뜻풀이가 옳지 <u>않은</u> 것은?

17 국회직 9급

① 맛문하다: 맛깔스럽고 정갈하다.
② 손방: 아주 할 줄 모르는 솜씨
③ 곧추: 굽히거나 구부리지 아니하고 곧게
④ 온새미로: 가르거나 쪼개지 아니한 생긴 그대로의 상태로
⑤ 모꼬지: 놀이나 잔치 또는 그 밖의 일로 여러 사람이 모이는 일

23
① 맛문하다: 몹시 지친 상태에 있다.

정답 22 ④ 23 ①

MEMO

I wish you the best of luck!

시대접은 win 시대로 www.sdedu.co.kr/winsidaero

MEMO

I wish you the best of luck!

시대면접은 win 시대로 www.sdedu.co.kr/winsidaero

맞춤형 핏 모의고사

핏 모의고사
(30개 무료쿠폰)

XLY - 00000 - 57D6C

NAVER [시대교육 ▼] 🔍

(기간: ~2022년 12월 31일)

※ 합격시대 맞춤형 온라인 테스트는 모든 대기업 적성검사 및 공기업·금융권 NCS 필기시험에 응시 가능합니다.
※ 무료쿠폰으로 "핏 모의고사(내가 만드는 나만의 모의고사)" 문제 30개를 구매할 수 있으며(마이페이지 확인), "기업모의고사"는 별도의 구매가 필요합니다.

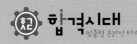 www.sdedu.co.kr/pass_sidae_new   📞 **1600-3600** 평일 9시~18시 (토·공휴일 휴무)

WIN 시대로

이제 AI가 사람을 채용하는 시대

1회 사용 무료쿠폰

UEI - 00000 - C0F5F

www.winsidaero.com
홈페이지 접속 후 쿠폰 사용 가능
(기간: ~2022년 12월 31일)

모바일 AI 면접
캠이 없어도 OK

실제 'AI 면접'에
가장 가까운 체험

준비하고 연습해서
실제 면접처럼~

동영상으로 보는
셀프 모니터링

다양한 게임으로
실전 완벽 대비

단계별 질문 및
AI 게임 트레이닝

AI가 분석하는
면접 평가서

면접별 분석 및
피드백 제공

※ 쿠폰 '등록' 이후에는 6개월 이내에 사용해야 합니다.

※ 윈시대로는 PC/모바일웹에서 가능합니다.

합격의 공식 시대에듀

합격의 길

국어

公務員

시대교육그룹

(주)시대고시기획 시대교육(주)	고득점 합격 노하우를 집약한 최고의 전략 수험서 www.sidaegosi.com
시대에듀	자격증 · 공무원 · 취업까지 분야별 BEST 온라인 강의 www.sdedu.co.kr
이슈&시사상식	한 달간의 주요 시사이슈 논술 · 면접 등 취업 필독서 매달 25일 발간
	외국어 · IT · 취미 · 요리 생활 밀착형 교육 연구 실용서 전문 브랜드

꿈을 지원하는 행복…

여러분이 구입해 주신 도서 판매수익금의 일부가
국군장병 1인 1자격 취득 및 학점취득 지원사업과
낙도 도서관 지원사업에 쓰이고 있습니다.

SD에듀
(주)시대고시기획

발행일 2022년 1월 10일(초판인쇄일 2021 · 12 · 8)
발행인 박영일
책임편집 이해욱
편저 SD 공무원시험연구소
발행처 (주)시대고시기획
등록번호 제10-1521호
주소 서울시 마포구 큰우물로 75 [도화동 538 성지B/D] 9F
대표전화 1600-3600
팩스 (02)701-8823
학습문의 www.sidaegosi.com

합균+ 99.9%

정가 38,000원
(1 · 2권 포함)
ISBN
979-11-383-0715-4

합격의 공식
S
success
2022
25년 합격의 노하우!
NO.1
합격의 공식

합격의 공식 시대에듀

합격의 길

2권

국어

公務員

공무원

9·7급 대비

2022
최신개정판

유료강의
www.sdedu.co.kr
제공

☑ 공무원 수험생을 위한
맞춤 기본서

☑ 단원별 Full수록 합격

편저 | SD 공무원시험연구소

항균99.9% 안심도서
본 도서는 항균잉크로 인쇄하였습니다.

▶ 최신기출해설 무료 동영상 강의
▶ 공무원 올인원 패키지 동영상 강의

▲시대에듀_공무원

SD에듀
(주)시대고시기획

공무원 수험생이라면 주목!

9급 공무원

2022년 대비 시대고시기획이 준비한

과목별 *기출이 답이다* 시리즈!

국어
국가직 · 지방직 · 서울시 · 주요 공무원 채용 대비

영어
국가직 · 지방직 · 서울시 · 주요 공무원 채용 대비

한국사
국가직 · 지방직 · 서울시 · 주요 공무원 채용 대비

행정학개론
국가직 · 지방직 · 서울시 · 주요 공무원 채용 대비

행정법총론
국가직 · 지방직 · 서울시 · 주요 공무원 채용 대비

사회복지학개론
국가직 · 지방직 · 서울시 · 주요 공무원 채용 대비

※ 도서의 이미지는 변동될 수 있습니다.

SD에듀

도서 및 동영상 강의 문의
1600-3600

책 출간 이후에도 끝까지 최선을 다하는 시대고시기획!
도서 출간 이후에 발견되는 오류나 바뀌는 시험정보, 기출문제, 도서 업데이트 자료 등을 홈페이지 자료실 및 시대북
통합서비스 앱을 통해 알려 드리고 있습니다. 또한, 도서가 파본인 경우에는 구입하신 곳에서 교환해 드립니다.

편집진행 강상희 · 임현희 | **표지디자인** 조혜령 | **본문디자인** 박지은 · 장성복

※ 이 책은 저작권법에 의해 보호를 받는 저작물이므로 동영상 제작 및 무단전재와 복제를 금합니다.

公務員

합격의 공식 시대에듀

합격의 길

국어

제2권

혼자 공부하기 힘드시다면 방법이 있습니다.
시대에듀의 동영상강의를 이용하시면 됩니다.
www.sdedu.co.kr ➜ 회원가입(로그인) ➜ 강의 살펴보기

이 책의 차례

현대 문학

www.edusd.co.kr

01 문학 일반론

CHAPTER

01 문학 이론

1. 문학의 이해

(1) 문학의 특성

① 보편성·항구성: 문학은 인구의 공통적인 정서와 지역을 초월하여 누구에게나 통용되는 보편적인 가치를 다룬다.

② 개연성·허구성: 문학은 현실에서 있을 법한 허구의 이야기를 그린다.

③ 특수성: 문학은 작가의 주관이 포함된 특수하고 개별적인 창조물이다.

(2) 문학의 기능

① 교훈적 기능

㉠ 문학은 독자가 인생의 가치와 의미를 깨닫도록 삶의 교훈을 준다는 입장이다.

㉡ 문학의 사회적 효용성을 강조한다.

㉢ 권선징악을 주제로 하는 고전 소설, 개화기 문학, 계몽 문학, 카프 계열 문학, 참여 문학 등이 강조하는 기능이다.

② 쾌락적 기능

㉠ 문학은 독자에게 고차원적인 정신적 쾌감과 미적인 즐거움을 준다는 입장이다.

㉡ 아리스토텔레스의 《시학》에서 시작된 개념으로, 쾌락은 '카타르시스(catharsis)'를 통하여 얻어진다고 하였다.

㉢ 김동인, 순수 문학 등이 강조하는 기능이다.

③ 종합적 기능

㉠ 교훈적 기능과 쾌락적 기능을 절충한 입장으로, 문학은 종합적인 기능을 가지고 있음을 강조한다.

㉡ 독자에게 고차원적인 쾌락을 주는 동시에 삶의 교훈을 준다.

OX 문제

01 문학은 인구의 정서와 지역을 초월하여 누구에게나 통용되는 허구성을 가진다. ( )

02 문학은 독자에게 인생의 가치를 가르쳐 주는 교훈적 기능과 정신적 쾌감과 미적인 즐거움을 주는 쾌락적 기능을 가진다. ( )

정답 01 × 02 ○

2. 문학의 갈래

(1) 서정 갈래
① 작가가 객관적인 세계를 자신의 주관적인 정서로 표현하는 갈래로, 세계의 자아화이다.
② 감각적인 언어를 통해 전개되고, 언어는 운율성을 띤다.
③ 대표적 갈래로는 고대 가요, 향가, 고려 가요, 시조, 일부 가사, 신체시, 현대시 등이 있다.

(2) 서사 갈래
① 자아와 객관적 세계와의 대립·갈등이 서술자에 의하여 전달되는 갈래이다.
② 인물과 사건을 중심으로 전개되며, 주로 과거 시제로 표현된다.
③ 대표적 갈래로는 설화, 판소리, 고전 소설, 신소설, 현대 소설 등이 있다.

(3) 극 갈래
① 서술자의 개입 없이 등장인물의 대화를 통해 행위와 사건을 그대로 보여 주는 갈래이다.
② 서정 양식의 주관성과 서사 양식의 객관성을 모두 가지고 있다.
③ 자아와 세계와의 대립·갈등을 보여 주는 점에서는 서사 갈래와 같지만 극 갈래는 현재 시제로 표현된다는 점이 다르다.
④ 대표적 갈래로는 가면극, 인형극, 창극, 판소리 등이 있다.

(4) 교술 갈래
① 개인의 정서가 객관적 세계의 사물을 통해 전달되는 장르로, 자아의 세계화이다.
② 객관적 세계가 주관적 개인의 정서에 의한 변형 없이 그대로 작품 속에서 전달되므로 교훈적이며 설득적인 특징을 갖고 있다.
③ 대표적 갈래로는 경기체가, 악장, 일부 가사와 가전체 문학, 수필 등이 있다.

➕ 개념 더하기

갈래에 따른 자아와 세계와의 관계

갈래	자아와 세계와의 관계	특징
서정	세계의 자아화	작품 속의 서정적 자아는 주관적으로 세계를 판단하여 독자에게 전달
서사	자아와 세계와의 갈등	• 서술자(외부 자아)의 개입 • 사건과 사건을 전달하는 서술자로 이루어지며, 자아와 세계와의 갈등을 주축으로 전개
극	자아와 세계와의 갈등	• 서술자(외부 자아)의 개입이 없음 • 대사나 행동을 통해 인물의 성격·심리, 사건 등이 전개
교술	자아의 세계화	• 현실에 존재하는 대상, 작가의 체험 등을 객관적으로 서술 • 자아보다 세계가 우위에 있음

○✕ 문제

01 서사 양식과 극 양식은 모두 자아와 세계와의 갈등을 이야기의 주축으로 한다. ( )

02 극 양식은 시·공간의 제약이 없다. ( )

03 서사 양식은 사건이 주로 과거 시제로 전개된다. ( )

정답 01 ○ 02 ✕ 03 ○

3. 문학의 미적 범주

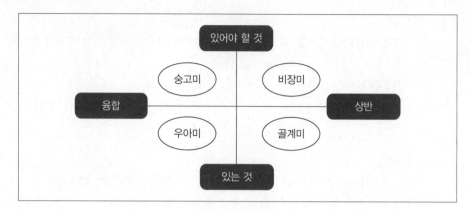

(1) 숭고미

① 도달할 수 없는 높은 경지, 초월적 가치를 추구할 때 느껴지는 아름다움이다.

② 숭고미를 담아내는 작품은 주로 경건하고 엄숙한 분위기를 자아낸다.

③ 종교적이거나 이상적인 삶, 현실의 극복 등의 주제의식을 지니는 작품에서 나타난다.

푸른 산이 흰 구름을 지니고 살 듯
<small>화자의 동일시 대상   희망</small>
내 머리 위에는 항상 푸른 하늘이 있다
<small>희망과 이상 세계</small>

하늘을 향하고 산림처럼 두 팔을 드러낼 수 있는 것이 얼마나 숭고한 일이냐
<small>이상을 추구하는 희망적 삶의 태도(상승적 이미지, 인간과 나무의 형태의 유사성 이용)</small>

▶ 1~2연: 희망을 잃지 않는 삶의 숭고함

두 다리는 비록 연약하지만 젊은 산맥으로 삼고

부절(不絶)히 움직인다는 둥근 지구를 밟았거니……

푸른 산처럼 든든하게 지구를 디디고 사는 것은 얼마나 기쁜 일이냐
<small>희망을 잃지 않고 꿋꿋히 살아가는 삶의 자세</small>

▶ 3~4연: 이상 세계를 추구하는 삶의 기쁨

뼈에 저리도록 '생활'은 슬퍼도 좋다
<small>힘겨운 현실에도 희망을 잃지 않겠다는 의지, 역설법</small>
저문 들길에 서서 푸른 별을 바라보자……
<small>암담한 현실   미래에 대한 희망</small>

푸른 별을 바라보는 것은 하늘 아래 사는 거룩한 나의 일과이거니……
<small>이상 세계와 희망 추구</small>

▶ 5~6연: 힘든 현실 상황에도 희망을 잃지 않는 자세

– 신석정, 〈들길에 서서〉

미적 범주
- 있어야 할 것: 현실에서는 없는 것 혹은 이상 세계
- 있는 것: 현실
- 숭고미: 있는 것 → 있어야 할 것
- 우아미: 있는 것 = 있어야 할 것
- 비장미: 있는 것 ≠ 있어야 할 것
- 골계미: 있는 것 ← 있어야 할 것

신석정, 〈들길에 서서〉
- 갈래: 자유시, 서정시
- 성격: 의지적, 비유적, 희망적
- 주제: 암담한 현실의 극복 의지와 이상 추구
- 특징
  - 비유적이고 상징적인 시어를 사용해 시적인 상황을 드러냄
  - 대립적인 두 세계를 대조하여 주제를 형상화
  - 동일한 색채어의 반복으로 시적 화자의 정서를 고조시킴

확인 문제   05 지방직 9급

다음 글이 설명하는 미적 범주를 차례대로 바르게 묶은 것은?

전자는 엄숙한 분위기고 후자는 밝은 분위기이며, 또한 전자가 내면의 표현이라면 후자는 즐거움을 표현한다.

① 숭고미, 비장미
② 숭고미, 우아미
③ 비장미, 숭고미
④ 우아미, 숭고미

정답 ②

(2) 우아미

① 조화롭고 균형을 갖춘 대상에서 느껴지는 아름다움을 말한다.

② 있는 것과 있어야 할 것의 융합, 즉 현실과 이상이 일치하는 상황에서 드러난다.

③ 물아일체의 경지나 고전적인 멋이 드러나는 작품에서 나타난다.

십 년 (十年)을 경영(經營)하야 초려삼간(草廬三間) 지어 내니   ▶ 자연에 기거하는 청빈한 삶
     계획하여, 애써서   초라하고 보잘 것 없는 집

나 한 간 달 한 간에 청풍(淸風) 한 간 맛겨 두고   ▶ '나'와 '달'과 '청풍'이 하나가 되는 물아일체의 경지(근경)
   시적 화자   맑은 바람

강산(江山)은 들일 듸 업스니 둘러 두고 보리라.   ▶ '강산'마저도 곁에 두어 자연에 몰입하는 삶의 자세(원경)
                 풍류를 즐기는 삶

                                – 송순, 〈십년을 경영하여〉

송순, 〈십년을 경영하여〉
- 갈래: 평시조, 단시조
- 성격: 전원적, 관조적, 풍류적, 낭만적
- 주제: 안빈낙도(安貧樂道), 안분지족(安分知足), 물아일체(物我一體)
- 특징
  - 근경에서 원경으로 시상이 전개됨
  - 의인법을 통해 물아일체의 태도를 나타냄

---

(3) 비장미

① 비극적인 현실로 인해 슬픔이 극에 달한 상태 혹은 한(恨)의 정서가 표출될 때 나타나는 아름다움으로, 현실과 이상이 조화를 이루지 못하고 어긋나는 상황에서 드러난다.

② 이별이나 슬픔 등의 정서를 다룬 작품에서 비장미가 나타난다.

동방은 하늘도 다 끝나고
우리나라   절망적인 현실

비 한 방울 내리잖는 그때에도
극한 상황

오히려 꽃은 빨갛게 피지 않는가
강인한 생명력 → 저항 정신, 현실 극복 의지

내 목숨을 꾸며 쉬임 없는 날이여!
   꿈꾸며, 소망하며   현실 극복 의지

                           ▶ 극한 상황에서도 피어나는 꽃

북쪽 툰드라에도 찬 새벽은
극한 상황

눈 속 깊이 꽃맹아리가 움작거려
고난과 시련   생명력, 희망

제비 떼 까맣게 날아오길 기다리나니
밝은 미래

마침내 저버리지 못할 약속이여!
       밝은 미래에 대한 믿음, 확신

                           ▶ 극한 상황 속에서도 탄생할 새로운 생명에 대한 기대

한 바다 복판 용솟음치는 곳
역동적 이미지: 밝고 희망찬 미래(광복) 표현

바람결 따라 타오르는 꽃성(城)에는
       밝은 미래(광복)를 찾은 조국

나비처럼 취(醉)하는 회상(回想)의 무리들아
극한 상황을 이겨낸 후에 즐기는 기쁨

오늘 내 여기서 너를 불러 보노라
밝은 미래를 기대하는 화자의 의지

                           ▶ 밝은 미래에 대한 기대와 염원

                           – 이육사, 〈꽃〉

이육사, 〈꽃〉
- 갈래: 자유시, 서정시
- 성격: 상징적, 의지적
- 주제: 밝은 미래에 대한 소망과 신념
- 특징
  - 계절과 자연 현상을 바탕으로 화자의 소망을 상징적으로 표현
  - 대조적 이미지의 시어를 통해 주제 의식을 강조
  - 시각적 이미지와 역동적 이미지를 통해 화자의 의지를 효과적으로 드러냄

확인 문제   05 지방직 9급

다음 시에서 느낄 수 있는 미의식은?

> 남(南)으로 창(窓)을 내겠소.
> 밭이 한참갈이
> 괭이로 파고
> 호미론 김을 매지요.
> 구름이 꼬인다 갈 리 있소.
> 새 노래는 공으로 들으랴오.
> 강냉이가 익걸랑
> 함께 와 자셔도 좋소.
>
> 왜 사냐건
> 웃지요.
>   – 김상용, 〈남으로 창을 내겠소〉

① 우아미   ② 숭고미
③ 골계미   ④ 비장미

정답 ①

(4) 골계미

① 풍자나 해학을 통해 우스꽝스러운 상황이나 인간상을 표현하는 미의식이다.

② 주로 현실의 부조리나 부정적인 대상을 비판하거나 희화화하는 과정에서 웃음을 자아낸다.

③ 골계미는 조선 후기 평민 문학에서 많이 나타난다.

작자 미상, 〈두터비 푸리를 물고〉
- 갈래: 사설시조
- 성격: 풍자적, 우의적, 희화적, 해학적
- 주제: 약자들에게는 강하고 강자들에게는 약한 양반들의 허장성세 풍자
- 특징
  - 대상을 의인화하여 표현함
  - 우회적 표현을 통해 대상을 풍자함

두터비 푸리를 물고 두험 우희 치드라 안자,
두꺼비(부패한 양반 계층) ↔ 파리(백성)
것넌 산(山) 브라보니 백송골(白松鶻)이 쎠 잇거눌 가슴이 금즉ᄒ여 풀덕 쮜여 내둣다가 두험 아래
　　　　　　　　　　　양반보다 강한 세력
쟛바지거고.
지배계층을 희화화
모쳐라 놀낸 낼싀망정 에헐질 번ᄒ괘라.
두꺼비의 말을 직접 인용 → 자기합리화, 허장성세(虛張聲勢)를 보여줌

　　　　　　　　　　　　　　　　　　　　　　　　　　　　　　　　– 작자 미상, 〈두터비 푸리를 물고〉

➕ 개념 더하기

사설시조와 골계미

사설시조는 조선 후기에 성행한 갈래로 주로 작자를 알 수 없는 작품이 대부분이다. 작품의 주제나 형식 등으로 미루어 보아 서민들이 주된 작자일 가능성이 높다. 사대부 문학과는 다르게 관념적 주제보다는 일상적이고 현실적인 소재를 주제로 하며, 해학성과 골계미가 두드러지게 나타난다. 현실의 고달픔과 탐관오리의 행태, 부조리하고 모순적인 세상을 풍자하고 날카롭게 비판한다.

---

4. 문학의 이해와 감상

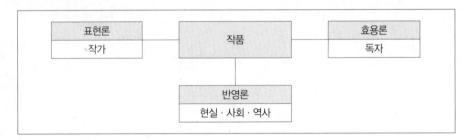

(1) 외재적 관점

① 외재적 관점에서의 작품 이해

　㉠ 작품 외적인 요소들과 작품을 연결시켜 감상하고 이해하는 방식이다.

　㉡ 작품의 작가, 작품이 만들어진 시기, 작품을 감상하는 독자 등의 요소를 기준으로 작품을 감상한다.

② 표현론적 관점

　㉠ 작품을 작가의 의도나 사상, 체험 등을 바탕으로 감상하는 관점이다.

　㉡ 표현론적 관점을 잘못 적용하면 의도의 오류에 빠질 수 있으므로 유의해야 한다.

확인 문제 　19 국가직 9급

괄호 안에 들어갈 단어를 순서대로 바르게 나열한 것은?

한국 문학의 미적 범주에서 눈에 띄는 전통으로 풍자와 해학이 있다. 풍자와 해학은 주어진 상황에 순종하기보다 그것을 극복하고자 하는 건강한 삶의 의지에서 나온 (㉠)을(를) 통해 드러난다. (㉠)은(는) '있어야 할 것'으로 행세해 온 관념을 부정하고, 현실적인 삶인 '있는 것'을 그대로 긍정한다. 이때 있어야 할 것을 깨뜨리는 것에 관심을 집중한 것이 (㉡)이고, 있는 것이 지닌 긍정에 관심을 집중하는 것이 (㉢)이다.

	㉠	㉡	㉢
①	골계(滑稽)	해학(諧謔)	풍자(諷刺)
②	해학(諧謔)	풍자(諷刺)	골계(滑稽)
③	풍자(諷刺)	해학(諧謔)	골계(滑稽)
④	골계(滑稽)	풍자(諷刺)	해학(諧謔)

정답 ④

해설 ㉠ 골계(滑稽)는 '풍자나 해학을 통해 우스꽝스러운 상황이나 인간상을 표현하는 미의식'으로, 풍자와 해학은 ㉠을 통해 드러난다고 하였으므로 ㉠은 골계이다.

㉡ 풍자(諷刺)는 '문학 작품 따위에서, 현실의 부정적 현상이나 모순 따위를 빗대어 비웃으면서 씀'을 뜻하므로 '있어야 할 것으로 행세해 온 관념을 부정'한다는 내용인 ㉡은 풍자이다.

㉢ 해학(諧謔)은 '익살스럽고도 품위가 있는 말이나 행동'을 뜻하므로 있는 것이 지닌 긍정에 관심을 집중한다는 내용인 ㉢은 해학이다.

③ 효용론적 관점
  ㉠ 작품이 독자에게 주는 교훈, 감동, 즐거움 등을 중심으로 감상하는 관점이다.
  ㉡ 효용론적 관점을 잘못 적용하면 감정의 오류에 빠져 작품의 객관적 의미와 가치가 간과될 수 있으므로 주의해야 한다.

④ 반영론적 관점
  ㉠ 문학을 현실의 모방으로 보는 관점에서 작품을 감상한다.
  ㉡ 현실 세계와 역사가 작품 속에서 어떻게 반영되고 표현되어 있는지를 파악하는 데 중점을 둔다.
  ㉢ 반영론적 관점을 잘못 적용하면 문학을 단순히 실제 사건이나 역사적 사실 등의 나열로 보게 될 수 있으므로 주의해야 한다.

(2) 내재적 관점
① 내재적 관점에서의 작품 이해
  ㉠ 절대주의적 관점이라고도 하며, 언어, 문체, 운율, 표현 기법 등 작품 내부의 요소들을 기준으로 감상하는 방법이다.
  ㉡ 작품 외적인 요소는 고려하지 않는다.
② 구조주의
  ㉠ 작품을 독자적이고 생명력을 가진 하나의 독립체로 본다.
  ㉡ 작품의 내적가치를 절대적으로 여겨 유기적으로 연결된 각 부분들의 구조를 분석한다.

(3) 종합주의적 관점
① 문학 작품을 총체적인 시각에서 다각도로 해석하고 감상하는 관점이다.
② 작품의 내적 요소들과 외적 요인들을 종합적으로 적용하여 해석한다.

5. 문학의 비평

(1) 역사주의 비평
① 작품을 이해하기 위해 문학 작품 자체를 역사의 산물로 보고, 작품 형성의 배경이 되는 작가와 사회적 상황 등을 중시해야 한다는 입장이다.
② 동시대의 여러 배경과 문학이 맺고 있는 관계를 살펴보기 위해 원전(原典)을 확정하고, 작가의 생애와 시대 상황의 연구를 중시한다.
③ 작품 자체의 미적 가치를 등한시하는 경향이 있다.

(2) 심리주의 비평
① 정신분석학의 이론을 작품 해석의 방법으로 도입한 비평이다.
② 작중 인물의 성격이나 심리를 분석하고, 작가의 창작 심리 등을 분석하여 그 속에 숨은 의미를 파악하는 데에 중점을 둔다.
③ 작품 자체가 가지고 있는 미적 가치를 손상시킬 수 있다.

의도의 오류(intentional fallacy)
• 작가의 의도를 파악하여 작품의 의미를 찾는 과정에서 생길 수 있는 오류이다.
• 역사주의 비평의 관점에서 창작 의도 연구를 반박하는 이론으로 쓰인다.

감정의 오류
비평의 기준을 작품 자체에 두지 않고 그 작품이 독자에게 주는 심리적 효과에 두려고 하는 데서 생기는 오류이다.

11 법원직 9급

확인 문제

다음은 어떤 작품을 보고 난 후 독자의 반응이다. 그 중에 작품의 내재적인 면에 주목하여 감상한 것은?
① 사투리를 사용하여 등장인물에 생생함을 부여하고 있다.
② 두 집안의 흥망성쇠를 대조하여 해방 직후의 사회상을 표현하고 있다.
③ 격동의 역사를 살아온 인물의 생애를 통해 참다운 삶의 자세를 배울 수 있다.
④ 주인공의 비극적 죽음을 통해 민족사에 대한 작가의 비판적 인식을 드러내고 있다.

정답 ①

(3) 형식주의 비평

① 작품을 작품 내부의 요소들에만 한정하여 비평하는 방법이다.

② 문학 작품을 자율적인 하나의 독립된 체계라고 여긴다.

③ 문학적 언어인 작품의 구조, 문체, 운율, 수사법 등에 중점을 두고 작품을 분석한다.

(4) 신화주의 비평

① 문학 작품이 신화적 우주관·세계관과 밀접한 관련을 맺고 있다고 보는 관점으로 원형 비평이라고도 한다.

② 원형적 양식이 작품 속에서 어떻게 변형되고 재현되었는지 탐구한다.

③ 작품을 신화적인 요소로 환원하여 분석하기 때문에 작품의 독창성을 간과할 수 있다.

(5) 사회학적 비평

① 문학을 사회적 산물로 보고 문학과 사회적 요인과의 관계를 중심으로 작품을 분석한다.

② 문학을 사회학의 일종으로만 종속시킬 수 있다는 한계가 있다.

02 문예 사조의 이해

1. 서구 문예 사조의 전개

(1) 고전주의

① 17세기 후반 유럽에서 발생한 사조로, 고대 그리스·로마의 고전 문학을 모범으로 삼아 그 특징을 재현하려 하였다.

② 전통적이고 보편적인 세계와 가치를 절대적 가치로 보았고 엄격한 조화와 균형, 절제된 형식미를 중시하였다.

③ 지나친 형식주의로 독창성과 역사성이 결여되는 한계를 보였다.

④ 대표 작품: 셰익스피어의 4대 비극, 괴테의 〈파우스트〉, 단테의 〈신곡〉, 스위프트의 〈걸리버 여행기〉 등

(2) 낭만주의

① 고전주의의 몰개성적 성격에 반발하여 18세기 말부터 19세기 전반에 유럽에 전파된 사조이다.

② 형식주의에서 탈피하여 개인의 자유로운 사상과 감정의 표현을 지향하여 주관적, 개성적, 낭만적, 창조적인 특징을 보인다.

③ 작품에 이국적인 것과 이상 세계에 대한 동경이 드러나며 혁명적 개혁 추구 등의 특성을 지닌다.

④ 대표 작품: 빅토르 위고의 〈레 미제라블〉, 괴테의 〈젊은 베르테르의 슬픔〉, 워즈워스의 〈수선화〉, 노발리스의 〈밤의 찬가〉 등

확인 문제　12 서울시 9급

다음 중 낭만주의에 대한 설명으로 틀린 것은?

① 고전주의의 엄격한 형식과 통제에 대한 반발로 생겨났다.

② 대표적인 작가로는 말라르메, 보들레르, 랭보 등이 있다.

③ 이상 세계를 동경하고 이국적 경향을 표방한다.

④ 이성보다 감성을 중시한다.

⑤ 개성적이고 독창적인 것을 높이 평가한다.

정답 ②

(3) 사실주의

① 낭만주의의 비현실적이고 이상주의적인 성격에 반발하여 19세기 중·후반에 등장한 사조이다.

② 사물을 객관적 관찰을 통해 과장이나 왜곡 없이 구체적으로 표현하려 하였으며 부정적인 모습까지 미화 없이 표현하였다.

③ **대표 작품**: 발자크의 《인간 희극》, 모파상의 〈여자의 일생〉, 디킨스의 〈올리버 트위스트〉, 도스토옙스키의 〈죄와 벌〉 등

(4) 자연주의

① 19세기에 사실주의에 영향을 받아 발생한 사조로, 인간 사회의 현실적 반영에 과학적인 시각과 방법을 적용하려 하였다.

② 인간의 행동은 자연 법칙의 지배를 받는다는 환경 결정론과 다윈의 진화론의 영향을 받았다.

③ 환경의 절대적 영향력에 중점을 두고 과학적, 실험적, 분석적, 해부적 방식을 통해 객관적으로 상황을 전달하였다.

④ **대표 작품**: 에밀 졸라의 〈목로 주점〉, 모파상의 〈비곗덩어리〉, 입센의 〈인형의 집〉, 하디의 〈테스〉 등

(5) 유미주의

① 사실주의와 자연주의에 대한 반발로 19세기 후반에 등장, 탐미주의라고도 부른다.

② 아름다움을 최고의 가치로 보고, 예술은 도덕적, 윤리적, 정치적 기준으로 평가할 수 없다고 주장하였다.

③ 형식과 기교, 개성 등을 중시하여 퇴폐주의적이거나 악마주의적인 경향을 보이기도 하였다.

④ **대표 작품**: 포의 〈애너벨 리〉, 보들레르의 〈악의 꽃〉·〈파리의 우울〉, 오스카 와일드의 〈도리언 그레이의 초상〉 등

(6) 상징주의

① 19세기 후반 사실주의와 자연주의의 객관적 성격에 대한 반발로 등장하였으며 넓은 의미로 볼 때는 유미주의를 포함하기도 한다.

② 현실의 객관적 반영과 묘사보다는 상징을 통해 초월적인 예술 세계를 추구하였다.

③ 언어의 음악성, 상징성, 암시성 등을 중시하였다.

④ **대표 작품**: 말라르메의 〈목신의 오후〉, 랭보의 〈지옥의 한 계절〉

(7) 모더니즘

① 사실주의와 자연주의에서 벗어나려 20세기 유럽에서 발생한 사조이다.

② 현대성을 추구하고, 기계화된 문명과 도시적 삶 속에서 개체화 되어버린 인간의 모습을 탐구한다.

③ 넓은 의미로는 20세기 이후에 발생한 실험적이고 권위를 탈피하려한 모든 문학을 총칭한다.

○X 문제

01 자연주의는 비현실적이고 이상주의적인 성격에 반발하여 19세기 중·후반에 등장하였다. ( )

02 사실주의는 환경 결정론과 다윈의 진화론의 영향을 받았다. ( )

03 유미주의는 아름다움을 최고의 가치로 보았다. ( )

정답 01 × 02 × 03 ○

개념 더하기

모더니즘의 문예 사조

이미지즘	• 제1차 세계 대전 말기 낭만주의에 반발한 영미 시인들의 신시 운동으로 발생 • 추상적이고 개념적인 언어를 지양하고 시각적이고 구체적인 이미지를 통해 의미를 정확히 전달
다다이즘	• 제1차 세계 대전의 불안 의식이 반영된 문학 운동 • 기존 권위와 논리에 저항하고, 규범과 형식 파괴를 주장 • 논리적 구성이나 명확한 주제의 표현 등을 거부
초현실주의	• 프로이트의 정신분석학과 다다이즘의 영향을 받아 등장 • 자동기술법과 의식의 흐름 기법 등으로 무의식 · 잠재의식의 세계를 표출
표현주의	• 사실주의와 자연주의의 반영론과 모방적인 특징에 반발하여 등장 • 현대인의 내면 의식과 불안감, 소외 등을 표현 • 과장되거나 왜곡된 장치를 사용하기도 함
주지주의	• 주정주의와 낭만주의, 탐미주의 등에 반발하여 등장 • 문학의 안티 휴머니즘을 주장하여 신(新)고전주의로도 불림 • 감각과 정서보다는 지성과 이성을 중시하고 구체적 심상과 회화성을 강조 • 전통적 질서의 회복과 현대 문명의 위기 극복 추구

(8) 실존주의

① 제2차 세계 대전 이후 프랑스를 중심으로 생겨난 현실 참여 문학 운동이다.

② 인간의 자유와 주체성을 최고의 가치로 여기며, 극한적 상황에 처한 인간의 선택 의지 등을 강조하는 휴머니즘을 추구한다.

③ 대표 작품: 사르트르의 〈구토〉, 카뮈의 〈이방인〉, 카프카의 〈변신〉 등

(9) 포스트모더니즘

① 모더니즘이 초기의 실험정신을 잃고 엘리트 예술 의식을 추구하게 된 것에 대한 반발로 1950년대에 나타난 전위적이며 실험적인 예술 운동이다.

② 실험적 정신을 지녔다는 측면에서는 모더니즘을 일부 계승하였으나 과거의 전통과 예술의 목적성을 거부하고 실험과 혁신, 경계의 파괴 등을 추구한다.

③ 사회가 형성한 경계를 넘어 개인의 자율성, 다양성, 대중성 등을 중시한다.

 개념 더하기

포스트모더니즘의 주요 표현 기법

패러디 (parody)	• 유명한 원작을 풍자하여 새로운 메시지를 만들어 내는 표현 기법 • 단순한 모방 차원에서 나아가 패러디의 대상이 된 작품과 패러디를 한 작품이 모두 새로운 의미를 가지게 된다는 점에서 표절과 구분됨 • 소설에서부터 음악, 영화, 광고 등에 이르기까지 다양한 분야에서 사용됨
패스티시 (pastiche)	• 혼성 모방이라는 뜻으로, 기존 작품을 모방하는 표현 기법 • 패러디는 풍자적 · 희극적 요소를 강조하는 반면 패스티시는 풍자나 희극적 요소는 배제하여 표현 • 패러디는 원전과의 차이점을 강조하고, 패스티시는 유사성을 강조

확인 문제   05 국가직 7급

다음 두 시의 관계를 논할 때 적용되는 가장 적절한 개념은?

가) 사람들 사이에
    섬이 있다.
    그 섬에 가고 싶다.
         – 정현종, 〈섬〉
나) 사람들 사이에 사이가 있었다.
    그 사이에 있고 싶었다.
    양편에서 돌이 날아왔다.
         – 박덕규, 〈사이〉

① 패스티시
② 패러디
③ 인용
④ 모방

정답 ②

2. 한국의 문예 사조

(1) 낭만주의 문학

① 1920년대 초 3·1 운동의 실패와 서구 상징주의 유입의 영향으로 나타났다.

② 우울하고 감정적인 정서를 격정적으로 표출하는 시가 많이 창작되었다.

③ 퇴폐적 낭만주의를 표방한 《폐허》와 감상적 낭만주의를 표방한 《백조》 등의 동인들을 중심으로 낭만시 운동이 전개되었다.

(2) 사실주의 문학

① 1910년대에 유행한 계몽주의적 문학을 탈피하고자 1920년대에 현실에 바탕을 둔 사실주의 문학이 나타나게 된다.

② 1920년대에는 김동인, 현진건 등의 소설가들이 사실주의적 단편 소설의 기틀을 마련하였으며 1930년대에는 염상섭, 채만식을 중심으로 당대 상황을 성찰하는 장편 소설들이 주류를 형성하였다.

(3) 모더니즘 문학

① 1920년대 이후 모더니즘 사상이 도입되면서 구체적 이미지를 표현하는 시가 창작되기 시작하였다.

② 1930년대에 김기림, 김광균, 정지용에 의해 주지주의와 이미지즘이 수용되면서 회화적 이미지를 강조한 시가 창작되었고, 이상은 〈날개〉, 〈오감도〉 등 초현실주의 경향의 작품을 창작하였다.

③ 이러한 모더니즘 경향은 1950년대에 김수영, 박인환 등에게 계승되어 후기 모더니즘 시 세계를 구성하였다.

(4) 실존주의 문학

① 실존주의는 1950년대 전후 문학과 함께 등장하였다.

② 전후 문학은 서구의 실존주의 사상을 바탕으로 극한적 상황에 처한 인간의 실존을 작품에 그려냈다.

③ 전쟁으로 인해 파괴된 인간성을 고발하는 동시에 이를 극복하는 휴머니즘적 정신을 함께 내세웠다.

④ 광복 직후를 배경으로 하는 김성한의 〈5분간〉, 오상원의 〈유예〉와 6·25 이후 창작된 손창섭의 〈비 오는 날〉, 이범선의 〈오발탄〉 등이 대표적인 실존주의 문학 작품이다.

OX 문제

01 한국의 낭만주의 문학의 등장에 3·1 운동의 실패가 영향을 주었다. ( )

02 대표적인 사실주의 작가에는 김기림, 김광균 등이 있다. ( )

03 실존주의는 전쟁으로 인해 파괴된 인간성을 고발하였다. ( )

정답 01 ○ 02 × 03 ○

1. 수사법

(1) 비유법

표현하고자 하는 원관념을 다른 사물이나 관념에 빗대어 표현하는 방법이다. 원관념과 보조 관념 사이에는 유사성이 있어야 한다.

① **직유법**: 원관념과 보조 관념을 '~같이', '~처럼', '~양', '~듯' 등을 사용하여 직접적으로 연결하는 방법이다.

> 그는 여우처럼 교활하다
> 내 누님같이 생긴 꽃이여

② **은유법**: 원관념과 보조 관념의 관계를 직접적으로 드러내지 않는 비유법으로, 'A는 B이다' 또는 'A의 B'의 형태를 사용한다. 원관념이 생략된 채 보조 관념만 제시되는 경우도 있다.

> 내 마음은 호수요, 그대 노 저어 오오
> 고독은 나의 광장

③ **대유법**: 원관념과 연관된 보조 관념의 속성으로 전체(원관념)를 나타내는 표현법이다. 환유법과 제유법이 있다.

　⊙ **환유법**: 표현하려는 원관념과 연관되는 보조 관념의 속성이나 특징으로 원관념을 대신 나타내는 표현법이다.

> 백의의 천사 → 간호사
> 청와대에서 중대 정책을 발표하였다. → 정부

　ⓒ **제유법**: 대상의 한 부분이 전체를 대신 표현하는 방법이다.

> 빼앗긴 들에도 봄은 오는가 → 국토
> 빵이 아니면 죽음을 달라 → 식량

④ **중의법**: 하나의 보조 관념으로 두 가지 이상의 원관념을 표현하는 방법이다.

> 수양산 바라보며 이제(夷齊)를 한(恨)하노라 → ⊙ 산 이름 ⓒ 수양 대군
> 청산리 벽계수야 → ⊙ 맑고 푸른 시냇물 ⓒ '벽계수'라는 인물

⑤ **풍유법**: 본뜻은 드러내지 않고 비유 표현만 제시하여 숨은 뜻을 암시하는 표현 방법이다. 속담, 격언, 우화 등에서 많이 사용되며, 교훈성과 풍자적 의미가 강하게 나타난다.

> 빈 수레가 더 요란하다
> 벼는 익을수록 고개를 숙인다

확인 문제   20 군무원 9급

밑줄 친 부분의 비유 방식이 다른 것은?

비유(比喩/譬喻): 〈명사〉어떤 현상이나 사물을 직접 설명하지 아니하고 다른 비슷한 현상이나 사물에 빗대어서 설명하는 일

① 요즘은 회사의 경영진에 합류하는 블루칼라가 많아지고 있다.
② 암 진단 결과를 받아들자, 그의 마음은 산산조각이 났다.
③ 내부의 유리 천장은 없으며 여성들의 상위직 진출이 확대될 것이라고 전망했다.
④ 사업이 실패한 후 그는 사회의 가장 밑바닥으로 떨어졌다.

정답 ①

⑥ 의인법 · 활유법

  ⊙ 의인법: 사람이 아닌 대상에 인격을 부여해 사람인 것처럼 표현하는 방법으로, 화자의 감정이 이입되기도 한다. 의인법을 사용하면 독자에게 생생한 느낌을 전달할 수 있다.

  ⓛ 활유법: 무생물을 마치 생물인 것처럼 생명이나 동작을 부여해 표현하거나 감정이 없는 것을 감정이 있는 것처럼 표현하는 방법이다.

> 방안에 켜 있는 촛불, 누구와 이별하였관대 겉으로 눈물지고 속타는 줄 모르는고
> 모든 산맥들이 바다를 연모해 휘달릴 때에도

⑦ 의성법: 사람이나 사물의 소리를 그대로 묘사하여 그 소리나 상태를 실제와 같이 표현하는 방법이다. 독자에게 대상을 실감나게 전달하여 강한 인상을 줄 수 있다.

> 시냇물이 졸졸 흐른다
> 처—ㄹ 썩 철—ㄹ 썩 쏴아아 / 따린다 부순다 무너바린다

⑧ 의태법: 사물의 모양이나 태도를 그대로 모방하여 표현하는 방법이다.

> 춘풍(春風) 이불 아래 서리서리 넣었다가 / 어른님 오신 날 밤에 구비구비 펴리라.
> 갑자기 얼굴이 붉으락푸르락하더니

(2) 강조법

① 과장법: 표현하려는 대상을 실제보다 지나치게 크게 혹은 작게 표현하여 의미를 강조하는 방법이다.

> 배가 남산만하다
> 산더미 같은 파도

② 반복법: 같거나 비슷한 어구를 되풀이하는 방법으로 표현하려는 뜻을 강조하는 방법이다.

> 접동 / 접동 / 아우래비 접동
> 산에는 꽃 피네 / 꽃이 피네 / 갈 봄 여름 없이 / 꽃이 피네

③ 열거법: 내용적으로 연결되거나 비슷한 어구를 여러 개 늘어놓음으로써 의미를 강조하는 방법이다.

> 모든 수령 도망할제 거동 보소. 인궤 잃고 과절 들고, 병수 잃고 송편 들고, 탕건 잃고 용수 쓰고, 갓 잃고 소반 쓰고, 칼집 쥐고 오줌 뉘기……

④ 점층법: 어구나 어절을 나열하면서 그 내용의 비중이나 정도를 점점 강하게 하거나, 크게 하거나, 높게 하여 표현하는 방법이다. 독자의 감정을 자연스럽게 절정으로 끌어올릴 수 있다.

> 신록은 먼저 나의 눈을 씻고, 나의 머리를 씻고, 나의 가슴을 씻고, 다음에 나의 마음의 모든 구석구석을 하나하나 씻어낸다

의인법과 활유법
활유법은 무생물을 마치 생물인 것처럼 표현하는 방법이고, 의인법은 사람이 아닌 대상을 사람인 것처럼 표현하는 방법이다. 엄밀히 말하면 의인법은 활유법의 하위 개념이지만 대개 같은 개념으로 사용된다.

확인 문제   15 지방직 7급

다음 글에서 비유법이 사용되지 않은 문장은?

⊙ 말은 생각을 담는 그릇으로 생각이 맑고 고요하면 말도 맑고 고요하게 나온다.
ⓛ 청산유수처럼 거침없이 쏟아 놓는 말에는 선뜻 믿음이 가지 않는다.
ⓒ 우리는 말을 안 해서 후회하는 일보다 말을 쏟아 버렸기 때문에 후회하는 일이 더 많다.
ⓔ 때론 말이 사람을 죽일 수도 있다는 것을 생각하면 말은 두려워해야 할 존재임이 틀림없다.

① ⊙   ② ⓛ
③ ⓒ   ④ ⓔ

정답 ③

⑤ **점강법**: 어구나 어절을 나열하면서 점차 그 내용의 비중이나 정도를 점점 약하게 하거나, 작게 하거나, 낮게 하여 표현하는 방법이다.

> 명덕(明德)을 밝히려고 하면 먼저 나라를 다스리고, 나라를 다스리고자 하면 먼저 몸을 닦고, 몸을 닦으려면 그 뜻을 정성스럽게 하고, 뜻을 정성스럽게 하려면 사물의 이치를 알아야 한다.

⑥ **비교법**: 속성이 비슷한 두 대상을 놓고, 어느 한쪽을 강조하는 방법이다.

> 강낭콩 꽃보다 더 푸른 물결

⑦ **대조법**: 두 가지 이상의 대상을 놓고 차이점을 내세워 주제를 강조하거나 인상을 선명하게 표현하는 방법이다.

> 인생은 짧고 예술은 길다
> 달면 삼키고 쓰면 뱉는다

⑧ **연쇄법**: 앞 구절의 끝 어구를 다음 구절의 앞 구절에 이어받아 이미지나 심상을 강조하는 방법이다.

> 고인(古人)도 날 몯 보고 나도 고인(古人) 몯 뵈, / 고인(古人)을 몯 봐도 녀던 길 알픠 잇닉. / 녀던 길 알픠 잇거든 아니 녀고 엇멸고.

⑨ **영탄법**: 감탄사나 조사 따위를 이용하여 기쁨 · 슬픔 · 놀라움과 같은 감정을 강조하여 표현하는 방법이다.

> 산산히 부서진 이름이여!
> 아아, 너는 산새처럼 날아갔구나!

확인 문제

14 서울시 9급

다음 문장에 쓰인 수사법과 같은 수사법이 쓰인 것은?

> 우리 옹기는 양은 그릇에 멱살을 잡히고 플라스틱류에 따귀를 얻어맞았다.

① 그는 30년 동안 입고 있던 유니폼을 벗고서 붓을 들기 시작했다.
② 지금껏 역사를 굽어본 강물은 말없이 흐른다.
③ 돈을 잃는 것은 적게 잃는 것이지만 명예를 잃는 것은 많이 잃는 것이고 건강을 잃는 것은 모든 것을 잃는 것이다.
④ 보고 싶어요, 붉은 산이, 그리고 흰 옷이.
⑤ 내 마음은 호수요 그대 노 저어 오오.

정답 ②

해설 제시문에서는 의인법을 사용하고 있으며, ②의 '역사를 굽어본' 역시 의인법을 사용하였다.
① 대유법
③ 비교법
④ 도치법
⑤ 은유법

(3) 변화법

① **반어법**: 본래 말하고자 하는 뜻과는 반대되는 말이나 상황으로 의미를 강조하는 수사법이다.

　⑦ **언어적 반어법**: 일반적인 반어법이다. 겉으로 드러나는 의미와 대립되는 의미를 강조하기 위하여 사용한다.

> 오랫동안 전해 오던 그 사소함으로 그대를 불러 보리라
> 먼 후일 당신이 찾으시면 그 때에 내 말이 잊었노라

　ⓛ **상황적 반어법**: 주로 서사 작품에서 많이 사용된다. 등장인물이 작중 상황과 어울리지 않는 행동을 하거나 사건의 진행과는 정반대의 결과가 나타난다. 이러한 과정에서 독자는 부조리나 모순 등을 더욱 강하게 느끼게 된다.

> "이 눈깔! 이 눈깔! 왜 나를 바루 보지 못하고 천정만 보느냐, 응?"
> 하는 말끝엔 목이 메었다. 그러자, 산 사람의 눈에서 떨어진 닭의 똥 같은 눈물이 죽은 이의 뻣뻣한 얼굴을 어룽어룽 적신다. 문득 김 첨지는 미친 듯이 제 얼굴을 죽은 이의 얼굴에 한데 비비대며 중얼거렸다.
> "설렁탕을 사다 놓았는데 왜 먹지를 못하니, 왜 먹지를 못하니……? 괴상하게도 오늘은 운수가 좋더니만……."
> 　　　　　　　　　　　　　　　　　　　　　　　　　　　　– 현진건, 〈운수 좋은 날〉

반어적 작품 제목
- 박영준, 〈모범 경작생〉
- 채만식, 〈태평천하〉·〈치숙〉
- 전광용, 〈꺼삐딴 리〉
- 현진건, 〈운수 좋은 날〉

② **역설법**: 표면적으로는 모순되거나 부조리한 것 같지만 그 진술 너머에 진실을 담고 있는 수사법이다. 모순 형용 또는 모순 어법이라고도 한다.

> 겨울은 강철로 된 무지갠가 보다
> 이것은 소리 없는 아우성

③ **도치법**: 국어의 기본 형식인 '주어+목적어(보어)+서술어'의 순서를 지키지 않고, 이를 바꾸어 배치함으로써 강조하는 수사법이다.

> 이제 바라보노라 / 지난 것이 다 덮여 있는 눈길을
> 나는 아직 기다리고 있을 테요, / 찬란한 슬픔의 봄을

④ **대구법**: 비슷하거나 동일한 어구를 짝을 맞추어 형식상 대칭을 이루게 하여 강조하는 수사법이다.

> 콩 심은 데 콩 나고, 팥 심은 데 팥 난다
> 돌담에 속삭이는 햇살같이 / 풀 아래 웃음 짓는 샘물같이

⑤ **생략법**: 어구를 생략하여 여운을 남기거나 함축성 있는 글을 만들기 위해 사용하는 수사법이다.

> 그냥 갈까 / 그래도 / 다시 더 한 번……

⑥ **문답법**: 묻고 대답하는 형식으로 표현하는 수사법이다.

> 아희야 무릉이 어디오 나는 옌가 하노라

확인 문제　　　　　　19 서울시 7급

다음에서 주된 표현 기법을 통해 화자의 정서를 강조하는 표현은?

> 내 그대를 생각함은 항상 그대가 앉아 있는 배경에서 해가 지고 바람이 부는 일처럼 사소한 일일 것이나 언젠가 그대가 한없이 괴로움 속을 헤매일 때에 오랫동안 전해오던 그 사소함으로 그대를 불러 보리라.
>
> 진실로 진실로 내가 그대를 사랑하는 까닭은 내 나의 사랑을 한없이 잇닿은 그 기다림으로 바꾸어 버린 데 있었다. 밤이 들면서 골짜기엔 눈이 퍼붓기 시작했다. 내 사랑도 어디쯤에선 반드시 그칠 것을 믿는다. 다만 그때 내 기다림의 자세를 생각하는 것뿐이다. 그동안에 눈이 그치고 꽃이 피어나고 낙엽이 떨어지고 또 눈이 퍼붓고 할 것을 믿는다.

① 사소함　　　② 괴로움
③ 기다림　　　④ 생각함

정답 ①

해설 이 시는 반어법이 주로 쓰인 황동규 시인의 〈즐거운 편지〉이다. 그대를 생각하고 기다리는 일을 '사소함'이라 표현하지만 이는 반어적 표현으로 오히려 그러한 일이 매우 진중하고 간절하다는 것을 강조하고 있다.

⑦ **설의법**: 누구나 다 아는 사실을 의문 형식으로 표현하여 필자가 의도하는 방향으로 독자가 결론을 내리도록 하는 수사법이다.

> 가난하다고 해서 사랑을 모르겠는가?
> 그 곳이 차마 꿈엔들 잊힐 리야

⑧ **돈호법**: 사람이나 사물을 불러 독자의 주의를 환기시키는 수사법이다.

> 청산아, 왜 학처럼 야위었느냐
> 동포 여러분! 나 김구의 소원은 이것 하나밖에는 없다

2. 주요 문학 이론 용어

(1) **언어유희**: 같은 말인데 다른 뜻으로 사용되는 단어나 동음이의어를 해학적으로 사용하는 표현 방법이다.

> 개잘량이라는 '양' 자에 개다리소반이라는 '반' 자 쓰는 양반이 나오신단 말이오.

(2) **객관적 상관물**: 화자의 감정을 객관화하거나 그러한 감정을 표현하기 위한 모든 대상물을 가리킨다. 시적화자와 동일한 감정뿐만 아니라 대조적인 감정을 불러일으키는 대상도 객관적상관물에 포함된다.

> 앞강물 뒷강물 흐르는 물은 / 어서 따라오라고 따라가자고 / 흘러도 연달아 흐릅디다려

(3) **감정 이입**: 자연의 풍경이나 사물, 타인 등에 자신의 감정을 이입하여 대상도 자신과 같은 감정을 느끼는 것처럼 표현하는 방법이다.

> 산꿩도 섧게 울은 슬픈 날이 있었다
> 딴은 밤을 새워 우는 벌레는 / 부끄러운 이름을 슬퍼하는 까닭입니다

✚ 개념 더하기

객관적 상관물과 감정 이입의 관계

```
                    객관적 상관물
          ┌─────────────────────────────┐
          │        ┌───────────┐         │
          │        │  감정 이입  │         │
          │        └───────────┘         │
          └─────────────────────────────┘
```

객관적 상관물과 감정 이입은 모두 화자의 감정과 관련된 개념이지만 두 개념 사이에는 차이가 존재한다. 객관적 상관물이 감정 이입보다 넓은 개념이라 할 수 있는데, 감정 이입은 화자의 감정을 다른 대상에 입혀 그 대상이 화자와 같은 감정을 느끼는 것처럼 표현하는 것이다. 객관적 상관물은 이에 화자의 슬픔이나 기쁨을 부각시키는 등 화자의 정서를 환기하는 매개의 역할을 포함한다.

확인 문제   11 국가직 9급

밑줄 친 ㉠에 사용된 표현 기법에 대한 설명으로 옳은 것은?

> 삶은 계란의 껍질이
> 벗겨지듯
> 묵은 사랑이
> 벗겨질 때
> 붉은 파밭의 푸른 새싹을 보아라.
> ㉠ 얻는다는 것은 곧 잃는 것이다.
> – 김수영, 〈파밭 가에서〉

① 생명이 없는 사물을 마치 살아 있는 것처럼 나타내는 표현이다.
② 사물의 일부나 그 속성을 들어서 그 전체나 자체를 나타내는 표현이다.
③ 표현하려는 본뜻과는 반대되는 말을 함으로써 문장의 의미를 강화하는 표현이다.
④ 표현 구조상으로나 상식적으로는 모순되는 말이지만, 실질적 내용은 진리를 나타내고 있는 표현이다.

정답 ④

해설 ㉠은 표면적으로는 모순되지만 실질적으로는 진리를 담아내고 있는 역설법을 사용하였다. 따라서 ④가 올바른 설명이다.
① 활유법. ② 대유법. ③ 반어법에 대한 설명이다.

(4) 주객전도: 본래는 화자가 하는 말이나 행동을 사물이나 관념이 화자에게 하는 것으로 뒤바꾸어 표현하는 방법이다.

> 공명(功名)도 날 씌우고, 부귀(富貴)도 날 씌우니,
> 청풍명월(淸風明月) 외(外)예 엇던 벗이 잇스올고
> 단표누항(簞瓢陋巷)에 훗튼 혜음 아니 ᄒᆞ니.
> 아모타 백년행락(百年行樂)이 이만ᄒᆞᆫ 둘 엇지ᄒᆞ리
>
> — 정극인, 〈상춘곡〉

〈상춘곡〉 현대어 풀이
공명도 날 꺼리고, 부귀도 날 꺼려 따르지 않으니,
아름다운 자연 외에 어떤 친구가 있을 것인가?
누추한 곳에서 가난한 생활을 하여도 잡념은 하지 않네.
아무튼 한평생 즐겁게 지내는 일이 이만하면 족하지 않은가?

(5) 자동기술법(의식의 흐름 기법): 화자의 내면세계에 있는 깊은 생각이나 관념을 어떠한 형식이나 질서 없이 의식의 흐름에 따라 기술하는 표현 기법이다.

> 걸음걸이는 그의 의지처럼 또한 정확했다. 아무리 한 걸음, 한 걸음 다다가는 걸음걸이가 죽음에 접근하여 가는 마지막 길일지라도 결코 허트른, 불안한, 절망적인 것일 수는 없었다. 흰 눈, 그 속을 걷고 있다. 훤칠히 트인 벌판 너머로, 마주 언덕, 흰 눈이다. 연발하는 총성, 마치 외부 세계의 잡음만 같다. 아니, 아무것도 아닌 것이다. 그는 흰 속을 그대로 한 걸음, 한 걸음, 정확히 걸어가고 있었다. 눈 속에 부서지는 발자국 소리가 어렴풋이 들려온다. 두런두런 이야기 소리가 난다.
> 누가 뒤통수를 잡아 일으키는 것 같다. 뒤허리에 충격을 느꼈다. 아니, 아무것도 아니다. 아무것도 아닌 것이다.
> 흰 눈이 회색빛으로 흩어지다가 점점 어두워 간다. 모든 것은 끝난 것이다.
> 놈들은 멋적게 총을 다시 거꾸로 둘러메고 본부로 돌아들 갈 테지. 눈을 털고 주위에 손을 비벼가며 방안으로 들어갈 것이다. 몇 분 후면 화롯불에 손을 녹이며 아무 일도 없었던 듯 담배들을 말아 피우고 기지개를 할 것이다. 누가 죽었건 지나가고 나면 아무것도 아니다. 모두 평범한 일인 것이다. 의식이 점점 그로부터 어두워 갔다. 흰 눈 위다. 햇볕이 따스히 눈 위에 부서진다.
>
> — 오상원, 〈유예〉

오상원, 〈유예〉
■ 갈래: 단편 소설, 심리 소설, 전후 소설
■ 성격: 고백적, 실존적, 비극적, 독백적, 비판적
■ 시점: 1인칭 주인공 시점과 3인칭 전지적 작가 시점 교차
■ 주제: 전쟁이라는 극한 상황 속에서의 인간의 고뇌와 죽음, 전쟁의 비극성과 인간 존재의 허무함

확인 문제 05 국가직 7급

〈유예〉에 대한 설명으로 적절하지 않은 것은?
① 삶과 죽음을 넘나드는 체험을 다룬 초현실주의적 계열의 작품이다.
② 주로 1인칭 서술자의 관점과 내적 독백이 강조되어 있다.
③ 극한 상황 속에서 겪는 인간의 심리를 잘 다루었다.
④ 의식의 흐름 기법을 통해 상황에서의 인간의 존재 문제를 예리하게 포착, 제시한다.

정답 ①

CHAPTER

02 현대 문학사

01 개화기 문학

1. 개화기 문학 개관

(1) 시대적 배경

① 갑오개혁에서 한일 합방에 이르는 시기의 문학을 의미한다.

② 갑오개혁 이후 사고의 전환 및 사회적 변혁에 따라 신식 교육기관의 설립, 국문 신문 및 잡지의 발행 등이 이루어졌다.

③ 개화기 서양 문물의 유입으로 기존 질서를 거부하고 새로운 형식의 문학이 등장하였다.

(2) 개화기 문학의 특징

① 고전 문학과 현대 문학의 특징이 혼재되어 있다.

② 언문일치 운동이 일어나고 국한문 혼용체가 사용되면서 국한문 혼용체의 개화기 소설이 문체를 주도하는 계기가 되었다.

③ 신체시가 등장하는 등 기존 문학 형식의 변화도 일어났다.

④ 애국 계몽 운동과 개화 · 계몽에 중점을 두었다.

2. 시 문학

(1) 개화 가사

① 개념: 개화기의 새로운 사상을 전통적인 가사의 형식에 담아 노래한 문학 갈래이다.

② 형식: 4음보, 4 · 4조, 2행 대구, 반복되는 후렴구, 분절체 등을 사용하였다.

③ 내용: 외세에 대한 비판, 애국 및 자주독립 의식의 고취, 신교육의 필요성 등이 주요 내용이다.

④ 대표 작품: 《대한매일신보》에 650여 편, 《용담유사》에 〈교훈가〉등 동학가사 9편, 기타 의병가사 등

언문일치 운동

말과 글을 일치시키기 위한 운동을 의미한다. 1894년 갑오개혁 이후에 독립 협회를 비롯한 애국 계몽 단체와 《독립신문》을 비롯한 신문. 잡지가 앞장서서 한자 전용의 관습을 버리고 국한문 혼용을 주장하였다.

개화 가사

• 동학가사: 한문을 모르는 일반 민중에게 동학사상을 널리 알릴 목적으로 지어진 가사로 쉽게 암송할 수 있도록 만들어졌다.

• 의병가사: 개화기 당시 무장투쟁에 나선 의병 활동의 내역을 담고 있는 가사이다.

OX문제

01 개화기 문학은 조선 중기 이후 갑오개혁에 이르는 시기의 문학을 의미한다. ( )

02 개화기 문학은 고전 문학의 특징이 두드러진다. ( )

03 개화기 문학은 애국 계몽 운동과 개화 · 계몽에 중점을 두었다. ( )

정답 01 × 02 × 03 ○

(2) 창가

① **개념**: 서양식 악곡에 애국 · 개화 등의 내용을 담은 가사를 지어 붙인 노래이다.

② **형식**: 4 · 4조의 율격에서 후기로 갈수록 7 · 5조 등 다양한 율격으로 이루어졌다.

③ **특징**

　㉠ 개화 가사와 신체시를 잇는 교량 역할을 하였다.

　㉡ 새로운 시대와 개화를 예찬하는 내용이나 계몽적인 성격이 지나친 부분이 있다.

④ **대표 작품**: 최남선 〈경부철도가〉 등

(3) 신체시

① **개념**: 개화 가사나 창가의 정형성에서 벗어난 새로운 시가 형식으로 근대적인 자유시로 이행되기 전 과도기적 형태의 시가 문학이다.

② **형식**: 7 · 5조의 자수율, 후렴구 등을 갖추었다.

③ **내용**: 개인의 정서보다는 계몽적인 주제를 전달하는 데 중점을 두었다.

④ **대표 작품**: 최남선 〈해에게서 소년에게〉 등

작품	작가	내용
〈해에게서 소년에게〉	최남선	최초의 신체시. 새로운 문명과 이를 수용하는 소년의 기상을 노래

>> 작품 읽기 〈해에게서 소년에게〉

처……ㄹ썩, 처……ㄹ썩,
척, 쏴……아.
때린다, 부순다, 무너 버린다.
태산(泰山) 같은 높은 뫼,
집채 같은 바윗돌이나,
요것이 무어야, 요게 무어야.

나의 큰 힘 아느냐, 모르느냐,
호통까지 하면서,
때린다, 부순다, 무너 버린다.
처……ㄹ썩, 처……ㄹ썩,
척, 튜르릉, 콱. (후략)

✚ 개념 더하기

개화기 시가의 발전

가사	▶	개화 가사	▶	창가	▶	신체시
전통 시가		전통 계승		다양한 율격		자유로운 형식

○× 문제

01 개화 가사는 7 · 5조를 비롯한 다양한 율격으로 표현된다.　　(　)

02 신체시는 계몽적인 주제 전달보다는 개인의 정서 표현에 주력한다.　(　)

정답 01 × 02 ×

3. 소설 문학

(1) 신소설

① 개념

  ㉠ 갑오개혁 이전 고소설과 다른 새로운 내용, 형식, 문체로 이광수의 〈무정(無情)〉(1917) 전까지의 소설을 의미한다.

  ㉡ 고소설과 현대 소설 사이의 과도기적 단계에 해당한다.

② 형식: 언문일치의 국문체, 일대기적 구성에서 벗어나 역순행적 구성으로 이루어졌다.

③ 내용

  ㉠ 표면적으로 자주독립, 개화·계몽사상, 자유연애, 구습과 미신 타파 등을 표현하였다.

  ㉡ 이면적으로 권선징악 및 운명론 등이 여전히 반영되었다.

  ㉢ 시대의 이념을 대변하는 선구자적인 인물이 등장하였다.

④ 한계

  ㉠ 상투적인 인물형 설정 등 정형성과 평면성을 완벽하게 탈피하지 못하였다.

  ㉡ 실제적 현실을 배경으로 하지만 사건의 우연성을 벗어나지 못하였다.

  ㉢ 불완전한 언문일치를 사용하였다.

⑤ 대표 작품: 이인직 〈혈의 누〉·〈은세계〉, 안국선 〈금수회의록〉 등

작품	작가	내용
〈혈의 누〉	이인직	최초의 신소설. 청일 전쟁을 배경으로 신교육, 자주독립, 자유연애 사상을 다룸

(2) 역사 전기 소설

① 개념: 현실에서의 민족적 위기를 극복하기 위해 역사 속 영웅의 일대기를 그린 소설이다.

② 특징

  ㉠ 국권 및 자주권 회복, 계몽 등의 내용을 담고 있다.

  ㉡ 신소설과 달리 민족정신의 각성과 주체적 저항의식을 문학을 통해 표현하였다.

③ 대표 작품: 장지연 〈애국부인전〉, 신채호 〈을지문덕전〉·〈이순신전〉 등

4. 기타 문학

(1) **창극**: 판소리가 서양의 연극과 결합된 형태이다.

(2) **신파극**: 일본의 신파극이 국내에 도입되었다.

(3) **수필**: 서구문물을 국한문체로 소개한 유길준의 《서유견문》 등의 작품이 있다.

역순행적 구성

자연적인 시간의 흐름과는 달리 현재에서 과거로 거슬러 가는 구성, 혹은 과거로 갔다가 다시 현재로 돌아오는 구성을 의미한다.

◯✕문제

01 신소설은 역순행적 구성에서 벗어나 일대기적 구성으로 이루어졌다. ( )

02 역사 전기 소설은 신소설과 달리 민족정신의 각성과 주체적 저항의식을 문학을 통해 표현하였다. ( )

03 서구 문물을 국한문체로 소개한 수필은 유길준의 ( )이다.

정답 01 ✕ 02 ◯ 03 《서유견문》

1910년대 문학

1. 1910년대 문학 개관

(1) 시대적 배경

① 한일 합방(1910)에서 3·1운동(1919)에 이르는 시기의 문학을 의미한다.

② 일제의 무단정치로 통제와 감시가 강화되면서 순수문학이 발달하였다.

(2) 1910년대 문학의 특징

① 주요 특징

내용적 특징	• 문학을 계몽 운동의 주요 수단으로 삼으면서 신교육, 자유연애 사상 등 당시 시대상 반영 • 내용의 교훈성 탈피
형식적 특징	• 언문일치의 문체 사용 • 정형성을 탈피하면서 새로운 형식적 틀의 개발 • 서구의 문예사조가 소개되고 근대 소설 출발

② 문학사별 특징

㉠ 육당 최남선과 춘원 이광수 두 사람이 2인 문단 시대를 주도하였다.

㉡ 근대소설과 현대적 자유시가 등장하였다.

㉢ 서구의 번역시가 소개되었으며 동인지와 잡지 등을 통해 신인 작가들이 등장하였다.

㉣ 신극 운동이 전개되었고 신파극 운동이 본격화되었다.

2. 시 문학 – 자유시

(1) 개념: 신체시보다 자유로운 형식의 시로 계몽적 내용을 탈피하여 개인적 정서를 표현하였다.

(2) 특징

① 형식적 특징: 정형성에서 벗어난 자유시 형식을 갖추었다.

② 내용적 특징: 서구 상징주의 영향(프랑스 상징시)을 받았으며 개인의 내면적 정서를 표현하였다.

(3) 대표 작품: 주요한 〈불놀이〉, 김억 〈봄은 간다〉 등

작품	작가	내용
〈불놀이〉	주요한	최초의 자유시. 임을 잃은 슬픔과 극복 의지를 산문시의 형식으로 그림

OX 문제

01 1910년대 문학은 한일 합방(1910)에서 3·1운동(1919)에 이르는 시기의 문학을 의미한다. ( )

02 자유시는 개인적 정서보다는 계몽적 내용을 표현하였다. ( )

03 1910년대 대표적인 자유시 작품에는 김억의 〈불놀이〉가 있다. ( )

정답 01 ○ 02 × 03 ×

아아, 날이 저문다. 서편 하늘에, 외로운 강물 위에, 스러져 가는 분홍빛 놀……. 아아, 해가 저물면, 해가 저물면, 날마다 살구나무 그늘에 혼자 우는 밤이 또 오건마는, 오늘은 4월이라 파일날, 큰 길을 물밀어 가는 사람 소리는 듣기만 하여도 흥성스러운 것을, 왜 나만 혼자 가슴에 눈물을 참을 수 없는고? (후략)

3. 소설 문학

(1) 신소설

① 특징: 통속적 내용을 담고 있거나 고전 소설을 각색한 신소설이 유행하였다.

② 대표 작품: 최찬식 〈추월색〉, 이해조 〈옥중화〉·〈토의 간〉·〈강상련〉·〈연의 각〉 등

(2) 현대 소설

① 현대 소설의 등장: 최초의 장편 현대 소설인 이광수 〈무정〉(1917)이 발표되었다.

② 특징: 근대문명에 대한 동경, 계몽의식의 형상화 등이 주 내용으로, 구체적인 시공간적 배경의 설정 및 구어체 문장의 구사 등을 통해 표현하였다.

③ 문학사적 의의: 신소설의 고대 소설적인 요소를 탈피하여 근대 소설적 문체를 형성하고 인물 설정 및 심리 묘사 등에 탁월한 성과를 보였다.

④ 대표 작품: 이광수 〈무정〉, 김동인 〈약한 자의 슬픔〉 등

작품	작가	내용
〈무정〉	이광수	근대문명에 대한 동경, 자유 연애와 결혼, 개화 사상, 인도주의 등으로 새 시대의 계몽을 꾀하였다.
〈약한 자의 슬픔〉	김동인	여성이 겪는 비애와 그것을 극복하려는 의지를 나타내며 당시 사회 현실은 강한 자와 약한 자의 냉엄한 논리로 이루어져 있음을 제시하였다.

4. 기타 문학

(1) 극 문학

① 신파극의 성행: 1910년대 성행하기 시작하면서 상업적·대중적으로 발전하였고 협률사, 원각사, 혁신단, 문수성 등의 극단이 활동하였다.

② 문학사적 의의: 우리나라 최초의 창작 희곡인 조중환의 〈병자삼인〉(1912)이 발표되었다.

(2) 주요 잡지의 간행

소년(1908)	우리나라 최초의 월간지
청춘(1914)	최남선이 창간, 월간종합잡지
유심(1918)	• 한용운이 발행한 불교 잡지 • 한용운의 〈님의 침묵〉 이전의 문학 형성에 중요한 계기가 된 잡지로 평가
태서문예신보 (1918)	• 최초의 주간 문예지 • 프랑스 상징주의를 비롯한 해외 문예사조를 도입하여 근대시 형성에 큰 영향을 줌

고전 소설의 특징

• 권선징악적 주제, 선악의 평면적 대립
• 행복한 결말
• 낭송체나 운문체 위주
• 인물의 성격이 전형적·평면적
• 시간의 순서에 따라 사건이 진행되는 추보식 구성
• 한문 어투의 종결 어미

○×문제

01 1910년대 소설 문학에서 고전 소설을 각색한 신소설이 유행하였다. ( )

02 1910년대 상업적·대중적으로 신파극이 유행하였다. ( )

03 1910년대에 우리나라 최초의 창작 희곡인 조중환의 〈병자삼인〉이 발표되었다. ( )

정답 01 ○ 02 ○ 03 ○

1. 1920년대 문학 개관

(1) 시대적 배경

① 3 · 1 운동의 실패로 문단에는 패배 의식이 만연해졌다.

② 일본은 무단 통치에서 문화 통치로 방향을 전환했다.

(2) 1920년대 문학의 특징

① 《창조》, 《폐허》, 《백조》, 《장미촌》 등 다수의 동인지가 등장하였다.

② 낭만주의, 사실주의, 자연주의, 상징주의 등의 서구 문예 사조가 유입되었다.

③ 1924년 이후 백조파(白潮派)와 창조파(創造派)가 주장하는 낭만주의나 자연주의 경향을 비판한 신경향파는 빈궁을 주로 표현하는 반항적이고 관념적인 계급의식의 문학을 주장하였다.

④ 조선 프롤레타리아 예술가 동맹인 카프(KAPF)가 결성되어 계급 문학의 산실이 되었다.

⑤ 1925년 카프(KAPF)의 계급주의 문학에 반발하여 형성된 국민 문학파는 민족주의를 고취하기 위해 '시조 부흥 운동'을 전개하였다.

⑥ 계급 문학파와 국민 문학파의 중간적 입장인 절충주의파가 등장하였다.

➕ 개념 더하기

카프(KAPF)

• '조선 프롤레타리아 예술가 동맹(Korea Artista Proleta Federatio)'의 약칭
• 러시아 혁명 이후 사회주의 사상이 확산되면서 등장
• 프롤레타리아 문예 운동 단체이면서 우리나라 최초의 전국적인 문학 예술가 조직
• 일제에 대한 반제국주의 투쟁, 농민의 궁핍한 삶과 계급 간의 대립을 표현

2. 시 문학

(1) 낭만주의와 상징주의 시

① 특징: 퇴폐적, 감상적, 현실 도피적 경향이 강하다.

② 대표 작품: 이상화 〈나의 침실로〉, 홍사용 〈나는 왕이로소이다〉 등

작품	작가	내용
〈나의 침실로〉	이상화	남녀 간의 애정을 소재로 현실 도피, 이상 세계에 대한 동경을 그림
〈나는 왕이로소이다〉	홍사용	허무 의식을 바탕으로 일제 강점기의 민족의 설움을 낭만적으로 표현

확인 문제

01 1920년대 시 문학의 성격이 다른 작품은?

① 김소월 〈진달래꽃〉
② 한용운 〈님의 침묵〉
③ 이상화 〈나의 침실로〉
④ 이상화 〈빼앗긴 들에도 봄은 오는가〉

02 노동자나 농민의 고통스런 삶을 소재로 현실에 대한 저항을 드러낸 경향파 시는?

① 임화 〈네거리의 순이〉
② 홍사용 〈나는 왕이로소이다〉
③ 이상화 〈나의 침실로〉
④ 이상화 〈빼앗긴 들에도 봄은 오는가〉

[정답] 01 ③ 02 ①

[해설] 01 ①, ②, ④는 모두 민족주의적 경향의 시이며, ③은 낭만주의 경향의 시이다.

'마돈나' 지금은 밤도 모든 목거지에 다니노라 피곤하여 돌아가려는도다.
아, 너도 먼동이 트기 전으로 수밀도의 네 가슴에 이슬이 맺도록 달려오너라.
'마돈나' 오려무나. 네 집에서 눈으로 유전(遺傳)하던 진주(眞珠)는 다 두고 몸만 오너라.
빨리 가자, 우리는 밝음이 오면 어덴지 모르게 숨는 두 별이어라. (후략)

(2) 경향파 시

① 특징: 카프(KAPF)가 결성되어 노동자나 농민의 고통스런 삶을 소재로 현실에 대한 저항을 드러냈다.

② 대표 작품: 임화 〈우리 오빠와 화로〉·〈네거리의 순이〉 등

작품	작가	내용
〈우리 오빠와 화로〉	임화	오빠에 대한 그리움과 계급 투쟁 의지를 고취시킴
〈네거리의 순이〉	임화	일제 치하 노동자들의 투쟁과 동참 의지를 표현

(전략) 언제나 철없는 제가 오빠가 공장에서 돌아와서 고단한 저녁을 잡수실 때 오빠 몸에서 신문지 냄새가 난다고 하면 오빠는 파란 얼굴에 피곤한 웃음을 웃으시며
……네 몸에선 누에 똥내가 나지 않니 – 하시던 세상에 위대하고 용감한 우리 오빠가 왜 그날만 말 한 마디 없이 담배 연기로 방 속을 메워 버리시는 우리 우리 용감한 오빠의 마음을 저는 잘 알았어요.
천정을 향하여 기어 올라가던 외줄기 담배 연기 속에서 – 오빠의 강철 가슴 속에 박힌 위대한 결정과 성스러운 각오를 저는 분명히 보았어요.
그리하여 제가 영남이의 버선 하나도 채 못 기웠을 동안에
문지방을 때리는 쇳소리 마루를 밟는 거칠은 구두 소리와 함께 – 가 버리지 않으셨어요. (후략)

(3) 민족주의적 경향의 시

① 특징: 향토적인 정서나 민족주의 이념의 시가 나타나고 시조와 민요에 주목하였다.

② 대표 작품: 김소월 〈진달래꽃〉, 한용운 〈님의 침묵〉, 김동환 〈국경의 밤〉, 이상화 〈빼앗긴 들에도 봄은 오는가〉, 정지용 〈향수〉, 최남선 《백팔번뇌》 등

작품	작가	내용
〈진달래꽃〉	김소월	민족의 전통적인 정서인 이별의 정한을 민요적 율격인 7·5조, 3음보로 노래함
〈님의 침묵〉	한용운	불교의 역설적 진리를 바탕으로 임에 대한 사랑과 민족의 현실에 대한 자각을 그림
〈빼앗긴 들에도 봄은 오는가〉	이상화	국권 상실에 대한 우리 민족의 설움을 표현
《백팔번뇌》	최남선	우리나라 최초의 개인 시조집으로 1부, 2부, 3부에서 각각 임을 향한 애끊는 심정, 국토 순례에서의 감회, 자신을 잊으려는 마음 등을 그림

3. 소설 문학

(1) 낭만주의 · 자연주의 · 사실주의 소설

① 특징

    ㉠ 낭만주의 · 자연주의 · 사실주의 경향의 소설들이 다양하게 창작되었다.

    ㉡ 계몽주의적 성격에서 벗어나 순수 문학 운동이 전개되었다.

    ㉢ 신소설적인 문체가 사라지고 단편 소설의 형태를 갖추었다.

➕ 개념 더하기

문학 사조

낭만주의	자연주의	사실주의
• 고전주의에 대한 반발 • 퇴폐적 · 감상적 • 창조적 상상력과 이국적 정조 • 자유와 개성 중시	• 낭만주의에 대한 반발 • 객관적 · 현실적 · 분석적 · 실험적 • 인간의 모습을 자연 현상으로 파악	• 낭만주의에 대한 반발 • 과학적 객관성과 사실적 표현성을 중시 • 사회의 부조리를 비판적으로 묘사

② 대표 작품: 김동인 〈배따라기〉 · 〈감자〉, 현진건 〈술 권하는 사회〉 · 〈운수 좋은 날〉, 염상섭 〈표본실의 청개구리〉 · 〈만세전〉, 나도향 〈물레방아〉 등

작품	작가	내용
〈배따라기〉	김동인	운명을 거스르지 못하는 인간의 비애를 낭만적으로 형상화함
〈운수 좋은 날〉	현진건	일제 강점기 하층민들의 궁핍하고 비참한 삶을 사실적으로 그림
〈술 권하는 사회〉	현진건	일제 강점기 하에서의 괴로운 심정으로 인해 술을 벗삼게 된 지식인의 모습을 그림
〈표본실의 청개구리〉	염상섭	무기력한 지식인의 고뇌를 표현, 우리나라 최초의 자연주의 소설로 알려짐
〈물레방아〉	나도향	욕망과 탐욕에 의한 인간성의 타락을 사실적으로 그림

>> 작품 읽기 〈술 권하는 사회〉

"되지 못한 명예 싸움, 쓸데없는 지위 다툼질. 내가 옳으니 네가 그르니. 내 권리가 많으니 네 권리 적으니…… 밤낮으로 서로 찢고 뜯고 하지, 그러니 무슨 일이 되겠소. 회(會)뿐이 아니라, 회사고 조합이고…… 우리 조선놈들이 조직한 사회는 다 그 조각이지. 이런 사회에서 무슨 일을 한단 말이요. 하려는 놈이 어리석은 놈이야. 적이 정신이 바루 박힌 놈은 피를 토하고 죽을 수밖에 없지. 그렇지 않으면 술밖에 먹을 게 도무지 없지. 나도 전자에는 무엇을 좀 해 보겠다고 애도 써 보았어. 그것이 모다 수포야. 내가 어리석은 놈이었지. 내가 술을 먹고 싶어 먹는 게 아니야. 요 사이는 좀 낫지마는 처음 배울 때에는 마누라도 아다시피 죽을 애를 썼지. 그 먹고 난 뒤에 괴로운 것이야 겪어 본 사람이 아니면 알 수 없지. 머리가 지끈지끈 아프고 먹은 것이 다 돌아 올라오고…… 그래도 아니 먹은 것 보담 나았어. 몸은 괴로워도 마음은 괴롭지 않았으니까. 그저 이 사회에서 할 것은 주정꾼 노릇밖에 없어……."

(2) 계급주의 소설

① 특징

　ⓐ 사회주의 사상을 기초로 계급 혁명의 이념을 바탕으로 한 작품이 다수이다.

　ⓑ 농민과 노동자의 궁핍한 생활과 저항 등을 소재로 현실을 부정하는 모습을 그렸다.

② 대표 작품: 최서해 〈탈출기〉, 주요섭 〈인력거꾼〉, 박영희 〈사냥개〉 등

작품	작가	내용
〈탈출기〉	최서해	간도로 이주해 간 조선인들의 빈곤과 분노를 그림
〈사냥개〉	박영희	지주 계층의 부도덕성을 비판

4. 기타 문학

(1) 극 문학

① 특징

　ⓐ 일본 동경 유학생들을 중심으로 '극예술협회', '토월회' 등이 결성되어 신파극의 단계를 극복한 근대적 희곡이 창작되고 본격적인 근대극이 시도되었다.

　ⓑ 셰익스피어 · 체호프 등 외국 작가들의 희곡이 번안되어 공연되었다.

　ⓒ 영화의 분립과 시나리오가 창작되었다.

② 대표 작품: 김우진 〈이영녀〉 · 〈산돼지〉, 나운규 〈아리랑〉 등

작품	작가	내용
〈이영녀〉	김우진	비참한 사회 현실 속 여성 노동자의 사회적 · 경제적 문제를 고발, 우리나라 최초의 본격적인 자연주의 희곡
〈아리랑〉	나운규	항일 민족주의를 바탕으로 우리 민족의 한과 울분을 표현, 우리나라 영화의 효시

(2) 수필

① 특징

　ⓐ 현대 수필의 초창기로 서서히 독자성을 확보해 나가며 다양한 잡지와 신문에 발표되었다.

　ⓑ 국민 문학파의 주도로 우리 국토에 대한 애정을 표현한 기행 수필이 주류였다.

② 대표 작품: 최남선 〈심춘순례〉 · 〈백두산근참기〉, 이광수 〈금강산유기〉, 이병기 〈낙화암을 찾는 길에〉 등

근대극 극단
* 극예술협회: 주로 서양의 고전극 및 근대극 작품을 연구하였다.
* 토월회: 문학적 가치가 있는 희곡 작품을 사실주의 기법으로 공연해 근대극을 정착시켰다.

OX 문제

01 사실주의는 낭만주의에 대한 반발로 등장하였으며 과학적 객관성과 사실적 표현성을 중시한다. (　)

02 무기력한 지식인의 고뇌를 표현한 우리나라 최초의 자연주의 소설은 염상섭의 〈표본실의 청개구리〉이다. (　)

03 1920년대 소설 문학은 순수 문학 운동이 활발히 전개되어 계급주의 소설은 등장하지 못했다. (　)

정답 01 ○ 02 ○ 03 ×

(3) 동인지❶와 잡지

이름	내용	작가
창조(1919)	최초의 순수 문예 동인지, 계몽주의에 반대하여 순수 문학 운동 전개	김동인, 주요한, 전영택 등
개벽(1920)	최초의 월간 종합지, 천도교에서 발행, 계급주의 문학 지향	박영희, 김기진 등
폐허(1920)	퇴폐적 · 허무주의적, 서구 문학의 상징주의와 퇴폐적 경향 소개	김억, 염상섭, 황석우, 오상순 등
장미촌(1921)	최초의 시 전문지, 낭만주의적 자유시 운동	황석우, 변영로, 노자영, 박종화 등
백조(1922)	3 · 1운동 이후 세태의 영향으로 감상적 · 퇴폐적 · 낭만적 · 환상적 경향	현진건, 나도향, 박종화, 이상화, 홍사용 등
금성(1923)	시 전문지, 일본 와세다 대학 한국 유학생들이 중심, 낭만적 풍조	양주동, 손진태, 이장희 등
영대(1924)	평양에서 창간된 순 문예지, 《창조》의 후신	김소월, 김동인, 김억, 이광수 등
조선 문단(1924)	민족주의 경향의 순 문예지, 최초로 추천제를 실시하고 《개벽》에 반대	이광수, 방인근 등
해외 문학(1927)	'해외 문학 연구회'의 기관지, 외국 문학을 주로 번역하여 소개	이하윤, 정인섭, 김진섭 등
문예 공론(1929)	민족주의와 계급주의의 경향을 절충	양주동, 염상섭, 이광수 등
삼천리(1929)	취미 중심의 월간 잡지, 1937년 이후 친일 잡지로 전락	김동환, 한용운, 이광수 등

🚶 어휘 풀이

❶ 동인지: 공통된 경향을 가진 사람들이 주체가 되어 기획 및 집필을 하고 편집 · 발행하는 잡지

04 1930년대 문학

1. 1930년대 문학 개관

(1) 시대적 배경

① 일제가 한국을 대륙 침략의 병참기지로 삼으려 함으로써 경제적 수탈과 사상적 통제가 강화되었던 시기이다.

② 1935년에는 카프(KAPF)가 해체되면서 사회주의자들이 전향하였다.

(2) 1930년대 문학의 특징

① 일제의 탄압으로 카프(KAPF)가 해산되자 문학의 예술성을 중시하는 순수 문학이 주류를 이루었다.

② '브나로드 운동'의 영향으로 계몽적 내용의 문학이 다시 등장하게 되었다.

③ 수필이 하나의 문학 갈래로 자리 잡았고 장편 문학의 시대를 맞이했다.

브나로드 운동
1870년 러시아에서 귀족 청년과 학생들이 주동이 되고 농민이 주체가 되어 일어난 사회 개혁 운동으로 '브나로드(v narod)'는 러시아어로 '민중 속으로'라는 뜻이다. 1920년대 초부터 서울의 학생과 지식 청년, 문화단체 그리고 동경 유학생들에 의해 실시되었던 농촌 계몽 운동이 점차 민족 각성 운동으로 확산되었다.

OX 문제

01 《창조》는 최초의 순수 문예 동인지로 계몽주의에 반대하여 순수 문학 운동을 전개하였다. ( )

02 최초의 월간 종합지로 천도교에서 발행하였고 계급주의 문학을 지향한 동인지는 《개벽》이다. ( )

03 일본 동경 유학생들을 중심으로 '극예술연구회', '토월회' 등이 결성되어 본격적인 근대극이 시도되었다. ( )

정답 01 ○ 02 ○ 03 ×
해설 03 '극예술연구회'는 1931년에 결성되었다. 1920년대는 '극예술협회'이다.

어휘 풀이

❶ 조탁(彫琢): 문장이나 글 등을 매끄럽게 다듬는 것
❷ 다다이즘: 과거의 모든 예술 형식과 가치를 부정하고 '무의미함'을 추구하는 예술
❸ 이미지즘: 시각화하여 표현하는 문학 창작 경향으로 우리나라에서는 1930년대 모더니즘과 함께 등장하였다.

2. 시 문학

(1) 순수 서정시(시문학파)

① 배경: 민족주의 · 계급주의 문학의 사상적 경향에 반발하여 문학 자체의 예술성과 순수성을 중시한 순수 문학이 등장하였다.

② 특징

  ㉠ 시어의 조탁(彫琢)❶과 우리말의 아름다운 가락을 중시하였다.

  ㉡ 시어의 예술성과 음악성을 중시하고 시 본연의 순수성과 서정성에 관심을 기울였다.

③ 대표 작품: 김영랑 〈모란이 피기까지는〉 · 〈내 마음을 아실 이〉, 박용철 〈떠나가는 배〉 등

작품	작가	내용
〈내 마음을 아실 이〉	김영랑	임에 대한 간절한 그리움을 서정적인 시어로 표현
〈떠나가는 배〉	박용철	고향을 떠나는 유랑민의 비애를 감상적 가락으로 표현

>> 작품 읽기 〈내 마음을 아실 이〉

내 마음을 아실 이
내 혼자 마음 날같이 아실 이
그래도 어데나 계실 것이면

내 마음에 때때로 어리우는 티끌과
속임 없는 눈물의 간곡한 방울방울,
푸른 밤 고이 맺는 이슬 같은 보람을
보밴 듯 감추었다 내어 드리지.

애! 그립다.
내 혼자 마음 날같이 아실 이
꿈에나 아득히 보이는가

향 맑은 옥돌에 불이 달어
사랑은 타기도 하오련만
불빛에 연긴 듯 희미론 마음은,
사랑도 모르리, 내 혼자 마음은.

(2) 모더니즘 시(주지시파)

① 배경

  ㉠ 초현실주의, 다다이즘❷, 이미지즘❸ 등 서구의 문예 사조가 유입되었다.

  ㉡ 순수 서정시의 낭만성을 배격하고 현대적인 시의 면모를 확립하려 하였다.

② 특징

  ㉠ 언어에 대한 실험과 내면 세계를 시로 표현하려 하였다.

  ㉡ 시의 회화성을 중시하여 시각적 이미지를 사용하였다.

  ㉢ 현대 도시 문명에 대한 비판적 감수성을 표출하였다.

③ 대표 작품: 김기림 〈바다와 나비〉, 이상 〈오감도〉, 정지용 〈유리창〉 등

작품	작가	내용
〈바다와 나비〉	김기림	시각적 이미지를 사용하여 새로운 세계에 대한 동경과 냉혹한 현실로 인한 좌절을 그림
〈유리창〉	정지용	아들의 죽음에 대한 슬픔과 그리움을 감각적인 이미지로 절제하여 표현

구인회(九人會, 1933)

• 경향 문학에 반발하여 순수 문학의 흐름을 계승 · 발전시킴
• 김기림, 이효석, 이종영, 김유영, 유치진, 조용만, 이태준, 정지용, 이무영의 9인이 결성
• 1930년대 이후 모더니즘 문학의 주류를 형성

OX 문제

01 1935년에는 카프(KAPF)가 활성화되면서 순수 문학이 주류를 이루었다. ( )

02 브나로드 운동의 영향으로 계몽적 내용의 문학이 다시 등장하게 되었다. ( )

정답 01 × 02 ○

아무도 그에게 수심(水深)을 일러 준 일이 없기에
흰 나비는 도무지 바다가 무섭지 않다.

청(靑)무우밭인가 해서 내려갔다가는
어린 날개가 물결에 절어서
공주(公主)처럼 지쳐서 돌아온다.

삼월(三月)달 바다가 꽃이 피지 않아서 서글픈
나비 허리에 새파란 초생달이 시리다.

(3) 생명 탐구 시(생명파)

① 배경: 기교를 중시하는 순수시와 시각적 이미지를 중시하는 모더니즘 시의 반발로 등장하였다.

② 특징

ㄱ 시의 본질적 목적은 인간과 생명의 탐구에 있다는 입장이다.

ㄴ 원시적인 생명성과 삶에 대한 의지를 관념적 시어로 표출하였다.

ㄷ 토속적인 소재나 생명의 근원, 삶의 고뇌 등을 중시하였다.

③ 대표 작품: 유치환 〈깃발〉 등

작품	작가	내용
〈깃발〉	유치환	영원한 이상향을 향한 그리움을 깃발의 모습으로 형상화함

(4) 자연 친화적인 시(전원파)

① 배경

ㄱ 1930년대 후반 일제의 탄압을 피해 복잡한 도시에서 벗어나 자연을 노래하는 현실 도피적 경향이 나타났다.

ㄴ 서구 의존적인 시 창작보다는 동양적 세계관을 중시하였다.

② 특징: 전원생활에 대한 동경을 자연 친화적이며 달관적인 삶의 자세로 표현했다.

③ 대표 작품: 신석정 〈그 먼 나라를 알으십니까〉, 김동명 〈파초〉, 김상용 〈남으로 창을 내겠소〉 등

작품	작가	내용
〈그 먼 나라를 알으십니까〉	신석정	아름답고 평화로운 이상향에 대한 동경을 그림
〈남으로 창을 내겠소〉	김상용	전원생활에서 누리는 달관적 삶을 추구

확인 문제

시와 작가가 바르게 연결된 것은?
① 박용철 – 〈내 마음을 아실 이〉
② 김영랑 – 〈떠나가는 배〉
③ 유치환 – 〈유리창〉
④ 김상용 – 〈남으로 창을 내겠소〉

정답 ④
해설 ① 박용철, 〈떠나가는 배〉
② 김영랑, 〈내 마음을 아실 이〉
③ 유치환, 〈깃발〉

3. 소설 문학

(1) 농촌 소설

① 특징: 러시아 '브나로드 운동'의 영향을 받아 농촌을 소재로 농촌 계몽을 목적으로 하는 소설이 등장하였다.

② 대표 작품: 심훈 〈상록수〉, 이광수 〈흙〉, 김유정 〈봄봄〉·〈동백꽃〉, 이효석 〈메밀꽃 필 무렵〉 등

작품	작가	내용
〈상록수〉	심훈	농촌 계몽 운동에 헌신적인 젊은 남녀의 의지를 그림
〈동백꽃〉	김유정	사춘기 시골 남녀의 풋풋한 애정을 해학적으로 그림
〈메밀꽃 필 무렵〉	이효석	장돌뱅이로 살아가는 주인공 삶의 애환을 서정적으로 표현

(2) 역사 소설

① 특징: 일제의 검열을 피해서 역사를 제재로 한 소설을 통해 민족의식을 고취하려는 의도에서 생겨났다.

② 대표 작품: 김동인 〈운현궁의 봄〉, 현진건 〈무영탑〉 등

작품	작가	내용
〈운현궁의 봄〉	김동인	흥선대원군이 천대를 받다가 최고의 자리에 앉기까지의 과정을 그림
〈무영탑〉	현진건	다보탑과 석가탑에 얽힌 아사달과 아사녀의 사랑과 예술혼을 그림

(3) 세태·풍속 소설(모더니즘 소설)

① 특징: 도시적 삶과 현대 문명을 소재로 하여 도시적 삶의 병리를 섬세하게 묘사하였다.

② 대표 작품: 유진오 〈김 강사와 T교수〉, 이상 〈날개〉 등

작품	작가	내용
〈김 강사와 T교수〉	유진오	현실과 타협할 줄 모르는 지식인의 모습을 그림
〈날개〉	이상	무력한 삶에서 벗어나 본래의 자아를 찾고자 하는 지식인의 의지를 그림

> **가족사 소설**
> • 역사의 흐름에 따라 가족의 삶이나 내력을 소설화
> • 가족의 계보와 세대 간의 갈등 등을 다룸
> • 염상섭의 〈삼대〉, 채만식의 〈태평천하〉 등

>> **작품 읽기** 〈날개〉

이 때 뚜우 — 하고 정오 싸이렌이 울었다. 사람들은 모두 네 활개를 펴고 닭처럼 푸드덕거리는 것 같고 온갖 유리와 강철과 대리석과 지폐와 잉크가 부글부글 끓고 수선을 떨고 하는 것 같은 찰나, 그야말로 현란을 극한 정오다.

나는 불현듯이 겨드랑이가 가렵다. 아아, 그것은 내 인공의 날개가 돋았던 자국이다. 오늘은 없는 이 날개, 머릿속에서는 희망과 야심의 말소된 페이지가 딕셔너리 넘어가듯 번뜩였다.

나는 걷던 걸음을 멈추고 그리고 어디 한 번 이렇게 외쳐 보고 싶었다.

날개야 다시 돋아라.

날자. 날자. 날자. 한 번만 더 날자꾸나.

한 번만 더 날아 보자꾸나.

OX 문제

01 1930년대 후반에는 일제의 탄압을 피해 복잡한 도시에서 벗어나 자연을 노래하고자 하는 도피적 경향이 나타났다.
( )

02 세태·풍속 소설은 도시적 삶과 현대 문명을 소재로 하였다. ( )

03 현진건의 〈무영탑〉은 1930년대 등장한 농촌소설의 대표 작품 중 하나이다.
( )

정답 01 ○ 02 ○ 03 ×

(4) 풍자 소설

① 특징: 식민지 체제의 사회, 경제적 탄압이 빚는 모순과 부조리를 우회적으로 비판하는 풍자 소설이 등장하였다.

② 대표 작품: 채만식 〈레디메이드 인생〉·〈태평천하〉·〈치숙〉 등

작품	작가	내용
〈레디메이드 인생〉	채만식	식민지 현실 속에서의 지식인의 고통과 혼란을 형상화함
〈태평천하〉	채만식	중산층 가문을 둘러싼 재산 상속 문제와 기회주의적 삶을 비판

(5) 전통 탐구 소설

① 특징: 한국인의 전통적인 의식 세계와 토속적 현실을 소설화하였다.

② 대표 작품: 김동리 〈무녀도〉 등

작품	작가	내용
〈무녀도〉	김동리	재래적 토속 신앙을 지키려는 한 여인의 비극적인 모습을 형상화

4. 기타 문학

(1) 극 문학

① 특징

㉠ '극예술연구회'(1931)가 결성되고, 본격적인 현대극이 공연되기 시작하였다.

㉡ 일제 강점기 하의 참담한 현실을 반영한 사실주의적 희곡이 창작되었다.

② 대표 작품: 유치진 〈토막〉·〈소〉 등

작품	작가	내용
〈토막〉	유치진	일제 강점기 농촌의 비참한 삶을 사실적으로 표현

(2) 수필

① 특징

㉠ 외국의 수필 작품과 이론이 소개되었다.

㉡ 수필 문학이 독자적 장르로 정립되었다.

㉢ 《동광》, 《조광》, 《박문》 등을 통해 많은 수필들이 발표되었다.

② 대표 작품: 이효석 〈낙엽을 태우면서〉, 이상 〈권태〉 등

작품	작가	내용
〈낙엽을 태우면서〉	이효석	일상적이고 사소한 일을 통해 일상에 충실한 삶의 보람을 찾는다는 내용
〈권태〉	이상	반복되고 단조로운 일상에서 오는 권태감을 기록

극예술연구회
극예술에 대한 대중의 이해를 넓히고 신극 수립의 목적으로 창립된 단체로 사실주의 극을 확립하였다.

확인 문제　　　　17 경찰 2차

1930년대 한국 문학에 대한 설명 중 가장 적절한 것은?

① 이 시기에 발표된 이광수의 장편소설 〈무정〉은 신소설을 발전적으로 계승하였다.

② 이 시기에는 일제의 탄압이 극에 달했으며, 민족어 말살 정책으로 많은 문인들이 친일적인 작품을 쓰거나 붓을 꺾었다.

③ 김기림, 정지용 등의 시인들은 감성보다 지성, 리듬보다 이미지에 호소하는 주지주의 경향을 바탕으로 한 시를 창작하였다.

④ 이 시기의 시는 3·1 운동의 좌절로 인한 허무와 패배 의식의 영향으로 감상적·퇴폐적 낭만주의 경향을 보였으며, 황석우, 홍사용, 박영희 등이 대표적이었다.

[정답] ③

[해설] ① 이광수의 〈무정〉은 1917년에 발표되었다.
② 1940년대부터 해방 전까지의 문학에 대한 설명이다.
④ 1920년대 문학에 대한 설명이다.

(3) 동인지와 잡지

① 동인지

이름	내용	작가
시문학(1930)	시 전문 동인지로 프로 문학에 반대하여 순수 문학을 옹호한 모태가 됨	박용철, 김영랑, 정지용 등
삼사문학(1934)	모더니즘·초현실주의 경향을 추구	신백수, 이시우, 정현웅 등
시인부락(1936)	생명파가 중심이 되어 인간과 생명 그 자체에 관심을 보임	서정주, 김동리, 김광균 등
자오선(1937)	시 전문 동인지로 모든 경향과 유파를 초월한 개방적 자세를 취함	민태규, 김광균, 윤곤강 등

② 잡지

이름	내용	작가
문예 월간 (1931)	순 문예 종합지로 시문학파와 해외 문학파가 결합하여 시문학의 지나친 예술성 추구를 지양함	박용철, 이하윤 등
신동아(1931)	동아일보사가 창간한 시사 종합 잡지로 일장기 말소 사건으로 폐간	양원모, 주요섭 등
문장(1939)	시와 소설 중심의 순 문예지로 추천제를 통해 청록파 등의 많은 신인을 발굴함	정지용, 이병기, 이태준 등
인문 평론 (1939)	평론 중심의 잡지로 작품의 창작보다 해외 문학을 소개하는데 주력하였고 '국민문학'으로 개칭되면서 친일 문예잡지로 전락함	최재서, 김기림 등

05 1940년대 문학

1. 1940년대 문학 개관

(1) 시대적 배경

① 광복 전: 일제가 민족 말살 정책을 펼쳤던 시기로, 우리 문화에 대한 탄압이 극심했다.

② 광복 후: 좌익과 우익의 이념적 갈등으로 인해 정치적·사회적 혼란의 시대였다.

(2) 1940년대 문학의 특징

① 광복 전

 ㉠ 신문과 문예지 등의 폐간으로 문학 발표의 공간이 사라졌다.

 ㉡ 문인들은 문학을 통해 일제에 저항하고 절필하거나 적극적 친일 행위에 가담하기도 했다.

 ㉢ 인생에 대한 회의, 절망, 허무를 주조로 저항과 자기 성찰의 문학이 많이 발표되었다.

② 광복 후

　ⓐ 문학계가 좌·우익으로 분열되어 이념 논쟁이 심화되었다.

　ⓑ 귀향 의식을 다룬 작품과 일제 검열로 발간되지 못했던 작품들이 작품집의 형태
　　로 발간되었다.

★ 개념 더하기

좌·우익 주요 문인 단체

좌익 문인 단체	우익 문인 단체
• '조선 문학가 동맹'이 대표적 • 정치적 이념을 고취하는 진보적 리얼리즘 • 혁명적 낭만주의 경향의 작품 발표	• '전 조선 문필가 협회'가 대표적 • 자연의 탐구, 인생에 대한 관조 등을 다룸 • 순수 서정시 경향의 작품 발표

2. 시 문학

(1) 광복 전

① 청록파 시

　ⓐ 배경 및 특징: 일제 탄압으로 현실 문제를 다룰 수 없게 되면서 전통적 율격과 향
　　토적 정서를 바탕으로 자연 친화적인 태도와 이상적인 자연의 모습을 노래했다.

　ⓑ 대표 작가

박두진	기독교적 이상과 윤리 의식을 바탕으로 자연의 원시적 생명력을 노래함
박목월	자연 친화를 주제로 토속적이고 서정적인 시풍을 민요적 가락으로 표현함
조지훈	고아한 우리말로 고풍스러운 전통적 시 세계를 구축함

② 저항시

　ⓐ 배경 및 특징: 일제의 억압에 굴하지 않고 한결같은 저항 의식을 담고 있다.

　ⓑ 대표 작품: 윤동주 〈서시〉·〈참회록〉, 이육사 〈광야〉·〈교목〉 등

작품	작가	내용
〈서시〉	윤동주	독백적·의지적 어조로 부끄럽지 않은 삶에 대한 소망을 나타냄
〈광야〉	이육사	조국 광복에 대한 신념과 의지를 표현함

(2) 광복 후

① 계급 문학

　ⓐ 작품의 예술성보다는 사상성·정치성이 짙은 이념적인 시들이 중심을 이루었다.

　ⓑ 현실 참여 문학이 성행하였다.

　ⓒ '조선 문학가 동맹'을 중심으로 활동하였으나 6·25 전쟁 후 남한 정부의 탄압과
　　작가들의 월북으로 쇠퇴하였다.

　ⓓ 대표 작품: 이용악 〈오랑캐꽃〉, 임화 〈깃발을 내리자〉 등

청록파
《문장(文章)》(1939)을 통해 등단한 박목월, 박두진, 조지훈이 광복 후 공동으로 시집 《청록집》을 간행하면서 '청록파'라는 이름이 붙여졌다.

OX 문제

01 좌익 문인 단체의 대표는 '조선 문학가 동맹'이다. (　　)

02 1940년대에는 문학을 통해 일제에 저항하기 위해서 많은 문예지가 창간되었다. (　　)

03 청록파의 대표적인 작가는 박목월, 박두진, 이육사이다. (　　)

04 광복 후 현실 참여 문학의 대표작으로 이용악의 〈오랑캐꽃〉, 임화의 〈깃발을 내리자〉 등이 있다. (　　)

정답 **01** ○ **02** × **03** × **04** ○

② 순수 문학

　　㉠ 계급 문학의 사상성을 완전히 배제한 순수한 서정시 계열의 작품이나 전통을 지향했다.

　　㉡ 좌익 계열 작가들의 월북 후 '전 조선 문필가 협회'가 문단의 주류를 형성하였다.

　　㉢ 대표 작품: 김광균 〈은수저〉, 박두진 〈해〉·〈청산도〉, 박목월 〈나그네〉 등

3. 소설 문학

(1) **광복 전**: 우리말 사용 금지로 우리말로 된 소설은 거의 발표되지 못하면서 암흑기에 접어 들었다.

(2) **광복 후**

① 과거 식민지적 삶의 극복

　　㉠ 특징: 과거의 식민지적 삶을 반성하고 해방의 진정한 의미를 찾으려고 하였다.

　　㉡ 대표 작품: 채만식 〈논 이야기〉·〈민족의 죄인〉, 김동인 〈반역자〉·〈망국인기(亡國人記)〉, 계용묵 〈바람은 그냥 불고〉 등

② 귀향과 현실적 삶의 인식

　　㉠ 특징: 광복 후 해외에 나갔던 동포들이 고국으로 돌아와서 겪는 비참한 현실을 다뤘다.

　　㉡ 대표 작품: 김동리 〈혈거부족(穴居部族)〉, 정비석 〈귀향〉, 엄흥섭 〈귀환 일지〉 등

③ 미군과 소련의 통치 및 분단 문제

　　㉠ 특징: 남한과 북한에 주둔하는 미군과 소련군으로 인한 문제와 분단 문제를 다뤘다.

　　㉡ 대표 작품: 계용묵 〈별을 헨다〉, 염상섭 〈삼팔선〉, 채만식의 〈역로〉 등

④ 순수 소설의 창작

　　㉠ 특징: 광복 직후의 현실적 문제가 아닌 순수 문학을 지향하는 작품들도 등장했다.

　　㉡ 대표 작품: 김동리 〈역마〉·〈달〉, 염상섭 〈임종〉 등

작품	작가	내용
〈역마〉	김동리	역마살에 순응하면서 구원받는 인간의 모습을 그림

⑤ 정치적·사회적 혼란 반영

　　㉠ 특징: 광복 직후부터 1948년 대한민국 정부 수립까지의 사회적 혼란을 다뤘다.

　　㉡ 대표 작품: 채만식 〈민족의 죄인〉, 이태준 〈해방 전후〉 등

작품	작가	내용
〈민족의 죄인〉	채만식	해방 직후 정치적·사회적 혼란상을 비판과 풍자로 심도있게 다룸

확인 문제

다음 소설의 내용상 성격이 다른 하나는?

① 계용묵 〈별을 헨다〉
② 염상섭 〈삼팔선〉
③ 김동리 〈역마〉
④ 채만식의 〈역로〉

정답 ③

해설 ①, ②, ④는 미군과 소련의 통치 및 분단 문제를 다룬 소설이고, 김동리의 〈역마〉는 역마살에 순응하면서 구원받는 인간의 모습을 그린 작품으로 순수 문학을 지향하였다.

4. 기타 문학

(1) 극 문학
① **특징**: 광복 직후의 극문학은 대체로 침체기였지만 항일 독립 투쟁, 친일파에 대한 비판 등 일제 강점기의 비참했던 삶을 재구성하는 것에 주력하였다.
② **대표 작품**: 유치진 〈조국〉, 이광래 〈독립군〉, 함세덕 〈고목〉 등

(2) 수필
① **특징**: 광복 직후 두드러지는 활동 없이, 기존 발표된 수필을 정리하여 수필집의 형태로 간행하였다.
② **대표 작품**: 박종화《청태집》, 이양하《이양하 수필집》등

🏃 **어휘 풀이**

❶ 전후(戰後) 문학: 1·2차 세계 대전 이후의 문학을 말하며 1950년대 전후의 작가들은 실존주의를 바탕으로 6·25전쟁의 참혹성으로 인한 불안과 허무 의식 등을 주로 표현하였다.
❷ 실존주의: 개인으로서의 인간의 주체적 존재성을 강조하고 본질보다 구체적 실존을 중시하려는 사상으로 전후의 작가들에게 영향을 주었다.

06 1950년대 문학

1. 1950년대 문학 개관

(1) 시대적 배경: 1950년대는 6·25 전쟁이라는 민족의 비극으로 시작되었기 때문에 전쟁으로 인한 생존문제, 인간성 상실의 문제 등이 대두되고 민족 분단으로 인해 그 아픔이 심화되었다.

(2) 1950년대 문학 특징
① 전쟁 체험을 바탕으로 한 전후(戰後) 문학❶이 등장하였다.
② 서구의 실존주의❷ 문학을 수용하여 인간의 본질 문제와 실존의 탐구 등을 다룬 작품이 발표되었다.
③ 남북 분단의 역사적 현실을 자각하는 내용의 작품이 등장하였다.

2. 시 문학

(1) 특징
① 6·25 전쟁을 바탕으로 한 전쟁 체험 문학이 등장했다.
② 전통적 서정시가 생명파와 청록파를 중심으로 다시 이어졌고, 이에 대항해 도시적 감수성을 바탕으로 문명을 비판하는 모더니즘 시가 등장하였다.
③ 서구 실존주의 문학의 영향으로 인간의 본질과 실존 문제 등을 다룬 작품이 발표되었다.

(2) 대표 작품
① **전쟁 체험을 바탕으로 한 시**: 구상 〈초토의 시〉, 박봉우 〈휴전선〉 등
② **전통적 서정시**: 이동주 〈강강술래〉 등
③ **주지적·풍자적 모더니즘 시**: 김규동 〈나비와 광장〉, 박인환 〈목마와 숙녀〉 등
④ **휴머니즘 시**: 박남수 〈새〉, 정한모 〈가을에〉 등

작품	작가	내용
〈초토의 시〉	구상	6 · 25 전쟁에서 희생된 생명들을 애도하고 전쟁의 폐허 속에서 희망을 발견하려는 의지와 인류애가 나타남
〈휴전선〉	박봉우	민족 분단의 아픔과 비극적 현실을 극복하려는 의지를 표현
〈강강술래〉	이동주	달빛 아래에서 강강술래를 추는 모습을 감각적으로 표현
〈나비와 광장〉	김규동	전쟁으로 피폐해진 인간성 회복을 희망함
〈새〉	박남수	인간과 자연의 대립적 이미지를 통해 인간과 문명을 비판
〈가을에〉	정한모	가을의 아름다운 풍경을 묘사하면서 평화로운 세상에 대한 소망을 간절하게 표현

>> 작품 읽기 〈새〉

하늘에 깔아 논
바람의 여울터에서나
속삭이듯 서걱이는
나무의 그늘에서나, 새는
노래한다. 그것이 노래인 줄도 모르면서
새는 그것이 사랑인 줄도 모르면서
두 놈이 부리를

서로의 죽지에 파묻고
따스한 체온(體溫)을 나누어 가진다.
(중략)
— 포수는 한 덩이 납으로
그 순수(純粹)를 겨냥하지만
매양 쏘는 것은
피에 젖은 한 마리 상(傷)한 새에 지나지 않는다.

 개념 더하기

1950년대 모더니즘

• 도시적 감수성을 바탕으로 문명에 대한 비판 의식을 표현
• 6 · 25전쟁 직후의 절망감을 작품에 반영
• 허무주의적 경향과 실존적 고뇌가 담긴 작품들을 주로 창작
• 대표적인 작가: 박인환, 김경린, 김규동, 김수영 등

3. 소설 문학

(1) 특징

① 민족 분단의 비극적 현실과 전후의 가치관 혼란 등을 형상화하였다.
② 부조리한 현실에 대한 고발과 부정적인 현실을 극복해야 한다는 주제의 소설이 등장하였다.
③ 인간의 본질적 삶을 추구하는 순수 소설이 창작되었다.
④ 전쟁으로 파괴된 인간성의 고발과 극복 방안으로 휴머니즘을 내세운 작품이 발표되었다.

(2) 대표 작품

① 전쟁의 경험과 전후(戰後)의 사회 현실 반영: 황순원 〈학〉, 하근찬 〈수난이대〉, 안수길 〈제3인간형〉 등
② 부조리한 현실 비판과 고발: 김성한 〈바비도〉, 오상원 〈모반〉 등
③ 인간의 본질을 추구하는 순수 소설: 오영수 〈갯마을〉, 전광용 〈흑산도〉 등

확인 문제

1950년대 시문학에 대한 설명으로 옳지 않은 것은?

① 도시적 감수성을 바탕으로 문명을 비판하는 모더니즘 시가 등장하였다.
② 순수 · 참여 논쟁을 계기로 순수 서정 세계를 추구하려는 경향이 대두되었다.
③ 서구 실존주의 문학의 영향으로 인간의 본질과 실존 문제 등을 다룬 작품이 발표되었다.
④ 전통적 서정시가 생명파와 청록파를 중심으로 다시 이어졌다.

정답 ②

해설 ② 1960년대 시문학에 대한 설명이다.

④ 서구 실존주의의 영향: 장용학 〈요한 시집〉 등

작품	작가	내용
〈수난이대〉	하근찬	일제 식민지 시대와 6 · 25전쟁의 고통을 겪은 두 세대의 수난을 통해 본 민족사와 극복 의지를 형상화함
〈바비도〉	김성한	현실이 강요하는 권위와 독선에 대항하여 인간의 존엄성을 지키려고 함
〈갯마을〉	오영수	자연 속에 사는 토속적 인간상을 통해 자연과 인간의 융화를 그림
〈요한 시집〉	장용학	극한 상황 속에서 형성되는 인간의 실존적 자각을 표현

4. 기타 문학

(1) 극 문학

① 특징

  ㉠ 전쟁을 소재로 한 시나리오가 많았다.

  ㉡ 사실주의 경향을 띠며 서구의 표현 기법 등이 다양하게 활용되었다.

  ㉢ 부조리한 현실에 대한 비판과 극복 의지를 표현했다.

  ㉣ 주로 현실 참여 의식을 띠는 작품이 중심이 되었다.

② 대표 작품: 오상원 〈녹슨 파편〉, 유치진 〈나도 인간이 되련다〉, 차범석의 〈불모지〉 · 〈성난 기계〉 등

(2) 수필 문학

① 특징

  ㉠ 예술적인 기교를 중시하고 문학적 향기가 높은 수필이 발표되었다.

  ㉡ 사회적 불안이나 가치관의 혼란을 다뤘다.

  ㉢ 혼란한 시대 속에서 올바른 삶을 주제로 하는 교훈적인 작품이 등장하였다.

② 대표 작품: 이희승 〈벙어리 냉가슴〉, 계용묵 《상아탑》 등

확인 문제 18 서울시 9급

6 · 25전쟁과 가장 거리가 먼 소설은?

① 손창섭, 〈비오는 날〉
② 박경리, 〈토지〉
③ 장용학, 〈요한시집〉
④ 박완서, 〈엄마의 말뚝〉

정답 ②

해설 ②의 박경리 〈토지〉는 구한말부터 1945년 해방까지를 시간적 배경으로 하고 있다.
①, ③, ④는 모두 6 · 25전쟁을 배경으로 한 소설이다.

1. 1960년대 문학 개관

(1) 시대적 배경

① 4 · 19 혁명과 5 · 16 군사 쿠데타가 일어난 시기로, 군사 정권의 독재로 인해 민주화에 대한 열망이 두드러졌다.

② 급속한 경제 개발로 인해 빈부 갈등이나 인간 소외 문제가 대두되었다.

(2) 특징

① 4 · 19 혁명과 5 · 16 군사 쿠데타를 겪으며 현실 참여적인 작품이 많이 등장했다.

② 부조리한 현실에 대한 비판적, 저항적 작품이 다수 등장했다.

③ 문학 자체의 예술성을 중시하는 순수 문학도 공존했다.

2. 시 문학

(1) 현실 참여의 시

> **순수 · 참여 논쟁**
> • 1960년대 전후로 진행된 문학론 논쟁
> • 문학의 사회 비판적 기능을 주장하는 문인과 탈이데올로기를 주장하는 문인들 사이에서 일어남
> • 문학의 현실 참여 문제를 둘러싸고 순수 문학과 참여 문학 간의 논쟁이 지속됨

① 특징

㉠ 4 · 19 혁명을 시작으로 군사 독재에 대한 저항과 민주화에 대한 열망을 표현했다.

㉡ 형식보다는 내용을 중시하였다.

㉢ 풍자나 반어 등의 표현 기법을 사용하여 현실을 우회적으로 비판하는 경향도 나타났다.

② 대표 작품: 신동엽 〈껍데기는 가라〉, 김수영 〈풀〉 등

작품	작가	내용
〈껍데기는 가라〉	신동엽	구속과 억압의 역사에 대한 비판을 통해 불의에서 탈피하여 민주 사회 달성을 열망
〈풀〉	김수영	민중의 끈질긴 생명력을 '풀'에 비유하여 표현

>> **작품 읽기** 〈껍데기는 가라〉

껍데기는 가라.
4월도 알맹이만 남고
껍데기는 가라.

껍데기는 가라.
동학년 곰나루의, 그 아우성만 살고
껍데기는 가라.

그리하여, 다시
껍데기는 가라.

이곳에선, 두 가슴과 그곳까지 내논
아사달 아사녀가
중립의 초례청 앞에 서서
부끄럼 빛내며
맞절할지니

껍데기는 가라.
한라에서 백두까지
향그러운 흙가슴만 남고
그, 모오든 쇠붙이는 가라

(2) 순수 서정시

① 특징

ⓐ 순수 · 참여 논쟁을 계기로 순수 서정 세계를 추구하려는 경향이 대두되었다.

ⓑ 현실 참여를 반대하고 시 작품 자체의 완결성 · 서정성 · 예술성 등을 추구하였다.

ⓒ 개인의 감정과 내면의 탐구를 중시하였다.

② 대표 작품: 박목월 〈이별가〉, 박재삼 〈추억에서〉 등

작품	작가	내용
〈이별가〉	박목월	생사를 초월한 이별의 슬픔을 경상도 방언을 통해 소박하게 표현
〈추억에서〉	박재삼	가난했던 유년 시절과 어머니의 고단하고 한스러웠던 삶을 회고함

(3) 새로운 기법의 실험

① 특징

ⓐ 새로운 언어 기법과 정신으로 본질적인 현대시의 모습을 구현하였다.

ⓑ 1930년대 모더니즘의 맥을 이었다.

② 대표 작가: 김춘수, 전봉건, 신동집 등

3. 소설 문학

(1) 전쟁과 분단의 상처에 대한 성찰

① 특징: 이전의 전후(戰後) 문학과 달리 전쟁이나 분단이 일어나게 된 원인과 그 치유 방안을 객관적인 시각으로 제시하였다.

② 대표 작품: 황순원 〈나무들 비탈에 서다〉, 최인훈 〈광장〉 등

작품	작가	내용
〈나무들 비탈에 서다〉	황순원	6 · 25 전쟁을 겪은 젊은 세대의 방황과 갈등을 섬세하게 그림
〈광장〉	최인훈	분단의 현실에서 이상적인 삶의 방향을 찾으려고 고뇌하는 지식인의 모습을 그림

>> 작품 읽기 〈광장〉

준다고 바다를 마실 수는 없는 일. 사람이 마시기는 한 사발의 물. 준다는 것도 허황하고 가지거니 함도 철없는 일. 바다와 한 잔의 물. 그 사이에 놓인 골짜기와 눈물과 땀과 피. 그것을 셈할 줄 모르는 데 잘못이 있었다. 세상에서 뒤진 가난한 땅에 자란 지식 노동자의 슬픈 환상. 과학을 믿은 게 아니라 마술을 믿었던 게지. 바다를 한 잔의 영생수로 바꿔 준다는 마술사의 말을.
그들은 뻔히 알면서 권력이라는 약을 팔려고 말로 속인 꼬임. 어리석게 신비한 술잔을 찾아 나섰다가, 낌새를 차리고 항구를 돌아보자. 그들은 항구를 차지하고 움직이지 않고 있었다. 참을 알고 돌아온 바다의 난파자들을 그들은 감옥에 가둘 것이다. 못된 균을 옮기지 않기 위해서.

확인 문제

1960년대 한국 문학의 특징으로 가장 옳지 않은 것은?

① 전후 문학의 한계에 대한 극복이 주요한 과제로 제기되었다.

② 4 · 19혁명의 영향으로 현실 비판 문학이 가능하게 되었다.

③ 참여 문학과 순수 문학 진영 간의 논쟁이 발생하였다.

④ 민족 문학과 민중 문학에 대한 논의가 활발히 전개되었다.

정답 ④

해설 민중 문학에 대한 논의가 활발히 전개된 시기는 1970년대이다.

(2) 부조리한 현실에 대한 비판

① 특징: 부조리한 현실을 비판적으로 바라보는 시각이 소설에도 반영되어 현실에 저항하는 내용들이 등장하였다.

② 대표 작품: 김정한 〈모래톱 이야기〉, 전광용 〈꺼삐딴 리〉 등

작품	작가	내용
〈모래톱 이야기〉	김정한	낙동강 하류의 모래톱 조마이섬 사람들이 삶의 터전을 지키기 위해 부조리한 현실에 처절하게 저항하는 모습을 그림
〈꺼삐딴 리〉	전광용	기회주의자의 출세 지향적 삶과 왜곡된 현대사에 대해 비판하고 풍자함

(3) 인간 소외 문제

① 특징: 산업화 · 도시화 · 근대화로 물질 만능주의나 개인주의가 팽배해지면서 인간 소외나 도시인들의 고독과 방황 등의 문제가 형상화되었다.

② 대표 작품: 김승옥 〈서울, 1964년 겨울〉, 이청준 〈병신과 머저리〉

작품	작가	내용
〈서울, 1964년 겨울〉	김승옥	1960년대 젊은이들의 소외된 삶과 방황을 감각적이고 독특한 문체로 표현
〈병신과 머저리〉	이청준	1960년대 산업화 시대를 살아가는 삶의 방식이 다른 두 형제의 아픔의 근원과 그 극복 의지를 형상화

(4) 민족의 수난사와 극복

① 특징: 우리 민족의 정체성과 민족의식을 탐구하려는 시도가 본격화되었고, 민족의 수난사와 극복 방법 등을 보여 주는 작품들이 등장하였다.

② 대표 작품: 안수길 〈북간도〉, 김정한 〈수라도〉 등

(5) 순수 문학 지향

① 특징: 문학 자체의 예술성을 추구하는 순수 문학을 지향하여 인간 존재의 본질과 삶의 근원을 파악하고 소설의 형식 그 자체를 실험하였다.

② 대표 작품: 강신재 〈젊은 느티나무〉, 김동리 〈등신불〉 등

4. 기타 문학

(1) 극 문학

① 특징

㉠ 서사극, 부조리극 등의 새로운 기법 도입으로 형식면에서 많은 변화가 있었다.

㉡ 사실주의 관점에서 당대 현실을 객관적으로 재조명한 작품이 등장하였다.

② 대표 작품: 이근삼 〈국물 있사옵니다〉, 천승세 〈만선〉 등

(2) 수필 문학

① 특징: 산업화로 인해 다양한 제재의 수필이 많이 창작되면서 작가와 독자층도 확대되었다.

② 대표 작품: 이어령 〈흙 속에 저 바람 속에〉 등

부조리극
인간 존재의 부조리성과 내면적 진실에 주목한 실존주의 계열의 연극으로 '이치에 맞지 않는 극'이라는 뜻이다.

확인 문제

1960년대 극문학에 대한 설명으로 옳은 것은?

① 유치진의 〈나도 인간이 되련다〉, 차범석의 〈불모지〉 등이 대표작이다.

② '극예술연구회'가 결성되고, 본격적인 현대극이 공연되기 시작하였다.

③ 유치진 〈토막〉·〈소〉 등이 대표작이다.

④ 서사극, 부조리극 등의 새로운 기법이 도입되었다.

정답 ④

해설 ①은 1950년대, ②, ③은 1930년대 극문학에 대한 설명이다.

08 1970년대 문학

1. 1970년대 문학 개관

(1) 시대적 배경

① 정치적으로 군사 독재라는 암흑기였지만, 경제적으로는 산업화 · 도시화 · 근대화를 이루었다.

② 급속한 경제 성장으로 사회적 불평등과 빈부 격차가 심화되었다.

(2) 특징

① 군사 독재 정권이 계속되자 작품 속에서 민주화에 대한 열망이 강하게 드러났다.

② 도시화가 급속히 진행되면서 농촌이 몰락하고, 몰락한 농민들이 도시의 노동자로 전락하면서 농민과 노동자의 비애가 작품 속에서 형상화되었다.

③ 산업화로 경제적으로는 부유해졌지만 인간 소외 문제나 인간성 상실 문제가 심각한 사회 문제로 대두되었다.

2. 시 문학

(1) 민중 시

① 특징

㉠ 군사 독재와 산업화로 인해 생긴 문제점에 대해 날카롭게 지적하고 이를 극복하려는 내용을 담았다.

㉡ 주변부로 밀려나 버린 민중들의 삶과 경험을 표현하였다.

② 대표 작품: 김지하 〈타는 목마름으로〉, 신경림 〈농무〉, 정희성 〈저문 강에 삽을 씻고〉 등

작품	작가	내용
〈타는 목마름으로〉	김지하	민주주의에 대한 강한 열망을 비장하고 의지적인 어조로 표현
〈저문 강에 삽을 씻고〉	정희성	가난한 노동자의 서글픈 삶을 표현

>> 작품 읽기 〈타는 목마름으로〉

신새벽 뒷골목에
네 이름을 쓴다 민주주의여
내 머리는 너를 잊은 지 오래
내 발길은 너를 잊은 지 너무도 너무도 오래
오직 한 가닥 있어
타는 가슴속 목마름의 기억이
네 이름을 남몰래 쓴다 민주주의여

(중략)

숨죽여 흐느끼며
네 이름을 남몰래 쓴다.
타는 목마름으로
타는 목마름으로
민주주의여 만세

(2) 모더니즘 시

① 특징: 추상적인 세계를 언어를 통해 구체화하거나 산업화로 소외된 인간의 가치를 지적인 언어로 묘사하였다.

② 대표 작품: 정현종 〈사물의 꿈〉 등

작품	작가	내용
〈사물의 꿈〉	정현종	나무와 구름을 의인화하여 마치 생명체처럼 다룸

3. 소설 문학

(1) 농민 계층의 몰락

① 특징: 산업화·도시화·근대화로 인해 농민들이 몰락했고, 이들은 도시로 몰려와 도시의 빈민 계층을 형성하였다.

② 대표 작품: 김춘복 〈쌈짓골〉 등

작품	작가	내용
〈쌈짓골〉	김춘복	어려운 삶 속에서도 꿋꿋이 살아가는 농민들의 집념과 의지를 사실적으로 그림

(2) 산업화와 노동자들의 비참한 현실

① 특징: 산업화에 의한 노동자들의 비참한 현실과 유랑 의식을 작품 속에 다뤘다.

② 대표 작품: 황석영 〈객지〉·〈삼포 가는 길〉, 조세희 〈난장이가 쏘아올린 작은 공〉 등

작품	작가	내용
〈객지〉	황석영	1970년대 열악한 노동자의 생활과 투쟁 과정을 그림
〈삼포 가는 길〉	황석영	근대화 과정에서 고향을 상실한 떠돌이 노동자들의 삶의 애환을 다룸
〈난장이가 쏘아올린 작은 공〉	조세희	도시 개발로 인해 살 곳을 잃게 된 도시 빈민층의 아픔과 좌절을 다룸

(3) 대하 역사 소설 등장

① 특징

　㉠ 역사와 시대에 대한 깊이 있는 성찰을 보여 주는 대하 역사 소설이 발표되었다.

　㉡ 이름도 없이 살다 죽어간 수많은 민중들에 대한 관심과 애착이 담겨 있다.

② 대표 작품: 황석영 〈장길산〉, 김주영 〈객주〉 등

작품	작가	내용
〈장길산〉	황석영	조선 후기 민중들의 삶과 투쟁을 형상화하였고 그 당시 민중들의 언어와 풍속을 풍부하게 재현
〈객주〉	김주영	떠돌이 인생인 보부상을 통해 바라본 삶의 애환과 활약상에 관한 내용

1980년대 이후의 소설 문학
- 리얼리즘적 시각에서 노동자들의 저항 의식을 표현
- 여성 작가들이 등단하여 현실적인 문제를 섬세한 문체로 다룸
- 소시민들의 삶과 정서를 그린 작품 등장
- 현대사의 모순과 왜곡을 대하 장편 소설을 통해 재조명
- 대표 작품: 조정래 〈태백산맥〉, 양귀자 〈원미동 사람들〉, 이문열 〈우리들의 일그러진 영웅〉 등

OX 문제

01 1970년대 군사 독재와 산업화로 인해 생긴 문제점에 대해 날카롭게 지적하고 이를 극복하려는 내용을 담은 시를 '참여시'라고 한다.　(　)

02 1970년대 모더니즘 시의 대표작에는 정현종의 〈사물의 꿈〉 등이 있다.　(　)

정답 01 × 02 ○
해설 01 '참여시'가 아니라 '민중시'이다.

46　PART 01　현대 문학

CHAPTER

03 문학의 주요 갈래

01 시의 이해

1. 시와 시어

(1) 시의 개념

① 작가의 사상과 정서를 운율이 있는 언어로 압축하여 형상화한 문학 장르이다.

② 운율이 있는 언어로 전개되므로, 시는 음악성을 지닌다.

(2) 시어의 특성

① **함축성**: 시어는 일상어와 달리 의미를 내포하는 함축성을 지닌다.

② **주관성**: 시어는 읽는 사람에 따라 의미가 달라지는 주관성을 지닌다.

③ **다의성**: 시어는 의미가 하나로 고정된 것이 아니라 여러 방향으로 해석될 수 있다.

④ **사이비 진술**

㉠ 가(假)진술, 비과학적 진술이라고도 한다. 일반적 상식이나 과학적 사실에는 어긋나지만 시적 진실을 표현하는 방법이다.

㉡ 언어 표현에 새로운 의미를 첨가하여 독자에게 생생하고 참신한 느낌을 주는 효과가 있다.

> 어제를 동여맨 편지를 받았다.
> 분수처럼 흩어지는 푸른 종소리

⑤ **시적 허용**

㉠ 비문법적 진술로, 일상의 언어 규범에 어긋나게 표현하는 방법이다.

㉡ 단어가 가지고 있는 기존의 의미에서 더 나아가 글로는 표현하기 힘든 새로운 느낌, 다양한 정서, 미묘한 사상 등을 독자에게 전달할 수 있다.

> 하이얀 모시 수건
> 머언 먼 젊음의 뒤안길에서

확인 문제

다음 시구에서 보이는 시어의 특성은?

• 내 여기 가난한 노래의 씨를 뿌려라.
• 그 먼 나라를 알으십니까.

정답 시적 허용

2. 시의 상징

(1) 상징의 개념과 특징

① 상징의 개념: 눈에 보이지 않는 개념을 눈에 보이는 구체적인 사물로 나타내는 표현 기법이다.

② 상징의 특징

㉠ 원관념은 드러나지 않고 보조 관념만 나타난다.

㉡ 원관념은 시적 문맥과 문화적 특성을 고려하여 파악해야 한다.

㉢ 원관념과 보조 관념이 1대1의 관계가 아닌 1대다(多)의 관계를 이룬다. 즉, 나타나 있는 보조 관념은 하나지만 그것이 의미하는 원관념은 여러 가지이다.

(2) 상징의 종류

① 관습적 상징: 사회적·제도적 상징이라고도 말하며, 역사 속에서 오랜 세월 동안 사용되어 그 내용이 관습적으로 보편화된 상징을 말한다. 예 비둘기 – 평화 / 칼 – 무력 / 펜 – 지식 / 반지 – 약속 등

② 원형적 상징: 시대와 공간을 초월하여 인류 전체의 보편적인 체험이 축적되어 형성된 상징이다. 예 물 – 탄생, 정화, 생명력, 죽음, 속죄 등 / 불 – 파괴, 소멸, 죽음 등

③ 개인적 상징: 창조적·문화적 상징이라고도 말하며, 시인이 독창적으로 만들어낸 상징이다. 널리 알려진 상징에 새 의미가 부여되며 형성된다.

➕ 개념 더하기

비유와 상징

구분	원관념 표면화	의미 해석 방식	원관념과 보조 관념의 유사성
비유	드러남	하나의 의미로 해석	유사성 있음
상징	드러나지 않음	다양하게 해석 가능	유사성 없음

3. 시의 갈래

(1) 내용에 따른 갈래

① 서정시: 개인의 감정이나 정서를 주관적으로 표현한 시이다.

② 서사시: 서사적 구조의 이야기를 운율이 있는 언어로 담은 시이다.

③ 극시: 운문으로 표현한 희곡 형태의 시이다.

(2) 형식에 따른 갈래

① 정형시: 일정한 형식과 규칙에 맞춰 이루어진 시로, 외형률이 나타난다.

② 자유시: 형식적 제약이나 운율에서 벗어나 자유로운 형식으로 이루어진 시로, 내재율이 나타난다.

③ 산문시: 연과 행의 구분 없이 산문 형식으로 이루어진 시이다.

확인 문제

다음 시어에서 보이는 상징의 종류는?

- 비둘기 – 평화
- 칼 – 무력
- 펜 – 지식

정답 관습적 상징

(3) 태도에 따른 갈래

① 주지시: 감정보다는 이성과 지성에 의지하여 이루어진 시로, 현실 비판 의식이 강하다.

② 주의시: 인간의 의지적인 측면을 중심으로 이루어진 시이다.

③ 주정시: 개인의 정서와 감정을 중시하는 시로, 강한 정서적 호소력을 지닌다.

(4) 목적에 따른 갈래

① 순수시: 순수하게 감동을 일으키는 정서적 요소만으로 이루어진 시이다. 개인의 주관적 정서나 언어의 아름다움을 중시한다.

② 경향시: 특정한 사상이나 주의(主義)를 선전하려는 목적으로 지어진 시이다. 경향파나 프로 문학에서 주로 나타난다.

4. 시의 운율

(1) 운율의 개념

① 시를 읽을 때 느껴지는 리듬감으로, 이를 통해 시의 음악성이 나타난다.

② 운(韻)은 동음이나 유음의 규칙적인 반복으로 형성된다.

③ 율(律)은 음의 강약, 장단, 고저 등의 반복을 통해 형성된다.

(2) 운율의 종류

① 외형률

㉠ 음수율: 음절의 수를 일정하게 하여 운율을 이루는 방법이다.

㉡ 음보율: 시를 읽을 때 한 호흡 단위로 끊어지는 운율 단위인 음보가 규칙적으로 반복되면서 형성되는 운율이다.

㉢ 음위율: 비슷한 음을 가진 시어를 시구(詩句)나 시행(詩行)의 같은 위치에 규칙적으로 배치하여 운율을 형성하는 방법이다.

두운(頭韻)	시행의 첫 부분에 일정한 음이 반복
요운(腰韻)	시행의 중간 부분에 일정한 음이 반복
각운(脚韻)	시행의 끝 부분에 일정한 음이 반복

㉣ 음성률: 음의 고저, 장단, 강약 등이 규칙적으로 반복되어 형성되는 운율로 우리나라의 시에서는 잘 나타나지 않는다.

② 내재율

㉠ 겉으로 분명하게 드러나지는 않지만 작품의 내적인 의미와 융화되어 은근하게 느껴지는 주관적이고 개성적인 율격이다.

㉡ 주로 자유시나 산문시에서 느껴지는 율격이다.

(3) 운율의 구성 요소

① 동일하거나 특정한 음운의 반복

② 일정한 음절 수와 음보의 반복

③ 유사한 통사 구조의 반복

④ 의성어·의태어 등 음성 상징어의 사용

확인 문제

다음 빈칸을 채우시오.

(㉠)은 산문적 요소는 배제하고 정서적 요소를 중심으로 지어진 시이다. 작가의 주관적 정서나 언어의 아름다움을 통해 독자에게 감동을 준다. 반면 (㉡)은 독자에게 특정한 사상이나 주의(主義)를 선전하려는 목적으로 지어진 시이다.

정답 ㉠: 순수시 ㉡: 경향시

(4) 운율의 효과

　① 규칙적인 소리의 질서에 의해 독자에게 쾌감을 전달하고 깊은 인상을 남긴다.

　② 작품의 주제와 연결되어 독특한 어조를 이룬다.

　③ 일상 언어에 새로운 감각을 더해 시적 감동을 불러일으킨다.

5. 시의 심상

(1) 심상의 개념

　① 감각을 통하여 획득한 자극을 언어로 재현한 감각적인 영상을 말한다.

　② 시적 언어를 통해 머릿속으로 연상되는 여러 가지 관념을 뜻한다.

(2) 심상의 기능

　① 시적 화자의 감정과 정서를 효과적으로 전달할 수 있다.

　② 추상적인 관념을 구체적 형상을 통해 생생하게 표현할 수 있다.

　③ 독자의 경험과 의식을 자극하여 보다 수월하게 독자의 이해와 공감을 유도할 수 있다.

(3) 심상의 종류

　① **시각적 심상**: 모양, 형태, 색깔 등의 시각적 감각으로 표현되는 이미지이다.

　② **청각적 심상**: 구체적인 소리나 의성어 등의 청각적 표현되는 이미지이다.

　③ **후각적 심상**: 냄새, 향기 등의 후각적 감각으로 표현되는 이미지이다.

　④ **촉각적 심상**: 피부에 닿는 느낌으로 표현되는 이미지이다.

　⑤ **미각적 심상**: 단맛, 짠맛 등 미각적 감각으로 표현되는 이미지이다.

　⑥ **공감각적 심상**: 하나의 감각이 다른 감각으로 전이되면서 나타나는 이미지이다.

> 이것은 소리 없는 아우성 → 청각의 시각화
> 나는 향기로운 님의 말소리에 귀먹고 → 청각의 후각화
> 매운 계절의 채찍에 갈겨 → 촉각의 미각화
> 금으로 타는 태양의 즐거운 울림 → 시각의 청각화

　⑦ **복합적 심상**: 두 가지 이상의 감각을 함께 나열하여 표현하는 이미지이다.

➕ 개념 더하기

공감각적 심상과 복합적 심상

두 가지 이상의 심상이 함께 등장한다는 점에서는 동일하지만, 복합적 심상은 감각의 전이 없이 단순히 두 심상이 나열되는 표현법이다. 반면에 공감각적 심상은 표현하려는 하나의 대상을 두고 대상이 본래 가지고 있는 심상을 다른 심상에 전이하여 표현하는 방법이다.

(4) 심상의 양상

　① **상승(긍정적) 이미지**: 시적 화자가 지향하고, 긍정적인 느낌을 주는 시어를 통해 표현되는 이미지이다.

　② **하강(부정적) 이미지**: 시적 화자가 부정하고, 어둡거나 무겁고 부정적인 느낌을 주는 시어를 통해 표현되는 이미지이다.

6. 시적 화자

(1) 시적 화자의 개념

① 시 속에서 말하는 사람을 뜻하며, 작가가 의도적으로 설정한 허구적 대리인이다.

② 작가의 정서와 감정 등을 대신 전달하는 역할을 하며, 서정적 자아 · 시적 자아라고도 한다.

③ 시적 화자는 시적 상황이나 시적 대상에 대한 정보, 시인의 내면세계 등을 드러낸다.

(2) 시적 화자의 어조

① 어조의 개념: 시적 화자가 시적 대상이나 독자에게 이야기를 전할 때의 언어적 태도로 시의 분위기와 정서를 결정한다. 주로 시어와 종결 어미를 통해 드러나게 된다.

② 어조의 종류

　㉠ 남성적 어조: 강하고 단정적인 시어와 시적 화자의 의지적인 태도가 드러난다.

　㉡ 여성적 어조: 시적 화자의 부드러운 말투가 두드러진다.

　㉢ 기원적 어조: 경건하며 종교적인 성격이 나타나거나 독백체의 어조가 쓰이기도 한다.

　㉣ 대화체 어조: 화자가 독자에게 말을 건네거나 시 속의 대상과 화자가 대화를 하는 어조가 나타난다.

　㉤ 풍자적 · 해학적 어조: 비유 · 풍자를 통해 비판과 해학의 효과를 높이는 어조이다.

(3) 시적 화자의 태도

① 태도의 개념: 시적 화자가 자신이 처해 있는 내적 · 외적 상황을 대하는 마음가짐이나 행동을 나타낸다.

② 태도의 종류: 긍정적 · 부정적 태도, 의지적 · 체념적 태도, 회한 · 자조적 태도, 반성적 태도 등

 개념 더하기

시적 화자와 시적 대상의 관계

```
                  화자의 태도 · 어조
  [ 시적 화자 ] ───────────────────── [ 시적 대상 ]
                대상에게 말을 건넴/독백
```

> **시적 상황**
> 시적 상황은 시적 화자나 시적 대상이 처해 있는 시간, 공간, 심리 등의 상황을 나타내는 내적 상황과 당대 역사적 시기나 사회적 상황을 나타내는 외적 상황을 말한다.

확인 문제　　　　17 사복직 9급

밑줄 친 부분에 사용한 표현 방법과 가장 거리가 먼 것은?

> 넓은 벌 동쪽 끝으로
> 옛이야기 지줄대는 실개천이 휘돌아 나가고,
> 얼룩백이 황소가
> 해설피 금빛 게으른 울음을 우는 곳.
> ― 그 곳이 차마 꿈엔들 잊힐리야.
> ― 정지용, 〈향수〉

① 어느 집 담장을 넘어 딸겨드는 / 이것은, / 치명적인 냄새

② 멍석 위에 나란히 잠든 반들거리는 몸 위로 살짝살짝 늦가을 햇볕 발 디디는 소리

③ 나는 한 마리 어린 짐승, / 젊은 아버지의 서느런 옷자락에 / 열(熱)로 상기한 볼을 말없이 부비는 것이었다.

④ 피아노에 앉은 / 여자의 두 손에서는 / 끊임없이 / 열 마리씩 / 스무 마리씩 / 신선한 물고기가 / 튀는 빛의 꼬리를 물고 / 쏟아진다.

정답 ③

해설 제시문은 청각이 시각으로 전이된 공감각적 심상이다. ① · ② · ④에도 공감각적 심상이 나타나는 반면, ③의 '서느런', '열로 상기한' 등은 촉각적 심상이다.

7. 시상의 전개 방식

(1) 시상 전개 방식의 개념: 시상은 시인의 생각이나 상념, 사상, 정서 등을 말하며, 작가가 이러한 시상을 효과적으로 전달하기 위한 시 조직 방법을 시상 전개 방식이라 한다.

(2) 시상 전개 방식의 종류

① 기승전결(起承轉結): 한시에서 시구를 구성하는 방법이다. 기는 시를 시작하는 부분, 승은 그것을 이어받아 전개하는 부분, 전은 시의를 한 번 돌려 전환하는 부분, 결은 전체 시의(詩意)를 끝맺는 부분이다.

서정주, 〈국화 옆에서〉
- 갈래: 자유시, 서정시
- 성격: 상징적, 관조적, 불교적
- 주제: 시련을 거쳐 도달한 삶의 원숙한 아름다움, 생명 탄생의 위대함
- 특징
  - 자연물의 생명 탄생 과정을 통해 인간의 삶을 형상화
  - 시간의 흐름을 기승전결의 4단으로 구성하여 생명 탄생의 과정을 효과적으로 표현
  - 불교적 세계관이 나타남

한 송이의 국화꽃을 피우기 위해

봄부터 소쩍새는

그렇게 울었나 보다.

▶ 봄(기): 생명(국화꽃) 탄생의 준비

한 송이의 국화꽃을 피우기 위해

천둥은 먹구름 속에서
　　　　　시련, 고통
또 그렇게 울었나 보다.

▶ 여름(승): 생명 탄생의 예고

그립고 아쉬움에 가슴 조이던

머언 먼 젊음의 뒤안길에서
시적 허용
인제는 돌아와 거울 앞에 선

내 누님같이 생긴 꽃이여.

▶ 가을(전): 내면 성찰

노오란 네 꽃잎이 피려고
시적 허용
간밤엔 무서리가 저리 내리고
　　　　　시련, 고통
내게는 잠도 오지 않았나 보다.

▶ 겨울(결): 생명 탄생의 어려움과 경이로움

– 서정주, 〈국화 옆에서〉

---

② 선경후정(先景後情): 한시의 창작 기법 중 하나로, 시상을 전개할 때 먼저 자연이나 경치, 사물을 묘사하고 난 뒤에 시인의 감정이나 생각을 표현하는 정서적 부분이 나타난다.

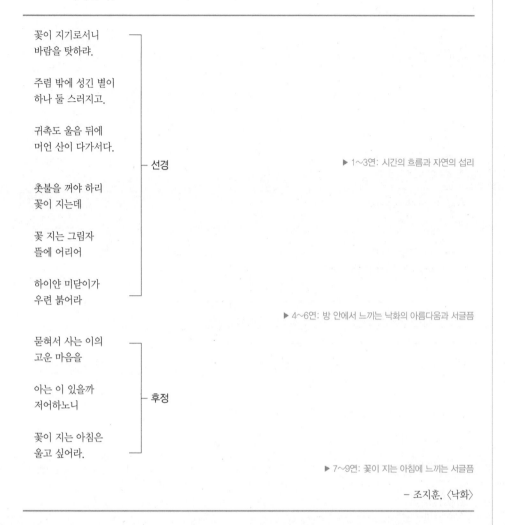

꽃이 지기로서니
바람을 탓하랴.

주렴 밖에 성긴 별이
하나 둘 스러지고.

귀촉도 울음 뒤에
머언 산이 다가서다.

── 선경

▶ 1~3연: 시간의 흐름과 자연의 섭리

촛불을 꺼야 하리
꽃이 지는데

꽃 지는 그림자
뜰에 어리어

하이얀 미닫이가
우련 붉어라

▶ 4~6연: 방 안에서 느끼는 낙화의 아름다움과 서글픔

묻혀서 사는 이의
고운 마음을

아는 이 있을까
저어하노니

꽃이 지는 아침은
울고 싶어라.

── 후정

▶ 7~9연: 꽃이 지는 아침에 느끼는 서글픔

― 조지훈, 〈낙화〉

조지훈, 〈낙화〉
■ 갈래: 자유시, 서정시
■ 성격: 낭만적, 묘사적, 애상적
■ 주제: 낙화에서 느끼는 삶의 무상감과 비애
■ 특징
  ─ 연을 2행으로 구성하여 절제된 느낌을 줌
  ─ 시간의 흐름과 시선의 이동을 따라 시상을 전개
  ─ 색채 이미지를 대조하여 선명한 인상을 줌

안심Touch

③ **수미상관(= 수미쌍관, 수미상응)**: 첫 연이나 행을 끝 연에 다시 반복하는 구성 방법이다. 운율을 형성하고 시의 전체적인 구조를 안정되게 만드는 효과가 있다.

정지용, 〈고향〉
- 갈래: 자유시, 서정시
- 성격: 낭만적, 애상적, 회고적
- 주제: 고향에 돌아와 느끼는 그리움과 상실감
- 특징
  - 수미상관의 구조를 통해 시상을 전개함
  - 비유적 표현과 감각적 이미지를 활용해 고향에 대한 화자의 정서를 부각함
  - 시간의 흐름에 따라 변하는 인간의 정서·인식과 변하지 않는 자연을 대비시킴

고향에 고향에 돌아와도
그리던 고향은 아니러뇨.

산꿩이 알을 품고
뻐꾸기 제철에 울건만.

마음은 제 고향 지니지 않고
머언 항구로 떠도는 구름.

오늘도 뫼끝에 홀로 오르니
흰 점꽃이 인정스레 웃고,

어린 시절에 불던 풀피리 소리 아니 나고
메마른 입술에 쓰디쓰다.

고향에 고향에 돌아와도
그리던 하늘만이 높푸르구나.

– 정지용, 〈고향〉

---

④ **시간의 흐름과 변화**: 시상이 시간의 흐름과 변화에 따라 전개되는 방식이다.

(상략)

끊임없는 광음을

부지런한 계절이 피어선 지고

큰 강물이 비로소 길을 열었다.
　　　　　　　과거 시제 선어말 어미

지금 눈 내리고

매화 향기 홀로 아득하니

내 여기 가난한 노래의 씨를 뿌려라.
　　　　　　　현재형 동사, 명령형 어미

다시 천고의 뒤에

백마 타고 오는 초인이 있어

이 광야에서 목놓아 부르게 하리라.
　　　　　　　미래의 다짐을 나타내는 종결 어미

– 이육사, 〈광야〉

---

⑤ **시선·공간의 이동**: 화자의 시선이 이동함에 따라 혹은 화자가 이동하는 장소에 따라 시상이 전개되는 방식이다.

산은
구강산
보랏빛 석산

산도화
두어 송이
송이 버는데

봄눈 녹아 흐르는
옥 같은
물에

사슴은
암사슴
발을 씻는다.

▶ 시선·공간의 이동: 구강산 → 산도화 → 물 → 암사슴

― 박목월, 〈산도화〉

박목월, 〈산도화〉
■ 갈래: 자유시, 서정시
■ 성격: 관조적, 회화적
■ 주제: 이상적 세계의 평화와 아름다움
■ 특징
  – 회화적인 기법으로 장면 묘사에 집
    중함
  – 간결한 형식미가 두드러짐
  – 시선의 이동을 따라 시상이 전개됨

---

⑥ **어조의 변화**: 시적 화자의 어조를 변화시키는 전개 방식이다. 전과는 다른 어조로 변화시킴으로써 후에 등장하는 어조를 통한 화자의 정서를 더욱 강조하는 효과가 있다.

나는 꿈꾸었노라, 동무들과 내가 가지런히

벌 가의 하루 일을 다 마치고

석양에 마을로 돌아오는 꿈을,

즐거이, 꿈 가운데.

그러나 집 잃은 내 몸이여,

바라건대는 우리에게 우리의 보습대일 땅이 있었더면!
조국을 잃은 현실에 대한 안타까움
이처럼 떠돌으랴, 아침에 저물 손에

새라 새로운 탄식을 얻으면서.

동이랴, 남북이랴,

내 몸은 떠 가나니, 볼지어다,

희망의 반짝임은, 별빛의 아득임은,

물결뿐 떠올라라, 가슴에 팔다리에.

▶ 1∼3연: 좌절의 슬픈 어조

김소월, 〈바라건대는 우리에게 우리의 보습대일 땅이 있었더면〉
■ 갈래: 자유시
■ 성격: 저항적, 의지적, 참여적
■ 주제: 현실 극복의 의지
■ 특징
  – 꿈과 현실 상황이 대비를 이룸
  – 어조를 변화시켜 주제를 강조함

그러나 어쩌면 황송한 이 심정을! 날로 날이 내 앞에는

자칫 가느란 길이 이어가라. 나는 나아가리라
　　　　　　　　　　　　<small>미래의 다짐을 나타내는 종결 어미</small>
한 걸음, 또 한 걸음. 보이는 산비탈엔

온 새벽 동무들 저 저 혼자… 산경을 김매이는.

▶ 4연: 의지적 어조

- 김소월, 〈바라건대는 우리에게 우리의 보습대일 땅이 있었더면〉

---

⑦ **시상의 전환**: 화자의 정서 및 태도가 대조적으로 변화함에 따라 시가 전개되는 방식 이다.

(상략)

　사랑도 사람의 일이라 만날 때에 미리 떠날 것을 염려하고 경계하지 아니한 것은 아니지만, 이별은 뜻밖의 일이 되고 놀란 가슴은 새로운 슬픔에 터집니다.

　그러나 이별을 쓸데없는 눈물의 원천으로 만들고 마는 것은 스스로 사랑을 깨치는 것인 줄 아는 까닭에 걷잡
<small>시상의 전환: 슬픔 → 희망(슬픔의 극복)</small>
을 수 없는 슬픔의 힘을 옮겨서 새 희망의 정수박이에 들어부었습니다.

　우리는 만날 때에 떠날 것을 염려하는 것과 같이 떠날 때에 다시 만날 것을 믿습니다.

(하략)

- 한용운, 〈님의 침묵〉

확인 문제　17 소방직 9급

다음 시에 관한 설명으로 적절하지 않은 것은?

> 우리가 물이 되어 만난다면
> 가문 어느 집에선들 좋아하지 않으랴.
> 우리가 키 큰 나무와 함께 서서
> 우르르 우르르 비 오는 소리로 흐른다면
>
> 흐르고 흘러서 저물녘엔
> 저 혼자 깊어지는 강물에 누워
> 죽은 나무뿌리를 적시기도 한다면.
> 아아, 아직 처녀인
> 부끄러운 바다에 닿는다면.
>
> 그러나 지금 우리는
> 불로 만나려 한다.
> 벌써 숯이 된 뼈 하나가
> 세상에 불타는 것들을 쓰다듬고 있나니.
>
> 만 리 밖에서 기다리는 그대여
> 저 불 지난 뒤에
> 흐르는 물로 만나자.
> 푸시시 푸시시 불 꺼지는 소리로 말하
> 면서
> 올 때는 인적 그친
> 넓고 깨끗한 하늘로 오라.
> 　　　　- 강은교, 〈우리가 물이 되어〉

① 가정법을 사용하고 있다.
② 음성 상징어를 대립적으로 사용하여 시상을 전환했다.
③ 청유형과 명령형을 사용하여 화자의 소망을 표현하고 있다.
④ 청자를 명시하여 대화하듯 표현하고 있다.

정답 ②

해설 음성 상징어가 아닌 '물'과 '불'의 대립적 이미지를 활용하여 시상을 전환하였다.

8. 주요 작품의 이해

(1) 김소월(1902~1934)

① 산유화

산에는 꽃 피네
세계, 우주 모든 만물, 생명
꽃이 피네. 각운, 관조적 어조를 통한 감정 절제

갈 봄 여름 없이
가을: 시적 허용, 계절의 순서 변경(도치) → 시간의 연속성, 순환성
꽃이 피네.

산에 ─┐ 의도적인 시행 배열
      ├ ① 시각적인 산과 산 사이의 거리감 표현
산에 ─┘ ② 산에 꽃이 흩어져 있는 것을 표현

피는 꽃은

저만치 혼자서 피어 있네.
① 존재의 근원적 고독 의미 ② '저렇게', '저처럼'

산에서 우는 작은 새여,
감정 이입, 청각적 이미지 ─┐ 시적 화자, 고독감을 지닌 존재
꽃이 좋아

산에서   ── 운명적 고독을 긍정적으로 수용함

사노라네.

산에는 꽃 지네
        지다 → 존재의 소멸
꽃이 지네.

갈 봄 여름 없이

꽃이 지네.

작품 분석
- 갈래: 서정시, 자유시
- 성격: 관조적, 민요적, 전통적
- 주제: 존재의 근원적 고독
- 특징
  - 1연과 4연이 내용과 구조면에서 서로 대응됨(수미상관 구조)
  - 종결 어미 '-네'를 통해 각운의 효과와 감정의 절제를 보여 줌
  - 7·5조, 3음보와 그 변조로 이루어지고, 고도로 절제된 시어를 구사함
- 해제: 꽃이 피고 지는 자연의 순환 질서를 통해 탄생과 소멸을 반복하는 모든 생명체의 존재의 본질과 존재의 근원적인 고독감을 형상화한 작품이다. 반복과 대칭은 자연의 순환이라는 주제 의식과 연결되며 시상 전개에 통일성을 부여하여 작품에 안정감을 준다.

기출 20 국가직 9급

김소월(1902~1934)
1920년 《창조》에 〈낭인의 봄〉, 〈그리워〉, 〈춘강〉 등을 발표하며 등단하였다. 한국의 전통적인 한(恨)과 향토성을 여성적 정조와 민요적 율격으로 노래하였다. 대표적인 작품으로 〈진달래꽃〉, 〈산유화〉 등이 있다.

확인 문제 20 국가직 9급

다음 시에서 화자의 정서를 드러내는 것은?

산에 / 산에 / 피는 꽃은 / 저만치 혼자서 피어 있네. // 산에서 우는 작은 새여, / 꽃이 좋아 / 산에서 / 사노라네

정답 꽃, 새

해설 화자는 존재의 고독감을 순수한 존재인 '꽃'과 '새'를 통해 드러내고 있다.

② 진달래꽃

[나 보기가 역겨워

가실 때에는] [ ]: 7 · 5조, 3음보

말없이 고이 보내 드리오리다.
　　　　　　　　각운
▶ 기: 이별의 정한

영변(寧邊)에 약산(藥山)

진달래꽃
① 시적 화자의 분신 ② 임을 향한 사랑과 축복
아름 따다 가실 길에 뿌리오리다.
▶ 승: 떠나는 임에 대한 축복

　　　　　　　　　　　　　　　　　　　　　　　　　— 수미상관

가시는 걸음걸음

놓인 그 꽃을

사뿐히 즈려밟고 가시옵소서.
자기희생. 숭고한 사랑
▶ 전: 화자의 인고와 자기희생

나 보기가 역겨워

가실 때에는

[죽어도 아니 눈물 흘리오리다.] [ ]: 반어법
▶ 결: 슬픔의 반어적 표현

작품 분석

- 갈래: 자유시, 서정시
- 성격: 여성적, 서정적, 민요적, 향토적
- 주제: 이별의 정한(情恨)과 그 승화
- 특징
  - 기승전결의 4단 구성과 수미상관 구조 사용
  - 7 · 5조, 3음보의 민요적 율격을 사용함
  - 종결어미 '−오리다'를 통해 운율을 형성함(각운)
  - 반어법을 통해 이별의 정한(情恨)을 표현
- 해제: 시적 화자가 이별의 고통에도 불구하고 체념적 태도를 보이는 반어적 상황 설정을 통해 이별의 정한(情恨)과 임이 돌아오길 바라는 화자의 바람을 강조하며, 동시에 화자의 희생을 통해 임의 축복을 바라는 화자의 숭고한 사랑을 드러낸다.

기출 20 서울시 9급, 16 소방직 9급, 10 서울시 9급, 10 법원직 9급, 09 국회직 9급

확인 문제　　　　20 서울시 9급

다음 구절에 쓰인 수사법은?

나 보기가 역겨워 / 가실 때에는 / 죽어
도 아니 눈물 / 흘리오리다

정답 반어법

해설 비통하고도 애절한 어조로 임이
떠나가는 슬픈 상황에서 죽어도 눈물을
흘리지 않을 것이라는 반어적 표현을 통
해 임과의 이별로 인한 슬픔을 효과적으
로 강조하고 있다.

③ 접동새

[접동 / 접동
접동새의 울음소리를 표현한 의성어
아우래비❶ 접동] [ ]: a-a-b-a 구조
아홉 오라비의 활음조

진두강(津頭江) 가람 가에 살던 누나는
구체적인 지명, 향토성
진두강 앞마을에

와서 웁니다.

옛날, 우리나라

먼 뒤쪽의

진두강 가람 가에 살던 누나는

의붓어미 시샘에 죽었습니다.
누나의 비극적 삶(설화의 내용)

누나라고 불러 보랴

오오 불설위
　　　매우 서러워(화자의 감정 표출)
시새움에 몸이 죽은 우리 누나는

죽어서 접동새가 되었습니다.
　　　누나의 화신, 한(恨)의 상징

아홉이나 남아 되던 오랩동생❷을

죽어서도 못 잊어 차마 못 잊어
동생들을 향한 누나의 그리움
야삼경(夜三更)❸ 남 다 자는 밤이 깊으면

이 산 저 산 옮아가며 슬피 웁니다.
① 동생들에 대한 그리움 ② 계모를 피해 다니는 모습 표현

어휘 풀이

❶ 아우래비: 아홉 오라비에서 활음 조 현상을 일으킨 단어이다. 아우와 오래비의 합성어로 보는 해석도 있다.
❷ 오랩동생: 여자가 자기 사내 동생을 일컫는 말이다.
❸ 야삼경(夜三更): 하룻밤을 오경(五更)으로 나눈 것에서 셋째 부분이다. 밤 열한 시에서 새벽 한 시 사이를 말하며 '삼경'과 같은 뜻이다.

작품 분석

• 갈래: 자유시, 서정시
• 성격: 전통적, 향토적, 민요적, 애상적
• 주제: 현실의 비극을 초월하는 애틋한 혈육의 정
• 특징
　– 접동새 설화를 모티프로 한 시상 전개
　– 한국인의 보편적 정한(情恨)을 노래함
　– 의성어를 통해 혈육의 정을 표현함
　– 유사한 통사 구조의 반복
• 해제: 가족의 비극을 담은 서북 지방의 접동새 설화를 바탕으로 표현한 서정시이다. 접동새의 울음으로 애절한 혈육의 정과 함께 민족의 전통적 정서인 한(恨)을 형상화했다. 민요적 율격과 향토적 시어 등을 활용하여 작품의 주제를 효과적으로 드러냈다.

기출 12 서울시 9급, 09 법원직 9급

확인 문제　　　　　12 서울시 9급

다음 중 〈접동새〉에 관한 설명으로 옳은 것은?

① 시의 저자는 윤동주이다.
② 창작 연대는 1930년대이다.
③ 사별한 임을 그리는 노래이다.
④ 이 시의 제재는 서북 지방 접동새 설화이다.
⑤ 계모에 대한 의붓딸의 원한을 그렸다.

정답 ④

한용운(1879~1944)
승려, 독립운동가, 시인으로 활동하였으며, 민족 대표 33인 중 한 사람이었다. 《님의 침묵》(1926)을 출간하는 등 일제에 맞서는 저항 문학에 앞장섰고, 종래의 무능한 불교의 개혁과 현실 참여를 주장하였다. 불교 사상을 바탕으로 한 종교적 연가풍의 시를 주로 창작하였다.

(2) 한용운

① 님의 침묵

님은 갔습니다. 아아, 사랑하는 나의 님은 갔습니다.
　　　영탄법　　　　　　　　　　　　사랑하는 임, 조국, 부처님, 절대자 등을 상징
푸른 산빛을 깨치고 단풍나무 숲을 향하여 난 작은 길을 걸어서, 차마 떨치고 갔습니다.
미래에 대한 희망　　　소멸
황금의 꽃같이 굳고 빛나던 옛 맹서는 차디찬 티끌이 되어서 한숨의 미풍에 날아갔습니다.
영원한 사랑의 약속　　　　　　　　　　　보잘것없는 존재
날카로운 첫 키스의 추억은 나의 운명의 지침을 돌려놓고, 뒷걸음 쳐서 사라졌습니다.
임의 사랑을 깨달은 순간의 황홀감
나는 향기로운 님의 말소리에 귀먹고, 꽃다운 님의 얼굴에 눈멀었습니다.
역설적 표현
사랑도 사람의 일이라, 만날 때에 미리 떠날 것을 염려하고 경계하지 아니한 것은 아니지만, 이별은 뜻밖의 일이 되고, 놀란 가슴은 새로운 슬픔에 터집니다.

그러나 이별을 쓸데없는 눈물의 원천을 만들고 마는 것은 스스로 사랑을 깨치는 것인 줄 아는 까닭에, 걷잡을
시상의 전환
수 없는 슬픔의 힘을 옮겨서 새 희망의 정수박이에 들어부었습니다.
슬픔 → 희망: 불교의 윤회 사상
우리는 만날 때에 떠날 것을 염려하는 것과 같이, 떠날 때에 다시 만날 것을 믿습니다.
회자정리(會者定離)　　　　　　　　　　　거자필반(去者必返)
아아, 님은 갔지마는 나는 님을 보내지 아니하였습니다.
역설적 표현
제 곡조를 못 이기는 사랑의 노래는 님의 침묵을 휩싸고 돕니다.

작품 분석

• 갈래: 서정시, 자유시
• 성격: 여성적, 의지적, 상징적, 종교적
• 주제: 임을 향한 영원한 사랑과 초극 의지
• 특징
　– 불교의 윤회 사상과 공(空) 사상을 배경으로 함
　– 연가풍의 여성적 어조로 시상이 전개됨
　– 기승전결의 4단 구조로 시를 구성함
　– 역설법을 통해 시적 화자의 의지를 강조함
• 해제: 이별은 만남을 위한 전제 조건이라는 역설적 진리를 바탕으로 인간 정서의 보편적 문제뿐만 아니라 이별의 한(恨)을 담고 있는 한국적 정서까지 표현해냈다. 이는 당시 국권이 상실되었던 역사적 상황에 빗대어 보면 광복을 성취하기 위해 역경과 고난을 이겨내야 한다는 맥락으로도 파악할 수 있다.

기출 20 소방직 9급, 13 기상직 9급, 10 법원직 9급

확인 문제 　　　10 법원직 9급

다음 중 〈님의 침묵〉을 〈보기〉의 관점에 따라 감상한 것은?

보기

독자가 작품을 읽는 것은 재미와 감동뿐만 아니라, 가치 있는 체험을 나누어 가짐으로써 삶에 대한 새로운 인식을 하기 위한 것이다. 이와 같은 관점에서 볼 때, 작품의 가치는 독자에게 어떠한 효과를 얼마만큼 주었느냐에 따라 달라진다.

① 이 시는 내용상 기, 승, 전, 결의 구조로 되어 있어.
② 일제 강점기였던 당시 현실로 보아 '님'은 '조국', '민족'을 상징한다고 생각해.
③ 이 시는 겸어체를 사용한 연가풍의 여성적 어조이기 때문에 시적자아의 소망이 더욱 강렬하게 느껴져.
④ 재회를 기약하면서 슬픔을 극복한다는 의미를 이제는 알 것 같아. 인내심 없는 나도 어떻게 살아야 할지 생각해 보게 되었어.

정답 ④
해설 〈보기〉는 독자가 작품을 읽고 받는 감동에 초점을 두고 해석하는 효용론적 관점에 대한 설명이다.
①·③ 절대론적 관점
② 반영론적 관점

② 나룻배와 행인

나는 나룻배.
　　구원의 수단
당신은 행인.
　　중생

당신은 흙발로 나를 짓밟습니다.
　　번뇌, 모욕
나는 당신을 안고 물을 건너갑니다.
중생과 함께 삶의 역경을 겪음
나는 당신을 안으면 깊으나 얕으나 급한 여울이나 건너갑니다.
중생과 함께 삶의 역경을 극복, 자기희생

만일 당신이 아니 오시면 나는 바람을 쐬고 눈비를 맞으며 밤에서 낮까지 당신을 기다리고 있 ── 수미상관
화자의 인내, 기다림
습니다.

당신은 물만 건너면 나를 돌아보지도 않고 가십니다그려.
중생의 이기심
그러나 당신이 언제든지 오실 줄만은 알아요.

나는 당신을 기다리면서 날마다 날마다 낡아 갑니다.
인고의 기다림

나는 나룻배.

당신은 행인.

작품 분석

• 갈래: 자유시, 서정시
• 성격: 상징적, 종교적
• 주제: 참된 사랑의 본질인 믿음과 희생
• 특징
　– 수미상관의 구조로 시상을 전개함
　– 경어체를 사용함
　– 대상을 상징화하고, 두 제재의 관계를 통해 주제를 표현함
• 해제: 화자는 자신과 임을 나룻배와 행인에 비유하여 참된 사랑이 희생과 인내를 바탕으로 한다는 것을 노래하고 있다. 이는 조국의 광복을 염원하는 독립운동가로 볼 수도 있고, 불교적 관점에서 중생을 구제하는 사람으로 해석하기도 한다.

기출 13 서울시 7급, 12 국가직 9급

12 국가직 9급

확인 문제

〈나룻배와 행인〉의 특징으로 적절하지 않은 것은?
① 높임법을 활용하여 주제 의식을 강화하고 있다.
② 공감각적 비유로 정서적 분위기를 조성하고 있다.
③ 수미 상관의 방식으로 구조적 완결성을 높이고 있다.
④ 두 제재의 속성과 관계를 통해 주제를 형상화하고 있다.

정답 ②

정지용(1902~1950)

일상에서 흔히 사용되지 않는 고어나 방언 등을 시어로 선택하거나 일상 언어를 자신만의 독특한 표현으로 변형하여 시어로 사용하는 등 시어를 고르고 다듬는 데 많은 노력을 기울였다. 감정은 절제하고 현대적 언어로 대상을 묘사하는 이미지즘의 시 세계를 제시하여 모더니즘 시인 가운데서도 특히 뛰어난 작가로 평가받는다. 주요 작품으로는 〈향수〉, 〈고향〉, 〈유리창〉 등이 있다.

확인 문제   15 경찰 2차

〈유리창 1〉에 나타난 시적 화자의 상황과 가장 유사한 것은?

① 산이 저문다. / 노을이 잠긴다. / 저녁 밥상에 애기가 없다. / 애가 앉던 방석에 한 쌍의 은수저 / 은수저 끝에 눈물이 고인다.
– 김광균, 〈은수저〉

② 판잣집 유리 딱지에 / 아이들 얼굴이 / 불타는 해바라기마냥 걸려 있다. // 내려 쪼이던 햇발이 눈부시어 돌아선다. / 나도 돌아선다. / 울상이 된 그림자 나의 뒤를 따른다.
– 구상, 〈초토의 시〉

③ 너는 / 어디로 갔느냐 / 그 어질고 안쓰럽고 다정한 눈짓을 하고, / 형님! / 부르는 목소리는 들리는데 / 내 목소리는 미치지 못하는, / 다만 여기는 / 열매가 떨어지면, / 툭 하는 소리가 들리는 세상.
– 박목월, 〈하관(下棺)〉

④ 하늘에 깔아 논 / 바람의 여울터에서나 / 속삭이듯 서걱이는 / 나무의 그늘에서나, 새는 노래한다. / 그것이 노래인 줄도 모르면서 / 새는 그것이 사랑인 줄도 모르면서 / 두 놈이 부리를 / 서로의 죽지에 파묻고 / 따스한 체온(體溫)을 나누어 가진다.
– 박남수, 〈새〉

정답 ①

해설 〈유리창 1〉은 시인이 어린 자식을 잃은 슬픔을 절제하여 표현한 작품이다.
① 저녁 밥상에 평소 함께 식사를 하던 애기가 없고, 화자는 애가 앉던 방석에 놓인 은수저를 보며 눈물을 흘리고 있다. 이를 통해 화자가 자식을 잃고 슬퍼하고 있음을 짐작할 수 있다.

(3) 정지용

① 유리창 1

유리(琉璃)에 차고 슬픈 것이 어른거린다.
이승과 저승의 경계   죽은 자식의 영상
열없이 붙어 서서 입김을 흐리우니
힘없이, 기운이 없이
길들은 양 언 날개를 파닥거린다.   ▶ 기: 유리창에 어린 죽은 자식의 영상
새의 형상을 하고 있음
지우고 보고 지우고 보아도
화자의 안타까움, 간절함, 그리움
새까만 밤이 밀려 나가고 밀려와 부딪히고,
죽음의 세계
물 먹은 별이, 반짝, 보석(寶石)처럼 박힌다.   ▶ 승: 창밖으로 보이는 밤의 풍경
쉼표 – 눈물 형상화(슬픔의 시각화)
밤에 홀로 유리를 닦는 것은
자식을 향한 그리움
외로운 황홀한 심사이어니,   ▶ 전: 밤에 유리를 닦는 이유
역설법: 자식을 잃은 괴로움과 자식을 보는 듯한 기쁨이 교차
고운 폐혈관(肺血管)이 찢어진 채로

아아, 늬는 산(山)ㅅ새처럼 날아갔구나!   ▶ 결: 어린 자식의 안타까운 죽음에 대한 탄식
죽은 자식의 영상

작품 분석

- 갈래: 자유시, 서정시
- 성격: 애상적, 감각적, 회화적
- 주제: 죽은 자식에 대한 그리움
- 특징
  - 기승전결의 4단 구성으로 시가 전개됨
  - 선명하고 감각적인 이미지와 비유법을 사용함
  - 역설적 표현과 감정 대위법을 사용함
  - 감정의 절제로 시적 화자가 전달하고자 하는 바를 객관화함
- 해제: 어린 자식을 잃은 아버지의 애절한 슬픔을 차분하고 절제된 목소리로 노래한 작품이다. '유리창'은 이승과 저승의 운명적 단절을 의미함과 동시에 이승과 저승을 이어주는 교감의 매개체로 쓰였다. 죽은 자식에 대한 그리움을 '차고 슬픈 것', '언 날개', '물 먹은 별', '산ㅅ새'의 시각적 이미지로 표현하였다. '외로운 황홀한 심사'와 같은 모순 형용의 독특한 표현 기교가 사용되었다.

기출 19 서울시 9급, 17 국회직 8급, 16 군무원 9급, 15 경찰 2차, 13 지방직 9급

② 향수(鄕愁)

넓은 벌 동쪽 끝으로

옛이야기 지줄대는 실개천이 휘돌아 나가고,

얼룩백이 황소가
향토적 이미지
해설피 금빛 게으른 울음을 우는 곳,
　　　　공감각적 심상(청각의 시각화)
― 그곳이 차마 꿈엔들 잊힐 리야.
후렴구: 주제 강조, 시상 정리, 형태적 안정감, 그리움의 정서 환기

질화로에 재가 식어지면

비인 밭에 밤바람 소리 말을 달리고,
　　　　밤바람 소리를 말발굽 소리에 비유
엷은 졸음에 겨운 늙으신 아버지가

짚베개를 돋아 고이시는 곳,
넉넉하진 않지만 평화로웠던 과거
― 그곳이 차마 꿈엔들 잊힐 리야.

흙에서 자란 내 마음

파아란 하늘빛이 그리워
이상 세계
함부로 쏜 화살을 찾으려
꿈과 희망
풀섶 이슬에 함추름 휘적시던 곳,

― 그곳이 차마 꿈엔들 잊힐 리야.

전설(傳說) 바다에 춤추는 밤물결 같은

검은 귀밑머리 날리는 어린 누이와

아무렇지도 않고 예쁠 것도 없는

사철 발 벗은 아내가
고달픈 생활
따가운 햇살을 등에 지고 이삭 줍던 곳,
가난하고 소박한 삶
― 그곳이 차마 꿈엔들 잊힐 리야.

하늘에는 성근 별

알 수도 없는 모래성으로 발을 옮기고,

서리 까마귀 우지짖고 지나가는 초라한 지붕,
　　　　　　　　　　　가난한 삶
흐릿한 불빛에 돌아앉아 도란도란거리는 곳,
평화로운 가족의 풍경
― 그곳이 차마 꿈엔들 잊힐 리야.

확인 문제

정지용의 〈향수〉에 대한 설명으로 잘못된 것은?

① 이 시는 화자가 꿈꾸는 이상향에 대해 묘사한 작품이다.
② '얼룩백이 황소가 해설피 금빛 게으른 울음을 우는 곳'에 쓰인 표현 방법은 공감각적 심상이다.
③ 반복적인 후렴구를 사용하여 주제를 강조하였다.
④ 다양한 감각적 심상을 통해 관념적 주제를 구체적으로 제시한다.

정답 ①

해설 고향에 대한 간절한 그리움을 노래하였다.

작품 분석

- 갈래: 자유시, 서정시
- 성격: 향토적, 감각적, 묘사적
- 주제: 고향에 대한 그리움
- 특징
  - 다양한 감각적 이미지의 사용
  - 반복적인 후렴구의 사용으로 주제 강조
  - 향토적 소재와 시어의 사용
- 해제: 이 작품은 정지용의 초기 시를 대표하는 작품으로, 고향에 대한 간절한 그리움을 절실하게 노래한다. '고향에 대한 그리움'이라는 관념적 주제를 청각적·시각적 심상, 더 나아가 공감각적 심상 등의 다양한 감각적 심상을 통해서 구체적으로 제시하고 있다. 또한 간절한 그리움을 반복, 강조하는 단순한 표현 기법을 통하여 감동을 극대화시키고 있다.

기출 17 사복직 9급, 15 경찰 3차, 14 기상직 9급

(4) 유치환, 〈깃발〉

이것은 소리 없는 아우성
깃발 역설법(모순 형용)
저 푸른 해원(海原)을 향하여 흔드는
    이상향
영원한 노스탤지어의 손수건
도달할 수 없는 이상향에 대한 동경과 그리움
순정은 물결같이 바람에 나부끼고
        깃발이 펄럭이는 모습
오로지 맑고 곧은 이념의 푯대 끝에
          깃대의 끝(이상향에 도달할 수 없는 근원적 한계)
애수(哀愁)는 백로처럼 날개를 펴다.
            푸른 해원과의 색채 대비
[아아 누구던가.
 영탄법
이렇게 슬프고도 애달픈 마음을

맨 처음 공중에 달 줄을 안 그는.] [ ]: 비극적 운명에 대한 근원적 물음, 도치법·설의법

작품 분석

- 갈래: 자유시, 서정시
- 성격: 상징적, 의지적, 의지적, 낭만적
- 주제: 이상향에 대한 동경과 좌절
- 특징
  - 대상을 상징화하여 주제를 표현함
  - 역설법, 도치법, 영탄법 등을 사용함
  - 색채와 속성을 함께 대비하여 표현함
- 해제: 깃발을 통해 인간이 추구하는 이상향에 대한 동경과 집념을 나타냄과 동시에 깃대를 떠날 수 없는 깃발의 숙명을 제시하여 인간 역시 이상향에 도달할 수 없다는 깨달음과 그로 인한 절망감을 보여 준다. 이러한 시어의 상징성 이외에도 시각적 이미지의 대조, 역설적 표현, 도치법, 영탄법 등을 통해 인간의 숙명과 허무의식을 표방한다.

기출 15 사복직 9급, 12 국회직 9급

유치환(1908~1967)
서정주와 함께 대표적인 생명파 시인으로, 호는 청마(靑馬)이다. 남성적 어조를 중심으로 '생명에의 의지', '허무의 의지'등을 노래하였다. 1931년 《문예 월간》에 시 〈정적〉을 발표하며 등단하였고, 대표 시집으로 《울릉도》, 《생명의 서》 등이 있다.

확인 문제   12 국회직 9급

〈깃발〉에 대한 설명으로 가장 적절한 것은?
① 대자연과의 합일을 희구하는 심정을 나타냈다.
② 이상향에 대한 향수와 그 좌절을 형상화했다.
③ 생명의 유한성에 대해 비애의 감정을 토로했다.
④ 이상적인 세계의 지향과 구원의식을 노래했다.
⑤ 현대인의 고독한 내면상황을 응시하고 있다.

정답 ②

(5) 김영랑

① 모란이 피기까지는

모란이 피기까지는,
시적화자의 소망
나는 아직 나의 봄을 기다리고 있을 테요.
　　　　　소망이 이루어지는 계절　　부드러운 어조
모란이 뚝뚝 떨어져 버린 날,
　　　　상실감의 강조 표현
나는 비로소 봄을 여읜 설움에 잠길 테요.
　　　　　모란이 떨어진 날, 상실감
오월 어느 날, 그 하루 무덥던 날,

떨어져 누운 꽃잎마저 시들어 버리고는

천지에 모란은 자취도 없어지고,

뻗쳐 오르던 내 보람 서운케 무너졌느니,

모란이 지고 말면 그뿐, 내 한 해는 다 가고 말아,
　　　　　　모란은 시적화자의 인생 그 자체를 의미(과장법)
삼백예순 날 하냥 섭섭해 우옵내다.
모란이 진 것에 대한 슬픔을 과장하여 표현
모란이 피기까지는,

[나는 아직 기다리고 있을 테요, 찬란한 슬픔의 봄을.] [ ]: 문장 성분의 도치
　　　　　역설법, 관념의 시각화

작품 분석

- 갈래: 자유시, 서정시, 순수시
- 성격: 유미적(탐미적), 낭만적, 상징적, 여성적
- 주제: 소망이 이루어지기를 기다리는 마음
- 특징
  - 수미상관 및 3단 구조로 시상이 전개됨
  - '상승 → 하강 → 상승'의 순환 구조로 전개됨
  - 상징법, 과장법, 역설법을 사용함
  - 섬세하고 아름다운 언어를 사용함
- 해제: 모란이 피고 지는 행위로 생성과 소멸의 과정을 나타낸다. 이는 소망의 추구와 그 상실감을 상징한다. 생명이 소멸되는 것은 재생으로 이어지듯이 화자는 자신의 소망이 좌절되어도 좌절은 다시 찬란한 소망으로 이어질 것으로 믿는다. 섬세하고 여성적인 어조와 역설법을 통해 이러한 주제를 형상화하였다.

기출 18 국회직 8급, 17 법원직 9급, 13 소방직 9급, 11 서울시 7급

김영랑(1903~1950)
1935년 《영랑 시집》으로 등단하였다. 섬세한 언어의 조탁을 통해 우리말의 아름다움을 살리고, 고운 어조의 언어 감각으로 노래하여 1930년대 우리나라 순수 서정시의 지평을 열었다. 대표작으로는 〈돌담에 속삭이는 햇발〉, 〈모란이 피기까지는〉, 〈내 마음 아실 이〉 등이 있다.

확인 문제　13 소방직 9급

〈모란이 피기까지는〉에 대한 설명으로 바르지 않은 것은?

① 모순 형용을 통해 시적 화자의 정서를 표현하고 있다.
② 시의 시작과 끝을 유사한 시구로 구성하는 방법을 사용하여 균형미와 안정감을 주고 있다.
③ 사물의 속성을 나열하여 다양한 관점으로 사물을 이해하고 있다.
④ 문장 성분을 도치하여 화자의 소망을 강조하고 있다.

정답 ③

② 독(毒)을 차고

내 가슴에 독(毒)을 찬 지 오래로다.
　　　　　　현실에 대한 화자의 대결 의지
아직 아무도 해(害)한 일 없는 새로 뽑은 독

벗은 그 무서운 독 그만 흩어버리라 한다.
　　'벗'(현실 순응적 인물)의 충고
나는 그 독이 선뜻 벗도 해할지 모른다 위협하고,
'나'의 대답

독 안차고 살어도 머지않어 너 나 마주 가버리면

억만 세대(億萬世代)가 그 뒤로 잠자코 흘러가고

나중에 땅덩이 모자라져 모래알이 될 것임을

'허무(虛無)한듸!' 독은 차서 무엇하느냐고?
　　벗의 허무주의적 세계관

아! 내 세상에 태어났음을 원망 않고 보낸

어느 하루가 있었던가, '허무한듸!' 허나
　　　　　　　　　벗의 현실 인식 인정 → 시상 전환
앞뒤로 덤비는 이리 승냥이 바야흐로 내 마음을 노리매
　　　　　　　화자가 맞서고자 하는 대상, 일제　　화자의 의지
내 산 채 짐승의 밥이 되어 찢기우고 할퀴우라 내맡긴 신세임을
일제 강점기의 처참한 삶, 화자가 독을 차게 된 계기

나는 독을 차고 선선히 가리라.

막음 날 내 외로운 혼(魂) 건지기 위하여
죽는 날　　저항 정신, 순수한 시 세계

확인 문제 19 국가직 7급

확인 문제　　　19 국가직 7급

〈독을 차고〉에 나타난 시적 화자의 정서와 가장 유사한 것은?

① 흥망(興亡)이 유수(有數)하니 만월대(滿月臺)도 추초(秋草)ㅣ로다. / 오백년(五百年) 왕업(王業)이 목적(牧笛)에 부쳐시니, / 석양(夕陽)에 지나는 객(客)이 눈물계워 흐노라.

② 내 언제 무신(無信)흐야 님을 언제 속였관듸 / 월침삼경(月沈三更)에 온 뜻이 전혀 업다. / 추풍(秋風)에 지는 닙 소리야 낸들 어이흐리오.

③ 짚방석(方席) 내디 마라, 낙엽(落葉)엔들 못 안즈랴. / 솔불 혀디 마라, 어제진 둘 도다 온다. / 아히야, 박주산채(薄酒山菜)일망정 업다 말고 내여라.

④ 수양산(首陽山) 부라보며 이제(夷齊)를 한(恨)흐노라. / 주려 주글진들 채미(採薇)도 흐 눈 것가. / 비록애 푸새앳 거신들 긔 뉘 따헤 낫드니.

정답 ④

해설 화자는 독을 차고 선선히 가겠다는 표현을 통해 결단과 저항 의지를 보이고 있다. 이는 ④ 백이와 숙제의 충절에 대한 비판을 통해 죽음을 각오하고, 굳은 절개와 지조를 노래한 성삼문 시조와 그 정서가 가장 유사하다.

작품 분석

- 갈래: 자유시, 서정시
- 성격: 의지적, 직서적(直敍的), 저항적, 참여적
- 주제: 식민지 현실에 대한 대결 의식과 삶의 의지
- 특징
  - 직설적 표현을 사용하여 비장미를 자아냄
  - 상징적 시어를 활용함

독	내면의 순결을 지키고자 하는 시적 자아의 극단적인 의지, 허무적 태도와의 대결 의식을 내포하고 있는 제재
이리 승냥이	시적 자아의 내면적 순결을 위협하는 현실 속에서의 부정적 세력(=일제)
외로운 혼	순수한 정신, 정의로운 정신, 민족정신, 저항의 의지

  - '나'와 '벗'의 대화 형식이라는 극정 구성으로 시상을 전개함

나		벗
암담한 현실에 대한 대결 의식(의지적)	↔	허무주의에 빠져 현실에 순응(순응적)

- 해제: 그동안 우리말의 아름다움을 추구해왔던 이전의 작품들과는 달리 직설적이고 결연한 남성적 언어가 돋보이는 작품이다. 대립적 사상을 가진 '나'와 '벗'의 대화 형식을 통해 식민지 현실에 대한 대결 의지와 죽음의 각오 등 작가의 역사관이 드러난다.

기출 19 국가직 7급, 16 법원직 9급, 09 법원직 9급

(6) 백석

① 여승

여승(女僧)은 합장(合掌)하고 절을 했다.

가지취의 내음새가 났다.
여승이 속세에서 멀어짐, 후각적 이미지
쓸쓸한 낯이 옛날같이 늙었다.

나는 불경(佛經)처럼 서러워졌다.
　　　　여승의 삶에 대한 연민, 안타까움

평안도의 어느 산 깊은 금덤판
　　　　　　　　　　금광
나는 파리한 여인에게서 옥수수를 샀다.
화자가 여인을 처음 만난 때
여인은 나 어린 딸아이를 때리며 가을밤같이 차게 울었다.
　　　　나이 어린　　　　　　　여인의 고달픈 삶, 공감각적 이미지(청각의 촉각화)

섶벌같이 나아간 지아비 기다려 십년이 갔다.
일벌
지아비는 돌아오지 않고

어린 딸은 도라지꽃이 좋아 돌무덤으로 갔다.
어린 딸의 죽음, 감정 절제

산꿩도 섧게 울은 슬픈 날이 있었다.
여인의 슬픔 형상화, 감정 이입
산절의 마당귀에 여인의 머리오리가 눈물방울과 같이 떨어진 날이 있었다.
　　　　　　　한(恨)의 시각적 형상화

작품 분석

- 갈래: 자유시, 서정시
- 성격: 애상적, 감각적, 서사적, 회상적
- 주제: 한 여인의 비극적 삶, 일제 강점기로 인한 가족공동체의 해체
- 특징
  - 감각적 어휘와 감정이 절제된 시어, 직유적 표현 등을 사용함
  - 토속적 시어를 통해 우리 민족의 삶의 현실을 표현
  - 참신한 비유로 여인의 비극적인 삶을 형상화
  - 공감각적 심상(청각의 촉각화)과 감정 이입 사용
  - 역순행적 구성으로 여승의 삶을 압축하여 전개함
- 해제: 〈여승〉은 백석의 초기 시를 대표하는 작품 중 하나로, 한 여인의 삶을 절제된 감정으로 묘사하여 그 비극성을 더욱 극대화시킨다. 시적화자가 여인의 삶을 관찰하고 서술하는 방식으로 시상이 전개되는데, 이는 소설의 1인칭 관찰자 시점과 같은 효과를 나타낸다.

기출 20 법원직 9급, 17 서울시 7급, 13 소방직 9급, 13 기상직 9급, 11 서울시 7급

백석(1912~1996)
1930년 조선일보 신춘문예에 단편 소설 〈그 모(母)와 아들〉이 당선되면서 등단하였다. 백석의 시 세계는 향토적이고 토속적이면서도 모더니즘적인 느낌을 풍기는데, 이는 당대의 다른 문단이나 유파에는 속하지 않는 독특한 면모를 보인다. 대표작으로는 〈여승〉, 〈여우난곬족〉, 〈나와 나타샤와 흰 당나귀〉 등이 있다.

확인 문제　　　　13 소방직 9급

〈여승〉에 대한 설명으로 바르지 않은 것은?
① 절제된 시어와 공감각적 표현을 사용하고 있다.
② 여인의 비극적인 삶을 통하여 일제하 가족 공동체 상실의 실상을 사실적으로 보여 주고 있다.
③ 감정이입의 기법을 사용하여 여인의 울음을 형상화하고 있다.
④ 시간적 순서대로 시상을 전개하고 있다.

정답 ④

② 나와 나타샤와 흰 당나귀

가난한 내가
화자의 현재 상황
아름다운 나타샤를 사랑해서
          이국적 · 환상적 분위기를 나타내는 대상
오늘밤은 푹푹 눈이 나린다
순백의 이미지, 환상적인 분위기를 연출

나타샤를 사랑은 하고

눈은 푹푹 날리고
유사 어구의 반복 → 그리움의 심화
나는 혼자 쓸쓸히 앉어 소주(燒酒)를 마신다

소주를 마시며 생각한다

나타샤와 나는 눈이 푹푹 쌓이는 밤 흰 당나귀 타고
깨끗하고 순수한 화자의 꿈을 상징
산골로 가자 풀풀이 우는 깊은 산골로 가 마가리에 살자
순수의 세계   현실 도피 소망

눈은 푹푹 나리고

나는 나타샤를 생각하고

나타샤가 아니 올 리 없다
나타샤에 대한 화자의 믿음
언제 벌써 내 속에 고조곤히 와 이야기한다

산골로 가는 것은 세상한테 지는 것이 아니다
                현실 ↔ 산골
세상 같은 건 더러워 버리는 것이다
현실에 대한 부정적인 인식, 자기 위안

눈은 푹푹 나리고

아름다운 나타샤는 나를 사랑하고
화자의 소망
어데서 흰 당나귀도 오늘밤이 좋아서 응앙응앙 울을 것이다
화자의 상상 속 나와 나타샤의 사랑에 대한 축복

확인 문제   15 기상직 7급

〈나와 나타샤와 흰 당나귀〉에 대한 설명으로 옳지 않은 것은?

① 눈 내리는 겨울밤이라는 배경에서 흑백의 대비가 두드러진다.
② 동일한 음소, 음절, 단어, 구절의 반복이 효과적으로 활용되어 있다.
③ '소주(燒酒)'는 화자가 세상에서 겪었던 슬픔을 환기한다.
④ 눈이 내려 쌓일수록 겨울밤이라는 시간과 나타샤를 그리워하는 마음이 함께 깊어지며 정서적 울림이 확장된다.

[정답] ③

[해설] 화자는 소주를 마시며 나타샤와 산골로 가서 살아야겠다고 생각한다. 따라서 소주는 화자의 슬픔을 환기하는 대상이 아니라 부정적인 현실을 잊게 해 주는 수단이다.

작품 분석

• 갈래: 자유시, 서정시
• 성격: 환상적, 신비적, 이국적
• 주제: 사랑하는 사람에 대한 그리움과 현실을 초월한 사랑에 대한 소망
• 특징
  – 시각적 이미지를 사용함
  – 대립적 시어를 사용하여 주제를 형상화함
  – 유사 어구의 반복으로 운율을 형성하고, 감정을 심화함
• 해제: 백석의 후기 시에 속하는 작품으로, 현실을 초월한 이상과 사랑, 그에 대한 의지와 소망을 노래했다. '눈', '나타샤', '흰 당나귀' 등의 시어로 토속적 세계에서 벗어나 이국적이고 순수한 이미지의 모더니즘 시풍을 보여 준다.

기출 18 경찰 1차, 15 기상직 7급

(7) 이용악

① 풀벌레 소리 가득 차 있었다

우리 집도 아니고

일갓집도 아닌 집

고향은 더욱 아닌 곳에서
객지
아버지의 침상(寢牀) 없는 최후(最後)의 밤은
아버지의 비참한 죽음(객사)
풀벌레 소리 가득 차 있었다.
청각적 심상, 비극적 상황 고조

노령(露領)을 다니면서까지
러시아 영토
애써 자래운 아들과 딸에게
　　　　　'자라다'의 평북 방언
한 마디 남겨 두는 말도 없었고,
유언도 없었던 아버지의 갑작스러운 죽음
아무을만(灣)의 파선도

설룽한 니코리스크의 밤도 완전히 잊으셨다.

목침을 반듯이 벤 채.

다시 뜨시잖는 두 눈에

피지 못한 꿈의 꽃봉오리가 갈앉고,
아버지의 이루지 못한 꿈　　　　가라앉고
[얼음장에 누우신 듯 손발은 식어 갈 뿐

입술은 심장의 영원한 정지(停止)를 가리켰다.]
[ ]: 아버지의 죽음을 객관적으로 묘사
때늦은 의원(醫員)이 아모 말없이 돌아간 뒤

이웃 늙은이 손으로

눈빛 미명은 고요히

낯을 덮었다.

우리는 머리맡에 엎디어

있는 대로의 울음을 다아 울었고

아버지의 침상(寢牀) 없는 최후(最後)의 밤은

풀벌레 소리 가득 차 있었다.

— 수미상관

이용악(1914~1971)

1935년 월간지 《신인문학》에 〈패배자의 소원〉을 발표하며 등단하였다. 이용악은 작품에서 감정을 절제하기보다 적극적으로 감정과 현실을 드러내 노래하였다. 일제 치하의 민족사를 담담하고 과장 없이 표현하여 그 비극성을 배가시켰다. 또한 그의 시는 작품 속에 화자가 직접 등장하여 서사적인 느낌을 주는 경우가 많다.

확인 문제　　　　　15 기상직 9급

〈풀벌레 소리 가득 차 있었다〉에 대한 설명으로 적절하지 않은 것은?

① 어조를 절제하면서 화자의 정서를 드러내고 있다.
② 수미상관의 구조를 활용하여 주제를 강조하고 있다.
③ 다양한 감각적 심상을 사용하여 시적 대상을 형상화하고 있다.
④ 대조적인 의미의 시어를 반복하여 시대 상황을 나타내고 있다.

정답 ④

작품 분석

- 갈래: 자유시, 서정시
- 성격: 비극적, 회고적, 묘사적, 서사적
- 주제: 아버지의 비참한 죽음과 일제 강점기 유랑민의 비애
- 특징
  - 비극적 상황을 객관적으로 묘사함
  - 감정을 절제하여 표현함
  - 청각적 심상을 통해 비극성을 강조함
  - 수미상관 구성으로 시상을 전개함
- 해제: 이 시는 일제 강점기에 타국에서 비참한 죽음을 맞이한 시적 화자의 아버지를 통해 당대 유랑민들의 참담한 실상을 그려냈다. 아버지의 죽음을 슬퍼하는 가족들의 울음소리를 '풀벌레 소리'로 나타내는 등 절제된 감정 표현을 통해 비극성을 고조시킨다.

기출 15 기상직 9급

② 그리움

눈이 오는가 ㉠ 북쪽엔
　　　　가족을 두고 온 곳
함박눈 쏟아져 내리는가.
　　　　—는가: 의문형 종결 어미 반복: 그리움 강조

험한 벼랑을 굽이굽이 돌아간

백무선 철길 위에
가족이 있는 곳으로 가는 철도
느릿느릿 밤새워 달리는

화물차의 검은 지붕에

연달린 산과 산 사이

㉡ 너를 남기고 온
　　북쪽에 남겨두고 온 가족
작은 마을에도 복된 눈 내리는가.
가족이 있는 곳　　　축복의 이미지

잉크병 얼어드는 ㉢ 이러한 밤에
매서운 추위
어쩌자고 ㉣ 잠을 깨어

그리운 곳 차마 그리운 곳.
　　　　그리움이 응축된 표현, 시적 허용

눈이 오는가 북쪽엔

함박눈 쏟아져 내리는가.

— 수미상관

01 〈그리움〉의 감상으로 적절하지 않은 것은?

① 수사적 의문을 통해 시상을 환기하며 시상이 전개된다.
② 시적허용을 통해 화자의 정서가 응축되어 표현이 된다.
③ 잉크병이 얼 정도로 추운 밤이지만 '눈'은 긍정적인 이미지로 나타난다.
④ '눈'과 '화물차의 검은 지붕'은 색채대비를 이루며 문명에 대한 비판을 드러낸다.

15 국가직 9급

02 〈보기〉를 참고하여 ㉠~㉣을 이해한 내용으로 적절하지 않은 것은?

보기

이용악은 1945년 해방이 되자 고향인 함경북도 경성에 가족을 두고 홀로 상경한다. '그리움'은 몹시 추웠던 그해 겨울밤 고향에 두고 온 가족을 그리워하며 쓴 시이다.

① ㉠은 자신이 떠나온 공간인 고향을 가리키는 것이겠군.
② ㉡은 고향에 남겨 두고 온 가족을 의미하는 표현이겠군.
③ ㉢은 극심한 추위 속에서도 가족을 떠올리는 시간이겠군.
④ ㉣은 그리운 이를 볼 수 없는 화자의 절망적 심정을 투영한 대상물이겠군.

정답 01 ④ 02 ④

해설 02 '잠'은 화자의 절망적 심정을 투영한 대상물이 아니다. 화자는 가족에 대한 그리움 때문에 잠에서 깬 것이다.

작품 분석

- 갈래: 자유시, 서정시
- 성격: 독백적, 애수적
- 주제: 고향과 가족에 대한 그리움
- 특징
- 수미상관의 구조를 이룸
- 의문형 종결 어미를 통해 그리움을 극대화함
- 해제: 〈그리움〉은 이용악이 해방 직후 함경북도의 처가에 두고 온 가족들을 그리워하는 마음을 그리는 작품이다. 고향에 함박눈이 쏟아져 내리는 것을 상상하면서 고향에 대한 그리움을 선명한 이미지로 나타내고 있다. 이와 함께 수미상관 구조로 시상을 전개하여 그리움의 정서를 심화한다.

기출 17 법원직 9급, 15 국가직 9급

(8) 김기림, 〈바다와 나비〉

아무도 그에게 수심(水深)을 일러준 일이 없기에
　　　　　나비　　가혹한 현실
흰나비는 도무지 바다가 무섭지 않다.
현실을 모르는 순진무구한 존재

청(靑)무우밭인가 해서 내려갔다가는
이상적 세계, 나비가 동경하는 세계
어린 날개가 물결에 절어서
　　　　　　　냉정한 현실, 고난
공주처럼 지쳐서 돌아온다.
순진한 존재에 비유(직유법)

삼월(三月)달 바다가 꽃이 피지 않아서 서글픈
　　　　　　　　　　　　　　　화자의 감정
나비 허리에 새파란 초생달이 시리다.
가혹한 현실에 좌절된 나비의 소망, 공감각적 심상(시각의 촉각화)

작품 분석

- 갈래: 자유시, 서정시
- 성격: 주지적, 감각적, 상징적
- 주제: 새로운 세계에 대한 동경과 좌절감, 낭만적 꿈의 좌절과 냉혹한 현실 인식
- 특징
  - 시각적 이미지 위주의 색채 대비가 두드러짐
  - 구체적 소재를 통해 추상적 관념을 표현함
  - 감정을 절제한 객관적인 태도로 대상을 제시함
- 해제: 이 시는 새로운 세계에 대한 동경과 그에 따른 좌절감을 선명한 색채 이미지의 대비를 통해 표현하고 있다. 작품 속 '바다'는 냉혹한 현실로, '나비'는 이러한 바다를 동경하는 순진무구하고 철없는 존재이다. 이는 당시 식민지 현실과 새로운 문명이 흘러들어오는 시기에 현실을 제대로 파악하지 못한 무모한 지식인들로 해석할 수 있다.

기출 17 국가직 9급, 08 법원직 9급

김기림(1908~?)
시인이자 비평가로 활동했다. 그는 작품에서 1920년대에 널리 퍼져있던 계급문학과 감상주의 문학을 지양하고 도시적 감각을 담은 근대성을 주된 정서로 삼았으며, 이태준, 정지용 등의 모더니즘 시인들과 함께 구인회 동인으로 활동하였다. 대표 시집으로는 《기상도》, 《바다와 나비》 등이 있다.

확인 문제　　17 국가직 9급

〈바다와 나비〉에 대한 감상으로 적절하지 않은 것은?

① '청(靑)무우밭'은 '바다'와 대립되는 이미지로 쓰였다.
② '흰나비'는 '바다'의 실제에 대해 정확하게 모르고 있었다.
③ 화자는 '공주처럼' 나약한 나비의 의지 부족과 방관적 태도를 비판한다.
④ '삼월(三月)달 바다'와 '새파란 초생달'은 모두 차가운 이미지로 사용되었다.

정답 ③

김광균(1914~1993)

도시적 소재를 통해 회화적인 시를 쓰는 이미지즘 계열의 시인으로, 김기림, 정지용과 함께 모더니즘 시풍을 확산시키는 데 큰 역할을 하였다. 도시적 소재를 가지고 공감각적 이미지, 색채감 등과 더불어 사물과 관념에 이르기까지 세련된 감각으로 시각화시켰다. 대표적인 시집으로는 《와사등》, 《기항지》가 있다.

(9) 김광균

① 추일서정(秋日抒情)

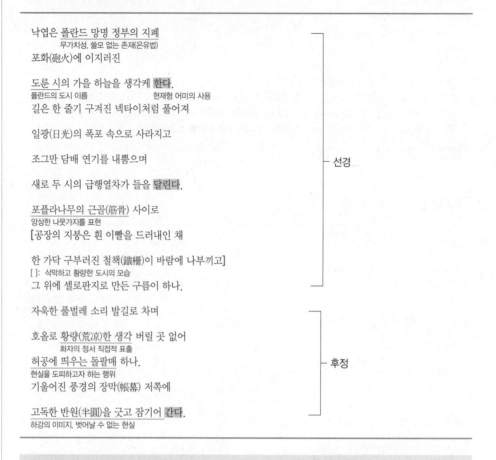

낙엽은 폴란드 망명 정부의 지폐
　　　　무가치성, 쓸모 없는 존재(은유법)
포화(砲火)에 이지러진

도룬 시의 가을 하늘을 생각게 한다.
폴란드의 도시 이름　　　　　　현재형 어미의 사용
길은 한 줄기 구겨진 넥타이처럼 풀어져

일광(日光)의 폭포 속으로 사라지고

조그만 담배 연기를 내뿜으며

새로 두 시의 급행열차가 들을 달린다.

포플라나무의 근골(筋骨) 사이로
앙상한 나뭇가지를 표현
[공장의 지붕은 흰 이빨을 드러내인 채

한 가닥 구부러진 철책(鐵柵)이 바람에 나부끼고]
[ ]: 삭막하고 황량한 도시의 모습
그 위에 셀로판지로 만든 구름이 하나.

－ 선경

자욱한 풀벌레 소리 발길로 차며

호올로 황량(荒凉)한 생각 버릴 곳 없어
　　　　　화자의 정서 직접적 표출
허공에 띄우는 돌팔매 하나.
현실을 도피하고자 하는 행위
기울어진 풍경의 장막(帳幕) 저쪽에

고독한 반원(半圓)을 긋고 잠기어 간다.
하강의 이미지, 벗어날 수 없는 현실

－ 후정

작품 분석

- 갈래: 자유시, 서정시
- 성격: 회화적, 감각적, 주지적
- 주제: 가을날의 황량한 풍경과 고독감
- 특징
  - 은유나 직유 등의 비유법을 사용함
  - 시각적(회화적), 공감각적 심상을 사용함
  - 선경후정(先景後情)의 방식으로 시상을 전개함
  - 서구적이고 도시적 감각의 소재를 사용함
- 해제: 이 시는 도시의 가을 풍경에서 느껴지는 쓸쓸함과 고독감을 회화적이고 감각적인 이미지를 통해 비유적으로 묘사하고 있다. 1~11행은 도시의 황량한 모습을 묘사하며, 12~16행은 앞서 제시한 도시의 모습을 보고 느끼는 화자의 감정을 표현한다. 이러한 선경후정의 방식을 통해 도시의 풍경에서 비롯되는 화자의 고독감을 효과적으로 드러내고 있다.

기출 15 법원직 9급, 14 기상직 9급, 10 법원직 9급

② 노신(魯迅)

시(詩)를 믿고 어떻게 살아가나
시인으로서의 삶에 탄식, 고뇌
서른 먹은 사내가 하나 잠을 못 잔다.
객관화한 시적 화자
먼 기적 소리 처마를 스쳐가고
공감각적 심상(청각의 촉각화)
잠들은 아내와 어린 것의 베갯맡에
가장인 화자
밤눈이 내려 쌓이나 보다.
삶의 어려움 시각적 형상화
무수한 손에 뺨을 얻어맞으며
삶에서 겪은 시련, 고난
[항시 곤두박질해 온 생활의 노래

지나는 돌팔매에도 이제는 피곤하다.] [ ]: 현실에 대한 절망, 괴로움

먹고 산다는 것,

너는 언제까지 나를 쫓아오느냐.
생계(의인법)
등불을 켜고 일어나 앉는다.
노신을 환기시키는 소재
담배를 피워 문다.
화자의 내적 갈등
쓸쓸한 것이 오장을 씻어 내린다.

노신(魯迅)이여
화자가 동일시 하는 인물
이런 밤이면 그대가 생각난다.

온 세계가 눈물에 젖어 있는 밤

상해(上海) 호마로(胡馬路) 어느 뒷골목에서
초라한 삶
쓸쓸히 앉아 지키던 등불
어려운 상황에서도 묵묵히 버텨낸 노신의 지조
등불이 나에게 속삭거린다.
의인법, 주객전도
[여기 하나의 상심(傷心)한 사람이 있다.

여기 하나의 굳세게 살아온 인생이 있다.] [ ]: 시적 화자를 의미

작품 분석

- 갈래: 자유시, 서정시
- 성격: 고백적, 의지적
- 주제: 현실과 이상 사이의 고뇌와 그 극복 의지
- 특징
  - 현실 공간과 상상 공간을 나누는 이중적 구조를 보임
  - 구체적인 청자에게 말을 건네는 방식을 취함
  - 화자 자신을 객관화한 표현이 나타남
- 해제: 가족의 생계를 책임져야 하는 가장으로서의 삶과 시인으로서의 삶 사이에서 느끼는 화자의 고뇌를 담담한 어조로 풀어낸 시이다. 화자는 힘든 현실에 고민하다 일어나 앉아 켠 등불을 기점으로 힘겨운 현실에도 굳건히 살아간 '노신'을 떠올린다. 이 과정에서 '노신'과 자신을 동일시하며 화자 자신도 굳세게 살아갈 것을 다짐하게 된다.

기출 18 기상직 9급, 14 법원직 9급, 13 법원직 9급

확인 문제 18 기상직 9급

〈노신〉의 표현상 특징에 대한 설명으로 적절한 것은?
① 설의적 표현을 통한 감정의 변화를 드러내고 있다.
② 공간의 이동을 통해 내면 의식의 변화를 드러내고 있다.
③ 유사한 시구의 변주를 통해 주제 의식을 강조하고 있다.
④ 반어적 표현을 활용하여 화자의 태도 변화를 드러내고 있다.

정답 ③

서정주(1915~2000)
1936년 《동아일보》 신춘문예에 〈벽〉이
당선되면서 등단하였다. 그는 작품에서
탐미적인 경향을 바탕으로 사투리 등 전
통성을 살리는 시어를 많이 사용하여 민
족어의 가능성을 키웠다는 평가를 받는
다. 또한 인간의 원죄 의식과 동양 사상,
불교 사상, 한민족의 한(恨) 등을 노래하
였다. 대표 시집으로 《화사집》, 《질마재
신화》 등이 있다.

(10) 서정주, 〈자화상(自畵像)〉

애비는 종이었다. 밤이 깊어도 오지 않았다.
　　　천민, 식민지 백성
파뿌리같이 늙은 할머니와 대추꽃이 한 주 서 있을 뿐이었다.
가난한 집안
어매는 달을 두고 풋살구가 꼭 하나만 먹고 싶다 하였으나…… 흙으로 바람벽한 호롱불 밑에
　　　해산을 앞두고
손톱이 까만 에미의 아들

갑오년(甲午年)이라든가 바다에 나가서는 돌아오지 않는다 하는 외할아버지의 숱 많은 머리털과
동학 농민 운동과 외할아버지가 관련이 있음을 암시
그 크다란 눈이 나는 닮았다 한다.
계승된 화자의 저항적 기질 암시

스물세 해 동안 나를 키운 건 팔 할(八割)이 바람이다.
　　　　　　　　　　　　　시련과 방황
세상은 가도가도 부끄럽기만 하더라.
가난과 신분의 굴레에서 벗어나지 못함
어떤 이는 내 눈에서 죄인(罪人)을 읽고 가고
　　　　　　　　　화자의 출생과 성장 과정 암시 1
어떤 이는 내 입에서 천치(天痴)를 읽고 가나
　　　　　　　　　화자의 출생과 성장 과정 암시 2
나는 아무것도 뉘우치진 않을란다.
삶의 고난과 역경에 맞서려는 저항 의지

찬란히 티워오는 어느 아침에도

이마 위에 얹힌 시(詩)의 이슬에는
　　　　　창작의 결실
몇 방울의 피가 언제나 섞여 있어
혼신의 노력
볕이거나 그늘이거나 혓바닥 늘어뜨린

병든 수캐마냥 헐떡거리며 나는 왔다.
힘겹게 살아온 화자의 자화상

작품 분석

• 갈래: 자유시, 서정시
• 성격: 회고적, 상징적, 의지적
• 주제: 삶에 대한 회고와 그 의지
• 특징
　– 고백적 어조로 과거를 회상함
　– 삶에 대한 성찰과 의지가 함께 드러남
• 해제: 서정주의 첫 시집, 첫 페이지에 실린 회고록 같은 작품이다. 강렬한 생명 의식과 시적 화자의 인생을
　상징적으로 보여 주고 있다. 화자가 고난 속에서 방황해 온 어린 시절이 잘 나타나 있으며, 이러한 시간을
　거쳐 치열하게 삶을 살아가고 창작에 매진하겠다는 의지가 드러난다.

기출 15 서울시 7급, 11 국가직 7급, 09 국회직 8급

확인 문제　　11 국가직 7급

〈자화상〉의 내용과 부합하지 않는 것은?

① 시적 자아가 겪어온 삶에 대한 솔직한
　고백이다.
② 자신의 부끄러운 삶에 대한 후회와 통
　한의 내용을 담고 있다.
③ 시적 자아가 방황과 시련의 삶을 살아
　왔음을 그리고 있다.
④ 괴로운 삶 속에서도 창조의 결실이 있
　음을 나타내고 있다.

정답 ②

(11) 이육사

① 절정(絕頂)

매운 계절의 채찍에 갈겨
<small>가혹한 현실</small> <small>탄압</small>
마침내 북방으로 휩쓸려 오다.   ▶ 기: 수평적 공간에서의 극한 상황
<small>수평적 극한 상황, 한계</small>

하늘도 그만 지쳐 끝난 고원(高原)
<small>수직적 극한 상황, 한계</small>
서릿발 칼날진 그 위에 서다.   ▶ 승: 수직적 공간에서의 극한 상황
<small>극한 상황의 절정 표현</small>

어데다 무릎을 꿇어야 하나

한 발 재겨 디딜 곳조차 없다.   ▶ 전: 극한 상황에서의 화자의 정서
<small>절체절명의 상황</small>

이러매 눈 감아 생각해 볼밖에
<small>시상의 전환</small>
겨울은 강철로 된 무지갠가 보다.   ▶ 결: 극한 상황을 초극하려는 의지
<small>부정적 상황에 대한 초극 의지(역설법)</small>

이육사(1904~1944)
일제 강점기의 시인이자 독립운동가이다. 조선은행 대구지점 폭파 사건에 연루되어 수감되었을 때 수인 번호인 264의 음을 따 필명인 '이육사'를 지었다고 전해진다. 남성적이고 의지적인 어조로 독립에 대한 강한 투쟁 의지를 담은 시를 창작하였다. 대표작으로는 〈청포도〉, 〈절정〉 등이 있다.

작품 분석

- 갈래: 자유시, 서정시
- 성격: 상징적, 남성적, 지사적
- 주제: 극한 상황에서의 초월적 인식
- 특징
  - '기-승-전-결'의 구조로 시적 긴장감을 표현
  - 역설적 표현을 통해 주제를 효과적으로 형상화
  - 강렬한 상징적 표현과 남성적 어조로 강인한 의지를 드러냄
  - 점층적 구조로 날카롭고 극한적인 이미지를 잘 드러냄
  - 현재형 시제를 통해 긴장감을 주고 대결 의식을 나타냄

강철로 된 무지개	
극한 상황에서 참된 삶을 추구하는 의미와 희망을 회복하는 화자의 현실 인식을 표현	
강철	무지개
지상, 차가움, 절망, 구속	천상, 따뜻함, 희망, 자유

- 해제: 일제 강점기의 극한 상황에서도 굴하지 않는 시인의 저항 의지가 담긴 시이다. 현재에 절망하지 않고 오히려 초월적으로 인식하여 상황을 이겨내려는 강인함을 기승전결의 방식에 담아 전개하고 있다. 화자는 역설적 표현과 남성적 어조를 통해 절망적 상황에서도 좌절하지 않고 투쟁하겠다는 강한 의지를 나타낸다.

기출 19 서울시 9급(6월), 18 소방직 9급(10월), 15 서울시 7급, 15 경찰 1차, 14 법원직 9급, 12 서울시 7급, 09 국회직 9급, 09 국회직 8급

확인 문제   12 서울시 7급

〈절정〉의 전개방식에 대한 설명으로 가장 적절한 것은?
① 두괄식 전개
② 미괄식 전개
③ 병렬식 전개
④ 기승전결식 전개
⑤ 수미상관식 전개

정답 ④

해설 〈절정〉은 '기승전결'의 구조이다.
- 기(시상 제시): 혹한의 추위에 쫓겨 더 추운 북방에 이른 현실
- 승(시상의 심화): 북방에서도 극단의 고원 위에 서 있는 현실
- 전(시적 전환): 극한의 상황에서 무릎조차 꿇을 수 없는 화자
- 결(중심 생각): 고난이 언젠가 지나가리라 보는 화자

② 광야(曠野)

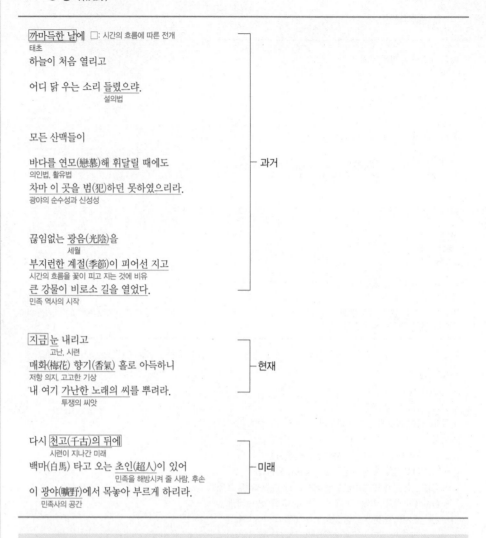

까마득한 날에 □: 시간의 흐름에 따른 전개
태초
하늘이 처음 열리고

어디 닭 우는 소리 들렸으랴.
                        설의법

모든 산맥들이

바다를 연모(戀慕)해 휘달릴 때에도
의인법, 활유법
차마 이 곳을 범(犯)하던 못하였으리라.
광야의 순수성과 신성성

끊임없는 광음(光陰)을
            세월
부지런한 계절(季節)이 피어선 지고
시간의 흐름을 꽃이 피고 지는 것에 비유
큰 강물이 비로소 길을 열었다.
민족 역사의 시작

— 과거

지금 눈 내리고
        고난, 시련
매화(梅花) 향기(香氣) 홀로 아득하니
저항 의지, 고고한 기상
내 여기 가난한 노래의 씨를 뿌려라.
            투쟁의 씨앗

— 현재

다시 천고(千古)의 뒤에
        시련이 지나간 미래
백마(白馬) 타고 오는 초인(超人)이 있어
                        민족을 해방시켜 줄 사람, 후손
이 광야(曠野)에서 목놓아 부르게 하리라.
    민족사의 공간

— 미래

확인 문제   06 법원직 9급

〈광야〉에 대한 설명으로 적절하지 않은 것은?

① 자아의 대립에 의한 갈등 구조
② 시간의 흐름에 따른 추보식 구성
③ 눈과 매화의 대조를 통해 현실 극복 의지를 표현
④ 명령형 어미를 사용하여 시적 화자의 의지를 강조

정답 ①

작품 분석

• 갈래: 자유시, 서정시
• 성격: 의지적, 저항적, 남성적, 상징적
• 주제: 조국 광복의 의지
• 특징
  – 기승전결의 4단 구성으로 시상을 전개함
  – '과거 – 현재 – 미래'의 시간순으로 시상을 전개함
  – 의지적 어조의 종결 어미를 사용함
  – 설의법, 상징법, 활유법을 사용함
• 해제: 이육사의 말년 작품으로, 1945년《자유신문》에 동생 이원조(李源朝)에 의하여 〈꽃〉과 함께 발표되었다. 이 시는 시간의 흐름에 따라 세 단계로 전개되며, 화자는 광야의 웅장함과 남성적 어조를 통해 광복을 확신하는 의지적 태도를 나타낸다. 이 작품 속에는 작가의 독립과 민족의 자유에 대한 염원이 담겨있다. 한반도가 지금은 일제의 치하에 있지만 작가는 이 시를 통해 저항의 씨앗을 남겨서 훗날의 광복을 기다린다는 뜻을 전한다.

기출 17 경찰 2차, 09 국회직 8급, 06 법원직 9급

(12) 윤동주

① 서시(序詩)

죽는 날까지 하늘을 우러러
<u>윤리적 삶의 절대적 기준</u>
한 점 <u>부끄럼</u>이 없기를,
<u>부끄럽지 않은 삶을 향한 의지</u>
<u>잎새에 이는 바람</u>에도
<u>작은 시련, 고난</u>
나는 괴로워했다.

— 1~4행: 과거

별을 노래하는 마음으로
<u>이상, 희망, 양심</u>
<u>모든 죽어 가는 것</u>을 사랑해야지.
<u>억압받는 모든 존재</u>
<u>그리고 나한테 주어진 길</u>을
<u>화자의 사명</u>
걸어가야겠다.
<u>다짐, 의지</u>

— 5~8행: 미래

<u>오늘 밤</u>에도 <u>별</u>이 <u>바람</u>에 스치운다. 별 ↔ 밤, 바람
<u>어두운 현실</u>   <u>시련, 고난</u>

— 9행: 현재

작품 분석

- 갈래: 자유시, 서정시
- 성격: 성찰적, 고백적, 반성적, 의지적, 참여적
- 주제: 자아 성찰을 통한 현실 극복 의지
- 특징
  – '과거 – 현재 – 미래' 순으로 시상이 전개됨
  – 대조적 이미지를 통해 주제를 나타냄
- 해제: 이 시는 윤동주의 유고 시집 《하늘과 바람과 별과 시》의 서두에 붙인 작품이다. 시 제목에 맞게 시집 전체의 내용을 아울러 안내해 주는 역할을 한다. 작품은 '과거 – 미래 – 현재'의 순으로 전개되며 화자는 끊임없는 자기반성을 통해 현실을 극복하려 노력한다. 또한 대조적인 이미지를 통해 화자가 처한 어두운 상황과 이러한 현실의 괴로움 속에서도 자신의 신념을 지키며 삶을 살아가려는 화자의 의지를 나타낸다.

기출 13 서울시 9급, 12 교행직 9급, 08 법원직 9급

윤동주(1917~1945)
일제 강점기 시인이자 독립운동가이다. 그의 작품은 청년기의 고독감과 정신적 방황, 조국을 잃음으로써 느끼는 상실감 등을 바탕으로 한다. 하지만 그에 그치지 않고 이러한 어두운 시대를 살면서도 자신의 신념에 따라 순수하게 살아가려 하는 내면의 의지를 작품 속에 담아 노래하였다.

확인 문제   13 서울시 9급

〈서시〉에 대한 감상으로 바르지 않은 것은?

① 1~4행은 지금까지 살아온 생활의 고백이다.
② 5~8행은 미래의 삶에 대한 신념의 표명이다.
③ 1~8행과 9행 사이에는 '주관 : 객관'의 대립이 드러난다.
④ '잎새에 이는 바람'은 아주 작은 잘못조차 허락하지 않는 결벽증을 부각시킨다.
⑤ 9행은 어두운 시대 상황과 극복할 수 없는 시련을 비관적으로 표현하고 있다.

정답 ⑤

② 쉽게 씌어진 시

창(窓)밖에 밤비가 속살거려

육첩방(六疊房)은 남의 나라.
일본식 다다미방

시인(詩人)이란 슬픈 천명(天命)인 줄 알면서도
시인으로서의 무기력함
한 줄 시(詩)를 적어 볼까.

땀내와 사랑내 포근히 품긴

보내 주신 학비 봉투(學費封套)를 받아

대학(大學) 노트를 끼고

[늙은 교수(教授)의 강의(講義) 들으러 간다.] [ ]: 현실의 고뇌와 괴리된 화자의 삶
    낡은 지식

생각해 보면 어린 때 동무를

하나, 둘, 죄다 잃어버리고

나는 무얼 바라

나는 다만, 홀로 침전(沈澱)하는 것일까?
자기 성찰

인생(人生)은 살기 어렵다는데
시대적 상황
시(詩)가 이렇게 쉽게 씌어지는 것은
현실과 괴리된 화자
부끄러운 일이다.
자기 반성

육첩방(六疊房)은 남의 나라

창(窓)밖에 밤비가 속살거리는데,

등불을 밝혀 어둠을 조금 내몰고,
등불(희망, 현실 극복 의지) ↔ 어둠(절망, 어두운 현실)
시대(時代)처럼 올 아침을 기다리는 최후(最後)의 나.
조국의 광복   성숙한 자아

나는 나에게 작은 손을 내밀어
나(내면의 자아) ↔ 나(현실적 자아)
눈물과 위안(慰安)으로 잡는 최초(最初)의 악수(握手).
                          두 자아의 화해 → 현실 극복 의지, 미래 지향적

확인 문제　　　20 법원직 9급

〈쉽게 씌어진 시〉를 읽고 이해한 내용으로 가장 옳지 않은 것은?

① 시선의 이동에 따라 시상을 전개해 시적 안정감을 부여한다.
② 시간적, 공간적 배경을 통해 화자의 현재 상황을 드러낸다.
③ 상징적 의미를 지닌 시어의 대립을 통해 시적 의미를 구체화한다.
④ 반성적이고 미래지향적인 어조를 통해 주제의식을 효과적으로 제시한다.

정답 ①

작품 분석

- 갈래: 자유시, 서정시
- 성격: 고백적, 성찰적, 반성적, 의지적, 미래 지향적
- 주제: 암담한 현실 속에서의 자기 성찰과 현실 극복 의지
- 특징
  - 자기 성찰적 태도에서 미래 지향적 태도로의 시상의 전환이 나타남
  - 이미지의 명암 대비를 통해 화자의 내면을 드러냄
  - 감각적 이미지의 사용과 비유·상징을 통해 시상을 구체화함
- 해제: 이 작품은 윤동주가 일본에서 유학 중에 쓴 시이다. 암울한 시대 현실 속에서 부끄럽지 않은 삶을 살기 위한 고뇌와 자기 성찰을 담고 있는 작품이다. 작품 속 화자는 현실을 비판적으로 인식하면서도 적극적으로 대항하지 못하는 스스로에게 부끄러움을 느끼며 갈등을 겪는다. 그러나 이러한 절망에서 끝내지 않고 마지막 연의 '악수'를 통해 분열된 자아가 갈등을 해소하고, 일제 강점기 지식인의 무기력함과 부끄러움을 자기 성찰을 통해 극복하려는 의지를 드러내고 있다.

기출 20 법원직 9급, 16 법원직 9급, 10 국가직 9급, 09 국회직 9급

(13) 박목월

① 산이 날 에워싸고

산이 날 에워싸고
순수한 세계
씨나 뿌리며 살아라 한다.   □: 소박하게 사는 삶
산이 명령형으로 권유(의인법)
밭이나 갈며 살아라 한다.

어느 짧은 산자락에 집을 모아

아들 낳고 딸을 낳고

흙담 안팎에 호박 심고

들찔레처럼 살아라 한다.

쑥대밭처럼 살아라 한다.

산이 날 에워싸고

그믐달처럼 사위어지는 목숨
자연의 법칙
그믐달처럼 살아라 한다.

그믐달처럼 살아라 한다.
자연의 순리대로 사는 삶

박목월(1915~1978)
1940년 《문장》에 〈가을 어스름〉, 〈연륜〉 등의 작품이 추천되어 등단하였다. 초기에는 민요적 율조를 바탕으로 작가와 자연의 교감에서 얻어진 향토적 서정이 짙은 시를 많이 썼다. 1946년에는 조지훈, 박두진과 함께 시집 《청록집》을 발행하였고, 이 시집의 이름을 따라 이들을 '청록파'라고 불렀다. 후기에는 가족이나 생활 주변에서 찾은 소재로 한 시를 썼다.

확인 문제   18 소방직 9급

〈산이 날 에워싸고〉에 대한 설명으로 적절하지 않은 것은?

① 화자는 순수하고도 탈속적인 세계를 지향하고 있다.
② 유사한 통사 구조의 반복을 통해 주제를 강조하고 있다.
③ 화자는 자신의 소망을 '산'이 자신에게 말하는 것처럼 표현하고 있다.
④ 화자는 절제된 감정으로 '산'과의 일정한 거리를 유지하려 하고 있다.

정답 ④

작품 분석

- 갈래: 자유시, 서정시
- 성격: 자연 친화적, 탈속적, 초월적
- 주제: 자연 속에서의 순수한 삶에 대한 소망
- 특징
  - 통사 구조를 반복하여 형태적 안정감을 주고 주제를 강조함
  - 산을 의인화하여 산이 화자에게 말을 하는 형태를 취함
- 해제: 이 시는 의인화한 산이 화자에게 말을 거는 형식으로 전개된다. 작가가 청록파 시인인 만큼 자연 친화적인 특징이 잘 드러나는 시이다. '산'은 화자가 지향하는 세계로 세속적인 욕망이나 구속에서 벗어나 순수한 자연 공간에서 소박하게 살고 싶은 소망을 노래한다.

기출 18 소방직 9급(10월), 17 국회직 8급

② 가정(家庭)

지상에는
삶의 현장
아홉 켤레의 신발.
가족을 신발에 비유
아니 현관에는 아니 들깐에는

아니 어느 시인의 가정에는

알전등이 켜질 무렵을

문수(文數)가 다른 아홉 켤레의 신발을.

내 신발은 십구 문 반(十九文半).
큰 신발 크기 → 가장으로서의 책임감
눈과 얼음의 길을 걸어,
고달픈 삶
그들 옆에 벗으면

육문삼(六文三)의 코가 납작한

귀염둥아 귀염둥아

우리 막내둥아.

미소하는

내 얼굴을 보아라.

얼음과 눈으로 벽(壁)을 짜 올린
고달프고 힘든 삶
여기는

지상.

연민한 삶의 길이여.

내 신발은 십구 문 반(十九文半).

아랫목에 모인

아홉 마리의 강아지야.
아홉 명의 자식들에 대한 애칭
강아지 같은 것들아.

굴욕과 굶주림의 추운 길을 걸어
고달픈 삶
내가 왔다.

아버지가 왔다.

아니 십구 문 반(十九文半)의 신발이 왔다.

아니 지상에는

아버지라는 어설픈 것이
화자의 자책
존재한다.

미소하는
가족에 대한 사랑으로 현실 극복 의지
내 얼굴을 보아라.

작품 분석

- 갈래: 자유시, 서정시
- 성격: 독백적, 상징적
- 주제: 가장으로서의 고달픔과 가족에 대한 사랑
- 특징: 화자와 자식들을 '신발'에 비유하여 표현함
- 해제: 한 가족의 가장으로서 아버지가 느끼는 책임감과 고달픔을 신발에 비유하여 나타낸 작품이다. 현실 세계를 대상으로 한 생활 시로서의 진면목이 보이는 작품이다. 화자는 가장으로서의 삶이 힘들지만 이런 부정적 감정과 대비되는 시어를 통해 가족에 대한 사랑을 나타낸다. 현실적 삶의 무게 때문에 서글프지만 그만큼 가족을 사랑하는 화자의 마음을 느낄 수 있다.

기출 19 국회직 8급, 12 국가직 7급, 12 법원직 9급, 09 국회직 8급

확인 문제   12 법원직 9급

〈보기〉를 바탕으로 〈가정〉을 감상한 것으로 가장 적절하지 못한 것은?

보기

박목월의 시 '가정'은 기독교적인 맥락, 즉 천상의 낙원(에덴동산)을 떠나 지상에서 이브와 결혼하고 노동하며 땀 흘리는 아담형의 아버지 맥락에서 읽을 수 있다. 기독교의 하나님은 아담을 낙원에서 추방한 뒤 가족을 위하여 지상에서 땀 흘리고 수고하라 하셨고, 이브에게는 자식을 낳는 해산의 고통을 맛보라 하셨다. 그것은 지상에 사는 아담과 이브들에게 시련이자 동시에 행복이다.

① '눈과 얼음의 길'은 가족을 위해 '지상에서 흘린 땀'을 의미한다.
② '아랫목에 모인'은 시련 속에서도 느껴지는 '가족의 행복'을 형상화하고 있다.
③ '아버지라는 어설픈 것'은 아버지들이 지상에서 겪어야하는 '시련'을 비유적으로 표현하고 있다.
④ '문수가 다른 아홉 켤레의 신발'은 '아버지가 부양해야 할 자식들'을 비유적으로 표현한 것이다.

정답 ③

해설 '아버지라는 어설픈 것'은 천상의 낙원을 떠나 지상에서 노동하며 자식들을 부양하는 아버지로서의 삶이 서툰 화자의 모습을 표현한 시어이다. 화자는 어설프지만 가족을 사랑하는 마음으로 기꺼이 아버지로서의 무게를 책임지고 있다.

안심Touch

김수영(1921~1968)
1945년 《예술부락》에 〈묘정의 노래〉를
발표하며 등단하였다. 김수영은 시에 비
판적이고 철학적인 내용을 담아 당대의
상황을 표현하였다. 초기에는 모더니즘
경향을 보였으나 4·19 혁명을 기점으로
강렬한 현실 인식을 추구하는 시를 썼다.
자기 고백의 직설적 어조를 바탕으로 지
식인의 고뇌, 자유가 억압된 현실 등을 주
제로 하였다.

(14) 김수영

① 눈

눈은 살아 있다.
순수한 존재
떨어진 눈은 살아 있다.

마당 위에 떨어진 눈은 살아 있다.
반복 → 눈의 생명력 강조

— 문장 구조 점층적 반복

기침을 하자.
부정적 것을 정화하는 행위
젊은 시인이여 기침을 하자.
순수한 존재
눈 위에 대고 기침을 하자.

— 문장 구조 점층적 반복

눈더러 보라고 마음 놓고 마음 놓고
자유롭게 기침할 수 없었던 현실
기침을 하자.

눈은 살아 있다.

죽음을 잊어버린 영혼과 육체를 위하여
불의를 위해 맞서는 용기 있는 사람들
눈은 새벽이 지나도록 살아 있다.

기침을 하자.

젊은 시인이여, 기침을 하자.

눈을 바라보며

밤새도록 고인 가슴의 가래라도
불순한 것, 부정적인 것, 현실과의 타협
마음껏 뱉자.

작품 분석

- 갈래: 자유시, 서정시
- 성격: 비판적, 참여적, 의지적, 상징적
- 주제: 순수하고 정의로운 삶에 대한 소망과 부정적 현실 극복 의지
- 특징
  - '눈'과 '가래'의 상징적 의미가 대립 구조를 보임
  - 동일한 문장 구조의 점층적 반복과 청유형 어미의 사용으로 의지를 표현함
- 해제: 이 시는 부조리한 현실을 벗어나 순수한 삶을 지향하는 화자의 소망과 의지를 자연물과 행위에 빗대어 형상화하였다. '기침을 하는 행위'는 내면의 부정적인 것들을 뱉어내고 순수하고 정의로운 삶을 회복하려는 화자의 의지가 표출된 것이라 볼 수 있다. 또한 '눈은 살아 있다'와 '기침을 하자'를 점층적으로 반복함으로써 리듬감을 형성하고, 순수하고 가치 있는 삶에 대한 의지라는 작가의 주제 의식을 부각시킨다.

기출 17 서울시 7급, 12 국가직 9급

확인 문제　　　12 국가직 9급

〈눈〉을 내재적 관점에서 바라보고 있는
것은?

① 시인의 의지적 삶이 곳곳에서 느껴져.
② '눈'과 '기침하는 행위'의 상징성이 뚜
렷이 부각되고 있어.
③ 시인은 죽음조차도 별로 두려워하지
않았던 사람인 것 같아.
④ 4·19 혁명 이후, 강렬한 현실 인식에
서 나온 작품인 것 같아.

정답 ②

② 풀

풀이 눕는다
연약하지만 끈질긴 생명력을 지닌 존재, 민중
비를 몰아오는 동풍에 나부껴
          풀을 억압하는 존재, 권력
풀은 눕고
풀의 수동적인 모습
드디어 울었다
고통을 이기지 못한 나약한 모습(의인법)
날이 흐려서 더 울다가
암울한 시대 현실
다시 누웠다

풀이 눕는다

바람보다도 더 빨리 눕는다

바람보다도 더 빨리 울고

바람보다 먼저 일어난다
시상의 전환: 수동적 → 능동적

날이 흐리고 풀이 눕는다

발목까지

발밑까지 눕는다
극한까지 고통받는 민중의 모습
바람보다 늦게 누워도

바람보다 먼저 일어나고
          강인한 생명력
바람보다 늦게 울어도

바람보다 먼저 웃는다
          의연함
날이 흐리고 풀뿌리가 눕는다
다시 일어날 것이라는 기대감 반영

작품 분석

- 갈래: 자유시, 주지시, 참여시
- 성격: 상징적, 주지적, 비판적, 참여적, 의지적
- 주제: 민중의 끈질긴 생명력
- 특징
  - 상징적 시어의 대립 구조를 통해 주제를 드러냄
  - 반복법과 대구법을 사용하여 리듬감을 형성함
- 해제: 이 시는 폭력적 시대를 살아가는 민중의 끈질긴 생명력을 비유적 표현을 통해 나타낸 작품이다. 역사 속에서 권력자들의 억압 속에도 언제나 강인한 생명력으로 맞서 싸운 민중을 '풀'에, 민중을 억압하는 세력을 풀의 생명력을 위협하는 '바람'에 비유하였다. 이러한 상징적 시어들의 대립 구조를 통해 강인한 의지로 고통을 이겨내는 민중의 모습을 그려냈다.

기출 20 법원직 9급, 18 국회직 8급, 15 서울시 7급, 14 경찰 2차, 09 법원직 9급

확인 문제   14 경찰 2차

〈풀〉의 시구 의미로 가장 적절하지 않은 것은?

① '풀이 눕는다'는 풀의 나약하고 수동적 인 측면을 묘사한 것이다.
② '동풍'은 봄바람으로 풀의 조언자를 의 미한다.
③ '바람보다 먼저 일어난다'는 풀의 강인 함을 나타낸 것이다.
④ '발밑까지 눕는다'는 풀이 더 심하게 밑둥까지 쓰러져 눕는다는 뜻이다.

정답 ②

박재삼(1933~1997)
1953년 《문예》에 시조 〈강가에서〉가 추천받고, 1955년 《현대문학》에 시 〈섭리〉, 〈정적〉 등이 추천받아 등단하였다. 박재삼의 작품은 가난과 설움에서 우러나온 전통적인 한(恨)의 정서를 바탕으로 한다. 아름답게 다듬은 언어와 전통적 가락에 향토적 서정과 서민 생활의 고단함을 함께 담아냈다. 대표적 시집으로는 《춘향이 마음》, 《천년의 바람》 등이 있다.

(15) 박재삼

① 울음이 타는 가을 강

마음도 한자리 못 앉아 있는 마음일 때,
　　　　　혼란스러운 마음
친구의 서러운 사랑 이야기를
　　　　　인간사(人間事) → 애상적 감정
가을 햇볕으로나 동무 삼아 따라가면,

어느새 등성이에 이르러 눈물 나고나.　□: 전통적 정서, 어조 환기

제삿날 큰집에 모이는 불빛도 불빛이지만,

해 질 녘 울음이 타는 가을 강을 보것네.
소멸의 이미지　　　　　공감각적 심상(시각의 청각화)

저것 봐, 저것 봐,

네보담도 내보담도

그 기쁜 첫사랑 산골 물소리가 사라지고
　　　　　　청년 시절
그다음 사랑 끝에 생긴 울음까지 녹아나고
　　　　　　중년 시절
이제는 미칠 일 하나로 바다에 다 와 가는
　　　　　　노년 시절
소리 죽은 가을 강을 처음 보것네.
삶의 애환을 삭이는 화자의 내면을 형상화

> **작품 분석**
> - 갈래: 서정시, 자유시
> - 성격: 전통적, 애상적, 영탄적
> - 주제: 인생의 유한성과 한(恨)
> - 특징
>   – 구어체 및 방언 종결 어미 사용
>   – 토속적인 말씨
> - 해제: 이 시는 제삿날 큰집에 가던 길에 노을을 바라보면서 인생을 돌이켜 보는 화자의 상념을 그리고 있다. '물'과 '불'의 대조적 이미지를 통해 애상적 분위기를 심화시키며 시청각적 이미지를 활용하여 주제를 효과적으로 나타낸다. 특히 '~고나', '~것네' 등의 민요적이고 구어적인 종결 어미는 예스런 정감과 애틋한 분위기를 조성한다. 한편 강물의 흐름이라는 보편적 자연 현상에 인생의 유한함과 그에 대한 본질적 정서인 '무상함'과 '한(恨)'의 정서를 담아냈다.
>
> **기출** 17 국가직 9급

확인 문제　17 국가직 9급

〈울음이 타는 가을 강〉에 대한 감상으로 적절하지 않은 것은?
① 공감각적 이미지를 활용해 시상을 전개하고 있군.
② 첫사랑과 관련된 시어를 반복하여 운율을 형성하고 있군.
③ 대조적 속성을 지닌 소재를 통해 정서를 부각하고 있군.
④ 전통적 어조를 사용해 예스러운 정감을 살리고 있군.

정답 ②

② 추억에서

진주(晉州) 장터 생어물전(生魚物廛)에는
공간적 배경, 어머니의 생활 터전
바다 밑이 깔리는 해 다 진 어스름을,
시간적 배경, 애상적 분위기

울엄매의 장사 끝에 남은 고기 몇 마리의
중의성: 우리 엄마 / 울고 있는 엄마
빛 발(發)하는 눈깔들이 속절없이

은전(銀錢)만큼 손 안 닿는 한(恨)이던가
가난했던 시절의 한(恨)
울엄매야 울엄매,
반복 → 애상적 감정 강조

별밭은 또 그리 멀리
희망·소망의 세계 ↔ 골방
우리 오누이의 머리 맞댄 골방 안 되어
외롭고 가난한 삶
손 시리게 떨던가 손 시리게 떨던가
반복 → 가난한 삶 강조

진주 남강(南江) 맑다 해도

오명 가명
오면서 가면서 → 리듬감 형성
신새벽이나 별빛에 보는 것을,
새벽부터 밤까지 일하는 어머니의 고달픈 삶
울엄매의 마음은 어떠했을꼬,

달빛 받은 옹기전의 옹기들같이
원관념: 눈물
말없이 글썽이고 반짝이던 것인가.
어머니의 눈물, 한(恨) 형상화

작품 분석

- 갈래: 자유시, 서정시
- 성격: 회고적, 애상적, 영탄적, 향토적
- 주제: 유년기의 추억 속의 가난과 어머니의 한스러운 삶
- 특징
  - 종결 어미를 통해 영탄적 분위기와 감정의 절제를 자아냄
  - 시각적 이미지를 사용하여 주제를 형상화함
  - 시구의 반복으로 운율을 형성함
  - 토속적이고 향토적 시어를 사용함
- 해제: 이 작품은 가난했던 어린 시절, 이른 새벽에 진주 장터에 나가서 생선을 팔고 한밤중이 되어서야 돌아오던 어머니의 힘들었던 삶과 그에 대한 애틋한 그리움을 차분하고 절제된 어조로 담고 있다. 어머니의 슬픔에서 비롯된 한(恨)의 정서는 주로 시각적인 이미지를 통하여 감각적으로 표현된다. 이러한 한스러운 추억과 슬픔을 노래하면서도 그것을 통속적인 감정에 치우치기보다는 미적으로 형상화하였다.

기출 17 경찰 1차, 11 국회직 9급

17 경찰 1차

확인 문제

〈추억에서〉 시구에 대한 설명으로 가장 적절하지 않은 것은?

① 진주(晉州) 장터 생어물전: 가난하고 고단한 어머니의 삶의 공간을 일컫는다.
② 빛 발(發)하는 눈깔들이 속절없이 / 은전(銀錢)만큼 손 안 닿는 한(恨)이던가: 팔리지 않은 고기들이 은전으로 보일 만큼 가난했음을 표현한다.
③ 별 받은 또 그리 멀리: 시적 화자가 소망하는 세계가 멀리 있었음을 나타낸다.
④ 달빛 받은 옹기전의 옹기들: 어머니의 고달프고 한스러운 삶을 견디는 희망을 상징한다.

정답 ④

신동엽(1930~1969)

1959년 《조선일보》 신춘문예에 〈이야기하는 쟁기꾼의 대지〉가 당선되면서 등단하였다. 김수영 시인과 함께 1960년대를 대표하는 참여시인으로 평가받는 신동엽은 대개의 작품에서 민족적 동일성을 훼손시키는 반민족적 세력에 대한 저항을 표출하고 있다. 이러한 민족정신을 일깨우는 작품과 함께 민중의 정서에 따른 시적 형상을 창조했다. 주요 작품으로는 〈껍데기는 가라〉, 〈누가 하늘을 보았다 하는가〉 등이 있다.

(16) 신동엽, 〈껍데기는 가라〉

껍데기는 가라.
허위 의식, 부정적인 것
사월(四月)도 알맹이만 남고
4·19 혁명   민주주의를 향한 순수한 정신
껍데기는 가라.
▧: 반복, 명령형 어미 → 강한 의지 표현

껍데기는 가라.

동학년(東學年) 곰나루의, 그 아우성만 살고
동학 농민 운동   동학 농민 운동의 숭고한 정신
껍데기는 가라.

그리하여, 다시

껍데기는 가라.

이곳에선, 두 가슴과 그곳까지 내논
              허위와 가식이 없는
아사달 아사녀가
순수한 우리 민족
중립(中立)의 초례청 앞에 서서
이념을 초월한 화합의 장소
부끄럼 빛내며

맞절할지니
화해와 통합

껍데기는 가라.

한라에서 백두까지

향그러운 흙가슴만 남고
        순수한 민족애 ↔ 쇠붙이
그, 모오든 쇠붙이는 가라.
              부정한 세력, 무력, 부정성 ↔ 흙가슴

작품 분석

• 갈래: 자유시, 서정시, 참여시
• 성격: 현실 참여적, 저항적, 직설적
• 주제: 진정하고 순수한 민족의 삶 추구, 순수한 삶이 보장되는 민주 사회에 대한 소망
• 특징
　– 직설적 표현으로 부정적 인식을 표현
　– 반복적 표현과 대조적인 시어의 사용을 통해 주제를 강조
• 해제: 이 작품은 대조적 시어 '껍데기'와 '알맹이'에 군사 독재 체제 속에서의 민주주의와 통일에 대한 열망을 비유한 작품이다. 시어 '껍데기'와 '알맹이'의 대립은 불의와 부정을 의미하는 '껍데기'는 사라지고 순수와 순결을 의미하는 '알맹이'만 남기를 바라는 간절한 소망을 강조한다. 명령적 어조를 통한 시상의 전개는 화자의 강한 의지를 드러냄과 동시에 민족주의 정신과 분단 극복의 의지라는 주제를 강하게 드러낸다.

기출 17 서울시 7급, 17 법원직 9급, 16 군무원 9급, 15 국회직 9급, 09 국회직 9급

확인 문제　17 법원직 9급

〈보기〉를 참고하였을 때 〈껍데기는 가라〉의 각 시구에 대한 설명으로 적절하지 않은 것은?

보기

신동엽은 4·19 혁명에 대하여 남다른 집념을 보인 것으로 알려져 있다. 그가 1960년대를 대표하는 시인으로 꼽힐 수 있었던 것도 4·19 정신을 문학적으로 잘 표현하였기 때문이다. 이 시는 바로 4·19 정신의 정수로부터 획득한 이념적 힘을 형상화한 작품이며, 우리가 성취해야 할 민족적 과제가 무엇인지를 여실히 보여 주고 있다. 그래서 이 시는 현실적 문제를 정면으로 다룬 1960년대 참여 문학의 대표작이며, 이후 민중 민족 문학의 이정표 역할을 한 작품으로 평가되고 있다.

① 사월도 알맹이: 4·19 혁명의 순수한 정신을 의미한다.
② 껍데기는 가라: 4·19 혁명의 순수한 정신을 가리는 부정적 대상에 대한 저항적 자세를 의미한다.
③ 부끄럼 빛내며: 4·19 혁명의 순수한 정신을 잊고 살았던 부끄러움을 의미한다.
④ 한라에서 백두까지: 성취해야 할 민족적 과제 중 하나가 민족 분단의 극복임을 의미한다.

정답 ③

해설 '부끄럼 빛내며'는 순수한 정신을 잊은 부끄러운 삶을 의미하는 것이 아니라 이념과 사상의 대립을 초월하여 서로 화합하는 우리 민족의 순수함을 나타낸다.

(17) 신경림, 〈농무(農舞)〉

징이 울린다 막이 내렸다.
쓸쓸함, 허탈함(하강적 이미지)
오동나무에 전등이 매어 달린 가설무대

구경꾼이 돌아가고 난 텅 빈 운동장

우리는 분이 얼룩진 얼굴로
중의성: 분장한 얼굴, 분노가 서린 얼굴
학교 앞 소줏집에 몰려 술을 마신다.

답답하고 고달프게 사는 것이 원통하다.
직설적 감정 토로
꽹과리를 앞장세워 장거리로 나서면

따라붙어 악을 쓰는 건 쪼무래기들뿐
젊은이가 모두 떠난 농촌의 현실
처녀 애들은 기름집 담벽에 붙어 서서

철없이 킬킬대는구나.

보름달은 밝아 어떤 녀석은

꺽정이처럼 울부짖고 또 어떤 녀석은
임꺽정 → 민중적 영웅 상징
서림이처럼 해해대지만 이까짓
임꺽정의 참모로 후에 임꺽정을 배신 → 이익만 추구, 위선적 인물
산구석에 처박혀 발버둥친들 무엇하랴.
자조적·체념적 인식
비료값도 안 나오는 농사 따위야

아예 여편네에게나 맡겨 두고

쇠전을 거쳐 도수장 앞에 와 돌 때

[우리는 점점 신명이 난다.
반어법
한 다리를 들고 날라리를 불거나

고갯짓을 하고 어깨를 흔들거나.] [ ]: 연극적 표현, 희극적 요소 → 농민들의 분노와 한 표출

작품 분석

- 갈래: 자유시, 서정시
- 성격: 사실적, 묘사적, 저항적, 현실 비판적
- 주제: 농민들의 한(恨)서린 삶과 분노
- 특징
  - 직설적 표현으로 현실인식을 드러내고, 역설적 상황 설정으로 한(恨)의 정서를 표출함
  - 서사적으로 시상을 전개하고 희곡적 요소로 감정을 표현함
- 해제: 이 시는 1970년대 농촌을 배경으로 농민들의 한(恨)과 비극적 현실을 사실적이고 극적으로 묘사한 작품이다. 농민들이 추는 '농무'는 일을 끝낸 다음 노동의 피로를 푸는 놀이가 아니라 고달픈 삶의 원통함, 울분에 대한 분풀이의 성격을 띤다. 따라서 농민들의 한(恨)이 신명으로 전환되는 역설적인 상황은 당대의 사회적 현실을 문학적인 방식으로 고발하고 있음을 알 수 있다.

기출 18 지방직 7급, 14 법원직 9급

신경림(1936~)
1955년 《문학예술》에 〈갈대〉, 〈묘비〉 등이 추천되며 등단하였다. 신경림은 따뜻하고 잔잔한 감정을 바탕으로 농민의 고달픔을 다루는 시를 썼다. 그의 시에는 강력한 울분이나 격렬한 항의, 개혁의 의지 등이 강하게 드러나지는 않지만 민중의 삶을 소재로 하여 민중 의식과 역사의식을 작품에 담아냈다는 평가를 받는다.

확인 문제   14 법원직 9급

〈보기〉를 읽고 〈농무〉에 대한 설명으로 가장 적절하지 않은 것은?

보기

70년대 우리 작가들이 농촌문제의 형상화에 심혈을 기울인 까닭은 농촌이 산업화의 최대 피해자였기 때문이다. 농촌의 황폐화와 저임금·저곡가 체제로 인한 농촌 경제의 파탄, 이농현상으로 인한 급격한 인구 감소 등의 상황은 많은 문학작품의 소재가 되었으며, 작품 속에서 농민은 때로 분노하거나 좌절하는 모습으로, 때로는 자각에까지 이르는 모습으로 형상화되었다.

① '쪼무래기들뿐'은 이농으로 인해, 농업을 계승할 젊은이들이 떠나버린 현실을 보여준다.
② '꺽정이처럼 울부짖'는 모습은, 분노와 좌절을 거쳐 자각에까지 이른 농민의 모습을 형상화한 것이다.
③ '비료값도 안 나오는 농사'의 원인은 '저곡가 체제'에 있는 것으로, 화자가 좌절하는 원인이다.
④ '소'가 전통적으로 농민의 모습을 상징해 왔다는 것을 고려한다면, '도수장'은 농민이 살아가기 힘든 현실을 빗대어 표현한 것이라고 볼 수 있다.

정답 ②

해설 '꺽정이처럼 울부짖'는 모습은, 파탄난 농촌 경제로 인해 분노와 좌절하는 모습을 나타내고 있으나, 자각에 이른 모습이 형상화된 것은 아니다. 작품은 농민들의 한과 분노를 담아 당시 사회를 비판적인 시각으로 형상화하였으나, 작품 속에서 자각에 이른 농민의 모습은 찾아볼 수 없다.

황지우(1952~)
1980년 《중앙일보》 신춘문예에 〈연혁(沿革)〉이 입선하고, 같은 해 《문학과 지성》에 〈대답 없는 날들을 위하여〉를 발표하며 등단했다. 황지우의 작품은 실험적이고 전위적인 기법을 바탕으로 풍자와 부정의 정신과 그 속에 포함된 슬픔을 드러낸다는 평가를 받는다. 또한 전통시와는 전혀 다른 형식과 내용 및 다양한 형태의 사용으로 기존의 시 형태를 파괴함으로써 풍자시의 새로운 지평을 열었다.

(18) 황지우, 〈새들도 세상을 뜨는구나〉

영화(映畫)가 시작하기 전에 우리는

일제히 일어나 애국가를 경청한다.
획일적, 강요된 애국심, 군사주의 문화
삼천리 화려 강산의
애국가 가사를 인용, 반어법(암담한 현실)
을숙도에서 일정한 군(群)을 이루며

갈대숲을 이륙하는 흰 새 떼들이

[자기들끼리 끼룩거리면서

자기들끼리 낄낄대면서] [ ]: 현실에 대한 냉소적 태도

일렬 이열 삼렬 횡대로
군사 문화 풍자
자기들의 세상을

이 세상에서 떼어 메고

이 세상 밖 어디론가 날아간다.
자유와 이상의 세계
우리도 우리들끼리

낄낄대면서

깔쭉대면서

우리의 대열을 이루며

한 세상 떼어 메고

이 세상 밖 어디론가 날아갔으면
현실에서 벗어나고 싶은 화자의 소망
하는데 대한 사람 대한으로

길이 보전하세로
영화 시작 전에 듣는 애국가가 끝남
각각 자기 자리에 앉는다.
현실에서 벗어날 수 없음
주저앉는다.
좌절(하강적 이미지)

작품 분석
- 갈래: 자유시, 서정시
- 성격: 비판적, 풍자적, 냉소적
- 주제: 암울한 현실에 대한 풍자 및 냉소
- 특징
  - 냉소적 어조와 반어적 표현으로 현실을 풍자함
  - 애국가의 순서에 맞게 시상이 전개되며, 대조적 상황을 통해 좌절감을 강조함
- 해제: 이 시는 영화관에서 애국가가 시작되고 끝나는 짧은 상황을 통해 1970~80년대 군사 정권의 억압적인 현실과 절망감을 비유하고, 자유로운 삶에 대한 소망을 그려낸 작품이다.

기출 19 서울시 7급(10월), 17 법원직 9급, 10 국회직 8급

확인 문제   19 서울시 7급

〈새들도 세상을 뜨는구나〉의 시구 '끼룩거리면서'에 대한 이해로 가장 적절한 것은?

① 삶에 대한 무한한 신뢰가 드러나 있다.
② 세상에 대한 냉소적 태도가 드러나 있다.
③ 부조리한 현실에 타협하는 회한이 드러나 있다.
④ 좌절해도 꺾이지 않는 굳건한 의지가 드러나 있다.

정답 ②

어휘 풀이

❶ **괴기 소설**: 이상한 사건이나 환상 등을 소재로 한 소설로 괴기한 분위기를 자아내고 공포감을 준다.

1. 소설의 개념과 특성

(1) 소설의 개념
① 작가의 상상력에 의해 예술적으로 형상화된 산문 문학이다.
② 소설은 허구적이며 개연적인 서사 양식의 이야기이다.

(2) 소설의 특성
① 허구성: 소설은 작가의 상상력에 의해 새로 창조된 이야기이다. 현실에서 선택된 제재를 중심으로 구성되지만, 이는 실제로 존재하는 것은 아니고 있음 직한 이야기, 즉 개연성 있는 허구이다.
② 서사성: 소설은 시간의 흐름에 따라 주인공이 겪는 사건, 하는 행동 등을 통해 이야기가 전개된다.
③ 산문성: 소설은 사건이나 인물 등에 대한 묘사, 인물 간의 대화 등으로 서술되는 산문 문학이다.
④ 모방성: 소설은 현실에 있는 제재에 현실을 반영하고, 모방하여 재구성한 문학이다.
⑤ 예술성: 소설은 언어적 형식미를 지닌 언어로 표현되는 예술이다.

2. 소설의 갈래

(1) 분량에 따른 분류
① 단편(短篇) 소설: 보통 200자 원고지 70매 내외 분량의 소설로, 단일 주제로 단일 효과를 노린다.
② 중편(中篇) 소설: 원고지 200매에서 500매 사이 분량의 소설이다. 대체로 구성의 복잡성이나 주제의 복합성에서 장편 소설과 단편 소설의 중간이다.
③ 장편(長篇) 소설: 원고지 1,000매 이상의 긴 분량의 소설이다. 구성이 복잡하고 다루는 세계도 넓으며 등장인물도 다양하다.
④ 장편(掌篇) 소설: 단편 소설보다도 짧은 분량의 소설로, 콩트(conte)라고도 한다. 대개 인생의 단면을 예리하게 포착하여 그려낸다.

(2) 작가의 의도에 따른 분류
① 순수 소설: 정치적 목적을 배제하고 예술적 아름다움과 문학적 가치를 추구하는 소설이다.
② 목적 소설: 예술성의 구현보다는 사상의 선전이나 전달과 같은 목적을 이루기 위하여 쓴 소설이다.
③ 대중 소설: 일반 대중을 독자층으로 하는 흥미 위주의 소설이다. 추리 소설, 통속 연애 소설, 괴기 소설❶ 따위가 있다.

확인 문제

다음 빈칸에 들어갈 말을 쓰시오.

소설은 작가의 상상력에 의해 형성화된 산문 문학이다. 작가가 새로 창조한 이야기이기 때문에 (㉠)이지만 (㉡)이 있어야 한다.

정답 ㉠ 허구적 ㉡ 개연성

(3) 기타 소설의 갈래

① 가족사 소설: 한 가족의 여러 대에 걸친 흥망성쇠를 다룬 소설이다. 가족 개개인의 이야기보다는 가족이라는 한 사회 집단의 움직임과 변화 양상을 중시한다. 또한 여러 대에 걸친 가족의 역사를 추적하기 때문에 연대기 소설의 형태를 보인다.

② 번안 소설: 외국 원작의 내용이나 줄거리는 그대로 두고 풍속, 인명, 지명 따위를 자국의 시대나 풍토에 맞게 바꾸어 고쳐 쓴 소설이다.

③ 연작 소설: 여러 작가가 나누어 쓴 것을 하나로 만들거나, 한 작가가 같은 주인공의 단편 소설을 여러 편 써서 하나로 만든 소설을 말한다.

④ 심리 소설: 작중 인물의 심리 상태와 심리적 추이를 분석하고 묘사하는 소설이다. 우리나라에서는 이상의 〈날개〉에서 처음 시도되었다.

⑤ 본격 소설: 사회 현실에서 제재를 구하여 제3자의 관점에서 사건의 진전이나 인물의 움직임을 객관적으로 다루어 구성한 소설이다.

3. 소설의 3요소

(1) 주제

① 작가가 작품을 통해 제시하는 사상이나 세계관 등을 말한다.

② 주제가 직접적으로 드러나는 경우도 있고, 소설 속에서 암시적으로 표현되는 경우도 있다.

(2) 구성

① 구성의 개념: 이야기의 전개를 위해 인과적으로 사건을 배열하는 작품의 짜임새를 말한다.

② 구성의 단계

㉠ 발단: 작품의 도입 단계로, 인물과 배경이 제시되고 사건의 실마리가 암시된다.

㉡ 전개: 사건이 본격적으로 전개되는 단계로, 갈등이 발생하고 사건이 구체화되면서 복잡하게 얽힌다. 인물의 성격이 변화되거나 발전되기도 한다.

㉢ 위기: 갈등이 고조되고 사건이 절정에 이르게 되는 계기가 나타나는 단계이다. 사건의 극적 반전을 가져오는 계기가 제시된다.

㉣ 절정: 갈등이 최고조에 달한다. 갈등 해소의 실마리가 제시되며 위기가 반전된다.

㉤ 결말: 사건의 마무리와 함께 갈등이 해소되고 주인공의 운명이 결정된다.

스토리(story)와 플롯(plot)
- 스토리(story): 시간적 순서대로 배열된, 일정한 줄거리를 담고 있는 말이나 글을 말한다.
- 플롯(plot): 사건이 유기적으로 연결되어 있는 글을 말한다. 사건이 인과 관계에 중점을 두고 진행된다.

확인 문제　　19 서울시 7급

〈보기〉의 ㉠, ㉡에 들어갈 단어로 옳은 것은?

보기

(㉠)은/는 시간적 순서대로 배열된 사건의 서술이다. 플롯도 사건의 서술이지만 (㉡) 관계에 역점을 둔다. '왕이 죽고 왕비가 죽었다'는 (㉠)(이)지만, '왕이 죽자 왕비도 슬퍼서 죽었다'는 플롯이다. 시간적 순서는 마찬가지이지만 (㉡)의 감각이 첨가된다.

정답 ㉠ 스토리 ㉡ 인과

③ 복선과 암시

    ㉠ 복선: 사건에 필연성을 부여하기 위해 앞으로 일어날 사건을 독자에게 미리 암시하는 서사적 장치를 말한다.

    ㉡ 암시: 독자가 뒤에 일어날 사건을 예측할 수 있도록 넌지시 단서를 제공하는 방법이다.

④ 구성의 종류

    ㉠ 평면적 구성: 사건이 과거, 현재, 미래의 시간적 흐름에 따라 차례로 진행되는 방식이다.

    ㉡ 입체적 구성: 사건이 작가의 의도에 따라 순서가 바뀌어 진행되는 방식이다. 현대 소설에서 많이 나타난다.

    ㉢ 액자식 구성: 외부 이야기(외화) 안에 내부 이야기(내화)가 위치하여 이중적으로 구성된 방식이다. 소설의 핵심은 내화에 있으며, 외화는 내화를 전개하기 위한 포석을 까는 이야기이다.

(3) 문체

① 작가의 소설을 전개할 때 사용하는 언어의 개성적인 표현 방식을 말한다.

② 서술, 묘사, 대화의 방식을 통해 소설의 문체가 나타난다.

4. 소설 구성의 3요소

(1) 인물

① 인물의 개념: 작가에 의해 창조된 허구의 사람이다. 소설 속에서 사건과 행동의 주체자이며, 행위자이다.

② 인물의 유형

분류 기준	인물 유형	특징
역할	주동 인물	소설의 주인공으로, 사건의 중심에서 사건을 주도하는 인물
	반동 인물	주인공의 의지와 행동의 반대 입장에 서서 주인공과 대립하는 인물
성격 변화	평면적 인물	작품의 처음부터 끝까지 성격의 변화나 발전이 없는 인물
	입체적 인물	사건의 전개나 상황의 변화에 따라 성격이 변하는 인물
특성	전형적 인물	특정한 사회 계층이나 집단을 대표하는 인물
	개성적 인물	독자적이고 뚜렷한 개성을 지닌 인물

③ 인물 제시 방법

    ㉠ 직접 제시: 서술자가 인물의 성격을 직접 요약하여 제시하는 방법이다. 인물의 성격이 서술자에 의해 비교적 명확하게 드러나기 때문에 독자는 인물을 쉽게 이해할 수 있다.

서스펜스(suspense)
영화나 드라마, 소설 등에서 관객이나 독자들이 느끼는 극적 위기감을 말한다. 줄거리의 전개가 관객이나 독자들에게 불안감과 긴박감을 준다.

피카레스크식 구성과 옴니버스식 구성
• 피카레스크식 구성(picaresque plot): 동일한 등장인물과 동일한 배경이 반복되면서도 각각의 이야기가 독립적으로 전개되는 구성이다. 연작 소설이라고도 한다.
• 옴니버스식 구성(omnibus plot): 서로 다른 등장인물이 각각 독립된 이야기를 전개하거나 동일한 주제를 나타내며 전개되는 구성이다.

김유정, 〈봄봄〉
■ 갈래: 단편 소설, 순수 소설, 농촌 소설
■ 배경: 1930년대 봄 강원도 산골에 어느 농촌 마을
■ 시점: 1인칭 주인공 시점
■ 주제: 젊은 남녀 간의 순수한 사랑, 우직하고 순박한 데릴사위 '나'와 그것을 이용하는 교활한 '장인' 사이의 갈등
■ 특징
 – 비속어와 구어체의 사용으로 해학적 분위기를 형성함
 – 토속어의 사용으로 강원도의 독특한 사투리를 실감나게 구사함
 – 1인칭 주인공 시점을 통한 독백 형식의 서술 방식을 사용함

우리 장인님은 약이 오르면 이렇게 손버릇이 아주 못됐다. 또 사위에게 이 자식 저 자식 하는 이놈의 장인님은 어디 있느냐. 오죽해야 우리 동리에서 누굴 물론하고 그에게 욕을 안 먹는 사람은 명이 짜르다 한다. 조그만 아이들까지도 그를 돌아 세놓고 욕필이(본 이름이 봉필이니까), 욕필이, 하고 손가락질을 할 만치 두루 인심을 잃었다. 하나 인심을 정말 잃었다면 욕보다 읍의 배참봉 댁 마름으로 더 잃었다. 번이 마름이란 욕 잘 하고 사람 잘 치고 그리고 생김 생기길 호박개 같아야 쓰는 거지만 장인님은 외양에 똑 됐다. 장인께 닭 마리나 좀 보내지 않는다가 애벌논 때 품을 좀 안 준다든가 하면 그해 가을에는 영락없이 땅이 뚝뚝 떨어진다. 그러면 미리부터 돈도 먹이고 술도 먹이고 안달재신으로 돌아치던 놈이 그 땅을 슬쩍 돌아앉는다.

– 김유정, 〈봄봄〉

ⓛ 간접 제시: 인물의 행동이나 대화를 통해 인물의 성격을 간접적으로 제시하는 방법이다. 독자는 인물의 대화나 행동을 통해 유추해야 하고, 표현의 한계로 인해 서술자의 인물에 대한 견해가 분명하지 않을 수 있다.

채만식, 〈미스터 방〉
■ 갈래: 단편 소설, 세태 소설, 풍자 소설
■ 배경: 광복 직후의 서울
■ 시점: 전지적 작가 시점
■ 주제: 권력에 기대 자신의 이익만을 추구하는 당시의 세태 비판
■ 특징
 – 판소리 사설체를 통한 서술자의 개입이 드러남
 – 간접 제시 방법으로 인물의 성격을 나타냄
 – 풍자와 비판의 대상이 되는 인물을 사실적으로 표현함

1945년 8월 15일, 역사적인 날.

이날도 신기료장수 방삼복은 종로의 공원 건너편 응달에 앉아서, 구두 징을 박으면서, 해방의 날을 맞이하였다. 그러나 삼복은 감격한 줄도 기쁜 줄도 모르겠었다. 지나가는 행인이, 서로 모르던 사람끼리면서 덥쑥 서로 껴안고 기뻐하고 눈물을 흘리고 하는 것이, 삼복은 속을 모르겠고 차라리 쑥스러 보일 따름이었다. 몰려 닫는 군중이 오히려 성가시고, 만세 소리가 귀가 아파 이맛살이 지푸려질 지경이었다. 몰려다니고 만세를 부르고 하기에 미쳐 날뛰느라고 정신이 없어, 손님이 없어, 손님이 부쩍 줄었다. "우랄질! 독립이 배부른가?" 이렇게 그는 두런거리면서 반감이 솟았다.

이삼 일 지나면서부터야 삼복에게도 삼복에게다운 해방의 혜택이 나누어졌다. 십 전이나 십오 전에 박아 주던 징을, 오십 전을 받아도 눈을 부라리는 순사를 볼 수가 없었다. 순사가 없어졌다면야, 활개를 쳐가면서 무슨 짓을 하여도 상관이 없고 무서울 것이 없던 것이었다. '옳아, 그렇다면 독립도 할 만한 건가 보다.' 삼복은 징 열개를 박아 주고 오 원을 받아 넣으면서 이렇게 속으로 중얼거리기까지 하였다.

그러나 며칠이 못 가서 삼복은 다시금 해방을 저주하여야 하였다. 삼복이 저 혼자만 돈을 더 받으며, 더 받아 상관이 없는 것이 아니라, 첫째 도가(都家)들이 제 맘대로 재료값을 올리던 것이었다. 징, 가죽, 고무, 실 모두가 오곱 십곱 비싸졌다. 그러니 신기료장수는 손님한테 아무리 비싸게 받는댔자 재료를 비싼 값으로 사야 하니, 결국 도가만 살찌울 뿐이지 소득은 전과 크게 다를 것이 없었다.

"이런 옘병헐! 그눔에 경제겐 다 어드루 가 뒈졌어. 독립은 우라진다구 독립을 헌담."

– 채만식, 〈미스터 방〉

확인 문제

18 국가직 9급

〈봄봄〉에 대한 이해로 적절하지 않은 것은?
① 마름의 특성을 동물의 외양에 빗대어 낮잡아 표현하였다.
② 비속어와 존칭어를 혼용하여 해학적 표현을 구사했다.
③ 여러 정황을 거론하며 장인의 됨됨이가 마땅치 않음을 드러냈다.
④ 장인과 소작들 사이의 뒷거래 장면을 생생하게 묘사하여 제시했다.

정답 ④

해설 서술자가 상황과 인물의 특징 등을 요약해서 설명하고 있다. 하지만 생생한 묘사를 통해 장면을 제시한 부분은 나타나지 않는다.

(2) 사건과 갈등

① 사건의 개념: 갈등을 포함하여 인물의 행위나 서술에 의해 일어나는 작품 속의 모든 일들을 말한다.

② 갈등의 유형

  ㉠ 내적 갈등: 한 인물의 내면에서 일어나는 갈등을 말한다.

  ㉡ 외적 갈등: 인간과 인간 혹은 인간과 외적 대상 간의 갈등을 말한다.

인간 ↔ 인간	주동 인물과 반동 인물 사이의 갈등
인간 ↔ 사회	인물과 인물이 처한 사회 환경 사이의 갈등
인간 ↔ 운명	인물과 인물이 운명적으로 맞게 되는 사건들 사이의 갈등
인간 ↔ 자연	인물과 자연 사이의 대립과 갈등
계층 ↔ 계층	계층과 계층 사이의 갈등

  ㉢ 한 작품에서 여러 갈등이 동시에 등장할 수 있다.

③ 사건과 갈등의 기능

  ㉠ 독자들의 흥미를 불러일으킬 수 있다.

  ㉡ 사건 전개의 필연성을 부여해 작품의 유기성을 높여 준다.

  ㉢ 등장인물의 내적 · 외적 관계를 규정해 준다.

(3) 배경

① 배경의 개념: 작품에서 사건이 전개되는 시간과 공간, 더 나아가 사회적 · 역사적 상황을 말한다. 이러한 외적인 상황뿐만 아니라 등장인물의 심리적 상황 또한 배경에 포함된다.

② 배경의 기능

  ㉠ 작품의 전체적인 분위기를 조성하고 인물의 행동, 사건의 전개 등에 사실성을 부여한다.

  ㉡ 배경 자체가 상징적으로 쓰여 소설의 주제 의식을 효과적으로 드러낼 수 있다.

무진에 명산물이 없는 게 아니다. 나는 그것이 무엇인지 알고 있다. 그것은 안개다. 아침에 잠자리에서 일어나서 밖으로 나오면, 밤사이에 진주해 온 적군들처럼 안개가 무진을 뺑 둘러싸고 있는 것이었다. 무진을 둘러싸고 있는 산들도 안개에 의하여 보이지 않는 먼 곳으로 유배당해 버리고 없었다. 안개는 마치 이승에 한(恨)이 있어서 매일 밤 찾아오는 여귀(女鬼)가 뿜어 내놓은 입김과 같았다. 해가 떠오르고, 바람이 바다 쪽에서 방향을 바꾸어 불어오기 전에는 사람들의 힘으로써는 그것을 헤쳐 버릴 수가 없었다. 손으로 잡을 수 없으면서도 그것은 뚜렷이 존재했고 사람들을 둘러쌌고 먼 곳에 있는 것으로부터 사람들을 떼어 놓았다. 안개, 무진의 안개, 무진의 아침에 사람들이 만나는 안개, 사람들로 하여금 해를, 바람을 간절히 부르게 하는 무진의 안개, 그것이 무진의 명산물이 아닐 수 있을까!

　　　　　　　　　　　　　　　　　　　　　　　　　　　　　　　　　－ 김승옥, 〈무진기행〉

→ 1960년대는 안개가 낀 듯이 미래가 보이지 않는 시대, 전통적인 가치가 모두 파괴되어 버리고 모든 것이 세속화된 시대이다. '무진'은 이 같은 혼돈의 시대를 상징적으로 보여 준다.

김승옥, 〈무진기행〉
- 갈래: 단편 소설, 여로형 소설
- 배경: 1960년대 무진(霧津)
- 시점: 1인칭 주인공 시점
- 주제: 일상에서 벗어나 잃어버린 인간성을 되찾으려 하는 현대인의 심리
- 특징
  - 안개를 통해 인물의 심리와 작품 속 분위기를 표현함
  - 여로 형식으로 소설이 전개됨
  - 서정적이고 몽환적인 분위기가 나타남

5. 소설의 시점과 거리

(1) 시점의 개념

① 작품 속에서 서술자가 사건이나 대상을 바라보는 시각이나 관점을 말한다.

② 어떤 서술자를 통해 내용이 전개되는지에 따라 작품의 주제, 인물의 성격 등이 다양하게 나타난다.

(2) 시점의 종류

구분	사건의 내부적 분석	사건의 외부적 분석
서술자 '나' → 1인칭 시점	1인칭 주인공 시점	1인칭 관찰자 시점
제3의 인물 → 3인칭 시점	전지적 작가 시점	작가(3인칭) 관찰자 시점

① 1인칭 주인공 시점

㉠ '나'가 자신의 이야기를 서술하는 시점이며, '나'는 이야기의 주인공이자 서술자이다.

㉡ 주인공의 내면 심리를 제시하는 데 효과적이며, 독자에게 신뢰감과 친근감을 준다.

㉢ 주인공이나 사건, 대상에 대해 객관적인 서술이 어렵고, 주인공 이외의 등장인물을 서술하는 데 한계가 있다.

㉣ 고백적이고 자전적인 성격이 강하여 심리 소설이나 서간체 소설 등에 많이 쓰인다.

이청준, 〈눈길〉
- 갈래: 단편 소설, 순수 소설, 귀향 소설
- 시점: 1인칭 주인공 시점
- 주제: 어머니의 무한한 사랑에 대한 깨달음과 인간적 화해
- 특징
 – 회상과 대화를 통해 과거의 사실을 드러내는 역순행적 구성 방식을 취함
 – 상징적 의미를 가진 소재를 사용하여 주제를 효과적으로 드러냄

노인이 정말로 내게 빚이 없다는 사실을 잊어버리고 만 것인가. 노인의 말처럼 그건 일테면 노망기가 분명했다. 그런 염치도 못 가릴 정도로 노인은 그렇게 늙어 버린 것이었다. 하지만 나는 굳이 노인의 그런 노망기를 원망할 필요도 없었다. 문제는 서로 간의 빚의 문제였다. 노인에 대해 빚이 없다는 사실만이 내게는 중요했다. 염치가 없어져서건 노망을 해서건 노인에 대해 내가 갚아야 할 빚만 없으면 그만이었다. — 빚이 있을 리 없지. 절대로! 글쎄 노인도 그걸 알고 있으니까 정면으로는 말을 꺼내지 못하질 않던가 말이다.

어디선가 무덥고 게으른 매미 울음소리가 들렸다. 나는 비로소 마음을 굳힌 듯 오리나무 그늘에서 몸을 힘차게 일으켜 세웠다. 콩밭 아래로 흘러 뻗은 마을이 눈앞으로 멀리 펼쳐져 나갔다. 거기 과연 아직 초가지붕을 이고 있는 건 노인네의 그 버섯 모양 오두막과 아랫동네의 다른 한 채가 전부였다. — 빌어먹을! 그 지붕 개량 사업인지 뭔지 하필 이런 때 법석들일구? 아무래도 심기가 편할 수는 없었다. 나는 공연히 그 지붕 개량 사업 쪽에다 애꿎은 저주를 보내고 있었다.

– 이청준, 〈눈길〉

② 1인칭 관찰자 시점
- ㉠ 주인공이 아닌 '나'가 작품 속 서술자가 되어 주인공을 관찰하여 서술하는 시점이다.
- ㉡ 인물의 심리나 내면에 개입할 수 없어서 서술자가 관찰한 그대로 제시된다.
- ㉢ 어떠한 인물을 관찰자로 설정했는지에 따라 소설의 효과가 달라진다.
- ㉣ 주인공의 내면이 드러나지 않아 긴장감과 경이감을 조성한다.
- ㉤ 관찰자의 시선으로 서술되기 때문에 주인공의 세계를 깊이 있게 다루는 데에 한계가 있다.

"갔냐?"

이것이 맑은 정신을 되찾고 나서 맨 처음 할머니가 꺼낸 말이었다. 고모가 말뜻을 재빨리 알아듣고 고개를 끄덕였다. 인제는 안심했다는 듯이 할머니는 눈을 지그시 내리깔았다. 할머니가 까무러친 후에 일어났던 일들을 고모가 조용히 설명해 주었다. 외할머니가 사람들을 내쫓고 감나무 밑에 가서 타이른 이야기, 할머니의 머리카락을 태워 감나무에서 내려오게 한 이야기, 대밭 속으로 사라질 때까지 시종일관 행동을 같이하면서 바래다 준 이야기……, 간혹 가다 한 대목씩 빠지거나 약간 모자란다 싶은 이야기는 어머니가 옆에서 상세히 설명을 보충해 놓았다. 할머니는 소리 없이 울고 있었다. 두 눈에서 하염없이 솟는 눈물방울이 홀쭉한 볼 고랑을 타고 베갯잇으로 줄줄 흘러내렸다. 이야기를 다 듣고 나서 할머니는 사돈을 큰방으로 모셔 오도록 아버지한테 분부했다. 사랑채에서 쉬고 있던 외할머니가 아버지 뒤를 따라 큰방으로 건너왔다. 외할머니로서는 벌써 오래전에 할머니하고 한 다래끼 단단히 벌인 이후로 처음 있는 큰방 출입이었다. (중략)

안에 있는 아들보다 밖에 있는 아들을 언제나 더 생각했던 할머니는 마지막 날 밤에 다 타 버린 촛불이 스러지듯 그렇게 눈을 감았다. 할머니의 긴 일생 가운데서, 어떻게 생각하면, 잠도 안 자고 먹지도 않고, 그러고도 놀라운 기력으로 며칠 동안이나 식구들을 들볶아 대면서 삼촌을 기다리던 그 짧막한 기간이 사실은 꺼지기 직전에 마지막 한순간을 확 타오르는 촛불의 찬란함과 맞먹는, 할머니에겐 가장 자랑스럽고 행복에 넘치던 시간이었었나 보다.

— 윤흥길, 〈장마〉

---

③ 전지적 작가 시점
- ㉠ 서술자가 전지전능(全知全能)한 신과 같은 위치에서 모든 것을 다 아는 상태로 서술하는 시점을 말한다.
- ㉡ 서술자는 각 등장인물의 내면과 심리까지 묘사 · 설명 · 제시할 수 있다.
- ㉢ 작품 속 주인공이 알지 못하는 내용까지 서술자는 독자에게 모두 제시할 수 있다.
- ㉣ 서술자가 지나치게 개입할 경우 객관성 확보가 어려워지고 독자의 역할이 수동적으로 될 수 있다.
- ㉤ 대부분의 고전 소설과 장편 소설에서 많이 사용된다.

윤흥길, 〈장마〉
- ■ 갈래: 중편 소설, 전후 소설
- ■ 배경: 6 · 25 전쟁 당시 장마철에 어느 시골 마을
- ■ 시점: 1인칭 관찰자 시점
- ■ 주제: 전쟁이 가져온 비극과 그 극복
- ■ 특징
  - 사투리를 사용하여 사실감을 부여함
  - 어른인 서술자가 어린이였던 당시의 시각으로 과거를 회상하는 이중 시점을 사용함
  - 상징적 방식으로 현실의 대립과 갈등을 해소함

■ 갈래: 장면 소설, 분단 소설
■ 배경
　- 회상: 해방 이후부터 한국 전쟁 종
　　전까지, 남한과 북한
　- 현재: 타고르호 위에서의 이틀간, 인
　　도양
■ 시점: 전지적 작가 시점
■ 주제: 이데올로기 갈등 속에서의 바람
　직한 삶과 사회에 대한 염원과 좌절
■ 특징
　- 회상 형식으로 과거를 기술하며, 이
　　를 통해 남북한의 이념 문제를 다룸
　- 사변적 성격을 가진 주인공을 통해
　　관념적이고 철학적인 주제를 제시함
　- 상징적인 공간을 통해 주제를 형상
　　화 함

지금 그의 머릿속에는 아무것도 없다. 무엇이든지 바라보면서, 자기 안에 있는 빈 데를 메우지 않으면, 금방 쓰러져 버릴 것 같다. 얼마를 그러고 있다가 또 뱃간으로 돌아온다. 방은 아까처럼 비어 있다.

자기 자리로 올라간다. 자려고 해서가 아니다. 그저 찾는 것도 없이, 머리맡을 어물어물 더듬는다. 손에 딱딱한 물건이 잡힌다. 부채다. 문간에서 기척이 난다.

얼른 돌아다보았으나, 아무도 나타나지는 않는다. 되도록 천천히 다락에서 내려와, 마루에 내려선다. 무슨 할 일이 없는가 찾는 사람처럼, 두리번거린다. 방 안에 새삼스레 그의 주의를 끌 만한 것은 없다. 발끝으로 살살 밀어서 유리 조각을 한곳에 모으고, 꽉 밟는다. 소리가 나지 않는다. 더 힘 있게 밟는다. 그만한 힘으로 발바닥을 올려 밀 뿐, 유리는 바스러질 대로 바스러진 모양인지, 꿈쩍도 않는다. 복도로 나선다. 복도에도 인기척은 없다. 선장실로 올라간다. 선장은 없다. 벽장문을 연다. 총이 제자리에 세워져 있다. 벽장문을 닫는다. 서랍을 열고, 아까 선장이 들어오는 바람에 미처 돌려놓지 못한 총알을 제자리에 놓는다. 몹시 중요한 일을 마친 사람처럼, 홀가분해진다.

– 최인훈, 〈광장〉

④ 작가(3인칭) 관찰자 시점
　　㉠ 서술자가 외부 관찰자의 위치에서 사건과 대상을 관찰하여 전달하는 시점이다.
　　㉡ 인물의 대화와 행동 등을 관찰하여 전달하므로 극적인 효과를 줄 수 있다.
　　㉢ 객관적으로 사건과 대상을 전달하므로 인물의 내면 심리 묘사와 명확한 해설이
　　　어렵다.
　　㉣ 작가가 직접적으로 개입할 수 없으므로 주제는 암시적으로 제시된다.
　　㉤ 현대 사실주의 소설에서 많이 사용되는 시점이다.

■ 갈래: 단편 소설, 본격 소설
■ 배경: 1920년대 평양 칠성문 밖 빈민굴
■ 시점: 작가(3인칭) 관찰자 시점
■ 주제: 불우한 환경 속에서 타락해 가는
　한 여인의 비극적 운명
■ 특징
　- 사투리와 비속어의 사용으로 하층민
　　의 삶을 사실적으로 제시함
　- 간결한 문체와 필요 없는 설명의 과
　　감한 생략으로 사건을 빠르게 전개함
　- 한 개인의 비극을 통해 당대의 민족
　　적 빈곤을 제시함

복녀의 송장은 사흘이 지나도록 무덤으로 못 갔다. 왕 서방은 몇 번을 복녀의 남편을 찾아갔다. 복녀의 남편도 때때로 왕 서방을 찾아갔다. 둘의 새에는 무슨 교섭하는 일이 있었다. 사흘이 지났다.

밤중에 복녀의 시체는 왕 서방의 집에서 남편의 집으로 옮겼다. 그리고 그 시체에는 세 사람이 둘러앉았다. 한 사람은 복녀의 남편, 한 사람은 왕 서방, 또 한 사람은 어떤 한방 의사. 왕 서방은 말없이 돈주머니를 꺼내어, 십 원짜리 지폐 석 장을 복녀의 남편에게 주었다. 한방의의 손에도 십 원짜리 두 장이 갔다.

이튿날 복녀는 뇌일혈로 죽었다는 한방의의 진단으로 공동묘지로 가져갔다.

– 김동인, 〈감자〉

(3) 거리의 개념
　① 서술자와 등장인물, 등장인물과 독자, 독자와 서술자 사이에서 느끼는 정서적 거리
　　감을 말한다.
　② 서술자가 누구인지, 즉 소설이 서술되는 시점이 무엇인지에 따라 거리는 달라진다.
　③ 거리의 조정으로 현실감, 객관적 느낌 등을 조절할 수 있고, 이를 통해 사실성을 높
　　일 수 있다.

(4) 시점과 거리의 관계

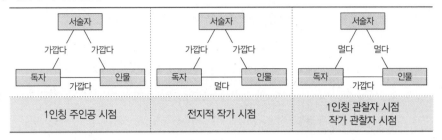

1인칭 주인공 시점	전지적 작가 시점	1인칭 관찰자 시점 작가 관찰자 시점

① 1인칭 주인공 시점

    ㉠ 서술자가 곧 등장인물, 즉 주인공과 같다. 따라서 서술자와 인물의 거리가 가장 가깝다.

    ㉡ 이와 같은 원리로 인물과 독자의 거리도 가깝다고 할 수 있다.

② 전지적 작가 시점

    ㉠ 서술자가 등장인물의 행위뿐만 아니라 내면 심리까지 독자에게 전달하기 때문에 서술자와 인물, 서술자와 독자 사이의 거리는 가깝다.

    ㉡ 독자와 인물 사이의 거리는 멀다.

③ 1인칭 관찰자 시점, 작가 관찰자 시점

    ㉠ 서술자가 등장인물의 말과 행동을 전달하고, 이를 통해 독자가 인물을 직접 판단하게 되므로 인물과 독자의 거리는 가깝다.

    ㉡ 서술자와 독자, 인물과 서술자의 거리는 멀다.

6. 주요 작품의 이해

(1) 이광수, 〈무정(無情)〉

하룻밤 비에 모든 것을 잃어버리고 발발 떠는 그네들이 어찌 보면 가련하기도 하지마는 또 어찌 보면 너무 약하고 어리석어 보인다.

그네의 얼굴을 보건댄 무슨 지혜가 있을 것 같지 아니하다. 모두 다 미련해 보이고 무감각(無感覺)해 보인다. 그네는 몇 푼어치 아니 되는 농사한 지식을 가지고 그저 땅을 팔 뿐이다. 이리하여서 몇 해 동안 하나님이 가만히 두면 썩은 볏섬이나 모아 두었다가는 한번 물이 나면 다 씻겨 보내고 만다. 그래서 그네는 영구히 더 부(富)하여짐 없이 점점 더 가난하여진다. 그래서 몸은 점점 더 약하여지고 머리는 점점 더 미련하여진다. 저대로 내버려 두면 마침내 북해도의 '아이누'나 다름없는 종자가 되고 말 것 같다.

<u>저들에게 힘을 주어야 하겠다. 지식을 주어야 하겠다.</u> 그리하여서 생활의 근거를 안전하게 하여 주어야 하겠

약자가 힘을 얻기 위해서는 지식을 얻어야 함
다.

"과학(科學)! 과학!" 하고 형식은 여관에 돌아와 앉아서 혼자 부르짖었다. 세 처녀는 형식을 본다.

작가의 사상을 대변하는 인물
"조선 사람에게 무엇보다 먼저 과학을 주어야 하겠어요. 지식을 주어야 하겠어요." 하고 주먹을 불끈 쥐며 자리에서 일어나 방 안으로 거닌다.

"여러분은 오늘 그 광경을 보고 어떻게 생각하십니까."

이광수(1892~1950)

소설가이자 언론인이다. 남녀의 애정 문제와 같은 대중적인 소재와 계몽적인 주제를 함께 다뤄 한국의 근대 문학을 주도하였다는 평을 받았지만 후에 친일 활동을 하였다. 대표적인 작품으로는 〈무정〉, 〈흙〉, 〈유정〉 등이 있다.

이 말에 세 사람은 어떻게 대답할 줄을 몰랐다. 한참 있다가 병욱이가

근대화된 인물

"불쌍하게 생각했지요." 하고 웃으며 "그렇지 않아요?" 한다. 오늘 같이 활동하는 동안에 훨씬 친하여졌다.

"그렇지요. 불쌍하지요! 그러면 그 원인이 어디 있을까요?"

"물론 문명이 없는 데 있겠지요 ― 생활하여 갈 힘이 없는 데 있겠지요."

"그러면 어떻게 해야 저들을…… 저들이 아니라 우리들이외다…… 저들을 구제할까요?" 하고 형식은 병욱을

민족과의 일체감

본다. 영채와 선형은 형식과 병욱의 얼굴을 번갈아 본다. 병욱은 자신 있는 듯이

봉건적 여성 ↔ 개화기 여성

"힘을 주어야지요! 문명을 주어야지요!"

"그리하려면?"

"가르쳐야지요! 인도해야지요!"

"어떻게요?"

"교육으로, 실행으로."

구체적인 계몽 방법의 제시

영채와 선형은 이 문답의 뜻을 자세히는 모른다. 물론 자기네가 아는 줄 믿지마는 형식이와 병욱이가 아는 만

큼 절실(切實)하게, 깊게, 단단하게 알지는 못한다. 그러나 방금 눈에 보는 사실이 그네에게 산 교훈을 주었다.

수재민의 모습 → 조선 민족의 현실

그것은 학교에서도 배우지 못할 것이요, 큰 웅변에서도 배우지 못할 것이었다.

작품 분석

- 갈래: 장편 소설, 계몽 소설, 연재 소설
- 성격: 민족주의적, 계몽적, 설교적, 근대적
- 배경: 1910년대 개화기 경성, 평양, 삼랑진
- 시점: 전지적 작가 시점
- 주제: 신교육과 자유연애 사상의 고취 및 민족 계몽
- 특징
  - 우리나라 최초의 근대 장편 소설
  - 민족의식을 고취시키고 자유연애 사상이라는 계몽성과 대중성을 조화시킴
- 인물 관계 및 인물 특징

이형식
- 전형적인 개화기 인물
- 현실과 이상 사이에서 고민
- 선구자적 의식, 근대적 지식

김선형
- 전형적인 개화기 신여성
- 현대 문명 및 개화 상징

박영채
- 봉건적 가치관 상징
- 병욱과의 만남으로 가치관이 근대적으로 변화

- 해제: 이 작품은 한국 최초의 근대적 장편 소설로 〈매일신보〉에 연재되어 선풍적인 인기를 누렸다. 전형적인 개화기 인물인 이형식을 통해 조선의 봉건적 폐습을 타파하고 근대 사회 지향 의식을 드러낸다. 이형식을 중심에 두고 일어났던 애정의 갈등이 조선 민족을 구해야 한다는 계몽의 필요성을 깨달음으로 인해 해소되며 이를 통해 자유연애와 신교육이라는 주제 의식을 나타낸다. 이러한 계몽적인 주제를 담고 있음에도 불구하고 삼각관계라는 흥미 있고 대중적인 인물 구조를 통해 전달하여 대중성과 계몽성을 조화시켰다는 평을 받는다.

기출 18 지방직 7급, 15 교행직 9급, 12 기상직 9급

확인 문제   15 교행직 9급

〈무정〉에서 밑줄 친 인물들에 대한 설명으로 가장 적절한 것은?

① '형식'은 '저들'에 대해 계몽적인 태도를 보이고 있다.
② '병욱'은 현실 문제에 대해 '형식'과 상반된 해법을 가지고 있다.
③ '영채'는 교육과 문명의 중요성에 대해 확고한 신념을 가지고 있다.
④ '선형'은 자신이 무능력하다는 것을 깨닫고 괴로워하고 있다.

정답 ①

(2) 염상섭

① 만세전(萬歲前)

염상섭(1897~1963)
〈표본실의 청개구리〉라는 작품을 발표하면서 등단하였다. 당대 시대상을 세밀하게 다뤘다는 평을 받았다. 염상섭은 서울 출신이기 때문에 작품 속에 당대의 서울 사투리가 잘 드러난다. 대표 작품으로는 최초의 가정소설인 〈삼대〉와 〈만세전〉, 〈두 파산〉 등이 있다.

그들은 여전히 이야기를 계속하고 있다.
작품 속 서술자가 다른 인물을 관찰

"그래 촌에 들어가면 위험하진 않은가요?"

조선에 처음 간다는 시골자가 또다시 입을 벌렸다.

"뭘요, 어딜 가든지 조금도 염려 없쇠다. 생번이라 하여도 요보는 온순한데다가 가는 곳마다 순사요 헌병인데
조선인을 낮추어 이르는 말
손 하나 꼼짝할 수 있나요. 그걸 보면 데라우치(寺內)상이 참 손아귀 힘도 세지만 인물은 인물이야!"

매우 감격한 모양이다.

"그래 촌에 들어가서 할 게 뭐예요?"

"할 것이야 많지요. 어딜 가기로 굶어죽을 염려는 없지만, 요새 돈 몰 것이 똑 하나 있지요. 자본 없이 힘 안 들고…… 하하하."

표독한 위인이 충동이는 수작이다.

"그런 벌이가 어디 있어요?"

촌뜨기 선생은 그 큰 눈을 더 둥그렇게 뜨고 큰 기대와 호기심을 가지고 마주 쳐다보는 모양이다.

"왜요, 한번 해보시려우?"

그는 이렇게 한마디 충동이며, 무슨 의미나 있는 듯이 그 악독하여 보이는 얼굴에 교활한 웃음을 띠고 한참 마
표독한 위인에 대한 '나'의 부정적 시선 · 평가
주 보다가,

"시골서 죽도록 땅이나 파먹다가 거꾸러지는 것보다는 편하고 재미있습넨다. 게다가 돈은 쓰고 싶은 대로 쓸 수 있고."

여전히 뱅글뱅글 웃으면서 이 순실한, 어머니 뱃속에서 나온 그대로 있는 듯한 촌뜨기를 꾄다.

"그런 선반에서 떨어지는 떡 같은 장사가 있으면 하다뿐이겠나요."

촌뜨기는 차차 침이 괴어 오는 수작이다. (중략)

"그래 그런 훌륭한 직업이 무엇인데, 어디 있단 말요?"

이번에는 그 시골자의 동행인 듯한 사람이 가만히 듣고 있다가 욕탕에서 시뻘겋게 단 몸뚱어리를 무거운 듯이 끌어내며 물었다. 그자도 물 속에서 불쑥 일어서서 수건을 등 뒤로 넘겨서 가로잡고 문지르며 한번 목욕탕 속을 휘 돌아다보고, 다른 사람들이 자기네의 이야기에는 무심히 이 구석 저 구석에서 멱을 감는 것을 살펴본 뒤에, 안심한 듯이 비로소 목소리를 낮추며 입을 벌린다.

"실상은 누워 떡먹기지. 나두 이번에 가서 해오면 세 번째나 되오마는, 내지의 각 회사와 연락해 가지고 요보들을 붙들어 오는 것인데, 즉 조선 쿨리(苦力) 말씀요. 농촌 노동자를 빼내 오는 것이죠. 그런데 그것은 대개 경상남북도나, 그렇지 않으면 함경, 강원, 그 다음에는 평안도에서 모집을 해오는 것인데, 그 중에도 경상남도가 제일 쉽습넨다, 하하하."

그자는 여기 와서 말을 끊고 교활한 웃음을 웃어 버렸다.

나는 여기까지 듣고 깜짝 놀랐다. 그 불쌍한 조선 노동자들이 속아서 지상의 지옥 같은 일본 각지의 공장과 광

확인 문제   16 국가직 9급

〈만세전〉의 서술자에 대한 설명으로 가장 적절한 것은?
① 작품 밖의 전지적 서술자가 일어난 사건의 전말을 전달하고 있다.
② 작품 속에 등장하는 인물이 다른 인물을 관찰하며 평가하고 있다.
③ 작품 밖에 있는 서술자가 관찰자가 되어 등장인물의 행동을 묘사하고 있다.
④ 작품 속의 서술자가 작품 밖의 서술자와 교차하며 사건을 입체적으로 서술하고 있다.

정답 ②

산으로 몸이 팔리어 가는 것이, 모두 이런 도적놈 같은 협잡 부랑배의 술중(術中)에 빠져서 속아넘어가는구나 하는 생각을 하며, 나는 다시 한번 그자의 상판때기를 처다보지 않을 수 없었다.

작품 분석

· 갈래: 중편 소설, 사실주의 소설
· 성격: 사실적, 냉소적, 현실 비판적
· 배경: 1918년 겨울 3 · 1 운동 직전의 동경과 서울
· 시점: 1인칭 주인공 시점
· 주제: 지식인의 눈으로 본 일제 강점기 조선의 암담한 현실
· 특징
– 여로형 구조를 통해 '나'의 자기 각성 과정을 보여줌
– 일제 강점기 조선의 현실을 사실적이고 비판적으로 나타냄
– 서술자 '나'를 통해 당대 지식인들의 나약하고 무기력한 모습을 보여줌
· 해제: 이 작품의 원제(原題)는 '묘지(墓地)'이다. 제목에서 알 수 있듯이 소설 속에서 마치 무덤 속 같은 조선의 현실을 적나라하게 드러낸다. 주인공 '나'가 도쿄에서 서울로, 다시 도쿄로 돌아가는 여로를 바탕으로 전개되며 그 과정에서 '나'를 통해 당대 지식인들의 나약함과 무기력함을 보여 주는 동시에 현실을 인식하며 점차 성장해 가는 모습을 보여 준다.

기출 18 경찰 1차, 16 국가직 9급, 15 국가직 7급

② 삼대

"아버지께서 하시는 일에……."

조금 뜸하여지며 부친이 쌈지❶를 풀어서 담배를 담는 동안에 상훈이는 나직이 말을 꺼냈다.

"…… 돈 쓰신다고만 하는 것도 아닙니다마는, 어쨌든 공연한 일을 만들어 내는 사람들이 첫째 잘못이란 말씀
입니다." _{조 의관을 부추겨서 이익을 얻으려는 사람들}

"무에 어째 공연한 일이란 말이냐?"

부친의 어기❷는 좀 낮추어졌다.

"대동보소만 하더라도 족보 한 길에 오십 원씩으로 매었다 하니, 그 오십 원씩을 꼭꼭 수봉❸하면 무엇 하자고
_{족보를 만드는 곳}
삼사천 원이 가외❹로 들겠습니까?"

"삼사천 원은 누가 삼사천 원 썼다던?"
_{알리고 싶지 않은 일을 들켜 당황함}
영감은 아들의 말이 옳다고는 생각하였으나, 실상 그 삼사천 원이란 돈이 족보 박는 데에 직접으로 들어간 것이 아니라, ○○조씨로 무후(無後)한 집의 계통을 이어서 일문일족에 끼려 한즉, 군식구가 늘면 양반의 진국이 묽어질까 보아 반대를 하는 축들이 많으니까 그 입들을 씻기기 위하여 쓴 것이다. 하기 때문에 난봉자식이 난봉 피운 돈 액수를 줄이듯이, 이 영감도 실상은 한 천 원 썼다고 하는 것이다. 중간의 협잡배❺는 이런 약점을 노리고 우려 쓰는 것이지만, 이 영감으로서는 성한 돈 가지고 이런 병신구실 해 보기는 처음이다.

"그야 얼마를 쓰셨던지요. 그런 돈은 좀 유리하게 쓰셨으면 좋겠다는 말씀입니다."

'재하자 유구무언'의 시대는 지났다 하더라도 노친 앞이라 말은 공손했으나 속은 달았다.

"어떻게 유리하게 쓰란 말이냐? 너같이 오륙천 원씩 학교에 디밀고 제 손으로 가르친 남의 딸자식 유인하는
_{친구의 딸인 홍경애를 첩으로 만들고 아이까지 낳은 일}

확인 문제 16 사복직 9급

〈삼대〉의 말하기 방식에 대한 설명으로 가장 적절한 것은?
① 논리적으로 자신의 처지를 밝히고 있다.
② 다른 사람을 내세워 자신을 변명하고 있다.
③ 상대방의 약점을 비유적으로 돌려 말하고 있다.
④ 상대방의 약점을 들어 감정적으로 공격하고 있다.

정답 ④

것이 유리하게 쓰는 방법이냐?"

아까부터 상훈이의 말이 화롯가에 앉아서 폭발탄을 만지작거리는 것 같아서 위태위태하더니 겨우 간정되려던 영감의 감정에 또 불을 붙여 놓고 말았다. 상훈이는 어이가 없어서 얼굴이 벌게진다.

작품 분석

- 갈래: 장편 소설, 세태 소설, 가족사 소설
- 성격: 사실적, 현실 비판적
- 배경: 1920~1930년대 서울, 덕기의 집
- 시점: 전지적 작가 시점
- 주제: 일제 강점기 중산층 가문의 세대 간 · 계층 간 갈등을 통해 본 식민지 조선의 사회상
- 등장인물의 특징과 갈등 구조

- 해제: 이 작품은 개화기에서 일제 강점기를 거치는 시대적 변화를 가족 간의 갈등을 통해 그리고 있다. 삼대에 걸친 집안의 수직적 갈등 구조와 계층 간의 수평적인 갈등 구조 두 가지의 갈등을 중심으로 소설이 전개된다. 기형적으로 발전해가는 식민지 근대 사회의 모습, 일제 강점기의 현실, 사회적 갈등 등 당대의 시대상이 매우 치밀하게 묘사되어 있다.

기출 18 지방직 9급, 17 기상직 9급, 16 사복직 9급, 11 국회직 8급, 07 국회직 8급, 04 국가직 9급

---

(3) 현진건

① 운수 좋은 날

새침하게 흐린 품이 눈이 올 듯하더니 눈은 아니 오고 얼다가 만 비가 추적추적 내리는 날이었다. 이날이야말
　작품 속 스산한 분위기 형성 → 사건의 결말 암시
로 동소문 안에서 인력거꾼 노릇을 하는 김첨지에게는 오래간만에도 닥친 운수 좋은 날이었다. (중략)

"남대문 정거장까지 말씀입니까." 하고 김첨지는 잠깐 주저하였다. 그는 이 우중에 우장도 없이 그 먼 곳을 철벅거리고 가기가 싫었음일까? 처음 것 둘째 것으로 고만 만족하였음일까? 아니다 결코 아니다. 이상하게도 꼬리를 맞물고 덤비는 이 행운 앞에 조금 겁이 났음이다. 그리고 집을 나올 제 아내의 부탁이 마음이 켕기었다 - 앞집 마마님한테서 부르러 왔을 제 병인은 뼈만 남은 얼굴에 유일의 샘물 같은 유달리 크고 움푹한 눈에 애걸하는 빛을 띄우며,

"오늘은 나가지 말아요. 제발 덕분에 집에 붙어 있어요. 내가 이렇게 아픈데……."라고, 모기 소리같이 중얼거
　비극적 결말을 암시(복선)
리고 숨을 걸그렁걸그렁 하였다. 그때에 김첨지는 대수롭지 않은 듯이,

"아따, 젠장맞을 년, 별 빌어먹을 소리를 다 하네. 맞붙들고 앉았으면 누가 먹여 살릴 줄 알아." 하고 훌쩍 뛰어나오려니까 환자는 붙잡을 듯이 팔을 내저으며,

현진건(1900~1943)
일제 강점기 조선의 소설가이자 언론인이다. 소설 〈빈처〉가 주목을 받으면서 문학 동인 《백조》에 들어가게 된다. 일제 강점기 식민지의 실상과 우리 민족의 수난, 하층민의 빈곤 등을 작품 속에 담아 폭로하고 고발했다. 현진건은 김동인, 염상섭과 함께 사실주의 문학의 개척자로 평가받는다.

"나가지 말아도 그래, 그러면 일찍이 들어와요." 하고, 목메인 소리가 뒤를 따랐다.

정거장까지 가잔 말을 들은 순간에 경련적으로 떠는 손 유달리 큼직한 눈 울 듯한 아내의 얼굴이 김첨지의 눈 앞에 어른어른하였다.

김첨지는 취중에도 설렁탕을 사가지고 집에 다다랐다. 집이라 해도 물론 셋집이요 또 집 전체를 세든 게 아니 라 안과 뚝 떨어진 행랑방 한 간을 빌려 든 것인데 물을 길어 대고 한 달에 일 원씩 내는 터이다. 만일 김첨지가
아내에 대한 애정
주기를 띠지 않았던들 한 발을 대문에 들여놓았을 제 그곳을 지배하는 무시무시한 정적(靜寂) — 폭풍우가 지나 간 뒤의 바다 같은 정적이 다리가 떨렸으리라. 쿨룩거리는 기침 소리도 들을 수 없다. 그르렁거리는 숨소리조차
아내의 기척이 들리지 않음. 불길한 분위기 고조
들을 수 없다. 다만 이 무덤 같은 침묵을 깨뜨리는 — 깨뜨린다느니보다 한층 더 침묵을 깊게 하고 불길하게 하는 빡빡 하는 그윽한 소리, 어린애의 젖 빠는 소리가 날 뿐이다. 만일 청각(聽覺)이 예민한 이 같으면 그 빡빡소리는 빨 따름이요, 꿀떡꿀떡 하고 젖 넘어가는 소리가 없으니 빈 젖을 빤다는 것도 짐작할는지 모르리라.
서술자의 개입
혹은 김첨지도 이 불길한 침묵을 짐작했는지도 모른다. 그렇지 않으면 대문에 들어서자마자 전에 없이,

"이 난장맞을 년, 남편이 들어오는데 나와 보지도 않아, 이 오라질 년."이라고 고함을 친 게 수상하다. 이 고함 이야말로 제 몸을 엄습해 오는 무시무시한 증을 쫓아 버리려는 허장성세인 까닭이다. (중략)

"이년아, 죽었단 말이냐, 왜 말이 없어."

"……."

"으응, 또 대답이 없네, 정말 죽었나 버이."

이러다가 누운 이의 흰 창을 덮은 위로 치뜬 눈을 알아보자마자,

"이 눈깔! 이 눈깔! 왜 나를 바라보지 못하고 천장만 보느냐, 응." 하는 말끝엔 목이 메이었다. 그러자 산 사람 의 눈에서 떨어진 닭의 똥 같은 눈물이 죽은 이의 뻣뻣한 얼굴을 어룽어룽 적시었다. 문득 김첨지는 미친 듯이 제 얼굴을 죽은 이의 얼굴에 한데 비비대며 중얼거렸다.

"설렁탕을 사다 놓았는데 왜 먹지를 못하니, 왜 먹지를 못하니…… 괴상하게도 오늘은! 운수가, 좋더니
비극적 상황 심화   *반어적 상황을 통한 비극성 심화*
만……."

확인 문제   16 국가직 7급

〈운수 좋은 날〉에 대한 설명으로 적절하 지 않은 것은?

① 사건의 결말을 암시하는 복선이 나타 나 있다.
② 비극적 상황을 심화시키는 소재가 사 용되고 있다.
③ 객관적인 서술 태도로 인물의 행동만 을 그리고 있다.
④ 행운과 불안감이 교차되면서 긴장감이 조성되고 있다.

정답 ③

작품 분석

- 갈래: 단편 소설, 사실주의 소설
- 성격: 반어적, 사실적, 비극적
- 배경: 일제 강점기 어느 비 오는 겨울날 서울 빈민가
- 시점: 전지적 작가 시점(부분적으로 작가 관찰자 시점)
- 주제: 일제 강점기 하층민의 비참한 생활상
- '운수 좋은 날'의 반어적 성격

표면적 의미	운수 좋은 날	심층적 의미
평소와 달리 많은 돈을 번 날		병든 아내가 세상을 떠난 날

- 해제: 이 작품은 1920년대 하층 노동자의 삶을 통해 일제 강점기 가난한 하층민의 현실을 사실적으로 보여 준다. 반어적 표현을 사용한 '운수 좋은 날'이라는 제목과 함께 거칠지만 사실적인 문체, 인물의 성격, 배경, 작품의 주제 등이 유기적으로 작용하여 사실성을 더욱 높이고 있다.

기출 16 국가직 7급, 12 교행직 9급, 11 경찰 2차, 08 법원직 9급

② 고향(故鄕)

[1] 대구에서 서울로 올라오는 차중에서 생긴 일이다. 나는 나와 마주 앉은 그를 매우 흥미 있게 바라보고 또 바라보았다. 두루마기격으로 기모노를 둘렀고, 그 안에서 옥양목 저고리가 내어 보이며, 아랫도리엔 중국식 바지를 입었다. (중략) 그때, 나는 그의 얼굴이 웃기보다 찡그리기에 가장 적당한 얼굴임을 발견하였다. 군데군데 찍어진 경성드뭇한 눈썹이 올올이 일어서며, 아래로 축 처지는 서슬에 양미간에는 여러가닥 주름이 잡히고, (중략) <u>삼십 세밖에 안 되어 보이는</u> 그 얼굴이 삼년 가량은 늙어진 듯하였다. 나는 그 <u>신산스러운 표정</u>에 얼마쯤 감동이

많은 수효가 듬성듬성 흩어져 있음

보기에 사는 것이 힘들고 고생스러운 데가 있음

되어서 그에게 대한 반감이 풀어지는 듯하였다. (중략)

'그'에 대한 '나'의 감정 변화

[2] 그의 고향은 대구에서 멀지 않은 K군 H란 외딴 동리였다. (중략) 넉넉지는 못할망정 평화로운 농촌으로 남부럽지 않게 지낼 수 있었다. 그러나 세상이 뒤바뀌자 그 땅은 전부가 동양 척식 회사의 소유에 들어가고 말았다. (중략)

지금으로부터 구 년 전, 그가 열일곱 살 되던 해 봄에(그의 나이는 실상 스물여섯이었다. 가난과 고생이 얼마나 사람을 늙히는가?) 그의 집안은 살기 좋다는 바람에 서간도로 이사를 갔었다. 쫓겨가는 이의 운명이거든 어디를 간들 <u>신신(新新)하랴</u>. (중략)

마음에 들게 시원하랴

[3] 그 후, 그는 부모 잃은 땅에 오래 머물기 싫었다. 신의주로, 안동현으로 품을 팔다가 일본으로 또 벌이를 찾아가게 되었다. 구주 탄광에 있어도 보고, 대판 철공장에도 몸을 담아 보았다. 벌이는 조금 나았으나 외롭고 젊은 몸은 자연히 방탕해졌다. 돈을 모으려야 모을 수 없고, 이따금 울화만 치받치기 때문에 한 곳에 주접을 하고 있을 수 없었다. 화도 나고 고국산천이 그립기도 하여서 훌쩍 뛰어나왔다가 오래간만에 고향을 둘러보고 벌이를 구할 겸 서울로 올라가는 길이라 한다.

[4] "암만 사람이 변하기로 어째 그렇게도 변하는기요? 그 숱많던 머리가 홀렁 다 벗어졌더마. 눈은 푹 들어가고, 그 이들이들하던 얼굴빛도 마치 유산을 끼얹은 듯하더마."

그간의 삶이 힘들었음을 암시

"서로 붙잡고 많이 우셨겠지요?"

"눈물도 안 나오더마. 일본 우동집에 들어가서 둘이서 정종만 한 열 병 따라뉘고 헤어졌구마." 하고 가슴을 짜는 듯한 괴로운 한숨을 쉬더니만 그는 지난 슬픔을 새록새록이 자아내어 마음을 새기기에 지쳤음이더라.

편집자적 논평

"이야기를 다 하면 무얼 하는기요?" 하고 쓸쓸하게 입을 다문다. 나 또한 너무도 참혹한 사람살이를 듣기에 쓴물이 났다.

"자, 우리 술이나 마저 먹읍시다." 하고 우리는 주거니 받거니 한 되 병을 다 말리고 말았다. 그는 취흥에 겨워서 우리가 어릴 때 멋모르고 부르던 노래를 읊조렸다.

[A]
볏섬이나 나는 전토는/ 신작로가 되고요 – 토지 강탈
말마디나 하는 친구는/ 감옥소로 가고요 – 지식인에 대한 탄압
담뱃대나 떠는 노인은/ 공동묘지 가고요 – 노인들의 죽음
인물이나 좋은 계집은/ 유곽으로 가고요 – 조선 여성들의 비참한 운명

〈고향〉 속 '신민요'

신민요는 새로 만들어진 민요라는 의미로, 민요 가락에 현실의 참상을 풍자하는 노래이다.
〈고향〉에서 신민요를 글 마지막에 위치시킴으로서 작품의 주제를 압축하여 드러내는 효과를 준다. 일제의 수탈, 식민 정책을 비판하는 사람들에 대한 탄압, 죽어가는 노인들, 여인들의 고난 등이 나타난다.

확인 문제 12 법원직 9급

01 〈고향〉에 대한 설명으로 가장 적절한 것은?

① [1]: 인물의 행적을 요약하기의 방법으로 서술하여 긴장감을 고조시키고 있다.

② [2]: 보여주기 방식으로 서술하여 서술자와 인물 사이의 객관적 거리를 확보하고 있다.

③ [3]: 서술자가 자신의 경험을 회상하는 방식으로 서술하여 액자식 구성으로 전개하고 있다.

④ [4]: 서술자와 인물의 대화를 통해 인물에 대한 서술자의 공감과 연대감을 보여준다.

02 〈고향〉에서 [A]의 기능으로 가장 적절하지 못한 것은?

① 이 작품의 주제의식을 집약해서 드러내는 기능을 한다.

② 소설의 배경이 되는 시대적 상황을 짐작할 수 있게 한다.

③ 산업화로 인해 문명화된 고향을 형상화하는 기능을 한다.

④ 작가가 당시 현실을 비관적으로 인식하고 있음을 드러낸다.

정답 01 ④ 02 ③

작품 분석

- 갈래: 단편 소설, 액자 소설
- 성격: 사실적, 현실 고발적, 비판적
- 시점: 1인칭 관찰자 시점(외부 이야기), 전지적 작가 시점(내부 이야기)
- 배경: 1920년대 일제 강점기 서울행 열차 안
- 주제: 일제 강점기 조선의 비참한 현실 고발
- 구조적 특징: 액자식 구성

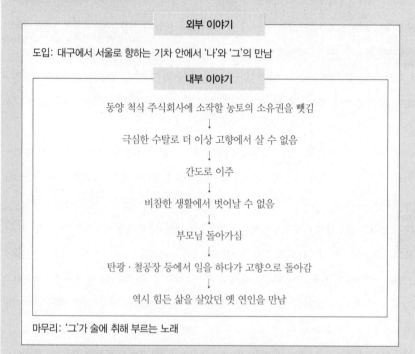

외부 이야기

도입: 대구에서 서울로 향하는 기차 안에서 '나'와 '그'의 만남

내부 이야기

동양 척식 주식회사에 소작할 농토의 소유권을 뺏김
↓
극심한 수탈로 더 이상 고향에서 살 수 없음
↓
간도로 이주
↓
비참한 생활에서 벗어날 수 없음
↓
부모님 돌아가심
↓
탄광 · 철공장 등에서 일을 하다가 고향으로 돌아감
↓
역시 힘든 삶을 살았던 옛 연인을 만남

마무리: '그'가 술에 취해 부르는 노래

- 해제: 이 작품은 일제 강점기 조선의 농촌을 배경으로 한 작품이다. 이야기는 '나'와 '그'의 대화로 진행되는데 이는 당대 지식인과 민중을 대표하는 인물의 대화로 볼 수 있다. 기차에서 우연히 만난 '그'의 이야기를 액자식 구성으로 전달하여 당시 현실의 참혹함을 사실적으로 그려내고 있다. 글 말미에 삽입된 신민요는 이러한 사회상을 집약적으로 보여 주는 효과가 있다.

기출 16 소방직 9급, 12 법원직 9급

(4) 박태원, 〈소설가 구보 씨의 일일〉

박태원(1909~1986)
구인회의 일원으로 활동하면서 반계몽, 반계급주의 문학의 시각을 바탕으로 세태 풍속을 작품 속에서 착실하게 묘사했다. 세태를 객관적이고 사실적으로 묘사하였으며, 형식·문체·표현 등에서 새로운 소설적 기법을 시도하여 모더니즘 소설 분야를 개척하였다. 대표작으로는 〈소설가 구보 씨의 일일〉, 〈천변풍경〉 등이 있다.

구보는 고독을 느끼고, 사람들 있는 곳으로, 약동하는 무리들이 있는 곳으로 가고 싶다 생각한다. 그는 눈앞의
<u>작품 밖 서술자가 작중 인물의 내면 서술</u>
경성역을 본다. 그곳에는 마땅히 인생이 있을 게다. 이 낡은 서울의 호흡과 또 감정이 있을 게다. 도회의 소설가는 모름지기 이 도회의 항구와 친하여야 한다. 그러나 물론 그러한 직업의식은 어떻든 좋았다. 다만 구보는 고독을 삼등 대합실 군중 속에 피할 수 있으면 그만이다.

그러나 오히려 고독은 그곳에 있었다. 구보가 한옆에 끼어 앉을 수도 없게시리 사람들은 그곳에 **빽빽하게** 모여 있어도, 그들의 누구에게서도 인간 본래의 온정을 찾을 수는 없었다. 그들은 거의 옆의 사람에게 한마디 말을 건네는 일도 없이, 오직 자기네들 사무에 바빴고 그리고 간혹 말을 건네도, 그것은 자기네가 타고 갈 열차의 시각이나 그러한 것에 지나지 않았다.

구보는 한구석에가 서서 그의 앞에 앉아 있는 노파를 본다. 그는 뉘 집에 드난을 살다가 이제 늙고 또 쇠잔한
<u>임시로 남의 집 행랑에 붙어 지내며 그 집의 일을 도와주거나 그런 사람을 뜻함</u>
몸을 이끌어, 결코 넉넉하지 못한 어느 시골, 딸네집이라도 찾아가는지 모른다. 이미 굳어버린 그의 안면 근육은 어떠한 다행한 일에도 펴질 턱없고, 그리고 그의 몽롱한 두 눈은 비록 그의 딸의 그지없는 **효양(孝養)**을 가지고도
<u>어버이를 효성으로 봉양함</u>
감동시킬 수 없을지 모른다. 노파 옆에 앉은 중년의 시골 신사는 그의 시골서 조그만 백화점을 경영하고 있을 게다. 그의 점포에는 마땅히 주단포목도 있고, 일용잡화도 있고, 또 흔히 씌우는 약품도 갖추어 있을 게다. 그는 이제 그의 옆에 놓인 물품을 들고 자랑스러이 차에 오를 게다. 구보는 그 시골 신사가 노파와의 사이에 되도록 간격을 가지려고 노력하는 것을 발견하고, 그리고 그를 업신여겼다. 만약 그에게 옅은 지혜와 또 약간의 용기를 주면 그는 삼등 승차권을 주머니 속에 간수하고 일이등 대합실에 오만하게 자리 잡고 앉을 게다.

㉠ <u>개찰구</u> 앞에 두 명의 사내가 서 있었다. 낡은 파나마에 모시 두루마기 노랑 구두를 신고, 그리고 손에 조그만 보따리 하나도 들지 않은 그들을, 구보는, 확신을 가져 무직자라고 단정한다. 그리고 이 시대의 무직자들은, 거의 다 ㉡ <u>금광 브로커</u>에 틀림없었다. 구보는 새삼스러이 대합실 안팎을 둘러본다. 그러한 인물들은, 이곳에도 저곳에도 눈에 띄었다. ㉢ <u>황금광 시대(黃金狂時代)</u> ―. 저도 모를 사이에 구보의 입술엔 무거운 한숨이 새어 나왔다. 황금을 찾아, 그것도 역시 숨김없는 인생의, 분명한, 일면이다. 그것은 적어도 한 손에 단장과 또 한 손에
<u>짧은 지팡이</u>
공책을 들고, 목적 없이 거리로 나온 자기보다는 좀 더 진실한 인생이었을지도 모른다. 시내에 산재한 무수한 광무소(鑛務所). 인지대 백 원, 열람비 오 원, 수수료 십 원, 지도대 십팔 전… 출원 등록된 광구(鑛區), 조선 전토
<u>광업에 관한 일체의 서류를 대서(代書)하는 사무소</u>
(全土)의 칠 할. 시시각각으로 사람들은 졸부(猝富)가 되고 또 몰락하여 갔다. 황금광 시대. 그들 중에는 평론가와 시인, 이러한 문인들조차 끼어 있었다. 구보는 일찍이 창작을 위하여 그의 벗의 광산에 가보고 싶다 생각하였다. 사람들의 사행심(射倖心), 황금의 매력, 그러한 것들을 구보는 보고, 느끼고, 하고 싶었다. 그러나 고도의 금
<u>요행을 바라는 마음</u>
광열은 오히려 ㉣ <u>총독부 청사, 동측 최고층, 광무과(鑛務課) 열람실에서 볼 수 있었다……</u>.

17 국가직 9급

확인 문제

〈보기〉를 참고할 때, 〈소설가 구보 씨의 일일〉의 ㉠~㉣에 대한 분석으로 적절하지 않은 것은?

보기
어떤 특정한 시기의 풍속이나 세태의 한 단면을 그리는 소설 양식을 세태 소설이라 한다. 세태 소설은 당대 사회의 모순이나 부조리 등을 있는 그대로 묘사하여 그 사회에 대한 비판 의식을 드러낸다. 그 대표적인 소설로 박태원의 〈소설가 구보 씨의 일일〉이 있다.

① ㉠: 세태의 단면이 드러나는 공간적 배경이다.
② ㉡: 적극성을 지닌 존재들로 서술자의 예찬 대상이다.
③ ㉢: '무거운 한숨'을 유발하는 부조리한 현실로 서술자의 비판 대상이다.
④ ㉣: 서술자가 '금광열'이 고조되어 있는 것으로 설정한 대상이나 공간이다.

정답 ②

작품 분석

- 갈래: 중편 소설, 모더니즘 소설, 심리 소설, 세태 소설
- 성격: 묘사적, 관찰적, 심리적, 사색적
- 배경: 1930년대 어느 날 서울 시내
- 시점: 전지적 작가 시점
- 주제: 1930년대 무기력한 소설가의 눈에 비친 도시의 일상과 그의 내면 의식
- 특징: 모더니즘적 기법을 사용함(의식의 흐름 기법, 몽타주 기법)
- 해제: 이 작품은 작가의 경험을 바탕으로, 무기력한 소설가인 서술자의 의식의 흐름에 따라 서울 거리를 배회하며 느끼는 것들을 전개한다. 거리를 배회한 후 집으로 돌아가는 여로형 구조를 중심으로 그 과정에서의 인물의 행적을 관찰과 심리 위주로 연관성 없이 서술한다. 주인공 '구보'는 근대화의 병폐와 물질 만능주의가 팽배한 세태를 비판하지만 해결하려는 의지를 보이지는 않는다. 이는 당대 소극적인 지식인의 모습을 형상화한 것이라 해석할 수 있다.

기출 17 국가직 9급, 13 서울시 9급

이상(1910~1937)
이상은 우리나라를 대표하는 자의식 문학의 선구자이면서 초현실주의적 시인이라는 평가를 받는다. 무의식의 메커니즘을 시세계에 도입하고, 억압된 의식과 욕구 좌절의 현실에서 새로운 세계로 탈출하려는 초현실주의적 경향을 보인다. 대표작으로는 〈거울〉, 〈오감도〉, 〈날개〉 등이 있다.

(5) 이상, 〈날개〉

'박제(剝製)가 되어 버린 천재'를 아시오? 나는 유쾌하오. 이런 때 연애까지가 유쾌하오.

육신이 흐느적흐느적하도록 피로했을 때만 정신이 은화(銀貨)처럼 맑소. 니코틴이 내 횟배 앓는 뱃속으로 스
역설적 상황   회충으로 인한 배앓이
미면 머릿속에 으레 백지가 준비되는 법이오. 그 위에다 나는 위트와 패러독스를 바둑 포석처럼 늘어놓소. 가공

할 상식의 병이오.

나는 또 여인과 생활을 설계하오. 연애 기법에마저 서먹서먹해진, 지성의 극치를 흘깃 좀 들여다본 일이 있는,

말하자면 일종의 정신 분일자(精神奔逸者) 말이오. 이런 여인의 반(半)—그것은 온갖 것의 반이오—만을 영수(領
                                                                                                          받아들이는
受)하는 생활을 설계한다는 말이오. 그런 생활 속에 한 발만 들여 놓고 흡사 두 개의 태양처럼 마주 쳐다보면서
                                                                               자아 분열의 상태
낄낄거리는 것이오. 나는 아마 어지간히 인생의 제행(諸行)이 싱거워서 견딜 수가 없게끔 되고 그만둔 모양이오.
                                           일체의 행위
굿바이.

굿바이. 그대는 이따금 그대가 제일 싫어하는 음식을 탐식(貪食)하는 아이러니를 실천해 보는 것도 좋을 것 같

소. 위트와 패러독스와……

그대 자신을 위조하는 것도 할 만한 일이오. 그대의 작품은 한 번도 본 일이 없는 기성품에 의하여 차라리 경

편(輕便)하고 고매(高邁)하리라.

19세기는 될 수 있거든 봉쇄하여 버리오. 도스토예프스키 정신이란 자칫하면 낭비인 것 같소. 위고를 불란서

의 빵 한 조각이라고는 누가 그랬는지 지언(至言)인 듯싶소. 그러나 인생 혹은 그 모형에 있어서 디테일 때문에

속는다거나 해서야 되겠소? 화(禍)를 보지 마오. 부디 그대께 고하는 것이니……. (중략)

우리들은 서로 오해하고 있느니라. 설마 아내가 아스피린 대신에 아달린의 정량을 나에게 먹여 왔을까? 나는

그것을 믿을 수는 없다. 아내가 대체 그럴 까닭이 없을 것이니, 그러면 나는 날밤을 새면서 도둑질을 계집질을 하

였나? 정말이지 아니다.

우리 부부는 숙명적으로 발이 맞지 않는 절름발이인 것이다. 내나 아내나 제 거동에 로직을 붙일 필요는 없다.
비정상적인 상태
변해(辯解)할 필요도 없다. 사실은 사실대로 오해는 오해대로 그저 끝없이 발을 절뚝거리면서 세상을 걸어가면

확인 문제   08 지방직 9급

〈날개〉에 관한 설명 중 옳지 않은 것은?

① 화자는 자신을 '정신 분일자'라고 조롱하면서 이야기를 시작하고 있다.
② 일상어의 익숙한 표현을 사용하여 앞으로 전개될 내용을 비논리적으로 소개하고 있다.
③ 자신을 '박제가 되어 버린 천재'라고 하면서 이야기 속 '나'의 입장을 토로하고 있다.
④ 독자를 상정하는 등 엄격한 전략을 사용하여 프롤로그를 서술하고 있다.

정답 ②

되는 것이다. 그렇지 않을까?

그러나 나는 이 발길이 아내에게로 돌아가야 옳은가 이것만은 분간하기가 좀 어려웠다. 가야 하나? 그럼 어디로 가나?

이때 뚜우 하고 정오 사이렌이 울었다. 사람들은 모두 네 활개를 펴고 닭처럼 푸드덕거리는 것 같고 온갖 유리
<u>'나'를 각성시키는 매개체</u>
와 강철과 대리석과 지폐와 잉크가 부글부글 끓고 수선을 떨고 하는 것 같은 찰나, 그야말로 현란을 극한 정오다.

<u>나는 불현듯이 겨드랑이가 가렵다.</u> 아하, 그것은 내 인공의 날개가 돋았던 자국이다. 오늘은 없는 이 날개. 머
<u>'나'의 의식의 변화</u>
릿속에서는 희망과 야심의 말소된 페이지가 딕셔너리 넘어가듯 번뜩였다.
     <u>날개의 의미</u>
나는 걷던 걸음을 멈추고 그리고 일어나 한 번 이렇게 외쳐 보고 싶었다.

날개야 다시 돋아라.

날자. 날자. 날자. 한 번만 더 날자꾸나.

<u>한 번만 더 날아 보자꾸나.</u>
<u>삶의 극복 의지</u>

작품 분석

- 갈래: 단편 소설, 심리 소설
- 성격: 자기 고백적, 상징적
- 배경: 1930년대 어느 날 경성
- 시점: 1인칭 주인공 시점
- 주제: 식민지 지식인의 무기력한 삶과 분열된 의식 그리고 자아 극복 의지
- 특징
  – 주인공 '나'의 내면세계를 '방'이라는 밀폐된 구조로 나타냄
  – 의식의 흐름 기법을 사용함
- 해제: 이 작품은 생의 의욕을 잃은 식민지 지식인의 무기력한 삶과 그의 자아 분열을 의식의 흐름 기법으로 나타냈다. 그저 아내에게 기생하여 살아가는 '나'의 모습은 일제 강점기의 무기력한 지식인의 모습과 비윤리적인 사고가 팽배한 당대 현실을 형상화한 것이라 볼 수 있다.

기출 19 국회직 9급, 18 경찰 3차, 13 서울시 9급, 11 서울시 9급, 10 서울시 9급, 08 지방직 9급

확인 문제

19 국회직 9급
01 〈날개〉에 대한 설명으로 옳지 않은 것은?

① 1인칭 주인공 시점을 취하고 있다.
② 상징적 표현들이 여러 차례 나타나고 있다.
③ 의식의 흐름에 따라 내면이 드러나고 있다.
④ 자아 분열의 상황을 극복하려는 인물의 의지를 읽을 수 있다.
⑤ 일제 강점기 시절 고통 받는 지식인의 사회 변혁에 대한 욕구가 담겨 있다.

18 경찰 3차
02 〈날개〉에 활용된 시점(視點)에 대한 설명으로 가장 적절한 것은?

① 서술자는 인물의 대화와 행동, 장면 등을 객관적으로 관찰하고 전달하여 극적 효과를 야기한다.
② 중심인물의 내면이 드러나지 않아 긴장감과 경이감을 조성하며, 어떠한 인물을 관찰자로 설정했는가에 따라 소설의 효과가 달라진다.
③ 서술자와 인물, 서술자와 독자의 거리는 멀지만, 인물과 독자의 거리는 가깝다.
④ 서술자의 내면적 갈등이나 감정 등의 심리 변화를 생생하게 전해 줄 수 있으나 객관성이 결여될 수 있다.

정답 01 ⑤ 02 ④
해설 02 제시된 작품은 '나'가 자신의 내면까지 서술하고 있으므로 1인칭 주인공 시점을 취하고 있다.

김유정(1908~1937)

1935년 〈소낙비〉가 《조선일보》에, 〈노다
지〉가 《중앙일보》에 각각 당선되면서 등
단하였다. 후기 구인회에 가입하여 김문
집, 이상 등과 함께 활동했다. 그의 작품
에는 우직하고 순진한 등장인물과 엉뚱한
방향과 의외의 전개로 진행되는 사건들,
사실적인 사투리와 속어 등의 독특한 개
성이 드러난다. 대표작으로는 〈만무방〉,
〈봄봄〉, 〈동백꽃〉 등이 있다.

(6) 김유정, 〈봄봄〉

점순이는 뭐, 그리 썩 예쁜 계집애는 못 된다. 그렇다구 또 개떡이냐 하면 그런 것도 아니고, 꼭 내 아내가 돼
야 할 만치 그저 툽툽하게 생긴 얼굴이다. 나보다 십년이 아래니까, 올해 열여섯인데 몸은 남보다 두 살이나 덜
생김새가 꾸밈없이 자연스럽게
자랐다. 남은 잘도 흰칠이들 크건만 이건 위아래가 뭉툭한 것이 내 눈에는 헐없이 감참외 같다. 참외 중에는 감참
외가 제일 맛좋고 예쁘니까 말이다. (중략) 내가 다 먹고 물러섰을 때, 그릇을 와서 챙기는데 난 깜짝 놀라지 않
았느냐. 고개를 푹 숙이고 밥함지에 그릇을 포개면서 날더러 들으라는지 혹은 제소린지,
나무로 짜거나 통나무를 파서 만든 그릇
"밤낮 일만 하다 말 텐가!" 하고 혼자서 종알거린다. 고대 잘 내외하다가 이게 무슨 소린가, 하고 난 정신이 얼
떨떨했다. 그러면서도 한편 무슨 좋은 수나 없는가 싶어서 나도 공중을 대고 혼잣말로, "그럼 어떡해" 하니까,
"성례시켜 달라지 뭘 어떡해." 하고 되알지게 쏘아붙이고 얼굴이 빨개져서 산으로 그저 도망질친다. 나는 잠시
몹시 아무지게
동안 어떻게 되는 심판인지 맥을 몰라서 그 뒷모양만 덤덤히 바라보았다. 봄이 되면 온갖 초목이 물이 오르고 싹
셈판
이 트고 한다. 사람도 아마 그런가 보다, 하고 며칠 내에 부쩍(속으로) 자란 듯싶은 점순이가 여간 반가운 것이
아니다. 이런 걸 멀쩡하게 아직 어리다구 하니까……

"부려만 먹구 왜 성례 안 하지유!"

나는 이렇게 호령했다. 허지만, 장인님이 선뜻 오냐 낼이라두 성례시켜 주마 했으면 나도 성가신 걸 그만두었
을지 모른다. 나야 이러면 때린 건 아니니까 나중에 장인 쳤다는 누명도 안 들을 터이고 얼마든지 해도 좋다.

한번은 장인님이 헐떡헐떡 기어서 올라오드니 내 바짓가랭이를 요렇게 노리고서 단박 움켜잡고 매달렸다. 악,
소리를 치고 나는 그만 세상이 다 팽그르 도는 것이,

"빙장님! 빙장님! 빙장님!"

"이 자식! 잡아먹어라, 잡아먹어!"

"아! 아! 할아버지! 살려 줍쇼, 할아버지!" 하고 두 팔을 허둥지둥 내절 적에는 이마에 진땀이 쭉 내솟고 인젠
참으로 죽나 부다 했다. 그래두 장인님은 놓질 않더니 내가 기어이 땅바닥에 쓰러져서 거진 까무러치게 되니까 놓
는다. 더럽다. 더럽다. 이게 장인님인가. 나는 한참을 못 일어나고 쩔쩔맸다. 그러나 얼굴을 드니(눈엔 참 아무것
도 보이지 않았다.) 사지가 부르르 떨리면서 나도 엉금엉금 기어가 장인님의 바짓가랭이를 꽉 움키고 잡아나꿨다.

내가 머리가 터지도록 매를 얻어맞은 것이 이 때문이다. 그러나 여기가 또한 우리 장인님이 유달리 착한 곳이
다. 여느 사람이면 사경을 주어서라도 당장 내쫓았지, 터진 머리를 불솜으로 손수 지져 주고, 호주머니에 히연
장인의 회유 ①   장인의 회유 ②
한 봉을 넣어 주고, 그리고

"올 갈엔 꼭 성례를 시켜 주마. 암말 말구 가서 뒷골의 콩밭이나 얼른 갈아라." 하고 등을 뚜덕여 줄 사람이 누
구냐. 나는 장인님이 너무나 고마워서 어느덧 눈물까지 났다. 점순이를 남기고 인젠 내쫓기려니 하다 뜻밖의 말
장인의 회유에 넘어감 → 순박한 '나'의 성격
을 듣고,

"빙장님! 인제 다시는 안 그러겠어유……"

이렇게 맹서를 하며 불랴살야 지게를 지고 일터로 갔다.

확인 문제   15 경찰 2차

〈봄봄〉에 나타난 서술상의 특징으로 가장
적절한 것은?

① 통상적인 인간관계에서 벗어난 인물
간의 갈등과 결말 구성이 해학적 분위
기를 조성한다.
② 의식의 흐름 기법을 사용하여 주인공
의 내적 고백과 인물의 성격을 전면에
내세우고 있다.
③ 어리숙한 희극적 인물과 과장되고 우
스꽝스러운 행동을 통해 갈등의 근본
적인 원인을 쉽게 해결하고 있다.
④ 서술자인 주인공 '나'가 인물과 사건을
직접 설명하면서 자신이 장인과 겪은
사건의 전말을 객관적으로 서술해 주
제를 보다 선명하게 부각시키고 있다.

정답 ①

작품 분석

- **갈래**: 단편 소설, 농촌 소설, 순수 소설
- **성격**: 향토적, 해학적
- **배경**: 1930년대 봄 강원도 산골의 어느 농촌 마을
- **시점**: 1인칭 주인공 시점
- **주제**: 우직한 데릴사위와 교활한 장인 사이의 갈등
- **특징**
  - 향토적 어휘와 구어체의 사용을 통해 해학적 분위기를 조성함
  - 역순행적으로 사건을 구성하여 여운 효과를 높임
- **해제**: 이 작품은 순진한 데릴사위인 '나'와 그를 이용하는 교활한 '장인'의 갈등을 해학적으로 그려냈다. 토속어와 비속어 등을 그대로 표현하고, 희극적 상황 설정과 인물의 순박한 성격 등은 김유정 작품 특유의 해학성을 잘 보여 주는 부분이다. 이에 절정과 결말의 순서를 바꾸어 배치하여 해학성을 부각시키고 긴장감을 부여하여 여운의 효과를 높였다.

기출 18 국가직 9급, 15 경찰 2차, 14 법원직 9급, 11 국가직 9급, 11 교행직 9급, 10 서울시 9급, 10 교행직 9급

(7) 이효석, 〈메밀꽃 필 무렵〉

그렇다고는 하여도 꼭 한 번의 첫 일을 잊을 수는 없었다. 뒤에도 처음에도 없는 단 한 번의 괴이한 인연! 봉평에 다니기 시작한 젊은 시절의 일이었으나, 그것을 생각할 적만은 그도 산 보람을 느꼈다.

"달밤이었으나 어떻게 해서 그렇게 됐는지 지금 생각해도 도무지 알 수 없어."

허 생원은 오늘 밤도 그 이야기를 끄집어내려는 것이다. 조 선달은 친구가 된 이래 귀에 못이 박히도록 들어왔다. 그렇다고 싫증을 낼 수도 없었으나 허 생원은 시치미를 떼고 되풀이할 대로 되풀이하고야 말았다.

"달밤에는 그런 이야기가 격에 맞거든."

조 선달 편을 바라는 보았으나 물론 미안해서가 아니라 달빛에 감동하여서였다. 이지러는졌으나 보름을 갓 지난 달은 부드러운 빛을 흐뭇이 흘리고 있다.
_{달밤을 서정적으로 묘사함}

대화까지는 팔십 리의 밤길. 고개를 둘이나 넘고 개울을 하나 건너고 벌판과 산길을 걸어야 된다. 길은 지금 긴 산허리에 걸려 있다. 밤중을 지난 무렵인지 죽은 듯이 고요한 속에서 짐승 같은 달의 숨소리가 손에 잡힐 듯이
_{달밤의 고요함(낭만적 분위기)}
들리며 콩포기와 옥수수 잎새가 한층 달에 푸르게 젖었다. 산허리는 온통 메밀밭이어서 피기 시작한 꽃이 소금을 뿌린 듯이 흐뭇한 달빛에 숨이 막힐 지경이다. 붉은 대궁이 향기같이 애잔하고 나귀들의 걸음도 시원하다. 길이
_{시각적 · 후각적 심상}
좁은 까닭에 세 사람은 나귀를 타고 줄로 늘어섰다. 방울 소리가 시원스럽게 딸랑딸랑 메밀밭께로 흘러간다. 앞장선 허 생원의 이야기 소리는 꽁무니에 선 동이에게는 확적히는 안 들렸으나, 그는 그대로 개운한 제멋에 적적하지는 않았다.

"장 선 꼭 이런 날 밤이었네. 객줏집 토방이란 무더워서 잠이 들어야지. 밤중은 돼서 혼자 일어나 개울가에 목욕하러 나갔지. 봉평은 지금이나 그제나 마찬가지지. 보이는 곳마다 메밀밭이어서 개울가가 어디 없이 하얀 꽃이야. 돌밭에 벗어도 좋을 것을, 달이 너무나 밝은 까닭에 옷을 벗으러 물방앗간으로 들어가지 않았나. 이상한 일도 많지. 거기서 난데없는 성서방네 처녀와 마주쳤단 말이네. 봉평서야 제일가는 일색이었지……."

"팔자에 있었나부지." (중략)

이효석(1907~1942)
1928년 《조선지광》지에 단편 소설 〈도시와 유령〉을 발표하면서 등단하였다. 이효석은 시의 서정성을 소설의 세계로 승화시켜 한국 단편 소설의 백미를 보여 준다는 평가를 받는다. 시적인 문체와 서정적인 분위기를 통해 성(性)과 자연의 대비와 융합을 이끌어냈다.

"제천인지로 줄행랑을 놓은 건 그 다음날이렷다."

"다음 장도막에는 벌써 온 집안이 사라진 뒤였네. 장판은 소문에 발끈 뒤집혀 고작해야 술집에 팔려가기가 상수라고 처녀의 뒷공론이 자자들 하단 말이야. 제천 장판을 몇 번이나 뒤졌겠나. 허나 처녀의 꼴은 꿩궈먹은 자리야. 첫날밤이 마지막 밤이었지. 그때부터 봉평이 마음에 든 것이 반평생을 두고 다니게 되었네. 평생인들 잊을 수 있겠나." (중략)

"모친의 친정은 원래부터 제천이었던가?"

"웬걸요. 시원스리 말은 안 해주나 봉평이라는 것만은 들었죠."
<u>동이의 모친이 성 서방네 처녀일 수도 있음을 암시</u>

"봉평, 그래 그 아비 성은 무엇이구?"

"알 수 있나요. 도무지 듣지를 못했으니까."

"그, 그렇겠지." 하고 중얼거리며 흐려지는 눈을 까물까물하다가 허 생원은 경망하게도 발을 빗디디었다. 앞으로 고꾸라지기가 바쁘게 몸째 풍덩 빠져버렸다." (중략)

"이렇게까지 해서 안됐네. 내 오늘은 정신이 빠진 모양이야."

"염려하실 것 없어요."

"그래 모친은 아비를 찾지는 않는 눈치지?"

"늘 한번 만나고 싶다고는 하는데요."

"지금 어디 계신가?"

"의부와도 갈라져 제천에 있죠. 가을에는 봉평에 모셔오려고 생각 중인데요. 이를 물고 벌면 이럭저럭 살아갈 수 있겠죠."

"아무렴, 기특한 생각이야. 가을이랬다?" (중략)

허 생원은 젖은 옷을 웬만큼 짜서 입었다. 이가 덜덜 갈리고 가슴이 떨리며 몹시도 추웠으나 <u>마음은 알 수 없이 동실둥실 가벼웠다.</u>
<u>동이가 아들임을 알자 마음이 들뜸</u>

"주막까지 부지런히들 가세나. 뜰에 불을 피우고 훗훗이 쉬어. 나귀에겐 더운 물을 끓여주고, 내일 대화장 보고는 제천이다."

"생원도 <u>제천</u>으로?……"

"오래간만에 가보고 싶어. 동행하려나 동이?"

나귀가 걷기 시작하였을 때, 동이의 채찍은 왼손에 있었다. 오랫동안 아둑시니같이 눈이 어둡던 허 생원도 요번만은 <u>동이의 왼손잡이</u>가 눈에 띄지 않을 수 없었다.
<u>허 생원과 동이가 부자 관계임을 암시</u>

[걸음도 <u>해깝고</u> 방울소리가 밤 벌판에 한층 청청하게 울렸다.] [ ]: 허 생원의 심리를 반영
<u>'가볍다'의 경북 방언</u>

달이 어지간히 기울어졌다.

확인 문제   06 교행직 9급

〈메밀꽃 필 무렵〉의 표현상의 특징으로 적절한 것은?

① 시대적 배경 설정
② 인물의 내적 갈등 묘사
③ 독백과 대화에 의한 사건 전개
④ 서정적이고 낭만적인 분위기 묘사
⑤ 잠재의식의 흐름에 의한 심리 묘사

정답 ④

작품 분석
• 갈래: 단편 소설
• 성격: 낭만적, 묘사적, 서정적
• 배경
  – 시간: 1920년대 어느 여름 날 낮부터 밤까지
  – 공간: 강원도 봉평 장터, 봉평에서 대화에 이르는 메밀꽃이 흐드러진 밤길
• 시점: 전지적 작가 시점
• 주제: 떠돌이 삶의 애환과 혈육의 정
• 특징
  – 낭만적이고 서정적인 문체가 두드러짐
  – 대화에 의해 등장인물 간의 관계에 대한 암시와 추리가 드러남
  – 과거는 요약적 서술로, 현재는 장면적 서술(묘사)로 제시함
• 해제: 이 작품은 장돌뱅이의 삶과 애환을 토속적 어휘와 서정적이고 낭만적인 묘사로 그려낸 작품이다. 작가는 대화로 이루어진 장면을 통해 등장인물인 '허 생원'과 '동이'의 관계를 암시하였다.

기출 17 경찰 2차, 16 경찰 2차, 10 서울시 9급, 08 국가직 7급, 06 교행직 9급

(8) 이태준, 〈달밤〉

하루는 나는 "평생소원이 무엇이냐?"고 그에게 물어 보았다. 그는 "그까짓 것쯤 얼른 대답하기는 누워서 떡먹기." 라고 하면서 "평생소원은 자기도 원 배달이 한번 되었으면 좋겠다."는 것이었다.

남이 혼자 배달하기 힘들어서 한 20부 떼어 주는 것을 배달하고, 월급이라고 원 배달에게서 한 3원 받는 터이라 월급을 20여 원을 받고, 신문사 옷을 입고, 방울을 차고 다니는 원 배달이 제일 부럽노라 하였다. (중략)

그러나 웬일일까. 정말 배달복에 방울을 차고 신문을 들고 들어서는 사람은 황수건이가 아니라 처음 보는 사람이다.

"왜 전엣 사람은 어디 가고 당신이오?" 물으니 그는

"제가 성북동을 맡았습니다." 한다.

"그럼 전엣 사람은 어디를 맡았소?" 하니 그는 픽 웃으며,

"그까짓 반편을 어딜 맡깁니까? 배달부로 쓸려다가 똑똑지가 못하니까 안 쓰고 말었나 봅니다." 한다. (중략)

나는 그날 그에게 돈 삼 원을 주었다. 그의 말대로 삼산 학교 앞에 가서 버젓이 참외 장사라도 해 보라고. 그리고 돈은 남지 못하면 돌려 오지 않아도 좋다 하였다. ⓐ <u>그는 삼 원 돈에 덩실덩실 춤을 추다시피 뛰어나갔다.</u> 그
<u>황수건에 대한 '나'의 애정이 드러남</u> <u>황수건의 천진하고 순박한 성격</u>
리고 그 이튿날, "선생님 잡수시라굽쇼." 하고 나 없는 때 참외 세 개를 갖다 두고 갔다. <u>그러고는 온 여름동안 그</u>
<u>황수건의 실패를 암시함</u>
는 우리 집에 얼씬하지 않았다. [들으니 ⓑ <u>참외 장사를 해 보긴 했는데 이내 장마가 들어 밑천만 까먹었고, 또</u>
<u>그까짓 것보다 한 가지 놀라운 소식은 그의 아내가 달아났단 것이다.</u> 저희끼리 금실은 괜찮았건만 동서가 못 견디게 굴어 달아난 것이라 한다. 남편만 남 같으면 따로 살림나는 날이나 기다리고 살 것이나 평생 동서 밑에 살아야 할 신세를 생각하고 달아난 것이라 한다.] [ ]: 황수건의 비극적 상황을 요약적으로 제시함

그런데 요 며칠 전이었다. 밤인데 달포 만에 수건이가 우리 집을 찾아왔다. ⓒ <u>웬 포도를 큰 것으로 대여섯 송</u>
<u>이를 종이에 싸지도 않고 맨손에 들고 들어왔다.</u> 그는 벙긋거리며 "선생님 잡수라고 사왔읍죠." 하는 때였다. 웬
사람 하나가 날쌔게 그의 뒤를 따라 들어오더니 다짜고짜로 수건이의 멱살을 움켜쥐고 끌고 나갔다. 수건이는 그

이태준(1904~?)
1933년 박태원, 이효석, 정지용, 김기림 등과 함께 〈구인회〉를 결성하였으며, 《시대일보》에 단편 〈오몽녀〉를 발표하면서 작품 활동을 시작하였다. 완결성 높은 구성과 허무와 서정을 중심으로 한 한국 현대 소설의 기법적인 바탕을 세웠다는 평가를 받는다. 대표작으로는 《가마귀》, 《달밤》, 《복덕방》 등이 있다.

우둔한 얼굴이 새하얗게 질리며 꼼짝 못하고 끌려 나갔다.

　나는 수건이가 포도원에서 포도를 훔쳐온 것을 직감하였다. 쫓아 나가 매를 말리고 포도 값을 물어 주었다. 포도 값을 물어 주고 보니 수건이는 어느 틈에 사라지고 보이지 않았다.

　나는 그 다섯 송이의 포도를 탁자 위에 얹어 놓고 오래 바라보며 아껴 먹었다. ㉣ <u>그의 은근한 순정의 열매를</u>
황수건의 마음을 소중하게 생각함
<u>먹듯 한 알을 가지고도 오래 입안에 굴려 보며 먹었다.</u>

　어쩌다. 문안에 들어갔다 늦어서 나오는데 불빛 없는 성북동 길 위에는 밝은 달빛이 깁을 깐 듯하였다. 그런데
명주실로 바탕을 조금 거칠게 짠 비단
포도원께를 올라오노라니까 누가 맑지도 못한 목청으로,

　"사······ 케······ 와 나······ 미다카 다메이······ 키······ 카······."를 부르며 큰길이 좁다는 듯이 휘적거리며 내려
일본 가요의 가사, '술은 눈물인가, 한숨인가'
왔다. 보니까 수건이 같았다. 나는, "수건인가." 하고 아는 체하려다 그가 나를 보면 무안해할 일이 있는 것을 생각하고 휙 길 아래로 내려서 나무 그늘에 몸을 감추었다. 그는 길은 보지도 않고 달만 쳐다보며, 노래는 그 이상은 외우지도 못하는 듯 첫 줄 한 줄만 되풀이하면서 전에는 본 적이 없는데 담배를 다 퍽퍽 빨면서 지나갔다.
계속되는 실패로 마음이 답답함

　달밤은 그에게도 유감한 듯하였다.

확인 문제

17 지방직 7급
01 〈달밤〉에 대한 설명으로 가장 적절한 것은?
① 현실에 쉽게 좌절하는 무기력한 인물을 조롱하고 있다.
② 서술의 초점을 사건의 논리적 인과관계를 드러내는 데 맞추고 있다.
③ 순박하고 따뜻한 심성을 지닌 인물에 대한 화자의 포용적 태도를 느낄 수 있다.
④ 개인의 삶을 짓밟는 현실의 부조리를 직접적으로 비판하고 있다.

16 서울시 9급
02 〈달밤〉의 ㉠~㉣에 대한 감상으로 가장 적절하지 않은 것은?
① ㉠: 황수건의 행위를 통해 참외 장사가 안 될 것을 예측할 수 있다.
② ㉡: 황수건에 대한 정보가 '나'에 의해 요약적으로 제시되고 있다.
③ ㉢: '포도'는 장사 밑천을 대준 '나'에 대한 황수건의 고마움의 표시이다.
④ ㉣: 인물을 바라보는 '나'의 호의적인 태도를 읽을 수 있다.

정답 01 ③ 02 ①

해설 **02** ㉠에는 적은 돈을 받고 기뻐하는 마음을 있는 그대로 드러내는 황수건의 낙천적인 면모가 묘사되고 있을 뿐 참외 장사가 실패할 것을 예측할만한 단서는 드러나 있지 않다.

작품 분석
· 갈래: 단편 소설
· 성격: 서정적, 애상적
· 배경: 1930년대 일제 강점기, 서울 성북동
· 시점: 1인칭 관찰자 시점
· 주제: 세상에 적응하지 못하는 인물의 삶에 대한 연민
· 특징
　– 세밀하고 감각적인 묘사로 사건과 인물을 형상화함
　– '달밤'이라는 배경을 설정하여 애상적 분위기를 자아내고, 인물의 상황을 상징적으로 나타냄
· 해제: 이 작품은 '황수건'이라는 모자라지만 순박한 인물의 삶을 통해 1930년대 도시 빈민들의 어려운 삶을 보여 주고 있다. 하지만 이러한 상황을 비극적이거나 절망적인 상황으로 이끌어가기 보다는 서술자 '나'의 애정 어린 시선을 통해 인간적인 정이 넘치는 사회를 꿈꾼다.

기출 17 지방직 7급, 16 서울시 9급

(9) 채만식

① 치숙(痴叔)

우리 아저씨 말이지요. 아따, 저 거시기, 한참 당년에 무엇이냐 그놈의 것, 사회주의라더냐, 막걸리라더냐, 그
_{화자가 조카라는 것을 알려줌}   _{마르크스주의를 뜻함. 화자의 무지함을 보여줌}
걸 하다 징역 살고 나와서 폐병으로 시방 앓고 누웠는 우리 오촌 고모부 그 양반…….

뭐, 말도 마시오, 대체 사람이 어쩌면 글쎄……, 내 원!
_{아저씨에 대한 '나'의 부정적 인식}
신세 간 데 없지요.

자, 십년 적공, 대학교까지 공부한 것 풀어먹지도 못했지요, 좋은 청춘 어영부영 다 보냈지요, 신분(身分)에는
_{많은 힘을 들여 애를 씀}
전과자(前科者)라는 붉은 도장 찍혔지요, 몸에는 몹쓸 병까지 들었지요, 이 신세를 해가지굴랑은 굴속 같은 오두

막집 단칸 셋방 구석에서 사시장철 밤이나 낮이나 눈 따악 감고 드러누웠군요.

재산이 어디 집 터전인들 있을 턱이 있나요. 서발 막대 내저어야 짚검불 하나 걸리는 것 없는 철빈인데.
_{더할 수 없이 매우 가난함}
우리 아주머니가, 그래도 그 아주머니가 어질고 얌전해서 그 알뜰한 남편 양반 받드느라 삯바느질이야, 남의

집 품빨래야, 화장품 장사야, 그 칙살스런 벌이를 해다가 겨우겨우 목구멍에 풀칠을 하지요.
_{하는 짓이나 말 따위가 잘고 더러운 데가 있다}
어디로 대나 그 양반은 죽는 게 두루 좋은 일인데 죽지도 아니해요.

우리 아주머니가 불쌍해요. 아, 진작 한 나이라도 젊어서 팔자를 고치는 게 아니라, 무슨 놈의 수난 후분을 바
_{늙은 뒤의 운수나 처지}
라고 있다가 고생을 하는지.

내 이상과 계획은 이렇거든요. 우리집 다이쇼가 나를 자별히 귀애하고 신용을 하니까 인제 한 십 년만 더 있으
_{주인}
면 한밑천 들여서 따로 장사를 시켜 줄 그런 눈치거든요. 그러거들랑 그것을 언덕삼아 가지고 나는 삼십 년 동안

예순 살 환갑까지만 장사를 해서 꼭 십만 원을 모을 작정이지요. 십만 원이면 죄선 부자로 쳐도 천석꾼이니, 뭐

떵떵거리고 살 게 아니라구요? 그리고 우리 다이쇼도 한 말이 있고 하니까, 나는 내지인 규수한테로 장가를 들래
_{일본인}
요. 다이쇼가 다 알아서 얌전한 자리를 골라 중매까지 서 준다고 그랬어요. 내지 여자가 참 좋지요.

나는 죄선 여자는 거저 주어도 싫어요. 구식 여자는 얌전은 해도 무식해서 내지인하고 교제하는 데 안됐고,

신식 여자는 식자나 들었다는 게 건방져서 못쓰고, 도무지 그래서 죄선 여자는 신식이고 구식이고 다 제바리여
_{신여성에 대한 부정적 인식}
요. 내지 여자가 참 좋지 뭐. 인물이 개개 일자로 이쁘겠다, 얌전하겠다, 상냥하겠다, 지식이 있어도 건방지지 않

겠다, 좀이나 좋아!

그리고 내지 여자한테 장가만 드는 게 아니라 성명도 내지인 성명으로 갈고 집도 내지인 집에서 살고 옷도 내

지 옷을 입고 밥도 내지식으로 먹고 아이들도 내지인 이름을 지어서 내지인 학교에 보내고……. 내지인 학교라야

지 죄선 학교는 너절해서 아이들 버려 놓기나 꼭 알맞지요. 그리고 나도 죄선말은 싹 걷어치우고 국어만 쓰고요.

이렇게 다 생활법식부터도 내지인처럼 해야만 돈도 내지인처럼 잘 모으게 되거든요.

채만식(1902~1950)
1924년 《조선문단》에 발표된 단편 〈세 길로〉로 문단에 등단하였다. 그는 작품을 통해 당대 식민지 현실과 사회 부조리 등을 풍자와 희화화를 통해 사실적으로 묘사하고 신랄하게 비판하였다. 강렬한 풍자적 리얼리즘의 소설 세계를 이루었다는 평가를 받는다. 대표작으로는 〈치숙〉, 〈탁류〉, 〈태평천하〉 등이 있다.

확인 문제   17 경찰 1차

〈치숙〉에 대한 설명으로 가장 적절하지 않은 것은?
① 작가는 판소리 사설을 차용하여 풍자적 성격을 강화하고 있다.
② 소설 속 관찰자가 자신의 판단을 독자에게 전달하고 있다.
③ 결과적으로 긍정적 서술자가 부정적 인물인 아저씨를 비판한다.
④ 현실적 삶의 방식과 사회주의적 삶의 방식이 동시에 나타난다.

정답 ③

작품 분석

- 갈래: 단편 소설, 풍자 소설
- 성격: 풍자적, 비판적
- 배경: 일제 강점기 서울
- 시점: 1인칭 관찰자 시점
- 주제: 일제 식민지 현실에 순응하는 '나'와 사회주의자 아저씨와의 갈등
- 특징
  - 신빙성 없는 서술자를 두어 현실을 풍자함
  - 인물의 희화화를 통해 풍자의 효과를 높임
  - 방언과 구어체를 사용하여 사실성을 높임
  - 판소리 사설 문체를 사용함
- 등장인물의 대립 및 갈등

나		아저씨
보통학교도 제대로 마치지 못함		대학까지 나온 지식인
삶의 수단으로 적극적 친일을 함		빼앗긴 나라를 되찾으려는 사회개혁의지를 지님
사회주의자를 부정적으로 생각함	↔	사회주의 운동을 하다가 옥살이를 하여 폐병을 얻음
가족의 행복을 중시함 → 현실 순응적 인물		무능력하고 가장으로서의 책임감이 없음 → 비현실적 사고방식
'아저씨'를 쓸모없는 사람이라 여김		'나'를 철없는 속물로 여김

- 해제: 이 작품은 조카 '나'의 시선을 통해 사회주의 운동을 하다가 옥살이를 하고 나온 '아저씨'의 좌절을 서술하고 있다. 이는 오히려 '나'의 이기주의적인 모습을 비판하는 반어적 기법으로, 1930년대 일제 강점기의 모순을 풍자하는 효과를 가진다.

기출 17 서울시 9급, 17 경찰 1차, 07 법원직 9급(9월)

② 태평천하(太平天下)

일찍이 윤 직원 영감은, 그의 소싯적 윤 두꺼비 시절에, 재가 부친 말대가리 윤용규가 화적의 손에 무참히 맞아 죽은 시체 옆에 서서, 노적이 불타느라고 화광이 충천한 하늘을 우러러 "이놈의 세상, 언제나 망하려느냐?" ㉠ "우리만 빼놓고 어서 망해라!" 하고 부르짖은 적이 있겠다요.

이미 반세기 전, 그리고 그것은 당시의 나한테 불리한 세상에 대한 격분된 지주요 겸하여 웅장한 투쟁의 선언이었습니다. 해서 윤 직원 영감은 과연 승리를 했겠다요. 그런데……. (중략)

"사회주의라니? 으응? 으응?……"

㉡ 윤 직원 영감은 사뭇 사람을 아무나 하나 잡아먹을 듯, 집이 떠나게 큰 소리로 포효(咆哮)를 합니다.

"……으응? 그놈이 사회주의를 하다니! 으응? 그게, 참말이냐? 참말이여?"

"허긴 그놈이 작년 여름 방학에 나왔을 때버틈 그런 기미가 좀 뵈긴 했어요!"

"그러머넌 참말이구나! 그러머넌 참말이여, 으응!……."

윤 직원 영감은 이마로 얼굴로 땀이 방울방울 배어 오릅니다.

"……그런 쳐 죽일 놈, 깎어 죽여두 아깝잖을 놈! 그놈이 경찰서장 허라닝개루. 생판 사회주의 허다가 뗍다 경찰서에 잡혀? 으응?…… 오사육시를 헐 놈이, 그놈이 그게 어디 당헌 것이라구 지가 사회주의를 히여? 부자 놈의 자식이 무엇이 대껴서 부랑당패에 들어……"

확인 문제
17 서울시 9급

〈치숙〉에 나타난 서술자에 대한 설명으로 가장 옳은 것은?
① 서술자가 내지인을 비판함으로써 자기 주장을 강화하고 있다.
② 서술자가 전지적 존재로서 인물과 사건을 모두 조망할 수 있다.
③ 서술자가 작품 속에 등장하는 다른 인물의 내면을 추리하고 있다.
④ 서술자가 신뢰할 수 없는 존재로서, 독자로 하여금 서술자를 비판적으로 바라보게 한다.

정답 ④

아무도 숨을 크게 쉬지 못하고, 고개를 떨어뜨리고 섰기 아니면 앉았을 뿐, 윤 직원 영감이 잠깐 말을 그치자 방 안은 물을 친 듯이 조용합니다.

"……오죽이나 좋은 세상이여? 오죽이나……."
<u>식민통치에 대한 윤 직원의 긍정적 인식</u>
윤 직원 영감은 팔을 부르걷은 주먹으로 방바닥을 땅— 치면서 성난 황소가 영각을 하듯 고함을 지릅니다.
<u>소가 길게 우는 소리</u>
"화적패가 있너냐아? 부랑당 같은 수령(守令)들이 있더냐…… 재산이 있대야 도적놈의 것이요, 목숨은 파리 목숨 같던 말세(末世)년 다 지내가고오…… ⓒ 자 부아라, 거리거리 순사요, 골골마다 공명헌 정사(政事), 오죽이나 좋은 세상이여…… 남은 수십만 명 동병(動兵)을 히여서, 우리 조선 놈 보호히여 주니, 오죽이나 고마운 세상이여? 으응?…… ㉣ 제 것 지니고 앉아서 편안허게 살 태평 세상, 이걸 태평천하라구 허는 것이여, 태평천하!……. 그런디 이런 태평천하에 태어난 부자 놈의 자식이, 더군다나 왜 지가 떵떵거리구 편안허게 살 것이지, 어찌서 지가 세상 망쳐 놀 부랑당패에 참섭을 헌담 말이여, 으응?"
<u>윤 직원의 사회주의에 대한 인식</u>
땅— 방바닥을 치면서 벌떡 일어섭니다. 그 몸짓이 어떻게도 요란스럽고 괄괄한지, 방금 발광이 되는가 싶습니다. 아닌 게 아니라 모여 선 가권들은 방바닥 치는 소리에도 놀랐지만, 이 어른이 혹시 상성(喪性)이 되나 않는가 하는 의구의 빛이 눈에 나타남을 가리지 못합니다.
<u>본래의 성질을 잃어버리고 전혀 다른 사람처럼 됨</u>

"…… 착착 깎어 죽일 놈……! 그놈을 내가 핀지하여서, 백 년 지녁을 살리라고 헐걸! 백 년 지녁 살리라고 헐
<u>편지</u> <u>징역</u>
테여……. 오냐, 그놈을 삼천 석 거리는 직분[分財]하여 줄라구 히였더니, 오—냐, 그놈 삼천 석 거리를 톡톡 팔어서, 경찰서으다가, 사회주의 허는 놈 잡어 가두는 경찰서으다가 주어 버릴걸! 으응, 죽일 놈!"

마지막의 으응 죽일 놈 소리는 차라리 울음소리에 가깝습니다.
<u>분노와 절망감이 극에 달함</u>
"…… 이 태평천하에! 이 태평천하에……."

작품 분석

- 갈래: 중편 소설, 풍자 소설, 가족사 소설
- 성격: 비판적, 풍자적, 반어적
- 배경: 1930년대 서울의 어느 대지주 집안
- 시점: 전지적 작가 시점
- 주제: 일제 강점기의 한 지주 집안의 세대 간 갈등과 몰락
- 특징
  - 왜곡된 의식을 지닌 인물을 통해 당대 현실을 풍자함
  - 방언과 비속어를 사용하여 이야기의 사실성을 높임
  - 과장법, 반어법, 희화화를 통해 대상을 풍자함
  - 판소리 사설의 특징인 서술자의 개입이 나타남
- 해제: 이 작품은 지주이자 고리대금업자인 윤 직원 영감이라는 인물을 통해 일제 강점기인 1930년대의 사회의 모순과 중산 계층의 비윤리적이고 반사회적인 모습을 날카롭게 풍자하고 있다. 서술자는 독특한 어투를 사용해 독자와 거리를 좁히고, 반어법으로 부정적 인물을 희화화하며, 부정적 인물을 조롱하고 있다. 제목인 '태평천하'는 윤 직원 영감이 일제 강점기를 지칭하는 단어로서, 그의 왜곡된 현실 인식을 단적으로 보여 준다.

기출 12 국가직 9급, 08 국가직 7급

〈태평천하〉의 ㉠~㉣ 중 '윤 직원'의 가치관이 드러나지 않는 것은?

① ㉠　　　　　② ㉡
③ ㉢　　　　　④ ㉣

정답 ②
해설 ㉡은 단순히 윤 직원의 행동 묘사를 하는 부분에 해당한다.

황순원(1915~2000)
1931년 《동광》에 시 〈나의 꿈〉을 발표하며 등단하였다. 그의 작품은 간결하고 세련된 문체와 다양한 기법적 장치들로 이루어진다. 이를 통해 한국인의 한(恨)과 토속적인 것들을 담아내고, 한국인의 근원적 정신과 관련된 시대적·사회적 문제에 폭넓게 접근하였다.

(10) 황순원, 〈목넘이 마을의 개〉

[1] 저녁때가 돼서야 비가 멎었다. ㉠ 신둥이는 또 미리부터 두 기와집 새를 여러 번 왔다 갔다 해서 구유에 남은 밥을 얻어먹을 수 있었다. ㉡ 이날 저녁은 작은 동장네 바둑이가 입맛을 잃었는지 퍽이나 많은 밥을 남기고 있었다. ㉢ 다음 날은 아주 깨끗이 개인 봄날이었다. ㉣ 이날도 신둥이는 꼭두새벽부터 두 집 새를 오고 가고 해서야 구유에 남은 밥을 얻어먹을 수 있었는데, 이날 신둥이의 걸음은 거의 절룩거리지 않았다. 방앗간으로 돌아가자 볕 잘 드는 곳에 엎디어 해바라기를 시작했다. ㉤ 늦은 조반 때쯤 해서 이쪽으로 오는 인기척 소리가 나더니, 두 동장네 절가(머슴)가 볏섬을 지고 나타났다.

[2] 동네 사람들이 방앗간의 터진 두 면을 둘러쌌다. 그리고 방앗간 속을 들여다보았다. 과연 어둠 속에 움직

방앗간을 포위하여 신둥이가 빠져나가지 못하게 하기 위함

이는 게 있었다. 그리고 그게 어둠 속에서도 흰 짐승이라는 걸 알 수 있었다. 분명히 그놈의 신둥이개다. 동네 사람들은 한 걸음 한 걸음 죄어들었다. 점점 뒤로 움직여 쫓기는 짐승의 어느 한 부분에 불이 켜졌다. 저게 산개의 눈이다. 동네 사람들은 몽둥이 잡은 손에 힘을 주었다. 이 속에서 간난이 할아버지도 몽둥이 잡은 손에 힘을 주었다. 한 걸음 더 죄어들었다. 눈앞의 새파란 불이 빠져나갈 틈을 엿보듯이 휙 한 바퀴 돌았다. 별나게 새파란 불이

생존을 향한 욕구, 새끼들을 지키려는 본능

었다. 문득 간난이 할아버지는 이런 새파란 불이란 눈앞에 있는 신둥이개 한 마리의 몸에서 나오는 것이 아니고 여럿의 몸에서 나오는 것이 합쳐진 것이라는 생각이 들었다. 말하자면 지금 이 신둥이개의 뱃속에 든 새끼의 몫까지 합쳐진 것이라는. 그러자 간난이 할아버지의 가슴속을 흘러 지나가는 게 있었다. 짐승이라도 새끼 밴 것을 차마?

이 때에 누구의 입에선가, 때려라! 하는 고함 소리가 나왔다. 다음 순간 간난이 할아버지의 양옆 사람들이 욱개를 향해 달려들며 몽둥이를 내리쳤다. 그와 동시에 간난이 할아버지는 푸른 불꽃이 자기 다리 곁을 빠져나가는

신둥이

것을 느꼈다.

뒤이어 누구의 입에선가, 누가 빈틈을 냈어? 하는 흥분에 찬 목소리가 들렸다. 그리고 저마다, 거 누구야? 거 누구야? 하고 못마땅해 하는 말소리 속에 간난이 할아버지 턱밑으로 디미는 얼굴이 있어, "아즈반이웨다레" 하는

아저씨로구려(방언)

것은 동장네 절가였다.

머슴

확인 문제

18 국회직 9급

01 〈목넘이 마을의 개〉 [1]의 내용을 세 개의 단락으로 나눌 때 세 번째 단락이 시작되는 곳은?

① ㉠   ② ㉡
③ ㉢   ④ ㉣
⑤ ㉤

19 국가직 9급

02 〈목넘이 마을의 개〉 [2]에 대한 설명으로 옳지 않은 것은?

① 토속적이면서도 억센 삶의 현장을 그리고 있다.
② 신둥이의 새파란 불은 생의 욕구를 암시한다.
③ 간난이 할아버지에게서 생명에 대한 외경을 느낄 수 있다.
④ 동장네 절가는 간난이 할아버지의 행동에 동조하고 있다.

정답 01 ⑤ 02 ④

작품 분석

- 갈래: 단편 소설
- 성격: 설화적, 우화적, 사실적, 암시적
- 배경: 일제 강점기 평안도 어느 산간 목넘이 마을
- 시점: 전지적 작가 시점(외부 이야기), 1인칭 관찰자 시점(내부 이야기)
- 주제: 한민족의 강인한 생명력과 끈기, 생명의 강인함과 생명에 대한 외경심
- 특징
  – 외부 이야기 안에 내부 이야기가 있는 액자식 구성으로 전개됨
  – 묘사나 대화의 사용은 절제하고 전통적 설화식 전개로 서술함
- 해제: 이 작품은 마을 사람들에 의해 죽을 위기에 처한 개 '신둥이'와 이 개가 도망치도록 도와준 노인의 이야기를 통해 일제 강점기의 힘든 상황에서도 강인하고 끈질기게 이어지는 우리 민족의 생명력을 보여 준다.

기출 19 국가직 9급, 18 국회직 9급

(11) 오상원, 〈유예〉

[1] 소속 사단은? 학벌은? 고향은? 군인에 나온 동기는? 공산주의를 어떻게 생각하시오? 미국에 대한 감정은? 그럼…… 동무의 말은 하나도 이치에 당치 않소.

동무는 아직도 계급의식이 그대로 남아 있소. 출신 계급을 탓하지는 않소. 오해하지 마시오. 그 근성이 나쁘다는 것뿐이오. 다시 한번 생각할 여유를 주겠소. 한 시간 후, 동무의 답변이 모든 것을 결정지을 거요.

몽롱한 의식 속에 갓 지나간 대화가 오고 간다. <u>한 시간 후면 모든 것은 끝나는 것이다.</u> 사박사박, 걸음을 옮길
생사가 결정되는 유예 기간
때마다 발밑에 부서지는 눈, 그리고 따발총구를 등 뒤에 느끼며, 앞장서 가는 인민군 병사를 따라 무너진 초가집 뒷담을 끼고 이 움 속 감방으로 오던 자신이 마음속에 삼삼히 아른거린다. 한 시간 후면 나는 그들에게 끌려 예정대로의 둑길을 걸어가고 있을 것이다. 몇 마디 주고받은 다음, 대장은 말할 테지. 좋소. 뒤를 돌아보지 말고 똑바로 걸어가시오. 발자국마다 사박, 사박 눈 부서지는 소리가 날 것이다.

아니, 어쩌면 놈들은 내 옷이 탐이 나서 홀랑 빨가벗겨서 걷게 할지도 모른다(찢어지기는 하였지만 아직 색깔이 제 빛인 미(美) 전투복이니까……). 나는 빨가벗은 채, 추위에 살이 빨가니 얼어서 흰 둑길을 걸어간다. 수발의 총성, 나는 그대로 털썩 눈 위에 쓰러진다. 이윽고 <u>붉은 피가 하이얀 눈을 호젓이 물들여간다.</u> 그 순간 모든
색채 대조, 죽음의 비극성 강조
것은 끝나는 것이다. 놈들은 멋쩍게 총을 다시 거꾸로 둘러메고 본대로 돌아들 간다. 발의 눈을 털고 추위에 손을 비벼가며 방안으로 들어들 갈 테지. 몇 분 후면 그들은 화롯불에 손을 녹이며, <u>아무 일도 없었던 듯 담배들을 말아 피우고 기지개를 할 것이다.</u>
인간성의 상실, 전쟁의 비인간성에 대한 비판

[2] 인제 모든 것은 끝난다. 끝나는 그 순간까지 정확히 끝을 맺어야 한다. <u>끝나는 일 초, 일 각까지 나를, 자기를 잊어서는 안 된다.</u>
자신의 신념을 지키고자 하는 의지

<u>걸음걸이는 그의 의지처럼 또한 정확했다.</u> 아무리 한 걸음, 한 걸음 다다가는 걸음걸이가 죽음에 접근하여 가
전지적 작가 시점
는 마지막 길일지라도 결코 허트른, 불안한, 절망적인 것일 수는 없었다. 흰 눈, 그 속을 걷고 있다. 훤칠히 트인 벌판 너머로, 마주 언덕, 흰 눈이다. <u>연발하는 총성, 마치 외부 세계의 잡음만 같다. 아니, 아무것도 아닌 것이다.</u>
죽음이 '그'에게는 무의미함
그는 흰 속을 그대로 한 걸음, 한 걸음, 정확히 걸어가고 있었다. 눈 속에 부서지는 발자국 소리가 어렴풋이 들려온다. 두런두런 이야기 소리가 난다.

누가 뒤통수를 잡아 일으키는 것 같다. 뒤허리에 충격을 느꼈다. 아니, 아무것도 아니다. 아무것도 아닌 것이다.

<u>흰 눈이 회색빛으로 흩어지다가 점점 어두워 간다.</u> 모든 것은 끝난 것이다.
죽어가는 순간을 표현
[놈들은 멋적게 총을 다시 거꾸로 둘러메고 본부로 돌아들 갈 테지. 눈을 털고 주위에 손을 비벼 가며 방안으로 들어갈 것이다. 몇 분 후면 화롯불에 손을 녹이며 아무 일도 없었던 듯 담배들을 말아 피우고 기지개를 할 것이다. 누가 죽었건 지나가고 나면 아무것도 아니다. 모두 평범한 일인 것이다.]
[ ]: 인간의 생명을 경시하는 태도 → 전쟁의 비극성, 비인간성 강조
의식이 점점 그로부터 어두워 갔다. 흰 눈 위다. 햇볕이 따스히 눈 위에 부서진다.

오상원(1930~1985)

1953년에 응모한 〈녹쓰는 파편(破片)〉과 1955년 《한국일보》 신춘문예에 단편 소설 〈유예(猶豫)〉가 당선되면서 등단하였다. 오상원 문학의 특징은 6·25 전후 세대의 사회적·도덕적 문제를 다루었다는 것에 있다. 실존주의 사상과 휴머니즘 사조에서 영향을 받아 전후 세대의 혼란 속에서도 적극적으로 행동하는 인물상을 그려냈다.

확인 문제

05 국가직 7급

01 〈유예〉 [1]의 서술 방식을 틀리게 말한 것은?

① 의식의 흐름 기법으로 인물의 내면을 서술한다.
② '눈'과 '피'의 이미지를 통해 감각적 선명함을 획득한다.
③ 다수의 인물이 화자의 역할을 맡음으로써 이야기가 다각도로 서술된다.
④ 자의식이 강한 주인공을 통해 인간의 실존의식을 두드러지게 형상화하였다.

16 국회직 9급

02 〈유예〉 [2]에 대한 설명으로 가장 적절한 것은?

① 시공간적 배경이 제시되며 전체적인 도입부의 역할을 하고 있다.
② 인물들 사이의 갈등이 시작되면서 본격적인 사건이 전개된다.
③ 단순한 갈등이 복잡화되면서 사건 전개가 긴밀해진다.
④ 주인공 내면의 갈등이 극대화되면서 주제 의식이 부각된다.
⑤ 전체적인 사건이 마무리되면서 극적 긴장감이 해소된다.

정답 01 ③ 02 ⑤

작품 분석
- 갈래: 단편 소설, 전후 소설, 심리 소설
- 성격: 독백적, 실존적
- 배경: 6 · 25 전쟁 당시의 겨울 어느 산골 마을의 눈 덮인 들판
- 시점: 1인칭 주인공 시점과 전지적 작가 시점의 혼용
- 주제: 전쟁의 비극성에 대한 비판, 전쟁이라는 극한 상황 속에서의 인간의 고뇌
- 특징
  - 의식의 흐름 기법을 사용함
  - 1인칭 화자의 독백 형식과 현재형 문장을 사용하여 박진감 · 현장감을 줌
- 해제: 이 작품은 대표적인 전후 소설의 하나로, 실존주의적 경향이 잘 드러난다. 전쟁 중 포로로 잡힌 국군 소대장이 죽음을 앞둔 한 시간의 유예 시간에 인간 실존에 대해 고뇌하는 과정을 의식의 흐름에 따라 그려 냈다. 죽음 앞에서도 적의 회유를 거부하고 자신의 의지와 신념을 지키고, 죽음을 아무렇지 않게 여기는 인물이 '나'와 아무렇지 않게 '나'의 죽음을 집행하는 '그들' 모습의 대조를 통해 인간 실존의 무의미함을 보여 준다. '나'가 죽음을 맞이하는 '흰 눈밭'은 '붉은 피'와 대조를 이루는 이미지로 전쟁의 비극성을 고발하고, 이를 더욱 선명하게 나타낸다.

기출 16 국회직 9급, 11 교행직 9급, 05 국가직 7급

최인훈(1936~2018)

소설가이자 희곡 작가이다. 1959년 〈GREY 구락부 전말기〉 등을 발표하며 등단하였다. 현대인의 불안과 고뇌를 다채로운 기법으로 표현해 내 전근대적인 상황과 양대 이데올로기의 사이에서 끊임없이 화두를 던진 작가라 평가받는다. 대표작으로는 〈광장〉, 〈회색인〉, 〈소설가 구보 씨의 일일〉 등이 있다.

확인 문제

08 법원직 9급

01 〈광장〉의 서술상의 특징과 효과로 적절하지 않은 것은?

① 주인공의 회상을 통하여 과거와 현재가 연결되고 있다.
② 상징적 기법을 통해 인물의 고뇌를 형상화하였다.
③ '의식의 흐름' 기법을 통해 주인공의 내면세계를 서술하였다.
④ 풍자적인 언어 사용이 작품의 비극성을 악화시키고 있다.

08 법원직 9급

02 〈광장〉의 밑줄 친 ㉠, ㉡의 의미로 바르지 않은 것은?

① ㉠ - 진정한 광장을 찾아 나섰던 주인공의 삶의 과정을 고려해 볼 때, 부채는 '주인공의 삶 자체'를 의미한다.
② ㉠ - '사북 자리'는 '더 이상 물러설 수 없어 선택의 여지가 없는 곳'을 의미한다.
③ ㉡ - 주인공의 적극적 선택의 결과로 얻어진 공간을 의미한다.
④ ㉡ - 이념의 대립과 사상의 갈등이 없는 평안한 휴식처를 의미한다.

정답 01 ④ 02 ③

(12) 최인훈, 〈광장(廣場)〉

…… 펼쳐진 부채가 있다. 부채의 끝 넓은 테두리 쪽을, 철학과 학생 이명준이 걸어간다. 가을이다. 겨드랑이
　　　　　　　　　　　회상 1: 대학생 이명준, 남한에서의 대학 생활
에 낀 대학신문을 꺼내 들여다본다. 약간 자랑스러운 듯이. 여자를 깔보지는 않아도, 알 수 없는 동물이라고 여기고 있다.

책을 모으고, 미라를 구경하러 다닌다. 정치는 경멸하고 있다. 그 경멸이 실은 강한 관심과 아버지 일 때문에
　　　　　　　　　　　　　　　　　　　　　　　　　　　　　　　　　　아버지의 월북
그런 모양으로 나타난 것인 줄은 알고 있다. 다음에, 부채의 안쪽 좀 더 좁은 너비에, 바다가 보이는 분지가 있
　　　　　　　　　　　　　　　　　　회상 2: 월북하던 때
다. 거기서 보면 갈매기가 날고 있다. 윤애에게 말하고 있다. 윤애 날 믿어 줘. 알몸으로 날 믿어 줘. 고기 썩는
　　　　　　　　　　　　　　　남한에서의 애인
냄새가 역한 배 안에서 물결에 흔들리다가 깜빡 잠든 사이에, 유토피아의 꿈을 꾸고 있는 그 자신이 있다. 조선인
　　　회상 3: 북한에서의 생활
꼴호즈 숙소의 창에서 불타는 저녁놀의 힘을 부러운 듯이 바라보고 있는 그도 있다. 구겨진 바바리코트 속에 시
래기처럼 바랜 심장을 하고 은혜가 기다리는 하숙으로 돌아가고 있는 9월의 어느 저녁이 있다. 도어에 뒤통수를
　　　　　　　　　　　　　　북한에서의 애인
부딪치면서 악마도 되지 못한 자기를 언제까지나 웃고 있는 그가 있다. 그의 삶의 터는 부채꼴, 넓은 데서 점점
　　　　　　　　　　　　　　　　　　　　　　　　　　　　　　　　　　극한 상황으로 내몰리는 화자의 상황 암시
안으로 오므라들고 있었다. 마지막으로 은혜와 둘이 안고 뒹굴던 동굴이 그 부채꼴 위에 있다. 사람이 안고 뒹구
　　　　　　　　　　　　　　　회상 4: 은혜와의 재회
는 목숨이 꿈이 다르지 않으니. 어디선가 그런 소리도 들렸다. ㉠ 그는 지금, 부채의 사북 자리에 서 있다. 삶의
　　　　　　　　　　　　　　　　　　　　　　　　　　　　　　　　한계에 다다른 명준의 현재 상황
광장은 좁아지다 못해 끝내 그의 두 발바닥이 차지하는 넓이가 되고 말았다. 자 이제는? 모르는 나라, 아무도 자
기를 알 리 없는 먼 나라로 가서, 전혀 새사람이 되기 위해 이 배를 탔다. 사람은, 모르는 사람들 사이에서는, 자
기 성격까지도 마음대로 골라잡을 수도 있다고 믿는다. 성격을 골라잡다니! 모든 일이 잘 될 터이었다. 다만 한
가지만 없었다면. 그는 두 마리 새들을 방금까지 알아보지 못한 것이었다. 무덤 속에서 몸을 푼 한 여자의 용기
　　　　　　　　　　　　　　　　　　은혜와 태어나지 못한 명준의 딸　　　　　　　　　　　　명준의 아이를 임신한 채 죽은 은혜
를, 방금 태어난 아기를 한 팔로 보듬고 다른 팔로 무덤을 깨뜨리고 하늘 높이 치솟는 여자를, 그리고 마침내 그
를 찾아내고야 만 그들의 사랑을.

돌아서서 마스트를 올려다본다. 그들은 보이지 않는다. 바다를 본다. 큰 새와 꼬마 새는 바다를 향하여 미끄러

지듯 내려오고 있다. 바다. 그녀들이 마음껏 날아다니는 광장을 명준은 처음 알아본다. 부채꼴 사북까지 뒷걸음

질 친 그는 지금 핑그르르 뒤로 돌아서선다. ⓒ 제정신이 든 눈에 비친 푸른 광장이 거기 있다.

이념과 사상의 대립이 없는 이상적인 공간

작품 분석

- 갈래: 장편 소설, 사회 소설, 분단 소설
- 성격: 실존적, 관념적, 철학적
- 배경: 해방 직후부터 6 · 25 전쟁 종전까지 남한과 북한
- 시점: 전지적 작가 시점
- 주제: 이념의 갈등과 분단 상황 속에서 이상적인 사회를 향한 지식인의 염원과 좌절
- 특징
  - 남북 분단의 이데올로기 문제를 본격적으로 다룸
  - 사변적 성격의 서술자를 통해 철학적 · 사회학적 주제를 표현함
  - 부분적으로 의식의 흐름 기법을 사용함
  - 상징적 공간인 '밀실', '광장' 등을 제시하여 주제를 형상화함
- 해설: 이 작품은 남북 분단과 이데올로기의 갈등 속의 시대에서 이러한 이념 갈등으로 좌절하는 지식인의
  모습을 통해 분단 현실을 비판한다. 주인공은 이념 갈등이 없는 제3국을 선택하지만 결국 이데올로기의 허
  구를 깨닫고 중립국으로 향하던 배에서 자살을 선택한다. 이는 남북 분단과 이데올로기의 갈등을 비판적으
  로 그려낸 것이며, 바다는 이념이 배제된 이상적 세계라고 볼 수 있다.

기출 15 법원직 9급, 11 국회직 9급, 10 국회직 9급, 10 서울시 7급, 08 법원직 9급

(13) 김승옥

① 서울, 1964년 겨울

김승옥(1941~)
1962년 《한국일보》 신춘문예에 〈생명연
습〉이 당선되며 등단하였다. 〈역사〉, 〈무진
기행〉 등의 작품을 통해 전후 세대 작가
를 넘어선 것으로 인정받았다. 김승옥의
소설은 감각적인 문체와 언어의 조응, 인
물과 배경의 적절한 배치 등 완결성 높은
소설의 구성력으로 새로운 기원을 열었다
는 평가를 받는다.

"아내와는 재작년에 결혼했습니다. 우연히 알게 됐습니다. 친정이 대구 근처에 있다는 얘기만 했지 한 번도 친

정과는 내왕이 없었습니다. 난 처갓집이 어딘지도 모릅니다. 그래서 할 수 없었어요."

그는 다시 고개를 떨구고 입을 우물거렸다.

"뭘 할 수 없었다는 말입니까?" 내가 물었다.

그는 내 말을 못 들은 것 같았다. 그러나 한참 후에 다시 고개를 들고 마치 애원하는 듯한 눈빛으로 말을 이었다.

["아내의 시체를 병원에 팔았습니다. 할 수 없었습니다. 난 서적월부 판매외교원에 지나지 않습니다. 할 수 없

었습니다. 돈 사천 원을 주더군요. 난 두 분을 만나기 얼마 전까지도 세브란스 병원 울타리 곁에 서 있었습니다.

아내가 누워 있을 시체실이 있는 건물을 알아보려고 했습니다만 어딘지 알 수 없었습니다. 그냥 울타리 곁에 앉

아서 병원의 큰 굴뚝에서 나오는 희끄무레한 연기만 바라보고 있었습니다. 아내는 어떻게 될까요, 학생들이 해부

실습하느라고 톱으로 머리를 자르고 칼로 배를 찢고 한다는데 정말 그러겠지요?"] [ ]: 사내의 사연

우리는 입을 다물고 있을 수밖에 없었다. 사환이 다꾸앙과 파가 담긴 접시를 갖다 놓고 나갔다.

"기분 나쁜 얘길 해서 미안합니다. 다만 누구에게라도 얘기하지 않고서는 견딜 수 없었습니다. 한 가지만 의논

해 보고 싶은데, 이 돈을 어떻게 하면 좋을까요? 저는 오늘 저녁에 다 써 버리고 싶은데요."

"쓰십시오." 안이 얼른 대답했다.

"이 돈이 다 없어질 때까지 함께 있어 주시겠어요?" 사내가 말했다.

우리는 얼른 대답하지 못했다.

"함께 있어 주십시오." 사내가 말했다. 우리는 승낙했다.

"멋있게 한번 써 봅시다."라고 사내는 우리와 만난 후 처음으로 웃으면서 그러나 여전히 힘없는 음성으로 말했다.

우리는 모두 고개를 숙이고 어두운 골목길을 걸어서 거리로 나왔다. 적막한 거리에는 찬바람이 세차게 불고 있었다. "몹시 춥군요."라고 사내는 우리를 염려한다는 음성으로 말했다.

"추운데요. 빨리 여관으로 갑시다." 안이 말했다.

"방을 한 사람씩 따로 잡을까요?" 여관에 들어갔을 때 안이 우리에게 말했다.

"그게 좋겠지요?"

"모두 한방에 드는 게 좋겠어요."라고 나는 아저씨를 생각해서 말했다.

아저씨는 그저 우리 처분만 바란다는 듯한 태도로, 또는 지금 자기가 서 있는 곳이 어딘지도 모른다는 태도로 멍하니 서 있었다. ㉠ 여관에 들어서자 우리는 모든 프로가 끝나 버린 극장에서 나오는 때처럼 어찌할 바를 모르고 거북스럽기만 했다. 여관에 비한다면 거리가 우리에게 더 좋았던 셈이었다. 벽으로 나누어진 방들, 그것이 우
_{인간관계의 단절, 개인주의}
리가 들어가야 할 곳이었다.

"모두 같은 방에 들기로 하는 것이 어떻겠어요?" 내가 다시 말했다.

"난 아주 피곤합니다." 안이 말했다. "방은 각각 하나씩 차지하고 자기로 하지요."

"혼자 있기가 싫습니다."라고 아저씨가 중얼거렸다.

"혼자 주무시는 게 편하실 거예요." 안이 말했다.

우리는 복도에서 헤어져 사환이 지적해 준, ㉡ 나란히 붙은 방 세 개에 각각 한 사람씩 들어갔다.

"화투라도 사다가 놉시다." 헤어지기 전에 내가 말했지만,

"난 아주 피곤합니다. 하시고 싶으면 두 분이나 하세요." 하고 안은 말하고 나서 자기의 방으로 들어가 버렸다.

"나도 피곤해 죽겠습니다. 안녕히 주무세요."라고 나는 아저씨에게 말하고 나서 내 방으로 들어갔다. ㉢ 숙박계엔 거짓 이름, 거짓 주소, 거짓 나이, 거짓 직업을 쓰고 나서 사환이 가져다 놓은 자리끼를 마시고 나는 이불을
_{익명성}
뒤집어썼다. 나는 꿈도 안 꾸고 잘 잤다.

다음날 아침 일찍 안이 나를 깨웠다.

"그 양반 역시 죽어 버렸습니다." 안이 내 귀에 입을 대고 그렇게 속삭였다.
_{사내의 죽음을 직감하였으나 방치함}
"예?" 나는 잠이 깨끗이 깨어 버렸다.

"방금 그 방에 들어가 보았는데 역시 죽어 버렸습니다."

"역시……." 나는 말했다.

"사람들이 알고 있습니까?"

"아직까진 아무도 모르는 것 같습니다. 우선 빨리 도망해 버리는 게 시끄럽지 않을 것 같습니다."
_{책임 회피, 현대인의 개인주의와 이기심}
"사실이지요?"

"물론 그렇겠죠."

나는 급하게 옷을 주워 입었다. 개미 한 마리가 방바닥을 내 발이 있는 쪽으로 기어 오고 있었다. ㉣ 그 개미가

확인 문제

〈서울, 1964년 겨울〉의 ㉠~㉣을 현대 사회의 특성과 관련지어 설명할 때 적절하지 않은 것은?

① ㉠은 목표의 부재로 인한 방향 상실을 상징한다.
② ㉡은 개인주의의 표출과 연대 의식의 상실을 드러낸다.
③ ㉢은 개인의 노출을 꺼리는 현대인의 익명성을 드러내고 있다.
④ ㉣은 현대인이 지닌 자아 분열과 심리적 불안정성을 상징한다.

정답 ④

내 발을 붙잡으려고 하는 것 같은 느낌이 들어서 나는 얼른 자리를 옮겨 디디었다.
'나'의 양심, '나'가 느끼는 죄책감
　밖의 이른 아침에는 싸락눈이 내리고 있었다. 우리는 할 수 있는 한 빠른 걸음으로 여관에서 떨어져갔다.
사내의 죽음에 휘말리고 싶지 않음

작품 분석

- 갈래: 단편 소설
- 성격: 상징적, 암시적
- 배경: 1964년 어느 겨울밤 서울 거리
- 시점: 1인칭 주인공 시점
- 주제: 현대 사회의 고독과 소외감, 익명성과 인간적 연대감의 상실
- 특징
  - 공간적 배경과 인물의 정서를 연관 지어 주제를 제시함
  - 인물의 대화와 행동으로 시대적 특성을 나타냄
  - 공간의 상징성을 통해 현대 사회의 문제를 보여줌
- 해제: 이 작품은 등장인물을 익명화시킴으로서 현대 사회의 단절된 인간관계와 개인주의를 그려냈다. 절망에 빠진 사내의 죽음을 짐작하면서도 말리지 않는 모습은 인간적 연대감을 상실한 현대인들의 모습을 보여 준다. 현대 도시인의 개인주의, 유대감 상실, 의사소통 단절 등을 상징적인 장치를 통해 효과적으로 표현한다.

기출 19 서울시 9급, 19 법원직 9급, 18 경찰 3차, 11 법원직 9급

---

② 무진기행(霧津紀行)

　무진에 명산물이 없는 게 아니다. 나는 그것이 무엇인지 알고 있다. 그것은 안개다. 아침에 잠자리에서 일어나서 밖으로 나오면, 밤사이에 진주해 온 적군들처럼 안개가 무진을 뺑 둘러싸고 있는 것이었다. 무진을 둘러싸고
안개를 비유 1
있는 산들도 안개에 의하여 보이지 않는 먼 곳으로 유배당해 버리고 없었다. 안개는 마치 이승에 한(恨)이 있어서 매일 밤 찾아오는 여귀(女鬼)가 뿜어 내놓은 입김과 같았다. 해가 떠오르고, 바람이 바다 쪽에서 방향을 바꾸어
안개를 비유 2
불어오기 전에는 사람들의 힘으로써는 그것을 헤쳐 버릴 수가 없었다. 손으로 잡을 수 없으면서도 그것은 뚜렷이 존재했고 사람들을 둘러쌌고 먼 곳에 있는 것으로부터 사람들을 떼어 놓았다. 안개, 무진의 안개, 무진의 아침에 사람들이 만나는 안개, 사람들로 하여금 해를, 바람을 간절히 부르게 하는 무진의 안개, 그것이 무진의 명산물이 아닐 수 있을까! (중략)

　나는 이모가 나를 흔들어 깨워서 눈을 떴다. 늦은 아침이었다. 이모는 전보 한 통을 내게 건네주었다. 엎드려
현실을 일깨워 주는 역할
누운 채 나는 전보를 펴보았다. '27일 회의 참석 필요, 급상경바람 영.' '27일'은 모레였고 '영'은 아내였다. 나는
아프도록 쑤시는 이마를 베개에 대었다. 나는 숨을 거칠게 쉬고 있었다. 나는 내 호흡을 진정시키려고 했다. 아
현실을 깨닫자 느끼게 된 고통
내의 전보가 무진에 와서 내가 한 모든 행동과 사고(思考)를 내게 점점 명료하게 드러내 보여주었다. 모든 것이 선입관 때문이었다. 결국 아내의 전보는 그렇게 얘기하고 있었다. 나는 아니라고 고개를 저었다. 모든 것이, 흔히 여행자에게 주어지는 그 자유 때문이라고 아내의 전보는 말하고 있었다. 나는 아니라고 고개를 저었다. 모든 것이 세월에 의하여 내 마음속에서 잊혀질 수 있다고 전보는 말하고 있었다. 그러나 상처가 남는다고, 나는 고개를 저었다. 오랫동안 우리는 다투었다. 그래서 전보와 나는 타협안을 만들었다. 한 번만, 마지막으로 한 번만 이
내적 갈등을 상징적으로 표현
무진을, 안개를, 외롭게 미쳐 가는 것을, 유행가를, 술집여자의 자살을, 배반을, 무책임을 긍정하기로 하자. 마지막으로 한 번만이다. 꼭 한 번만, 그리고 나는 내게 주어진 한정된 책임 속에서만 살기로 약속한다. 전보여, 새끼

18 경찰 3차

확인 문제

〈서울, 1964년 겨울〉에 대한 설명으로 가장 적절하지 않은 것은?
① 섬세한 문체와 풍자적 어조를 통해 시대에 대한 분노를 드러냈다.
② 우연히 만난 세 사람의 이야기를 통해 1960년대 한국 사회의 어두운 단면을 제시했다.
③ 소외되고 꿈과 생명력을 상실한 사람들의 삶을 형상화하였다.
④ 인물들은 구체적인 이름 없이 '사내', '안', '나' 등으로 익명화되어 있다.

정답 ①

손가락을 내밀어라. 나는 거기에 내 새끼손가락을 걸어서 약속한다. 우리는 약속했다.

그러나 나는 돌아서서 전보의 눈을 피하여 편지를 썼다. '갑자기 떠나게 되었습니다. 찾아가서 말로써 오늘 제
현실을 등지고 개인적 감정을 표현함
가 먼저 가는 것을 알리고 싶었습니다만 대화란 항상 의외의 방향으로 나가 버리기를 좋아하기 때문에 이렇게 글

로써 알리는 것입니다. 간단히 쓰겠습니다. 사랑하고 있습니다. 왜냐하면 당신은 제 자신이기 때문에, 적어도 제

가 어렴풋이나마 사랑하고 있는 옛날의 저의 모습이기 때문입니다. 저는 옛날의 저를 오늘의 저로 끌어 놓기 위

하여 있는 힘을 다할 작정입니다. 저를 믿어 주십시오. 그리고 서울에서 준비가 되는대로 소식 드리면 당신은 무

진을 떠나서 제게 와 주십시오. 우리는 아마 행복할 수 있을 것입니다.' 쓰고나서 나는 그 편지를 읽어봤다. 또 한

번 읽어봤다. 그리고 찢어 버렸다.
현실로의 귀환을 의미
덜컹거리며 달리는 버스 속에서 나는, 어디쯤에선가, 길가에 세워진 하얀 팻말을 보았다. 거기에는 선명한 검

은 글씨로 '당신은 무진읍을 떠나고 있습니다. 안녕히 가십시오.'라고 씌어 있었다.

나는 심한 부끄러움을 느꼈다.
현실을 택한 자신에 대한 부끄러움

작품 분석

- 갈래: 단편 소설
- 성격: 상징적, 암시적, 회고적, 독백적
- 배경: 1960년대 무진(霧津)
- 시점: 1인칭 주인공 시점
- 주제: 이상과 현실 사이에서 갈등하는 현대인의 허무주의적 의식
- 특징
  - '안개'라는 배경을 통한 '나'의 의식을 표출함
  - 상징적 장치인 '전보'를 통해 '나'의 내면 심리를 표현함
- 해제: 이 작품은 주인공 '나'가 서울을 떠나 무진으로 갔다가 다시 돌아오는 순환 구조를 통해 인간의 허무
  와 회의를 드러내고 있다. '나'는 항상 일탈을 꿈꿨다. 그런 그에게 무진은 꿈과 같은 공간이고 그곳에서 만
  난 '인숙'에게 사랑의 감정을 느끼지만 결국은 현실 논리에 따라 아내가 있는 서울에 돌아가야 한다. 무진의
  안개는 이러한 주인공의 혼돈을 보여 주는 상징적 역할을 한다.

기출 19 서울시 7급(2월), 18 서울시 9급, 17 국가직 9급(10월), 15 경찰 2차, 09 국가직 9급

확인 문제　　　17 국가직 9급

〈무진기행〉에 대한 설명으로 적절하지 않
은 것은?
① 소재의 의미를 비유적 표현을 통해 드
　러낸다.
② 무진이라는 지역의 특징을 짐작할 수
　있게 한다.
③ '나'의 시선으로 전개되는 1인칭 시점
　의 서술이다.
④ 과거 시제를 사용하여 사건을 객관적
　으로 묘사한다.

정답 ④

(14) 이청준, 〈병신과 머저리〉

이청준(1939~2008)
1965년 《사상계》 신인상에 〈퇴원〉이 당선되면서 등단하였다. 이청준의 작품은 지적이지만 관념적이지 않고, 세상의 불행한 모습들을 포착하여 다루면서도 이 이면을 냉정하게 바라본다는 평가를 받는다. 또한 그의 작품은 문장 하나하나에 무게를 실어 단순히 줄거리 파악에 끝낼 수 없다는 점이 특징이다.

나는 형의 방으로 뛰어 들어가서 서랍을 열고 원고 뭉치를 꺼냈다. 잠시 나의 뇌수는 어떤 감정의 유발도 유보하고 있었다. 소설을 끝부분을 펼쳤다. 그리고는 거기 선 선채로 나의 시선은 원고지를 쫓기 시작했다. 나의 감정은 다시 한번 진공 속으로 빠져들어 갔다. 등을 보이고 쫓기던 사람이 갑자기 돌아섰을 때처럼 나는 긴장했다. 형의 소설은 끝이 달라져 있었다. 형은 내가 쓴 부분을 잘라 내고 자신이 다시 끝을 맺어 놓고 있었다. 형의 경험
<u>'나'의 예상을 빗나간 형의 결말</u>
은 이 소설 속에서 얼마만큼 사실성을 유지하고 있는지는 모른다. 혹은 적어도 이 끝부분만은 형의 완전한 픽션인지도 모른다. 형은 나의 추리를 완전히 거부해 버리고 있었다. 선 채로 소설을 다 읽고 나서 나는 비로소 싸늘하게 식은 저녁상과 싸늘하게 기다리고 있는 <u>아주머니</u>를 의식했다.
형수

몸을 씻은 다음 상 앞에 앉아서도 나는 아직 아주머니에게 눈을 주지 않고 있었다. 나의 추리는 완전히 빗나갔다. 그러나 그런 건 괘념할 필요가 없었다. 소설의 마지막에서 형은 퍽 서두른 흔적이 보였지만 <u>결코 지워지지 않</u>
소설의 결말을 완성
<u>는 연필로 그린 듯한 강한 선(線)으로 〈얼굴〉을 이야기하고 있었다.</u> 형이 낮에 나의 그림을 찢은 이유가 거기 있었다. 내일부터 병원 일을 시작하겠다던 말을 알 수 있을 것 같았다. 그리고 <u>동료를 죽였기 때문에 천 리 길의 탈</u>
소설 속에서 형이 오관모를 죽임
<u>출에 성공할 수 있었던</u> 수수께끼의 해답도 거기 있었다. (중략)

"넌 내가 <u>소설을 불태우는 이유</u>를 묻지 않는군……."
소설이 쓸모 없어진 이유
너무나 정색을 한 목소리여서 형의 얼굴을 보려고 했으나 형의 손이 귀를 놓아 주지 않았다.

"그런데 너도 읽었겠지만, 거 내가 죽인 관모 놈 있지 않아. <u>오늘 밤 나 그놈을 만났단 말야.</u>"
소설을 불태우게 된 계기
그리고는 잠시 말을 끊고 나를 찬찬히 살펴보고 있었다. 그 눈은 술에 젖어 있었으나, 생각이 멀리 있는 것처럼 보이는 것은 결코 술 때문만은 아닌 것 같았다. 그러자 형은 이제 안심이라는 듯 큰 소리로,

"그래 이건 쓸데없는 게 되어버렸지……. 이 머저리 새끼야!" 하고는 나의 귀를 쭉 밀어버렸다. 다시 원고지를
소설은 현실을 바꿀 수 없다는 것을 깨달음
집어 사그라드는 불집에 집어넣었다. (중략)

<u>비로소 몸 전체가 까지는 듯한 아픔이 전해 왔다.</u> 그것은 아마 형의 아픔이었을 것이다. 형은 그 아픔 속에서
형의 아픔과 상처가 전해짐
이를 물고 살아왔다. 그는 그 아픔이 오는 곳을 알고 있는 것이다. 그리하여 그것은 견딜 수 있었고, 그것을 견디는 힘은 오히려 형을 살아 있게 했고 자기를 주장할 수 있게 했다. 그러던 형의 내부는 검고 무거운 것에 부딪혀 지금 산산조각이 나고 있었다.

그렇다고 해도 이제 형은 곧 일을 시작하게 될 것이다. 형은 자기를 솔직하게 시인할 용기를 가지고, 마지막에
아픔을 극복하고 현실로 복귀할 것
는 관모의 출현이 착각이든 아니든, 사실로서 오는 것에 보다 순종하여, 관념을 파괴해 버릴 수 있는 힘이 있었다. 무엇보다도 <u>형은 그 아픈 곳을 알고 있었으니까.</u> 어쨌든 형을 지금까지 지켜 온 그 아픈 관념의 성은 무너지
'나'와 다른 점
고 말았지만, 그만한 용기는 계속해서 형에게 메스를 휘두르게 할 것이다. 그것은 무서운 창조력일 수도 있었다.

그러나 —

나는 멍하니 드러누워 생각을 모으려고 애를 썼다.

나의 아픔은 어디서 온 것인가. 혜인의 말처럼 형은 6·25의 전상자이지만, <u>아픔만이 있고 그 아픔이 오는 곳</u>
아픔의 원인을 파악하지 못하는 상태
<u>이 없는 나의 환부는 어디인가.</u> 혜인은 아픔이 오는 곳이 없으면 아픔도 없어야 할 것처럼 말했지만, 그렇다면 지

확인 문제   19 경찰 1차

〈병신과 머저리〉에 등장하는 인물들에 대한 설명으로 가장 적절하지 않은 것은?
① 형이 맺은 소설의 결말은 동생의 예상을 완전히 벗어나는 것이었다.
② 형은 환자의 죽음과 전쟁으로 인한 상처를 소설 쓰기를 통해 극복한다.
③ 동생은 형이 쓴 소설을 읽으면서 뚜렷하지 않은 자신의 아픔을 돌아본다.
④ 동생은 자신의 아픔을 충분히 이해해 주는 혜인을 단호하게 거부하고 있다.

정답 ④

금 나는 엄살을 부리고 있다는 것인가.

나의 일은, 그 나의 화폭은 깨어진 거울처럼 산산조각이 나 있었다. 그것을 다시 시작하기 위하여 나는 지금까지보다 더 많은 시간을 망설이며 허비해야 할는지 모른다.

어쩌면 그것은 나의 힘으로는 영영 찾아내지 못하고 말 얼굴일지도 몰랐다. <u>나의 아픔 가운데에는 형에게서처럼 명료한 얼굴이 없었다.</u>
형과 '나'의 차이

작품 분석

- 갈래: 단편 소설, 액자 소설
- 성격: 철학적, 심리적
- 배경: 1960년대 어느 도시(외부 이야기), 6 · 25 전쟁 당시 북한 강계 지역(내부 이야기)
- 시점: 1인칭 주인공 시점(외부 이야기), 1인칭 주인공 시점과 관찰자 시점의 혼용(내부 이야기)
- 주제: 삶의 방식이 다른 두 형제의 아픔과 그 극복 의지
- 특징
  - 외부 이야기와 그 안에 또 다른 내부 이야기가 있는 액자식 구성으로 전개됨
  - 원인의 추적을 통해 사건을 해결해 가는 추리 방식을 취함
  - 감각적 수사법을 통해 공간의 이미지를 묘사함
- 형의 '소설 쓰기'에 담긴 의미
  형은 '소설 쓰기'를 통해 자신의 내면을 겉으로 드러낼 수 있었던 것으로 보아, 이는 전쟁 때문에 생긴 심리적 상처를 치료하는 행위라 할 수 있다. 과거에 대한 스스로의 위안과 성찰을 위한 행동이다.
- 해제: 이 작품은 동생의 이야기로 이루어져 있는 외부 이야기와 형의 이야기로 이루어져 있는 내부 이야기로 구성되어 있는 액자 소설이다. 형과 동생은 1960년대 두 양상의 지식인을 상징한다. '소설 쓰기'를 통해 자신의 아픔을 극복해 내는 형은 행동적 지식인을, 본인의 상처의 근원조차 파악하지 못하고 무기력하게 살아가는 동생은 소극적으로 현실에 타협하는 관념적 지식인을 나타낸다.

기출 19 경찰 1차, 12 서울시 7급

(15) 윤흥길, 〈아홉 켤레의 구두로 남은 사내〉

윤흥길(1942~)
1968년 《한국일보》 신춘문예에 소설 〈회색 면류관의 계절〉이 당선되면서 등단하였다. 그의 작품은 절도 있는 문체로 왜곡된 역사 현실과 부조리 등을 고발하고, 이를 극복하려는 인간의 노력을 묘사했다. 또한 리얼리즘의 기법으로 시대의 모순과 통찰과 함께 산업화와 소외의 문제에 대한 비판을 제시하였다.

"바쁘실 텐데 이거 죄송합니다."

<u>권 씨는 애써 웃는 낯이었고 왠지 사람이 전에 없이 퍽 수줍어 보였다.</u> 나는 그 수줍음이 세 번째 아이의 아버
부탁하려는 태도
지가 된 데서 오는 것일 거라고 좋은 쪽으로만 해석함으로써 연락을 받는 그 순간에 느낀 불길한 예감을 떨쳐 버
권씨의 방문이 돈을 빌려 달라는 부탁때문일 것이라는 예감
리려 했다.

"잘됐습니까?"

"뒤늦게나마 오 선생 말씀대로 했기 망정이지 끝까지 집에서 버텼다간 큰일 날 뻔했습니다. 녀석인지 년인진 모르지만 못난 애비 혼 좀 나라고 여엉 애를 멕이는군요."

권 씨는 수줍게 웃으며 길바닥 위에다 발부리로 뜻 모를 글씬지 그림인지를 자꾸만 그렸다. [먼지가 풀풀 이는 언덕길을 터벌터벌 올라왔을 터인데도 ㉠ <u>그의 구두는 놀랄 만큼 반짝거렸다.</u> 나를 기다리는 동안 틀림없이 바짓가랑이 뒤쪽에다 양쪽 발을 번갈아 가며 문지르고 있었을 것이었다.] [ ]: 자존심을 지키고자 하는 권씨의 심리를 표현

"십만 원 가까이 빌릴 수 없을까요!"

밑도 끝도 없이 그는 이제까지의 수줍음이 싹 가시고 대신 도발적인 감정 같은 걸로 그득 채워진 얼굴을 들어

내 면전에 대고 부르짖었다. 담배 한 대만 꾸자는 식으로 십만 원 소리가 허망히도 나왔다. 내가 잠시 어리둥절해

있는 사이에 그는 매우 사나운 기세로 말을 보태는 것이었다.

"수술을 해야 된답니다. 엑스레이도 찍어 봤는데 아무 이상이 없답니다. 모든 게 다 정상이래요. 모체 골반두 _{돈을 빌려야 하는 이유}

넉넉허구요. 조기 파수도 아니구 전치태반도 아니구요. 쌍둥이는 더더욱 아니구요. 이렇게 정상적인 데도 이십사

시간이 넘두룩 배가 위에 달라붙는 경우는 태아가 돌다가 탯줄을 목에 감았을 때뿐이랍니다. 제기랄, 탯줄을 목

에 감았다는군요. 빨리 손을 쓰지 않으면 산모나 태아나 모두 위험하대요." (중략)

"빌려만 주신다면 무슨 짓을, 정말 무슨 짓을 해서라도 반드시 갚겠습니다."

반드시 갚는 조건임을 강조하면서 그는 마치 성경책 위에다 오른손을 얹고 말하듯이 엄숙한 표정을 했다. 하

마터면 나는 잊을 뻔했다. 그가 적시에 일깨워 주었기 망정이지 안 그랬더라면 빌려주는 어려움에만 골똘한 나머

지 빌려줬다 나중에 돌려받는 어려움이 더 클 거라는 사실은 생각도 못할 뻔했다. 그렇다. 끼니조차 감당 못하는

주제에 막벌이 아니면 어쩌다 간간이 얻어걸리는 출판사 싸구려 번역 일 가지고 어느 해가에 빚을 갚을 것인가.

책임이 따르는 동정은 피하는 게 상책이었다. 그리고 기왕 피할 바엔 저쪽에서 감히 두말을 못하도록 야멸차게

굴 필요가 있었다. (중략)

"바쁘실 텐데 실례 많았습니다."

'썰면'처럼 두툼한 입술이 선잠에서 깬 어린애같이 움씰거리더니 겨우 인사말이 나왔다. 무슨 말이 더 있을 듯

싶었는데 그는 이내 돌아서서 휘적휘적 걷기 시작했다. (중략)

그래서 그가 갑자기 돌아서면서 나를 똑바로 올려다봤을 때 그처럼 흠칫 놀랐을 것이다.

"오 선생, 이래봬도 나 대학 나온 사람이오." _{자존심을 지키려는 외침}

"누군 뭐 들어오고 싶어서 들어왔나? 피치 못한 사정 땜에 어쩔 수 없이……." _{아내의 수술비 마련}

나는 강도를 안심시켜 편안한 맘으로 돌아가게 만들 절호의 기회라고 판단했다.

"그 피치 못한 사정이란 게 대개 그렇습니다. 가령 식구 중에 누군가가 몹시 아프다든가 빚에 몰려서……."

그 순간 강도의 눈이 의심의 빛으로 가득 찼다. 분개한 나머지 이가 딱딱 마주칠 정도로 떨면서 그는 대청마루

를 향해 나갔다. 내 옆을 지나쳐 갈 때 그의 몸에서는 역겨울 만큼 술냄새가 확 풍겼다. 그가 허둥지둥 끌어안고

나가는 건 틀림없이 갈기갈기 찢어진 한 줌의 자존심일 것이었다. 애당초 의도했던 바와는 달리 내 방법이 결국

그를 편안케 하긴커녕 외려 더욱 더 낭패케 만들었음을 깨닫고 나는 그의 등을 향해 말했다.

㉠ "어렵다고 꼭 외로우란 법은 없어요. 혹 누가 압니까, 당신도 모르는 사이에 당신을 아끼는 어떤 이웃이 당 _{'나'가 병원비를 준 것을 암시함}

신의 어려움을 덜어 주었을지?"

㉡ "개수작 마! 그 따위 이웃은 없다는 걸 난 똑똑히 봤어! 난 이제 아무도 안 믿어!"

그는 현관에 벗어 놓은 구두를 신고 있었다. 그 구두를 보기 위해 전등을 켜고 싶은 충동이 불현듯 일었으나

나는 꾹 눌러 참았다.

[현관문을 열고 마당으로 내려선 다음 부주의하게도 그는 식칼을 들고 왔던 자기 본분을 망각하고 엉겁결에

문간방으로 들어가려 했다.] 그의 실수를 지적하는 일은 훗날을 위해 나로서는 부득이한 조처였다. _{권씨의 방}   [ ]: 도둑이 권씨임이 드러나는 부분

"대문은 저쪽입니다."

확인 문제

19 법원직 9급

01 〈아홉 켤레의 구두로 남은 사내〉의 ㉮가 상징하는 의미로 가장 적당한 것은?

① 언젠가는 인간다운 삶을 살 수 있으리라는 낙관적인 기대와 희망
② 자본주의 사회에서 세속적인 성공을 이루고 싶은 인간적인 욕망
③ 지식인인 자신이 우매한 민중과는 근본적으로 다르다는 차별 의식
④ 비록 비참한 상황에 놓여 있지만 마지막까지 지키고 싶은 자신의 자존심

19 국가직 7급

02 〈아홉 켤레의 구두로 남은 사내〉의 ㉠~㉢에 대한 설명으로 옳은 것만을 모두 고르면?

ㄱ. ㉠: '나'가 '그'에게 희망을 주려고 한다.
ㄴ. ㉡: '나'의 말을 '그'가 곧이듣지 않으려고 한다.
ㄷ. ㉢: '그'가 '나'보다 학력 면에서 우월함을 표현하고 있다.

① ㄱ
② ㄱ, ㄴ
③ ㄴ, ㄷ
④ ㄱ, ㄴ, ㄷ

정답 01 ④ 02 ②

문간방 부엌 앞에서 한동안 망연해 있다가 이윽고 그는 대문 쪽을 향해 느릿느릿 걷기 시작했다. 비틀비틀 걷기 시작했다. 대문에 다다르자 그는 상체를 뒤틀어 이쪽을 보았다.

ⓒ "이래봬도 나 대학까지 나온 사람이오."
<u>자포자기한 심정으로 마지막 자존심을 지키려 함</u>
누가 뭐라고 그랬나. 느닷없이 그는 자기 학력을 밝히더니만 대문을 열고는 보안등 하나 없는 칠흑의 어둠 저편으로 자진해서 삼켜져 버렸다.

작품 분석

- 갈래: 중편 소설, 세태 소설
- 성격: 사실적, 비판적, 시대 고발적
- 배경: 1970년대 경기도 성남시
- 시점: 1인칭 관찰자 시점
- 주제: 산업 사회에서 소외된 계층의 어려운 삶과 그에 대한 연민
- 특징
  - 상징적 소재와 관련된 행위로 인물의 심리와 성격을 드러냄
  - 사실적 문제를 통해 현실의 모순을 예리하게 지적함
- 해제: 이 작품은 급격한 산업화·도시화 과정에서 소외된 사람들의 삶을 '나'의 시선을 통해 그려냈다. 선량한 소시민이었던 '권씨'는 급진적인 산업화 정책 때문에 뜻하지 않은 시위 사건의 주동자로 몰려 전과자가 된다. 이 인물은 현실의 부조리에 대항하던 당대 민중들의 모습을 대표한다고 할 수 있다. '권씨'를 바라보는 '나'의 시선은 소외된 계층에 대한 연민을 자아내고 산업화로 인한 구조적 모순과 부조리한 현실을 고발한다.

기출 19 국가직 7급, 19 법원직 9급, 13 서울시 9급

황석영(1943~)
1970년에 《탑(塔)》이 《조선일보》에 당선되면서 문단에 복귀하였다. 초기에는 탐미주의적 경향을 보이는 작품을 주로 쓰다가 《객지(客地)》를 발표하면서 민중적 차원에서의 리얼리즘 경향이 드러났다. 한국문학에서는 거의 낯선 노동과 생산의 문제, 부와 빈곤의 문제 따위를 다루었다는 점에서 주목받았다.

(16) 황석영, 〈삼포 가는 길〉

사방이 어두워지자 그들도 얘기를 그쳤다. 어디에나 눈이 덮여 있어서 길을 잘 분간할 수가 없었다. 뒤에 처졌
<u>세 사람의 암담한 처지를 상징</u>
던 백화가 눈 덮인 길의 고랑에 빠져 버렸다. 발이라도 삐었는지 백화는 꼼짝 못하고 주저앉아 신음을 했다. 영달이가 달려들어 싫다고 뿌리치는 백화를 업었다. 백화는 영달이의 등에 업히면서 말했다.

"무겁죠?"

영달이는 대꾸하지 않았다. 백화가 어린애처럼 가벼웠다. 등이 불편하지도 않았고 어쩐지 가뿐한 느낌이었다. 아마 쇠약해진 탓이리라 생각하니, 영달이는 어쩐지 대전에서의 옥자가 생각나서 눈시울이 화끈했다. 백화가 말했다.

"어깨가 참 넓으네요. 한 세 사람쯤 업겠어."

"댁이 근수가 모자라니 그렇다구.

영달이가 내민 것들을 받아 쥔 <u>백화의 눈이 붉게 충혈되었다.</u> 그 여자는 더듬거리며 물었다.

"아무도…… 안 가나요."

"우린 삼포루 갑니다. 거긴 내 고향이오."

영달이 대신 정씨가 말했다. 사람들이 개찰구로 나가고 있었다. 백화가 보퉁이를 들고 일어섰다.

"정말, 잊어버리지…… 않을께요."

백화는 개찰구로 가다가 다시 돌아왔다. 돌아온 백화는 눈이 젖은 채 웃고 있었다.

"내 이름 백화가 아니예요. 본명은요……이점례예요."
　상대에게 마음을 열고 진정한 자신의 모습을 밝힘(연대감의 형성과 인간성의 회복)
여자는 개찰구로 뛰어나갔다. 잠시 후에 기차가 떠났다.

정씨 옆에 앉았던 노인이 두 사람의 행색과 무릎 위의 배낭을 눈 여겨 살피더니 말을 걸어 왔다.

"어디 일들 가슈?"

"아뇨, 고향에 갑니다."

"고향이 어딘데……."

"삼포라구 아십니까?"

"어 알지, 우리 아들놈이 거기서 도자를 끄는데……"
　　　　　　　　　　불도저(근대화를 암시)
"삼포에서요? 거 어디 공사 벌릴 데나 됩니까. 고작해야 고기잡이나 하구 감자나 매는데요."
　　　　　　　　　　　　　　　　　산업화 이전의 모습
"어허! 몇 년 만에 가는 거요?"

"십 년."

노인은 그렇겠다며 고개를 끄덕였다.

"말두 말우 거긴 지금 육지야. 바다에 방둑을 쌓아 놓구, 추럭이 수십 대씩 돌을 실어 나른다구."

"뭣땜에요?"

"낸들 아나, 뭐 관광 호텔을 여러 채 짓는담서 복잡하기가 말할 수 없데."

"동네는 그대루 있을까요?"

"그대루가 뭐요. 맨 천지에 공사판 사람들에다 장까지 들어섰는 걸."
　　　　　　　　산업화로 인해 달라진 삼포의 모습
"그럼 나룻배두 없어졌겠네요."

"바다 위로 신작로가 났는데, 나룻배는 뭐에 쓰오. ㉠ 허허 사람이 많아지니 변고지, 사람이 많아지면 하늘을

잊는 법이거든."

작정하고 벼르다가 찾아가는 고향이었으나, 정씨에게는 풍문마저 낯설었다. 옆에서 잠자코 듣고 있던 영달이

가 말했다.

"잘 됐군. 우리 거기서 공사판 일이나 잡읍시다."
　　　　　　일자리를 잡는 것만을 중요하게 생각함
그때에 기차가 도착했다. 정씨는 발걸음이 내키질 않았다. 그는 마음의 정처를 잃어버렸기 때문이었다. 어느
　　　　　　　　　　　　　　　　　　　　　　　　　고향이자 정신적 안식처로서의 장소를 잃음
결에 정씨는 영달이와 똑같은 입장이 되어 버렸다.
　　　　　고향 상실로 인한 소외감
기차는 눈발이 날리는 어두운 들판을 향해서 달려갔다.

확인 문제

07 법원직 9급
01 〈삼포 가는 길〉의 서술상의 특징과 효과로 적절하지 않은 것은?

① 외부 서술자의 눈을 통해 전체적인 사건을 서술하고 있다.
② 상징적 사물을 통해 인물이 처한 상황과 심리를 잘 표현하고 있다.
③ 객관적인 행동 묘사를 중심으로 인물 간의 갈등을 부각시키고 있다.
④ 대화를 통해 실마리를 제공하고, 서술자가 인물의 내적 심리를 보충하고 있다.

07 법원직 9급
02 〈삼포 가는 길〉의 밑줄 친 ㉠에 나타난 '노인'의 정서가 가장 잘 드러난 것은?

① 비료값도 안 나오는 농사 따위야 / 예여편네이게나 맡겨두고 / 쇠전을 거쳐 도수장 앞에 와 돌 때 / 우리는 점점 신명이 난다.
② 발바닥이 다 닳아 새 살이 돋도록 우리는 / 우리의 땅을 밟을 수밖에 없는 일이다. / 숨결이 다 타올라 새 숨결이 열리도록 우리는 / 우리의 하늘 밑을 서성일 수밖에 없는 일이다.
③ 성북동 산에 번지가 새로 생기면서 / 본래 살던 성북동 비둘기만이 번지가 없어졌다. / 새벽부터 돌깨는 산울림에 떨다가 / 가슴에 금이 갔다.
④ 저무는 섬진강을 따라가며 보라 / 어디 몇몇 애비 없는 후레자식들이 / 퍼간다고 마를 강물인가를

정답 01 ③ 02 ③

작품 분석

- 갈래: 단편 소설, 사실주의 소설, 여로형 소설
- 성격: 사실적, 현실 비판적
- 배경: 1970년대 겨울 공사장에서 철도역까지 눈 덮인 길
- 시점: 전지적 작가 시점
- 주제: 산업화 과정에서 소외된 하층민들의 애환과 연대 의식
- 특징
  - 대화를 중심으로 내용을 압축하여 이야기를 전개함
  - 여운을 남기는 형식으로 결말을 마무리 함
- 해제: 이 작품은 산업화 과정에서 해체된 농촌과 그로 인해 고향을 잃어버리게 된 사람들의 모습을 '길'을 중심으로 전개한 여로 소설이다. 변해 버린 삼포의 모습은 급격한 산업화 과정에서 빚어진 농어촌의 해체와 그로 인해 소외된 당대 민중들의 현실을 상징적으로 보여 준다. 또한 산업화 과정에서 소외된 인물들의 애환과 연대 의식을 대화나 행동 묘사를 통해 간접적으로 제시함으로써 뛰어난 극적인 효과를 거둔다.

기출 17 국가직 9급(4월), 17 국회직 8급, 16 사복직 9급, 07 법원직 9급

오정희(1947~)
1968년 《중앙일보》 신춘문예에 〈완구점 여인〉이 당선되며 등단했다. 유년시절의 기억을 소설로 형상화하여 그 안에 존재에 대한 탐구와 삶의 새로운 가능성 등을 담아냈다. 또한 억압받았던 여성의 의식을 되살리며 삶의 본질적인 의미를 탐색하는 작품을 썼다. 대표작으로는 〈중국인 거리〉, 〈유년의 뜰〉 등이 있다.

(17) 오정희, 〈중국인 거리〉

시(市)를 남북으로 나누며 달리는 철도는 항만의 끝에 이르러서야 잘려졌다. 석탄을 싣고 온 화차(貨車)는 자칫 바다에 빠뜨릴 듯한 머리를 위태롭게 사리며 깜짝 놀라 멎고 그 서슬에 밑구멍으로 주르르 석탄 가루를 흘려보냈다.

집에 가 봐야 노루꼬리만큼 짧다는 겨울 해에 점심이 기다리고 있는 것도 아니어서 우리들은 학교가 파하는 대로 책가방만 던져둔 채 떼를 지어 선창을 지나 항만의 북쪽 끝에 있는 제분 공장에 갔다.

제분 공장 볕 잘 드는 마당 가득 깔린 멍석에는 늘 덜 건조된 밀이 널려 있었다. 우리는 수위가 잠깐 자리를 비
도둑질을 아무렇지 않게 생각함
운 틈을 타서 마당에 들어가 멍석의 귀퉁이를 밟으며 한 움큼씩 밀을 입 안에 털어 넣고는 다시 걸었다. 올올이 흩어져 대글대글 이빨에 부딪치던 밀알들이 달고 따뜻한 침에 의해 딱딱한 껍질을 불리고 속살을 풀어 입 안 가득 풀처럼 달라붙다가 제법 고무질의 질긴 맛을 낼 때쯤이면 철로에 닿게 마련이었다.

우리는 밀껌으로 푸우푸우 풍선을 만들거나 침목(枕木) 사이에 깔린 잔돌로 비사치기를 하거나 전날 자석을 만들기 위해 선로 위에 얹어 놓았던 못을 뒤지면서 화차가 닿기를 기다렸다.

드디어 화차가 오고 몇 번의 덜컹거림으로 완전히 숨을 놓으면 우리들은 재빨리 바퀴 사이로 기어 들어가 석탄
석탄을 훔치는 아이들(가난한 시대상)
가루를 훑고 이가 벌어진 문짝 틈에 갈퀴처럼 팔을 들이밀어 조개탄을 후벼내었다. 철도 건너 저탄장에서 밀차를 밀며 나오는 인부들이 시커멓게 모습을 나타낼 즈음이면 우리는 대개 신발주머니에, 보다 크고 몸놀림이 잽싼 아이들은 시멘트 부대에 가득 든 석탄을 팔에 안고 낮은 철조망을 깨금발로 뛰어넘었다. 선창의 간이음식점 문을 밀고 들어가 구석 자리의 테이블을 와글와글 점거하고 앉으면 그날의 노획량에 따라 가락국수, 만두, 찐빵 등이 날라져 왔다. 석탄은 때로 군고구마, 딱지, 사탕 따위가 되기도 했다. 어쨌든 석탄이 선창 주변에서는 무엇과도 바꿀 수 있는 현금과 마찬가지라는 것을 우리는 알고 있었고, 때문에 우리 동네 아이들은 사철 검정 강아지였다.
탄가루 범벅이 된 아이들의 모습
어머니는 일곱 번째 아이를 배고 있어 나는 아침마다 학교에 가기 전 양재기를 들고 언덕 위 중국인들의 집 앞길을 지나 부두로 갔다. 싱싱한 굴과 조개만이 어머니의 뒤집힌 속을 달래 주었기 때문이었다. 나는 알 수 없는

확인 문제   20 지방직 9급

〈중국인 거리〉의 공간에 대한 설명으로 적절하지 않은 것은?

① 철길 때문에 도시가 남북으로 나뉘어 있다.
② 항만 북쪽에는 제분 공장이 있고, 철도 건너에는 저탄장이 있다.
③ 선로 주변에 아이들이 넘을 수 없는 철조망이 있다.
④ 석탄을 먹을거리와 바꿀 수 있는 간이 음식점이 있다.

정답 ③

두려움과 호기심으로 흘끗거리며 굳게 닫힌 문들 앞을 달음박질쳤다. 언덕바지로부터 스무 발자국 정도만 뜀박질하면 갑자기 중국인 거리는 끝나고 부두가 눈 아래로 펼쳐졌다. 내가 언덕의 내리받이에 이르러 가쁜 숨을 몰아쉬며 돌아 볼 즈음이면 언덕의 초입에 있는 가게의 덧문을 여는 소리가 들려왔다.

일주일에 한 번쯤 돼지고기를 반 근, 혹은 반의 반 근 사러 가는 푸줏간이었다. 어머니는 돈을 들려 보내
<small>형편이 넉넉지 않음</small>
며 매양 같은 주의를 잊지 않았다.

적게 주거든, 애라고 조금 주느냐고 말해라. 그리고 또 비계는 말고 살로 주세요, 해라.
<small>대화와 서술의 경계가 모호 → 서술자의 내면세계로 인식되게 함</small>
푸줏간에서는 한쪽 볼에 힘껏 쥐어질린 듯 여문 밤톨만 한 혹이 달리고 그 혹부리에, 상기도 보이지 않는 손에 의해 끄들리고 있는 듯 길게 뻗힌 수염을 기른 홀아비 중국인이 고기를 팔았다.

애라고 조금 주세요?

[A] 키가 작아 발돋움질로 간신히 진열대에 턱을 올려놓고 돈을 밀어 넣는 것과 동시에 나는 총알처럼 내뱉었다.

고기를 자르기 위해 벽에 매단 가죽끈에 칼을 문질러 날을 세우던 중국인은 미처 무슨 말인지 몰라 뚱한 얼굴로 나를 바라보았다. 나는 비계는 말고 살로 달래라 하던 어머니가 일러준 말을 하기 전 중국인이 고기를 자를까봐 허겁지겁 내쏘았다.

고기로 달래요.

중국인은 꾸룩꾸룩 웃으며 그때야 비로소 고기를 덥석 베어 내었다.
<small>'나'의 의도를 알아챔</small>
왜 고기만 주니, 털도 주고 가죽도 주지.

푸줏간에 잇대어 후추나 흑설탕, 근으로 달아 주는 중국차 따위를 파는 잡화점이 있었다. 이 거리에 있는 단 하나의 중국인 가게였다. 우리 동네 사람들은 가끔 돼지고기를 사러 푸줏간에 갈 뿐 잡화점에는 가지 않았다. 우리에게는 옷이나 신발에 다는 장식용 구슬, 염색 물감, 폭죽 놀이에 쓰이는 화약 따위가 필요치 않았기 때문이었다.

작품 분석
- 갈래: 단편 소설, 성장 소설
- 성격: 회고적, 서정적, 자전적
- 배경: 1950년대 전쟁 직후 항구 도시의 중국인 거리
- 시점: 1인칭 주인공 시점
- 주제: 유년 시절의 경험과 그 과정에서의 육체적·정신적 성장
- 특징
  - 여성의 시각으로 바라본 전쟁 직후의 상황을 묘사함
  - 대화나 독백이 서술과 구분되지 않는 간접 화법을 사용함
- 해제: 이 작품은 6·25 전쟁 직후 중국인 거리에서 살게 된 소녀의 시선을 통해 인간의 육체와 정신의 성숙 과정을 그리고 있는 성장 소설이다. 어린 소녀의 시선은 여전히 전쟁의 후유증이 남아 있는 중국인 거리의 풍경과 그곳에서 살고 있는 다양한 인간의 모습을 그려낸다. 주인공은 중국인 거리에서 살면서 다양한 체험을 겪게 되고, 이를 통해 전쟁의 실상과 어른들의 세계를 점차 알아 나가는 과정에서 성인으로 성장해 간다. 결말에서 주인공이 첫 생리를 겪는 일은 그녀가 어린 소녀에서 한 여성으로 성장하게 되었음을 함축적으로 상징한다.

기출 20 지방직 9급, 17 국가직 9급(4월)

확인 문제   17 국가직 9급

〈중국인 거리〉의 [A]에서 드러나지 않는 것은?

① 어머니의 주의에 대한 '나'의 수용
② '나'에게 심부름을 시키는 어머니의 태도
③ 시간적 배경의 특성과 공간적 배경의 역할
④ '나'의 말에 대해 푸줏간의 '중국인'이 보여 주는 정서

정답 ③

1. 희곡의 이해

(1) 희곡의 개념

① 무대 상연을 목적으로 하여 쓴 연극의 대본이다.

② 서술자의 개입 없이 무대 위 등장인물들의 행동이나 대화를 통해 관객에게 직접 전달하는 문학이다.

(2) 희곡의 특성

① 무대 상연의 문학: 무대 상연을 목적으로 한 문학으로, 극적 관습을 따르며 여러 가지 공간적 · 시간적 제약이 따른다.

➕ 개념 더하기

희곡의 관습(convention)
- 희곡은 무대 위 제한된 공간에서 대사와 행동만으로 관객들에게 전달해야 하기 때문에 관객과 배우 사이에 암묵적 약속이 이루어진다.
- 관객에게는 들리지만 무대 위 다른 인물에게는 들리지 않는 방백이나 등장인물이나 극중 장소를 실제 인물이나 실제 장소로 받아들이는 것들이 있다.

② 대사와 행동의 문학: 작품의 사건, 줄거리, 주제 등은 모두 등장인물의 대화와 행동을 통해 전달된다.

③ 대립과 갈등의 문학: 인물과 세계의 극적 대립과 갈등을 주된 내용으로 하므로 이러한 극적 갈등과 해소를 중심으로 극이 전개된다.

④ 현재형의 문학: 희곡은 무대 상연을 전제로 하는 문학이기 때문에 공연을 보는 관객들의 눈앞에 일어나는 사건을 표현한다. 따라서 현재 시제로 나타내는 현재형의 문학이다.

(3) 희곡의 제약

① 시간과 공간의 제약: 희곡은 자유로운 장면 전환이 어렵다.

② 서술자 개입의 제약: 희곡은 무대 위 등장인물의 말과 행동을 통해 전개되므로 서술자의 개입에 한계가 있고, 따라서 인물의 심리나 정신세계를 표현하는 데에도 제약이 있다.

③ 등장인물 수의 제약: 무대라는 공간의 제약이 있어 등장할 수 있는 인물의 수에 제약이 있다. 군중 장면 같은 경우는 연출하기 어렵다.

확인 문제

다음 중 희곡에 대한 설명으로 옳지 않은 것은?
① 무대 상연을 전제로 쓴 연극의 대본이다.
② 등장인물의 대화와 행동을 통해 사건이 전달된다.
③ 공개된 공간이므로 등장인물 수의 제약이 없다.
④ 자유로운 공간의 전환이 어렵다.

정답 ③

(4) 희곡의 구성 요소

① 형식적 요소

해설		작품의 처음이나 막이 오르기 전후에 무대 장치, 배경, 인물 등을 설명하는 글이다.
지문 (지시문)		배경이나 효과, 등장인물의 행동·표정·동작 등을 지시하고 설명하는 글이다.
	행동 지시문	등장인물의 동작이나 표정, 말투와 입장 및 퇴장 등을 제시한다.
	무대 지시문	등장인물, 작품의 배경, 무대 장치 및 소도구의 배치, 음향 효과 등의 처리 등을 지시한다.
대사		등장인물이 하는 말이다.
	대화	등장인물들이 주고받는 말로, 각 인물의 성격이나 특성이 드러난다.
	독백	한 인물이 혼자서 하는 말이다.
	방백	다른 인물에게는 들리지 않고 관객에게만 들리는 것으로 약속한 말이다.

② 내용적 요소

인물	작품 속에서 어떤 행위를 수행하거나 사건을 진행하는 주체자이다.
사건	작품 속에서 일어나는 모든 일을 말한다.
배경	작품 속 사건이 일어나는 구체적인 장소와 시간이다.

③ 희곡의 구성단위

막(幕)	• 극의 막이 올랐다가 다시 내릴 때까지의 단위로, 극의 길이와 행동을 구분한다. • 둘 이상의 장(場)이 모여 이루어진다.
장(場)	• 막의 하위 단위로, 배경의 변화나 등장인물의 입장과 퇴장으로 구분한다.

(5) 희곡의 갈래

① 내용에 따른 갈래

희극	인간과 세태의 모순과 부조화 등을 풍자나 해학으로 비판하고 행복한 결말을 맺어 웃음을 자아낸다. 주로 보통 이하의 인물을 통해 골계미를 조성한다.
비극	주인공이 성격적 결함이나 세계·외부의 압력에 의해 실패와 좌절을 겪는 것으로 마무리되는 극이다. 비극미를 조성하여 카타르시스를 경험하게 한다.
희비극	희극과 비극이 혼합된 극이다. 불행한 사건이 전개되다가 나중에는 상황이 바뀌어 행복한 결말을 맺게 되거나 그 반대의 경우가 나타나는 극이다.

② 길이에 따른 갈래

단막극	하나의 작품이 하나의 막으로 구성된 희곡이다.
장막극	두 개 이상의 막으로 이루어진 희곡이다.

③ 창작 의도에 따른 갈래

창작 희곡	처음부터 무대 상연을 목적으로 하여 창작한 희곡이다.
각색 희곡	이미 창작된 소설, 시나리오 등을 기초로 하여 희곡으로 바꿔 쓴 것이다.
레제드라마	무대 상연이 아닌 읽기 위한 목적으로 쓴 희곡이다(= 뷔넨드라마).

희곡 속 인물의 특징
• 희곡 속의 인물은 개성적이고 전형적이어야 한다.
• 인생의 단면을 집약적으로 나타내야 하므로 집중화되고 압축된 성격을 지녀야 한다.
• 극의 갈등을 선명히 제시할 수 있는 압축되고 집약적인 행동을 보여야 한다.

카타르시스
비극을 봄으로써 마음에 쌓여 있던 우울함, 불안감, 긴장감 따위가 해소되고 마음이 정화되는 일을 말한다. 아리스토텔레스가 《시학(詩學)》에서 비극이 관객에 미치는 중요 작용의 하나로 든 개념이다.

OX문제

01 무대 위 등장인물의 동작이나 표정, 말투와 입장 및 퇴장 등을 제시하는 것은 지시문이다. ( )

02 방백은 관객들에게는 들리지 않고 배우들끼리만 들리는 것으로 약속한 말이다. ( )

정답 01 ○ 02 ×

④ 기타 희곡의 갈래

모노드라마	배우 한 사람이 상연하는 극으로, 1인극이라고도 한다.
멜로드라마	원래는 낭만적인 줄거리에 음악이 혼합된 연극을 뜻하는 말이었으나 오늘날에는 일상사를 바탕으로 오락성과 통속적 흥미가 있는 대중극을 뜻한다.
키노드라마	연극과 영화를 결합하여 상연하는 특수한 연극을 말한다.

★ 개념 더하기

소설과 희곡의 비교

구분	소설	희곡
전달 · 표현	• 글을 통한 간접 전달 • 묘사와 서술을 통해 표현	• 무대 위 등장인물의 대사와 행동으로 전달 • 대사와 지시문을 통해 표현
등장인물의 제약	작가의 재량에 따라 그 수의 제약 없이 등장 가능	무대의 크기가 한정되어 있으므로 등장인물 수의 제약을 받음
시간 · 공간의 제약	작가의 재량에 따라 어느 장소, 어느 시간이든 등장할 수 있음	현재형으로 표현되는 문학이기 때문에 시간과 공간의 제약을 받음

2. 시나리오의 이해

(1) 시나리오의 개념

① 영화 촬영을 위해 쓴 대본이다.

② 촬영을 전제로 썼기 때문에 장면이나 그 순서, 배우의 행동이나 대사 따위를 상세하게 규정한다.

③ 제작상의 기술과 방법도 염두에 두어야 하며, 구체적이고 극적으로 플롯을 구성한다.

(2) 시나리오의 특성

① 화면에 의하여 장면이 표현되므로 촬영을 고려해야 한다. 이에 따라 특수한 시나리오 용어가 사용된다.

② 주로 등장인물의 대사와 행동으로 표현된다.

③ 시간과 공간의 이동에 제약이 없기 때문에 장면 전환이 자유롭다.

④ 등장인물의 수에 제약이 없어 군중 장면이나 인물이 없는 배경만의 장면도 가능하다.

⑤ 직접적인 심리 묘사가 불가능하여 장면과 대상에 의해 간접적으로 묘사된다.

⑥ 영화 상영을 전제로 하기 때문에 예정된 시간에 상영될 수 있도록 장면이 구성된다.

확인 문제   18 경찰 2차

다음 중 레제드라마(lesedrama)의 설명으로 적절한 것은?

① 비극과 희극이 결합된 극을 말한다. 불행한 사건이 전개되다가 상황이 전환되는 경우나 그 반대의 경우가 있다.

② 연극과 영화를 결합하여 하나의 줄거리를 이끌어 가는 극을 의미한다.

③ 상연보다는 읽는 것을 목적으로 쓴 희곡을 말한다.

④ 원래는 음악을 반주로 한 오락적인 서민 연극을 가리키는 용어였으나, 현재는 주로 일상사를 바탕으로 하여 오락성을 제공하는 통속적인 극을 의미한다.

정답 ③

(3) 시나리오의 구성단위

① 내적 구성단위

장면	사건의 배경이 되는 장면들을 찍은 단위로 장면 번호(scene number)로 나타낸다.
대사	• 등장인물들이 주고받는 말을 말한다. • 인물의 성격을 드러내고, 사건을 진행시키고, 갈등 관계를 나타내고, 주제를 구현하는 기능 등을 한다.
지시문	• 등장인물의 연기나 배경, 촬영 기법에 대해 지시하는 글을 말한다. • 등장인물의 표정, 행동, 장치, 카메라 위치, 화면 편집 기술 등을 지시한다.
해설	배경이나 등장인물을 소개하며, 등장인물의 심리를 직접 소개하기도 한다.

② 외적 구성단위

숏/컷(shot/cut)	카메라를 끊지 않고 한 번에 연속 촬영하여 찍은 장면이다.
신(scene)	영화의 최소 단위로, 동일한 장소와 시간 내에서 동일한 인물에 의해 일어나는 일련의 사건이나 상황을 말한다.
시퀀스(sequence)	영화에서 몇 개의 장면이 모여 이룬 일련의 화면으로, 하나의 에피소드를 이루는 구성단위이다. 희곡의 막(幕)과 같은 역할을 한다.

(4) 시나리오의 갈래

① 창작 시나리오: 처음부터 영화 제작을 위해 시나리오로 작성한 것이다.

② 각색(脚色) 시나리오: 소설이나 희곡을 원작으로 하여 각색한 시나리오이다.

③ 레제(lese) 시나리오: 독자에게 읽히는 것을 목적으로 한 시나리오이다.

(5) 시나리오의 용어

S#(Scene Number)	장면 번호
O.L.(Over Lap)	한 화면이 없어지기 전에 다음 화면이 천천히 나타나는 이중 화면 접속법
C.U.(Close Up)	어떤 대상이나 인물을 크게 확대해서 찍는 것
F.I.(Fade In)	화면이 점차 밝아지는 것(영화가 시작되는 단계에서 많이 씀)
F.O.(Fade Out)	화면이 점차 어두워지는 것(영화가 끝나는 단계에서 많이 씀)
NAR.(Narration)	내레이션, 해설. 화면 밖의 효과를 설명함
E.(Effect)	효과음
D.E.(Double Exposure)	하나의 화면에 다른 화면이 겹쳐서 이루어져서, 이중 노출법에 의한 합성법
Insert	화면의 특정 동작이나 상황을 강조하기 위해 삽입한 화면(글자 또는 사진 등)
Extra	많은 인원을 필요로 할 때에 동원되는 임시 출연자들
M(Music)	효과 음악
N.G.(No Good)	촬영이 잘 되지 않는 일. 또는 그런 필름
PAN(Panning)	동체의 속도나 진행 방향에 맞춰서 카메라를 이동시키며 촬영하는 기법
W.O.(Wipe Out)	기존의 장면에 검정 화면을 밀어 넣으면서 화면의 일부를 닦아 내듯이 없애고 다른 화면을 나타내는 기법

➕ 개념 더하기

희곡과 시나리오의 비교

구분	희곡	시나리오
공통점	• 대사와 행동, 지문으로 사건을 제시 • 직접적인 심리 묘사가 불가능하기 때문에 등장인물의 행동이나 대화를 통해 간접적으로 묘사함 • 극적인 사건을 다루고, 갈등을 중심으로 전개됨	
차이점	연극의 대본으로, 무대 상영을 목적으로 함	영화의 대본으로, 촬영 후 스크린을 통해 상영됨
	시간과 공간에 제약이 있음	시간과 공간에 제약이 없음
	등장인물의 수에 제약이 있음	등장인물 수에 제약이 없어 군중 장면이나 인물이 없는 장면이 가능함
	표현에 한계가 있음	희곡에 비해 표현의 폭이 큼
	무대 위에서 관객이 있는 그 당시에 진행하므로 일회적임	필름 등의 형태로 영구 보존이 가능함
	막과 장으로 구성됨	신과 시퀀스로 구성됨

3. 주요 작품의 이해

(1) 유치진, 〈토막〉

명서 처: 아니, 삼조가 뭣을 보냈을까? 입때 한마디 소식두 없던 애가……. (소포를 끌러서 궤짝을 떼어 보고)
돈을 벌기 위해 일본으로 떠난 같은 마을 청년

금녀: (깜짝 놀라) 어머나!

명서 처: (자기의 눈을 의심하듯이) 대체 이게…… 이게? 에그머니, 맙소사! 이게 웬일이냐?

명서: (되레 멍청해지며, 궤짝에 쓰인 글자를 읽으며) 최명수의 백골.
명수의 죽음

금녀: 오빠의?

명서 처: 그럼, 신문에 난 게 역시! 아아, 이 일이 웬일이냐? 명수야! 네가 왜 이 모양으로 돌아왔느냐! (백골
명수가 일본에서 해방 운동에 참여했다가 옥살이를 하게 되었다는 기사
상자를 꽉 안는다.)

금녀: 오빠!

명서: 나는 여태 개돼지같이 살아 오문서, 한마디 불평두 입 밖에 내지 않구 꾸벅구벅 일만 해 준 사람이여.
일제 강점기 우리 민족의 실상. 인물의 분노 표출
무엇 때문에, 무엇 때문에 내 자식을 이 지경을 맨들어 보내느냐? 응, 이 육실헐❶ 놈들! (일어서려고 애
쓴다.)

금녀: (눈물을 씻으며) 아버지! (하고 붙든다.)

명 서: 놓아라! 명수는 어디루 갔니? 다 기울어진 이 집을 뉘게 맽겨 두구 이눔은 어딜?
명수 집안의 몰락(우리 민족의 몰락 상징)

금녀: 아버지! 아버지!

명서: (궤짝을 들구 비틀거리며) 이눔들아, 왜 빽다구만 내게 갖다 맽기느냐? 내 자식을 죽인 눔이 이걸 마저

10 법원직 9급

확인 문제

〈토막〉에 대한 설명으로 알맞지 않은 것은?
① 이 글은 대사와 행동이 중심이 되는 희곡에 해당한다.
② 실제로 무대에 등장하지 않는, 부재적(不在的) 주인공(명수)의 백골을 통해 주제를 상징하고 있다.
③ 등장인물 중 금녀는 미래지향적이고 의지적인 성향을 보이고 있다.
④ 결말부에 제시된 바람소리는 갈등의 해소를 암시하는 효과음이다.

정답 ④

처치해라! (기진❶하여 쓰러진다. 궤짝에서 백골이 쏟아진다. 받은기침❷ 한동안)
극적 긴장감이 극에 달함

명서 처: (흩어진 백골을 주우며) 명수야, 내 자식아! 이 토막에서 자란 너는 백골이나마 우리를 찾아왔다.

　　　　⊙ 인제는 나는 너를 기다려서 애태울 것두 없구, 동지섣달 기나긴 밤을 울어 새우지 않아도 좋다! 명

　　　　수야, 이제 너는 내 품안에 돌아왔다.

명서: …… 아아, 보기 싫다! 도루 가져가래라!

금녀: 아버지, 서러 마세유. 서러워 마시구 이대루 꾹 참구 살아가세유. 네, 아버지! 결코 오빠는 우릴 저버리

　　　　진 않을 거예유. 죽은 혼이라두 살아 있어, 우릴 꼭 돌봐 줄 거예유. 그때까지 우린 꾹 참구 살아가유.

　　　　예, 아버지!

명서: …… 아아, 보기 싫다! 도루 가지고 가래라!

(금녀의 어머니는 백골을 안치❸하여 놓고, 열심히 무어라고 중얼거리며 합장한다. 바람소리, 적막을 찢는다.)
비극적 상황 암시

– 막(幕) –

👣 어휘 풀이

❶ **기진:** 기운을 다함

❷ **받은기침:** 병이나 버릇으로 소리도 크지 않고 자주 하는 기침

❸ **안치:** 불상, 위패, 시신 등을 잘 모시어 둠

작품 분석

- 갈래: 희곡(장막극), 사실주의극, 비극
- 배경: 1920년대 빈곤한 농촌 마을
- 주제: 일제의 수탈로 파멸해 가는 일제 강점기 농민들의 비참한 삶과 고통
- 특징
  - 우리나라 최초의 사실주의적 희곡
  - 상징적인 배경을 통해 현실의 참혹함을 고발함
- 해제: 이 작품은 일제 강점기 시대 비참하고 참혹했던 농민들의 삶을 사실적으로 그려냈다. 명서의 가족은 당대의 전형적인 민중들의 모습을 상징한다. 이러한 명서의 집안이 몰락하는 모습을 통해 부조리한 사회의 모순을 고발한다. 극의 마지막 부분에서 금녀의 마지막 대사는 비극적 상황에서도 희망을 잃지 않을 것이라는 의지를 보여주는데 이는 광복을 염원하는 작가의 의도가 반영된 것이라 볼 수 있다.

기출 10 법원직 9급

확인 문제

〈토막〉에서 명서 처의 대사 ⊙과 표현이나 발상이 가장 유사한 것은?

① 나 보기가 역겨워 / 가실 때에는 / 죽어도 아니 눈물 흘리오리다.

② 그리운 그의 얼굴 다시 찾을 수 없어도 / 화사한 그의 꽃 / 산에 언덕에 피어날지어이.

③ 낙엽은 폴란드 망명 정부의 지폐 / 포화(砲火)에 이지러진 / 도룬 시의 가을 하늘을 생각게 한다.

④ 아아, 님은 갔지마는 나는 님을 보내지 아니하였습니다. / 제 곡조를 못 이기는 사랑의 노래는 님의 침묵을 휩싸고 돕니다.

정답 ①

CHAPTER 03 문학의 주요 갈래

(2) 이근삼, 〈원고지〉

(교수가 소파 앞에 굴러 있는 신문지를 집어 본다.)

교수: [(신문을 혼자 읽는다.) 참 비가 많이 왔군. 강원도 쪽의 눈이 굉장한 모양인데. 또 살인이야. 이번엔 두
　　　[ ]: 비정상적인 사회의 모습　　　　　　　　　　　　　　　　　　　　　　　　　　　　　비정상적인 상황
　　 살 난 애가 자기 애비를 죽였대. 참 지프차가 동대문을 들이받아 동대문이 완전히 무너졌군. 지프 차는

　　 도망가 버리구. 이것 봐. 내 '개성을 잃은 노동자'라는 번역책이 착취사(搾取社)에서 다시 나왔어.]
　　　　　　　　　　　　　　　　　　　　　　　　　　　　　노동자를 착취하는 회사를 상징

(처가 신문지를 한 장 다시 접는다. 날짜를 보더니)

처: 당신두 참, 그건 옛날 신문이에요. 오늘 것은 여기 있는데.

교수: [(보던 신문 날짜를 읽고) 오라. 삼 년 전 신문을 읽고 있었군. 오늘 신문 이리 주시오. (오늘 신문을 받
　　　[ ]: 무의미한 일상의 반복, 현대 사회의 비정상적인 모습을 희극적으로 표현
　　 아 가지고 다시 읽는다.) 참, 비가 많이 왔군. 강원도 쪽에 눈이 굉장한 모양인데. 또 살인이야. 이번에

　　 는 두 살 난 애가 자기 애비를 죽였대. 참 지프차가 동대문을 들이받아 동대문이 완전히 무너졌군. 지프

　　 차는 도망가 버리구. 이것 봐, 내 '개성을 잃은 노동자'라는 번역책이 악마사(惡魔社)에서 다시 나왔어.]
　　　　　　　　　　　　　　　　　　　　　　　　　　　　　착취사와 함께 사회의 비정함을 나타내는 상징적 회사 이름

처: 참, 세상도 무척 변했군요.
　　의사소통의 단절을 의미

작품 분석

• 갈래: 희곡(단막극), 부조리극
• 배경: 어느 중년 교수의 집
• 주제: 삶의 가치와 이상을 잃어버린 현대인의 모습을 풍자
• 특징
　– 지식인 주인공의 모습을 통해 현대인의 무기력한 모습을 풍자함
　– 기계적이고 반복적인 행위와 무미건조한 대사의 반복 등 실험적 기법을 통해 일상적인 삶의 무의미함과
　　무가치함을 드러냄
　– 풍자와 반어, 희극적 과장 등의 표현을 사용
• 해제: 이 작품은 물질적 가치를 쫓다 삶의 의미를 상실한 '교수'의 모습을 통해 현대인의 기계적인 삶을 풍
　자하였다. 교수는 지식인으로서 사회 풍자와 혁신의 능력을 가지고 있지만 물질만능주의가 팽배한 세상에
　서 그는 기계적으로 번역 일만 하며 무의미하게 반복적으로 하루를 살아간다. 작가는 이러한 현대인의 삶을
　반복적 행위, 무미건조한 대사의 반복 등의 실험적 기법을 통해 드러내고 있다.

기출 18 서울시 9급(3월), 04 국가직 9급

확인 문제

04 국가직 9급
01 〈원고지〉에서 보이는 현대 사회의 특성으로 적절하지 않은 것은?
① 반복되는 일상
② 비정상적인 사회
③ 의사소통의 장애
④ 대량 생산과 대량 소비

18 서울시 9급
02 〈원고지〉에 대한 설명으로 가장 옳은 것은?
① 전통적인 사실주의 극문학이다.
② 반공주의적인 목적극의 대본이다.
③ 근대극이 뿌리를 내린 시기에 창작되었다.
④ 사회 현실을 풍자한 부조리극이다.

정답 01 ④ 02 ④

1. 수필의 개념과 특성

(1) 수필의 개념
① 일정한 형식을 따르지 않고 인생이나 자연 또는 일상생활에서의 느낌이나 체험을 생각나는 대로 쓴 산문 형식의 글이다.
② 작가가 직접 자신의 체험을 서술하기 때문에 1인칭의 문학이라고도 한다.

(2) 수필의 특성
① 1인칭의 문학: 소설의 허구적 대리인이 아닌 작가 본인이 겪은 체험이나 사상을 표현한다. 따라서 자기 고백적인 성격이 강하고, 작가의 독자적 개성이 잘 드러난다.
② 자유로운 형식: 수필은 이름 그대로 붓 가는 대로 쓴 글이다. 일정한 형식에 따르지 않고 자유롭게 쓸 수 있다.
③ 제재의 다양성: 수필의 소재는 생활 속의 모든 것이 그 대상이 될 수 있으며, 인간의 다양한 체험 모두를 제재로 삼을 수 있다.
④ 비전문적 문학: 수필은 일정한 형식이나 글을 쓰기 위한 특별한 조건이 없으므로 누구나 쓸 수 있는 대중적인 문학 갈래이다.
⑤ 관조와 사색의 문학: 일상을 통해 경험한 사실을 바탕으로 인생에 대한 깊은 통찰과 사색의 깊이가 반영된다. 때문에 수필에는 인생을 여유롭게 관조하는 원숙미가 돋보인다.

2. 수필의 유형

(1) 내용에 따른 분류
① 경수필: 일정한 형식에서 벗어나 작가 개인의 취향이나 체험, 느낌 등을 자유롭게 표현한 수필이다. 따라서 문장과 내용은 가볍고, 정서적 · 주관적 · 자기 고백적인 성격이 강하며 신변잡기적(身邊雜記的) 성격을 지닌다.
② 중수필: 일정한 주제와 목적을 바탕으로 어떠한 현상에 논리적으로 접근하여 객관적으로 서술한 수필이다. 경수필에 비해 내용이 무겁고, 논증과 설명이 주를 이루기 때문에 비평적인 성격을 지닌다.

(2) 진술 방식에 따른 분류
① 교훈적 수필: 작가의 체험이나 사색에서 얻은 지혜나 관조에서 우러난 교훈적 내용의 수필이다. 작가의 신념과 주제가 직접적으로 드러나고, 설득적 성격이 강한 경우가 많다.
　예 이양하 〈나무〉, 김진섭 〈모송론〉, 이희승 〈딸깍발이〉, 이어령 〈삶의 광택〉
② 희곡적 수필: 작가가 자신이나 다른 사람의 체험을 극적으로 제시한 수필이다. 주로 대화나 행동을 통해 내용을 전달하며, 극적 효과를 위해 현재 시제를 많이 사용한다.
　예 계용묵 〈구두〉, 김소운 〈가난한 날의 행복〉

확인 문제　13 지방직 9급

다음 글의 이해로 적절하지 않은 것은?

> 나무는 덕(德)을 지녔다. 나무는 주어진 분수에 만족할 줄을 안다. 나무로 태어난 것을 탓하지 아니하고, 왜 여기 놓이고 저기 놓이지 않았는가를 말하지 아니한다. 등성이에 서면 햇살이 따사로울까, 골짜기에 내려서면 물이 좋을까 하여, 새로운 자리를 엿보는 일도 없다. 물과 흙과 태양의 아들로, 물과 흙과 태양이 주는 대로 받고, 후박(厚薄)과 불만족(不滿足)을 말하지 아니한다.
> 　　　　　　　　－ 이양하, 〈나무〉

① 대상에 인격을 부여하고 있다.
② 대상에서 인생의 교훈을 발견하고 있다.
③ 대상의 변화를 감각적으로 묘사하고 있다.
④ 대상을 예찬하는 태도를 취하고 있다.

정답 ③

어휘 풀이

❶ 마치다: ⓐ 말뚝이나 못 따위를 박을 때, 속에 무엇이 받치다. ⓑ 몸의 어느 부분에 무엇이 부딪는 것처럼 걸리다.

❷ 진진하다: ⓐ 입에 착착 달라붙을 정도로 맛이 좋다. ⓑ 물건 따위가 풍성하게 많다. ⓒ 재미 따위가 매우 있다.

❸ 양언(揚言)하다: 공공연하게 소리 높여 말하다.

③ 서정적 수필: 작가가 일상생활이나 자연에서 느낀 감정이나 정서를 주관적으로 표현한 수필이다. '나'의 감정과 내면적 심리가 드러나며, 대체로 기교적 표현이 많다.
예 김동리 〈수목송〉, 이양하 〈신록 예찬〉, 김진섭 〈백설부〉

④ 서사적 수필: 일정한 이야기를 바탕으로 마치 소설처럼 전개되는 수필이다. 인물과 사건, 배경 등이 구체적으로 제시된다. 하지만 소설과는 달리 허구적 이야기가 아닌 실제 체험이기 때문에 긴밀한 구성을 전제로 하지 않는다.
예 최남선 〈백두산 근참기〉, 피천득 〈은전 한 닢〉, 계용묵 〈제주도 기행〉

3. 주요 작품의 이해

(1) 김소운, 〈특급품〉

비자는 연하고 탄력이 있어 두세 판국을 두고 나면 반면(盤面)이 얽어서 곰보같이 된다. 얼마 동안을 그냥 내버려 두면 반면은 다시 본디대로 평평해진다. 이것이 비자반의 특징이다.
(바둑판의 표면)

비자를 반재(盤材)로 진중(珍重)하는 소이(所以)는, 오로지 이 유연성(柔軟性)을 취함이다. 반면에 돌이 닿을
(바둑판의 재료) (소중히 하는)
때의 연한 감촉 ─, 비자반이면 여느 바둑판보다 어깨가 마치지❶ 않는다는 것이다. 아무리 흑단(黑檀)이나 자단 (紫檀)이 귀목(貴木)이라고 해도 이런 것으로 바둑판을 만들지는 않는다.

비자반 일등품 위에 또 한층 뛰어 특급품이란 것이 있다. 반재며, 치수며, 연륜이며 어느 점이 일급과 다르다
(비자나무로 만든 바둑판)
는 것은 아니나, 반면에 머리카락 같은 가느다란 흉터가 보이면 이게 특급품이다. 알기 쉽게 값으로 따지자면,
(한 번 균열이 생겼다가 제힘으로 도로 유착·결합한 흔적)
전전(戰前) 시세로 일급이 2천 원(돌은 따로 하고) 전후인데, 특급은 2천 4, 5백 원, 상처가 있어서 값이 내리기
(6·25 전쟁 이전)
는커녕 오히려 비싸진다는 데 진진(津津)한❷ 묘미가 있다.

반면이 갈라진다는 것이 기약치 않은 불측(不測)의 사고이다. 사고란 어느 때 어느 경우에도 별로 환영할 것이 못 된다. 그 균열(龜裂)의 성질 여하에 따라서는 일급품 바둑판이 목침(木枕)감으로 전락해 버릴 수도 있다. 그러나 그렇게 큰 균열이 아니고 회생할 여지가 있을 정도라면 헝겊으로 싸고 뚜껑을 덮어서 조심스럽게 간수해 둔다 (갈라진 균열 사이로 먼지나 티가 들어가지 않도록 하는 단속이다).

1년, 이태, 때로는 3년까지 그냥 내버려 둔다. 계절이 바뀌고 추위, 더위가 여러 차례 순환한다. 그동안에 상
(2년)
처 났던 바둑판은 제힘으로 제 상처를 고쳐서 본디대로 유착(癒着)해 버리고, 균열진 자리에 머리카락 같은 희미한 흔적만이 남는다.

비자의 생명은 유연성이란 특질에 있다. 한번 균열이 생겼다가 제힘으로 도로 유착·결합했다는 것은 그 유연성이란 특질을 실지로 증명해 보인, 이를테면 졸업 증서이다. 하마터면 목침같이 될 뻔했던 불구 병신이, 그 치명적인 시련을 이겨내면 되레 한 급(級)이 올라 특급품이 되어 버린다. 재미가 깨를 볶는 이야기다.

더 부연할 필요도 없거니와, 나는 이것을 인생의 과실(過失)과 결부시켜서 생각해 본다. 언제나, 어디서나 과실을 범할 수 있다는 가능성, 그 가능성을 매양 꽁무니에 달고 다니는 것이, 그것이 인간이다.

과실에 대해서 관대해야 할 까닭은 없다. 과실은 예찬(禮讚)하거나 장려할 것이 못 된다. 그러나 어느 누구가 '나는 절대로 과실을 범치 않는다'고 양언(揚言)할❸ 것이냐? 공인된 어느 인격, 어떤 학식, 지위에서도 그것을 보

10 지방직 9급

확인 문제

〈특급품〉에 대한 설명으로 옳은 것은?
① 비교와 대조의 방법을 주로 사용하여 논의를 심화·확대하고 있다.
② 반어적 표현을 사용하여 대상에 대한 통찰을 이끌어 내고 있다.
③ 대상에 대한 관찰을 통해 인생의 교훈을 이끌어 내고 있다.
④ 자신의 경험을 허구화시켜 표현하고 있다.

정답 ③

장할 근거는 찾아 내지 못한다.

어휘 풀이

❶ 삼학사(三學士): 병자호란 때 중국 청나라에 항복하는 것을 반대한 세 사람의 학사 홍익한·윤집·오달제를 이른다. 모두 청나라에 붙잡혀 갔으나 끝내 굴하지 않고 저항하다가 살해되었다.

❷ 역서(曆書): 일 년 동안의 월일, 해와 달의 운행, 월식과 일식, 절기, 특별한 기상 변동 따위를 날의 순서에 따라 적은 책

❸ 시호(諡號): 제왕이나 재상, 유현(儒賢) 들이 죽은 뒤에, 그들의 공덕을 칭송하여 붙인 이름

작품 분석

- 갈래: 경수필
- 성격: 유추적, 교훈적
- 제재: 비자반
- 주제: 상처를 극복할 줄 아는 유연한 태도와 의지의 필요성
- 특징
  - 사실과 의견을 적절히 섞은 구성으로 서술함
  - 사물의 성질에서 유추를 통해 인생의 교훈을 이끌어 냄
- 해제: 이 작품은 흔히 볼 수 있는 바둑판을 소재로 유연한 삶의 자세에 대한 중요성을 말하고 있다. 일반적으로는 바둑판에 흠이 생기면 가치가 떨어질 것이라 생각하지만, 사실 이 흉터는 바둑판이 스스로 자신의 균열을 아물게 한 흔적으로 그 유연성을 증명하여 오히려 더 높은 가치를 가진 것으로 인정받는다. 작가는 이러한 바둑판의 이야기를 바탕으로 사람도 삶에서 과실을 저질렀을 때 낙담할 것이 아니라 유연하게 대처하여 그 과실을 딛고 성숙해질 수 있다는 교훈을 주고 있다.

기출 10 지방직 9급

(2) 이희승, 〈딸깍발이〉

'딸깍발이'란 것은 '남산(南山)골 샌님'의 별명이다. 왜 그런 별호(別號)가 생겼느냐 하면, 남산골 샌님은 지나 마르나 나막신을 신고 다녔으며, 마른날은 나막신 굽이 굳은 땅에 부딪쳐서 딸깍딸깍 소리가 유난하였기 때문이다. 요새 청년들은 아마 그런 광경을 못 구경하였을 것이니, 좀 상상하기에 곤란할는지 알 수 없다. 그러나 일제 시대에 일인들이 '게다'를 끌고 '콘크리트' 길바닥을 걸어 다니던 꼴을 기억하고 있다면 딸깍발이라는 명칭이 붙게 된 까닭도 이해할 수 있을 것이다.

겨울이 오니 땔나무가 있을 리 만무하다. 동지 설상(雪上) 삼척 냉돌에 변변치도 못한 이부자리를 깔고 누웠으니, 사뭇 뼈가 저려 올라오고 다리 팔 마디에서 오도독 소리가 나도록 온몸이 곤아 오는 판에, 사지를 웅크릴 대로 웅크리고, 안간힘을 꽁꽁 쓰면서 이를 악물다 못해 박박 갈면서 하는 말이, "요놈, 요 괘씸한 추위란 놈 같으니, 네가 지금은 이렇게 기승을 부리지마는, 어디 내년 봄에 두고 보자." 하고 벼르더란 이야기가 전하지마는, 이것이 옛날 남산골 '딸깍발이'의 성격을 단적으로 가장 잘 표현한 이야기다. 사실로 졌지마는, 마음으로 안 졌다는 앙큼한 자존심, 꼬장꼬장한 고지식, 양반은 얼어 죽어도 겻불은 쬐지 않는다는 지조, 이 몇 가지들이 그들의 생활신조였다.

실상 그들은 가명인(假明人)이 아니었다. 우리나라를 소중화(小中華)로 만든 것은 어쭙잖은 관료들의 죄요,
<small>사대주의에 젖어 명나라 사람인 듯 처신하는 사람</small>
그들의 허물이 아니었다. 그들은 너무 강직하였다. 목이 부러져도 굴하지 않는 기개, 사육신(死六臣)도 이 샌님의 부류요, 삼학사(三學士)❶도 '딸깍발이'의 전형인 것이다. 올라가서는 포은 선생(圃隱先生)도 그요, 근세로는 민충정공(閔忠正公)도 그다.

국호(國號)와 왕위 계승에 있어서 명(明)·청(淸)의 승낙을 얻어야 했고, 역서(曆書)❷의 연호를 그들의 것으로 하지 않으면 안 되었지마는, 역대 임금의 시호(諡號)❸를 제대로 올리고, 행정면에 있어서 내정의 간섭을 받지 않

어휘 풀이

❶ 단석(旦夕): ㉠ 아침과 저녁을 아울러 이르는 말 ㉡ 시기나 상태 따위의 위급함이 절박한 모양
❷ 박도(迫到): 가까이 닥쳐옴

은 것은 그래도 이 샌님 혼(魂)의 덕택일 것이다. 국사에 통탄한 사태가 벌어졌을 적에 직언(直言)으로써 지존에게 직소한 것도 이 샌님의 족속인 유림에서가 아니고 무엇인가. 임란(壬亂) 당년에 국가의 운명이 단석(旦夕)❶에 박도❷되었을 때, 각지에서 봉기한 의병의 두목들도 다 이 '딸깍발이' 기백의 구현(具現)인 것이 의심 없다. 구한국 말엽(末葉)에 단발령(斷髮令)이 내렸을 적에, 각지의 유림(儒林)들이 맹렬하게 반대의 상서를 올려서, "이 목은 잘릴지언정 이 머리는 깎을 수 없다[比頭可斷 比髮不可斷]."고 부르짖고 일어선 일이 있었으니, 그 일 자체는 미혹(迷惑)하기 짝이 없었지마는, 죽음도 개의하지 않고 덤비는 그 의기야말로 본받음직하지 않은 바도 아니다. 이와 같이 '딸깍발이'는 온통 못생긴 짓만 하고 있었던 것이 아니라, 훌륭한 점도 적잖이 가지고 있었던 것이다. 쾨쾨한 샌님이라고 넘보고 깔보기만 하기에는 너무도 좋은 일면을 지니고 있었던 것이다.

현대인은 너무 약다. 전체를 위하여 약은 것이 아니라 자기중심, 자기 본위로만 약다. 백년대계를 위하여 영리
현대인에 대한 비판
한 것이 아니라 당장 눈앞의 일, 코앞의 일에만 아름아름하는 고식지계(姑息之計)에 현명하다. 염결(廉潔)에 밝은 것이 아니라 극단의 이기주의에 밝다. 이것은 실상은 현명한 것이 아니요 우매하기 짝이 없는 일이다. ㉠ 제 꾀에 제가 빠져서 속아 넘어갈 현명이라고나 할까.

작품 분석

• 갈래: 서사적 수필
• 성격: 교훈적, 비판적, 해학적, 설득적
• 제재: 딸깍발이
• 주제: 현대인이 배워야 할 선비들의 의기와 강직함
• 특징
 – 한문투의 문체와 간결한 문체로 서술함
 – 음성 상징어를 통해 상황을 실감나고 해학적으로 표현함
 – 인물의 긍정적 측면을 부각하여 교훈을 줌
 – 기승전결의 4단 구성으로 내용을 전개함
• 해제: 이 작품은 '딸깍발이'를 통해 옛 선비의 정신과 태도를 제시하고, 현대인에게 이러한 선비 정신을 배워야 한다는 점을 교훈으로 제시하는 수필이다. 딸깍발이는 겉모습은 남루하지만 옛 성현들의 가르침을 바탕으로 자신의 지조와 절개를 지킨다. 작가는 자기중심적이고 이해타산적인 현대인들과 이러한 딸깍발이의 모습을 대조하면서 딸깍발이의 강인하고 우직한 정신을 본받아 계승해야 한다는 점을 이야기한다.

기출 13 지방직 9급, 08 지방직 7급(9월), 06 국가직 7급

확인 문제 06 국가직 7급

〈딸깍발이〉의 ㉠을 나타내는 한자성어는?

① 자아도취(自我陶醉)
② 자강불식(自强不息)
③ 자승자박(自繩自縛)
④ 자가당착(自家撞着)

정답 ③

01 다음에 나타난 작품 감상의 관점으로 가장 옳은 것은?

18 서울시 9급

> 나는 지금도 이광수의 〈무정〉 작품을 읽으면 가슴이 뜨거워지는 것을 느껴. 특히 결말 부분에서 주인공 이형식이 "옳습니다. 우리가 해야지요! 우리가 공부하러 가는 뜻이 여기 있습니다. 우리가 지금 차를 타고 가는 돈이며 가서 공부할 학비를 누가 주나요? 조선이 주는 것입니다. 왜? 가서 힘을 얻어오라고, 지식을 얻어 오라고, 문명을 얻어 오라고 …… 그리해서 새로운 문명 위에 튼튼한 생활의 기초를 세워 달라고 …… 이러한 뜻이 아닙니까?"라고 부르짖는 부분에 가면 금방 내 가슴도 울렁거려 나도 모르게 "네, 네, 네"라고 대답하고 싶단 말이야. 이 작품은 이 소설이 나왔던 1910년대 독자들의 가슴만이 아니라 아직 강대국에 싸여 있는 21세기 우리 시대 독자들에게도 조국을 생각하는 마음에 큰 감동을 주고 있다고 생각해.

① 반영론적 관점

② 효용론적 관점

③ 표현론적 관점

④ 객관론적 관점

01

② '나는 지금도 이광수의 〈무정〉 작품을 읽으면 가슴이 뜨거워지는 것을 느껴.', '이 작품은 ~ 21세기 우리 시대 독자들에게도 조국을 생각하는 마음에 큰 감동을 주고 있다고 생각해.' 등의 부분을 보면 독자가 자신이 받은 감동과 느낀 점을 중심으로 작품을 감상하고 있다. 이를 통해 이광수의 〈무정〉을 효용론적 관점에서 감상하고 있음을 알 수 있다.

정답 01 ②

② 박목월이 작품 활동을 한 시기가 일제 강점기인 것을 고려하여 당시 현실과는 다르게 유유자적한 삶의 모습을 그린 작품을 비판적으로 감상하고 있으므로, 반영론적 관점에서 작품을 해석하였음을 알 수 있다.

02 (가)의 관점에서 (나)를 감상할 때 가장 적절한 것은?

> (가) 반영론은 문학 작품이 사회를 반영하여 현실의 문제를 비판적으로 성찰할 수 있게 하는 매개체라는 관점을 취한 비평적 입장이다.
>
> (나) 강나루 건너서
>   밀밭 길을
>
>   구름에 달 가듯이
>   가는 나그네
>
>   길은 외줄기
>   남도 삼백리
>
>   술 익는 마을마다
>   타는 저녁 놀
>
>   구름에 달 가듯이
>   가는 나그네
>
>   – 박목월, 〈나그네〉

① 전통적 민요의 율격을 바탕으로 한 정형적 형식을 통해 정제된 시상이 효과적으로 드러났군.

② 삶의 고통스러운 단면을 외면한 채 유유자적한 삶만을 그린 것은 아닌지 비판할 여지가 있군.

③ 낭만적 감성을 불러일으키는 시적 분위기가 시조에서 보이는 선경후정과 비슷한 양상을 띠는군.

④ 해질 무렵 강가를 거닐며 조망한 풍경의 이미지가 한 폭의 그림을 보는 듯한 감각을 자아내는군.

03 다음 시에 대한 감상의 관점이 나머지 셋과 가장 다른 것은?

> 매운 계절의 채찍에 갈겨
> 마침내 북방으로 휩쓸려 오다.
>
> 하늘도 그만 지쳐 끝난 고원,
> 서릿발 칼날진 그 위에 서다.
>
> 어데다 무릎을 꿇어야 하나
> 한 발 재겨 디딜 곳조차 없다.
>
> 이러매 눈 감아 생각해 볼밖에
> 겨울은 강철로 된 무지갠가 보다.
>
> — 이육사, 〈절정〉

오답의 이유
①·②·④는 모두 외재적 관점에서 작품을 감상하고 있다.
① 표현론적 관점
② 반영론적 관점
④ 효용론적 관점

① 항일 운동에 투신한 이육사의 생애와 경험으로 볼 때 이 시는 가혹한 일제의 탄압에도 불구하고 굴복하지 않겠다는 그의 저항 의식이 나타나고 있어. 육사가 보여 준 민족애, 조국 독립에 대한 열망, 절망적 상황 속에서도 조국 광복에 대한 희망을 잃지 않는 그의 이상이 강철로 된 무지개로 표현되었어.

② 일제 강점기의 어두운 시대적 상황이 '매운 계절의 채찍', '겨울' 등에 반영되었어. 특히, 당시 우리 민족에 대한 일제의 무자비한 탄압과 압제가 얼마나 가혹했는지가 그대로 드러났어. 그리고 눈 감을 수밖에 없는 절망적 상황 속에서도 희망을 잃지 않는 우리 민족의 강인함도 나타났지.

③ '채찍', '서릿발 칼날' 등의 시어에서는 자신의 의지와 상관없이 폭력과 탄압을 받는 시적 화자의 절망적 상황을 구조적으로 형상화하고 있어. 또 '북방'에서 '고원'으로 이어지는 점층 구조, 수평적 한계 상황과 수직적 한계 상황 등을 통해 4연은 극한 상황에 대한 극복 의지, 초극 의지를 형상화했어.

④ 매운 계절과 겨울은 대개 시련과 고난의 시기를 의미하기에 어두운 시대 상황에 처한 화자의 처지가 안타깝게 느껴졌어. 대개 사람들은 절망적 상황과 대면하면 눈을 감고 포기하지만 포기할 줄 모르는 화자의 의지가 대단하게 다가왔어. 독자로서 극한 절망적 상황에 대한 극복 의지와 군건한 의지를 닮고 싶어.

정답 03 ③

04
화자의 시선에 따라 '먼 산의 청운사 →
낡은 기와집 → 자하산 → 느릅나무 → 청
노루 → 청노루의 눈 → 눈 속에 비치는
구름'의 순서로, 원경에서 근경으로 시상
이 전개되고 있다.

04 다음 시의 시상 전개 방식을 설명한 것으로 옳은 것은?

> 머언 산 청운사(靑雲寺)
>
> 낡은 기와집
>
> 산은 자하산(紫霞山)
>
> 봄눈 녹으면
>
> 느릅나무
>
> 속잎 피어가는 열두 굽이를
>
> 청노루
>
> 맑은 눈에
>
> 도는
>
> 구름
>
> — 박목월, 〈청노루〉

① 시상이 시선의 이동에 따라 전개되고 있다.

② 시상이 시간의 흐름에 따라 전개되고 있다.

③ 시상이 화자의 심리 변화에 따라 전개되고 있다.

④ 시상이 계절의 변화에 따라 전개되고 있다.

⑤ 시상이 점층적으로 전개되고 있다.

05
③ '서로 짠 일도 아닌데 ~ 네 집이 돌아
가며 길어 먹었지요.'와 '집안에 일이
있으면 그 순번이 자연스럽게 양보되
기도 했었구요.'를 통해 이웃 간의 배
려에 대한 표현을 찾아 볼 수 있다. 그
러나 공감각적 이미지는 찾을 수 없다.

오답의 이유
① '~ 네 집이 돌아가며 길어 먹었지요.'
와 '집안에 일이 있으면 그 순번이 자
연스럽게 양보되기도 했었구요.'를 통
해 알 수 있다.
④ '-었지요.', '-었구요' 등 구어체 표현을
사용함으로써 이웃 간의 정감 어린 분
위기를 표현하였다.

05 다음 시에 대한 감상으로 적절하지 않은 것은?

> 네 집에서 그 샘으로 가는 길은 한 길이었습니다. 그래서 새벽이면 물 길러 가는 인기척을 들을 수 있었지요. 서로 짠 일도 아닌데 새벽 제일 맑게 고인 물은 네 집이 돌아가며 길어 먹었지요. 순번이 된 집에서 물 길어 간 후에야 따리 끈 입에 물고 삽짝 들어서시는 어머니나 물지게 진 아버지 모습을 볼 수 있었지요. 집안에 일이 있으면 그 순번이 자연스럽게 양보되기도 했었구요. 넉넉하지 못한 물로 사람들 마음을 넉넉하게 만들던 그 샘가 미나리꽝에서는 미나리가 푸르고 앙금 내리는 감자는 잘도 썩어 구린내 훅 풍겼지요.
>
> — 함민복, 〈그 샘〉

① '샘'을 매개로 공동체의 삶을 표현했다.

② 과거 시제로 회상의 분위기를 표현했다.

③ 공감각적 이미지로 이웃 간의 배려를 표현했다.

④ 구어체로 이웃 간의 정감 어린 분위기를 표현했다.

화자의 처지나 행위에 대한 분석으로 옳지 않은 것은?

> 흐르는 것이 물뿐이랴
> 우리가 저와 같아서
> 강변에 나가 삽을 씻으며
> 거기 슬픔도 퍼다 버린다
> 일이 끝나 저물어
> 스스로 깊어 가는 강을 보며
> 쭈그려 앉아 담배나 피우고
> 나는 돌아갈 뿐이다.
> 삽자루에 맡긴 한 생애가
> 이렇게 저물고, 저물어서
> 샛강 바닥 썩은 물에
> 달이 뜨는구나
> 우리가 저와 같아서
> 흐르는 물에 삽을 씻고
> 먹을 것 없는 사람들의 마을로
> 다시 어두워 돌아가야 한다.
>
>   – 정희성, 〈저문 강에 삽을 씻고〉

① 화자는 일을 마치고, 해 지는 강변에 나와 삽을 씻는다.
② 화자는 강물에 슬픔을 퍼다 버리고, '먹을 것 없는 사람들의 마을'로 돌아가야 한다.
③ 화자는 '삽자루에 맡긴 한 생애'라는 표현을 통해 자신의 삶을 압축적으로 드러낸다.
④ 화자는 주관적인 감정을 배제하고, 해 지는 강가의 풍경을 객관적으로 전달하려 한다.

06

④ '슬픔도 퍼다 버린다'에서 화자의 감정이 표출되고 있고, 흐르는 물과 화자의 처지가 동일시되고(우리가 저와 같아서) 있다. 또한 해가 저물고 달이 뜨는 풍경은 객관적인 풍경이 아니라 화자(산업화로 인해 소외된 도시 노동자)의 비애를 부각시키고 있으므로 주관적인 감정을 배제하고, 객관적으로 전달하려 했다는 설명은 옳지 않다.

오답의 이유

①·② 1~4행에서는 고단한 하루의 노동을 끝낸 화자가 강물에 삽을 씻으며 삶의 슬픔을 관조하고 있다. 그러나 육체적 노동은 항상 천시 당하기만 하고 노동자에겐 무력감과 실의만 남을 뿐이다. 5~8행에서는 적극적인 현실 극복의 의지 없이 체념하는 화자의 모습이 '담배나 피우고 마을로 돌아가는 모습'으로 그려지고 있다.
③ '삽자루에 맡긴 한 생애'는 화자의 처지가 고달픈 삶을 사는 노동자임을 알 수 있는 표현이다.

나 하늘로 돌아가리라.
새벽빛 와 닿으면 스러지는
<u>이슬</u> 더불어 손에 손을 잡고.

나 하늘로 돌아가리라.
노을빛 함께 단둘이서
기슭에서 놀다가 구름 손짓하면은.

나 하늘로 돌아가리라.
아름다운 이 세상 소풍 끝내는 날,
가서, 아름다웠더라고 말하리라……

– 천상병, 〈귀천(歸天)〉

07
밑줄 친 시어 '이슬'은 영롱한 아름다움을
지니고 있지만 금방 소멸하고 마는 '덧없
는 것, 순간적인 것' 등을 상징한다.
③ '꿈' 또한 깨어나면 '금방 사라지는 것'
　이므로 '이슬'과 그 의미가 가장 유사
　하다.
오답의 이유
① '눈물'은 어머니의 사랑과 희생을 뜻하
　는 시어이다.
② '나뭇잎'은 아이들의 해맑은 미소를 비
　유한 것이다.
④ '구름'은 얽매임 없는 모습, 자유로움
　등을 상징한다.

07 밑줄 친 단어가 상징하는 것과 가장 유사한 것은?　　　16 국가직 9급

① 어머니는 눈물로 진주를 만드신다.
② 반짝이는 나뭇잎은 어린 아이들의 웃음 같다.
③ 잠을 깨고 나니 고된 인생도 한바탕 꿈처럼 여겨졌다.
④ 얽매인 삶보다는 구름 같은 삶이 훨씬 좋을 때가 있다.

08
② 3음보의 반복과 변조로 내재율이 나타
난다.

08 다음 작품에 대한 설명으로 적절하지 않은 것은?　　　16 국가직 7급

① 죽음에 대해 달관한 태도를 보여 주고 있다.
② 4음보의 반복을 통해 리듬감을 형성하고 있다.
③ 미련도 집착도 없는 무욕의 경지를 나타내고 있다.
④ 독백적인 어조로 담담하게 진술하고 있다.

정답 07 ③ 08 ②

09 ㉠과 가장 유사한 정서가 드러나는 것은?

> 다시 방수액을 부어 완벽을 기하고 이음새 부분은 손가락으로 몇 번씩 문대어 보고 나서야 임 씨는 허리를 일으켰다. 임 씨가 일에 몰두해 있는 동안 그는 숨소리조차 내지 않고 일하는 양을 지켜보았다. ㉠ <u>저 열 손가락에 박힌 공이의 대가가 기껏 지하실 단칸방만큼의 생활뿐이라면 좀 너무하지 않나 하는 안타까움</u>이 솟아오르기도 했다. 목욕탕 일도 그러했지만 이 사람의 손은 특별한 데가 있다는 느낌이었다. 자신이 주무르고 있는 일감에 한 치의 틈도 없이 밀착되어 날렵하게 움직이고 있는 임 씨의 열 손가락은 손가락 이상의 그 무엇이었다.
> ─ 양귀자, 〈비 오는 날이면 가리봉동에 가야 한다〉

① 즐거운 지상의 잔치에 / 금으로 타는 태양의 즐거운 울림 / 아침이면, / 세상은 개벽을 한다.

② 산에 / 산에 / 피는 꽃은 / 저만치 혼자서 피어 있네. // 산에서 우는 작은 새여. / 꽃이 좋아 / 산에서 / 사노라네.

③ 남편은 어디에 나가 있는지 / 아침에 소 끌고 산에 올랐는데 / 산밭을 일구느라 고생을 하며 / 저물도록 돌아오지 못한다네.

④ 눈을 가만 감으면 굽이 잦은 풀밭 길이, / 개울물 돌돌돌 길섶으로 흘러가고, / 백양 숲 사립을 가린 초집들도 보이구요.

---

10 다음 시에 대한 설명으로 옳지 않은 것은?

> 이 비 그치면
> 내 마음 강나루 긴 언덕에
> 서러운 풀빛이 짙어 오것다.
> 푸르른 보리밭길
> 맑은 하늘에
> 종달새만 무어라고 지껄이것다.
> 이 비 그치면
> 시새워 벙글어질 고운 꽃밭 속
> 처녀애들 짝하여 새로이 서고,
> 임 앞에 타오르는
> 향연(香煙)과 같이
> 땅에선 또 아지랑이 타오르것다.
>
> ─ 이수복, 〈봄비〉

① 비유를 통해 애상적 정서를 환기하고 있다.
② 3음보의 변형 민요조 율격을 지니고 있다.
③ 동일한 종결 어미를 반복적으로 사용하고 있다.
④ 주관을 배제한 시각으로 자연을 묘사하고 있다.

09
제시된 ㉠의 정서는 '노력에 비하여 대가가 크지 않은 상황에 대한 안타까움'이다. 제시된 작품은 김창협의 〈산민(山民)〉으로, 화자의 '남편'은 아침에 소를 끌고 산에 올라 산밭을 일구며 고생을 하지만 저물도록 돌아오지 못하고 있다. 화자는 이러한 '남편'에 대해 안타까움의 정서를 드러내고 있다.

오답의 이유
① 제시된 작품은 박남수의 〈아침 이미지〉로, 아침의 활기와 생동감을 드러내고 있다.
② 제시된 작품은 김소월의 〈산유화〉로, 존재의 고독감을 순수한 존재인 '꽃'과 '새'를 통해 드러내고 있다.
④ 제시된 작품은 김상옥의 〈사향(思鄕)〉으로, 눈앞에 그려질 듯이 그리운 고향을 표현하고 있다.

10
④ 화자의 눈에 비친 봄비 오는 풍경에 '내 마음', '서러운'과 같은 주관적 정서를 담아 형상화하고 있다.

오답의 이유
① 은유법(내 마음을 언덕에 비유), 직유법(향연과 같이) 등을 사용하여 애상적 정서를 나타낸다.
② 3음보 변형의 민요조 율격이 나타난다. 이/비/그치면//내 마음/강나루/긴 언덕에//서러운/풀빛이/짙어 오것다//푸르른/보리밭길/맑은 하늘에// …(하략)
③ '─것다'의 동일한 종결 어미가 반복적으로 나타난다.

제시된 작품은 윤동주의 시 〈별 헤는 밤〉
이다. 시에서의 '가을 속의 별'은 시인의
가슴속의 추억, 사랑, 쓸쓸함, 동경과 시와
어머니 그리고 아름다운 모든 것을 표상
한다. 따라서 시적 화자가 '계절이 지나가
는 하늘'의 '가을 속의 별'을 헤아림은 결
국 시인의 '가슴 속에 하나, 둘 새겨지는
별'을 헤는 것으로 치환된다.

오답의 이유
① 제시된 시의 화자는 담담한 고백적 어
　조를 취하고 있다.
② 현실 비판적 내용이 아니라 미래에 대
　한 희망적 메시지를 담고 있다.
④ '별'을 다 헤지 못하는 이유가 '아직 나
　의 청춘이 다하지 않는 까닭'이라고 말
　하는 것으로 미루어 보아 현실 변화를
　바라는 욕망이 아니라 미래에 대한 희
　망을 드러내고 있음을 알 수 있다.

11 다음 시에 대한 감상으로 가장 적절한 것은?

17 서울시 9급

계절이 지나가는 하늘에는
가을로 가득 차 있습니다.

나는 아무 걱정도 없이
가을 속의 별들을 다 헤일 듯합니다.

가슴 속에 하나 둘 새겨지는 별을
이제 다 못 헤는 것은
쉬이 아침이 오는 까닭이요,
내일 밤이 남은 까닭이요,
아직 나의 청춘이 다하지 않은 까닭입니다.

별 하나에 추억과
별 하나에 사랑과
별 하나에 쓸쓸함과
별 하나에 동경과
별 하나에 시와
별 하나에 어머니, 어머니

① 화자는 어린 시절 친구들을 청자로 설정하여 내면을 고백하고 있다.
② 화자의 내면과 갈등관계에 있는 현실에 비판적 시각을 드러내고 있다.
③ 별은 시적 화자가 지향하는 내적 세계를 나타낸다.
④ 별은 현실 상황의 변화를 바라는 화자의 현실적 욕망을 상징한다.

12 다음 글의 서술상의 특징으로 적절한 것은?

18 지방직 9급

> 덕기는 분명히 조부의 이런 목소리를 들은 법하다. 꿈이 아니었던가 하며 소스라쳐 깨어 눈을 떠보니 머리맡 창에 볕이 쨍쨍히 비친 것이 어느덧 저녁때가 된 것 같다. 벌써 새로 세시가 넘었다. 아침 먹고 나오는 길로 따뜻한 데 누웠으려니까 잠이 폭폭 왔던 것이다. 어쨌든 머리를 쳐드니, 인제는 거뜬하고 몸도 풀린 것 같다.
> "네 처두 묵으라고 하였다만 모레는 너두 들를 테냐? 들르면 무얼 하느냐마는……."
> 조부의 못마땅해하는, 어떻게 들으면 말을 만들어 보려고 짓궂이 비꼬는 강강한 어투가 또 들린다. 덕기는 부친이 왔나 보다 하고 가만히 유리 구멍으로 내다보았다. 수달피 깃을 댄 검정 외투를 입은 홀쭉한 뒷모양이 뜰을 격하여 툇마루 앞에 보이고 조부는 창을 열고 내다보고 앉았다. 덕기는 일어서려다가 조부가 문을 닫은 뒤에 나가리라 하고 주저앉았다.
> "저야 오지요마는 덕기는 붙들실 게 무엇 있습니까. 공부 하는 애는 그보다 더한 일이 있더라도 날짜를 대서 하루바삐 보내야지요……."
> 이것은 부친의 소리다. 부친은 가냘프고 신경질적인 체격으로 보아서는 목소리라든지 느리게 하는 어조가 퍽 딴판인 인상을 주는 것이었다.
>
> – 염상섭, 〈삼대〉

① 서술자가 등장인물의 시선을 빌려 이야기를 전개하고 있다.
② 시대적 배경과 밀접한 어휘를 사용하여 주제의식을 강화하고 있다.
③ 편집자적 논평을 통해 인물들에 대한 서술자의 태도를 드러내고 있다.
④ 공간적 배경에 따라 서술자를 달리하여 상황을 입체적으로 그리고 있다.

13 밑줄 친 부분의 함축적 의미로 가장 적절한 것은?

16 지방직 9급

> 그는 피아노를 향하여 앉아서 머리를 기울였습니다. 몇 번 손으로 키를 두드려 보다가는 다시 머리를 기울이고 생각하고 하였습니다. 그러나 다섯 번 여섯 번을 다시 하여 보았으나 아무 효과도 없었습니다. 피아노에서 울려 나오는 음향은 규칙 없고 되지 않은 한낱 소음에 지나지 못하였습니다. 야성? 힘? 귀기? 그런 것은 없었습니다. 감정의 재뿐이 있었습니다.
> "선생님, 잘 안 됩니다."
> 그는 부끄러운 듯이 연하여 고개를 기울이며 이렇게 말하였습니다.
> "두 시간도 못 되어서 벌써 잊어버린담?"
> 나는 그를 밀어 놓고 내가 대신하여 피아노 앞에 앉아서 아까 베낀 그 음보를 펴 놓았습니다. 그리고 내가 베낀 곳부터 다시 시작하였습니다. 화염! 화염! 빈곤, 주림, 야성적 힘, 기괴한 감금 당한 감정! 음보를 보면서 타던 나는 스스로 흥분이 되었습니다.
>
> – 김동인, 〈광염 소나타〉

① 화려한 기교가 없는 연주
② 악보와 일치하지 않는 연주
③ 도저히 이해할 수 없는 연주
④ 기괴한 감정이 느껴지지 않는 연주

12
① "덕기는 분명히 조부의 이런 목소리를 들은 법하다.", "이것은 부친의 소리다.", "부친은 가냘프고 신경질적인 체격 보아서는 목소리라든지" 등의 내용으로 보아 서술자가 덕기의 관점에서 이야기를 전개하고 있다는 것을 알 수 있다.

오답의 이유
② 딱히 시대를 알 수 있는 어휘가 나타나 있지 않다. "수달피 깃을 댄 검정 외투를 입은 홀쭉한 뒷모양이 뜰을 격하여 툇마루 앞에 보이고" 등의 표현이 나오지만 이것만으로는 시대적 배경을 알기 어렵다.
③ 편집자적 논평(작가 개입)은 나타나 있지 않다.
④ 주어진 지문은 한 장소에서 덕기를 중심으로 상황을 나타내고 있다.

13
④ 제시문에서 밑줄 친 '감정의 재'는 '규칙 없고 되지 않은 한낱 소음', '야성·힘·귀기를 느낄 수 없는 것'임을 파악할 수 있다. 이를 가장 잘 표현한 것은 '기괴한 감정이 느껴지지 않는 연주'이다.

정답 12 ① 13 ④

② '소년'이 대화를 주도하며 '개천에서 올라오는 저 사람'에 대한 상대방의 관심을 불러일으키고 있다.

오답의 이유

① 제시된 대화 속에서는 한 대상(둘째 대장)에 대한 두 사람의 관심이 지속되고 있다.

③ 두 사람은 둘째 대장의 행동을 지켜보면서 묻고 답하고 있다. 현실의 문제점을 확인하고 있지는 않다.

④ 제시문에서는 두 사람의 의견 차이를 확인할 수 없다.

14 다음 글의 두 사람의 대화에 대한 설명으로 적절한 것은?

"저어기, 개천에서 올라오는 저 사람이 인제 어딜 가는지 알아내시겠에요?"

"어디, 누구?"

"저거, 땅꾼 아니냐?"

"땅꾼요?"

"거지 대장 말야."

"저건 둘째 대장예요. 근데 지금 어딜 가는지 아시겠에요?"

"인석, 그걸 내가 으떻게 아니?"

그러면 소년은 가장 자랑스러이,

"인제 보세요. 저어 다리께 가게루 갈 테니."

"어디……. 참, 딴은 가게로 들어가는구나. 저눔이 담밸 사러 갔을까?"

"아무것두 안 사구 그냥 나올 테니 보세요. 자아, 다시 돌쳐서서 이쪽으로 오죠?"

"그래 인젠 저눔이 어딜 가누."

"인제, 개천가 선술집으루 들어갈 테니 보세요."

"어디……. 참, 딴은 술집으루 들어가는구나. 그래두 저눔이 가게서 뭐든지 샀겠지, 그냥 거긴 갔다올 까닭이 있나?"

"왜 들어가는지 아르켜 드릴까요? 저 사람이, 곧잘, 다리 밑으루 들어가서, 게서, 거지들한테 돈을 십 전이구 이십 전이구, 얻어 갖거든요. 그래 그걸루 술두 사 먹구, 밥두 사먹구 허는데, 그게 거지들이 동냥해 들인 거니, 이십 전이구, 삼십 전이구 간에, 모두 동전 한 푼짜릴 거 아녜요? 근데 저 사람이 동전 가지군 절대 술집엘 안 들어가거든요. 그래 은제든지 꼭 가게루 가서 그걸 모두 십 전짜리루 바꿔 달래서 ……."

– 박태원, 〈천변풍경〉

---

① 두 사람의 관심사가 달라서 대화가 지속되지 못하고 있다.

② 한 사람이 대화를 주도하면서 상대방의 관심을 끌어들이고 있다.

③ 상대방의 질문에 답하는 가운데 현실의 문제점을 확인하고 있다.

④ 서로 간의 의견 차이를 조정하면서 절충점을 찾아내고 있다.

"그래 일인들이 죄다 내놓구 가는 것을, 백성들더러 돈을 내구 사라구 마련을 했다면서?"

"아직 자세힌 모르겠어두, 아마 그렇게 되기가 쉬우리라구들 하드군요."

해방 후에 새로 난 구장의 대답이었다.

"그런 놈의 법이 어딨단 말인가? 그래, 누가 그렇게 마련을 했는구?"

"나라에서 그랬을 테죠."

"나라?"

"우리 조선 나라요."

"나라가 다 무어 말라비틀어진 거야? 나라 명색이 내게 무얼 해 준 게 있길래, 이번엔 일인이 내놓구 가는 내 땅을 저이가 팔아먹으려구 들어? 그게 나라야?"

"일인의 재산이 우리 조선 나라 재산이 되는 거야 당연한 일이죠."

"당연?"

"그렇죠."

"흥, 가만 둬두면 저절루 백성의 것이 될 걸 나라 명색은 가만히 않었다 어디서 툭 튀어나와 가지구, 걸 뺏어서 팔아 먹어? 그따위 행사가 어딨다든가?"

"한 생원은, 그 논이랑 멧갓이랑 길천이한테 돈을 받구 파셨으니깐 임자로 말하면 길천이지 한 생원인가요?"

"암만 팔았어두, 길천이가 내놓구 쫓겨 갔은깐, 도루 내 것이 돼야 옳지, 무슨 말야. 걸, 무슨 탁에 나라가 뺏을 영루 들어?"

"한 생원한테 뺏는 게 아니라, 길천이한테 뺏는 겁니다."

① 독백과 대화를 혼용하여 이야기를 이끌어가고 있다.

② 서술자가 인물의 성격을 직접적으로 평가하고 있다.

③ 특정한 단어를 활용하여 시대적 배경을 나타내고 있다.

④ 작가는 국민의 도덕성과 국가의 비도덕성을 대조하여 보여준다.

15

제시문은 채만식의 단편 소설 〈논 이야기〉의 일부로, 광복 직후 정부의 토지 정책에 대한 비판을 주제로 한다.

③ '해방'이라는 특정 단어를 통하여 시대적 배경을 짐작해 볼 수 있다.

오답의 이유

① 독백은 나타나지 않는다.

② 인물의 성격은 대화를 통하여 간접적으로 나타난다.

④ 국가의 비도덕성은 나타나지만 국민의 도덕성은 찾아볼 수 없다. 한 생원도 자신의 이익만을 추구하고 있다.

④ '소리의 여운'에서 '소리'는 '쇠붙이 소리'를 가리킨다. 제시된 소설에서 정체를 알 수 없는 '쇠붙이 소리'는 끊임없이 이어짐으로써 인물들의 초조함과 불안감을 증폭시키는 역할을 한다. 따라서 '소리의 여운'은 갈등이 해소되는 것이 아니라 끝나지 않는다는 것을 나타낸다. 또한 서술자는 '소리의 여운'에 나무들이 흔들리고 있다고 했는데, '흔들린다'는 것은 갈등이 지속된다는 것을 암시한다고 볼 수 있다. 그리고 '단선적 구성'은 하나의 사건만을 집중적으로 전개하는 방식인데, 이 작품에서 '소리의 여운'으로 인해 새로운 사건이 발생하는 것은 아니므로 구성에 변화를 준다는 것은 적절하지 않다.

16 다음 글에서 '소리'에 대한 이해로 적절하지 않은 것은?

> 바깥은 어둡고 뜰 변두리의 늙은 나무들은 바람에 불려 서늘한 소리를 내었다. 처마 끝 저편에 퍼진 하늘에는 별이 총총하게 박혀 있으나, 아스무레한 초여름 기운에 잠겨 있었다. 집은 전체로 조용하고 썰렁했다.
> 꽝 당 꽝 당.
> 먼 어느 곳에서는 이따금 여운이 긴 쇠붙이 두드리는 소리가 들려왔다. 밑 거리의 철공소나 대장간에서 벌겋게 단 쇠를 쇠망치로 뚜드리는 소리 같았다. 근처에는 그런 곳은 없을 것이었다. 그렇다면 굉장히 먼 곳일 것이었다. 굉장히 굉장히 먼 곳일 것이었다.
> 꽝 당 꽝 당.
> 단조로운 소리이면서 송곳처럼 쑤시는 구석이 있는, 밤중에 간헐적으로 들려오는 그 소리는 이상하게 신경을 자극했다.
> "참, 저거 무슨 소리유?"
> 영희가 미간을 찌푸리면서 말했다.
> "글쎄, 무슨 소릴까……."
> 정애가 심드렁하게 대답했다.
> "이 근처에 철공소는 없을 텐데."
> "……."
> 정애는 표정으로만 수긍을 했다.
> 꽝 당 꽝 당.
> 그 쇠붙이에 쇠망치 부딪치는 소리는 여전히 간헐적으로 이어지고 있었다. 밤내 이어질 모양이었다. 자세히 그 소리만 듣고 있으려니까 바깥의 선들대는 늙은 나무들도 초여름 밤의 바람에 불려서 그런 것이 아니라 저 소리의 여운에 울려 흔들리고 있었다. 저 소리는 이 방안의 벽 틈서리를 쪼개고도 있었다. 형광등 바로 위의 천장에 비수가 잠겨 있을 것이었다.
> — 이호철, 〈닳아지는 살들〉

① '서늘한 소리'는 예사롭지 않은 분위기를 조성하기 시작한다.
② '꽝 당 꽝 당' 소리는 인물의 심리적 상태의 변화를 촉발한다.
③ '단조로운 소리'는 반복적으로 드러남으로써 모종의 의미가 부여된다.
④ '소리의 여운'은 단선적 구성에 변화를 주어 갈등 해소의 기미를 강화한다.

17

④ ㉣의 뒷부분에서 "들을 사람이 두셋밖에 안 되는데 수십 명이 거의 동시에 떠들어 대고 있었다. ~ 해결될 문제는 아니었다."라고 했으므로 삶이 개선될 것을 암시한다고 보기 힘들다.

사람들은 아버지를 난쟁이라고 불렀다. 사람들은 옳게 보았다. ⊙ 아버지는 난쟁이였다. 불행하게도 사람들은 아버지를 보는 것 하나만 옳았다. 그 밖의 것들은 하나도 옳지 않았다. 나는 아버지, 어머니, 영호, 영희, 그리고 나를 포함한 다섯 식구의 모든 것을 걸고 그들이 옳지 않다는 것을 언제나 말할 수 있다. 나의 '모든 것'이라는 표현에는 '다섯 식구의 목숨'이 포함되어 있다. 천국에 사는 사람들은 지옥을 생각할 필요가 없다. 그러나 우리 다섯 식구는 지옥에 살면서 천국을 생각했다. 단 하루라도 천국을 생각해 보지 않은 날이 없다. 하루하루의 생활이 지겨웠기 때문이다. ⓒ 우리의 생활은 전쟁과 같았다. 우리는 그 전쟁에서 날마다 지기만 했다. 그런데도 어머니는 모든 것을 잘 참았다. 그러나 그날 아침 일만은 참기 어려웠던 것 같다.

"통장이 이걸 가져왔어요."

내가 말했다. 어머니는 조각 마루 끝에 앉아 아침 식사를 하고 있었다.

"그게 뭐냐?"

"철거 계고장이에요."

"기어코 왔구나!"

어머니가 말했다.

"그러니까 집을 헐라는 거지? 우리가 꼭 받아야 할 것 중의 하나가 이제 나온 셈이구나!"

어머니는 식사를 중단했다. 나는 어머니의 밥상을 내려다보았다. 보리밥에 까만 된장, 그리고 시든 고추 두어 개와 조린 감자.

나는 어머니를 위해 철거 계고장을 천천히 읽었다. (중략)

어머니는 조각 마루 끝에 앉아 말이 없었다. ⓒ 벽돌 공장의 높은 굴뚝 그림자가 시멘트 담에서 꺾어지며 좁은 마당을 덮었다. 동네 사람들이 골목으로 나와 뭐라고 소리치고 있었다. 통장은 그들 사이를 비집고 나와 방죽 쪽으로 걸음을 옮겼다. 어머니는 식사를 끝내지 않은 밥상을 들고 부엌으로 들어 갔다. 어머니는 두 무릎을 곧추세우고 앉았다. 그리고 손을 들어 부엌 바닥을 한 번 치고 가슴을 한 번 쳤다. 나는 동사무소로 갔다. ㉣ 행복동 주민들이 잔뜩 몰려들어 자기의 의견들을 큰 소리로 말하고 있었다. 들을 사람은 두셋밖에 안 되는데 수십 명이 거의 동시에 떠들어 대고 있었다. 쓸데없는 짓이었다. 떠든다고 해결될 문제는 아니었다.

나는 바깥 게시판에 적혀 있는 공고문을 읽었다. 거기에는 아파트 입주 절차와 아파트 입주를 포기할 경우 탈 수 있는 이주 보조금 액수 등이 적혀 있었다. 동사무소 주위는 시장 바닥과 같았다.

– 조세희, 〈난쟁이가 쏘아 올린 작은 공〉

① ⊙: 산업화 과정에서 소외된 '아버지'의 왜소함을 드러낸다.

② ⓒ: 가난한 도시 빈민의 힘겨운 삶을 전쟁에 비유한다.

③ ⓒ: 맹목적이고 무리한 산업화의 위압적 분위기를 나타낸다.

④ ㉣: 주민들의 노력으로 삶이 개선될 것임을 암시한다.

18
④ 〈자장면〉은 자장면에 얽힌 추억을 주제로 한 정진권의 수필로, 제시된 부분에서 대상의 의인화는 나타나지 않았다. 또한 바람직한 삶의 자세에 대한 언급도 하고 있지 않다.

18 다음 글에 대한 설명으로 옳지 않은 것은?

> 내가 어려서 최초로 대면한 중국 음식이 자장면이고(자장면이 정말 중국의 전통적인 음식인지 어떤지는 따지지 말자.), 내가 맨 처음 가 본 내 고향의 중국집이 그런 집이고, 이따금 흑설탕을 한 봉지씩 싸 주며 "이거 먹어해. 헤헤헤." 하던 그 집주인이 그런 사람이어서, 나는 중국 음식이라면 우선 자장면을 생각했고 중국집이나 중국 사람은 다 그런 줄로만 알고 컸다. (중략)
> 그러나 적어도 우리 동네와 내 직장 근처에만은 좁고 깨끗지 못한 중국집과 내 어리던 날의 그 장궤(掌櫃) 같은 뚱뚱한 주인이 오래오래 몇만 남아 있었으면 한다.
>
> – 정진권, 〈자장면〉

① 일상적인 소재를 통해 추억을 회상하고 있다.
② 기억을 중심으로 편안하게 경험을 서술하고 있다.
③ 대상의 소박함과 정겨움을 중심으로 서술하고 있다.
④ 대상을 의인화하여 바람직한 삶의 자세를 이끌어 내고 있다.

19
제시문에서 '나'는 '그'와 대면한 상황에서 그의 행동과 말을 묘사하고 있다. 따라서 작품 속의 서술자 '나'가 특정 인물 '그'를 관찰하여 서술하는 방식을 취하고 있음을 알 수 있다.

19 다음 글의 서술 방식으로 가장 적절한 것은?

> 내 대답이 지나치게 더디 나올 때 이미 눈치를 챈 모양이었다. 도전적이던 기색이 슬그머니 죽으면서 그의 착하디착한 눈에 다시 수줍음이 돌아왔다. 그는 고개를 좌우로 흔들어 보였다.
> "원장이 어리석은 사람이길 바라고 거기다 희망을 걸기엔 너무 늦었습니다. 그 사람은 나한테서 수술비용을 받아내기가 수월치 않다는 걸 입원시키는 그 순간에 벌써 알아차렸어요."
> 얼굴에 흐르는 진땀을 훔치는 대신 그는 오른발을 들어 왼쪽 바짓가랑이 뒤에다 두어 번 문질렀다. 발을 바꾸어 같은 동작을 반복했다.
> "바쁘실 텐데 실례 많았습니다."
>
> – 윤흥길, 〈아홉 켤레의 구두로 남은 사내〉

① 작품 밖의 서술자가 작품 안의 특정 인물의 시각으로 서술하고 있다.
② 외부 이야기 속에 내부 이야기를 삽입하여 시점과 주인공이 바뀌고 있다.
③ 작품 속의 서술자가 특정 인물을 관찰하여 서술하는 방식을 취하고 있다.
④ 작품 속 서술자의 요약적 서술을 통해 특정 인물의 심리와 성격을 제시하고 있다.

정답 18 ④ 19 ③

20 다음 글이 지닌 장르적인 특성에 대한 설명으로 적절하지 않은 것은?

> 똑같은 달을 바라보면서도 바라보는 사람의 마음에 따라서 혹은 슬프게, 혹은 정답게, 혹은 허무하게 느껴진다. 행복의 문제도 마찬가지다. 인간의 육체(肉體)를 쓰고 사는 정신(精神)인 이상, 또 남과 더불어 살아갈 수밖에 없는 사회적 존재인 이상, 누구든지 먹고 살기 위한 의식주(衣食住)와 처자(妻子)와 친구와 명성(名聲)과 사회적 지위가 필요함은 말할 것도 없다. 돈, 건강, 가정, 명성, 쾌락 등은 행복에 필요한 조건이다. 이런 조건을 떠나서 우리는 결코 행복할 수 없다. 그러나 행복의 조건을 갖추었다고 곧 행복해지는 것은 아니다. 행복하다는 것과 행복의 조건을 갖는다는 것과는 엄연히 구별해야 할 별개의 문제다. 집을 지으려면 돌과 나무와 흙이 필요하지만 그런 것을 갖추었다고 곧 집이 되는 것이 아님과 마찬가지의 논리다.
>
> – 안병욱, 〈행복의 메타포〉

① 자유로운 형식의 글이다.
② 인물의 성격과 행동을 실감나게 표현해야 한다.
③ 격조 있는 진솔한 내용이 있어야 감동을 줄 수 있다.
④ 직업, 연령, 성별에 관계없이 모든 사람이 쓸 수 있다.

20
제시된 글은 '행복의 메타포'에 대해 필자의 생각을 자유롭게 서술한 수필이다.
② 인물의 성격과 행동을 실감나게 표현해야 하는 것은 극 문학 장르의 특성이다.

---

21 다음의 문학사적 사실들을 발생 순서대로 배열한 것은?

> ㉠ 〈삼대〉, 〈흙〉, 〈태평천하〉 등 다양한 장편소설들이 발표되었다.
> ㉡ 이광수의 〈무정〉이 《매일신보》에 연재되어 세간의 화제를 불러 일으켰다.
> ㉢ 《창조》, 《백조》, 《폐허》 등의 동인지가 등장하고 《조선일보》, 《동아일보》와 같은 민간 신문들이 발행되었다.
> ㉣ 《인문평론》, 《문장》 등 유수한 문학잡지들과 한글 신문 등의 발행이 어려워지게 되었다.
> ㉤ 이인직의 〈혈의 누〉, 이해조의 〈자유종〉과 같은 소설들이 발표되었다.

① ㉡ – ㉤ – ㉠ – ㉢ – ㉣
② ㉡ – ㉤ – ㉢ – ㉣ – ㉠
③ ㉤ – ㉡ – ㉢ – ㉠ – ㉣
④ ㉤ – ㉢ – ㉠ – ㉡ – ㉣

21
㉤ 1900년대: 이인직의 〈혈의 누〉와 이해조의 〈자유종〉은 1900년대 유행한 신소설이다.
㉡ 1910년대: 이광수의 〈무정〉이 《매일신보》에 연재되기 시작한 것은 1917년이다.
㉢ 1920년대: 《창조》, 《백조》, 《폐허》와 같은 동인지가 등장한 때는 1920년대이다.
㉠ 1930년대: 염상섭의 〈삼대〉와 채만식의 〈태평천하〉는 각각 1931년과 1938년에 발표되었다. 또한 이광수의 〈흙〉은 1932~1933년 《동아일보》에 연재되었다. 이와 같이 다양한 장편 소설들이 발표된 때는 1930년대이다.
㉣ 1940년대: 《인문평론》, 《문장》과 같은 문학잡지와 한글 신문 등의 발행이 어려워진 때는 일제가 민족 말살 정책을 추진하던 1940년대이다.

정답 20 ② 21 ③

22

① '동반자 작가'란 카프(KAPF)에 가입하지는 않았지만, 이들에게 사상적으로 동조한 작가들을 의미한다. 김동리·김유정은 동반자 작가가 아니며, 이효석·유진오·채만식 등이 해당된다.

22 1930년대 문단의 상황에 대한 진술 중 잘못된 것은?

① 김동리, 김유정 등 동반자 작가들이 활동했다.

② 예술성을 강조하는 순수 문학이 크게 유행했다.

③ 모더니즘 문학이 도입되고 다양한 기법이 실험되었다.

④ 전원파, 청록파, 생명파 등이 등장했다.

⑤ 일제의 탄압으로 카프(KAPF)가 해체되었다.

23

〈보기〉는 구상의 〈초토의 시1〉이라는 작품으로 한국 전쟁을 배경으로 한 작품이다. ④ 역시 한국 전쟁을 배경으로 하고 있다.

①은 1960년대 서울을 떠나 무진으로 갔다가 다시 서울로 돌아오는 것을 배경으로 하는 소설이다. ②는 1970년대 산업화를 배경으로, ③은 1970년대 농촌을 배경으로 한 소설이다.

23 다음 작품과 시대적 배경이 같은 작품은?

> 하꼬방 유리 딱지에 애새끼들
> 얼굴이 불타는 해바라기마냥 걸려 있다.
>
> 내려 쪼이던 햇발이 눈부시어 돌아선다.
> 나도 돌아선다.
>
> 울상이 된 그림자 나의 뒤를 따른다.
> 어느 접어든 골목에서 걸음을 멈춰라.
>
> 잿더미가 소복한 울타리에
> 개나리가 망울졌다.

① 김승옥의 〈무진기행〉

② 황석영의 〈삼포 가는 길〉

③ 이문구의 〈우리 동네 김씨〉

④ 황순원의 〈나무들 비탈에 서다〉

정답 22 ① 23 ④

24 다음 예문에 제시된 시사(詩史)의 전개가 순서에 맞게 배열된 것은? 17 서울시 9급

> ㉠ 농민의 애환을 다룬 신경림의 〈농무〉를 비롯하여, 고은이나 김지하 등 참여 시인들의 작품은 현실에 저항하는 문학의 실천성을 보여 주었다.
>
> ㉡ 한용운의 시집 《님의 침묵》이 출간되어 이 시기를 대표하는 시인으로 떠올랐고, 다른 한편으로는 조선 프롤레타리아 예술가 동맹(KAPF)이 결성되어 리얼리즘 계열의 시가 창작되기도 했다.
>
> ㉢ 전쟁에 참여한 시인들은 선전 선동 시 등을 창작하기도 했으나 구상의 〈초토의 시〉처럼 황폐화된 국토의 모습을 통해 전쟁이 남긴 비극을 그려내는 작품들이 나타났다.
>
> ㉣ 모더니즘 시 운동을 선도한 시인들이 도시적 감수성을 세련된 기교로 노래했다. 김기림은 장시 〈기상도〉를 통해 현대 문명을 비판했다.

① ㉡ - ㉣ - ㉠ - ㉢
② ㉡ - ㉣ - ㉢ - ㉠
③ ㉣ - ㉡ - ㉠ - ㉢
④ ㉣ - ㉡ - ㉢ - ㉠

24
㉡ 1920년대 → ㉣ 1930년대
→ ㉢ 1950년대 → ㉠ 1970년대

정답 24 ②

고전 문학

www.edusd.co.kr

01 고전 문학사

01 고대 문학

1. 고대 가요

(1) 개념

① 고려 이전의 노래 중 한시나 향가를 제외한 시가 문학을 말한다.

② 고대국가의 제천의식에서 행해진 원시 종합 예술에서 그 기원을 찾을 수 있다.

③ 개인적이고 서정적인 내용을 노래하는 시가가 분리·발전되면서 형성되었다.

(2) 특징

① 초기에는 집단적이고 의식적인 노래가 후기에는 개인적인 서정에 바탕을 둔 서정 시가가 발생하였다.

② 구전되어 오다가 후대에 한시형으로 번역되어 기록되었다.

③ 배경 설화 속에 삽입되어 전해지며, 주술이나 제의적 생활상이 반영되어 있다.

> **고대 가요 배경 설화의 의미**
> 고대 서정 가요는 보통 배경 설화와 함께 전해지는데, 이것은 시가 문학이 서사 문학과 완전히 분리되지 않은 것을 보여준다.

(3) 주요 작품

작품명	작자	연대	내용	성격	출전
구지가 (龜旨歌)	구간 (九干) 등	신라 유리왕	수로왕의 강림을 기원하는 노래로 '영신군가(迎神君歌)'라고도 함	집단적, 주술적	《삼국유사》
황조가 (黃鳥歌)	유리왕	고구려 유리왕	꾀꼬리의 정다운 모습을 보고 자신의 외로움을 슬퍼함	개인적, 서정적	《삼국사기》
공무도하가 (公無渡河歌)	백수 광부의 처	고조선	물에 빠져 죽은 남편을 애도함	개인적, 서정적	《해동역사》
정읍사 (井邑詞)	미상	백제	행상 나간 남편을 근심하는 아내의 마음을 담음	개인적, 서정적	《악학궤범》
해가(海歌)	강릉의 백성들	신라	용에게 납치된 수로부인을 구하기 위해 노래를 부름	집단적, 주술적	《삼국유사》

> **○✕ 문제**
>
> **01** 고대 가요는 고려 이전의 노래 중 한시나 향가를 포함한 시가 문학을 말한다. ( )
>
> **02** 〈구지가〉는 수로왕의 강림을 기원하는 노래로 《삼국사기》에 실려 있다. ( )
>
> **정답** 01 × 02 ×
>
> **해설** 01 고대 가요는 고려 이전의 노래 중 한시나 향가를 제외한 시가 문학을 말한다.
> 02 〈구지가〉는 《삼국유사》에 실려 전한다.

(4) 배경 설화와 제목만 전해지는 부전 가요

작품명	작자	연대	내용
〈도솔가〉	미상	신라 유리왕	민속환강(民俗歡康)❶을 노래한 우리나라 최초의 정형시
〈치술령곡〉	미상	신라 눌지왕	박제상의 아내가 치술령에서 그를 기다리다 죽은 슬픈 사연을 후세 사람들이 애도한 노래
〈목주가〉	미상	신라	목주 땅에 사는 한 효녀가 아버지에게 효를 다하고자 하나 끝내 아버지가 이를 거부하자 한탄하며 부른 노래
〈대악〉	백결 선생	신라 자비왕	떡거리가 없어 탄식하는 부인을 위해 떡방아 찧는 소리를 내어 위로한 노래
〈회소곡〉	미상	신라 유리왕	왕이 팔월 보름에 여인들을 두 집단으로 나누어 길쌈 내기를 시키고 진 편이 이긴 편에게 술과 음식을 대접하며 부른 노래

2. 향가(鄕歌)

(1) 개념

① 향찰(鄕札)❷로 표기된 정형화된 서정시로 작가층은 주로 승려, 귀족, 평민 등 다양하다.

② 형식은 4구체, 8구체, 10구체로 되어 있으며, 특히 10구체는 사뇌가(詞腦歌)라고 하였다.

③ 현재 《삼국유사》에 14수, 《균여전》에 11수 모두 25수가 전해진다. 《삼국사기》에 향가집인 《삼대목(三代目)》이 간행되었다는 기록은 있으나 현재 전하지 않는다.

🔹 개념 더하기

전해지는 향가의 수
- 균여전(11수): 균여대사(승려) 작품
- 삼국유사(14수)
  - 승려: 〈도솔가〉(월명사), 〈제망매가〉(월명사), 〈찬기파랑가〉(충담사), 〈안민가〉(충담사), 〈혜성가〉(융천사), 〈우적가〉(영재), 〈원왕생가〉(광덕)
  - 화랑: 〈모죽지랑가〉(득오)
  - 평민: 〈풍요〉(백성들), 〈헌화가〉(이름 없는 어느 노인), 〈도천수대비가〉(희명)
  - 관리: 〈원가〉(신충)
  - 기타: 〈서동요〉(백제 무왕), 〈처용가〉(동해 용왕의 아들이라 전해지는 인물)

어휘 풀이

❶ 민속환강(民俗歡康): '백성들의 생활이 즐겁고 편안하다.'는 의미
❷ 향찰(鄕札): 우리 문자가 없을 때 한자의 음과 뜻을 빌려서 우리말을 표기한 신라 시대의 표기법이다. 실질 형태소는 한자의 훈(訓)을, 형식 형태소는 한자의 음(音)을 빌려 표기하였다.

《삼대목(三代目)》
888년(진성여왕 2) 각간 위홍과 대구화상이 왕명에 따라 편찬한 향가집으로 《삼국사기》에 이름만 전한다. 책이름에 대해서는 여러 가지 설이 있는데, '삼대'는 대체로 상대·중대·하대, '목'은 절목 또는 요목을 뜻하는 것으로 본다.

확인 문제　　　17 국가직 9급

다음 시가의 전개 방식으로 옳은 것은?

> 龜何龜何
> 首其現也
> 若不現也
> 燔灼而喫也
> 　　　　－〈구지가〉

① 요구－위협－환기－조건
② 환기－요구－조건－위협
③ 위협－조건－환기－요구
④ 조건－요구－위협－환기

정답 ②

해설 〈구지가〉는 '거북'의 이름 부름(환기) → 머리를 내놓으라고 명령(요구) → 내놓지 않으면(조건) → 구워서 먹겠다(위협)로 내용이 전개된다.

(2) 특징

① 형식

4구체	초기의 향가로 입에서 입으로 전해 내려오는 민요의 형식이다. 예 〈서동요〉, 〈헌화가〉, 〈도솔가〉
8구체	4구체에서 발전되어 4구체와 10구체의 과도기적 형식이다. 예 〈모죽지랑가〉, 〈처용가〉
10구체	• 향가의 형식 중 가장 정제된 형식으로 4+4+2의 구성으로 되어 있다. • 낙구(귀글의 맨 마지막 구)에는 반드시 감탄사 '아으'가 있는 것이 특징이다. → 시조 종장의 첫 구에 영향을 미침 • '사뇌가'라고 부르기도 했다. 예 〈제망매가〉, 〈찬기파랑가〉, 〈혜성가〉, 〈안민가〉 등

② 내용: 주술적 내용 또는 불교적 내용이 가장 많다.

③ 작자: 향가의 작가층은 왕, 승려, 화랑, 평민 등 다양했으나, 주류 작가층은 승려와 화랑이다.

(3) 주요 작품

형식	작품	작가	연대	내용
4구체	〈서동요〉	서동	진평왕(6세기)	서동이 선화공주를 얻기 위하여 아이들에게 부르게 한 노래
	〈풍요〉	백성들	선덕여왕(7세기)	양지가 영묘사의 장육존상을 만들 때 부역을 온 백성들이 부른 노래
	〈도솔가〉	월명사	경덕왕(8세기)	해가 둘이 나타나자 하나의 해를 없애기 위하여 부른 노래
	〈헌화가〉	어느 노인	성덕왕(8세기)	소를 몰고 가던 노인이 수로부인에게 꽃을 꺾어 바치며 부른 노래
8구체	〈모죽지랑가〉	득오	효소왕(7세기 말)	화랑 죽지랑의 고매한 인품을 따르던 어떤 낭도가 추모하여 부른 노래
	〈처용가〉	처용	헌강왕(9세기)	아내를 범한 역신을 물리치는 노래로, 현전하는 마지막 신라 향가. 주술가
10구체	〈혜성가〉	융천사	진평왕(6~7세기)	혜성이 큰 별을 침범한 괴변을 없애고 왜구의 침략을 막은 노래
	〈천수대비가〉	희명	경덕왕(8세기)	희명이 눈먼 자식의 눈을 뜨게 하기 위해 부른 불교적 신앙의 노래
	〈제망매가〉	월명사	경덕왕(8세기)	요절한 누이의 명복을 빌며 부른 노래. 추도가
	〈찬기파랑가〉	충담사	경덕왕(8세기)	충담사가 기파랑의 인품을 추모하여 부른 노래
	〈안민가〉	충담사	경덕왕(8세기)	경덕왕의 요청으로 임금과 신하의 도리를 노래한 치국안민의 노래
	〈원왕생가〉	광덕	문무왕(7세기)	극락왕생하기를 바라는 불교적 신앙심을 읊은 노래

확인 문제

13 기상직 9급

향가의 특징으로 적절하지 않은 것은?

① 6세기 경 신라에서 발생하여 고려 초까지 향유되었던 서정문학의 장르이다.

② 현전하는 4구체 향가에는 도솔가, 서동요, 헌화가, 풍요가 있다.

③ 작자는 화랑, 승려 등 주로 당대의 지배층이며 특히 화랑의 작품이 14수에 이를 정도로 가장 많았다.

④ 한자의 음과 훈을 빌려 문장 전체를 적은 신라 시대의 우리말 표기법인 향찰로 표기하였다.

정답 ③

해설 향가의 작가층은 왕, 승려, 화랑, 평민 등 다양했으나, 화랑의 작품보다 승려의 작품이 많다.

(4) 향가의 의의

① 우리 문학사 최초의 정형화된 서정 시가이다.

② 향찰로 기록되어 있기 때문에 신라어 연구에 소중한 자료가 된다.

③ 향가 이후에 형성된 시가의 형식이나 내용에 많은 영향을 끼쳤다. → 10구체 향가는 시조의 3단 구성과 유사

3. 설화 문학

(1) 개념

① 설화는 예로부터 전해 내려오는 이야기를 총칭하는 말이다.

② 일정한 구조를 지니고 있으며 꾸며 낸 이야기라는 점에서 서사 문학의 근원이 되었다.

(2) 설화의 특징과 계승 과정

① 설화의 특징: 민중성, 구전성, 산문성, 서사성, 비현실성, 집단 창작

② 설화의 계승 과정: 설화 → 패관 문학(판소리) → 고대소설(판소리계 소설) → 신소설 → 현대소설

(3) 설화의 갈래

구분	신화❶	전설❷	민담❸
배경	태초의 신성한 장소	구체적인 시간과 장소	막연한 시간과 장소
주인공의 특징	신적 존재로 초능력 발휘	비범한 인간으로 비극적 결말	평범한 인간으로 운명 개척
증거물	우주, 국가 등 포괄적 증거물	바위, 연못 등 개별적 증거물	보편적 증거물
미의식	장엄하고 거룩한 초월적 아름다움(숭고미)	비극의 아름다움 (비장미❹)	웃음에서 오는 아름다움 (골계미)
전승자의 태도	신성성 중요시	진실성 중요시	흥미성 중요시
전승 범위	민족적 범위	지역적 범위	세계적 범위

(4) 건국 신화

① 발생 배경: 국가 통치 기반을 굳건히 하고, 지배 논리의 정당성을 확보하기 위해 만들어졌다.

② 건국 신화의 구조: 고귀한 혈통, 비정상적 출생과 구출, 양육자의 등장, 위기와 모험, 투쟁과 승리, 비범한 능력, 유년기에 고난을 겪음

어휘 풀이

❶ 신화: 천지의 창조, 민족이나 성씨의 시조 탄생 등 신성한 이야기

❷ 전설: 특정 문화 집단이나 민족, 각기 다른 문화권 속에서 구전되는 이야기

❸ 민담: 흥미 위주로 창작된 이야기로 평범한 인물을 내세워 교훈이나 흥미를 주는 허구적인 이야기

❹ 비장미: 거부할 수 없는 운명 속에서도 끝까지 타협하지 않는 저항적 인간의 모습에서 오는 아름다움

설화의 성격 변화 양상
• 신화 → 전설 → 민담
• 점점 구체적이고 인간 중심적으로 진행

확인 문제   17 경찰 2차

〈단군 신화〉에 대한 설명 중 가장 적절하지 않은 것은?

① 홍익인간이라는 건국이념을 찾을 수 있다.

② 이 신화를 통해 우리 신화의 원형과 당시 사회의 성격을 살펴볼 수 있다.

③ 이 신화는 우리 민족이 세운 최초의 국가인 고조선의 천지 창조 신화이다.

④ 환웅과 웅녀가 결합하여 시조인 단군이 탄생하였다는 점에서 우리나라가 천손에 의해 건국되었음을 밝히고 있다.

정답 ③

해설 단군 신화는 고조선의 건국 신화이다.

③ 주요 작품

작품	국가	내용
〈단군 신화〉	고조선	• 우리나라 건국 신화 • 홍익인간의 이념을 바탕으로 건국 • 천손 민족이라는 신성성을 제기함으로써 자긍심을 드러냄
〈주몽 신화〉	고구려	• 동명왕의 탄생과 고구려 건국 과정 • 영웅 일대기 구조
〈박혁거세 신화〉	신라	• 대표적인 난생(卵生) 신화 • 박혁거세의 탄생과 신라 건국 과정
〈김알지 신화〉	신라	• 계림(鷄林)의 나무에 걸린 금궤에서 태어남 • 경주 김씨 시조 설화
〈수로왕 신화〉	가락국	• 알에서 태어난 6명의 아이들이 가락국의 왕이 되었는데 가장 큰 왕이 수로왕임 • 김해 김씨 시조 설화

(5) 전설과 민담

① 특징

㉠ 삼국 시대는 전설과 민담이 주를 이루었다.

㉡ 김부식의 《삼국사기》와 일연의 《삼국유사》 등에 기록되어 있다.

㉢ 전설은 역사성, 진실성이 강조되고 기념물이나 증거물이 남아 있다.

㉣ 민담은 해학과 골계와 연관이 깊으며, 흥미와 교훈이 주된 목적이다.

② 주요 작품

고구려	온달 설화	바보 온달과 평강 공주 이야기
	호동왕자 설화	호동왕자와 낙랑공주의 비극적인 사랑과 죽음에 관한 설화
백제	도미 설화	부부의 지고지순한 사랑 이야기, 춘향전의 근원 설화
신라	효녀지은 설화	효행 설화, 심청전의 근원 설화
	방이 설화	형제 간의 우애 설화, 흥부전의 근원 설화
	지귀 설화	선덕여왕을 사모한 지귀 이야기

⭐ **개념 더하기**

전설과 민담의 특징

구분	전설	민담
주인공	비범하고 영웅적인 인간	일상에서 볼 수 있는 인간
시공간	구체적 시공간	불분명한 시공간
증거물	개별적, 구체적	추상적
전승 범위	지역적	지역이나 민족을 초월
특징	역사성, 진실성(비장미)	교훈성(골계·해학미)

소설과 설화의 공통점
• 허구적 이야기로 구성
• 인물, 사건, 배경이 주어짐
• 흥미 위주의 이야기 형식을 추구

◯✕문제

01 설화의 갈래 중 전설은 진실성을 중시한다. ( )

02 건국 신화는 영웅 서사의 일반적 구조를 보인다. ( )

03 고구려 설화에는 도미 설화, 온달 설화가 있다. ( )

정답 **01** ◯ **02** ◯ **03** ✕

해설 **03** 도미 설화는 백제 시대의 설화이다.

4. 한문학 · 한시(漢詩)

(1) 개념

① 한문학은 삼국 시대에 한자가 들어오면서 시작되었으며 7세기 경(통일 신라)에는 한시가 본격적으로 창작되어 한문학의 기원을 이룩하였다.

② 한시는 중국 한문학의 영향을 받아 한문을 이용하여 우리의 사고와 정서를 표현한 정형시이다.

한문학 향유층
한문학은 상류층인 승려, 화랑, 귀족 등에 의해 주로 창작되고, 이들 사이에서 향유된 상층 · 귀족 문학이다.

(2) 한시의 이해

① 한시의 종류

고체시	• 악부(樂府): 잡언시, 칠언시 • 고시(古詩): 4언 고시, 5언 고시, 7언 고시
근체시	• 절구(絕句): 5언 절구, 7언 절구 • 율시(律詩): 오언 율시, 칠언 율시 • 배율(排律): 5언 배율, 7언 배율

② 절구와 율시의 형식

절구(絕句)	• 근체시의 형식의 하나로 기(起) · 승(承) · 전(轉) · 결(結)의 네 구로 이루어져 있다. • 기구(발상), 승구(시상의 확대 발견), 전구(시상의 전환), 결구(시상의 마무리)로 분류한다. • 한 구가 다섯 자로 된 것은 오언 절구로 압운은 2 · 4구의 마지막 글자이다. • 한 구가 일곱 자로 된 것은 7언 절구로 압운은 1 · 2 · 4구의 마지막 글자이다. 5언 절구　　　　　　　　7언 절구 ○○/○○○　　　　　○○○○/○○● ○○/○○●　　　　　○○○○/○○● ○○/○○○　　　　　○○○○/○○○ ○○/○○●　　　　　○○○○/○○●
율시(律詩)	• 여덟 구로 이루어진 한시체이다. • 1 · 2구를 수련, 3 · 4구를 함련, 5 · 6구를 경련, 7 · 8구를 미련으로 분류한다. • 한 구가 다섯 자로 되어 있는 것은 오언 율시로 압운은 2 · 4 · 6 · 8구의 마지막 글자이다. • 한 구가 일곱 자로 되어 있는 것은 칠언 율시로 압운은 1 · 2 · 4 · 6 · 8구의 마지막 글자이다. 5언 율시　　　　　　　　7언 율시 ○○/○○○　　　　　○○○○/○○● ○○/○○●　　　　　○○○○/○○● ○○/○○○　　　　　○○○○/○○○ ○○/○○●　　　　　○○○○/○○● ○○/○○○　　　　　○○○○/○○○ ○○/○○●　　　　　○○○○/○○● ○○/○○○　　　　　○○○○/○○○ ○○/○○●　　　　　○○○○/○○●

근체시(近體詩)
당나라 이전에 지어졌던 비교적 자유로운 고체시와 달리 근체시는 당나라 이후에 만들어진 일정한 틀에 따라 만들어진 시이다. 근체시는 절구(絕句) · 율시(律詩) · 배율(排律)의 세 형식으로 구분되며 압운과 평측 및 대구 등의 형식이 정해진 정형시이다.

(3) 한문학의 주요 작품

작품	작가	주요 내용
〈화왕계〉	설총	꽃을 의인화한 가전체 형식의 우언적(寓言的)인 한문 단편
〈토황소격문〉	최치원	당나라 황소의 난 때 황소에게 보낸 격문으로, 당대의 명문으로 칭송받은 글
〈왕오천축국전〉	혜초	신라 승려 혜초가 고대 인도의 5국과 인근 여러 나라를 순례하고 당나라에 돌아와서 그 행적을 적은 글

(4) 한시의 주요 작품

작품	작가	형식	내용	성격	출전
〈여수장우중문시〉	을지문덕	5언 고시	수나라 장군 우중문이 스스로 물러가기를 유도하는 노래로, 현전하는 최고(最古)의 한시	풍자적	《삼국사기》
〈야청도의성〉	양태사	7언 배율	타국에서 고국을 그리워하는 노래	서정적	《경국집》
〈제가야산독서당〉	최치원	7언 절구	세상을 멀리하고 산 속에 은둔하고 싶은 심정을 노래	상징적	《동문선》
〈추야우중〉	최치원	5언 절구	뜻을 펴지 못한 지식인의 고뇌와 고국에 대한 그리움을 담은 노래	애상적	《동문선》

---

02 | 고려 시대의 문학

1. 향가계 가요

(1) 개념

① 신라의 향가에서 고려 가요로 넘어오는 과정에서 생긴 과도기적 형태의 가요를 말한다.

② 향찰로 표기되었거나 향가 형태를 띤 고려 가요를 총칭한다.

(2) 주요 작품

작품	작가	내용	형식	출전
〈도이장가〉	예종	예종이 팔관회에서 고려 개국 공신 김락과 신숭겸 등 두 장군의 덕을 찬양한 노래	8구체	평산 신씨 장절공유사
〈정과정〉	정서	유배지에서 임금을 연모하며 자신의 억울함을 하소연한 노래	10구체의 파격(11행)	《악학궤범》

《동문선》
서거정이 신라부터 조선 초까지의 시문을 모아서 엮어 놓은 책이다.

확인 문제   15 서울시 7급

다음 고전 시가에 대한 설명으로 가장 옳은 것은?

내 님믈 그리ᅀᆞ와 우니다니
산(山) 졉동새 난 이슷ᄒᆞ요이다.
아니시며 거츠르신ᄃᆞᆯ 아으
잔월효성(殘月曉星)이 아ᄅᆞ시리이다.
넉시라도 님은 ᄒᆞᆫ디 녀져라 아으
벼기더시니 뉘러시니잇가
과(過)도 허믈도 천만(千萬) 업소이다.
ᄆᆞᆳ힛마리신뎌
ᄉᆞᆯ읏븐뎌 아으
니미 나ᄅᆞᆯ ᄒᆞ마 니ᄌᆞ시니잇가.
아소 님하, 도람 드르샤 괴오쇼셔.
     – 정서, 〈정과정〉

① 현재 자신의 처지에서 벗어나고 싶은 심정을 담고 있다.
② 이상과 현실의 괴리에 대한 담담한 마음을 담고 있다.
③ 다가올 미래에 대한 비관적인 심경을 담고 있다.
④ 일상적인 소재를 통해서 삶의 교훈을 담고 있다.

정답 ①

해설 '정과정'은 유배된 신하가 왕에게 자신의 억울함을 하소연하면서 이전처럼 자신을 사랑해 주기를 염원한 노래이다.

2. 고려 가요

(1) 개념

① 일명 '장가(長歌), 속요(俗謠), 여요(麗謠)'로 평민들이 부르던 민요적 시가를 가리킨다.

② 원래 고려 가요는 민간에서 구전되던 민요였으나 그 일부가 고려 말기에 궁중으로 유입되어 불렸다.

(2) 특징

형식	대체로 3 · 3 · 2조 3음보로 분연체이며, 후렴구 또는 조흥구가 발달되어 있다.
작자	미상(未詳)의 평민층 작품으로 어느 개인의 창작이라기보다는 구전되는 동안에 민요적 성격을 띠게 된 것으로 본다.
내용	• 남녀 간의 애정, 이별의 아쉬움, 자연예찬 등 민중들의 소박하고 풍부한 정서를 진술하게 표현하였다. • 조선 시대에 남녀상열지사❶라고 하여 많은 작품이 삭제되었다.
기타	• 조선 시대 한글 창제 이후 《악학궤범》, 《악장가사》, 《시용향악보》 등에 한글로 기록되어 전해진다. • 일부는 《소악부》에 한역되어 기록되어 있다.

(3) 주요 작품

작품	내용	형식	출전
〈가시리〉	남녀 간의 이별에 대한 안타까움	전 4연, 분연체	《악장가사》, 《시용향악보》
〈사모곡〉	부모의 사랑을 낫과 호미에 비유한 노래	비연시	
〈청산별곡〉	현실 도피적인 생활의 소망과 삶의 비애가 담긴 노래	전 8연, 분연체	
〈서경별곡〉	사랑하는 사람을 떠나보내며 이별의 정한을 읊은 노래(대동강 배경)	전 3연, 분연체	
〈정석가〉	임의 만수무강을 축원한 노래	전 6연, 분연체	
〈쌍화점〉	남녀 간의 사랑을 적나라하게 표현한 노래	전 4연, 분연체	
〈동동〉	임에 대한 송축과 사랑, 임이 없는 외로움과 원망 등을 읊은 월령체가	전 13연, 월령체	《악학궤범》
〈처용가〉	신라의 향가 〈처용가〉를 계승해서 부른 축사의 노래	비연시	《악학궤범》, 《악장가사》
〈이상곡〉	남녀 간의 애정을 노골적으로 표현한 노래(남녀상열지사)	전 5연	《악장가사》
〈만전춘〉	남녀 간의 애정을 대담하고, 솔직하게 읊은 노래(남녀상열지사)	전 5연	《악장가사》
〈상저가〉	방아를 찧으면서 부른 효도를 주제로 노동요	비연시	《시용향악보》

🏃 **어휘 풀이**

❶ 남녀상열지사(男女相悅之詞): 남녀가 서로 사랑하면서 즐거워하는 가사라는 뜻으로, 조선 시대에 사대부들이 '고려 가요'를 낮잡아 이르던 말

고려 가요의 문학사적 가치
• 민중들의 진솔한 표현을 담고 있다.
• 꾸미지 않은 생활 정서를 잘 표현하고 있다.
• 표현에 있어 소박성과 함축성이 뛰어나다.
• 높은 문학성을 보인다.

확인 문제   15 법원직 9급

고려 가요에 대한 설명으로 가장 옳지 않은 것은?

① 고정된 형식을 가지고 있다.
② 여음(후렴구)이 발달되어 있다.
③ 구전(口傳)되다가 조선시대에 기록되었다.
④ 주로 서민들의 진솔한 정서를 표현하였다.

정답 ①

해설 고려 가요에는 분연체로 구성되거나 후렴구와 조흥구의 형식을 갖는 작품들이 있으나 이것이 정형화되어 모든 작품에 드러나는 특징이라고는 볼 수 없으므로 고려 가요가 고정된 형식을 가지고 있다고 할 수는 없다.

3. 경기체가

(1) 개념

① 고려 중엽 무신의 난 이후 정계에 등장한 신흥 사대부들이 향유한 노래이다.

② 노래 후렴구에 '경(景) 긔 엇더ᄒ니잇고' 또는 '경기하여(景幾何如)'라는 구절이 반복되어 '경기체가' 또는 '경기하여가'라고 한다.

(2) 특징

형식	• 고려속요와 같은 연시로 되어 있으며, 각 연은 전대절 · 후소절로 나뉘며 행수는 대체로 6행, 한 행은 3음보이다. • 3음보가 주를 이루지만, 부분적으로 4음보도 쓰인다.
작자	• 고려시대: 무신의 난 이후 등장한 신흥 사대부 • 조선시대: 양반 사대부
내용	• 향락적이고 퇴폐적인 풍류 생활과 현실 도피적인 내용이 주를 이룬다. • 교술시(敎述詩)❶이며 까다로운 형식적 제약을 가진 폐쇄적 양식이다.
기타	• 주로 한문구를 나열하여 표현하였으나 부분적으로 이두를 사용하였다. • 고려 중기에 발생하여 조선 초기까지 계속되었으나 '가사'의 영향으로 점차 소멸하게 되었다.

(3) 주요 작품

작품	작가	내용	출전
〈한림별곡〉	한림 제유	• 시부, 서적, 명필, 명주(名酒), 화훼, 음악, 누각, 추천 등 전 8장으로 구성 • 현전하는 경기체 중 가장 먼저 창작된 작품으로, 귀족 생활의 풍류를 노래	《악학궤범》, 《악장가사》
〈관동별곡〉	안축	• 강원도 순찰사를 다녀오는 길에 관동 지방의 절경을 전 8장으로 읊은 노래 • 이두문으로 표기	《근재집》
〈죽계별곡〉	안축	• 작가의 고향인 풍기 땅 죽계와 순흥의 아름다운 경치를 전 5장으로 읊은 노래 • 이두문으로 표기	

➕ 개념 더하기

고려 가요와 경기체가의 비교

구분	고려 가요	경기체가
향유 계층	평민	신흥 사대부(귀족)
기록	구전되다가 한글로 기록	한자로 기록
내용	이별, 사랑 등	학식과 체험, 호탕한 기상과 자부심
종결 어미	평서형 종결 어미	의문형 종결 어미
전승	민간에서 구비 전승되다가 고려 말에 궁중 속악 가사로 수용된 후 조선 시대에 문자로 기록	조선 시대에 새로운 이념을 구현하는 노래(경기체가 악장으로 계승)
공통점	분연의 형태, 3음보 율격, 후렴구	

🚶 어휘 풀이

❶ 교술시(敎述詩): 대상이나 세계를 객관적으로 묘사하고 설명하는 시

경기체가의 문학사적 의의
• 가사 문학의 기원이다.
• 교술 문학이다.
• 향가 이후 우리 정서를 표현한 새로운 시형(詩型)이다.

확인 문제 13 서울시 9급

다음에 대한 설명 중 옳은 것은?

紅牧丹(홍모단) 白牧丹(빅모단) 丁紅牧丹(뎡홍모단)
紅芍藥(홍쟉약) 白芍藥(빅쟉약) 丁紅芍藥(뎡홍쟉약)
御柳玉梅(어류옥미) 黃紫薔薇(황ᄌ쟝미) 芷芝冬柏(지지동빅)
위 間發(간발)ㅅ 景(경) 긔 엇더ᄒ니잇고.
葉(엽) 合竹桃花(합듁도화) 고온 두 분
合竹桃花(합듁도화) 고온 두 분
위 相映(샹영)ㅅ 景(경) 긔 엇더ᄒ니잇고.

① 삼국 시대에 출현한 장르로서, 자연의 아름다움을 노래한 것이다.
② 고려 가요의 하나로, 유토피아적인 동경을 노래하였다.
③ 주로 사대부가 작가인 정형시로서, 조선 전기 이후 자취를 감추었다.
④ 조선 초기의 산문으로, 자연의 아름다움을 노래한 것이다.
⑤ 우리나라 고유의 정형시로서, 고려 초기부터 발달하여 왔다.

정답 ③

해설 제시문은 경기체가인 〈한림별곡〉으로 고려 시대 귀족 문학이다. 경기체가의 작가들은 사대부 문인들이었으며 고려 중기에 발생하여 조선 초까지 창작되었다.

4. 시조

(1) 개념

① 고려 중엽에 발생하여 고려 말에 완성된 3장 6구 45자 내외, 3 · 4(4 · 4)조의 4음보 정형시를 말한다.

② 경기체가로 다 소화하지 못한 신흥 사대부들의 유교적 이념을 다루었다.

③ 고려 시대 처음에는 사대부 계층에서 향유되었으나, 조선 시대에 들어와서는 향유층이 확대되어 국민 문학의 성격을 띠는 갈래이다.

(2) 특징

명칭	• 길이가 짧아 단가(短歌)라고 불렀다. • 조선 영조 때 이세춘이 '시절가조(時節歌調)'라는 새로운 곡조를 만들어 불렀을 때 줄여서 불리게 된 것이 시조(時調)이다.
형식	• 4음보를 기본으로 하고, 3장 6구 45자 내외로 이루어진다. • 종장의 첫 음보는 3음절로 고정되어 있는 정형시이다.
내용	당시 세태를 반영하고 개인의 감정을 노래했다.

(3) 주요 작품

작품	작가	성격	주제
이화(梨花)에 월백(月白)ᄒ고	이조년	서정적, 애상적, 감상적	봄밤의 애상적인 정서
구룸이 無心(무심)튼 말이	이존오	풍자적, 우의적, 우국적, 비판적	간신 신돈의 횡포 풍자
백설(白雪)이 ᄌᆞ자진 골에	이색	우의적	고려 멸망에 대한 탄식과 고뇌, 우국충정
춘산(春山)에 눈 노기는 ᄇᆞ람	우탁	달관적, 탄로가(嘆老歌)	늙음을 한탄
흔손에 막ᄃᆡ 잡고	우탁	해학적, 달관적	늙음에 대한 한탄과 자연 섭리에 대한 순응

5. 한시

(1) 개념

① 고려 시대에는 과거 제도의 실시, 불교의 융성, 교육 기관(국자감) 설치 등으로 한문학이 발달되어 한시의 창작이 귀족의 일반적 교양이 되었다.

② 이규보, 정지상, 이색 등의 뛰어난 작가들이 활발하게 작품 활동을 하였다.

(2) 주요 작품

작품	작가	성격	주요 내용	형식
〈송인〉	정지상	서정적	대동강변에서 임과 이별한 슬픔을 노래	7언 절구
〈동명왕편〉	이규보	진취적	고구려 시조인 동명왕의 영웅적인 행적을 노래한 영웅 서사시	5언 전 282구
〈부벽루〉	이색	회고적	인간 역사의 무상함과 고려 국운(國運) 회복의 소망을 노래	5언 율시
〈사리화〉	이제현	풍자적	탐관오리의 수탈과 횡포에 대한 고발을 노래	7언 절구

확인 문제   15 경찰 3차

다음 한시의 정서로 가장 적절한 것은?

雨歇長堤草色多
送君南浦動悲歌
大洞江水何時盡
別淚年年添綠波

① 心心相印
② 敎外別傳
③ 麥秀之嘆
④ 戀戀不忘

[정답] ④

[해설] 정지상의 한시 〈송인〉이다. 임을 떠나보내는 슬픔과 애달픈 정서를 노래하고 있으므로 '그리워서 잊지 못한다는 뜻을 가지고 있는 戀戀不忘(연연불망)이 가장 적절하다.

패관 문학의 문학사적 의의
- 고려 후기 가전체 문학에 영향을 주었다.
- 소설 발달의 모태가 되었다.

문학의 발달 과정
설화 문학 → 패관 문학(기록 문학, 구비 전승된 것을 기록) → 가전체 문학(기록 문학, 개인 창작물, 주인공 사물) → 고대 소설(기록 문학, 개인 창작물, 주인공이 사람)

6. 패관 문학

(1) 개념

① 항간에 떠도는 이야기를 패관(稗官)❶이 한문으로 쓴 기록 문학이다.

② 고려 초기 과거 제도의 실시로 한문학이 발달하여 문인들에 의해 다양한 한문학 양식들이 수용되어 풍부한 작품들이 만들어졌다.

(2) 특징

① 이야기의 내용은 개인 창작이 아니라 주로 민담으로 떠돌던 이야기를 패관이 수집한 것이다.

② 패관의 창의성이 가미되고 윤색(潤色)됨으로써 하나의 산문적인 문학 형태로 자리잡았다.

(3) 주요 작품

작품	작가	내용	연대
《수이전》	박인량	우리나라 최초의 설화집으로 연오랑 세오녀, 호원 등 몇 작품만 《삼국유사》, 《해동고승전》에 실려 전한다.	고려 문종
《백운소설》	이규보	삼국 시대부터 고종 때까지의 시인들과 그들의 시에 대하여 논하였으며, 소설이라는 명칭을 처음으로 사용하였다.	고려 고종
《파한집》	이인로	• 시화(詩話), 문담(文談), 기사(紀事), 풍속, 풍물 등을 수록하였다. • 고려사 연구의 귀중한 자료이다.	고려 명종
《보한집》	최자	이인로가 엮은 《파한집》을 보충한 수필체의 시화들을 엮은 책이다.	고려 고종
《역옹패설》	이제현	이문(異聞), 기사(奇事), 경전(經典), 인물(人物), 시문(時文), 서화(書畵) 품평 등에 대해 수록하였으며, ' 소악부'에 고려 속요가 한역되어 있다.	고려 말

○✕문제

01 《백운소설》은 우리나라 최초의 설화집이다. ( )

02 패관 문학의 이야기의 내용은 주로 민담으로 채록자의 생각이 가미되었다. ( )

03 가전체 문학은 설화와 소설을 잇는 교량적인 역할을 했다. ( )

04 이인로가 엮은 《파한집》을 보충한 작품은 《역옹패설》이다. ( )

정답 01 × 02 ○ 03 ○ 04 ×

해설 01 우리나라 최초의 설화집은 《수이전》이다.
04 이인로가 엮은 《파한집》을 보충한 작품은 《보한집》이다.

7. 가전체 문학

(1) 개념
① 계세징인(戒世懲人)❶을 목적으로 사물을 의인화하여 사람의 일대기인 '전(傳)' 형식으로 이야기를 전개하는 문학이다.
② 패관 문학과 달리 개인 창작물이며, 의인화된 사물이 주인공이다.

(2) 특징
① 인물의 가계(家系), 생애, 성품, 공과(功過) 등을 전기 형식으로 기록하였다.
② 교훈적, 풍자적, 우의적, 전기적 성격을 갖는다.
③ 신라 신문왕 때 설총이 꽃을 의인화하여 지은 〈화왕계〉를 가전체 문학의 기원으로 본다.
④ 고려 중기 이후 크게 유행하였으며, 조선 시대에도 꾸준히 창작되었다.
⑤ 설화와 소설을 잇는 교량적인 역할을 했다고 평가받는다.

> 🔼 **개념 더하기**
>
> **가전체 문학의 성격**
> • 교훈적: 계세징인(戒世懲人), 인간의 바람직한 처신을 가르쳐 주고 경계하게 한다.
> • 서사성: 인물의 일대기를 연대기적으로 전개한다.
> • 우의성: 사물을 의인화하여 표현하여 풍자한다.

(3) 주요 작품

작품	작가	내용	연대
〈국순전 (麴醇傳)〉	임춘	술을 의인화하여 당시 정치 현실을 풍자하고 술의 부정적 영향을 제시함	인종
〈국선생전 (麴先生傳)〉	이규보	술을 의인화하여 술의 긍정적인 면을 통해 위국충절의 사회적 교훈이나 군자의 처신을 경계함	고종
〈청강사자현부전 (淸江使者玄夫傳)〉	이규보	거북을 의인화하여 어진 사람의 행실을 묘사하여 세상 사람들을 경계함	고종
〈공방전 (孔方傳)〉	임춘	돈을 의인화하여 재물만 탐하는 것을 경계함	고종
〈저생전 (楮生傳)〉	이첨	종이를 의인화하여 위정자들에게 올바른 정치를 권유함	고려 말
〈죽부인전 (竹夫人傳)〉	이곡	대나무를 의인화하여 절개를 지키는 여성상을 나타냄	공민왕
〈정시자전 (丁侍者傳)〉	석식영암	지팡이를 의인화하여 사람들로 하여금 자신을 깨닫고 도를 지킬 것을 경계함	고려 말

🏃 **어휘 풀이**

❶ 계세징인(戒世懲人): 세상 사람들을 경계하고 벌을 내린다는 뜻으로, 세상 사람들에게 경계심을 일깨워 줌을 의미한다.

확인 문제   18 경찰 3차

다음 중 가전체 문학에 대한 설명으로 가장 적절하지 않은 것은?
① 사물을 의인화하여 전기(傳記) 형식으로 기록한 문학 작품이다.
② 고려 중기 이후 크게 유행하였으며, 조선 시대에도 꾸준히 창작되었다.
③ 고려 신흥 사대부들의 집단 창작물로, 설화와 소설을 잇는 교량적 역할을 하였다.
④ 주요 작품으로 〈공방전〉, 〈죽부인전〉, 〈저생전〉 등이 있다.

[정답] ③
[해설] 신흥 사대부들이 사물과 관념을 긴밀하게 통합하여 파악하면서 등장한 개인 창작물이다.

🏃 **어휘 풀이**

❶ 소학: 중국의 주자가 쓴 책으로, 성리학의 주요 경전 가운데 하나로 손꼽힌다.

1. 언해(번역 문학)

(1) 개념 및 특징

① 훈민정음의 창제를 계기로 불교나 유교의 중요 경전 등을 훈민정음으로 번역한 것을 말한다.

② 학문과 문화 그리고 지식을 널리 보급하는 데 크게 기여하였다.

③ 조선 초기 국어 연구의 귀중한 자료이다.

(2) 주요 작품

작품	종류	연대	내용
《석보상절》	불경 언해	세종	수양대군이 왕명에 따라 석가의 일대기를 적은 책
《월인석보》	불경 언해	세조	• 《월인천강지곡》을 본문으로 삼고 《석보상절》을 주석으로 하여 합본한 책이다. • 당시의 글자나 말을 그대로 보존하고 있어 국어사(國語史)에서 매우 귀중한 문헌이다.
《두시언해》	문학서 언해	성종	두보의 유교적, 우국적 한시를 언해하였다.
《소학언해》	유교 관련 언해	선조	중국 주자가 쓴 책 《소학》❶을 직역하여 언해하였다.

2. 악장

(1) 개념

① 궁중의 국가 공식적인 행사에서 사용되던 노래 가사이다.

② 조선 초기에만 나타나는 독특한 문학 양식으로 조선 건국의 정당성을 밝히고 새로운 이념을 널리 전파하는 것을 목적으로 하였다.

(2) 특징

형성	조선 개국 공신들이 제도가 안정을 찾자 조선의 건국을 찬양하고 국가의 영원한 발전을 기원하기 위해 지었다.
전개	왕권이 안정되어 건국의 정당성이 확보되자 창작의 수는 감소하여 성종 이후에는 소멸되었다.
내용	조선 건국의 정당성, 신문물제도 찬양, 임금의 만수무강 기원과 업적 찬양, 후왕에 대한 권계 등

(3) 주요 작품

작품	작가	형식	내용	연대
〈용비어천가〉	정인지	신체	육조의 위업 찬양, 후대 왕에 대한 권계	세종
〈월인천강지곡〉	세종	신체	석가모니에 대한 찬양	세종
〈상대별곡〉	권근	경기체가체	사헌부 소개를 통해 조선 창업의 위대성 찬양	세종
〈봉황음〉	윤회	한시체	조선 문물과 왕가의 축수를 기원	세종
〈신도가〉	정도전	속요체	태조의 덕과 한양의 경치를 찬양	태조

조선 전기 문학의 특징

• 훈민정음 창제로 본격적인 국문학의 창작이 시작
• 구비 문학이 기록 문학으로 정착(우리글로 기록)
• 평민 문학보다 양반 문학, 산문 문학보다 운문 문학이 지배적
• 악장이 발생(건국의 정당성)했으나 곧 소멸되고 가사가 출현
• 시조가 확고한 문학 양식으로 자리 잡고, 고전 소설 발생

확인 문제   08 법원직 9급

다음 작품에 대한 설명으로 바르지 못한 것은?

불휘 기픈 남ᄀᆞᆫ ᄇᆞᄅᆞ매 아니 뮐씨, 곶 됴코 여름 하ᄂᆞ니
ᄉᆡ미 기픈 므른 ᄀᆞ믈애 아니 그츨씨, 내히 이러 바ᄅᆞ래 가ᄂᆞ니
– 〈용비어천가〉

① 고유어의 사용이 매우 뛰어나다.
② 왕조의 번성을 위해 후대 왕들에게 경각심(警覺心)을 불러일으키고 있다.
③ 고도의 비유와 상징성을 띠고 있다.
④ 대구와 반복을 통해 내용을 강조하고 있다.

정답 ②

해설 용비어천가 제2장은 '국가의 문화 융성과 왕조의 무궁 발전'을 노래하였다.

〈용비어천가〉 작품 개요
- 조선 세종 29년(1447)에 정인지, 안지, 권제 등이 지은 악장의 하나로 훈민정음으로 쓴 최초의 작품이다.
- 조선의 여러 조종의 위업을 찬양하고, 후대의 왕에게 권계의 뜻을 일깨우기 위해 제작되었다.
- 일종의 영웅 서사시로 전 10권 5책 125장으로 구성되었다.

3. 경기체가

(1) 특징

① 조선 시대에는 주로 양반 사대부들에 의해 명맥을 유지하였다.

② 향락적 내용만을 다루고 지나친 형식적 제약으로 조선 초 이후에 소멸하였다.

(2) 주요 작품

작품	작가	내용	연대	출전
〈상대별곡〉	권근	전 5장으로 조선의 문물제도의 왕성함을 읊은 노래, 국문으로 표기	태종	《악장가사》
〈화산별곡〉	변계량	전 8장으로 조선의 창업을 찬양한 노래, 국문으로 표기	세종	《악장가사》
〈불우헌곡〉	정극인	전 6장으로 전원생활의 즐거움과 성은(聖恩)을 노래, 이두문으로 표기	성종	《불우헌집》
〈화전별곡〉	김구	전 6장으로 남해로 귀향갔을 때 그곳의 뛰어난 경치를 노래	중종	《자암집》
〈도동곡〉	주세붕	전 9장으로 도학을 칭송하고, 우리나라에까지 오게 된 것을 찬양한 노래	중종	《무릉집》
〈독락팔곡〉	권호문	전 7장으로 일생을 한가롭게 살아가는 멋과 자연의 아름다움을 읊은 노래, 마지막 경기체가 작품	선조	《송암별집》

4. 시조

(1) 특징

① 간결하고 절제된 형식으로 표현되었다.

② 조선 개국 시기에는 회고가(懷古歌), 절의가(絕義歌) 등이 창작되었다.

③ 조선 개국 이후에는 조선 왕조에 대한 찬양과 유교적 충의 사상을 노래한 작품이 많았다.

④ 정국이 안정된 후 유교 사상과 함께 무위자연(無爲自然)에 영향을 받은 한정가(閑情歌), 강호가(江湖歌) 등이 많이 지어졌다.

OX 문제

01 용비어천가는 한글로 기록된 최초의 장편 서사시이다. ( )

02 악장은 조선 전기부터 후기까지 향유되었다. ( )

03 조선 전기 시조는 전문 가객들에 의해 가단이 형성되고 시조집이 편찬되었다. ( )

04 〈도산십이곡〉과 〈강호사시가〉는 여러 장을 한 편에 담은 연장체 형식의 연시조이다. ( )

정답 **01** ○ **02** × **03** × **04** ○
해설 **02** 악장은 조선 초기에만 향유되었다.
03 전문 가객들에 의해 가단이 형성되고 시조집이 편찬된 것은 조선 후기이다.

(2) 종류

① 평시조: 3장 6구에 총 자수 45자 내외로 된 정형시조이다.

② 엇시조: 평시조보다 초ㆍ중장 가운데 어느 한 장이 자수(字數)가 무제한으로 길어지고 종장에는 큰 변화가 없는 중형시조(中型時調)이다.

③ 사설시조

　㉠ 평시조보다 초ㆍ중장이 제한 없이 길고 종장도 어느 정도 길어진 형태이며, 장형시조(長型時調)라고도 한다.

　㉡ 조선 영ㆍ정조 이후에 서민문학이 유행하면서 서민들과 몰락한 양반이 주로 부른 시조이다.

④ 연시조

　㉠ 한 제목 밑에 내용상으로 여러 수의 평시조를 엮어 나간 시조이다.

　㉡ 맹사성(孟思誠)의 《강호사시가(江湖四時歌)》, 이황(李滉)의 《도산십이곡(陶山十二曲)》 등이 여기에 해당한다.

➕ 개념 더하기

시조의 의의

• 우리나라 고유의 정형시로 우리 국민의 정서에 맞는 내용으로 구성되어 있다.
• 전 계층이 창작에 참여하였으므로 특정 계층의 문학이 아닌 국민문학이라 할 수 있다.
• 고대 시가의 전통 속에서 그 기원을 두고 중세와 근세를 거쳐 오늘에 이르기까지 유일하게 명맥을 유지해온 장르이다.

---

(3) 주요 시조

작품	작가	내용	주제
흥망이 유수ᄒ니	원천석	고려의 패망과 역사의 허무함	망국의 슬픔
오백 년 도읍지를	길재	망국의 한과 회고의 정, 고려 왕조 회고	
이 몸이 주거 가셔	성삼문	단종을 향한 일편단심을 노래	지조와 충절
가마귀 눈비 마ᄌ	박팽년	변하지 않는 절개	
수양산 바라보며	성삼문	죽음을 각오한 굳은 지조와 절의	
방 안에 혓ᄂ 촉불	이개	단종과 이별한 슬픔	
천만 리 머나먼 길에	왕방연	유배된 어린 임금에 대한 애절한 마음	연군과 우국
삼동에 뵈옷 닙고	조식	임금의 승하를 애도	
두류산 양단수를	조식	지리산의 아름다움을 찬미	자연 친화
십 년을 경영ᄒ여	송순	자연 귀의와 안빈낙도를 노래	
동지ᄉ둘 기나긴 밤을	황진이	임을 기다리는 절실한 그리움	연정의 노래
이화우 훗쑤릴 제	계량	임에 대한 그리움을 노래	
묏버들 갈히 것거	홍랑	임에 대한 그리움과 이별의 슬픔을 노래	

확인 문제　15 국가직 9급

㉠~㉢에 대한 설명으로 적절하지 않은 것은?

삼동(三冬)에 ㉠ 베옷 입고 암혈(巖穴)에 ㉡ 눈비 맞아
구름 낀 볕뉘도 쬔 적이 없건마는
㉢ 서산에 해 지다 하니 ㉣ 눈물겨워 하노라.

① ㉠: 화자의 처지나 생활을 추측할 수 있게 한다.

② ㉡: 화자와 중심 대상 사이를 연결하는 매개체이다.

③ ㉢: 화자가 머물고 있는 공간과 구별되는 공간이다.

④ ㉣: 상황에 대한 화자의 감정이 직접 표출되고 있다.

정답 ②

해설 작품은 조식의 〈삼동에 뵈옷 닙고〉로, 임금의 승하를 애도하는 마음이 중심 대상이다. ㉡ 눈비는 연결하는 매개체가 아니라 어렵게 살아가는 선비의 모습이다.

(4) 주요 연시조

작품	작가	내용
강호사시가	맹사성	강호에서 자연을 즐기며 임금의 은혜를 생각함
오륜가	주세붕	삼강오륜(三綱五倫)의 교훈 강조
도산십이곡	이황	자연의 관조와 학문 수양의 길을 노래함
고산구곡가	이이	강학(講學)의 즐거움과 고산(高山)의 아름다움
훈민가	정철	유교 윤리의 실천 권장
어부사	이현보	강호에 묻혀 사는 어부(漁父)의 한정(閑情)

5. 가사

(1) 개념

① 조선 초기 사대부 계층에 의해 확실히 자리 잡은 문학 양식이다.

② 3 · 4조, 4 · 4조의 음수율와 4음보 연속체의 형식을 가진 교술 문학이다.

③ 정극인의 〈상춘곡〉을 대체로 가사의 효시로 본다.

(2) 형식

① 3 · 4조, 4 · 4조의 음수율과 4음보 연속체라는 기본 형식을 가지고 있다.

② 마지막 구절이 시조의 종장과 유사할 경우 정격 가사라 하고, 그렇지 않을 경우에는 변격 가사라 한다.

> ⭐ **개념 더하기**
>
> **가사의 종류**
> • 정격(政格) 가사: 마지막 행이 시조의 종장과 같이 3 · 5 · 4 · 3의 음수율을 지니는 가사
> • 변격(變格) 가사: 마지막 행이 시조의 종장 형식과 같지 않은 가사

(3) 내용과 특징

① 가사는 운문에서 산문으로 넘어가는 과도기적 장르이다.

② 시조와 함께 2대 문학 양식으로서 널리 유행하였다.

③ 충신연주지사, 안빈낙도 생활, 자연에 대한 애정 등의 내용 등이 주를 이루었다.

(4) 주요 작품

작품	작가	내용	연대
〈상춘곡〉	정극인	가사의 효시로, 자연에서 봄의 경치를 즐기는 안빈낙도의 삶을 노래함	성종
〈면앙정가〉	송순	산수의 아름다움과 자연을 즐기는 풍류의 정	중종
〈관서별곡〉	백광홍	관서 지방의 아름다운 경치를 노래	명종

시조와 가사

시조	가사
4음보	4음보
분절체	연속체
서정	교술시가

20 서울시 9급

확인 문제

조선 시대 대표적 문사(文士) 송강 정철이 창작한 가사가 아닌 것은?

① 〈속미인곡〉
② 〈면앙정가〉
③ 〈관동별곡〉
④ 〈사미인곡〉

정답 ②

해설 〈면앙정가〉는 자연의 아름다움과 자신의 심정을 읊은 송순의 작품이다.

어휘 풀이

❶ 몽유록: 꿈에서 겪은 일을 적은 교술 문학

❷ 전등 신화: 1378년경 중국 명대에 구우가 지은 단편 소설로 고금의 괴담기문을 엮어 만든 이 책은 김시습의 〈금오신화〉에 영향을 주었다고 알려져 있다.

〈사미인곡〉	정철	연군지정(임금을 그리는 정)	선조
〈속미인곡〉			선조
〈성산별곡〉		성산(현재의 담양군)의 사계절 풍경과 식영정 주인의 풍류 예찬	명종
〈관동별곡〉		관동 지방의 아름다운 경치와 연군지정	선조
〈만분가〉	조위	유배가사의 효시, 귀양살이의 억울함과 임금을 향한 정을 노래	연산군
〈규원가〉	허난설헌	남편의 사랑을 받지 못한 규방 여인의 한(恨)을 노래	선조

6. 고전 소설

(1) 개념

① 설화, 패관 문학, 가전체 문학, 중국 전기(傳奇) 소설 영향으로 발생하였다.

② 세조 때 김시습의 〈금오신화〉가 창작되었고, 이후 임제의 〈원생몽유록〉 등의 몽유록❶계 소설이 등장하였다.

개념 더하기

고전 소설의 특징

인물	• 한 인물이 계층을 대표하는 전형적 인물인 경우가 많다. • 주로 성격이 변하지 않는 평면적 인물이다. • 주인공은 대체로 재자가인(才子佳人)의 성격이 강하다.
사건	우연적이며, 비현실적으로 구성되어 전기적(傳奇的) 성격이 강하다.
배경	• 평민들이 등장하는 소설에는 주로 우리나라를 배경으로 한다. • 궁중 소설의 경우 중국을 배경으로 한 소설이 많다.
주제	권선징악과 인과응보의 교훈적 · 도덕적 내용이 주로 많다.
구성	주로 시간의 흐름에 따라 전개되고, 주인공의 일대기적 형식으로 행복한 결말을 맺는다.
문체	운문체, 낭송체, 문어체가 잘 드러나며, 특히 판소리계 소설은 운문과 산문이 혼용된 문체로 이루어졌다.

(2) 주요 작품

주요 작품	작가	내용
〈금오신화〉	김시습	우리나라 최초의 고대 소설, 중국의 〈전등신화〉❷의 영향을 받았다.
〈원생몽유록〉	임제	수양대군의 왕위 찬탈을 비판하는 내용과 인간사의 부조리에 대한 회의
〈대관재몽유록〉	심의	문인 심의가 꿈속에서 최치원(崔致遠)이 천자(天子)로 있고 역대 문인들이 대신으로 있는 나라에 들어가 벼슬을 하고 결혼도 하여 영화를 누린다는 내용
〈화사〉	임제	꽃을 의인화하여 국가의 흥망성쇠를 풍자

★ 개념 더하기

김시습의 《금오신화》

• 특징
 – 적극적인 인물, 욕망을 긍정하는 인물상을 구현하였다.
 – 조선을 공간적 배경으로 하여 주체 의식을 드러내었다.
 – 작가의 애민적 왕도 정치 사상을 표출하고 있다.
 – 주인공의 비극적 결말을 통해 작가의 처지를 나타내고 있다.
 – 유·불·선의 통합을 지향했던 작가의 철학이 반영되어 있다.

• 《금오신화》에 수록된 소설들

〈남염부주지〉	유교에 심취한 주인공 박생이 꿈속에서 염왕을 만나 문답을 나누게 되는데, 그 능력을 인정한 염왕은 자신의 자리를 물려주기로 한다. 꿈에서 깬 박생은 주변 정리 후 세상을 떠나 염라왕이 된다.
〈만복사저포기〉	총각 양생은 부처님과 저포 놀이에서 이긴 후 아름다운 처녀를 아내로 얻는데, 사실 그녀는 왜구의 난 때 죽은 몸임을 알게 된다. 그 후 양생은 속세를 벗어나 지리산에서 만년을 보냄으로써 자신의 사랑을 승화시킨다.
〈이생규장전〉	이생은 최랑을 만나 결혼하게 되나 홍건적의 난으로 아내와 사별한다. 깊은 슬픔에 빠져 있을 때 최랑의 환신이 나타나 이생과 3년을 행복하게 지내게 되나 어느 날 최랑이 이승의 인연이 다했다며 이별을 고하고 사라진다. 그후 이생은 최랑을 그리워하다 죽는다.
〈용궁부연록〉	시문에 능한 선비 한생이 꿈속에서 용왕이 보낸 사자를 따라 용궁으로 가 용왕이 부탁한 새로 지은 누각의 상량문을 지어 주고 극진한 대접과 많은 선물을 받고 돌아온다.
〈취유부벽정기〉	선비 홍생이 달밤에 술에 취해 대동강 부벽루에 올라 시를 지어 읊자 기자 조선의 딸로서 천상계에 올라서 선녀가 된 기씨녀를 만난다. 홍생은 기씨녀와 밤새 시를 주고받으며 즐기지만 날이 새자 처녀는 사라진다. 홍생은 기씨녀를 그리워하다 병이 들었는데, 기씨녀의 주선으로 하늘에 올라가게 된다는 내용의 꿈을 꾸고 세상을 떠난다.

주제에 따른 《금오신화》
• 남녀 간의 자유로운 사랑을 주제로 유교적 속박에서 벗어나려는 작품: 〈만복사저포기〉, 〈이생규장전〉, 〈취유부벽정기〉
• 용궁 묘사를 통해 작가의 이상을 보여주는 작품: 〈남염부주지〉, 〈용궁부연록〉

7. 한문학

(1) 개념

① 조선은 억불숭유(抑佛崇儒) 정책과 과거 제도 실시 등으로 유교(성리학) 중심의 문학이 존중되었다.

② 고려 때부터 발달한 한문학은 조선 전기에 와서도 계속하여 발전하였다.

(2) 주요 작품

작품집	작가	내용
《동문선》	서거정	신라부터 조선 초기까지의 시문을 모아 만든 책, 우리나라 한문학의 총결산
《용재총화》	성현	민간 풍속, 문물, 역사, 제도, 지리, 인물, 서화, 음악 등을 기록
《필원잡기》	서거정	고대로부터 전하는 일화 또는 한담(閑談)을 소재로 서술한 수필집
《패관잡기》	어숙권	조선 전기의 사실(史實)과 견문한 내용을 기록한 수필집
《태평한화골계전》	서거정	한문으로 된 소화집(笑話集)
《촌담해이》	강희맹	소화·외설담 등을 수록하여 편찬한 소담집

확인 문제   15 군무원 9급

《이생규장전》의 작품과 출처가 다른 것은?

① 〈사씨남정기〉
② 〈남염부주지〉
③ 〈만복사저포기〉
④ 〈용궁부연록〉

정답 ①

해설 〈사씨남정기〉는 김만중이 한글로 지은 고전 소설이다.

어휘 풀이

❶ 개화 가사: 전통적인 가사 형태에서 운문의 형식적 요건만을 계승한 가사로 쉽게 부를 수 있도록 길이가 매우 짧아진 가사를 말한다.

1. 가사

(1) 특징

① 산문 정신과 서민 의식의 성장으로 작가층이 양반에서 평민층이나 부녀자 계층으로 확대되었다.

② 조선 전기의 정격 가사에 비해 형식이 자유로운 변격 가사가 나타났다.

③ 부녀자들에 의해 내방 가사가 창작되었다.

④ 실학의 영향으로 장편 기행 가사와 유배 가사가 등장하였다.

⑤ 조선 후기 가사는 갑오개혁 이후 개화 가사❶로 명맥이 이어졌다.

⑥ 서정적 관념에서 벗어나 일상적이며 현실적인 체험을 사실적으로 표현하였다.

개념 더하기

내방 가사(규방 가사)

• 개념: 규방(閨房)에 기거하는 부녀자들이 향유한 가사 문학이다.

• 특징
- 속박된 여성 생활의 고민과 정서를 호소하는 내용이 주를 이루었다.
- 신분상으로는 양반 문학이지만 내용은 평민 가사와 비슷하다.
- 영남지방을 중심으로, 주로 문중의 부녀자들에 의해서 창작되고 전승되었다.

(2) 주요 작품

작품	작가	연대	내용
〈태평사〉	박인로	선조	임진왜란이 끝나고 태평세월의 도래를 희망하는 노래
〈선상탄〉	박인로	선조	전쟁의 비애와 태평성대를 희망하는 노래
〈고공가〉	허전	순조	나랏일을 농사에 비유하여 당시 관리들의 부패를 비판하는 노래
〈누항사〉	박인로	광해군	자연에서 빈이무원(貧而無怨)하는 생활을 노래
〈농가월령가〉	정학유	헌종	1년 12달 동안 농가에서 할 일을 읊은 월령체 노래
〈일동장유가〉	김인겸	영조	일본 통신사로 갔을 때 일본의 문물과 풍습 등을 견문하고 지은 노래
〈만언사〉	안조환	정조	추자도로 귀양 가서 겪은 고통스러운 삶을 노래
〈연행가〉	홍순학	고종	청나라 연경에 가는 여정과 가서 보고 들은 것을 노래
〈북천가〉	김진형	철종	함경도 명천 유배지에서 느끼는 가족에 대한 그리움
〈용부가〉	미상	조선 후기	여자가 지녀야 할 바람직한 태도에 대한 깨우침

확인 문제　　　16 기상직 9급

다음 괄호 안에 들어갈 시구로 가장 적절한 것은?

사월이라 맹하되니 (　　　　　).
비 온 끝에 볕이 나니 일기도 청화하다.
떡갈잎 퍼질 때에 뻐꾹새 자로 울고
보리 이삭 패어 나니 꾀꼬리 소리난다.
　　　　　　　　　– 정학유, 〈농가월령가〉

① 입춘 우수 절기로다
② 경칩 춘분 절기로다
③ 청명 곡우 절기로다
④ 입하 소만 절기로다

정답 ④

해설 정학유의 〈농가월령가〉는 1년 12달 동안 농가에서 할 일을 읊은 월령체 노래이다. 사월에 들어 있는 절기는 입하, 소만이다.
① 1월령, ② 2월령, ③ 3월령

2. 시조

(1) 특징

① 사대부에서 평민층으로 향유 계층이 확대되었다.

② 관념적이고 유교적인 내용에서 벗어나 '사랑'을 주제로 하는 등 다양한 현실적 삶을 표현하는 방식으로 주제가 다양화되었다.

③ 초장이나 중장이 두 구 이상 길어지거나, 종장이 길어지는 사설시조가 등장하였다.

④ 임진왜란과 병자호란을 겪으면서 지배층을 비판하는 내용을 노래하였다.

⑤ 전문 가객❶들에 의해 가단(歌壇)이 형성되고, 시조집이 편찬되는 등 국민문학으로 확고히 자리 잡았다.

어휘 풀이

❶ 전문 가객: 조선 후기 18세기 무렵부터 등장하여 시조를 잘 짓거나 창(唱)을 잘하던 사람으로 김천택, 김수장 등이 유명하다.

3대 시조집
김천택의 《청구영언》, 김수장의 《해동가요》, 박효관·안민영의 《가곡원류》

➕ 개념 더하기

조선 후기 대표적인 가단

• 경정산가단: 영조 때 시조 가객들의 단체로 김천택, 김수장 등이 참여하여 강호가도를 고취하였다.
• 노가재가단: 김수장이 만년에 조직한 가단으로 시가의 연구와 기법을 연마하였다.
• 승평계: 조선 고종 때 박효관과 안민영 등이 중심이 된 가객들이 조직한 단체이다.

(2) 주요 작품

작품	작가	내용	갈래
가노라 삼각산아	김상헌	우국지사(憂國之士)의 비분강개한 심정	평시조
노래 삼긴 사름	신흠	노래를 통해 시름을 풀어보고자 하는 마음을 표현	
초암이 적료흔디	김수장	대자연 속에서 풍기는 한적한 정취를 그림	
견회요(遣懷謠)	윤선도	임금에 대한 변함없는 충성심	연시조
만흥(漫興)	윤선도	자연에 묻혀 사는 은사(隱士)의 한정(閑情)	
어부사시사(漁父四時詞)	윤선도	사계절의 흐름에 따라 자연과 더불어 살아가는 어부의 여유와 흥취	
오우가(五友歌)	윤선도	水, 石, 松, 竹, 月의 다섯 가지 벗을 예찬	
귓도리 져 귓도리	미상	독수공방(獨守空房)의 외로운 마음	사설시조
창 내고쟈 창 내고쟈	미상	마음속에 쌓인 근심과 시름을 해소하려 함	
딕들에 동난지 사오	미상	현학적 태도에 대한 비판	
나모도 바히돌도 업슨	미상	사랑하는 임을 잃어 걷잡을 수 없이 절절한 마음	
논밭 갈아 기음 매고	미상	자연 속에서 누리는 한가로운 삶	

확인 문제   19 서울시 9급

윤선도의 〈어부사시사〉에 대한 설명으로 옳지 않은 것은?

① 임금에 대한 그리움을 함축적으로 표현하고 있다.
② 청각적 이미지를 활용하고 있다.
③ 대구법을 사용하고 있다.
④ 후렴구를 제외하면 전형적인 3장 6구의 시조 형식을 갖추고 있다.

정답 ①

해설 사계절의 흐름에 따라 자연과 더불어 살아가는 어부의 생활을 읊은 것으로 임금에 대한 그리움은 찾을 수 없다.

3. 민요

(1) 개념

① 민중 사이에서 불리던 전통적인 노래를 통틀어 이르는 말이다.

② 서민들의 정서와 삶의 애환이 함축되어 있는 구전 가요이다.

(2) 특징

① 입에서 입으로 전해 내려오는 노래이다.

② 쉽게 불릴 수 있도록 율격이나 형식이 다듬어져 있다.

③ 특정 계층이나 특정 지역의 사람들이 가지고 있는 정서와 애환을 담았다.

④ 노동의 피로 회복, 일의 능률 향상, 민족의 동질성 등의 목적성이 있기 때문에 집단성·음악성을 가진다.

⑤ 엄격한 수련을 거치지 않고 생활하면서 자연스럽게 익힐 수 있었다.

(3) 형식

① 연속체로 노래가 길며 대개 후렴구가 있다.

② 두 연이 대칭 구조를 이루며, 음의 반복이 많다.

③ 3음보나 4음보의 노래가 주를 이룬다.

(4) 종류

기능에 따른 분류	• 기능요: 일정한 기능에 맞추어 부르는 노래(노동요, 의식요, 유희요) • 비기능요: 어떤 기능에 맞추기보다는 단지 유흥(遊興)을 위해 부르는 노래
가창 방식에 따른 분류	• 선후창: 후렴을 뺀 가사를 한 사람이 선창하면 다른 사람이 후렴 부분을 이어 부른다. • 교환창: 선창자와 후창자가 번갈아 가사를 주고 받으며 부르는 방식으로 후렴이 없다. • 독창/제창: 독창은 혼자서, 제창은 두 사람 이상이 부르는 방식으로 처음부터 끝까지 부른다.
창자에 따른 분류	• 남요(男謠): 남자들이 부르는 민요이다. • 부요(婦謠): 부인들이 부르는 민요이다. • 동요(童謠): 아이들이 부르는 민요이다.

(5) 주요 작품

구분		내용	작품
기능요	노동요	일의 능률을 높이기 위해 부르는 노래	논매기, 타작 노래, 해녀 노래, 베틀 노래 등
	의식요	여러 가지 의식에 맞추어 부르는 노래	상여 노래, 지신밟기 노래, 달구지 노래 등
	유희요	놀이를 하면서 부르는 노래	강강술래, 줄다리기 노래, 널뛰기 노래 등
비기능요		유흥이 목적인 노래	정선 아리랑, 밀양 아리랑, 강원 아리랑, 시집살이 노래 등

민요의 내용
- 민중들의 삶의 애환(哀歡)
- 부녀자들의 일에 대한 고달픔이나 보람
- 남녀의 애틋한 사랑
- 대상에 대한 해학

민요의 형식 중 율격에 따른 느낌
- 2음보: 급박한 느낌
- 3음보: 경쾌한 느낌
- 4음보: 장중한 느낌

4. 잡가

(1) 개념

① 조선 후기 하층 계급의 전문 소리꾼들이 시정(市井)에서 부르던 노래이다.

② 양반 계층의 가사와 대비하여 잡스럽다는 뜻에서 명칭을 붙였다.

③ 가사와 민요 그리고 시조 등 문학 장르와의 교섭 과정에서 형성된 특이한 문학 장르이다.

(2) 내용과 형식

내용	• 남녀 간의 사랑 • 자연의 아름다움과 풍류 • 삶이 애환과 해학 · 익살
형식	가사와 유사한 4 · 4조의 율격을 이루고 있지만, 파격이 매우 심하다.

(3) 특징

① 잡가는 조선 후기 정격 가사가 정형성이 없어지면서 대중들이 부르는 가요의 혼합 형태로 나타났다.

② 잡가는 하층 계급의 노래였지만 상층 문화에 대한 모방 심리가 반영되어 우리말뿐만 아니라 한자어나 중국 고사 등도 함께 사용되어 문체의 이중성을 보인다.

③ 잡가는 양반 계층의 유흥을 담당하던 사계축(四契軸)❶이나 삼패기생(三牌妓生)들이 가창하였다.

④ 세속적 · 유흥적 · 통속적 · 향락적인 성격을 띠어 쾌락주의적인 내용이 주를 이룬다.

(4) 종류

서도 잡가	• 평안도와 황해도지방에서 유행한 잡가이다. • 애절하고 탄식하는 느낌을 준다. • 종류에는 〈공명가〉, 〈초한가〉, 〈추풍감별곡〉, 〈적벽부〉, 〈관동팔경〉, 〈배따라기〉 등이 있다.
경기 잡가	• 서울과 경기도 지역에서 유행한 잡가이다. • 맑고 깨끗한 느낌을 준다. • 종류에는 12잡가, 휘모리 잡가 등이 있다. 　- 12잡가: 민족의 진솔한 정서를 담아 계승한 것으로 8잡가(〈유산가〉, 〈적벽가〉, 〈제비가〉, 〈집장가〉, 〈소춘향가〉, 〈선유가〉, 〈형장가〉, 〈평양가〉)와 잡잡가(〈달거리〉, 〈십장가〉, 〈방물가〉, 〈출인가〉)로 이루어졌다. 　- 휘모리 잡가: 말 그대로 빨리 몰아서 부르는 잡가라는 뜻으로 〈곰보타령〉, 〈비단타령〉, 〈맹꽁이타령〉 등이 있다.
남도 잡가	• 전라도 지방에서 유행하던 잡가이다. • 서도 잡가에 비해 종류가 다양하지 않다. • 억양이 분명하고 강하다. • 종류에는 〈육자배기〉, 〈보렴〉❷, 〈새타령〉 등이 있다.

🚶 **어휘 풀이**

❶ 사계축(四契軸): 지금의 서울역에서 만리동 고개 및 청파동에 이르는 지역에 살던 남자 소리꾼

❷ 보렴: 보시염불의 준말로 불경과 무속의 기원문을 바탕으로 한 축원 노래이다.

OX 문제

01 허난설헌의 〈규원가〉는 부녀자의 비애를 읊은 내방 가사이다. (　)

02 초장이나 중장이 두 구 이상 길어지고, 종장도 길어진 사설시조가 등장하였다. (　)

03 조선 후기 하층 계급의 전문 소리꾼이 부르던 긴 노래를 (　　)(이)라고 한다.

정답 01 ○ 02 ○ 03 잡가

해설 03 잡가는 조선 후기 하층 계급의 전문 소리꾼이 부르던 긴 노래로 유흥적, 세속적, 통속적, 쾌락적이다.

안심Touch

🏃 어휘 풀이

❶ 전기수(傳奇叟): 조선 후기 길을 오가던 사람에게 재미있게 책을 읽어 주던 직업적인 이야기꾼으로 소설의 발달과 독자층의 확대로 생겨났다.

5. 고전 소설

(1) 특징

① 임진왜란과 병자호란으로 인해 신분 질서가 동요되면서 소설 문학이 발전하였다.

② 평민층이 문학 창작에 적극 참여함으로써 독자층이 확대되었다.

③ 군담 소설, 몽자류 소설이 크게 유행하였으며, 다양한 주제의 국문 소설이 등장하였다.

④ 소설을 읽어 주고 일정한 급료를 받는 전기수(傳奇叟)❶가 등장하였다.

(2) 주요 작품

작품	작가	내용	분류
〈홍길동전〉	허균	최초의 한글소설, 적서 차별에 대한 비판과 사회 개혁 사상을 그림	사회 소설
〈전우치전〉	미상	부패한 정치에 대한 비판과 가난한 백성들을 구제	
〈장끼전〉	미상	꿩을 의인화하여 남존여비(男尊女卑)와 여성의 개가(改嫁) 금지를 비판	우화 소설
〈토끼전〉	미상	인간이 헛된 욕망을 경계하고 위기에서 벗어나는 지혜를 강조	
〈두껍전〉	미상	가장 약하고 못난 두꺼비가 지혜와 연륜으로 상좌를 차지, 자리다툼 행위를 통해 조선 후기 신분제의 동요 양상을 그림	
〈심청전〉	미상	효녀 지은 설화를 바탕, 아버지에 대한 딸의 효심	판소리계 소설, 설화 소설
〈흥부전〉	미상	방이 설화 바탕, 형제 간의 우애 강조	
〈춘향전〉	미상	열녀 설화 바탕, 성춘향의 이몽룡에 대한 지조와 절개	
〈유충렬전〉	미상	명나라 배경, 유충렬의 무용과 기상을 찬양한 영웅적 행적	영웅 소설, 군담 소설
〈박씨전〉	미상	박씨 부인의 영웅적 기상과 재주	
〈임경업전〉	미상	명장 임경업의 행적과 무용담, 전기적 소설	
〈조웅전〉	미상	송나라 배경, 조웅의 영웅적 행적	
〈임진록〉	미상	임진왜란을 배경으로 하여 역사적 실존했던 영웅들의 활약, 역사적 사실	
〈소대성전〉	미상	명나라 배경, 소대성의 영웅적 일대기, 신분 계층 변동 반영	
〈이춘풍전〉	미상	위선적인 남성 중심 사회 비판과 진취적 여성상의 제시	풍자 소설
〈배비장전〉	미상	지배층의 위선에 대한 풍자와 폭로	
〈운영전〉	미상	궁녀 운영과 김 진사의 비극적 사랑	염정 소설
〈구운몽〉	김만중	인생무상의 진리를 자각하고 불법에의 귀의	
〈숙향전〉	미상	여러 어려움을 극복하고 성취한 남녀 간의 사랑	
〈옥단춘전〉	미상	이혈룡과 옥단춘의 사랑, 사대부의 허위적인 신의의 폭로와 권선징악	
〈사씨남정기〉	김만중	숙종의 인현왕후 폐위 사건을 풍자	가정 소설
〈장화홍련전〉	미상	계모의 학대로 죽은 장화홍련의 통쾌한 복수와 환생	

🏁 확인 문제

14 서울시 9급

다음 중 창작 군담 소설(일명 영웅 소설)의 특징이 아닌 것은?

① '영웅의 일생'이라는 전형적 구조로 되어 있다.

② 대중 소설적 성격이 강하다.

③ 비현실적인 요소가 많다.

④ 시·공간적 배경은 16~17세기 조선인 경우가 대부분이다.

⑤ 조선 후기에 활발하게 창작되었다.

정답 ④

해설 군담 소설은 조선 후기에 창작된 소설로 배경은 중국인 작품이 많으며, 〈조웅전〉, 〈유충렬전〉, 〈소대성전〉 등이 이에 해당한다.

군담 소설의 분류

작품의 소재에 따라 그 종류를 나눌 수 있다.

분류	내용	대표 작품
창작 군담 소설	대부분 중국을 배경으로 작중 인물이나 사건이 허구적	〈유충렬전〉, 〈소대성전〉, 〈장풍운전〉, 〈조웅전〉
역사 군담 소설	국내 전란 및 인물을 소설화. 특히 임진왜란과 병자호란의 경험을 소설로 구성	• 임진왜란: 〈임진록〉 • 병자호란: 〈임경업전〉, 〈박씨전〉
번역 군담 소설	중국 소설 중 군담 중심 부분을 번역	〈삼국대전〉, 〈화룡도실기〉, 〈조자룡전〉

6. 박지원의 한문 소설

(1) 배경

① 영 · 정조 시대에 실학사상이 크게 대두되면서 사회의 모순을 비판하고 개혁의 방향을 모색한 문학 작품들이 다수 창작되었다.

② 양란 이후 신분제의 동요로 새로운 계급의 등장, 북벌 문제, 양반의 형식주의와 수탈 행위 등이 나타나 소설을 통해 현실적인 문제에 대한 비판과 개혁 의식을 보여주었다.

(2) 특징

① 당대 현실에 대한 비판과 풍자를 하였다.

② 새로운 인간형을 창조하였다.

③ 당대 평민들의 삶을 생생하게 그렸다.

④ 남성 위주의 여성관을 탈피하였다.

⑤ 작품을 통해 질문을 던지고 그곳에서 해답을 찾는 형식을 취했다.

(3) 주요 작품

작품	내용	출전
〈허생전〉	• 무능한 사대부 계층에 대한 비판과 현실에 대한 자아 각성 고취 • 이용후생의 실학사상을 반영	《열하일기》
〈호질〉	유학자들의 위선적 행동에 대한 비판과 풍자	
〈양반전〉	양반의 무능함과 허위의식에 대한 비판	
〈예덕선생전〉	바람직한 교우의 도와 무실역행(務實力行)하는 참된 인간상	
〈광문자전〉	신의 있고 허욕을 부리지 않는 삶의 태도 칭송	《방경각외전》
〈민옹전〉	민옹의 일화를 통해 시정 세태에 대한 비판과 풍자	
〈김신선전〉	신선 사상의 허무맹랑함을 풍자	
〈마장전〉	유생들의 위선적 교우를 풍자	
〈열녀함양박씨전〉	수절하며 살아가는 여인들의 고통과 열녀 풍속의 문제점 비판	《연암집》

확인 문제 | 19 군무원

다음 중 예덕선생전이 실려 있는 문헌으로 옳은 것은?

① 《연암집(燕巖集)》
② 《열하일기(熱河日記)》
③ 《과농소초(課農小抄)》
④ 《방경각외전(放璚閣外傳)》

정답 ④

해설 《방경각외전》에는 〈예덕선생전〉 외에도 〈마장전〉, 〈민옹전〉, 〈광문자전〉, 〈양반전〉, 〈김신선전〉, 〈우상전〉, 〈역학대전〉, 〈봉산학자전〉 등 총 9편이 실려 있다.

어휘 풀이

❶ 판소리: 한 명의 소리꾼이 고수 (북치는 사람)의 장단에 맞추어 창(소리), 말(아니리), 몸짓(너름새)을 섞어가며 긴 이야기를 엮어가는 우리 고유의 민속악이다.

(1) 개념

① 판소리❶ 사설의 영향을 받아 소설로 정착된 작품들이다.

② 봉건 체제가 해체되어가던 조선 후기의 역동적인 사회 현실을 반영하였다.

(2) 특징

① 서민들의 현실적인 생활을 주로 그리고 있으며, 극적인 내용이 많다.

② 구성은 희곡적이며, 문체는 대체로 4음보의 운문체이다.

③ 표현이 약간 조잡하지만, 풍자와 해학 등을 풍부하게 구사하고 있다.

④ 양반들이 사용하는 한문 어투와 평민들이 사용하는 일상 언어가 혼재한다.

⑤ 표면적 주제와 이면적 주제가 따로 존재하는 주제의 양면성을 가지고 있다.

→ 표면적인 주제는 양반들의 의식을 반영하고 있지만, 그 이면을 살펴보면 양반에 대한 민중의 저항의식이 바탕에 깔려 있다.

⑥ 주로 인물 간의 대화를 통해 내용이 전개된다.

(3) 문학사적 의의

① 구어체 문체의 확립으로 비속어나 일상어를 활용하여 현실적 정황을 생동감 있게 그려냈다.

② 고전 소설과 다르게 당대의 개성적 인물들이 많이 등장하였다.

③ 평등을 향한 서민의 욕구가 잘 드러나고 있다.

➕ 개념 더하기

판소리의 발전 과정

근원 설화 → 판소리 → 판소리계 소설 → 신소설의 과정을 거쳐 발전하였다.

근원 설화	판소리 사설	판소리계 소설	이해조의 신소설
효녀 지은 설화	〈심청가〉	〈심청전〉	〈강상련〉
열녀 설화	〈춘향가〉	〈춘향전〉	〈옥중화〉
방이 설화	〈흥부가〉	〈흥부전〉	〈연의 각〉
구토지설	〈수궁가〉	〈토끼전〉	〈토의 간〉

확인 문제   15 법원직 9급

〈춘향전〉과 같은 판소리계 소설의 설명으로 가장 옳지 않은 것은?

① 산문과 운문이 혼용되어 있다.
② 해학과 풍자에 의한 골계미가 나타나 있다.
③ 꿈을 소재로 한 비현실적 사건을 주로 다루고 있다.
④ 근원설화 → 판소리 → 소설로 정착되는 발전 과정을 보이고 있다.

정답 ③

해설 소설의 내용이 꿈과 현실의 이중적 구조로 이루어지는 몽자류 소설에 대한 설명이다.

(4) 주요 작품

작품	내용	사회 현실 반영
〈춘향전〉	이몽룡과 성춘향의 신분을 초월한 사랑	신분 해방의 의지
〈흥부전〉	형제간의 우애	빈부 차이에 대한 비판
〈심청전〉	아버지에 대한 심청의 효	유교의 효 사상
〈토끼전〉	헛된 욕망에 대한 경계, 위기에서 벗어나는 지혜	봉건 체제의 모순

8. 고전 수필

(1) 개념
① 고려 시대 초기부터 갑오개혁 이전까지 창작된 수필을 말한다.
② 임진왜란과 병자호란을 겪으면서 개인의 경험이나 사실 등을 기록하기 위해서 많은 수필들이 창작되었다.

(2) 특징
① 초기에는 한문 수필이 많았으나 후기에는 작가층이 여성으로 확대되면서 한글 수필이 많이 창작되었다(궁중 수필❶, 내간체 수필).
② 고려와 조선 전기의 패관 문학이나 조선 후기의 문집들은 모두 한문 수필에 속한다.
③ 한글 수필은 일기나 기행문, 서간문 등 종류가 매우 다양하다.

(3) 주요 작품

작품	작가	연대	내용	분류
〈계축일기 (癸丑日記)〉	궁녀	광해군	광해군이 인목대비의 아들인 영창대군을 죽이고 인목대비를 폐하여 서궁에 감금했던 사건을 일기체로 기록	궁중 수필
〈한중록 (閑中錄)〉	혜경궁 홍씨	정조~순조	남편인 사도세자의 비극적 죽음을 다룬 자서전적 회고록	
〈인현왕후전 (仁顯王后傳)〉	궁녀	숙종~정조	인현왕후의 폐비 사건과 장희빈을 다룬 것으로 〈사씨남정기〉에서 소설화한 작품	
〈산성일기 (山城日記)〉	궁녀	인조	병자호란의 치욕과 남한산성에서의 항쟁을 다룬 작품을 객관적으로 다룸	일기
〈의유당일기 (意幽堂日記)〉	의유당	순조	남편 이회찬의 부임지 함흥에 갔다가 함흥 주변의 아름다운 경치를 보고 느낀 감상을 적은 작품	
〈화성일기 (華城日記)〉	이희평	정조	정조의 화성 나들이를 수행하고 기록한 능행일기	
〈무오연행록 (戊午燕行錄)〉	서유문	정조	서장관으로 중국에 갔다가 보고 들은 것을 기록한 완전한 산문체 작품	기행
〈열하일기 (熱河日記)〉	박지원	정조	청나라 건륭제의 만수절(칠순 잔치) 축하 사절로 중국에 갔을 때 보고 들은 것을 기록한 견문기	
〈을병연행록 (乙丙燕行錄)〉	홍대용	영조	홍대용이 작은아버지가 청나라에 갈 때 연행사의 일행, 군관으로 수행하면서 보고 느낀 것을 날짜별로 기록한 국문으로 된 작품	
〈우념재수서 (雨念齋手書)〉	이봉한	영조	일본 통신사의 수행원으로 갔을 때 어머니에게 보낸 편지	서간
〈한산유찰 (韓山遺札)〉	양주 조씨	영조~정조	한산 이씨 집안 사람들 사이에 오갔던 한글 편지 모음	
〈윤씨행장 (尹氏行狀)〉	김만중	숙종	어머니의 지극한 정성과 사랑에 대한 회고, 윤씨 언행을 기록하여 그를 기념한 작품	전기

어휘 풀이

❶ 궁중 수필: 궁중에서 일어났던 역사적 사건을 여성 특유의 우아한 표현과 인간 내면에 흐르는 섬세한 정서로 표현하였다.

조선 3대 여류 수필
〈동명일기〉, 〈조침문〉, 〈규중칠우쟁론기〉

〈제문(祭文)〉	숙종	숙종	숙종의 막내 아들 연령군이 세상을 떠나자 그 애통한 마음을 적은 글	제문
〈조침문 (弔針文)〉	유씨 부인	순조	부러진 바늘을 의인화하여 쓴 글로 바늘이 부러지자 그 섭섭한 심회를 기록한 글	제문
〈규중칠우쟁론기 (閨中七友爭論記)〉	미상	미상	바늘, 자, 가위, 인두, 다리미, 실, 골무 등 일곱 바느질 도구를 의인화하여 인간 세태를 우화적으로 풍자한 글	기타
〈어우야담 (於于野談)〉	유몽인	광해군	해학과 기지가 넘치는 민간의 야담과 설화를 모은 글	기타

9. 한문학

(1) 특징

① 조선 전기 사장파 문학을 계승하고, 철학과 예술을 중요시하였다.

② 경전을 바탕으로 한 관념적 문학을 추구한 순정(醇正)파 문학이 발달하였다.

③ 현실적·실리적이며 강한 비판 의식을 지닌 실학파 문학이 대두하였다.

(2) 주요 작품

작품	작가	내용	연대
《시화총림 (詩話叢林)》	홍만종	고려·조선 시대에 이르는 역대 문인의 시화(詩話)를 뽑아 수록	효종
《순오지 (旬五志)》	홍만종	정철과 송순의 시가(詩歌)와 중국의 〈서유기〉에 대하여 평론하고, 130여 종의 속담(俗談)을 수록	효종
《서포만필 (西浦漫筆)》	김만중	신라 이후의 시에 대한 평론을 실은 것으로, 김만중의 사상을 이해하는 데 반드시 필요한 책으로 꼽힌다.	숙종
《북학의 (北學議)》	박제가	청나라 시찰 후 풍속과 제도의 개혁을 강조한 것으로 자신의 의견을 덧붙여 쓴 책이다. 실학사상을 연구하는데 귀중한 자료이다.	정조
《목민심서 (牧民心書)》	정약용	관리들의 폭정을 비판하면서 수령이 지켜야 할 지침(指針)을 밝힌 계몽 도서	순조

10. 판소리

(1) 특징

① 광대가 고수(鼓手)의 북장단에 맞추어 서사적인 이야기를 소리와 몸짓을 곁들이며 구연하는 우리 고유의 민속 예술 형태의 한 갈래이다.

② 광대(소리꾼), 고수, 청중의 3요소로 이루어져 있다.

③ 18세기 말 향유 계층이 평민에서 양반층까지 확대되었다.

④ 적층 문학❶이며, 여러 계층이 향유하기 때문에 하층민과 양반 계층의 언어가 공존한다.

⑤ 주요 작품으로는 〈춘향가〉, 〈심청가〉, 〈수궁가〉, 〈적벽가〉 등이 있다.

(2) 판소리의 구성

창(소리)	광대가 가락에 맞추어 부르는 노래
아니리(사설)	창이 아닌 말로, 창과 창 사이에 하는 대사로 광대가 숨을 돌릴 수 있다.
추임새	흥을 돋우기 위하여 삽입하는 소리로 '좋지, 얼씨구, 흥' 등이 있다.
발림(너름새)	소리의 극적인 전개를 돕기 위하여 몸짓이나 손짓으로 하는 동작을 말한다.
더늠	명창이 자신의 독특한 방식으로 다듬어 부르는 어떤 마당의 한 대목을 말한다.

(3) 판소리의 장단

진양조	판소리의 장단 중 가장 느린 장단. 내용이 슬프고, 장중한 느낌의 장면에서 사용
중모리	중간 빠르기로 판소리에서 가장 많이 쓰이며, 태연하고 안정감을 주는 장면에 사용
중중모리	중모리보다 조금 빠른 장단으로 흥겹고 우아한 느낌을 주며, 춤을 추는 장면이나 화려한 장면에 사용
자진모리	중중모리보다 더 빠른 장단으로 섬세하고 명랑하며 경쾌한 느낌에 사용
휘모리	판소리의 장단 중 가장 빠른 장단으로 흥분하거나 급박한 느낌을 주는 장면에 사용
엇모리	빠른 3박과 2박이 혼합된 10박의 특이한 장단으로 신비한 장면에 사용

➕ 개념 더하기

판소리의 마당❷

판소리 12마당	〈춘향가〉, 〈심청가〉, 〈수궁가〉, 〈흥보가〉, 〈적벽가〉, 〈변강쇠타령〉, 〈배비장타령〉, 〈옹고집타령〉, 〈강릉매화타령〉, 〈무숙이타령〉, 〈장끼타령〉, 〈숙영낭자타령〉
판소리 6마당	신재효가 판소리 12마당 중 〈춘향가〉, 〈심청가〉, 〈토별가〉, 〈박타령〉, 〈적벽가〉, 〈변강쇠〉을 6마당으로 개작 정리
판소리 5마당	〈춘향가〉, 〈심청가〉, 〈수궁가〉, 〈흥보가〉, 〈적벽가〉

🏃 어휘 풀이

❶ 적층 문학: '구비 문학(口碑文學)'을 달리 이르는 말로, 사람들의 입을 통해 전해 온 문학이다.

❷ 마당: 판소리나 탈춤 따위의 단락을 세는 단위를 말한다.

○✕ 문제

01 군담 소설은 조선을 무대로 영웅 일대기를 쓴 창작 소설이다. ( )

02 판소리계 소설 〈춘향전〉은 신분을 초월한 사랑과 하층민의 신분 상승 욕구를 주제로 하였다. ( )

03 조선 후기 대표적 한글 소설로는 허균의 〈홍길동전〉과, 박지원의 〈호질〉이 있다. ( )

04 판소리의 장단을 빠른 순서대로 배열하면 휘모리장단 – 진양조장단 – 중모리장단이다. ( )

정답 01 × 02 ○ 03 × 04 ×

해설 01 군담 소설의 배경은 중국을 무대로 하였다.
03 박지원의 〈호질〉은 한문 소설이다.
04 빠른 순으로 하면 휘모리장단 – 중모리장단 – 진양조장단 순이다.

어휘 풀이

❶ 무극: 무가(巫歌) 중에서 연극적 성격을 띠는 무가로, 두 명 이상의 대화로 구성되고 인물의 행동까지 수반한다.
❷ 옴니버스식 구성: 서로 독립적이면서 단편적인 이야기들이 하나의 주제로 엮여있는 구성을 말한다.

한국 민속극의 특징
민중성, 비판성, 골계미, 축제성

11. 민속극

(1) 개념

① 옛날부터 민간에 전해 내려오는 연극으로 가면극(탈놀음), 인형극(꼭두각시놀음), 무극❶ 등이 있다.
② 일정한 역할을 맡은 배우가 관객들에게 어떠한 내용을 대화와 행동을 통해 전달하는 전통극이다.

(2) 특징

① 조선 후기에 이르러 평민 의식의 발달이 가장 잘 나타나는 갈래이다.
② 무대장치 따로 없이 연희가 가능하며, 관객들의 적극적인 참여가 가능하다.
③ 여러 사람에 의해 창작된 것으로 주로 농민이나 사당 등의 서민들이 주도하였다.
④ 문자 전승이 아닌 구비 전승된 것이다.
⑤ 무대, 등장인물, 대사 등이 있다는 점에서 오늘날 희곡과 유사하다고 할 수 있다.

🔹 개념 더하기

전통 가면극과 서양 연극의 비교

구분	전통 가면극	서양 연극
구성	각 과장 간에 각각 주제를 가지고 독립적으로 구성(옴니버스식 구성❷)	단일 주제로 전체가 인과 관계에 의해 구성
시간과 장소	시간과 공간 구별 없이 자유롭게 공연	정해진 시간과 공간이 있어 시간, 공간에 제약을 받음
관객	관객이 공연 중에 능동적으로 참여	배우와 관객이 구분되어 있어 관객은 참여 없이 관람
무대	무대와 객석의 구분이 없어 무대장치가 필요 없음	무대가 별도로 있어 무대와 객석이 엄격히 구분

(3) 주요 작품

작품	내용	분류
〈봉산탈춤〉	양반에 대한 비판을 해학적으로 풍자	가면극
〈오광대놀이〉	양반 사회의 비리와 모순을 풍자하고 폭로	
〈양주 별산대놀이〉	양반에 대한 조롱과 풍자	
〈꼭두각시놀음〉	파계승 비판, 처첩 간의 갈등, 양반에 대한 비판	인형극

확인 문제

18 경찰 1차

가면극 〈봉산탈춤〉에 대한 설명으로 가장 적절한 것은?

① 경상도 안동 지방에서 전해 내려오는 가면극의 일종이다.
② '양반의 위엄 → 말뚝이의 조롱 → 양반의 호통 → 말뚝이의 변명 → 양반의 안심'의 재담 구조를 보인다.
③ 등장인물은 공연 상황에 따라 대사를 바꾸어 표현하지 못한다.
④ 말뚝이는 무능한 지배 계층을 대변하는 인물이다.

정답 ②

해설 ① 황해도 봉산 지역에서 내려오는 가면극이다.
③ 민속극은 현장성이 강해 등장인물들은 공연 상황에 따라 대사를 바꾸기도 한다.
④ 말뚝이는 서민 계층을 대변한다.

CHAPTER 02

02 고전 문학의 이해

1. 고대 문학의 이해

(1) 고대 가요

① 〈구지가〉

龜何龜何(구하구하)	거북아, 거북아 반복법, 신령스러운 존재	▶ 호명, 환기
首其現也(수기현야)	머리를 내어 놓아라. 우두머리, 생명의 근원	▶ 명령, 요구
若不現也(약불현야)	만약 내놓지 않으면	▶ 조건, 가정
燔灼而喫也(번작이끽야)	구워서 먹으리. 주술성이 잘 드러남	▶ 위협

작품 분석

• 작자: 구간 등
• 갈래: 주술요, 집단 무가, 노동요
• 형식: 4언 4구체 한역시
• 성격: 주술적, 집단적, 명령적
• 별칭: 영신군가, 영신가, 가락국가, 구지곡, 구하가
• 주제: 임금(수로왕)의 강림을 기원함
• 표현: 명령 어법, 직설적 어법, 주술적
• 의의: 현전 최고(最古)의 집단 무요(舞謠), 주술성을 지닌 노동요, 가락국 건국 신화에 삽입
• 출전: 《삼국유사》
• 해제: 이 작품은 가락국의 시조인 수로왕의 강림 신화 속에 삽입되어 전하는 노래로, 집단적, 주술적 성격을 단적으로 보여 준다. '거북'을 신령스러운 존재로 간주한 '영신군가' 로서의 주술적 노래이며, 마을 사람들이 흙을 파면서 불렀다는 점에 주목해 본다면 노동의 괴로움을 덜고자 하는 노동요적 성격을 띤다.

기출 20 서울시 9급, 18 서울시 7급, 17 국가직 9급, 13 법원직 9급

개념 더하기

〈구지가〉와 〈해가〉의 비교

구분	〈구지가〉	〈해가〉
공통점	• 주술적 표현과 명령 어법 사용	• 주술적 집단 무요
차이점	• 왕의 강림을 기원 • 신령스러운 존재 • 공적이고 집단적 노래(왕의 출현)	• 수로 부인의 귀환을 기원 • 수로 부인의 납치라는 부정적 행위 존재 • 사적이고 개인적인 노래

확인 문제   20 서울시 9급

다음 작품에 대한 설명으로 가장 옳지 않은 것은?

> 거북아 거북아
> 머리를 내어 놓아라.
> 만약 내어놓지 않으면
> 굽고 구워 먹겠다.
>
>   – 〈구지가〉

① 향가 발생 이전의 고대시가이다.
② 환기, 명령, 가정의 어법을 지닌 주술적 노래이다.
③ 음악, 시가, 무용이 모두 어우러진 종합 예술의 성격을 띠고 있다.
④ 고조선 곽리자고의 아내 여옥이 지었다고 전해지는 순수 서정시이다.

정답 ④

해설 ④ 〈공무도하가〉에 대한 설명이다. 〈구지가〉는 가락국 구간이 임금(수로왕의) 강림을 기원하기 위해 지어 부른 집단 무가이다.

② 〈공무도하가〉

公無渡河(공무도하)	임이여, 그 물을 건너지 마오. 시적대상 임에 대한 화자의 사랑
公竟渡河(공경도하)	임은 결국 물을 건너시네. 임과의 이별, 삶과 죽음의 경계
墮河而死(타하이사)	물에 휩쓸려 돌아가시니 임의 죽음
當奈公何(당내공하)	가신 임을 어이할꼬. 슬픔과 탄식

> **작품 분석**
> - 작자: 백수광부의 아내
> - 갈래: 고대 가요, 한역 시가, 개인 서정시
> - 성격: 서정적, 애상적, 체념적, 애상적
> - 형식: 4언 4구체 한역가(漢譯歌)
> - 표현: 직설법, 비극적
> - 별칭: 공후인(箜篌引)
> - 주제: 임을 여읜 슬픔(이별의 한)
> - 의의
>   - 고조선 시대의 노래로 현전하는 최고(最古)의 서정시
>   - 집단 가요에서 개인적 서정시로 넘어가는 과도기적 작품
> - 구성
>   - 기(1구): 임이 물을 건너는 것에 대한 만류
>   - 승(2구): 물을 건너는 임
>   - 전(3구): 물에 빠져 죽은 임
>   - 결(4구): 임을 잃은 슬픔과 체념
> - 출전: 《해동역사》
> - 해제: 이 노래는 고조선 때 백수광부 아내가 물에 빠져 죽은 남편을 애도하며 그 슬픔을 노래한 것으로, 이별과 죽음에서 비롯된 한의 정서를 표현하고 있다. 이와 같은 한의 정서는 〈정읍사〉 → 〈가시리〉, 〈서경별곡〉 → 〈송인〉 → 〈진달래꽃〉으로 계승되었다.
>
> **기출** 19 지방직 7급, 19 서울시 9급, 13 지방직 7급

다음 시에 대한 설명으로 가장 옳은 것은?

> 公無渡河
> 公竟渡河
> 墮河而死
> 當奈公何

① 황조가와 더불어 현존하는 우리나라 최고(最古)의 서사시이다.
② 한시와 함께 번역한 시가가 따로 전한다.
③ '물'의 상징적 의미를 따라 시상을 전개하고 있다.
④ 몇 번을 죽어도 충성의 마음이 변치 않음을 노래하고 있다.

정답 ③

해설 ① 서정시이다.
② 한시만 전한다.
④ 사랑하는 '임'과의 이별과 그 '한'을 노래하고 있다.

③ 〈황조가〉

翩翩黃鳥(편편황조)	훨훨 나는 저 꾀꼬리 화자의 처지와 대비되는 객관적 상관물	▶ 기
雌雄相依(자웅상의)	암수 서로 정답구나.	▶ 승
念我之獨(염아지독)	외로워라, 이 내 몸은 정서의 직접적 표현	▶ 전
誰其與歸(수기여귀)	뉘와 함께 돌아갈꼬. 설의법, 자신의 외로운 처지를 탄식함	▶ 결

작품 분석

- 작자: 유리왕
- 갈래: 고대 가요, 4언 4구체 한역시, 서정시
- 성격: 애상적, 서정적, 우의적
- 주제: 짝을 잃은 슬픔과 외로움(이별의 정한)
- 표현
  – 대조, 의태, 설의적 표현으로 화자의 외로운 심정 노래
  – 선경후정(先景後情) 구조로 시상을 전개함
  – 자연물을 통해 우의적으로 화자의 정서를 표현함
- 의의
  – 고구려 때 작품으로 현전하는 최고(最古)의 개인적 서정시
  – 집단적 서사시에서 개인적 서정시로 넘어가는 과도기적 노래
- 출전: 《삼국사기》
- 해제: 이 노래는 고구려 유리왕과 연관된 노래로 정답게 노는 꾀꼬리의 모습과 처지를 대비하여 외로움의 정서를 우의적으로 표현하였다. 또한 자연물에 의지하여 시상을 일으킨 후 나중에 자신의 감회를 펴는 선경후정(先景後情)의 방식을 사용하였다.

기출 14 지방직 7급, 09 국가직 7급

09 국가직 7급

확인 문제

다음 작품의 시상 전개 방식으로 적절하지 않은 것은?

翩翩黃鳥
雌雄相依
念我之獨
誰其與歸

– 유리왕, 〈황조가〉

① 대조를 통해 시상을 전개하고 있다.
② 기승전결의 시상 전개 방식을 보이고 있다.
③ 선경후정의 시상 전개 방식을 보이고 있다.
④ 근경에서 원경으로 시선을 이동하면서 전개하고 있다.

정답 ④

해설 〈황조가〉는 전반부에는 자연의 정다움을, 후반부는 화자의 외로움을 노래하고 있다. 이를 통해 선경후정의 구조를 바탕으로 꾀꼬리와 자신을 대조하여 시상을 전개하고 있음을 알 수 있다. 또한 이 시는 기승전결로 이루어진 한역 시가이다.

④ 〈정읍사〉

들하 노피곰 도드샤
기원의 대상(천지신명, 광명의 이미지)
어긔야 머리곰 비취오시라.
후렴구
어긔야 어강됴리

아으 다롱디리

져재 녀러신고요.
시장에, 남편 신분이 행상인임을 알 수 있음
어긔야 즌 딕룰 드딕욜셰라.
　　　　어두운 곳, 위험한 곳
어긔야 어강됴리

어느이다 노코시라.
　　　놓으십시오
어긔야 내 가논 딕 졈그룰셰라.
　　　　남편의 귀가길, 아내의 마중길
어긔야 어강됴리

아으 다롱디리

달님이시여 높이 높이 돋으시어

아, 멀리 멀리 비추어 주십시오.

(임은) 시장에 가 계시옵니까.

아, 진(위험한) 곳을 디딜까 두렵습니다.

어느 곳에나 놓으십시오.

아, 내가(내 임이) 가는 곳에 날이 저물까 두렵습니다.

작품 분석
- 작자: 미상
- 갈래: 백제 가요, 서정 시가
- 성격: 서정적, 비유적, 민요적, 기원적
- 주제: 행상 떠난 남편의 무사귀가를 기원함
- 형식: 3장 6구(후렴구 제외)
- 표현: 의인법, 돈호법, 대조적 이미지
- 의의
  - 현재 전하는 유일한 백제 가요
  - 한글(훈민정음)로 표기된 가장 오래된 노래
  - 시조 형식의 원형을 가진 노래
- 특징
  - '돌'과 '즌 딕'는 의미상 대립 관계에 있다.
  - 여성 화자가 자연물에 의탁하여 임의 남편의 안녕을 기원하고 있다.
  - 후렴구를 제외하면 시조와 유사하다.
- 출전:《악학궤범》
- 해제: 이 노래는 '멀리 행상 나간 남편'을 걱정하며 진심으로 무사히 귀가하기를 기원하는 어느 행상인 아내의 걱정스러운 마음을 '달'에 의탁하여 표현하고 있다. 정읍이라는 마을의 사람이 행상을 나가 돌아오지 않자 그의 아내가 산 위 돌에서 남편을 기다리다가 망부석이 된 설화를 배경으로 하고 있다.

기출 11 서울시 9급

확인 문제　　　　11 서울시 9급

고전 시가 〈정읍사〉에 대한 설명으로 옳지 않은 것은?
① 백제 시대에 창작된 것으로 알려졌다.
② 행상 나간 남편의 무사 귀환을 빌고 있다.
③ 한글로 기록된 가장 오래된 가요다.
④ 주술성을 지녀 집단적으로 불려졌다.
⑤ 고려시대 속요로 불려졌다.

정답 ④
해설 〈정읍사〉는 개인 서정시로 행상 떠난 남편의 무사 귀가를 달에게 비는 백제 가요이다.

(2) 향가

① 〈서동요〉

선화 공주(善化公主)니믄

늄 그스지 얼어 두고,
은밀히, 몰래

맛둥바 올
서동

바미 몰 안고 가다.

선화공주님은

남 몰래 정을 통해 두고   ▶ 1~2행: 시상의 발달(원인)

맛둥을

밤에 몰래 안고 간다.   ▶ 3~4행: 서동과의 밀애

> **어휘 풀이**
>
> ❶ 산화(散花): 불교의 제식에서 범패를 부르며 꽃을 뿌리는 의식

> **〈서동요〉 향찰 표기**
>
> 善化公主主隱(선화공주주은)
> 他密只嫁良置古(타밀지가량치고)
> 薯童房乙(서동방을)
> 夜矣卯乙抱遣去如(야의묘을포견거여)

작품 분석

- 작자: 백제 무왕
- 갈래: 4구체 향가
- 성격: 민요, 참요(예언, 암시하는 민요), 동요
- 주제: 선화 공주와 서동의 은밀한 사랑
- 의의
  – 현전하는 가장 오래된 향가
  – 민요가 4구체 향가로 정착
- 특징
  – 고유 명사를 제외하면 누구에게나 적용할 수 있는 민요적 패턴
  – 의도적인 결과를 만들기 위한 주술적 노래
  – 하층민의 신분 상승 욕구가 반영
- 해제: 이 노래는 신라 진평왕 때 백제의 서동이 지은 노래로 내용과 형식이 소박하고 단순한 4구체 향가이며, 고유·명사를 제외하면 누구에게나 적용할 수 있는 민요적 패턴이다. 또, 이 노래는 서동이 아이들에게 부르게 했다는 동요의 성격과 의도적인 결과를 만들기 위한 주술적 성격을 가지고 있다고 할 수 있다.

기출 16 경찰 2차

② 〈도솔가〉

오늘 이에 산화(散花)❶ 블어
샌 쌀본 고자 너는
고돈 ᄆᆞᅀᆞ미 명(命)ㅅ 브리ᅌᅳᆸ디
미륵좌주(彌勒座主) 뫼셔라.

오늘 이에 산화의 노래 불러
뿌리는 꽃아, 너는
곧은 마음의 명을 심부름하옵기에
미륵좌주를 모셔라.

– 양주동 역

작품 분석

- 형식: 4구체 향가
- 성격: 주술적, 불교적
- 주제: 산화공덕으로 괴변을 물리치고자 함
- 특징
  – 미륵 신앙을 통한 국태민안(國泰民安)을 기원하는 노래
  – 명령법을 사용하여 자신의 소망을 제시
  – 꽃을 의인화하여 화자의 염원을 알림
- 해제: 하늘에 해가 둘이 나타난 괴변을 없애기 위한 노래로 당시 유행했던 미륵 신앙에서 유래한 것이며, 국가적 의식에서 미륵보살의 하강을 기원한 노래로 볼 수 있다. 두 해가 함께 나타난 것을 왕권에 대한 새로운 세력들의 도전으로 해석하기도 한다.

16 경찰 2차

> **확인 문제**
>
> 다음 중 밑줄 친 차자 표기의 방식이 다른 하나는?
>
> 善化公主主隱
> 他㉠密只嫁良置古
> 薯童房乙
> 夜㉡矣卯乙抱㉢遣去如
>
> 善化公主니믄
> 늄 그스지 얼어 두고
> 맛둥바올
> 바미 몰 안고 가다
>
> ① ㉠   ② ㉡
> ③ ㉢   ④ ㉣
>
> **정답** ①
>
> **해설** ① ㉠ 密(그윽할 밀): 훈차(뜻을 빌림)
> ② ㉡ 只(다만 지): 음차(어미)
> ③ ㉢ 矣(어조사 의): 음차(조사)
> ④ ㉣ 遣(보낼 고): 음차(어미)

③ 〈처용가〉

식볼 불기 드래
<u>공간적, 시간적 배경</u>

밤 드리 노니다가

드러사 자리 보곤

가르리 네히어라

둘흔 내해엇고

둘흔 뉘해언고

본딕 내해다마른

아사늘 엇디 흐릿고
<u>처용의 관용적 자세</u>

서울 밝은 달에

밤 늦도록 놀고 다니다가

들어와 자리를 보니

다리가 넷이로구나.　　　　▶ 1~4행: 역신의 침범

둘은 내(아내의) 것이었고

둘은 누구의 것인고?

본디 내 것이었지마는

빼앗긴 것을 어찌하리오.　　▶ 5~8행: 처용의 체념(관용)

작품 분석

- 작자: 처용
- 갈래: 8구체 향가
- 성격: 주술적, 무가
- 주제: 처용의 체념과 관용, 아내를 범한 역신을 물러나게 함
- 특징
  - 고려와 조선 시대에 걸쳐 의식(儀式)에 사용되는 무용 또는 연희로 계승
  - 불교적 설화의 무속적 전승
  - 체념과 관용을 바탕으로 한 축사(逐邪)의 노래
  - 영탄을 통해 분노와 슬픔, 체념과 관용의 감정을 동시에 드러냄
- 의의
  - 고려 가요 〈처용가〉의 모태가 됨
  - 고려 가요 〈처용가〉에 향가 〈처용가〉와 같은 구절이 한글로 표기 → 향찰 해독의 단서가 됨
  - 현전하는 신라의 마지막 향가
- 출전: 《삼국유사》
- 해제: 동해 용왕의 아들인 처용이 밤늦게 집에 돌아오니 역신이 그의 아내를 범한 것을 보고 지어 부른 노래이다. 작품에 나타난 처용의 체념적·관용적인 태도는 이 노래의 절정을 이루며 처용의 초극적인 이미지를 부각시키게 된다.

기출 16 경찰 1차, 10 국회직 8급, 09 법원직 9급

🔹 개념 더하기

〈처용가〉의 향찰 표기

東京明期月良(동경명기월량; 훈-훈-훈-음-훈-음)
夜入伊遊行如可(야입이유행여가; 훈-훈-음-훈-훈-훈-음)
入良沙寢矣見昆(입량사침의견곤; 훈-음-음-훈-음-훈-음)
脚烏伊四是良羅(각오이사시량라; 훈-음-음-훈-훈-음-음)

二肹隱吾下於叱古(이혜은오하어질고; 훈-음-음-훈-음-음-음-음)
二肹隱誰支下焉古(이혜은수지하언고; 훈-음-음-훈-음-음-음-음)
本矣吾下是如馬於隱(본의오하시여마어은; 음-음-훈-음-훈-훈-음-음-음)
奪叱良乙何如爲理古(탈질량을하여위리고; 훈-음-음-음-훈-훈-훈-음-음)

10 국회직 8급

확인 문제

〈처용가〉에서 사용된 차자표기에 대한 설명으로 옳지 않은 것은?

① 한자의 음(音)과 훈(訓)을 이용하였다.
② 인명, 지명, 관직명 등의 표기에서 출발하였다.
③ 국어의 어순을 따르고 다양한 어미를 사용하였다.
④ 실무적인 행정 기록은 물론 시가 등 운문에도 사용되었다.
⑤ '奪叱良乙'은 훈차(訓借)이고 '何如爲理古'는 음차(音借)이다.

정답 ⑤

해설 '奪叱良乙(탈질량을; 훈-음-음-음) 何如爲理古(하여위리고; 훈-훈-훈-음-음)'이다.

④ 〈모죽지랑가〉

간 봄 그리매 죽지랑의 생전을 의미	(그대가 계셨던) 지나간 봄을 그리워함에
모든 것사 우리 시름	모든 것이 울면서 시름하는구나.　▶ 사별에 대한 슬픔
아름 나토샤온	아름다움 나타내신
즈시 살쯈디니져	얼굴이 주름살을 지니려 하는구나.　▶ 생전의 모습회상
눈 돌칠 스이예	눈 깜박할 사이에
맛보읍디 지소리	만나 뵈올 기회를 지으리이다.　▶ 재회 기원
낭(郎)이여 그릴 무스미 녀올 길	낭이여. 그리워하는 마음이 가는 길
다봇 굴허히 잘 밤 이시리 무덤, 저세상	다북쑥 우거진 마을에 잘 밤인들 있으리이까.　▶ 재회 확신

작품 분석

• 작자: 득오
• 갈래: 8구체 향가
• 성격: 추모적, 찬양적
• 주제: 죽지랑에 대한 추모의 정
• 특징
　– 화랑의 세계를 보여 주는 작품
　– 주술성이나 종교적 색채가 없는 순수 서정시
　– 개인적인 감정이 주를 이루었음
• 출전: 《삼국유사》
• 해제: 화랑인 득오가 자기가 모시던 죽지랑이 죽자 그의 높은 인품과 덕을 찬양하면서 읊은 노래로, 저세상 어느 곳에서라도 다시 만날 수 있으리라는 소망을 드러낸 작품이다. 다른 향가 작품보다 주술성이나 종교적인 색채가 적고 개인적인 감정을 노래하였다는 점에서 순수 서정시 단계로 발전한 작품이라 볼 수 있다.

확인 문제　　　　　05 법원직

〈모죽지랑가〉에 대한 설명으로 가장 적절한 것은?

① 인생의 허무함을 표현하고 있다.
② 자연물을 통해 교훈을 제시하고 있다.
③ 삶과 죽음의 경계를 벗어나고자 한다.
④ 대상에 대한 회상과 그리움을 표현하고 있다.

정답 ④
해설 높은 인품을 가지고 있는 죽지랑에 대한 추모를 그린 것이다.

⑤ 〈제망매가〉

생사(生死)길흔	삶과 죽음의 길은
이에 이샤매 머뭇거리고 (이에: 이승)	여기에 있음에 머뭇거리고,
나ᄂᆞᆫ 가ᄂᆞ다 말ㅅ도 (나: 죽은 누이)	나는 간다는 말도
몯다 니르고 가ᄂᆞ닛고	못다 이르고 갔는가?
	▶ 1~4행: 죽음에 대한 두려움과 죽은 누이에 대한 혈육의 정
어느 ᄀᆞᅀᆞᆯ 이른 ᄇᆞᄅᆞ매 (이른 ᄇᆞᄅᆞ매: 누이의 요절)	어느 가을 이른 바람에
이에 뎌에 ᄠᅥ러딜 닙ᄀᆞᆫ (닙: 죽은 누이)	여기저기에 떨어지는 나뭇잎처럼
ᄒᆞᄃᆞᆫ 가지라 나고 (ᄒᆞᄃᆞᆫ 가지: 한 부모)	같은 나뭇가지에 나고서도
가논 곧 모ᄃᆞ론뎌	(네가) 가는 곳을 모르겠구나.
	▶ 5~8행: 인생의 허무에 대한 불교적 무상감
아야 미타찰(彌陁刹)아 맛보올 나 (아야: 향가 낙구의 감탄사 / 나: 화자, 월명사)	아아, 극락 세계에서 만나 볼 나는
도(道) 닷가 기드리고다	불도(佛道)를 닦으며 기다리겠노라.
	▶ 9~10행: 세속적인 슬픔의 종교적인 승화와 불교로의 귀의

작품 분석

- 작자: 월명사
- 갈래: 10구체 향가, 추모가
- 성격: 애상적, 추모적, 불교적
- 주제: 누이에 대한 추모와 슬픔의 종교적 승화
- 표현: 비유(직유)법, 상징법
- 사상 배경: 불교적 내세관을 통한 아미타 사상
- 특징
  - 비유적 이미지를 통해 삶과 죽음의 갈림길에서 느끼는 허망감을 표현함
  - 3단 구성으로 이루어짐
  - 낙구의 감탄사로 시상이 전환됨
- 의의
  - 〈찬기파랑가〉와 함께 향가 중에서 표현의 기교와 서정성이 뛰어남
  - 상징과 비유를 통해 인간의 죽음의 고통을 종교적으로 승화함
- 출전: 《삼국유사》
- 해제: 월명사가 죽은 누이를 위하여 지은 노래로, 누이의 죽음을 나뭇잎이 떨어지는 것에 비유하여 인생무상을 노래한 서정성이 높은 작품이다. 또한, 슬픔을 불도로 닦아 극복하겠다는 불교적 색채가 짙고 삶과 죽음의 문제를 비유를 통해 표현한 작품으로 문학성이 뛰어나다.

기출 18 서울시 7급, 17 지방직 9급, 10 법원직 9급, 04 지방직 9급

확인 문제 17 지방직 9급

〈제망매가〉에 대한 설명으로 적절한 것은?

① 시적 대상과의 재회에 대한 소망을 담고 있다.
② 반어적 표현을 통해 화자의 정서를 부각하고 있다.
③ 세속의 인연에 미련을 두지 않은 구도자의 자세를 드러내고 있다.
④ 상황 인식 – 객관적 서경 묘사 – 종교적 기원의 3단 구성으로 되어 있다.

정 답 ①

해 설 ① 9 ~10행을 통해 시적 대상인 '누이'와 재회하고자 함을 알 수 있다.
② 반어적 표현은 나타나 있지 않고 비유와 상징이 나타난다.
③ 세속의 인연인 죽은 누이에 대한 그리움이 드러난다.
④ '상황 인식(1~4행) – 누이의 죽음에 대한 비유(5~8행) – 종교적 기원(9~10행)'으로 구성된다.

⑥ 〈찬기파랑가〉

열치매	(구름을) 열어젖히매
나토얀 드리	나타난 달이
흰 구룸 조초 뼈가는 안디하	흰 구름을 좇아 (서쪽으로) 떠가는 것 아니냐?
<u>숭고한 이념, 이상세계</u>	
새파른 나리여히	새파란 냇가에
기랑(耆郞)이 즈싀 이슈라	기랑의 모습이 있구나. ▶ 기파랑의 고결한 모습
일로 나리ㅅ 지벽히	이로부터 냇가 조약돌에
낭(郞)이 디니다샤온	낭(기파랑)이 지니시던
ᄆᆞᅀᆞᄆᆡ ᄀᆞ홀 좇누아져.	마음의 끝을 좇고 싶구나. ▶ 기파랑 인물의 추모
<u>아으</u> 잣ㅅ가지 노파	아아, 잣나무 가지 높아
<u>기파랑의 높은 인품</u>	
<u>서리</u> 몯누올	서리조차 모르실
<u>속세의 시련이나 의혹</u>	
화반(花判)이여.	화랑의 우두머리여. ▶ 기파랑 인물의 찬양

– 양주동 역

작품 분석

• 작자: 충담사
• 갈래: 10구체 향가, 추도가
• 성격: 추모적, 서정적, 예찬적
• 표현: 은유법, 상징법, 문답법
• 주제: 기파랑의 고매한 인품에 대한 찬양
• 특징
 – 대상과의 문답을 통해서 찬양의 효과를 표현
 – 수직적·수평적 이미지와 색채 대비를 통해 주제 형상화
 – 천상에서 지상으로 시선의 이동
 – 기파랑의 정신을 이어가자는 진취적이고 미래 지향적인 모습을 표현
• 의의
 – 〈제망매가〉와 함께 표현 기교 및 고도의 서정성이 돋보이는 향가의 백미
 – 주술성이나 종교적 색채 없는 순수 서정시
• 출전: 《삼국유사》
• 해제: 승려 충담사가 화랑 기파랑을 추모하여 지은 향가로, 자연물 특히, '달'과의 문답체와 색채 대비를 통해 기파랑의 인품과 지조를 감각적으로 형상화했다.

기출 17 경찰 1차, 09 법원직 9급

⭐ **개념 더하기**

감탄사 '아으'의 역할
10구체 향가는 낙구에 '아으' 등의 감탄사를 상투적으로 배치한 부분을 볼 수 있는데 후대에 발생한 시조의 종장 첫 구에 흔히 나타나며, 가사의 낙구에도 나타난다.

확인 문제   09 법원직 9급

〈찬기파랑가〉에 대한 설명으로 옳지 않은 것은?
① 대상에 대한 연모의 정서가 내재되어 있다.
② 천상에서 지상으로 시선의 이동이 이루어졌다.
③ 진취적이고 미래 지향적인 모습을 표현하였다.
④ 주술성은 없으나 종교적 색채가 짙다.

정답 ④
해설 주술성이나 종교적 색채 없는 순수 서정시이다.

⑦ 〈안민가〉

군(君)은 어비여	임금은 아버지요,
신(臣)은 ᄃᆞᅀᆞ샬 어시여	신하는 사랑하실 어머니요,
민(民)은 얼흔 아히고 ᄒᆞ샬디	백성은 어린아이라고 한다면
민(民)이 ᄃᆞ술 알고다	백성이 사랑받음을 알 것입니다.

▶ 1~4행: 군·신·민의 관계(가족 관계에 비유)

구믈ㅅ다히 살손 물생(物生)	꾸물거리며 살아가는 백성,
이흘 머기 다ᄉᆞ라	이들을 먹이고 다스리어
<u>경제적 관점을 보임</u>	
이 ᄯᅡᄒᆞᆯ ᄇᆞ리곡 어듸 갈뎌 ᄒᆞᆯ디	이 땅을 버리고서 어디로 갈 것인가 한다면
<u>백성들의 말</u>	
나라악 디니디 알고다	나라 안이 다스려질 것을 알 것입니다.

▶ 5~8행: 민본주의에 입각해 백성의 의식주 해결

<u>아으,</u> 군(君)다이 신(臣)다이 민(民)다이 ᄒᆞᄂᆞᆯᄃᆞᆫ	아아, 임금답게, 신하답게, 백성답게 처신한다면
<u>나라악 태평(太平)ᄒᆞ니잇다</u>	나라 안이 태평할 것입니다.
<u>주제의 직접적 제시</u>	

▶ 9~10행: 군·신·민의 올바른 태도

작품 분석

- 작자: 충담사
- 갈래: 10구체 향가, 잠요(箴謠; 교훈적 노래)
- 성격: 유교적, 교훈적, 설득적
- 주제: 나라를 다스리는 올바른 방책, 치국안민(治國安民)의 도(道)와 이상
- 표현
  - 소박한 은유로 교훈적 의미를 효과적으로 전달
  - 논리적이며 직설적 어법 사용하여 주제를 제시
- 특징
  - 향가 중 유교적 성격을 띤 유일한 작품
  - 군(임금), 신(신하), 민(백성)의 관계를 가족 관계에 비유함
- 출전: 《삼국유사》
- 해제: 승려인 충담사가 지은 10구체 향가로, 정치적 혼란기를 벗어나기 위한 목적을 가진 노래이다. 대부분의 향가가 불교 사상을 배경으로 삼은 데 비해 유교적 민본 사상을 바탕으로 한 유일한 작품으로, 나라를 평안하게 하고자 하는 교훈성을 가지고 있다.

기출 18 서울시 1회 7급, 11 지방직 7급, 09 기상직 9급

(3) 설화문학

① 〈단군신화〉

고기(古記)에 이렇게 전한다.

옛날에 환인(桓因)의 서자(庶子) 환웅(桓雄)이 항상 천하(天下)에 뜻을 두고 인간 세상(人間世上)을 몹시 바랐
　　　　제석(帝釋)을 이름
다. 아버지는 아들의 뜻을 알고, 삼위태백(三危太伯)을 내려다보니, 인간 세계를 널리 이롭게 할 만했다. 이에 ㉠
　　　　　　　　　　　　　　　　　　　　　　　인본주의 정신
천부인(天符印) 세 개를 주어, 내려가서 세상을 다스리게 하였다. 환웅은 그 무리 3천 명을 거느리고 태백산(太伯
신의 위엄과 영험한 힘을 상징하는 산물
山) 꼭대기—곧 태백산은 지금의 묘향산—의 신단수(神壇樹) 아래에 내려와서 이곳을 신시(神市)라 불렀다. 이 분
　　　　　　　　　　　　　　신에게 제사를 드리는 제단에 서 있는 나무, 하늘과 땅을 연결해주는 매개장치
을 환웅천왕(桓雄天王)이라 한다. 그는 ㉡ 풍백(風伯), 우사(雨師), 운사(雲師)를 거느리고, ㉢ 곡식, 수명, 질병,
　　　　　　　　　　　　　　　　　　　　　　　　　　　　　　　농경 중시 국가
형벌, 선악 등을 주관하고, ㉣ 인간의 삼백예순여 가지 일을 주관하여 ㉤ 인간 세계를 다스려 교화(敎化)시켰다.

▶ 환웅의 강림과 인간 세계의 교화

이때, 곰 한 마리와 범 한 마리가 같은 굴에서 살았는데, 늘 신웅(神雄, 桓雄)에게 사람 되기를 빌었다. 이때
　　　　　　　　　　　　　　　　　　　　　　　　환웅의 신으로서의 성격을 나타냄
신(神, 桓雄)이 신령한 쑥 한 심지[炷]와 마늘 스무 개를 주면서 말했다. "너희들이 이것을 먹고 백일(百日) 동안
　　　　　　　　　　　　　　　　　　　　　　　　　　　　　　　고통과 시련의 과정
햇빛을 보지 않는다면, 곧 사람이 될 것이다."

곰과 범은 이것을 받아서 먹었다. 기(忌)한 지 21일(三七日) 만에 곰은 여자의 몸이 되었으나, 범은 능히 기하
　　　　　　　　　　　　　　몸과 마음을 부정한 것으로부터 멀리하고 삼감
지 못했으므로 사람이 되지 못했다. 웅녀(熊女)는 그와 혼인할 상대가 없었으므로 항상 단수(壇樹) 아래에서 아이

배기를 축원했다. 환웅은 이에 임시로 변신하여 그와 결혼해 주었더니, 그는 임신하여 아들을 낳았다. 이름을 단군

왕검(檀君王儉)이라 하였다.
제정일치 사회

▶ 곰의 인간 변신과 단군왕검의 탄생

작품 분석

- 갈래: 건국 신화
- 짜임: 설화적 구성, '기-서-결'의 3단 구조
- 주제: 고조선 건국의 당위성
- 사상: 숭천(崇天) 사상, 광명 사상, 동물숭배 사상
- 특성
  - 우리나라의 건국 신화
  - 천손(天孫)의 강림에 의해 선택된 땅에 건국되는 것을 보여줌으로써 신성성 제시
  - 홍익인간(弘益人間)이라는 건국 이념을 밝힘
  - 농경사회의 제의적 성격 반영
  - 한국 신화의 원형으로 존재
- 해제: 〈단군신화〉는 우리나라의 건국과정에 대한 역사적 사실과 우리 민족의 정체성을 부여한 국조 신화이
  다. 천손이라는 민족적 긍지와 민족문학으로서의 가치를 지니며 개국의 이념과 우리 민족의 유구한 역사와
  단일성을 말해준다.

기출 17 경찰 2차, 13 법원직 9급

확인 문제 　13 법원직 9급

㉠~㉤ 중 환웅이 지닌 제사장으로서의
신성한 권능을 의미하는 것은?

① ㉠, ㉡
② ㉢, ㉣
③ ㉣, ㉤
④ ㉠, ㉤

정답 ①

해설 ㉠ 천부인(天符印)은 신권을 상징
하는 거울, 북(방울), 검으로 권능을 상징
㉡ 풍백(風伯) · 우사(雨師) · 운사(雲師) 등
도 바람, 비, 구름을 주관하는 주술사

② 〈주몽신화〉

고구려는 곧 졸본 부여다. 혹 지금의 화주니 성주니 하는 것은 모두 잘못된 것이다. 졸본주는 요동의 경계에 있다. 《국사》 고려 본기에는 다음과 같이 쓰여 있다. 시조 동명왕은 성은 고씨요, 이름은 주몽이다. 이보다 앞서, 북부여 왕 해부루가 동부여로 피해 가고, 부루가 죽자 금와가 왕위를 이었다.
_{세대교체, 사건이 본격적으로 시작됨을 예측}
　　금와는 그때 한 여자를 태백산 남쪽 우발수에서 만났는데, 그녀가 이렇게 말했다. "㉠ 하백의 딸 유화입니다.
_{해부루의 아들　　　　　　　　　　　　　　　　백두산}
동생들과 놀러 나왔을 때 한 남자가 나타나 자신이 천제의 아들 해모수라고 하며 웅신산 아래 압록강 가에 있는 집으로 유인하여 사통하였습니다. 그러고는 저를 떠나가서 돌아오지 않았습니다. 부모는 제가 중매도 없이 다른 사람을 따라간 것을 꾸짖어 이곳으로 귀양을 보내 살도록 했습니다."

▶ 해모수와 유화의 만남

　　㉡ 금와가 괴이하게 여겨 유화를 방 안에 남몰래 가두어 두었더니, 햇빛이 비추었다. 그녀가 피하자 햇빛이 따
_{비정상적 출생}
라와 또 비추었다. 이로 인해 임신하여 알을 하나 낳았는데, 크기가 다섯 되쯤 되었다. 왕이 이것을 개, 돼지에게 던져 주었지만 모두 먹지 않았고, 길에다 버렸으나 말과 소가 그 알을 피해 갔으며, 들판에 버리니 새나 짐승이 알을 덮어 주었다. 왕은 그것을 깨뜨리려고 했지만 깨어지지 않았으므로 유화에게 돌려주었다. 유화가 천으로 알을 부드럽게 감싸 따뜻한 곳에 두자 어린아이가 껍질을 깨고 나왔는데, 골격과 겉모습이 영특하고 기이하였다. 나이 겨우 일곱에 용모와 재략이 비범했으며, 스스로 활과 화살을 만들어 백 번 쏘아 백 번 맞추었다. 나라의 풍속에 활잘 쏘는 사람을 주몽이라 하였으므로 이로써 이름을 삼았다.
_{천제의 아들 해모수와 하백의 딸 유화의 아들. 고귀한 혈통}

▶ 주몽의 신이한 탄생과 비범함

　　금와에게는 아들이 일곱 있었는데, 항상 주몽과 함께 놀았다. 그러나 그들의 기예가 주몽에게 미치지 못하자
_{금와왕의 일곱 아들의 등장. 새로운 사건 암시}
㉢ 맏아들 대소가 말했다. "주몽은 사람에게서 태어난 것이 아니니 일찍이 도모하지 않으면 후환이 있을 것입니다." 왕은 듣지 않고 주몽에게 말을 기르도록 했다. 주몽은 준마를 알아보고 먹이를 조금씩 주어 마르게 하고, 늙고 병든 말은 잘 먹여 살찌게 했다. 왕은 살찐 말은 자기가 타고 주몽에게는 마른 말을 주었다. 왕의 아들들과 여러 신하들이 함께 주몽을 해치려 하자, 그 사실을 알게 된 주몽의 어머니가 아들에게 말했다. "나라 사람들이 너를 해치려고 하는데, 너의 재략이라면 어디 간들 살지 못하겠느냐? 빨리 떠나거라."

　　그래서 주몽은 오이 등 세 사람과 벗을 삼아 떠나 개사수에 이르렀으나 건널 배가 없었다. ㉣ 추격하는 병사들이 문득 닥칠까 두려워서 이에 채찍으로 하늘을 가리키며 빌었다. "나는 천제의 손자이고, 하백의 외손이다. 황천후토(皇天后土)는 나를 불쌍히 여겨 급히 주교(舟橋)를 내려 주소서."하고 활로 물을 쳤다. 그러자 물고기와 자라가 다리를 만들어 주어 강을 건너게 했다. 그러고는 다리를 풀어 버렸으므로 뒤쫓던 기병은 건너지 못했다. 졸본주에 이르러 마침내 도읍을 정했으며, 미처 궁궐을 짓지는 못하고 단지 비류수(沸流水)가에 초가집을 지어 살면서 국호를 고구려라 하였다. 이로 인해 고(高)를 성씨로 삼았다.

▶ 주몽의 고구려 건국

확인 문제

위 글의 ㉠~㉣에 대한 설명으로 적절하지 않은 것은?

① ㉠: '유화'가 귀양에 처해진 이유를 알 수 있다.
② ㉡: '유화'가 임신을 하게 된 이유를 알 수 있다.
③ ㉢: '주몽'이 준마를 얻기 위해 '대소'와 모의했음을 알 수 있다.
④ ㉣: '주몽'이 강을 건너가기 위해 '신'과 교통했음을 알 수 있다.

정답 ③

해설 대소는 주몽과 갈등 관계에 있으므로 주몽이 대소와 모의했다는 것은 옳지 않은 설명이다.

작품 분석

- 갈래: 건국신화, 시조신화
- 성격: 영웅적, 서사적
- 주제: '주몽'의 탄생과 고구려 건국의 내력
- 특징
  - 난생(卵生) 설화 중에서 유일한 사람이 낳은 알(人生卵) 신화에 해당
  - 농경사회 반영
  - '탄생 – 기아 – 구출 – 시련 – 극복'의 영웅 일대기적 구성
  - 영웅의 일대기 구조가 후대 서사 문학에 영향을 줌
  - '천제 – 해모수 – 주몽'이라는 삼대기(三代記) 구조
- 해제: 〈주몽신화〉는 주몽이 어떤 과정을 거쳐 고구려를 건국하게 되었는가를 보여주는 건국 신화이다. 영웅의 일대기 구조로 후대 영웅 서사 문학의 기본 틀이 되었다. 또, 이 신화는 난생(卵生)이라는 모티브와 함께 천손 강림, 동물 양육, 기아 등 여러 가지 신화소를 포함하여 백성으로 하여금 신성한 인물이 통치한다는 자긍심을 갖게 하였다.

 개념 더하기

〈주몽신화〉에서의 영웅의 일대기
- 고귀한 혈통: 천제의 아들 '해모수'와 '하백(수신)'의 딸 '유화' 사이에서 탄생
- 비정상적 출생: '유화'가 햇빛을 받고 잉태하여 낳은 알에서 태어남
- 버림받음: '금와왕'이 '유화'가 낳은 알을 기이하게 여겨 버림
- 비범한 능력: 백발백중의 뛰어난 활 솜씨를 갖춤
- 성장 후 시련: '주몽'의 능력을 시기하는 사람들에 의해 위험에 처함
- 시련을 극복: 위기의 순간에 물고기와 자라가 나타나 도와줌
- 위업 달성: 고구려 건국

③ 〈화왕계〉

　화왕(花王)께서 처음 이 세상에 나왔을 때, 향기로운 동산에 심고, 푸른 휘장으로 둘러싸 보호하였는데, 삼춘
꽃 중의 왕 모란, 의인화
가절(三春佳節)을 맞아 예쁜 꽃을 피우니, 온갖 다른 꽃보다 빼어나게 아름다웠다. 멀고, 가까운 곳에서 여러 가

지 꽃들이 다투어 화왕을 뵈오러 왔다. 깊고 그윽한 골짜기의 맑은 정기를 타고난 탐스러운 꽃들과 양지 바른 동

산에서 싱그러운 향기를 내며 피어난 꽃들이 앞을 다투어 모여 왔다. 문득 한 가인(佳人)이 앞으로 나왔다. 붉은
간신, 장미
얼굴에 옥 같은 이와 신선하고 탐스러운 감색 나들이 옷을 입고 아장거리는 무희처럼 얌전하게 화왕에게 아뢰었

다. ["이 몸은 백설(白雪)의 모래 사장을 밟고, 거울같이 맑은 바다를 바라보며 자라났습니다. 봄비가 내릴 때는

목욕하여 몸을 먼지를 씻었고, 상쾌하고 맑은 바람 속에 유유자적(悠悠自適)하면서 지냈습니다. 이름은 장미(薔

薇)라 합니다. 임금님의 높으신 덕을 듣고, 꽃다운 침소에 그윽한 향기를 더하여 모시고자 찾아왔습니다. 임금님

께서 이 몸을 받아 주실는지요?"] [ ]: 교언영색(아첨, 교태)

　이때, 베옷을 입고, 머리에는 가죽때를 두르고, 손에는 지팡이, 머리를 흰 백발을 한 장부 하나가 둔중한 걸음
검소하고 인품 있는 사람, 충신
으로 나와 공손히 허리를 굽히며 말했다. "이 몸은 서울 밖 한길 옆에 사는 백두옹(白頭翁)입니다. 아래로는 창망
할미꽃
한 들판을 내려다보고, 위로는 우뚝 솟은 산 경치에 의지하고 있습니다. 가만히 보옵건대, 좌우에서 보살피는 신

하는 고량(膏粱)과 향기로운 차와 술로 수라상을 받들어 임금님의 식성을 흡족하게 하고, 정신을 맑게 해 드리고

04 지방직 9급

확인 문제

이 글의 성격으로 보기에 적절하지 않은 것은?
① 인물의 행동을 풍자하고 있다.
② 전기적(傳奇的) 특징을 지닌다.
③ 대상을 의인화하고 있다.
④ 삶의 태도에 대한 교훈성을 우의적으로 보여 준다.

정답 ②

해설 화왕계 설화에는 전기적(傳奇的) 특징이 나타나 있지 않다.

있사옵니다. 또, 고리짝에 저장해 둔 양약(良藥)으로 임금의 양기를 돕고, 금석(金石)의 극약(劇藥)으로써 임금의

몸에 있는 독을 제거해 줄 것입니다. 그래서 이르기를, '비록 사마(絲麻)가 있어도 군자된 자는 관괴(菅蒯)라고 해
왕의 잘못을 시정할 신하의 충고

서 버리는 일이 없고, 부족에 대비하지 않음이 없다.'고 하였습니다. 임금께서도 이러한 뜻을 가지고 계신지 모르
유비무환

겠습니다."

한 신하가 아뢰되, "두 사람이 왔는데, 임금께서는 누구를 취하고 누구를 버리겠습니까?" 하니, 화왕께서는 이

렇게 대답하였다. "장부의 말도 도리가 있기는 하나, 그러나 가인을 얻기 어려우니 이를 어찌할꼬?" 장부가 앞으
대장부(백두옹)　　　　　아름다운 사람, 장미

로 나와, "자게 온 것은 임금의 총명이 모든 사리를 잘 판단한다고 들었기 때문입니다. 그러나 지금 뵈오니 그렇

지 않으십니다. 무릇 임금 된 자로서 간사하고 아첨하는 자를 가까이하지 않고, 정직한 자를 멀리하지 않는 이는

드뭅니다. 그래서, 맹자(孟子)는 불우한 가운데 일생을 마쳤고, 풍당(馮唐)은 낭관(郎官)으로 파묻혀 머리가 백발
인재 등용의 불합리성 폭로

이 외었습니다. 예로부터 이러하오니 저인들 어찌하겠습니까?"라고 말씀 드렸다. 화왕께서는 마침내, "내가 잘

못했다. 잘못했다."고 되풀이했다.

작품 분석

- 작자: 설총
- 갈래: 설화(서사)
- 성격: 의인체 설화, 교훈적, 풍자적, 우의적
- 구성
  - 발달: 화왕의 등장
  - 전개: 간신 장미와 충신 백두옹의 간청
  - 절정: 장미와 백두옹 사이에서 갈등하는 화왕
  - 결말: 백두옹의 설득과 화왕의 뉘우침
- 주제: 임금에 대한 경계
- 의의
  - 우리나라 최초의 창작 설화
  - 고려 시대 가전체에 영향
- 해제: 통일신라 시대의 학자 설총이 지은 설화로 《삼국사기》 '열전 설총조'에 실려 전한다. 장미와 백두옹이
라는 의인화된 소재를 대조하여 충신이 등용되는 이상이 실현되지 못하고 있는 사회 현실에 대한 부정적
인식을 나타내고 있으며 공간적 배경에 대한 감각적 묘사가 드러나 있다. 또한, '붉은 얼굴과 옥 같은 ~'과
'베옷을 입고 허리에는 ~'과 같은 외양 묘사와 의인화된 자연물이 나타나 있다.

기출 04 지방직 9급

(4) 한문학

① 〈여수장우중문시〉

神策究天文(신책구천문)

妙算窮地理(묘산궁지리)

戰勝功旣高(전승공기고)

知足願云止(지족원운지)

그대의 신기한 책략은 하늘의 이치를 다하였고
▶ 기: 신기한 계략 찬양

오묘한 헤아림은 땅의 이치를 꿰뚫었도다.
▶ 승: 오묘한 꾀 찬양

그대 전쟁에 이겨 그 공이 이미 높으니
반어법
▶ 전: 싸움의 공 칭찬

만족함을 알고 그만두기를 바라노라.
▶ 결: 군대 퇴각 요구

어휘 풀이

❶ 秋風(추풍): 가을에 부는 선선하고 서늘한 바람
❷ 苦吟(고음): 괴로운 마음으로 시를 읊음
❸ 知音(지음): 내 마음을 알아주는 친구
❹ 三更雨(삼경우): 한밤 중에 내리는 비
❺ 萬里心(만리심): 멀리 떨어져 있는 고국을 그리워하는 마음, 세상으로부터 단절되어 있는 마음

작품 분석

- 작자: 을지문덕
- 갈래: 5언 고시
- 성격: 풍자적, 반어적
- 주제: 적장에 대한 조롱과 적장의 오판 유도
- 특징
  - 반어적 표현을 통해서 조롱
  - 진술의 앞과 뒤의 내용 및 어조가 상반되는 '억양법' 사용
  - 기, 승, 전, 결의 구성 방식
- 의의: 현전하는 우리나라 최고(最古)의 한시
- 출전: 《삼국사기》
- 해제: 〈여수장우중문시〉는 을지문덕 장군이 살수에서 적군과 싸울 때 적장인 우중문에게 보낸 한시로, 적장 우중문에 대한 거짓 찬양 · 우롱과 적장의 오판을 유도하였다. 현전하는 한 시 중 가장 오래된 작품으로 고구려인의 기상을 보여준다.

② 〈추야우중(秋夜雨中)〉

秋風唯苦吟(추풍❶유고음❷)

世路少知音(세로소지음❸)

窓外三更雨(창외삼경우❹)

燈前萬里心(등전만리심❺)

가을 바람에 오직 괴로운 마음으로 시를 읊으니
시적 화자의 정서
▶ 외로움을 달래기 위해 시를 읊음

세상에 나의 시를 아는 사람이 적네.
백아절현(伯牙絶絃)
▶ 세상이 자신을 알아주지 않음을 탄식

창 밖엔 밤 깊도록 비만 내리는데
시적 화자의 고독을 심화시킴
▶ 창밖의 비가 고독함을 깊어지게 함

등불 앞에선 만 리밖으로 마음 향하네.
현재 화자가 있는 공간과 고국 사이의 거리감
▶ 세상 또는 고국에 대한 거리감을 드러냄

작품 분석

- 작자: 최치원
- 갈래: 한시, 5언 절구
- 성격: 서정적, 애상적
- 주제
  - 자신의 뜻을 펴지 못하는 지식인의 고뇌
  - 고국에 대한 그리움
- 표현: 대구법의 사용

확인 문제

01 〈여수장우중문시〉에 대한 설명으로 옳지 않은 것은?

① '억양법'이 사용되었다.
② 우리 민족이 기개와 기상이 나타나 있다.
③ 현전하는 우리나라 최고(最古)의 한시이다.
④ 상대의 전략을 높이 평가하고 있다.

정답 ④

해설 〈여수장우중문시〉는 적장 우중문에 대한 거짓 찬양, 우롱과 적장의 오판을 유도한 작품이다.

02 다음 각 시어의 풀이가 잘못된 것은?

秋風唯苦吟
世路少知音
窓外三更雨
燈前萬里心
　　　 – 최치원의 〈秋夜雨中〉

① 苦吟: 뒤척이는 소리
② 知音: 내 마음을 알아주는 벗
③ 三更雨: 한밤중에 내리는 비
④ 萬里心: 먼 곳을 향하는 마음

정답 ①

해설 '苦吟'은 '괴로운 마음'으로 시적 화자의 정서를 나타낸다.

- 특징
  - 대구의 구조로 이루어짐
  - 화자의 심정을 객관적 상관물을 활용하여 표현
- 출전: 《동문선》
- 해제: 이 작품은 통일 신라 말기 최치원이 쓴 5언 절구 한시이다. 이 작품은 최치원인 당나라에 유학하고 고국으로 돌아와 세상과 등지고 가야산에 은거할 때 쓰여진 작품이다(당나라 유학시기로 보기도 함). '가을바람'과 '등불', '밤', '비' 등 화자의 외로움과 고뇌를 심화시키는 소재가 배경으로 사용되고 있고, '추풍(秋風) – 세로(世路)'와 '삼경우(三更雨) – 만리심(萬里心)'의 대구로 잘 표현되어 있다.

기출 08 선관위 7급

③ 〈강촌(江村)〉

淸江一曲抱村流(청강일곡포촌류)	물곤 그룺 흐고비 ㉠ ㅁ올홀 아나 흐르느니
長夏江村事事幽(장하강촌사사유)	긴 녀룸 강촌(江村)애 일마다 ㉡ 유심(幽深)ㅎ도다.
自去自來堂上燕(자거자래당상연)	절로 가며 절로 오느닌 집 우흿 져비오 유유자적
相親相近水中鷗(상친상근수중구)	서르 친(親)ㅎ며 서르 갓갑느닌 믈 가온딧 골며기로다.
老妻畵紙爲碁局(노처화지위기국)	늘근 겨지븐 죠히룰 그려 장긔판놀 밍그러놀 아내
稚子敲針作釣鉤(치자고침작조구)	져믄 아드른 바느 룰 두드려 고기 낫굴 낙술 밍그느다. 어린
多病所須唯藥物(다병소수유약물)	㉢ 한 병(病)에 엇고져 ㅎ논 바는 오직 약물(藥物)이니
微軀此外更何求(미구차외경하구)	㉣ 져구맛 모미 이 밧긔 다시 므스글 구(求)ㅎ리오.

작품 분석

- 작자: 두보
- 갈래: 7언 율시
- 성격: 서정적, 한정적
- 표현: 대구법, 원근법
- 특징
  - 선경후정
  - 자연과 인간의 대조
- 주제: 여름날 강촌의 한가로운 정경
- 해제: 7언 율시로 두보가 49세에 쓴 작품이다. 대구법과 원근법을 통해 여름날 강촌의 한가하고 정겨운 풍경을 그려냈다.
- 현대어 풀이: 맑은 강의 한 굽이 마을을 안아 흐르는데 / 긴 여름 강촌의 일마다 한가롭다. / 절로 가며 오는 것은 집 위의 제비요 / 서로 친하며 서로 가까운 것은 물 가운데의 갈매기로다. / 늙은 아내는 종이에다 장기판을 그리고 / 어린 아들은 바늘을 두드려 고기 낚을 낚시를 만드는구나. / 많은 병에 필요한 것은 오직 약물이니 / 이 작은(천한) 이내 몸이 이것 밖에 또 무엇을 구하리오.

기출 15 경찰 3차

확인 문제 15 경찰 3차

〈강촌〉에서 ㉠~㉣의 의미 중 옳은 것은?

① ㉠ 마음을
② ㉡ 깊이 스며드는구나
③ ㉢ 한 서린 병
④ ㉣ 조그만

정답 ④

해설 ㉠ ㅁ올홀: 마을을
㉡ 幽深ㅎ도다: 한가롭다
㉢ 한 病: 많은 병

2. 고려 시대의 문학

(1) 향가계 가요

① 〈도이장가(悼二將歌)〉

主乙完乎白乎(니믈 오올 오술본)
　　　　　　'完'의 고훈
心聞際天乙及昆(ᄆᆞᅀᆞᆷ ᄀᆞᆺ하ᄂᆞᆯ 밋곤)
　　　　　　　하늘 가장자리, 하늘끝
魂是去賜矣中(넉시 가샤디)
三烏賜敎職麻又欲(사ᄆᆞ샨 벼슬마 쏘ᄒ 져)

望彌阿里刺(ᄇ라며 아리아)
及彼可二功臣良(그 ᄢᅵ 두 功臣여)
　　　　　　　'때'의 옛말
久乃直隱(오라나 고ᄃᆞᆫ)
　　　　곧은
跡烏隱現乎賜丁(자최ᄂᆞ 나토샨뎌)

임을 완전하게 하신

마음은 하늘 끝까지 미치니

넋은 갔지만

내려 주신 벼슬이야 또 대단했구나.

바라다보면 알 것이다.

그 때의 두 공신이여

이미 오래 되었으나

곧은 자취는 지금까지 나타나는구나.

– 양주동 역

작품 분석

- 작자: 예종
- 갈래: 향가계 가요
- 출전: 평산 신씨 장절공 유사
- 주제: 공신의 추모
- 의의: 향찰로 표기된 마지막 작품
- 해제: 예종이 서경에 행차하여 팔관회가 열렸을 때, 개국공식 김락과 신숭겸의 가면극을 보고, 왕이 두 공신에 대한 추모를 그린 노래이다. 이두식 표기로 된 향가 형식으로 8구체로 지었다. 1연에서는 두 공신의 충성으로써 국조의 목숨을 건진 것을 노래하였고, 2연에서는 신하의 도리를 다하고, 시간을 초월해서 영원히 본받음을 추모하였다.

기출 16 교행직 9급

확인 문제　　　　16 교행직 9급

다음 글을 고려하여 〈도이장가〉를 이해한 것으로 적절하지 않은 것은?

예종이 〈도이장가〉를 짓게 된 사연은 다음과 같이 전해진다. 예종은 1120년, 서경에 행차하여 팔관회(八關會)를 보았는데, 관복을 갖춰 입은 두 배우가 말을 타고 다니기도 하고 뜰을 돌아다니기도 하는 것이었다. 왕이 이를 보고 이상히 여기며 누구냐 묻자 좌우의 신하들이, 이들은 견훤과 싸울 때 태조를 대신해 죽은 공신인 신숭겸과 김낙이라 답했다. 이 말을 들은 왕은 한동안 슬픔에 잠겨 있다가 〈도이장가〉를 지어 연행을 본 감격을 나타내었다.

① '임'은 두 공신이 모시던 태조 왕건을 의미한다.
② 공신들의 행적에 대한 예종의 평가가 나타나 있다.
③ 팔관회의 기원에 얽힌 사연이 압축적으로 그려졌다.
④ 공신으로 분장한 두 배우의 연행이 창작의 계기가 되었다.

정답 ③
해설 팔관회의 기원에 대한 설명은 나와 있지 않다.

CHAPTER 02 고전 문학의 이해　**205**

② 〈정과정〉

내 님믈 그리ᄉ와 우니다니 _{고려 의종}	내가 임을 그리워하여 울고 지내니
산(山) 졉동새 난 이슷ᄒ요이다. _{객관적 상관물}	산 접동새와 나는 비슷합니다.
아니시며 거츠르신 ᄃᆞᆯ 아으 _{여음구(의미 없음, 운율 형성)}	(나를 모함하고 헐뜯는 말들이 사실이) 아니며 거짓이라는 것을, 아아!
잔월 효성(殘月曉星)이 아ᄅᆞ시리이다. _{지는 달과 새벽 별, 자신의 결백을 증명하는 초월적 존재}	잔월효성만이 알고 있을 것입니다.
	▶ 1~4행: 임에 대한 그리움과 자신의 결백 주장
넉시라도 님은 ᄒᆞᆫᄃᆡ 녀져라 아으	넋이라도 임과 함께 살고 싶어라. 아아!
벼기더시니 뉘러시니잇가.	(내게 허물이 있다고) 우기던 이는 누구였습니까?
과(過)도 허믈도 천만(千萬) 업소이다.	(나에게는) 잘못도 허물도 전혀 없습니다.
믈힛 마리신뎌.	뭇 사람들이 참소하던 말입니다.
술읏븐뎌 아으	슬프구나 아아!
니미 나ᄅᆞᆯ ᄒᆞ마 니ᄌᆞ시니잇가.	임께서 나를 벌써 잊으셨습니까?
	▶ 5~10행: 결백에 대한 해명
아소 님하 도람 드르샤 괴오쇼셔. _{낙구의 감탄사, 10구체 향가의 특징}	아! 님이여, 다시 들으시어 사랑해 주소서.
	▶ 11행: 임이 다시 사랑해 줄 것을 애원

작품 분석

- 작자: 정서
- 갈래: 향가계 가요, 유배 시가
- 성격: 충신연주지사(忠臣戀主之詞)
- 형식: 비분절체(비연시), 단연시
- 주제: 임금을 그리워하는 정, 자신의 결백 주장
- 특징
  – 향가의 영향이 남아 있음(3단 구성, 감탄사 존재)
  – 감정이입을 통해 우리 전통적인 정서인 한의 이미지 잘 표현
  – 자신의 결백과 억울함을 자연물에 의탁 표현
  – 고려 가요 중 유일하게 작자를 알 수 있는 작품
- 의의: '충신연주지사'의 원형이 되어 후대 시가에 영향을 끼침
- 해제: 고려 의종은 문인이었던 정서를 그의 고향으로 귀향을 보내면서 그를 다시 부르기로 약속하였다. 이에 정서는 귀양지에서 임금의 소환을 기다렸지만 오랜 세월이 흘러도 소식이 없자 자신의 억울함을 밝히고 임금에 대한 충절을 전하기 위해 지은 작품이다. 자신의 슬픈 현실을 산에서 울고 있는 '접동새'로 비유하고, 자신의 결백을 주장하면서 임이 다시 자신을 사랑해 줄 것을 호소하고 있다.

기출 17 국회직 8급, 10 법원직 9급

확인 문제 _{10 법원직 9급}

〈정과정〉에 대한 설명으로 알맞지 않은 것은?
① 향가의 정제된 형태인 10구체의 형식으로 된 노래다.
② 시적자아는 시적 대상을 간절히 그리워하고 있다.
③ 시적자아는 시적 대상과의 재회를 확신하고 있다.
④ 인물의 처지를 자연물에 견주어 표현하고 있다.

정답 ③

해설 ③ 임이 화자의 결백을 믿어 주고 다시 불러주기를 간절히 소망할 뿐이다.
① 10구체 향가의 형태를 유지한 향가계 가요이다.
② 임금을 간절히 그리워하고 있다.
④ 자신의 안타까운 처지를 접동새에 비유하고 있다.

(2) 고려 가요

① 〈청산별곡(靑山別曲)〉

살어리 살어리랏다 청산(靑山)애 살어리랏다.
　　　　　　　　현실 도피처
멀위랑 두래랑 먹고 청산(靑山)애 살어리랏다.
비세속적 개념
얄리얄리 얄랑셩 얄라리 얄라
여음구, ㄹ, ㅇ음의 지속적인 반복으로 경쾌한 느낌

살겠노라 살고싶구나 청산에서 살겠노라.
머루와 다래를 먹고 청산에서 살겠노라.

　　　　　　　　　　　　　　　　　　　　　　　▶ 청산에 대한 동경

우러라 우러라 새여 자고 니러 우러라 ㉠ 새여.

널라와 시름 한 나도 자고 니러 우니노라.

얄리얄리 얄라셩 얄라리 얄라

우는구나 우는구나 새여, 자고 일어나서 우는구나 새여.
너보다 걱정(근심)이 많은 나도 자고 일어나서 울며 지내노라.

　　　　　　　　　　　　　　　　　　　　　　　▶ 삶의 비애와 고독

가던 새 가던 새 본다 믈 아래 가던 새 본다.
중의성(날아가던 새 / 갈던 사이) 속세
잉 무든 장글란 가지고 믈 아래 가던 새 본다.

얄리얄리 얄라셩 얄라리 얄라

가던 새 가던 새 본다. 물 아래 들판에 가던 새를 본다.
이끼 묻은 연장(쟁기)을 가지고 물 아래로 가던 새를 본다.

　　　　　　　　　　　　　　　　　　　　　　　▶ 속세에 대한 미련과 고독

이링공 뎌링공 ᄒᆞ야 나즈란 디내와손뎌.

오리도 가리도 업슨 ㉡ 바므란 쏘 엇디 호리라.

얄리얄리 얄라셩 얄라리 얄라

이럭저럭하여 낮은 지내왔지만.
올 사람도 갈 사람도 없는 밤은 또 어찌할것인가.

　　　　　　　　　　　　　　　　　　　　　　　▶ 화자의 고독과 몸부림

어듸라 더디던 돌코 누리라 마치던 돌코.
　　　　　　　　　피할 수 없는 운명
㉢ 믜리도 괴리도 업시 마자셔 우니노라.

얄리얄리 얄라셩 얄라리 얄라

어디에다 던지던 돌인가? 누구를 맞히려던 돌인가?
미워할 사람도 사랑할 사람도 없이 (그 돌에) 맞아서 울고 있노라.

　　　　　　　　　　　　　　　　　　　　　　　▶ 운명적 생의 체념

'얄리얄리 얄라셩 얄라리 얄라' 후렴구의 기능

- 흥을 돕고 노래의 리듬을 맞추기 위한 것
- 'ㄹ'음과 'ㅇ'음의 연속으로 명랑하고 경쾌한 느낌을 줌
- 아무런 의미가 담겨 있지 않음
- 고려인의 낙천적인 삶의 태도를 드러냄
- 시적 자아의 정서적 지향점과 일치
- 각 연마다 반복되어 시 전체가 통일감을 갖도록 한다.

살어리 살어리랏다 바른래 살어리랏다

노무자기 구조개랑 먹고, 바른래 살어리랏다
<u>비세속적인 개념</u>
얄리얄리 얄라셩 얄라리 얄라

살겠노라 살고싶구나 바다에 살겠노라.

나문재와 굴과 조개를 먹고, 바다에서 살겠노라.

▶ 새로운 세계에 대한 동경

가다가 가다가 드로라 에정지 가다가 드로라
<u>고독의 공간</u>
사스미 짒대예 올아서 히금(奚琴)을 혀거를 ㉣ 드로라

얄리얄리 얄라셩 얄라리 얄라

가다가 가다가 듣노라. 외딴 부엌을 지나가다가 듣노라.

사슴이 장대에 올라가서 해금을 켜는 것을 듣노라.

▶ 생의 절박함

가다니 빅브른 도긔 설진 강수를 비조라

조롱곳 누로기 미와 잡스와니 내 엇디 ㅎ리잇고
<u>체념의 태도</u>
얄리얄리 얄라셩 얄라리 얄라

가더니 불룩한 술독에 독한 술을 빚는구나.

조롱박꽃 모양의 누룩이 매워 (나를) 붙잡으니, 나는 어찌하리오.

▶ 고노의 해소(구원의 길)

작품 분석

- 작자: 미상
- 갈래: 고려 가요, 고려 속요, 장가
- 성격: 현실 도피적, 애상적, 체념적, 서정적
- 운율: 매 연 4구 3 · 3 · 2조의 3음보
- 형식: 전 8연의 분절체(분연체)
- 주제: 고려 후기 유랑민의 삶의 고뇌와 비애, 실연의 슬픔
- 특징
  – 'ㄹ'과 'ㅇ' 음의 조화
  – 시구의 반복을 통한 의미 강조
  – 3음보율과 정제된 후렴구의 반복
  – 현실을 잊고자 하는 낙천적인 태도
- 출전: 《악장가사》, 《시용향악보》
- 해제: 〈청산별곡〉은 작자와 연대 미상의 고려 가요로 자연에 대한 사랑, 현실 도피, 은둔 의식, 낙천적 의식 등 당대 고려인들의 정서가 잘 반영된 작품이다. 잘 짜여진 구성과 세련된 언어 감각, 짙은 서정성과 상징적 표현이 돋보이며, 현실을 잊고자 하는 낙천적인 태도가 후렴구에 잘 나타나 있다.

기출 18 법원직 9급, 16 경찰 1차

확인 문제 16 경찰 1차

01 〈청산별곡〉에 관한 설명으로 가장 적절하지 않은 것은?

① 동일한 시구를 반복하여 리듬감을 드러내고 있다.

② 자신의 처지에 대한 부정적 인식을 드러내고 있다.

③ 현실의 삶에 토대를 두고 있는 작품으로서 한글로 기록되어 전해지고 있다.

④ 대립적인 이미지를 지닌 시어를 활용하여 정서를 강조하고 있다.

정답 ④

해설 ④ 대립적인 이미지의 시어를 찾을 수 없다.

02 밑줄 친 ㉠~㉣에 대한 설명으로 가장 적절하지 않은 것은?

① ㉠은 화자가 동병상련을 느끼는 대상이다.

② ㉡은 화자가 고독을 느끼는 시간이다.

③ ㉢은 '미워할 사람도 사랑할 사람도 없이'의 의미로서 고독한 운명을 수용하는 태도를 나타내고 있다.

④ ㉣은 '듣는가'의 의미로서 비록 홀로 있지만 사랑하는 임과 함께 신비로운 소리를 듣기를 바라는 시적 화자의 바람을 드러내고 있다.

정답 ④

해설 ㉣ '드로라'는 '듣노라'의 뜻으로, 사슴이 장대에 올라가서 해금을 켜는 것을 듣는 것과 같은 기적이 일어나기를 바라는 시적 화자의 기대가 나타나 있다.

② 〈가시리〉

가시리 가시리잇고 <u>나는</u>
　　　　　　　　여음구
ᄇ리고 가시리잇고 <u>나는</u>

<u>위 증즐가 대평셩ᄃᆡ(大平盛代)</u>
후렴구, 여음구: 위(감탄사), 증즐가(악기소리)

날러는 엇디 살라 ᄒ고

ᄇ리고 가시리잇고 <u>나는</u>

<u>위 증즐가 대평셩ᄃᆡ(大平盛代)</u>

잡ᄉ와 두어리마ᄂᆞᄂ

선ᄒ면 아니 올셰라
　　　－ㄹ셰라(의구형 어미)
<u>위 증즐가 대평셩ᄃᆡ(大平盛代)</u>

셜온 님 보내ᄋᆞᆸ노니 <u>나는</u>

가시ᄂ 듯 도셔오쇼셔 <u>나는</u>
　　　즉시
<u>위 증즐가 대평셩ᄃᆡ(大平盛代)</u>

가시렵니까. 가시렵니까.

나를 버리고 가시렵니까?

▶ 기: 이별에 대한 원망과 하소연

나는 어찌 살라 하고

나를 버리고 가시렵니까?

▶ 승: 원망의 고조

(임을) 붙잡아 두고 싶지마는

서운하면 아니 올까 두렵습니다.

▶ 전: 감정의 절제와 체념

서러운 임을 보내오니

가시자마자 돌아서서 오십시오.

▶ 결: 간절한 소망과 기원

작품 분석

- 작자: 미상
- 갈래: 고려 가요
- 성격: 애상적, 서정적, 여성적, 소극적, 자기희생적
- 형식: 전 4연(기승전결)의 분연체, 3음보
- 주제: 이별의 정한(情恨)
- 특징
  - '기-승-전-결'의 짜임
  - 후렴구를 사용하여 전개함
  - 민족 전통 정서인 '한'을 잘 나타냄
  - 반복법 사용, 간결하고 함축적인 시어 사용
  - 이별의 정한을 계승한 작품(〈황조가〉 → 〈가시리〉, 〈서경별곡〉 → 황진이 시조, 민요 〈아리랑〉 → 〈진달래꽃〉)
  - 국문학의 여성적 정조의 원류(源流)
- 출전: 《악장가사》, 《시용향악보》
- 해제: 우리 민족의 전통적인 정서인 이별의 정한을 간결한 형식과 소박하고 함축성 있는 시어로 노래한 작품으로 〈서경별곡〉과 더불어 이별시의 대표작이다. 〈가시리〉는 이별 당하는 여인의 감정을 억제하면서 다시 만날 것을 기약하고, 순박하고 착한 면모를 보이며, 임이 돌아오기를 기다리겠다는 의지를 보임으로써 결코 절망하지 않는 긍정적인 자세를 보인다.

기출 17 법원직 9급, 17 사복직 9급

---

17 사복직 9급
확인 문제

〈가시리〉와 가장 유사한 정서를 지니는 것은?

① 한용운, 〈님의 침묵〉
② 김상용, 〈남으로 창을 내겠소〉
③ 서정주, 〈국화 옆에서〉
④ 김소월, 〈진달래꽃〉

정답 ④

해설 〈가시리〉는 임을 떠나보내는 이별의 정한을 노래하였다. 유사한 작품으로는 〈황조가〉, 〈서경별곡〉, 〈송인〉, 민요 〈아리랑〉, 황진이의 시조, 김소월의 〈진달래꽃〉 등이 있다.

③ 〈서경별곡(西京別曲)〉

서경(西京)이 <mark>아즐가</mark> 서경(西京)이 셔울히 마르는
　　　　　　여음, 감탄사
위 두어령셩 두어령셩 다링디리
후렴구, 악기소리
닷곤딕 <mark>아즐가</mark> 닷곤딕 쇼셩경 고외마른

위 두어령셩 두어령셩 다링디리

여히므론 <mark>아즐가</mark> 여히므논 질삼뵈 브리시고
　　　　　　여성 화자
위 두어령셩 두어령셩 다링디리

괴시란딕 <mark>아즐가</mark> 괴시란딕 우러곰 좃니노이다.

위 두어령셩 두어령셩 다링디리

서경이 서경이 서울이지마는

중수(重修)한 곳인 작은 서울을 사랑합니다마는

이별하기보다는 차라리 길쌈하던 베를 버리고서라도

저를 사랑만 해 주신다면 울면서라도 따르겠습니다.

▶ 이별의 거부와 연모의 정

구스리 <mark>아즐가</mark> 구스리 바회예 디신들

위 두어령셩 두어령셩 다링디리

긴히쫀 <mark>아즐가</mark> 긴힛쫀 그츠리잇가 나는
임과의 이별을 이어주는 매개체
위 두어령셩 두어령셩 다링디리

즈믄 히를 <mark>아즐가</mark> 즈믄 히를 외오곰 녀신들
천년
위 두어령셩 두어령셩 다링디리

신(信)잇든 <mark>아즐가</mark> 신(信)잇든 그츠리잇가 나는

위 두어령셩 두어령셩 다링디리

구슬이 바위 위에 떨어진들

끈이야 끊어지겠습니까?

(임과 헤어져) 천 년을 홀로 살아간들

(임에 대한) 믿음이야 끊어지겠습니까?

▶ 임에 대한 변함 없는 사랑과 믿음 맹세

대동강(大同江) <mark>아즐가</mark> 대동강(大同江) 너븐디 몰라서
이별의 공간
위 두어령셩 두어령셩 다링디리

빈 내여 <mark>아즐가</mark> 빈 내여 노흔다 샤공아.
이별의 도구
위 두어령셩 두어령셩 다링디리

네 가시 <mark>아즐가</mark> 네 가시 럼난디 몰라서

위 두어령셩 두어령셩 다링디리

널빈예 <mark>아즐가</mark> 널빈예 연즌다 샤공아.

위 두어령셩 두어령셩 다링디리

대동강(大同江) <mark>아즐가</mark> 대동강(大同江) 건넌편 고즐여
　　　　　　　　　　질투의 대상. 다른 여인
위 두어령셩 두어령셩 다링디리

빈 타들면 <mark>아즐가</mark> 빈 타들면 것고리이다 나는

위 두어령셩 두어령셩 다링디리

대동강이 넓은 줄을 몰라서

배를 내어 놓았느냐, 사공아.

네 아내가 놀아난 줄을 몰라서

다니는 배에 (내 임을) 실었느냐, 사공아.

(나의 임은) 대동강 건너편 꽃을

배를 타고 가면 꺾을 것입니다.

▶ 사랑에 대한 원망과 임을 믿지 못하는 마음

확인 문제　19 지방직 7급

〈서경별곡〉에 대한 이해로 가장 적절한
것은?

① 화자는 임과의 이별을 선택한다.
② '강'은 임과 나의 재회를 돕는 매개로
　설정되었다.
③ 화자가 벌어질 상황에 대해 염려하는
　마음을 드러내고 있다.
④ 화자의 상대방이 보이는 반응이 희극
　적 분위기를 조성하고 있다.

정답 ③

해설 ① 화자는 임과의 이별을 거부하
고 있다.
② '강'은 재회를 돕는 매개가 아니라 이
　별의 장소이다.
④ 화자의 상대방이 보이는 반응은 알 수
　없다.

작품 분석

- 작자: 미상
- 갈래: 고려 가요
- 성격: 직설적, 적극적, 이별가
- 표현: 반복법, 설의법, 비유법
- 형식: 분연체, 3음보, 3 · 3 · 3조의 정형률
- 주제: 이별의 정한(情恨)과 적극적 애정 추구
- 특징
  - 고려 가요 중 〈청산별곡〉과 함께 문학성이 가장 뛰어난 작품으로 평가
  - '강'을 이별의 배경으로 설정(〈공무도하가〉, 〈송인〉)
  - 경쾌한 리듬감을 더해 주는 후렴구 사용
  - 전통적 정서인 이별의 정한을 진솔하게 표현
  - 조선시대 때 '남녀상열지사'로 비판 받음
- 출전: 《악장가사》, 《시용향악보》
- 해제: 〈서경별곡〉은 이별의 정한을 임과 이별을 거부하는 적극적인 여성 화자를 등장시켜 떠나는 임에게 말을 건네는 방식으로 표현하였다. '서경'과 '대동강'이라는 구체적 지명을 사용해 향토애를 나타내며, 임에 대한 절대적인 사랑을 반복과 비유를 통해 표현하였다.

기출 19 지방직 7급, 17 법원직 9급, 12 서울시 9급

④ 〈정석가(鄭石歌)〉

딩아 돌하 당금(當今)에 계샹이다

딩아 돌하 당금(當今)에 계샹이다

션왕셩딕(先王聖代)예 노니ㅇ와지이다.
궁중악으로 수용되었음을 보여줌

삭삭기 셰몰애 별헤 **나ᄂᆞᆫ**
운율을 맞추기 위한 여음구
삭삭기 셰몰애 별헤 **나ᄂᆞᆫ**

구은 밤 닷 되를 심고이다.

그 바미 우미 도다 삭나거시아
불가능한 상황 설정 1
그 바미 우미 도다 삭나거시아

유덕(有德)ᄒ신 님믈 여히ㅇ와지이다.
반어적, 역설적 표현

옥(玉)으로 연(蓮)ㅅ고즐 사교이다.

옥(玉)으로 연(蓮)ㅅ고즐 사교이다.

바회 우희 졉듀(接主)ᄒ요이다.

그 고지 삼동(三同)이 퓌거시아
불가능한 상황 설정 2
그 고지 삼동(三同)이 퓌거시아

유덕(有德)ᄒ신 님 여히ㅇ와지이다.
임금 또는 사랑하는 임   반어법(임과 이별하지 않겠다.)

징이여 돌이여 (임금이) 지금 계십니다.

징이여 돌이여 지금 계십니다.

이 같은 태평성대에 놀고 싶습니다.

▶ 태평성대 기원

바삭바삭한 가는 모래 벼랑에

바삭바삭한 가는 모래 벼랑에

구운 밤 닷 되를 심습니다.

그 밤이 움이 돋아 싹이 나야만

그 밤이 움이 돋아 싹이 나야만

유덕하신 임과 이별하고 싶습니다.

▶ 이별에 대한 거부(구운 밤에 싹이 나야 임과 이별)

옥으로 연꽃을 새깁니다.

옥으로 연꽃을 새깁니다.

(그 꽃을) 바위 위에 접을 붙입니다.

그 꽃이 세 묶음이 피어야만

그 꽃이 세 묶음이 피어야만

유덕하신 임과 이별하고 싶습니다.

▶ 이별에 대한 거부(옥으로 새긴 연꽃이 피어야 임과 이별)

므쇠로 텰릭을 몰아 **나는**	무쇠로 철릭(무관의 제복)을 재단하여
므쇠로 텰릭을 몰아 **나는**	무쇠로 철릭을 재단하여
텰스(鐵絲)로 주롬 바고이다.	철사로 주름을 박습니다.
<u>그 오시 다 헐어시아</u> 불가능한 상황 설정 3 그 오시 다 헐어시아	그 옷이 다 헐어야만 그 옷이 다 헐어야만
<u>유덕(有德)ᄒ신 님 여히ᄋ와지이다.</u> 반어적 표현	유덕하신 임과 이별하고 싶습니다.

▶ 이별에 대한 거부(쇠로 만든 옷이 헐어야 임과 이별)

므쇠로 한쇼를 디여다가	무쇠로 큰 소를 지어다가
므쇠로 한쇼를 디여다가	무쇠로 큰 소를 지어다가
텰슈산(鐵樹山)애 노호이다.	쇠로 된 나무가 있는 산에 놓습니다.
<u>그 쇠 텰초(鐵草)를 머거아</u> 불가능한 상황 설정 4 그 쇠 텰초(鐵草)를 머거아	그 소가 쇠로 된 풀을 먹어야만 그 소가 쇠로 된 풀을 먹어야만
<u>유덕(有德)ᄒ신 님 여히ᄋ와지이다.</u> 반어적 표현	유덕하신 임과 이별하고 싶습니다.

▶ 이별에 대한 거부(무쇠 소가 쇠풀을 다 먹어야 이별)

<u>구스리 바회예 디신ᄃᆞᆯ</u> 고난, 좌절 이미지 구스리 바회예 디신ᄃᆞᆯ	구슬이 바위에 떨어진들 구슬이 바위에 떨어진들
<u>긴힛ᄃᆞᆫ 그츠리잇가.</u> 끈(영원한 사랑에 대한 믿음) 즈믄 히ᄅᆞᆯ 외오곰 녀신ᄃᆞᆯ	끈이야 끊어지겠습니까? 천 년을 외로이 살아간들
즈믄 히ᄅᆞᆯ 외오곰 녀신ᄃᆞᆯ	천 년을 외로이 살아간들
신(信)잇ᄃᆞᆫ 그츠리잇가.	(임에 대한) 믿음이야 끊어지겠습니까?

▶ 임에 대한 영원한 사랑과 믿음

확인 문제　　10 법원직 9급

〈정석가〉와 관련된 사항으로 가장 적절한 것은?

① 한문학의 형식적 특성을 적극적으로 수용하고 있다.
② 역설적 상황의 제시를 통하여 시적 화자의 강한 의지를 나타내고 있다.
③ 화자의 내면 심리를 직설적으로 표현하고 있는 것이 특징이다.
④ 조선시대 선비들의 유교적 지조를 반영하고 있는 노래로 볼 수 있다.

정답 ②

해설 ① 민요의 형식적 특징을 가지고 있다.
③ 화자와 임의 관계를 '구슬과 끈'에 비유하여 표현하였다.
④ 고려 가요로 임에 대한 송축, 임과의 영원한 삶을 표현하고 있다.

작품 분석

• 작자: 미상
• 갈래: 고려 가요
• 형식: 전 6연 분연체, 3음보
• 성격: 서정적
• 표현: 과장법, 역설법, 반복법, 열거법, 반어법
• 주제: 태평성대 기원 / 임에 대한 영원한 사랑
• 특징
　– 불가능한 상황 설정을 통해 화자의 생각을 드러냄
　– 반어적 표현으로 임과 이별하지 않겠다는 의지를 나타냄
• 출전: 《악장가사》, 《시용향악보》
• 해제: 불가능한 상황 설정을 통해 임과 헤어지지 않겠다는 강한 의지와 영원한 사랑을 노래한 작품으로 태평성대를 이룬 임금에 대한 한없는 충성을 나타낸 작품이기도 하다.

기출 18 법원직 9급, 10 법원직 9급, 06 지방직 9급

⑤ 〈동동(動動)〉

덕(德)으란 곰비예 받줍고 복(福)으란 림비예 받줍고

덕(德)이여 복(福)이라 호놀 ㉠ 나ᅀᆞ라 오소이다.

<u>아으 동동(動動)다리</u>
여음구, 의성어

덕은 뒤에 바치옵고, 복은 앞에바치오니
덕이며 복이라 하는 것을 진상하러 오십시오.

▶ 덕과 복을 빎

정월(正月)ㅅ 나릿므른 아으 어져 녹져 ᄒᆞ논ᄃᆡ
　　　　　　　화자와 대조
누릿 가온ᄃᆡ 나곤 ㉡ 몸하 ᄒᆞ올로 녈셔

정월의 냇물은 아아, 얼었다가 녹으려 하는데
세상에 태어난 이 몸이여, 홀로 살아가는구나.

▶ 홀로 사는 외로움

이월(二月)ㅅ 보로매 아으 ㉢ 노피 현 등(燈)ㅅ블 다호라.

만인(萬人) 비취실 즈싀샷다.

아으 동동(動動)다리

2월 보름(연등일)에 아아 높이 켠 등불 같구나.
만인을 비추실 모습이시도다.

▶ 만인이 높이 보는 임의 모습 찬양

삼월(三月) 나며 개(開)혼 아으 만춘(晩春)

㉣ 돌욋고지여.

ᄂᆞ미 브롤 즈슬 디녀 나샷다.

아으 동동(動動)다리

3월 지나며 핀 아아 늦봄의 진달래꽃이여.
남이 부러워할 모습을 지니고 태어나셨구나.

▶ 임의 아름다운 모습 찬양

사월(四月) 아니 니저 아으 오실셔 곳고리새여.
　　　　　　　　　　　　화자와 대조
므슴다 녹사(錄事)니믄 녯나ᄅᆞᆯ 닛고신뎌.

아으 동동(動動)다리

4월을 아니 잊고 아아 오셨구나. 꾀꼬리 새여.
어찌하여 녹사(綠事)님은 옛날을 잊고 계신가.

▶ 무심한 임에 대한 원망

오월오일(五月 五日)애 아으 수릿날 아춤 약(藥)은

즈믄 힐 장존(長存)ᄒᆞ샬 약(藥)이라 받줍노이다.

아으 동동(動動)다리

18 경찰 1차

확인 문제

〈동동〉에 대한 설명으로 가장 적절하지 않은 것은?

① 임을 그리는 여인의 심정을 월령체 형식에 맞추어 노래한 고려가요이다.

② 고려 시대부터 구전되어 내려오다가 조선 시대에 문자로 정착되어 《악장가사》에 전한다.

③ 후렴구를 사용하여 연을 구분하고 음악적 흥취를 고조시켰다.

④ 1연은 서사(序詞)로서 송축(頌祝)의 내용을 담고 있는데, 이는 민간의 노래가 궁중으로 유입되면서 덧붙여진 것으로 추측된다.

정답 ②

해설 〈동동〉은 임에 대한 송축과 사랑, 임이 없는 외로움과 원망 등을 읊은 월령체가로 《악학궤범》에 전한다.

5월 5일(단오)에 아아, 단옷날 아침 약은
천 년을 사실 약이기에 바치옵니다.

▶ 임의 만수무강 기원

유월(六月)ㅅ 보로매 아으 별해 <u>브룐 빗 다호라.</u>
　　　　　　　　　　　　　화자의 모습
도라보실 니믈 젹곰 좃니노이다.

아으 동동(動動)다리

6월 보름(유두일)에 아아, 벼랑에 버린 빗 같구나.
돌아보실 임을 잠시나마 따르겠나이다.

▶ 나를 버린 임을 사모함

칠월(七月)ㅅ 보로매 아으, 백종(百種) 배(排)ᄒᆞ야 두고
니믈 흔ᄃᆡ 녀가져 원(願)을 비ᅀᆞᆸ노이다.

아으 동동(動動)다리

7월 보름(백중)에 아아, 여러 가지 제물을 벌여 놓고
임과 함께 살고자 소원을 비옵나이다.

▶ 임과 함께 살고자 하는 마음

팔월(八月)ㅅ 보로ᄆᆞᆫ 아으 가배(嘉俳)나리마른
니믈 뫼셔 녀곤 오ᄂᆞᆯ낤가배(嘉俳)샷다.

아으 동동(動動)다리

8월 보름(한가위)은 아아, 한가윗날이지마는
임을 모시고 지내야만 오늘이 뜻있는 한가윗날입니다.

▶ 임이 없는 한가위의 고독

구월구일(九月 九日)애 아으 약(藥)이라 먹논 황화(黃花)
고지 안해 드니 새셔 가만ᄒᆞ얘라.

아으 동동(動動)다리

9월 9일(중양절)에 아아, 약이라고 먹는 노란 국화
꽃이 집 안에 피니 초가집이 고요하구나.

▶ 임이 없는 것에서 오는 쓸쓸함

시월(十月)애 아으 <u>져미연 ᄇᆞ룻 다호라.</u>
　　　　　　　화자의 모습
것거 ᄇᆞ리신 後(후)에 디니실 ᄒᆞᆫ 부니 업스샷다.

아으 동동(動動)다리

10월에 아아, 잘게 썬 보리수나무 같구나.
꺾어 버리신 후에 (나무를) 지니실 한 분이 없으시도다.

▶ 버림받은 신세에 대한 회한

십일월(十一月)ㅅ 봉당 자리예 아으 <u>한삼(汗衫) 두퍼 누워</u>
　　　　　　　　　　　　　　　화자의 초라한 처지
슬ᄒᆞᆯ스라온뎌 고우닐 스싀옴 녈셔.

아으 동동(動動)다리

214　PART 02　고전 문학

11월 봉당 자리에 아아, 홑적삼을 덮고 누워

슬프구나, 사랑하는 임과 떨어져 각자 살아가는구나.

▶ 외롭게 살아가는 슬픔

십이월(十二月)ㅅ 분디남ᄀ로 갓곤 아으 나술 반(盤)잇 져 다호라.

니믜알픠 드러 얼이노니 소니 가재다 므르숩노이다.

화자의 모습

아으 동동(動動)다리

12월 분지나무로 깎은 아아, 소반 위의 젓가락 같구나.

임의 앞에 들어 가지런히 놓았더니 손님이 가져다가 입에 뭅니다.

▶ 임과 인연을 맺지 못한 자신의 기구한 운명 한탄

작품 분석

• 작자: 미상
• 갈래: 고려 가요, 월령체(달거리)
• 형식: 전 13연의 분연체(서사인 1연과 본사인 12연 구성)
• 성격: 상징적, 서정적, 민요적, 송축적, 비유적 등
• 표현: 영탄법, 직유법, 은유법
• 특징
  - 계절의 변화에 따른 사랑의 감정을 읊음
  - 전통적인 세시 풍속을 열거하여 그리움의 정서를 나타냄
  - 임에 대한 송축과 연모의 정이 어우러짐
  - 월령체 노래의 효시로 고려의 풍습과 생활상을 파악 가능
  - 비유적 표현을 통해 진솔한 감정을 드러냄
  - 분연체 형식과 후렴구 사용
• 주제: 송축(頌祝)과 임에 대한 슬픈 사랑
• 의의: 고려 가요 중 유일한, 우리나라 최초의 달거리 노래
• 출전: 《악학궤범》
• 해제: 〈동동〉은 전 13장으로 구성된 월령체로 임을 향한 여인의 정서를 노래한 작품이다. 남녀의 이별을 제재로 하여 계절에 따라 새로워지는 임에 대한 그리움을 절절하게 노래하고 있으며, 특히 비유적 표현이 두드러져 있다. 또, 각 월별로 세시 풍속 또는 계절적 특성을 소재로 시상을 전개하고 있으며, 송축과 찬양, 떠나 버린 임에 대한 원망과 한스러움, 그리움 등을 표현하고 있다.

기출 18 경찰 1차, 15 법원직, 09 서울시 9급

'동동'의 각 월령에 나오는 세시 풍속
• 2월 – 보름 연등제
• 5월 – 5일 단오
• 6월 – 보름 유두일
• 7월 – 보름 백중
• 8월 – 보름 한가위
• 9월 – 9일 중양절(重陽節)

➕ 개념 더하기

〈동동〉과 〈농가월령가〉 비교

구분	〈동동〉	〈농가월령가〉
공통점	• 월령체 • 세시 풍속이 드러남	
차이점	연모의 정	농촌의 실생활 노래

확인 문제

18 경찰 1차

〈동동〉의 밑줄 친 부분에 대한 설명으로 가장 적절하지 않은 것은?

① ㉠: '나중에 오십시오.'라는 뜻이다.
② ㉡: 시적 화자의 외로운 처지를 나타낸다.
③ ㉢: 2월의 세시 풍속인 '연등제'와 관계된다.
④ ㉣: 임의 수려한 외모를 비유적으로 형상화하였다.

정답 ①

해설 ㉠ '바치러(진상하러) 오십시오.'의 뜻이다.

⑥ 만전춘(만전춘별사, 滿殿春別詞)

어름 우희 댓닙자리 보와 님과 나와 어러 주글만뎡
　　냉혹한 시련　　　　　　　　　　강렬한 사랑, 극단적 상황 제시
어름 우희 댓닙자리 보와 님과 나와 어러 주글만뎡

졍(情)둔 오ᄂᆞᆯ밤 더듸 새오시라 더듸 새오시라.
사랑이 지속되어 임과 함께 하고픈 소망

얼음 위에 댓잎 잠자리를 마련하여 임과 내가 얼어 죽을망정
얼음 위에 댓잎 잠자리를 마련하여 임과 내가 얼어 죽을망정
정을 나누는 오늘밤, 더듸 새소서 더듸 새소서.

▶ 임과 보낸 짧은 밤에 대한 아쉬움

경경(耿耿) 고침상(孤枕上)애 어느 ᄌᆞ미 오리오.
　　　　독수공방　　　　　　　전전반측
서창(西窓)을 여러ᄒᆞ니 도화(桃花)ㅣ 발(發)ᄒᆞ도다.
　　　　　　　　　　화자와 대조되는 자연, 객관적 상관물
[도화ᄂᆞᆫ 시름업서 소춘풍(笑春風)ᄒᆞᄂᆞ다, 소춘풍ᄒᆞᄂᆞ다.] [ ]: 시조 형식과 유사

근심 어린 외로운 잠자리에 어찌 잠이 오리오.
서창을 열어 젖히니 복숭아꽃이 피어나는구나.
복숭아꽃은 근심이 없어 봄바람에 웃는구나, 봄바람에 웃는구나.

▶ 임 생각에 잠 못 드는 밤

넉시라도 님을 ᄒᆞᆫᄃᆡ 녀닛 경(景) 너기다니

넉시라도 님을 ᄒᆞᆫᄃᆡ 녀닛 경(景) 너기다니

벼기더시니 뉘러시니잇가, 뉘러시니잇가.
님에 대한 원망, 고려가요 정과정과 유사한 표현

넋이라도 임과 한 곳에 님의 경황(景況)으로만 여겼더니
넋이라도 임과 한 곳에 님의 경황(景況)으로만 여겼더니
어기던 이 누구였습니까, 누구였습니까?

▶ 떠나간 임에 대한 서운함

올하 올하 아련 비올하
임을 오리에 비유
여흘란 어듸 두고 소해 자라 온다
화자를 여울에 비유　　　다른 여자를 늪에 비유
소콧 얼면 여흘도 됴ᄒᆞ니, 여흘도 됴ᄒᆞ니.

오리야 오리야 연약한 비오리야
여울은 어디에 두고 소(沼)에 자러 오느냐
소 곧 얼면 여울도 좋으니, 여울도 좋으니.

▶ 방탕한 임에 대하여 풍자

남산(南山)애 자리보와 옥산(玉山)을 벼여 누어

금수산(錦繡山) 니블안해 사향(麝香)각시를 아나 누어

[약(藥)든 가슴을 맛초ᅌᆞᆸ사이다, 맛초ᅌᆞᆸ사이다.] [ ]: 시조 형식과 유사

남산에 잠자리를 보아 옥산을 베고 누워
금수산 이불 안에 사향각시를 안고 누워
사향이 든(향기로운) 가슴을 맞추십시다, 맞추십시다.

▶ 임에 대한 욕망

확인 문제

〈만전춘〉에 대한 설명 중 옳지 않은 것은?
① 〈쌍화점〉, 〈만전춘〉과 함께 남녀상열지
　사 작품이다.
② 이루지 못한 사랑의 슬픔을 역설적·
　감각적으로 표현하였다.
③ 반복적 표현으로 임에 대한 화자의 사
　랑을 강렬하게 표현하였다.
④ 2연과 5연은 반복구를 제외하면 시조
　형식과 유사하다.

정답 ②

해설 〈만전춘〉에서 화자는 이미 임과
함께 밤을 보냈으므로, 이루지 못한 사랑
을 노래한 작품은 아니다.

<u>아소</u> 님하, 원ᄃᆡ평ᄉᆡᆼ(遠代平生)애 여힐ᄉᆞᆯ 모ᄅᆞᆸ새.
감탄사

알아 주소서, 임이시여. 원대평생에 이별할 줄 모르고 지냅시다.

▶ 임과의 이별 없이 영원한 사랑 소망

작품 분석

• 작자: 미상
• 갈래: 고려 가요
• 형식: 전 6연의 분연체
• 성격: 향락적, 퇴폐적, 남녀상열지사, 노골적 등
• 주제: 임과 변치 않는 영원한 사랑에 대한 소망
• 특징
  − 참신한 비유와 상징, 역설, 감각적인 언어로 뛰어난 문학성을 보임
  − 과장법과 반복법으로 임에 대한 화자의 사랑을 강하게 표현
  − 시간적 깊이를 더해 주는 대립적 시어가 많아 화자의 고독한 심정을 효과적으로 나타냄
  − '쌍화점', '이상곡'과 함께 남녀상열지사로 대표작임
• 출전: 《악장가사》
• 해제: 〈만전춘〉은 남녀상열지사를 주제로 임에 대한 사랑을 직설적으로 표현한 대표적인 작품으로 시조 형식의 기원이 된다고 보기도 하며, 민요와 경기체가 형식에도 영향을 주었다고 보기도 한다. 또, 당대 유행하는 여러 이질적이고 독립적인 당대의 유행 노래를 궁중의 속악 가사로 합성하여 성립된 것으로 보인다.

(3) 경기체가 – 〈한림별곡(翰林別曲)〉

[제1장]

원슌문(元淳文) 인노시(仁老詩) 공노ᄉᆞ륙(公老四六)
                                         한문체의 하나
니정언(李正言) 딘한림(陳翰林) 솽운주필(雙韻走筆)
    버슬이름   서로 운에 맞추어 시를 짓는 일
튱긔ᄃᆡ칙(沖基對策) 광균경의(光鈞經義) 량경시부(良鏡詩賦)

위 시댱(試場)ㅅ 경(景) 긔 엇더ᄒᆞ니잇고.
                경기체라는 명칭 유래
엽(葉) 금ᄒᆞᆨ사(琴學士)의 옥슌문ᄉᆡᆼ(玉笋門生)

금ᄒᆞᆨ사(琴學士)의 옥슌문ᄉᆡᆼ(玉笋門生)

위 날조차 몃부니잇고.
설의법

유원순의 문장, 이인로의 시, 이공로의 사륙변려문
이규보와 진화가 서로 쌍운을 맞추어 써 내려간 글
유충기의 대책문, 민광균의 경서 뜻풀이, 김양경의 시와 부
아, 과거 시험장의 광경, 그것이야말로 어떠합니까?
금의가 배출한 죽순처럼 많은 제자들, 금의가 배출한 죽순처럼 많은 제자들
아, 나까지 몇 분입니까?

▶ 시부(詩賦): 시인과 문장가 등의 시부 찬양

[제2장]

당한셔(唐漢書) 장로ᄌ(莊老子) 한류문집(韓柳文集)
좋은 책들의 나열, 열거법
니두집(李杜集) 난ᄃᆡ집(蘭臺集) ᄇᆡ락텬집(白樂天集)

모시샹서(毛詩尙書) 주역춘추(周易春秋) 주ᄃᆡ례긔(周戴禮記)

위 주(註)조쳐 내 외옩 경(景) 긔 엇더ᄒ니잇고.
설의법

엽(葉) 대평광긔(大平廣記) ᄉᆞᄇᆡᆨ여권(四百餘卷) 대평광긔(大平廣記) ᄉᆞᄇᆡᆨ여권(四百餘卷)

위 역람(歷覽)ㅅ 경(景) 긔 엇더ᄒ니잇고.
설의법

당서와 한서, 장자와 노자, 한유와 유종원의 문집
이백과 두보의 시집, 난대영사들의 시문집, 백낙천의 문집
시경과 서경, 주역과 춘추, 대대례와 소대례
아, 주석마저 내리 외우는 광경, 그것이 어떠합니까?
대평광기 400여 권, 대평광기 400여 권
아, 두루 읽는 광경, 그것이야말로 어떻습니까?

▶ 서적(書籍): 학문 수련과 독서에 대한 자긍심 찬양

[제5장]

홍모단(紅牡丹) ᄇᆡᆨ모단(白牡丹) 뎡홍모단(丁紅牡丹)

홍작약(紅芍藥) ᄇᆡᆨ작약(白芍藥) 뎡홍작약(丁紅芍藥)

어류옥ᄆᆡ(御柳玉梅) 황ᄌᆞ장미(黃紫薔薇) 지지동ᄇᆡᆨ(芷芝冬栢)
지란과 영지와 동백
위 개발(開發)ㅅ 경(景) 긔 엇더ᄒ니잇고.

엽(葉) 합죽도화(合竹桃花) 고온 두 분 합죽도화(合竹桃花) 고온 두 분
대나무의 일종
위 상영(相映)ㅅ 경(景) 긔 엇더ᄒ니잇고.

붉은 모란, 흰 모란, 짙붉은 모란, 붉은 작약, 흰 작약, 짙붉은 작약
버들과 옥매화, 황색 자색의 장미꽃, 지지 동백
아아, 피어나는 광경 그것이 어떠합니까?
합죽과 복숭아꽃 고운 두 그루 합죽과 복숭아꽃 고운 두 그루
아아, 서로 비추는 광경 그것이 어떠합니까?

▶ 화훼(花卉): 여러 가지 꽃의 아름다움 예찬

[제8장]

당당당(唐唐唐) 당츄ᄌ(唐楸子) 조협(皁莢)남기
음수율을 맞추기 위함 호두나무
홍(紅)실로 홍(紅)글위 ᄆᆡ요이다.

혀고시라 밀오시라 뎡소년(鄭少年)하
당기세요   호격조사
위 내 가논 ᄃᆡ ᄂᆞᆷ 갈셰라.

엽(葉) 샥옥섬섬(削玉纖纖) 쌍슈(雙手)ㅅ길헤 샥옥섬섬(削玉纖纖) 쌍슈(雙手)ㅅ길헤

위 휴슈동유(携手同遊)ㅅ 경(景) 긔 엇더ᄒ니잇고.
귀족들의 풍류 생활 찬양

당당당 당추자 쥐엄나무에
붉은 실로 붉은 그네 매었습니다.
당기시라 미시라 정소년이여
아, 내 가는 곳에 남이 갈까 두렵습니다.
옥을 깎은 듯 고운 손길에, 옥을 깎은 듯 고운 손길에
아, 두 손 맞잡고 노는 광경 그것이 어떠합니까?

▶ 추천(鞦韆): 그네 뛰는 정경과 풍류 예찬

작품 분석

- 작자: 한림제유
- 갈래: 경기체가
- 형식: 전 8장 분절체(전절과 후절 구성), 3음보 율격
- 성격: 풍류적, 향락적, 귀족적, 과시적
- 표현: 열거법, 설의법, 반복법, 영탄법
- 주제
  - 문인 귀족 계층의 학문적 자부심과 의욕적 기개
  - 귀족들의 향락적 풍류 생활과 퇴영적인 기풍
- 특징
  - 최초의 경기체가로 가사 문학에 영향을 줌
  - 한자어를 우리말 운율 3음보에 맞추어 노래
  - 귀족의 생활 감정을 표현
  - 후렴구를 사용하여 화자의 정서를 노래함
  - 작가의 감정을 직접적으로 드러내지 않고 주위 대상을 열거 · 묘사하였다.
- 소재 및 내용

	소재	내용
1장	시부(詩賦)	문장가, 시인 등의 명문장을 찬양
2장	서적(書籍)	지식 수련과 독서의 자긍심을 찬양
3장	명필(名筆)	유명 서체와 필기구 명필 찬양
4장	명주(名酒)	귀족 계급의 주흥과 풍류 예찬
5장	화훼(花卉)	여러 가지 꽃의 아름다움 예찬
6장	음악(音樂)	흥겨운 음악 소리의 아름다운 예찬
7장	누각(樓閣)	후원의 경치를 예찬
8장	추천(鞦韆)	그네 타는 정경과 풍류 생활 예찬

- 출전: 《악장가사》, 《악학궤범》
- 해제: 〈한림별곡〉은 고려 신진사대부들의 문학적 경지와 자긍심을 확인할 수 있는 최초의 경기체가이다. 고려 시대 한림 유생들의 호화로운 생활상과 학문적 자부심이 드러나 있는 귀족 문학이라 할 수 있다. 특히 제8장은 우리말의 아름다움을 살려 쓰고 있어 문학성이 높다.

기출 15 기상직 7급, 13 서울시 9급

확인 문제   15 기상직 7급

〈한림별곡〉에 대한 설명으로 거리가 먼 것은?

① 사람의 이름과 그들의 장기(長技)를 열거하고 있다.
② 《악장가사》에서 고려시대 고종 때 한림학사가 지었다고 전한다.
③ 고려 신진사대부들의 득의에 찬 기상이 나타나 있다.
④ 화자는 시문보다 도학을 즐기며 강호가도(江湖歌道) 구현을 지향한다.

정답 ④

해설 〈한림별곡〉은 귀족들의 향락적 풍류 생활과 퇴폐적인 기풍과 신진 사대부들의 학문적 자부심과 의욕적 기개를 노래하였다.

(4) 시조

① 우국시, 절의가

㉠ 〈백설(白雪)이 ᄌᆞ자진 골에〉

백설(白雪)이 ᄌᆞ자진 골에 구루미 머흐레라.
<u>고려 유신</u>   <u>조선 신흥 세력</u>
반가온 매화(梅花)는 어늬 곳에 픠엿는고.
        <u>우국지사</u>
석양(夕陽)에 홀로 셔 이서 갈 곳 몰라 ᄒᆞ노라.
<u>저물어가는 고려왕조</u>

흰 눈이 녹아 없어진 골짜기에 구름이 험하기도 하구나.

반가운 매화꽃은 어느 곳에 피었는고.

석양에 홀로 서 있으면서 갈 곳 몰라 하노라.

> **작품 분석**
> - 작자: 이색
> - 갈래: 평시조
> - 성격: 우의적
> - 표현: 은유법, 풍유법
> - 주제: 고려 멸망에 대한 탄식과 고뇌, 우국충정
> - 특징: 자연물을 활용하여 시적 현실을 우의적으로 표현
> - 출전: 《청구영언》
> - 해제: 이 시는 온건파인 이색의 작품으로 고려가 쇠퇴하고 조선이 건국되는 역사적 전환기에 직면한 지식
>   인의 고뇌를 자연물을 통해 표현한 노래이다. 기울어가는 고려를 보면서 고뇌하는 작가의 심정을 매화를 찾
>   지 못하고, 석양에 홀로 서서 방황하는 모습으로 그렸다.

㉡ 〈눈 마자 휘여진 대를〉

눈 마ᄌᆞ 휘여진 딕를 뉘라셔 굽다턴고.
<u>조선 왕조에 협력을 강요하는 억압들</u>
구블 절(節)이면 눈 속의 프를쏘냐.

아마도 세한고절(歲寒孤節)은 너ᄲᅮᆫ인가 ᄒᆞ노라.
              <u>한겨울의 추위를 이기는 높은 절개</u>

눈을 맞아서 휘어진 대나무를 누가 굽었다고 했던가?
굽을 절개라면 눈 속에서 푸르겠는가?
아마도 한겨울의 추위에 굴하지 않는 절개는 너(대나무)뿐인가 하노라.

> **작품 분석**
> - 작자: 원천석
> - 갈래: 평시조
> - 성격: 회고적, 절의적
> - 표현: 상징법, 의인법, 설의법
> - 주제: 굽히지 않는 절개, 고려 왕조에 대한 일편단심
> - 특징: 눈과 푸른 대나무의 색채 대조를 통해 화자의 절개를 효과적으로 형상화하고 있다.
> - 출전: 《병와가곡집》
> - 해제: 어떤 시련에도 꺾이지 않는 굳은 절개를 대나무에 비유하여 형상화한 시조이다. 초장의 '눈 마ᄌᆞ 휘
>   여진 딕를'에서 '눈'은 새 왕조에 협력을 강요하는 압력, '휘여진'은 그 속에서 견디는 고충을 드러냈으며, 중
>   장은 이미 대세가 기울어 맞서지는 못하나마 은둔하며 절개를 지키는 고려 유신들의 정신이 잘 형상화되어
>   있다.

② 다정가

이화(梨花)에 월백(月白)ᄒ고 은한(銀漢)이 삼경(三更)인 제
<u>밤 11~1시</u>

일지춘심(一枝春心)을 자규(子規) ㅣ 야 아라마ᄂ
<u>나뭇가지에 서린 봄날의 애상</u>   <u>소쩍새</u>

다정(多情)도 병인 냥ᄒ여 ᄌᆷ못드러 ᄒ노라.

하얀 배꽃에 달이 환하고 은하수는 깊은 밤을 알리는 때에   ▶ 초장: 시각적 이미지

배나무 가지에 어린 봄날의 정서를 소쩍새가 알고 우는 것이랴마ᄂ   ▶ 중장: 청각적 이미지

다정도 병인 듯하여 잠을 이루지 못하노라.   ▶ 종장

작품 분석

- 작자: 이조년
- 갈래: 평시조, 서정시
- 성격: 감각적, 애상적, 서정적
- 표현: 직유법, 시각·청각의 감각적 이미지
- 주제: 봄날 밤의 애상적인 정서
- 특징
  - 화자는 이화, 월백, 은한의 백색 이미지의 중첩 사용
  - 시각적·청각적 심상 활용의 조화로 시적 정서를 세련되게 표현
  - 선경후정의 방식으로 시상 전개
  - 객관적 상관물로 정서 심화
- 출전: 《병와가곡집》
- 해제: 이 작품은 이조년이 귀양살이 하던 중 유배지에서 느끼는 봄날의 깊은 밤과, 잠 못 드는 화자의 고독과 봄의 애상을 표현한 시이다. 시각·청각의 감각적 이미지를 활용하여 봄날 밤의 깊은 애상감을 그려낸 작품이다.

기출 15 경찰 3차

---

15 경찰 3차

확인 문제

괄호에 들어갈 한자어로 옳은 것은?

梨花에 月白ᄒ고 銀漢이 三更인 제
一枝春心을 (   ) ㅣ 야 아라마ᄂ
多情도 병인 냥ᄒ여 ᄌᆷ못 드러 ᄒ노라.
                    – 이조년, 〈多情歌〉

① 子規   ② 細雨
③ 陰雨   ④ 錦繡

정답 ①

해설 괄호 안에 들어갈 말은 子規(자규)이다. 子規(자규)는 소쩍새를 말한다.

③ 탄로가

㉠ 〈춘산(春山)에 눈 노기는 ㅂ람〉

춘산(春山)에 눈 노기는 ㅂ람 건듯 불고 간 ㄷ 업다.
<u>봄바람</u>
겨근듯 비러다가 ㅁ리 우희 불니고져.

귀 밋틱 히묵은 셔리를 녹여 볼가 ㅎ노라.
<u>흰머리, 은유</u>

봄 산에 쌓인 눈을 녹인 바람이 잠깐 불고 어디론가 간 곳이 없다.
그 봄바람을 잠시 빌려다가 머리 위로 불게 하고 싶구나.
귀 밑에 여러 해 묵은 서리(백발)를 (다시 검은 머리가 되게) 녹여 볼까 하노라.

작품 분석

- 작자: 우탁
- 갈래: 평시조, 단시조
- 성격: 달관적, 탄로가(嘆老歌)
- 표현: 은유법, 도치법
- 주제: 늙음을 한탄
- 특징
  - 은유와 도치로 시적 화자의 정서를 형상화함
  - 색채 이미지를 활용한 참신한 비유가 돋보임
- 해제: 늙음을 한탄하는 노래이나 늙음에 대한 안타까움보다는 인생에 대한 여유와 관조의 자세가 드러난다. 특히 봄 산에 쌓인 눈은 바람이 녹이듯이 자신의 백설같이 흰 머리도 녹려 주기를 기대하며 노래하는 이 작품은 참신한 비유가 돋보인다.

㉡ 〈흔 손에 막ㄷ 잡고〉

흔 손에 막ㄷ 잡고 또 흔 손에 가싀 쥐고
늙는 길 가싀로 막고 오는 백발(白髮) 막ㄷ로 치려터니
백발(白髮)이 제 몬져 알고 즈럼길로 오더라.

한 손에 막대기를 잡고 또 한 손에 가시를 쥐고
늙는 길 가시로 막고 오는 백발 막대기로 치려고 했더니
백발이 제가 먼저 알고 지름길로 오더라.

작품 분석

- 작자: 우탁
- 갈래: 평시조, 단시조
- 성격: 해학적, 달관적
- 표현: 의인법, 대구법, 과장법
- 주제: 늙음에 대한 한탄과 자연 섭리에 대한 순응
- 특징
  - 생의 허무에 대한 달관적 자세를 보임
  - 추상적인 대상을 구체화·시각화한 발상이 참신함
- 해제: 빠르게 흘러가는 세월의 무정함과 인간의 한계를 노래한 탄로가로, 시간 앞에서 느끼는 무상감과 무력감을 보이고, 인생무상을 달관한 경지를 나타내고 있다. 추상적 이미지인 '세월'과 '늙음'과 구체적 이미지인 '늙는 길', '백발'로 표현하여 주제를 간결·선명하게 형상화하였다.

④ 풍자시

ㄱ 〈까마귀 싸우는 골에〉

가마귀 쏜호는 골에 백로(白鷺)야 가지마라.
간신, 이성계 일파   충신, 정몽주

셩닌 가마귀 흰빗츨 싀올세라
           지조와 절개 시샘할세라

청강(淸江)에 죠히 씨슨 몸을 더러일가 ᄒ노라.

까마귀 싸우는 골에 백로야 가지마라.

성난 까마귀 흰빛을 시샘하니

청강에 맑게 씻은 몸 더럽힐까 하노라.

〈까마귀 싸우는 골에〉 시어의 상징성
• 백로: 고려충신, 화자의 아들(정몽주), 결백한 사람 → 절개를 지키는 정몽주
• 까마귀: 새 왕조를 세운 간신배, 고려를 멸망시킨 탐욕의 무리 → 신흥세력 이성계 등

작품 분석

• 작자: 영천 이씨
• 갈래: 평시조
• 성격: 풍자적, 상징적, 교훈적
• 표현: 풍유법, 대조법
• 주제: 간신배들과 어울리는 것을 경계함
• 특징: 수사법상 비유법을 사용하고 있음
• 해제: 정몽주가 이성계를 만나러 가던 날 정몽주 노모가 꿈자리가 안 좋으니 가지 말라고 말리면서 부른 노래이다. 그러나 지조와 절개를 지키던 정몽주는 노모의 만류에도 갔다가, 돌아오는 길에 선죽교에서 이성계 일파에게 죽임을 당하였다. 이 시에서 '백로'는 '정몽주'를, '가마귀'는 '이성계 일파'를 뜻한다.

기출 17 사복직 9급

ㄴ 〈구룸이 무심(無心)튼 말이〉

구룸이 무심(無心)튼 말이 아마도 허랑(虛浪)ᄒ다.
간신 신돈   믿기 어렵다

중천(中天)에 써 이셔 임의(任意)로 둔니면서
권력의 중심

구틔야 광명(光明)ᄒᆫ 날빗츨 싸라가며 덥ᄂᆞ니.
        임금의 총명

구름이 아무런 사심(邪心)이 없다는 말이 아마도 허무맹랑한 거짓말이다.

하늘 높이 떠 있어(떠서) 여기저기 마음대로 다니면서

구태여 밝은 햇빛을 따라가며 덮는구나.

작품 분석

• 작자: 이존오
• 갈래: 평시조
• 성격: 풍자적, 우의적, 우국적, 비판적
• 제재: 구름(간신 신돈)
• 표현: 중의법, 풍유법
• 주제: 간신 신돈의 횡포 풍자
• 특징
  – 우의적 표현이 돋보임
  – 신돈을 '구름'에, 왕의 총명을 비유법을 통해 표현
• 출전: 《청구영언》
• 해제: 이 작품은 고려 말 승려 신돈이 공민왕의 총애에 힘입어 국정을 혼란스럽게 하는 것에 통탄하여 이를 풍자한 시조이다. 당시 작가인 이존오가 신돈을 비난하는 상소를 올렸다가 투옥된 정언을 보고 지은 것으로 전해진다.

확인 문제   17 사복직 9급

시조 〈까마귀 싸우는 골에〉에 대한 설명으로 가장 옳은 것은?

① 작자는 정몽주의 아버지로 알려져 있다.
② 색의 대비를 통해 까마귀를 옹호하고 있다.
③ '새울세'라는 '고칠까봐 두렵구나'로 해석할 수 있다.
④ 수사법상 비유법을 사용하고 있다.

정답 ④

해설 ① 작자는 정몽주의 어머니로 알려져 있다.
② 까마귀 근처에 가지 말라고 하고 있다.
③ '새울세'라는 '시샘할세라'로 해석할 수 있다.

(5) 한시

① 부벽루(浮碧樓)

昨過永明寺(작과영명사)	어제 영명사를 지나다가 평양 금수산에 있는 절 이름
暫登浮碧樓(잠등부벽루)	잠시 부벽루에 올랐네. 평양 모란봉 아래 절벽
城空月一片(성공월일편)	텅 빈 성터엔 조각달 걸려 있고
石老雲千秋(석로운천추)	천 년 구름 아래 돌은 늙었네. 시간의 흐름을 시각적 이미지로 표현
麟馬去不返(인마거불반)	기린마는 떠나간 뒤 돌아오지 않으니 상상의 말
天孫何處遊(천손하처유)	천손은 지금 어느 곳에 노니는가? 동명왕
長嘯依風磴(장소의풍등)	돌계단에 기대어 길게 휘파람 부노라니
山靑江自流(산청강자류)	산은 푸르고 강은 저대로 흐르네. 변함없는 자연의 모습과 인간사를 대비

작품 분석

- 작자: 이색
- 갈래: 5언 율시
- 성격: 회고적, 애상적
- 표현: 대조법, 선경후정(先景後情)❶의 시상 전개
- 주제: 인간 역사의 유한성과 무상감, 지난 역사의 회고와 고려 국운(國運) 회복의 소망
- 특징
  - 대구법과 대조법을 사용하고 있다.
  - 부벽루를 통해 현대의 시간에서 과거를 회상하고 있다.
  - 과거의 역사를 통해 다시금 현재를 비추어 보고 있다.
- 출전: 《목은집》
- 해제: 〈부벽루〉는 고려 말 문신인 이색이 고구려 동명왕의 전설이 들어 있는 유적지 평양성에서 왕조의 무상함을 느끼고 지은 작품이다. 작가는 찬란하고 영화롭던 고구려의 모습은 사라지고 자취만 남아 있는 부벽루에서 인간 역사의 무상함과 삶의 덧없음을 느낀다. 그런데 작가는 단순한 회고가 아니라 건국 영웅인 동명왕의 일을 노래하고 있다.

기출 09 서울시 9급

② 사리화(沙里花)

黃雀何方來去飛(황작하방래거비)	참새야 어디서 오가며 나느냐. 탐관오리	
一年農事不曾知(일년농사부증지)	일 년 농사는 아랑곳하지 않고.	▶ 탐관오리의 농민 수탈, 가렴주구
鰥翁獨自耕耘了(환옹독자경운료)	늙은 홀아비 홀로 갈고 맸는데. 농민, 민중	
耗盡田中禾黍爲(모진전중화서위)	밭의 벼며 기장을 다 없애다니.	▶ 수탈당하는 농민들의 원망, 현실에 대한 비판의식

〈부벽루〉의 설명과 거리가 먼 것은?

① 시상을 전개해 나가는 시각이 웅대하다.
② 시간의 흐름을 감각적으로 표현했다.
③ 대자연의 무한함과 인간의 유한성을 대비하여 표현했다.
④ 소재의 특성 면에서 민족 문학적 성격이 드러난다.
⑤ 선정후경의 시상 전개 방식을 사용했다.

정답 ⑤

해설 〈부벽루〉는 '선정후경'이 아니라 '선경후정'의 시상 전개 방식을 사용하였다.

작품 분석

- 작자: 이제현
- 갈래: 7언 절구(七言絕句)
- 성격: 풍자적, 상징적, 현실 고발적, 비판적
- 주제: 권력자의 수탈과 횡포 고발, 가렴주구(苛斂誅求) 비판
- 특징: 상징적 자연물에 의탁해 당시 민족적 현실을 노래한 한시
- 출전: 《익재난고》
- 해제: 이 작품은 세금이 무겁고 권력 있는 사람들의 수탈이 심함을 곡식을 쪼아 먹는 참새에 비유하여 수탈 당하는 농민들의 원망을 노래하였다. 당시 농민들의 궁핍한 생활과 관리들의 타락된 면이 잘 풍자되어 있다.

기출 06 보건직

③ 송인(送人)

雨歇長堤草色多(우헐장제초색다)	비 갠 긴 언덕에는 풀빛이 푸른데 시각적 심상 ▶ 기: 비 온 뒤 아름다운 풍경
送君南浦動悲歌(송군남포동비가)	그대를 남포에서 보내며 슬픈 노래 부르네. 이별의 정한, 청각적 심상 ▶ 승: 이별의 전경과 슬픔
大同江水何時盡(대동강수하시진)	대동강 물은 그 언제 마를 것인가, 이별의 상징(설의법) ▶ 전: 대동강 물의 원망
別淚年年添綠波(별루년년첨록파)	이별의 눈물 해마다 푸른 물결에 더하는 것을. 과장법 ▶ 결: 이별의 눈물

작품 분석

- 작자: 정지상
- 갈래: 7언 절구
- 성격: 송별가, 서정적
- 표현: 과장법, 도치법, 시각적·청각적 이미지
- 주제: 이별의 슬픔, 임을 보내는 정한
- 어조: 이별을 슬퍼하는 애상적인 목소리
- 특징
  - 이별 시의 백미로 꼽히는 한시로, 근체시❶에 속한다.
  - 과장과 도치로 이별의 슬픔을 효과적으로 표현하였다.
  - 대동강 물을 통해 슬픔의 깊이를 극대화하였다.
- 출전: 《파한집》
- 해제: 이 작품은 우리나라 한시 중 송별가의 최고작으로 대동강에서 친한 벗과의 이별에 대한 슬픔을 노래한 작품이다. 대동강과 강둑의 푸르고 생생한 이미지와 화자의 이별의 상황이 대비되면서 화자가 느끼는 이별의 정한을 보여 주고 있다. 특히, 대동강이 이별의 눈물로 마를 날이 없다고 함으로써, 이별의 슬픔을 문학적으로 표현하였다.

기출 18 소방직 하반기, 15 경찰 3차, 06 지방직 9급

확인 문제

06 지방직 9급

01 한시 〈사리화〉와 관련된 사자성어는?

① 아전인수(我田引水)
② 가렴주구(苛斂誅求)
③ 일어탁수(一魚濁水)
④ 연목구어(緣木求魚)

15 경찰

02 다음 한시 〈송인〉의 정서로 가장 적절한 것은?

> 雨歇長堤草色多
> 送君南浦動悲歌
> 大洞江水何時盡
> 別淚年年添錄波

① 心心相印
② 敎外別傳
③ 麥秀之嘆
④ 戀戀不忘

정답 01 ② 02 ④

해설 01 〈사리화〉는 당시 권력자들이 혹독하게 세금을 거두어들이고 무리하게 재물을 빼앗음(가렴주구)을 비판한 작품이다.
02 정지상의 〈송인〉은 이별의 슬픔을 여러 가지 기법을 가지고 표현하고 있어, 戀戀不忘(연연불망)이 이 시의 정서로 가장 알맞다.

(6) 패관문학

① 〈경설(鏡說)〉

어떤 거사(居士)가 거울 하나를 갖고 있었는데, 먼지가 끼어서 흐릿한 것이 마치 구름에 가려진 달빛 같았다.
ㄴ숨어 살며 벼슬을 하지 않는 선비

그러나 그 거사는 아침저녁으로 이 거울을 들여다보며 얼굴을 가다듬곤 하였다. 한 나그네가 거사를 보고 이렇게

물었다.

"거울이란 얼굴을 비추어 보는 물건이든지, 아니면 군자가 거울을 보고 그 맑은 것을 취하는 것으로 알고 있는
        ㄴ실용적 가치   ㄴ윤리적 가치, 인격수양

데, 지금 거사의 거울은 안개가 낀 것처럼 흐리고 때가 묻어 있습니다. 그럼에도 당신은 항상 그 거울에 얼굴을

비춰 보고 있으니 그것은 무슨 뜻입니까?"

▶ 나그네의 물음

"얼굴이 잘생기고 예쁜 사람은 맑고 아른아른한 거울을 좋아하겠지만, 얼굴이 못생겨서 추한 사람은 오히려
        ㄴ장점은 드러내고, 단점은 감추는 인간의 보편적 심리

맑은 거울을 싫어할 것입니다. 그러나 잘생긴 사람은 적고 못생긴 사람은 많기 때문에 맑은 거울 속에 비친 추한

얼굴을 보기 싫어할 것인즉 흐려진 그대로 두는 것이 나을 것입니다. 그래서 차라리 깨쳐 버릴 바에야 먼지에 흐

려진 그대로 두는 것이 나을 것입니다. 먼지로 흐리게 된 것은 겉뿐이지 거울의 맑은 바탕은 속에 그냥 남아 있는

것입니다. 만일, 잘생기고 예쁜 사람을 만난 뒤에 닦고 갈아도 늦지 않습니다. 아! 옛날에 거울을 보는 사람들은
                                                            ㄴ인간의 결점에 대한 애정 어린 시선과 열린 마음을 상징하는 진술

그 맑은 것을 취하기 위함이었지만, 내가 거울을 보는 것은 오히려 흐린 것을 취하는 것인데, 그대는 어찌 이를

이상스럽게 생각합니까?" 하니, 나그네는 아무 대답이 없었다.
        ㄴ거사의 논리에 대한 수용

▶ 거사의 답변

작품 분석

• 작자: 이규보
• 갈래: 고전 수필, 설(說)
• 성격: 관조적, 교훈적, 철학적
• 제재: 거울
• 주제
  – 난세를 살아가는 올바른 처세훈
  – 사물과 현상의 본질을 꿰뚫어 보는 통찰력
• 특징
  – 대화 형식을 통해 주제를 표출함
  – 사물을 통해 올바른 삶의 자세를 상징적으로 드러냄
• 출전: 《동국이상국집》
• 해제: 흐린 거울을 대하는 '거사'의 태도를 통해 삶의 방식을 일깨우는 교훈적 내용의 수필로, 구체적인 경험에서 보편적인 삶의 지혜를 이끌어내고 있다.

기출 16 국가직 9급, 14 사복직 9급, 14 방안직 9급

확인 문제   16 국가직 9급

〈경설〉에 대한 설명으로 옳지 않은 것은?

① 잘생긴 사람이 적고 못생긴 사람이 많다는 말에서 거사의 현실 인식을 알 수 있다.

② 용모에 대한 거사의 논의는 도덕성, 지혜 안목 등을 비유한 것으로 볼 수 있다.

③ 잘생기고 예쁜 사람을 만난 후 거울을 닦겠다는 말에서 거사가 지닌 처세관을 엿볼 수 있다.

④ 이상주의적이고 결백한 자세로 현실에 맞서고자 하는 거사의 높은 의지가 드러나 있다.

정답 ④

해설 이 글은 지나치게 결백하고 이상적인 자세만으로는 세상을 살기 어려우므로 현실과 타협하고 수용할 줄 아는 처세(處世)를 강조하고 있다. 따라서 이상주의적이고 결백한 자세로 현실에 맞서고자 하는 거사의 높은 의지가 드러나 있다는 설명은 옳지 않다.

② 〈이옥설(理屋說)〉

행랑채가 퇴락하여 지탱할 수 없게끔 된 것이 세 칸이었다. 나는 마지못하여 이를 모두 수리하였다. 그런데 그
낡아서 무너지고 떨어짐
중의 두 칸은 앞서 장마에 비가 샌 지 오래 되었으나, 나는 그것을 알면서도 이렇까 저렇까 망설이다가 손을 대지

못했던 것이고, 나머지 한 칸은 비를 한 번 맞고 샜던 것이라 서둘러 기와를 갈았던 것이다. 이번에 수리하려고

본즉 비가 샌 지 오래된 것은 그 서까래, 추녀, 기둥, 들보가 모두 썩어서 못 쓰게 되었던 까닭으로 수리비가 엄
건물의 칸과 칸 사이의 두 기둥 위를 건너지른 나무
청나게 들었고, 한 번 밖에 비를 맞지 않았던 한 칸의 재목들은 완전하여 다시 쓸 수 있었던 까닭으로 그 비용이

많지 않았다.

▶ 퇴락한 행랑채를 수리했던 경험

나는 ㉠ 이에 ㉡ 느낀 것이 있었다. 사람의 몸에 있어서도 마찬가지라는 사실을. 잘못을 알고서도 바로 고치지
유추에 의한 의견 1
않으면 곧 그 자신이 나쁘게 되는 것이 마치 나무가 썩어서 못 쓰게 되는 것과 같으며, 잘못을 알고 고치기를 꺼

리지 않으면 해(害)를 받지 않고 다시 착한 사람이 될 수 있으니, 저 집의 재목처럼 말끔하게 다시 쓸 수 있는 것

이다.

▶ 잘못된 것은 빨리 고쳐야 한다는 깨달음

그뿐만 아니라 나라의 정치도 이와 같다. 백성을 좀먹는 무리들을 내버려두었다가는 백성들이 도탄에 빠지고
유추에 의한 의견 2   탐관오리
나라가 위태롭게 된다. 그런 연후에 급히 바로잡으려 하면 이미 썩어 버린 재목처럼 때는 늦은 것이다. 어찌 삼가
소 잃고 외양간 고친다   설의법
지 않겠는가.

▶ 깨달음을 정치에 확대 적용. 정치 개혁의 필요성

작품 분석

• 작자: 이규보
• 갈래: 한문 수필, 설(說)
• 성격: 교훈적, 경험적, 유추적, 예시적
• 제재: 행랑채를 수리한 일
• 주제: 잘못을 미리 알고 그것을 빨리 고쳐 나가는 자세의 중요성
• 특징
  – 미괄식 구성, 2단 구성
  – 유추의 방법으로 글을 전개함
  – 사실(경험) + 깨달음(교훈)으로 구성
• 출전: 《동국이상국집》
• 해제: 이 글은 작가가 살면서 경험한 것에서 깨달은 것을 표현한 작품이다. 퇴락한 행랑채를 수리한 경험에
  서 얻은 깨달음을 인간의 삶과 정치 현실에 적용한 교훈적 수필이다. 즉, 작가는 '정치 개혁'이라는 무거운
  소재를 일상적 경험을 바탕으로 한 깨달음과 의미 확장이라는 구조를 통해 제시하고 있다.

기출 18 국가직 7급, 17 경찰 1차, 13 국가직 9급

확인 문제 18 국가직 7급

〈이옥설〉의 ㉠에 해당하는 것과 ㉡에 해당하는 것을 문맥적 의미를 고려하여 짝지을 때 적절하지 않은 것은?

① ㉠: 기와를 바꾸다
  ㉡: 과오를 고치다
② ㉠: 미루고 수리하지 않다
  ㉡: 과오를 알고도 곧 고치지 않다
③ ㉠: 들보와 서까래가 다 썩다
  ㉡: 나라를 바로잡을 방도가 없다
④ ㉠: 비가 새서 기울어진 상태
  ㉡: 자기 과오

정답 ③

해설 들보와 서까래가 다 썩게 되면 바로잡기가 매우 어려워지는 것이지 방도가 없다는 말을 하는 것은 아니다. 따라서 ③은 적절한 유추가 아니다.

❶ 참혹(慘酷): ⊙ 비참하고 끔찍함
ⓒ 지나칠 정도로 한심함
❷ 대붕(大鵬): 하루에 구만 리(里)
를 날아간다는, 매우 큰 상상(想
像)의 새. 북해(北海)에 살던 곤
(鯤)이라는 물고기가 변해서 되
었다고 한다.

③ 〈슬견설(虱犬說)〉

어떤 손[客]이 나에게 이런 말을 했다.

"어제 저녁엔 아주 처참한 광경을 보았습니다. 어떤 불량한 사람이 큰 몽둥이로 돌아다니는 개를 쳐서 죽이는
데, 보기에도 너무 참혹❶하여 실로 마음이 아파서 견딜 수가 없었습니다. 그래서 이제부터는 맹세코 개나 돼지
의 고기를 먹지 않기로 했습니다."

▶ 기: '손'의 이야기로 개의 죽음에 마음이 아픔

이 말을 듣고, 나는 이렇게 대답했다.

"어떤 사람이 불이 이글이글하는 화로를 끼고 앉아서, 이를 잡아서 그 불 속에 넣어 태워 죽이는 것을 보고, 나
는 마음이 아파서 다시는 이를 잡지 않기로 맹세했습니다."

▶ 승: '나'의 대답으로 '이'의 죽음에도 마음이 아픔

손이 실망하는 듯한 표정으로,

"이는 미물이 아닙니까? 나는 덩그렇게 크고 육중한 짐승이 죽는 것을 보고 불쌍히 여겨서 하는 말인데, 당신
하찮은 존재
은 구태여 이를 예로 들어서 대꾸하니, 이는 필연코 나를 놀리는 것이 아닙니까?" 하고 대들었다.

나는 좀 구체적으로 설명할 필요를 느꼈다.

▶ 전: '손'의 반응으로 개는 육중한 짐승이고 이는 미물임

"무릇 피[血]와 기운[氣]이 있는 것은 사람으로부터 소, 말, 돼지, 양, 벌레, 개미에 이르기까지 모두가 한결같
생명
이 살기를 원하고 죽기를 싫어하는 것입니다. 어찌 큰 놈만 죽기를 싫어하고, 작은 놈만 죽기를 좋아하겠습니까?
그런즉, 개와 이의 죽음은 같은 것입니다. 그래서 예를 들어서 큰 놈과 작은 놈을 적절히 대조한 것이지, 당신을
놀리기 위해서 한 말은 아닙니다. 당신이 내 말을 믿지 못하겠으면 당신의 열 손가락을 깨물어 보십시오. 엄지손
가락만이 아프고 그 나머지는 아프지 않습니까? 한 몸에 붙어 있는 큰 지절(支節)과 작은 부분이 골고루 피와 고
팔다리의 뼈마디
기가 있으니, 그 아픔은 같은 것이 아니겠습니까? 하물며, 각기 기운과 숨을 받은 자로서 어찌 저 놈은 죽음을 싫
어하고 이놈은 좋아할 턱이 있겠습니까? 당신은 물러가서 눈 감고 고요히 생각해 보십시오. 그리하여 달팽이의
주체적 진술
뿔을 쇠뿔과 같이 보고, 메추리를 대붕(大鵬)❷과 동일시하도록 해 보십시오. 연후에 나는 당신과 함께 도(道)를
이야기하겠습니다."라고 했다.

▶ 결: '나'의 결론으로 개와 이의 죽음은 동일함. 생명은 모두 소중함

〈슬견설〉에서 다루고 있는 소재들의 관계
가 다른 하나는?
① 이[虱] : 개
② 벌레 : 개미
③ 달팽이의 뿔 : 소의 뿔
④ 메추리 : 붕새

정답 ②

해설 작가는 '이, 벌레, 개미, 메추리, 달
팽이'는 몸집이 작은 동물, '개, 붕새, 소'는
몸집이 큰 동물로 큰 것과 작은 것의 대조
를 제시하고 있다. 그러나 '벌레'와 '개미'
는 모두 몸집이 작은 동물이다.

작품 분석

• 작자: 이규보
• 갈래: 한문 수필, 설(說)
• 성격: 교훈적, 비유적, 관념적, 풍자적, 경세적
• 주제
 – 선입견을 버리고 사물의 본질을 보는 안목의 필요성
 – 모든 생명의 소중함
• 특징
 – 변증법적 구성
 – 대조법, 대화체, 설의법으로 구성
 – 사소하고 평범한 사물을 통해 교훈적 의미를 깨우침
• 출전: 《동국이상국집》
• 해제: 〈슬견설〉은 사소한 사물에 교훈적 의미를 덧붙이는 작가의 개성이 나타나 있는 작품으로 '개'를 죽이는 것과 '이'를 죽이는 것을 다르다고 하는 '손'에게 사물의 본질에 대한 교훈을 대화를 통해 풍자적으로 그려내고 있다. 또 이 작품에서는 표면적 사실을 이야기하면서 이면적 진실을 밝히는 관조적인 내용을 재치 있게 전달하고 있다.

기출 13 지방직 9급

④ 〈차마설(借馬說)〉

내가 집이 가난해서 말이 없으므로 혹 빌려서 타는데, 여위고 둔하여 걸음이 느린 말이면, 비록 급한 일이 있
<u>말을 빌려 타게 된 이유</u>
어도 감히 채찍질을 가하지 못하고 조심조심하여 곧 넘어질 것같이 여기다가, 개울이나 구렁을 만나면 곧 내려

걸어가므로 후회하는 일이 적었다. 발이 높고 귀가 날카로운 준마로서 잘 달리는 말에 올라타면 의기양양하게 마

음대로 채찍질하여 고삐를 놓으면 언덕과 골짜기가 평지처럼 보이니 심히 장쾌하였다. 그러나 어떤 때에는 위태

로워서 떨어지는 근심을 면치 못하였다.　　　　　　　　　　　　　　▶ 말을 빌려 탄 경험에 대한 심리 변화

　　아! 사람의 마음이 옮겨지고 바뀌는 것이 이와 같을까? 남의 물건을 빌려서 하루아침 소용에 대비하는 것도

이와 같거든, 하물며 참으로 자기가 가지고 있는 것이랴.　　　　　　　　▶ 자기 소유일 때의 심리 변화

　　<u>그러나 사람이 가지고 있는 것이 어느 것이나 빌리지 아니한 것이 없다.</u> 임금은 백성으로부터 힘을 빌려서 높
　　　　<u>소유의 본질에 대한 깨달음</u>
고 부귀한 자리를 가졌고, 신하는 임금으로부터 권세를 빌려 은총과 귀함을 누리며, 아들은 아비로부터, 지어미

는 지아비로부터, 비복(婢僕)은 상전으로부터 힘과 권세를 빌려서 가지고 있다.
　　　　　　　　　　　　　　계집종과 사내종
　　그 빌린 바가 또한 깊고 많아서 대개는 자기 소유로 하고 끝내 반성할 줄 모르고 있으니, 어찌 미혹(迷惑)한 일
　　　　　　　　　　　　　　　　　　　　　　　　　　　　　　　　　　　　매우 어리석음
이 아니겠는가? 그러다가도 혹 잠깐 사이에 그 빌린 것이 도로 돌아가게 되면, 만방(萬邦)의 임금도 외톨이가 되
　　　　　　　　　　　　　　　　　　　　　　　　　　　　　　세계의 모든 나라
고, 백승(百乘)을 가졌던 집도 외로운 신하가 되니, 하물며 그보다 더 미약한 자야 말할 것이 있겠는가?
　　많은 재산과 권력
　　맹자가 일컫기를 "남의 것을 오랫동안 빌려 쓰고 있으면서 돌려주지 아니하면, 어찌 그것이 자기의 소유가 아

닌 줄 알겠는가?" 하였다.　　　　　　　　　　　　　　　　　　　　　▶ 잘못된 소유 관념에 대한 비판

　　내가 여기에 느낀 바가 있어서 차마설을 지어 그 뜻을 넓히노라.　　　▶ 글을 쓴 동기

작품 분석

- 작자: 이곡
- 갈래: 한문 수필, 설(說)
- 성격: 체험적, 교훈적, 경험적, 예시적
- 주제: 소유에 대한 성찰과 깨달음
- 특징
　– '사실 + 의견'의 2단 구성
　– 설의법을 적절히 사용하여 주장을 강조함
　– 예시와 인용을 통해 자신의 주장을 뒷받침함
　– 유추의 방식을 통해 개인적 체험을 보편적인 것으로 일반화함
- 출전: 《가정집(稼亭集)》
- 해제: 이 작품은 인간의 그릇된 소유에 근거한 인간 심리의 허망함을 나타낸 교훈적 수필로, 세상의 모든
　것은 소유한 것이 아니라 누군가에게 빌린 것임을 이야기하면서 그것을 깨닫지 못하고 자기 소유인 것처럼
　생각하는 세상 사람들을 맹자의 말을 인용하여 비판하며 진정한 소유의 의미를 되새기고 있다.

기출 15 국가직 9급

확인 문제　　　15 국가직 9급

〈차마설〉에 대한 설명으로 적절하지 않은
것은?
① 경험을 통한 통찰력이 돋보인다.
② 우의적 기법을 적절히 활용하고 있다.
③ 대상들 사이의 유사점을 통해 대상의
　특성을 설명하고 있다.
④ 일상사와 관련지어 글쓴이의 주장을
　설득력 있게 드러내고 있다.

정답 ③
해설 개인적 경험을 바탕으로 일반적인
깨달음을 유추의 방식을 사용하여 교훈적
내용으로 도출하고 있다.

⑤ 〈괴토실설(壞土室說)〉

10월 초하루에 이자(李子)가 밖에서 돌아오니, 종들이 흙을 파서 집을 만들었는데, 그 모양이 무덤과 같았다.
　　　　　　　이규보　　　　　　　　　　　　　　　　　　　　　　　　　토실에 대한 부정적 인식 반영
이자는 어리석은 체하며 말하기를,

"무엇 때문에 집 안에다 무덤을 만들었느냐?" 하니, 종들이 말하기를,

"이것은 무덤이 아니라 토실입니다." 하기에,

▶ 토실을 만듦

"어찌 이런 것을 만들었느냐?" 하였더니,

"겨울에 화초나 과일을 저장하기에 좋고, 또 길쌈하는 부인들에게 편리하니, 아무리 추울 때도 온화한 봄날
　편리성과 실용성, 토실을 만든 현실적 이유
씨와 같아서 손이 얼어 터지지 않으므로 참 좋습니다." 하였다.

▶ 토실을 만든 이유 – 토실의 실용성

이자는 더욱 화를 내며 말하기를,

"여름은 덥고 겨울이 추운 것은 사시(四時)의 정상적인 이치이니, 만일 이와 반대로 된다면 곧 기이한 것이다.
　　　　　　　　　　　　　　　　　　　　　자연의 섭리를 어기면
옛적 성인이, 겨울에는 털옷을 입고 여름에는 베옷을 입도록 마련하였으니, 그만한 준비가 있으면 족할 것인데,
다시 토실을 만들어서 추위를 더위로 바꿔 놓는다면 이는 하늘의 명령을 거역하는 것이다. 사람은 뱀이나 두꺼비
자연의 섭리를 거스른다면
가 아닌데, 겨울에 굴속에 엎드려 있는 것은 너무 상서롭지 못한 일이다. 길쌈이란 할 시기가 있는 것인데, 하필
겨울에 할 것이냐? 또 봄에 꽃이 피었다가 겨울에 시드는 것은 초목의 정상적인 성질인데, 만일 이와 반대가 된
다면 이것은 모두 내가 하고 싶은 뜻이 아니다. 빨리 헐어 버리지 않는다면 너희를 용서하지 않겠다." 하였더니,
종들이 두려워하여 재빨리 그것을 철거하여 그 재목으로 땔나무를 마련했다. 그러고 나니 나의 마음이 비로소 편
　　　　　　　　　　　　　　　　　　　　　　　　　　　　　　　자연의 섭리를 따랐기 때문
안하였다.

▶ 토실을 허물게 한 이유 – 자연의 섭리

작품 분석

• 작자: 이규보
• 갈래: 고전 수필, 설(說)
• 성격: 체험적, 교훈적, 자연친화적
• 주제: 자연의 질서에 순응하는 삶 추구
• 특징
　– 대화 형식으로 삶의 이치를 알기 쉽게 풀어 놓음
　– 글쓴이의 주장을 직접적으로 제시함
• 출전: 《동국이상국집》
• 해제: 이 작품은 생활의 편리를 위해 자연의 법칙을 어기면 안 된다는 생각을 일상의 경험을 통해 제시하고
　있다. 즉, 겨울을 이기기 위해 인위적으로 만든 토실은 자연의 순리에 어긋나므로 허물어야 한다고 주장하
　면서 편리함만을 좇는 인간의 이기적 심성을 비판하고 자연의 섭리에 순응하는 삶의 자세를 추구하고 있는
　작품이다.

⑥ 주뢰설(舟略說)

이자(李子)가 남쪽에서 어떤 강을 건너는데, 때마침 배를 나란히 해서 건너는 사람이 있었다. 두 배의 크기가
이규보
같고 사공의 수도 같으며, 배에 탄 사람과 말의 수도 거의 비슷하였다. 그런데 조금 후에 보니, 그 배는 나는 듯

이 달려서 벌써 저쪽 언덕에 닿았지만, 내가 탄 배는 오히려 머뭇거리고 전진하지 않았다. 그래서 그 까닭을 물었

더니, 배 안에 있는 사람이 말하기를

"저 배는 사공에게 술을 먹여서 사공이 힘을 다하여 노를 저었기 때문이오." 하였다.

▶ 나룻배를 타고 강을 건너는 일에도 뇌물이 필요함을 경험함

나는 부끄러워하지 않을 수 없었으며, 따라서 탄식하기를

"아, 이 조그마한 배가 가는 데도 오히려 뇌물의 있고 없음에 따라 지속, 선후가 있거늘 오늘날까지 하급 관직
뇌물이 벼슬길을 좌우하는 현실을 유추하여 비판
하나도 얻지 못한 것이 당연하구나." 하였다. 이것을 기록하여 후일의 참고로 삼으려 한다.

▶ 크고 작은 모든 일에 뇌물이 필요한 세상을 한탄함

작품 분석
- 작자: 이규보
- 갈래: 고전 수필, 설(說)
- 성격: 비판적, 통찰적, 유추적
- 주제: 뇌물로 인해 부패가 만연한 세태를 비판함
- 특징
  – 사실과 의견의 2단 구성
  – 유추적 전개가 나타남
  – 자신의 경험으로부터 깨달음을 이끌어내고 있음
  – 간결한 표현을 통해 작가의 생각을 드러냄
- 출전: 《동문선》
- 해제: 이 작품은 일상적인 체험을 벼슬길의 상황과 빗대어 깨달음을 전하는 유추의 방식으로 전개하고 있다. 즉, 뇌물에 따라서 배의 속도가 달라진 체험을 통해 현실에 만연한 부패에 대한 비판 의식을 나타낸 작품이다.

기출 15 경찰 1차

확인 문제   15 경찰 1차

〈주뢰설〉에 대한 설명으로 가장 적절하지 않은 것은?

① 뇌물로 부패한 현실의 세태를 주제 의식으로 나타내고 있다.
② 사건의 이치를 통해 글쓴이가 자신의 견해를 서술하고 있다.
③ 깨달은 바를 직설적으로 제시하여 문제 해결 방안에 대한 설득력을 높이고 있다.
④ 공통된 성질을 비교하여 설명하는 양식으로 유추에 의한 사고 전개 과정을 보이고 있다.

정답 ③

해설 뱃사공에게 술(뇌물)을 먹여 배가 빨리 가는 것에서, 관직에서 승진의 빠르고 늦음도 뇌물로 인해 좌우되는 것을 유추하여 간접적으로 비판한 글이다.

232   PART 02 고전 문학

(7) 가전체 문학

① 〈공방전(孔方傳)〉

공방(孔方)의 자(字)는 관지(貫之)이니, 그 조상이 일찍이 수양산 속에 숨어 살아 아직 세상에 나와서 쓰여진
_{돈이 아직 유통되지 않았을 시절을 말함}
적이 없었다. 처음 황제(黃帝) 때에 조금 채용되었으나, 성질이 굳세어 세상일에는 그리 익숙하지 못하였다. 어
느 날 황제가 관상을 보는 사람(相工)을 불러 그를 보이니, 공(工)이 한참 들여다보고 말했다.

"이는 산야(山野)의 성질을 가져서 쓸 만한 것이 못 되오나, 만일 폐하가 만물을 조화(造化)하는 풀무와 망치를
_{돈의 주조 과정}
써서 때를 긁고 빛을 낸다면 그 자질이 차차 드러날 것입니다. 왕자(王者)는 사람으로 하여금 그릇[器]이 되게 하
오니, 원컨대 폐하께서는 이 사람을 저 완고한 구리[銅]와 함께 내버리지 마옵소서."

이리하여 차츰 공방의 이름이 세상에 드러나기 시작했다. (중략)

▶ 공방의 가계와 탄생 배경

방(方)의 생김새는 밖은 둥글고 안은 모나며, 때에 따라 응변을 잘하여, 한(漢)나라에 벼슬하여 홍로경이 되었
_{생김새로 돈의 이중적 모습을 보여줌, 표리부동(表裏不同)}   _{처세에 아주 능함}
다. 그때에 오왕(五王) 비(濞)가 교만하고 주제넘어 권세를 도맡아 부렸는데, 방(方)이 그에게 붙어 많은 이(利)를
보았다. (중략)

그는 백성을 상대로 한 푼 한 리의 이익이라도 다투는 한편, 물건 값을 낮추어 곡식을 천하게 하고, 화(貨)를
_{돈의 유통으로 인한 폐해, 작가 중농주의 사고 반영}
중(重)하게하여 백성으로 하여금 근본을 버리고 사농공상(士農工商)의 끝을 좇게 하여 농사짓는 것을 방해했다.
이를 본 간관(諫官)들이 상소(上疏)하여 이것이 잘못이라고 간(諫)했으나 임금은 그 말을 듣지 않았다.

방(方)은 또 권세 있고 귀한 사람을 재치 있게 잘 섬겼다. 그들의 집에 드나들며 권세를 부리고, 그들을 등에
_{교언영색, 호가호위, 매관매직}
업고 벼슬을 팔아, 승진시키고 갈아치우는 것마저도 모두 방의 손에 매이게 되었다. (중략) 때로는 거리에 돌아다
니는 나쁜 소년들과 어울려 바둑도 두고 투전도 했다. 이렇게 남과 사귀는 것을 좋아하므로 그때 사람들이 말하
기를,

"공방의 말 한마디는 황금 백 근만 못하지 않다."라고 하였다.
_{공방의 권세가 대단함}

▶ 공방의 외양과 성격

원제(元帝)가 위(位)에 오르자 공우(貢禹)가 글을 올려 아뢰기를,
_{청렴하고 정직한 인물, 대상의 죄상을 구체적으로 지적}
"방(方)이 오랫동안 어려운 직책을 맡아 보면서, 농사가 국가의 근본임을 알지 못하고 한갓 장사치의 이(利)만
을 일으켜 나라를 좀먹고 백성을 해하여 공사(公私)가 다 곤궁에 빠지게 되었습니다. 뇌물이 성행하고 청탁하는
일이 버젓이 행해지고 있습니다. 대저 '짐을 지고 또 타게 되면 도둑이 온다.'라고 한 것은《주역》에 있는 분명한
_{높은 관직에 있으면 간신배들이 모여듦}
경계이니, 청컨대 그를 면직시켜 욕심 많고 더러운 자를 징계하옵소서."라고 하였다. 그때에 정권을 잡은 자 중
에는 곡량(穀梁)의 학문을 쌓아 정계에 진출한 이가 있어, 군자(軍資)를 맡은 장수로 변방을 막는 방책을 세우려
_{농사를 중요시하는 사람}
했다. 이에 방(方)의 일을 미워하는 자들이 드디어 그 말을 도우니, 임금이 이들의 말을 들어 마침내 방(方)이 쫓
겨나게 되었다.

▶ 공방이 탄핵을 받아 관직에서 쫓겨남

확인 문제   15 경찰 2차

〈공방전〉에 대한 설명으로 가장 적절하지
않은 것은?

① 우의(寓意)의 표현 방식을 통해 세상사
의 문제를 비판하고 풍자하고 있다.

② 세상을 살아가는 임기응변의 지혜와
부정부패 척결을 일깨워주는 교훈적
성격의 글이다.

③ 사물을 의인화하여 사물의 가계와 생
애 및 성품 등을 전기(傳記) 형식으로
기록한 가전체 문학이다.

④ 구체적 사물과 경험을 중시하면서 그
것들을 해석한다는 점에서 교술적 성
격이 있고 사물과 경험을 어떤 인물의
구체적인 생애로 서술한다는 점에서
서사적 성격도 있다.

정답 ②

해설 〈공방전(孔方傳)〉은 돈을 의인화
한 작품이므로 세상을 살아가는 임기응변
의 지혜와 부정부패 척결을 일깨워주는
교훈적 성격의 글이 아니다. 이 글은 돈의
폐단을 비판하고 재물에 대한 인간의 탐
욕을 경계하고 있다.

작품 분석

• 작자: 임춘
• 갈래: 가전체(假傳體)
• 성격: 풍자적, 교훈적, 우의적, 전기적
• 주제: 경세에 대한 비판, 돈을 먼저 생각하는 세태에 대한 비판
• 의의: 최초의 가전체 작품
• 특징
  – 사물을 의인화하여 전기 형식으로 구성함
  – 돈(화폐)의 유통에 대한 작자의 부정적 시각이 잘 드러남
  – 공방의 가계를 연대기적으로 서술함
• 출전: 《동문선》
• 해제: 〈공방전〉은 돈(엽전)을 의인화하여 '돈의 폐해'를 비판하려 지은 가전체 작품으로, 내력과 행적을 허구적으로 구성한 전(傳)의 사실성과 윤리성을 띠고 있는 우화적 요소를 결합한 것이 특징이다. 작가는 돈이 생긴 유래, 돈의 모습 등을 이야기하고 부정적 성격을 설정하여 돈이 인간 생활에 끼친 악영향을 보여줌으로써 그릇된 세태를 풍자하고 재물에 대한 탐욕을·경계하고 있다.

기출 18 지방직 9급, 15 경찰 2차

② 〈국선생전(麴先生傳)〉

국성(麴聖)의 자(字)는 중지(中之)니, 관향(貫鄕)은 주천(酒泉) 고을 사람이다. 어려서 서막(徐邈)에게 사랑을
_{맑은 술을 의인화한 표현}   _{술에 취해 뻗은 모양}
받아, 막(邈)이 이름과 자를 지어 주었다. 그의 먼 조상은 본시 온(溫)이라는 고장의 사람으로 항상 힘써 농사를
                              _{곡물로 만들어진 누룩은 따뜻한 온도에서 익혀야 함}
지으면서 자급하면서 살고 있었는데, 정(鄭)나라가 주(周)나라를 칠 때에 포로가 되어 본국으로 돌아가지 못하였

으므로, 그 자손의 일파가 정나라에서 살게 되었다. 그의 증조(曾祖)는 역사에 이름이 나타나지 않았고, 조부 모
                                                                                    _{보리의 의인화}
(牟)는 살림을 주천으로 옮겨, 이때부터 주천에서 살게 되었다. 아버지 차(醝)에 이르러서 비로소 벼슬길에 나아
                                                           _{흰 술의 의인화}
가 평원독우(平原督郵)의 직을 역임하였고, 사농경(司農卿) 곡(穀) 씨의 딸과 결혼하여 성(聖)을 낳았다.
_{맛이 좋지 않은 술을 의인화}   _{곡식을 의인화}
성은 어렸을 때부터 도량이 넓고 침착하여, 아버지의 손님이 그 아비를 보러 왔다가도 성을 유심히 보고 그를

사랑하였다. 손님들이 말하기를

["이 아이의 도량이 출렁출렁 넘실넘실 만경(萬頃)의 물결과 같아서, 가라 앉히더라도 더 맑아지지 않으며, 뒤

흔들어도 탁해지지 않으니 우리는 그대와 더불어 이야기하기보다는 성과 함께 기뻐함이 좋네."] [ ]: 주인공의 성품

성이 자라서, 중산에 사는 유영(劉伶), 심양에 사는 도잠(陶潛)과 벗이 되었다. 이들은 서로 말하기를, "하루라
                        _{중국 위·지 시대 죽림칠현의 한 사람}
도 이 친구를 만나지 못하면 심중에 비루함과 인색함이 생긴다."라고 하며, 만날 때마다 해가 저물도록 같이 놀

고, 서로 헤어질 때는 항상 섭섭해 하였고, 기쁨을 잊고 문득 마음이 황홀해서 돌아왔다.

작품 분석

- 작자: 이규보
- 갈래: 가전체
- 성격: 풍자적, 교훈적, 우의적
- 주제: 위국충절(爲國忠節)의 교훈 강조
- 특징
  – 사물을 의인화하여 일대기 형식으로 서술
  – 도입 – 전개 – 비평의 구성 방식으로 전개
  – 문어체와 구어체의 문장 사용
  – 인물의 성격과 행적을 주로 다룸
- 출전: 《동문선》
- 해제: 이 작품은 임춘의 '국순전'과 함께 술(누룩)을 의인화하여 교화를 목적으로 한 가전(假傳)문학이다. 〈국선생전〉은 술을 의인화한 '국성'을 위국 충절의 대표적 인물로 등장시켜 술의 긍정적인 면을 통해 사회적 교훈을 주는 이야기이다. 소인배들이 득세하고 오히려 뛰어난 인물들이 소외되는 현실을 풍자·비판하며 군자의 처신을 경계한 작품이다.

 개념 더하기

국순전과 국선생전의 비교

구분	국순전	국선생전
공통점	• 술을 의인화함 • 제목에서부터 시작하여 관련 인물과 지명, 서술 방식이 유사 • 조선 시대 술을 소재로 한 작품으로 계승	
차이점	국순이 임금의 총애를 받지만 부정적 인물로 서술	국성은 도량이 크고 성품이 어질며 충성이 지극한 긍정적 인물로 서술

③ 〈저생전(楮生傳)〉

성(姓)은 저(楮)이요, 이름은 백(白)이요, 자(字)는 무점(無玷)이니, 회계(會稽) 사람이고, 한(漢)나라 중상시(中
　　　　　　닥나무　　　　　　　종이의 흰 빛깔　　　　　깨끗　　　　　　최초 종이 생산지
常侍) 상방령(尙方令) 채륜(蔡倫)의 후신이다. 생이 날 때에 난초탕(湯)에 목욕하고 흰 구슬(璋)을 희롱하고 흰 띠
　　　　　　종이 발명자　　　　　　　　　　　　종이 만드는 과정
(茅)로 꾸렸으므로, 빛이 새하얗다. 같은 배의 아우가 무릇 19명인데, 다 서로 친목하여 잠깐도 그 차서를 잃지

않았다. 성질이 본시 정결하여 무인(武人)을 좋아하지 아니하며 즐겨 문사(文士)와 더불어 노니는데, 중산(中山)

모학사(毛學士, 붓)가 그 계우(契友)로서 매양 친하게 놀아, 비록 그 얼굴을 점찍어 더럽혀도 씻지 않았다. 학문
　　　　　　　　　　　　　　　　　　　　　　　　　　　　　글을 쓰거나 그림을 그리는 것을 비유
은 천지·음양의 이치를 통하고 성현·성명(性命)의 근원을 통달하며 제자(諸子)·백가(百家)의 글과 이단(異
　　　　　　　　　　성인과 현인　　　운명 또는 수명
端)·적멸(寂滅)의 교(敎)에 이르기까지 모조리 적어 징험하여 역력히 볼 수 있다.

작품 분석
- 작자: 이첨
- 갈래: 가전체
- 성격: 풍자적, 우의적, 경세적, 교훈적
- 주제: 선비로서의 올바른 삶 권유, 종이의 생애
- 특징
  − 작가의 자전적 삶의 내용이 함축 반영되어 있음
  − 서두(序頭), 선계(先系), 사적(事蹟), 후계(後系), 평결(評結)로 구성
  − 구체적인 예를 들어 인물의 행적과 인물의 평가를 하고 있다.
  − 가전의 형식적 변화를 엿볼 수 있다.
- 출전: 《동문선》
- 해제: 고려말에서 조선 초기의 문신인 이첨이 종이를 의인화해서 지은 가전체 작품으로 작가 이첨의 실제 생애와 여기서의 저생(楮生)의 생애는 아주 유사하다. 이 작품은 임금을 가까이서 모시는 신하와 정치인의 올바른 태도를 통해 당시의 부패한 선비의 도에 대하여 경종을 울리고 있다.

기출 20 지방직 9급

확인 문제

〈저생전〉에서 의인화하고 있는 사물은?

① 대나무
② 백옥
③ 엽전
④ 종이

정답 ④

해설 이 글은 종이를 의인화하여 임금을 가까이 모시는 신하와 정치인의 올바른 태도에 대해 이야기하였다.

3. 조선 전기의 문학

(1) 악장, 〈용비어천가〉

[1장]

해동(海東) 육룡(六龍)이 ᄂᆞᄅᆞ샤 일마다 천복(天福)이시니
<small>건국 위업</small>

고성(古聖)이 동부(同符)ᄒᆞ시니
<small>중국의 역대 성군</small>

우리나라의 여섯 성군이 나시어 (하시는) 일마다 하늘의 복을 받으시니
(이것은) 중국 옛 성군들이 하신 일과 부합하여 일치하니

▶ 조선 건국의 정당성과 정통성을 부각

[2장]

불휘 기픈 남ᄀᆞᆫ ᄇᆞᄅᆞ매 아니 뮐ᄊᆡ 곶 됴코 여름 하ᄂᆞ니
<small>기초가 튼튼한 나라 역경   뮈다=흔들리다 문화 융성</small>
시미 기픈 므른 ᄀᆞᄆᆞ래 아니 그츨ᄊᆡ 내히 이러 바ᄅᆞ래 가ᄂᆞ니
<small>유서 깊은 나라   시련   영원 번창</small>

뿌리가 깊은 나무는 바람에 아니 흔들리므로 꽃이 좋고 열매가 풍성하나니
샘이 깊은 물은 가뭄에도 끊이지 아니하므로, 내를 이루어 바다에 가나니

▶ 조선 왕조의 무궁한 발전 기원

[4장]

적인(狄人)ㅅ 서리예 가샤 적인(狄人)이 ᄀᆞᆯ외어늘 기산(岐山) 올ᄆᆞ샴도 하ᄂᆞᆶ ᄠᅳ디시니
<small>북쪽 오랑캐</small>
야인(野人)ㅅ 서리예 가샤 야인(野人)이 ᄀᆞᆯ외어늘 덕원(德源) 올ᄆᆞ샴도 하ᄂᆞᆶ ᄠᅳ디시니
<small>여진족</small>

(주나라 태왕 고공단보께서) 북쪽 오랑캐 사이에 가셔서 (살 때), 북쪽 오랑캐가 침범하거늘 기산 밑으로 옮기신 것도 하늘의 뜻이시니
(익조께서) 여진족 사이에 가셔서 (살 때), 여진족이 침범하거늘 덕원으로 옮기신 것도 하늘의 뜻이시니

▶ 익조에게 내려진 천명(天命)

[8장]

태자(太子)ᄅᆞᆯ 하ᄂᆞᆯ히 ᄀᆞᆯ히샤 형(兄)ㄱᄠᅳ디 일어시ᄂᆞᆯ 성손(聖孫)ᄋᆞᆯ 내시니이다.

세자(世子)ᄅᆞᆯ 하ᄂᆞᆯ히 ᄀᆞᆯ히샤 제명(帝命)이 ᄂᆞ리어시ᄂᆞᆯ 성자(聖子)ᄅᆞᆯ 내시니이다.

태자(계력)를 하늘이 가리시어 그 형(태백)의 뜻이 이루어지시매, 그의 손자 무왕을 내리신 것입니다.
세자(환조)를 하늘이 가리시어 원나라 황제의 명령이 내리시매, 이 태조를 내리신 것입니다.

▶ 천명에 의한 이 태조의 탄생

확인 문제 15 서울시 7급

다음의 밑줄 친 ㉠, ㉡을 현대어로 옳게 바꾼 것은?

太子ᄅᆞᆯ 하ᄂᆞᆯ히 ㉠ ᄀᆞᆯ히샤 兄ㄱ ᄠᅳ디 ㉡ 일어시ᄂᆞᆯ 聖孫ᄋᆞᆯ 내시니이다
– 〈용비어천가〉 제8장

정답 ㉠ 가리시어, ㉡ 이루어지시거늘
해설 해석하면 '태자(계력)를 하늘이 가리시어 그 형(태백)의 뜻이 이루어지시매, 그의 손자 무왕을 내리신 것입니다'이다.

[125장]

천세(千世) 우희 미리 정(定)ㅎ샨 한수(漢水) 북(北)에 누인개국(累仁開國)ㅎ샤 복년(卜年)이 ▽업스
　　조선 건국의 당위성, 하늘의 뜻　　　　　　　　　　　　　　　　　　　　　　　　　하늘이 점지해 준 나라의 운명
시니

성신(聖神)이 니ㅿ샤도 경천근민(敬天勤民)ㅎ샤사 더욱 구드시리이다.
　　　　　　　　　　핵심어
님금하 아ㄹ쇼셔 낙수(落水)예 산행(山行)가 이셔 하나빌 미드니잇가.

천 년 전부터 미리 정하신 한강 북쪽 땅에, (육조께서) 어진 덕을 쌓고 나라를 여시어, 점지해 받은 운수가 끝이 없으시니
성군의 자손이 대를 이으셔도 하늘을 공경하고 백성을 위하여 부지런히 힘쓰셔야 (왕권이) 더욱 굳건할 것입니다.
임금이시여, 아소서. 낙수에 사냥 가 있으면서 조상의 공덕만 믿으시겠습니까?

▶ 후대 왕들에 대한 권계(勸戒)

작품 분석

- 작자: 정인지, 권제 등
- 갈래: 악장
- 성격: 송축적, 서사적, 설득적, 교훈적, 훈계적
- 제재: 육조(六祖)의 찬양할만한 일화
- 주제: 조선 건국의 정당성
- 표현
  - 대구법, 영탄법, 설의법 등의 다양한 수사법을 사용
  - 전125장, '서사 – 본사 – 결사'의 3단 구성
- 의의
  - 한글(훈민정음)로 기록된 최초의 장편 영웅 서사시
  - 세종 당시(15세기) 중세 국어 연구의 귀중한 자료
- 특징
  - 대부분 2절 4구체, 대구법을 사용
  - 전절에 중국 고사를 인용하고 후절에서는 조선 건국의 정당성을 강조
  - 제2장에서는 한자 없이 순수 우리말을 사용
- 해제: 이 작품은 조선 초 궁중에서 불렀던 악장의 대표적인 작품으로 훈민정음으로 기록된 최초의 노래이다. 조선 건국은 하늘의 뜻이라는 당위성과 정당성을 주장하며 육조의 업적을 찬양하고 후대 왕들에게 왕권 수호의 책임감과 왕위 계승의 올바른 자세를 훈계하는 교훈적 내용을 담고 있다. 서사(1~2장)에서는 조선 왕조의 당위성을, 본사(3~109장)에서는 조선 왕조의 정통성을 부각시켰으며, 결사(110~125장)에서는 후대 왕에게 '경천근민'할 것을 권계하고 있다.

기출 18 국가직 9급, 15 서울시 7급, 08 법원직 9급

(2) 가사

① 〈상춘곡〉

[서사]

홍진(紅塵)에 뭇친 분네, 이 내 생애(生涯) 엇더ᄒ고. 녯 사ᄅᆷ 풍류(風流)ᄅᆯ 미ᄎᆞᆯ가, 못 미ᄎᆞᆯ가. 천지간
속세
(天地間) 남자(男子) 몸이 날만ᄒᆞᆫ 이 하건마는, 산림(山林)에 뭇쳐 이셔 지락(至樂)을 ᄆᆞᄅᆯ 것가. 수간모옥
자연   자연에 사는 즐거움   안빈낙도
(數間茅屋)을 벽계수(碧溪水) 앎픠 두고, 송죽(松竹) 울울리(鬱鬱裏)에 풍월주인(風月主人) 되여셔라.
핵심어, 자연을 즐기는 사람

속세에 묻혀 사는 분들이여, 이 나의 생활이 어떠한가? 옛 사람들의 풍류에 내가 미칠까, 못 미칠까? 세상의 남자로 태어나 나와 같은 사람이 많지만, 자연에 묻혀 사는 더할 나위 없는 즐거움을 모르는 것인가? 몇 칸 안 되는 초가집을 맑은 시냇물 앞에 지어 놓고, 소나무와 대나무가 울창한 속에 대자연의 주인이 되었도다!

▶ 서사: 자연에 묻혀 사는 즐거움

[본사]

[1] 엇그제 겨을 지나 새봄이 도라오니, 도화 행화(桃花杏花)ᄂᆞᆫ 석양리(夕陽裏)예 픠여 잇고, 녹양방초
복숭아꽃과 살구꽃
(綠楊芳草)ᄂᆞᆫ 세우 중(細雨中)에 프르도다. 칼로 ᄆᆞᆯ아 낸가 붓으로 그려 낸가. 조화 신공(造化神功)이 물물
대구법, 의인법
(物物)마다 헌ᄉᆞ롭다. 수풀에 우는 새는 춘기(春氣)ᄅᆯ ᄆᆞᆺ내 계워 소리마다 교태(嬌態)로다.
야단스럽다   감정 이입의 대상

엇그제 겨울 지나 새봄이 돌아오니, 복숭아꽃과 살구꽃은 저녁 햇빛 속에 피어 있고, 푸른 버드나무와 향기로운 풀은 가랑비 속에 푸르도다. 칼로 재단해 내었는가, 붓으로 그려 내었는가? 조물주의 신기한 솜씨가 사물마다 야단스럽구나! 수풀에서 우는 새는 봄기운을 이기지 못하여 소리마다 아양을 떠는 모습이로다.

▶ 본사 1: 봄의 아름다운 경치

[2] 물아일체(物我一體)어니 흥(興)이이 다를소냐. 시비(柴扉)예 거러 보고 정자(亭子)애 안자 보니, 소
주객일체, 물심일여
요음영(逍遙吟詠)ᄒ야 산일(山日)이 적적(寂寂)ᄒᆞ되, 한중진미(閑中眞味)ᄅᆯ 알 니 업시 호재로다.

자연에 몰입되어 자연과 내가 한 몸이니 흥겨움이야 다르겠는가? 사립문 쪽으로 걸어보고 정자에도 앉아 보고 하니, 천천히 거닐며 나직이 시를 읊조리며 지내는 산속의 하루가 적적한데, 한가로운 생활 속에서 참된 재미를 아는 사람이 없이 혼자로구나.

▶ 본사 2: 봄의 흥취

[3] 이바 니웃드라 산수(山水) 구경 가쟈스라. 답청(踏靑)으란 오ᄂᆞᆯᄒ고 욕기(浴沂)란 내일(來日) ᄒᆞᆯ새.
청유형
아ᄎᆞᆷ에 채산(採山)ᄒ고 나조ᄒᆡ 조수(釣水)ᄒᆞᆽ새.

여보게 이웃 사람들아, 산수 구경 가자꾸나. 봄에 푸르게 난 풀을 밟으며 하는 산책은 오늘 하고 냇물에서 목욕하는 일은 내일 하세. 아침에 산나물을 캐고 저녁에 낚시질을 하세.

▶ 본사 3: 산수 구경 권유

[4] ᄀᆞᆺ 괴여 닉은 술을 갈건(葛巾)으로 밧타 노코 곳나모 가지 것거 수 노코 먹으리라. 화풍(和風)이 건듯
갈건녹주(葛巾綠酒) 고사 인용   풍류
부러 녹수(綠水)ᄅᆯ 건너오니, [청향(淸香)은 잔에 지고 낙홍(落紅)은 옷새 진다.] 준중(樽中)이 뷔엿거든
후각적 이미지   시각적 이미지   [ ]: 대구법
날ᄃᆞ려 알외여라. 소동(小童) 아ᄒᆡ드려 주가(酒家)에 술을 믈어, 얼운은 막대 집고 아ᄒᆡᄂᆞᆫ 술을 메고 미음
완보(微吟緩步)ᄒ야 시냇ᄀᆞ의 호자 안자, 명사(明沙) 조ᄒᆞᆫ 믈에 잔 시어 부어 들고, 청류(淸流)ᄅᆯ 굽어보니
ᄯᅥ오ᄂᆞ니 도화(桃花) | 로다. 무릉(武陵)이 갓갑도다. 져 ᄆᆡ이 긘 거이고.
무릉도원을 연상

> **소금무현갈건녹주**
> **(素琴無絃葛巾漉酒)**
> 진나라 도연명(陶淵明)은 무현금(無絃琴)을 좋아하였고 갈건(葛巾)으로 술을 거른 후에 말려 다시 썼다는 고사

갓 익은 술을 갈건으로 걸러 놓고, 꽃나무 가지를 꺾어 잔 수를 세어 가며 먹으리라. 화창한 바람이 문득 불어서 푸른 시냇물을 건너오니, 맑은 향기는 술잔에 지고 붉은 꽃잎은 옷에 떨어진다. 술동이가 비었으면 나에게 말하여라. 심부름하는 아이에게 술집에 술이 있는지 없는지 물어, 어른은 지팡이 짚고 아이는 술을 메고, 나직이 읊조리며 느릿느릿 걸어와 시냇가에 혼자 앉아, 맑은 모래 위의 깨끗한 물에 잔을 씻어 술을 부어 들고, 맑은 시냇물을 굽어보니 떠내려 오는 것이 복숭아꽃이로구나. 무릉도원이 가까이 있구나. 저 들이 바로 그곳인가?

▶ 본사 4: 봄 경치와 함께 즐기는 술과 풍류

[5] 송간(松間) 세로(細路)에 두견화(杜鵑花)를 부치 들고,   봉두(峰頭)에 급피 올나 구름 소기 안자 보니,
　　　　　　　　　　　진달래꽃
천촌만락(千村萬落)이 곳곳이 버러 잇닉.   연하일휘(煙霞日輝)는 금수(錦繡)를 재폇는 둧,   엇그제 검은 들
　　　　　　　　　　　　　　　　아름다운 자연　　　　　　　직유법　　　　　　　　　　거울 들판
이 봄빗도 유여(有餘)홀샤.

소나무 사이 좁은 길로 진달래꽃을 부여잡고, 산봉우리에 급히 올라 구름 속에 앉아 보니, 수많은 촌락들이 여기저기 벌여 있네. 안개와 노을과 빛나는 햇살은 마치 비단을 펼쳐 놓은 듯, 엊그제까지 검은 들판이 이제 봄빛이 풍성히 넘치는구나.

▶ 본사 5: 산봉우리에서 조망한 봄의 정경

[결사]

공명(功名)도 날 씌우고 부귀(富貴)도 날 씌우니,   청풍명월(淸風明月) 외(外)예 엇던 벗이 잇스올고.
　　　　　　　　　　　　　　　　　　　　　　　　　　설의법
단표누항(簞瓢陋巷)에 훗튼 혜음 아니 ᄒᆞ닉.   아모타 백년행락(百年行樂)어 이만흔둘 엇지ᄒᆞ리.
안빈낙도　　　　　　　　공명, 부귀　　　　　3·5·4·4, 정격 가사의 음수율

공명도 나를 꺼리고 부귀도 나를 꺼리니, 아름다운 자연 외에 어떤 벗이 있을까. 비록 가난하게 살고 있지만 허튼 생각 아니 하네. 아무튼 한평생 즐겁게 사는 것이 이만하면 족하지 않은가?

▶ 결사: 안빈낙도 생활에 만족

작품 분석

• 작자: 정극인
• 갈래: 정격 가사, 서정 가사, 양반 가사
• 성격: 서정적, 주정적, 묘사적, 자연 친화적, 예찬적
• 제재: 봄의 풍경
• 주제: 봄 경치의 완상(玩賞)과 안빈낙도(安貧樂道)의 삶을 예찬
• 표현
　– 대구법, 직유법, 의인법, 설의법 등
　– 3·4조, 4음보의 연속체
• 의의
　– 조선 시대 최초의 사대부 가사
　– 〈상춘곡〉 → 〈면앙정가〉 → 〈성산별곡〉으로 이어지는 강호 한정❶ 가사의 출발점이 되는 작품
• 특징
　– 감정 이입 기법 사용
　– '수간모옥 → 정자 → 시냇가 → 산봉우리'로 공간을 이동하면서 시상을 전개
　– 봄 경치의 아름다움을 생동감 있게 사실적으로 묘사
• 해제: 이 작품은 작가가 벼슬을 내려놓고 고향으로 돌아와 살면서 자연의 아름다움을 노래한 것으로, 자연 속에서의 삶이 좋다는 자연 친화적 작품이다. 속세에서 벗어나 자연 속에서 살아가는 소박한 즐거움에 대한 만족감과 안빈낙도의 삶을 살아가려는 작가의 의지가 드러나 있다. 공간이 좁은 곳에서 넓은 곳으로 확장되어 시상이 전개되며 작가의 물아일체, 안분지족, 안빈낙도의 태도가 드러난다.

기출 18·17 국회직 9급, 14·10 법원직 9급, 14 기상직 9급, 14 지방직 7급

② 〈면앙정가〉

[서사]

[1] 무등산(无等山) 혼 활기 뫼회 동다히로 버더 이셔 멀리 쎄쳐 와 제월봉(霽月峯)이 되여거늘, 무변대
야(無邊大野)의 므슴 짐쟉 호노라 일곱 구비 혼디 움쳐 므득므득 버럿는 듯. 가온대 구비는 굼긔 든 늘근 농
이 션줌을 굿 쎄야 머리룰 언쳐시니.
〈주체: 제월봉, 의인법〉 〈한 곳에〉 〈직유법〉 〈구멍에〉
〈끝없이 넓은 들판〉

무등산의 한 줄기 산이 동쪽으로 뻗어 있어 멀리 떨치고 와 제월봉이 되었거늘, 끝없이 넓은 들판에서 무슨 생각 하느라고 일곱
굽이(봉우리)가 한 곳에 움츠려 무더기무더기 벌여 놓은 듯하고, 가운데 굽이는 구멍에 든 늙은 용이 선잠(풋잠)을 막 깨어 머리
를 얹어 놓은 듯하다.

▶ 서사 1: 제월봉의 형세

[2] 너른 바회 우희 송죽(松竹)을 혜혀고 정자(亭子)룰 언쳐시니, 구름 튼 청학(靑鶴)이 천 리(千里)를 가
〈면앙정〉 〈면앙정 비유, 은유법〉
리라 두 느릐 버럿는 듯.

넓고 편편한 바위 위에 소나무와 대나무를 헤치고 정자(면앙정)를 앉혔으니, 구름을 탄 푸른 학이 천 리를 가려고 두 날개를 벌리
고 있는 듯하다.

▶ 서사 2: 면앙정의 모습

[본사]

[1] 흰 구름 브흰 연하(煙霞) 프르니는 산람(山嵐)이라. 천암(千巖) 만학(萬壑)을 제 집을 삼아 두고 나
〈산아지랑이(계절적 배경: 봄)〉
명성 들명성 일히도 구는지고. 오르거니 느리거니 장공(長空)의 써나거니 광야(廣野)로 거너거니 프르락
불그락, 여트락 지트락 사양(斜陽)과 섯거기어 세우(細雨)조차 쓰리는다.

흰 구름, 뿌연 안개와 노을. 푸른 것은 산아지랑이로구나. 수많은 바위와 골짜기를 제 집으로 삼아 두고 나가면서 들면서 아양도
떠는구나. 날아 오르다가 내려 앉았다가 넓고 먼 하늘로 떠났다가 넓은 들로 건너갔다가 푸르기도 하고 붉기도 하고, 옅기도 하
고 짙기도 하고 석양과 섞여 가랑비마저 뿌리는구나.

▶ 본사 1: 면앙정의 봄 경치

[2] 초목(草木) 다 진 후의 강산(江山)이 미몰커늘, 조물(造物)리 헌스호야 빙설(氷雪)노 쑤며 내니 경궁
요대(瓊宮瑤臺)와 옥해은산(玉海銀山)이 안저(眼底)에 버러셰라. 건곤(乾坤)도 가움열샤 간 대마다 경이
〈눈 덮인 자연을 비유, 은유법〉
로다.
〈계절적 배경: 겨울〉

초목이 다 떨어진 후에 강산이 묻혔거늘, 조물주가 야단스러워 얼음과 눈으로 꾸며 내니 아름다운 구슬로 꾸민 궁궐과 누대, 옥
같은 바다와 은 같은 산이 눈 아래로 펼쳐져 있구나. 온 천지가 풍성하여 가는 곳마다 아름다운 경관이로다.

▶ 본사 2: 면앙정의 겨울 경치

[결사]

[1] 인간(人間)을 써나와도 내 몸이 겨를 업다. 니것도 보려 호고 져것도 드르려코, 브룸도 혀려 호고 둘
〈속세〉
도 마즈려코, 밤으란 언제 줍고 고기란 언제 낙고, 시비(柴扉)란 뉘 다드며 딘 곳츠란 뉘 쓸려료. 아츰이 낫
브거니 나조히라 슬흘소냐. 오늘리 부족(不足)거니 내일(來日)이라 유여(有餘)흐랴. 이 뫼히 안주 보고 저
뫼히 거러 보니 번로(煩勞)흔 마음의 브릴 일리 아조 업다. 쉴 스이 업거든 길히나 전흐리야. 다만 흔 청려
〈자연을 감상하며 분주히 삶〉
장(靑藜杖)이 다 뫼되여 가노미라.
〈자연 경치를 완상하기 위해 많이 돌아다녔음을 알 수 있음〉

인간 세상을 떠나와도 내 몸이 한가로울 겨를이 없다. 이것도 보려 하고 저것도 들으려 하고, 바람도 쐬려 하고 달도 맞으려 하고, 밤은 언제 줍고 고기는 언제 낚으며, 사립문은 누가 닫으며 떨어진 꽃은 누가 쓸 것인가. 아침이 부족하거니 저녁이라고 싫을쏘냐. 오늘도 부족한데 내일이라고 여유가 있으랴. 이 산에 앉아 보고 저 산에 걸어 보니 번거로운 마음이지만 버릴 일이 전혀 없다. 쉴 사이도 없는데 길이나마 전할 틈이 있으랴. 다만 하나의 푸른 명아주 지팡이만이 다 무디어져 가는구나.

▶ 결사 1: 속세를 떠나 자연을 즐기는 생활

[2] 술리 닉어거니 벗지라 업슬소냐. 블닉며 투이며 혀이며 이아며 온가지 소ᄅᆡ로 취흥(醉興)을 ᄇᆡ야거니 근심이라 이시며 시름이라 브터시랴. 누으락 안즈락 구브락 져츠락 을프락 ᄑᆞ람ᄒᆞ락 노혜로 노거니 천지(天地)도 넙고 넙고 일월(日月)도 ᄒᆞᆫ가ᄒᆞ다. 희황(羲皇)을 모을너니 니 적이야 긔로괴야. 신선(神仙)이
  복희 황제, 태평성대   이때가 태평성대로구나
엇더턴지 이 몸이야 긔로고야. 강산풍월(江山風月) 거늘리고 내 백 년(百年)을 다 누리면 악양루 상(上)의 이태백(李太白)이 사라오다, 호탕정회(浩蕩情懷)야 이예서 더홀소냐.

술이 익었는데 벗이 없을쏘냐. (노래를) 부르게 하며, (악기를) 타게 하며, (해금을) 켜게 하며, (방울을) 흔들며, 온갖 소리로 취한 흥을 재촉하니, 근심이라 있겠으며 시름이라 붙었으랴. 누웠다가 앉았다가 굽혔다가 젖혔다가, 시를 읊었다가 휘파람을 불었다가 마음 놓고 노니, 세상은 넓디넓고 세월은 한가하다. 복희씨의 태평성대를 모르고 지냈더니, 지금이야말로 그때다. 신선이 어떤 것인지 이 몸이야말로 신선이로구나. 아름다운 자연을 거느리고 내 평생을 다 누리면, 악양루 위의 이태백이 살아온다 한들 호탕한 회포야 이보다 더할쏘냐.

▶ 결사 2: 풍류 생활에 대한 만족감과 호탕정회

[3] 이 몸이 이렁굼도 역군은(亦君恩)이샷다.
  자연과 유교적 충의 사상이 결합

이 몸이 이렇게 지내는 것도 역시 임금의 은혜이시다.

▶ 결사 3: 임금의 은혜에 대한 감사

작품 분석

- 작자: 송순
- 갈래: 양반 가사, 은일(隱逸) 가사, 서정 가사
- 성격: 서정적, 강호가도
- 주제: 대자연 속에서의 풍류 생활과 군은(君恩)
- 표현
  – 활유법, 의인법, 직유법, 은유법, 대구법, 열거법, 과장법 등 다양한 표현 기법 사용
  – 4 · 4조(3 · 4조)를 기조로 한 4음보 연속체
- 의의
  – 강호가도를 확립한 대표작
  – 정극인의 〈상춘곡〉을 계승하고 정철의 〈성산별곡〉에 영향을 줌
- 특징
  – 사계절의 변화에 따라 시상을 전개
  – 자연 친화와 유교적 충의의 내용을 담고 있음
- 해제: 이 작품은 송순이 관직에서 잠시 물러나 고향인 전라도 담양의 제월봉 아래에 면앙정을 지어 생활하면서 지은 가사이다. 면앙정 주변의 산수와 사계절의 변화에 따른 아름다운 모습을 감상하며 지은 서정 가사로, 우리말을 아름답게 구사하고, 다양한 수사법을 통해 면앙정의 경치와 흥취를 생생하게 형상화하였다. '역군은이샷다'라고 마무리함으로써 자연의 풍류와 유교의 충의 사상을 결합한 유학자의 도를 나타냈다.

기출 18 지방직 7급, 10 법원직 9급

③ 〈사미인곡〉

[서사]

이 몸 삼기실 제 님을 조차 삼기시니, 흔싱 연분(緣分)이며 하늘 모를 일이런가. 나 흐나 졈어 잇고 님 흐
<u>임금, 선조</u>

나 날 괴시니 이 무음 이 스랑 견졸 디 노여 업다. 평싱(平生)애 원(願)호요디 네쟈 호얏더니, 늘거야
므스 일로 외오 두고 그리는고. 엇그제 님을 뫼셔 광한던(廣寒殿)의 올낫더니, 그 더디 엇디호야 하계(下
<u>달 속에 있는 궁궐</u>   <u>속세</u>

界)예 느려오니, 올 저긔 비슨 머리 얼키연디 삼년(三年)이라. 연지분(臙脂粉) 잇닉마는 눌 위호야 고이 홀
<u>은거기간, 창작 연대 암시</u>

고. 무음의 미친 실음 텹텹(疊疊)이 빠혀 이셔, 짓느니 한숨이오 디느니 눈물이라. 인싱(人生)은 유한(有
限)흔디 시름도 그지업다. 무심(無心)흔 셰월(歲月)은 물 흐르듯 흐는고야. 염냥(炎凉)이 쌔롤 아라 가는
<u>계절의 순환</u>

듯 고텨 오니, 듯거니 보거니 늣길 일도 하도 할샤.

이 몸이 태어날 때 임(임금)을 따라 태어나니, 한평생 함께 살아갈 인연임을 하늘이 모를 일이던가? 나는 오직 젊어 있고 임은 오
직 나만을 사랑하시니 이 마음과 이 사랑 비교할 데가 전혀 없다. 평생에 원하건대 (임과) 함께 살아가려고 하였더니, 늙어서야
무슨 일로 외따로 두고 그리워하는가. 엊그제에는 임을 모시고 광한전에 올라 있었더니, 그 동안에 어찌하여 속세에 내려오게 되
었느냐? 떠나올 적에 빗은 머리가 헝클어진 지 삼 년이구나. 연지분이 있지만 누구를 위하여 곱게 단장할까? 마음에 맺힌 근심
이 겹겹이 쌓여 있어, 짓는 것은 한숨이요 떨어지는 것은 눈물이구나. 인생은 유한한데 근심은 끝이 없다. 무심한 세월은 물 흐르
듯 흘러가는구나. 더웠다 서늘해졌다 하는 계절의 바뀜이 때를 알아 가는 듯 다시 오니, 듣거니 보거니 하는 가운데 느낄 일이 많
기도 많구나.

▶ 서사: 임과의 인연과 이별한 후의 그리움

[본사]

[1] 동풍(東風)이 건듯 부러 젹셜(積雪)을 헤텨 내니, 창(窓) 밧긔 심근 미화(梅花) 두세 가지 픠여셰라.
                                                                    <u>절개</u>

ᄀᆞᆺ득 닝담(冷淡)흔디, 암향(暗香)은 므스 일고. 황혼(黃昏)의 둘이 조차 벼마틱 빗최니 늣기는 듯 반기는
                      <u>변함없는 충성심을 비유</u>

듯, 님이신가 아니신가. [뎌 미화(梅花) 것거 내여 님 겨신 디 보내오져.] 님이 너를 보고 엇더타 너기실고.
<u>임에 대한 사랑과 정성을 나타내는 소재</u>   [ ]: 임에 대한 충성심을 직접 보여 드리고 싶은 화자의 안타까운 심정

봄바람이 문득 불어 쌓인 눈을 헤쳐 내니, 창 밖에 심은 매화가 두세 가지 피었구나. 가뜩이나 쌀쌀하고 적막한데, 그윽한 향기는
무슨 일인가? 황혼에 달이 쫓아와 베갯머리에 비치니 흐느끼는 듯 반기는 듯 (하니), (이 달이 바로) 임이신가 아니신가? 저 매화
를 꺾어 내어 임 계신 곳에 보내고 싶구나. (그러면) 임이 너를 보고 어떻다 생각하실까?

▶ 본사 1(춘사): 매화를 꺾어 임에게 보내 드리고 싶은 마음

[2] 꼿 디고 새 닙 나니 녹음(綠陰)이 실렷는디, 나위(羅幃) 젹막(寂寞)ᄒᆞ고 슈막(繡幕)이 뷔여 잇다. 부
<u>계절적 배경: 여름</u>   <u>외로움</u>

용(芙蓉)을 거더 노코 공작(孔雀)을 둘러 두니, ᄀᆞᆺ득 시름 한디 날은 엇디 기돗던고. 원앙금(鴛鴦錦) 버혀
노코 오식션(五色線) 플텨 내여 금자히 견화이셔 님의 옷 지어 내니, 슈품(手品)은 ᄏᆞ니와 제도(制度)도 ᄀᆞ
                          <u>임에 대한 사랑과 정성을 나타내는 소재</u>   <u>임에 대한 정성</u>

줄시고. 산호슈(珊瑚樹) 지게 우희 빅옥함(白玉函)의 다마 두고, 님의게 보내오려 님 겨신 디 ᄇᆞ라보니 산
<u>미화법</u>   <u>미화법</u>   <u>간신, 장애물</u>

(山)인가 구롬인가 머흐도 머흘시고. 쳔니(千里) 만니(萬里) 길흘 뉘라셔 ᄎᆞ자갈고. 니거든 여러 두고 날인
<u>간신, 장애물</u>

가 반기실가.

꽃잎이 지고 새 잎이 나니 녹음이 우거져 그늘이 깔렸는데, (임이 없어) 비단 휘장은 쓸쓸히 걸렸고, 수놓은 장막만이 드리워져
텅 비어 있다. 부용꽃이 그려진 병풍을 걷어 놓고 공작이 그려진 병풍을 둘러 두니, 가뜩이나 근심 걱정이 많은데 낮은 어찌 (그
리도 지루하게) 길던가? 원앙이 그려진 비단을 베어 놓고 오색실을 풀어 내어 금으로 만든 자로 재어서 임의 옷을 만들어 내니,
솜씨는 물론이거니와 격식도 갖추었구나. 산호로 만든 지게 위에 백옥으로 만든 함에 (임의 옷을) 담아 얹혀 두고, 임에게 보내려
고 임 계신 곳을 바라보니 산인가 구름인가 험하기도 험하구나. 천만 리나 되는 먼 길을 누가 찾아갈까? 가거든 (백옥함을) 열어
두고 나를 본 듯 반가워하실까?

▶ 본사 2(하사): 임의 옷을 지어 보내고 싶은 마음

확인 문제   12 법원직 9급

〈사미인곡〉에 대한 설명으로 가장 적절하
지 않은 것은?

① 4음보의 리듬감이 나타난다.
② 여성 화자의 목소리가 나타난다.
③ 상대방에 대한 예찬을 주제로 한다.
④ 화자는 현재의 처지에서 벗어나고 싶
어 한다.

정답 ③

해설 〈사미인곡〉은 임에 대한 그리움과
일편단심을 절절하게 표현하고 있다. 상
대에 대한 예찬이라고 보기는 어렵다.

[3] ㅎ ᄅᆞᆷ밤 서리김의 기러기 우러 녈 제, 위루(危樓)에 혼자 올나 슈정념(水晶簾)을 거든마리, 동산(東
_{감정 이입}
山)의 ᄃᆞᆯ이 나고 븍극(北極)의 별이 뵈니, 님이신가 반기니 눈믈이 절로 난다. 쳥광(淸光)을 쥐여 내여 봉
_{임금을 상징}   _{임에 대한 사랑과 정성}
황누(鳳凰樓)의 븟티고져. 누(樓) 우희 거러 두고 팔황(八荒)의 다 비최여 심산(深山) 궁곡(窮谷) 졈낫ᄀᆞ
_{임금이 계신 곳}   _{온 나라 구석구석}   _{선정을 소망}
티 밍그쇼셔.

하룻밤 사이 서리 내릴 무렵에 기러기가 울며 날아갈 때, 높다란 누각에 혼자 올라서 수정알로 만든 발을 걷으니, 동산에 달이 떠
오르고 북극성이 보이므로, 임인가 하여 반가워하니 눈물이 절로 난다. 저 맑은 달빛을 일으켜 내어 임이 계신 궁궐에 부쳐 보내
고 싶다. (그러면 임께서는 그것을) 누각 위에 걸어 두고 온 세상을 다 비추어, 깊은 산골짜기도 대낮같이 환하게 만드소서.

▶ 본사 3(추사): 선정을 베풀어 주기를 바라는 마음

[4] 건곤(乾坤)이 폐ᄉᆡᆨ(閉塞)ᄒᆞ야 빅셜(白雪)이 ᄒᆞᆫ 비친 제, 사ᄅᆞᆷ은ᄏᆞ니와 놀새도 긋쳐 잇다. 쇼샹(瀟湘)
남반(南畔)도 치오미 이러커든, 옥누고쳐(玉樓高處)야 더옥 닐너 므슴ᄒᆞ리. 양츈(陽春)을 부쳐 내여 님 겨
_{임금이 계신 곳}   _{임에 대한 사랑과 정성}
신 ᄃᆡ 쏘이고져. 모쳠(茅簷) 비쵠 ᄒᆡ를 옥누(玉樓)의 올리고져. 홍샹(紅裳)을 니믜ᄎᆞ고 취슈(翠袖)를 반
_{화자가 여성임}
(半)만 거더, 일모(日暮) 슈듁(脩竹)의 헴가림도 하도 할샤. 댜ᄅᆞᆫ 히 수이 디여, 긴 밤을 고초 안자, 쳥등(靑
_{임에 대한 걱정}
燈) 거른 겻ᄐᆡ 뎐공후(鈿箜篌) 노하 두고, 꿈의나 님을 보려 ᄐᆞᆨ 밧고 비겨시니, 앙금(鴦衾)도 ᄎᆞ도 출샤. 이
_{악기 이름}
밤은 언제 샐고.

온 세상이 겨울의 추위에 얼어 생기가 막히고 흰 눈으로 온통 덮여 있을 때, 사람은 말할 것도 없거니와 날짐승도 자취를 감추었
도다. 소상강 남쪽 둔덕의 추위도 이와 같거늘, 하물며 북쪽의 임 계신 곳이야 더 말할 것이 있겠는가. 따뜻한 봄기운을 (부채로)
부치어 내어 임 계신 곳에 쐬게 하고 싶다. 초가집 처마에 비친 따뜻한 햇볕을 임 계신 궁궐에 올리고 싶다. 붉은 치마를 여미어
입고 푸른 소매를 반쯤 걷어 올려, 해는 저물었는데 밋밋하고 길게 자란 대나무에 기대어 서니 이것저것 생각이 많기도 많구나.
짧은 겨울 해가 이내 넘어가고, 긴 밤을 꼿꼿이 앉아, 청사초롱을 걸어 둔 옆에 자개로 수놓은 공후를 두고, 꿈에서라도 임을 보
려고 턱을 받치고 기대어 앉아 있으니, 원앙새를 수놓은 이불이 차기도 차구나. (아, 이렇게 홀로 외로이 지내는) 이 밤은 언제나
샐 것인가?

▶ 본사 4(동사): 임의 건강을 걱정

[결사]

ㅎ ᄅᆞ도 열두 ᄣᅢ ᄒᆞᆫ ᄃᆞᆯ도 셜흔 날, 져근덧 싱각 마라 이 시름 닛쟈 ᄒᆞ니 ᄆᆞ음의 ᄆᆡ쳐 이셔 골슈(骨髓)의 ᄢᅦ

텨시니, 편쟉(扁鵲)이 열히 오다 이 병을 엇디ᄒᆞ리. 어와, 내 병이야 이 님의 타시로다. 출하리 싀어디여 범
_{중국 춘추 시대의 명의, 대유법}   _{화자의 분신}
나븨 되오리라. 곳나모 가지마다 간 ᄃᆡ 죡죡 안니다가, 향 므든 ᄂᆞᆯ애로 님의 옷ᄉᆡ 올므리라. 님이야 날인 줄
_{임에 대한 사랑과 그리움}   _{임에 대한 충정. 일편단심}
모ᄅᆞ셔도 내 님 조ᄎᆞ려 ᄒᆞ노라.

하루도 열두 때, 한 달도 서른 날. 잠시라도 임 생각을 말고 이 시름을 잊으려 하여도 (시름이) 마음속에 맺혀 있어 뼛속까지 사무
쳤으니, 편작과 같은 명의가 열 명이 오더라도 이 병을 어떻게 하랴. 아, 내 병이야 이 임의 탓이로다. 차라리 사라져(죽어서) 범나
비가 되리라. 꽃나무 가지마다 간 데 족족 앉고 다니다가, 향기 묻은 날개로 임의 옷에 옮으리라. 임께서 (그 범나비가) 나인 줄
모르셔도 나는 임을 따르려 하노라.

▶ 결사: 임에 대한 충성심

작품 분석

• 작자: 정철
• 갈래: 서정 가사, 정격 가사, 양반 가사
• 성격: 충신연군지사(忠臣戀君之詞)
• 주제: 임금을 그리는 마음
• 표현
 − 비유법, 변화법 등
 − 3(4) · 4조 4음보의 연속체
• 의의
 − 〈속미인곡〉과 더불어 가사 문학의 절정을 이룬 작품
 − 우리말 구사와 세련된 표현의 극치를 보여 줌
• 특징
 − 화자는 계절별로 임에 대한 정성을 나타냄
 − 군신 관계를 남녀 관계에 빗대어 표현
 − 연가풍의 노래에 전형적으로 등장하는 여성 화자를 택함
 − 〈정과정〉을 잇는 충신연주지사(忠臣戀主之詞)의 작품
• 해제: 이 작품은 정철이 전남 창평에 은거하면서 지은 작품이다. '사미인(思美人)'은 중국 초나라 굴원(屈原) 의 〈이소(離騷)〉 제9장의 '사미인'과 같고, 충정을 노래한 〈이소〉의 내용에 작가의 처지를 결합시켜 자신의 변함없는 연군의 정을 노래하였다. 시적 자아를 여성으로 설정하여 임에 대한 그리움을 사계절의 변화에 따라 독백체로 더욱 절절하게 표현하였다. 고려 속요인 〈정과정〉과 맥을 같이 하고 〈가시리〉, 〈동동〉 등에 이어져 있다.

기출 17 지방직 7급, 16 경찰 2차, 12 법원직 9급, 11 서울시 9급

④ 〈속미인곡〉

[서사]

[갑녀] 뎨 가는 뎌 각시, 본 듯도 ᄒᆞ더이고. 텬샹(天上) 빅옥경(白玉京)을 엇디ᄒᆞ야 니별(離別)ᄒᆞ고, 히 다 져 져믄 날의 눌을 보라 가시ᄂᆞᆫ고.

임금이 계시는 궁궐

저기 가는 저 여자(각시), 본 듯도 하구나. 천상의 백옥경을 어찌하여 이별하고, 해가 다 져서 저문 날에 누구를 보러 가시는가?

▶ 갑녀의 질문: 백옥경을 떠난 이유

[을녀] 어와, 네여이고. 내 ᄉᆞ셜 드러 보오. 내 얼굴 이 거동이 님 괴얌즉 ᄒᆞᆫ가마ᄂᆞᆫ, 엇딘디 날 보시고 네로 다 녀기실ᄉᆡ, 나도 님을 미더 군ᄠᅳ디 전혀 업서, 이ᄅᆞᆺ야 교틱야 어ᄌᆞ러이 구돗ᄯᅥᆫ디, 반기시ᄂᆞᆫ ᄂᆞᆺ비치 녜와 엇디 다ᄅᆞ신고. 누어 싱각ᄒᆞ고 니러 안자 혜여ᄒᆞ니, 내 몸의 지은 죄 뫼ᄀᆞ티 빠혀시니, 하ᄂᆞᆯ히라 원망ᄒᆞ며 사ᄅᆞᆷ이라 허믈ᄒᆞ랴. 셜워 플텨 혜니 조믈(造物)의 타시로다.

운명론적 세계관이 엿보임

아, 너로구나. 내 사정 이야기를 들어 보오. 내 얼굴과 이 나의 태도가 임에게 사랑을 받음직 한가마는, 어쩐지 나를 보시고 너로 구나 하고 여기시기에, 나도 임을 믿어 딴 생각이 전혀 없어, 응석과 아양을 부리며 지나치게 굴었던지, 반기시는 얼굴빛이 옛날 과 어찌 다르신고? 누워 생각하고 일어나 앉아 헤아려 보니, 내 몸의 지은 죄가 산더미같이 쌓였으니, 하늘을 원망하며 사람을 탓하겠는가. 서러워 (여러 가지 일을) 풀어 헤아려 보니 조물주의 탓이로다.

▶ 을녀의 자책과 한탄(조물주의 탓)

[본사]

[갑녀] 글란 싱각 마오.

그런 생각 마오.

▶ 갑녀의 위로

[을녀] 미친 일이 이셔이다. 님을 뫼셔 이셔 님의 일을 내 알거니, 믈 ᄀᆞᆮ튼 얼굴이 편ᄒᆞ실 적 몃 날일고. 츈한고열(春寒苦熱)은 엇디ᄒᆞ야 디내시며, 츄일동텬(秋日冬天)은 뉘라셔 뫼셧ᄂᆞᆫ고. 쥭조반(粥早飯) 됴셕(朝
夕) 뫼 녜와 ᄀᆞᆮ티 셰시ᄂᆞᆫ가. 기나긴 밤의 ᄌᆞᆷ은 엇디 자시ᄂᆞᆫ고.

직유법
아침 전에 일찍 먹는 죽

마음 속에 맺힌 일이 있습니다. 임을 모시어서 임의 일을 내가 알거니, 물같이 연약한 몸이 편하실 때가 몇 날일까? 이른
봄날의 추위와 여름철의 무더위는 어떻게 지내시며, 가을과 겨울은 누가 모셨는가? 조반과 아침, 저녁 진지는 예전과 같이 잘 잡
수시는가? 기나긴 밤에 잠은 어떻게 주무시는가?

▶ 을녀의 임에 대한 염려

[을녀] 님다히 쇼식(消息)을 아므려나 아쟈 ᄒᆞ니, 오늘도 거의로다. 내일이나 사ᄅᆞᆷ 올가. 내 ᄆᆞ음 둘 ᄃᆡ 업
다. 어드러로 가쟛 말고. 잡거니 밀거니 놉픈 뫼히 올라가니, 구롬은ᄏᆞ니와 안개는 므스 일고. 산쳔(山川)이

간신을 비유 *간신을 비유*

어둡거니 일월(日月)을 엇디 보며, 지쳑(咫尺)을 모ᄅᆞ거든 쳔(千) 니(里)를 ᄇᆞ라보랴. ᄎᆞᆯ하리 믈ᄀᆞ의 가 ᄇᆡ

임금을 상징

길히나 보쟈 ᄒᆞ니, ᄇᆞ람이야 믈결이야 어둥졍 된뎌이고. 샤공은 어ᄃᆡ 가고 뷘 ᄇᆡ만 걸렷ᄂᆞᆫ고. 강텬(江天)의

간신을 비유 *간신을 비유* *고독한 화자의 처지*

혼쟈 셔셔 디ᄂᆞᆫ ᄒᆡ를 구버보니, 님다히 쇼식(消息)이 더옥 아득ᄒᆞ뎌이고.

임 계신 곳의 소식을 어떻게든 알려고 하니, 오늘도 거의 저물었구나. 내일이나 임의 소식 전해 줄 사람이 올까? 내 마음 둘 곳이
없다. 어디로 가자는 말인가? 잡기도 하고 밀기도 하면서 높은 산에 올라가니, 구름은 물론이고 안개는 또 무슨 일로 저렇게 끼
어 있는가? 산천이 어두우니 해와 달을 어떻게 바라보며, 눈앞의 가까운 곳도 모르는데 천 리나 되는 먼 곳을 바라볼 수 있으랴.
차라리 물가에 가서 뱃길이나 보려고 하니, 바람과 물결로 어수선하게 되었구나. 뱃사공은 어디 가고 빈 배만 걸려 있는가? 강가
에 혼자 서서 저무는 해를 굽어보니, 임 계신 곳의 소식이 더욱 아득하구나.

▶ 임의 소식을 듣고 싶은 을녀의 마음

[을녀] 모쳠(茅簷) ᄎᆞᆫ 자리의 밤듕만 도라오니, 반벽쳥등(半壁靑燈)은 눌 위ᄒᆞ야 불갓ᄂᆞᆫ고. 오ᄅᆞ며 ᄂᆞ리
며 헤쓰며 바니니, 져근덧 녁진(力盡)ᄒᆞ야 픗ᄌᆞᆷ을 잠간 드니, 졍셩(精誠)이 지극ᄒᆞ야 ᄭᅮᆷ의 님을 보니, 옥옥
ᄀᆞᆮ튼 얼굴이 반(半)이나마 늘거셰라. ᄆᆞ음의 머근 말ᄉᆞᆷ 슬ᄏᆞ장 ᄉᆞᆲ쟈 ᄒᆞ니, 눈믈이 바라 나니 말인들 어이ᄒᆞ
며, 졍(情)을 못다ᄒᆞ야 목이조차 메여ᄒᆞ니, 오뎐된 계셩(鷄聲)의 ᄌᆞᆷ은 엇디 ᄭᅢᆺ돗던고.

초가집 찬 잠자리에 한밤중에 돌아오니, 벽 가운데 걸려 있는 등불은 누구를 위하여 밝았는가? 오르내리며 헤매며 오락가락하
니, 잠깐 사이에 힘이 다하여 풋잠을 잠깐 드니, 정성이 지극하여 꿈에 임을 보니, 옥과 같이 곱던 얼굴이 반 넘게 늙었구나. 마음
속에 품은 생각을 실컷 아뢰려고 하였더니, 눈물이 쏟아지니 말인들 어찌 하며, 정을 못다 풀어 목마저 메어 오니, 방정맞은 닭소
리에 잠은 어찌 깨었는가?

▶ 을녀의 독수공방의 애달픔

[결사]

[을녀] 어와, 허ᄉᆞ(虛事)로다. 이 님이 어ᄃᆡ 간고. 결의 니러 안자 창(窓)을 열고 ᄇᆞ라보니, 어엿븐 그림재

감정 이입

날 조출 ᄲᅟᅵᆫ이로다. ᄎᆞᆯ하리 싀여디여 낙월(落月)이나 되야이셔, 님 겨신 창(窓) 안히 번드시 비최리라.

소극적 사랑

아, 허황된 일이구나. 이 임이 어디 갔는가? 꿈결에 일어나 앉아 창을 열고 바라보니, 가없은 그림자만이 나를 따를 뿐이로다. 차
라리 죽어서 지는 달이나 되어, 임 계신 창문 안에 환하게 비추리라.

▶ 을녀의 임에 대한 간절한 사랑

[갑녀] 각시님 ᄃᆞᆯ이야ᄏᆞ니와 구ᄌᆞᆫ 비나 되쇼셔.

적극적 사랑

각시님 달은커녕 궂은비나 되십시오.

▶ 갑녀의 위로

확인 문제   09 법원직 9급

ⓐ~ⓓ 중, 함축적 의미가 나머지 셋과 다
른 하나는?

ⓐ 구롬은ᄏᆞ니와 ⓑ 안개ᄂᆞᆫ 므스 일
고 山산川쳔이 어둡거니 ⓒ 日일月월
을 엇디 보며 咫지尺쳑을 모ᄅᆞ거든
千쳔 里니룰 ᄇᆞ라보랴 ᄎᆞᆯ하리 믈ᄀᆞ
의 가 ᄇᆡ 길히나 보쟈 ᄒᆞ니 ⓓ ᄇᆞ람이
야 믈결이야 어둥졍 된뎌이고

① ⓐ   ② ⓑ
③ ⓒ   ④ ⓓ

정답 ③

해설 ①, ②, ④는 '간신'을, ③은 '임금'
을 상징한다.

작품 분석
- 작자: 정철
- 갈래: 양반 가사, 서정 가사, 정격 가사, 유배 가사
- 성격: 연군지사(戀君之詞), 사모적
- 주제: 연군(戀君)의 정
- 표현
  - 대화체, 미화법, 은유법 등
  - 3 · 4조 또는 4 · 4조를 기조로 한 대화체
- 의의
  - 〈사미인곡〉과 더불어 가사 문학의 극치를 이룸
  - 우리말의 구사가 뛰어나고 절묘함
- 특징: 갑녀와 을녀 두 여인의 대화 형식으로 이루어진 구성이 참신함
- 해제: 이 작품은 〈사미인곡〉의 속편으로, 신하가 임금을 그리워하는 마음을 두 여인의 대화 형식으로 전개하였다. 임에 대한 화자의 그리움과 일편단심을 세련된 우리말로 효과적으로 구사하였다.

기출 17 법원직 9급, 17 국가직 7급, 16 국회직 8급, 09 법원직 9급

⑤ 〈관동별곡〉

[서사]

[1] 강호(江湖)애 병(病)이 깁퍼 듁님(竹林)의 누엇더니, 관동(關東) 팔빅(八百) 니(里)에 방면(方面)을 맛디시니, 어와 셩은(聖恩)이야 가디록 망극(罔極)ᄒ다.
- 江湖: 자연
- 竹林: 천석고황, 연하고질
- 關東: 강원도
- 方面: 관찰사의 소임

자연을 그리워하는 마음이 병이 되어서 죽림에 누웠는데, 8백 리나 되는 강원도 관찰사의 직분을 맡기시니, 아, 임금님의 은혜야 갈수록 끝이 없다.

▶ 서사 1: 강원도 관찰사로 임명받은 감격

[2] 연츄문(延秋門) 드리ᄃ라 경회(慶會) 남문(南門) 브라보며 하직(下直)고 믈너나니, 옥졀(玉節)이 알 픠 셧다. 평구역(平丘驛) 믈을 ᄀ라 흑슈(黑水)로 도라드니, 셤강(蟾江)은 어듸메오 티악(稚岳)이 여긔로다.
- 延秋門: 경복궁의 서쪽 문
- 玉節: 관찰사의 신표
- 平丘驛: 양주
- 黑水: 여주
- 蟾江: 원주
- 稚岳: 원주

연추문으로 달려 들어가 경회루 남쪽 문을 바라보며 임금께 하직하고 물러나니, 옥절이 앞에 서 있다. 평구역에서 말을 갈아타고 흑수로 돌아드니, 섬강은 어디인가 치악산이 여기로다.

▶ 서사 2: 관찰사 부임 여정

[3] 쇼양강(昭陽江) 누린 믈이 어드러로 든단 말고. 고신(孤臣) 거국(去國)에 빅발(白髮)도 하도 할샤. 동쥐(東州) 밤 계오 새와 북관뎡(北寬亭)의 올나ᄒ니, [삼각산(三角山) 데일봉(第一峰)이 ᄒ마면 뵈리로다.] 궁왕(弓王) 대궐(大闕) 터희 오쟉(烏鵲)이 지지괴니, 쳔고(千古) 흥망(興亡)을 아ᄂ다 몰ᄋᄂ다. 회양(淮陽) 녜 일홈이 마초아 ᄀ튼시고. [급댱유(汲長孺) 풍치(風彩)를 고텨아니 볼 게이고.]
- 昭陽江: 소양강 = 한양 = 임금 계신 곳
- 孤臣: 근심과 걱정, 우국지정
- 東州: 철원
- 三角山: 북한산, 임금 계신 곳
- [ ]: 연군지정
- 淮陽: 관찰사 임무를 맡은 부임지
- 汲長孺: 중국 한나라 때 회양의 태수로 선정을 베품
- [ ]: 선정에의 포부

소양강 흘러내리는 물이 어디로 흘러든다는 말인가? 외로운 신하가 임금님 곁을 떠나니 근심과 걱정이 많기도 많구나. 동주에서 밤을 겨우 새우고 북관정에 오르니, 임금님 계신 서울의 삼각산 제일 높은 봉우리가 웬만하면 보일 것 같구나. 옛날 궁예왕이 살던 대궐 터에 까마귀와 까치가 지저귀니, 나라의 흥하고 망함을 아는가 모르는가. '회양'이라는 네 이름이 마침 옛날 중국의 '회양'이라는 이름과 같구나. 급장유의 모습을 다시 볼 수 있지 않겠는가.

▶ 서사 3: 선정을 베풀겠다는 포부

[본사]

[1] 영듕(營中)이 무스(無事)ᄒ고 시졀(時節)이 삼월(三月)인 제, 화쳔(花川) 시내길히 풍악(楓岳)으로
　　　　회양의 감영 안　　　　　　　　　　　　　　　　　　　　　　　　　　　금강산
버더 잇다. ᄒᆡᆼ장(行裝)을 다 썰티고, 셕경(石逕)의 막대 디퍼, 빅쳔동(百川洞) 겨ᄐᆡ 두고 만폭동(萬瀑洞)
　　　　여행을 할 때의 채비　　　떨치고
드러가니, [은(銀) ᄀᆞ튼 무지게 옥(玉) ᄀᆞ튼 룡(龍)의 초리 섯돌며 쑴ᄂᆞᆫ 소릭 십(十) 리(里)의 ᄌᆞ자시니,

들을 제ᄂᆞᆫ 우레러니 보ᄂᆞᆫ 눈이로다.] [ ]: 만폭동 폭포의 장관을 인상적으로 묘사
청각적 이미지　　　　　시각적 이미지

감영 안이 무사하고, 시절은 3월인 때, 화천 시냇길이 금강산으로 뻗어 있다. 행장을 간단히 하고 돌길에 지팡이를 짚고, 백천동
옆을 지나 만폭동 계곡으로 들어가니, 은과 같은 무지개, 옥과 같은 용의 꼬리, 섞여 돌며 내뿜는 소리가 십 리 밖에까지 퍼졌으
니, 멀리서 들을 때에는 천둥소리더니, 가까이 와서 보니 하얀 눈 같구나.

▶ 본사 1: 만폭동 폭포의 장관

[2] 금강딕(金剛臺) 민 우층(層)의 선학(仙鶴)이 삿기 치니, 츈풍(春風) 옥뎍셩(玉笛聲)의 첫줌을 ᄭᆡ돗
던디, 호의현샹(縞衣玄裳)이 반공(半空)의 소소 뜨니, 셔호(西湖) 녯 쥬인(主人)을 반겨서 넘노ᄂᆞᆫ 돗.
　　　　의인법　　　　　　　　　　　　　　　　　　　　　　　　임포, 중국 송나라 때 사람, 작가 자신을 비유

금강대 맨 꼭대기에서 선학이 새끼를 치니, 봄바람에 들려오는 옥피리 소리에 선잠을 깨었던지, 흰 저고리와 검은 치마로 단장한
학이 공중에 솟아 뜨니, 서호의 옛 주인 임포를 반겨서 넘나들며 노는 듯하다.

▶ 본사 2: 금강대의 선학

[3] 쇼향노(小香爐) 대향노(大香爐) 눈 아래 구버보고, 정양ᄉᆞ(正陽寺) 진헐딕(眞歇臺) 고텨 올나 안즌
　　　　만폭동에 있는 봉우리
마리, 녀산(盧山) 진면목(眞面目)이 여긔야 다 뵈ᄂᆞ다. 어와 조화옹(造化翁)이 헌ᄉᆞ토 헌ᄉᆞ홀샤. 놀거든 ᄯᆔ
　　　중국의 명산, 금강산을 비유
디 마나 셧거든 솟디 마나. 부용(芙蓉)을 고잣ᄂᆞᆫ 돗 빅옥(白玉)을 믓것ᄂᆞᆫ 돗, 동명(東溟)을 박ᄎᆞᄂᆞᆫ 돗 북극
　　　　　　　　　　　연꽃(산봉우리 비유)　　　흰 옥(산봉우리 비유)　　　　　　　임금을 비유
(北極)을 괴왓ᄂᆞᆫ 돗. [놉흘시고 망고딕(望高臺) 외로올샤 혈망봉(穴望峰)이 하늘의 추미러 므스 일을 ᄉᆞ로
　　　　　　　　　　충신　　　　　　　　　　충신
리라 쳔만(千萬) 겁(劫) 디나ᄃᆞ록 구필 줄 모ᄅᆞᆫ다.] 어와 너여이고 너 ᄀᆞ트니 ᄯᅩ 잇ᄂᆞᆫ가.
　　　　　　　　　　　　　　　　　[ ]: 지조, 절의

소향로봉과 대향로봉을 눈 아래 굽어보고, 정양사 진헐대에 다시 올라 앉으니, 여산같이 아름다운 금강산의 참모습이 여기서는
다 보인다. 아, 조물주의 솜씨가 야단스럽기도 야단스럽구나. (수많은 봉우리들은) 날거든 뛰지를 말거나 서 있으려거든 솟지나
말거나 할 것이지. 연꽃을 꽂아 놓은 듯, 백옥을 묶어 놓은 듯, 동해를 박차고 있는 듯, 북극성을 떠받쳐 괴고 있는 듯(하구나). 높
기도 하구나 망고대여 외롭기도 하구나 혈망봉이 하늘에 치밀어 무슨 일을 아뢰려고 오랜 세월이 지나도록 굽힐 줄 모르는가?
아, 너로구나. 너 같은 것이 또 있겠는가?

▶ 본사 3: 진헐대에서 본 금강산

[4] ᄀᆡ심딕(開心臺) 고텨 올나 듕향셩(衆香城) ᄇᆞ라보며, 만이쳔봉(萬二千峰)을 녁녁(歷歷)히 혀여ᄒ니,
　　　　　　　　　　　　　　　　　　　　　　　금강산　　　　　　　똑똑히, 분명히
봉(峰)마다 밋쳐 잇고 긋마다 서린 긔운, 몱거든 조티 마나 조커든 몱디 마나. 뎌 긔운 흐터 내야 인걸(人
　　　　　　　　　　　　　　　금강산의 정기　　　　　　　　　　　　　인재를 양성하고 싶은 마음, 우국충정
傑)을 믄둘고쟈. 형용(形容)도 그지업고 톄셰(體勢)도 하도 할샤. 텬디(天地) 삼기실 제 ᄌᆞ연(自然)이 되
연마ᄂᆞᆫ, 이제 와 보게 되니 유졍(有情)도 유졍(有情)홀샤. 비로봉(毗盧峰) 샹샹두(上上頭)의 올라 보니 긔
　　　　　　　　　　　　　　　　　　　　　　　　　　　　　　　　　　　　　본 이(사람)
뉘신고. 동산(東山) 태산(泰山)이 어ᄂᆞ야 놉돗던고. 노국(魯國) 죠븐 줄도 우리ᄂᆞᆫ 모ᄅᆞ거든, 넙거나 넙은
　　　　　중국에 있는 산　　　　　　　공자가 살았던 노나라
텬하(天下) 엇찌ᄒᆞ야 젹닷 말고. 어와 뎌 디위ᄅᆞᆯ 어이ᄒ면 알 거이고. 오ᄅᆞ디 못ᄒᆞ거니 ᄂᆞ려가미 고이홀가.
　　　　　　　　　　공자와 같은 넓고 높은 경지　　　　　학적 한계 인식

개심대에 다시 올라 중향성을 바라보며, 만이천봉을 똑똑히 헤아려 보니, 봉마다 맺혀 있고, 끝마다 서린 기운, 맑거든 깨끗하지
말거나, 깨끗하거든 맑지나 말 것이지. 저 기운을 흩어 내어 뛰어난 인재를 만들고 싶구나. 생긴 모양도 끝이 없이 다양하고 자세
도 많기도 많구나. 천지가 생겨날 때 저절로 이루어진 것이지만, 이제 와서 보게 되니 조물주의 깊은 뜻이 담겨 있구나! 비로봉
맨 꼭대기에 올라 본 사람이 그 누구신가? 동산과 태산의 어느 것이 비로봉보다 높던가? 노나라 좁은 줄도 우리는 모르거든, 넓
고 넓은 천하를 (공자는) 어찌하여 작다고 말했는가? 아! 그 경지를 어찌하면 알 수 있겠는가? 오르지 못하거니 내려감이 무엇이
이상하겠는가?

▶ 본사 4: 개심대에서의 조망

[5] 원통(圓通)골 ᄀᆞᄂᆞᆫ 길로 ᄉᄌᆞ봉(獅子峰)을 ᄎᆞ자가니, 그 알ᄑᆡ 너러바회 화룡(化龍)쇠 되여셰라. 천년
_{화룡소 북쪽에 있는 봉우리}
(千年) 노룡(老龍)이 구비구비 서려 이셔, 듀야(晝夜)의 흘녀 내여 챵ᄒᆡ(滄海)예 니어시니, 풍운(風雲)을
_{작가 자신을 비유}
언제 어더 삼일우(三日雨)를 디런ᄂᆞᆫ다. 음애(陰崖)예 이온 플을 다 살와 내여ᄉᆞ라.
_{삼일 동안 내리는 시원하고 흡족한 비　그늘진 벼랑, 학정　백성　선정에의 포부}

원통골의 좁은 길을 따라 사자봉을 찾아가니, 그 앞에 넓은 바위가 화룡소가 되었구나. 천 년 묵은 늙은 용이 굽이굽이 서려 있어, 밤낮으로 (물을) 흘려 내어 넓은 바다에 이었으니, 바람과 구름을 언제 얻어 흡족한 비를 내리려느냐? 그늘진 언덕에 시든 풀을 다 살려 내어라.

▶ 본사 5: 화룡소에서의 감회

[6] 마하연(磨訶衍) 묘길상(妙吉祥) 안문(雁門)재 너머 디여 외나모 써근 ᄃᆞ리 블뎡ᄃᆡ(佛頂臺) 올라ᄒᆞ
_{만폭동 최상류부　바위에 새긴 커다란 불상}
니, 천심절벽(千尋絶壁)을 반공(半空)애 셰여 두고, 은하슈(銀河水) 한 구비를 촌촌이 버혀 내여, [실ᄀᆞ티
_{폭포를 비유}
플터이셔 뵈ᄀᆞ티 거러시니,] 도경(圖經) 열두 구비, 내 보매ᄂᆞᆫ 여러히라. 니뎍션(李謫仙) 이제 이셔 고텨 의
_{폭포　[ ]: 직유법　산을 그림으로 설명한 책　시인 이백}
논ᄒᆞ게 되면, 녀산(廬山)이 여긔도곤 낫단 말 못 ᄒᆞ려니.
_{~보다(비교격 조사)}

마하연, 묘길상, 안문재를 넘어 내려가 썩은 외나무다리를 건너 불정대에 오르니, 천 길이나 되는 절벽을 공중에 세워 두고, 은하수 큰 굽이를 마디마디 베어 내어, 실처럼 풀어서 베처럼 걸어 놓았으니, 도경에는 열두 굽이라 했지만, 내가 보기에는 그보다 더 여럿으로 보인다. 만일, 이백이 지금 있어서 다시 의논한다면, 여산 폭포가 여기보다 낫다는 말은 못 하리라.

▶ 본사 6: 불정대에서 본 십이 폭포의 장관

[7] 산듕(山中)을 ᄆᆡ양 보랴 동ᄒᆡ(東海)로 가쟈ᄉᆞ라. 남여(籃輿) 완보(緩步)ᄒᆞ야 산영누(山映樓)의 올나
_{금강산　뚜껑이 없는 가마(신분을 나타냄)}
ᄒᆞ니, 녕농(玲瓏) 벽계(碧溪)와 수셩(數聲) 뎨됴(啼鳥)ᄂᆞᆫ 니별(離別)을 원(怨)ᄒᆞᄂᆞᆫ 듯, 졍긔(旌旗)를 썰티
_{감정 이입(금강산을 떠나는 아쉬움)　관찰사를 상징하는 깃발}
니 오ᄉᆡᆨ(五色)이 넘노ᄂᆞᆫ 듯, 고각(鼓角)을 섯부니 ᄒᆡ운(海雲)이 다 것ᄂᆞᆫ 듯. 명사(鳴沙)길 니근 ᄆᆞᆯ이 취션
_{취한 신선, 작가 자신을 비유}
(醉仙)을 빗기 시러 바다흘 겻ᄐᆡ 두고, ᄒᆡ당화(海棠花)로 드러가니 ᄇᆡᆨ구(白鷗)야 ᄂᆞ디 마라. 네 버딘 줄 엇
_{물아일체}
디 아ᄂᆞᆫ.

산중만 늘 보겠느냐 동해로 가자꾸나. 남여를 타고 천천히 걸어서 산영루에 올라가니, 맑고 눈부신 푸른 시냇물과 아름다운 소리로 우는 새는 나와의 이별을 원망하는 듯하고, 깃발을 휘날리니 오색이 넘나드는 듯하며, 북과 나팔을 섞어 부니 바다 위 구름이 다 걷히는 듯하구나. 모랫길에 익숙한 말이 취한 신선을 비스듬히 태우고, 바다를 곁에 두고 해당화 핀 곳으로 들어가니, 흰 갈매기야 날지 마라. 내가 네 벗인 줄 어찌 아느냐?

▶ 본사 7: 금강산을 떠나 동해로 가는 감회

[8] 금난굴(金幱窟) 도라드러 총셕뎡(叢石亭) 올라ᄒᆞ니, ᄇᆡᆨ옥누(白玉樓) 남은 기동 다만 네히 셔 잇고야.
_{옥황상제가 거처한다는 누각}
공슈(工倕)의 셩녕인가, 귀부(鬼斧)로 다ᄃᆞᆷ 문가. 구ᄐᆞ야 뉵면(六面)은 므어슬 샹(象)톳던고.
_{중국의 솜씨 좋은 장인}

금란굴 돌아들어 총석정에 올라가니, 백옥루의 남은 기둥 네 개가 서 있구나. 공수가 만든 것인가, 귀신의 도끼로 다듬었는가? 구태여 육면으로 된 것은 무엇을 본떴는가?

▶ 본사 8: 총석정에서의 장관

[9] 고셩(高城)을란 뎌만 두고 삼일포(三日浦)를 ᄎᆞ자가니, 단셔(丹書)❶는 완연(宛然)ᄒᆞ되 ᄉᄉᆞ션(四仙)
_{인생무상}
은 어딘 가니. 예 사흘 머믄 후(後)의 어딘 가 또 머믈고. 션유담(仙遊潭) 영낭호(永郎湖) 거긔나 가 잇ᄂᆞᆫ
가. 쳥간뎡(淸澗亭) 만경ᄃᆡ(萬景臺) 몃 고ᄃᆡ 안돗던고.

고성을 저만큼 두고 삼일포를 찾아가니, 바위에 글귀는 뚜렷이 남아 있는데 (그 글을 쓴) 네 명의 신선은 어디 갔는가? 여기서 사흘 동안 머무른 뒤에 어디 가서 또 머물렀던고? 선유담, 영랑호 거기에 가 있는가? 청간정, 만경대 몇 군데서 앉아 놀았는가?

▶ 본사 9: 삼일포에서 사선 추모

ᄉᆞ션(四仙)의 단셔(丹書)
'본사 9'에 등장하는 'ᄉᆞ션(四仙)'은 신라의 전설적인 화랑 4인을 신선에 비유한 것이다. 이들은 수련을 위해 전국 각지의 명승지를 다녀갔다고 한다. 이 중 삼일포는 네 화랑이 3일간 유람하고 갔다고 하여 '삼일포'가 되었다고 전해진다. 또한 이들은 삼일포 바위에 '영랑도남석행(永郎徒南石行), 술랑도남석행(述郎徒南石行)'이라는 단셔(丹書)를 새겨 놓았다고 한다.

[10] 니화(梨花)는 불셔 디고 접동새 슬피 울 제, 낙산(洛山) 동반(東畔)으로 의샹딕(義相臺)예 올라 안

계절: 늦봄

자, 일츌(日出)을 보리라 밤듕만 니러ᄒ니, 샹운(祥雲)이 집픠는 동, 뉵뇽(六龍)이 바퇴는 동, 바다히 써날

충신

제는 만국(萬國)이 일위더니, 텬듕(天中)의 티쓰니 호발(毫髮)을 혜리로다. [아마도 녈구름 근처의 머믈셰

임금의 예지   간신배

라.] 시션(詩仙)은 어딕 가고 히타(咳唾)만 나맛ᄂ니. 텬디간(天地間) 장(壯)ᄒ 긔별 ᄌ셔히도 홀셔이고.

[ ]: 우국지정   성인(聖人)의 말씀

배꽃은 벌써 떨어지고 소쩍새 슬피 울 때, 낙산사 동쪽 언덕으로 의상대에 올라 앉아, 해돋이를 보려고 한밤중에 일어나니, 상서
로운 구름이 뭉게뭉게 피어나는 듯, 여섯 마리 용이 해를 떠받치는 듯, 바다에서 솟아오를 때에는 온 세상이 흔들리는 듯하더니,
하늘에 치솟아 뜨니 가는 터럭도 헤아릴 만큼 밝구나. 혹시나 지나가는 구름이 해(임금) 근처에 머무를까 두렵구나. 이백은 어디
가고 시구만 남았느냐? 천지간 굉장한 소식이 자세히도 표현되었구나.

▶ 본사 10: 의상대에서 본 일출의 장관

[11] 샤양(斜陽) 현산(峴山)의 텩툑(躑躅) ᄆ니불와, 우개지륜(羽蓋芝輪)이 경포(鏡浦)로 ᄂ려가니, 십

신선이 타는 수레, 작가 자신을 신선에 비유

(十) 리(里) 빙환(氷紈)을 다리고 고텨 다려 댱숑(長松) 울흔 소개 슬ᄏ장 펴며시니, 믈결도 자도 잘샤

모래를 혜리로다. 고쥬(孤舟) 히람(解纜)ᄒ야 뎡ᄌ(亭子) 우히 올나가니, 강문교(江門橋) 너믄 겨틱 대양

물 속 모래알을 셀 수 있을 만큼 맑고 깨끗함

(大洋)이 거긔로다. 동용(從容)ᄒ댜 이 긔샹(氣像) 활원(闊遠)ᄒ댜 뎌 경계(境界), 이도곤 ᄀ존 딕 쏘 어딕

잇단 말고. 홍장(紅粧) 고ᄉ(古事)를 헌ᄉ타 ᄒ리로다. 강능(江陵) 대도호(大都護) 풍쇽(風俗)이 됴흘시

고. 절효정문(節孝旌門)이 골골이 버러시니, 비옥가봉(比屋可封)이 이제도 잇다 ᄒ다.

해 질 무렵 현산의 철쭉꽃을 잇달아 밟아, 우개지륜을 타고 경포로 내려가니, 십 리나 뻗쳐 있는 얼음같이 흰 비단을 다리고 다린
것 같은 호수가 큰 소나무 둘러싼 속에 실컷 펼쳐졌으니, 물결도 잔잔하기도 잔잔하여 모래알까지도 셀 수 있겠구나. 한 척의 배
를 띄워 호수를 건너 정자 위에 올라가니, 강문교 넘어 곁에 동해가 거기로구나. 조용하다 이 경포의 기상, 넓고 아득하다 저 동
해의 경계여, 이보다 아름다움을 갖춘 곳이 또 어디에 있단 말인가? 홍장의 옛 이야기가 야단스럽다고 할 만 하구나. 강릉 대도
호부의 풍속이 좋구나. 충신, 효자, 열녀를 표창하기 위해 세운 정문이 동네마다 널렸으니, 비옥가봉이 이제도 있다고 하겠다.

▶ 본사 11: 경포호와 동해의 아름다움과 강릉의 미풍양속

[12] 진쥬관(眞珠館) 듁셔루(竹西樓) 오십쳔(五十川) ᄂ린 믈이, 태빅산(太白山) 그림재를 동ᄒ(東海)

로 다마 가니, [출하리 한강(漢江)의 목멱(木覓)의 다히고져.] 왕뎡(王程)이 유ᄒ(有限)ᄒ고 풍경(風景)이

남산, 임금이 계신 곳   [ ]: 연군지정

못 슬믜니, 유회(幽懷)도 하도 할샤 긱수(客愁)도 둘 듸 업다. 션사(仙槎)를 씌워 내여 두우로 향(向)ᄒ살

나그네의 근심   신선이 타는 뗏목

가. 션인(仙人)을 ᄎᄌ려 단혈(丹穴)의 머므살가.

진주관 죽서루 아래 오십천의 흘러내리는 물이, 태백산 그림자를 동해로 담아 가니, 차라리 그 물줄기를 한강으로 돌려 남산에
닿게 하고 싶구나. 관리로서의 여정은 정해진 기한이 있고, 풍경은 실증나지 않으니, 마음속 품은 생각이 많기도 많고 나그네의
시름을 달랠 길 없구나. 신선이 타는 뗏목을 띄워 내어 북두성과 견우성으로 향할까? 선인을 찾으러 단혈에 머무를까?

▶ 본사 12: 죽서루에서의 객수(客愁)

[13] 텬근(天根)을 못내 보와 망양뎡(望洋亭)의 올은말이, 바다 밧근 하ᄂ이니 하ᄂ 밧근 므서신고. ᄀ득

파도가 출렁거리는 모습

노흔 고래 뉘라셔 놀내관딕, 블거니 쌤거니 어즈러이 구ᄂ디고. 은산(銀山)을 것거 내여 뉵합(六合)의 ᄂ리

온 상세

는 듯, 오월(五月) 댱텬(長天)의 빅셜(白雪)은 므스 일고.

흰 눈(물보라를 비유)

하늘의 맨 끝을 끝내 보지 못하여 망양정에 올랐더니, 바다 밖은 하늘인데 하늘 밖은 무엇인가? 가뜩이나 성난 고래를 누가 놀라
게 하기에, 물을 불거니 뿜거니 하면서 어지럽게 구는 것인가? 은산을 깎아 내어 온 세상에 흩뿌려 내리는 듯, 오월 드높은 하늘
에 흰 눈은 무슨 일인가?

▶ 본사 13: 망양정에서 본 파도

비옥가봉

집집마다 덕행이 있어 모두 표창할
만하다는 뜻으로, 나라에 어진 사람
이 많음을 비유한 것이다. 태평성대
를 나타낸다고 볼 수 있다.

[결사]

[1] 져근덧 밤이 드러 풍낭(風浪)이 뎡(定)ᄒ거늘, 부상(扶桑) 지쳑(咫尺)의 명월(明月)을 기두리니,
　　　　잠깐 사이　　　　　　　　　　　　　　　해와 달이 뜬다는 곳

셔광(瑞光) 쳔댱(千丈)이 뵈는 듯 숨는고야. 쥬렴(珠簾)을 고텨 것고 옥계(玉階)를 다시 쓸며, 계명셩(啓
　　　달빛

明星) 돗도록 곳초 안자 ᄇ라보니, 빅년화(白蓮花) ᄒ 가지를 뉘라셔 보내신고. 일이 됴흔 셰계(世界) 눔 대
　　　　　　　　　　　　　　　　　　　　　　　달을 비유　　　　　　　　　　　　　　선정에의 포부, 애민사상

되 다 뵈고져 뉴하쥬(流霞酒) ᄀ득 부어 둘드려 무론 말이, 영웅(英雄)은 어듸 가며 ᄉ션(四仙)은 긔 뉘러
　　　　　　　　신선이 마신다는 술　　　　　　　　　　　　　　　　　　　　　　　　　　　이백

니. 아미나 맛나 보아 녯 긔별 뭇쟈 ᄒ니, 션산(仙山) 동ᄒᆡ(東海)예 갈 길히 머도 멀샤.

잠깐 사이에 밤이 되어 바람과 물결이 가라앉기에, 부상 근처에서 밝은 달을 기다리니, 천 길이나 뻗은 상서로운 빛이 보이는 듯하다가 숨는구나. 구슬을 꿰어 만든 발을 다시 걷어 올리고 옥돌 같은 계단을 다시 쓸며, 샛별이 돋을 때까지 꼿꼿이 앉아 바라보니, 흰 연꽃 같은 달덩이를 어느 누가 보내셨는가? 이렇게 좋은 세상을 다른 사람 모두에게 보이고 싶구나. 신선주를 가득 부어 손에 들고 달에게 묻는 말이, "영웅은 어디 갔으며 사선은 누구더냐?" 아무나 만나 보아 옛 소식을 묻고자 하니, 신선이 있다는 동해에 갈 길이 멀기도 멀구나.

　　　　　　　　　　　　　　　　　　　　　　　　　　　　▶ 결사 1: 망양정에서의 달맞이

[2] 숑근(松根)을 볘여 누어 픗ᄌᆞᆷ을 얼픗 드니, ᄭᅮ매 ᄒᆫ 사ᄅᆞᆷ이 날ᄃ려 닐온 말이, 그ᄃᆡ를 내 모ᄅᆞ랴 샹계
　　　　　　　　　　　　　　　　　　　　　　　　　　신선　　　　　　　　　정철　　　　　　　정철

(上界)예 진션(眞仙)이라. 황뎡경(黃庭經) 일ᄌᆞ(一字)를 엇디 그릇 닐거 두고 인간(人間)간의 내려와셔 우

리를 ᄯᆞᆯ오는다. 져근덧 가디 마오. 이 술 ᄒ 잔 머거 보오. [븍두(北斗)셩 기우려 창ᄒᆡ슈(滄海水) 부어 내
　　　　　　　　　　　　　　　　　　　　　　　　　　국자를 북두칠성 모양에 비유　술을 바닷물에 비유

여,] 저 먹고 날 머겨늘, 서너 잔 거후로니, 화풍(和風)이 습습(習習)ᄒᆞ야 냥익(兩腋)을 추혀드니, 구만리
호연지기

(九萬里) 댱공(長空)애 져기면 ᄂᆞ리로다. 이 술 가져다가 ᄉᆞᄒᆡ예(四海)에 고로 ᄂᆞ화 억만(億萬) 창ᄉᆡᆼ(蒼
　　　　　　　　　　　　　　　　　　　　　　　선우후락, 애민정신, 선정에의 포부

生)을 다 취(醉)케 밍근 후(後)의, 그제야 고텨 맛나 ᄯᅩ ᄒ 잔 ᄒᆞ쟛고야. 말 디쟈 학(鶴)을 ᄐᆞ고 구공(九空)

의 올나가니, 공듕(空中) 옥쇼(玉簫) 소ᄅᆡ 어제런가 그제런가. 나도 ᄌᆞᆷ을 ᄭᅢ여 바다 홀 구버보니, 기픠를 모

ᄅ거니 ᄀᆞᆺ인들 엇디 알리. [명월(明月)이 쳔산만낙(千山萬落)의 아니 비췬 ᄃᆡ 업다.]
　　　　　임금의 은혜　　　　　　　　　　　　　　　　　　[ ]: 시조의 종장과 같은 음수율, 조선 전기 정격 가사의 특징

소나무 뿌리를 베고 누워 선잠이 잠깐 드니, 꿈에 한 사람이 나에게 이르기를, 그대를 내가 모르랴? 하늘나라의 진짜 신선이라. 황정경 한 글자를 어찌 잘못 읽어 가지고 인간 세상에 내려와서 우리를 따르는가? 잠시 가지 마오. 이 술 한 잔 먹어 보오. 북두칠성을 기울여 푸른 바닷물을 부어 내어, 저 먹고 나에게도 먹이거늘, 서너 잔을 기울이니, 온화한 봄바람이 산들산들 불어 양쪽 겨드랑이를 추켜올리니, 구만 리나 되는 하늘도 조금만 더하면 날아갈 것 같구나. 이 술을 가져가서 온 세상에 고루 나누어 모든 백성을 다 취하게 만든 후에, 그때에야 다시 만나 또 한 잔 하자꾸나. 말이 끝나자 신선은 학을 타고 높은 하늘로 올라가니, 공중의 옥피리 소리가 어제던가 그제던가. 나도 잠을 깨어 바다를 굽어보니, 깊이를 모르는데 끝인들 어떻게 알겠는가? 밝은 달이 온 세상에 아니 비친 곳이 없다.

　　　　　　　　　　　　　　　　　　　　　　　　　　　　▶ 결사 2: 꿈속에서 신선을 만남

---

14 국가직 9급

확인 문제

㉠～㉣에 대한 풀이로 가장 적절한 것은?

> ㉠ 天텬根근을 못내 보와 望망洋양亭
> 뎡의 올은말이, 바다 밧근 하ᄂᆞᆯ이니
> 하ᄂᆞᆯ 밧근 무서신고 ㉡ ᄀᆞᆺ득 노ᄒᆫ 고
> 래, 뉘라셔 놀래관ᄃᆡ, 블거니 ᄲᆞᆷ거니
> 어즈러이 구ᄂᆞᆫ디고 ㉢ 銀은山산을 것
> 거 내여 六뉵合합의 ᄂᆞ리ᄂᆞᆫ 돗, 五오
> 月월 長댱天텬의 ㉣ 白ᄇᆡᆨ雪셜은 므
> 스일고.
> 　　　　　　　　　　　－ 정철 〈관동별곡〉

① ㉠: 은하수
② ㉡: 성난 파도
③ ㉢: 태백산
④ ㉣: 흰 갈매기

정답 ②

작품 분석
- 작자: 정철
- 갈래: 양반 가사, 정격 가사, 기행 가사
- 성격: 유교적, 도교적, 서정적
- 주제: 관동 지방의 절경 예찬, 연군지정, 애민사상(선정에의 포부)
- 표현
  - 대구법, 은유법, 직유법, 의인법 등
  - 3 · 4조 4음보 율격
- 특징
  - 3단 구성(서사, 본사, 결사)
  - 시간의 흐름에 따른 추보식 구성
  - 아름다운 우리말의 묘미를 구사하는 표현이 두드러짐
- 해제: 이 작품은 정철이 강원도 관찰사로 부임하여 관동팔경을 유람하면서 경험하고 느낀 것을 쓴 글로, 유교적인 충의사상은 물론 도교적인 신선사상이 담겨 있는 작품이다. 관동팔경을 유람한 여정이 잘 나타나는 기행 가사로, 임금을 생각하는 연군지정과 관찰사로서 선정을 베풀겠다는 포부와 애민정신이 잘 드러난다. 3 · 4조 4음보 율격을 느낄 수 있는 정격 가사로, 대구법, 은유법, 직유법, 의인법 등 다양한 표현 방법을 사용하고 있다. 안축의 〈관동별곡〉, 백광홍의 〈관서별곡〉, 송순의 〈면앙정가〉 등의 영향을 받았다.

기출 19 경찰 1차, 16 법원직 9급, 15 경찰 3차, 14 국가직 7급, 14 국가직 9급, 12 국회직 9급

(3) 시조

① 〈오백 년(五百年) 도읍지(都邑地)를 ～〉

오백 년(五百年) 도읍지(都邑地)를 필마(匹馬)로 도라드니
　고려의 옛 도읍지 개성　　　　　　　　　벼슬하지 않은 외로운 신세
[산천(山川)은 의구(依舊)ㅎ되 인걸(人傑)은 간 듸 업다.] [ ]: 대조법

[어즈버 태평연월(太平烟月)이 쑴이런가 ㅎ노라.] [ ]: 영탄법
　감탄사　　인생무상, 맥수지탄

오백 년 도읍지를 한 필의 말을 타고 돌아들어 가니
산천의 모습은 다름이 없으나 인재들은 간 곳이 없구나.
아아, (고려의) 태평했던 시절이 한낱 꿈처럼 허무하도다.

작품 분석
- 작자: 길재
- 갈래: 평시조, 단시조
- 성격: 회고적, 애상적, 감상적
- 표현: 대조법, 영탄법
- 주제: 망국의 한(恨)과 인생무상(人生無常)
- 출전: 《청구영언》
- 특징
  - 4음보의 율격
  - 자연과 인간의 대조
- 해제: 이 작품은 고려 왕조가 망하고 조선이 새롭게 건국되었을 때, 고려 유신인 길재가 옛 도읍지 개성을 돌아보고 옛 왕조에 대한 회고의 정과 인생의 무상함을 변함없는 자연의 모습과 대조하여 읊은 작품이다.

기출 16 교행직 9급, 15 기상직 7급

② 〈흥망(興亡)이 유수(有數)ᄒ니 ～〉

흥망(興亡)이 유수(有數)ᄒ니 만월대(滿月臺)도 추초(秋草)ㅣ로다.
               고려의 궁터   맥수지탄
오백 년(五百年) 왕업(王業)이 목적(牧笛)에 부쳐시니,
세월의 무상함
석양(夕陽)에 지나ᄂᆞᆫ 객(客)이 눈물계워 ᄒ노라.
중의법(저무는 해, 고려의 멸망)   작가 자신

(나라가) 흥하고 망하는 것이 운수에 달려 있으니 만월대에도 가을 풀만 무성하다.
오백 년 왕조의 업적이 목동의 피리 소리에나 깃들여 있으니.
해 지는 무렵에 길 가는 나그네가 눈물겨워 하는구나.

작품 분석
- 작자: 원천석
- 갈래: 평시조, 단시조
- 성격: 회고적, 비유적, 감상적
- 표현: 은유법, 상징법
- 주제: 고려 왕조의 멸망에 대한 탄식과 무상감
- 출전: 《청구영언》
- 특징
  - 흥망성쇠의 무상함을 시각적·청각적 이미지로 표현
  - 비유와 중의적 수법 사용
  - 자신의 정서를 객관화하는 기법 사용(종장에서 스스로를 '객'으로 표현)
- 해제: 잡초가 우거진 옛 궁전 터를 바라보며 고려 유신 원천석이 쓴 작품으로, 지난날을 회고하고 세월의 무상함을 선경후정의 방식과 시각·청각의 이미지를 활용하여 표현하였다.

기출 14 지방직 9급, 09 법원직 9급

09 법원직 9급

확인 문제

〈흥망이 유수ᄒ니 ～〉의 주제를 나타내기에 가장 적합한 한자성어는?

① 망양지탄(望洋之嘆)
② 맥수지탄(麥秀之嘆)
③ 만시지탄(晩時之歎)
④ 풍수지탄(風樹之嘆)

정답 ②

해설 이 작품은 망국의 한과 역사의 무상감을 노래한 고려말 원천석의 시조이므로 고국의 멸망을 한탄한 '맥수지탄(麥秀之嘆)'이 주제로 적합하다. 이와 유사한 것으로는 '서리지탄(黍離之歎/黍離之嘆)'이 있다.

③ 〈이 몸이 주거 주거 ~〉

이 몸이 주거 주거 일백 번(一百番) 고쳐 주거,
     반복법   과장법
백골(白骨)이 진토(塵土)ㅣ 되여 넉시라도 잇고 업고,
            티끌과 흙
[님 향(向)훈 일편단심(一片丹心)이야 가싈 줄이 이시랴.] [ ]: 설의법
  임금

이 몸이 죽고 죽어 일백 번이나 다시 죽어,

백골이 흙과 먼지가 되어 넋이라도 있든지 없든지 간에,

임금님께 바치는 충성심이야 변할 리가 있으랴?

작품 분석

- 작자: 정몽주
- 갈래: 평시조, 단시조
- 성격: 직설적, 의지적, 단호함
- 표현: 반복법, 과장법, 설의법
- 주제: 고려 왕조에 대한 변함없는 충절
- 출전: 《청구영언》
- 특징
  - 이방원의 〈하여가〉에 대한 답가
  - 일명 〈단심가〉로 직설적인 언어와 반복법, 과장법, 설의법 등을 사용하여 화자의 의지 강조
- 해제: 이방원이 정몽주 속셈을 떠보기 위해 지은 〈하여가〉에 대한 답가로, 고려와 조선의 두 왕조를 섬기지 않으려는 신념이 잘 나타나 있으며, 높은 지조와 절개, 충성심을 노래한 작품이다.

기출 19 기상직 9급

---

④ 〈수양산 부라보며 ~〉

수양산(首陽山) 부라보며 이제(夷齊)롤 한(恨)호노라.
중의법(산 이름, 수양대군)   백이와 숙제
[주려 주글진들 채미(採薇)도 흐는 것가.] [ ]: 설의법
          고사리 뜯는 일
비록애 푸새엣 거신들 긔 뉘 싸헤 낫드니.
        음수율을 고려한 허사

수양산을 바라보면서 지조를 끝까지 지키지 못한 백이와 숙제를 원망하며 한탄하노라.

차라리 굶주려 죽을망정 고사리는 왜 캐어 먹었단 말인가?

비록 산에서 아무렇게나 자라는 풀이라 하더라도 그것이 누구의 땅에서 났단 말인가?

확인 문제   19 서울시 9급

〈수양산 부라보며 ~〉에 대한 설명으로 가장 옳지 않은 것은?

① 시인은 사육신의 한 명이다.
② 중의법을 사용하고 있다.
③ 중국의 고사를 인용하고 있다.
④ 단종의 죽음에 대한 복수를 다짐하고 있다.

정답 ④
해설 이 작품은 단종의 폐위에 항거한 작가 성삼문의 절의를 표현한 것으로 복수를 다짐한 것은 아니다.

작품 분석

- 작자: 성삼문
- 갈래: 평시조, 단시조
- 성격: 지사적, 풍자적, 비판적, 절의가, 충의가
- 표현: 중의법, 설의법
- 주제: 굳은 지조와 절의
- 출전: 《청구영언》
- 특징
  - 세조의 단종 폐위에 반대한 작자의 의지를 표현
  - 중의법, 설의법을 사용하여 일반적인 상식을 뒤집어 표현함으로써 더욱 완벽한 지조를 부각시킴
- 해제: 세조가 단종을 폐위시키고 스스로 왕위에 오르자 이에 항거하다 쫓겨난 작가가 단종에 대한 자신의 지조와 절개를 굳게 지키겠다는 의지를 드러낸 작품이다. 중국 은나라 충신 백이·숙제와 자신을 비교하면서, 자신의 충절이 백이·숙제보다 더 강함을 중의법과 설의법을 사용하여 표현하였다.

기출 19 서울시 9급(2월)

⑤ 〈가노라 삼각산아 ∼〉

가노라 삼각산(三角山)아, 다시 보쟈 한강수(漢江水)야.
　　　　북한산의 옛 이름
고국산천(古國山川)을 써나고쟈 ᄒ랴마ᄂᆞᆫ
조상 때부터 살아온 고향인 나라
시절(時節)이 하 수상(殊常)ᄒ니 올동말동 ᄒ여라.

가노라 삼각산아, 다시 보자 한강수야.
고국의 산천을 떠나고자 하랴마는
시절이 하도 수상하니 돌아올 동 말 동 하여라.

작품 분석

- 작자: 김상헌
- 갈래: 평시조, 단시조
- 성격: 우국가, 애국적
- 표현: 의인법, 대구법
- 주제: 우국지사의 비분강개(悲憤慷慨)한 심정
- 출전: 《청구영언》
- 해제: 이 작품은 병자호란 때 결사 항전을 주장했던 작가 김상헌이 청나라로 끌려가는 절박한 상황에서 조국애와 충정을 그린 것이다. 작가는 병자호란 때 척화파로 전쟁 후 심양으로 끌려가 3년 동안 고초를 겪고 돌아왔다.

기출 18 서울시 9급(6월)

확인 문제　　18 서울시 9급

〈가노라 삼각산아 ∼〉를 이해한 내용으로 가장 옳지 않은 것은?

① '三角山'의 다른 명칭은 '인왕산'이다.
② '漢江'은 여전히 사용하는 명칭이다.
③ '古國'의 당시 국호는 '조선'이다.
④ '殊常(수상)ᄒ니'는 병자호란 직후의 상황을 뜻한다.

정답 ①
해설 '삼각산'은 북한산의 옛 이름이다.

⑥ 〈이 몸이 주거 가셔 ~〉

이 몸이 주거 가셔 무어시 될고 ᄒ니

봉래산(蓬萊山) 제일봉(第一峰)에 낙락장송(落落長松) 되야 이셔
신선의 땅   화자의 지조와 절개를 형상화. 우의적 표현

백설(白雪)이 만건곤(滿乾坤)홀 제 독야청청(獨也青青) ᄒ리라.
수양대군 일파   홀로 높은 절개를 지켜 늘 변함이 없음

이 몸이 죽어서 무엇이 될까 생각하니

봉래산 제일 높은 봉우리에 우뚝 솟은 소나무가 되어 있어서

흰 눈이 온 세상을 뒤덮을 때 홀로 푸르리라.

작품 분석

• 작자: 성삼문
• 갈래: 평시조
• 성격: 절의가, 의지적
• 주제: 죽어도 변치 않는 굳은 절개
• 출전: 《청구영언》
• 특징
  – 소나무를 소재로 하여 시상 전개
  – 굳은 절개를 우의적으로 표현
  – '낙락장송'과 '백설'은 서로 색채적인 대조를 이루는 상징어로, 종장의 '독야청청'의 의미를 강조
• 해제: 이 시조는 지은이가 단종(端宗)의 복위(復位)를 꾀하다가 실패하고 죽임을 당할 때 그의 충정을 나타낸 것으로, '낙락장송'은 자신의 굳은 의지를 표현한 것이며, '백설이 만건곤할 제'는 세조의 불의(不義)를 그대로 받아들이는 세상을 말한다.

기출 18 소방직

---

⑦ 〈가마귀 눈비 마자 ~〉

가마귀 눈비 마자 희ᄂ 듯 검노미라.
부정적 존재. 간신, 세조

야광명월(夜光明月)이 밤인들 어두오랴.
긍정적 존재, 충신, 단종

님 향(向)흔 일편단심(一片丹心)❶이야 고칠 줄이 잇으랴.
단종   주제

까마귀 눈비를 맞아서 희는 듯 검구나.

밤에 밝게 빛나는 달이 밤이라고 해서 그 빛을 잃겠느냐.

임을 향한 변하지 않는 굳은 충성심은 고칠 수가 없다.

작품 분석

- 작자: 박팽년
- 갈래: 평시조
- 성격: 절의가, 풍자적
- 표현: 상징법, 대조법, 설의법
- 주제: 변하지 않는 절개, 일편단심(一片丹心)
- 출전: 《청구영언》
- 특징
  – 세조의 왕위 찬탈과 어린 임금 단종을 소재로 한 작품
  – 화자의 심정을 자연물에 의탁하여 우의적으로 표현
- 해제: 사육신의 한 사람인 박팽년이 지은 작품으로 단종에 대한 변함없는 굳은 절개를 노래하고 있다. 초장의 '가마귀'와 중장의 '야광명월'은 간신과 충신 또는 세조와 단종의 이미지로 뚜렷하게 대조시켜 놓았으며, 종장의 '일편단심'은 자신의 굳은 절개를 보여 주고 있다.

기출 18 소방직

⑧ 〈방 안에 혓는 촉불 ∼〉

방(房) 안에 혓는 [촉(燭)불 눌과 이별(離別) ᄒ엿관ᄃᆡ] [ ]: 의인법
　　　　　　　　감정 이입의 대상
겻츠로 눈물 디고 속 타는 줄 모로는고.
　　　　떨어지고
뎌 촉(燭)불 날과 갓트여 속 타는 줄 모르도다.
　　　　　　　　　　　화자의 감정

방 안에 켜 있는 촛불은 누구와 이별을 하였기에
겉으로 눈물을 흘리면서 속이 타 들어가는 줄을 모르는가?
저 촛불도 나와 같아서 (슬퍼 눈물만 흘릴 뿐) 속이 타는 줄을 모르는구나.

작품 분석

- 작자: 이개
- 갈래: 평시조
- 성격: 절의가, 연군가, 여성적, 감상적
- 표현: 의인법, 비유법, 감정 이입
- 주제: 단종과 이별한 슬픔
- 출전: 《청구영언》
- 특징
  – 여성적 어조의 완곡한 표현 속에 자신의 절의를 나타냄
  – 의인법으로 화자의 감정을 촛불에 이입하여 드러냄
- 해제: 수양대군(세조)의 왕위 찬탈로 어린 임금 단종이 영월로 유배될 때, 단종과 이별하는 마음을 촛불에 감정 이입하여 표현한 작품이다. 자신의 눈물을 촛불의 타는 모습에 비유한 감정 이입의 기법으로 슬픔과 안타까움을 나타내고 있다.

기출 15 서울시 9급

⑨ 〈천만 리 머나먼 길에 ∼〉

천만 리(千萬里) 머나먼 길에 고은 님 여희옵고
<u>영월</u>　　　　　<u>어린 단종</u>
닉 ᄆᆞᄋᆞᆷ 둘 ᄃᆡ 업서 냇ᄀᆞ의 안쟈시니
<u>연군지정</u>
져 믈도 닉 ᄋᆞᆫ ᄀᆞᆺᄒᆞ여 우러 밤길 녜놋다.
<u>감정 이입</u>

천만 리 머나먼 곳에서 고운 임과 이별하고
(돌아오는 길에) 슬픈 내 마음 둘 데 없어서 냇가에 앉았더니
(흘러가는) 저 시냇물도 내 마음과 같아서 울면서 밤길을 흐르는구나.

> **작품 분석**
> - 작자: 왕방연
> - 갈래: 평시조
> - 성격: 애상적, 연군적, 감상적
> - 표현: 의인법, 감정 이입
> - 주제: 유배된 임과 이별한 비통한 심정
> - 출전: 《가곡원류》
> - 해제: 의금부 도사였던 왕방연이 영월로 유배되는 단종을 호송한 뒤 돌아오는 길에 지은 작품이다. 어린 임금을 유배지 영월에 두고 돌아오면서 슬픔과 죄책감 등의 괴로움으로 방황하다 냇가에 앉아 물에 의탁하여 괴로운 심정을 표현하고 있다.
>
> **기출** 17 국회직 8급

⑩ 〈삼동에 뵈옷 닙고 ∼〉

삼동(三冬)에 ⊙ 뵈옷 닙고 암혈(巖穴)에 ⓒ 눈비 마자
　　　　　　<u>벼슬하지 않은 선비</u>　<u>자연에 은거</u>
구름 낀 볏뉘도 쬔 적이 업건마ᄂᆞᆫ
　　　<u>햇볕, 임금의 은혜</u>
ⓒ 서산(西山)에 ᄒᆡ지다 ᄒᆞ니 ⓔ 눈물겨워 ᄒᆞ노라.
　<u>임금 중종의 승하 소식</u>

한겨울에 베로 만든 옷을 입고, 바위 굴에서 눈비를 맞고 있으며
구름 사이에 비치는 햇볕도 쬔 적이 없지만
서산에 해가 졌다는 소식을 들으니 눈물이 난다.

> **작품 분석**
> - 작자: 조식
> - 갈래: 평시조
> - 성격: 유교적, 군신유의
> - 표현: 비유법, 상징법
> - 주제: 임금의 승하를 애도
> - 출전: 《병와가곡집》
> - 특징: 군신유의(君臣有義)의 유교 정신을 잘 보여 주는 작품
> - 해제: 작가 조식은 벼슬에 뜻을 두지 않고 산중에서 은거하는 몸이라 국은(國恩)을 입은 바 없지만, 중종 임금이 승하했다는 소식을 듣고 애도하며 읊은 작품이다.
>
> **기출** 15 국가직 9급

확인 문제　　　　15 국가직 9급

〈삼동에 뵈옷 닙고 ∼〉에서 ⊙∼ⓔ에 대한 설명으로 적절하지 않은 것은?

① ⊙: 화자의 처지나 생활을 추측할 수 있게 한다.
② ⓒ: 화자와 중심 대상 사이를 연결하는 매개체이다.
③ ⓒ: 화자가 머물고 있는 공간과 구별되는 공간이다.
④ ⓔ: 상황에 대한 화자의 감정이 직접 표출되고 있다.

정답 ②

해설 '눈비'는 벼슬하지 않고 어렵게 살고 있는 화자의 삶을 비유할 뿐 연결 매개체는 아니다.

⑪ 〈두류산 양단수를 ～〉

두류산(頭流山) 양단수(兩端水)를 녜 듯고 이제 보니
<u>지리산</u>
도화(桃花) 뜬 묽은 물에 산영(山影)조ᄎ 잠겻셰라
<u>무릉도원을 암시하는 소재</u>
[아희야 무릉(武陵)이 어듸오 나는 옌가 ᄒ노라.] [ ]: 문답법

지리산 양단수를 옛날에 듣고 이제 와 보니
복숭아 꽃 떠내려가는 맑은 물에 산 그림자 잠겨 있구나
아이야. 무릉도원이 아니냐? 나는 여기인가 하노라.

작품 분석

- 작자: 조식
- 갈래: 평시조
- 성격: 자연 친화적, 강호 한정가
- 표현: 영탄법, 돈호법, 문답법
- 주제: 지리산 양단수에 대한 예찬 및 감탄
- 출전: 《해동가요》
- 특징
  – 지리산 양단수를 '무릉도원'에 비유
  – '두류산 양단수'라는 구체적인 장소를 제시하고 문답법을 사용하여 자연에 대한 감탄과 예찬을 부각
- 해제: 이 작품은 강호 한정가로, 작가가 자신이 살고 있는 지리산을 무릉도원에 비유하면서 예찬하고 자연 속에서 은거하는 즐거움을 노래하고 있다. 중장의 '도화'는 무릉도원을 암시하는 단어이다.

기출 18 교행직 9급

18 교행직 9급

확인 문제

〈두류산 양단수를 ～〉에서 '무릉(武陵)'의 함축적 의미로 가장 적절한 것은?

① 고향(故鄕)
② 낙원(樂園)
③ 오지(奧地)
④ 정상(頂上)

정답 ②

해설 '무릉(武陵)'은 별천지, 이상향을 비유적으로 이르는 말로, 함축적 의미로 가장 적당한 것은 '낙원(樂園)'이다.

⑫ 〈십 년을 경영ᄒ여 ~〉

십 년을 경영(經營)ᄒ여 초려삼간(草廬三間) 지여 내니
                                              안분지족의 삶
나 ᄒ 간 ᄃᆞᆯ ᄒ 간에 청풍(淸風) ᄒ 간 맛져 두고
물아일체의 경지
강산(江山)은 들일 ᄃᆡ 업스니 둘러 두고 보리라.

십 년을 계획하여 초가삼간 지어 냈으니
(그 초가삼간에) 나 한 간, 달 한 간, 맑은 바람 한 간 맡겨 두고
청산과 맑은 물은 들일 곳이 없으니 이대로 둘러 두고 보리라.

작품 분석

• 작자: 송순
• 갈래: 평시조, 단시조
• 성격: 강호 한정가, 전원적, 관조적, 풍류적, 낭만적
• 표현: 과장법
• 주제: 자연귀의(自然歸依), 안빈낙도(安貧樂道), 물아일체(物我一體)
• 출전: 《청구영언》
• 특징
  – 안빈낙도(安貧樂道)의 삶이 잘 드러난 시조
  – 중장에서 '근경(近景)'을, 종장에서 '원경(遠景)'을 제시
• 해제: 이 작품은 산수의 아름다움에 몰입된 심정을 잘 묘사하고 있는 시조이다. 초장에서 자연에 은거하는 청빈한 생활을, 중장에서는 나와 달과 청풍(淸風)이 한데 어울리는 물아일체(物我一體)의 경지를 드러낸 작품이다.

기출 14 국회직 9급

---

⑬ 〈말 업슨 청산이요 ~〉

[말 업슨 청산(靑山)이오 태(態) 업슨 유수(流水) ㅣ 로다.] [ ]: 대구법
    의인법
[갑 업슨 청풍(淸風)이오 님자 업슨 명월(明月)이라.] [ ]: 대구법

이 중(中)에 병(病) 업슨 내 몸이 분별(分別) 업시 늙그리라.
                                      자연에 묻혀서 아무 근심과 걱정 없이, 속세를 초월하여

말이 없는 푸른 산이요 일정한 형태가 없는 흐르는 물이로다.
값을 지불하지 않아도 되는 맑은 바람이요 주인이 따로 없는 밝은 달이라.
이런 자연 속에서 병 없는 나의 몸이 근심 없이 늙으리라.

작품 분석

- 작자: 성혼
- 갈래: 평시조, 단시조
- 성격: 풍류적, 한정가
- 표현: 대구법, 의인법, 반복법
- 주제: 자연을 벗 삼는 즐거움
- 출전: 《화원악보》
- 특징
  - 학문에 뜻을 두고 살아가는 옛 선비의 생활상을 그림
  - '업슨'이라는 말의 반복으로 운율감을 느낌
- 해제: 이 작품은 자연을 벗 삼아 유유자적하게 살고 싶은 마음을 나타낸 것으로, 합일된 물아일체의 경지에서 자연에 귀의하여 달관의 여유를 추구하고자 하는 의지를 보인 작품이다.

기출 14 국회직 9급

⑭ 〈전원에 나믄 흥을 ∼〉

전원(田園)에 나믄 흥(興)을 전나귀에 모도 싯고
_{발을 저는 나귀}
계산(溪山) 니근 길로 흥치며 도라와셔
_{익숙한 길}
아히 금서(琴書)를 다스려라 나믄 히를 보내리라.
_{중의법(남은 생애 / 하루 중 나머지 시간)}

전원을 즐기다가 남은 흥을, 발을 저는 나귀의 등에 모두 싣고
계곡이 있는 산의 익숙한 길로 흥겨워하며 돌아와서
아이야, 거문고와 책을 다스려라 남은 세월을 보내리라.

작품 분석

- 작자: 김천택
- 갈래: 평시조, 단시조
- 성격: 한정가
- 표현: 중의법
- 주제: 자연 속에서 누리는 풍류
- 출전: 《청구영언》
- 해제: 이 작품은 김천택이 자연 속에서 풍류를 즐기다가 발을 저는 나귀에 몸을 싣고 돌아와, 거문고와 서책을 즐기며 남은 생애를 보내려는 모습을 읊은 것이다. 특히, 자연은 심미의 대상이 아니라 풍류의 대상이 되는 안식처 역할을 한다.

기출 14 법원직 9급

⑮ 〈동지ㅅ돌 기나긴 밤을 ~〉

동지(冬至)ㅅ돌 기나긴 밤을 한 허리를 버혀 내어
　　　　　　추상적인 시간을 구체화
춘풍(春風) 니불 아릭 서리서리 너헛다가
　　　　　　　　　의태법
어론 님 오신 날 밤이여든 구뷔구뷔 펴리라.
　　　　　　　　　　　의태법

동짓달 기나긴 밤의 한가운데를 베어 내어

봄바람처럼 따뜻한 이불 속에 서리서리 넣어 두었다가

정든 임이 오시는 날 밤이면 굽이굽이 펴리라.

작품 분석

- 작자: 황진이
- 갈래: 평시조, 단시조
- 성격: 감상적, 낭만적, 연정적
- 표현: 의태법
- 주제: 임을 기다리는 애틋한 마음
- 출전: 〈청구영언〉
- 특징
  - 추상적인 시간을 구체적인 사물로 형상화
  - 참신한 비유와 의태어로 순우리말의 묘미를 잘 살림
  - 여성의 내면 심리를 섬세하게 보여준 작품
- 해제: 이 작품은 사랑하는 임과 함께하지 못하는 기나긴 밤을 외로이 홀로 지내는 여인의 마음을 나타낸 것이다. 추상적인 시간을 구체적 사물로 형상화하여 임에 대한 그리움과 애틋한 마음을 표현한 문학성이 뛰어난 작품이다.

기출 19 서울시 9급(6월), 18 서울시 9급(3월)

⑯ 〈이화우 훗쑬릴 제 ~〉

이화우(梨花雨) 훗쑬릴 제 울며 잡고 이별(離別)흔 님
하강의 이미지, 계절: 봄
추풍낙엽(秋風落葉)에 저도 날 싱각는가.
계절: 가을
천 리(千里)에 외로온 쑴만 오락가락 ㅎ노매.
정서적 거리감　　　연모의 정

배꽃이 비 오듯 흩날리던 때에 서로 울며 손을 잡고 이별한 임

바람 불고 낙엽지는 이 가을에 임도 나를 생각하고 계실까.

천 리 길 떨어진 곳에서 외로운 꿈만 오락가락 하는구나.

작품 분석

- 작자: 계랑
- 갈래: 평시조, 단시조, 서정시
- 성격: 애상적, 연정가
- 주제: 이별한 임에 대한 애절한 그리움
- 출전: 〈청구영언〉
- 특징
  - 시간적 거리감과 공간적 거리감을 통해 임에 대한 그리움 심화
  - 시어의 적절한 사용으로 계절의 흐름을 느낄 수 있음
- 해제: 이 작품은 임과의 이별로 인한 슬픔과 임에 대한 그리움을 노래한 시조로, 초장의 '이화우'와 중장의 '추풍낙엽'은 시간적 거리감을, 종장의 '천 리'는 임과의 공간적 거리감을 표현하여 임에 대한 절절한 그리움을 표현하고 있다.

기출 17 기상직 9급, 15 서울시 9급, 13 지방직 7급

⑰ 〈묏버들 갈히 것거 ~〉

[묏버들 굴히 것거 보내노라 님의손딕] [ ]: 도치법
  임에 대한 사랑, 시적 화자의 분신
자시는 창(窓) 밧긔 심거 두고 보쇼셔.

밤비예 새닙곳 나거든 날인가도 너기쇼셔.
             자신을 잊지 않기를 바라는 간절한 마음

산에 있는 버들가지 중 아름다운 것을 골라 꺾어 보내노라 임에게

주무시는 방의 창문 밖에 심어 두고 보십시오.

밤비에 새 잎이 나면 마치 나를 본 것처럼 여겨 주십시오.

작품 분석
- 작자: 홍랑
- 갈래: 평시조, 서정시
- 성격: 감상적, 애상적, 여성적, 이별가, 연정가
- 표현: 상징법, 도치법
- 주제: 임에게 보내는 사랑과 그리움
- 출전: 《청구영언》
- 특징: 여인의 섬세함을 표현
- 해제: 이 작품은 임에 대한 사랑을 묏버들을 골라 꺾어 보내는 것으로 표현한 시조로, '묏버들'은 임에 대한 사랑과 정성 및 시적 자아의 분신으로 볼 수 있다. 시적 화자는 자신의 분신이라 할 수 있는 '묏버들'을 임에게 보내면서 자신을 계속 생각해 달라는 간절한 소망을 표현하고 있다.

기출 15 교행직 9급, 13 국회직 8급

⑱ 〈무음이 어린 후ㅣ니 ~〉

무음이 어린 후(後)ㅣ니 흐는 일이 다 어리다.
    어리석은
만중운산(萬重雲山)에 어닉 님 오리마는
 과장법, 겹겹이 낀 구름에 덮인 산
지는 닙 부는 브람에 힝여 긘가 흐노라.
  도치법

마음이 어리석으니 하는 일마다 모두 어리석다.

겹겹이 구름 낀 덮인 산이니 임이 올 리 없건만

떨어지는 잎, 부는 바람 소리에도 행여나 임인가 하고 생각한다.

작품 분석
- 작자: 서경덕
- 갈래: 평시조
- 성격: 감상적, 낭만적
- 표현: 도치법, 과장법
- 주제: 임을 기다리는 마음
- 출전: 《해동가요》
- 특징
  - 종장에서 부는 바람에 지는 잎을 도치시켜 기다림의 심정을 극대화
  - 송도 3절로 일컫는 서경덕의 시조
- 해제: 이 작품은 지은이가 황진이를 생각하면서 지은 시로, '만중운산(萬重雲山)'은 임과의 만남을 방해하는 장애물을 의미한다. 또, 종장에 '부는 바람에 떨어지는 잎'을 '임'으로 착각하는 화자의 안타까운 기다림이 드러나 있으며, 부는 바람에 지는 잎을 도치시켜 운율을 맞추고, 기다리는 심정을 잘 보여 주고 있다.

기출 17 경찰 1차, 17 법원직 9급

⑲ 〈어져 내 일이야 ~〉

어져 내 일이야 그릴 줄을 모로드냐.
감탄사
이시라 ᄒᆞ더면 가랴마ᄂᆞᆫ 제 구ᄐᆞ여
　　　　　　　　　　　　중의법[내(화자)가 굳이, 임이 굳이]
보ᄂᆡ고 그리ᄂᆞᆫ 정(情)은 나도 몰라 ᄒᆞ노라.
자존심과 연정 사이의 감정

아! 내가 한 일이 후회스럽구나. 이렇게도 사무치게 그리울 줄을 미처 몰랐더냐?
있으라 했더라면 떠나시려 했겠느냐마는 굳이
보내 놓고는 이제 와서 새삼 그리워하는 마음을 나 자신도 모르겠구나.

작품 분석

• 작자: 황진이
• 갈래: 평시조, 단시조
• 성격: 감상적, 애상적, 연정가, 이별가
• 표현: 도치법, 영탄법
• 주제: 임을 그리워하는 마음과 이별의 회한
• 출전: 《청구영언》
• 특징
　– 여인의 회한을 순수한 우리말로 표현
　– 고려 가요 〈가시리〉와 현대시 〈진달래꽃〉을 연결해 주는 이별시의 절조로 불림
　– '제 구ᄐᆞ여'를 앞의 '가랴마ᄂᆞᆫ'에 붙여 해석하면 '임이 굳이 가겠는가마는'이 되고, 뒤의 '보ᄂᆡ고'와 붙여 해석하면 '내가 굳이 보내고'로 되어 중의적으로 해석될 수 있음
• 해제: 임을 떠나보낸 후의 회한(悔恨)을 우리말의 절묘한 구사를 통해 진솔하게 나타내고 있다. 화자는 겉으로는 강한 척하지만 속으로는 외롭고 약해 자존심과 연정 사이에서 갈등하는 모습을 보여 짙은 공감을 불러일으킨다.

기출 17 경찰 1차, 17 법원직 9급, 13 지방직 7급

⑳ 〈청산리 벽계수야 ~〉

청산리(靑山裏) 벽계수(碧溪水)ㅣ야 수이 감을 자랑마라.
　　　　　　　　중의법(푸른 시냇물 / 종친이던 벽계수)
일도창해(一到滄海)ᄒᆞ면 도라오기 어려오니

명월(明月)이 만공산(滿空山)ᄒᆞ니 쉬여 간들 엇더리.
중의법(밝은 달, 황진이)　　빈 산에 가득 참

청산 속에 흐르는 푸른 시냇물아, 빨리 흘러간다고 자랑하지 마라.
한 번 넓은 바다에 다다르면 다시 청산으로 돌아오기 어려우니
밝은 달이 산에 가득 차 있으니 나와 같이 쉬어 감이 어떠하나?

확인 문제　　　17 경찰 1차

다음 두 작품에 대한 설명으로 가장 적절하지 않은?

(가) ᄆᆞ음이 어린 후(後)ㅣ니 ᄒᆞᄂᆞᆫ일이 다 어리다.
　　만중운산(萬重雲山)에 어늬 님 오리마ᄂᆞᆫ
　　지ᄂᆞᆫ 닙 부ᄂᆞᆫ ᄇᆞ람에 힝여 귄가 ᄒᆞ노라.
(나) 어져 내 일이야 그릴 줄을 모로드냐.
　　이시라 ᄒᆞ더면 가랴마ᄂᆞᆫ 제 구ᄐᆞ여
　　보ᄂᆡ고 그리ᄂᆞᆫ 정(情)은 나도 몰라 ᄒᆞ노라.

① (가), (나)의 'ᄒᆞ노라'의 주체는 모두 화자 자신이다.
② (가), (나) 모두 임을 기다리는 마음을 나타내고 있다.
③ (가)에서 화자는 깊고 먼 곳에 있는 임이 자신에게 오기를 기다리고 있다.
④ (가)에는 앞뒤로 연결이 되어 중의적으로 해석될 수 있는 부분이 있다.

정답 ③

해설 (가)에서 화자는 임이 깊고 먼 곳에 있는 것이 아니라 화자가 깊고 먼 곳에 있어 임조차 찾아오지 않을 곳이라 생각한다.

작품 분석

- 작자: 황진이
- 갈래: 평시조, 단시조, 서정시
- 성격: 감상적, 낭만적, 회유적, 풍류적
- 표현: 의인법, 중의법, 설의법
- 주제: 인생의 덧없음과 향락의 권유
- 출전: 《청구영언》
- 해제: 인생의 덧없음을 노래한 시로, 여유 있는 마음으로 살자는 유혹과 권유를 드러낸 작품이다. '청산'은 영원한 자연을, '벽계수'는 덧없는 인생을, '수이 감'은 순간적인 인생의 삶을 비유적(중의법)으로 표현한 것이다. 또한, 종장에서 '명월'은 지은이 자신(황진이)을 중의적으로 표현하였다.

기출 17 법원직 9급, 14 기상직 9급

㉑ 〈재 너머 셩권롱 집의 ~〉

재 너머 셩권롱(成勸農) 집의 술 닉닷 말 어제 듯고

[누은 쇼 발로 박차 언치 노하 지즐투고] [ ]: 해학적

아히야 네 권농 겨시냐 뎡좌슈(鄭座首) 왓다 ᄒ여라.
　　　　　　　　　작가 자신

고개 넘어 성권농 집에 술 익었다는 말 어제 듣고
누워 있는 소 발로 차 일으켜 세우고 깔개를 얹어 눌러 타고
아이야, 네 권농 계시냐 정 좌수 왔다 하여라.

작품 분석

- 작자: 정철
- 갈래: 평시조. 단시조. 정형시
- 성격: 강호 한정가. 풍류적, 해학적
- 표현: 비약법, 서사적, 압축적
- 주제: 전원생활의 흥취(興趣)
- 출전 : 《송강가사》
- 특징
  - 시상의 과감한 생략으로 인한 비약적 표현이 드러남
  - 호방한 성격이 드러남
- 해제: 술과 벗을 좋아하는 송강 정철의 작품으로 전원생활의 멋과 풍류가 토속적인 농촌의 정취와 조화를 잘 이루고 있다. 권농의 집에 도착하기까지의 과정의 생략과, 우리말을 자유자재로 구사함으로써 작품을 생동감 넘쳐 나게 그려 내고 있으며, 시적 화자의 익살과 해학을 엿볼 수 있다.

기출 17 지방직 9급

17 지방직 9급

확인 문제

〈재 너머 셩권롱 집의 ~〉에 대한 설명으로 적절하지 않은 것은?

① 화자는 소박한 풍류를 즐기며 살고 있다.
② '박차'라는 표현에서 역동성과 생동감을 느낄 수 있다.
③ '언치 노하'는 엄격한 격식을 갖추려는 태도를 드러낸다.
④ '아히'는 화자의 의사를 간접적으로 전달하는 존재이면서도, 대화체로 이끄는 영탄적 어구이다.

정답 ③
해설 엄격한 격식이 아닌, 화자의 소탈함을 느낄 수 있다.

㉒ 〈반중 조홍감이 ~〉

반중(盤中) 조홍(早紅)감이 고와도 보이느다.
소반 가운데
유자(柚子)ㅣ 안이라도 품엄즉도 ᄒ다마ᄂᆞᆫ
회귤 고사와 관련
품어 가 반기리 업슬싀 글노 설워ᄒᆞᄂᆞ이다.
반가워 해 줄 사람(부모님)   풍수지탄(風樹之嘆)

소반에 놓인 붉은 감이 곱게도 보이는구나.

비록 유자가 아니라도 품어 갈 마음이 있지마는

품어 가도 반가워 할 사람이 없으니 그로 인해 서러워합니다.

회귤 고사
중국 삼국 시대 육적이라는 사람이 원술을 찾아갔다가 원술이 내놓은 귤 3개를 몰래 품속에 넣었다가 하직 인사를 할 때 귤이 땅바닥에 떨어져 발각되었다. 집에 계시는 어머니께 드리려 했다는 육적의 말을 듣고, 모두 그 효심에 감복하였다.

작품 분석

- 작자: 박인로
- 갈래: 평시조, 연시조(전 4수)
- 성격: 사친가(思親歌)
- 표현: 인용법
- 주제: 효심(孝心), 풍수지탄(風樹之嘆)
- 출전: 《노계집》
- 특징: 중국 회귤 고사를 인용하여 주제를 효과적으로 드러냄
- 해제: 작가 박인로가 한음(漢陰) 이덕형을 찾아갔을 때 그로부터 조홍시를 대접 받고, 중국 삼국 시대 육적이라는 사람에 관련한 회귤 고사를 생각하며 지은 작품이다. 감을 보고 돌아가신 부모님을 생각하고 서러워하는 진솔한 삶의 모습을 담고 있다.

기출 13 기상직 9급

㉓ 〈강호사시가(江湖四時歌)〉

[춘사]

강호(江湖)에 봄이 드니 미친 흥(興)이 절로 난다.
자연, 은거지
탁료계변(濁醪溪邊)에 금린어(錦鱗魚)ㅣ 안주로다.

이 몸이 한가(閒暇)히옴도 역군은(亦君恩)이샷다.

강호(자연)에 봄이 찾아오니 깊은 흥이 절로 일어난다.

막걸리를 마시며 노는 시냇가에 싱싱한 물고기가 안주로다.

이 몸이 이렇게 한가하게 지내는 것도 역시 임금의 은혜이시다.

[하사]

강호(江湖)에 녀름이 드니 초당(草堂)에 일이 업다.
여름의 한가로움
유신(有信)ᄒᆞᆫ 강파(江波)ᄂᆞᆫ 보내ᄂᆞ니 ᄇᆞ람이다.
강의 물결
이 몸이 서늘히옴도 역군은(亦君恩)이샷다.

강호에 여름이 찾아오니 초당에 있는 이 몸은 할 일이 별로 없다.

신의 있는 강의 물결이 보내는 것은 시원한 바람이다.

이 몸이 시원하게 지내는 것도 역시 임금의 은혜이시다.

[추사]

강호(江湖)에 ᄀᆞ을이 드니 고기마다 슬져 잇다.
자연을 풍요롭게 인식
소정(小艇)에 그믈 시러 흘리 띄여 더뎌 두고,
화자의 소박함   유유자적한 삶 추구
이 몸이 소일(消日)히옴도 역군은(亦君恩)이샷다.
느긋하게 세월을 보냄

강호에 가을이 찾아드니 물고기마다 살이 올라 있다.

작은 배에 그물을 싣고 가서 물결 따라 흐르게 던져 놓고,

이 몸이 소일하며 지내는 것도 역시 임금의 은혜이시다.

[동사]

강호(江湖)에 겨월이 드니 눈 기픠자히 남다.
넘는다
삿갓 빗기 쓰고 누역으로 오슬 삼아,
안빈낙도
이 몸이 칩지 아니히옴도 역군은(亦君恩)이샷다.

강호에 겨울이 닥치니 눈의 깊이가 한 자가 넘는다.

삿갓을 비스듬히 쓰고 도롱이를 둘러 입어 덧옷을 삼으니,

이 몸이 이렇게 춥지 않게 지내는 것도 역시 임금의 은혜이시다.

확인 문제   13 기상직 9급

〈반중 조홍감이 ~〉에 대한 설명으로 적절하지 않은 것은?

① '조홍감'이 창작의 계기가 된다.
② 독자에게 생전에 효도를 다하자는 교훈을 준다.
③ '유자' 관련 고사는 주제를 효과적으로 부각시킨다.
④ 주제와 관련된 한자성어는 맥수지탄(麥秀之嘆)이다.

정답 ④

해설 '효(孝)'와 관련된 한자성어는 맥수지탄(麥秀之嘆)이 아니라 풍수지탄(風樹之嘆)이다. 맥수지탄(麥秀之嘆)은 고국의 멸망을 한탄함을 이르는 말이다.

작품 분석

- 작자: 맹사성
- 갈래: 평시조, 연시조(전 4수), 정형시
- 성격: 풍류적, 전원적, 낭만적, 강호 한정가
- 표현: 대구법, 의인법, 대유법
- 주제: 강호에서 자연을 벗 삼아 즐기며 임금의 은혜에 감사함
- 출전: 《병와가곡집》
- 특징
  - 최초의 연시조로 이황의 〈도산십이곡〉과 이이의 〈고산구곡가〉에 영향을 줌
  - 강호가도(江湖歌道)의 원류
  - 계절에 따라 한수씩 읊고, 의인법 등 다양한 표현 방법을 구사함
  - 각 연마다 형식을 통일하여 주제를 효과적으로 부각함
- 해제: 이 작품은 벼슬을 버리고 강호에 묻혀 사는 생활을 사계절의 변화에 따라 노래한 강호가도의 작품이다. 화자는 각 계절마다 안분지족의 삶 속에서 자연과 조화를 이루는 한가로운 생활을 영위하며, 이 모든 것을 임금의 은혜로 받아들여 유교적 충의 사상을 나타내고 있다.

기출 19 서울시 9급, 14 법원직 9급

㉔ 〈도산십이곡(陶山十二曲)〉

[언지(言志) 1]

이런들 엇더ᄒ며 져런들 엇더ᄒ료.

초야우생(草野愚生)이 이러타 엇더ᄒ료.
겸손의 표현
[ᄒ믈며 천석고황(泉石膏肓)을 고텨 므슴ᄒ료.] [ ]: 자연에 살고 싶은 마음
　　　　　＝ 연하고질(煙霞痼疾)

이런들 어떠하며 저런들 어떠하랴?
시골에 파묻혀 있는 어리석은 사람이 이렇다고 한들 어떠하랴?
하물며 자연을 사랑하는 것이 고질병처럼 굳어졌으매 고쳐 무엇하리오.

▶ 초야에 묻혀 사는 사람의 자연에 대한 깊은 애정

[언학(言學) 3]

고인(古人) 날 못보고 나도 고인(古人)도 못뵈
옛 성현
고인(古人)을 못봐도 녀든 길 알ᄑᆡ잇ᄂᆡ
　　　　　　　옛 성현들이 걸었던 학문 수양의 길
녀든 길 알ᄑᆡ잇거든 아니 녀고 엇졀고.

옛 성현도 나를 보지 못하고 나도 옛 성현들을 뵙지 못했네
옛 성현들을 못 뵙지만 그분들이 행하던 길이 앞에 놓여 있네
그 행하던 길이 앞에 있는데 아니 행하고 어찌하겠는가?

▶ 옛 성현의 도리를 본받자

[언학(言學) 4]

당시(當時)에 ㉠녀든 길흘 몃 히를 ᄇᆞ려 두고,
벼슬 전　　　　　학문 수양의 길
어듸 가 ᄃᆞ니다가 이제아 도라온고.
그 동안의 벼슬살이
이제아 도라오나니 넌 ᄃᆡ ᄆᆞ음 마로리.

14 법원직 9급

확인 문제

〈강호사시가〉에 대한 설명으로 옳지 않은 것은?

① 자연을 벗 삼아 유유자적하면서 안빈 낙도하는 모습을 보여주고 있다.
② 강호에 묻혀 사는 생활을 사계절의 변화에 따라 노래하였다.
③ '강호'는 외롭고 쓸쓸한 작가의 정서를 반영한다.
④ 화자가 자연을 즐기면서도 그것이 궁극적으로 임금의 은혜라고 여기는 태도로 볼 때, 유교적 가치관이 반영되었다.

정답 ③

해설 '강호'는 화자가 지향하는 대상이자 공간이다.

전에 힘썼던 학문의 길을 몇 년이나 내버려 두고,

어디로 가서 돌아다니다가 이제야 돌아왔는고?

이제나마 돌아왔으니 딴 곳에 마음 두지 않으리.

▶ 학문 수행에 대한 새로운 다짐

[언학(言學) 5]

[청산(靑山)은 엇졔ᄒᆞ여 만고(萬古)애 프르르며,
　　　　　　　불변성　　　　　　오랜 세월
유수(流水)는 엇졔하여 주야(晝夜)애 긋지 아니ᄂᆞᆫ고.] [ ]: 대구법
　　　　　　불변성
우리도 그치지 마라 만고상청(萬古常靑) ᄒᆞ리라.
　　　　　　　　　　　영원히 푸름

청산은 어찌하여 만고의 세월을 푸르며,

흐르는 물은 어찌하여 밤낮으로 그치지 않는가.

우리도 청산과 유수처럼 그치지 않고 만고에 푸르리라.

▶ 영원한 자연과 마찬가지로 끊임없는 학문 수양 권유

작품 분석

• 작자: 이황
• 갈래: 평시조, 연시조(전 12수)
• 성격: 교훈적, 관조적, 예찬적, 회고적
• 표현: 설의법, 대구법
• 주제
  – 전 6곡: 자연에 동화된 삶
  – 후 6곡: 학문 수양에 정진하는 마음
• 출전: 《진본 청구영언》
• 특징
  – 총 12수의 연시조로 내용상 '언지(言志)' 전 6곡과 '언학(言學)' 후 6곡으로 나뉨
  – 생경한 한자어가 많이 사용된 강호가도의 대표적 작품
  – 자연과 학문에 대한 진지한 성찰이 드러나 있으며, 화자 자신의 심경을 노래
• 해제: 〈도산십이곡〉은 퇴계 이황이 지은 12수의 연시조로 벼슬을 뒤로하고 안동 도산서원에서 후학을 양성할 때 지은 노래이다. 자신의 자연 친화 사상과 함께 성리학자로서 후학들에 대한 가르침이 잘 나타나 있다.

기출 19 서울시 9급, 16 지방직 7급, 11 법원직 9급

㉕ 〈훈민가(訓民歌)〉

[제3수]

형아 아ᅌᅵ야 네 ᄉᆞᆯ흘 만져 보아.

뉘손ᄃᆡ 타나관ᄃᆡ 양ᄌᆡ(樣姿)조차 ᄀᆞᆮᄐᆞᆫ다.

ᄒᆞᆫ 졋 먹고 길러나 이셔 닷 ᄆᆞ ᄋᆞᆷ을 먹디 마라.
　　　　　　　　　　　형제 간의 우애를 해치는 마음

형아, 아우야, 네 살을 만져 보아라. / 누구에게서 태어났기에 그 모습조차도 같은 것인가?
한 젖을 먹고 자랐으니 다른 마음을 먹지 마라.

▶ 형제간의 우애

확인 문제　　　16 지방직 7급

〈도산십이곡〉에서 [언학(言學) 4]의 '㉠ 녀
든'과 뜻이 같은 한자는?

① 遊　　　　② 讀
③ 歌　　　　④ 行

정답 ④

해설 '녀다, 니다, 녜다'는 '가다[行], 지
내다, 보내다'의 의미이다.

[제4수]

어버이 사라신 제 섬길 일란 다ᄒ여라.

디나간 후(後)ㅣ면 애닯다 엇디ᄒ리.

평싱애 <u>고텨</u> 못ᄒ올 이리 잇ᄲᆫ인가 ᄒ노라.
　　　　다시　　　　효(孝)

어버이께서 살아 계실 동안에 섬기는 일을 다 하여라. / 돌아가신 뒤에는 애달프다 해도 어찌할 것인가.
평생에 다시 할 수 없는 일은 부모 섬기는 일뿐인가 하노라.

▶ 부모님에 대한 효도

[제12수]

네 집 상사(喪事)들ᄒ 어도록 출호손다.

네 딸 서방은 언제나 마치ᄂ손다.

내게도 업다커니와 돌보고져 하노라.
다른 이의 애경사를 돕고자 함

네 집 장례들은 어떻게 차리는가? / 네 딸 서방은 언제나 맞이하게 되는가?
내게도 없다고는 하지만 그래도 돌보고자 하노라.

▶ 혼인과 장례의 상부상조

[제13수]

오늘도 다 새거다 호믜메고 가쟈ᄉ라.
　　　　날이 밝았다　　　　청유형 어미
내 논 다 미여든 네 논 졈 미여 주마.

올 길헤 뽕 싸다가 누에 머겨 보쟈ᄉ라.
오는　　　　　　　　　　청유형 어미

오늘도 날이 다 밝았다. 호미 메고 가자꾸나. / 내 논의 김 다 매거든 네 논도 매어 주마.
돌아오는 길에 뽕을 따다가 누에도 먹여 보자꾸나.

▶ 근면한 농사일과 상부상조

[제16수]

이고 진 뎌 늘그니 짐 프러 나를 주오.
　　　　　　공경의 대상
[나ᄂ 졈엇꺼니 돌히라 므거울가.] [ ]: 설의법
노인의 처지를 이해
[늘거도 셜웨라커든 지믈조차 지실가.] [ ]: 설의법

이고 진 노인이여, 그 짐을 풀어 나를 주오. / 나는 젊었으니 돌이라 한들 무거울까.
늙는 것도 서럽다 하는데 짐까지 지실까.

▶ 경로사상의 강조

작품 분석

• 작자: 정철
• 갈래: 평시조, 연시조(전 16수)
• 성격: 설득적, 계몽적, 교훈적, 유교적
• 표현: 설의법, 직유법, 청유형
• 주제: 유교의 윤리 권장
• 출전: 《송강가사》
• 특징
  – 유교적 도덕관 실천을 강조함
  – 강원도 백성을 교화하기 위한 계몽적·교훈적 노래
  – 정감어린 어휘를 사용하여 인정과 감동을 불러일으킴
  – 청유형 어법을 활용하여 설득력이 강함
• 각 수의 주제

제1수	부모님의 은혜	제9수	어른을 공경하는 태도
제2수	임금과 백성의 관계와 부모님의 배려	제10수	벗과의 관계
제3수	형제간의 우애	제11수	상부상조의 정신
제4수	부모님에 대한 효도	제12수	혼인과 장례의 상부상조
제5수	부부는 상호 존경의 대상	제13수	근면한 농사일과 상부상조
제6수	남녀 관계의 문란함을 경계	제14수	남의 물건을 탐내지 말 것
제7수	자녀들에게 학문 권장	제15수	도박과 송사를 금함
제8수	올바른 행동을 권유	제16수	경로사상의 강조

• 해제: 〈훈민가〉는 송강이 45세 때, 강원도 관찰사로서 도민을 교화하기 위해 지은 작품으로, 계몽적·교훈적이다. 고유어를 사용하여 백성들의 이해와 접근이 쉽도록 했으며 청유법을 사용하여 매우 강한 설득을 목적으로 했다. 시조 가운데 가장 설득력이 있고, 친근감을 주는 시조로 평가받고 있다.

기출 15 교행직 7급, 12 서울시 9급

㉖ 〈어부사(漁父詞)〉

이 듕에 시름 업스니 어부(漁父)의 생애(生涯)이로다.

일엽편주(一葉片舟)를 만경파(萬頃波)에 띄워 두고
작은 조각배 하나
인세(人世)를 다 니젯거니 [날 가는 줄를 안가.] [ ]: 설의법
인간 세상, 홍진, 풍진, 속세

이 세상을 살아가는 중에 걱정 없는 것이 어부의 삶이로구나.
자그마한 배 한 척을 끝없이 넓은 바다 위에 띄워 두고
속세를 다 잊었으니 세월 가는 줄을 알겠는가.

▶ 인간 세상을 잊은 어부의 한정

[구버는 천심녹수(千尋綠水) 도라보니 만첩청산(萬疊靑山)] [ ]: 대구법
천 길이나 되는 푸른 물
십장홍진(十丈紅塵)이 언매나 ᄀᆞ렛는고.
열 길이나 되는 붉은 먼지(속세를 비유)
강호(江湖)에 월백(月白)ᄒᆞ거든 더옥 무심(無心)하얘라.

굽어보니 천 길 푸른 물, 돌아보니 겹겹이 둘러싸인 푸른 산
열 길이나 되는 속세의 먼지는 얼마나 가려졌나.
강호에 달 밝으니 더 한가롭고 욕심이 없구나.

▶ 자연 속에서의 한가로운 삶

[청하(靑荷)에 밥을 싸고 녹류(綠流)에 고기 꿰어] [ ]: 대구법
  안분지족
노적화총(蘆荻花叢)에 비 미아두고,
  갈대꽃과 억새꽃이 가득한 곳
두어라 [일반청의미(一般淸意味)를 어닉 부니 아르실고.] [ ]: 설의법
      자연의 참된 의미, 중국 송나라 소강절의 '청야음' 인용

푸른 연잎에 밥을 싸고, 푸른 버들가지에 물고기를 꿰어서
갈대와 억새풀이 우거진 곳에 배를 대어 묶어 두니,
두어라, 이런 자연의 참된 의미를 어느 분이 아시겠는가.

▶ 자연의 참된 의미

산두(山頭)에 한운(閒雲)이 기(起)ᄒ고 수중(水中)에 백구(白鷗)ㅣ 비(飛)이라.
      화자가 한가롭게 느끼는 강호의 자연물 1   자연물 2
무심(無心)코 다정(多情)ᄒ니 이 두 거시로다.
            한운, 백구
일생(一生)애 시르믈 닛고 너를 조차 노로리라.
            물아일체의 경지

산봉우리에는 구름이 한가롭게 피어나고 물 위에는 백구가 날고 있네.
아무런 욕심이 없이 다정한 것은 이 두 가지뿐이로다.
한평생에 근심을 잊고 너희들과 함께 놀리라.

▶ 시름을 잊고 자연과 함께 하는 삶

장안(長安)을 도라보니 북궐(北闕)이 천 리(千里)로다.
임금 계신 곳
[어주(魚舟)에 누어신들 니즌 스치 이시랴.] [ ]: 설의법
            우국충정
두어라 [내 시름 아니라 제세현(濟世賢)이 업스랴.] [ ]: 설의법

서울을 돌아보니 궁궐이 천 리나 떨어져 있도다.
고기잡이 배에 누워 있으나 (한시라도) 잊은 적이 있으랴.
두어라, 내 걱정할 일이 아니로다. 세상을 구할 어진 사람이 없겠는가?

▶ 나라에 대한 우국충정

작품 분석

• 작자: 이현보
• 갈래: 평시조, 연시조(전 5수)
• 성격: 풍류적, 전원적, 자연친화적
• 표현: 한자어 사용, 정경 묘사가 추상적 · 관념적
• 주제: 자연을 벗하여 살아가는 여유와 흥취
• 출전: 《농암집》
• 특징
  – 설의법과 대구법을 사용하여 주제를 강조
  – 상투적인 한자어 사용
  – 다양한 표현 방식(대구법, 설의법, 의인법) 사용
  – 고려의 〈어부가〉 → 이현보의 〈어부사(어부단가)〉 → 윤선도의 〈어부사시사〉
• 해제: 〈어부사〉는 강호 한정가의 성격을 지닌 전 5수의 연시조이다. 이 작품 속에 나타난 '어부'는 세속과 정치적인 현실에서 벗어나고 싶은 은자의 모습을 상징하고 있으며, 한가하고 평화로운 삶을 살고 싶은 욕망을 시로 표현한 것이다. 글쓴이는 강호에 있으면서도 정치 현실을 완전히 망각할 수 없었으며, 임금에 대한 충성과 국사에 대한 걱정이 5수 '어주(魚舟)에 누어신들 니즌 스치 이시랴.'에서 단적으로 드러나고 있다.

기출 19 국회직 8급, 18 서울시 7급(6월)

확인 문제   19 국회직 8급

〈어부사〉의 시어 중 이미지가 나머지와 다른 하나는?

① 千尋綠水
② 十丈紅塵
③ 蘆荻花叢
④ 閒雲
⑤ 白鷗

정답 ②

해설 ① · ③ · ④ · ⑤는 자연을 상징하는 시어이고, ②는 속세를 의미하는 시어이다.
① 千尋綠水(천심녹수): 천 길이나 되는 깊고 푸른 물
③ 蘆荻花叢(노적화총): 갈대와 억새
④ 閒雲(한운): 한가로운 구름
⑤ 白鷗(백구): 하얀 갈매기

(4) 한문 소설 《금오신화》

① 〈만복사저포기(萬福寺樗蒲記)〉

남원에 양생이 살았는데 일찍 부모를 여의고 장가들지 못한 채 만복사 동쪽에서 홀로 지내고 있었다. 방 밖에 ──남원의 기린산에 있었던 절
서 있는 한 그루 배나무는 바야흐로 봄을 맞아 꽃이 활짝 피어 마치 옥으로 된 나무에 은덩이가 붙어 있는 것 같
았다. 양생은 달 밝은 밤이면 그 나무 아래를 거닐며 낭랑하게 시를 읊조렸다. ──직유법
　　　　　　　　　　　　　　　　　　　　　　　　　　　　　인물의 심리를 집약적으로 표현

한 그루 배나무 꽃 쓸쓸함을 달래주나

가련히도 밝은 달밤을 저버리누나.

청춘에 홀로 누운 외로운 창가로

어디선가 미인이 봉황 퉁소 부는구나.

비취 새 외로이 날아 짝을 맺지 못하고

원앙새 짝을 잃고 맑은 강에 몸을 씻네.

어느 집에 인연 있나 바둑으로 점치다가

[밤엔 등불 꽃 점복하고 근심스레 창에 기대네.] [ ]: 외로운 주인공의 심리를 풍경으로 묘사
가물가물한 등불을 묘사

읊기를 마치자 홀연히 공중에서 소리가 들려왔다.
　　　　　　　　　　비현실적 내용으로 전기적 요소가 드러남
"그대가 좋은 짝을 얻고자 하니 어찌 이루지 못할까 걱정하는가?"

작품 분석

- 작자: 김시습
- 갈래: 한문 소설, 단편 소설, 전기(傳奇) 소설, 명혼 소설, 염정 소설
- 성격: 환상적, 전기적(傳奇的), 비현실적, 비극적, 낭만적
- 시점: 전지적 작가 시점
- 주제: 생사를 초월한 남녀 간의 사랑
- 구성: 기승전결의 4단 구성
- 특징
  - 한문 문체로 사물을 미화
  - 불교의 연(緣) 사상과 윤회 사상이 소설의 바탕이 됨
  - 시를 삽입하여 인물의 심리를 효과적으로 전달
  - 초현실적이고 신비로운 내용 전개
- 해제: 이 작품은 생사를 초월한 남녀 간의 사랑을 다룬 전기 소설로 비현실적이며 몽환적인 분위기를 띠고 있다. 이 이야기의 구조는 이승 사람인 양생과 죽은 영혼인 처녀의 '만남, 사랑, 이별, 탈속'으로 되어 있고, 내용의 밑바탕에는 종교적인 발원 사상, 윤회 사상 등이 깔려있다. 이 작품은 설화적 소재에 작가의 창의성을 가해 소설적인 형식을 갖춤으로써 소설로 발전하는 과도기적 과정을 보여준 점에서 문학적인 의미를 가지고 있다.

기출 13 국회직 9급

확인 문제　　　　13 국회직 9급

〈만복사저포기〉의 내용과 직접적 연관성이 없는 것은?

① 주인공은 고독한 처지에 놓여 있다.
② 사건 전개에 비현실적인 내용이 들어 있다.
③ 인물의 내면이 시를 통하여 표출되고 있다.
④ 고난과 고난 극복의 서사가 이어지고 있다.
⑤ 작품 배경이 수사적 표현으로 그려지고 있다

정답 ④

해설 인물의 고난이나 고난 극복의 이야기는 구체적으로 나타나지 않는다.

② 〈이생규장전(李生窺牆傳)〉

이생도 처연해져 한탄하기를 마지않으며 말했다.
　　　　　슬픔을 걷잡지 못하며
"차라리 낭자와 함께 구천에 갈지언정 어찌 하릴없이 홀로 남은 생을 보전하겠소? 지난번에 난을 겪은 뒤 친
　최씨와 끝까지 함께 하고자 함
척과 종들이 각각 어지럽게 흩어지고 돌아가신 부모님의 해골은 어지러이 들판에 굴러다닐 때, 낭자가 아니었다

면 누가 제사 지내고 묻어주었겠는가? 옛사람이 말하기를 '살아서는 예로써 섬기고 죽어서는 예로써 장사지낸
　　　　　　　　　　　　　　　　　　　　　　　　　論語의 한 구절로 부모에 대한 자식의 도리를 일러줌
다.'라고 했는데 낭자는 이를 모두 다 실천하였으니 천성이 효성스럽고 인정이 두터운 사람이오. 감격스러움은
　　　　　　　　　부모에 대한 자식의 마지막 도리를 다 하게 해준 최씨에 대한 고마움을 표현
한량없고 자괴감을 이길 수 없소. 인간 세상에 더 머물렀다 백 년 뒤에 함께 묻힙시다."
　　　　　　　부모를 잘 모시지 못한 것에 대한 부끄러움
여자가 말했다.

["낭군님의 수명은 아직 남아 있지만 저는 이미 귀신 명부에 올라 있으니 더 오래 보지 못합니다.] 만약 인간
　　　　　　　　　　　　　죽은 몸이니　　　　　　　　　　　　　　　　　　　　　　　[ ]: 이별해야 되는 당위성
세상에 연연해하면 명을 어기는 것이니 나에게 죄를 줄 뿐 아니라 그대에게도 누가 미칠 것입니다. [저의 유골이

아무 곳에 흩어져 있으니 은혜를 베풀어주시려거든 바람과 햇빛에 드러나지 않게 해주십시오."]
도적에게 죽임을 당한 곳　　　　　　　　　　　　　　　　　　　　　　　　　　　　　　[ ]: 최씨의 마지막 부탁
서로 바라보며 눈물을 흘리다가 여자가 말했다.

"낭군님, 잘 계십시오."

말을 마치자 점점 사라지더니 자취가 없어졌다.
전기적 사건, 최씨가 저승으로 돌아감
이생이 유골을 수습하여 부모님 묘 옆에 묻어주었다. 장례를 마치고 나서 이생 또한 그리움 때문에 병이 들어
　　　　　　　　　　　　　　　　　　　　　　　　　　최씨에 대한 사랑과 상실감으로 인한 죽음
몇 달 뒤에 죽었다. 이 말을 들은 사람들은 마음 아파하고 탄식하며 그 의리를 사모하지 않음이 없었다.
　　　　　　설화적 수법을 사용하여 여운을 남김

작품 분석

- 작자: 김시습
- 갈래: 한문 소설, 단편 소설, 전기(傳奇) 소설, 염정 소설
- 성격: 전기적(傳奇的), 낭만적, 비극적, 환상적
- 주제: 죽음을 초월한 남녀 간의 사랑
- 특징
  - 만남과 이별을 반복하는 구조로 사건을 전개
  - '유교 · 불교 · 도교 사상'이 혼재된 배경 구조
  - 전쟁이나 운명을 극복하려는 인간의 의지가 드러남
  - 죽은 여인과의 애절한 사랑을 다룬 전기성 이야기 전개
- 해제: 이 작품은 남녀의 만남이 통제되던 유교 시대에도 이생과 최씨와의 만남과 사랑을 통해 작가의 적극적인 애정관을 반영하였다. 또한 기승전결의 4단 구성과 최씨가 죽기 전과 죽음 이후의 내용으로 된 이중 구조를 가지고 있다. 이 작품의 결말 부분에서는 최씨의 환생을 통해 작가의 불교적 세계관을 나타내고 있으며, 주인공들의 비극적인 이별을 통해 삶이 덧없음을 나타내고 있다.

기출 14 국회직 9급

확인 문제　14 국회직 9급

〈이생규장전〉의 내용을 이해한 것으로 적절하지 않은 것은?

① 두 사람의 비극적 사랑과 비애가 드러나 있다.
② 유교 사상에서 강조하는 덕목이 제시되어 있다.
③ 인물의 행적과 품성을 압축적으로 서술하고 있다.
④ 사건의 전개에 비현실적인 요소가 작용하고 있다.
⑤ 일련의 사건을 통해 주인공의 고독이 해소되고 있다.

정답 ⑤

해설 결말 부분에서 이생이 최씨와 죽음을 통한 비극적인 이별을 하면서 주인공의 고독이 해소되고 있는 것은 아니다.

③ 〈남염부주지(南炎浮洲志)❶〉

박생은 눈을 떠서 주위를 바라보았다. 책은 책상 위에 던져져 있고, 등잔의 불꽃은 가물거리고 있다. 박생은
<u>주인공이 꿈에서 깨어남</u>
한참동안 감격하기도 하고 의아해 하기도 하였다. [그러다가 스스로 생각하기를, 이제 곧 죽으려나 보다 하였다.

그래서 그는 날마다 집안일을 정리하는 데 몰두하였다.] 몇 달 뒤에 박생은 병을 얻었다. 그는 스스로, 필경 다시
[ ]: 주인공은 염라왕이 왕위를 물려주기로 했으므로 꿈에서 깨어 죽을 준비를 함. 꿈과 현실이 동시에 성립   반드시
는 일어나지 못하리라는 것을 알았다. 박생은 의사와 무당을 사절하고 세상을 떠났다. 박생이 세상을 떠나려 하

던 날 저녁이었다. 근처 이웃 사람들의 꿈에 신인이 나타나서는 이렇게 알렸다.
                    <u>전기적 요소</u>
"너의 이웃집 아무개 씨는 장차 염라왕이 될 것이다."

작품 분석
• 작자: 김시습
• 갈래: 한문 소설, 단편 소설, 전기(傳奇) 소설, 몽유 소설
• 성격: 환상적, 전기적(傳奇的), 현실 비판적
• 주제: 유교 이념을 기반으로 한 불교의 철학과 이치
• 특징: '현실–꿈–현실'의 몽유 구조
• 해제: 이 작품은 김시습의 사상과 종교관, 정치관이 가장 잘 나타난 작품이다. 작가는 주인공 박생과 염라
        왕의 담화를 통해 미신적·신비주의적 세계관의 부정, 군자와 소인의 구별, 위장자들의 현실 정치 비판, 불
        교의 타락상 등을 통렬히 비판하고 있으며, 유학자로서의 자신의 사상과 합리적인 세계관을 보여주고 있다.

기출 18 국회직 9급

4. 조선 후기의 문학

(1) 가사

① 〈선상탄(船上歎)〉

어휘 풀이

❶ **시시(時時)로:** 경우에 따라서 가끔

❷ **북신(北辰):** 북극성. 작은곰자리에서 가장 밝은 별

❸ **노루(老淚):** 늙은이의 눈물. 늙어서 기력이 떨어지고 정신이 흐려져 흐르는 눈물을 이른다.

❹ **오동방(吾東方):** 중국 동쪽에 있다는 의미로, 예전에 '우리나라'를 가리키던 말

❺ **단심(丹心):** 마음속에서 우러나오는 정성 어린 마음

시시(時時)로❶ 멀이 드러 북신(北辰)❷을 브라보며, 상시(傷時) 노루(老淚)❸를 천일방(天一方)의 디이

┌ 북극성, 한양, 왕이 있는 곳 ┘ └ 나라의 운명을 염려하는 충정 ┘

노다. 오동방(吾東方)❹ 문물(文物)이 한당송(漢唐宋)애 디랴마는, 국운(國運)이 불행(不幸)호야 해추(海

└ 우리나라 문물에 느끼는 자부심 ┘

醜) 흉모(兇謀)애 만고수(萬古羞)을 안고 이서, 백분(百分)에 흔 가지도 못 시셔 브려거든, 이 몸이 무상

└ 해적, 즉 왜구의 흉악한 모략 ┘

(無狀)홀 둘 신자(臣子) l 되야 이서다가, 궁달(窮達)이 길이 달라 몬 뫼옵고 늘거신들, 우국 단심(憂國丹

                    └ 곤궁과 영달 ┘ └ 임금과 신하의 다른 책무 ┘

心)이야 어닉 각(刻)에 이즐넌고.

때때로 머리를 들어 임금님 계신 곳을 바라보며, 시대를 근심하는 늙은이의 눈물을 하늘 한 모퉁이에 떨어뜨리는구나. 우리나라의 문물이 한나라, 당나라, 송나라에 지랴마는, 나라의 운수가 불행하여 왜적들의 흉악한 꾀에 빠져 천추를 두고 씻을 수 없는 부끄러움을 안고 있어, 백분의 일이라도 못 씻어 버렸거든, 이 몸이 변변치 못하지만 신하가 되어 있다가, 신하와 임금의 신분이 서로 달라 모시지 못하고 늙은들, 나라를 걱정하고 임금님에게 충성하는 마음이야 어느 시각인들 잊었을 것인가?

▶ 임진왜란에서 당한 치욕과 우국충정

(중략)

준피도이(蠢彼島夷)들아, 수이 걸항(乞降)호야스라. 항자불살(降者不殺)이니, 너를 구틱 섬멸(殲滅)호

랴. 오왕(吾王) 성덕(聖德)이 욕병생(欲幷生) 호시니라. 태평천하(太平天下)애 요순군민(堯舜君民) 되야

  └ 조선의 왕 ┘   └ 태평성대에서 사는 백성 ┘

이셔, 일월광화(日月光華)는 조부조(朝復朝)호얏거든, 전선(戰船) 투던 우리 몸도 어주(漁舟)에 창만(唱

└ 왕의 성덕이 계속되는 태평세월이 이어지거든 ┘ └ 전선 ↔ 어주 대비 ┘

晩)호고, 추월춘풍(秋月春風)에 놉히 베고 누어 이셔, 성대(聖代) 해불양파(海不揚波)를 다시 보려 호노라.

└ 태평성대가 와서 자연을 즐기기 바라는 마음 ┘   └ 파도가 일지 않는 바다, 태평성대 ┘

꿈틀거리는 이 섬나라 오랑캐들아, 어서 항복하고 용서를 빌어라. 항복하는 자는 죽이지 않으니, 너희를 구태여 다 죽이랴? 우리 임금님의 거룩한 덕이 너희와 다 같이 잘 살기를 바라시니라. 태평스러운 천하에 요순의 화평한 군민처럼 되어 있어, 해와 달의 빛이 매일 아침마다 밝게 빛나거든, 전쟁하는 배를 타던 우리 몸도 고기잡이배를 타고 늦도록 노래하고, 가을 달 봄바람에 베개를 높이 베고 누워 있어, 파도가 일지 않는 성군 치하의 태평성대를 다시 보려 하노라.

▶ 평화의 공존을 향한 의지와 태평성대를 소망

작품 분석

- 작자: 박인로
- 갈래: 전쟁 가사
- 성격: 기원적, 우국적, 비판적
- 주제: 전쟁을 한탄하고 우국충정(憂國衷情)을 다짐하며 평화를 기원
- 특징
  - 왜적을 향한 적개심을 강한 어조로 표현
  - 〈태평사〉와 함께 대표적인 전쟁 가사
  - 민족이 처한 현실을 사실적 · 구체적으로 다룸
  - 고사와 한자성어를 많이 사용
- 해제: 이 작품은 임진왜란 후의 전쟁의 비애를 이야기하고 태평성대에 대한 희망을 노래한 대표적인 전쟁 가사로, 왜적을 향한 분노와 임금에 대한 우국충정, 민족정기와 무인의 기상 등을 노래하였다. 결사에는 풍류를 즐기게 했던 배가 전쟁의 수단으로 쓰인 사실을 인지하면서 고사를 인용하여 배의 쓰임새에 대한 소망을 이야기하는데, 여기에는 평화를 향한 의지와 태평성대가 오기를 소망하는 마음이 담겼다.

기출 17 국가직 7급(10월)

② 〈고공가(雇工歌)〉

집의 옷밥을 언고 들먹는 져 고공(雇工)아, 우리 집 긔별을 아는다 모로는다. 비 오는 늘 일 업슬 지 숫
머슴 – 조선의 신하   조선의 역사
쏘면셔 니르리라. [처음의 한어버이 사롬스리 ᄒ려 ᄒᆯ 직,] 인심(仁心)을 만히 쓰니 사롬이 졀로 모다, 플 썻
태조 이성계   [ ]: 조선 왕조를 창업하려 할 때
고 터를 닷가 큰 집을 지어 내고, 셔리 보십 장기 쇼로 전답(田畓)을 긔경(起耕)ᄒ니, 오려논 터밧치 여드레
조선 건국   논밭을 갈   올벼논과 텃밭이
ᄀ리로다. 자손(子孫)에 전계(傳繼)ᄒ야 대대(代代)로 나려오니, 논밧도 죠커니와 고공(雇工)도 근검(勤
여드레 동안 갈 만한 큰 땅   전하고 계승하다
儉)터라. 저희마다 여름지어 가ᄋᆷ여리 사던 것슬, 요ᄉᆞ이 고공(雇工)들은 혬이 어이 아조 업서, [밥사발 큰
이권
나 쟈그나 동옷시 죠코 즈나, ᄆᆞᄋᆷ을 둧ᄒᆞᄂᆞᆫ 듯 호슈(戶首)을 싀오는 듯,] 무슴 일 걈드러 흘귓할귓 ᄒᆞᄂᆞᆫ
이권   상머슴 – 높은 벼슬아치   [ ]: 신하들이 서로 시기하고 다투는 상황(이권 투쟁, 당쟁하는 관리 비판)
다. 너희ᄂᆞ 일 아니코 시절(時節) 좃ᄎ 스오나와, ᄀᆞᆺ득의 너 셰간이 플러지게 되야ᄂᆞᆫᄃᆡ, 엇그제 화강도(火
강도 – 임진왜란 때 쳐들어온 왜적
強盜)에 가산(家産)이 탕진(蕩盡)ᄒ니, 집 ᄒᆞ나 불타 붓고 먹을 껏시 전혀 업다. 크나큰 셰ᄉᆞ(歲事)을 엇지
ᄒᆞ여 니로려료. 김가(金哥) 이가(李哥) 고공(雇工)들아 새 ᄆᆞᄋᆷ 먹어슬라.

자기 집 옷과 밥을 놔두고 빌어먹는 저 머슴아, 우리 집 내력을 아느냐 모르느냐. 비 오는 날 일이 없을 때 새끼 꼬면서 말하겠노라. 최초에 조부모님께서 살림살이를 시작했을 때, 인심을 베푸시니 사람들이 저절로 모여, 풀 베고 터 닦아 큰 집을 지어 내고, 써레, 보습, 쟁기, 소로 논밭을 갈았더니, 올벼논과 텃밭이 여드레 동안 갈 만한 넓은 땅이 되었도다. 자손에게 물려주어 대대로 계승하니, 논밭도 좋고 머슴도 근검하였더라. 저희가 각각 농사를 지어 부유하게 살던 것을, 요사이 머슴들은 생각이 너무 없어서, 밥그릇이 크든 작든 입은 옷이 좋든 나쁘든, 마음을 다투는 듯, 우두머리를 질투하는 듯, 무슨 일에 김거들어 반목을 계속 하느냐? 너희 일을 않고 흉년까지 들어, 가뜩이나 내 살림 줄게 되었는데, 엊그저께 강도(왜적) 만나 가산을 죄다 없애 남은 것이 없으니, 집은 불타 버리고 먹을 것이 아예 없구나. 이 큰 살림살이를 어떻게 하여 일으킬 것인가? 김가 이가 머슴들아 마음을 새롭게 먹으려무나.

작품 분석

• 작자: 허전
• 갈래: 가사
• 성격: 훈계적, 경세적, 비판적, 풍자적
• 주제
 – 임진왜란 직후 관리들의 탐욕과 부패 비판
 – 분별도 계획도 없는 관리들을 풍자
• 특징
 – 은유적 기법, 우의적 표현
 – 국사를 집안의 농사 일로, 나라 일을 소홀히 하면서 사리사욕만 채우는 관리들을 머슴으로 비유
• 해제: 이 작품은 농가의 어르신이 새끼를 꼬면서 머슴들을 나무라는 형식을 취하여 조정의 관리들을 은유적, 우의적으로 비판하는 교훈적 가사이다. 작자는 비참하고 끔찍한 임진왜란을 겪으며 유교적 이상이 허물어지는 상황에 맞닥뜨렸는데도 그러한 상황을 바르게 잡으려 들기는커녕 나라 일에 소홀하고 무능하면서 탐욕만 추구하는 조정의 관리들을 게으른 머슴에 비유하여 비판하였다. 후에 이원익(李元翼)이 〈고공답주인가(雇工答主人歌)〉라는 화답가를 지었다.

기출 19 소방직, 16 국가직 7급

③ 〈누항❶사(陋巷詞)〉

어휘 풀이

❶ 누항(陋巷): 지저분하며 좁은 거리 또는 자신이 사는 동네나 거리를 겸손하게 가리키는 말

한기태심(旱旣太甚)ᄒ야 시절(時節)이 다 느즌 졔, 서주(西疇) 놉흔 논애 잠깐 긴 녈 비예, 도상(道上)
　　가뭄으로 극도로 메마름　　　　　　　　　농사철　　　　　　　　　　　　　　　　　　길에 흐르는 근원 없는 물
무원수(無源水)을 반만깐 되혀 두고, 쇼 ᄒ 적 듀마 ᄒ고 엄섬이 ᄒᄂ 말삼, 친졀(親切)호라 너긴 집의 달
　　　　반 정도만 대어　　　　　　　　　　　　엉성하게
업슨 황혼(黃昏)의 허위허위 다라가셔, 구디 다든 문(門) 밧긔 어득히 혼자 서셔 큰 기츰 아함이를 양구(良
　　해가 질 때　　허위적허위적　　　　　　　　　　멍하니, 우두커니　　　　인기척　　　　아주 오래
久)토록 ᄒ온 후(後)에, 어화 긔 뉘신고. 염치(廉恥) 업산 닉옵노라.

가뭄이 너무 심하여 농사철이 모두 늦었을 때, 서쪽의 높은 두둑이 있는 논에 잠시 지나가는 비가 개, 길에 물이 흐르는 것을 잠시 대어 두고, "한 번 소를 주겠노라." 하고 허술하게 한 말에, 친절하다고 여긴 집에 달도 뜨지 않은 황혼에 허우적허우적 달려가, 굳게 닫힌 문밖에서 멍하니 혼자 서서 큰 기침으로 "에헴" 하면서 아주 오랫동안 인기척을 하고 난 뒤에, "어, 거기 뉘시오?" "염치없는 저입니다."
▶ 농사를 짓기 위해 소를 빌리러 감

초경(初更)도 거읜듸 긔 엇지 와 겨신고. 년년(年年)에 이러ᄒ기 구차(苟且)ᄒ 줄 알건만ᄂ, 쇼 업슨 궁
　저녁 7~9시　　　　　　　　　　　　소를 빌리기
가(窮家)애 혜염 만하 왓삽노라. 공ᄒ니나 갑시나 주엄즉도 ᄒ다마ᄂ, 다만 어제밤의 거넨집 져 사람이 목
　　　　걱정
불근 수기치(雉)를 옥지읍(玉脂泣)게 ᄊ우어 닉고, 간 이근 삼해주(三亥酒)를 취(醉)토록 권(勸)ᄒ거든, 이
　　수꿩　　　　구슬 같은 기름이 자글자글 하게
러한 은혜(恩惠) 어이 아니 갑흘넌고. 내일(來日)로 주마 ᄒ고 큰 언약(言約) ᄒ야거든, 실약(失約)이 미편
(未便)ᄒ니 사셜이 어려왜라. 실위(實爲) 그러ᄒ면 혈마 어이ᄒ고. 헌 먼덕 수기 스고 측 업슨 집신에
　　　참으로, 사실로　　　　　　　　　　　　　　　　짚을 엮어서 만들어 머리에 쓰는 것
설피설피 믈너오니 풍채(風採) 저근 형용(形容)애 기 즈칠 ᄲᆞᆫ이로다.
맥없이(화자의 허탈함)　　풍채가 작은 초라한 모습에　　개(화자의 초라함을 부각)

"초경도 다 지나갔는데 어쩐 일로 오셨는고?" "매년 이렇게 하는 것이 구차한 것인 줄 알지만, 소가 없는 빈곤한 집에 걱정이 많아 이렇게 찾아 왔습니다." "공짜든 값을 내든 (소를 빌려) 준다면 좋겠지만, 다만 어젯밤 건넛집 사람이 목 붉은 수꿩을 기름지게 구워 내고, 갓 익은 삼해주를 취할 만큼 권하였는데, 이런 은혜를 어찌 갚지 않겠는가. 내일 (소를 빌려) 주기로 굳게 약속하였기에, 약속 어기는 것이 불편하여 말씀하기 힘들구료." "실상이 그러하면 설마 어쩌겠는가." 헌 모자 숙여 쓰고 축 없는 짚신 신고 힘없이 물러나오니 풍채 적은 내 모습을 보고 개가 짖을 뿐이로구나.
▶ 소를 빌리기 위해 갔다가 거절을 당함

와실(蝸室)에 드러간들 [잠이 와사 누어시랴.] 북창(北窓)을 비겨 안자 ᄉᆞᆸ벽를 기다리니, 무졍(無情)ᄒ
작고 초라한 집　　　 [ ]: 설의법　　　　　　　　　　　　　　　　　　　　새벽
대승(戴勝)은 이닉 한(恨)을 도우ᄂᄂ. 종조추창(終朝惆悵)ᄒ며 먼 들흘 바라보니, 즐기ᄂ 농가(農歌)도
오디새(화자의 수심을 깊게 함. 뻐꾸기(개))
흥(興) 업서 들리ᄂᄂ. 세졍(世情) 모른 한숨은 그칠 줄을 모른ᄂᄂ. 아ᄉᆞᆫ온 져 소뷔ᄂ 벗보님도 됴홀세고.
　　　　　　　　　　　　　　　　　　　　　　　쟁기　　　　쟁기의 날이 잘 선 모습
가시 엉긘 묵은 밧도 용이(容易)케 갈련마ᄂ, 허당반벽(虛堂半壁)에 슬듸업시 걸려고야. 춘경(春耕)도 거
의거다. 후리쳐 더뎌 두쟈.
　자포자기

작고 초라한 집에 들어간들 잠이 와서 누워 있겠는가. 북쪽 창에 기대 앉아 새벽을 기다리니, 무정한 오디새가 나의 한을 북돋우는구나. 아침이 지날 때까지 슬퍼하며 먼 들을 바라보니, 즐기는 농부들의 노래도 흥 없게 들리는구나. 세상 물정 모르는 한숨은 그칠 줄 모른다. 아까운 저 쟁기는 날 선 모습이 좋구나. 가시 엉킨 묵은 밭도 수월하게 갈 수 있으련마는, 비어 있는 집 벽 가운데 쓸데없이 걸려 있구나. 봄갈이도 거의 다 지나버렸다. 팽개쳐 던져두자.
▶ 집에 돌아와 각박한 세태를 탄식하며 봄 농사를 그만두기로 함

강호(江湖) ᄒ 꿈을 ᄭ우언지도 오릭러니, 구복(口腹)이 위루(爲累)ᄒ야, 어지버 이져쩌다. 첨피기욱(瞻彼
자연과 함께하는 삶　　　　　　먹고 사는 일　　　　　　　　감탄사
淇澳)혼듸 녹죽(綠竹)도 하도 할샤. 유비군자(有斐君子)들아 낙딕 하나 빌려ᄉᆞ라. 노화(蘆花) 깁픈 곳애
　　　　　　　　　맑기도 맑구나　　　교양 있는 선비　　　　　　낚싯대　　　　갈대꽃
명월청풍(明月淸風) 벗이 되야, 님ᄌᆞ 업슨 풍월강산(風月江山)애 절로절로 늘그리라. 무심(無心)ᄒ 백구
　　　　　　　　　　　　　　　　　자연　　　　　　　　　　　　　　　　　　　갈매기
(白鷗)야 오라 ᄒ며 말라 ᄒ랴. 다토리 업슬손 다문인가 너기로라.

자연과 함께 살겠다는 꿈을 꾼 지도 오래려니, 먹고 사는 일이 누가 되어, 아 잊었도다. 저 기수(냇가)의 물가를 바라보니 푸른 대나무가 많기도 많구나. 교양 있는 선비들아 낚싯대 하나 빌려주려무나. 갈대꽃 깊은 곳에서 밝은 달 맑은 바람의 벗이 되어, 임자 없는 자연 속에서 절로 절로 늙으리라. 무심한 갈매기야 (나에게) 오라 하고 가라 하랴. 다툴 이가 없는 것은 다만 이뿐인가 여기노라.

▶ 자연을 친구 삼아 늙어 가기를 바람

무상(無狀)한 이 몸애 무슨 지취(志趣) 이스리마ᄂ, 두세 이렁 밧논를 다 무겨 더뎌 두고, 이시면 죽(粥)
변변치 못한, 보잘 것 없는 ──── 뜻, 소원 ──── 안분지족(安分知足)적 삶의 자세 1
이오 업시면 굴물망졍 남의 집, 남의 거슨 젼혀 부러 말렷노라. 니 빈쳔(貧賤) 슬히 너겨 손을 헤다 물너가
──── 서로 대비되는 시어를 통해 주제를 부각, 대구법
며, 남의 부귀(富貴) 불리 너겨 손을 치다 나아오랴. 인간(人間) 어닉 일이 명(命) 밧긔 삼겨시리. 빈이무원
──── 운명 ──── 가난해도 원망하지 않음
(貧而無怨)을 어렵다 ᄒ건마ᄂ, 니 생애(生涯) 이러호딕 셜온 뜻은 업노왜라. 단사표음(簞食瓢飮)을 이도
──── 안분지족(安分知足)적 삶의 자세 2
족(足)히 너기로라. 평생(平生) ᄒ 뜻이 온포(溫飽)애ᄂ 업노왜라. 태평쳔하(太平天下)애 충효(忠孝)를 일
──── 따뜻하게 입고 배불리 먹음 ──── 양반의 지배적 이념을 추구하는 모습
을 삼아 화형졔(和兄弟) 신붕우(信朋友) 외다 ᄒ리 뉘 이시리. 그 밧긔 남은 일이야 삼긴 딕로 살렷노라.

변변치 못한 이내 몸이 무슨 소원이 있으랴마는, 두세 이랑의 밭과 논을 다 묵혀 던져두고, 있으면 죽이요 없으면 굶을망정 남의 집, 남의 것은 전혀 부러워하지 않겠노라. 나의 가난함을 싫게 여겨 손을 내젓는다고 물러가겠으며, 남의 부귀를 부럽게 여겨 손짓한다고 오겠느냐. 인간 세상 어떤 일이 운명 밖에 생겼으리요? 가난해도 원망하지 않는 것이 어렵다고는 하지만, 나의 생활이 이러하되 서러운 뜻은 없노라. 단사표음(대나무로 만든 밥그릇의 밥과 표주박의 물)도 만족하게 여기노라. 평생의 한 뜻이 따뜻하게 입고 배불리 먹는 데는 없노라. 태평한 세상에 충성과 효도를 일삼아, 형제끼리 화목하고 벗끼리 신의로 사귀는 일을 옳지 않다고 말할 사람이 누가 있으리오. 그밖에 남은 일이야 타고난 대로 살아가리라.

▶ 빈이무원의 삶을 살아가면서 충효, 신의, 우애를 지향함

작품 분석

• 작자: 박인로
• 갈래: 양반 가사, 은일 가사
• 성격: 사색적, 전원적, 한정적
• 주제
  – 안빈낙도(安貧樂道)와 빈이무원(貧而無怨)
  – 충효와 우애, 신의를 추구하는 선비의 가난한 생활
• 특징
  – 4음보 연속체, 3(4) · 4조
  – 대구법, 과장법, 설의법, 열거법 등 다양한 표현 방법 사용
  – 본사에 대화체를 사용하여 실생활 모습을 사실적으로 묘사
• 해제: 이 작품은 임진왜란 후 귀향한 작자(박인로)가 살림이 어려운지 안부를 묻는 친구(이덕형)에게 답변하기 위해 쓴 가사이다. 작자는 가난의 고충을 털어놓으면서도, 빈이무원의 태도를 견지하고, 충절, 우애, 신의를 지향하고 있으며, 자신의 구체적인 경험을 일상적인 언어로 표현하였다. 이 작품에는 전란 뒤 생계 문제를 해결하기 위해 소를 빌려야만 하는 양반 계층의 괴로움과 갈등이 드러나 있기도 하지만, 피폐해진 삶 속에서도 유교적 이념을 실천하고 풍류를 즐기는 양반의 모습도 보여준다.

기출 19 국가직 9급, 16 기상직 9급, 15 법원직 9급

④ 〈농가월령가(農家月令歌)〉

인가(人家)의 요긴한 일 장 담는 정사로다. 소금을 미리 받아 법대로 담그리라. 고추장 두부장도 맛맛으로 갖
  사람 사는 집   음력 3월 3일 삼짇날 풍속
추하소. 전산에 비가 개니 살진 향채 캐오리라. 삽주 두릅 고사리며 고비 도랏 어아리를 일분은 엮어 달고 이분은
        앞산   향기로운 나물   구체적인 나물 이름 열거
묻혀 먹세. 낙화를 쓸고 앉아 병술로 즐길 적에 산처의 준비함이 가효가 이뿐이라.
        떨어진 꽃   아내   맛 좋은 요리나 안주

▶ 3월령 중 일부: 장 담그기와 나물 캐기

사월이라 맹하되니 입하 소만 절기로다. 비온 끝에 볕이 나니 일기도 청화하다. 떡갈잎 퍼질 때에 뻐꾹새 자로
  초여름   입하: 양력 5월 5일경, 소만: 양력 5월 21일경   날씨   자주
울고, 보리 이삭 패어나니 꾀꼬리 소리 난다.
                              노래한다

▶ 4월령 중 일부: 4월의 절기와 감상

팔월이라 한가을 되니 백로 추분 절기로다. 북두칠성 자루 돌아 서쪽 하늘 가리키니, 신선한 아침저녁 가을이
  중추(음력 8월) 백로: 양력 9월 8일경, 추분: 양력 9월 23일경
완연하다. 귀뚜라미 맑은 소리 벽 사이에 들리누나. 아침에 안개 끼고 밤이면 이슬 내려, 온갖 곡식 열매 맺고 결

실을 재촉하니, 들에 나가 돌아보니 힘들인 보람 난다. 여러 가지 곡식의 이삭이 나오고 여물 들어 고개 숙여, 서

쪽 바람에 [익어 가는 빛은 누런 구름이 이는 것 같다.] [ ]: 풍작
           익어 가는 곡식, 은유법

▶ 8월령 중 일부: 8월의 절기와 감상

작품 분석

- 작자: 정학유
- 갈래: 월령체 가사
- 성격: 계몽적, 교훈적
- 주제: 달과 절기에 농가에서 해야 하는 일과 풍속 소개(권농과 풍속 교화)
- 특징
  - 전체 13장(서사, 정월령~12월령)의 구성
  - 계절의 변화에 따라 세시 풍속, 놀이, 행사, 음식 등을 월별(月別)로 나누어 서술
  - 농업 기술의 확산을 도모한 가사
  - 조선 후기 실학의 영향을 받아 농사의 중요성을 강조
  - 설의법, 대구법, 은유법, 비유법 등 사용
- 해제: 이 작품은 달과 계절의 변화에 따라 농가에서 각각의 달에 할 일과 예로부터 내려오는 세시 풍속, 놀
  이, 행사와 음식을 월별(月別)로 나누어서 알려주는 월령체 노래이다. 우주의 섭리에 따른 계절의 분류, 역
  법의 연원을 설명하는 서사를 시작으로 음력 정월에서 12월까지의 절기와 풍속 등을 소개한다. 전 13장으
  로 구성되어 있으며 매 달의 구성은 '절기 – 감상 – 농사 일 – 풍속'으로 구성되어 있다. 또한 농촌의 생활
  과 연관된 어휘를 구체적으로 풍부하게 써서 농촌의 모습이 실감나게 그려져 있다.

기출 16 기상직 9급, 14 서울시 7급, 10 국회직 9급

농가월령가(農家月令歌)의 계절과 절기 구분

구분	계절	절기	구분	계절	절기
정월령	맹춘(초봄)	입춘, 우수	7월령	맹추(초가을)	입추, 처서
2월령	중춘(무르익은 봄)	경칩, 춘분	8월령	중추(무르익은 가을)	백로, 추분
3월령	모춘(늦은 봄)	청명, 곡우	9월령	계추(늦은 가을)	한로, 상강
4월령	맹하(초여름)	입하, 소만	10월령	맹동(초겨울)	입동, 소설
5월령	중하(무르익은 여름)	망종, 하지	11월령	중동(무르익은 겨울)	대설, 동지
6월령	계하(늦은 여름)	소서, 대서	12월령	계동(늦은 겨울)	소한, 대한

⑤ 〈일동장유가(日東壯遊歌)〉

장풍에 돛을 달아 육선(六船)이 함께 떠나, 삼현(三絃)과 군악 소리 산해(山海)를 진동하니, 물속의 어룡(魚龍)
거센 바람   여섯 척의 배   3가지 현악기(거문고, 가야금, 향비파)   고기들
들이 응당히 놀라도다. 해구(海口)를 얼핏 나서 오륙도를 뒤로 하고, 고국을 돌아보니 야색(夜色)이 창망(滄茫)하
부산항   밤경치   까마득하여
여, 아무것도 아니 뵈고 연해변진(沿海邊鎭) 각 포(浦)에 불빛 두어 점이 구름 밖에 뵐 만하니, 배방에 누워 있어
항구   선실
내 신세를 생각하니, 가뜩이나 심란한데 대풍이 일어나서, 태산 같은 성난 물결 천지에 자욱하니, 크나큰 만곡주
기상 악화 표현   만석을 실을 만한 큰 배
(萬斛舟)가 나뭇잎 부치이듯 하늘에 올랐다가 지함(地陷)에 내려지니, 열두 발 쌍돛대는 차아(叉枒)처럼 굽어 있
위태로운 상황 표현   땅이 주저앉아 움푹 꺼진 곳   줄기에서 벋어 나간 걷가지
고, 쉰두 폭 초석 돛은 반달처럼 배불렀네. 굵은 우레 잔 벼락은 등 아래서 진동하고, 성난 고래 동한 용은 물속
52쪽 짚으로 만든   큰   성난 물결과 파도의 심한 출렁거림을 표현
에서 희롱하네. 방 속의 요강 타고 자빠지고 엎어지고, 상하 좌우 배방 널은 낱낱이 우는구나. 이윽고 해 돋거늘
각각이   삐걱거리는 소리를 표현
장관(壯觀)을 하여 보세. 일어나 배 문 열고 문설주 잡고 서서 사면을 바라보니 어와 장할시고, 인생 천지간에 이
장관을 구경하여 보세   장관이구나
런 구경 또 어디 있을고. 구만 리 우주 속에 큰 물결뿐이로세. 등 뒤로 돌아보니 동래(東萊) 뫼가 눈썹 같고, 동남
넓디 넓은   부산   눈썹처럼 작게 보이고
을 바라보니 바다가 끝이 없어, 위아래 푸른빛이 하늘 밖에 닿아 있다. 슬프다 우리 길이 어디로 가는지고, 함께

떠난 다섯 배는 간 데를 모를로다.

작품 분석

• 작자: 김인겸
• 갈래: 기행 가사, 장편 가사
• 성격: 사실적, 직설적
• 주제: 여행을 통해 일본의 풍속과 제도 등을 알게 됨
• 특징
  – 일본을 여행한 후 견문과 감상을 쓴 기행 가사
  – 대구법, 직유법, 과장법, 영탄법 등 사용
  – 일본의 풍속을 구체적·사실적으로 묘사
• 해제: 이 작품은 작자가 영조 때 통신사로 일본을 왕래하였을 때 체험한 바를 기록한 장편 기행 가사로, '일
  동'은 '일본'을 가리키는 별칭이다. 서울에서 부산, 부산에서 대마도, 대마도에서 에도에 이르기까지 보고 들
  은 경험과 일본의 제도, 문물, 풍속 등을 구체적으로 기록하였다. 시간의 흐름에 따라 글을 전개하였고 감각
  적 심상을 사용하여 작자가 겪은 일을 생생하게 표현하였다.

기출 15 교행직 9급

⑥ 〈규원가(閨怨歌)〉

엇그제 저멋더니 ᄒ마 어이 다 늘거니. 소년행락(少年行樂) 생각ᄒ니 일러도 속절업다. 늘거야 서른 말
즐거웠던 어린 시절
슴ᄒ자니 목이 멘다. 부생모육(父生母育) 신고(辛苦)ᄒ야 이 내 몸 길러 낼 제, 공후배필(公侯配匹)은 못
큰 고생
바라도 ㉠ 군자호구(君子好逑) 원(願)ᄒ더니, [삼생(三生)의 원업(怨業)이오 월하(月下)의 연분(緣分)으
군자의 좋은 짝을 이르는 말   전생, 현생, 내생   업보
로 장안유협(長安遊俠) 경박자(輕薄子)를 꿈ᄀᆞᆺ치 만나 잇서,] 당시(當時)의 용심(用心)ᄒ기 살어름 디듸
경박한 남편   [ ]: 불교의 윤회론   마음 쓰는 것
는 듯. 삼오(三五) 이팔(二八) 겨오 지나 천연여질(天然麗質) 절로 이니, 이 얼골 이 태도(態度)로 백년기
15~16세   아름다움을 타고남
약(百年期約) ᄒ얏더니, 연광(年光)이 훌훌ᄒ고 조물(造物)이 다시(多猜)ᄒ야 ㉡ 봄바람 가을 믈이 뵈오리
세월   빠르게 지나   많은 시기심   세월이 빨리 지나감, 직유법
북 지나듯, [설빈화안(雪鬢花顔) 어딕 두고 면목가증(面目可憎) 되거고나.] 내 얼골 내 보거니 어느 임이 날
꽃처럼 아름다운 얼굴   보기 싫은 미운 얼굴   [ ]: 자신의 늙음에 대한 탄식
필소냐. 스스로 참괴(慚愧)ᄒ니 누구를 원망(怨望)ᄒ리.

엇그제는 젊었는데 어떻게 이리 다 늙었는가? 어린 시절 즐겁게 보내던 일을 생각하니 말해도 소용없구나. 이렇게 늙어서 서러
운 사연 말하려니 목이 멘다. 부모님이 낳아 길러 몹시 고생스럽게 나의 이 몸 길러낼 때, 높은 벼슬아치의 아내는 못 바랄지언정
군자의 좋은 배필이 되기를 원하였더니. 전생의 원망스러운 업보이며 부부의 인연으로 장안의 호탕하고 경박한 이를 꿈처럼 만
나, 시집간 후에 남편 시중은 살얼음 디디는 듯하였다. 열대여섯 살 겨우 지나서 타고난 아름다운 모습이 저절로 나타나. 이 얼
굴과 태도로 평생을 약속하였더니, 세월이 빨리 흐르고 조물주도 시기심이 많아서 봄바람과 가을 물이 베틀의 베올 사이로 북이
지나가듯 빨리 지나가, 꽃과 같이 아름다운 얼굴은 어디에 두고 미운 모습이 되었는고. 내 얼굴 내가 보아 알거니와 어느 임이 나
를 사랑할까? 스스로 창피하고 부끄러우니 그 누구를 원망할 것인가?
▶ 과거를 회상하며 자신의 늙은 모습을 한탄함

삼삼오오(三三五五) 야유원(冶遊園)의 새 사람이 나단 말가. 곳 피고 날 저물 제 정처(定處) 업시 나가
기생집
잇어, ㉢ 백마(白馬) 금편(金鞭)으로 어딕어딕 머무는고. 원근(遠近)을 모르거니 소식(消息)이야 더욱 알
좋은 말과 채찍(호사스러운 행장), 대유법
랴. [인연(因緣)을 긋처신들 싱각이야 업슬소냐.] 얼골을 못 보거든 그립기나 마르려믄. 열 두 째 김도 길샤
부부의 인연   [ ]: 설의법   하루
설흔 날 지리(支離)ᄒ다. 옥창(玉窓)에 심근 매화(梅花) 몃 번이나 픠여 진고. 겨울밤 차고 찬 제 자최눈 섯
한 달   규방   너무 적게 내려 겨우 발자국이 날 만큼의 눈
거 치고, 여름날 길고 길 제 구즌 비는 므스 일고. ㉣ [삼춘화류(三春花柳) 호시절(好時節)에 경물(景物)이
꽃 피고 버들잎 돋는 봄
시름업다. [가을 둘 방에 들고 실솔(蟋蟀)이 상(床)에 울 제,] 긴 한숨 디는 눈물 속절업시 헴만 만타. 아마
[ ]: 외로운 마음을 강조   귀뚜라미   [ ]: 감정 이입(외로움 표현)   헤아림, 생각
도 모진 목숨 죽기도 어려울사.

때 지어 몰려다니는 기생집에 새로운 예쁜 기생이 온 것인가? 꽃 피고 날 저물 때 정처 없이 나가 있어, 호사스러운 차림으로 어
디에 머무르는가? 멀고 가까움을 알지 못하는데 임의 소식은 어찌 알 수 있을까? (겉으로는) 인연을 끊었다 하지만 임을 생각하
는 마음이 없겠는가? 얼굴을 못 보면 그립기나 하지 않으면 좋겠는데, 하루가 길기도 하고, 한 달이 지루하기만 하구나. 규방
뜰 앞에 심은 매화가 몇 번이나 피고 지었나? 겨울밤 차고 찬 때 자취눈(자국눈)이 섞어 내리고, 여름날 길고 긴 굳은비는 무
슨 일인가? 봄날 여러 가지 꽃 피고 버들잎 돋는 좋은 시절에 아름다운 경치를 보아도 아무런 생각이 나질 않는구나. 가을 달이
방에 들이비치고 귀뚜라미가 침상에서 울 때, 긴 한숨 흘리는 눈물, 헛되게 생각만 많구나. 아마도 모진 목숨 죽기도 힘들구나.
▶ 임을 원망하고 자신의 처지를 서글퍼함

(중략)

출하리 잠을 드러 쑴의나 임을 보려 ᄒ니, 바람의 디ᄂᆞᆫ 닢과 풀 속에 우는 즘생 므스 일 원수로서 잠조차
지는
쌔오ᄂᆞᆫ다. 천상(天上)의 견우직녀(牽牛織女) 은하수(銀河水) 막혀서도 칠월 칠석(七月七夕) 일년일도(一
화자와 다른 처지, 부러움의 대상
年一度) 실기(失期)치 아니커든, 우리 님 가신 후는 무슨 약수(弱水) 가렷관듸 오거나 가거나 소식(消息)
시기를 놓침   임의 소식을 끊어지게 하는 매개체
조차 쓰쳣는고. 난간(欄干)의 비겨 서서 님 가신 딕 바라보니, 초로(草露)는 맷쳐 잇고 모운(暮雲)이 디나
풀 이슬(작자의 눈물을 비유)   날이 저물 때의 구름(님을 향한 연정을 비유)
갈 제 죽림(竹林) 푸른 고딕 [새 소리 더욱 설다.] 세상의 서룬 사람 수업다 ᄒ려니와, 박명(薄命)ᄒ 홍안
[ ]: 감정 이입

확인 문제   10 법원직 9급

〈규원가〉의 ㉠~㉣에 대한 풀이로 알맞지
않은 것은?

① ㉠: 군자들이 바라는 아름다운 미녀를
의미한다.
② ㉡: 비유적 표현으로 세월이 빨리 흘
러감을 의미한다.
③ ㉢: 호사스러운 행장을 의미한다.
④ ㉣: 임의 부재로 인한 외로움을 강조
하는 표현이다.

정답 ①

해설 '군자호구(君子好逑)'는 군자의 좋
은 짝을 의미하는 말로, 아름다운 미녀를
의미하는 것은 아니다.

(紅顔)이야 날 곧트니 쏘 이실가. 아마도 [이 님의 지위로 살동말동 ᄒᆞ여라.]

탓   [ ]: '임(남편)'에 대한 화자의 원망이 직접적으로 드러남

차라리 잠들어 꿈에서나 임을 보려 하니, 바람에 지는 잎과 풀 속에서 우는 짐승 무슨 일로 원수 되어 잠마저 깨우는 것인가? 하늘의 견우와 직녀는 은하수가 막혔어도 칠월칠석날 일 년에 한 번씩 때를 놓치지 않고 만나건만, 우리 임 가신 뒤에는 무슨 장애물이 가렸기에 오거나 가거나 소식마저 그쳤는가? 난간에 기대서서 임 가신 곳을 바라보니, 풀에 이슬이 맺히고 저녁 구름이 지나갈 때 대나무 수풀 우거진 곳에 새소리가 더욱 서럽구나. 세상에 서러운 사람이 많다고는 하지만, 운명이 기구한 여자가 나와 같은 이 또 있으려나? 아마도 이 임 때문에 살 듯 말 듯 하여라.

▶ 임을 원망하고 자신의 운명을 한탄함

작품 분석

- 작자: 허난설헌
- 갈래: 규방 가사, 내방 가사
- 성격: 원망적, 체념적, 절망적, 한탄적
- 주제: 규방 부인의 외로움과 한(恨)
- 특징
  - 직유법, 대유법, 설의법, 문답법, 미화법 등 사용
  - 한탄적인 성격이 강해 원부사(怨夫詞)라고도 함
  - 현전하는 최고(最古)의 내방 가사(규방 가사의 선구적 작품)
  - 여러 다양한 대상에 작자 자신의 심정을 투영
- 해제: 이 작품은 가부장적 봉건 사회에서 외롭게 살아야만 하는 규방 부인들이 품을 수밖에 없는 한의 정서를 잘 표현한 규방 가사, 내방 가사이다. 아름다웠던 젊은 시절을 돌아보며 지금의 늙음과 외로움에 슬퍼하며, 자신의 운명에 탄식하고, 임을 기다리는 동시에 원망하는 등 유교 사회의 규범 하에 여성이 느꼈을 정서를 다양한 표현법을 활용하여 섬세하게 그려냈다.

기출 16 기상직 7급, 15 사복직 9급, 10 법원직 9급, 08 서울시 9급

---

(2) 시조

① 〈가노라 삼각산(三角山)아 ~〉

[가노라 삼각산(三角山)아 다시 보쟈 한강수(漢江水) ᅵ 야.]   [ ]: 대유법, 의인법, 대구법
북한산, 조국   조국
고국산천(故國山川)을 써느고쟈 ᄒᆞ랴마는,
조선
시절(時節)이 하 수상(殊常)ᄒᆞ니 올동말동 ᄒᆞ여라.
매우 뒤숭숭하니(병자호란 직후 상황)

가노라 삼각산아. 다시 보쟈 한강수야.
고국산천을 떠나려 하겠느냐마는,
시절이 매우 뒤숭숭하여 올 듯 말 듯 하여라.

확인 문제   16 기상직 7급

〈규원가〉에 대한 설명으로 적절하지 않은 것은?

① 시간의 흐름을 비유적으로 표현하고 있다.
② 화자는 자신의 늙음에 대해 한탄하고 있다.
③ 자연물을 활용하여 독수공방의 외로움을 부각하고 있다.
④ 화자는 임(남편)과의 만남을 유교적인 시각에서 받아들이고 있다.

정답 ④

해설 화자는 임(남편)과 '삼생(三生)의 원업(怨業)이오 월하(月下)의 연분(緣分)으로' 만났다고 표현하고 있으며, 이는 불교적 윤회 사상이다.

작품 분석

- 작자: 김상헌
- 갈래: 평시조
- 성격: 비분가, 우국가
- 주제: 고국을 떠나야 하는 신하의 비장감
- 특징
  - 대유법, 대구법, 의인법, 도치법, 영탄법, 돈호법 등 사용
  - 고국에 대한 애정과 답답한 마음을 표현
- 해제: 이 시조는 조선시대 병자호란(丙子胡亂)을 배경으로 한 작품으로, 청나라와 끝까지 싸워야 한다며 척화 항전(斥和抗戰)을 주장하던 척화파 중 한 사람인 작자(김상헌)가 패전 후 소현 세자와 봉림 대군(효종)과 함께 청나라로 잡혀가면서 부른 노래이다. 다양한 비유법을 사용하여 고국에 대한 그리움을 형상화한 한 작품으로, 고국을 떠나야만 하는 우국지사의 비분강개한 심정이 잘 표현되어 있다.

기출 19 법원직 9급, 18 서울시 9급

② 〈노래 삼긴 사롬 ~〉

노래 삼긴 사롬 시름도 하도 할샤.
　　　만든

[닐러 다 못 닐러 불러나 푸돗둔가.
일러, 말을 하여　　　　풀었단 말인가, 영탄법

진실(眞實)로 풀릴 거시면은 나도 불러 보리라.]
　　　　　　　　　　　　　[ ]: 연쇄법

노래를 처음으로 만든 사람 시름이 많기도 많구나.

말을 하고 또 해도 다 못하여 노래로 풀었단 말인가.

진실로 노래를 불러서 풀릴 것 같으면 나도 노래를 불러 보고 싶구나.

작품 분석

- 작자: 신흠
- 갈래: 평시조, 단시조
- 성격: 처세가, 영물가
- 주제: 노래를 불러 근심과 걱정을 해소하고자 하는 마음
- 특징
  - 영탄법, 연쇄법 등의 표현 방법 사용
  - '노래'로 '시름'을 잊겠다는 참신한 표현 사용
- 해제: 이 시조는 광해군의 난정과 어지러운 당쟁 속에서 작자 신흠이 관직에서 물러나 전원생활을 할 때 쓴 작품이다. 작자는 관직을 버리고 자연과 함께 생활하면서도 마음 깊은 시름을 모두 달랠 수는 없었기에, 말로는 풀 수 없는 자신의 이러한 답답한 심정을 노래로 풀 수 있다면 자신도 노래를 불러 풀어보겠다고 표현하였다.

기출 09 지방직 9급

③ 〈초암(草庵)이 적료흔듸 ~〉

초암(草庵)이 적료흔듸 벗 업시 혼자 안즈
　　　　적막, 적적

평조(平調) 한 닙히 백운(白雲)이 절로 존다.
평화롭고 낮은 곡조인 음계의 대엽(전통 곡조)에

언의 뉘 이 죠흔 뜻을 알 리 잇다 흐리오.
어느 누가

초가 암자가 적적한데 친구도 없이 혼자 앉아서

평조 한 곡조에 하얀 구름이 저절로 조는 구나.

어느 누가 이리 좋은 뜻을 알 사람이 있다 하리오.

작품 분석

- 작자: 김수장
- 갈래: 평시조, 단시조
- 성격: 강호 한정가
- 주제
  - 자연 속에 묻혀 사는 유유자적한 삶
  - 풍류를 즐기는 은근한 경지
- 특징: 물아일체(物我一體)의 경지를 의인법을 사용하여 표현
- 해제: 이 시조는 어수선한 속세의 모든 것에서 벗어나 멀리 떨어진 곳에 초가를 짓고 홀로 거문고를 타면서 노래하며 평화롭게 풍류를 즐기는 삶의 모습을 잘 표현한 작품이다. 의인법을 사용하여 구름을 표현함으로써 한적하고 은은한 분위기의 풍경을 묘사하였고, 이를 통해 작자는 자연 속에서 사는 평화로움과 만족감을 드러내었다.

④ 〈어부사시사(漁父四時詞)〉

[춘사 3]

동풍이 건듣부니 믉결이 고이닌다.

돋ᄃ라라 돋ᄃ라라
여음구
동호톨 도라보며 서호로 가쟈스라.

지국총(至匊悤) 지국총(至匊悤) 어ᄉ와(於思臥)
노 젓는 소리를 표현한 의성어, 청각적 이미지
[압뫼히 디나가고 뒫뫼히 나아온다.] [ ]: 동적 감각, 경쾌한 속도감과 움직임

동풍이 문득 부니 물결이 곱게 일어나는구나.
돛 달아라 돛 달아라
동쪽의 호수를 돌아보며 서쪽의 호수로 가자꾸나.
찌거덩 찌거덩 어여차
앞산이 지나가고 뒷산이 나오는구나.

▶ 바다(자연)에 묻혀 아무런 속박 없이 살아가는 어부의 유유자적한 삶

[춘사 4]

[우는 거시 벅구기가 프른 거시 버들숩가.] [ ]: 대구법
청각적 이미지   계절감: 봄
이어라 이어라
여음구
어촌(漁村) 두어 집이 닛 속의 나락들락
안개 속
지국총(至匊悤) 지국총(至匊悤) 어ᄉ와(於思臥)

말가흔 기픈 소희 온갇 고기 뛰노ᄂ다.
연못에 생동감 표현

우는 것이 뻐꾸기인가 푸른 것이 버드나무 숲인가.
노 저어라 노 저어라
어촌 두어 집이 안개 속에 들락날락하는구나.
찌거덩 찌거덩 어여차
맑고 깊은 못에 온갖 고기 뛰노는구나.

▶ 생동감이 넘치는 어촌 마을의 봄

[하사 2]

년닙희 밥 싸 두고 반찬으란 쟝만 마라.
안분지족하는 생활

닫 드러라 닫 드러라
여음구

쳥약립(靑蒻笠)은 써 잇노라, 녹사의(綠蓑衣)은 가져오나.
대삿갓   비옷, 도롱이(여름 암시)

지국총(至匊悤) 지국총(至匊悤) 어亽와(於思臥)

무심(無心)혼 백구(白鷗)눈 내 좃눈가 제 좃눈가.
물아일체의 모습

연잎에 밥을 싸 두고 반찬은 마련하지 마라.

닻 들어라 닻 들어라

대삿갓은 이미 썼노라, 도롱이는 가져 왔느냐?

찌거덩 찌거덩 어야차

무심한 갈매기는 내가 저를 쫓는 것인가, 저가 나를 쫓는 것인가?

▶ 안분지족의 삶과 물아일체의 모습

[추사 1]

믈외(物外)예 조흔 일이 어부 싱애(生涯) 아니러냐.
속세 바깥   깨끗한

빗 떠라 빗 떠라
여음구

어옹(漁翁)을 욷디 마라 그림마다 그렷더라.
늙은 어부

㉠ 지국총(至匊悤) 지국총(至匊悤) 어亽와(於思臥)

亽시(四時) 흥(興)이 혼가지나 츄강(秋江)이 읃듬이라.
                          가을 강물(계절감을 나타냄)

속세를 벗어난 곳에서 깨끗한 일이 고기잡이 생활 아닌가?

배 띄워라 배 띄워라

늙은 어부라고 비웃지 마라! 늙은 어부가 그림마다 그려져 있더라.

찌거덩 찌거덩 어야차

사계절 흥이 다 같지만 그 중 가을 강물의 흥이 으뜸이라.

▶ 한가로운 늙은 어부의 흥취

[동사 4]

간밤의 눈 갠 후(後)에 경믈(景物)이 달란고야.
         계절감: 겨울   경치

㉡ 이어라 이어라
     여음구

압희눈 ㉢ 만경류리(萬頃琉璃) 뒤희눈 ㉣ 쳔텹옥산(千疊玉山)
           '반반하고 아름다운 바다'를 비유   수없이 겹쳐 있는 아름다운 산

지국총(至匊悤) 지국총(至匊悤) 어亽와(於思臥)

션계(仙界)ㄴ가 불계(佛界)ㄴ가 인간(人間)이 아니로다.

지난 밤 눈 갠 뒤에 경치가 달라졌구나.

노 저어라 노 저어라

앞에는 유리같이 넓고 맑은 잔잔한 바다, 뒤에는 겹겹이 둘러싸인 백옥 같은 흰 산

찌거덩 찌거덩 어야차

신선의 세계인가 불교 세계인가 인간 속세는 아니로다.

▶ 눈에 덮인 강촌의 아름다운 모습

확인 문제
18 경찰 2차

01 〈어부사시사〉의 [추사 1]과 [동사 4]에서 밑줄 친 단어를 설명한 것으로 가장 적절하지 않은 것은?

① ㉠: 노젓는 소리를 표현한 의성어이다.
② ㉡: '배를 매어라'는 의미의 여음구이다.
③ ㉢: '반반하고 아름다운 바다'를 비유적으로 이르는 말이다.
④ ㉣: '수없이 겹쳐 있는 아름다운 산'을 의미한다.

02 〈어부사시사〉에 대한 설명으로 가장 적절하지 않은 것은?

① 사계절을 배경으로 각각 10수씩 읊은 40수의 연시조이다.
② "지국총(至匊悤) 지국총(至匊悤) 어亽와(於思臥)"라는 여음이 전편에 공통적으로 사용되었다.
③ 조선 후기의 시조 문학을 대표하는 맹사성의 작품이다.
④ 우리말이 가질 수 있는 율조를 최대한 살린 연시조이다.

정답 01 ② 02 ③

해설 01 ㉡은 '배를 저어라'라는 의미의 여음구이다.
02 제시 작품은 윤선도의 '어부사시사(漁父四時詞)'이다.

작품 분석

- 작자: 윤선도
- 갈래: 연시조, 정형시
- 성격: 강호 한정가, 어부가, 풍류적
- 주제: 자연 속에서 사계절의 경치를 즐기며 한가롭게 살아가는 여유와 흥취
- 특징
  - 후렴구를 제외하면 전형적인 3장 6구의 시조 형식을 갖춤
  - 사계절을 배경으로 각각 10수씩 읊은 40수의 연시조
  - 시간의 흐름(계절의 변화)에 따라 시상을 전개
  - 대구법, 반복법, 은유법, 의성법 등 사용
  - 고려 시대의 〈어부가(漁父歌)〉, 조선 전기 이현보의 〈어부사〉를 거쳐 형성
  - 우리말이 가질 수 있는 율조를 최대한 살린 연시조
  - '지국총(至匊恖) 지국총(至匊恖) 어스와(於思臥)'라는 여음을 전편에 공통으로 배치함으로써 시조를 변형함과 동시에 작품의 흥을 돋우고, 내용에 사실감을 더하였으며, 청각적 이미지를 활용
- 해제: 이 작품은 작자 자신이 은거하던 보길도에서 경험한 춘하추동 각 계절의 경치를 노래한 연시조로, 속세를 떠나 강호에서 살면서 얻은 유유자적한 삶과 강호의 아름다움에 시적 관심이 집중되어 있으며, 그러한 삶과 아름다움으로 인해 느끼는 즐거움과 만족감이 잘 드러난다. 조선 후기에 나타난 혼탁한 정치 현실을 떠나 어촌으로 대표되는 자연의 아름다움과 여기에 묻혀 한가롭게 살고자 하는 작자의 생각이 반영된 것이다. 이러한 모습을 표현하는 방식이 관습적이지 않고 참신하다는 것이 이 작품이 가진 또 하나의 장점이다.

기출 19 서울시 9급(2월), 18 서울시 7급(6월), 18 경찰 2차, 13 국회직 9급

 개념 더하기

어부사시사의 구성

- 춘하추동(각 계절이 10수로 이루어짐)

봄	배를 타고 고기잡이를 떠나는 모습
여름	어옹(늙은 어부)의 안분지족과 물아일체의 소박한 생활
가을	세상 밖으로 나가 자연과 일체된 생활
겨울	조선의 정치를 걱정하는 마음을 은유를 사용하여 표현

- 초장 다음의 여음(餘音)

1수	비 떠라, 비 떠라(배 띄워라)
2수	닫 드러라, 닫 드러라(닻 들어라)
3수	돋 드라라, 돋 드라라(돛 달아라)
4수	이어라, 이어라(노 저어라)
5수	이어라, 이어라(노 저어라)
6수	돋 디여라, 돋 디여라(돛 내려라)
7수	비 셰여라, 비 셰여라(배 세워라)
8수	비 미여라, 비 미여라(배 매어라)
9수	닫 디여라, 닫 디여라(닻 내려라)
10수	비 브텨라, 비 브텨라(배 대어라)

- 중장 다음의 여음(餘音): 전편에 일정하게 '지국총(至匊恖) 지국총(至匊恖) 어스와(於思臥)'가 나옴

⑤ 〈오우가(五友歌)〉

[제1수]

내 버디 몃치나 ᄒᆞ니 슈셕(水石)과 숑듁(松竹)이라.
　　　　　　　　　물과 바위　　　소나무와 대나무
동산(東山)의 ᄃᆞᆯ 오르니 긔 더옥 반갑고야.

두어라 이 다숫 밧긔 ᄯᅩ 더ᄒᆞ야 머엇ᄒᆞ리.
　　　　　　밖에

내 벗이 몇인가 하니 물과 바위와 소나무와 대나무구나.

동산에 달 뜨니 그 더욱 반갑구나.

두어라, 이 다섯 밖에 또 더하면 무엇하랴.

▶ 5가지 벗을 소개

[제2수]

구룸 비치 조타 ᄒᆞ나 검기를 ᄌᆞ로 ᄒᆞᆫ다.
가변성　　　깨끗하다　　　자주
ᄇᆞ람 소리 ᄆᆞᆰ다 ᄒᆞ나 그칠 적이 하노매라.
가변성　　　　　　　　　많다
조코도 그칠 뉘 업기는 믈쑌인가 ᄒᆞ노라.
　　　그칠 때　　　불변성. 구룸 · ᄇᆞ람과 대조

구름의 빛깔이 깨끗하다 하지만 검기를 자주 한다.

바람 소리 맑다 하지만 그칠 때가 많다.

깨끗하고도 그칠 때 없기는 물뿐인가 하노라.

▶ 맑으면서도 그치지 않는 물의 성질 예찬

[제3수]

고즌 므스 닐로 퓌며서 쉬이 디고,
순간적인 존재　　　　　　　지고
플은 어이ᄒᆞ야 푸르ᄂᆞᆫ 듯 누르ᄂᆞ니.
순간적인 존재
아마도 변티 아닐손 바회쑌인가 ᄒᆞ노라.
　　　　　불변성. 꽃 · 풀과 대조

꽃은 무슨 일로 피자마자 쉽게 지고,

풀은 어찌하여 푸른 것 같다가 곧 누런빛을 띠는가?

아마도 영원히 변하지 않는 것은 바위뿐인가 하노라.

▶ 영원히 변하지 않는 바위의 성질 예찬

[제4수]

[더우면 곳 퓌고 치우면 닙 디거늘,]
　[ ]: 계절에 따라 변하는 자연　　지거늘
[솔아 너ᄂᆞᆫ 얻디 눈서리ᄅᆞᆯ 모ᄅᆞᄂᆞᆫ다.] [ ]: 설의법
절개와 지조의 상징
구천(九泉)의 불휘 고든 줄을 글로 ᄒᆞ야 아노라.
깊은 땅 속　　　　곧게

더우면 꽃이 피고 추우면 잎은 떨어지는데,

소나무야, 너는 어찌 눈과 서리를 모르는가?

깊은 땅 속까지 뿌리가 곧게 뻗어 있음을 그것으로 알겠노라.

▶ 눈서리를 모르는 소나무의 절개와 지조 예찬

[제5수]

나모도 아닌 거시 플도 아닌 거시

곳기ᄂᆞᆫ 뉘 시기며 속은 어이 뷔연ᄂᆞᆫ다.
곧기　　　시켰으며
더러코 사시(四時)예 프르니 그를 됴하ᄒᆞ노라.
저러고도

나무도 아니고 풀도 아닌데

곧기는 그 누가 시켰으며, 속은 어찌 비었느냐?

저러고도 사철이 푸르니 그를 좋아하노라.

▶ 사철 푸른 대나무의 성질 예찬

[제6수]

쟈근 거시 노피 써서 만믈(萬物)을 다 비취니
작은 것. 달이
[밤듕의 광명(光明)이 너만ᄒᆞ니 ᄯᅩ 잇ᄂᆞ냐.]
　　　　　　의인법　　　　　　[ ]: 설의법
보고도 말 아니 ᄒᆞ니 내 벋인가 ᄒᆞ노라.

작은 것이 높이 떠 온 세상을 다 비추니

밤중에 밝은 빛이 너만 한 것 또 있을까.

보고도 말하지 않으니 내 벗인가 하노라.

▶ 어둠을 밝게 하는 달의 성질 예찬

확인 문제　　　07 법원직 9급

〈오우가〉의 특징으로 알맞은 것은?

① 다른 사물과 비교하여 대상의 특징을 드러내고 있다.
② 감정을 직접적으로 토로하여 강한 호소력을 얻고 있다.
③ 시어의 반복을 통하여 정서를 점층적으로 강화하고 있다.
④ 개인의 정서 표출보다 집단의 정서를 주로 노래하고 있다.

정답 ①

해설 물. 바위. 소나무. 대나무. 달을 다른 사물과 비교하여 대상의 특징을 드러내고 있다.

작품 분석

- 작자: 윤선도
- 갈래: 연시조(전 6수)
- 성격: 예찬적, 영탄적, 찬미적
- 주제: 자연의 오우, 즉 다섯 가지 벗을 예찬
- 특징
  - 의인법, 대구법, 대조법 등 사용
  - 물, 바위, 소나무, 대나무, 달이 중심 소재
  - 아름다운 우리말 사용
  - 자연물을 의인화한 뒤 그 자연물의 속성을 예찬
- 해제: 이 작품은 5가지의 자연물을 의인화하고 그 자연물의 성질을 인간이 가져야 할 덕목, 즉 유교적 덕목으로 이상화하였다. 작가는 5가지 자연물을 심미적 대상으로 예찬하고 있지만, 이는 자연을 예찬하는 것뿐만 아니라 작가가 가진 유교적 윤리관을 나타내는 것이라고 할 수 있다.

기출 15 법원직 9급, 07 법원직 9급

⑥ 〈만흥(漫興)〉

[제1수]

산슈간(山水間) 바회 아래 뛰집을 짓노라 ᄒᆞ니
세속을 초월한 장소
그 모론 놈들은 웃는다 흔다마ᄂᆞᆫ

어리고 햐얌의 뜻에ᄂᆞᆫ 내 분(分)인가 ᄒᆞ노라.
시골뜨기

산수 간 바위 아래 띠집을 지으려 하니
내 뜻을 모르는 남들은 비웃는다 하지마는
어리석고 세상 모르는 시골뜨기인 내 생각에는 내 분수에 맞는 일이라 하노라.

▶ 분수에 맞게 자연 속에서 살아가는 안분지족의 삶

[제2수]

보리밥 픗ᄂᆞ물을 알마초 머근 후(後)에
안빈낙도
[바횟 긋 믉ᄀᆞ의 슬ᄏᆞ지 노니노라.] [ ]: 자연 친화 사상
끝   실컷
㉠ 그나믄 녀나믄 일이야 부롤 줄이 이시랴.

보리밥과 풋나물을 알맞게 먹은 후에
바위 끝이나 물가에서 실컷 노니노라.
그밖에 다른 일이야 부러워할 게 있으랴.

▶ 안빈낙도의 즐거움

[제3수]

잔 들고 혼자 안자 먼 뫼홀 바라보니

[그리던 님이 오다 반가옴이 이리ᄒᆞ랴.] [ ]: 설의법

말ᄉᆞᆷ도 우움도 아녀도 몯내 됴하ᄒᆞ노라.
웃음

확인 문제
12 법원직 9급

〈만흥〉의 ㉠ '그나믄 여나믄 일'과 가장 잘 통하는 것을 다음 시에서 찾으면 무엇인가?

남으로 창을 내겠소
밭이 한참갈이

괭이로 파고
호미론 김을 매지요.

구름이 꼬인다 갈 리 있소.
새 노래는 공으로 들으랴오.

강냉이가 익걸랑함
께 와 자셔도 좋소.

왜 사냐건
웃지요.

① 창   ② 김
③ 구름   ④ 강냉이

정답 ③

해설 '그나믄 녀나믄 일'이란 '그 밖에 다른 일'로 강호한정과 대비되는 일로 속세의 삶을 말한다. 이것은 속세적 욕망을 나타내는 말인 '구름'과 가장 잘 통한다.

잔 들고 혼자 앉아 먼 산 바라보니
그리워하던 임이 온들 반가움이 이보다 더하겠는가.
말하지도 않고 웃음도 없지만 한없이 좋아하노라.

▶ 자연에 몰입한 생활

[제4수]

누고셔 삼공(三公)도곤 낫다 ᄒ더니 만승(萬乘)이 이만 ᄒ랴.
　누군가　삼정승　　　　　　　　　수레 만 개를 부리는 천자
이제로 혜어든 소부(巢父) 허유(許由)] 냑돗더라.
　　　　자연을 즐기며 살았던 옛날 중국인들 영리하더라
아마도 임천한흥(林泉閑興)을 비길 곳이 업세라.
　　　　주제, 자연에서 느끼는 한가로운 흥취

누군가 자연이 삼정승보다 낫다 하더니 일만 수레가 있는 천자라 한들 이만 할까.
이제와 생각하니 소부와 허유가 영리했구나.
아마도 자연 속에서 즐기는 한가로운 흥취는 비할 데가 없으리라.

▶ 강호 한정의 삶에 대한 자부심과 보람

[제5수]

내 셩이 게으르더니 하늘히 아ᄅ실샤,
　성품
인간 만ᄉ(人間萬事)를 ᄒᆞ 일도 아니 맛뎌,
　　　　　　　　　한 가지 일도
다만당 ᄃ토 리 업슨 강산(江山)을 딕희라 ᄒ시도다.
　　　　　　　　　　지키라고

내 성품 게으르니 하늘이 아시어,
인간 만사를 한 가지 일도 아니 맡기고,
다만 다툴 이 없는 강산을 지키라 하시도다.

▶ 자연에 귀의한 삶

작품 분석

- 작자: 윤선도
- 갈래: 평시조, 연시조(전 6수)
- 성격: 자연 친화적, 강호 한정가
- 주제: 자연 속에 묻혀 생활하는 즐거움과 임금의 은혜
- 특징
  - '자연'과 '속세'를 의미하는 대조적 시어 사용
  - 중국 고사를 인용하여 작자의 안분지족, 자연 친화, 현실 도피적 태도를 잘 드러냄
  - 우리말의 묘미를 아주 잘 살린 시조
- 해제: 이 작품은 자연 속에서 살아가는 삶의 즐거움과 만족을 나타내고 있으며, 자연 속에서 한가롭고 소박하게 사는 것에 대한 자부심과 안분지족하는 작자의 삶의 태도가 드러나 있다. 작자는 이와 같은 자신의 삶이 분수에 맞는 것이라거나 운명이라고 하지 않고 임금의 은혜라고 언급하면서 이를 감사하고 있다.

기출 17 소방직 9급, 17 기상직 9급, 14 기상직 9급, 12 법원직 9급, 10 국회직 9급

⑦ 〈귓도리 져 귓도리 ~〉

귓도리 져 귓도리 어엿부다 져 귓도리
귀뚜라미, 동병상련   가엽구나
어인 귓도리 지는 돌 새는 밤의 긴 소리 쟈른 소리 절절(節節)이 슬픈 소리 제 혼자 우러녜어 사창(紗窓)
                                                            짧은   비단으로 두룬 창. 규방
[여왼 줌을 슬드리도 씨오는고나.] [ ]: 반어법: 잠을 깨우는 귀뚜라미에 대한 원망

두어라 제 비록 미물(微物)이나 무인동방(無人洞房)에 내 뜻 알리는 너뿐인가 호노라.
                                        사람 없는 방, 독수공방   화자의 외로움

귀뚜라미, 저 귀뚜라미, 불쌍하구나 저 귀뚜라미
어찌 귀뚜라미가 달이 지고 밤이 새도록 긴 소리 짧은 소리. 마디마디 슬픈 소리로 저 혼자 울어 비단 창문 안에서 설핏 든 잠을
잘도 깨우는구나.
두어라, 제 비록 미물이나 임이 없어 외로운 밤에 내 외로운 심정을 알 이는 너뿐인가 하노라.

작품 분석

- 작자: 미상
- 갈래: 사설시조
- 성격: 연정가, 연모가
- 주제: 가을밤에 임을 그리는 외로운 여인의 마음
- 특징
  – 의인법, 반복법, 반어법, 감정 이입 등 다양한 표현 방법 사용
  – 귀뚜라미에 감정을 이입하여 외로워 잠들지 못하는 마음을 표현
- 해제: 길고 긴 가을밤에 독수공방으로 외로워 잠 못 드는 마음을 가을밤 규방 밖에서 우는 귀뚜라미에 감정
  이입하여 섬세하게 표현하였다.

기출 12 국회직 8급

---

⑧ 〈창 내고쟈 창을 내고쟈 ~〉

창 내고쟈, 창을 내고쟈, 이 내 가슴에 창을 내고쟈.
갑갑한 마음을 풀어주는 매개
고모장지 셰살장지 들장지 열장지 암돌져귀 수돌져귀 비목걸새 크나큰 쟝도리로 쑹닥 바가 이 내 가슴에
문의 유형들   문고리에 꿰어놓는 쇠
창 내고쟈.

잇다감 하 답답홀 제면 여다져 볼가 흐노라.
            몹시, 매우

창을 내고 싶다, 창을 내고 싶다. 이 내 가슴에 창을 내고 싶다.
고모장지, 세살장지, 들장지, 열장지, 암톨쩌귀, 수톨쩌귀, 배목걸쇠를 커다란 장도리로 뚝딱 박아 이 내 가슴에 창을 내고 싶다.
이따금 너무 답답할 때면 그 창문을 열고 닫아 볼까 하노라.

확인 문제   06 국가직 7급

〈창 내고쟈 창을 내고쟈 ~〉에 대한 설명
으로 적절하지 않은 것은?

① 형식면에서 가사나 민요의 특성을 찾
  아볼 수 있다.
② 열거와 반복으로 해학적인 분위기를
  연출하고 있다.
③ 현실로부터 도피하고자 하는 강렬한
  욕망이 돋보인다.
④ 구체적이고 친근한 일상어와 주변의
  사물을 적극 활용하였다.

정답 ③

해설 근심을 해소하고자 하는 마음은
있으나 현실로부터 도피하고자 하는 욕망
의 단서를 이 시조에서는 찾아볼 수 없다.

작품 분석

- 작자: 미상
- 갈래: 사설시조
- 성격: 의지적, 구체적, 해학적
- 주제: 답답한 삶에서 벗어나고 싶은 마음
- 특징
  - 반복법, 열거법 등 사용
  - 고통을 웃음으로 극복하고자 하는 해학성이 뛰어남
  - 일상에서 늘 볼 수 있는 소재와 익히 잘 알고 있는 어휘를 통해 작자의 정서를 드러냄
  - 유사어의 반복과 열거, 과장을 통해 해학적 분위기를 조성
- 해제: 이 작품은 삶이 고달파 답답한 마음에 창을 내고 싶다는 작자의 주관적인 생각이 뛰어나며 여러 가지 문을 열거하는 등 다소 과장된 표현으로 작자의 고통을 부각하면서도 그것을 해학으로 풀어내고 있다. 이는 현실의 고통을 힘든 것으로만 표현하지 않고 웃음으로 이겨내고자 하는 일반 대중의 생각이 담긴 사설시조의 특징이다.

기출 19 법원직 9급, 06 국가직 7급

⑨ 〈틱(宅)들에 동난지이 사오 ~〉

[틱(宅)들에, 동난지이 사오. 져 쟝스야, 네 ⊙ 황후 긔 무서시라 웨는다. 사쟈
　사람들이여
외골내육(外骨內肉), 양목(兩目)이 상천(上天), 전행후행(前行後行) 소(小)아리 팔족(八足), 대(大)아
　겉은 딱딱하나 속은 무른 '게'의 모습　　　　　　　　　　　　　　　　　　　　　　　다리
리 이족(二足), 청장(淸醬) ♀스슥 ᄒᆞ는 동난지이 사오.] []: 한자어 사용 → 현학적 태도 → 잘난 척

쟝스야, 하 거복이 웨지 말고 게젓이라 ᄒᆞ렴은.
　너무　　　외치지　　1. 일상에서 사용하는 말로 '양반' 비판 2. 개젓 장수의 현학적인 태도를 비판

여러분, 동난젓 사시오. 저 장수야, 네 물건 그 무엇이라고 외치느냐? 사자
밖은 딱딱하고 안은 살이며. 두 개의 눈은 위로 솟아 하늘을 향하고, 앞으로 갔다가 뒤로 가는 작은 발 여덟 개, 큰 발 두 개, 옅은
간장에 (씹으면) 아스슥 소리가 나는 동난젓 사오.
장수야, 그렇게 너무 거북스럽게 말하지 말고 게젓이라 해라.

작품 분석

- 작자: 미상
- 갈래: 사설시조
- 성격: 풍자적, 해학적, 골계적
- 주제: 현학적 태도 풍자
- 특징
  - 열거법, 돈호법 사용
  - 의성어 및 대화체를 써서 서민들이 장사하는 모습을 재미있고 실감나게 표현
- 해제: 이 작품은 게젓 장수로 대표되는 서민들의 상거래 모습을 대화체로 풀어낸 사설시조이다. 일상생활에서 쓰는 용어를 사용하여 서민들이 살아가는 모습을 실감나게 그려냈다. 장사꾼이 '게젓'이라는 쉬운 우리말 대신 '동난지이'라는 어려운 한자어를 사용하는 것을 지적하는 손님을 통해 당시 양반들의 허장성세를 풍자하였고 서민들의 삶을 해학적으로 묘사하였다. 또한 게젓을 씹는 소리를 '♀스슥 ᄒᆞ는'과 같이 감각적으로 표현하여 생동감을 더하였다.

기출 05 국가직 7급

확인 문제　05 국가직 7급

〈틱(宅)들에 동난지이 사오 ~〉에서 '⊙ 황후'의 문맥적 표기로 맞는 것은?

① 황화(荒貨)
② 황후(皇后)
③ 황화(黃化)
④ 왕후(王后)

정답 ①

해설 이 시조에서 '황후'는 '황화(荒貨)', 즉 재화, 물건 등을 의미한다. 원래 여러 자질구레한 일용 잡화 등을 의미하는 말은 '황아(荒아)'이며, '황화(荒貨)'는 이의 오기이다.

⑩ 〈두터비 포리를 물고 ∼〉

두터비 포리를 물고 두험 우희 치두라 안자,
두꺼비(지배계층, 탐관오리) ↔ 파리(백성)

것넌 산(山) 브라보니 백송골(白松鶻)이 쩌 잇거늘 가슴이 금즉흐여 풀덕 쮜여 내둧다가 두험 아래 쟛바
흰 송골매(최상층 관리)   섬뜩하여, 끔찍하여   지배계층을 희화화
지거고.

모쳐라 놀낸 낼식망정 에헐질 번 흐괘라.
마침 민첩한   멍이 들, 에헐은 '어헐'의 옛말

두꺼비가 파리를 물고 두엄 위에 뛰어올라 앉아서,

건너편 산 바라보니 하얀 송골매가 떠 있어 가슴이 섬뜩하여 펄쩍 뛰어 내닫다가 두엄 아래 자빠졌구나.

마침 몸이 날랜 나였기에 망정이지 하마터면 다쳐 피멍이 들 뻔하였구나.

작품 분석

• 작자: 미상
• 갈래: 사설시조
• 성격: 풍자적, 우의적, 회화적, 해학적
• 주제: 양반계층 또는 관리들의 위선과 허장성세, 횡포를 풍자
• 특징
  – 의인법, 상징법 사용
  – 서민적 일상 언어를 사용
  – 풍자적 아이러니, 우의적 수법 등으로 당시 위정자들의 허위적인 모습을 비판
• 해제: 이 작품은 '두터비', '포리', '백송골'을 대응시켜 당시 지배계층 및 위정자들의 허위적인 모습을 희화
  화하여 날카롭게 풍자함으로써 신분제도 및 그러한 제도의 폐단을 비판하였다. 여기서 '두터비'는 지배계층
  인 양반을, '포리'는 나약한 평민계층인 백성을, '백송골'은 양반을 억누르는 상층의 관리를 가리킨다. 높은
  계층은 낮은 계층을 억압하고 더 높은 계층은 높은 계층을 억압하는 사회를 빗대어 '두터비'가 '포리'를 못
  살게 굴다가 더 높은 계층을 상징하는 '백송골' 앞에서 비굴하게 구는 모양을 익살스럽게 풍자하였다.

기출 20 소방직, 19 법원직 9급, 15 기상직 7급

⑪ 〈나모도 바히돌도 업슨 ～〉

나모도 바히돌도 업슨 뫼헤 매게 쪼친 가토리 안과
　　　바위　　　　　　　　　　　　　까투리 심정, 마음
[대천(大川) 바다 흔가온딕 일천석(一千石) 시른 빅에 노도 일코 닷도 일코 농총 근코 돗대 것고 치도 쌔
　크고 넓은　　　　　　　　　　　　　　　　　　　　　　　　돛대에 매는 줄
지고 보람 부러 물결 치고 안개 뒤셧계 주자진 날에 갈 길은 천리만리(千里萬里) 나믄딕, 사면(四面)이 거

머어둑 져뭇 천지적막(天地寂寞) 가치 노을 쩟는딕 수적(水賊) 만난 도사공(都沙工)의 안과]
　　　　　　　　　　　　　사나운 파도　　　　　　[ ]: 도사공이 겪고 있는 절망적인 상황 열거
엇그제 님 여흰 내 안히야 엇다가 フ을흐리오.
　　　　　　　　　　　견주리오, 비교하리오

나모도 바위도 없는 산에서 매에게 쫓기는 까투리의 마음과
대천 바다 한가운데 일천 석 실은 배에 노도 잃고, 닻도 잃고, 용총도 끊어지고, 돛대도 꺾이고, 키도 빠지고, 바람이 불어 물결치
고, 안개 뒤섞여 잦아진 날에 갈 길은 천 리 만 리 남았는데, 사면은 검어 어둑하고, 천지 적막 사나운 파도가 치는데 해적 만난
도사공의 마음과
엇그제 임 여윈 내 마음이야 어디에다 견주리오?

작품 분석

• 작자: 미상
• 갈래: 사설시조
• 성격: 별한가, 이별가, 수심가
• 주제: 사랑하는 임을 여윈 슬프고 절망적인 심정
• 특징
 – 비교법, 점층법, 과장법, 열거법 등 사용
 – 임을 여윈 절망과 슬픔을 매에 쫓긴 까투리와 사면초가에 처한 도사공에 비유
• 해제: 이 작품은 임을 여윈 마음을 까투리, 도사공의 마음과 비교하여 작자 자신의 슬픔과 절망을 드러내고
있다. 까투리, 도사공, 작자 자신이 느끼는 절망의 크기를 점층적으로 구성하여 자신의 절망과 슬픔을 극대
화하였으며, 열거법과 점층법을 사용하여 절박한 마음과 긴장감을 고조시켰다.

기출 18 기상직 9급, 14 국회직 8급

확인 문제　　　　18 기상직 9급

〈나모도 바히돌도 업슨 ～〉에 사용된 표
현 기법이 나타나지 않은 것은?

① 너의 넋은 수녀보다도 더욱 외롭구나.
② 청와대와 백악관이 긴밀한 연락을 취
　하고 있다.
③ 기상청은 동작구에, 서울시에, 나아가
　대한민국에 속해 있다.
④ 우리의 국토는 그대로 우리의 역사이
　며, 철학이며, 시이며, 정신입니다.

정답 ②

해설 위 시조에 사용된 표현 기법은 비
교법, 점층법, 과장법, 열거법 등이다.
② 환유법, ① 비교법, ③ 점층법, ④ 열거
법이 사용되었다.

(3) 민요 – 〈베틀 노래〉

[기심 매러 갈 적에는 갈뽕을 따 가지고
　김, 논밭의 잡물　　　　언어유희
기심 매고 올 적에는 올뽕을 따 가지고] [ ]: 대구법　　　　　　　　　　▶ 누에를 치려고 뽕잎을 땀
　　　　　　언어유희

삼간방에 누어 놓고 청실 홍실 뽑아 내서

강릉 가서 날아다가 서울 가서 매어다가
　　　　베틀에 날을 걸어다가　날실을 말리어 감아다가
[하늘에다 베틀 놓고 구름 속에 이매 걸어] [ ]: 과장법. 작자 자신을 선녀에 비유. 낭만적
　　　　　　　　　　　　잉아, 베틀에 매어 놓은 굵은 실
함경나무 바디집에 오리나무 북게다가

짜궁짜궁 짜아 내어 가지잎과 뭅거워라.　　　　　　　　　　　▶ 실을 뽑아서 베를 짜는 작업

배꽃같이 바래워서 참외같이 올 짓고
　　　　　물에 잘 빨아 직유법
외씨 같은 보선 지어 오빠님께 드리고
직유법　　　　　　가족애
겹옷 짓고 솜옷 지어 우리 부모 드리겠네.　　　　　　　　　　▶ 가족들의 옷을 짓고자 함
　　　　　　　　　　가족애

작품 분석

- 작자: 미상
- 갈래: 민요, 부요(婦謠), 노동요
- 성격: 여성적, 유교적, 낙천적
- 주제: 베를 짜면서 느끼는 가족에 대한 사랑
- 특징
  - 4 · 4조, 4음보의 연속체 노래
  - 대구법, 직유법, 반복법, 과장법 등 다양한 표현 기법 사용
  - 베 짜기 과정을 서사적으로 전개
  - 효와 우애 등 유교적 가치관이 나타남
  - 뽕잎을 따고 옷을 짓는 과정이 시간 순서대로 전개됨(추보식)
- 해제: 이 작품은 옛 부녀자들이 베 짜기의 고달픔을 덜고자 부른 노동요이다. 뽕잎을 따서 누에를 치고 누에고치에서 실을 뽑아 옷감을 만들어 가족들의 옷을 지어주는 다소 지루한 과정을 서사적으로 전개하면서도, 작자의 뛰어난 상상력에 기대어 과장된 표현과 언어유희로 흥과 낭만을 잃지 않았으며, 힘겨운 노동을 하면서도 가족을 사랑하는 마음이 잘 표현되어 있다.

기출 19 소방직

확인 문제　　　　19 소방직

〈베틀 노래〉에 대한 설명으로 적절하지
않은 것은?

① 노동 현실에 대한 한과 비판이 드러나
　있다.
② 대구법과 직유법 등의 표현 기법을 사
　용하고 있다.
③ 4 · 4조의 운율과 언어유희로 리듬감
　을 형성하고 있다.
④ 화자의 상상력을 바탕으로 과장되게
　표현한 부분이 나타나 있다.

정답 ①

해설 〈베틀 노래〉는 옛 부녀자들이 베
짜기의 고달픔을 덜고자 부른 노동요이지
만, 노동 현실에 대한 한과 비판은 드러나
있지 않다.

(4) 고전 소설

① 〈유충렬전(劉忠烈傳)〉

[가] 빌기를 다 함에 지성이면 감천이라 황천인들 무심할까.

단상의 오색구름이 사면에 옹위하고 산중에 백발 신령이 일제히 하강하여 정결케 지은 제물 모두 다 흠향한
<u>신령이 제물을 받아 먹음 → 길조 암시</u>
다. 길조(吉兆)가 여차(如此)하니 귀자(貴子)가 없을쏘냐. 빌기를 다한 후에 만심 고대하던 차에 일일은 한 꿈을
<u>이와 같으니</u>   <u>대단히</u>
얻으니, 천상으로서 오운(五雲)이 영롱하고, 일원(一員) 선관(仙官)이 청룡(靑龍)을 타고 내려와 말하되,
<u>부인이 꾼 꿈의 상황</u>

"나는 청룡을 다스리던 선관이더니 익성(翼星)이 <u>무도(無道)</u>한 고로 상제께 아뢰되 익성을 치죄하야 다른 방으
<u>말이나 행동이 도리에 어긋남</u>
로 귀양을 보냈더니 익성이 이걸로 함심(含心)하야 백옥루 잔치 시에 익성과 대전(對戰)한 후로 상제전에 득죄하
<u>선관이 지은 죄, 인간 세상에 귀양을 오게 된 계기</u>
여 인간에 내치심에 갈 바를 모르더니 남악산 신령들이 부인댁으로 지시하기로 왔사오니 부인은 애휼(愛恤)하옵

소서." 하고 타고 온 청룡을 오운 간(五雲間)에 방송(放送)하며 왈,

"일후 풍진(風塵) 중에 너를 다시 찾으리라." 하고 부인 품에 달려들거늘 놀래 깨달으니 일장춘몽이 황홀하다.
<u>선관이 인간 세상에 내려와서 겪게 될 일을 암시, 복선의 역할</u>
정신을 진정하야 정언주부를 청입(請入)하야 몽사를 설화(說話)한대 정언주부가 즐거운 마음 비할 데 없어 부

인을 위로하야 춘정(春情)을 부쳐 두고 생남(生男)하기를 만심 고대하더니 과연 그달부터 태기 있어 십 삭이 찬

연후에 옥동자를 탄생할 제, 방 안에 향취 있고 문 밖에 서기(瑞氣)가 뻗질러 생광(生光)은 만지(滿地)하고 서채
<u>비범한 출생</u>
(瑞彩)는 충천하였다.

[나] 회사정에서 다행히 대인(大人)을 만나고, 늙은 재상은 옥문관으로 귀양을 가다.

<u>각설.</u> 이때 충렬은 모친을 잃고 물에 빠져 살길이 없었다. 그러다가 문득 두 발이 닿아 자세히 살펴보니 물속
<u>다음 이야기의 첫머리에 쓰는 말</u>
의 큰 바위였다. 그 위에 올라앉아 하늘을 우러러 어미를 찾았으나 간 데 없고, 사방을 돌아보니 푸른 산이 은은

하고 다만 물새 소리만 들릴 뿐이었다. 강가에서 수많은 원숭이들이 밤늦도록 슬피 우니, <u>충렬이 통곡하며 바위</u>
                                                                           <u>주인공의 심리가 간접적으로 드러남</u>
<u>위에 서 있더라.</u>

이때 남경의 장사꾼들이 재물을 많이 싣고 북경으로 가면서 <u>회수</u>에 배를 띄워 놓고 두둥실 중류로 내려가는
<u>난징</u>   <u>화이수이 강</u>
데, 처량한 울음소리가 바람을 타고 들려오는지라. 뱃사람들이 이상하게 생각하여 배를 바삐 저어 우는 곳을 찾

아가니, 과연 한 동자 물에 서서 슬피 울고 있었다. 급히 건져 배 안에 올려놓고 사연을 물으니,

"해상에서 수적을 만나 어미를 잃고 웁니다." 하는지라. 뱃사람들이 슬픔에 젖어서 충렬을 물가에 내려놓고 가

고 싶은 대로 가라고 한 후 배를 띄워 북경으로 향하더라.

충렬은 뱃사람들과 이별하고 정처 없이 다니었다. 이 마을 저 마을을 돌아다니면서 구걸하여 먹고, 아무데서

나 빌어서 잠을 자곤 했다. 아침에는 동쪽에 있고 저녁에는 서쪽에 있으니 가을바람에 흩날리는 낙엽이요, 오가

는데 종적이 없으니 푸른 하늘을 떠다니는 뜬구름이었다. 얼굴이 비쩍 말라 죽은 사람 같고 차림새가 말이 아니

었다. 가슴 속의 대장성은 때 속에 묻혀 있고 등 위의 삼태성은 헌 옷 속에 묻혔으니, 활달한 <u>기남자(奇男子)</u>가
                                                                              <u>재주와 슬기가 뛰어난 남자</u>
도리어 걸인이 되었구나. 담장만 쌓던 부열(溥說)이도 은(殷)나라 고종인 무정(武丁)을 만났고, 밭만 갈던 이윤

(伊尹)도 은나라 왕인 성탕(成湯)을 만났으며, 위수(渭水)의 여상(呂尙)도 주(周)나라의 문왕(文王)을 만났는데,

세월은 물같이 흘러가서 충렬의 나이도 어느덧 열네 살이 되었더라.

확인 문제   15 기상직 9급

〈유충렬전〉의 [나]에 대한 설명으로 적절
하지 않은 것은?

① 편집자적 논평을 통해 주인공의 심리
를 직접 제시하고 있다.
② 사건을 빠른 속도로 서술하여 요약적
으로 제시하고 있다.
③ 고전 소설의 우연적 성격을 엿볼 수 있
는 부분이 있다.
④ 회장체 소설 형식을 취하고 있다.

정답 ①

해설 주인공 유충렬의 행동 위주로 묘
사하였고, 주인공의 심리를 직접 제시하
지 않고 장면 묘사를 통해 간접적으로 드러
냈다.

작품 분석

- 작자: 미상
- 갈래: 국문 소설, 군담 소설, 영웅 소설
- 성격: 전기적, 비현실적, 우연적, 영웅적
- 시점: 전지적 작가 시점
- 주제: 유충렬의 고난과 영웅적인 행적
- 특징
  - 영웅 소설의 전형적 요소를 갖춘 대표작
  - 천상계와 지상계로 이원적 공간이 설정됨
  - 유교·불교·도교 사상을 바탕으로 함
- 해제: 이 작품은 주인공 유충렬의 영웅적 일대기를 엮은 전형적인 군담 소설이자 영웅 소설이다. 또한 천상계에서의 대립이 지상계에서도 지속된다는 적강 화소가 나타난 작품이다. 충신과 간신을 대립적으로 제시한 후 충신의 승리를 보여주면서 충신상을 제시하였는데 이는 국가에 대한 충성심을 강조하는 것처럼 보이지만 이면적으로는 몰락한 계층의 권력 회복 의지를 투영한 것으로 볼 수 있다.

기출 17 국가직 9급, 15 기상직 9급

② 〈조웅전(趙雄傳)〉

부인이 생각을 내어 삭발위승(削髮僞僧)하고 웅과 주점에 들어 밤을 지내더니 홀연 요란하고 화광이 충천한지
머리털을 깎고 승려가 됨
라. 놀라 담을 넘어 도망하여 생각하니 웅을 버리고 왔는지라. 가슴 두드리며 웅을 부르니 도적이 점점 가까이 오고 어두운 곳에 길을 분변치 못하더니 언덕 밑에 작은 집이 있거늘 들어가 의지하여 도적 지나기를 기다리더라.

이때 웅이 잠이 깊었더니 홀연 잡아 내치거늘 놀라 보니 무수한 도적이라. 대경하여 모친을 찾으니 간데없고
시간의 흐름에 따라 순차적으로 이어짐. 공간적 배경 이동   크게 놀람
도적이 행장을 탈취하여 가거늘 붙들고 울며 왈,

"행장은 다 가져가도 그 속의 족자는 주고 가라."

하니 도적이 짐을 풀고 보니 과연 족자와 전냥이 있거늘 화상만 가지고 행장을 주니 웅이 더욱 애걸 왈,
그다지 많지 않은 돈, 돈푼
"다른 것은 다 가져가도 화상은 주고 가라."

하며 통곡하니 도적이 그 정성을 보고 왈,

"뉘 화상이관데 그대도록 구는다?"

웅 왈,

"부처 화상이니 오늘 스승을 뫼시고 주점에 들었더니 스승도 잃고 또 불상을 잃으면 절에도 용납지 못하리니 그대 등은 불길한 것을 주고 가소서."

도적이 그러히 여겨 주고 가거늘 웅이 사례하고 모친을 부르고 우니 밤이 깊어 길을 모르는지라.

이때 부인이 비각에 숨어 앉았더니 완연히 승상이 와 이르되,
공간적 배경 이동
"웅이 이 앞으로 지나거늘 부인은 어찌 모르느뇨?"

부인이 놀라 눈을 떠 보니 아무도 없고 침침하여 어딘 줄 모르고 통곡하더니 문득 아이 우는 소리 나거늘 자세히 들으니 완연한 웅이라. 급히 부르니 웅이 모친의 소리를 듣고 반겨 서로 만나매 부인이 유체(流涕) 왈,
눈물을 흘림
"네 어찌 화를 면했느뇨?"

웅이 울며 부친 화상 찾은 사연을 고하니 부인 또 현몽(現夢) 사연을 이르고 앉았더니 날이 밝거늘 보니 비
죽은 사람이 꿈에 나타남

각이라. 자세히 보니 '충신 병부상서 안찰사 조공 아무 만세 불망비❶'라 하였거늘 모자 비를 붙들고 통곡하다가 웅이 위로 왈,

"부친 비각이 어찌 이곳에 있나니잇고?"

부인 왈,

"비를 보니 곧 위국지경이라. 너의 부친이 병부상서로 있을 때 위왕 두침이 찬역(篡逆)하매 천병이 두침을 죽
 _{임금의 자리를 빼앗으려고 반역함}
인 후 삼 년을 크게 가무니 천자 네 부친으로 순안어사를 하이시매 각도에 순행하여 민심을 진정하고 비를 얻어

오곡이 풍성하매 이때 백성이 송덕❷하는 비를 세우고 축원❸한다 하더니 이곳에 와 볼 줄 어찌 뜻하였으리요."
       _{앞뒤 사건이 인과 관계에 있음}
하고 슬퍼하더라.

어휘 풀이

❶ 불망비(不忘碑): 후세 사람들이 잊지 않도록 어떤 사실을 적어 세우는 비석
❷ 송덕(頌德): 공덕을 기림
❸ 축원(祝願): ㉠ 희망하는 대로 이루어지기를 마음속으로 원함 ㉡ 부처에게 축원하는 뜻을 적은 글 ㉢ 신적 존재에게 자기의 뜻을 아뢰고 그것이 이루어지기를 비는 일
❹ 진충보국(盡忠報國): 충성을 다하여 나라의 은혜에 보답함

작품 분석

- 작자: 미상
- 갈래: 국문 소설, 군담 소설, 영웅 소설
- 성격: 초현실적, 영웅적, 낭만적
- 시점: 전지적 작가 시점
- 주제: 진충보국(盡忠報國)❹과 자유연애
- 특징
  - 전반부에서는 주인공의 고행담과 결연담을, 후반부에서는 영웅적 무용담을 담음
  - 한시를 삽입하여 인물의 심리나 상황을 제시
  - 다른 영웅 소설과 달리 주인공이 천상에서 지상으로 내려온다는 적강 화소가 없음
  - 주인공이 자신의 힘보다는 초인의 도움으로 운명을 개척해 나감
  - 애정담은 부모 허락 없이 본인 의사대로 혼인하는 혼전성사를 그림
- 해제: 이 작품은 조웅이라는 영웅의 일생을 중심으로 군신 간의 충의를 주제로 하고, 군담 및 애정담을 가미한 소설이다. 주인공의 탄생에 있어 아들 낳기를 기원하는 정성이나 태몽, 혹은 천상인의 하강과 같은 모티프가 나타나지 않는다는 것이 다른 작품과 다른 점이다. 군담도 추상적·설명적이며 도술전도 제거되어 있다. 애정담은 전통적 유교 윤리와 어긋나는, 혼전성사(婚前性事)를 그리고 있다는 점이 특이하다.

기출 16 교행직 9급

안심Touch

③ 〈광문자전(廣文者傳)〉

이때 돈놀이하는 자들이 대체로 머리꽂이, 옥비취, 의복, 가재도구 및 가옥 · 전장(田庄) · 노복 등의 문서를 저당잡고서 본값의 십분의 삼이나 십분의 오를 쳐서 돈을 내주기 마련이었다. 그러나 광문이 빚보증을 서 주는 경우에는 담보를 따지지 아니하고 천금(千金)이라도 당장에 내주곤 하였다.

(중략)

광문은 나이 마흔이 넘어서도 머리를 땋고 다녔다. 남들이 장가가라고 권하면,

"잘생긴 얼굴은 누구나 좋아하는 법이다. 그러나 사내만 그런 것이 아니라 비록 여자라도 역시 마찬가지다. 그
<u>————————————</u>
　　광문의 남녀평등 의식
러기에 나는 본래 못생겨서 아예 용모를 꾸밀 생각을 하지 않는다." 하였다.

남들이 집을 가지라고 권하면,

"나는 부모도 형제도 처자도 없는데 집을 가져 무엇하리. 더구나 나는 아침이면 소리 높여 노래를 부르며 저자
　　　　　　　　　　　　　　　　　　　　　　　　　　　　　일정한 거처 없이 떠돌아다니며 지내는 광문의 삶
에 들어갔다가, 저물면 부귀한 집 문간에서 자는 게 보통인데, 서울 안에 집 호수가 자그마치 팔만 호다. 내가 날

마다 자리를 바꾼다 해도 내 평생에는 다 못 자게 된다." 하고 사양하였다.
<u>————————————————</u>
욕심 없는 광문의 태도, 안분지족의 삶
　서울 안에 명기(名妓)들이 아무리 곱고 아름다워도, 광문이 성원해 주지 않으면 그 값이 한 푼어치도 못 나갔
　　　　　　　　　　　　　　　　　　　　　　　　　　　　　　　　　　　　　인정
다. 예전에 궁중의 우림아(羽林兒), 각 전(殿)의 별감(別監), <u>부마도위(駙馬都尉)</u>의 청지기들이 옷소매를 늘어뜨
　　　　　　　　　　　　　　　　　　　　　　　　　임금의 사위에게 주던 칭호
리고 운심(雲心)의 집을 찾아간 적이 있다. 운심은 유명한 기생이었다. 대청에서 술자리를 벌이고 거문고를 타면

서 운심더러 춤을 추라고 재촉해도, <u>운심은 일부러 늑장을 부리며 선뜻 추지를 않았다.</u> 광문이 밤에 그 집으로 가
　　　　　　　　　　　　　　　　　　　운심의 도도한 성격
서 대청 아래에서 어슬렁거리다가, 마침내 자리에 들어가 스스로 상좌(上坐)에 앉았다. 광문이 비록 해진 옷을 입
　　　　　　　　　　　　　　　　　　　　　　　　　　　　　　　　　　　　　광문의 당당한 태도
었으나 행동에는 조금의 거리낌도 없이 의기가 양양하였다. 눈가는 짓무르고 눈곱이 끼었으며 취한 척 구역질을

해 대고, 헝클어진 머리로 북상투(北髻)를 튼 채였다. 온 좌상이 실색하여 광문에게 눈짓을 하며 쫓아내려고 하
　　　　　　　　　　　　　뒤통수에 상투처럼 묶은 머리 모양　모인 사람들
였다. 광문이 더욱 앞으로 나아가 무릎을 치며 곡조에 맞춰 높으락낮으락 콧노래를 부르자, 운심이 곧바로 일어

나 옷을 바꿔 입고 광문을 위하여 칼춤을 한바탕 추었다. 그리하여 온 좌상이 모두 즐겁게 놀았을 뿐 아니라, 또
<u>—————————————————————</u>
운심은 외모보다 내면을 중시한다는 것을 알 수 있음
한 광문과 벗을 맺고 헤어졌다.

확인 문제　　　　　　19 기상직 9급

〈광문자전〉을 통해 알 수 있는 등장인물에 대한 설명으로 적절하지 않은 것은?

① '광문'은 남녀평등 의식을 갖고 있다.
② '광문'은 사람을 보는 안목이 있다.
③ '운심'은 외모보다는 내면을 중시한다.
④ '운심'은 고고한 성격을 갖고 있으며 익살과 기지가 있다.

[정답] ④

[해설] '운심'의 고고한 성격은 드러나지만, 익살과 기지는 드러나지 않는다.

작품 분석

- 작자: 박지원
- 갈래: 한문 소설, 단편 소설, 풍자 소설
- 성격: 사실적, 풍자적
- 시점: 전지적 작가 시점
- 주제
  - 권모술수가 만연한 사회에 대한 풍자
  - 신의 있고 정직한 삶에 대한 예찬
- 특징
  - 주인공의 일화를 나열해 조선 후기 사회의 모습을 사실적으로 묘사
  - '광문'이라는 걸인의 진실된 인품을 예찬해 권위적이고 가식적인 양반 사회에 대한 풍자 효과를 높임
- 해제: 이 작품에 주인공으로 등장하는 신분이 낮고 추한 외모의 걸인 광문은 신분이나 남녀에 차별을 두지 않고 모든 인간은 평등하다고 생각하는 작가의 근대적 가치관이 반영된 인물이다. 광문을 높은 인품과 따뜻

한 인간적 모습으로 그림으로써 인간의 가치는 가문이나 권력, 지위, 외모보다는 따뜻한 인간애가 중시되어야 한다는 작가 의식이 드러나 있다.

기출 19 기상직 9급, 18 교행직 9급

④ 〈호질(虎叱)〉

이처럼 동리자가 수절을 잘하는 부인이라 했는데 실은 슬하의 다섯 아들이 저마다 성(姓)을 달리하고 있었다.
  동리자의 음란한 실제 생활 풍자
어느 날 밤, 다섯 놈의 아들들이 서로 이르기를,

"강 건넛마을에서 닭이 울고 강 저편 하늘에 샛별이 반짝이는데 방 안에서 흘러나오는 말소리는 어찌도 그리 북곽 선생의 목청을 닮았을까." 하고, 다섯 놈이 차례로 문틈을 들여다보았다. 동리자가 북곽 선생에게,

"오랫동안 선생님의 덕을 사모했사온데 오늘 밤은 선생님 글 읽는 소리를 듣고자 하옵니다."라고 간청하매, 북곽 선생은 옷깃을 바로잡고 점잖게 앉아서 시(詩)를 읊는 것이 아닌가.

"'원앙새는 병풍에 그려 있고 / 반딧불이 흐르는데 잠 못 이루어 / 저기 저 가마솥 세발솥은 / 무엇을 본떠서
     남녀간의 정   남녀간의 정   동리자의 각기 다른 성을 가진 다섯 아들들
만들었나.' 흥야(興也)라."

다섯 놈들이 서로 소곤대기를

"북곽 선생과 같은 점잖은 어른이 과부의 방에 들어올 리가 있겠나. 우리 고을의 성문이 무너진 데에 여우가 사는 굴이 있다더라. 여우란 놈은 천 년을 묵으면 사람 모양으로 둔갑할 수가 있다더라. 저건 틀림없이 그 여우란
                                                                    당대인들의 허위의식을 희화화
놈이 북곽 선생으로 둔갑한 것이다." 하고 함께 의논했다.

"들으니 여우의 갓을 얻으면 큰 부자가 될 수 있고, 여우의 신을 신으면 대낮에 그림자를 감출 수 있고, 여우의
 허상에 빠진 당대인들을 풍자
꼬리를 얻으면 애교를 잘 부려서 남에게 이쁘게 보일 수 있다더라. 우리 저 여우를 때려잡아서 나누어 갖도록 하자."

다섯 놈들이 방을 둘러싸고 우루루 쳐들어갔다. 북곽 선생은 크게 당황하여 도망쳤다. 사람들이 자기를 알아볼까 겁이 나서 모가지를 두 다리 사이로 들이박고 귀신처럼 춤추고 낄낄거리며 문을 나가서 내닫다가 그만 들판
          북곽 선생의 비굴함 풍자
의 구덩이 속에 빠져 버렸다. 그 구덩이에는 똥이 가득 차 있었다. 간신히 기어올라 머리를 들고 바라보니 뜻밖에
                      북곽 선생을 풍자하기 위한 요소
범이 길목에 앉아 있는 것이 아닌가. 범은 북곽 선생을 보고 오만상을 찌푸리고 구역질을 하며 코를 싸쥐고 외면
작가 의식 대변
을 했다.

"어허, 유자(儒者)여! 더럽다."

북곽 선생은 머리를 조아리고 범 앞으로 기어가서 세 번 절하고 꿇어 앉아 우러러 아뢴다.

[범님의 덕은 지극하시지요. 대인(大人)은 그 변화를 본받고, 제왕(帝王)은 그 걸음을 배우며, 자식 된 자는 그 효성을 본받고, 장수는 그 위엄을 취하며, 거룩하신 이름은 신령스런 용(龍)의 짝이 되는지라, 풍운의 조화를 부리시매 하토(下土)의 천신(賤臣)은 감히 아랫바람에 서옵나이다.] [ ]: 북곽 선생의 비굴한 면모
                        신하가 임금을 상대하여 자신을 낮추어 말하는 1인칭 대명사
범은 북곽 선생을 여지없이 꾸짖었다.

"내 앞에 가까이 오지 말아라. 내 듣건대 [유(儒)는 유(諛)라 하더니] 과연 그렇구나. 네가 평소에 천하의 악명
                                     선비   아첨함   [ ]: 언어유희 → 유학자들의 표리부동하고 위선적인 모습을 비판
을 죄다 나에게 덮어씌우더니, 이제 사정이 급해지자 면전에서 아첨을 떠니 누가 곧이 듣겠느냐?"

20 법원직 9급

확인 문제

〈호질〉의 서술상 특징으로 가장 옳지 않은 것은?

① 시대적 배경을 구체적으로 묘사하고 있다.
② 동음이의어를 활용하여 대상을 풍자하고 있다.
③ 인물의 말과 행동을 통해 사건을 전개하고 있다.
④ 의인화를 통해 현실을 우회적으로 비판하고 있다.

정답 ①

해설 구체적으로 시대적 배경을 묘사한 부분은 없다.

(중략)

북곽 선생은 자리를 옮겨 부복(俯伏)해서 머리를 새삼 조아리고 아뢰었다.

"맹자(孟子)에 일렀으되 '비록 악인(惡人)이라도 목욕재계하면 상제(上帝)를 섬길 수 있다' 하였습니다. 하토의 천신은 감히 아랫바람에 서옵니다."

북곽 선생이 숨을 죽이고 명령을 기다렸으나 오랫동안 아무 동정이 없기에 참으로 황공해서 절하고 조아리다가 머리를 들어 우러러보니, 이미 먼동이 터 주위가 밝아 오는데 범은 간 곳이 없었다. 그때 새벽 일찍 밭 갈러 나온 농부가 있었다.

북곽 선생과 대조되는 인물
"선생님, 이른 새벽에 들판에서 무슨 기도를 드리고 계십니까?"

북곽 선생은 엄숙히 말했다.

"성현(聖賢)의 말씀에 '하늘이 높다 해도 머리를 아니 굽힐 수 없고, 땅이 두텁다 해도 조심스럽게 딛지 않을
죽음을 모면하자 허세를 부리는 북곽 선생의 위선적인 모습
수 없다.' 하셨느니라."

작품 분석

- 작자: 박지원
- 갈래: 한문 소설, 단편 소설, 풍자 소설
- 성격: 비판적, 풍자적, 우의적
- 시점: 전지적 작가 시점
- 주제: 양반의 위선적인 삶과 인간 사회의 부도덕성을 풍자
- 특징
  – 우의적 수법을 사용함
  – 인물의 행위를 희화화함
  – 실학사상을 바탕으로 인간의 부정적인 삶을 비판
- 해제: 이 작품은 겉으로는 유교적 질서를 지키는 이상적인 인물로 행세하지만 사실은 부정하고 타락한 이중적 행실을 보이는 북곽 선생과 동리자를 내세워 당시 양반 계급의 부패한 도덕 관념을 우의적으로 풍자하고 비판한 소설이다. 범 앞에서 보이는 북곽 선생의 비굴한 행동은 유학자의 위선과 아첨, 허세를 풍자하고 있으며, 북곽 선생을 꾸짖는 범은 작가 의식을 대변하는 대상으로, 인간이 비판하는 것보다 더 큰 설득력이 있고, 풍자의 효과가 있다.

기출 20 법원직 9급, 19 지방직 7급, 19 경찰 2차, 16 경찰 2차

⑤ 〈사씨남정기(謝氏南征記)〉

여휘 풀이

❶ 간쟁: 어른이나 임금에게 잘못된 일을 고치도록 간절히 말함

유 소사가 말하기를,

"신부(新婦)가 이제 내 집에 들어왔으니 어떻게 남편을 도울꼬?"

사씨 대답하여 말하기를,

"첩(妾)이 일찍 아비를 여의고 자모(慈母)의 사랑을 입사와 본래 배운 것이 없으니 물으시는 말씀에 대답치 못하옵거니와 어미 첩을 보낼 제 중문(中門)에 임(臨)하여 경계하여 말씀하시기를 '반드시 공경(恭敬)하며 반드시 경계(警戒)하여 남편을 어기오지 말라.' 하시니 이 말씀이 경경(耿耿)하여 귓가에 있나이다."

유 소사가 말하기를,

"남편의 뜻을 어기오지 말면 장부(丈夫) 비록 그른 일이 있을지라도 순종(順從)하랴?"

사씨 대 왈,

"그런 말이 아니오라 부부(夫婦)의 도(道) 오륜(五倫)을 겸(兼)하였으니 아비에게 간(諫)하는 자식이 있고 나라에 간하는 신하 있고 형제(兄弟) 서로 권하고 붕우(朋友) 서로 책(責)하나니 어찌 부부라고 간쟁(諫諍)❶치 않으리이까? 그러나 자고로 장부(丈夫) 부인(婦人)의 말을 편청(偏聽)하면 해로움이 있삽고 유익(有益)함이 없으니 어찌 경계 아니 하리이까?"

〔남편이 잘못하면 지적해야 한다고 생각함〕

유 소사가 모든 손님을 돌아보며 말하기를,

"나의 며느리는 가히 조대가에 비할 것이니 어찌 시속(時俗) 여자가 미칠 바리오."라고 하였다.

〔학식이 뛰어나고 덕망이 높아 왕실 여성의 스승으로 칭송이 자자함〕

작품 분석

• 지은이: 김만중
• 갈래: 국문 소설, 가정 소설, 풍간(諷諫) 소설
• 성격: 풍간적, 가정적
• 시점: 전지적 작가 시점
• 주제: 처첩 간의 갈등과 사필귀정(事必歸正), 권선징악(勸善懲惡)
• 특징
  − 중국을 배경으로 당대의 부정적 현실을 우회적으로 비판
  − 처첩 간의 갈등을 통해 당대 사회적 분위기와 풍속을 알 수 있음
  − 선악의 성격이 분명한 인물형을 대립시키고 사건이 사실적으로 전개됨
  − 속담이나 격언 등을 적절히 활용함
  − 서술자가 직접 사건에 개입함
  − 후대 가정 소설의 모범이 됨
• 해제: 이 작품의 제목은 사씨가 남쪽으로 쫓겨난다는 뜻으로 배경은 중국이다. 명나라 사대부인 유한림과 그의 처첩 간의 갈등을 다룬 이야기로 당대 풍속과 제도의 문제점을 비판했다. 결말에서는 후처의 모함으로 고통받던 본처가 결국에는 남편의 사랑을 되찾았다는 권선징악의 교훈을 주지만, 대립적 인물을 설정했다는 점에서 당대 봉건적 이념과 도덕성을 탈피하지 못했다는 작가의 한계를 보여준다. 또한 당시 임금이었던 숙종이 인현 왕후를 부당하게 폐위하고 희빈 장씨를 중전으로 봉한 사건을 풍자한 것으로 볼 수 있다.

기출 19 지방직 9급

19 지방직 9급

확인 문제

〈사씨남정기〉에 대한 이해로 가장 적절한 것은?

① 사씨의 어머니는 딸이 남편에게 맞섰던 일을 비판하고 있다.
② 사씨는 홀어머니를 모시느라 제대로 배우지 못한 것을 안타까워하고 있다.
③ 사씨는 부부의 예에 따라, 남편이 잘못하면 이를 지적해야 한다고 생각한다.
④ 유 소사는 며느리와의 대화를 통해, 효성이 지극한 사씨의 모습에 흡족해 하고 있다.

정답 ③

'구운몽' 풀이
- 구(九): 등장인물의 수. 성진과 여덟 선녀, 양소유와 그의 여덟 처첩
- 운(雲): 주제, 인생무상의 깨달음
- 몽(夢): 구조, 환몽 구조

잔을 씻어 다시 술을 부으려 하는데 갑자기 석양에 막대기 던지는 소리가 나거늘 괴이하게 여겨 생각하되, '어떤 사람이 올라오는고.' 하였다. 이윽고 한 중이 오는데 눈썹이 길고 눈이 맑고 얼굴이 특이하더라. 엄숙하게 자리에 이르러 승상을 보고 예하여 왈,

"산야(山野) 사람이 대승상께 인사를 드리나이다."

승상이 이인(異人)인 줄 알고 황망히 답례하여 왈,

"사부는 어디에서 오신고?"

중이 웃으며 왈,

"평생의 낯익은 사람을 몰라보시니 귀인이 잘 잊는다는 말이 옳도소이다."

승상이 자세히 보니 과연 낯이 익은 듯하거늘 문득 깨달아 능파 낭자를 돌아보며 왈,

"소유가 전에 토번을 정벌할 때 꿈에 동정 용궁에 가서 잔치하고 돌아오는 길에 남악에 가서 놀았는데 한 화상
　　　　　　　　티베트족　　　　　　　　　　　몽중몽(夢中夢)의 사건
이 법좌에 앉아서 불경을 강론하더니 노부께서 바로 그 노화상이냐?"

중이 박장대소하고 말하되,

"옳다. 옳다. 비록 옳지만 꿈속에서 잠깐 만나본 일은 생각하고 십 년을 같이 살던 일은 알지 못하니 누가 양
　　　　　　　　　　　　　　　　　　　　　　　　　현실에서 스승과 제자의 인연이었던 경험
장원을 총명하다 하더뇨?"

승상이 어리둥절하여 말하되,

"소유가 열대여섯 살 전에는 부모 슬하를 떠나지 않았고, 열여섯에 급제하여 줄곧 벼슬을 하였으니 동으로 연국에 사신을 갔고 서로 토번을 정벌한 것 외에는 일찍이 서울을 떠나지 않았으니 언제 사부와 십 년을 함께 살았으리오?"

중이 웃으며 왈,

"상공이 아직 춘몽에서 깨어나지 못하였도소이다."

승상 왈,

"사부는 어떻게 하면 소유를 춘몽에게 깨게 하리오?"

중이 왈,

"어렵지 않으니이다."

하고 손 가운데 돌 지팡이를 들어 난간을 두어 번 치니 갑자기 사방 산골짜기에서 구름이 일어나 누대 위에 쌓여 지척을 분변하지 못했다. 승상이 정신이 아득하여 마치 꿈에 취한 듯하더니 한참 만에 소리 질러 말하되,

"사부는 어찌 소유를 정도로 인도하지 않고 환술(幻術)로 희롱하나뇨?"
　　　　　　　　　　　　　　　　　　　남의 눈을 속이는 기술
말을 맞지 못하여서 구름이 걷히니 호승이 간 곳이 없고, 좌우를 돌아보니 팔 낭자가 또한 간 곳이 없는지라.
　　마치지
정히 경황(驚惶)하여 하더니, 그런 높은 대와 많은 집이 일시에 없어지고 제 몸이 한 작은 암자 중의 한 포단 위
　　　　놀라서 허둥지둥함
에 앉았으되, 향로(香爐)에 불이 이미 사라지고, 지는 달이 창에 이미 비치었더라. 스스로 제 몸을 보니 일백여덟
　　　　　　　　　　　　　　　　　　　　　　　　　　시간의 경과
낱 염주(念珠)가 손목에 걸렸고, 머리를 만지니 갓 깎은 머리털이 가칠가칠하였으니 완연히 소화상의 몸이요, 다

확인 문제　　　　　　18 경찰 1차

〈구운몽〉에 대한 설명으로 가장 적절하지 않은 것은?

① '국민 문학론'과 관련된 몽자류 소설이다.
② '현실 → 꿈 → 현실'의 환몽 구조 소설이다.
③ 조신 설화가 이 소설의 근원 설화이다.
④ 작품 속의 시대적 배경은 조선 시대이다.

정답 ④

해설 이 작품의 시대적 배경은 중국 당나라이다.

시 대승상의 위의(威儀) 아니니, 정신이 황홀하여 오랜 후에 비로소 제 몸이 연화 도량(道場) 성진 행자인 줄 알

고 생각하니, 처음에 스승에게 수책(受責)하여 풍도(酆都)로 가고, 인세(人世)에 환도하여 양가의 아들 되어 장원
　　　　　　　　　　책망을 받음

급제 한림학사 하고, 출장입상(出將入相)하여 공명신퇴(功名身退)하고, 양 공주와 육 낭자로 더불어 즐기던 것이
　　　　　　전쟁에 나가는 장수가 들어와서는 재상이 됨

다 하룻밤 꿈이라. 마음에 이 필연(必然) 사부가 나의 염려(念慮)를 그릇함을 알고, 나로 하여금 이 꿈을 꾸어 인
　일장춘몽

간 부귀와 남녀 정욕(情欲)이 다 허사인 줄 알게 함이로다.
　주제 의식

　　급히 세수하고 의관을 정제하며 방장에 나아가니 다른 제자들이 이미 다 모였더라. 대사 소리하여 묻되,
　　　　　　　　　　　　　　　　　　　고승의 처소

　　"성진아, 인간 부귀를 지내니 과연 어떠하더뇨?"

　　성진이 고두하며 눈물을 흘려 가로되,
　　　　　　머리를 조아리며

　　"성진이 이미 깨달았나이다. 제자 불초하여 염려를 그릇 먹어 죄를 지으니, 마땅히 인세에 윤회할 것이어늘,
　　　　　　　　　　　　　　　　　생각을 잘못 하여

사부 자비하사 하룻밤 꿈으로 제자의 마음 깨닫게 하시니, 사부의 은혜를 천만 겁이라도 갚기 어렵도소이다."

　　대사 가로되,

　　"네 승흥하여 갔다가 흥진하여 돌아왔으니 내 무슨 간예함이 있으리오? 네 또 이르되 인세에 윤회할 것을 꿈
　　　　흥이 나서 갔다가 흥이 다해 돌아왔으니　　　　　　　관계하여 참견

을 꾸다 하니, 이는 인세와 꿈을 다르다 함이니, 네 오히려 꿈을 채 깨지 못하였도다."

작품 분석

- 작자: 김만중
- 갈래: 고전 소설, 국문 소설, 몽자류(夢子類) 소설, 양반 소설, 염정(艶情) 소설
- 성격: 불교적, 유교적, 도교적, 우연적, 전기적, 비현실적
- 시점: 전지적 작가 시점
- 주제: 인생무상의 깨달음을 통한 허무의 극복, 불교적 인생관에 대한 각성
- 특징
  – '현실 – 꿈 – 현실'의 이중적 환몽(幻夢) 구조로 '몽자류 소설'의 효시
  – 현실적 공간인 선계(仙界)와 비현실적 공간인 인간계(人間界)가 교차하는 환몽 구조
  – 꿈속 양소유의 삶은 영웅 소설의 구조를 지님
  – 유교 · 불교 · 도교 사상이 나타남
- 해제: 이 작품은 성진과 팔선녀 아홉 명이 꿈을 통해 부귀영화 등 세속적 욕망은 흘러가는 구름과 같이 덧
없음을 깨닫는 몽자류 소설이다. 개인적으로는 노모를 위로하기 위해, 문학적으로는 국민 문학론의 이념적
바탕 위에서 창작되었다고 알려져 있다. '현실 – 꿈 – 현실' 구조의 이 소설은 현실에서 승려였던 성진이 꿈
에서 세속적 욕망을 성취하여 부귀영화를 누리지만 꿈에서 깨면서 승려 신분으로서 부귀영화를 포함한 세
속적 욕망의 덧없음을 깨닫는 작품이다.

기출 18 경찰 1차, 18 국가직 9급, 13 국가직 7급

⑦ 〈장화홍련전(薔花紅蓮傳)〉

말을 그치며 홍련 형제 일어나 절하고 <u>청학을 타고 반공에 솟아 가거늘,</u> 부사가 그 말을 들으매 낱낱이 분명하
_{비현실적 요소}
니 자기가 흉녀에게 속은 줄 깨닫고 더욱 분노하여 날 새기를 기다려 새벽에 좌기를 베풀고 좌수 부부를 성화같
_{장화 · 홍련의 계모}
이 잡아들여 각별 다른 말은 묻지 아니하고 그 낙태한 것을 바삐 들이라 하여 살펴본 즉 낙태한 것이 아닌 줄 분
_{장화가 부모 몰래 낙태한 것이라고 계모가 누명을 씌웠음}
명하매 좌우를 명하여 그 낙태한 것의 배를 가르라 하니 좌우가 영을 듣고 칼을 가지고 달려들어 배를 가르니 그
속에 쥐똥이 가득하였거늘 허다한 관속이 이를 보고 다 흉녀의 흉계인 줄 알아 저마다 꾸짖으며, 홍련 형제가 <u>애</u>
<u>매히</u> 처참하게 죽음을 가장 불쌍히 여기더라.
_{죄 없이}

(중략)

"저의 무지 무식하온 죄는 성주의 처분에 있사오나 비록 시골의 변변하지 못한 어리석은 백성이온들 어찌 사
리와 체모를 모르리잇고. 전실 장 씨 불쌍히 죽고 두 딸이 있사오매 부녀가 서로 위로하여 세월을 보내옵더니 후
_{체면}
사를 아니 돌아보지 못하여 후처를 얻사온즉 비록 어질지 못하오나 연하여 세 아들을 낳사오매 마음에 가장 기뻐
하옵더니 하루는 제가 나갔다가 돌아온즉 흉녀가 문득 <u>발연변색</u>하고 하는 말이, '장화의 행실이 불측하여 낙태하
_{왈칵 성을 내어 얼굴 빛이 변하고}
였으니 들어가 보라.' 하고 이불을 들추매 제가 놀라 어두운 눈에 본즉, 과연 낙태한 것이 <u>적실하오매</u> 미련한 소
_{확실하니}
견에 전혀 깨닫지 못하는 중 더욱 전처의 유언(遺言)을 아득히 잊고 흉계(凶計)에 빠져 죽인 것이 분명하오니 그
죄 만 번 죽어도 사양치 아니하나이다."

(중략)

소첩의 몸이 대대 거족으로 문중이 쇠잔하고 가세 탕패하던 차 좌수가 간청하므로 그 후처가 되오니 <u>전실의</u>
<u>양녀가 있사오되 그 행동거지 심히 아름답기에 ㉠ 친자식같이 양육하여 이십에 이르는 저의 행사가 점점 불</u>
_{장화, 홍련}   _{장화와 홍련이 자기에게 불손하게 굴었다고 말하는 계모}
측하여 백가지 말에 한 말도 듣지 아니하고 성실치 못할 일이 많사와 원망이 심하옵기로 때때로 저를 경계하고
타일러 아무쪼록 사람이 되게 하옵더니 하루는 저희 형제의 비밀한 말을 우연히 엿듣사온즉 그 흉패한 말이 측량
치 못할지라 마음에 가장 놀랍사와 <u>가부</u>더러 이른즉 반드시 모해하는 줄로 알 듯하여 다시금 생각하여 저를 먼저
_{배 좌수}
죽여 내 마음을 펴고자 가부를 속이고 죽인 것이 옳사오니 자백하오매 법에 따라 처치하시려니와 첩의 아들
장쇠는 이 일로 말미암아 천벌을 입어 이미 병신이 되었으니 죄를 사하소서."

(중략)

각설, 배 좌수가 국가 처분으로 흉녀를 능지하여 두 딸의 원혼을 위로하나 오히려 쾌한 것이 없으매 오직 여아
의 애매히 죽음을 주야로 슬퍼하여 그 형용을 보는 듯 목소리를 듣는 듯 거의 미치기에 이를 듯하여 다만 다음 세
상에 다시 부녀지의를 맺음을 종일 축원하는 중 집안에 살림할 이 없으매 그 지향할 곳이 더욱 없어 부득이 혼처
를 구할 새 향족 윤광호의 딸을 취하니 <u>나이 십팔 세요, 용모와 재질이 비상하고 성품이 또한 온순하여 자못 숙녀</u>
<u>의 풍도가 있는지라.</u>
_{서술자의 시각으로 서술}

19 법원직 9급

확인 문제

〈장화홍련전〉에서 밑줄 친 ㉠에 부합하는
속담으로 가장 적절한 것은?
① 믿는 도끼에 발등을 찍혔네.
② 공든 탑이 무너져 버렸구나.
③ 적반하장(賊反荷杖)도 유분수지.
④ 닭 쫓던 개 지붕 쳐다보는 격이군.

정답 ③

해설 친자식처럼 정성을 다해 길렀더니
커서는 말도 듣지 않고 오히려 원망을 한
다는 내용이다. 적반하장(잘못한 사람이
오히려 잘한 사람을 나무라는 경우)과 어
울린다.

작품 분석

· 작자: 미상
· 갈래: 고전 소설, 가정 소설, 계모갈등형 소설
· 성격: 전기적, 교훈적
· 시점: 전지적 작가 시점
· 주제: 계모의 흉계로 인한 가정의 비극과 권선징악
· 특징
　– 가정형 계모소설(家庭型繼母小說)의 대표작
　– 인물의 대화와 내면 심리 묘사를 통해 사건을 전개
　– 고전 소설의 전형적 서술방식인 순행적 구성과 서술자의 개입이 엿보임
　– 후처제의 제도적 모순과 가장의 무책임함을 다룸으로써 현실의 모순 비판
· 해제: 이 작품은 계모와 전처 자식의 관계에서 갈등이 발생하고 무능한 가장으로 인해 가정이 파멸되는 비극적 모습을 형상화한 소설로 조선 후기 후처제와 일부다처제의 가족 제도에 대한 문제 의식을 드러내고 있다.

기출 19 법원직 9급

⑧ 〈허생전(許生傳)〉

허생은 묵적골에 살았다. 곧장 남산(南山) 밑에 닿으면, 우물 위에 오래된 은행나무가 서 있고, 은행나무를 향하여 사립문이 열렸는데, 두어 칸 초가는 비바람을 막지 못할 정도였다. 그러나 허생은 글 읽기만 좋아하고, 그의 처가 남의 바느질품을 팔아서 입에 풀칠을 했다. 하루는 그의 처가 몹시 배가 고파서 울음 섞인 소리로 말했다.

"당신은 평생 과거(科擧)를 보지 않으니, 글을 읽어 무엇합니까?"

허생은 웃으며 대답했다.

"나는 아직 독서를 익숙히 하지 못하였소."

"그럼 장인바치 일이라도 못 하시나요?"

"장인바치 일은 본래 배우지 않은 걸 어떻게 하겠소?"

"그럼 장사는 못 하시나요?"

"장사는 밑천이 없는 걸 어떻게 하겠소?"

처는 왈칵 성을 내며 소리쳤다.

"밤낮으로 글을 읽더니 기껏 '어떻게 하겠소?' 소리만 배웠단 말씀이오? 장인바치 일도 못 한다, 장사도 못 한다면, 도둑질이라도 못 하시나요?"

허생은 읽던 책을 덮어 놓고 일어나면서,

"아깝다. 내가 당초 글 읽기로 십 년을 기약했는데, 인제 칠 년인걸……."

하고 휙 문밖으로 나가 버렸다.

(중략)

이때, 변산(邊山)에 수천의 군도(群盜)들이 우글거리고 있었다. 각 지방에서 군사를 징발하여 수색을 벌였으나 좀처럼 잡히지 않았다. 군도들도 감히 나가 활동을 못 해서 배고프고 곤란한 판이었다. 허생이 군도의 산채를 찾아가서 우두머리를 달래었다.

"천 명이 천 냥을 빼앗아 와서 나누면 하나 앞에 얼마씩 돌아가지요?"

"일 인당 한 냥이지요."

"모두 아내가 있소?"

"없소."

"논밭은 있소?"

군도들이 어이없어 웃었다.

"<u>땅이 있고 처자식이 있는 놈이 무엇 때문에 도둑이 된단 말이오?</u>"
당시 사회 모순으로 생겨난 도적 떼

"정말 그렇다면, 왜 아내를 얻고, 집을 짓고, 소를 사서 논밭을 갈고 지내려 하지 않는가? 그럼 도둑놈 소리도

안 듣고 살면서, 집에는 부부의 낙(樂)이 있을 것이요, 돌아다녀도 잡힐까 걱정을 않고 길이 의식의 요족을 누릴
살림이 넉넉함

텐데."

"아니, 왜 바라지 않겠소? <u>다만 돈이 없어 못 할 뿐이지요.</u>"
1. 지배층의 무능으로 백성이 도둑이 될 수밖에 없는 현실 2. 당시 상업 자본에 대한 근대적 지각

허생은 웃으며 말했다.

"도둑질을 하면서 어찌 돈을 걱정할까? 내가 능히 당신들을 위해서 마련할 수 있소. 내일 바다에 나와 보오.

붉은 깃발을 단 것이 모두 돈을 실은 배이니, 마음대로 가져가구려."

허생이 군도와 언약하고 내려가자, 군도들은 모두 그를 미친놈이라고 비웃었다. 이튿날, 군도들이 바닷가에 나

가 보았더니, 과연 허생이 삼십만 냥의 돈을 싣고 온 것이었다. 모두들 대경(大驚)해서 허생 앞에 줄지어 절했다.
허생의 능력을 확인하고 도둑들의 태도가 달라짐

"오직 장군의 명령을 따르겠소이다."

이에 군도들이 다투어 돈을 짊어졌으나, 한 사람이 백 냥 이상을 지지 못했다.

"너희들 힘이 한껏 백 냥도 못 지면서 무슨 도둑질을 하겠느냐? 인제 너희들이 양민이 되려고 해도, 이름이 도

둑의 장부에 올랐으니, 갈 곳이 없다. 내가 여기서 너희들을 기다릴 것이니, 한 사람이 백 냥씩 가지고 가서 여자

하나, 소 한 필을 거느리고 오너라."

허생의 말에 군도들은 모두 좋다고 흩어져 갔다. 허생은 몸소 이천 명이 1년 먹을 양식을 준비하고 기다렸다.

군도들이 빠짐없이 모두 돌아왔다. 드디어 다들 배에 싣고 그 빈 섬으로 들어갔다. 허생이 도둑을 몽땅 쓸어 가서
작가가 생각한 이상향

나라 안에 시끄러운 일이 없었다.

작품 분석

- 작자: 박지원
- 갈래: 고전 소설, 한문 소설, 단편 소설, 풍자 소설
- 성격: 풍자적, 비판적, 냉소적
- 시점: 전지적 작가 시점
- 주제: 양반 사대부의 무능함에 대한 비판과 풍자, 새로운 삶의 각성 및 개혁 촉구
- 특징
  - 이용후생의 실학사상을 배경으로 한 실학 문학의 대표작
  - 당시 사회의 모순을 비판하고 냉소적이며 통렬한 현실 풍자
  - 조선 시대 사실주의 소설의 전형
  - 미완의 결말로 '허생'이라는 인물의 이인(異人)다움을 보여 줌

- 해제: 이 작품은 이용후생의 실학사상을 바탕으로 당대 지배층의 무능함과 허위의식을 비판하고 사회 현실을 비판한 풍자 소설이다. 허생이 매점매석을 통해 돈을 버는 모습은 당시 취약했던 사회경제 구조와 양반의 허례허식을, 군도를 이끌고 빈 섬으로 들어가 이용후생의 정책을 강조하는 것은 무능력한 지배층에 대한 비판이다. 작가는 허생을 이상국 건설 및 해외 진출과 같은 혁명적인 발상을 하는 인물로 형상화시키면서 새로운 삶에 대한 각성과 실천을 촉구하고 있다.

기출 18 법원직 9급, 16 지방직 7급, 12 국가직 7급

⑨ 〈숙향전(淑香傳)〉

<u>화설이라.</u> 이때 숙향이 부모를 잃고 의지할 데 없이 혼자 떠돌아다니며 우니, 그 울음소리에 사람의 심신이 다
고전 소설에서 이야기를 시작할 때 쓰는 말
녹는 듯하더라. 얼마 후 붉은 새 한 마리가 날아와 숙향의 무릎 위에 앉아 울다가 날아갔다. 숙향이 그 새를 따라

여러 산을 넘어가니, 한 마을이 나타났다. 숙향이 마을로 들어서면서 어미를 부르며 우니, 사람들이 보고 불쌍히

여겨 물었다.

"네 부모는 어디 있느냐?"

숙향이 한참 울다가 겨우 정신을 차려 말하기를,

"어머니가 내일 와서 데려가마 하고 가더니, 오지 않나이다."

하고 통곡하니, 숙향을 보고 눈물을 흘리지 않는 사람이 없었다. 사람들이 숙향의 얼굴이 하도 곱고 어여뻐서 저마

다 데려가 기르고자 하되, 저희들도 피란하느라 동서분주하는 터라 데려가지는 못하고 밥을 먹이며 위로했다.

"우리도 산속으로 피란을 가니, 울지만 말고 아무데로나 가거라."

<u>차설이라.</u> 김전이 아내를 산속에 숨겨 놓고 가만히 내려와 다시 숙향을 찾아보았지만, 어디에서도 그 종적을
다음 이야기 첫머리에 쓰는 말
발견할 수가 없었다. 생각하기를, '숙향이 틀림없이 죽었구나.' 하고 돌아와 부인에게 말하니, 장 씨가 또 기절했

다. 한참 후 장 씨가 깨어나자, 김전이 위로하며 말했다.

"어린 숙향이 멀리는 못 갔을 텐데 아무리 찾아도 없으니, 혹 어떤 사람이 데려간 것 같소. <u>이전에 왕균이 한</u>
숙향이 여러 번 죽을 고비를 넘기게 될 것이라는 말
<u>말을 생각하여</u> 슬퍼하지 마소서."

이에 장 씨가 대답하기를,

"숙향의 행동과 하던 일이 눈에 어른거리고 이별할 때 부르짖던 소리가 귀에 쟁쟁하니, 어찌 참으리오?"

하고 통곡하니, <u>그 슬픈 형상은 말로는 이루 다 표현하기 어렵더라.</u>
서술자가 작품에 직접 개입하여 논평

(중략)

숙향이 어쩔 수 없이 수풀에 의지해서 자고 있는데, 한밤중에 광풍이 불면서 갈대밭에 불이 일어나 사방으로

번졌다. 숙향이 당황해서 어찌할 바를 모르다가 하늘을 우러러 말하기를,

"온갖 고생을 겪으면서도 구차하게 목숨을 부지한 것은 어떻게든 부모님을 다시 만나 얼굴이라도 알고자 했던

것인데, 이곳에 와서 화재를 만나 죽게 되었구나. 죽는 것은 서럽지 않으나 부모님의 얼굴을 다시는 못 보게 되었

으니, 한이 골수에 사무치는구나."

하고 슬프게 울었다.

이때 홀연히 남쪽에서 한 노인이 막대를 짚고 다가와 말했다.

18 교행직 9급

확인 문제

〈숙향전〉에 대한 이해로 가장 적절한 것은?

① 서술자의 개입이 드러나 있다.
② 인물 간 갈등을 통해 극적 긴장감을 조성하고 있다.
③ 배경 묘사를 통해 인물의 성격 변화를 드러내고 있다.
④ 대화 속에 고사(故事)를 인용하여 인물이 처한 쓸쓸한 상황을 부각하고 있다.

정답 ①

해설 '그 슬픈 형상은 말로는 이루 다 표현하기 어렵더라'에 서술자의 개입이 드러나 있다.

"너는 누군데 깊은 밤에 이런 곳에 와서 화재를 만나게 되었느냐?"

숙향이 빌며 말하기를,

"저는 부모 없는 아이로소이다. 의탁할 곳이 없어 사방으로 떠돌아다니다가 길을 잘못 들어 이곳에서 불에 타 죽게 되었사오니, 저를 구제해 주옵소서."

하거늘 그 노인이 말하기를,

"네 이름은 말하지 않아도 아노라. 벌써 불이 가까이 이르렀으니, 너는 옷을 벗어 그 자리에 두고 몸만 내 등에 오르거라."

했다. 숙향이 어쩔 수 없이 옷을 벗어 놓고 노인의 등에 오르니, 불이 벌써 숙향이 서 있던 곳까지 다다라 옷에 붙었다. 이때 노인이 소매에서 붉은 부채를 꺼내 부치자, 더 이상 불이 가까이 오지 아니하더라.

초월적인 능력을 발휘하는 인물

작품 분석

• 작자: 미상
• 갈래: 적강 소설❶, 염정 소설❷, 영웅 소설
• 성격: 도교적, 초현실적, 비현실적, 낭만적, 우연적
• 시점: 전지적 작가 시점
• 주제: 고난과 시련을 극복하고 운명적 사랑을 성취함
• 특징
　– 천상계와 지상계의 이원적 공간이 설정됨
　– 영웅 서사 구조와 고난 극복 구조
　– 초월적 존재들이 숙향을 돕는 비현실적 상황 전개
• 해제: 이 작품은 조선 후기 작자 미상의 한글 소설로 숙향이 고귀한 혈통으로 태어나 어려서 고아가 되고, 구출자를 만나 양육되었다가, 다시 찾아오는 위기를 극복하고, 마침내 행복한 삶을 누리게 되는 과정을 그렸다. 위기와 극복이 반복적으로 이루어지는 여성의 수난을 그리면서도 남녀 간의 사랑을 다루고 있다. 또한 숙향을 도와주는 초월적 존재의 등장은 이 작품이 특히 도교적 성격을 가지고 있음을 말해 준다.

기출 18 교행직 9급

⑩ 〈홍길동전(洪吉童傳)〉

화설, 조선국 세종 조 시절에 한 재상이 있으니, 성은 홍이요, 명은 모(某)라. 대대 명문거족으로 소년 등과하여 벼슬이 이조판서에 이르매, 물망이 조야에 으뜸이요, 충효 겸비하기로 이름이 일국에 진동하더라. 일찍 두 아들을 두었으니, 일자는 이름이 인형이니 정실 유씨 소생이요, 일자는 이름이 길동이니 시비 춘섬의 소생이라. 선시(先是)에 공이 길동을 낳을 때에 일몽을 얻으니, 문득 뇌성벽력이 진동하며 청룡이 수염을 거사리고 공에게 향하여 달려들거늘 놀라 깨달으니 일장춘몽이라. 심중에 대희하여 생각하되 내 이제 용몽을 얻었으니 반드시 귀한 자식을 낳으리라 하고,

명망   조정과 민간

곁에서 시중드는 계집종

크게 기뻐하여

(중략)

길동이 점점 자라 팔세 되매 총명이 과인하여 하나를 들으면 백을 통하니 공이 더욱 애중하나, 근본이 천생이라, 길동이 매양 호부 호형하면, 문득 꾸짖어 못하게 하니 길동이 십 세 넘도록 감히 부형을 부르지 못하고 비복 등이 천대함을 각골 통한하여 심사를 정치 못하더니, 추구월 망간을 당하매 명월은 조요하고 청풍은 소슬하여 사람의 심회를 돕는지라. 길동이 서당에서 글을 읽다가 문득 서안을 밀치고 탄식하여 가로되,

뛰어나   길동의 비범함   천첩의 소생

아버지를 부르거나 형을 부름

뼈에 사무칠 만큼 원통하고 한스러워   가을 9월 보름께   밝게 비침   으스스하고 쓸쓸함

["대장부 세상에 나매 공맹을 본받지 못하면 차라리 병법을 외어 대장인을 요하에 빗기 차고 동정서벌하여 국가에 대공을 세우고 이름을 만대에 빛냄이 장부의 쾌사라.] 나는 어찌하여 일신이 적막하고 부형이 있으되 호부호형을 못하니 심장이 터질지라. 어찌 통한치 않으리요."

허리춤   여러 나라를 정벌

[ ]: 당시 입신양명을 매우 가치있게 여겼음

하고 말을 마치며 뜰에 내려 검술을 공부하더니, 마침 공이 또한 월색을 구경하다가 길동의 배회함을 보고 즉시 불러 물어 가로되,

"네 무슨 흥이 있어 야심토록 잠을 자지 아니 하느냐."

길동이 공경하여 가로되,

"소인이 마침 월색을 사랑함이어니와 대게 하늘이 만물을 내시매, 오직 사람이 귀하오나 소인에게 이르러는 귀함이 없사오니 어찌 사람이라 하오리이까."

천한 신분으로 차별당하는 게 서러움

공이 그 말을 짐작하나 짐짓,

"네 무슨 말인고."

질책

길동이 재배하여 가로되,

"소인이 평생 설운 바는 대감 정기로 당당하온 남자가 되었사오매 부생모육지은이 깊삽거늘 그 부친을 부친이라 못하옵고 그 형을 형이라 못하오니, 어찌 사람이라 하오리이까."

하고 눈물을 흘려 단삼을 적시거늘 공이 청파에 비록 측은하나 만일 그 뜻을 위로하면 마음이 방자할까 저어 크게 꾸짖어 가로되,

듣기를 다 마치고   두려워하여

"재상가 천비소생이 비단 너뿐이 아니거늘 네 어찌 방자함이 이 같으뇨. 차후 다시 이런 말이 있으면 안전에 용납지 못하리라."

하니 길동이 감히 일언을 고치 못하고, 다만 복지유체뿐이라.

땅에 엎드려 눈물을 흘림

공이 명하여 물러가라 하거늘 길동이 침소로 돌아와 슬퍼함을 마지 아니하더라.

확인 문제   14 법원직 9급

〈홍길동전〉으로 미루어 알 수 있는 당시의 사회상으로 가장 거리가 먼 것은?
① 관리들의 부패가 매우 심하였다.
② 입신양명을 매우 가치 있게 여겼다.
③ 역술과 같은 무격 사상이 성행하였다.
④ 엄격한 신분 사회로 적서의 차별이 심하였다.

정답 ①

해설 윗글에는 관리들의 부패상이 드러나 있지 않다.

(중략)

원래 곡산모는 본디 곡산 기생으로 상공의 총첩이 되었으니, 이름은 초란이라, 가장 교만 방자하여 제 심중에

불합하면 공에게 참소하니 이러므로 가중폐단이 무수한 중, 저는 아들이 없고 춘섬은 길동을 낳아, 상공이 매양
　　　　　　　　헐뜯으니　　　　　　　　집안의 안 좋은 일

귀히 여김을 심중에 앙앙하여 없이함을 도모하더니, 일일은 흉계를 생각하고 무녀를 청하여 가로되,
　　　　　야속해 하여

"나의 일신을 평안케 함은 이곳 길동을 없애기에 있는지라. 만일 나의 소원을 이루면 그 은혜를 후히 갚으리라."

하니 무녀 듣고 기꺼워 가로되,

"지금 흥인문 밖에 일등 관상녀가 있으니, 사람의 상을 한번 보면 전후 길흉을 판단하나니 이 사람을 청하여

소원을 자세히 이르고 상공께 천거하여 전후사를 본 듯이 고하면 상공이 필연 대혹하사 그 아이를 없애고자 하시

리니 그 때를 타 여차여차하면 어찌 묘계 아니리이까."

초란이 크게 기뻐하여 먼저 은자 5백 냥을 주며 상자를 청하여오라 하니 무녀 하직하고 가니라.
　　　　　　　　　　　　　　　　　　　　　　　　　　관상가

작품 분석

- 작자: 허균
- 갈래: 고전 소설, 국문 소설, 영웅 소설, 사회 소설
- 성격: 현실 비판적, 영웅적, 전기적(傳奇的)
- 시점: 전지적 작가 시점
- 주제
  - 적서 차별과 봉건적 계급 타파
  - 탐관오리 규탄과 빈민 구제
  - 해외 진출과 이상국 건설에의 염원
- 특징
  - 최초의 한글 소설
  - 사회 제도의 불합리성을 다룬 사회 소설의 선구적 작품
  - 내용상 저항 정신이 반영된 평민 문학
  - 문어적인 표현을 통해 이야기를 전개함
- 해제: 이 작품은 주인공 홍길동을 소외 계층인 서자로 설정하여 당시 적서 차별이 당연시되고 관료 사회의 비리가 만연한 세태를 비판하면서 불합리한 사회 제도 개혁의 필요성을 주장한 진보적인 역사의식을 드러낸 소설이다. 당대 현실의 사회적인 문제점을 왜곡없이 있는 그대로 보여준다는 점에서 사실주의적이고 현실주의적인 경향을 지니지만, 길동의 신이한 능력들이 나오는 부분에는 비현실적인 요소가 가미되어 있다.

기출 17 국가직 9급(10월), 17 사복직 9급, 14 법원직 9급

⑪ 〈이춘풍전(李春風傳)〉

승지가 이 말을 듣고 춘풍의 처를 귀하게 보아 매일 사랑하시더니, 천만의외로 김 승지가 평양 감사가 되었구나. 춘풍 아내, 부인 전에 문안하고 여쭈되,

"승지 대감, 평양 감사 하였사오니 이런 경사 어디 있사오리까?"

부인이 이른 말이,

"나도 평양으로 내려갈 제, 너도 함께 따라가서 춘풍이나 찾아보아라."

하니 춘풍 아내 여쭈되,

"<u>소녀는 고사하옵고 오라비가 있사오니 비장❶으로 데려가 주시길 바라나이다.</u>"
<u>평양에 가서 남편을 만나고 추월을 혼내주기 위함</u>

대부인이 이른 말이,

"네 청이야 아니 듣겠느냐? 그리하라."

허락하고 감사에게 그 말을 하니 감사도 허락하고,

"회계 비장 하라."

하니 좋을시고, 좋을시고.

춘풍의 아내, 없던 오라비를 보낼쏜가? 제가 손수 가려고 여자의 의복을 벗어 놓고 남복으로 치례하되

(중략)

이때 회계 비장이 춘풍의 하는 일을 다른 사람에게 탐문했구나. 하루는 비장이 추월의 집을 찾아갈 제, 사또께 아뢰고 천천히 찾아가니, 춘풍의 거동이 기구하고 볼만하다. 봉두난발 덥수룩한데 얼굴조차 안 씻어 더러운 때가 덕지덕지. 십 년이나 안 빤 옷을 도롱도롱 누비어서 그렁저렁 얽어 입었으니, 그 추한 형상에 뉘 아니 침을 뱉<u>으리오?</u> 춘풍이 제 아내인 줄을 꿈에나 알랴마는 비장이야 모를쏜가.
<u>누가 멸시하지 않겠느냐</u>

분한 마음 감추고 추월의 방에 들어가니, 간사한 추월이는 회계 비장 호리려고 마음먹어 회계 비장 엿보면서 교태하여 수작타가 각별히 <u>차담상</u>을 차려 만반진수 들이거늘, 비장이 약간 먹고 <u>사환하는</u> 걸인놈을 상째로 내어 주며 하는 말이,
<u>손님 대접용 다과상</u>　　　　　　　　　　　　　　　　　　　　　　　　<u>심부름하는</u>

"불쌍하다. 저 걸인 놈아. 네가 본디 걸인이냐? 어이 그리 추물이냐?"

춘풍이 엎드려 여쭈되,

"소인도 경성 사람으로서 그리되었으니 사정이야 어찌 다 말씀드리리까마는 나리님 잡수시던 차담상을 소인 같은 천한 놈에게 상째 물려 주시니 태산같은 높은 은덕 감사무지하여이다."

비장이 미소하고 처소로 돌아와서 수일 후에 분부하여, 춘풍이를 잡아들여 형틀 위에 올려 매고,

[<u>"이놈. 너 들어라. 네가 춘풍이냐? 너는 웬 놈으로 막중한 나랏돈 호조 돈을 빌려 쓰고 평양 장사 내려와서 사오 년이 지나가되 일 푼 상납 아니하기로 호조에서 공문을 내려 '너를 잡아 죽이라.' 하였으니 너는 죽기를 사양치 말라."]</u> [ ]: 이춘풍을 정신 차리게 하려고 비장으로 변장을 하고 혼냄

하고 사령에게 호령하여,

"각별히 매우 쳐라."

어휘 풀이

❶ 비장: 고위 관리를 따라다니며 일을 돕던 무관 벼슬

확인 문제

17 교행직 9급

〈이춘풍전〉에 대한 이해로 가장 적절한 것은?

① '대부인'은 '춘풍 아내'의 청을 흔쾌히 들어주고자 한다.

② '김 승지'는 '춘풍 아내'가 오라비 대신 비장이 될 것을 알고 허락한다.

③ '추월'은 자신의 정체를 속여 '비장'을 돌려보내려 한다.

④ '춘풍'은 자신이 경성 사람임을 '비장'에게 숨기고자 한다.

정답 ①

해설 ② 오라비는 춘풍의 아내가 '비장'으로 변장한 것이다.

③ '추월'은 회계 비장(춘풍의 남장 아내)를 유혹한다.

④ '춘풍'은 본인이 경성 사람임을 비장에게 밝힌다.

하니, 사령이 매를 들고 십여 대를 중장하니, 춘풍의 약한 다리에서 유혈이 낭자한지라. 비장이 내려다보고 또 치려 하다가 혼잣말로 '차마 못 치겠다.' 하고 사령을 불러,

춘풍에 대한 처의 사랑

"너 매 잡아라. 춘풍아 너 들어라. 그 돈을 다 어찌하였느냐? 투전을 하였느냐? 주색에 썼느냐? 돈 쓴 곳을 아뢰어라."

이실직고 하라

춘풍이 형틀 위에서 울면서 여쭈되,

"소인이 호조 돈을 내어 쓰고 평양에 내려와서 내 집 주인 추월이와 일 년을 함께 놀고 나니 한푼도 없어지고 이 지경이 되었으니, 나리님 분부대로 죽이거나 살리거나 하옵소서."

작품 분석

- 작자: 미상
- 갈래: 세태 소설, 풍자 소설, 판소리계 소설
- 성격: 풍자적, 해학적, 교훈적
- 시점: 전지적 작가 시점
- 주제
  - 허위적인 남성 중심 사회 비판
  - 진취적인 여성상 제시
- 특징
  - 판소리 사설의 문체를 사용
  - 작가의 편집자적 논평이 나타남
  - 인물과 인물 사이의 갈등을 통해 주제를 부각시킴
  - 조선 후기 부패한 사회상을 풍자함
  - 무능력한 가장(이춘풍)을 통해 가부장적인 남성 중심 사회를 풍자하고 비판함
- 해제: 〈이춘풍전〉은 작가와 창작 시기가 정확히 알려지지 않은 고전 소설로, 운문체와 산문체가 혼용된 작품이다. 이 작품은 남편과 아내의 대립이 두드러지는데, 기생에게 매혹되어 재물을 탕진하는 무능하고 이기적인 남편을 통해 남성 중심의 사회를 풍자하고, 남장을 한 아내의 활약을 통해 진취적이고 적극적인 여성 상을 제시하고 있다. 이는 당시 사회가 여성의 역할과 지위에 대해 새로운 인식이 싹트는 시기였음을 짐작하게 한다.

기출 17 교행직 9급, 12 기상직 9급

---

⑫ 〈운영전(雲英傳)〉

유영은 차고 온 술병을 풀어 술을 모두 마시고는 취하여 돌을 베개 삼아 바위 한편에 누웠다. 얼마 뒤 술이 깨어 눈을 들어 보니 놀던 사람들이 다 흩어지고 없었다. 산은 달을 토하고 안개는 버들잎을 감싸고 바람은 꽃잎에 살랑 불었다. 그때 한 줄기 가녀린 목소리가 바람을 타고 들려왔다. 유영이 이상하게 여겨 일어나 보니 소년 한 사람이 젊은 미인과 정답게 마주 앉아 있었다.

(중략)

김 진사가 눈물을 거두고 감사의 뜻을 표하며 이렇게 말했다.

"우리 두 사람 모두 원한을 품고 죽었기에 염라대왕은 우리가 죄 없이 죽은 것을 가련히 여겨 인간 세상에 다시 태어나게 하려 했습니다. 그러나 지하의 즐거움도 인간 세계보다 덜하지 않거늘 하물며 천상의 즐거움이야 말해 무엇 하겠습니까? 이 때문에 우리는 인간 세계에 태어나기를 소망하지 않았습니다. 다만 오늘 밤 서글퍼하는

몽유 구조[몽유록(夢遊錄)]
꿈에서 발생한 사건을 주요 내용으로 다루는 작품을 가리키며, 우리나라 전통적인 문학 작품에서 종종 취하는 구조이다. 〈원생몽유록〉이 몽유 구조로 구성된 대표적인 작품이다.

것은 다른 이유에서입니다. 대군이 몰락하여 궁궐에 주인이 없어지자 새들은 슬피 울고 사람들의 발길도 끊어졌으니, 이것만 해도 참으로 슬픈 일이지요. 게다가 새로 전쟁을 겪은 뒤 화려하던 집은 잿더미가 되고 고운 담장은 무너져 내려 오직 섬돌의 꽃과 뜨락의 풀만 우거져 있습니다. 봄빛은 예전 그대로이거늘 사람 일은 이처럼 바뀌었으니, 이곳에 다시 와 지난날을 추억하매 어찌 슬프지 않겠습니까?"

유영이 말했다.

"그렇다면 그대들은 모두 천상에 계신 분들인가요?"

김 진사가 말했다.

"우리 두 사람은 본래 천상의 신선으로, 오랫동안 옥황상제를 곁에서 모시고 있었지요. 그러던 어느 날 상제께서 태청궁에 납시어 내게 동산의 과실을 따오라는 명을 내리셨습니다. 나는 반도와 경실과 금련자를 많이 따서
_{선경에 있는 복숭아로, 삼천 년마다 한 번씩 열매가 열린다고 함}
사사로이 운영에게 몇 개를 주었다가 발각되고 말았습니다. 그래서 속세로 유배되어 인간 세상의 고통을 두루 겪는 벌을 받았지요. 이제는 옥황상제께서 죄를 용서하셔서 다시 삼청궁(三淸宮)에 올라 상제 곁에서 시중을 들고 있습니다. 그러다가 때때로 회오리바람 수레를 타고 내려와 속세에서 예전에 노닐던 곳을 찾아보곤 한답니다."

(중략)

유영이 취하여 깜빡 잠이 들었다. 잠시 뒤 산새 울음소리에 깨어 보니, 안개가 땅에 가득하고 새벽빛이 어둑어둑하며 사방에는 아무도 보이지 않는데 다만 김 진사가 기록한 책 한 권이 남아 있을 뿐이었다. 유영은 서글프고 하릴없어 책을 소매에 넣고 집으로 돌아왔다. 유영은 책을 상자 속에 간직해 두고 때때로 열어 보며 <u>망연자실하</u>
_{순탄치 못한 삶. 작가의 비극적 세계관이 깔려 있음}
<u>더니</u> 침식을 모두 폐기에 이르렀다. 그 후 명산을 두루 유람하였는데, 그 뒤로 어찌 되었는지는 알 수 없다.
_{부지소종(不知所終): 일생을 어디에서 마쳤는지 아는 사람이 없음}

작품 분석

- 작자: 미상
- 갈래: 염정 소설, 몽유 소설, 액자 소설
- 성격: 염정적, 비극적
- 주제: 신분제도를 초월한 남녀 간의 비극적인 사랑
- 특징
  - 시간적 배경은 조선 초기~중기, 공간적 배경은 한양의 수성궁과 천상계
  - 고전 소설에서는 흔히 볼 수 없는 비극적 결말
  - 고전 소설의 흔한 주제인 '권선징악'이 아닌 남녀 간의 자유연애를 다룬 작품
  - 액자식 구성
- 해제: 이 작품은 수성궁(안평대군의 궁)의 궁녀인 운영과 김 진사의 비극적인 사랑을 다룬 고전 소설이며, 내부 이야기(운영과 김 진사의 사랑)와 외부 이야기(유영이 주인공)로 구성된 액자식 소설이다. 외부 이야기의 주인공 유영은 꿈에서 내부 이야기의 주인공 운영, 김 진사를 만나 이야기를 나누는 등 몽유 구조도 나타나 있으므로 몽유록계 소설이라 할 수 있다. 운영은 김 진사와 은밀한 사랑을 나누지만, 다른 남자와 사랑해서는 안 되는 궁녀라는 자신의 신분에 괴로워하며 자결하게 되고 결국 김 진사도 죽게 되는 등 내부 이야기는 비극적인 결말로 끝을 맺는다.

기출 17 교행직 9급

확인 문제   17 교행직 9급

〈운영전〉에 대한 이해로 적절하지 않은 것은?

① 상세한 배경 묘사를 통해 천상계와 현실계가 연결되어 있음을 드러내고 있다.
② 꿈을 깬 후 보이는 유영의 행동에는 작가 의식이 간접적으로 드러나 있다.
③ 두 사람의 과거를 김 진사가 직접 들려주는 방식을 통해 실제감을 높여 주고 있다.
④ 유영이 꿈속에서 운영과 김 진사를 만났다가 꿈을 깨는 몽유 구조를 사용하고 있다.

정답 ①

해설 운영전은 주로 대화를 통해 사건이 전개되고, 배경을 상세하게 묘사하지는 않았다.

⑬ 〈전우치전(田禹治傳)〉

우치는 화담의 소문을 듣고 찾아가 이야기를 나누었다. 우치가 화담을 보니 얼굴은 연꽃 같고, 두 눈은 가을날의 물처럼 맑았다. 또한 그 정신이 우뚝 솟아 함부로 대하기 어려웠다. 화담 역시 우치의 그릇을 알아보고 그를 반겼다.

"전공(田公)께 내 부탁이 하나 있는데 들어 주시겠소?"

"선생께서 부탁하신다면 당연히 들어야지요."

"고맙소. 그런데 전공에게 조금 무리하지 않을까 하오."

"말씀이나 하시지요."

"좋소. 남해에 큰 산이 있는데 그 산에 운수 선생이라는 도인이 살고 있소. 그 선생에게 그동안 안부를 전하지 못해 사람을 찾고 있는데 그대가 들어 줄 수 있겠소?"

"하하, 소생이 비록 재주가 없지만 그 정도는 순식간에 다녀오겠습니다."

"쉽게 다녀오지 못할까 두렵소."

화담이 믿지 못하는 듯한 눈치를 보이자 우치는,

"제가 만약 다녀오지 못하면 죽을 때까지 이곳을 벗어나지 않겠습니다."

하고 맹세했다.

화담은 웃으며 서찰을 내주었다. 우치는 보란 듯이 서찰을 받자마자 해동청 보라매가 되어 공중으로 치올랐다. 바다를 얼마쯤 갔을까. 공중에 난데없이 그물이 앞을 막았다. 우치가 날아오르려 하자 그물이 따라 높이 올랐다. 우치가 돌아가려 하는데 그물 역시 우치를 따라왔다. 우치는 다시 도술을 써 모기가 되어 그물을 뚫고자 했다. 그런데 그물이 갑자기 거미줄로 변하며 다시 앞을 가로막는 것이 아닌가. 우치는 결국 십여 일을 애쓰다가 가지 못하고 돌아오고 말았다. 화담은 우치가 돌아오는 것을 보고 크게 웃었다.

"그대는 다시 이곳에서 나가지 못하리라."

우치는 속았다는 생각에 황급히 도망쳤다. 우선 해동청 보라매가 되어 달아나니, 화담은 커다란 수리가 되어 쫓았다. 우치가 다시 갈범이 되어 도망치니 화담은 커다란 청사자가 되어 마침내 갈범을 물었다.
<sub 독수리>
<sub 칡범>
"네가 몇 가지 재주를 가지고 옳은 일을 하는 것은 기특하지만 좋지 않은 재주는 결코 옳지 않은 일에 쓰이게 마련이다. 재주 또한 반드시 윗길이 있으니 세상을 돌아다니다 보면 반드시 화를 입으리라. 내가 태백산에 들어가 정대(正大)한 도리를 구하려 하니 너는 나를 따르는 것이 좋을 것이다."
<sub 의지나 언행 등이 올바르고 당당한>
우치는 화담의 말을 듣고 그 말에 따르기로 했다. 이후 두 사람은 태백산으로 들어가 신선의 도를 닦았고, 우치는 보배로운 글을 많이 지어 석실(石室)에 감추었다.
<sub 고분 안의 돌로 된 방>

확인 문제   16 기상직 9급

〈전우치전〉에 대한 설명으로 가장 적절한 것은?
① 상세한 배경 묘사를 통해 인물의 심리 변화를 암시하고 있다.
② 인물들의 대사보다는 내면 서술을 중심으로 사건을 전달하고 있다.
③ 인물 간의 갈등을 부각시킴으로써 사건의 긴장감을 고조시키고 있다.
④ 전기적(傳奇的)인 요소가 사건 전개에 있어 중요한 역할을 하고 있다.

정답 ④

해설 전우치와 화담이 도술을 부려 동물로 변하여 서로 싸우는 과정에서 전우치가 깨달음을 얻고 있다.

어휘 풀이

❶ 《동래박의(東萊博議)》: 1168년 에 중국 남송의 동래(東萊) 여조 겸이 《춘추좌씨전》에 대하여 논 평하고 주석(註釋)한 책. 주요 기 사 168항목을 뽑아 각각 제목을 달고 역사적 사실에 대한 득실을 평론한 것으로, 과거문(科擧文) 에 사용되어 문과 시험의 규범이 되었다.

작품 분석

- 작자: 미상
- 갈래: 고전 소설, 사회 소설, 영웅 소설, 도술 소설
- 성격: 영웅적, 전기적(비현실적), 도술적, 비판적
- 주제: 부패한 정치 비판, 부패 척결과 빈민 구제, 의로운 전우치의 영웅적 활약
- 특징
  - 실제 인물을 주인공으로 삼은 고전 소설
  - 전우치가 도술을 부리는 등 비현실적인 사건이 전개됨
  - 삽화식 구성 방식
- 해제: 이 작품은 '전우치'라는 실존 인물을 주인공으로 삼은 고전 소설로, 서사 구조에서 주로 볼 수 있는 일 대기적 구성 방식이 아닌 전우치의 행적을 삽화식으로 나열하는 구조로 이루어져 있다. 전우치가 갖은 도술 을 부리며 부패하고 악한 관리나 타락한 중을 혼내고, 조정뿐만 아니라 임금까지도 희롱하며 힘들고 가난한 백성들을 도와준다는 면에서 〈홍길동전〉과 매우 흡사하다. 때문에 전우치가 장난삼아 도술을 부리며 자기 만족하는 경향이 있기는 하지만, 〈전우치전〉도 〈홍길동전〉처럼 사회 소설로 분류하는 경우가 많다.

기출 16 기상직 9급

⑭ 〈양반전(兩班傳)〉

양반이라는 말은 선비 족속의 존칭이다. 강원도 정선군에 한 양반이 있었는데, 그는 어질면서도 글 읽기를 좋
(공간적 배경)
아하였다. 군수가 새로 부임하면 반드시 그 집에 몸소 나아가서 경의를 표하였다. 그러나 그는 집안이 가난해서

해마다 관가에서 환곡을 빌려 먹다 보니 그 빚이 쌓여서 천 석에 이르렀다. 관찰사가 각 고을을 돌아다니다가 이

곳의 환곡 출납을 검열하고는 매우 노하여,

"어떤 놈의 양반이 군량을 이렇게 축내었느냐?"

라고 하였다. 그리고는 명령을 내려 그 양반을 잡아 가두라고 하였다. 군수는 마음속으로 그 양반이 가난해서 갚

을 길이 없는 것을 불쌍히 여겼지만 그렇다고 해서 가두지 않을 수도 없었다. 그 양반은 밤낮으로 훌쩍거리며 울
(군수는 양반에게 측은지심을 느낌)　　　_(공평무사한 일처리)_　　　　　　　_(자구책을 마련하지 못하고 있음)_
었지만 별다른 대책도 생각해 낼 수 없었다.

그런 상황에서 그의 아내가 몰아세우기를,

"당신은 한평생 글 읽기를 좋아했지만 관가의 환곡을 갚는 데 아무런 도움이 못 되는구려. 양반 양반하더니 양

반은 한 푼 가치도 못 되는구려."

라고 하였다.

(중략)

군수가 곧 동헌으로 돌아와서 온 고을 사족과, 농민, 공장, 장사치까지 모두들 불러 뜰에 모았다. 부자는 향소
(지방 수령을 보좌하던 자문 기관)
의 오른쪽에 앉고 양반은 공형의 아래에 세운 뒤에, 바로 증서를 제작하였다.

"건륭(乾隆) 10년 9월 모일에 아래와 같이 문권을 밝힌다. 양반을 팔아서 관가의 곡식을 갚은 일이 생겼는데,
(중국 청나라 고종 때의 연호)
그 곡식은 천 섬이나 된다. … 오경이 되면 언제나 일어나서 성냥을 그어 등불을 켜고, 정신을 가다듬어 눈으로
　　　　　　　　　_(새벽 3시~5시)_
코끝을 내려다보며, 두 발꿈을 한데다가 모아 볼기를 괴고 앉아서 《동래박의》❶처럼 어려운 글을 얼음 위에 박 밀
　　　　　　　　　　　　　　　　　　　　　　　　　　　　　　　　　(막힘없이 줄줄 내리 읽거나 외는 모습)
듯이 외워야 한다. 굶주림을 참고 추위를 견디며, 입에서 가난하다는 말을 내지 않아야 한다. … 식사하면서 국

물부터 먼저 마셔 버리지 말며, 마시더라도 훌쩍거리는 소리를 내지 말아야 한다. 젓가락을 내리면서 밥상을 찧

선비란 바로 천작이요, 선비의 마음이 곧 뜻이니 그 뜻은 어떠해야 하는가? 권세와 이익을 멀리해야 하니, 영달해도 곤궁해도 선비의 본색을 잃지 않아야 한다. 명예와 절개를 닦지 않고 가문과 지체를 기화로 삼아 조상의 덕만을 판다면 장사치와 뭐가 다르랴? 이에 〈양반전〉을 짓는다.
– 박지원, 《방경각외전》

위 사료를 통해 박지원이 가문과 지체를 이용하여 권세와 이익을 탐하는 선비를 비판하기 위하여 〈양반전〉을 지었음을 알 수 있다. 박지원은 이 작품에서 특권 계층인 양반을 전적으로 부정한 것이 아니라 선비로서의 품격을 갖춘 양반으로 거듭날 것을 촉구하였다.

어 소리 내지 말며, 생파를 씹지 말아야 한다. 막걸리를 마신 뒤에 수염을 빨지 말며, 담배를 태울 때에도 볼이 오목 파이도록 빨아들이지 말아야 한다. … 병이 들어도 무당을 불러오지 말고, 제사하면서 종을 불러다 재(齋)들이지 말아야 한다. 화롯가에 손을 쬐지 말며, 말할 때에 침이 튀지 말아야 한다. 소백정 노릇을 하지 말며, 돈치기 놀이도 하지 말아야 한다. 이러한 여러 가지 행위 가운데 부자가 한 가지라도 어기면, 양반은 이 증서를 가지고 관청에 와서 송사하여 바로잡을 수 있음을 증명한다."

성주(城主) 정선 군수 화압(花押)

좌수(座首) 별감(別監) 증서(證署)

증서를 다 쓰고는 통인이 인(印)을 받아서 찍었다. 뚜욱뚜욱하는 그 소리는 마치 엄고 치는 소리 같았고, 그 찍
<small>관아에 속한 구실아치</small>　　　　　　　　　　　　　　　　　　　　<small>왕이 거동할 때 쓰던 큰 북</small>
어 놓은 모습은 마치 북두칠성이 세로 놓인 듯, 삼성이 가로놓인 듯 벌렸다. 호장이 읽기를 마치자, 부자가 한참 동안이나 멍하게 있다가 말했다.

"양반이 겨우 요것뿐이란 말씀이오? 나는 '양반은 신선과 같다'고 들었지요. 정말 이것뿐이라면, 너무 억울하게 곡식만 빼앗긴 거네요. 아무쪼록 좀 더 이롭게 고쳐 주시오."

그래서 다시 증서를 만들었다.

"하늘이 백성을 낳으실 때에, 그 갈래를 넷으로 나누셨다. 이 네 갈래 백성들 가운데 가장 존귀한 이가 선비이고, 이 선비를 양반이라고 부른다. 이 세상에서 양반보다 더 큰 이문은 없다. 그들은 농사짓지도 않고, 장사하지도 않는다. … 궁한 선비로 시골에 살더라도, 마음대로 행동할 수 있다. 이웃집 소를 몰아다가 내 밭을 먼저 갈고, 동네 농민을 잡아내어 내 밭을 김매게 하더라도, 어느 놈이 감히 나를 괄시하랴. 네 놈의 코에 잿물을 따르고 상투를 범벅이며 수염을 뽑더라도 원망조차 못하리라."

부자가 그 증서 만들기를 중지시키고, 혀를 빼면서 말하였다.

"그만 두시오. 제발 그만 두시오. 참으로 맹랑하군요. 당신들이 나를 도둑놈이 되라 하시는군요."

하고는 머리채를 흔들면서 달아났다. 그 뒤부터는 죽을 때까지 '양반'이란 소리를 입에 담지도 않았다.

작품 분석

- 작자: 박지원
- 갈래: 단편 소설, 한문 소설, 풍자 소설
- 성격: 사실적, 풍자적, 고발적, 비판적
- 주제: 양반의 무능과 특권 의식 및 허위 의식 비판
- 특징
  - '실사구시(實事求是)'를 표방하는 실학사상이 반영된 소설
  - 양반의 전횡 및 몰락하는 양반의 위선적 행동을 풍자하고 비판
  - 조선 후기의 사회상을 실제적으로 묘사하면서 근대 의식을 드러냄
- 해제: 이 작품은 양반의 횡포 및 허위 의식과 허례허식을 풍자를 통해 비판한 한문 소설이다. 빚을 갚지 못함에 따라 양반 신분을 팔 수 밖에 없는 능력 없는 양반과 이러한 양반의 신분을 돈을 주고 사려 하는 부자의 모습 등을 이야기함으로써 조선 후기 와해되고 있는 신분제 등 혼란한 사회상을 그리고 있다. 또한 양반 신분을 거래하는 와중에 드러나는 신분 매매 증서의 내용을 통해 양반의 횡포 및 특권 의식에 사로잡힌 위선 등 당시 양반의 부정적인 모습을 비판하고 있다.

기출 15 지방직 9급, 14 방안직 9급

⑮ 〈채봉감별곡(彩鳳感別曲)〉

이때는 추구월망간(秋九月望間)이라. 월색이 명랑하여 남창에 비치고, 공중에 외기러기 응응한 긴 소리로 짝을 찾아 날아가고, 동산의 송림 사이에 두견이 슬피 울어 불여귀를 화답하니, 무심한 사람도 마음이 상하거든 독수공방에 눈물로 세월을 보내는 송이야 오죽할까. 송이가 모든 심사를 저버리고 책상머리에 의지하여 잠깐 졸다가 기러기 소리에 놀라 눈을 뜨고 보니, 남창에 밝은 달 허리에 가득하고 쓸쓸한 낙엽송은 심회를 돕는지라, 잊었던 심사가 다시 가슴에 가득해지며 눈물이 무심히 떨어진다. 송이가 남창을 가만히 열고 달빛을 내다보며 위연탄식하는데,

소나무 숲

마음속에 품고 있는 느낌 또는 생각

한숨을 쉬며 매우 크게 탄식함

"달아, 너는 내 심사를 알리라. 작년 이때 뒷동산 명월 아래 우리 임을 만났더니, 달은 다시 보건마는 임을 어찌 보지 못하는고. 심양강의 탄금녀는 만고문장 백낙천을 달 아래 만날 적에, 설진심중무한사(說盡心中無限事)를 세세히 하였건마는, 나는 어찌 박명하여 명랑한 저 달 아래서 부득설진심중사(不得說盡心中事) 하니 가련하지 아니할까. 사람은 없어 말하지 못하나, 차라리 심중사를 종이 위에나 그리리라."

팔자가 사납고 복이 없음   흐린 곳 없이 밝고 환한

하고, 연상을 내어 먹을 흠씬 갈고 청황모 무심필을 듬뿍 풀어 백능화주지를 책상에 펼쳐 놓고, 섬섬옥수로 붓대를 곱게 쥐고 탄식하면서 맥맥이 앉았다가, 고개를 돌려 벽공의 높은 달을 두세 번 우러러보더니, 서두에 '추풍감별곡(秋風感別曲)' 다섯 자를 쓰고, 상사가 생각 되고, 생각이 노래되고, 노래가 글이 되어 붓끝을 따라오니, 붓대가 쉴 새 없이 쓴다.

벼루, 먹, 붓, 연적 등을 놓아 두는 작은 책상

끊임없이 줄기차게

이 소설의 또 하나의 제목이자 채봉이 지은 가사, 같은 이름의 서도창이 따로 존재

작품 분석

• 작자: 미상
• 갈래: 염정 소설, 애정 소설
• 성격: 염정적, 사실적, 진취적, 비판적
• 주제: 권력에 굴하지 않는 진실하고 순수한 사랑
• 특징
  – 주체적 · 적극적인 근대적 여성상 제시
  – 소설 속에 가사 삽입
  – 조선 후기 타락한 사회상을 사실적으로 반영
• 해제: 이 작품은 채봉과 필성이라는 이름의 남녀 주인공이 헤어졌다가 다시 만나는 기구한 과정을 그린 염정 소설이다. 남녀 주인공이 타락한 권력과 탐욕스러운 인간들에 맞서 마침내 진실하고 순결한 사랑의 결실을 맺는다는 내용 등 다소 통속적인 요소들이 잘 짜 맞추어져 있다. 또한 사랑을 성취하는 주체적인 여성, 가부장제라는 봉건사상에 대한 도전, 타락한 관리들에 대한 비판, 민중의 저항 등 근대 전환기라는 당시 시대상이 잘 나타나 있는 작품이다.

기출 15 지방직 9급

〈최척전〉의 모티프
《어우야담》에 남원을 배경으로 하여 가족의 이별과 재회를 소재로 한 〈홍도 이야기〉가 수록되어 있다. 이를 통해 두 작품은 모티프를 공유하고 있음을 알 수 있다.

때는 경신년이었다. 옥영은 아들과 며느리를 데리고 지름길을 따라 대엿새 만에 남원에 이르렀다. 마을에 쳐들어온 왜적에게 집이 불타 없어졌으니 마을이 많이 변했으리라는 짐작이 들었다. 난리 통에 떠났던 옛집을 찾아

시대적 배경이 전쟁임을 알게 함

보려고 만복사를 찾아 나섰다. 금교(金橋)에 이르러 성곽을 바라보니 옛날이나 다름이 없었다. 옥영은 아들을 돌아보며 손가락으로 가리키며 말했다.

"저 집이 바로 너의 아버님의 옛집이란다. 지금은 누가 들어가 살고 있는지는 모르나, 찾아가 하룻밤 신세지면서 자세히 물어보자꾸나."

어느덧 옛집 앞에 당도했다. 최척은 버드나무 밑에서 사람들과 담소하고 있는 중이었다. 옥영이 그들 가까이 다가가 보니 바로 남편이었다. 모자와 며느리가 일시에 달려들며 울음을 터뜨렸다. 한바탕 울음바다가 되었다. 최척도 곧 알아보고 대성통곡하며 말했다.

"몽석 어멈이 돌아오다니, 이것이 꿈이냐, 생시냐?"

몽석은 이 말을 듣고 달려 나와 얼굴도 모르는 어머님을 끌어안고 흐느꼈다. 온 가족이 상봉하는 그 광경은 가히 짐작할 수 있으리라. 서로 붙들고 늘어지며 방으로 들어갔다. 심씨는 병이 깊어 정신이 없다가 딸이 살아 돌아왔다는 말을 듣고는 기절했다. 옥영이 끌어안고 갖은 정성을 다하니 얼마 후에 깨어났다. 최척은 홍도의 아버지인 진공(陳公)을 불러,

"오늘에야 온 가족이 상봉을 하는구려."

하면서 홍도를 불러 인사시켰다. 죽었다고 믿었던 사람들이 상봉했으니, 고금 천하에 다시 이와 같이 신기하고

서술자가 직접 사건을 요약

극적인 일이 있을 수 없었다. 이 소문은 일시에 사방으로 퍼졌다. 구경꾼들이 구름같이 몰려들었다. 더구나 험한 난관을 뚫고 나온 옥영과 홍도의 자초지종을 듣고는 무릎을 치며 찬탄해 마지않았다. 다투어 가며 그런 이야기를 이웃과 이웃으로 전하는 것이었다. 옥영이 남편에게 말했다.

"우리 가족에게 오늘이 있게 된 것은 오로지 부처님의 은덕이옵니다. 이제 와서 보니, 만복사가 황폐해지고 부

불교적

처도 파괴되어 없어져서 의지하고 불공을 드릴 곳조차 없습니다. 우리가 어찌 그냥 앉아만 있으리까?"

확인 문제   15 교행직 9급

〈최척전〉의 서술상 특징으로 가장 적절한 것은?
① 과거와 현재가 교차되는 방식으로 사건을 구성하고 있다.
② 주인공의 영웅적 면모를 드러내어 갈등 해소의 방향을 암시한다.
③ 서술자가 개입하여 인물이 겪고 있는 상황을 요약하여 보여 준다.
④ 비유적 표현을 활용하여 인물의 내면을 구체적으로 묘사하고 있다.

정답 ③

해설 서술자가 개입하여 인물이 겪고 있는 상황을 요약하여 보여 준다.

작품 분석
• 작자: 조위한
• 갈래: 한문 소설, 군담 소설, 애정 소설
• 성격: 사실적, 불교적
• 주제: 전쟁으로 인한 이산의 슬픔, 가족애를 통한 위기의 극복
• 특징
  – 임진왜란과 정유재란이라는 역사적 사실을 배경으로 함
  – 전란을 극복하는 과정을 비교적 사실적으로 그려냄
  – 중국, 일본, 베트남 등으로 작품의 배경이 확장됨
  – 적극적인 여성상이 제시됨
• 해제: 〈최척전〉은 임진왜란과 정유재란이라는 역사적 사실을 배경으로 한 소설로, 전쟁으로 인하여 가족이 헤어지는 아픔과 슬픔, 아픔을 극복하는 재회의 과정을 비교적 사실적으로 그려낸 작품이다. '옥영'이라는 인물을 통해 진취적이고 강인한 의지를 가진 새로운 여성상을 제시하고 있다.

기출 15 교행직 9급

⑰ 〈춘향전(春香傳)〉

이때 춘향이는 사령이 오는지 군노가 오는지 모르고 주야로 도련님을 생각하여 우는데, 생각지 못할 우환을 당하려 하니 소리가 화평할 수 있겠는가. 한때나마 빈방살이 할 계집아이라 목소리에 청승이 끼어 자연히 슬픈 애원성이 되니 보고 듣는 사람의 심장인들 아니 상할 것인가. 임 그리워 서러운 마음 밥맛없어 밥 못 먹고 불안한 잠자리에 잠 못 자고 도련님 생각으로 상처가 쌓여 피골이 상접하고 양기가 쇠진하여 <u>진양조</u> 울음이 되어 노래를
진양조 장단
 부른다.

[갈까 보다 갈까 보다. 임을 따라 갈까 보다. 천 리라도 갈까 보다. 만 리라도 갈까 보다. 바람도 쉬어 넘고 <u>수 진이 날진이 해동청 보라매</u>도 쉬어 넘는 높은 고개 동선령 고개라도 임이 와 날 찾으면 신발 벗어 손에 들고 아니
동일하거나 비슷한 대상 나열 – 판소리 문체
 쉬고 달려가리. 한양 계신 우리 낭군 나와 같이 그리워하는가. 무정하여 아주 잊고 나의 사랑 옮겨다가 다른 임을 사랑하는가?] [ ]: 4·4조, 4음보 형식, 같은 어구 반복으로 운율이 형성됨 – 판소리 문체

이렇게 한참을 서럽게 울 때 사령 등이 춘향의 슬픈 목소리를 들으니 목석이라도 어찌 감동을 받지 않겠는가? 봄눈 녹듯 온몸에 맥이 탁 풀렸다.

(중략)

이튿날 출근 끝에 가까운 읍의 수령들이 모여든다. 운봉의 장관, 구례, 곡성, 순창, 옥과, 진안, 장수 원님이 차례로 모여든다. 왼쪽에 행수 군관, 오른쪽에 청령, 사령이 있고 본관 사또는 주인이 되어 한가운데 있어 하인 불러 분부하되,

"<u>관청색</u> 불러 다과를 올리라. <u>육고자</u> 불러 큰 소를 잡고, 예방(禮房) 불러 악공을 대령하고, 승발 불러 천막을
수령의 음식물을 맡았던 구실아치   관아에 육류를 바치던 관노
 대령하라. 사령 불러 잡인을 금하라."

이렇듯 요란할 제 [온갖 깃발이며 삼현육각 풍류 소리 공중에 떠 있고, 붉은 옷 붉은 치마 입은 기생들은 흰 손 비단 치마 높이 들어 춤을 추고, 지화자 둥덩실 하는 소리]에 어사의 마음이 심란하구나.
[ ]: 잔치가 열리는 장면 묘사   인물의 심리를 표면적으로 드러냄
 "여봐라 사령들아, 너의 사또에게 여쭈어라. 먼 데 있는 걸인이 좋은 잔치에 왔으니 술과 안주나 좀 얻어먹자 고 여쭈어라."

<u>저 사령의 거동 보소.</u>
독자에게 말하며 독자와의 거리를 좁힘 – 판소리 문체
 "우리 사또님이 걸인을 금하였으니, 어느 양반인지는 모르오만 그런 말은 내지도 마오."

등을 밀쳐 내니 [어찌 아니 명관(名官)인가.] 운봉 영장이 그 거동을 보고 본관 사또에게 청하는 말이,
                    사령을 가리킴   [ ]: 독자에게 말하며 독자와의 거리를 좁힘, 반어법
 "저 걸인의 의관은 남루하나 양반의 후예인 듯하니 말석에 앉히고 술잔이나 먹여 보냄이 어떠하뇨?"

본관 사또 하는 말이,

"운봉의 소견대로 하오마는."

'마는' 하는 끝말을 내뱉고는 입맛이 사납겠다.

어사또 속으로, '오냐, 도적질은 내가 하마. 오라는 네가 받아라.'

운봉 영장이 분부하여,

"저 양반 듭시라고 하여라."

확인 문제   15 법원직 9급

〈춘향전〉의 특징으로 가장 옳지 않은 것은?
① 서술자의 작중 개입이 나타나 있다.
② 요약적 서술로 사건을 빠르게 진행하고 있다.
③ 당대의 현실 고발적인 내용이 포함되어 있다.
④ 언어유희적 표현에 의한 해학성이 나타나 있다

정답 ②
해설 인물의 대화와 행동, 그리고 배경 묘사를 통해 사건을 전개하고 있다.

어사또 들어가 단정히 앉아 좌우를 살펴보니, 당 위의 모든 수령 다담상을 앞에 놓고 진양조가 높아 가는데, 어사또의 상을 보니 어찌 아니 통분하랴. 모서리 떨어진 개상판에 닥나무 젓가락, 콩나물, 깍두기, 막걸리 한 사발 놓았구나. 상을 발길로 탁 차 던지며 운봉 영장의 갈비를 가리키며,
            사람의 갈비뼈

"갈비 한 대 먹고지고."
    음식. 위의 '갈비'와 언어유희
"다리도 잡수시오."

하고는 운봉 영장이 하는 말이,

"이러한 잔치에 풍류로만 놀아서는 맛이 적사오니 차운(次韻) 한 수씩 하여 보면 어떠하오?"
                    남이 지은 시의 운자(韻字)를 따 시를 짓는 것
"그 말이 옳다."

하니 운봉 영장이 운을 낼 제 높을 고(高) 자, 기름 고(膏) 자 두 자를 내어 놓고 차례로 운을 달아 시를 짓는다. 이때 어사또 하는 말이,

"걸인이 어려서 한시(漢詩)깨나 읽었더니 좋은 잔치 당하여서 술과 안주를 포식하고 그냥 가기 민망하니 차운 한 수 하사이다."

운봉 영장이 반겨 듣고 필연(筆硯)을 내어 주니, 좌중 사람들이 다 짓지도 않았는데 순식간에 글 두 귀를 지었
            붓과 벼루를 함께 이르는 말
으되, 백성들의 형편을 생각하고 본관 사또의 정체를 감안하여 지었겄다.

[금준미주(金樽美酒) 천인혈(千人血)이요

옥반가효(玉盤佳肴) 만성고(萬姓膏)라.

촉루낙시(燭淚落時) 민루낙(民淚落)이요

가성고처(歌聲高處) 원성고(怨聲高)라.] [ ]: 탐관오리가 백성을 수탈하고 횡포를 부리던 현실 반영

이 글 뜻은,

금동이의 아름다운 술은 일천 백성의 피요

옥소반의 아름다운 안주는 일만 백성의 기름이라.

촛불 눈물 떨어질 때 백성 눈물 떨어지고

노랫소리 높은 곳에 원망 소리 높았더라.

이렇듯이 지었으되 본관 사또는 몰라보는데 운봉 영장은 글을 보며 속으로, '아뿔싸. 일이 났다.'

이때 어사또가 하직하고 간 연후에 각 아전들을 분부하되,

"야야. 일이 났다."

공방 불러 돗자리 단속, 병방 불러 역마(驛馬) 단속, 관청색 불러 다담상 단속, 옥형방 불러 죄인 단속, 집사 불러 형구(刑具) 단속, 형방 불러 장부 단속, 사령 불러 숙직 단속. 한참 이리 요란할 제 사정 모르는 저 본관 사또가,

"여보 운봉은 어디를 다니시오?"

"소피 보고 들어오오."

본관 사또가 술주정이 나서 분부하되,

"춘향을 급히 올리라."

확인 문제   15 법원직 9급

〈춘향전〉에 나타난 '운봉'에 대한 평가로 가장 적절한 것은?

① 눈치가 빠르고 용의주도(用意周到)한 인물이군.
② 마음 씀씀이가 넉넉한 무골호인(無骨好人)이군.
③ 생각과 행동이 다른 표리부동(表裏不同)한 인물이군.
④ 윗사람에게는 아첨하고 아랫사람에게는 방약무인(傍若無人)한 인물이군.

정답 ①

해설 이몽룡의 한시를 듣고 바로 그 정체(어사또)를 알아차리는 운봉의 모습을 통해 알 수 있다.

이때 어사또, 부하들과 내통한다. 서리를 보고 눈길을 보내니 서리, 중방 거동 보소. 역졸을 불러 단속할 제 이리 가며 수군, 저리 가며 수군수군. 서리, 역졸 거동 보소. 외올망건 공단 모자 새 패랭이 눌러쓰고, 석 자 감발 새 짚신에 한삼(汗衫) 고의 산뜻하게 차려입고, 육모 방망이 사슴 가죽끈을 손목에 걸어 쥐고, 여기서 번쩍 저기서 번쩍, 남원읍이 우글우글. 청파 역졸 거동 보소. 달 같은 마패를 햇빛같이 번쩍 들어,

"암행어사 출두야."

외치는 소리에 강산이 무너지고 천지가 뒤집히는 듯 초목금수(草木禽獸)인들 아니 떨랴.
　　　　　　　　　과장법, 직유법

남문에서,

"출두야."

북문에서,

"출두야."

동서문 출두 소리 청천(靑天)에 진동하고,
　과장법
"모든 아전들 들라."

외치는 소리에 육방이 넋을 잃어,

"공형이오."

등채로 휘닥딱.

"애고, 죽겠다."

"공방, 공방."

공방이 자리 들고 들어오며,

"안 하겠다던 공방을 하라더니 저 불속에 어찌 들랴."

등채로 휘닥딱.

"애고, 박 터졌네."

좌수(座首) 별감(別監) 넋을 잃고 이방, 호방 혼을 잃고 나졸들이 분주하네. 모든 수령 도망갈 제 거동 보소.

인궤 잃고 강정 들고, 병부(兵符) 잃고 송편 들고, 탕건 잃고 용수 쓰고, 갓 잃고 소반 쓰고, 칼집 쥐고 오줌 누기.
관아에서 쓰는 인(印)을 넣은 상자　　　　　　　　　싸리로 만든 둥글고 긴 통. 술·장 등을 거르는 데 쓰임
부서지는 것은 거문고요 깨지는 것은 북과 장고라. 본관 사또가 똥을 싸고 멍석 구멍 생쥐 눈 뜨듯 하고, 안으로
　　　　　　　　　　　　　　　　　　　비유적·해학적 표현
들어가서,

"어, 추워라. 문 들어온다 바람 닫아라. 물 마르다 목 들여라."
　언어 도치, 다급한 심정을 해학적으로 표현
관청색은 상을 잃고 문짝을 이고 내달으니, 서리, 역졸 달려들어 후닥딱.

"애고, 나 죽네."

이때 어사또 분부하되,

"이 골은 대감이 좌정하시던 골이라. 훤화를 금하고 객사(客舍)로 옮겨라."
　　　　　　　　　　　시끄럽게 지껄이며 떠드는 모양
자리에 앉은 후에,

"본관 사또는 봉고파직하라."

분부하니,

"본관 사또는 봉고파직이오."

사대문(四大門)에 방을 붙이고 옥형리 불러 분부하되,

"네 고을 옥에 갇힌 죄수를 다 올리라."

호령하니 죄인을 올린다. 다 각각 죄를 물은 후에 죄가 없는 자는 풀어 줄새,

"저 계집은 무엇인고?"

형리 여쭈오되,

"기생 월매의 딸이온데 관청에서 포악한 죄로 옥중에 있삽내다."

"무슨 죄인고?"

형리 아뢰되,

"본관 사또 수청 들라고 불렀더니 수절이 정절이라. 수청 아니 들려 하고 사또에게 악을 쓰며 달려든 춘향이로 소이다."

어사또 분부하되,

"너 같은 년이 수절한다고 관장(官長)에게 포악하였으니 살기를 바랄쏘냐. 죽어 마땅하되 내 수청도 거역할까?"

춘향이 기가 막혀,

"<u>내려오는 관장마다 모두 명관(名官)이로구나.</u> 어사또 들으시오. <u>층암절벽(層巖絕壁) 높은 바위가 바람 분들</u>
반어법   절개와 지조의 비유적 표현
<u>무너지며, 청송녹죽(靑松綠竹) 푸른 나무가 눈이 온들 변하리까.</u> 그런 분부 마옵시고 어서 바삐 죽여 주오."

하며,

"향단아, 서방님 어디 계신가 보아라. 어젯밤에 옥 문간에 와 계실 제 <u>천만당부</u> 하였더니 어디를 가셨는지 나
                                                    사또로 인해 자신이 죽으면 장례를 치러 달라는 것
죽는 줄 모르는가."

어사또 분부하되,

"얼굴 들어 나를 보라."

하시니 춘향이 고개 들어 위를 살펴보니, 걸인으로 왔던 낭군이 분명히 어사또가 되어 앉았구나. 반 웃음 반 울음에,

"얼씨구나, 좋을시고 어사 낭군 좋을시고. 남원 읍내 가을이 들어 떨어지게 되었더니, 객사에 봄이 들어 이화춘풍(李花春風) 날 살린다. 꿈이냐 생시냐? 꿈을 깰까 염려로다."

한참 이리 즐길 적에 춘향 어미 들어와서 가없이 즐겨하는 말을 어찌 다 설화(說話)하랴. 춘향의 높은 절개 광채 있게 되었으니 어찌 아니 좋을쏜가.

판소리계 소설의 특징
• 산문과 운문이 혼용되어 있다.
• 해학과 풍자에 의한 골계미가 나타나 있다.
• '근원 설화 → 판소리 → 소설'로 정착되는 발전 과정을 보인다.

작품 분석

• 작자: 미상
• 갈래: 판소리계 소설, 염정 소설
• 성격: 서사적, 운문적(3 · 4조, 4 · 4조), 풍자적, 해학적
• 주제: 신분을 초월한 남녀 간의 사랑과 정절, 부도덕하고 부패한 지배층 비판

- 특징
  - 민중의 적층 문학
  - 서술자의 작중 개입이 나타남(판소리계 소설의 특징)
  - 언어유희, 반어법, 과장법, 직유법 등의 표현 방법이 사용됨
  - 언어유희에 의한 해학성이 있으며, 그러한 해학과 풍자로 골계미가 나타남
  - 실학사상, 평등사상, 사회개혁, 자유연애, 지조 · 정절 등의 사상적 특징이 드러남
  - 당대의 현실 고발적인 내용이 포함됨
  - 등장인물을 생동감 있게 그려냄
  - 당시 평민의 풍속을 사실적 · 구체적으로 묘사
- 해제: 이 작품은 〈심청전〉, 〈흥부전〉 등과 더불어 구전 설화(근원 설화)가 있는 판소리계 소설이며 무수한 이본(異本)이 있다. 지배 계층인 사대부가 썼던 한문체와 피지배 계층인 민중이 썼던 사투리 · 속어 등이 함께 나오는 언어적 특성이 있다. 해학과 풍자를 사용하여 당시 민중의 고된 삶의 비애를 오히려 웃음으로 삭히려 하는 모습도 보인다. 자유연애를 피력하는 동시에 민중을 억압했던 탐관오리의 폭정을 드러냄으로써 관리들의 반성을 요구하였고 신분제 타파를 주장하는 동시에 지조 · 절개 · 정절[열녀불경이부(烈女不更二夫) 사상]을 설파하기도 하였다. 설화적 소재, 현실적 배경, 억압에 대한 저항, 해학과 풍자성 등이 담긴 뛰어난 고전 소설로 평가받고 있다.

기출 20 소방직, 19 국가직 9급, 15 법원직 9급, 13 기상직 9급, 11 국가직 9급

---

⑱ 〈배비장전(裵裨將傳)〉

배 비장은 궤에 들어가 몸을 숨기고 남편으로 가장한 방자가 꿈 이야기를 하며 궤를 버려야 한다고 말하고 일부러 바다에 버리는 척 꾸민다. 배 비장이 알몸으로 썩 나서며 그래도 소경 될까 염려하여 두 눈을 잔뜩 감으며
_{배 비장의 본성이 적나라하게 드러남}
이를 악물고 왈칵 냅다 짚으면서 두 손을 헤우적헤우적하여 갈 제 한 놈이 나서며 이리 헤자, 한참 이 모양으로
_{실제로 궤 속에 갇혀 물에 빠졌다고 생각했기에 나오는 행동}
헤어갈 제 동헌 대뜰에다 대궁이를 딱 부딪히니 배 비장이 눈에 불이 번쩍 나서 두 눈을 뜨며 살펴보니, 동헌에
_{머리, 대가리}   _{중심인물인 배 비장 혼자만 진지한 상황}
사또 앉고 대청에 삼공형(三公兄)이며 전후좌우에 기생들과 육방관속 노령배(奴令輩)가 일시에 두 손으로 입을
_{관노와 사령의 무리}
막고 참는 것이 웃음이라. 사또 웃으면서 하는 말이,

"자네 저것이 웬일인고?"

배 비장 어이없어 고개를 숙일 뿐이더라.
_{등장인물만 모르고 다른 사람들은 모두 바다에 빠진 것이 아니라는 사실을 알고 있는 상황}

작품 분석
- 작자: 미상
- 갈래: 판소리계 소설, 풍자 소설, 골계 소설
- 성격: 풍자적, 해학적, 골계적
- 주제: 지배층(양반)의 위선을 폭로, 풍자, 조롱
- 특징
  - 많은 장면에서 판소리 사설의 흔적을 볼 수 있음
  - 주인공 '배 비장'을 통해 양반의 위선을 폭로하고 풍자함
- 해제: 이 작품은 위선적으로 행동하는 인물 혹은 지배 계층을 풍자하는 판소리계 소설로, 등장인물 중 '방자'는 적극적으로 '배 비장'의 위선과 연약한 점을 드러내어 깨뜨리고 있다는 점에서 가면극 〈봉산탈춤〉에 나오는 '말뚝이'와 통한다. 뿐만 아니라 '방자'는 판소리계 소설에서 작가의 생각을 말해주는 하나의 도구로 형상화된 인물이라는 점에서 중요한 역할을 담당한다고 볼 수 있다.

기출 17 국회직 8급

〈배비장전〉의 관련 설화
- 발치 설화: 사랑하는 기생과 이별할 때 정표로 이를 뽑아 준 이야기
- 미궤 설화: 위기를 모면하기 위해 뒤주에 숨었다가, 많은 사람 앞에서 망신을 당하는 이야기

확인 문제   17 국회직 8급

〈배비장전〉에 서술된 인물의 성격이나 상황적 행위에 대한 설명으로 옳지 않은 것은?

① 작중 인물이 자신의 본성을 찾아가는 과정을 그리고 있다.
② 배 비장은 자신이 실제로 궤 속에 갇혀 바다에 빠졌다고 생각한다.
③ 나머지 사람들은 모두 연극을 하고 있는 셈이고 중심인물만 진지한 상황이다.
④ 배 비장이 옷을 입지 않은 것은 인물의 본성이 적나라하게 드러남을 상징적으로 보여준다.
⑤ 다른 사람들이 모두 알고 있는 것을 정작 중심인물은 깨닫지 못하고 있을 때 상황적 아이러니가 발생함을 보여준다.

정답 ①

해설 작중 인물, 즉 배 비장이 자신의 본성을 찾아가는 것이 아니라, 타인을 통해 배 비장의 본성, 즉 위선이 나타나는 과정을 그리고 있다.

심청가

부모를 섬기는 극진한 효성과 인과
응보(因果應報)가 주제인 판소리로,
그 전승 과정은 근원 설화(인신공회
설화, 효녀 지은 설화, 맹인득안 설
화) → 판소리(심청가) → 판소리계
소설(심청전) → 신소설(강상련)이다.

[1] 심 봉사 할 수 없이, 심청의 손을 놓고, 치궁굴 내리궁굴, 마른 땅에서 새우 뛰듯, 아주 자반뒤집기를 하는
구나. <u>선인들이 비감하여</u>, 쌀 스무 석, 돈 일백 냥, 정가 외에 내어 주어, 심 봉사 가긍정세(可矜情勢), 의식 밑천
배에서 일하는 일꾼 슬픔을 느낌
하게 하니, 촌중 부로(父老)들과, 여러 아씨 전에, 심청이 비는 말이,

"심청 팔자 무상하여 병신 아비 내버리고, 수중고혼 되러 가니, 괘씸히 알지 말고, 저 전곡(錢穀)을 식리(殖利)
재물을 불려 이익을 늘려감
하여, <u>가긍한 병신 아비</u>, 의지식지(衣之食之)하게 하면, (   ) 하오리다."
불쌍하고 가여운   옷을 입고 음식을 먹음
[2] "심청은 시각이 급하니 어서 바삐 물에 들라."

<u>심청이 거동 보소</u>. 두 손을 합장하고 일어나서 하느님 전에 비는 말이,
사건에 대한 서술자의 주관적 서술이 나타남
"비나이다, 비나이다, 하느님 전에 비나이다. <u>심청이 죽는 일은 추호라도 섧지 아니하되</u>, 병든 아비 깊은 한을
죽음을 초월한 심청의 면모와 효심이 드러남
생전에 풀려 하고 이 죽음을 당하오니 명천(明天)은 감동하사 어두운 아비 눈을 밝게 띄워 주옵소서."

눈물지며 하는 말이,

"여러 선인네 평안히 가옵시고, 억십만금 이문 남겨 이 물가를 지나거든 나의 혼백 불러내어 물밥이나 주시오."

하며 안색을 변치 않고 뱃전에 나서 보니 티 없이 푸른 물은 월러렁 콸넝 뒤둥구리 굽이쳐서 물거품 북적쩌데한
데, 심청이 기가 막혀 뒤로 벌떡 주저앉아 뱃전을 다시 잡고 기절하여 엎딘 양은 차마 보지 못할 지경이었다.
사건에 대한 서술자의 주관적 서술이 나타남
[3] 대저 이 세상같이 억울하고 고르지 못한 세상이 없는지라. 가난코 약한 사람은 그 부모가 낳은 몸과 하늘
3인칭 전지적 시점으로, 서술자가 개입하여 자신의 견해를 나타내고 있음
이 주신 귀중한 목숨도 보전치 못하고, 심청 같은 출천대효가 필경 임당수 물에 가련한 몸을 잠겼도다. 그러나 그
하늘이 낸 효자, 지극한 효자나 효성을 이르는 말
잠긴 곳은 이 세상을 이별하고 간 상계니, 하느님의 능력이 한없이 큰 세상이라. 이욕에 눈이 어둔 세상 사람과
말 못하는 부처는 심청을 도웁지 못하였거니와, 임당수 물귀신이야 어찌 심청을 모르리오.
3인칭 전지적 시점으로, 서술자가 개입하여 자신의 견해를 나타내고 있음
[4] 청이 이 말을 듣고 나서야 전후 지낸 일이 다 정한 운명인 줄 알고, 더욱 슬퍼하여 땅에 엎드려 아뢰기를,

"말씀을 듣고 보니 저의 전생 죄악으로 말미암은 것이 분명한데 누구를 원망하며 누구를 탓하겠습니까마는,
지나간 고생과 지금 병든 아비가 굶주리고 슬퍼하여 죽게 될 일을 생각하니 간장이 미어지는 듯합니다."

하니, 용왕이 말하기를,

"이제는 너의 고생이 다 끝나고 이후에 무궁한 복을 누릴 것이니 슬퍼하지 말아라."

하고 시녀를 명하여 다과를 내어서 먹이라 하니, 얼마 후에 시녀가 붉은 소반에 차를 내오는데 백옥 잔에 안개 같
은 차와 대추 같은 과일이었다. 청이 받아먹으니 정신이 맑아져서 전생의 일이 분명히 기억났다. 부왕(父王)의 용
안을 새롭게 알아보며, 좌우 시녀가 전생에 자기 앞에서 심부름하던 무리인 줄 아니 반갑기 그지없었다. 자기가
본디 천일주를 맡아보다가 노군을 불쌍히 여겨 술을 훔쳐 먹이던 일이 어제 일처럼 생각나니, 슬픈 마음이 새로
담근 지 천 일 만에 마시는 술
워 부인을 우러러 눈물을 흘리며,

"제가 인간 세상에서 고초를 겪던 일을 생각하니 마음이 두렵습니다. 이제 여기 들어왔으니 도로 나가지 말고
여기 머물기를 원합니다."

부인이 말하기를,

"너는 슬퍼하지 말아라. 이제 다시 인간 세상에 나가면 전날의 고초는 일장춘몽이 될 것이니 어찌 천명을 어기

겠느냐?"

하고, 시녀를 명하여,

"청을 후원 별당으로 인도하여 편히 쉬게 하라."

하였다. 청이 시녀를 따라 후원 별당에 이르니 집안에 벌여 놓은 것들이 모두 전날에 보던 것이었다.

[5] 왕비는 맹인이 마지막 든단 말을 듣고 시시각각으로 얼굴이 흙빛이 되어 눈물을 끊임없이 흘리다가, 끝자리에 앉아 있는 맹인을 보았다. 비록 사이가 멀어 자세하지는 못하지만, 어찌 부모의 천륜으로써 그 얼굴을 몰라
<u>부모와 자식 간에 하늘의 인연으로 정해진 관계</u>
보겠는가? 급히 일어나 외전으로 옮겨 가서 속히 모셔 들이라고 재촉하니, 내관이 그 맹인을 업어 뜰에 앉혔다.
<u>임금이 거처하는 전각인 내전(內殿)에 상대하여 이르는 말</u>
왕비가 급히 눈을 들어 보니 이는 분명한 아버지였다. 이목구비는 그대로였으나 피부에 살이 빠져 귀신같았다.

왕비가,

"아버님!"

하며 한마디를 부르짖고는 엎어지니, 곁에서 모시던 궁녀가 크게 놀라 급히 붙들어 간호하고 외전에 알렸다. 왕비가 뜰에 내려가 아버지를 붙들고 통곡하기를,

"아버님, 저를 모르시겠습니까? 뱃사람에게 팔려 인당수에 빠져 죽은 청입니다. 임금님의 은혜가 망극하여 몸이 귀하게 되고 아버님을 다시 뵙게 되니 이제 죽은들 무슨 한이 있겠습니까?"

하니, 심현이 크게 소리 질러 말하기를,

"네가 진정 내 딸 청이냐? 죽은 딸이 어찌하여 이렇듯 귀히 되었단 말이냐? 내 눈이 없어 너를 못 보는 것이 한이로다."

하며 한 번 찡그리고 눈을 번쩍 뜨자 두 눈이 뜨였다.

작품 분석

• 작자: 미상
• 갈래: 판소리계 소설, 설화 소설
• 성격: 비현실적, 우연적, 환상적, 교훈적
• 주제: 아버지를 섬기는 딸의 지극한 효성, 낮고 천한 신분과 가난에서 탈피하고자 하는 민중의 욕망
• 특징
 − 유·불·선 사상이 모두 나타나는 등 사상적 배경이 다양함
 − 판소리의 특징이 나타나는 장면이 있음
 − 중국 송나라 말, 황주 도화동을 배경으로 함
• 해제: 이 작품은 판소리계 소설이기 때문에 판소리의 특징이 종종 나타난다. 즉, 사건을 설명하는 서술자의 주관적 서술이 나타나거나 어떤 부분을 집중해서 묘사하여 특정 장면을 극대화시키기도 한다. 판소리계 소설이 보통 그러하듯이 이 작품도 많은 사람을 거쳐 고쳐졌으며 관객을 웃기면서도 긴장감을 주는 서사 구조를 취하였다. 심청의 효심으로 아버지는 결국 눈을 뜨게 되고 심청 자신도 황후가 되는 등 결말이 행복하다는 점에서 효를 실천한 데 대한 인과응보를 보여준다. 또한 낮은 신분이었던 심청이 결국 황후라는 높은 자리로 올라갔다는 것은 당시 민중의 신분 상승 욕구를 보여준 것이라고 할 수 있다.

기출 18 서울시 9급(3월), 15 지방직 9급, 13 기상직 9급

확인 문제

13 기상직 9급

01 〈심청전〉 [1]의 괄호 안에 들어갈 한자성어로 적절한 것은?

① 俯仰無愧
② 後悔莫及
③ 同病相憐
④ 結草報恩

15 지방직 9급

02 〈심청전〉의 [2]에 대한 설명으로 적절하지 않은 것은?

① 사건에 대한 서술자의 주관적 서술이 나타나 있다.
② 등장인물들의 발화를 통해 사건의 상황을 보여준다.
③ 죽음을 초월한 심청의 면모와 효심이 드러나 있다.
④ 대상을 나열하여 장면을 다양하게 제시하고 있다.

정답 01 ④ 02 ④

해설 01 불쌍하고 가여운 아버지가 입고 먹으면서 살아갈 수 있게 해준다면 은혜를 갚겠다는 의미이므로, '結草報恩(결초보은)'이 알맞다.

02 [2]는 심청이 아버지의 눈을 뜨게 하고자 인당수에 뛰어드는 장면으로, ④는 제시되지 않는다.

(5) 고전 수필
① 〈규중칠우쟁론기(閨中七友爭論記)〉

[1] 이른바 규중 칠우는 부인네 방 가온데 일곱 벗이니 글하는 선배는 필묵과 조희 벼루로 문방사우를 삼았나니 규중 녀쟬들 홀로 어찌 벗이 없으리오. 이러므로 침선(針線)의 돕는 유를 각각 명호를 정하여 벗을 삼을 새, 바늘로 세요 각시라 하고, 침척(針尺)을 척 부인이라 하고, 가위로 교두 각시라 하고, 인도(引刀)로 인화 부인이라 하고, 달우리로 울 낭자라 하고, 실로 청홍흑백 각시라 하며, 골모로 감토 할미라 하여, 칠우를 삼아 규중 부인네 아침 소세를 마치매 칠위 일제히 모혀 종시하기를 한가지로 의논하여 각각 소임을 일워 내는지라. 일일은 칠위 모혀 침선의 공을 의논하더니 척 부인이 긴 허리를 자히며 이르되,

[2] "양우(兩友)의 말이 불가하다. <u>진주 열 그릇이나 꿴 후에 구슬이라 할 것이니.</u> 재단(裁斷)에 능소능대(能小
　　_{척부인과 교두 각시의 주장}　　　　　　　_{속담 인용으로 자신의 공을 내세움}
能大)하다 하나 나 곧 아니면 작의(作衣)를 어찌하리오. 세누비 미누비(잘게 누빈 누비와 중간 누빈 누비) 저른 솔 긴 옷을 일우미 나의 날래고 빠름이 아니면 <u>잘게 뜨며 굵게 박아 마음대로 하리오.</u> 척 부인이 자혀 내고 교두
　　　　　　　　　　　　　　　　　　　　_{한 땀 한 땀 바느질하는 모습의 형상화}
각시 버혀 낸다 하나 <u>내 아니면 공이 없으려거든 두 벗이 무삼 공이라 자랑하나뇨."</u>
　　　　　　　　　_{척 부인과 교두 각시의 공을 폄하}

[3] 인화 낭재 이르되
　　_{인두}
["그대네는 다토지 마라. 나도 잠간 공을 말하리라. 미누비 세누비 놀로 하여 저가락같이 고으며, 혼솔이 나곧
_{[ ]: 바느질을 곱게 보이게 해주는 것이 모두 인화 부인임을 강조. 자신의 공을 자랑}
아니면 어찌 풀로 붙은 듯이 고으리요. 침재(針才) 용속한 재 들락날락 바르지 못한 것도 내의 손바닥을 한번 씻으면 잘못한 흔적이 감초여 세요의 공이 날로 하여 광채 나나니라."]

작품 분석

- 갈래: 고대 수필, 한글 수필, 내간체 수필
- 성격: 풍자적, 우화적, 교훈적, 논쟁적
- 제재: 바늘, 자, 가위, 인두, 다리미, 실, 골무
- 주제
  - 자신의 처지를 망각하고 공치사만 하는 세태 풍자
  - 사리에 순응하는 성실한 삶의 추구
- 출전: 《망로각수기(忘老却愁記)》
- 특징
  - 사물을 의인화하여 세태 풍자
  - 3인칭의 객관적이고 관찰자적인 시점으로 서술
  - 봉건사회 규중 여성의 의식 변화를 반영
- 해제: 〈규중칠우쟁론기〉는 작자 미상의 한글 수필로, 규방에서 쓰이는 바느질 도구인 자(척 부인), 바늘(세요 각시), 가위(교두 각시), 실(청홍 각시), 인두(인화 부인), 다리미(울 낭자), 골무(감투 할미)를 의인화하여 인간 세상에서 공을 다투는 세태를 풍자하고 있다. 또한, 규중칠우를 통해 봉건시대의 여인들이 자신의 능력과 노고를 인정받고자 하는 욕구를 표현한 작품이다.

기출 20 국가직 7급, 19 서울시 7급(2월), 11 서울시 7급

확인 문제　　　　19 서울시 7급

〈규중칠우쟁론기〉의 [2]에 대한 설명으로 가장 옳은 것은?

① 서술자는 '세요 각시', 즉 '바늘'이다.
② 자기 자랑을 하기에 앞서 타인의 공을 인정하고 있다.
③ '능소능대(能小能大)'는 몸의 크기가 자유자재로 변화하는 것을 말한다.
④ '척 부인'과 '교두 각시'는 각각 '자'와 '인두'를 가리킨다.

정답 ①
해설 〈규중칠우쟁론기〉의 서술자는 세요 각시(바늘)이다.

② 〈산성일기(山城日記)〉

십구 일의 남문 대장(南門大將) 구굉(具宏)이 발군ᄒᆞ야 싸화 도적 이십 명을 죽이다. 대풍(大風)ᄒᆞ고,
<u>군대를 이끌고 싸워서</u>
비 오려 ᄒᆞ더니 김쳥음(金淸陰)을 명ᄒᆞ샤 셩황신(城隍神)의 졔(祭)ᄒᆞ니, ᄇᆞ람이 긋치고 비 아니 오니라.

이십 일의 마쟝(馬將)이 통ᄉᆞ(通使) 뎡명슈(鄭命壽)ᄅᆞᆯ 보ᄂᆞ야 화친ᄒᆞ기ᄅᆞᆯ 언약ᄒᆞᆯᄉᆡ 셩문을 여디 아니ᄒᆞ
고 셩 우히셔 말을 뎐ᄒᆞ게 ᄒᆞ다.

이십일 일의 어영 별쟝(御營別將) 니긔튝(李起築)이 군을 거ᄂᆞ려 도적 여라믄을 죽이고, 동문 대쟝(東
門大將) 신경진(申景禛)이 발군ᄒᆞ야 도적을 죽이다.

이십이 일의 ᄯᅩ 마부대(馬夫大)ㅣ 통ᄉᆞ(通事)ᄅᆞᆯ 보ᄂᆞ여 닐오ᄃᆡ, 이졔ᄂᆞᆫ 동궁(東宮)을 쳥티 아니니, 만일
왕ᄌᆞ 대신을 보ᄂᆞ면 뎡ᄒᆞ야 화친ᄒᆞ쟈 ᄒᆞᄃᆡ, 샹이 오히려 허티 아니ᄒᆞ시다. 북문 어영군이 도적 여라믄을 죽이
고, 신경진이 ᄯᅩ 셜흔아믄을 죽이다. 샹이 ᄂᆡ뎡(內廷)의셔 호군(犒軍)ᄒᆞ시다.
<u>임금이 궁궐 안에서</u>   <u>군사들에게 음식을 보내어 위로하시다</u>
(중략)

이십ᄉᆞ 일의 대위(大雨ㅣ) ᄂᆞ리니, 셩쳡(城堞) 직흰 군ᄉᆡ 다 젹시고 어러 죽으니 만ᄒᆞ니, 샹이 셰ᄌᆞ(世
子)로 더브러 ᄯᅳᆯ 가온ᄃᆡ 셔셔 하ᄂᆞᆯ긔 비러 ᄀᆞᆯ오샤ᄃᆡ,
<u>옷이 젖어서</u>

"금일 이에 니ᄅᆞ기ᄂᆞᆫ 우리 부ᄌᆡ 득죄ᄒᆞ미니, 일셩 군민(一城軍民)이 무슴 죄리잇고. 텬되(天道ㅣ) 우리
부ᄌᆞ의게 화ᄅᆞᆯ ᄂᆡ리오시고, 원컨대 만민을 살오쇼셔."

군신들이 드ᄅᆞ시기ᄅᆞᆯ 쳥ᄒᆞᄃᆡ 허티 아니ᄒᆞ시더니, 미구(未久)의 비 긋치고, 일긔 ᄎᆞ지 아니ᄒᆞ니, 셩듕인
<u>얼마 후에</u>   <u>기온이 차지 않으니</u>
(城中人)이 감읍(感泣)디 아니리 업더라.

이십오 일의 극한(極寒)ᄒᆞ다. 묘당(廟堂)이 젹진의 ᄉᆞ신 보ᄂᆞ기ᄅᆞᆯ 쳥ᄒᆞ오니, 샹이 ᄀᆞᆯ오샤ᄃᆡ,
<u>매우 춥다</u>   <u>조선 시대 최고의 행정부</u>
"아국이 ᄆᆡ양 화친으로써 겨의게 속으니, 이졔 ᄯᅩ ᄉᆞ신을 보ᄂᆞ야 욕될 줄 아ᄃᆡ, 모든 의논이 이러ᄒᆞ니 이
<u>늘</u>   <u>저들에게 속았으니</u>
셰시(歲時)라, 술, 고기ᄅᆞᆯ 보ᄂᆞ고 은합(銀盒)의 실과ᄅᆞᆯ 담아ᄡᅥ 후졍(厚情)을 뵌 후, 인ᄒᆞ야 졉담(接談)ᄒᆞ야
<u>새해의 처음</u>   <u>두터운 정</u>   <u>만나서 얘기하고</u>
긔식을 살피리라." ᄒᆞ시다.

이십뉵 일의 니경직(李景稷), 김신국(金藎國)이 술, 고기 은합을 가지고 젹진의 가니, 젹쟝이 ᄀᆞᆯ오ᄃᆡ,

"군듕(軍中)의 날마다 쇼 잡고 보믈이 뫼ᄀᆞᆺ티 싸혀시니, 이거슬 므어싀 ᄡᅳ리오. 네 나라 군신(君臣)이 돌
<u>산같이 쌓였는데</u>   <u>이것을 쓸 일이 없다</u>   <u>돌구멍. 즉 산성에서</u>
굼긔셔 굴먼 지 오라니, 가히 스스로 ᄡᅥ즉ᄒᆞ도다." ᄒᆞ고, 드듸여 밧디 아니ᄒᆞ고, 도로 보ᄂᆞ니라.
<u>굶은 지가 오래되었으니</u> <u>너희가 먹어라</u>   <u>받지 않고 도로 보냈다</u>
이십칠 일의 날마다 셩듕의 구완ᄒᆞ라 오ᄂᆞᆫ 군ᄉᆡᄅᆞᆯ ᄇᆞ라ᄃᆡ 일인도 오ᄂᆞ니 업고더라.
<u>구원하러</u>   <u>한 사람도 오지 않았다</u>

작품 분석

- 작자: 어느 궁녀
- 갈래: 한글 수필, 일기체 수필, 궁중 수필, 내간체 수필
- 성격: 사실적, 기록적
- 주제: 병자호란의 치욕과 남한산성에서의 항쟁
- 특징
  - 병자호란이라는 전쟁의 사실적인 면을 한글로 기록한 유일한 역사 체험서
  - 객관적인 자세에서 직설적이며 사실적으로 상황이나 장면을 서술
  - 〈계축일기〉와 쌍벽을 이루는 일기체 수필로 간결하고 중후한 궁중어 사용

• 해제: 이 작품은 일기체 형식으로 기록한 한글 수필로서 병자호란 당시 인조가 남한산성으로 피란하여 항복하기까지의 전황(戰況)을 생동하고 사실적으로 기록하고 있어 문학적인 가치와 사료로서의 가치가 뛰어난 작품으로 평가되고 있다. 작자와 연대가 정확하지 않으나 성내의 사건이나 문체 등을 참고할 때 인조를 가까이에서 모시던 궁녀가 쓴 글이라고 추정하고 있다. 이 작품은 총 3단으로 구성되어 있는데, 도입부는 청나라가 조선을 침입하여 인조가 남한산성으로 피란 가는 과정이며, 중심부는 남한산성에서의 치열한 항쟁 과정을 그리고 있다. 종결부에서는 청나라에 치욕적인 항복을 한 이후 3년간의 일을 짤막하게 요약하고 있다.

기출 17 법원직 9급

③ 〈통곡할 만한 자리〉

초팔일 갑신(甲申), 맑다.
날짜와 날씨, 일기문의 형식
[정사 박명원(朴明源)과 같은 가마를 타고 삼류하(三流河)를 건너 냉정(冷井)에서 아침밥을 먹었다.] 십여 리
[ ]: 사신의 여정, 기행문의 특징
남짓가서 한 줄기 산기슭을 돌아 나서니 태복(泰卜)이 국궁(鞠躬)을 하고 말 앞으로 달려 나와 땅에 머리를 조아
존경의 뜻으로 몸을 굽힘
리고 큰 소리로,

"백탑(白塔)이 현신(現身)함을 아뢰오."

한다.

태복이란 자는 정 진사(鄭進士)의 말을 맡은 하인이다. 산기슭이 아직도 가리어 백탑은 보이지 않았다. 말을
채찍질하여 수십 보를 채 못 가서 겨우 산기슭을 벗어나자 눈앞이 아찔해지며 눈에 헛것이 오르락내리락하여 현
요동 벌판의 광활함을 본 작가의 감회
란했다. [나는 오늘에서야 비로소 사람이란 본디 어디고 붙어 의지하는 데가 없이 다만 하늘을 이고 땅을 밟은 채
다니는 존재임을 알았다.] [ ]: 거대한 자연 앞에서 인간의 미미한 존재를 깨달음

말을 멈추고 사방을 돌아보다가 나도 모르게 손을 이마에 대고 말했다.

"좋은 울음터로다. 한바탕 울어 볼 만하구나!"
요동 벌판을 바라보는 작가의 개성적인 사고
정 진사가,

"이 천지간에 이런 넓은 안계(眼界)를 만나 홀연 울고 싶다니 그 무슨 말씀이오?"
일반적인 사고로 작가의 뜻을 이해하지 못함
하기에 나는,

"참 그렇겠네. 그러나 아니거든! 천고의 영웅은 잘 울고 미인은 눈물이 많다지만 불과 두어 줄기 소리 없는 눈
일반적인 울음
물이 그저 옷깃을 적셨을 뿐이요, 아직까지 그 울음소리가 쇠나 돌에서 짜 나온 듯하여 천지에 가득 찼다는 소리
진정한 울음
를 들어 보진 못했소이다. 사람들은 다만 안다는 것이 희로애락애오욕(喜怒哀樂愛惡欲) 칠정(七情) 중에서 '슬픈
관습적인 생각
감정[哀]'만이 울음을 자아내는 줄 알았지, 칠정이 모두 울음을 자아내는 줄은 모를 겝니다. [기쁨[喜]이 극에 달
창의적인 생각
하면 울게 되고, 노여움[怒]이 사무치면 울게 되고, 즐거움[樂]이 극에 달하면 울게 되고, 사랑[愛]이 사무치면 울
[ ]: 칠정과 울음을 연결한 작가의 창의적 사고방식, 열거법
게 되고, 미움[惡]이 극에 달하여도 울게 되고, 욕심[欲]이 사무치면 울게 되니] 답답하고 울적한 감정을 확 풀어
버리는 것으로 소리쳐 우는 것보다 더 빠른 방법은 없소이다. 울음이란 천지간에 있어서 뇌성벽력에 비할 수 있
는 게요. 복받쳐 나오는 감정이 이치에 맞아 터지는 것이 웃음과 뭐 다르리요?
웃음과 울음의 공통점, 설의법
사람들의 보통 감정은 이러한 지극한 감정을 겪어 보지도 못한 채 교묘하게 칠정을 늘어놓고 '슬픈 감정[哀]'에
울음에 대한 관념적 사고
다 울음을 짜 맞춘 것이오. 이러므로 사람이 죽어 초상을 치를 때 이내 억지로라도 '아이고', '어이'라고 부르짖는
거짓 울음

확인 문제
15 법원직 9급

〈통곡할 만한 자리〉에 대한 설명으로 가
장 적절하지 않은 것은?

① 기행문의 성격을 띠고 있다.
② 다양한 감정들의 예시를 들고 있다.
③ 교훈적이고 회고적인 성격을 띠고 있다.
④ 발상의 전환을 통해 공감을 불러일으
킨다.

정답 ③

해설 창의적인 사고를 현재형의 대화를
통해 전개한 글로, 회고적 정서는 드러나
있지 않다.

것이지요. 그러나 정말 칠정에서 우러나오는 지극하고 참다운 소리는 참고 억눌리어 천지 사이에 쌓이고 맺혀서

감히 터져 나올 수 없소이다. 저 한(漢)나라의 가의(賈誼)는 자기의 울음터를 얻지 못하고 참다 못하여 필경은 선

한나라 문인으로 황제에게 직간하다 귀양을 감

실(宣室)을 향하여 한번 큰 소리로 울부짖었으니, 어찌 사람들을 놀라게 하지 않을 수 있었으리요."

"그래, 지금 울 만한 자리가 저토록 넓으니 나도 당신을 따라 한바탕 통곡을 할 터인데 칠정 가운데 어느 '정'

을 골라 울어야 하겠소?"

"갓난아이에게 물어보게나. 아이가 처음 배 밖으로 나오며 느끼는 '정'이란 무엇이오? 처음에는 광명을 볼 것

갓난아이의 정에 대한 작가의 창의적인 발상

이요, 다음에는 부모 친척들이 눈앞에 가득히 차 있음을 보니 기쁘고 즐겁지 않을 수 없을 것이오. 이 같은 기

쁨과 즐거움은 늙을 때까지 두 번 다 없을 일인데 슬프고 성이 날 까닭이 있으랴? 그 '정'인즉 응당 즐겁고 웃을

정이련만 도리어 분하고 서러운 생각에 복받쳐서 하염없이 울부짖는다. 혹 누가 말하기를 인생은 잘나나 못나나

관습적인 사고

죽기는 일반이요, 그 중간에 허물 · 환란 · 근심 · 걱정을 백방으로 겪을 터이니 갓난아이는 세상에 태어난 것을

후회하여 먼저 울어서 제 조문(弔問)을 제가 하는 것이라고 한다면 이것은 결코 갓난아이의 본정이 아닐 겝니다.

[아이가 어미 태 속에 자리 잡고 있을 때에는 어둡고 갑갑하고 얽매이고 비좁게 지내다가 하루아침에 탁 트인 넓은

[ ]: 요동 벌판을 보는 것도 아기가 넓고 탁 트인 곳을 보았을 때의 기쁨과 같음, 작가의 창의적 사고

곳으로 빠져나오자 팔을 펴고 다리를 뻗어 정신이 시원하게 될 터이니, 어찌 한번 감정이 다하도록 참된 소리를 질

러 보지 않을 수 있으랴!] 그러므로 갓난아이의 울음소리에는 거짓이 없다는 것을 마땅히 본받아야 하리이다.

비로봉(毘盧峰) 꼭대기에서 동해 바다를 굽어보는 곳에 한바탕 통곡할 '자리'를 잡을 것이요, 황해도 장연(長

淵)의 금사(金沙) 바닷가에 가면 한바탕 통곡할 '자리'를 얻으리니, 오늘 요동 벌판에 이르러 이로부터 산해관(山

작가가 본 요동 벌판의 광활한 모습. 일망무제(一望無際)

海關) 일천이백 리까지의 어간(於間)은 사방에 도무지 한 점 산을 볼 수 없고 하늘가와 땅 끝이 풀로 붙인 듯, 실

로 꿰맨 듯, 고금에 오고 간 비바람만이 이 속에서 창망(蒼茫)할 뿐이니, 이 역시 한번 통곡할 만한 '자리'가 아니

겠소."

작품 분석
- 작자: 박지원
- 갈래: 고전 수필, 한문 수필, 기행문, 중수필
- 성격: 비유적, 교훈적, 사색적, 체험적, 논리적, 설득적, 독창적
- 주제: 요동 벌판의 광활함을 보면서 느끼는 소감, 새로운 세계를 대하는 감회
- 특징
  - 요동 벌판에 대한 역설적 · 창의적인 발상(울음과 칠정의 관계)
  - 문답법에 의한 논리적 주장 전개
  - 참신한 비유와 구체적인 예시를 통해 대상을 실감나게 표현
  - 일기의 형식
- 해제: 이 작품은 박지원이 청나라를 여행하고 쓴 기행문인 《열하일기》의 〈도강록(渡江錄)〉에 실린 작품 중
  의 하나로 광활한 요동 벌판을 보고 느낀 감회를 적은 글이다. 작가는 요동을 보고 '통곡하기 좋은 장소'라
  는 참신하고 독특한 발상의 전환을 하고 있으며, 대상에 대한 치밀한 분석과 적절한 비유로 자신의 주장을
  전개하고 있다. 또한, 이 글은 '기–승–전–결'의 4단 구성으로 정 진사와의 문답 구조를 통해 작가의 생각을
  논리적으로 설명하고 있다.

기출 15 법원직 9급

④ 〈일야구도하기(一夜九渡河記)〉

내 집이 산속에 있는데 문 앞에 큰 개울이 있다. 해마다 여름철에 소낙비가 한 차례 지나가면, 개울물이 갑자

기 불어 언제나 수레 소리, 말 달리는 소리, 대포 소리, 북소리를 듣게 되어 마침내 귀에 못이 박혔다. 내가 일찍
　　　　　　　　　　계곡물 소리가 매우 큼

이 문을 닫고 누워서 소리의 종류를 비교해 들어 보았다. 깊은 솔숲에서 솔바람 소리 이는 듯하니 이 소리는 청아
　　　　　　　계곡물 소리　　　　　　　　　　　　　　　　　　　　　　　　　　　　　　　　　　　　　티 없이 맑고 아름답게

하게 들린다. 산이 찢어지고 언덕이 무너지는 것 같으니 이 소리는 격분한 듯 들린다. 개구리들이 다투어 우는 듯

하니 이 소리는 교만하게 들린다. 많은 축(筑)이 차례로 연주되는 것 같으니 이 소리는 성난 듯이 들린다. 번개가
　　　　　　　　　　　　　　　옛날 중국의 현악기

치고 우레가 울리는 것 같으니 이 소리는 놀란 듯 들린다. 약한 불 센 불에 찻물이 끓는 듯하니 이 소리는 아취
　　고아한 정취나 취미

있게 들린다. 거문고가 궁조(宮調)와 우조(羽調)에 맞게 연주되는 것 같으니 이 소리는 슬프게 들린다. 종이 창문
　　　감정 이입을 사용하여 듣는 사람의 마음가짐에 따라 강물 소리가 달라짐을 의미

에 바람이 문풍지를 울게 하는 듯하니 이 소리는 의아하게 들린다.

作品 分析

- 작자: 박지원
- 갈래: 한문 수필, 기행문
- 성격: 체험적, 사색적, 분석적, 교훈적, 비유적
- 주제: 외물(外物)에 현혹되지 않는 삶의 자세
- 출전: 《열하일기》
- 특징
  - 직유법, 의인법, 과장법, 설의법
  - 구체적인 경험을 바탕으로 자연스럽게 결론을 이끌어냄
  - 치밀한 관찰과 분석을 통해 사물의 본질을 꿰뚫어 봄
  - 체험의 적절한 예시와 반론으로 자기 주장을 논리적으로 뒷받침함
- 해제: 박지원의 여행기인 《열하일기》 중 〈산장잡기〉에 수록된 글로, 강물과 관련된 경험을 통해 외부의 사물에 대한 감각과 마음의 상관관계를 설명하고 있다. 〈일야구도하기〉에서 박지원은 강을 건너는 것에 대해 느끼는 두려움은 청각적 감각과 시각적 외물에 현혹되었기 때문이라고 하며 사물을 바르게 인식하기 위해서는 눈과 귀의 감각 기관이 아닌 마음을 다스려 세상을 이성적으로 바라보아야 한다고 주장하고 있다.

기출 18 지방직 7급, 14 사복직 9급

확인 문제　　　　18 지방직 7급

〈일하구도하기〉의 중심 생각을 표현한 한자성어는?

① 以心傳心
② 心機一轉
③ 人心不可測
④ 一切唯心造

정답 ④

해설 일체유심조(一切唯心造): 모든 것은 오로지 마음이 지어낸다.
① 이심전심. ② 심기일전. ③ 인심불가측

⑤ 〈수오재기(守吾齋記)〉

수오재(守吾齋)라는 것은 큰형님이 그 집에 붙인 이름이다. 나는 처음에 의심하며 말하기를, ["나와 굳게 맺어
'나를 지키는 집'이라는 의미
져 있어 서로 떨어질 수 없는 것으로는 ⊙ '나[吾]'보다 절실한 것이 없으니, 비록 지키지 않은들 어디로 갈 것인

가. 이상한 이름이다." 하였다.] [ ]: 일반적인 생각, 독자의 관심을 유도

내가 장기(長鬐)로 귀양 온 이후 홀로 지내면서 잘 생각해 보았더니, 하루는 갑자기 이러한 의문점에 대해 해
천주교 박해로 유배형을 받음   나를 지킨다는 것
답을 얻을 수 있었다. 나는 벌떡 일어나 다음과 같이 스스로 말하였다.

"대체로 천하의 만물이란 모두 지킬 것이 없고, 오직 '나' 만은 지켜야 하는 것이다. [내 밭을 지고 도망갈 자가
대조법을 통해 '나'를 지켜야 하는 것을 강조함
있는가. 밭은 지킬 것이 없다. 내 집을 지고 달아날 자가 있는가. 집은 지킬 것이 없다.] … 그런즉 천하의 만물은
[ ]: 문답법, 열거법, 설의법
모두 지킬 것이 없다. 유독 이른바 '나'라는 것은 그 성품이 달아나기를 잘하여 드나듦에 일정한 법칙이 없다. 아

주 친밀하게 붙어 있어서 서로 배반하지 못할 것 같으나 잠시라도 살피지 않으면, 어느 곳이든 가지 않는 곳이 없

다. 이익으로 유도하면 떠나가고, 위험과 재화가 겁을 주어도 떠나가며, 심금을 울리는 고운 음악 소리만 들어도
유혹이나 위험에 흔들리는 현실적인 삶의 모습 제시
떠나가고, 새까만 눈썹에 흰 이빨을 한 미인의 요염한 모습만 보아도 떠나간다. 그런데 한번 가면 돌아올 줄을 몰

라서 붙잡아 데려오기도 어렵다. 그러므로 천하에서 가장 잃어버리기 쉬운 것이 '나' 같은 것이 없다. 어찌 실과

끈으로 매고 빗장과 자물쇠로 잠가서 굳게 지켜야 하지 않겠는가."

나는 '나'를 잘못 간직했다가 잃어버렸던 자이다.

작품 분석

- 작자: 정약용
- 갈래: 한문 수필, 고전 수필
- 성격: 자성(自省)적, 교훈적, 회고적, 경계적, 논리적
- 주제: 본질적 자아 확립의 중요성, 나의 마음을 지키는 것의 중요성
- 출전: 《여유당전서》
- 특징
  - 한문 문학 양식의 기록문
  - 교훈이나 깨달음을 전달하려는 목적으로 쓰여진 글
  - 수오재의 명명에 대한 작가의 깨달음의 과정을 제시
- 해제: 이 작품은 작가의 큰형님(정약현)이 집에 붙인 '수오재'란 이름에 의문을 제기하고 자신을 삶을 돌아 보는 자성적(自省的) 성격의 수필이다. 작가는 집의 당호로부터 현상적 자아에 대비되는 본질적 자아의 모 습을 그려내고 있는데, 이 글에서 본질적인 자아는 자신의 내면세계를 지키면서 현세의 각종 유혹과 위협으 로부터 나의 중심을 잡아줄 수 있는 든든한 기둥과 같은 것이라고 한다. 또한, 작가는 귀양지라는 장소에서 객관적으로 자신과의 내면 대화를 통해 자기반성과 성찰의 행위를 보여주고 있다.

기출 15 교행직 9급

확인 문제   15 교행직 9급

〈수오재기〉의 ⊙에 대한 이해로 적절한 것은?

① 글쓴이는 ⊙을 언제나 간직해 왔다.
② ⊙은 글쓴이가 소중하게 여기는 가치 와 관련이 있다.
③ ⊙이 떠나간 것은 글쓴이가 천하 만물 을 잃어버렸기 때문이다.
④ 글쓴이는 경전을 오래 연구한 끝에 ⊙ 의 진정한 의미를 깨닫는다.

정답 ②

해설 '나[吾]'는 가장 잃어버리기 쉬운 것이므로 굳게 지켜야 한다고 하였으므로 글쓴이가 소중하게 여기는 가치와 관련 있다.

(6) 한문학

① 〈봄비[春雨]〉

㉠ 春雨暗西池(춘우암서지)	봄비 내리니 서쪽 못은 어둑한데
	화자의 심란한 정서를 표현
輕寒襲㉡ 羅幕(경한습라막)	찬바람은 비단 장막으로 스며드네.
	비 내리는 봄날의 쌀쌀한 기운
愁依小㉢ 屛風(수의소병풍)	시름에 겨워 작은 병풍에 기대니
墻頭㉣ 杏花落(장두행화락)	담장 위에 살구꽃이 떨어지네.
	시적 화자와 동일시되는 소재

작품 분석

- 작자: 허난설헌
- 갈래: 한시(오언 절구), 서정시
- 성격: 독백적, 서정적, 애상적
- 주제: 젊은 규중 처자의 외로운 심사
- 출전: 《난설헌집》
- 특징
  - 선경(시·공간적 배경)후정(화자의 외로운 정서)의 시상 전개
  - 정경의 묘사를 통해 화자의 정서를 간접적으로 표현(봄비 – 쓸쓸함, 찬바람 – 외로움, 살구꽃 – 아쉬움)
  - 자신의 감정과 처지를 절제된 어조를 통해 표현
- 해제: 이 작품의 구성은 한시의 전형적인 구도인 선경후정(先景後情)으로 되어있으며, 후반부의 4구에서 봄비에 지는 살구꽃의 정경 묘사를 통해 화자의 감정을 간접적으로 드러내고 있는 것이 특징이다. 작은 병풍에 기대어서 봄비에 떨어지는 살구꽃을 바라보는 화자의 모습에서, 쓸쓸함과 외로움 속에서 시들어 가는 자신의 처지를 한탄하는 고독한 정서가 표현되고 있다. 또한 자신의 감정을 직설적으로 표현하지 않으면서도 사물의 정경 묘사를 통해 감정을 표현해 낸 절제된 어조가 돋보이는 작품이다.

기출 17 지방직 9급

확인 문제   17 지방직 9급

한시 〈봄비〉의 밑줄 친 시어에서 '외롭고 쓸쓸한 화자의 심정'을 나타내기 위해 동원된 객관적 상관물로서 화자 자신과 동일시되는 소재는?

① ㉠   ② ㉡
③ ㉢   ④ ㉣

정답 ④

해설 객관적 상관물은 春雨(봄비), 輕寒(찬바람), 杏花(살구꽃)이다. 이 중에서 규중에서 젊음을 잃어가는 쓸쓸한 화자의 모습을 담장 위에 지는 살구꽃에 비유하였다.

② 〈절명시(絶命詩)〉

鳥獸哀鳴海岳嚬(조수애명해악빈)	[새와 짐승은 슬피 울고 강산은 찡그리네.] [ ]: 감정 이입, 활유법 애통함, 비장함
槿花世界已沈淪(근화세계이침륜)	무궁화 세계는 이미 사라지고 말았구나. 대유법, 망국의 현실을 표현
秋燈掩卷懷千古(추등엄권회천고)	가을 등불 아래 책 덮고 역사를 생각하니, 시간적 배경　　　　성찰의 매개체, 지식인으로 해온 일
難作人間識字人(난작인간식자인)	세상에서 글 아는 사람 노릇하기 어렵구나. 지식인으로서의 고뇌와 자책

작품 분석

• 작자: 황현
• 갈래: 한시(칠언 절구)
• 성격: 우국적, 고백적, 비탄적, 저항적
• 주제: 망국의 현실에 대한 지식인으로서의 절망과 고뇌
• 출전:《매천집》
• 특징
　– 국권 상실이라는 현실에서 자신의 신념에 대한 책임감과 자괴감에 목숨을 끊기로 함
　– 감정 이입, 활유법, 대유법을 통해 나라를 잃은 지식인의 고뇌를 고백적 어조로 표현
　– 함축적인 소재를 통해 암울한 현실 상황을 제시
• 해제: 이 글의 화자는 국권 상실이라는 절망적인 현실에서 지식인으로서 도리를 다하지 못한 것에 자책과 통분을 느껴 4수의 한시를 남기고 순국함으로써 일제에 저항하였다. 이 시의 화자의 모습에서 불의에 저항하는 지식인의 자세와 태도, 지행합일의 도리를 강조하는 강직한 선비상을 엿볼 수 있다.

기출 17 경찰 1차, 17 경찰 2차

17 경찰 2차

확인 문제

〈절명시〉에 대한 설명 중 가장 적절하지 않은 것은?

① 이 시는 《매천집(梅泉集)》에 실려 있다.
② '새'와 '짐승', '강산'은 시인의 감정이 이입된 대상이다.
③ 역사의 시련을 맞이한 지식인의 진정 어린 고뇌가 나타난다.
④ 고려 멸망의 소식을 접하고 순절(殉節)한 황현이 자결을 앞두고 쓴 시이다.

정답 ④

해설 일제에 의해 국권을 상실한 것에 대한 울분을 절명시로 표현한 작품이다. 고려 멸망과는 관계가 없다.

(7) 민속극 – 〈봉산 탈춤〉

말뚝이: (벙거지를 쓰고 채찍을 들었다. 굿거리장단에 맞추어 양반 삼 형제를 인도하여 등장.)
　　　　　신분이 드러나는 차림새　마부, 하층민　　　풍물놀이에 쓰이는 느린 4박자

양반 삼 형제: (말뚝이 뒤를 따라 굿거리장단에 맞추어 점잔을 피우나, 어색하게 춤을 추며 등장. 양반 삼 형제

맏이는 샌님[生員], 둘째는 서방님[書房], 끝은 도련님[道令]이다. 샌님과 서방님은 흰 창옷에 관을 썼다. 도련

님은 남색 쾌자에 복건을 썼다. 샌님과 서방님은 언청이이며(샌님은 언청이 두 줄, 서방님은 한 줄이다.) 부채
　　　양반의 복식　　　　　　　　　　　　　　　　　　　　　　　　　신체적 결함을 통해 양반의 비정상적인 모습을 형상화함

와 장죽을 가지고 있고, 도련님은 입이 삐뚤어졌고 부채만 가졌다. 도련님은 대사는 일절 없으며, 형들과 동작
　　　　　　　양반의 권위를 드러냄

을 같이하면서 형들의 면상을 부채로 때리며 방정맞게 군다.
　　　　　　　　　　　양반의 체통에 맞지 않는 경박한 태도

말뚝이: (가운데쯤에 나와서) 쉬이. (음악과 춤 멈춘다.) 양반 나오신다아! 양반이라고 하니까 노론, 소론, 호조,
　　　　　　　　　　　　　관객을 집중시키고 재담의 시작을 알림

병조, 옥당을 다 지내고 삼정승, 육판서를 다 지낸 퇴로 재상으로 계신 양반인 줄 알지 마시오. 개잘량이라는
　　　　　　　　　　　　　　　　　　　　　　　　　　　　늙어서 벼슬에 물러남

'양' 자에 개다리소반이라는 '반' 자 쓰는 양반이 나오신단 말이오.
　　동음이의어를 사용한 언어유희 – 말뚝이의 조롱

양반들: 야아, 이놈, 뭐야아!
　　　　　양반의 호통

말뚝이: [아, 이 양반들, 어찌 듣는지 모르겠소. 노론, 소론, 호조, 병조, 옥당을 다 지내고 삼정승, 육판서 다 지

내고 퇴로 재상으로 계신 이 생원네 삼 형제 분이 나오신다고 그리 하였소.] [ ]: 말뚝이의 변명

양반들: (합창) 이 생원이라네. (굿거리장단으로 모두 춤을 춘다. 도령은 때때로 형들의 면상을 치며 논다. 끝까
　　　　양반의 어리석음을 부각시킴　　　　　　　　　갈등이 일시적으로 해결되고 재담이 마무리됨을 알림

지 그런 행동을 한다.)

작품 분석

- 작자: 미상
- 갈래: 가면극(탈춤), 민속극, 전통극
- 성격: 평민적, 해학적, 풍자적
- 주제: 양반의 허세와 위선에 대한 풍자와 조롱
- 특징
  - 등장인물의 재담 구조가 반복되면서 관중의 흥미를 북돋움
  - 언어적 유희, 열거, 과장, 희화화 등을 통해 양반을 조롱하고 해학과 풍자로 웃음을 유발
  - 비속어와 한자어가 함께 사용되는 언어의 양면성을 보임
- 해제: 〈봉산 탈춤〉은 황해도 봉산 지방에서 연희되던 민속극으로 전 7과장의 독립적인 구성으로 되어있다. 제6과장에서는 양반의 머슴인 말뚝이를 통해 양반들의 저급한 문화와 허세를 풍자하고, 횡포, 부패상을 폭로하고 있다. 이는 조선 후기의 서민 의식의 변화와 신분 질서의 붕괴를 보여주는 것이다. 또한 등장인물의 재담을 통한 언어유희, 다양한 수사법, 언어의 이중성 등 문학적 가치도 뛰어난 작품이다.

기출 20 지방직 9급, 18 경찰 1차, 16 소방직, 13 지방직 9급, 10 서울시 7급

확인 문제　　　　　　20 지방직 9급

〈봉산 탈춤〉에 대한 이해로 적절하지 않은 것은?

① 양반들이 자신들을 조롱하는 말뚝이에게 야단쳤군.
② 샌님과 서방님이 부채와 장죽을 들고 춤을 추며 등장했군.
③ 말뚝이가 굿거리장단에 맞춰 양반을 풍자하는 사설을 늘어놓았군.
④ 도련님이 방정맞게 굴면서 샌님과 서방님의 얼굴을 부채로 때렸군.

정답 ③

해설 말뚝이가 '쉬이.' 하면서 사설을 늘어놓기 전에 '음악과 춤 멈춘다.'는 표현을 하고 있으므로 굿거리장단에 맞춰 풍자하는 사설을 늘어놓는 것이 아니다.

01

다음 〈해가〉와 〈구지가〉에 대한 비교가 적절하지 않은 것은? 13 법원직 9급

> 〈해가〉
>
> 신라 성덕왕 때 수로(首露) 부인이 바다의 용에게 잡혀갔을 때, 어떤 노인의 말에 따라 여러 사람들이 노래를 부르며 막대기로 언덕을 치자 용이 부인을 받들고 나왔다고 한다. 사람들이 부른 노래는 〈해가(海歌)〉라고 하는데,《삼국유사》에는 이렇게 한역(漢譯)되어 있다.
>
> 龜乎龜乎出水路　　　　　　거북아 거북아 수로를 내놔라.
> 掠人婦女罪何極　　　　　　남의 아내 앗은 죄 그 얼마나 큰가?
> 汝若悖逆不出獻　　　　　　네 만약 어기어 바치지 않으면,
> 入網捕掠燔之喫　　　　　　그물로 잡아서 구워 먹으리.
>
> 이 〈해가〉를 보면 〈구지가〉가 후대에도 구비 전승되었음을 알 수 있다.
>
> 〈구지가〉
>
> 龜何龜何　　　　　　거북아, 거북아,
> 首其現也　　　　　　머리를 내어라.
> 若不現也　　　　　　내어놓지 않으면,
> 燔灼而喫也　　　　　　구워서 먹으리.

① 〈해가〉와 〈구지가〉에서 '거북'은 주술을 통해 성취될 시적 화자의 소망을 듣는 존재이다.

② 〈해가〉와 〈구지가〉는 집단적으로 요구하는 노래이기 때문에, '거북'은 부정적인 성격을 지니고 있다.

③ 〈해가〉와 〈구지가〉는 '초자연적 존재에 대한 호명 → 소원의 표출(요구) → 위협'의 구조를 취하고 있다.

④ 〈해가〉는 〈구지가〉와 다르게 초자연적 존재의 비도덕적 행위를 지적하며 '요구의 이유'를 제시하고 있다.

01
〈해가〉와 〈구지가〉는 집단적으로 요구하는 노래라는 점은 공통점이지만, '거북'이 갖는 의미는 다르다. 〈해가〉에서 '거북'은 수로 부인의 납치라는 부정적 행위를 한 존재이고, 〈구지가〉에서는 '거북'은 신령스러운 존재로 긍정적인 존재로 볼 수 있다.

정답 01 ②

마지막 두 행에는 삶의 무상함이 아니라
화자가 불교에서 이르는 삼세(三世)인 전
세(前世), 현세(現世), 내세(來世) 중 내세
에서 다시 누이와 만나기를 기대하며, 누
이의 죽음을 종교적으로 극복하고 승화하
겠다는 의지가 드러나 있다.

02 다음 작품에 대한 설명으로 옳지 않은 것은?

生死 길은
예 있으매 머뭇거리고
나는 간다는 말도
못다 이르고 어찌 갑니까
어느 가을 이른 바람에
이에 저에 떨어질 잎처럼
한 가지에 나고
가는 곳 모르온저
아아, 彌陀刹에서 만날 나
道 닦아 기다리겠노라

– 월명사, 〈제망매가〉

① '어느 가을 이른 바람에 이에 저에 떨어질 잎처럼'은 누이의 요절을 비유적으로 표현
한 부분이다.
② 화자는 삶의 허무함을 종교를 통해 극복하고자 하는 의지를 보이고 있다.
③ 마지막 두 행에 삶의 무상함이 잘 표현되어 있다.
④ 향가의 10구체 형식을 취하고 있다.

03
'눈'은 시련과 고난을 의미한다.

03 다음 작품에 대한 설명으로 가장 적절하지 않은 것은?

흐느끼며 바라보매
㉠ 이슬 밝힌 달이
흰 구름 따라 떠간 언저리에
모래 가른 물가에
기랑(耆郎)의 모습이올시 수풀이여.
일오(逸鳥)내 자갈 벌에서
낭(郎)이 지니시던
마음의 갓을 좇고 있노라.
㉡ 아아, 잣나무 가지가 높아
눈이라도 덮지 못할 고깔이여.

– 충담사, 〈찬기파랑가〉

① 표현 기교가 뛰어난 작품으로 〈제망매가〉와 함께 향가 문학의 백미로 꼽는다.
② 기파랑이라는 화랑을 추모하면서 그의 높은 덕을 기리고 있는 작품이다.
③ ㉠에서 화자는 지금은 없는 기파랑의 자취를 찾으며 슬퍼하고 있다.
④ ㉡에서 화자는 기파랑의 높은 인품을 잣나무 가지와 눈에 비유하고 있다.

04 다음의 작품과 같은 형식의 향가 작품이 아닌 것은?
18 서울시 7급

> 임금은 아버지요
> 신하는 자애로운 어머니요
> 백성은 어린아이라고 한다면
> 백성이 사랑하심을 알 것입니다.
> (중략)
> 아으, 임금답게 신하답게 백성답게 한다면
> 나라 안이 태평할 것입니다.

① 〈원왕생가〉
② 〈처용가〉
③ 〈찬기파랑가〉
④ 〈혜성가〉

04
작품은 승려 충담사가 지은 10구체 향가 〈안민가〉이다. 〈처용가〉는 〈모죽지랑가〉와 함께 8구체 향가이다.

05 (가)를 고려하여 (나)를 이해한 것으로 적절하지 않은 것은?
16 교행직 9급

> (가) 예종이 〈도이장가〉를 짓게 된 사연은 다음과 같이 전해진다. 예종은 1120년, 서경에 행차하여 팔관회(八關會)를 보는데, 관복을 갖춰 입은 두 배우가 말을 타고 다니기도 하고 뜰을 돌아다니기도 하는 것이었다. 왕이 이를 보고 이상히 여기며 누구냐 묻자 좌우의 신하들이, 이들은 견훤과 싸울 때 태조를 대신해 죽은 공신인 신숭겸과 김낙이라 답했다. 이 말을 들은 왕은 한동안 슬픔에 잠겨 있다가 〈도이장가〉를 지어 연행을 본 감격을 나타내었다.
>
> (나) 임을 온전케 하온 마음은 하늘 끝까지 미치니
>   넋은 가셨으되 몸 세우고 하신 말씀
>   직분 맡으려고 활 잡는 이 마음 새로워지기를
>   좋다 두 공신이여 오래오래 곧은 자취를 나타내신저
>   – 예종, 〈도이장가(悼二將歌)〉

① '임'은 두 공신이 모시던 태조 왕건을 의미한다.
② 공신들의 행적에 대한 예종의 평가가 나타나 있다.
③ 팔관회의 기원에 얽힌 사연이 압축적으로 그려졌다.
④ 공신으로 분장한 두 배우의 연행이 창작의 계기가 되었다.

05
예종이 〈도이장가〉를 짓게 된 계기는 제시되어 있으나, '팔관회의 기원'은 제시되지 않았다.

정답 04 ② 05 ③

[06~07] 다음 글을 읽고 물음에 답하시오.

(가) 딩아 돌하 當今에 계샹이다
　　 딩아 돌하 當今에 계샹이다
　　 先王聖代예 노니ᄋᆞ와지이다

　　 삭삭기 셰몰애 별헤 나ᄂᆞᆫ
　　 삭삭기 셰몰애 별헤 나ᄂᆞᆫ
　　 구은 밤 닷 되를 심고이다
　　 그 바미 우미 도다 삭나거시아
　　 그 바미 우미 도다 삭나거시아
　　 有德ᄒᆞ신 님믈 여히ᄋᆞ와지이다

　　 玉으로 蓮ㅅ고즐 사교이다
　　 玉으로 蓮ㅅ고즐 사교이다
　　 바회 우희 接柱ᄒᆞ요이다
　　 그 고지 三同이 퓌거시아
　　 그 고지 三同이 퓌거시아
　　 有德ᄒᆞ신 님 여히ᄋᆞ와지이다

　　　　　　　　　　　　　　　　　　　　　　　　　　 – 〈정석가(鄭石歌)〉

(나) 살어리 살어리랏다
　　 靑山애 살어리랏다
　　 멀위랑 ᄃᆞ래랑 먹고
　　 靑山애 살어리랏다
　　 얄리얄리 얄랑셩 얄라리 얄라

　　 우러라 우러라 새여
　　 자고 니러 우러라 새여
　　 널라와 시름한 나도
　　 자고 니러 우니로라
　　 얄리얄리 얄라셩 얄라리 얄라

　　 가던 새 가던 새 본다
　　 믈아래 가던 새 본다
　　 잉무든 장글란 가지고
　　 믈아래 가던 새 본다
　　 얄리얄리 얄라셩 얄라리 얄라

　　　　　　　　　　　　　　　　　　　　　　　　　　 – 〈청산별곡(靑山別曲)〉

06 (가), (나)에 대한 설명으로 가장 적절하지 않은 것은?

18 법원직 9급

① (가): 임에 대한 영원한 사랑의 의지를 드러내고 있다.

② (가): 임에 대한 그리움을 열거의 방법으로 밝히고 있다.

③ (나): 현실에서 벗어나고자 하는 화자의 소망이 나타나 있다.

④ (나): 반복적인 여음구의 사용으로 운율적 효과를 얻고 있다.

06
(가)에서는 구운 밤에 싹이 나는 상황, 옥으로 새긴 연꽃이 바위 위에 피는 상황 등 불가능한 상황을 과장적으로 설정하여 영원한 사랑을 갈구하고 있다.

---

07 (가)의 시와 발상면에서 가장 유사한 것은?

18 법원직 9급

① 동지(冬至)ㅅ 둘 기나긴 밤을 한 허리를 버혀 내어
　춘풍 니불아리 서리서리 너헛다가
　어론 님 오신 날 밤이여든 구뷔구뷔 펴리라.

　　　　　　　　　　　　　　　　　　　　－ 황진이

② 江山(강산) 죠흔 景(경)을 힘센이 타톨 양이면
　내 힘과 내 분으로 어이ᄒᆞ여 엇들쏜이
　眞實(진실)로 금(禁)ᄒ리 업쓸씌 나도 두고 논이노라.

　　　　　　　　　　　　　　　　　　　　－ 김천택

③ 나무 토막으로 당닭을 깎아
　젓가락으로 집어 벽에 앉히고
　이 새가 꼬끼오 하고 울며 때를 알리면
　어머님 얼굴은 비로소 서쪽으로 기우는 해처럼 늙으소서.

　　　　　　　　　　　　　　　　　　－ 문충 〈오관산요〉

④ 묏버들 가려 꺾어 보내노라 임의 손에
　자시는 창밖에 심어 두고 보소서
　밤비에 새잎이 나거든 나인가 여기소서.

　　　　　　　　　　　　　　　　　　　　－ 홍랑

07
(가)시는 불가능한 상황을 전제로 영원하기를 설정하여 시상을 전개하고 있다. 이와 비슷한 표현방식이 나타난 것은 ③이다. 효성이 지극했던 문충이 불가능한 상황을 설정하여 어머님이 늙지 않기를 소망하고 있다.

정답 06 ② 07 ③

08
'니믈 흔 딕 녀가져 願(원)을 비숩노이다.'에서 보듯이 (마)는 임과 함께 살고 싶은 마음을 표현하고 있으므로 옳지 않은 내용이다.

08 다음 각 연의 지배적 정서로 가장 적절하지 않은 것은?

(가) 正月(정월)ㅅ 나릿므른 아으 어져 녹져 ᄒ논ᄃᆡ.
　　누릿 가온ᄃᆡ 나곤 몸하 ᄒ올로 녈셔.
　　아으 動動(동동)다리

(나) 二月(이월)ㅅ 보로매, 아으 노피 현 燈(등)ㅅ블 다호라.
　　萬人(만인) 비취실 즈싀샷다.
　　아으 動動(동동)다리

(다) 五月(오월) 五日(오일)애, 아으 수릿날 아춤 藥(약)은
　　즈믄 힐 長存(장존)ᄒ샬 藥이라 받ᄌᆞᆸ노이다.
　　아으 動動(동동)다리

(라) 六月(유월)ㅅ 보로매 아으 별해 ᄇᆞ룐 빗 다호라.
　　도라보실 니믈 젹곰 좃니노이다.
　　아으 動動(동동)다리

(마) 七月(칠월)ㅅ 보로매 아으 百種(백종) 排(배)ᄒᆞ야 두고,
　　니믈 흔 ᄃᆡ 녀가져 願(원)을 비숩노이다.
　　아으 動動(동동)다리

　　　　　　　　　　　　　　　　　　　　 – 작자 미상, 〈동동(動動)〉

---

① (나) – 임에 대한 자부심
② (다) – 임의 장수를 바라는 마음
③ (라) – 임을 변함없이 따르고자 하는 마음
④ (마) – 임의 출세를 기원하는 마음

09
③ 자신을 포함한 신흥 사대부들의 독서에의 긍지, 즉 학문의 자부심을 드러내고 있다.

09 다음 글에 대한 설명으로 옳은 것은?

唐漢書 莊老子 韓柳文集
李杜集 蘭臺集 白樂天集
毛詩尙書 周易春秋 周戴禮記
위 註조쳐 내 외온ㅅ景 긔 엇더ᄒ니잇고
(葉) 太平廣記 四百餘卷 太平廣記 四百餘卷
　　위 歷覽ㅅ景 긔 엇더ᄒ니잇고

　　　　　　　　　　　　　　　　　　　　 – 〈한림별곡〉

---

① 사대부 계층의 소박한 생활 감정이 드러나고 있다.
② 나열의 방식으로 강호가도를 구현하고 있다.
③ 시적 화자의 능력을 예찬의 대상으로 삼고 있다.
④ 시적 대상을 시간의 흐름에 따라 묘사하고 있다.
⑤ 묻고 답하는 형식을 통해 주제를 강조하고 있다.

정답 08 ④ 09 ③

10 ⊙~㉣에 대한 설명으로 적절하지 않은 것은?

> ⊙ 공방(孔方)의 자는 관지(貫之, 꿰미)이다.
>
> (중략)
>
> 처음 황제(黃帝) 때에 뽑혀 쓰였으나, 성질이 굳세어 세상일에 그리 익숙하지 못하였다. 황제가 ⓒ 관상을 보는 사람[相工]을 불러 보이니, 그가 한참 동안 들여다보고 말했다.
> "산야(山野)의 성질이어서 비록 쓸 만하지 못하오나, 만일 만물을 조화하는 폐하의 풀무와 망치 사이에 놀아 때를 긁고 빛을 갈면 그 자질이 마땅히 점점 드러날 것입니다. ⓒ 왕자(王者)는 사람을 그릇[器]으로 만듭니다. 원컨대 ㉣ 폐하께서는 저 완고한 구리[銅]와 함께 내버리지 마옵소서."
> 이로 말미암아 그가 세상에 이름을 드러냈다.

① ⊙은 ㉣의 결정에 의해 세상에 이름이 드러나게 되었다.
② ⓒ은 ⊙의 단점보다는 앞으로의 발전 가능성에 주목하였다.
③ ⓒ은 ⓒ에게 자신의 견해를 펼칠 기회를 제공하였다.
④ ㉣은 ⓒ의 이상적인 모습을 본받고 있다.

11 다음 글에서 두드러지게 사용된 표현 방식과 거리가 먼 것은?

> 남원(南原)에 양생(梁生)이란 사람이 있었다. 어린 나이에 부모를 여의고 만복사(萬福寺) 동쪽에서 혼자 살았다. 방 밖에는 배나무 한 그루가 있었는데, 바야흐로 봄을 맞아 배꽃이 흐드러지게 핀 것이 마치 옥나무에 은이 매달린 듯하였다. 양생은 달이 뜬 밤이면 배나무 아래를 서성이며 낭랑한 목소리로 이런 시를 읊조렸다.
>
> > 쓸쓸히 한 그루 나무의 배꽃을 짝해
> > 달 밝은 이 밤 그냥 보내다니 가련도 하지.
> > 청춘에 홀로 외로이 창가에 누었는데
> > 어디서 들려오나 고운 님 피리 소리
> > 외로운 비취새 짝없이 날고
> > 짝 잃은 원앙새 맑은 강에 몸을 씻네.
> > 내 인연 어딨을까 바둑알로 맞춰 보고
> > 등불로 점을 치다 시름겨워 창에 기대네
> >
> > – 김시습, 〈만복사저포기〉

① 대상에 빗대어 인물의 처지를 드러내고 있다.
② 계절의 배경과 인물의 정서가 밀접하게 관련되어 있다.
③ 인물이 처한 상황과 정조는 이별에서 비롯된 것이다.
④ 우연과 같은 운명에 기대어 살아가는 인물의 태도가 나타나 있다.

10
제시된 글은 임춘의 〈공방전〉으로 돈을 의인화한 가전체 작품이다. ⓒ 관상을 보는 사람[相工]에게 자신의 견해를 펼칠 기회를 제공한 사람은 ㉣의 폐하이다. ⓒ의 '왕자(王者)'는 일반적인 '왕'을 의미한다.

11
③ 쓸쓸함과 고독함의 정서를 드러내고 있으나 그것이 이별 때문이라는 단서는 작품을 통해 찾을 수 없다. 단지 양생은 짝이 없는 자신의 처지를 외로워하며 운명적인 인연을 찾고 싶어 한다.

정답 10 ③ 11 ③

③ 'ⓒ 오려논 터밧치 여드레 フ리로다'는 '올벼논과 텃밭이 여드레 동안 갈 만한 큰 땅(조선 팔도)이 되었도다.'라는 말이며, 이성계가 조선을 건국할 당시 만든 조선 팔도, 즉 조선이 넓고 땅이 기름짐을 비유한 말이다.

12 〈보기〉를 참고하여 ⓐ~ⓓ에 대해 설명한 내용으로 적절하지 않은 것은?

집의 옷밥을 언고 들먹는 져 고공(雇工)아, 우리 집 긔별을 아는다 모로는다. 비 오는 놀 일 업슬 지슷 쏘면셔니ᄅ리라. ⓐ 처음의 한어버이 사롬스리 ᄒ려 홀 지, 인심(仁心)을 만히 쓰니 사롬이 졀로 모다. ⓑ 플 셋고 터을 닷가 큰 집을 지어 내고, 셔리 보십 장기 쇼로 전답(田畓)을 긔경(起耕)ᄒ니, ⓒ 오려논 터밧치 여드레 フ리로다. 자손(子孫)에 전계(傳繼)ᄒ야 대대(代代)로 나려오니, 논밧도 죠커니와 고공(雇工)도 근검(勤儉)터라. 저희마다 여름지어 가옴여리 사던 것슬, 요ᄉ이 고공(雇工)들은 혬이 어이 아조 업서, 밥사발 큰나 쟈그나 동옷시 죠코 즈나, ⓓ 무옴을 둧ᄒᆞ는 둧 호슈을 싀오는 둧, 무슴 일 감드러 흘깃할것 ᄒ느슨다.

– 허전, 〈고공가(雇工歌)〉

보기

이 작품은 조선 왕조의 창업부터 임진왜란 직후의 역사를 농사일이나 집안 살림에 빗대는 방식을 활용하고 있다. 특히 제 역할을 하지 않고 서로 시기하고 반목하는 요즘 고공들의 행태를 질책하고 있다.

① ⓐ: 태조 이성계가 조선 왕조를 창업한 사실과 관련지을 수 있다.
② ⓑ: 나라의 기초를 닦은 조선 왕조의 모습과 관련지을 수 있다.
③ ⓒ: 조선의 땅이 외침으로 인해 피폐해진 현실과 관련지을 수 있다.
④ ⓓ: 신하들이 서로 다투고 시기하는 상황과 관련지을 수 있다.

'알외시니'는 '알리시니'로 사동의 의미가 있으므로 '-외-'는 사동의 접미사로 볼 수 있다.

오답의 이유

① '솔ᄫ리'는 '아뢸 사람이'로 해석되므로 여기서 '이'는 사람을 나타내는 명사이다.
② 높임을 나타내는 선어말 어미 '-시-'가 붙었다.
③ '디'는 앞, 뒤 대립적인 사실을 잇는 데 쓰는 연결 어미이다.

13 밑줄 친 부분에 대한 설명으로 적절한 것은?

말ᄊᆞ몰 ⓐ 솔ᄫ리 하디 天命을 疑心ᄒ실씨 꾸므로 ⓑ 뵈아시니
놀애룰 브르리 ⓒ 하디 天命을 모ᄅ실씨 꾸므로 ⓓ 알외시니

(말씀을 아뢸 사람이 많지만, 天命을 의심하시므로 꿈으로 재촉하시니
노래를 부를 사람이 많지만, 天命을 모르므로 꿈으로 알리시니)

– 〈용비어천가〉 제13장

① ⓐ에서 '-이'는 주격을 나타내는 조사로 기능한다.
② ⓑ에서 '-아시-'는 높임을 나타내는 선어말 어미로 기능한다.
③ ⓒ에서 '-디'는 이유를 나타내는 연결 어미로 기능한다.
④ ⓓ에서 '-외-'는 사동을 나타내는 접미사로 기능한다.

정답 12 ③ 13 ④

[14~15] 다음 글을 읽고 물음에 답하시오.

이바 니웃드라. 山水(산수) 구경 가쟈스라. 踏靑(답청)으란 오늘 ᄒ고, 浴沂(욕기)란 來日(내일)ᄒ새. 아참에 採山(채산)ᄒ고, 나조히 釣水(조수)ᄒ새. ᄀ 괴여 닉은 술을 葛巾(갈건)으로 밧타 노코, 곳나모 가지 것거, 수노코 먹으리라. 和風(화풍)이 건듯 부러 綠水(녹수)ᄅ 건너오니, 淸香(청향)은 잔에 지고, 落紅(낙홍)은 옷새 진다. 樽中(준중)이 뷔엿거ᄃ 날ᄃ려 알외여라. 小童(소동) 아ᄒᄃ려 酒家(주가)에 술을 믈어, 얼운은 막대 집고, 아ᄒᄂ 술을 메고, 微吟緩步(미음완보)ᄒ야 시냇ᄀ의 호자 안자, 明沙(명사) 조ᄒ 믈에 잔 시어 부어 들고, 淸流(청류)ᄅ 굽어보니, 써오ᄂ니 桃花(도화)ㅣ로다. 武陵(무릉)이 갓갑도다. 져 ᄆ이 긘 거인고. 松間 細路(송간 세로)에 杜鵑花(두견화)ᄅ 부치 들고, 峰頭(봉두)에 급피 올나 구름 소ᄀ이 안자 보니, 千村萬落(천촌 만락)이 곳곳이 버려 잇ᄂ. 煙霞日輝(연하 일휘)ᄂ 錦繡(금수)ᄅ 재펏ᄂ 듯. 엇그제 검은 들이 봄빗도 有餘(유여)홀샤. 功名(공명)도 날 ᄭ릐우고, 富貴(부귀)도 날 ᄭ릐우니, 淸風明月(청풍 명월) 外(외)예 엇던 벗이 잇ᄉ올고. 簞瓢陋巷(단표 누항)에 훗튼 혜음 아니 ᄒᄂ. 아모타, 百年行樂(백년 행락)이 이만ᄒ 둘 엇지ᄒ리.

– 정극인, 〈상춘곡〉

14 이 작품에 대한 설명으로 옳지 않은 것은? 18 국회직 9급

① 이런 글의 갈래를 '서정 가사', '정격 가사', '양반 가사'라고 한대. 서정적인 내용을 정해진 격식에 따라서 양반이 지어서 그런 건가 봐.

② 맞아. 가사는 길게 쓴 시조라고 볼 수도 있는 건가 봐. 그래서 '운문체'이기도 하고 '가사체'이기도 한다고 해.

③ 어디 보자. 글 내용으로 볼 때 주제는 봄의 완상(玩賞)과 안빈낙도(安貧樂道)가 맞겠지?

④ 그렇지. 이 글엔 설의법, 의인법, 풍유법, 대구법, 직유법 등 여러 표현 기교를 사용했네.

⑤ 조선 시대 사대부 가사의 작품으로 송순의 〈면앙정가〉와 함께 은일 가사라고 불리기도 한대.

15 이 작품에 대한 설명으로 적절하지 않은 것은? 14 기상직 9급

① 연속된 4음보의 율격으로 안정된 리듬감을 형성하고 있다.

② 주체와 객체가 전도된 표현으로 화자의 인생관을 드러내고 있다.

③ 시적 화자는 자연의 영원함을 통해 인간의 유한함을 자각하고 있다.

④ 마지막 행이 시조의 종장 형식과 유사하여 정격 가사임을 알 수 있다.

14
④ 풍유법은 사용되지 않았다.
- 설의법: 淸風明月(청풍 명월) 外(외)예 엇던 벗이 잇ᄉ올고
- 의인법: 功名(공명)도 날 ᄭ릐우고, 富貴(부귀)도 날 ᄭ릐우니
- 대구법: 踏靑(답청)으란 오늘 ᄒ고, 浴沂(욕기)란 來日(내일)ᄒ새. 아참에 採山(채산)ᄒ고, 나조히 釣水(조수)ᄒ새.
- 직유법: 煙霞日輝(연하 일휘)ᄂ 錦繡(금수)ᄅ 재펏ᄂ 듯

15
이 작품에서 자연과 인간은 영원함과 유한함으로 대조되는 존재가 아니라 물아일체로 더불어 살아가는 존재이다.

정답 14 ④ 15 ③

[16~18] 다음 글을 읽고 물음에 답하시오.

[1] 흰 구름 브흰 煙霞(연하) 프로니는 山嵐(산람)이라.
千巖(천암) 萬壑(만학)을 제 집으로 사마 두고,
나명성 들명성 일히도 구는지고.
오르거니 ᄂ리거니 長空(장공)의 써나거니 広野(광야)로 거너거니
프르락 블그락 여트락 지트락
斜陽(사양)과 섯거디어 細雨(세우)조차 쑤리는다.
藍輿(남여)룰 비야 트고 솔 아릐 구븐 길로 오며 가며 ᄒᄂ 적의
綠楊(녹양)의 우는 黃鶯(황앵) 嬌態(교태) 겨워 ᄒᄂ괴야.
나모 새 ᄌᄌ지여 樹陰(수음)이 얼린 적의
百尺(백 척) 欄干(난간)의 긴 조으름 내여 펴니
水面(수면) 涼風(양풍)이야 긋칠 줄 모르는가.
즌 서리 싸진 후의 산빗치 錦繡(금슈)로다.
黃雲(황운)은 또 엇지 萬頃(만경)에 편거괴요.
漁笛(어적)도 흥을 계워 둘로 쓰라 브니는다.
草木(초목) 다 진 후의 江山(강산)이 미몰커놀,
造物(조물)이 헌ᄉ ᄒᄋᆞ 氷雪(빙설)로 쑤며 내니
瓊宮瑤台(경궁요대)와 玉海銀山(옥해은산)이 眼底(안저)의 버러셰라.
乾坤(건곤)도 가옴열샤 간 대마다 경이로다.
[2] 人間(인간)을 써나와도 내 몸이 겨를 업다.
니것도 보려 ᄒ고 져것도 드르려코
ᄇ룸도 혀려 ᄒ고 돌도 마즈려코
봄으란 언제 줍고 고기란 언제 낙고
柴扉(시비)란 뉘다드며 딘 곳츠란 뉘 쓸려뇨.
아ᄎᆷ이 낫브거니 나조히라 슬흘소냐.
오놀리 不足(부족)커니 來日(내일)리라 有餘(유여)ᄒ랴.
이 뫼ᄒᆡ 안ᄌ 보고 져 뫼ᄒᆡ 거러 보니
煩勞(번로)ᄒᆫ ᄆᆞ음의 ᄇ릴 일이 아조 업다.
쉴사이 업거든 길히나 젼ᄒ리야.
㉠ 다만 ᄒᆫ 靑藜杖(청려장)이 다 므듸어 가노ᄆᆡ라.
술이 닉엇거니 벗지라 업슬소냐.
블닉며 ᄐ이며 혀이며 이아며
온가짓 소리로 醉興(취흥)을 비야거니
근심이라 이시며 시롬이라 브터시랴.
누으락 안즈락 구브락 져츠락
을프락 ᄑ람ᄒ락 노혜로 놀거니
天地(천지)도 넙고넙고 日月(일월)도 ᄒᆞ가ᄒ다.
羲皇(희황)을 모롤러니 이적이야 괴로고야.
神仙(신선)이 엇더턴지 이 몸이야 괴로고야.
江山風月(강산 풍월) 거놀리고 내 百年(백 년)을 다 누리면
岳陽樓上(악양루상)의 李太白(이태백)이 사라오다.
浩蕩情懷(호탕정회)야 이에서 더ᄒ소냐.
이 몸이 이렁 굼도 亦君恩(역군은)이샷다.

— 송순, 〈면앙정가〉

16 이 작품에서 서술되고 있는 내용 중 작가의 신분을 나타내는 것으로 볼 수 있는 가장 적절한 것은?　　　10 법원직 9급

① 斜陽(사양)

② 藍輿(남여)

③ 黃雲(황운)

④ 醉興(취흥)

16
②의 藍輿(남여)는 의자와 비슷하고 뚜껑이 없는 작은 가마를 가리키며 비교적 높은 벼슬아치가 탔다. ①은 석양을, ③은 누렇게 곡식이 익은 들판을 비유하고 있고, ④는 술에 취하여 일어나는 흥취를 말한다.

17 위 글의 ㉠에서 느낄 수 있는 내용으로 가장 적절한 것은?　　　10 법원직 9급

① 작가는 자연 경치를 완상하기 위해 많이 돌아 다녔다.

② 작가는 세속적 욕망과 탈속적 초월 사이에서 고민하고 있다.

③ 작가는 유교적 이념을 실현하기 위해 고민하고 있다.

④ 작가는 자기의 의지로 세속적 난관을 극복하고 있다.

17
㉠은 '다만 하나의 푸른 명아주 지팡이만이 다 무디어져 가는구나.'로 해석할 수 있으며, 자연 경치를 완상하기 위해 많이 돌아다녔음을 알 수 있다.

18 [1]에 나타난 시적 화자의 정서와 가장 유사한 것은?　　　18 지방직 7급

① 수간모옥(數間茅屋)을 벽계수(碧溪水) 앞에 두고 송죽(松竹) 울울리(鬱鬱裏)에 풍월주인(風月主人) 되어셔라.

② 이 술 가져다가 사해(四海)에 고루 나누어 억만창생(億萬蒼生)을 다 취(醉)케 만든 후에 그제야 고쳐 만나 또 한 잔 하잤고야.

③ 모첨(茅簷) 찬 자리에 밤중만 돌아오니 반벽청등(半壁靑燈)은 눌 위하여 밝았는고.

④ 종조추창(終朝惆愴)하며 먼 들을 바라보니 즐기는 농가(農歌)도 흥(興) 없어 들리나다.

18
[1]은 자연친화적 정서가 주를 이룬다. ①의 내용에서 자연을 즐기며 사는 자연친화적 삶의 태도가 드러난다.

정답 **16** ② **17** ① **18** ①

[19~20] 다음 글을 읽고 물음에 답하시오.

뎨 가는 뎌 각시 본 듯도 ᄒᆞ뎌이고
㉠ 천상(天上) 백옥경(白玉京)을 엇디ᄒᆞ야 이별(離別)ᄒᆞ고
ᄒᆡ 다 뎌 져믄 날의 눌을 보라 가시ᄂᆞᆫ고
어와 네여이고 이내 ᄉᆞ셜 드러 보오
내 얼굴 이 거동이 님 괴얌즉 ᄒᆞ가마는
엇딘디 날 보시고 네로다 녀기실ᄉᆡ
나도 님을 미더 군ᄠᅳ디 전혀 업서
이리야 교ᄐᆡ야 어ᄌᆞ러이 ᄒᆞ돗썬디
반기시는 ᄂᆞᆺ비치 녜와 엇디 다ᄅᆞ신고
누어 싱각ᄒᆞ고 니러 안자 헤여ᄒᆞ니
㉡ 내 몸의 지은 죄 뫼ᄀᆞ티 빠혀시니
하ᄂᆞᆯ히라 원망ᄒᆞ며 사ᄅᆞᆷ이라 허믈ᄒᆞ랴
셜워 플텨 혜니 조물(造物)의 타시로다
글란 싱각 마오 ᄆᆞ친 일이 이셔이다
님을 뫼셔 이셔 님의 일을 내 알거니
믈 ᄀᆞ툰 얼굴이 편ᄒᆞ실 적 몃 날일고
춘한(春寒) 고열(苦熱)은 엇디ᄒᆞ야 디내시며
㉢ 추일(秋日) 동천(冬天)은 뉘라셔 뫼셧ᄂᆞᆫ고
죽조반(粥早飯) 조석(朝夕) 뫼 녜와 ᄀᆞᆺ티 셰시ᄂᆞᆫ가
기나긴 밤의 ᄌᆞᆷ은 엇디 자시ᄂᆞᆫ고
님 다히 소식(消息)을 아므려나 아쟈 ᄒᆞ니
오ᄂᆞᆯ도 거의로다 ᄂᆡ일이나 사ᄅᆞᆷ 올가
내 ᄆᆞᄋᆞᆷ 둘 ᄃᆡ 업다 어드러로 가잣 말고
잡거니 밀거니 놉픈 뫼히 올라가니
구롬은 ᄏᆞ니와 안개는 므ᄉᆞ 일고
산천(山川)이 어둡거니 일월(日月)을 엇디 보며
지척(咫尺)을 모ᄅᆞ거든 천리(千里)를 ᄇᆞ라보랴
ᄎᆞᆯ하리 믈ᄀᆞ의 가 ᄇᆡᆺ길히나 보랴 ᄒᆞ니
ᄇᆞ람이야 믈결이야 어둥졍 된뎌이고
샤공은 어ᄃᆡ 가고 뷘 ᄇᆡ만 걸렷ᄂᆞᆫ고
강천(江川)의 혼쟈 셔셔 디는 ᄒᆡ를 구버보니
님 다히 소식이 더옥 아득ᄒᆞ뎌이고
모쳠(茅簷) 찬 자리의 밤듕만 도라오니
반벽청등(半壁靑燈)은 눌 위ᄒᆞ야 불갓ᄂᆞᆫ고
오ᄅᆞ며 ᄂᆞ리며 헤쓰며 바자니니
져근덧 역진(力盡)ᄒᆞ야 풋ᄌᆞᆷ을 잠간 드니
정성(精誠)이 지극ᄒᆞ야 ᄭᅮᆷ의 님을 보니
옥(玉) ᄀᆞ툰 얼구리 반(半)이나마 늘거셰라
ᄆᆞᄋᆞᆷ의 머근 말ᄉᆞᆷ 슬ᄏᆞ장 ᄉᆞᆲ쟈 ᄒᆞ니
눈믈이 바라 나니 말ᄉᆞᆷ인들 어이ᄒᆞ며
정(情)을 못다 ᄒᆞ야 목이조차 몌여ᄒᆞ니

오뎐된 계성(鷄聲)의 좀은 엇디 씨돗던고
ⓔ 어와 허사(虛事)로다 이 님이 어듸 간고
결의 니러 안자 창(窓)을 열고 ᄇ라보니
어엿븐 그림재 날 조촐 ᄯᆞᆫ이로다

츌하리 싀여디여 ㉮ 낙월(落月)이나 되야이셔
님 겨신 창(窓) 안히 번드시 비최리라

각시님 ᄃᆞᆯ이야 ᄏᆞ니와 ㉯ 구즌비나 되쇼셔

– 정철, 〈속미인곡(續美人曲)〉

19 ㉠~ⓔ에 대한 설명으로 적절하지 않은 것은?   17 법원직 9급

① ㉠: 상대방이 하늘로부터 내려온 존재임을 드러내고 있다.
② ㉡: 자신의 잘못으로 발생한 문제임을 드러내고 있다.
③ ㉢: 자신을 대신해 임을 모시는 사람에 대한 원망을 드러내고 있다.
④ ⓔ: 탄식을 통해 화자의 허탈한 심정을 드러내고 있다.

20 ㉮와 ㉯를 비교한 것으로 가장 적절한 것은?   17 법원직 9급

① ㉮와 ㉯는 임에 대한 화자의 원망을 드러내는 소재이다.
② ㉮와 ㉯는 임과 화자 사이를 가로막는 장애물을 상징한다고 볼 수 있다.
③ ㉮에 비해 ㉯는 임에 대한 적극적 사랑의 모습을 드러낼 수 있는 소재이다.
④ ㉯에 비해 ㉮는 화자의 소망이 이루어지기 힘든 것임을 드러내고 있다.

19
ⓒ은 임을 모시는 사람에 대한 원망을 드러내는 것이 아니라 임이 잘 지내시는지, 다른 여인이 임을 잘 모시고 있는지 걱정하고 있는 것이다.

20
㉮의 '낙월'이 밤에 먼 곳에서 임의 창 안을 비추는 정도의 소극적 애정이라면, ㉯의 '구즌비'는 밤낮의 제한 없이 임에게 직접 닿을 수 있는 적극적인 애정의 표현이다.

정답 **19** ③ **20** ③

(가) 昭쇼陽양江강 ᄂ린 믈이 어드러로 든단 말고.

ㄱ 孤고臣신 去거國국에 白ᄇᆡᆨ髮발도 하도 할샤.

東동州쥐 밤 계오 새와 北븍寬관亭뎡의 올나ᄒᆞ니,

ㄴ 三삼角각山산 第뎨ㅡ일峯봉이 ᄒᆞ마면 뵈리로다.

弓궁王왕 大대闕궐 터희 烏오鵲쟉이 지지괴니,

千쳔古고 興흥亡망을 아ᄂᆞᆫ다, 몰ᄋᆞᄂᆞᆫ다.

ⓐ 淮회陽양 녜 일홈이 마초아 ᄀᆞᄐᆞᆯ시고.

ㄷ 汲급長댱孺유 風풍彩ᄎᆡ를 고텨 아니 볼 게이고.

(나) 營영中듕이 無무事ᄉᆞᄒᆞ고 時시節절이 三삼月월인 제,

花화川쳔 시내길히 楓풍岳악으로 버더 잇다.

行ᄒᆡᆼ裝장을 다 썰티고 石셕逕경의 막대 디퍼,

百ᄇᆡᆨ川쳔洞동 겨ᄐᆡ 두고 萬만瀑폭洞동 드러가니,

銀은 ᄀᆞᄐᆞᆫ 무지게, 玉옥 ᄀᆞᄐᆞᆫ 龍룡의 초리,

ⓑ 섯돌며 뿜ᄂᆞᆫ 소ᄅᆡ 十십里리의 ᄌᆞ자시니,

들을 제ᄂᆞᆫ 우레러니 보니ᄂᆞᆫ 눈이로다.

(다) 開기心심臺ᄃᆡ 고텨 올나 衆듕香향城성 ᄇᆞ라보며,

萬만二이千쳔峯봉을 歷녁歷녁히 혀여ᄒᆞ니

峰봉마다 ᄆᆡᆺ쳐 잇고 긋마다 서린 긔운,

ⓒ 묽거든 조티 마나, 조커든 묽디 마나.

ㄹ 뎌 긔운 흐터 내야 人인傑걸을 ᄆᆞᆫ돌고쟈.

形형容용도 그지업고 體톄勢셰도 하도 할샤.

天텬地디 삼기실 제 自ᄌᆞ然연이 되연마ᄂᆞᆫ,

이제 와 보게 되니 有유情졍도 有유情졍홀샤.

(라) ㅁ 이 술 가져다가 四ᄉᆞ海ᄒᆡ예 고로 ᄂᆞᆫ화,

億억萬만 蒼창生ᄉᆡᆼ을 다 醉취케 ᄆᆡᆼ근 後후의,

그제야 고텨 맛나 또 ᄒᆞᆫ 잔 ᄒᆞ쟛고야.

ⓓ 말 디쟈 鶴학을 ᄐᆞ고 九구空공의 올나가니,

空공中듕 玉옥簫쇼 소ᄅᆡ 어제런가 그제런가.

나도 ᄌᆞᆷ을 ᄭᆡ여 바다홀 구버보니,

기픠룰 모ᄅᆞ거니 ᄀᆞᆺ인들 엇디 알리.

明명月월이 千쳔山산萬만落낙의 아니 비쵠 ᄃᆡ 업다.

– 정철, 〈관동별곡〉

21 〈보기〉를 참조할 때, ⊙∼⊙ 중 화자의 태도가 유사한 것끼리 묶인 것은?　16 법원직 9급

> **보기**
>
> 정철의 〈관동별곡〉에 드러난 화자의 선비로서의 태도는 크게 '연군(戀君)의 정서', '우국(憂國)의 태도', '선정(善政)에의 포부'로 나뉜다.

① ⊙, ⓒ

② ⓒ, ⓒ

③ ⓒ, ⓜ

④ ⊙, ⓔ, ⓜ

21
⊙ · ⓔ 우국(憂國)의 태도
ⓒ 연군(戀君)의 정서
ⓒ · ⓜ 선정(善政)에의 포부

22 ⓐ∼ⓓ에 관한 풀이로 가장 적절한 것은?　16 법원직 9급

① ⓐ: 회양, 네가 이룬 것이 (내가 강원도 관찰사를 하며 이룰 것과) 마침 같구나

② ⓑ: 섞어 돌며 뿜어낸다는 소문이 십리 밖에도 자자하게 퍼져 있으니

③ ⓒ: 맑거든 좋지 말거나 좋거든 맑지 말거나 할 것이지 (맑고도 좋은 기운을 가졌구나)

④ ⓓ: 말이 끝나자 학을 타고 높고 아득한 하늘로 올라가니

22
오답의 이유
① ⓐ: 회양, 네 이름이 마침 (옛날 중국 고을의 '회양'이라는 이름과) 같구나
② ⓑ: 섞여 돌며 내뿜는 소리가 십 리 밖에까지 퍼졌으니
③ ⓒ: 맑거든 깨끗하지 말거나 깨끗하거든 맑지나 말 것이지 (맑고도 깨끗한 기운을 가졌구나)

23 다음 시조에 대한 설명으로 가장 옳은 것은?　17 사복직

> 까마귀 싸우는 골에 백로야 가지 마라
> 성낸 까마귀 흰빛을 새울세라
> 청강(淸江)에 일껏 씻은 몸을 더럽힐까 하노라

① 작자는 정몽주의 아버지로 알려져 있다.

② 색의 대비를 통해 까마귀를 옹호하고 있다.

③ '새울세라'는 '고칠까봐 두렵구나'로 해석할 수 있다.

④ 수사법상 비유법을 사용하고 있다.

23
오답의 이유
① 정몽주의 어머니로 알려져 있다.
② '백로'를 옹호의 대상으로 삼았다.
③ '새울세라'는 '샘낼까 두렵구나'로 해석할 수 있다.

정답 21 ③ 22 ④ 23 ④

③에 들어갈 시조로 적절한 것은?

③ 〈冬至ㅅ돌 기나긴 밤을 ~〉은 황진이가 쓴 시조로, '밤'이라는 시간적 개념을. 넣었다가 보관도 할 수 있고 펼 수도 있는 공간적 개념으로 표현하고 있다.

우리말에서 공간적 개념은 흔히 시간적 개념으로 바뀌어 표현되곤 한다. 예컨대 공간 표현인 '뒤'가 시간 표현으로 '나중'을 의미하기도 한다. 한편 문학 작품에서 시간적 개념이 공간적 개념으로 바뀌어 표현되는 경우도 있다. 그 예로 다음 시조를 보자.

> ⑤

① 어져 내 일이야 그릴 줄을 모로두냐
　이시랴 ᄒ더면 가랴마ᄂ 제 구트여
　보내고 그리ᄂ 情은 나도 몰라 ᄒ노라

② 靑山은 내 뜻이오 綠水ᄂ 님의 情이
　綠水 흘러간들 靑山이야 變홀손가
　綠水도 靑山을 못 니져 우러 예어 가는고

③ 冬至ㅅ돌 기나긴 밤을 한 허리를 버혀 내여
　春風 니불 아리 서리서리 너헛다가
　어론 님 오신 날 밤이여든 구뷔구뷔 펴리라

④ 山은 녯 山이로되 물은 녯 물이 안이로다
　晝夜에 흘으니 녯 물이 이실쏜야
　人傑도 물과 ᄀ으야 가고 안이 오노믜라

다음 (가)와 (나)에 대한 설명으로 적절하지 않은 것은?

(나)의 시조에서 화자의 변치 않는 절개를 다짐하고 있는 대상은 임(단종)을 의미하지만, (가)의 '이 몸'은 절의를 지키는 화자 자신을 나타낸다.

(가) 이 몸이 주거 가셔 무어시 될고 ᄒ니,
　봉래산(蓬萊山) 제일봉(第一峯)에 낙락장송(落落長松) 되야 이셔,
　백설(白雪)이 만건곤(滿乾坤)홀 제 독야청청(獨也靑靑)ᄒ리라.

　　　　　　　　　　　　　　　　　　　　　　　　– 성삼문

(나) 가마귀 눈비 마즈 희ᄂ 듯 검노믜라.
　야광명월(夜光明月)이 밤인들 어두오랴.
　님 향(向)ᄒ 일편단심(一片丹心)이야 고칠 줄이 이시랴.

　　　　　　　　　　　　　　　　　　　　　　　　– 박팽년

① (가)의 '백설'과 (나)의 '눈비'는 혼란스러운 시대 현실을 의미한다.
② (가)의 '독야청청'과 (나)의 '일편단심'은 삶의 태도 면에서 유사하다.
③ (가)의 '낙락장송'과 (나)의 '야광명월'은 화자가 긍정적으로 인식하는 대상이다.
④ (가)의 '이 몸'과 (나)의 '님'은 화자가 변치 않는 절개를 다짐하고 있는 대상이다.

26 다음 시조를 읽고 쓴 감상으로 적절하지 않은 것은?

> 當時예 녀던 길흘 몃 히룰 ᄇ려 두고
> 어듸 가 ᄃ니다가 이제아 도라온고
> 이제아 도라오나니 년듸 ᄆ옴 마로리
>
> 靑山은 엇뎨ᄒ야 萬古애 프르르며
> 流水는 엇뎨ᄒ야 晝夜애 긋디 아니ᄂ고
> 우리도 그치디 마라 萬古常靑호리라
>
> — 이황, 〈도산십이곡〉

> ㄱ. 현실에 안주하지 않고 계속해서 새로운 도전 거리를 찾아가는 모습은 정말 인상 깊었다.
> ㄴ. 자연을 경시하고 개발의 대상으로만 바라보는 현대인들은 자연을 섬세히 관찰하여 그 속에서 교훈을 이끌어내는 화자의 태도를 본받을 필요가 있다.
> ㄷ. 자신의 과거를 성찰하며 앞으로의 다짐을 하는 화자의 태도는 오늘날 앞만 보며 달려가는 우리들에게 꼭 필요한 자세인 것 같다.
> ㄹ. 나도 화자처럼 이전까지의 삶을 반성하여 앞으로 한눈팔지 않고 학문에 전념하는 삶을 살기로 다짐했다.

① ㄱ   ② ㄴ
③ ㄷ   ④ ㄹ

26
① 제시글은 학문에 정진하겠다는 다짐이 담긴 시조로, ㄱ의 모습은 찾아볼 수 없다.

오답의 이유
② '靑山'과 '流水'를 관찰하여, 끊임없이 학문에 정진해야 한다는 교훈을 이끌어내고 있다.
③·④ 학문을 수양하는 일에 소홀했던 과거를 반성하고, 다시 학문에 정진하려는 화자의 태도를 엿볼 수 있다.

---

27 다음 시조의 표현 방식에 대한 설명으로 가장 적절하지 않은 것은?

> 창(窓) 내고쟈 창(窓)을 내고쟈 이내 가슴에 창(窓) 내고쟈
> 고모장지 셰살장지 들장지 열장지 암돌져귀 수돌져귀 빈목걸새 크나큰 쟝도리로 쑹닥 바가 이내 가슴에 창(窓) 내고쟈
> 잇다감 하 답답홀제면 여다져 볼가 ᄒ노라

① 웃음을 통해 비애와 고통을 극복하려는 우리나라 평민 문학의 한 특징이 엿보인다.
② 초·중·종장이 모두 율격을 무시한 형태의 시조로, 평시조에서 사설시조로 나아가는 작품의 성향을 나타내 주고 있다.
③ 구체적 생활 언어와 친근한 일상적 사물을 수다스럽게 열거함으로써 괴로움을 강조하는 수법은 반어적으로 웃음을 유발한다.
④ 특히 중장에서 여러 종류의 문과 문고리들을 열거하고 있는데, 이것은 화자의 답답한 심정을 강조하면서 동시에 화자가 처한 현실을 극복하고자 하는 의지의 표현으로도 볼 수 있다.

27
제시된 작품은 초장과 중장이 길어진 형태의 사설시조로, 평시조에서 사설시조로 나아가는 작품의 성향을 나타낸다는 설명은 옳다. 하지만 사설시조라 해서 초·중·종장이 모두 율격을 무시하는 것이 아니고, 4음보의 기본 율격은 유지된다.

정답 **26** ① **27** ②

안심Touch

28 ㉠~㉢ 중 서술자가 개입되어 있지 않은 것은?

28
제시된 글에서 ㉢은 춘향이가 한양에 가 있는 도련님을 생각하며 노래를 부르는 부분으로, 서술자의 개입이 나타나지 않는다.

이때 춘향이는 사령이 오는지 군노가 오는지 모르고 주야로 도련님을 생각하여 우는데, ㉠ 생각지 못할 우환을 당하려 하니 소리가 화평할 수 있겠는가. 한때나마 빈방살이 할 계집아이라 목소리에 청승이 끼어 자연히 슬픈 애원성이 되니 ㉡ 보고 듣는 사람의 심장인들 아니 상할 것인가. 임 그리워 서러운 마음 밥맛없어 밥 못 먹고 불안한 잠자리에 잠 못 자고 도련님 생각으로 상처가 쌓여 피골이 상접하고 양기가 쇠진하여 진양조 울음이 되어 노래를 부른다.

"갈까 보다 갈까 보다, 임을 따라 갈까 보다. 천 리라도 갈까 보다. 만 리라도 갈까 보다. 바람도 쉬어 넘고 수진이 날진이 해동청 보라매도 쉬어 넘는 높은 고개 동선령 고개라도 임이 와 날 찾으면 신발 벗어 손에 들고 아니 쉬고 달려가리. ㉢ 한양 계신 우리 낭군 나와 같이 그리워하는가, 무정하여 아주 잊고 나의 사랑 옮겨다가 다른 임을 사랑하는가?"

㉣ 이렇게 한참을 서럽게 울 때 사령 등이 춘향의 슬픈 목소리를 들으니 목석이라도 어찌 감동을 받지 않겠는가? 봄눈 녹듯 온몸에 맥이 탁 풀렸다.

 – 작자 미상, 〈춘향전〉

① ㉠
② ㉡
③ ㉢
④ ㉣

29 다음 글에 대한 설명으로 적절하지 않은 것은?

29
① 심청이가 죽은 엄마를 만나는 장면으로 작중 인물의 갈등은 나타나지 않는다.

부인이 울며 말하기를,

"나는 죽어 귀히 되어 인간 생각 아득하다. 너의 아버지 너를 키워 서로 의지하였다가 너조차 이별하니 너 오던 날 그 모습이 오죽하랴. 내가 너를 보니 반가운 마음이야 너의 아버지 너를 잃은 설움에 다 비길쏘냐? 너의 아버지 가난에 절어 그 모습이 어떠하며 아마도 많이 늙었겠구나. 그간 수십 년에 재혼이나 하였으며, 뒷마을 귀덕 어미 네게 극진하지 않더냐."

얼굴도 대어보고 손발도 만져 보며,

"귀와 목이 희니 너의 아버지 같기도 하다. 손과 발이 고운 것은 어찌 아니 내 딸이랴. 내 끼던 옥지환도 네가 지금 가졌으며,

(후략)

① 과거 회상을 통하여 작중 인물 간의 갈등을 표출한다.
② 작중 인물의 말에서 사건의 비현실성이 드러난다.
③ 설의법을 활용하여 내면의 심경을 토로하고 있다.
④ 모녀 관계에 대한 부인의 자기 확신이 분명하게 드러난다.

정답 28 ③ 29 ①

30 다음 글의 등장인물에 대한 설명으로 적절하지 않은 것은?

> 양반이라는 말은 선비 족속의 존칭이다. 강원도 정선군에 한 양반이 있었는데, 그는 어질면 서도 글 읽기를 좋아하였다. 군수가 새로 부임하면 반드시 그 집에 몸소 나아가서 경의를 표하였다. 그러나 그는 집안이 가난해서 해마다 관가에서 환곡을 빌려 먹다 보니 그 빚이 쌓여서 천 석에 이르렀다. 관찰사가 각 고을을 돌아다니다가 이곳의 환곡 출납을 검열하고는 매우 노하여,
> "어떤 놈의 양반이 군량을 이렇게 축내었느냐?"
> 라고 하였다. 그리고는 명령을 내려 그 양반을 잡아 가두라고 하였다. 군수는 마음속으로 그 양반이 가난해서 갚을 길이 없는 것을 불쌍히 여겼지만 그렇다고 해서 가두지 않을 수도 없었다. 그 양반은 밤낮으로 훌쩍거리며 울었지만 별다른 대책도 생각해 낼 수 없었다. 그런 상황에서 그의 아내가 몰아세우기를,
> "당신은 한평생 글 읽기를 좋아했지만 관가의 환곡을 갚는 데 아무런 도움이 못 되는구려. 양반 양반 하더니 양반은 한 푼 가치도 못 되는구려."
> 라고 하였다.
>
> — 박지원, 〈양반전〉

① 양반은 자구책을 마련하지 못하고 있다.
② 군수는 양반에게 측은지심을 느끼고 있다.
③ 관찰사는 공평무사하게 일을 처리하고 있다.
④ 아내는 남편에 대해 외경하는 마음을 지니고 있다.

30
아내가 양반을 몰아세우며 "양반 양반 하더니 양반은 한 푼 가치도 못 되는구려." 라고 말하는 것을 볼 때, 아내는 남편에 대해 외경하는 마음을 지니고 있다고 볼 수 없다.

비문학

www.edusd.co.kr

CHAPTER 01 글의 구성

01 글의 구성 요소

1. 단어

(1) 단어의 개념

① 분리하여 자립적으로 쓸 수 있는 말이나 이에 준하는 말을 일컫는다.

② 그 말의 뒤에 붙어서 문법적 기능을 나타내는 말도 단어로 본다.

(2) 단어의 의미

① 사전적 의미: 사전에 정의된 가장 기본적이고 객관적인 의미이다.

② 문맥적 의미: 글이나 문장 안에서 다른 어휘들과의 관계에 따라 결정되는 의미이다.

③ 관용적 의미: 오랜 세월 동안 관습적으로 굳어져서 특정한 뜻으로 한정된 의미이다.

2. 문장

(1) 문장의 개념

① 생각이나 감정을 말과 글로 표현할 때 완결된 내용을 나타내는 최소의 단위이다.

② 원칙적으로 주어와 서술어를 갖추고 있어야 하지만 생략될 수도 있다.

(2) 문장의 기본 구조

① 주어부

　㉠ 문장에서 주어 단독으로 또는 주어와 그에 딸린 부속 성분으로 이루어진 부분을 말한다.

　㉡ 주로 문장의 화제가 주어부에 나타난다.

② 서술부

　㉠ 서술어 단독으로나 목적어, 보어 또는 그들에 딸린 부속 성분을 통틀어 이르는 말이다.

　㉡ 문장의 화제에 대한 속성이 나타난다.

○×문제

01 생각을 글로 표현할 때 완결된 내용을 나타내는 최소의 단위는 단어이다. (　)

02 문장의 화제나 핵심 내용은 주로 서술부에 나타난다. (　)

정답 01 × 02 ×

3. 문단

(1) 문단의 개념과 구조

① 문단의 개념: 글에서 내용에 따라 나눌 수 있는 짤막한 이야기 토막을 말한다.

② 문단의 구조

　㉠ 한 문단은 주로 중심 내용을 나타내는 중심 문장과 이를 설명하는 뒷받침 문장으로 구성된다.

　㉡ 독해의 핵심은 이러한 중심 문장과 뒷받침 문장을 찾아내고, 분석하는 것에 있다.

　㉢ 중심 문장: 일반적인 진술로 주제어, 주요 단어 등을 통해 핵심적 내용을 담고 있다.

　㉣ 뒷받침 문장: 중심 문장에 대한 구체적인 진술로, 주제나 핵심 대상의 부가적인 내용을 설명한다. 이유 제시, 예시, 비유, 부연 등의 서술 방식을 사용한다.

어휘 풀이

❶ 주지: 주장이 되는 요지나 근본이 되는 중요한 뜻을 말한다.
❷ 부연: 이해하기 쉽도록 설명을 덧붙여 자세히 말하는 방식이다.
❸ 상술: 자세하게 설명하여 말하는 방식이다.

[문단의 구조]

개념 더하기

문장과 문단의 연결 관계

전제-주지❶	중심 문장 앞에서 주제를 이끌어 낼 논리를 미리 제시
주지-부연❷	주제를 뒷받침하기 위하여 부가적인 내용을 추가로 제시
주지-상술❸	일반적인 사실로 서술된 주제와 이를 구체적으로 설명하는 내용으로 구성
열거 관계	중심 주제에 맞는 내용들을 대등하게 나열하여 제시
대조 관계	서로 상반되는 내용을 연결하여 제시
인과 관계	어떤 상황이나 현상의 원인과 결과의 관계에 있는 내용을 제시
비판 관계	통념이나 일반적인 견해를 제시한 후 이에 대한 긍정적·부정적 의견 제시
해결 관계	문제 상황을 제시한 후 뒤이어 해결 방안을 제시
전환 관계	주로 접속어 '한편, 그런데' 등을 사이에 두고 앞뒤로 정반대의 내용 제시
첨가 관계	앞에서 제시한 내용에 대한 부가적인 내용을 첨가

어휘 풀이

❶ 비운: 순조롭지 못하거나 슬픈 운수나 운명을 일컫는다.
❷ 제정: 황제가 다스리는 군주 제도의 정치를 말한다.
❸ 시성: 고금(古今)에 뛰어난 위대한 시인을 이르는 말이다.
❹ 압제: 권력이나 폭력으로 남을 꼼짝 못 하게 강제로 누르는 것을 뜻한다.

(2) 문단의 유형

① 중심 문단

㉠ 글의 전체 주제가 드러나 있거나 핵심 화제가 담겨 있는 문단이다.

㉡ 글의 주제나 글쓴이의 의도를 파악하는 데 가장 중요한 역할을 한다.

② 보조 문단

㉠ 중심 문단을 뒷받침하여 주제를 좀 더 자세하게 전달하는 문단이다.

㉡ 예시, 부연 등의 서술 방식을 사용하여 구체적으로 진술한다.

➕ 개념 더하기

보조 문단의 유형

도입 문단	글을 쓰게 된 동기나 글의 방향, 화제 등을 제시하여 독자의 흥미를 유발
전제 문단	주제 문단 앞에 위치하여 중심 주제를 이끌어 낼 수 있는 근거를 제시
상술 문단	주로 일반적인 내용으로 서술된 앞 문단을 구체적으로 설명
첨가 문단	앞 문단에 이어 추가적으로 새로운 내용을 덧붙임
부연 문단	앞 문단에 대한 보충 설명을 제시
전환 문단	앞 문단과는 반대되는 내용이나 논의의 전환을 제시
발전 문단	앞서 제기한 문제나 상황 등을 구체적으로 논의
예시 문단	구체적인 예시를 통해 중심 내용을 뒷받침하는 내용 제시

4. 접속어

(1) 접속어의 역할

① 접속어는 문장과 문장, 문단과 문단의 관계를 정의하는 기능을 한다.

② 접속어의 기능을 이해하면 문장 간, 문단 간의 관계를 쉽게 파악할 수 있다.

(2) 접속어의 유형

① 순접 · 첨가 · 예시: 그리고, 더욱이, 게다가, 다시 말해, 예를 들어, 가령 등

㉠ 접속어를 기준으로 앞의 문장에 내용을 첨가하거나 자세하게 설명한다.

㉡ 앞부분이 추상적이거나 넓은 개념이어서 뒷부분을 통해 개념을 구체화하는 경우가 많으므로 접속어의 앞, 뒤 내용을 모두 잘 파악해야 한다.

확인 문제   17 지방직 9급

다음 ㉠에 들어갈 접속어로 옳은 것은?

봄이면 어김없이 나타나 우리를 괴롭히는 황사가 본래 나쁘기만 한 것은 아니었다. 황사는 탄산칼슘, 마그네슘, 칼륨 등을 포함하고 있어 봄철의 산성비를 중화시켜 토양의 산성화를 막는 역할을 했다. 또 황사는 무기물을 포함하고 있어 해양 생물에게도 도움을 줬다. ㉠ 지금의 황사는 생태계에 심각한 해를 끼치는 애물단지가 되어 버렸다. 이처럼 황사가 재앙의 주범이 된 것은 인간의 환경 파괴 때문이다.

정답 하지만, 그러나 등

해설 ㉠의 앞에서는 황사의 긍정적인 내용이, 뒤에서는 부정적인 내용이 전개되므로 ㉠에는 상반된 내용을 이어주는 접속사가 들어가야 한다.

> 평화로운 시대에 시인의 존재는 문화의 비싼 장식일 수 있다. 그러나 시인의 조국이 비운❶에 빠졌거나 통일을 잃었을 때 시인은 장식의 의미를 떠나 민족의 예언가가 될 수 있고, 민족혼을 불러일으키는 선구자적 지위에 놓일 수도 있다. 예를 들면 스스로 군대를 가지지 못한 채 제정❷ 러시아의 가혹한 탄압 아래 있던 폴란드 사람들은 시인의 존재를 민족의 재생을 예언하고 굴욕스러운 현실을 탈피하도록 격려하는 예언자로 여겼다. 또한 통일된 국가를 가지지 못하고 이산되어 있던 이탈리아 사람들은 시성❸ 단테를 유일한 '이탈리아'로 숭앙했고, 제1차 세계대전 때 독일군의 잔혹한 압제❹ 하에 있었던 벨기에 사람들은 베르하렌을 조국을 상징하는 시인으로 추앙하였다.
> → 나라가 어려움에 빠졌을 때 '시인'이 어떤 존재가 될 수 있는지 폴란드와 이탈리아의 사례를 들어 구체적으로 설명하고 있다.

② 역접·전환: 그러나, 하지만, 그런데 등

 ㉠ 접속어가 앞부분의 흐름과 분위기를 정반대로 바꾸어 서술하도록 돕는다.

 ㉡ 주로 접속어의 뒤에 오는 내용을 강조하기 위해 쓰이는 접속어이므로 뒷부분을 잘 파악하는 데 중점을 두어야 한다.

> 예술 작품의 복제 기술이 좋아지고 있음에도 불구하고 원본을 보러 가는 이유는 무엇인가? 예술 작품의 특성상 원본 고유의 예술적 속성을 복제본에서는 느낄 수 없다고 생각하는 경향이 강하기 때문이다. 사진은 원본인지 복제본인지 중요하지 않지만, 회화는 붓 자국 하나하나가 중요하기 때문에 복제본이 원본을 대체할 수 없다고 생각하는 사람들이 많다.
>
> 그러나 이러한 생각은 잘못이다. 회화와 달리 사진의 경우, 보통은 '그 작품'이라고 지칭되는 사례들이 여러 개 있을 수 있다. 20세기 위대한 사진작가 빌 브란트가 마음만 먹었다면, 런던에 전시한 인화본의 조도를 더 낮추는 방식으로 다른 곳에 전시한 것과 다른 예술적 속성을 갖게 할 수 있었을 것이다. 이것은 사진의 경우, 작가가 재현적 특질을 선택하고 변형할 수 있는 방법이 다양함을 의미한다.
>
> → 첫 번째 문단에서 복제본은 원본 고유의 예술성을 표현할 수 없다고 생각하는 사람들의 통념을 제시한 다음 두 번째 문단의 접속어 '그러나' 이후에 사진 작품이 원본 못지않은 예술성을 보일 수 있다는 사례를 제시하여 이를 반박하고 있다.

③ 인과·요약: 그래서, 따라서, 결국, 요컨대, 즉 등

 ㉠ 접속어의 앞부분과 뒷부분이 원인과 결과 혹은 결과와 원인 관계가 되도록 하거나 앞서 나온 내용들을 근거로 글쓴이의 의견을 요약하는 역할을 한다.

 ㉡ 중심 내용은 주로 접속어의 뒤에 이어지므로 뒷부분의 내용을 잘 파악해야 한다.

> 사회 관계망 서비스[SNS]는 개인의 알 권리를 충족하거나 사회적 정의의 실현을 위해 생각과 정보를 공유할 수 있도록 돕는다는 면에서 긍정적인 가치를 인정받는다. 그러나 도덕적 응징이라는 미명 하에 개인의 신상 정보를 무차별적으로 공개하는 범법 행위가 확산되면서 심각한 사회 문제가 일고 있는 것이 사실이다. 법적 처벌이 어렵다면 도덕적으로 응징해서라도 죄를 물어야 한다는 누리꾼들의 요구가, '모욕죄'나 '사이버 명예 훼손죄' 등으로 처벌될 수 있는 범죄 행위 수준의 과도한 행동으로 이어지는 경우를 우려해야 하는 상황인 것이다.
>
> 특히 사회적 비난이 집중된 사건의 경우, 공익을 위한다는 생각으로 사건의 사실 여부를 제대로 확인하지도 않은 채 개인 신상 정보부터 무분별하게 유출하는 행위가 끊이지 않고 있어 문제의 심각성이 커지고 있다. 그로 인해 개인의 사생활 침해와 인격 훼손은 물론, 개인 정보가 범죄에 악용되는 부작용이 발생하고 있다. 따라서 사회 관계망 서비스를 이용하여 정보를 공유할 때에는, 개인의 사생활을 침해하거나 인격을 훼손하는 정보를 유출하는 것은 아닌지 각별한 주의를 기울일 필요가 있다.
>
> → 사회 관계망 서비스[SNS]에서의 정보의 공유가 범죄 행위 수준의 과도한 행동으로 이어지는 경우를 근거로 들면서, 접속어 '따라서'를 통해 사회 관계망 서비스를 이용하여 정보를 공유할 때에는 개인의 사생활을 침해하거나 인격을 훼손하는 정보를 유출하지 않도록 주의를 기울여야 한다고 의견을 요약하여 주장하고 있다.

○✕문제

01 접속어는 문장과 문장, 문장과 문단, 문단과 문단 등의 관계를 정의한다. ( )

02 인과, 요약의 역할을 하는 접속어는 '그리고', '다시 말해서' 등이 있다. ( )

03 '그러나', '하지만' 등의 접속어는 글의 내용을 전환시키는 역할을 한다. ( )

04 '그래서', '따라서', '즉' 등의 접속어는 첨가, 예시 등의 역할을 한다. ( )

정답 01 ○ 02 ✕ 03 ○ 04 ✕

1. 문단의 구성 방식

(1) 두괄식 구성

① 글의 머리 부분에 중심 내용이 제시된 후 뒷받침 문장이 이어지는 구성이다.

② 구조: 중심 문장 + 뒷받침 문장 + … + 뒷받침 문장

> 관용구는 어떤 표현이 습관적으로 굳어져 사용됨으로써 원래의 뜻을 잃어버린 언어 표현을 의미한다. '내 코가 석 자', '배가 남산만 하다'라는 말은 코의 길이나 배의 크기에 대한 내용을 담고 있는 것이 아니다. 즉, 이 표현들을 이루고 있는 단어들의 표면적인 뜻만 가지고는 그 의미를 알 수가 없는 것이다.
> → 글의 첫머리에 중심 내용인 관용구의 개념을 제시한 후 예시와 상술 문장으로 중심 내용을 뒷받침하고 있다.

(2) 미괄식 구성

① 글이나 문단의 끝 부분에 중심 내용이 오는 구성이다.

② 앞서 제시된 내용들을 근거로 하여 마지막에 핵심 내용을 제시하는 경우가 많다.

③ 구조: 뒷받침 문장 + … + 뒷받침 문장 + 중심 문장

> 현대인은 광고의 홍수 속에서 살아간다. 텔레비전은 계속해서 상품 광고를 내보내고, 현관이나 대문 앞에는 광고 전단지가 수북이 쌓여 있다. 그런가 하면 전봇대에까지 무엇인가를 선전하는 종이가 빼곡하게 붙어 있고, 건물 외벽의 절반 이상이 광고판이나 광고 문구로 뒤덮여 있다. 이들 광고들은 제품에 대한 정보를 제공하기도 하지만, 때로는 불필요한 소비 욕구를 자극하기도 한다. 현대인 치고 광고에 혹해서 제품을 사 보지 않은 사람은 아마 드물 것이다. 따라서 광고의 본질을 명확히 아는 자세가 필요하다.
> → 과도하게 많은 광고의 양으로 인해 일어날 수 있는 부작용을 경고하면서 글의 후반부에 광고의 본질을 명확히 아는 자세가 필요하다는 중심 내용을 제시하고 있다.

(3) 양괄식 구성

① 중심 내용이 글의 첫 부분과 마지막 부분에 제시되는 구성이다.

② 일단 주제를 제시한 후 이에 대한 근거나 부연 설명이 이어지고, 마지막에 이러한 내용들을 정리하여 다시 한번 중심 내용을 제시한다.

③ 구조: 중심 문장 + 뒷받침 문장 + … + 뒷받침 문장 + 중심 문장

> 나를 향한 내적인 성찰과 세계를 향한 외적인 관찰은 인간 사고의 두 개의 극(極)이다. 그러나 그것들은 아주 별개의 것은 아니다. 내가 내게 관심을 가질 때 나는 필경 세계에 대해 관심을 갖지 않을 수 없다. 인간이 주체적으로 실존한다 해도 그 실존은 언제나 세계와 더불어 있는 실존이기 때문이다. 따라서, 인간이 인간에 관해 던지는 물음과 세계에 관해 던지는 물음은 짝지어져 거의 동시에 이루어지는 것이다.
>
> – 김열규, 〈신화적 사고〉
> → 내적인 성찰과 외적인 관찰 두 가지가 동시에 이루어진다는 주장이 문단의 처음과 마지막 부분에 모두 제시되고 있다.

OX문제

01 미괄식 구성의 글은 글쓴이의 주장이 마지막에 요약되어 제시된다. ( )

02 두괄식 구성의 글은 글 첫머리에 핵심 내용이 제시된다. ( )

[정답] 01 ○ 02 ○

(4) 무괄식 구성

① 글의 어느 한 부분에 주제가 제시되는 것이 아니라 주제와 관련된 내용이 전체적으로 나열되어 있는 구성이다.

② 병렬식 구성이라고도 부르며, 주제가 표면적으로 명확하게 드러나지 않는다. 따라서 전체적인 내용들을 통해 주제를 추론해야 한다.

③ 구조: 뒷받침 문장 + … + 뒷받침 문장

> 요즘 들어 사람들은 건강에 대한 많은 관심을 보이고 있다. 특히 운동을 통한 건강 유지에 대한 관심이 각별하다고 할 수 있다. 부지런히 뛰고 땀을 흠뻑 흘린 뒤에 느끼는 개운함을 좋아한다. 그렇지만 무조건 신체를 움직인다고 해서 다 운동이 되는 것은 아니다. 무리하게 움직이면 오히려 역효과를 가져온다. 그러므로 운동의 강도를 결정할 때는 자신의 신체 조건을 우선적으로 고려해야 한다. 자신의 체력에 비추어 신체 기능을 충분히 자극할 수는 있어야 하지만 부담이 지나치지 않게 해야 한다. 운동의 시간과 빈도는 개인의 생활양식에 의해 많은 영향을 받게 되지만, 일반적으로는 일주일에 한 번씩 오랜 운동 시간을 하는 것보다는 운동 시간이 짧더라도 빈도를 높여서 규칙적으로 움직이는 것이 운동의 효과를 높이는 데 효과적이다.
> → 어느 한 문장에 표면적으로 중심 내용이 제시되는 것이 아니라 글 전반적으로 핵심 내용들이 제시되고 있다. 전체적인 핵심 내용들로 미루어 보아 글의 주제는 '운동의 효과를 높이기 위해서는 무리한 운동보다는 신체에 적절한 자극이 가해지는 운동을 생활 습관으로 정착시켜야 한다.'로 추론할 수 있다.

2. 문단의 구성 요건

(1) 통일성

① 한 편의 글은 하나의 주제로 통일되어 있어야 한다는 요건이다.

② 뒷받침 문장은 주제문과 관련된 내용이어야 하며, 주제와 관련이 없거나 상충되는 내용은 통일성을 해치게 된다.

> 사람들은 대개 수학 과목이 어렵다고 한다. 하지만 나는 수학 시간이 재미있다. 바로 수업을 재미있게 진행하시는 수학 선생님 덕분이다. 수학 선생님은 유머로 딱딱한 수학 시간을 웃음바다로 만들곤 한다. 졸리는 오후 시간에 뜬금없이 외국으로 수학여행을 가자고 하여 분위기를 부드럽게 만든 후 어려운 수학 문제를 쉽게 설명한 적도 있다. 그래서 우리 학교에서는 수학 선생님의 인기가 시들 줄 모른다. 그리고 수학 선생님의 아들이 수학을 굉장히 잘한다는 소문이 나 있다. 내 수학 성적이 좋아진 것도 수학 선생님의 재미있는 수업덕택이다.
> → 본 글의 주제는 '나'는 재미있는 수학 선생님 덕분에 수학 시간을 재미있어 한다는 것이고, 글의 통일성을 위해 이러한 주제를 뒷받침 할 수 있는 내용이 나와야 한다. 수학 선생님의 아들이 수학을 잘한다는 내용의 문장은 주제와 관련이 없으므로 통일성을 해치는 문장이다.

○X 문제

01 두괄식으로 구성된 문단은 마지막 부분에 핵심 내용이 제시된다.   ( )

02 글의 첫머리와 마지막 부분에 핵심 내용이 제시되는 구성은 무괄식 구성이다.   ( )

03 주제가 표면적으로 드러나지 않고 글 전반적으로 제시되는 구성은 무괄식이다.   ( )

정답 01 × 02 × 03 ○

확인 문제   10 법원직 9급

다음 글에서 논리 전개상 불필요한 문장은?

> 그는 좋은 성품을 얻는 것을 기술을 습득하는 것에 비유한다. ⊙ 그에 따르면, 리라(lyra)를 켬으로써 리라를 켜는 법을 배우며 말을 탐으로써 말을 타는 법을 배운다. ⓒ 어떤 기술을 얻고자 할 때 처음에는 교사의 지시대로 행동한다. 그리고 반복 연습을 통하여 그 행동이 점점 더 하기 쉽게 되고 마침내 제2의 습관이 된다. ⓒ 이와 마찬가지로 어린아이는 어떤 상황에서 어떻게 행동해야 진실되고 관대하며 예의를 차리게 되는지 일일이 배워야 한다. ② 예의는 사람과 사람의 관계에서 꼭 갖추어야 할 덕목이다. 그래서 훈련과 반복을 통하여 그런 행위들을 연마하다 보면 그것들을 점점 더 쉽게 하게 되고, 결국에는 스스로 판단할 수 있게 된다.

정답 ②

해설 좋은 성품을 기술을 습득하는 것에 대해 비유하여 설명하고 있는 것에 반해 ②은 예의의 정의에 대해 말하고 있으므로 논리 전개상 불필요한 문장이다.

(2) 일관성(연결성)

① 글을 구성하는 문장과 문단이 논리적 모순 없이 긴밀하게 연결되어야 한다는 요건이다.

② 문장 요소의 호응, 시간 순서, 논리 등에 맞게 문장이나 문단이 배열되어야 한다.

③ 적절한 접속어와 지시어의 사용으로 문장이나 문단을 올바르게 연결할 수 있다.

> 창의적 사고는 기존의 사고방식을 돌파하는 데서 출발한다. 기본적으로 기존의 이론과 법칙을 비판적으로 살펴보고 자신만의 독창적 아이디어를 만들어 내는 일이 중요하다. <u>그래서</u> 이러한 창의적 사고가 단순히 개인의 독특함에서만 비롯되는 것은 아니다. 더욱 중요한 것은 창의적 사고가 사회적 · 문화적 환경과 적절한 교육을 통해 길러진다. <u>따라서</u> 자신의 창의성을 계발하기 위해 주변의 사물을 비판적이고 새로운 시각으로 보는 노력을 게을리해서는 안 된다.
> → 창의적 사고가 자신만의 독창적 아이디어를 만들어 내는 것에서 출발한다는 주장이 창의적 사고는 단순히 개인의 독특함에서만 비롯되는 것은 아니라는 주장으로 전환되므로 '그래서'가 아닌 전환을 나타내는 '그러나'가 들어가야 한다. 또한 글의 마지막 부분에서 앞선 내용들을 근거로 하여 주장을 한 문장으로 요약하고 있으므로 '따라서'는 올바르게 쓰였다.

(3) 완결성

① 한 문단 내에는 주제문과 이를 뒷받침하는 진술이 있어야 한다는 요건이다.

② 주제문은 일반적인 진술로 이루어지므로 이유 제시, 예시, 상술 등의 서술 방식을 통해 주제문을 뒷받침하는 근거나 구체적으로 설명하는 내용이 함께 제시되어야 한다.

> <u>과학의 개념은 분류 개념, 비교 개념, 정량 개념으로 구분할 수 있다.</u> 식물학과 동물학의 종, 속, 목처럼 분명한 경계를 가지고 대상들을 분류하는 개념들이 분류 개념이다. 어린이들이 맨 처음에 배우는 단어인 '사과', '개', '나무' 같은 것 역시 분류 개념인데, 하위 개념으로 분류할수록 그 대상에 대한 정보가 더 많이 전달된다. 또한, 현실 세계에 적용 대상이 하나도 없는 분류 개념도 있을 수 있다. 예를 들어 '유니콘'이라는 개념은 '이마에 뿔이 달린 말의 일종임' 같은 분명한 정의가 있기에 '유니콘'은 분류 개념으로 인정되는 것이다.
> <u>'더 무거움', '더 짧음' 등과 같은 비교 개념은 분류 개념보다 설명에 있어서 정보 전달에 더 효과적이다.</u> 이것은 분류 개념처럼 자연의 사실에 적용되어야 하지만, 분류 개념과 달리 논리적 관계도 반드시 성립해야 한다. 예를 들면, 대상 A의 무게가 대상 B의 무게보다 더 무겁다면, 대상 B의 무게가 대상 A의 무게보다 더 무겁다고 말할 수 없는 것처럼 '더 무거움' 같은 <u>비교 개념은 논리적 관계를 반드시 따라야 한다.</u>
> 마지막으로 <u>정량 개념은 비교 개념으로부터 발전된 것인데, 이것은 자연의 사실로부터 파악할 수 있는 물리량을 측정함으로써 만들어진다.</u> 물리량을 측정하기 위해서는 몇 가지 규칙이 필요한데, 그 규칙에는 두 물리량의 크기를 비교하는 경험적 규칙과 물리량의 측정 단위를 정하는 규칙 등이 포함된다. 이러한 정량 개념은 자연에 의해서 주어지는 것이 아니라 우리가 자연현상에 수를 적용하는 과정에서 생겨나는 것이다. 정량 개념은 과학의 언어를 수많은 비교 개념 대신 수를 사용할 수 있게 하여 과학 발전의 기초가 되었다.
> → 과학의 개념을 분류 개념, 비교 개념, 정량 개념으로 구분하여 제시하고, 이어지는 문단에서 예시와 상술을 통해 각 개념의 정의를 설명하였다. 따라서 완결성을 잘 갖춘 글이라 할 수 있다.

확인 문제

17 지방직 7급

글의 통일성을 고려할 때, 삭제하는 것이 바람직한 문장은?

'천재'라는 말은 18세기에 갑자기 영예로운 칭호가 되었다. 천재는 예술의 창조자이며, 예술의 창조는 과학처럼 원리나 법칙에 의거하지 않는다. ㉠ 과학은 인간의 이성과 감성 사이에 분열을 가져왔다. ㉡ 예술에는 전래의 비방이 있을 수 없으며 있다 하더라도 전수될 수 없다. ㉢ 예술가 스스로도 자신이 완성한 작품의 진정한 비밀이 무엇인지 명확히 알지 못한다. ㉣ 마침내, 사람들은 천재라는 개념으로 예술 창조의 비밀을 표현하였다.

정답 | ㉠

해설 | '천재'라는 단어가 예술에서 영예로운 칭호를 얻게 된 것을 설명하고 있는 제시문을 고려할 때 ㉠은 어울리지 않으므로 삭제해야 한다.

PART 03 비문학

02 글의 전개 방식

01 글의 전개 방식의 유형

[글의 전개 방식 구조도]

어휘 풀이

❶ **프로폴리스:** 벌이 나무나 수액에서 수집한 물질과 벌의 타액선에서 나온 효소가 섞여 만들어지는 천연 항생 물질이다. 상처 및 염증을 치료하는 데 쓰이며 방부 효과가 있다.

❷ **설파제:** 설폰아마이드제 및 설포기를 갖는 화학 요법제를 통틀어 이르는 말이다. 화농성 질환과 거의 모든 세균성 질환의 치료에 쓰인다.

1. 설명(說明)

어떤 일이나 대상의 내용을 상대편이 잘 알 수 있도록 밝혀 말하는 것으로, 독자에게 어떠한 정보 · 지식을 전달하거나 이해를 목적으로 하는 글에서 쓰이는 서술 방식이다.

> 항생제는 세균에 대한 항균 효과가 있는 물질을 말한다. '프로폴리스❶' 같이 자연적으로 존재하는 항생제를 자연 요법제라고 하고, '설파제❷' 같이 화학적으로 합성된 항생제를 화학 요법제라고 한다. 현재 사용되고 있는 많은 항생제들은 곰팡이가 생성한 물질을 화학적으로 보다 효과가 좋게 합성한 것들이어서 넓은 의미에서는 이들도 화학 요법제라고 할 수 있을 것이다.
> → 항생제의 정의와 프로폴리스, 설파제와 같은 항생제의 종류에 대한 개념을 제시하며 설명하고 있다.

2. 논증(論證)

어떤 주장에 대해 옳고 그름을 이유를 들어 밝히는 것으로, 주로 글쓴이가 독자를 설득하려는 글에서 쓰이는 서술 방식이다.

> 민간 위탁 업체는 수익성을 중심으로 공공 서비스를 제공하기 때문에, 수익이 나지 않을 경우에는 민간 위탁 업체가 제공하는 공공 서비스가 기대 수준에 미치지 못할 수 있다. 또한 민간 위탁 제도에 의한 공공 서비스 제공의 성과는 정확히 측정하기 어려운 경우가 많아서 평가와 개선이 지속적으로 이루어지지 않을 때에는 오히려 민간 위탁 제도가 공익을 저해할 수 있다. 따라서 민간 위탁 제도의 도입을 결정할 때에는 서비스의 성격과 정부의 관리 능력 등을 면밀히 검토하여 신중하게 결정해야 한다.
> → 민간 위탁 업체를 도입했을 때 생길 수 있는 문제점을 먼저 제시하고, 그를 근거로 글쓴이의 견해를 밝히고 있다.

3. 묘사(描寫)

어떤 대상이나 사물, 현상 따위를 그림을 그리듯이 표현하여 서술하는 방식이다. 대상의 외양이나 상태 등을 구체적이고 치밀하게 표현하기 때문에 독자는 대상을 직접 보고 있는 듯한 느낌을 받는다. 묘사를 할 때에는 핵심에서 주변 순으로, 전체에서 부분 순으로 표현하는 것이 더 효과적이다.

> 포장한 지 너무 오래되어 길에는 흙먼지가 일고 돌이 여기저기 굴러 있었다. 길 양쪽에 다 쓰러져 가는 집들, 날품팔이❶ 일꾼들이 찾아가는 장국밥집, 녹슨 함석❷지붕이 찌그러져 있었고, 흙먼지가 쌓인 책방, 조선기와를 올린 비틀어진 이층집, 복덕방 포장이 찢기어 너풀거린다.
> – 박경리, 〈시장과 전장〉
> → 소설의 주인공이 현재 있는 장소의 모습을 그림을 그리듯이 표현하여 독자가 글을 읽으면서 그 현장을 생생하게 느끼도록 한다.

4. 서사(敍事)

어떠한 사건이나 사실의 전개를 시간의 흐름에 따라 있는 그대로 서술하는 방식이다. 서사는 사건의 발생 이유보다는 사건의 전개를 중심으로 하기 때문에 소설이나 정보 전달의 글에서 주로 쓰인다.

> 난생 처음 제주 여행을 하였다. 오전에 일찍 성산 일출봉에 올라 아침 해가 떠오르는 것을 보았고, 내려와선 첫 배로 우도에 들어갔다. 해변의 모래가 유리 가루처럼 잘지 않고 알이 굵었다. 점심 무렵에는 우도에서 나와 근처 식당에서 전복죽을 먹었다.
> → 글 속의 주인공이 한 행동들을 시간 순서에 따라 전개하고 있다.

다음 글의 밑줄 친 부분에 쓰인 서술 방식은?

자명종과 가지고 있는 의기를 보고 싶다 하여 누이가 청하니, 여러 번 칭탁하다가 사람을 불러 한 가지 것을 내어 왔다. ㉠ 나무로 집을 만들었는데 네모지고 길이는 두어 뼘이요, 안에 주석으로 만든 것이 있는데 자명종 모양이었다. 전면에 시각이 나누어진 숫자를 새기고 밖으로 유리를 붙여 문을 열지 아니하여도 속을 살필 수 있게 하였다.
밖으로 열쇠 같은 것을 걸어 놓았는데 송령이 그 열쇠를 가지고 구멍에 넣어서 너 번을 돌렸다. 손을 떼어 놓자 위에 달린 종이 울리는데 반향이 그치지 아니하여 그 수를 헤아리지 못하고 매우 요란하였다. ㉡ 이것은 이름이 '요종'인데, '요란한 자명종'이라는 말이다. 이것은 무슨 일이 있어 일어나고자 하는데, 혹 시각을 몰라 잠을 제때에 깨지 못할까 하여 저녁에 잘 때에 시각을 짐작하여 상 아래에 틀어 놓으면 제때를 당하여 고동이 열리고 요란한 종소리로 사람의 잠을 깨우게 하는 것이었다.

정답 ㉠ 묘사 ㉡ 설명
해설 자명종의 생김새를 묘사의 방법으로 보여 주고, '요종'이라는 이름의 유래와 그 쓰임새 등을 설명하며 독자의 이해를 돕고 있다.

1. 동태적 전개 방식

(1) 서사

① 어떤 대상이나 사건을 시간의 흐름에 따라 설명하는 서술 방식이다.

② 서사 방식으로 쓰인 글은 시간에 따라 대상이나 사건이 어떻게 변화하는지에 중점을 두고 읽어야 한다.

> 다음 날도 찬호는 학교 담을 따라 돌았다. 선생님은 여전히 교문에 서 계셨다. 그러나 다행히 선생님은 이때 한눈을 팔고 계셨다. 찬호는 이 기회를 놓치지 않았다. 고무신을 벗어 한 손에 한 짝씩을 쥐고는 고양이 걸음으로 보초의 뒤를 빠져 팽이처럼 교문 안으로 뛰어들었다. 그러나 채 몇 발 가지도 못하고 찬호는 그만 덜미를 잡히고 달랑 끌려 나왔다.
> → 찬호와 선생님의 행동과 사건이 시간의 흐름에 따라 어떻게 흘러가고, 변화하는지 서술하고 있다.

(2) 과정

① 어떤 상태나 결과를 가져오는 일련의 절차나 순서 등에 초점을 두고 서술하는 방식이다.

② '~하는 방법'으로 요약할 수 있다.

> 비빔국수를 만들기 위해 애호박, 당근, 양파, 오이는 채를 썰어 준비하고, 달걀은 얇게 부친 후 채를 썹니다. 양념장 재료를 잘 섞어 양념장을 만들고, 국수를 삶은 후 찬물에 헹구어 물기를 뺍니다. 준비된 재료를 고루 무쳐서 고명을 얹으면 비빔국수가 완성됩니다.
> → 비빔국수를 만들기 위해 필요한 재료와 각 절차를 순서에 맞게 서술하고 있다.

(3) 인과

① 어떤 결과를 가져오게 한 영향이나 힘에 초점을 두고 서술하는 방법이다.

② 글의 무게는 원인에 실려 있기 때문에 '왜'를 중심에 두고 글이 전개되며, 이러한 원인이 초래한 결과가 함께 서술된다.

> 이 유기 염소계 살충제는 물에 잘 녹지 않고 자연에서 햇빛에 의한 광분해나 미생물에 의한 생물학적 분해가 거의 이루어지지 않는다. 그래서 디디티는 토양이나 물속의 퇴적물 속에 수십 년간 축적된다. 게다가 디디티는 지방에는 잘 녹아서 먹이사슬을 거치는 동안 지방 함량이 높은 동물 체내에 그 농도가 높아진다. 이렇듯 많은 양의 유기 염소계 살충제를 체내에 축적하게 된 맹금류는 물질대사에 장애를 일으켜서 껍질이 매우 얇은 알을 낳기 때문에, 포란 중 대부분의 알이 깨져 버려 멸종의 길을 걷게 된다.
> → 유기 염소계 살충제의 속성과 특징으로 인해 지방 함량이 높은 동물의 체내에 디디티의 농도가 높아지며, 이를 원인으로 맹금류가 멸종하게 되는 결과를 보여 주고 있다. 이러한 원인과 결과를 인과 관계가 잘 드러나도록 서술하고 있다.

> **설명의 분류**
> 설명은 동태적 전개 방식과 정태적 전개 방식으로 나눌 수 있다. 동태적 방식은 시간의 흐름이나 그에 따른 변화 등을 고려하여 설명하고, 정태적 방식은 이러한 시간성을 고려하지 않는다.

어휘 풀이

❶ **종개념**: 유개념에 속한 하위 개념을 말한다.

❷ **종차**: 유개념에 속한 어떤 종개념이 다른 종개념과 구별되는 요소이다.

❸ **유개념**: 종개념을 포함하는 상위 개념이다.

➕ 개념 더하기

서사 · 과정 · 인과의 구분
- 서사: 시간의 흐름에 따라 변화하는 사건의 양상에 초점을 둔다.
- 과정: 어떤 상태가 진행되는 경로, 어떤 결론을 가져오게 하는 순서 · 절차 등에 초점을 둔다.
- 인과: 어떤 결과가 일어나게 된 원인과 이유에 초점을 둔다.

2. 정태적 전개 방식

(1) 정의

① 어떤 대상이나 사물의 범위를 규정짓거나 그 사물의 본질을 진술하는 방식이다.

② 설명문에서 중심 화제의 속성이나 개념을 서술하기 위해 주로 사용된다.

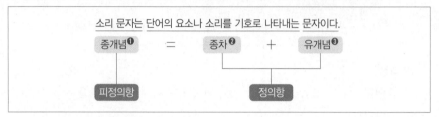

소리 문자는 단어의 요소나 소리를 기호로 나타내는 문자이다.

종개념❶ = 종차❷ + 유개념❸

피정의항   정의항

➕ 개념 더하기

지정
- 개념: 대상을 손으로 가리키는 것처럼 확실하게 설명하는 방법이다.
- 정의와 지정의 차이: 정의는 대상의 본질적인 속성과 개념을 논리적으로 해명하는 전문적인 설명이고, 지정은 모두가 알 수 있는 사실을 설명하는 단순한 사실의 확인이다.
  예 서울은 대한민국의 수도이다.

비교와 대조가 쓰인 글의 독해 시 유의할 점
- 비교나 대조하려는 둘 이상의 대상은 동일하거나 비슷한 범주여야 한다.
- 글 속에서 비교나 대조를 통해 강조하려는 대상이 무엇인지 파악해야 한다.

(2) 비교 · 대조

① 비교: 둘 이상의 대상 간에 공통되는 성질이나 유사성을 중심으로 설명하는 방법이다.

> 르네상스 시대의 화가들은 원근법을 사용하여 세상을 향한 창과 같은 사실적인 그림을 그렸다. 현대 회화를 출발시켰다고 평가되는 인상주의자들이 의식적으로 추구한 것도 이러한 사실성이었다.
> → 르네상스 시대의 화가들과 현대 회화의 인상주의자들이 사실성을 추구하였다는 공통점을 들어 서술하고 있다.

② 대조: 둘 이상의 대상 간에 상대적인 성질이나 차이점을 중심으로 설명하는 방법이다.

> 보살은 나한과 같은 자리(自利)를 위하여 보리를 구하는 자가 아니고 어디까지든지 이타(利他)를 위하여 활동하는 것이다. 나한이 개인적 자각인데 대하여 보살은 사회적 자각에 입각한 것이니, 나한은 언제든지 개인 본위이고 개인 중심주의인데 대하여 보살은 사회 본위이고 사회 중심주의인 것이다.
> → 보살과 나한의 차이점을 대조적으로 서술하고 있다.

(3) 분류·구분

① **분류:** 유사한 특성을 지닌 대상들을 일정한 기준 하에 묶어서 설명하는 방식이다.

> 나물로 즐겨 먹는 고사리는 꽃도 피지 않고 씨앗도 만들지 않는다. 고사리는 홀씨라고도 하는 포자로 번식한다. 고사리와 고비 등을 양치식물이라 하는데 생김새가 양(羊)의 이빨과 비슷하다고 하여 붙은 이름이다.
> → 고사리와 고비라는 대상을 양치식물이라는 공통 기준으로 묶어 설명하고 있다.

② **구분:** 유사한 특성을 지닌 대상들을 일정한 기준 하에 나누어서 설명하는 방식이다.

> 음운 변동은 그 결과에 따라 한 음운이 다른 음운으로 바뀌는 교체(交替), 원래 있던 음운이 없어지는 탈락(脫落), 없던 음운이 추가되는 첨가(添加), 두 개의 음운이 합쳐져서 하나로 되는 축약(縮約) 등으로 구분할 수 있다.
> → 여러 음운 변동 현상을 음운이 바뀌거나 없어지거나 추가되거나 합쳐지는 등의 일정한 기준에 따라 나누어 설명하고 있다.

 개념 더하기

분류의 원칙
- 분류된 항목들은 서로 대등하고, 배타적이어야 한다.
- 분류의 상위어는 하위어를 포함해야 하고, 하위어는 상위어에 포함되어야 한다.

(4) 분석

① 대상을 구성 요소나 부분으로 나누어서 설명하는 방식이다.
② 여러 부분으로 이루어진 하나의 대상을 설명할 때 주로 쓰이는 설명 방식이다.
③ 전체와 부분들 간의 연관된 관계를 파악하는 데에 용이하다.

> 곤충의 머리에는 겹눈과 홑눈, 더듬이 따위의 감각 기관과 입이 있고, 가슴에는 2쌍의 날개와 3쌍의 다리가 있으며, 배에는 끝에 생식기와 꼬리털이 있다.
> → 곤충의 몸을 머리, 가슴, 배로 나누고 각 부분에 어떠한 기관들이 있는지 나누어서 설명하고 있다. 이 부분들이 모두 합쳐져야 곤충이라는 전체가 되므로 분석 방식이 쓰인 문장임을 알 수 있다.

(5) 예시

① 어떤 대상을 쉽게 이해하도록 구체적인 예를 들어 설명하는 방식이다.
② 예시는 주로 중심 내용을 뒷받침하거나 중심 대상의 속성을 설명한다.

> 신라의 육두품 출신 가운데 학문적으로 출중한 자들이 많았다. 가령, 강수, 설총, 녹진, 최치원 같은 사람들은 육두품 출신이었다. 이들은 신분적 한계 때문에 정계보다는 예술과 학문 분야에 일찌감치 몰두하게 되었다.
> → 신라의 육두품 출신에 강수, 설총, 녹진, 최치원 같은 인물들이 있었음을 예로 들어 설명하고 있다.

확인 문제

18 소방직

01 다음 글에 쓰인 내용 전개 방식은?

> 국가 지정 문화재는 국보, 보물, 사적, 명승 등으로 나눌 수 있다. 국보는 보물에 해당하는 문화재 중 그 가치가 크고 유례가 드문 것이고, 보물은 건조물·전적·서적·회화·공예품 등의 유형 문화재 중 중요한 것이다. 사적은 기념물 중 유적·신앙·정치·국방·산업 등으로서 중요한 것이고, 명승은 기념물 중 경승지로서 중요한 것이다. 이외에도 천연기념물, 중요 무형 문화재, 중요 민속 문화재도 국가 지정 문화재에 속한다.

19 서울시 7급

02 다음 글에 쓰인 서술 방식은?

> 이러한 음악의 한배를 있게 한 실제적 기준은 호흡이었다. 즉, 숨을 들이쉬고 내쉼이 한배의 틀이 된 것이었다. 이를 기준으로 해서 이루어진 방법을 선인들은 양식척(量息尺)이라고 불렀다. '숨을 헤아리는 자(尺)'라는 의미로 명명된 이 방법은 우리 음악에서 한배와 이에 근거한 박절을 있게 한 이론적 근거가 되었다. 시계가 없었던 당시에 선인들은 건강한 사람의 맥박의 6회 뜀을 한 호흡(一息)으로 계산하여 1박은 그 반인 3맥박으로 하였다. 그러니까 한 호흡을 2박으로 하여 박자와 한배의 기준으로 삼았던 것이다.

정답 01 구분 02 설명, 분석

해설 01 제시문은 국가 지정 문화재가 일정한 기준에 따라 국보, 보물, 사적, 명승 등으로 나뉘는 것을 설명하고 있으므로 구분의 방식이 쓰였음을 알 수 있다.
02 '양식척'의 등장 배경을 설명하고, 그 특성을 분석하고 있다.

(6) 유추

① 생소하거나 복잡한 개념을 친숙하거나 단순한 개념과 비교하여 설명하는 방식이다.

② 비교하는 두 대상은 범주는 다르지만 유사성이 있어야 한다.

③ 두 대상의 성질과 속성이 1:1로 대응되어야 한다.

④ 이러한 점들을 바탕으로 동일한 결론을 도출할 수 있어야 한다.

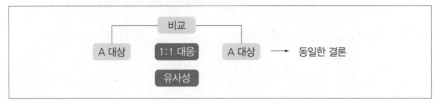

> 문학이 구축하는 세계는 실제 생활과 다르다. 즉 실제 생활은 허구의 세계를 구축하는 데 필요한 재료가 되지만 이 재료들이 일단 한 구조의 구성 분자가 되면 그 본래의 재료로서의 성질과 모습은 확연히 달라진다. 건축가가 집을 짓는 것을 떠올려 보자. 건축가는 어떤 완성된 구조를 생각하고 거기에 필요한 재료를 모아서 적절하게 집을 짓게 되는데, 이때 건물이라고 하는 하나의 구조를 완성하게 되면 이 완성된 구조의 구성 분자가 된 재료들은 본래의 재료와 전혀 다른 것이 된다.
> → 문학이 구축하는 세계와 실제 생활의 관계를 건축가가 짓는 건물과 재료와의 관계에 빗대어 설명하고 있다.

(7) 묘사

① 대상의 형태, 감촉, 향기, 소리 등을 있는 그대로 그림을 그리듯이 서술하는 방식이다.

② 독자가 표현을 통해 상상하게 하므로 대상을 생생하게 전달할 수 있다.

> 그 녀석은 박 씨 앞에 삿대질을 하듯이 또 거센 소리를 질렀다. 검초록색 잠바에 통이 좁은 깜장색 바지 차림의 서른 남짓 되어 보이는 사내였다. 짧게 깎은 앞머리가 가지런히 일어서 있고 손에는 올이 굵은 깜장 모자를 들었다. 칼칼하게 야윈 몸매지만 서슬이 선 눈매를 지녔고, 하관이 빠르고 얼굴색도 까무잡잡하다. 앞니에 금니 두 개를 해 박았다. 구두가 인상적으로 써늘하게 생겼다. 구둣방에 진열되어 있는 구두는 구두에 불과하지만 일단 사람의 발에 신기면 구두도 그 주인의 위인과 더불어 주인을 닮아 가게 마련이다. 끝이 뾰족하고 반들반들 윤기를 내고 있다.
> — 이호철, 〈1965년, 어느 이발소에서〉
> → '그 녀석'의 생김새와 입은 옷차림, 행동 등을 그림을 그리듯이 눈에 보이는 것처럼 생생하게 표현하고 있다.

◯✕ 문제

01 예시를 들어 설명하면 독자에게 상황을 생생하게 전달할 수 있다. ( )

02 유추의 방식을 적용하려면 두 대상의 유사성을 비교하였을 때 동일한 결론을 내릴 수 있어야 한다. ( )

정답 01 ✕ 02 ◯

확인 문제   19 기상직 9급

다음 문장에 쓰인 서술 방식은?

> 우리말을 제대로 세우지 않고 영어를 들여오는 일은 우리 토종 물고기를 돌보지 않은 채 외래종 물고기를 들여온 우(憂)를 또다시 범하는 것이다.

정답 유추

해설 '우리말을 제대로 세우지 않고 영어를 들여오는 일'과 '토종 물고기를 돌보지 않은 채 외래종 물고기를 들여오는 일'의 유사성을 통해 우리말을 제대로 세워야 한다는 결론을 도출할 수 있으므로 유추가 쓰였음을 알 수 있다.

03 | 논증

1. 논증의 개념

논증은 어떤 주장을 이유를 들어 논리적으로 증명하고 그 정당성을 입증하여 상대방을 설득하는 방법으로, 주장을 나타내는 명제와 그 명제를 뒷받침하는 논거, 논거를 통해 명제의 타당성을 입증해 나가는 추론으로 이루어진다.

2. 논증의 요소

(1) 명제

① 명제의 개념: 어떤 문제에 대한 하나의 논리적 판단과 주장을 평서형 문장으로 표현한 것이다. 논증에서의 주제문이며, 참과 거짓을 판단할 수 있다.

② 명제의 종류

㉠ 사실 명제: 일반적·보편적 사실을 진술한 명제이다. 진실성·신빙성에 근거하여 참과 거짓으로 판단할 수 있다.

예 조선의 제4대 왕은 세종대왕이다. / 대한민국은 민주공화국이다.

㉡ 가치 명제: 글쓴이의 가치관, 세계관 등을 근거로 시비(是非), 선악(善惡), 미추(美醜) 등의 가치 판단이 담긴 명제이다.

예 경험은 세상을 바라보는 눈을 넓혀 준다. / 인간은 존엄한 존재이다. / 퇴폐주의는 부도덕한 문예사조이다.

㉢ 정책 명제: 어떤 문제에 대한 해결 방안이나 의견, 주장 등을 내세운 명제이며, 정당성을 주장하여 상대방을 설득한다. 주로 '~해야 한다', '~하자' 등의 형식을 취한다.

예 주차난을 해결하기 위해 지하주차장을 만들어야 한다. / 우리는 미래를 위해 환경보호에 앞장서야 한다.

(2) 논거

① 논거의 개념: 명제를 뒷받침하는 논리적인 근거이다. 주장의 증거 자료로서 타당성, 신뢰성, 적합성이 있어야 한다.

② 논거의 종류

㉠ 사실 논거: 역사적 사실, 통계 수치 등을 통해 객관적으로 증명될 수 있는 논거를 말한다.

> 세계에서 사형을 가장 많이 집행하는 미국에서는 연간 10만 건 이상의 살인이 벌어지고 있으며 좀처럼 줄어들지 않고 있다. 또한 2006년 미국의 범죄율을 비교한 결과 사형 제도를 폐지한 주의 범죄율이 유지하고 있는 주보다 오히려 낮았다. 이는 사형 제도가 범죄 예방 효과가 있을 것이라는 생각이 근거 없는 기대일 뿐임을 말해 준다.

확인 문제 15 경찰 1차

다음 명제에 대한 설명으로 가장 적절한 것은?

> 교통 법규를 위반하는 사람은 엄벌에 처하는 것이 더 바람직하다.

① 주관적 가치 판단을 바탕으로 어떤 문제의 좋고 나쁨을 주장하는 명제이다.
② 당위성 여부를 바탕으로 어떤 행동 실현의 필요성을 주장하는 명제이다.
③ 객관적 근거를 바탕으로 사실의 진위(眞僞)를 판단하는 명제이다.
④ 감정적 호소를 바탕으로 행위의 실천을 촉구하는 명제이다.

정답 ①

해설 '더 바람직하다'라는 표현을 통해 글쓴이의 가치 판단이 드러나므로 제시된 문장은 ①에서 설명하는 가치 명제라 할 수 있다.
② 정책 명제에 대한 설명이다.
③ 사실 명제에 대한 설명이다.

ⓛ 소견 논거: 일반적인 여론 또는 전문가나 권위 있는 사람의 의견·증언 등을 인용하는 논거로 신뢰성이 중시된다.

> 서양에서 주인공을 '히어로(hero)', 즉 '영웅'이라고 부른 것은 고대 서사시나 희곡의 소재가 되던 주인공들이 초인간적인 능력을 가진 인물들이었기 때문이다. 신화적 세계관 속에서 영웅들은 신과 밀접한 관계를 맺거나 신의 후손이기도 하였다.
> 신화와 달리 문학 작품은 인물의 행위를 단일한 것으로 통일시킨다. 영웅들의 초인간적이고 신적인 행위는 차차 문학 작품의 구조에 제한되어 훨씬 인간화되었다. 문학 작품의 통일된 구조에 적합하지 않은 것은 대폭 수정되거나 제거되는 수밖에 없었다.
> 아리스토텔레스는 비극이 '보통보다 우수한 인물'을 모방한다고 하였는데, 이는 문학의 인물이 신화의 영웅이 아닌 보통의 인간임을 지적한 것이다. 극의 주인공은 작품의 통일성을 기하는 데 기여하는 중심적인 인물이면 된다고 한 것으로 볼 수 있다.
> 낭만주의 및 역사주의 비평가들은 작중 인물을 실제 인물인 양 따로 떼어 내어, 그의 개인적인 역사를 재구성해 보려고도 하였다. 그들은 영웅이라는 표현 대신 '성격(인물, character)'이라는 개념을 즐겨 썼는데, 이 용어는 지금도 비평계에서 애용되고 있다.

(3) 추론

① 추론의 개념: 어떤 사실을 근거로 삼아 합리적 과정을 통해 논리적으로 결론을 이끌어 내는 과정을 말한다.

② 추론의 종류

ⓐ 연역법: 일반적 사실이나 원리를 전제로 개별적인 특수한 사실이나 원리를 결론으로 이끌어 내는 추리 방법이다. 삼단 논법이 대표적인 형식이다.

ⓑ 귀납법: 개별적인 특수한 사실이나 원리를 전제로 일반적인 사실이나 원리로서의 결론을 이끌어 내는 연구 방법이다. 특히 인과 관계를 확정하는 데에 사용된다.

ⓒ 변증법: 모순 또는 대립을 근본 원리로 두고 사물의 운동을 설명하는 논리이다. 정(正)·반(反)·합(合)의 3단계를 거쳐 전개된다.

3. 추론의 유형

(1) 연역 추론

① 연역 추론의 개념

ⓐ 이미 알고 있는 하나 또는 둘 이상의 일반적인 사실이나 원리로부터 특수한 사실이나 원리를 이끌어 내는 추리 방법이다.

ⓑ 논리적인 필연성을 중시한다.

ⓒ 삼단 논법이 대표적인 형식이다.

② 삼단 논법의 종류

　　㉠ 정언❶ 삼단 논법: 단언적인 두 정언 명제를 전제로 하여 제3의 정언 명제를 결론으로 이끌어 내는 방법이다.

p는 q이다.	대전제	모든 사람은 죽는다.
r은 p이다.	소전제	소크라테스는 사람이다.
r은 q이다.	결론	그러므로 소크라테스는 죽는다.

　　㉡ 가언❷ 삼단 논법: 대전제가 조건을 제시하는 형태의 명제로 이루어진 삼단 논법을 말한다. 조건 제시 부분은 전건❸, 결과 부분은 후건❹이라 한다.

| 전건 긍정 → 후건 긍정 | 만일 p이면 q이다. → p이다. → q이다. |
| 후건 부정 → 전건 부정 | 만일 p이면 q이다. → q가 아니다. → p가 아니다. |

　　예 날씨가 따뜻해지면 눈이 녹는다. → 날씨가 따뜻하다.(전건 긍정) → 그러므로 눈이 녹을 것이다.(후건 긍정) / 아침에는 해가 뜬다. → 해가 뜨지 않았다.(후건 부정) → 그러므로 아침이 아니다.(전건 부정)

　　㉢ 선언❺ 삼단 논법: 선택으로 구성된 선언 명제를 전제로 가진 삼단 논법을 말한다. 두 판단 가운데 하나를 고르도록 한 추리 형식이며, 선언지는 서로 배타적이어야 한다.

| p 또는 q이다. → p가 아니다. → q이다. |
| 선우는 여자이거나 남자이다. → 여자가 아니다. → 그러므로 선우는 남자이다. |

(2) 귀납 추론

① 귀납 추론의 개념

　㉠ 개별적인 사실이나 특수한 원리를 전제로 하여 일반적인 사실이나 원리를 결론으로 이끌어 내는 방법이다.

　㉡ 전제의 참·거짓 여부가 결론에 영향을 주는 연역 추론과 달리 귀납 추론의 전제와 결론은 논리적 관계가 아닌 개연적 관계이다.

　㉢ 구체적인 사실이 많을수록 개연성이 높아지는 확률적 사고 과정이다.

② 귀납 추론의 종류

　㉠ 통계적 귀납 추론: 어떤 집합의 일부 구성 요소를 관찰하고 속성을 찾아낸 뒤 그것을 근거로 모든 구성 요소에 그 속성이 있을 것이라는 결론을 도출하는 추론 방식이다. 단, 일반화할 수 있도록 충분히 자료를 수집해야 하고, 결론이 편파적이지 않도록 대표적 사례를 잘 선정해야 한다.

🏃 어휘 풀이

❶ 정언: 어떤 명제, 주장, 판단을 '만일', '혹은' 따위의 조건을 붙이지 아니하고 확정하여 말하거나 그런 말을 뜻한다.
❷ 가언: 어떤 조건을 가정한 말이다.
❸ 전건: 가언적 판단에서 그 조건, 이유 따위를 표시하는 부분이다.
❹ 후건: 가언적 판단에서 귀결(歸結)을 표시하는 부분이다.
❺ 선언: 여러 개의 명제를 접속사 '또한'이나 이와 같은 뜻의 접속사로 연결한 합성 명제이다.

> 우리 강아지는 배를 문질러 주면 등을 바닥에 대고 누워 버려. 그리고 정말 기분 좋은 듯한 표정을 짓지. 그런데 내 친구 강아지도 그렇더라고. 아마 모든 강아지가 그런 속성을 가지고 있는 것 같아.
> → 구체적인 대상 간 속성이 유사함을 근거로 일반적인 사실에까지 확대하는 귀납의 논리 전개 방식을 띠고 있으나, 특정한 사례를 성급하게 일반화하는 일반화의 오류를 범하고 있다.

ⓛ 인과적 귀납 추론: 어떤 현상의 원인과 결과 관계를 바탕으로 결론을 이끌어 내는 추론 방식이다.

> A 식당에서 식사를 한 손님들이 식중독에 걸렸다. 조사 결과 식중독에 걸린 사람들은 모두 B 음식을 먹었다. 따라서 조사 당국은 B 음식이 식중독의 원인이라고 판단했다.
> → 식중독에 걸린 사람들이 모두 B 음식을 먹은 것을 근거로 B 음식이 식중독의 원인일 것이라고 추론하고 있다.

ⓒ 유비 추론: 두 대상 사이의 유사성을 근거로 하여 나머지 요소도 동일할 것이라고 추론하는 방식이다.

> 진리가 사상의 체계에 있어 제일의 덕이듯이 정의는 사회적 제도에 있어 제일의 덕이다. 하나의 이론은 그것이 아무리 멋지고 간명한 것이라 하더라도 만약 참되지 않다면 거부되거나 수정되어야 한다. 이와 마찬가지로 법과 제도는 그것이 아무리 효율적으로 잘 정비되어 있다고 하더라도 만약 정의롭지 않다면 개혁되거나 폐기되어야 한다.
> → 이론과 사회적 정의의 속성이 유사하다는 것을 바탕으로 이론이 참되지 않다면 거부되거나 수정되어야 하는 것처럼 사회적 제도도 정의롭지 않다면 개혁되거나 폐기되어야 한다고 추론하고 있다.

(3) 변증법

① 변증법의 개념

ⓐ 모순과 대립을 근본 원리로 하고, 이를 통합하여 좀 더 높은 차원의 결론을 도출해 내는 원리이다.

ⓑ 두 개의 대립되는 개념인 정(正)과 반(反)으로부터 이를 지양(止揚)하여 제3의 개념인 합(合)을 도출한다.

② 변증법의 형식

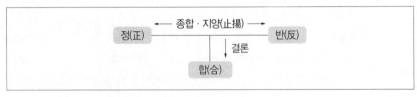

확인 문제   17 국가직 7급

다음 글에 쓰인 논증 방식은?

기존의 틀을 벗어나려면 새로운 가치가 필요하다. 운동선수가 뜀틀을 넘으려면 도약대가 있어야 하듯, 낡은 사고, 인습, 그리고 변화에 저항하는 틀을 뛰어넘기 위해서는 믿고 따를 분명한 디딤판이 필요하다. 또한, 기존의 틀을 벗어나려면 운동선수가 뜀틀을 향해 달려가는 것처럼 변화하고자 하는 의지도 필요하다. 도전하려는 의지가 수반될 때에 뜀틀 너머의 새로운 사회를 만날 수 있다.

정답 유비 추론
해설 운동선수의 뜀틀 넘기와 기존 사고의 틀 벗어나기의 유사한 속성을 비교하여 추론하고 있다.

전통은 물론 과거로부터 이어 온 것을 말한다. 이 전통은 대체로 그 사회 및 그 사회의 구성원(構成員)인 개인(個人)의 몸에 배어 있는 것이다. 그러므로 스스로 깨닫지 못하는 사이에 전통은 우리의 현실에 작용(作用)하는 경우(境遇)가 있다. 그러나 과거에서 이어 온 것을 무턱대고 모두 전통이라고 한다면, 인습(因襲)이라는 것과의 구별(區別)이 서지 않을 것이다. 우리는 인습을 버려야 할 것이라고는 생각하지만, 계승(繼承)해야 할 것이라고는 생각하지 않는다. 여기서 우리는, 과거에서 이어 온 것을 객관화(客觀化)하고, 이를 비판(批判)하는 입장에 서야 할 필요를 느끼게 된다. 그 비판을 통해서 현재(現在)의 문화 창조(文化創造)에 이바지할 수 있다고 생각되는 것만을 우리의 전통이라고 불러야 할 것이다.

→ 전통은 과거로부터 이어져 온 것을 말하지만(정), 무조건 과거로부터 이어져 온 것을 모두 전통이라고 보면 인습과 구별이 되지 않으므로(반) 현재 문화 창조에 이바지할 수 있는 것만을 전통이라고 보아야 한다는(합) 변증법적 논리로 글이 전개되고 있다.

4. 추론의 오류

(1) **형식적 오류**: 추론의 정해진 논리 규칙을 따르지 않아 발생한 오류를 말한다.

① **전건 부정의 오류**: 가언 삼단 논법에서 전건을 부정할 때 후건도 부정하여 생기는 오류이다.

예 검사 측 증인의 증언이 사실이라면 피고는 유죄일 것이다. 그러나 증인의 증언이 위증임이 드러났다. 따라서 피고는 무죄이다.

② **후건 긍정의 오류**: 가언 삼단 논법에서 후건을 긍정할 때 전건도 긍정하여 생기는 오류이다.

예 만약 지금 바람이 분다면 깃발이 펄럭일 것이다. 지금 깃발이 펄럭이고 있다. 따라서 지금 바람이 불고 있다.

③ **선언지 긍정의 오류**: 선언 삼단 논법에서 선언지가 서로 배타적이지 않아 생기는 오류이다. 배타적 의미와 포괄적 의미를 혼동할 경우 많이 발생한다.

예 나리는 국어를 잘하거나 영어를 잘한다. 나리는 국어를 잘한다. 따라서 나리는 영어를 못한다.

(2) **비형식적 오류**: 논리적 규칙은 올바르게 지켜졌으나 논증의 과정에서 오류가 발생한 경우이다.

① **언어적 오류**

㉠ 애매어 사용의 오류: 둘 이상의 의미를 가진 말을 동일한 의미를 가진 말로 혼동하여 사용함으로써 생기는 오류이다.

예 부패하기 쉬운 것들은 냉동 보관해야 한다. 세상은 부패하기 쉽다. 고로 세상은 냉동 보관해야 한다.

㉡ 모호한 문장의 오류: 애매한 문법 구조로 인해 한 문장이 두 가지 이상의 의미로 해석되어 뜻이 모호해지는 오류이다.

예 나는 웃으면서 들어오는 친구에게 인사를 했다.

확인 문제 17 지방직 7급

다음 문장에서 보이는 오류는?

영식이는 가수이거나 배우이다. 영식이는 가수이다. 따라서 영식이는 배우가 아니다.

정답 선언지 긍정의 오류

안심Touch

ⓒ 은밀한 재정의의 오류: 주장하는 쪽이 일부러 단어의 의미를 자의적으로 해석하여 사용함으로써 생기는 오류이다.

예 미친 사람은 정신병원에 보내야 해. 학교에 무단결석을 하다니 그 녀석은 미친 게 틀림없어. 그러니 정신병원으로 보내는 게 맞아.

ⓒ 강조의 오류: 문장의 한 부분을 부당하게 강조하여 생기는 오류이다.

예 어머니가 <u>학교에</u> 지각하면 안 된다고 하셨으니 <u>학원에는</u> 지각해도 될 것이다.

ⓒ 범주의 오류: 단어의 범주를 혼동하여 사용함으로써 생기는 오류이다.

예 <u>학교</u>를 보여 준다고 했는데 왜 <u>교실이랑 운동장</u>만 보여줘?

② 자료적 오류

ⓒ 우연의 오류(원칙 혼동의 오류): 일반적인 규칙이 특수한 경우에도 적용될 것이라고 생각하여 발생하는 오류이다. 예외를 고려하지 않아 오류가 생기게 된다.

예 모든 사람에게는 표현의 자유가 있다. 판사도 사람이므로 법정에서 본인의 가치관을 자유롭게 표현할 권리가 있다.

ⓒ 성급한 일반화의 오류: 제한된 정보, 불충분한 통계 자료, 대표성을 결여한 사례 등을 근거로 특수한 사례를 성급하게 일반화하여 발생하는 오류이다.

예 프랜차이즈 식당 A를 가보니 위생이 매우 안 좋았어. 역시 같은 프랜차이즈 식당 B도 위생이 좋지 않아서 기분이 나빴어. 이를 봤을 때 모든 프랜차이즈 식당은 위생이 좋지 않을 테니 앞으론 가면 안 되겠어.

ⓒ 잘못된 인과 관계의 오류: 어떤 두 사건 사이에 인과 관계가 없음에도 불구하고 인과 관계가 있는 것으로 판단하여 발생하는 오류이다.

예 나는 시험을 보는 날에는 머리를 감지 않아. 머리를 감으면 밤새 공부한 것을 다 까먹어서 시험을 망쳐버리게 되거든.

ⓒ 공통 원인의 오류: 두 사건의 공통 원인이 따로 있는데도 불구하고 어느 한 사건이 다른 사건의 원인이라고 생각하여 발생하는 오류이다.

예 길 건너 건물에 큰 불이 났을 때 엄청난 폭발음이 들렸다. 따라서 폭발음이 화재의 원인이라 할 수 있다.

ⓒ 논점 일탈의 오류: 주장을 뒷받침하기 위해 논점에서 벗어난 근거들을 제시하여 발생하는 오류이다.

예 영희: 너 어떻게 나에게 거짓말을 할 수가 있어?
철수: 내가 그랬나? 그런데 영희야 너 가방이 없어진 것 같아.

ⓒ 의도 확대의 오류: 의도하지 않은 행위로 인해 발생한 결과에 대해 사실은 의도가 작용했다고 판단하여 발생하는 오류이다.

예 이제야 집에서 출발했다고? 아예 영화 시간에 늦으려고 작정했구나.

ⓒ 흑백 사고의 오류: 어떠한 집합 내에 대상이 두 개밖에 없다고 잘못 판단하는 오류이다. 중간항이 있을 수 있다는 것을 간과하여 발생하게 된다.

예 내 전화를 받지 않는 것을 보니 너는 나를 싫어하는 게 확실해.

확인 문제   17 지방직 7급

다음 문장에서 보이는 오류는?

죄를 지으면 벌을 받아야 한다. 벌을 받으면 꿀을 얻을 수 있고, 그 꿀을 팔아 돈을 벌 수 있다. 따라서 죄를 지으면 돈을 벌 수 있다.

정답 애매어 사용의 오류

ⓐ 합성의 오류(결합의 오류): 각 개별 대상이 참이면 그 대상이 속한 집합의 전체 개체가 모두 참이라고 판단하여 발생하는 오류이다.

　　예 그 학생의 논술 시험 답안은 탁월하다. 그의 답안에 있는 문장 하나하나가 탁월하기 때문이다.

ⓔ 분할의 오류(분해의 오류): 어떠한 집합 전체가 참이라면 그 집합 내의 각 개체들도 모두 참이라고 판단하여 발생하는 오류이다.

　　예 미국 아이스하키 선수단이 이번 올림픽에서 금메달을 차지했다. 그러므로 미국 선수 각자는 세계 최고 기량을 갖고 있다.

ⓩ 무지에 호소하는 오류: 증명할 수 없는 사실을 주장의 근거로 들어 근거의 반증을 제시할 수 없으므로 주장이 옳다고 판단하는 오류이다.

　　예 누구도 이 식당이 맛없다고 말한 사람은 없어. 그러니까 엄청 맛있는 집이란 소리지.

ⓣ 잘못된 유비 추리(기계적 유비 추리의 오류): 어떠한 대상 간에 일부 속성이 비슷하다고 해서 전체가 모두 비슷할 것이라고 판단하여 발생하는 오류이다.

　　예 닭과 오리, 나비는 모두 날개가 있어. 닭과 오리는 소리를 내어 울 수 있으므로 나비도 울 수 있을 거야.

ⓔ 복합 질문의 오류: 두 가지 이상의 질문을 하나의 질문으로 묶어 물음으로써 사실은 서로 다른 대답을 요하는 질문인데도 불구하고 한 번의 대답으로 두 가지 질문에 모두 같은 대답을 할 수밖에 없게 되는 오류이다.

　　예 당신은 TV를 볼 때 몇 시간을 봅니까? / 이제는 운동을 할 거지?

ⓟ 순환 논증의 오류(선결 문제 요구의 오류): 증명하려고 하는 결론의 근거는 전제에 의존해야 하고, 전제를 증명하기 위한 근거는 결론에 의존해야 해서 순환적으로 논증하게 되는 오류이다. 결국은 같은 말을 계속 되풀이하게 된다.

　　예 규칙적인 생활을 하고 운동을 열심히 하는 사람은 건강합니다. 왜냐하면, 건강한 사람은 규칙적인 생활을 하고 운동을 열심히 하기 때문입니다.

ⓗ 발생학적 오류: 어떤 대상의 기원이 가지고 있는 속성을 그 대상도 역시 가지고 있을 것이라 판단하여 발생하는 오류이다.

　　예 옆집 아이의 아버지는 몇 년 전에 절도죄로 징역을 살았다. 그 아이도 아버지를 닮아 손버릇이 나쁠 것이다.

③ 심리적 오류

　　㉠ 공포(위력)에 호소하는 오류: 공포나 위력, 권력 등의 감정을 이용하여 자신의 주장을 받아들이게 하는 오류이다.

　　　　예 우리의 요구를 받아들이지 않는다면 이후에 일어나는 모든 일은 당신 혼자서 책임져야 할 것입니다.

　　㉡ 연민(동정)에 호소하는 오류: 상대방의 연민, 동정 등의 감정을 유발시켜서 자신의 주장을 받아들이게 하는 오류이다.

　　　　예 이번에는 이 식당에서 밥을 먹자. 내가 얼마나 여기서 먹어 보고 싶었는지 몰라. 꼭 한번 오게 되기를 간절하게 바랐어.

확인 문제

20 군무원 9급
01 다음 문장에서 보이는 오류는?

식이요법을 시작하면 영양 부족에 빠지고, 어설픈 식이요법이 알코올 중독에 이르게 한다는 것을 암시해. 식이요법을 시작하지 못하게 막아야 해.

18 서울시 9급
02 다음 문장에서 보이는 오류는?

거짓말을 하는 것은 죄악이다. 그러므로 의사가 환자에게 거짓말을 하는 것은 당연히 죄악이다.

정답 01 잘못된 인과 관계의 오류
02 우연의 오류

ⓒ 정황에 호소하는 오류: 어떤 사람이 처한 상황, 직업, 과거의 행적 등의 개인적 정황을 근거로 그 사람의 주장을 비판하는 오류이다.

예 그 국회의원은 교사 출신이므로 교육이나 학생에 인권에 관한 문제를 먼저 논의해야 한다고 할 것이 뻔하다.

ⓔ 대중(대수)에 호소하는 오류: 타당한 근거를 제시하는 대신 군중 심리를 이용하여 주장을 받아들이게 하는 오류이다.

예 이 식당 음식을 꼭 먹어보도록 해. 만나는 사람들마다 이 집 이야기를 하는 걸 보니 맛이 괜찮은가 봐.

ⓜ 부적합한 권위에 호소하는 오류: 논지와 전혀 상관없는 분야의 전문가임에도 전문가라는 권위를 내세워 참임을 주장함으로써 발생하는 오류이다.

예 여기는 유명한 개그맨이 맛있다고 한 식당이니까 당연히 맛있겠지. 그러니까 꼭 여기서 먹어야 해.

ⓗ 인신공격의 오류: 어떤 사람의 인품, 직업, 과거의 행적 등 비난받을 만한 상황들을 근거로 내세워 그 사람의 주장을 비판하는 오류이다.

예 과거에 사기죄로 수감된 적 있던 사람이기 때문에 그를 사건의 목격자로 인정할 수 없다.

ⓢ 피장파장의 오류(역공격의 오류): 자신이 비판받는 내용이 자신을 비판하는 사람에게도 해당하는 내용임을 내세워 비판을 모면하려고 함으로써 발생하는 오류이다.

예 제가 이 사람을 때린 것은 맞지만 그 이유도 들어보셔야 합니다. 이 사람이 먼저 저에게 욕을 하고 주먹질을 했기 때문에 저도 맞선 겁니다.

ⓞ 원천 봉쇄의 오류(우물에 독 뿌리기): 반론의 가능성이 있는 부분을 원천적으로 봉쇄하여 반론의 제기 자체를 불가능하도록 함으로써 발생하는 오류이다.

예 내 의견에 따르지 않는다는 것은 결국 스스로가 바보라는 걸 증명하는 꼴이야.

확인 문제

16 지방직 7급
01 다음 문장에서 보이는 오류는?

㉠ 분열은 화합으로 극복할 수 있다. 화합한 사회에서는 분열이 일어나지 않는다.
㉡ 미확인 비행 물체[UFO]가 없다는 주장이 입증되지 않았으므로 미확인 비행 물체는 존재한다.
㉢ 지금 서른 분 가운데 열 분이 손을 들어 반대하셨습니다. 손을 안 드신 분은 모두 제 의견에 찬성하는 것으로 알겠습니다.
㉣ A 지역에서 생산한 사과도 맛이 없고, B 지역에서 생산한 사과도 맛이 없습니다. 따라서 올해는 맛있는 사과를 맛볼 수 없을 것입니다.

15 서울시 7급
02 다음 문장에서 보이는 오류 유형은?

국민의 67%가 사형 제도에 찬성했다. 그러므로 사형 제도는 정당하다.

정답 01 ㉠ 순환 논증의 오류, ㉡ 무지에 호소하는 오류, ㉢ 흑백 사고의 오류, ㉣ 성급한 일반화의 오류
02 대중(다수)에 호소하는 오류

CHAPTER

03 글의 유형

01 설명문 · 논설문

1. 설명문

(1) 설명문의 개념

① 어떤 대상에 대한 사실을 해명하여 독자의 이해를 돕는 것을 목적으로 한다.

② 지식이나 정보를 객관적이고 체계적으로 전달하는 글이다.

(2) 설명문의 구성

① 머리말: 설명 대상과 목적을 밝히고 글을 쓴 동기를 제시하여 독자의 관심을 유도한다.

② 본문: 정의, 예시, 분류, 분석 등의 여러 가지 설명 방식을 사용하여 체계적이고 객관적으로 대상을 전달한다.

③ 맺음말: 본문의 내용을 간단히 요약하고 정리하며 글을 마무리한다.

(3) 설명문의 요건

① 간결성: 어떠한 대상이나 개념, 지식 등을 풀이하는 글이므로 독자가 글을 쉽고 정확하게 이해하도록 분명하고 간결한 표현과 함께 체계적으로 정보를 전달해야 한다.

② 객관성: 개인적인 견해나 추측은 제외하고 사실만을 제시해야 한다.

③ 사실성: 정보를 전달할 때 신빙성 있는 자료와 사실을 바탕으로 해야 한다.

④ 체계성: 설명문의 기본 구성인 '머리말–본문–맺음말'의 순서로 생소하거나 어려운 정보 · 지식을 독자에게 체계적으로 전달해야 한다.

> **머리말**
>
> 우리는 역사를 통하여 모든 발명에는 다음의 조건들이 수반된다는 것을 알고 있다. 첫째, 그것은 어떤 인간적 필요를 충족하는 이기(利器)이기에 발명되고 존재하며, 둘째, 그러나 거의 언제나 그것이 기존 체제에 도전하는 어떤 위협 또는 위해로 의구심을 받게 되고, 셋째, 그것은 싫건 좋건 인간 생활, 사회 체제에 크고 작은 변화를 유발하는 영향을 끼치게 되며, 넷째, '문화 진화'에서 쓸모가 있는 한, 사람은 그것과 더불어 사는 지혜를 기를 수밖에 없다는 것이다.
>
> 정보 테크놀로지에도 이런 네 가지, 즉 그것이 가지는 이점, 몰고 오는 위협, 끼치는 영향, 그리고 그것과 더불어 살아가야 할 지혜를 생각해 볼 수 있다. 이 글에서는 텔레비전, 전화, 컴퓨터, 인공위성 등 정보 테크놀로지가 인간 생활에 주는 의의를 분석하고자 한다.

설명문의 유형

• 실용적 설명문: 학문적 개념이나 지식보다는 일상생활에서 필요한 정보 등을 설명하는 글이다.
  예 관광 안내서, 화장품 사용 설명서, 가전제품 사용 설명서

• 과학적 설명문: 학문적 지식, 어려운 개념 등을 이해하도록 설명하는 글이다.
  예 과학 · 수학 원리 설명문

확인 문제

설명문의 요건으로 옳지 않은 것은?

① 간결성
② 객관성
③ 흥미성
④ 체계성

정답 ③

우선 정보기기는 인간을 잡노동에서 해방시켜준다. 즉, '편하게' 해 준다. 컴퓨터와 전화를 이용하여 쇼핑과 예약을 할 수 있으며, 은행을 직접 찾아가는 수고에서 벗어날 수 있다. 그러한 '해방'은 인간에게, 적어도 잠재적으로는, 좀 더 고차원적인 정신 활동, 좀 더 심오한 지적 모험, 좀 더 수준 높은 예술적 탐구에 젖어 볼 수 있는 마음의 여유를 준다.

편하게 해 줄 뿐만 아니라, 정보기기는 우리의 경험 세계를 시간의 제약, 공간의 제약, 사회의 제약에서도 벗어나게 해 준다. 미국에 가 있는 아들에게 거는 장거리 전화는 태평양이라는 공간을 초월하게 해 주고, 그것은 배 또는 비행기를 타고 건너가야 할 시간을 초월하게 해 준다. 컴퓨터는, 수년 걸릴 계산을 그야말로 전광석화(電光石火)의 속도로 해치운다.

그뿐만 아니라, 텔레비전은 사람들을 여러 가지 제약에서 벗어나게 한다. 텔레비전은 모든 것을 다른 사람들에게 공공연하게 헤쳐 놓는다. 가난한 사람들도 텔레비전을 통하여 재벌들의 생활을 볼 수 있다. 또, 남자에겐 여자의 신비가 깨지고, 여자에겐 남자의 신비가 허물어진다. 이 모든 정보는 텔레비전 이전에는 여러 사회 집단이 각기의 벽 속에 깊이 감추어 두고 있던 것들이다. 또 하나의 의미에서 개방 사회(開放社會)가 출현하게 되는 것이다.

이 모든 것은 유사(有史) 이래 최초로, 엄청나게 풍부한 문화 경험을 가능하게 해 준다. 따라서, 풍부한 자아실현(自我實現)의 가능성을 터놓고 있는 셈이다. 정보 테크놀로지는 그 어느 때보다 풍부하고 다양한 지적, 예술적, 도덕적 경험을 할 수 있는 수단과 여건(與件)을 제공해 주는 것이다.

― 정범모, 〈정보 사회와 인간 생활〉

2. 논설문

(1) 논설문의 개념

① 어떤 문제에 대한 주장을 독자에게 설득시키는 것을 목적으로 하는 글이다.

② 논증의 과정을 통해 주장을 논리적으로 증명한다.

③ 독자는 사실과 의견을 구분할 줄 알아야 하며, 독해할 때 근거가 타당하고 공정한지를 비판적으로 검토해야 한다.

(2) 논설문의 구성

① **서론**: 주제에 대한 독자의 관심을 환기시키고, 본론에서 주장할 논제를 밝힌다.

② **본론**: 주장에 대한 단정과 논증 두 단계를 통해 타당한 근거를 들어 주장을 펼친다. 반대 주장에 대한 논리적 반박이나 해결 방안 등이 제시된다.

③ **결론**: 본론에서 제시한 주장을 요약하고, 해결 방안에 대한 행동을 촉구하거나 전망과 새로운 과제를 제시한다.

(3) 논설문의 요건

① **명제의 명료성**: 제시된 명제의 내용은 분명해야 한다. 따라서 부정확하고 애매한 어휘나 확인되지 않은 내용 등의 사용은 지양해야 한다.

② **명제의 공정성**: 명제의 공정성을 위해 선입견이나 편견이 개입되지 않도록 주의해야 한다.

③ **논거의 확실성**: 주장을 뒷받침하기 위한 논거는 확실하고 타당한 내용으로 제시해야 한다.

④ **추론의 논리성**: 주장을 제시하고, 논거를 통해 그 주장을 증명하는 과정은 체계적이고 논리적이어야 한다.

논설문의 유형

• 논증 논설문: 객관적인 근거를 제시하여 사실이나 문제의 옳고 그름을 밝히는 논설문이다.
  예 논문, 평론
• 설득 논설문: 개인적인 의견이나 주장을 논리적으로 밝혀 독자를 설득하는 논설문이다.
  예 사설, 칼럼

⑤ **용어의 정확성**: 독자를 설득하기 위해 정확한 정보의 제시가 중요하므로 비유적이 거나 함축적인 표현은 피해야 한다.

> **서론**
> 세상이 좁아지고 있다. 비행기가 점점 빨라지면서 세상이 차츰 좁아지는가 싶더니, 이젠 정보 통신 기술의 발달로 지구 전체가 아예 한 마을이 되었다. 그래서인지 언제부터인가 지구촌이라는 말이 그리 낯설지 않다. 그렇게 많은 이들이 우려하던 세계화가 바야흐로 우리 눈앞에서 적나라하게 펼쳐지고 있다. 세계는 진정 하나의 거대한 문화권으로 묶이고 말 것인가?
> 요사이 우리 사회는 터진 봇물처럼 마구 흘러드는 외래 문명에 정신을 차리지 못할 지경이다. 세계화가 미국이라는 한 나라의 주도하에 이루어지고 있다. 일본은 얼마 전 영어를 아예 공용어로 채택하는 안을 검토하고 있다. 문화 인류학자들은 이번세기가 끝나기 전에 대부분의 언어들이 이 지구상에서 자취를 감출 것이라고 예측한다. 언어를 잃는다는 것은 곧 그 언어로 세운 문화도 사라진다는 것을 의미한다. 우리가 그토록 긍지를 갖고 있는 우리말의 운명은 과연 어떻게 될 것인가.
>
> **본론**
> 20세기가 막 시작될 무렵, 뉴욕 센트럴 파크의 미국 자연사 박물관 앞 계단에서 몇 명의 영국인들이 자못 심각한 토의를 하고 있었다. 미 대륙을 어떻게 하면 제2의 영국으로 만들 수 있을 것인지를 논의한 것이다. 그들은 이미 미국의 동북부를 뉴잉글랜드, 즉 '새로운 영국'이라 이름 지었지만 그보다는 좀 더 본질적인 영국화를 꿈꾸었다. 그들이 생각해 낸 계획은 참으로 기발하고도 지극히 영국적인 것이었다. 셰익스피어의 작품에 등장하는 영국의 새들을 몽땅 미국 땅에 가져다 풀어놓자는 계획이었다. 그러면 미국은 자연스레 영국처럼 될 것이라는 믿음이었다.
> 그래서 그 후 몇 차례에 걸쳐 그들은 영국 본토에서 셰익스피어의 새들을 암수로 쌍쌍이 잡아와 자연사 박물관 계단에서 날려 보내곤 했다. 셰익스피어의 작품에 등장하는 새들의 종류가 얼마나 다양한지는 모르지만 그 영국계 미국인들은 참으로 몹쓸 짓을 한 것이다. 그 많은 새들은 낯선 땅에서 비참하게 죽어 갔고, 극소수만이 겨우 살아남았다. 그런데 그들 중 유럽산 찌르레기는 마치 제 세상이라도 만난 듯 퍼져나가 불과 100년도 채 안 되는 사이에 참새를 앞지르고 미국에서 가장 흔한 새가 되었다.
> 우리나라에도 몇몇 도입종들이 활개를 치고 있다. 예전엔 참개구리가 울던 연못에 요즘은 미국에서 건너온 황소개구리가 들어앉아 이것저것 닥치는 대로 삼키고 있다. 어찌나 먹성이 좋은지 심지어는 우리 토종 개구리들을 먹고 살던 뱀까지 잡아먹는다. 토종 물고기들 역시 미국에서 들어온 블루길에게 물길을 빼앗기고 있다. 이들이 어떻게 자기 나라보다 남의 나라에서 더 잘 살게 된 것일까?
> 도입종들이 모두 잘 적응하는 것은 결코 아니다. 사실, 절대 다수는 낯선 땅에 발도 제대로 붙여 보지 못하고 사라진다. 정말 아주 가끔 남의 땅에서 들풀에 붙은 불길처럼 무섭게 번져 나가는 것들이 있어 우리의 주목을 받을 뿐이다. 그렇게 남의 땅에서 의외의 성공을 거두는 종들은 대개 그 땅의 특정 서식지에 마땅히 버티고 있어야 할 종들이 쇠약해진 틈새를 비집고 들어온 것들이다. 토종이 제자리를 당당히 지키고 있는 곳에 쉽사리 뿌리내릴 수 있는 외래종은 거의 없다.
>
> **결론**
> 제 아무리 대원군이 살아 돌아온다 하더라도 더 이상 타문명의 유입을 막을 길은 없다. 어떤 문명들은 서로 만났을 때 충돌을 면치 못할 것이고, 어떤 것들은 비교적 평화롭게 공존하게 될 것이다. 결코 일반화할 수 있는 문제는 아니겠지만 스스로 아끼지 못한 문명은 외래 문명에 텃밭을 빼앗기고 말 것이라는 예측을 해도 큰 무리는 없을 듯싶다. 내가 당당해야 남을 수용할 수 있다.
> 영어만 잘 하면 성공한다는 믿음에 온 나라가 야단법석이다. 배워서 나쁠 것 없고, 영어는 국제 경쟁력을 키우는 차원에서 반드시 배워야 한다. 하지만 영어보다 더 중요한 것은 우리 한글이다. 한술 더 떠 일본을 따라 영어를 공용어로 하자는 주장이 심심찮게 들리고 있다. 그러나 우리말을 제대로 세우지 않고 영어를 들여오는 일은 우리 개구리들을 돌보지 않은 채 황소개구리를 들여온 우를 또 다시 범하는 것이다.
> 영어를 자유롭게 구사하는 일은 새 시대를 살아가는 필수 조건이다. 하지만 우리 한글을 바로 세우는 일에도 소홀해서는 절대 안 된다. 황소개구리의 황소울음 같은 소리에 익숙해져 참개구리의 소리를 잊어서는 안 되는 것처럼.
> — 최재천, 〈황소개구리와 우리말〉

확인 문제   15 사복직 9급

㉠과 ㉡ 중에서 필자의 주장을 뒷받침하는 근거로 옳은 것은?

> 우리 사회에 사형 제도에 대한 해묵은 논쟁이 다시 일고 있다. 그러나 지금까지 ㉠ 여론 조사 결과를 보면, 우리 국민의 70% 정도는 사형 제도가 범죄를 예방할 수 있다고 생각한다. 그러나 과연 그 믿음대로 사형 제도는 정의를 실현하는 제도일까?
> 세계에서 사형을 가장 많이 집행하는 미국에서는 연간 10만 건 이상의 살인이 벌어지고 있으며 좀처럼 줄어들지 않고 있다. 또한 ㉡ 2006년 미국의 범죄율을 비교한 결과 사형 제도를 폐지한 주의 범죄율이 유지하고 있는 주보다 오히려 낮았다. 이는 사형 제도가 범죄 예방 효과가 있을 것이라는 생각이 근거 없는 기대일 뿐임을 말해 준다.
> 또한 사형 제도는 인간에 대한 너무도 잔인한 제도이다. 사람들은 일부 국가에서 행해지는 돌팔매 처형의 잔인성에는 공감하면서도, 어째서 독극물 주입이나 전기의자 등은 괜찮다고 여기는 것인가? 사람을 죽이는 것에는 좋고 나쁜 방법이 있을 수 없으며 둘의 본질은 같다.

정답 ㉡

해설 필자는 사형 제도의 폐지를 주장하고 있다. ㉡은 사형을 가장 많이 집행하는 미국에서도 사형 제도를 시행하는 주보다 시행하지 않는 주의 범죄율이 더 낮음을 보여주는 자료이므로 필자의 주장을 뒷받침하는 근거로 볼 수 있다.

02 기사문 · 건의문

1. 기사문

(1) 기사문의 개념

① 생활 주변에서 일어나는 사건을 객관적으로 전달하는 글이다.

② 사건을 육하원칙에 맞게 기록하여 독자에게 전달한다.

(2) 기사문의 구성

① 중요한 내용이 앞에 오고 그에 대한 세부 내용을 설명하는 역삼각형 구조로 구성한다.

② 표제, 전문, 본문, 해설 순으로 진행된다.

> **육하원칙(5W1H)**
> 역사 기사, 보도 기사 따위의 문장을 쓸 때에 지켜야 하는 기본적인 원칙으로, '누가, 언제, 어디서, 무엇을, 어떻게, 왜'의 여섯 가지를 이른다.

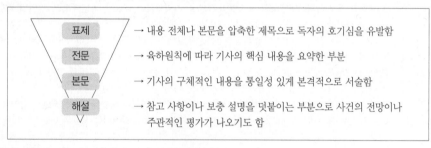

표제 → 내용 전체나 본문을 압축한 제목으로 독자의 호기심을 유발함

전문 → 육하원칙에 따라 기사의 핵심 내용을 요약한 부분

본문 → 기사의 구체적인 내용을 통일성 있게 본격적으로 서술함

해설 → 참고 사항이나 보충 설명을 덧붙이는 부분으로 사건의 전망이나 주관적인 평가가 나오기도 함

(3) 기사문의 특성

① **간결성**: 정보를 전달할 수 있는 지면의 공간이 한정되어 있으므로 불필요한 수식어나 내용 등은 가능한 한 삼가고 핵심 내용만을 담아야 한다.

② **신속성**: 최대한 빨리 발생한 사건이나 상황을 전달해야 한다.

③ **객관성**: 보고 들은 사실을 가감 없이 있는 그대로 전달해야 한다.

④ **육하원칙**: 사건의 정보를 정확하게 전달하기 위해 '누가, 언제, 어디서, 왜, 무엇을, 어떻게'의 원칙으로 작성해야 한다.

㉠ 별 헤는 밤   → 표제

㉡ ― 울산과 부산서 11 · 12일 별 축제 열려 ―   → 부제

㉢ 11일과 12일 저녁 울산과 부산에서 가을밤 별자리를 관찰할 수 있는 축제가 잇따라 펼쳐   → 전문
진다.

㉣ 울산광역시와 한국천문연구원은 11일 오후 5시부터 한국우주전파관측망(KVN) 울산전   → 본문
파천문대에서 '울산전파천문대와 함께하는 대한민국 별 축제'를 연다. 이 축제는 울산광역시
생활과학교실과 한국아마추어천문학회가 주관해 2010년부터 해마다 여는, 청소년을 위한
과학 문화 축제이다.

[후략]

《○○신문》, 200○.○○.○○.

확인 문제   19 지방직 7급

오른쪽 본문의 〈별 헤는 밤〉과 관련한 신문 기사의 ㉠~㉣ 중에서 다음 〈보기〉의 설명과 일치하는 것은?

> **보기**
> 신문 기사에서 '전문'은 기사의 내용을 요약하여 제시한 부분으로, 대체로 육하원칙에 의거하여 기사 내용의 뼈대를 제공한다. 이는 본문을 요약하는 전문, 배경을 설명하는 전문, 여론을 환기하는 전문, 결과를 제시하는 전문 등으로 나눌 수 있다.

정답 ㉢

2. 건의문

(1) 건의문의 개념

① 개선이 필요한 현안에 관해 개인이나 기관에 문제 해결을 요구하거나 의견을 제안하는 글이다.

② 건의문의 글쓴이는 문제를 해결하고자 하는 사람이며, 독자는 문제의 해결 능력을 가지고 있는 사람이다.

③ 문제를 상기시키고 해결 방안을 제안하여 독자들의 행동 변화가 일어나도록 촉구하는 데 목적이 있다.

(2) 건의문의 구성

① 처음: 받을 사람, 인사, 자기소개, 글을 쓴 동기와 목적을 밝힌다.

② 가운데: 문제의 설명과 청원, 청원의 근거, 해결 방안 등을 제시한다.

③ 끝: 주장을 요약하고 긍정적 기대와 인사말, 날짜, 필자 서명 등을 쓴다.

(3) 건의문의 요건

① 실현 가능성: 제기하는 문제의 해결 방안이 실현 가능성이 있는 문제인지, 글을 읽는 독자가 해결할 수 있는 문제인지 고려해야 한다.

② 합리성: 건의하는 내용과 주장하는 해결 방안이 논리적으로 타당해야 한다.

③ 공정성: 건의문은 객관적인 사실의 전달이 아닌 개인적인 주장에 따른 글이므로 여러 사람의 이해관계에 따라 논쟁이 있을 수 있다. 따라서 어느 한쪽에 치우치지 않도록 공정성을 지키는 것이 중요하다.

④ 도덕적 규범의 준수: 도덕적 규범에 어긋나지 않는 내용이어야 한다.

처음
학생 여러분, 안녕하세요? 제28대 학생회입니다.
오늘 아침 여러분의 등굣길은 어떤 모습이었나요? 안전했나요?

가운데
㉠ 최근 학교 홈페이지에 올라온 글처럼, 여러분도 학교에 올 때 누군가 등교에 이용한 자가용으로 인해 놀라거나 위험에 처한 적이 있을 것입니다. ㉡ 자가용 등교는 자신의 등굣길은 편하게 해 주지만 다른 학생들의 등굣길을 혼잡하고 위험하게 만들기도 합니다. ㉢ ㅁㅁ 경찰서의 자료에 따르면, 우리 지역 학교 앞 교통사고 발생률은 일과 시간과 대비하여 등교 시간에 67% 정도 높다고 합니다. 여러분이 타고 온 차도 다른 학생들에게 해가 될 수 있습니다. 특히 우리 학교 앞 도로는 유난히 좁다 보니 횡단보도에 정차하는 경우도 많아 몹시 위험합니다.

물론 걷기가 불편하거나 집이 많이 먼 경우는 자가용 등교가 불가피할 수 있습니다. 그러나 이런 경우가 아니라면, 안전한 등굣길을 위해 우선 자가용 이용을 자제하는 것이 필요합니다. ㉣ 또한 안전한 등굣길을 만들려면 주변을 살피며 걷는 습관도 필요합니다. 휴대전화를 보거나 이어폰을 꽂고 걷다 보면 차가 오는 것을 보지 못해 위험해질 수 있기 때문입니다.

끝
우리가 조금만 노력하면, 차에 놀라며 걷는 대신 친구와 함께 여유로운 발걸음으로 교문을 들어서는 아침 풍경을 만들 수 있습니다. 또, 자가용을 이용할 필요가 없게 부지런히 등교 준비를 하다 보면 규칙적인 생활 습관도 갖게 될 것입니다.

㉤ 여러분은 안전한 등굣길을 만들고 싶지 않으신가요? 그러려면 자가용 이용은 자제하고 주변을 살피며 걸어 주세요. 다 함께, 평화로운 등교 장면을 상상이 아닌 현실로 만듭시다.

긴 글 읽어 주셔서 감사합니다.

2020년 △월 △일
○○ 고등학교 학생회

확인 문제　　21 고3 6월 모의

왼쪽 본문의 〈○○ 고등학교 학생회〉 건의문의 ㉠~㉤ 중 〈보기〉에서 설명하는 내용이 잘 드러나 있는 것은?

보기

글을 쓸 때는 설득 전략을 활용하여 설득 효과를 높일 수 있다. 논리적 추론을 강조하는 이성적 설득 전략에는 전문가 소견이나 객관적 자료 활용하기, 예상 반론을 언급하고 필자의 주장이 우위에 있음을 드러내기 등이 있다.

정답 ㉢

해설 67%라는 구체적인 통계 수치와 이러한 자료의 출처가 ㅁㅁ 경찰서라는 점을 들어 주장의 객관성을 높이는 이성적 설득 전략이 잘 드러나 있음을 알 수 있다.

어휘 풀이

❶ 노정: 거쳐 지나가는 길이나 과정을 말한다.
❷ 추보식 구성: 걸음을 옮기는 순서에 따라 글을 전개하는 방식이다.

1. 기행문

(1) 기행문의 개념
① 여행을 하면서 보고, 듣고, 겪고, 느낀 것을 기록한 글이며, 글쓴이의 체험을 직접적으로 전달한다.
② 어떠한 형식적 구애도 받지 않는 것이 특징이지만, 기본적으로 여행의 노정❶을 구체적으로 기록하는 것이 원칙이다.

(2) 기행문의 구성
① 처음: 여행의 동기, 목적 등과 함께 여행에 대한 기대감이 드러나고, 여행지에 대한 소개나 여행 계획 등이 제시된다.
② 가운데: 여행의 여정과 여행지에서 보고 들은 것, 느낀 것, 인상적인 것 등이 서술되고 그에 대한 글쓴이의 감상이 드러난다.
③ 끝: 여행의 전체적인 감상과 앞으로의 계획 등을 밝힌다.

(3) 기행문의 요소
① 여정: 여행의 과정이나 일정을 말한다.
② 견문: 여행을 하면서 보고 들은 것을 말한다.
③ 감상: 여행을 하는 동안 느낀 생각이나 감정을 말한다.

(4) 기행문의 특성
① 글쓴이의 생각이나 느낌이 주로 담기기 때문에 글에 글쓴이의 개성이 드러난다.
② 여행의 여정에 따라 글이 전개되는 추보식 구성❷을 따른다.
③ 여행지에 대한 특징이나 그곳에서 겪은 경험을 소개하는 정보 전달의 역할을 한다.

인천 국제공항 광장에 걸린, '한민족의 뿌리를 찾자! 대한 고등학교 연수단'이라고 쓴 현수막을 보자 내 가슴은 마구 뛰었다.
난생 처음 떠나는 해외여행, 8월 15일 오후 3시 15분 비행기에 오르는 나는 한여름의 무더위도 잊고 있었다. 비행기가 이륙하자, 거대한 공항 청사는 곧 성냥갑처럼 작아졌고, 푸른 바다와 들판은 빙빙 돌아가는 듯했다. 비행기에서 내려다본 구름은 정말 아름다웠다. 뭉게뭉게 떠다니는 하얀 구름밭은 꼭 동화 속에서나 나옴 직한 신비의 나라, 바로 그것이었다.
'나는 지금 어디로 가고 있을까, 꿈속을 헤매는 영원한 방랑자가 된 걸까?'

확인 문제   13 국가직 9급

오른쪽의 본문은 기행문의 일부이다. 이 글을 통해 알 수 없는 내용은?
① 여행의 동기와 목적
② 출발할 때의 감흥
③ 출발할 때의 날씨와 시간
④ 여행의 노정과 일정

정답 ④

해설 ① 여행의 동기와 목적: 한민족의 역사, 뿌리를 찾기 위해 대한 고등학교에서 연수를 떠남
② 출발할 때의 감흥: '내 가슴은 마구 뛰었다'에서 글쓴이의 감정이 드러남
③ 출발할 때의 날씨와 시간: '8월 15일 오후 3시 15분', '한여름의 무더위', '뭉게뭉게 떠다니는 하얀 구름밭' 등의 표현을 통해 드러남

2. 서간문

(1) 서간문의 개념

① 특정한 사람을 상대로 안부를 묻거나 자신의 용건을 전달하는 글이다.

② 대체로 잘 아는 사이에 주고받는 글이므로 개인적인 내용이 담기는 경우가 많다.

③ 친분 관계가 형성된 사이에 주고받는 글이라 해도 기본적인 예의와 형식은 지켜야 한다.

(2) 서간문의 구성

① 서두(첫머리): 호칭이나 첫인사, 상대방이나 본인의 안부 등이 제시된다.

② 본문(사연): 편지를 쓴 용건이나 목적이 제시된다.

③ 결미(끝맺음): 끝인사, 편지를 쓴 날짜, 편지를 쓴 사람 등이 제시된다.

④ 추신: 편지를 다 쓴 후 본문에서 빠뜨린 내용이나 추가적으로 덧붙이고 싶은 말을 쓴다.

(3) 서간문의 특징

① 글인데도 불구하고 하고 싶은 말을 대화하듯이 쓴다는 특징이 있다.

② 전달하려는 용건과 친교의 성격이 섞여서 나타난다.

➕ 개념 더하기

서간문 용어

본제입납(本第入納)	본가로 들어가는 편지라는 뜻으로, 자기 집으로 편지할 때 편지 겉봉에 자기 이름을 쓰고 그 밑에 쓰는 말
친전(親展)	타인이 보지 않고, 편지를 받을 사람이 직접 펴 보라고 편지 겉봉에 적는 말
전교(轉交)	다른 사람을 거쳐서 편지를 받게 한다는 뜻으로, 편지 겉봉에 쓰는 말
귀중(貴中)	편지나 물품 따위를 받을 이가 단체나 기관일 경우 쓰는 높임말
좌하(座下)	받는 이를 높이는 용어로, 그의 이름이나 호칭 아래 붙여 쓰는 말
취복백(就伏白)	나아가 엎드려 여쭙는다는 뜻으로, 웃어른에게 보내는 편지에서 안부를 물은 뒤에 하고자 하는 말을 적기 시작할 때 쓰는 말
인비친전(人秘親展)	인비(人秘)란 인사와 관계된 비밀이라는 뜻으로, 편지를 받은 당사자가 직접 보기를 원하여 편지 겉봉에 적는 말
인형(仁兄), 대형(大兄)	친구 사이의 편지글에서 상대방을 높여 이르는 2인칭 대명사

┌─ 선생님께!
│ 선생님 그동안 안녕하셨습니까?
첫│ 저는 방송반에서 활동하고 있는 2학년 박○○입니다. 어느새 추운 겨울바람이 자취를 감추고 훈훈
머│ 한 봄바람이 불어오고 있습니다. 선생님께서도 봄기운을 느끼며 잘 지내고 계시지요?
리└

확인 문제   17 국회직 8급

다음 중 서간문에 사용하는 호칭이나 직함 밑에 붙여 쓰는 말로 적합하지 않은 것은?

① 평교간(平交間)에 서로를 이를 때: 仁兄

② 자신의 글을 보아주는 사람을 높여 이를 때: 淸覽

③ 윗사람이 아랫사람에게 글을 보일 때: 下鑑

④ 남의 부모를 높여 이를 때: 高堂

⑤ 남의 어머니를 높여 이를 때: 尊堂

정답 ③

해설 下鑑(하감): 아랫사람이 올린 글을 윗사람이 볼 때 사용

① 仁兄(인형): 편지글에서 평교간(나이가 서로 비슷한 벗 사이)에 상대를 높여 이를 때 사용

② 淸覽(청람): 남이 자신의 글이나 그림 따위를 보는 것을 높여 말할 때 사용

④ 高堂(고당): 남의 부모를 높여 말할 때 사용

⑤ 尊堂(존당): 남의 어머니 또는 남의 집이나 집안 등을 높여 말할 때 사용

사
연

지난 방송반 동아리 모임에서 선생님과 많은 이야기를 나눌 수 있어서 좋았습니다. 평소에 선생님과 많은 시간 동안 이야기를 나눌 수 있는 기회가 없었는데, 지난 모임에서는 오랜 시간을 보내면서 평소 궁금했던 것을 여쭐 수 있어서 무척 뜻깊은 시간이었다고 생각합니다. 바쁘실 텐데 시간을 내 주셔서 감사드립니다.

특히 지난 모임에서 상담할 일이 있으면 언제든 연락 달라고 하신 말씀이 생각나 이렇게 편지를 씁니다. 2학년이 되면서 진로에 대한 고민이 많습니다. 아직까지 하고 싶은 일이나 진로 계획이 없어서 앞으로 진로를 어떻게 선택하고 준비를 해야 할지 모르겠습니다. 방송반 활동을 하면서 방송 작가나 방송 제작에 관심이 있기는 하지만 그렇다고 직업으로 고민해 본 적이 없어서 망설여지기도 합니다. 실은 대학 진학도 고민이 됩니다. 선생님! 여러 학교 일로 바쁘시겠지만 진로나 진학 문제에 대해서 선생님의 조언을 부탁드립니다.

끝
맺음

요즘 환절기라 일교차가 심합니다. 건강 유의하시기를 바랍니다. 답장을 기다리겠습니다. 안녕히 계십시오.

추
신

추신: 학기 초라 많이 바쁘실 텐데 답장은 편하신 때 보내 주시기 바랍니다.

04 독해 원리

01 글의 사실적 이해

1. 사실적 이해의 개념

(1) 유형의 이해

① 글의 내용을 정확하게 파악하고 이해하여 글을 해석하는 유형이다.

② 글 속에 드러난 정보들을 통해 전체 내용을 요약하거나 글의 핵심을 파악한다.

(2) 유형의 풀이

① 글 속에서 핵심 내용과 주제문을 찾고, 부수적인 내용을 구분해 내는 것이 중요하다.

② 글의 전체적인 구조와 전개 방식을 파악할 수 있어야 한다.

2. 사실적 이해의 문제 유형

(1) 중심 내용 · 핵심 논지 파악

① 비문학 문제에서 가장 대표적인 유형이다.

② 글의 중심 내용과 문단별 중심 내용을 파악할 수 있어야 한다.

> **'중심 내용 · 핵심 논지 파악' 대표 문제 유형**
> • 다음 글의 제목 · 화제 · 주제 · 주장 · 중심 내용으로 가장 적절한 것은?
> • 다음 글의 내용을 가장 적절하게 요약하고 있는 것은?

🔅 대표 기출 유형

다음 글의 필자가 궁극적으로 강조하는 내용으로 가장 적절한 것은?　16 국가직 9급

로마는 '마지막으로 보아야 하는 도시'라고 합니다. 장대한 로마 유적을 먼저 보고 나면 다른 관광지의 유적들이 상대적으로 왜소하게 느껴지기 때문일 것입니다. 로마의 자부심이 담긴 말입니다. 그러나 나는 당신에게 제일 먼저 로마를 보라고 권하고 싶습니다. 왜냐하면 로마는 문명이란 무엇인가라는 물음에 대해 가장 진지하게 반성할 수 있는 도시이기 때문입니다. 문명관(文明觀)이란 과거 문명에 대한 관점이 아니라 우리의 가치관과 직결되어 있는 것입니다. 그리고 과거 문명을 바라보는 시각은 그대로 새로운 문명에 대한 전망으로 이어지기 때문입니다.

① 여행할 때는 로마를 가장 먼저 보는 것이 좋다.

② 문명을 반성적으로 볼 수 있는 가치관이 필요하다.

③ 문화 유적에 대한 로마인의 자부심은 본받을 만하다.

④ 과거 문명에서 벗어나 새로운 문명을 창조해야 한다.

> **🔍 대표 기출 유형 풀이**
>
> **정답** ②
> 글쓴이는 '로마를 마지막으로 보아야 하는 도시'라는 통념을 반박하며, '로마를 가장 먼저 봐야 한다.'고 주장하고 있다. 또한 그 이유로 로마가 문명이란 무엇인가에 대해 가장 진지하게 반성할 수 있는 도시이기 때문이라고 밝히고 있다. 이를 통해 글쓴이가 궁극적으로 강조하는 내용은 ② '문명을 반성적으로 볼 수 있는 가치관이 필요하다.'임을 확인할 수 있다.

안심Touch

'글의 구조와 전개 방식의 이해' 대표 문제 유형
• 다음 문장·단락이 들어가기에 가장 적절한 곳은?
• 다음을 논리적 순서에 맞게 배열한 것은?
• 다음 글의 전개 방식·논지 전개 방식·진술 방식·서술 방식으로 가장 적절한 것은?

(2) 글의 구조와 전개 방식의 이해

① 글의 논리적 순서와 전개 방식을 파악할 수 있어야 한다.

② 섞여 있는 문장이나 문단을 올바르게 배열하거나 중심 내용을 드러내기 위해 어떠한 서술 방식이 사용되었는지 찾는 문제가 출제된다.

 대표 기출 유형

01 내용의 전개에 따라 바르게 배열한 것은?   17 국가직 9급

(가) 사물은 저것 아닌 것이 없고, 또 이것 아닌 것이 없다. 이쪽에서 보면 모두가 저것, 저쪽에서 보면 모두가 이것이다.

(나) 그러므로 저것은 이것에서 생겨나고, 이것 또한 저것에서 비롯된다고 한다. 이것과 저것은 저 혜시(惠施)가 말하는 방생(方生)의 설이다.

(다) 그래서 성인(聖人)은 이런 상대적인 방법에 의하지 않고, 그것을 절대적인 자연의 조명(照明)에 비추어 본다. 그리고 커다란 긍정에 의존한다. 거기서는 이것이 저것이고 저것 또한 이것이다. 또 저것도 하나의 시비(是非)이고 이것도 하나의 시비이다. 과연 저것과 이것이 있다는 말인가. 과연 저것과 이것이 없다는 말인가.

(라) 그러나 그, 즉 혜시(惠施)도 말하듯이 삶이 있으면 반드시 죽음이 있고, 죽음이 있으면 반드시 삶이 있다. 역시 된다가 있으면 안 된다가 있고, 안 된다가 있으면 된다가 있다. 옳다에 의거하면 옳지 않다에 기대는 셈이 되고, 옳지 않다에 의거하면 옳다에 의지하는 셈이 된다.

① (가) - (나) - (다) - (라)   ② (가) - (나) - (라) - (다)
③ (가) - (다) - (나) - (라)   ④ (가) - (라) - (나) - (다)

02 다음 글에 대한 설명으로 적절한 것은?   15 지방직 9급

노동 시장은 생산물 시장과 본질적으로 유사하지만, 생산물 시장이나 타 생산요소 시장과 다른 특징을 지니고 있다. 그중 가장 중요한 특징은 인간이 상품의 일부라는 점이다. 생산물 시장에서 일반 재화는 구매자와 판매자 간에 완전한 이전이 가능하고, 수요자와 공급자는 상대방이 누구인가에 대해 전혀 신경 쓸 필요 없이 오로지 재화 그 자체의 가격과 품질을 고려하여 수요·공급 의사를 결정한다. 그러나 노동 시장에서 노동이라는 상품은 공급자 자신과 분리될 수 없기 때문에 노동의 수요자와 공급자는 단순히 물건을 사고파는 것 이상의 인간적 관계를 맺게 되고, 수요·공급에 있어서 봉급, 부가 급여, 직업의 사회적 명예, 근무 환경, 직장의 평판 등 가격 이외의 비경제적 요소가 많은 영향을 미친다. 따라서 노동 시장은 가격의 변화에 따라 수요·공급이 유연성 있게 변화하지 않는 동시에 수요·공급의 불균형이 발생해도 가격의 조절 기능이 즉각적으로 작동하지 않는다.

① 여러 이론을 토대로 노동 시장에 대한 다양한 관점을 소개하고 있다.
② 여러 사례를 근거로 삼아 노동 시장에 대한 통념을 비판하고 있다.
③ 대비의 방식을 사용하여 노동 시장이 가지는 특징을 설명하고 있다.
④ 노동 시장에 관한 기존의 논의를 분석하여 새로운 주장을 제시하고 있다.

대표 기출 유형 풀이

01
정답 ②
(가) 이쪽에서 보면 모두가 저것, 저쪽에서 보면 모두가 이것이다. → (나) 그러므로 저것은 이것에서 생겨나고, 이것 또한 저것에서 비롯된다고 한다. ~ 혜시(惠施)가 말하는 방생(方生)의 설이다. → (라) 그러나 ~ 혜시(惠施)도 말하듯이 삶이 있으면 반드시 죽음이 있고, 죽음이 있다면 반드시 삶이 있다. ~ 옳다에 의거하면 옳지 않다에 기대는 셈이 되고, 옳지 않다에 의거 하면 옳다에 의지하는 셈이 된다. → (다) 그래서 성인(聖人)은 이런 상대적인 방법에 의하지 않고, 그것을 절대적인 자연의 조명(照明)에 비추어 본다.

• 지시어가 제시되지 않은 (가)가 맨 앞에 위치한다.
• (나)의 '혜시(惠施)가 말하는 방생(方生)의 설'이 (라)의 '즉 혜시(惠施)도 말하듯이'로 연결된다.
• (라)의 '옳다에 의거하면 옳지 않다에 기대는 셈이 되고, 옳지 않다에 의거하면 옳다에 의지하는 셈'이 (다)의 '이런 상대적인 방법'을 의미한다.
• 따라서 (가) - (나) - (라) - (다)로 연결된다.

02
정답 ③
'대비(對比)'는 두 가지의 차이를 밝히기 위하여 서로 맞대어 비교하는 것이다. 제시문의 중심 내용은 '노동 시장과 생산물 시장의 다른 점'이다. 노동 시장은 '인간이 상품의 일부'이기 때문에 '노동이라는 상품은 공급자 자신과 분리될 수 없으므로' 수요·공급이 유연성 있게 변화하지 않으며, 가격의 조절 기능이 즉각적으로 작동하지 않는다.

(3) 세부 내용의 파악

① 글의 내용과 선택지의 내용이 일치하는 것을 찾는 문제이다.
② 글의 내용을 그대로 묻는 형태와 변형하여 묻는 형태가 있다.

'세부 내용의 파악' 대표 문제 유형
• 다음 글에 대한 설명으로 적절하지 않은 것은?
• 다음 글의 내용과 부합하는 것은?
• 다음 글을 통해 추론한 내용으로 적절하지 않은 것은?

 대표 기출 유형

다음 글에 대한 설명으로 적절하지 않은 것은?　　　19 국가직 9급

믿기 어렵겠지만 자장면 문화와 미국의 피자 문화는 닮은 점이 많다. 젊은 청년들이 오토바이를 타고 배달한다는 점에서 참으로 닮은꼴이다. 이사한다고 짐을 내려놓게 되면 주방 기구들이 부족하게 되고 이때 자장면은 참으로 편리한 해결책이다. 미국에서의 피자도 마찬가지다. 갑자기 아이들의 친구들이 많이 몰려왔을 때 피자는 참으로 편리한 음식이다.

남자들이 군에 가 훈련을 받을 때 비라도 추적추적 오게 되면 자장면 생각이 제일 많이 난다고 한다. 비가 오는 바깥을 보며 따뜻한 방에서 입에 자장을 묻히는 장면은 정겨울 수밖에 없다. 프로 농구 원년에 수입된 미국 선수들은 하루도 빠지지 않고 피자를 시켜 먹었다고 한다. 음식이 맞지 않는 탓도 있겠지만 향수를 달래고자 함이 아닐까?

싸게 먹을 수 있는 이국 음식이란 점에서 자장면과 피자는 특별한 의미를 갖는다. 외식을 하기엔 부담되고 한번쯤 식단을 바꾸어 보고 싶을 즈음이면 중국식 자장면이나 이탈리아식 피자는 한국이나 미국의 서민에겐 안성맞춤이다. 그런데 한국에서나 미국에서나 변화가 생기기 시작했다. 한국에서는 피자 배달이 보편화되기 시작했다. 피자를 간식이 아닌 주식으로 삼고자 하는 아이들도 생겼다. 졸업식을 마치고 중국집으로 향하던 발걸음들이 이제 피자집으로 돌려졌다. 피자보다 자장면을 좋아하는 아이들을 찾아보기가 힘들어졌다.

① 피자는 쉽게 배달시켜 먹을 수 있는 편리한 음식이다.
② 자장면과 피자는 이국적인 음식이다.
③ 자장면과 피자는 값이 싸면서도 기분 전환이 되는 음식이다.
④ 자장면은 특별한 날에 어린이들에게 여전히 가장 사랑받는 음식이다.

대표 기출 유형 풀이

정답 ④
④ 마지막 문단의 '피자보다 자장면을 좋아하는 아이들을 찾아보기가 힘들어졌다.'에서 자장면이 특별한 날에 가장 사랑받는 음식이라는 진술이 적절하지 않음을 알 수 있다.

오답의 이유
① 첫 번째 문단의 '~ 피자는 참으로 편리한 음식이다.'에서 파악할 수 있는 내용이다.
② 세 번째 문단의 '싸게 먹을 수 있는 이국 음식이란 점에서 자장면과 피자는 ~'에서 파악할 수 있는 내용이다.
③ 세 번째 문단의 '~ 외식을 하기엔 부담되고 한번쯤 식단을 바꾸어 보고 싶을 즈음이면 ~ 서민에겐 안성맞춤이다.'에서 파악할 수 있는 내용이다.

(4) 단어 · 개념의 이해

① 특정 단어의 개념이나 단어가 글 속에서 갖는 문맥적 의미를 찾는 문제이다.

② 유추의 방식으로 전개되는 글에서는 제시된 내용과 대응되는 내용을 찾는 문제가
   출제되므로 문맥 속에서 핵심 속성을 파악하는 것이 중요하다.

대표 기출 유형

㉠~㉣ 중 밑줄 친 문장에서 강조하는 내용과 의미가 가장 가까운 것은?　　17 사복직 9급

> 정보 통신 기술은 컴퓨터를 수단으로 하여 인간의 '두뇌와 신경'을 비약적으로 ㉠ 확장하였
> 다. 정보 통신 기술의 발달은 전 세계적으로 정치, 경제, 산업, 교육, 의료, 생활양식 등 사회
> 전반에 걸쳐 혁신적인 ㉡ 변화를 일으키고, 인간관계와 사고방식, 가치관에까지 영향을 미칠
> 것이 틀림없다. 그러나 그 이면에는 불평등과 불균형을 불러올 위험성도 있다. 사회학자 드
> 세토(De Certeau)는 "기술은 문을 열 뿐이고, 그 문에 들어갈지 말지는 인간이 결정한다."라
> 는 말을 했다. 정보 통신 기술은 우리의 모든 생활 영역에 ㉢ 영향을 미치고 있다. 이 시점에
> 서 우리에게 중요한 것은 정보 통신 기술을 어떻게 활용하느냐이다. 정보 통신 기술이 우리
> 사회를 변화시키고 있지만, 그 기술의 가치를 이해하고 ㉣ 선택하는 주체는 바로 우리이기 때
> 문이다.

① ㉠　　　　　　　　　　　② ㉡

③ ㉢　　　　　　　　　　　④ ㉣

대표 기출 유형 풀이

정답 ④

㉠ · ㉡ · ㉢은 정보 통신 기술이 갖고 오
는 변화와 관계있는 말이다. 밑줄 친 부분
에서 '문에 들어갈지 말지는 인간이 결정
한다.'라고 했다. 다시 말해 정보 통신 기
술의 주체는 곧 인간이고, 그것을 결정하
는 것도 인간이므로 ㉣의 '선택'이 가장
적절하다.

오답의 이유

① ㉠ '확장'은 정보 통신 기술이 인간 자
  체에 미친 영향이다.
② ㉡ '변화'는 정보 통신 기술이 사회 전
  반에 가져온 영향이다.
③ ㉢ '영향'은 정보 통신 기술이 곧 우리
  의 모든 영역에 변화를 끼쳤음을 의미
  한다.

02 글의 추론적 이해

1. 추론적 이해의 개념

(1) 유형의 이해

① 정보가 명시적으로 주어지지 않기 때문에 논리적 추론을 통해 글에 드러나지 않은 정보를 찾아내야 한다.

② 정보의 사실적 이해에서 나아가 주어진 정보들을 새롭게 구성하고, 논리적 판단을 내리는 능력을 필요로 한다.

(2) 유형의 풀이

① 글의 전체적인 흐름에 따라 문장과 문장 사이, 문단과 문단 사이에 어떠한 접속어가 들어가야 할지, 그 앞뒤로 어떠한 내용이 들어가는 게 옳은지 판단하는 연습을 해야 한다.

② 핵심 내용의 속성을 파악하여 다른 상황에 유추 적용할 수 있어야 한다.

③ 주어진 자료를 통해 그 속에 숨겨진 의미를 파악하여 정보나 결론을 도출해 내고, 관점, 태도, 의도 등을 추론해 내는 것이 중요하다.

2. 추론적 이해의 문제 유형

(1) 새로운 정보를 미루어 파악

① 숨은 전제나 명시되지 않은 결과 및 경로 등을 예상하는 문제이다.

② 핵심 문장을 찾고, 생략된 부분의 앞뒤 내용을 통해 어떤 내용이 들어갈지 추론한다.

> **'새로운 정보를 미루어 파악' 대표 문제 유형**
> • 다음 글의 전제로 적절한 것은?
> • ㉠~㉢에 들어갈 단어로 적절한 것은?
> • 다음에 이어질 내용으로 알맞은 것은?

대표 기출 유형

01 문맥상 다음 ㉠에 들어갈 문장으로 가장 적절한 것은?

17 서울시 9급

인간의 역사가 발전과 변화의 가능성을 내포하고 있는 반면, 자연사는 무한한 반복 속에서 반복을 반복할 뿐이다. 그런데 마르크스는 「1844년의 경제학 철학 수고」 말미에, "역사는 인간의 진정한 자연사이다."라고 적은 바 있다. 또한 인간의 활동에 대립과 통일이 있듯이, 자연의 내부에서도 대립과 통일은 존재한다. (　　　　　㉠　　　　　) 마르크스의 진의(眞意) 또한 인간의 역사와 자연사의 변증법적 지양과 일여(一如)한 합일을 지향했다는 것에 있을 것이다.

① 즉 인간과 자연은 상호 간에 필연적으로 경쟁할 수밖에 없다.
② 따라서 인간의 역사와 자연의 역사를 이분법적 대립 구도로 파악하는 것은 위험하다.
③ 즉 자연이 인간의 세계에 흡수·통합됨으로써 인간의 역사가 시작된다.
④ 그러나 인간사를 연구하는 일은 자연사를 연구하는 일보다 많은 노력이 요구된다.

02 다음 글 다음에 나올 내용으로 가장 적절한 것은?

17 서울시 9급

재작년이던가 여름날에 있었던 일이다. 날씨가 화창하여 밀린 빨래를 해치웠다. 성미가 비교적 급한 나는 빨래를 하더라도 그날로 풀을 먹여 다려야지 그렇지 않으면 찜찜해서 심기가 홀가분하지 않다. 그날도 여름 옷가지를 빨아 다리고 나서 노곤해진 몸으로 마루에 누워 쉬려던 참이었다. 팔베개를 하고 누워서 서까래 끝에 열린 하늘을 무심히 바라보고 있었다. 그러다가 모로 돌아누워 산봉우리에 눈을 주었다. 갑자기 산이 달리 보였다. 하, 이것 봐라 하고 나는 벌떡 일어나, 이번에는 가랑이 사이로 산을 내다보았다. 우리들이 어린 시절 동무들과 어울려 놀이를 하던 그런 모습으로.

① 자연 속에서 무소유의 교훈을 찾아야 한다.
② 성실한 삶의 자세를 가져야 한다.
③ 종교적 의지를 통해 현실을 초월해야 한다.
④ 틀에 박힌 고정관념을 극복해야 한다.

대표 기출 유형 풀이

01
정답 ②

㉠의 앞 문장에서 인간의 활동에 대립과 통일이 있듯이, 자연의 내부에서도 대립과 통일은 존재한다고 했고, ㉠ 다음 문장에서는 인간의 역사와 자연사의 변증법적 지양과 일여(一如)한 합일을 지향했다고 했으므로 ㉠ 안에 들어갈 문장은 인간사와 자연사를 대립적 관계로 보면 안 된다는 내용의 ②가 적절하다.

오답의 이유
① 인간과 자연의 경쟁 관계는 제시문에 나타나지 않으므로 ㉠에 들어갈 내용으로 적절하지 않다.
③ 인간의 역사와 자연의 역사가 서로 포함 관계라는 입장은 나타나지 않는다.
④ 제시문은 역사 연구에 관한 글이 아니므로 논점에서 벗어난 진술이다.

02
정답 ④

제시문의 말미에서 필자는 평소 바라봤던 산의 모습과 다른 자세를 통해 봤을 때의 산의 모습이 사뭇 달라 보였음을 깨닫고 있다. 따라서 ④의 고정관념의 틀을 벗어야 한다는 내용이 이어질 것임을 짐작할 수 있다.

오답의 이유
①·③ '자연 속에서의 무소유', '종교적 의지에 의한 현실 초월' 등의 내용은 제시문에서 찾아볼 수 없다.
② 제시문의 뒤에 이어질 내용으로 찾는 것이므로 후반부의 내용과 이어질 내용을 찾아야 한다. 초반에 필자가 성실하게 여러 일을 하는 모습이 나오지만 이는 후반부에 이어질 내용으로 적절하지 않다.

(2) 관점 및 태도 추리

① 글 전체의 글쓴이의 관점·태도를 추리하거나 글이 의도하는 목적 등을 파악한다.
② 제시문 속 인물의 성격·심리를 추리하거나 예상되는 독자의 반응을 추리한다.

'관점 및 태도 추리' 대표 문제 유형
• 다음 글을 쓴 목적으로 적절한 것은?
• 다음 글을 읽은 독자의 반응으로 적절한 것은?

대표 기출 유형

다음 글의 중심 내용을 고려할 때, 글쓴이의 의도에 부합하는 반응으로 가장 옳은 것은?

17 사복직 9급

> 경제의 글로벌화가 진행되는 과정에서 다양성이 증대되었다고 생각하기가 쉽다. 체계적 국제 운송 및 통신 시스템의 도입으로 타 문화권에서 생산된 다양한 상품들과 식품들을 한데 모을 수 있을 것 같아 보이기 때문이다. 그러나 이렇게 다채로운 문화의 경험을 원활하게 만드는 바로 그 시스템이 실제로는 그런 다양성을 깨끗이 지워버리는 한편, 세계 전역에 걸쳐 지역마다의 문화적 특성까지도 말살하고 있다. 링곤베리와 파인애플 주스는 코카콜라에, 모직과 면으로 된 옷들은 청바지에, 고원에서 자라던 토종 소들은 저지 젖소에게 그 자리를 내주었다. 다양성이란 것은 한 회사에서 만든 열 가지의 청바지 중에 어느 것을 고를까 하는 문제가 절대 아니다.

① 지역 특산의 사과 품종을 굳이 보존할 필요가 없겠군.
② 글로벌 경제 시스템은 다양성 보존과는 거리가 있군.
③ 될 수 있으면 다국적 기업의 청바지를 사 입어야겠군.
④ 국제 운송 시스템은 지역 문화의 다양성을 증진시켰군.

🔍 대표 기출 유형 풀이

정답 ②

글쓴이의 의도를 문맥을 통해 확인할 수 있어야 한다. 제시문에서 글쓴이는 경제의 글로벌화가 다양성을 지워버리고 각 지역마다의 문화적 특성도 말살하고 있다고 말하면서 글로벌화를 비판하고 있다. 제시문에서 '경제의 글로벌화로 다양성이 증대된 것이 아니고, 다양성이 말살되고 있다.'라고 하였으므로 ②와 같이 글로벌 경제 시스템은 다양성 보존과는 거리가 있다고 볼 수 있다.

오답의 이유

① 글쓴이는 글로벌 경제가 다양성을 없애버린 것에 비판적이므로, 지역 특산물인 사과 품종을 보존해서 다양성을 지키는 것이 글쓴이의 의도에 부합하는 것이 된다.
③ 글쓴이는 다국적 기업에 의한 현 글로벌화 시스템이 다양성을 없애는 현상에 대해 부정적 견해를 보이고 있으므로 다국적 기업의 의류 소비를 줄여야 다양성을 보존할 수 있다는 반응이 옳다.
④ 글쓴이는 다국적 기업과 국제 운송 시스템으로 인해 오히려 다양성이 사라지고 있다고 주장하고 있다.

'구체적 상황에의 적용' 대표 문제 유형

• 다음 글의 사고 방향을 바꿔 쓴 내용으로 적절한 것은?

• 다음 글에 나타난 관계와 가장 비슷한 것은?

(3) **구체적 상황에의 적용**

① 특정한 개념이나 원리를 구체적 상황에 적용하는 문제이다.

② 핵심 개념이나 핵심 문장의 속성을 정확하게 파악해야 이와 유사한 다른 상황에 적용할 수 있다.

 대표 기출 유형

다음 글에 나타난 '그림:액자'의 관계와 가장 비슷한 것은? 15 국가직 9급

> 2000년이 된 기념으로 ○○화랑에서 화가 200인의 작품 전시회를 개최하였다. 큐레이터가 보내준 카탈로그를 보고 전화로 김○○ 화백의 그림을 바로 예약했다. 큐레이터는 "작품이 작은데 병 속에 세 명이 들어가 있어 답답한 느낌이 들지 않느냐?"라고 했지만, 나는 내가 설정한 '가족'이라는 주제에 어울린다고 생각하여 구입하기로 하였다.
> 전시회가 끝난 뒤 작품을 받아 보니 액자가 그림보다 훨씬 컸다. 이렇게 액자가 크니, 큐레이터의 걱정과는 달리 그림이 답답해 보이지는 않았다. 이것이 바로 '액자의 힘'이다. 내가 아는 어떤 애호가는 좋은 액자를 꾸준히 모은다. 갖고 있는 그림의 액자를 바꾸기 위해.

① 유명 인사들의 사회적 성공은 어디에서 비롯되었을까. 그들은 그 요인으로 하나같이 좋은 습관을 든다. - '성공:습관'

② 나는 가끔 책을 장난감 블록처럼 다양하게 쌓아 본다. 책의 무거움, 진부함, 지루함을 해소하고, 즐겁고 유쾌하게 책을 재발견하고자 하는 것이다. - '책:장난감 블록'

③ 로댕은 돌을 바라봅니다. 그 안에서 손을 발견합니다. 그리고 자신의 손을 움직여 돌 속의 손을 끄집어내려고 합니다. 그러다 실패하지요. 실패했다고 포기하지 않고 로댕은 다시 새 돌을 꺼내 바라봅니다. - '돌:손'

④ 인간은 단 몇 초 만에 상대방에 대한 호감도를 결정한다고 한다. 몇 초 만에 자신의 내면을 드러내기가 쉽지 않다는 것을 고려하면, 내면을 돋보이게 할 수 있는 옷차림은 분명 무시할 수 없는 요인이다. - '내면:옷차림'

대표 기출 유형 풀이

정답 ④

'액자'에 의해 '그림'이 답답해 보이던 것이 사라졌다. '액자'는 '그림'을 더 돋보이도록 보완해 주는 관계에 있다.

④ '옷차림'은 '내면'이 돋보일 수 있도록 보완하여 준다.

오답의 이유

① '습관'과 '성공'은 인과 관계이다. 좋은 습관이 사회적 성공을 이끈다.

② '책'과 '장난감 블록'은 사물을 새롭게 재발견하는 관계에 있다. 원래 '책'은 읽는 것인데 '장난감 블록'을 통해 장난감으로 재발견된다.

③ '돌'과 '손'은 재료와 목적의 관계에 있다.

1. 비판적 이해의 개념

(1) 유형의 이해

① 글의 내용과 형식, 사고의 과정 등을 내적·외적 준거를 바탕으로 그 정당성이나 타당성, 논리성 등을 고려하여 평가하는 문제이다.

② 객관적인 시선으로 글을 판단하거나 평가하는 유형이다.

(2) 유형의 풀이

① 논지가 일관적인지, 각 문단이 통일성을 가지고 있는지를 중심으로 글을 읽는다.

② 중심 논지가 타당한지, 논거는 논지를 충분히 뒷받침할 수 있는지를 비판적으로 평가한다.

2. 비판적 이해의 문제 유형

(1) 내적 준거에 따른 비판

① 글의 조직 원리와 관계된 요소들이 적절한지 평가하는 유형이다.

② 내용이나 관점, 원리, 글의 전개 방식, 각 요소 간 논리적 타당성 등을 검토한다.

(2) 외적 준거에 따른 비판

① 보편적 진리, 사회적·시대적 상황, 독자의 배경지식 등을 바탕으로 하여 글을 평가하는 문제이다.

② 사회적 통념에 비교하여 글의 내용과 전제가 타당한지 검토한다.

> **'내적 준거에 따른 비판' 대표 문제 유형**
> • 다음 글에서 통일성을 해치는 문장은?
> • 다음 글을 뒷받침하는 사례로 적절하지 않은 것은?

> **'외적 준거에 따른 비판' 대표 문제 유형**
> • 다음 글을 읽고 제기할 수 있는 문제로 적절한 것은?
> • 다음 글에 대해 올바르지 않게 평가한 것은?

대표 기출 유형

다음 글을 뒷받침하는 사례로 적절하지 않은 것은?

14 사복직 9급

훈민정음의 창제 원리는 훈민정음 해례에 상세히 기술되어 있다. 훈민정음 각 글자의 기본적인 제자 원리는 상형(象形)의 원리이다. 초성은 발음 기관을, 중성은 천지인(天地人) 삼재(三才)를 본떠 만들었다. 훈민정음은 글자를 만든 원리가 매우 과학적이다. 말소리가 만들어지는 방식을 정확하게 글자의 모양으로 구현했다. 또한 훈민정음의 글자 모양은 현대 언어학에서 이야기하는 변별적 자질, 즉 음성적 특성을 형상화했다. 소리의 위치나 특성이 비슷한 글자들은 모양도 유사하다. 더불어 음소 문자를 음절적으로 운용할 수 있도록 설계된 문자 체계는 가독성에 있어 어느 문자보다 우수하다고 평가할 수 있다. 음소가 말소리의 기본 단위이며 음절은 언어 인식의 기본 단위가 된다는 점을 훈민정음은 글자의 제작과 운용에서 모두 충족시키고 있기 때문이다.

① 한글의 'ㅂ:ㅍ:ㅃ, ㄷ:ㅌ:ㄸ, ㄱ:ㅋ:ㄲ'은 동일한 위치에서 나는 말소리의 유사성이 글자 모양에 반영되어 있다.
② 영어 단어 'mouse'가 몇 개의 음절인지 글자만 보고는 알 수 없지만, '마우스'라는 단어에서는 세 개의 음절임이 바로 드러난다.
③ 영어에서는 'street'처럼 세 개의 자음을 연달아 소리 낼 수 있지만, 한글에서는 '젊고, 값도'에서 보듯이 세 개의 자음을 연달아 소리낼 수 없다.
④ 로마자의 'm, n, s, k' 등은 글자의 모양이 말소리가 만들어지는 방식과 관련이 없지만, 한글의 'ㅁ, ㄴ, ㅅ, ㄱ'은 글자의 모양이 말소리가 만들어지는 방식과 밀접한 관련이 있다.

대표 기출 유형 풀이

정답 ③

③ 본문에 없는 내용이므로, 본문의 뒷받침 사례로 적절하지 않다.

오답의 이유

① 본문의 '소리의 위치나 특성이 비슷한 글자들은 모양도 유사하다.'는 내용을 뒷받침한다.
② 본문의 '음소 문자를 음절적으로 운용할 수 있도록 설계된 문자 체계'의 내용을 뒷받침한다.
④ 본문의 '말소리가 만들어지는 방식을 정확하게 글자의 모양으로 구현했다.'는 내용을 뒷받침한다.

1. 사실적 이해 유형 연습

(1) 중심 내용ㆍ핵심 논지 파악: 설명문에서는 정의의 형식으로 서술하는 부분이 많아 세부 내용임에도 불구하고 중심 내용으로 혼동하는 경우가 많다. 개념을 설명하는 문장이 세부 개념에 대한 정의인지, 한 문단의 소주제인지, 전체 글의 중심 주제인지 잘 구분할 수 있어야 한다.

다음 글의 ■ **중심 내용으로 가장 적절한 것은?**   18 국가직 9급

(가) ② '언문'은 실용 범위에 제약이 있었는데, 이런 현실은 ③ '언간 ❶'에도 적용된다. '언간' 사용의 제약은 무엇보다 이것을 주고받은 사람의 성별(性別)에서 뚜렷이 드러난다. 15세기 후반 이래로 숱한 언간이 현전 ❷하지만 남성 간에 주고받은 언간은 찾아보기 어렵다. 이는 남성 간에는 한문 간찰 ❸이 오간 때문이나 남성이 공적인 영역을 독점했던 당시의 현실을 감안하면 '언문'이 공식성을 인정받지 못했던 사실과 상통 ❹한다. ④ 결국 조선시대에는 언간의 발신자나 수신자 어느 한쪽으로 반드시 여성이 관여하는 특징을 보인다고 할 수 있다.

(나) 이러한 ⑤ 사용자의 성별 특징으로 인하여 종래 '언간'은 '내간'으로 일컬어지기도 하였다. ⑥ 그러나 이러한 명칭 때문에 내간이 부녀자만을 상대로 하거나 부녀자끼리만 주고받은 편지로 오해되어서는 안 된다. 16, 17세기의 것만 하더라도 수신자는 왕이나 사대부를 비롯하여 한글 해독 능력이 있는 하층민에 이르기까지 거의 전 계층의 남성이 될 수 있었기 때문이다. ⑦ 한문 간찰이 사대부 계층 이상 남성만의 전유물이었다면 언간은 특정 계층에 관계없이 남녀 모두의 공유물이었다고 할 수 있다.

① '언문'과 마찬가지로 '언간'의 실용 범위에는 제약이 있었다.

② 사용자의 성별 특징으로 인해 '언간'은 '내간'으로 일컬어졌다.

③ 언간은 특정 계층과 성별에 관계없이 이용된 의사소통 수단이었다.

④ 조선시대에는 언간의 발신자나 수신자 어느 한쪽으로 반드시 여성이 관여하는 특징을 보인다.

🏃 어휘 풀이

❶ **언간:** 언문 편지라는 뜻으로, 한글로 쓴 편지를 낮잡는 뜻으로 이르던 말이다.

❷ **현전:** 현재까지 전하여 오는 것을 뜻한다.

❸ **간찰:** 안부, 소식, 용무 따위를 적어 보내는 글(편지)을 말한다.

❹ **상통:** 서로 어떠한 일에 공통되는 부분이 있음을 뜻하는 말이다.

✓ 기출 지문 분석

• 갈래: 설명문
• 주제: 특정 계층이나 성별에 관계없이 의사소통 수단으로 이용된 '언간'

✓ 본문 투시하기

■ 글쓴이가 궁극적으로 말하고자 하는 바를 파악하는 문제

② ①번 선지의 내용(세부 내용)

③ 중심 소재의 등장

④ ④번 선지의 내용(세부 내용)

⑤ ②번 선지의 내용(세부 내용)

⑥ 역접 접속어

⑦ ③번 선지의 내용(중심 내용)

정답 ③
제시문의 중심 내용은 언간의 발신자나 수신자의 한쪽에는 반드시 여성이 관여하지만 수신자는 거의 전 계층의 남성이 될 수 있기 때문에 ③과 같이 언간은 계층, 성별과 관계없이 모든 사람들의 공유물로 보아야 한다는 것이다.

오답의 이유
①ㆍ②ㆍ④ 모두 제시문에서 언급된 옳은 내용이나, 언간이 성별을 초월한 모든 사람의 공유물이라는 중심 내용을 뒷받침하는 세부 내용에 불과하다.

(2) 글의 구조와 전개 방식의 이해

① 문단의 논리 구조: 문단이 섞여 있을 때는 무작정 순서대로 읽어 내려가기보다 일단 각 문단에서 원래 문단의 위치를 알 수 있는 상위 개념과 하위 개념, 문단 간의 관계를 알려주는 접속어 등의 지표들을 찾아야 한다. 그 후 각 문단의 첫 문장과 마지막 문장이 내용상으로 이어지는지 파악한다.

기출 지문 분석

• 갈래: 설명문
• 주제: 인간이 감각에서 기억, 경험, 학문적 인식을 거쳐 지혜를 갖게 되는 과정

본문 투시하기

❶ 각 문단을 글의 논리적 흐름에 맞게 배열하는 문제

❷ 어떠한 개념의 정의나 상위 개념에 대한 설명이 나오면 하위 개념을 설명하는 문단의 앞에 위치할 가능성이 높다.

❸ 앞 문단과 뒤 문단의 내용을 연결해 주는 접속어로, (나)와 같은 관점으로 설명하는 문단이 (나) 앞에 위치한다.

❹ (가), (라), (다)의 내용을 모두 아우르는 진술이므로 (나)가 가장 마지막에 위치해야 한다.

❺ 앞 문단과 뒤 문단이 서로 역접의 관계임을 알려 주는 접속어로, (다)와 반대되는 내용의 문단이 앞에 위치한다.

❻ (라)에서 언급된 '기술'과 이어지는 내용이므로 (다)는 (라) 다음에 위치해야한다.

❼ 더 지혜로운 사람들에 대한 상술

❽ (가)에서 언급한 상위 개념인 생명체의 하위 개념

❾ (가)에서 언급한 생명체 중 인간의 경우를 들어 설명하는 문단이므로 (가) 뒤에 (나)가 이어지는 것을 알 수 있다.

❿ 기억과 경험의 결과물

다음 ❶ 글의 전개 순서로 가장 자연스러운 것은?

(가) ❷ 생명체들은 본성적으로 감각을 갖고 태어나지만, 그들 가운데 일부의 경우에는 감각으로부터 기억이 생겨나지 않는 반면 일부의 경우에는 생겨난다. 그리고 그 때문에 후자의 경우에 해당하는 생명체들은 기억 능력이 없는 것들보다 분별력과 학습력이 더 뛰어난데, 그중 소리를 듣는 능력이 없는 것들은 분별은 하지만 배움을 얻지는 못하고, 기억에 덧붙여 청각 능력이 있는 것들은 배움을 얻는다.

(나) ❸ 앞에서 말했듯이, 유경험자는 어떤 종류의 것이든 감각을 가지고 있는 사람들보다 더 지혜롭고, 기술자는 유경험자들보다 더 지혜로우며, 이론적인 지식들은 실천적인 것들보다 더 지혜롭다는 것이 일반적인 견해이다. ❹ 그러므로 지혜는 어떤 원리들과 원인들에 대한 학문적인 인식임이 분명하다.

(다) ❺ 하지만 ❻ 발견된 다양한 기술 가운데 어떤 것들은 필요 때문에, 어떤 것들은 여가의 삶을 위해서 있으니, 우리는 언제나 후자의 기술들을 발견한 사람들이 전자의 기술들을 발견한 사람들보다 더 지혜롭다고 생각한다. ❼ 그 이유는 그들이 가진 여러 가지 인식은 유용한 쓰임을 위한 것이 아니기 때문이다. 그러므로 그런 종류의 모든 발견이 이미 이루어지고 난 뒤, 여가의 즐거움이나 필요, 그 어느 것에도 매이지 않는 학문들이 발견되었으니, 그 일은 사람들이 여가를 누렸던 여러 곳에서 가장 먼저 일어났다. 그러므로 이집트 지역에서 수학적인 기술들이 맨 처음 자리 잡았으니, 그곳에서는 제사장(祭司長) 가문이 여가의 삶을 허락받았기 때문이다.

(라) ❽ 인간 종족은 기술과 추론을 이용해서 살아간다. ❾ 인간의 경우에는 기억으로부터 경험이 생겨나는데, 그 까닭은 같은 일에 대한 여러 차례의 기억은 하나의 경험 능력을 만들어 내기 때문이다. 그리고 경험은 학문적인 인식이나 기술과 거의 비슷해 보이지만, 사실 ❿ 학문적인 인식과 기술은 경험의 결과로서 사람들에게 생겨나는 것이다. 그 까닭은 폴로스가 말하듯 경험은 기술을 만들어 내지만, 무경험은 우연적 결과를 낳기 때문이다. 기술은 경험을 통해 안에 쌓인 여러 관념들로부터 비슷한 것들에 대해 하나의 일반적인 관념이 생겨날 때 생긴다.

① (가) – (다) – (나) – (라)

② (가) – (다) – (라) – (나)

③ (가) – (라) – (나) – (다)

④ (가) – (라) – (다) – (나)

정답 ④

제시문은 생명체가 지혜를 얻는 과정을 (가) 감각 → (라) 기억–경험 → (다) 기술 → (나) 지혜 순으로 전개하고 있다. 선택지를 보면 글이 (가)부터 시작하는 것을 알 수 있으므로 그 다음부터 글의 전개 순서를 고려해야 한다.

② 글의 전개 방식의 이해: 우선 글의 전개 방식과 서술 방식의 유형을 확실히 숙지해야 한다. 그리고 선지에서 말하는 전개 방식이나 서술 방식을 통해 글이 전개되고 있는지 찾아낼 수 있어야 한다.

다음 글의 ❶ 진술 방식에 대한 설명으로 적절하지 않은 것은?

17 지방직 7급

❷ 언어도 인간처럼 생로병사의 과정을 겪는다. 언어가 새로 생겨나기도 하고 사멸 위기에 처하기도 하는 것이다. (중략) ❸ 하와이어도 사멸 위기를 겪었다. 하와이어의 포식 언어는 영어였다. 1778년 당시 80만 명에 달했던 하와이 원주민은 외부로부터 유입된 감기, 홍역 등의 질병과 정치 문화적 박해로 1900년에는 4만 명까지 감소했다. 당연히 하와이어 사용자도 급감했다. 1898년에 하와이가 미국에 합병되면서부터 인구가 증가하였으나, 하와이어의 위상은 영어 공용어 교육 정책 시행으로 인하여 크게 위축되었다. 1978년부터 몰입식 공교육을 통한 하와이어 복원이 시도되고 있으나, 하와이어 모국어를 구사할 수 있는 원주민 수는 현재 1,000명 정도에 불과하다. (중략)
❹ 언어의 사멸은 급속하게 진행된다. ❺ 어떤 조사에 따르면 평균 2주에 1개 정도의 언어가 사멸하고 있다. ❻ 우비크, 쿠페뇨, 맨크스, 쿤월, 음바바람, 메로에, 컴브리아어 등이 사라진 언어이다. 이러한 상태라면 금세기 말까지 지구에 존재하는 언어 가운데 90%가 사라지게 될 것이라는 추산도 가능하다.

① 통계 수치를 활용하여, 언어 사멸 현상을 설명하고 있다.
② 예상되는 반론을 제기하고, 언어가 사멸된다고 주장하였다.
③ 구체적인 예를 활용하여, 언어 사멸의 위기를 증명하였다.
④ 언어를 생명체에 비유하고, 수많은 언어가 사멸할 수 있다고 주장하였다.

⊙ 기출 지문 분석

• 갈래: 논설문
• 주제: 언어 사멸의 위기

⊙ 본문 투시하기

❶ 글에 어떤 전개 방식이 사용되었는지 찾아내는 문제
❷ ④번 선지의 내용: 언어를 인간의 생로병사의 과정에 비유함
❸ ③번 선지의 내용: 하와이어 사례를 통한 언어 사멸 과정 설명
❹ 중심 소재
❺ ①번 선지의 내용
❻ ③번 선지의 내용: 언어가 사라진 사례 → 언어의 사멸 위기 증명

정답 ②
글쓴이는 하와이어의 사례를 통해 언어 사멸의 과정을 설명하고, 사멸된 여러 언어를 근거로 향후 많은 언어가 사멸의 위기를 겪게 될 것이라는 점을 주장하고 있다. 예상되는 반론은 제시되지 않았다.

(3) **세부 내용의 파악:** 세부 내용을 찾는 문제에서는 선지에서 묻는 내용이 제시문 속에 명시적으로 드러나 있는지, 추론을 통해 그 내용을 찾아내야 하는지를 먼저 파악해야 한다. 제시문에 명시적으로 정보가 드러나 있는 경우라면 선지의 내용과 일대일로 비교해 가며 풀어야 한다. 간혹 같은 내용을 다른 표현으로 설명하는 경우도 있으므로 주의해야 한다.

다음 글에서 ❶ 알 수 없는 것은?   18 지방직 9급

> 되새김 동물인 ❷ 무스(moose)의 경우, ❸ 위에서 음식물이 잘 소화되게 하려면 움직여서는 안 된다. 무스의 위는 네 개의 방으로 나누어져 있는데, 위에서 나뭇잎, 풀줄기, 잡초 같은 섬유질이 ❹ 많은 먹이를 소화하려면 꼼짝 않고 한곳에 가만히 있어야 하는 것이다.
> ❺ 한편, 미국 남서부의 사막 지대에 사는 ❻ 갈퀴발도마뱀은 모래 위로 눈만 빼꼼 내놓고 몇 시간 동안이나 움직이지 않는다. 그렇게 있으면 ❼ 따뜻한 모래가 도마뱀의 기운을 북돋아 준다. 곤충이 지나가면 도마뱀이 모래에서 나가 잡아먹을 수 있도록 에너지를 충전해 주는 것이다. 반대로 갈퀴발도마뱀의 ❽ 포식자인 뱀이 다가오면, 그 도마뱀은 사냥할 기운을 얻기 위해 움직이지 않았을 때의 경험을 되살려 호흡과 심장 박동을 일시적으로 멈추고 죽은 시늉을 한다. 갈퀴발도마뱀은 ❾ 모래 속에 몸을 묻고 움직이지 않기 때문에 수분의 손실을 줄이고 사막 짐승들의 끊임없는 위협에서 벗어날 수 있는 것이다.

① 무스가 움직이지 않는 것은 생존을 위한 선택이다.
② 무스는 소화를 잘 시키기 위해 식물을 가려먹는 습성을 가지고 있다.
③ 갈퀴발도마뱀은 움직이지 않는 방식으로 먹이를 구한다.
④ 갈퀴발도마뱀은 모래 속에 몸을 묻을 때 생존 확률을 높일 수 있다.

☑ **기출 지문 분석**

• 갈래: 설명문
• 주제: 무스와 갈퀴발도마뱀의 특징적 행동을 통해 알 수 있는 생존 방법

☑ **본문 투시하기**

❶ 글 속에서 주어진 정보와 선지의 정보가 일치하는지 탐색하는 문제
❷ 소재 1
❸ 무스가 움직이지 않고 한곳에 가만히 있는 이유
❹ ①번 선지의 내용
❺ 화제 전환 접속어
❻ 소재 2
❼ ③번 선지의 내용: 갈퀴발도마뱀이 움직이지 않고 가만히 있는 이유 1
❽ 갈퀴발도마뱀이 움직이지 않고 가만히 있는 이유 2
❾ ④번 선지의 내용

정답 ②
'되새김 동물인 무스(moose)의 경우, 위에서 음식물이 잘 소화되게 하려면 움직여서는 안 된다.'를 통해 ② '무스는 소화를 잘 시키기 위해 식물을 가려먹는' 것이 아니라 움직이지 않는다는 것을 확인할 수 있다.

오답의 이유
① 무스는 위에서 섬유질이 많은 음식물이 잘 소화되게 하려면 움직여서는 안 된다고 하였으므로 움직이지 않는 것은 생존을 위한 선택이라고 할 수 있다.
③ 갈퀴발도마뱀은 몇 시간 동안 움직이지 않다가 먹잇감이 지나가면 모래에서 나가 잡아먹는다고 하였다.
④ 갈퀴발도마뱀은 모래 속에 몸을 묻고 움직이지 않기 때문에 수분의 손실을 줄이고, 사막 짐승들의 끊임없는 위협에서 벗어날 수 있다고 하였으므로 이는 생존 확률을 높일 수 있는 행위라고 할 수 있다.

(4) 단어 · 개념의 이해: 단어나 어구의 문맥적 의미를 찾는 문제는 단어가 가지고 있는 본연의 의미에서 더 나아가 문맥 속에서 어떤 의미를 갖고 있는지 알아내야 한다. 유추나 비유의 방식으로 쓰인 경우, 비교 대상과 같은 속성을 가지고 있는 단어를 찾아 단어나 어구의 문맥적 의미를 파악해야 한다.

다음 **1** 밑줄 친 부분의 의미를 풀어 쓴 것으로 적절한 것은?

20 지방직 9급

(가) 2004년 1월 태국에서는 **2** 한 소년이 극심한 폐렴 증세로 사망했다. 소년의 폐는 완전히 망가져 흐물흐물해져 있었다. 분석 결과, 이전까지 인간이 감염된 적이 없는 인플루엔자 바이러스가 원인으로 밝혀졌다. 소년은 공식적으로 **3** 고병원성 조류 인플루엔자 바이러스, H5N1의 첫 사망자가 되었다. 계절 독감으로 익숙한 인플루엔자 바이러스가 이렇게 치명적일 수 있었던 것은 인간의 면역 반응 때문이다. **4** 인류 역사상 단 한 번도 만나본 적이 없는 새로운 바이러스가 침입하자 면역계가 과민 반응을 일으켜 도리어 인체에 해를 끼친 것이다. 이런 현상을 '사이토카인 폭풍'이라 부른다. 사이토카인 폭풍은 면역 능력이 강한 젊은 층일수록 더 세게 일어난다.

(나) 만약 집에 ㉠ **5** 좀도둑이 들었다면 작은 손해를 각오하고 인기척을 내 도둑 스스로 도망가게 하는 것이 상책이다. 그런데 만약 ㉡ **6** 몽둥이를 들고 도둑과 싸우려 든다면 도둑은 ㉢ **7** 강도로 돌변한다. 인체가 H5N1에 감염되면 똑같은 일이 벌어진다. 처음으로 새가 아닌 다른 숙주 몸속에 들어온 바이러스는 과민 반응한 면역계와 죽기 살기로 싸운다. 그 결과 50%가 넘는 승률로 바이러스가 승리한다. 그러나 ㉣ **8** 승리의 대가는 비싸다. 숙주가 죽어 버렸기 때문에 바이러스 역시 함께 죽어야만 한다. 이것이 바로 악명을 떨치면서도 조류 독감의 사망 환자 수가 전 세계에서 400명을 넘기지 않는 이유다. 이 질병이 아직 사람 사이에서 감염되는 사례가 나타나지 않은 이유도 바이러스가 인체라는 새로운 숙주에 적응하지 못했기 때문으로 추정할 수 있다.

① ㉠: 면역계의 과민 반응
② ㉡: 계절 독감
③ ㉢: 치명적 바이러스
④ ㉣: 극심한 폐렴 증세

기출 지문 분석

- 갈래: 설명문
- 주제: 고병원성 조류 인플루엔자 바이러스(H5N1)를 통해 본 면역 반응의 특징
- 구성: (가): '사이토카인 폭풍' 현상 소개 → (나): 유추의 방식으로 현상을 알기 쉽게 설명

본문 투시하기

1 밑줄 친 부분의 문맥 속 의미를 찾아내는 문제
2 문제 상황 등장
3 중심 소재 등장
4 중심 내용
5 인간이 감염된 적 있던 인플루엔자 바이러스를 의미
6 면역계의 과민 반응을 의미
7 면역계의 과민 반응으로 인해 돌변한 치명적 바이러스를 의미
8 '승리의 대가'는 바이러스의 관점에서 해석해야 하므로 바이러스 스스로의 죽음을 의미

정답 ③

'그런데 만약 몽둥이를 들고 도둑과 싸우려 든다면 도둑은 강도로 돌변한다.'라는 문장은 단 한 번도 만나본 적이 없는 새로운 바이러스가 침입하자 면역계가 과민 반응을 일으켜 도리어 인체에 해를 끼친 것을 비유하는 문장이다. 따라서 ㉢ '강도'는 면역계로 인해 변이된 ③ '치명적 바이러스'를 의미한다.

오답의 이유

① ㉠ '좀도둑'은 치명적 바이러스로 변이되기 전의 '인플루엔자 바이러스'를 의미한다.
② ㉡ '몽둥이'는 면역계의 과민 반응을 의미한다.
④ ㉣ '승리의 대가'는 바이러스가 승리와 함께 얻게 된 손해이므로 '바이러스 스스로의 죽음'을 의미한다.

2. 추론적 이해 유형 연습

(1) 새로운 정보를 미루어 파악

① 빈칸에 들어갈 접속어 추론: 일단 연결, 역접, 상술, 예시 등 각 접속어들의 역할을 잘 숙지하고 있어야 한다. 그런 다음에 제시된 문장이나 문단 안에서 주어진 상황에 맞게 접속어를 대입해야 한다.

☑ 본문 투시하기

1 글의 구조와 전개에 맞게 알맞은 접속어를 찾는 문제

2 중심 소재

3 역사 연구에 대한 설명

4 다른 표현으로 역사 연구를 다시 설명

5 앞서 설명한 역사 연구에 대한 예시를 제시함

6 글쓴이가 주장하는 역사 연구의 궁극적 요지

---

1 ㉠~㉢에 들어갈 적절한 접속어를 순서대로 나열한 것은?   17 국가직 9급

2 역사의 연구는 **3** 개별성을 추구하는 것이라고 할 수가 있다. (㉠) **4** 구체적인 과거의 사실 자체에 대해 구명(究明)을 꾀하는 것이 역사학인 것이다. (㉡) **5** 고구려가 한족과 투쟁한 일을 고구려라든가 한족이라든가 하는 구체적인 요소들을 빼버리고, 단지 "자주적 대제국이 침략자와 투쟁하였다."라고만 진술해 버리는 것은 한국사일 수가 없다. (㉢) **6** 일정한 시대에 활약하던 특정한 인간 집단의 구체적인 활동을 서술하지 않는다면 그것을 역사라고 말할 수 없는 것이다.

	㉠	㉡	㉢
①	즉	가령	요컨대
②	가령	한편	역시
③	이를테면	역시	결국
④	다시 말해	만약	그런데

정답 ①

㉠의 앞에서는 '역사의 연구'에 대한 일반적인 진술을 하고 있으며, ㉠의 뒤에서는 '역사의 연구(역사학)'에 대한 부연 진술을 하고 있다. 따라서 ㉠에 들어갈 수 있는 접속 부사는 '즉, 이를테면, 다시 말해'이다.

㉡의 뒤에 제시된 문장은 앞의 내용을 예를 들어 보충하고 있다. 따라서 ㉡에 들어갈 수 있는 접속 부사로는 '가령'이 있다.

㉢의 뒤에 제시된 문장은 앞에서 언급했던 모든 내용을 정리하고 있다. 따라서 ㉢에 들어갈 수 있는 접속 부사는 '요컨대'이다.

② 생략되거나 이어질 내용 추론: 먼저 제시된 문단의 위치를 알 수 있는 지표를 찾아야 한다. 역접, 예시, 상술 등을 나타내는 접속어가 있는지, 문단의 내용이 앞이나 뒤의 내용과는 반대의 내용을 나타내고 있는지 등이다. 그런 뒤에 제시문을 읽으면 좀 더 수월하게 문단의 위치를 찾아낼 수 있다.

㉠~㉣ 중 **①** 다음 〈보기〉가 들어갈 곳으로 가장 적절한 것은?   15 국가직 7급

보기

> **②** 인형은 사람처럼 박자에 맞춰 춤을 추고 노래도 부르고 심지어 공연이 끝날 무렵에는 구경하던 후궁들에게 윙크를 하며 추파를 던지기까지 했다. 인형의 추태에 화가 난 목왕이 그 기술자를 죽이려고 하자 그는 서둘러 인형을 해체했고 **③** 그제야 인형의 실체가 드러났다.

> (㉠) 어느 날 서쪽 지방으로 순행을 나간 목왕은 곤륜산을 넘어 돌아오는 길에 재주가 뛰어난 기술자를 만났다. 목왕은 그 기술자에게 그가 만든 가장 훌륭한 물건을 가져오라고 명했다. 하지만 그가 가지고 온 것은 물건이 아니었다. 이를 이상히 여긴 목왕이 왜 물건을 가지고 오지 않고 사람을 데리고 오는지 묻자, 그는 이것이 **④** 움직이는 인형이라고 답했다. (㉡) 이에 놀란 목왕은 그 인형을 꼼꼼히 살펴봤지만 사람과 다른 점을 하나도 발견할 수 없었다. (㉢) 그것을 **⑤** 색을 칠한 가죽과 나무로 만들어진 기계 장치였다. 하지만 그것은 오작육부는 물론 뼈, 근육, 치아, 피부, 털까지 사람이 갖춰야 할 모든 것을 갖추고 있었다. 마침내 목왕은 그에게 "자네 솜씨는 조물주에 버금가도다!"라고 크게 칭찬했다. (㉣)

① ㉠

② ㉡

③ ㉢

④ ㉣

⊘ 본문 투시하기

① 글의 흐름과 전개에 따라 주어진 문단이 들어갈 곳을 찾는 문제

② 인형이지만 사람처럼 행동함

③ 이전엔 알지 못했던 인형의 또 다른 모습이 드러나게 됨을 암시

④ 제시문에서 '인형'이라는 소재가 처음 등장함

⑤ 인형의 실체가 드러남

정답 ③

㉢ 앞 문장에서 '그 인형을 꼼꼼히 살펴봤지만 사람과 다른 점을 하나도 발견할 수 없었다.'라고 하였는데 ㉢ 뒤에서 바로 '그것은 색을 칠한 가죽과 나무로 만들어진 기계 장치였다.'라고 설명하고 있으므로 ㉢에 인형에 대한 인식이 변화하는 부분이 등장해야 한다. 〈보기〉에 '그제야 인형의 실체가 드러났다.'라는 부분을 통해 이를 알 수 있으므로 〈보기〉는 ㉢에 들어가는 것이 적절하다.

(2) **관점 및 태도 추리**: 태도나 관점, 의도 등을 추리하는 문제는 결국 제시문의 중심 내용을 찾는 문제와 일맥상통한다. 하지만 이러한 유형은 명시적으로 의도가 드러나지 않는 경우가 많으므로 중심 내용을 추론할 수 있는 지표들을 찾아내는 것이 중요하다.

○ **본문 투시하기**

1 글 속에 숨어있는 글쓴이의 중심 의도를 찾아내는 문제
2 언론의 중요성을 역설
3 세상에 대한 다양한 시각을 갖는 것이 중요함을 강조

⊙, ⓛ의 **1 공통된 관점**으로 적절한 것은?   14 사복직 9급

⊙ "만약 신문을 갖지 않은 정부와 **2 정부를 갖지 않은 신문** 중의 어느 것을 선택해야 한다면 나는 주저 없이 **후자를 택할 것이다**."

– 제퍼슨(미국 대통령)

ⓛ "획일주의 국가에서 **3 시민의 시계(視界)는** 지극히 한정되기 때문에 자기 주위의 세계에 대하여 현명한 반응을 보일 수가 없다."

– 더글러스(미국 판사)

---

① 표현 제약의 조건
② 표현 제약의 필요성
③ 표현 자유의 조건
④ 표현 자유의 필요성

정답 ④
⊙의 '신문을 택하겠다.'는 말은 표현의 자유의 필요성을 역설한 것이고, ⓛ의 시민의 '시계(視界)'가 한정되는 것에 대한 우려는 표현의 자유가 필요하다는 점을 전제로 한 말이다.

3. 비판적 이해 유형 연습(내적 준거에 따른 비판)

문맥에 어울리는지 판단해야 할 문장을 제외하고 나머지 문장에서 전체 문단의 중심 내용을 파악한 후, 그러한 중심 내용에서 벗어난 문장을 찾는다.

㉠~㉣ 중 **❶논리 전개상 불필요한 문장은?**

11 국가직 9급

> **❷민담은 등장인물의 성격 발전에 대해서는 거의 중점을 두지 않는다.** ㉠ 민담에서 과거 **❸사건에 대한 정보**는 대화나 추리를 통해서 드러난다. ㉡ 동물이든 인간이든 등장인물은 대체로 그들의 **❹외적 행위**를 통해서 그 성격이 뚜렷하게 드러난다. ㉢ 민담에서는 등장인물의 **❺내적인 동기**에 대해서는 전혀 관심을 기울이지 않는다. ㉣ **❻늑대는 크고 게걸스럽고 교활한 반면 아기 염소들은 작고 순진하며 잘 속는다.** **❼말하자면** 이들의 속성은 이미 정해져 있어서 민담의 등장인물은 현명함과 어리석음, 강함과 약함, 부와 가난 등 극단적으로 대조적인 양상을 보여 준다.

① ㉠

② ㉡

③ ㉢

④ ㉣

✔ **본문 투시하기**

❶ 전체 글의 맥락이나 중심 내용에 어울리지 않는 문장을 찾는 문제

❷ 문단의 첫머리에 중심 내용이 등장함

❸ 등장인물의 성격이 아닌, 민담의 사건에 대한 설명(중심 내용과 어울리지 않음)

❹ 민담에서 성격을 드러내는 방법을 설명함

❺ 외적 행위를 통해 성격을 드러낸다는 앞선 문장에 연결되는 내용

❻ ㉡과 ㉢의 예시 문장

❼ 앞선 내용을 요약 · 정리하면서 다시 한 번 중심 내용을 언급함

정답 ①

제시문은 민담에서 등장인물의 성격에 대해 설명하고 있다. 하지만 ㉠은 민담에서 사건의 정보를 드러내는 방식에 대한 설명이므로 전체 글의 맥락과 어울리지 않아 삭제해야 한다.

01
제시문에 따르면, 페르소나는 사회적 역할과 관련된 자아의 한 측면이고, 그림자는 인간의 본능 성향과 관련된 자아의 한 측면이다. 따라서 ① '페르소나는 현실적인 속성, 그림자는 근원적인 속성'을 지닌다고 할 수 있다.

오답의 이유
② 자아가 페르소나만을 추구할 때 그림자가 위축되어 결국 자기 자신으로부터 소외를 당해 무기력해진다고 설명하고 있다.
③ 그림자는 원시적인 본능 성향을 의미하므로 도덕성을 추구하지 않는다. 도덕성을 추구하는 것은 사회적 요구와 관련된 페르소나이다.
④ 제시문에 그림자에도 긍정적인 면이 있으므로 지나치게 억압해서는 안 된다고 나타나있으나, 그로 인해 페르소나를 더욱 추구하게 되는지는 나타나지 않는다.

01 다음 글의 내용과 가장 부합하는 것은?
20 군무원 9급

> 심리학자 융은 인간에게는 '페르소나(persona)'와 '그림자(shadow)'의 측면이 있다고 한다. 페르소나란 한 개인이 사회에서 요구하는 역할에 적응하면서 얻어진 자아의 한 측면을 의미한다. 그런데 오로지 페르소나만 추구하려 한다면 그림자가 위축되어 결국 자기 자신으로부터 소외를 당해 무기력하고 생기가 없어지게 된다. 한편, 그림자는 인간의 원시적인 본능 성향을 의미한다. 이것은 사회에서 부도덕하다고 생각하는 충동적인 면이 있지만, 자발성, 창의성, 통찰력, 깊은 정서 등 긍정적인 면이 있어 지나치게 억압해서는 안 된다.

① 페르소나는 현실적인 속성, 그림자는 근원적인 속성을 갖고 있다.
② 페르소나를 멀리 하게 되면, 자아는 무기력하게 된다.
③ 그림자는 도덕성을 추구할 때, 자발성과 창의성이 더욱 커진다.
④ 그림자를 억압하게 되면 페르소나를 더욱 추구하게 된다.

02
④ 제시된 글에서는 헤겔, 다윈 등 계몽주의 사상가들이 진보와 진화의 관점에서 자연과 역사를 어떻게 정의했는지 제시하고 있다.

오답의 이유
① 다윈이 자연을 진보하는 것으로 보았다는 내용만 있을 뿐, 그에 대한 근거는 제시되어 있지 않다.
② 다윈의 주장으로 인해 생물학적 유전과 사회적 획득이 혼동되는 결과가 나타났다는 내용이 제시되었을 뿐 인간 유전의 사회적 의미는 나타나지 않는다.
③ 제시된 글에서 역사의 법칙과 자연의 법칙에 대한 견해를 다루고 있기는 하나, 이와 관련해 좀 더 구체적인 범주의 내용을 포함해야 제목으로 더 적절하다.

02 다음 글의 제목으로 가장 적절한 것은?
19 지방직 9급

> 계몽주의 사상가들은 명백히 모순되는 두 개의 견해를 취했다. 그들은 인간의 위치를 자연계 안에서 해명하려고 애썼다. 역사의 법칙이란 것을 자연의 법칙과 동일한 것으로 여겼다. 다른 한편, 그들은 진보를 믿었다. 그렇다면 그들이 자연을 진보하는 것으로, 다시 말해 끊임없이 어떤 목적을 향해서 전진하는 것으로 받아들인 데에는 어떤 근거가 있었던가? 헤겔은 역사는 진보하는 것이고 자연은 진보하지 않는 것이라고 뚜렷이 구분했다. 반면, 다윈은 진화와 진보를 동일한 것으로 주장함으로써 모든 혼란을 정리한 듯했다. 자연도 역사와 마찬가지로 진보하는 것으로 본 것이다. 그러나 이것은 진화의 원천인 생물학적인 유전(biological inheritance)을 역사에서의 진보의 원천인 사회적인 획득(social acquisition)과 혼동함으로써 훨씬 더 심각한 오해에 이를 수 있는 길을 열어 놓았다. 오늘날 그 둘이 분명히 구별된다는 것은 익히 알려진 것이다.

① 자연의 진보에 대한 증거
② 인간 유전의 사회적 의미
③ 역사의 법칙과 자연의 법칙
④ 진보와 진화에 관한 견해들

정답 01 ① 02 ④

03 다음 글의 설명 방식으로 적절하지 않은 것은?

> 빛 공해란 인공조명의 과도한 빛이나 조명 영역 밖으로 누출되는 빛이 인간의 건강하고 쾌적한 생활을 방해하거나 환경에 피해를 주는 상태를 말한다. 국제 과학 저널인 『사이언스 어드밴스』의 '전 세계 빛 공해 지도'에 따르면, 우리나라는 빛 공해가 심각한 국가이다. 빛 공해는 멜라토닌 부족을 초래해 인간에게 수면 부족과 면역력 저하 등의 문제를 유발하고, 농작물의 생산량 저하, 생태계 교란 등의 문제를 일으킨다.

① 빛 공해의 정의를 제시하고 있다.
② 빛 공해의 주요 요인인 인공조명의 누출 원인을 제시하고 있다.
③ 자료를 인용하여 빛 공해가 심각한 국가로 우리나라를 제시하고 있다.
④ 사례를 들어 빛 공해의 악영향을 제시하고 있다.

03
② 첫 번째 문장에서 빛 공해의 주요 요인으로 '인공조명의 과도한 빛'을 제시하고 있지만 인공조명의 누출 원인을 제시하고 있지는 않다.

오답의 이유
① '빛 공해란 인공조명의 ~ 상태를 말한다.'에서 빛 공해의 정의를 제시하고 있다.
③ 국제 과학 저널 『사이언스 어드밴스』의 '전 세계 빛 공해 지도' 자료를 인용하여 우리나라가 빛 공해가 심각한 국가임을 제시하고 있다.
④ 마지막 문장인 '빛 공해는 멜라토닌 부족을 초래해 ~ 생태계 교란 등의 문제를 일으킨다.'를 통해 빛 공해의 악영향을 제시하고 있음을 알 수 있다.

04 필자의 견해로 볼 수 없는 것은?

> 우리는 우리가 생각한 것을 말로 나타낸다. 또 다른 사람의 말을 듣고, 그 사람이 무슨 생각을 가지고 있는가를 짐작한다. 그러므로 생각과 말은 서로 떨어질 수 없는 깊은 관계를 가지고 있다. 그러면 말과 생각이 얼마만큼 깊은 관계를 가지고 있을까? 이 문제를 놓고 사람들은 오랫동안 여러 가지 생각을 하였다. 그 가운데 가장 두드러진 것이 두 가지 있다. 그 하나는 말과 생각이 서로 꼭 달라붙은 쌍둥인데 한 놈은 생각이 되어 속에 감추어져 있고 다른 한 놈은 말이 되어 사람 귀에 들리는 것이라는 생각이다. 다른 하나는 생각이 큰 그릇이고 말은 생각 속에 들어가는 작은 그릇이어서 생각에는 말 이외에도 다른 것이 더 있다는 생각이다.
> 이 두 가지 생각 가운데서 앞의 것은 조금만 깊이 생각해 보면 틀렸다는 것을 즉시 깨달을 수 있다. 우리가 생각한 것은 거의 대부분 말로 나타낼 수 있지만, 누구든지 가슴 속에 응어리진 어떤 생각이 분명히 있기는 한데 그것을 어떻게 말로 표현해야 할지 애태운 경험을 가지고 있을 것이다. 이것 한 가지만 보더라도 말과 생각이 서로 안팎을 이루는 쌍둥이가 아님은 쉽게 판명된다.
> 인간의 생각이라는 것은 매우 넓고 큰 것이며 말이란 결국 생각의 일부분을 주워 담는 작은 그릇에 지나지 않는다. 그러나 아무리 인간의 생각이 말보다 범위가 넓고 큰 것이라고 하여도 그것을 가능한 한 말로 바꾸어 놓지 않으면 그 생각의 위대함이나 오묘함이 다른 사람에게 전달되지 않기 때문에 생각이 형님이요, 말이 동생이라고 할지라도 생각은 동생의 신세를 지지 않을 수가 없게 되어 있다. 그러니 말을 통하지 않고는 생각을 전달할 수가 없는 것이다.

① 말은 생각보다 범위가 좁다.
② 말은 생각을 나타내는 매개체이다.
③ 말과 생각은 불가분의 관계에 놓여 있다.
④ 말을 통하지 않고도 얼마든지 생각을 전달할 수 있다.

04
④ 마지막 문장인 '말을 통하지 않고는 생각을 전달할 수가 없다.'는 부분에서 필자의 견해를 확인할 수 있다.

오답의 이유
① 4문단 첫 번째 줄의 '생각은 넓고 큰 것이며, 말이란 생각의 일부분을 주워 담는 작은 그릇'이라는 부분에서 확인할 수 있다.
② 1문단 첫 번째 줄의 '우리가 생각한 것을 말로 나타낸다.'는 부분과 4문단을 보면 확인할 수 있다.
③ 1문단 마지막의 '생각과 말은 서로 떨어질 수 없는 깊은 관계를 가진다.'는 부분에서 확인할 수 있다.

정답 03 ② 04 ④

05

② '그러나 중요한 것은 ~ 희생할 수 없는 매체라는 사실이다.'에서 제시된 글이 강조하고 있는 것이 '독서의 필요성'임을 알 수 있다. 또한 '무엇보다도 책 읽기는 손쉬운 일이 아니다. ~ 습관의 형성이 필요하다.'에서 '독서의 어려움'을 파악할 수 있다.

오답의 이유

① '인간의 기억과 상상'은 독서를 통해 향상할 수 있다는 것은 중심 내용이 아닌 세부 정보에 해당한다.

③ 맹목적인 책 예찬자가 될 필요는 없다는 내용이 제시되었으나 중심 내용으로 볼 수 없다.

④ 독서 능력 개발에 드는 비용이 싸지 않다는 것은 중심 내용이 아닌 세부 정보에 해당한다.

05 다음 글의 중심 내용으로 가장 적절한 것은?

책 없이도 인간은 기억하고 생각하고 상상하고 표현한다. 그런데 책과 책 읽기는 인간이 이 능력을 키우고 발전시키는 데 중대한 차이를 가져온다. 책을 읽는 문화와 책을 읽지 않는 문화는 기억, 사유, 상상, 표현의 층위에서 상당히 다른 개인들을 만들어 내고, 상당한 질적 차이를 가진 사회적 주체들을 생산한다. 누구도 맹목적인 책 예찬자가 될 필요는 없다. 그러나 중요한 것은 인간을 더욱 인간적이게 하는 소중한 능력들을 지키고 발전시키기 위해서는 책은 결코 희생할 수 없는 매체라는 사실이다. 그 능력의 지속적 발전에 드는 비용은 싸지 않다. 무엇보다도 책 읽기는 손쉬운 일이 아니다. 거기에는 상당량의 정신 에너지가 투입돼야 하고, 훈련이 요구되고, 읽기의 즐거움을 경험하는 정신 습관의 형성이 필요하다.

① 인간의 기억과 상상
② 독서의 필요성과 어려움
③ 맹목적인 책 예찬론의 위험성
④ 책 읽기 능력 개발에 드는 비용

06

ⓔ 첫 번째 문장에서 '대설'의 정의에 대해 설명하였으므로 '이때'라는 지시어를 통해 앞의 내용을 이어받아 대설의 기준에 대해 설명하는 ⓔ이 뒤에 이어지는 것이 자연스럽다.

ⓛ 병렬 접속어 '또한'과 함께 '경보'의 상황이 제시되고 있으므로 '주의보'가 제시된 ⓔ 뒤에 이어지는 것이 적절하다.

ⓒ '다만' 뒤에 '산지'에서는 경보 발령 상황이 다름을 제시하고 있으므로 ⓒ은 ⓛ 뒤에 오는 것이 자연스럽다.

ⓐ 전환의 접속어 '그런데'가 온 뒤 눈이 얼마나 위험한지에 대해 제시하고 있다.

ⓜ '이뿐만 아니라' 뒤에 눈이 미치는 영향에 대해 설명하고 있으므로 ⓐ의 뒤에 오는 것이 자연스럽다.

06 ⊙~⊕의 전개 순서로 가장 자연스러운 것은?

폭설, 즉 대설이란 많은 눈이 시간적, 공간적으로 집중되어 내리는 현상을 말한다.
⊙ 그런데 눈은 한 시간 안에 5cm 이상 쌓일 수 있어 순식간에 도심 교통을 마비시키는 위력을 가지고 있다.
ⓛ 또한, 경보는 24시간 신적설이 20cm 이상 예상될 때이다.
ⓒ 다만, 산지는 24시간 신적설이 30cm 이상 예상될 때 발령된다.
ⓐ 이때 대설의 기준으로 주의보는 24시간 새로 쌓인 눈이 5cm 이상이 예상될 때이다.
ⓜ 이뿐만 아니라 운송, 유통, 관광, 보험을 비롯한 서비스 업종과 사회 전반에 영향을 미친다.

① ㉠ - ㉢ - ㉡ - ㉢ - ㉣
② ㉠ - ㉣ - ㉢ - ㉢ - ㉡
③ ㉣ - ㉡ - ㉢ - ㉠ - ㉢
④ ㉣ - ㉠ - ㉢ - ㉢ - ㉡

07 다음 글에서 파악할 수 있는 내용으로 가장 옳은 것은?

> 억양은 소리의 높낮이의 이어짐으로 이루어지는 일정한 유형이라고 할 수 있다. 동일한 문장이라도 억양을 상승조로 하느냐 하강조로 하느냐에 따라 의문문도 되고 평서문도 된다. 이 경우 억양은 문장의 유형을 결정하는 문법적 기능을 담당한다. 또 억양은 이러한 문법적 기능 이외에 화자의 태도와 의미를 드러내기도 한다. 하강 억양은 완결의 뜻을, 상승 억양은 비판의 뜻을 나타낸다. 억양에는 이처럼 발화 태도와 의미가 드러나 있기 때문에, 이를 잘 이해해야 정확한 뜻을 전달할 수 있다.

① 억양을 잘 이해할수록 정확한 뜻을 전달하기가 어렵다.
② 억양은 문장의 어순을 결정하는 문법적 기능을 담당한다.
③ 상승 억양에는 화자의 비판적 태도와 의미가 담길 수 있다.
④ 같은 문장이라도 소리의 장단에 따라 문장 유형이 달라질 수 있다.

07
③ 제시문에 따르면 억양에는 문법적 기능과 화자의 태도·의미가 담길 수 있다. 상승 억양은 비판의 뜻을, 하강 억양은 완결의 뜻을 나타낸다. 따라서 '상승 억양에는 화자의 비판적 태도와 의미가 담길 수 있다.'가 옳은 내용이다.

오답의 이유
① 억양에도 화자의 의도가 담길 수 있으므로 억양을 잘 이해할수록 정확한 뜻을 전달할 수 있다.
② 억양은 문장의 어순이 아닌 문장의 유형을 결정하는 기능을 담당한다.
④ 소리의 장단이 아닌 억양에 따라 같은 문장이라도 문장의 유형이 달라질 수 있다.

08 다음 글의 전개 순서로 가장 자연스러운 것은?

> ㄱ. 1700년대 중반에 이미 미국 이주민들의 평균 소득은 영국인들의 평균 소득을 넘어섰다.
> ㄴ. 그러나 미국은 사실 그러한 분야에서는 다른 산업 국가들에 비해 특별한 우위를 갖고 있지 않았다.
> ㄷ. 미국 이주민들의 평균 소득이 높아지게 된 배경에는 좋은 환경으로부터 비롯된 낙관성과 자신감이 있었다. 이후로도 다소 불안정하기는 했지만 미국인들의 소득은 계속해서 크게 증가했다.
> ㄹ. 대부분의 미국인들은 남북 전쟁 이후 급속히 경제가 성장한 이유를 농업적 환경뿐만 아니라 19세기의 과학적, 기술적 대전환, 기업가 정신과 규제가 없는 시장 경제 때문이라고 단순하게 생각하는 경향이 있다.
> ㅁ. 미국인들이 이처럼 초기 정착기에 풍요로움을 누릴 수 있었던 것은 비옥한 토지, 풍부한 천연자원, 흑인 노동력에 힘입은 농산물 수출 덕분이었다.

① ㄱ-ㄷ-ㅁ-ㄹ-ㄴ
② ㄱ-ㄹ-ㄷ-ㄴ-ㅁ
③ ㄹ-ㄴ-ㅁ-ㄱ-ㄷ
④ ㄹ-ㅁ-ㄴ-ㄷ-ㄱ

08
ㄱ. 1700년대 중반 미국 이주민들의 평균 소득이 이미 높았던 현상을 제시한다.
ㄷ. 앞서 ㄱ에서 제시한 현상의 배경과 그러한 현상이 지속되었음을 설명한다.
ㅁ. ㄷ에서 설명한 배경의 평균 소득이 높아지게 된 구체적인 이유들을 덧붙인다.
ㄹ. 미국의 경제가 성장한 이유에 대해 미국인들이 가지고 있는 통념을 설명한다.
ㄴ. ㄹ에서 언급한 미국인들의 통념과 다르게 현실은 그렇지 않았다는 것을 설명한다.

정답 07 ③ 08 ①

① 첫 번째 문단에서 '알파벳 언어는 표기 체계에 따라 철자 읽기의 명료성 수준이 달라진다.'고 하였으므로 철자 읽기의 명료성을 판단하는 기준이 각 소리가 지닌 특성이라고 한 것은 적절하지 않다.

오답의 이유

② 두 번째 문단에서 '영어와 이탈리어를 읽는 사람은 동일하게 좌반구의 읽기 네트워크를 사용한다. 하지만 무의미한 단어를 읽을 때는 영어를 읽는 사람이 이탈리어를 읽는 사람에 비해 암기된 단어의 인출과 연관된 뇌 부위에 더 의존'한다고 하였다. .

③ 첫 번째 문단을 보면, 이탈리어와 스페인어의 사용자는 한 글자에 대응되는 소리가 규칙적이기 때문에 의미를 전혀 모르는 새로운 단어를 발견하더라도 보자마자 정확한 발음을 할 수 있다는 점을 설명하고 있다. 따라서 이탈리어는 낯선 단어를 발음할 때 영어에 비해 철자 읽기의 명료성이 높다는 것을 파악할 수 있다.

④ 첫 번째 문단을 보면, 영어는 묵음과 같은 예외가 많은 편이고 글자에 대응하는 소리도 매우 다양하다는 것을 알 수 있다. 이는 스페인어에 비해 영어가 소리와 글자의 대응이 덜 규칙적이라는 것을 의미한다.

09 다음 글에 대한 이해로 적절하지 않은 것은?

언어마다 고유의 표기 체계가 있는데, 이는 읽기 과정에 영향을 미친다. 알파벳 언어는 표기 체계에 따라 철자 읽기의 명료성 수준이 달라진다. 철자 읽기가 명료하다는 것은 한 글자에 대응되는 소리가 규칙적이어서 글자와 소리의 대응이 거의 일대일이라는 것을 의미한다. 그 예로 이탈리어와 스페인어가 있다. 이 두 언어의 사용자는 의미를 전혀 모르는 새로운 단어를 발견하더라도 보자마자 정확한 발음을 할 수 있다. 이에 비해 영어는 철자 읽기의 명료성이 낮은 언어이다. 영어는 발음이 아예 나지 않는 묵음과 같은 예외도 많은 편이고 글자에 대응하는 소리도 매우 다양하다.

한편 알파벳 언어를 읽을 때 사용하는 뇌의 부위는 유사하지만 뇌의 부위에 의존하는 방식에는 차이가 있다. 영어와 이탈리어를 읽는 사람은 동일하게 좌반구의 읽기 네트워크를 사용한다. 하지만 무의미한 단어를 읽을 때 영어를 읽는 사람은 암기된 단어의 인출과 연관된 뇌 부위에 더 의존하는 반면 이탈리어를 읽는 사람은 음운 처리에 연관된 뇌 부위에 더 의존한다. 왜냐하면 무의미한 단어를 읽을 때 이탈리어를 읽는 사람은 규칙적인 음운 처리 규칙을 적용하는 반면에, 영어를 읽는 사람은 암기해 둔 수많은 예외들을 떠올리기 때문이다.

① 알파벳 언어의 철자 읽기는 소리와 표기의 대응과 관련되는데, 각 소리가 지닌 특성은 철자 읽기의 명료성을 판단하는 기준이 된다.

② 영어 사용자는 무의미한 단어를 읽을 때 좌반구의 읽기 네트워크를 활용하면서 암기된 단어의 인출과 연관된 뇌 부위에 더욱 의존한다.

③ 이탈리어는 소리와 글자의 대응이 규칙적이어서 낯선 단어를 발음할 때 영어에 비해 철자 읽기의 명료성이 높다.

④ 영어는 음운 처리 규칙에 적용되지 않는 예외들이 많아서 스페인어에 비해 소리와 글자의 대응이 덜 규칙적이다.

10

제시문에서는 '직설'과 '완곡한 말과 글'을 대비하고 있다. 완곡한 말과 글은 '듣고 읽는 이가 비켜갈 틈'과 '화자와 독자의 교행이 이루어지는 공간', '상상의 여지'를 준다. 따라서 '틈', '공간', '여지'는 모두 완곡한 말과 글이 주는 '여유'와 관련이 있다. 결국 이것들은 맥락상 '서로 어울리고 다른 생각을 할 수 있는 여유가 있는 공간'을 나타낸다고 할 수 있다.

④ '세상'은 극으로 나뉘는 곳이므로 '직설'과 유사한 특징을 지닌다고 볼 수 있다.

10 〈보기〉의 밑줄 친 어휘들 가운데 문맥적 의미가 다른 하나는?

보기

불문곡직하는 직설은 사람을 찌른다. 깜짝 놀라게 해서 제압하는 방식이다. 거기 비해 완곡함은 뜸을 들이면서 에두른다. 듣고 읽는 이가 비켜갈 <u>틈</u>을 준다. 그렇다고 완곡함이 곡필인 것도 아니다. 잘못된 길로 접어들도록 하는 게 아니라 화자와 독자의 교행이 이루어지는 <u>공간</u>을 준다. 곱씹어볼 말이 사라지고 상상의 <u>여지</u>를 박탈하는 글이 군림하는 세상은 살풍경하다. 말과 글이 세상을 따라 갈진대 세상을 갈아엎지 않고 말과 글이 세상과 함께 아름답기는 난망한 일인가. 아마 아닐 것이다. 막힐수록 옛것을 더듬으라고 했다. 물태와 인정이 극으로 나뉘는 <u>세상</u>에서 다산은 선인들이 왜 산을 바라보며 즐기되 그 흥취의 반을 항상 남겨두는지 궁금했다. 그는 미인을 만났던 사람이 적어놓은 글에서 그 까닭을 발견했다. 그가 본 글은 이러했다. '얼굴은 아름다웠으나 그 자태는 기록하지 않았다.'

① 틈   ② 공간

③ 여지   ④ 세상

정답 09 ① 10 ④

11 다음 글에서 〈보기〉가 들어가기에 가장 적절한 곳은?
19 국가직 9급

> **보기**
>
> 아침기도는 간략한 아침 뉴스로, 저녁기도는 저녁 종합 뉴스로 바뀌었다.

> 철학자 헤겔이 주장했듯이, 삶을 인도하는 원천이자 권위의 시금석으로서의 종교를 뉴스가 대체할 때 사회는 근대화된다. 선진 경제에서 뉴스는 이제 최소한 예전에 신앙이 누리던 것과 동등한 권력의 지위를 차지한다. 뉴스 타전은 소름이 돋을 정도로 정확하게 교회의 시간 규범을 따른다. (㉠) 뉴스는 우리가 한때 신앙심을 품었을 때와 똑같은 공손한 마음을 간직하고 접근하기를 요구하기도 한다. (㉡) 우리 역시 뉴스에서 계시를 얻기 바란다. (㉢) 누가 착하고 누가 악한지 알기를 바라고, 고통을 헤아려 볼 수 있기를 바라며, 존재의 이치가 펼쳐지는 광경을 이해하길 희망한다. (㉣) 그리고 이 의식에 참여하길 거부하는 경우 이단이라는 비난을 받기도 한다.

① ㉠   ② ㉡

③ ㉢   ④ ㉣

11

〈보기〉의 핵심은 '기도(신앙)'가 '뉴스'로 바뀌었다는 것이다. '아침기도 → 아침 뉴스', '저녁기도 → 저녁 종합 뉴스'에서 뉴스 타전과 교회의 시간 규범의 관계성을 파악할 수 있다. 따라서 〈보기〉는 ㉠에 들어가는 것이 적절하다.

---

12 〈보기〉의 ( ) 안에 들어갈 가장 알맞은 말을 차례로 나열한 것은?
19 서울시 9급

> **보기**
>
> 지난여름 작가 회의에서 북한 동포 돕기 시 낭송회를 한 적이 있다. 시인들만 참석하는 줄 알았더니 각계 원로들도 자기가 평소에 애송하던 시를 낭송하는 순서가 있다고, 나한테도 한 편 낭송해 달라고 했다. 내가 (㉠) 소리를 듣게 된 것이 당혹스러웠지만, 북한 돕기라는데 핑계를 둘러대고 빠질 만큼 빤질빤질하지는 못했나 보다. 하겠다고 했다. 그러나 거역할 수 없는 명분보다 더 중요한 것은 (㉡) 아니었을까. 그 무렵 나는 김용택의 '그 여자네 집'이라는 시에 사로잡혀 있었다. 김용택은 내가 좋아하는 시인 중의 한 사람일 뿐 가장 좋아하는 시인이라고는 말 못하겠다. 마찬가지로 '그 여자네 집'이 그의 많은 시 중 빼어난 시인지 아닌지도 잘 모르겠다.
>
> – 박완서, 〈그 여자네 집〉

	㉠	㉡
①	원로	낭송하고 싶은 시가 있었다는 게
②	아쉬운	서로가 만족하게 될 실리가
③	시인	잠깐의 수고로 동포를 도울 수 있다는 것이
④	입에 발린	원로들에 대한 예의가

12

① ㉠ 앞 문장에서 '나'에게 시낭송을 부탁한 이유가 각계 원로들이 애송하는 시를 낭송하는 순서가 있기 때문이라고 했으므로 '내'가 당혹스러웠던 것은 '원로' 대접을 받았기 때문이라고 할 수 있다. 그리고 ㉡에 이어지는 문장에서 '내'가 김용택의 '그 여자네 집'에 사로잡혀 있었다는 내용을 감안할 때, '나'가 시 낭송을 거절하지 않은 이유는 낭송하고 싶은 시가 있었기 때문임을 짐작할 수 있다.

정답 11 ① 12 ①

제시문은 '경상 지역 방언을 쓰는 사람들'
과 '평안도 및 전라도와 경상도 일부'에서
구별하지 못하는 특정 발음에 대하여 말
하고 있다. 따라서 ㉠에 들어갈 주장으로
는 ③ '우리말에는 지역에 따라 구별되지
않는 소리가 있다.'가 적절하다.

13 ㉠에 들어갈 주장으로 가장 적절한 것은?

> 경상 지역 방언을 쓰는 사람들은 대체로 'ㅓ'와 'ㅡ'를 구별하지 못한다. 이들은 '증표(證票)'나 '정표(情表)'를 구별하여 듣지 못할 뿐만 아니라 구별하여 발음하지 못하기 십상이다. 또 이들은 'ㅅ'과 'ㅆ'을 구별하지 못하는 경우가 많다. 따라서 이들은 '살밥을 많이 먹어서 쌀이 많이 쪘다.'고 말하든 '쌀밥을 많이 먹어서 살이 많이 쪘다.'고 말하든 쉽게 그 차이를 알지 못한다. 한편 평안도 및 전라도와 경상도의 일부에서는 'ㅗ'와 'ㅓ'를 제대로 분별해서 발음하지 않는 경우가 종종 있다. 평안도 사람들의 'ㅈ' 발음은 다른 지역의 'ㄷ' 발음과 매우 비슷하다. 이처럼 (㉠)

① 우리말에는 지역마다 다양한 소리가 있다.
② 우리말은 지역에 따라 다양한 표준 발음법이 있다.
③ 우리말에는 지역에 따라 구별되지 않는 소리가 있다.
④ 자음보다 모음을 변별하지 못하는 지역이 더 많이 있다.

제시문의 초반부에서 빨라진 세상에 대해
언급하였고, 마지막 문장에서는 빠르고
바쁜 삶 속에서 많은 것을 잃어버렸다고
말한 것으로 보아 '우리가 잃어버린 많은
것'에 대한 내용이 이어져야 한다.
③ 오래된 것의 아름다움을 살리기 위해
속성(速成)으로 관련 기술을 배우는 일
은 바쁜 삶 때문에 잃어버린 것이 아니
라 우리의 바쁜 삶을 반영하는 일이다.

14 다음 글의 뒤에 이어질 내용으로 가장 적절하지 않은 것은?

> 세상이 빨라지면, 사람도 덩달아 빨라지고 사람들이 즐기는 것들도 빨라진다. 옛날에 비해 사람들의 걸음걸이도 빨라졌고, 말도 빨라졌다. 음악이나 영화의 속도도 옛날보다 훨씬 빨라졌다. 요즘 사람들이 듣기에 시조창이나 수제천과 같은 음악은 너무나 답답하다. 베토벤의 교향곡을 연주하는 속도 역시 베토벤 시대보다 요즘 더 빨라졌다고 한다. (중략) 그러나 빠르고 바쁜 삶 속에서 우리는 많은 것을 잃어버렸다.
>
> — 이남호, 〈속도가 앗아가 버린 것들〉

① 한 권의 책을 천천히 읽으면서 책 읽기의 즐거움을 온전히 누리는 일
② 시간에 얽매이지 않은 채 여행지의 사람들과 풍습을 충분히 경험하는 일
③ 오래된 것의 아름다움을 살리기 위해 속성(速成)으로 관련 기술을 배우는 일
④ 수년간 완두콩을 심고 그것이 자라는 것을 관찰하여 형질이 이어짐을 살펴보는 일

15 다음 글을 바탕으로 ㉠을 이해할 때 가장 적절한 것은?

> 나는 ㉠ '연극에서의 관객의 공감'에 대해 강연한 일이 있다. 나는 관객이 공감하는 것을 직접 보여 주려고 시도했다. 먼저 나는 자원자가 있으면 나와서 배우처럼 읽어 주기를 청했다. 그리고 청중에게는 연극의 관객이 되어 들어 달라고 했다. 한 사람이 앞으로 나왔다. 나는 그에게 아우슈비츠를 소재로 한 드라마의 한 장면이 적힌 종이를 건네주었다. 자원자가 종이를 받아들고 그것을 훑어볼 때 청중들은 어수선했다. 그런데 자원자의 입에서 떨어진 첫 대사는 끔찍한 내용이었다. 아우슈비츠에 관한 적나라한 증언은 너무나 충격적이어서 청중들은 완전히 압도되었다. 자원자는 청중들의 얼어붙은 듯한 침묵 속에서 낭독을 계속했다. 자원자의 낭독은 세련되지도 능숙하지도 않았다. 그러나 관객들의 열렬한 공감을 이끌어 냈다. 과거 역사가 현재의 관객들에게 생생하게 공감되었다.
>
> 이것이 끝나고 이번에는 강연장에 함께 갔던 전문 배우에게 셰익스피어의 희곡 「헨리 5세」에서 발췌한 대사를 낭독해 달라고 부탁했다. 그 대본은 400년 전 아젱쿠르 전투(백년 전쟁 당시 벌어졌던 영국과 프랑스의 치열한 전투)에서 처참하게 사망한 자들의 명단과 그 숫자를 나열한 것이었다. 그는 셰익스피어의 위대한 희곡임을 알아보자 품위 있고 고풍스럽게 큰 목소리로 낭독했다. 그는 유려한 어조로 전쟁에서 희생된 이들의 이름을 읽어 내려갔다. 그러나 청중들은 듣는 둥 마는 둥 했다. 갈수록 청중들은 낭독자 따위는 안중에도 없다는 듯이 행동했다. 그들에게 아젱쿠르 전투는 공감할 수 없는 것으로 분리된 것 같아 보였다. 앞서의 경우와는 전혀 다른 반응이었다.

① 배우의 연기력이 관객의 공감을 좌우한다.

② 비참한 죽음을 다룬 비극적인 소재는 관객의 공감을 일으킨다.

③ 훌륭한 고전이라고 해서 항상 청중의 공감을 불러일으킬 수 있는 것은 아니다.

④ 현재와 가까운 역사적 사실을 극화했다고 해서 관객의 공감 가능성이 커지지는 않는다.

15

③ 마지막 단락 '그는 셰익스피어의 위대한 희곡임을 알아보자 품위 있고 고풍스럽게 큰 목소리로 낭독했다. ~ 그러나 청중들은 듣는 둥 마는 둥 했다. ~ 공감할 수 없는 것으로 분리된 것 같아 보였다.'를 보았을 때, 셰익스피어의 작품과 같이 훌륭한 고전이라고 해서 항상 청중의 공감을 불러일으킬 수 있는 것은 아니라는 선지의 설명은 적절하다.

정답 15 ③

화법과 작문

www.edusd.co.kr

01 화법

01 화법의 이해

1. 화법의 본질

(1) 화법의 개념
① 음성 언어를 통해 이루어지는 의사소통의 행위이다.
② 말하기는 말하는 사람의 생각이나 느낌 등을 말로 정확하게 표현하는 행위이고, 듣기는 남의 말을 올바르게 알아듣고 이해하는 행위이다.
③ 말하기와 듣기는 의사소통의 가장 기본이 되는 것으로, 이를 통해 인간다운 생활을 할 수 있고, 원만한 사회생활을 유지할 수 있다.

(2) 화법의 특징
① 타인과의 의사소통을 목적으로 한다.
② 말하는 사람과 듣는 사람의 상호 작용이 이루어진다.
③ 협동의 과정을 통해 이루어진다.
④ 문제 해결의 과정이다.
⑤ 화법의 구성 요소에는 화자, 청자, 내용, 장면이 있다.

(3) 화법의 구성 요소
① 화자(말하는 사람)
② 청자(듣는 사람)
③ 내용(메시지)
　㉠ 언어적 내용: 언어 수행을 통해 전달되는 메시지
　㉡ 관계적 내용: 참여자들 상호 간의 인식에 관한 메시지, 자아 정체성에 관한 메시지, 사회 · 문화에 관한 메시지 등
④ 장면(맥락)
　㉠ 상황 맥락: 이야기가 이루어지는 시간적 배경과 공간적 배경
　㉡ 사회 · 문화적 맥락: 이야기가 이루어지는 사회적 상황과 문화적 상황

(4) 화법의 기능
① 정보적 기능: 새로운 정보와 지식을 전달하는 기능이다.
② 정서적 기능(표현적 기능): 감정이나 느낌을 표현하는 기능이다.

○✕ 문제

01 화법의 구성 요소에는 화자, 청자, 내용, 장면이 있다. (　)

02 말하기는 생각이나 느낌 등을 말로 표현하는 행위이고, 듣기는 남의 말을 올바르게 알아듣고 이해하는 행위이다. (　)

정답 01 ○ 02 ○

③ 감화적 기능(명령적 기능): 의견이나 주장을 내세워 자신의 의도에 따라 행동하도록 유도하는 기능이다.

④ 친교적 기능(사교적 기능): 친목을 도모하기 위한 수단으로 사용하는 기능이다.

(5) 화법의 분류

① 공식성의 정도에 따른 구분

ㄱ 공적인 화법: 공식적으로 만나서 이야기를 나누는 것이다.

ㄴ 사적인 화법: 사적으로 만나서 이야기를 나누는 것이다.

② 참여자의 관계에 따른 구분

ㄱ 대화: 참여자의 관계가 1:1이다. 상대방과 직접 마주 대하여 이야기하는 것을 포괄하며, 일상 언어생활 중에서 가장 널리 활용하는 말하기 양식이다.

ㄴ 대중 화법: 참여자의 관계가 1:多이다. 여러 사람 앞에서 주로 혼자 이야기하는 강연, 연설 등을 말한다.

ㄷ 집단 화법: 참여자의 관계가 집단적이다. 대표적인 예로는 토의와 토론이 있다.

③ 말하기의 목적에 따른 구분

ㄱ 자기 표현하기: 대화, 면접 등

ㄴ 정보 전달하기: 발표, 방송 보도, 안내 등

ㄷ 설득하기: 토론, 토의, 협상, 연설(설득 연설) 등

2. 대화하기

(1) 대화의 개념과 특징

① 대화의 개념

ㄱ 두 사람 이상이 모여 각자의 생각이나 느낌을 말로써 표현하고 이해하는 상호 교섭적인 활동이다.

ㄴ 단순한 정보 교환만 이루어지는 것이 아니라, 대화를 통해 새로운 의미를 확장해 나가는 능동적인 의사소통 활동이다.

② 대화의 특징

ㄱ 원활한 대화를 위해서는 대화 상황(언제, 어디에서, 누가, 누구에게), 대상(무엇 혹은 누구에 관하여), 목적(왜)을 정확히 이해하고, 그에 따라 적절하게 조정하며 말하는 능력을 갖추어야 한다.

ㄴ 대화에는 일상 대화와 공식 대화가 있다.

• 일상 대화: 여러 사람이 비공식적으로 만나서 시사 문제나 취미에 관하여 서로 이야기를 주고받는 것이다.

• 공식 대화: 공식적으로 만나서 이야기를 나누는 것으로, 방송 대담, 회견, 면담, 면접 등이 있다.

ㄷ 대화의 목적에는 정보 전달, 설득, 사회적 상호 작용, 정서 표현 등이 있다.

ㄹ 상대의 감정이나 의견에 공감하며 대화를 해야 한다.

확인 문제   14 지방직 7급

다음 대화에서 화자의 말하는 자세에 대한 설명으로 옳지 않은 것은?

이도: (불안하게 그런 성삼문과 박팽년을 보며) 어째 말이 없느냐? 어떠하냐?

박팽년: (침을 한 번 삼키고는) 채근하지 마시옵소서. 어찌 한 번에 판단할 수 있사옵니까?

이도: (실망하면서도) 그래그래……. 삼문이는 어떠하냐?

성삼문: 아직 어떠하냐라고 물으실 게 제가 아닌 것으로 사료되옵니다.

이도: 어찌…… 그러하냐?

성삼문: 목구멍소리…… 후음 말이옵니다. (과장하여 발음하며) 흐! 흐! 호! 호! 해! 해! 모음을 발음할 때와 구별점이 명확지 않을뿐더러, 후음만은 아직 상형이 되질 않았습니다.

박팽년: 예, 이것은 아직 다 되질 않은 글자이옵니다.

이도: (기는 죽고 걱정도 되어) 냉정한 것들 같으니라고……. (하고는 바로) 그래…… 맞다. (하고는 조심스럽게) 하여…… 그 이치를 알기 위해…….

– 김영현 · 박상연, 〈뿌리 깊은 나무〉

① 세명의 인물은 신분에 따라 존대와 하대를 하고 있다.

② 이도는 불안하지만 단호하게 자신의 의견을 개진하고 있다.

③ 성삼문은 분명하면서도 정확하게 자신의 의견을 개진하고 있다.

④ 박팽년은 조심스럽지만 사려 깊게 자신의 의견을 개진하고 있다.

정답 ②

해설 이도는 자신의 의견을 단호하게 개진하지 않고, 신하들의 의견을 조심스럽게 물어보고 있다.

ⓜ 유머와 재담은 긴장감을 해소하고, 의사소통에 활력을 불러일으키는 역할을 한다.
ⓗ 대화의 맥락을 고려한 언어적 표현은 물론, 반언어적 · 비언어적 표현을 함께 사용하는 것이 효과적이다.

(2) 대화의 원리

① 협력의 원리: 대화의 목적을 성공적으로 이루기 위해서는 대화 참여자들이 서로 협력해야 한다.

양의 격률	• 대화의 목적에 맞게 적절한 양의 정보를 제공해야 한다. • 꼭 필요한 만큼만 정보를 제공하고, 필요 이상 또는 필요 이하로 정보를 제공하지 않는다.
질의 격률	• 대화의 내용이 사실이어야 한다. • 타당한 근거를 들어 진실한 정보만을 제공한다. • 거짓이라고 생각되는 것이나 증거가 부족한 것을 말하지 않는다.
관련성의 격률	• 대화의 목적과 관련된 정보를 말한다. • 대화의 주제에 맞는 말을 한다.
태도의 격률	• 명료하고 간결하고 조리 있게 말한다. • 모호한 표현을 피하고, 중의적인 표현을 자제한다. • 불필요한 장황설을 피하고, 순서를 지켜 말한다. • 언어 예절에 맞게 말을 한다.

② 공손성의 원리: 대화를 할 때 공손하지 않은 표현은 최소화하고, 공손하고 정중한 표현은 최대화한다.

요령의 격률	상대방에게 부담이 되는 표현은 최소화하고, 상대방에게 이익이 되는 표현은 최대화한다.
관용의 격률	(요령의 격률을 화자의 관점에서 말한 것) 자신에게 이익이 되는 표현은 최소화하고, 자신에게 부담이 되는 표현은 최대화한다.
찬동(칭찬)의 격률	상대방을 비난하는 표현은 최소화하고, 상대방을 칭찬하는 표현은 최대화한다.
겸양의 격률	(찬동의 격률을 화자의 관점에서 말한 것) 자신을 칭찬하는 표현은 최소화하고, 자신을 낮추거나 자신을 비방하는 표현은 최대화한다.
동의의 격률	상대방의 의견과 불일치하는 표현은 최소화하고, 상대방의 의견과 일치하는 표현은 최대화한다.

③ 순서 교대의 원리
ⓐ 대화 참여자가 적절하게 역할을 교대해 가면서 말을 주고받아, 원활하게 정보가 순환되도록 한다.
ⓑ 혼자서 너무 길게 말을 하거나, 대화를 독점하지 않도록 한다.
ⓒ 상대방이 말하는 중간에 함부로 끼어들지 않도록 한다.
ⓓ 상대의 말을 경청하고 있음을 적절하게 표시하고, 상황을 살피며 대화에 참여한다.

확인 문제　20 지방직 9급

다음 대화에서 밑줄 친 부분의 표현 효과에 대한 설명으로 적절한 것은?

> 김 대리: 늦어서 죄송합니다. 일이 좀 많았습니다.
> 이 부장: 괜찮아요. 오랜만에 최 대리하고 오붓하게 대화도 나누고 시간 가는 줄 몰랐네요. 허허허.
> 김 대리: 박 부장님은 오늘 못 나오신다고 전해 달라셨어요.
> 이 부장: 그럼. 우리끼리 출발합시다.

① 자신과 상대방의 의견 차이를 최소화한다.
② 상대방에게 부담이 되는 표현을 최소화한다.
③ 화자 자신에게 혜택을 주는 표현을 최소화한다.
④ 상대방에 대한 비방을 최소화하고 칭찬을 최대화한다.

정답 ②
해설 밑줄 친 부분은 상대방에게 부담이 되는 표현은 최소화하고 이익이 되는 표현은 최대화하는 요령의 격률이다.
① 동의의 격률
③ 관용의 격률
④ 찬동(칭찬)의 격률

3. 공감하기

(1) 공감을 이끌어내는 말하기 전략

① 상대의 동기를 유발하기 위한 전략

　㉠ 상대의 정서, 욕구, 가치 등을 고려한다.

　㉡ 일반적으로 부정적 정서보다는 긍정적 정서가 동기 유발에 도움이 된다.

　㉢ 말의 내용을 상대의 욕구와 관련짓는다.

② 상대를 설득하기 위한 전략

　㉠ 이성적 설득 전략

　　• 논리적이고 합리적인 내용으로 청중을 설득하는 전략이다.

　　• 통계 자료나 전문가의 의견 등을 활용하여 주장을 뒷받침한다.

　㉡ 감성적 설득 전략

　　• 감정에 호소하여 청중을 설득하는 전략이다.

　　• 청중의 감정을 유발시키고 마음을 움직여 공감하도록 한다.

　㉢ 인성적 설득 전략

　　• 사람의 인품, 됨됨이 등을 이용하여 청중을 설득하는 전략이다.

　　• 화자의 인성을 바탕으로 하여 내용에 신뢰를 갖도록 한다.

(2) 공감적 듣기

① 개념

　㉠ 상대의 말을 분석 · 비판하기보다는 상대의 관점에서 문제를 바라보고 이해하도록 노력하는 것이다.

　㉡ 상대를 이해하고자 하는 열린 마음을 가지고 있어야 한다.

　㉢ 대화의 상대로 하여금 친밀감과 신뢰를 갖도록 한다.

　㉣ 대화가 원활하게 이루어질 수 있도록 한다.

② 소극적인 듣기와 적극적인 듣기

　㉠ 소극적인 듣기: 상대방에게 관심을 표명하면서 상대방이 대화를 계속 이어나갈 수 있도록 대화의 맥락을 조절한다.

　㉡ 적극적인 듣기: 객관적인 관점에서 문제에 접근할 수 있도록 화자의 말을 요약, 정리하고 반영하여 주는 구실을 통해서 화자가 스스로 문제를 해결할 수 있도록 돕는다.

③ 공감적 듣기의 방법

　㉠ 집중하기: 편안한 자세, 미소 짓는 표정, 눈 맞추기, 고개 끄덕이기, 맞장구

　㉡ 격려하기: 상대방이 말한 어휘나 표현 반복하기, 대화를 이어가거나 정확하게 내용을 이해하기 위한 말이나 질문하기

　㉢ 반영하기: 들은 내용을 자신의 말로 풀어서 재진술하기

확인 문제　19 국가직 9급

두 사람의 대화에 적용된 공감적 듣기의 방법이 아닌 것은?

> "수빈 씨, 나 처음 한 프레젠테이션인데 엉망이었어."
> "정말? 무슨 일이 있었는지 자세히 말해 봐."
> "너무 긴장해서 팀장님 질문에 대답을 못했어."
> "팀장님 질문에 대답을 못했구나. 처음 하는 프레젠테이션이라 정아 씨가 긴장을 많이 했나 보다."

① 수빈은 정아의 말에 자신이 주의 집중하고 있음을 보여 주고 있다.
② 수빈은 정아가 계속 말을 할 수 있도록 격려하고 있다.
③ 수빈은 정아의 혼란스러운 감정을 정아 스스로 정리하게끔 도와주고 있다.
④ 수빈은 정아의 말을 자신의 처지로 바꾸어 의미를 재구성하고 있다.

정답 ④

해설 '공감적 듣기'란 상대방의 입장이 되어서 상대방의 말을 들어 주는 것을 뜻한다. 수빈은 자신의 프레젠테이션 진행에 만족하지 못하는 정아의 입장을 헤아리고, 위로해주고 있다. 그러나 수빈이 정아의 말을 재구성한 부분은 찾을 수 없다.

1. 토론

(1) 토론의 개념과 특징

① 토론의 개념: 어떤 논제에 대하여 찬성하는 입장과 반대하는 입장의 사람들이 자신의 주장이 옳음을 입증하는 말하기이다.

② 토론의 특징

  ㉠ 궁극적인 목적은 상대를 설득하는 것이다.

  ㉡ 토의와는 달리 찬성과 반대의 의견으로 대립할 수 있는 주제이어야 한다.

  ㉢ 상대방을 설득하기 위해서는 정당한 논거를 사용해야 한다.

  ㉣ 정해진 순서와 절차에 따라 진행해야 한다.

  ㉤ 상대방의 의견을 존중하는 태도를 가져야 한다.

(2) 토론의 전개 과정

① 토론의 준비 과정

  ㉠ 논제 정하기 · 분석하기

  • 토론의 주제, 토론에서 해결하고자 하는 문제를 논제라고 한다.

  • 논제는 토론에 참여하는 사람들이 관심을 갖는 문제이어야 한다.

  • 논제에는 사실 논제, 가치 논제, 정책 논제가 있다.

   – 사실 논제: 사실인지 아닌지에 대한 입증이 필요한 논제를 말한다.

   – 가치 논제: 무엇이 옳고 그른지, 무엇이 좋고 나쁜지 등 가치의 판단이 필요한 논제이다.

   – 정책 논제: 정치적 목적을 실현하기 위한 방안을 다루는 논제를 말한다.

  • 논제를 정하고, 정해진 논제를 분석한다.

  • 토론의 쟁점이 무엇인지 정확하게 파악한다.

  ㉡ 논거 수집하기 · 정리하기

  • 논거(논리적 근거)를 반박에 대비하여 가능한 한 충분하게 찾는다.

  • 통계 · 설문 자료, 기사, 전문가의 의견, 연구 결과 등이 논거가 될 수 있다.

  ㉢ 토론문 작성하기 · 토론 전략 구성하기

  • 정리한 논거를 토대로 실제 토론 상황을 생각하며 토론문을 작성한다.

  • 토론 시 일어날 상황을 예측하고, 구체적인 토론 전략을 세운다.

② 토론의 과정

  ㉠ 사회자가 논제 제시 및 논제에 대해 설명하기

  ㉡ 쟁점에 대한 입론

  ㉢ 상대편 입론에 대한 반론

  ㉣ 반론에 대한 재반론

  ㉤ 최종 발언

  ㉥ 판정

확인 문제   17 경찰 1차

토론에서 논제의 쟁점을 파악하기 위한 활동으로 적절하지 않은 것은?

① 관련 자료, 주변 상황, 관점 등을 검토하여 논제를 이해한다.

② 양측의 주장이 충돌하는 쟁점을 찾아 핵심 쟁점과 하위 쟁점을 정리한다.

③ 차이를 극복하고 양측이 모두 수용 가능한 방안을 검토한다.

④ 주장의 전제나 논거를 검토하여 적절성과 수용 가능성을 판단한다.

정답 ③

해설 토론은 어떤 문제에 대하여 찬성하는 입장과 반대하는 입장의 사람들이 자신의 주장이 옳음을 입증하는 '설득하는 말하기'로, 양측이 모두 수용 가능한 방안을 검토하는 것은 토론에서 논제의 쟁점을 파악하기 위한 활동으로 볼 수 없다.

(3) 토론 참여자의 역할

① 사회자의 역할

ⓐ 토론이 열리게 된 배경과 토론의 논제를 소개한다.

ⓑ 토론자에게 토론 규칙을 알려주어, 규칙을 지키면서 토론할 수 있도록 유도한다.

ⓒ 객관적인 입장에서 토론이 원만하게 이루어지도록 공정하게 토론을 진행한다.

ⓓ 중간에 토론자의 발표 내용을 요약·정리하고, 적절한 질문을 하여 토론의 진행을 돕는다.

ⓔ 토론자의 발언이 모호할 경우에는 질문을 하여 그 의미를 명확히 해야 한다.

ⓕ 논제의 초점이 흐려지면 논점을 다시 정리해서 토론자들에게 알려준다.

ⓖ 의견 대립이 심할 경우 중재를 한다.

② 토론자의 역할

ⓐ 자기의 주장을 조리 있고 분명하게 말한다.

ⓑ 상대방의 주장을 논리적으로 반박해야 한다.

ⓒ 타당한 근거와 구체적인 증거 자료를 들어 의견을 분명하게 말한다.

ⓓ 토론의 규칙을 지키고, 상대편의 의견을 경청한다.

ⓔ 논리적으로 오류가 생기는 말을 하지 않는다.

ⓕ 윤리에 어긋나는 언동을 하지 않는다.

③ 청중의 역할

ⓐ 찬성자와 반대자의 발언을 객관적인 입장에서 듣는다.

ⓑ 논거의 정확성, 타당성, 신뢰성 등을 살핀다.

ⓒ 논지의 일관성, 토론 규칙의 준수 여부 등을 파악한다.

(4) 토론의 종류

① 표준 토론, 고전적 토론, 전통적 토론

ⓐ 정해진 논제에 대해 찬성 측과 반대 측이 번갈아가며 입론과 반론의 과정을 펼친다.

ⓑ 상대방의 주장을 반박하는 형식으로 토론이 전개된다.

② 교차 조사식 토론, 반대 신문식 토론, CEDA(Cross Examination Debate Association) 토론

ⓐ 토론에 반대 신문의 과정을 가미한 것이다.

ⓑ 반대 신문(교차 조사)이란 입론을 마친 토론자에게 상대 측 토론자가 직접 질의를 하는 과정이다.

③ 칼 포퍼 방식의 토론

ⓐ 3명이 한 팀이 되어 각 팀마다 한 번의 입론과 두 번의 반론을 한다.

ⓑ 입론과 반론 후에는 매번 질문하는 시간이 주어진다.

④ 직파 토론

ⓐ 토론에 자유 논박의 과정을 가미한 것이다.

ⓑ 논쟁적 토론에서 심판이 보기에 결론이 나왔다고 생각되면 토론을 중단시킬 수 있다.

확인 문제

19 지방직 9급

토론에서 사회자가 하는 역할에 대한 설명으로 가장 적절한 것은?

① 토론을 시작하면서 논제가 타당한지 토론자들의 의견을 묻는다.

② 토론자들에게 토론의 전반적인 방향과 유의점에 대해 안내한다.

③ 청중의 의견을 수렴하여 대안을 제시함으로써 쟁점을 약화시킨다.

④ 토론자의 주장과 논거를 비판하는 견해를 개진하여 논쟁의 확산을 꾀한다.

정답 ②

해설 ① 토론은 미리 논제가 합의된 상황에서 진행된다.

③ 사회자는 의견이나 대안을 제시하는 역할을 하지 않는다. 사회자의 역할은 토론 중간에 쟁점을 명확하게 전달하여 토론자들이 논점에 알맞은 의견을 제시할 수 있도록 하는 것이다.

④ 토론자의 주장과 논거를 비판하는 것은 토론자의 역할이다. 사회자는 토론이 원만하게 진행될 수 있도록 토론자들을 중재하는 역할은 할 수 있으나, 토론자의 의견을 비판하는 역할을 하지는 않는다.

2. 토의

(1) 토의의 개념과 특징

① 토의의 개념: 어떤 문제에 대하여 두 사람 이상이 모여서 집단 사고의 과정을 거쳐 문제를 해결하고자 하는 말하기이다.

② 토의의 특징

　㉠ 최선의 해결책을 찾기 위한 집단 사고의 과정이다.

　㉡ 공동의 이해를 기반으로 공동 협의하는, 집단 사고의 민주적 과정을 거친다.

　㉢ 소수의 의견과 지식도 존중한다.

　㉣ 발언의 기회가 공정하게 이루어지며, 가능한 모든 대안을 검토한다.

(2) 토의의 전개 과정

① 토의의 준비 과정

　㉠ 주제 선정하기

　　• 토의의 주제는 참여자들이 공감하고 필요로 하는 문제로 선정하여야 한다.

　　• 토의의 주제는 중요성이나 필요성을 고려하여 토의할 만한 가치가 있는 것으로 선정하여야 한다.

　　• 토의의 주제는 실천 가능한 것으로 선정해야 한다.

　㉡ 주제에 대해 조사하기

　　• 구체적으로 어떤 문제가 있는지 조사한다.

　　• 문제에 대한 배경과 원인이 무엇인지 파악한다.

　　• 해결 방안에는 어떤 것이 있는지 탐색한다.

　㉢ 토의 방식 결정하기

　　• 문제를 해결하기 위한 적절한 토의 방식을 결정한다.

　　• 토의 방식에는 패널 토의, 심포지엄, 포럼 등이 있다.

② 토의의 과정

　㉠ 토의 주제 제시하기

　　• 사회자가 토의 주제를 제시하며 토의가 시작된다.

　　• 참가자들은 주제에 대해 충분하게 공감하는 자세를 가져야 한다.

　㉡ 토의 주제 분석하기

　　• 토의 주제의 핵심이 무엇인지 서로 공유한다.

　　• 문제 발생의 원인과 배경에 대해 서로 의견을 나눈다.

　㉢ 문제 해결안 모색하기

　　• 가능한 한 다양한 관점에서 문제 해결 방법을 모색한다.

　　• 구체적이고 합리적인 해결책을 제시해야 한다.

　㉣ 문제 해결안 결정하기

　　• 제시된 방법의 장점과 단점을 검토한 후, 가장 바람직한 문제 해결 방법을 도출한다.

　　• 개인이 아니라 공동체에 이익이 되는 해결책을 선택한다.

확인 문제　18 교행직 9급

다음 토의의 '평가 의견'에서 고려하지 않은 사항은?

토의 주제	관내 도서관 이용 활성화를 위한 시설 개선
개선안	일반 열람실의 확대와 세미나실 설치
평가 의견	• 현재 과밀 상태인 일반 열람실을 확대하면 이용자의 편의가 증진되고 이용자 수도 더욱 증가할 것으로 예상됨. 그러나 이를 위해서는 건물 개조까지 필요한데 관련 예산이 부족함. • 세미나실은 서고의 유휴 공간에 적은 비용으로 설치할 수 있으므로 회의 공간 부족에 따른 불편을 해결할 수 있음. 또한 다양한 연령층을 대상으로 한 독서 프로그램을 추가할 수도 있어 이용자가 늘어날 것으로 기대됨.

① 시설 개선에 필요한 경비
② 시설 개선에 관한 외부 사례
③ 시설 개선에 따른 편의 증진
④ 시설 개선에 따른 이용자 증가

정답 ②

해설 시설 개선에 관한 외부 사례는 평가 의견에 제시되지 않았다.

① 첫 번째 평가 의견의 '건물 개조까지 필요한데 관련 예산이 부족함'에서 확인이 가능하다.

③ 첫 번째 평가 의견의 '일반 열람실을 확대하면 이용자의 편의가 증진되고'에서 확인이 가능하다.

④ 첫 번째 평가 의견의 '이용자 수도 더욱 증가할 것으로 예상됨'과 두 번째 평가 의견의 '독서 프로그램을 추가할 수도 있어 이용자가 늘어날 것으로 기대됨'에서 확인이 가능하다.

(3) 토의 참여자의 역할

① 사회자의 역할

　　㉠ 토의 참여자들에게 토의 문제를 명확하게 규정해 준다.

　　㉡ 토의 사항에 대해 적극적이고 진지하게 의견을 교환하도록 유도한다.

　　㉢ 중간 중간 내용을 요약하고 종합하여, 결론을 얻을 수 있도록 토의 방향을 유도한다.

　　㉣ 발언 기회를 균등하고 공정하게 배분한다.

　　㉤ 토의자들 사이의 갈등과 의견 충돌 등을 조정하고 해결한다.

② 토의자의 역할

　　㉠ 토의 문제에 대한 사전 지식을 미리 갖추고 해결 방안 등도 미리 생각해 둔다.

　　㉡ 토의에 적극적·열성적으로 참여하되, 협동 정신을 발휘하여 토의 목적을 달성하도록 한다.

　　㉢ 토의 절차를 숙지하고 사회자의 지시에 따라 질서를 지킨다.

　　㉣ 다른 사람의 이야기를 경청하면서 그들의 의사를 존중한다.

　　㉤ 주장을 말할 때에는 분명하고 조리 있게 표현하되, 예의바른 태도로 말한다.

　　㉥ 주제에서 벗어나거나 불필요한 말, 확실한 증거가 없는 말 등을 하지 않는다.

　　㉦ 남의 감정을 상하게 하는 말을 하거나, 다른 사람의 말을 가로막아서는 안 된다.

(4) 토의의 종류

① 심포지엄

　　㉠ 개념: 두 사람 이상의 전문가가 특정한 문제에 대하여 의견을 발표한 후, 참석자의 질문에 답하는 형식이다.

　　㉡ 특징

　　　• 학술적인 내용에 적합한 토의 방식이다.

　　　• 하나의 주제에 대하여 전문가들은 서로 다른 각도에서 의견을 제시하게 된다.

　　　• 청중은 전문가들의 권위 있고 체계적인 설명을 들을 수 있다.

　　　• 전문가들의 입장에서 문제를 검토하는 것이기 때문에 강연과 유사한 형태로 진행된다.

　　㉢ 사회자의 역할

　　　• 토의할 문제를 소개하고 청중들이 주제를 잘 파악할 수 있도록 한다.

　　　• 토의의 요점을 간략하게 정리하여 청중의 이해를 돕는다.

② 포럼

　　㉠ 개념: 공공의 문제에 대해 개방적인 장소에서 청중과 질의·응답하는 공개 토의 방식이다.

　　㉡ 특징

　　　• 개방성, 공공성을 갖는다.

　　　• 형식은 공청회와 유사하며, 간략한 주제 발표만 있을 뿐 강연이나 연설은 하지 않는다.

확인 문제　　12 국회직 9급

다음은 2012년 여수 세계박람회에서 개최되었던 토의의 한 종류이다. 이에 해당하는 토의의 명칭은?

〈행사 개요〉
• 명칭: 2012 여수세계박람회
• 주제: 해양을 이용한 세계 식량 문제 해결
• 기간: 2012. 8. 8(수) – 10(금)
　– 1일차: 개막 행사, 기조연설, 글로벌 오션리더스 포럼 및 공식 만찬
　– 2일차: 정규 세션(1, 2) / 특별 세션(1)
　– 3일차: 현장 투어(여수세계박람회 대회장 등)
• 장소: 2012 여수세계박람회 국제관 C, 컨퍼런스홀(전남 여수시)
• 주최: 유엔식량농업기구(FAO), 2012 여수세계박람회 조직위원회
• 주관: 한국해양수산개발원(KMI)
• 후원: 농림수산식품부, 국토해양부, 수협중앙회, 한국수산인 경영인중앙연합회, 한국해양연구원, 전남대학교, 부경대학교, 군산대학교
• 참여: 산·관·학·연 및 일반 시민, 전문가 등 5000여 명

① 심포지엄　　② 패널 토의
③ 포럼　　　　④ 원탁 토의
⑤ 집담회

정답 ①

해설 '해양을 이용한 세계 식량 문제 해결'과 같이 학술적이고 전문적인 내용에 대해 전문가의 연설이나 강연 형식으로 진행되는 것은 심포지엄이다.

토론과 토의의 차이점

구분	토론	토의
목적	당면한 찬반 문제에 대해 이해를 심화하고 문제를 해결하는 것	당면한 문제에 대해 여러 의견을 모아 최선의 해결책을 찾는 것
참여자의 역할	경쟁적 상호 작용	협력적 상호 작용
종류	반대 신문식 토론, 직파 토론 등	심포지엄, 패널 토의, 포럼 등

- 심포지엄과 달리 처음부터 청중이 참여하고 주도하는 형식이다.
- 다른 토의 형식에 비해 사회자의 비중이 크다.

© 사회자의 역할
- 질의와 응답의 규칙을 미리 설명하고, 질문 시간을 조정하기도 한다.
- 청중의 질문을 유도할 수 있는 능력을 지녀야 한다.

③ 패널 토의
㉠ 개념: 어떤 문제에 대하여 3~6명의 대표자(배심원)가 청중 앞에서 자유롭게 의견을 나눈 후에, 청중들이 참여하여 질문을 하거나 의견을 말한다.

㉡ 특징
- 배심 토의라고도 한다.
- 대표성을 띤 배심원은 문제에 대하여 풍부한 지식·경험·흥미를 가진 사람이어야 한다.
- 여러 의견을 제시하고 조정하는 과정을 통해 함께 해결책을 모색한다.
- 의회나 일반 회의에서 이견을 조정하는 수단으로 자주 쓰인다.
- 전문적인 문제나 시사 문제의 해결에 적합하다.
- 배심원의 자유로운 토의가 끝난 후 청중이 참여한다.

④ 원탁 토의
㉠ 개념: 10명 내외의 사람들이 둥근 탁자에 둘러앉아서 자유롭게 의견을 나누는 것이다.

㉡ 특징
- 윗자리와 아랫자리의 구분이나 자리의 순서가 없으므로 국제회의에서 많이 이루어지는 형식이다.
- 평등한 입장에서 자유롭게 의견을 나누는 비공식적인 형식의 토의이다.
- 일반적으로 사회자가 없지만, 편의상 의장을 따로 정할 수 있다.
- 일상생활에 관한 것에서부터 세계적으로 중요한 정치, 경제, 사회적인 문제까지 논제의 범위가 넓고 개방적이다.
- 서로 자유롭게 이야기를 나눌 수 있다는 장점이 있다. 하지만 참가자가 토의에 익숙하지 못할 경우 산만해지거나, 시간의 낭비를 초래할 수 있다.

⑤ 공청회
㉠ 국회나 행정 기관에서 일의 관련자에게 의견을 들어 보는 공개적인 모임이다.
㉡ 국민적인 관심의 대상이 되거나 사회 일반에 영향력이 큰 안건을 심의하기 전에, 국회나 행정 기관이 학자·경험자 또는 이해 관계자를 참석하게 하여 의견을 듣는 공개회의이다.
㉢ 포럼과 유사하다.

⑥ 브레인스토밍
㉠ 참석자들이 새롭고 기발한 의견들을 자유롭게 제시한다.
㉡ 여러 의견 중에서 평가나 토의를 통해 해결책을 선택한다.

07 국가직 7급

'초·중등학교에서 한자 교육 어떻게 해야 하나'라는 주제에 대하여 사회자의 진행으로 각 전문가나 대표자들이 의견을 발표하고 공동의 결론을 이끌어내고자 할 경우에 가장 효과적인 회의 방식은?

① 토론
② 심포지엄
③ 패널 토의
④ 원탁 토의

[정답] ③

[해설] 사회자의 진행으로 각 전문가나 대표자들이 의견을 발표하고 공동의 결론을 이끌어내고자 할 경우 학술적인 주제인 경우 심포지엄, 시사 문제인 경우 패널 토의가 효과적이다. '초·중등학교에서 한자 교육 어떻게 해야 하나'라는 주제는 학술적이라고 보기 어려우므로, 패널 토의 방식이 적합하다.

3. 협상

(1) 협상의 개념과 특징
① 협상의 개념: 이익과 관련된 문제에서 갈등 상황을 인식한 둘 이상의 주체들이 해결책을 찾기 위해 상대방을 설득하는 말하기이다.
② 협상의 특징
ⓐ 갈등의 조정과 합의를 목적으로 하는 것으로, 각자의 이익과 주장이 달라 갈등이 생길 때 그 갈등을 해결하기 위한 의사소통의 방법이다.
ⓑ 각자에게 유익한 해결책을 찾아 합의에 이르기 위해 서로 타협하고 의견을 조정하는 과정을 거친다.
ⓒ 전문성을 갖추고 전략적으로 접근해야 한다.
ⓓ 상대방에 대해 철저하게 분석하여, 논리적이고 설득력 있는 제안을 해야 한다.

(2) 협상의 전개 과정
① 협상의 준비 과정
ⓐ 갈등 상황 파악하기 · 이해관계 분석하기
• 갈등이 생겨난 배경이나 원인을 분석한다.
• 상대 측 입장이 우리 측 입장과 어떻게 상충되는지 파악한다.
• 상대방의 기본 입장과 이해관계를 분석한다.
• 상대방과의 이해관계 차이를 파악함으로써 양측 모두의 이해관계를 충족시키는 효과적인 대안을 찾을 수 있다.
ⓑ 의제 설정하기 · 목표 수립하기
• 협상을 통해 구체적으로 해결할 의제를 정한다.
• 의제에 대한 우리 측의 입장을 정리한다.
• 최상의 대안이 무엇인지, 협상의 목표 지점은 어디인지, 합의 가능 영역은 어디까지인지, 양보가 가능한 수준은 어디까지인지 등을 미리 결정한다.
ⓒ 협상 상대방에 대해 분석하기
• 유리한 협상 결과를 얻기 위해서는 상대방에 대한 파악이 필요하다.
• 상대방의 노동력, 자원, 권한, 능력 등의 상황을 파악한다.
• 상대방이 진정으로 원하는 것이 무엇인지 파악한다.
• 상대방이 어떠한 상황에 처했는지, 우리 측 대안에 대한 상대방의 반응이 어떠할지 등을 파악한다.
• 상대방의 사고방식이나 성격을 파악한다.
② 협상의 과정
ⓐ 시작 단계
• 협상의 당사자를 소개하고, 협상을 위해 필요한 규칙을 제정한다.
• 협상의 목적을 공유하고, 의제를 확정한다.
• 문제에 대한 당사자들의 관점, 이해관계 등 협상에 필요한 기본적인 정보를 공유한다.

협상의 종류
• 집단에 따른 구분

양자 협상	두 집단이 협상을 하는 경우(1:1의 대립 관계)
다자 협상	셋 이상의 집단이 협상을 하는 경우(1:1:1 이상의 대립 관계)

• 주제에 따른 구분

단일 협상	협상의 주제가 한 개인 경우
복합 협상	협상의 주제가 여러 개인 경우

O X 문제

01 협상은 갈등 상황에 놓인 주체들이 해결책을 찾기 위해 상대방을 설득하는 것이다. ( )

02 셋 이상의 집단이 협상을 하는 것을 양자 협상이라고 한다. ( )

03 협상은 협상에 임하는 집단의 개수에 따라 단일 협상과 복합 협상으로 구분할 수 있다. ( )

정답 01 ○ 02 × 03 ×

ⓛ 조정 단계
- 참여자들이 서로의 입장을 표명한다.
- 구체적인 제안이나 대안을 상호 검토하면서 양보를 통해 서로의 입장 차이를 좁힌다.
- 최선의 대안을 제시하고, 이에 대한 대응 제의를 통해 서로의 요구와 기대 수준을 드러낸다.
- 의제에 대한 상대방의 기본 입장이나 양보 가능성 등을 검토하면서 합의점을 찾는다.

ⓔ 해결 단계
- 제시된 대안들을 재구성하면서 합의에 이르게 된다.
- 해결안을 수락하거나 거부함으로써 협상의 과정은 끝난다.
  - 수락: 일반적으로 협상 없이 얻을 수 있는 결과보다, 협상으로 더 나은 것을 얻을 수 있을 때 협상을 수락한다.
  - 거부: 일반적으로 협상이 결렬되어도 손해를 보지 않을 대안이 있을 때 협상을 거부한다.

(3) 협상 시 유의점
① 협상을 통해 얻고자 하는 바를 구체적으로 정한다.
② 각자의 처지를 고려하여, 양보할 것과 얻을 것을 살펴본다.
③ 주장을 뒷받침할 수 있는 근거 자료와 합당한 논리를 바탕으로 협상에 임한다.
④ 상대의 반박을 예상하고 적절한 대응 방안을 마련한다.
⑤ 상대의 주장에서 오류나 논리적 취약성을 지적하여 최선의 해결책을 얻어 낸다.
⑥ 상대에게 일정 부분 양보하면서 합의를 유도한다.
⑦ 협상 목표를 일관성 있게 유지하되, 구체적 국면에서는 유연성 있는 자세로 협상한다.
⑧ 다양한 전략을 활용한다.
⑨ 협상이 마무리된 후에는 협상 결과를 받아들이고 이행한다.

(4) 협상의 전략
① 호혜의 법칙: 상대의 호의에 대해 갚아야 한다는 의무감을 갖게 되는 심리를 이용하는 것이다. 먼저 베푼 후에 자신의 요구를 관철하려는 전략이다.
② 대안 마련하기: 합의가 불가능할 경우를 대비하여 합의를 대신할 수 있는 방안을 마련해두어, 높은 협상 결과를 얻어내려는 전략이다. 합의를 대신할 수 있는 방안에는 협상 상대방 교체, 제삼자 조정안 등이 있다.
③ 크게 요구하고 낮추어 주기
④ 상대방이 선택하게 하기
⑤ 강력한 근거나 이유를 제시하기

◯✕ 문제

01 협상 목표는 구체적인 국면에서도 항상 일관성을 유지해야 한다. ( )

02 협상이 결렬될 때보다 협상으로 더 나은 것을 얻을 수 있을 때에는, 일반적으로 협상을 수락하게 된다. ( )

03 상대의 호의에 대해 갚아야 한다는 심리를 이용하는 협상의 전략을 호혜의 법칙이라고 한다. ( )

정답 **01** ✕ **02** ◯ **03** ◯

해설 **01** 협상 목표는 일관성 있게 유지해야 하지만, 구체적인 국면에서는 유연성 있는 자세가 필요하다.

4. 발표

(1) 발표의 개념과 특징

① 발표의 개념: 여러 사람 앞에서 어떤 사실이나 정보에 대해서 진술하는 말하기이다.

② 발표의 특징

    ㉠ 효과적인 발표를 위해 시청각 자료를 비롯한 다양한 매체를 활용한다.

    ㉡ 청중의 집중과 반응을 유도하기 위해 구체적 사례, 유머 등을 적절히 활용한다.

    ㉢ 반언어적 표현(속도, 성량 등)과 비언어적 표현(표정, 몸짓 등)을 효과적으로 활용한다.

매체의 종류	
시각 매체	도표, 사진, 그림 등
청각 매체	음악, 음향 등
복합 매체	동영상, 애니메이션 등

(2) 발표의 준비 과정

① 발표 주제와 목적, 예상 청중 분석하기

    ㉠ 발표 주제는 화자와 청중 모두에게 흥미를 주는 것이어야 한다.

    ㉡ 청중의 연령, 성별, 직업 등에 따라 내용이 달라지기 때문에 예상 청중에 대한 분석이 필요하다.

② 발표 자료 수집하기

    ㉠ 다양한 매체를 활용하여 발표 목적에 맞는 자료를 충분히 수집한다.

    ㉡ 주제에서 벗어나는 자료는 사용하지 않는다.

③ 발표 내용 조직하기: 발표 시간에 맞게 내용을 효과적으로 조직한다.

도입 (화제 제시)	• 발표 내용의 주제, 목적, 배경 등을 설명한다. • 발표자가 여러 명일 경우에는 발표에 참여하는 사람들을 소개하고 역할 분담 내용 등을 언급한다.
전개 (구체적인 내용 제시)	예시 등을 곁들여 구체적으로 진술한다.
정리 (화제의 요약과 강조)	• 핵심적인 내용을 강조한다. • 당부하거나 덧붙이고 싶은 말을 하고 마무리한다.

(3) 유의점

① 발표를 할 때의 유의점

    ㉠ 발표 시간을 반드시 지키도록 한다. 준비된 자료를 바탕으로 사전 연습을 통해 시간과 분량을 조절해야 한다.

    ㉡ 청중의 반응을 살펴가며 발표한다.

    ㉢ 청중의 반응을 유도하기 위해 질문하기, 확인하기 등 다양한 전략을 사용한다.

    ㉣ 메모한 자료나 화면 등을 참고하는 것은 좋지만, 준비된 원고를 전체적으로 읽어 나가지 않도록 한다.

② 발표를 들을 때의 유의점

    ㉠ 발표의 목적이나 의도, 핵심 내용, 흐름 등에 집중하며 듣는다.

    ㉡ 내용의 정확성, 신뢰성, 타당성 등의 측면에서 문제점은 없는지 점검하며 듣는다.

    ㉢ 중요한 내용은 메모하며 듣는다.

확인 문제　　　　15 경찰 1차

다음 중 발표의 전략으로 가장 적절하지 않은 것은?

① 다양한 자료와 매체를 효과적으로 활용한다.

② 반언어적 · 비언어적 표현은 사용하지 않는다.

③ 핵심 내용을 중심으로 정해진 시간에 맞게 발표한다.

④ 청중의 반응을 고려하여 성실한 태도로 발표한다.

정답 ②

해설 발표를 효과적으로 하기 위해서 반언어적 · 비언어적 표현을 적절하게 사용한다.

5. 연설

(1) 연설의 개념과 특징

① 연설의 개념: 다수의 청중을 대상으로, 한 사람의 연사가 특정의 목적을 가지고 말하는 공식적인 말하기이다.

② 연설의 특징

　㉠ 효과적인 연설을 위해서는 연설의 목적, 주제, 상황에 대한 판단과 청중에 대한 분석이 필요하다.

　㉡ 청중의 호응과 긍정적 반응을 유도하기 위한 질문과 확인 등의 전략이 필요하다.

(2) 연설의 준비 과정

① 상황과 청중 분석

② 연설의 유형 · 목적 · 주제 결정

③ 자료의 수집과 선정

④ 자료의 조직과 개요 작성

⑤ 연설문 작성

⑥ 연설 연습

(3) 유의점

① 연설을 할 때의 유의점

　㉠ 정해진 시간에 맞게 연설의 분량을 조절한다.

　㉡ 청중의 반응을 살펴가며 발표한다.

　㉢ 언어적, 반언어적, 비언어적 표현을 효과적으로 활용한다.

② 연설을 들을 때의 유의점

　㉠ 적극적이고 비판적인 자세로 듣는다.

　㉡ 신뢰성, 타당성, 공정성을 판단하며 듣는다.

신뢰성 판단	연사의 인격, 직업, 전문성, 인용 자료의 출처 등을 참고한다.
타당성 판단	연사의 주장에 대한 근거가 적절한지 따져 본다.
공정성 판단	서로 다른 관점이나 대상에 대해 형평성을 유지하고 있는지 파악한다.

확인 문제　14 지방직 9급

다음은 연설문의 일부이다. 화자의 논지 전개 방식으로 가장 적절한 것은?

조금만 생각하면 우리의 환경을 위해 할 수 있는 일이 아주 많습니다. 먼저 조금 귀찮더라도 일회용 물품들을 사용하지 않도록 합시다. 우리가 잠깐 쓰고 버리는 일회용 물품들 중에는 앞으로 오백 년 동안 지구를 괴롭히게 되는 것도 있다고 합니다. 조금 귀찮겠지만 평소에 일회용 도시락과 종이컵을 사용하지 않는 것도 우리들이 어렵지 않게 지구를 보호할 수 있는 방법 가운데 하나라고 생각합니다.

① 문제 해결을 위한 사례를 제시하고 있다.
② 문제 해결을 위한 방법을 제시하고 있다.
③ 문제 해결을 위한 기존의 방법과는 다른 대안을 제시하고 있다.
④ 문제 해결을 위한 사례의 장단점을 분석하고 있다.

정답 ②

6. 면접

(1) 면접의 개념과 특징

① 면접의 개념: 일정한 목적을 위해서 질문과 응답을 통해 정보를 수집하거나 평가하기 위한 공적 대화이다.

② 면접의 특징

㉠ 선발이나 정보 수집과 관련하여 중요하게 활용된다.

㉡ 자신의 생각을 정확하게 표현하고 전달하는 능력이 필요하다.

(2) 면접의 절차

① 면접하기의 절차

㉠ 면접 준비 단계: 면접의 목적에 비추어 질문할 핵심적인 내용을 준비한다.

㉡ 본 면접 단계: 준비된 질문들을 바탕으로 구체적으로 질문하고, 답변을 청취 혹은 기록한다. 필요한 경우 보충 질문을 한다.

㉢ 면접 후 평가 단계: 수집한 정보를 바탕으로 면접의 성과나 피면접자에 대해 평가한다.

② 면접 받기의 절차

㉠ 면접 준비 단계: 예상되는 질문들을 정리하고, 이에 대한 정확하고 효과적인 답변 방안을 준비한다.

㉡ 본 면접 단계: 면접자의 질문 의도를 정확하게 파악한 후, 핵심적인 내용을 바탕으로 간결하고 효과적으로 답변한다.

㉢ 면접 후 평가 단계: 자신의 면접 결과에 대해서 스스로 점검하고 평가한다.

(3) 면접의 전략

① 면접하기의 전략

㉠ 원하는 정보를 얻기 위해 효과적으로 질문한다.

㉡ 면접의 목적을 분명히 인식하고, 언어 예절을 지킨다.

② 면접 받기의 전략

㉠ 질문자의 의도를 파악하기 위해 주의 깊게 듣고, 질문 내용을 정확히 파악한다.

㉡ 제한된 시간 내에 명료하게 답변한다.

㉢ 불필요한 진술이나 자신 없는 태도를 피한다.

㉣ 사실에 관한 것일 경우에는, 구체적이고 객관적인 정보를 가지고 대답한다.

㉤ 의견에 관한 것일 경우에는, 상황에 대해 객관적으로 판단하고 자신의 견해를 논리적으로 대답한다.

면접의 종류

- 면접 참가자의 수에 따른 구분
  - 단독(개인) 면접: 한 명의 면접 대상자를 평가한다.
  - 집단 면접: 여러 명의 면접 대상자를 평가한다.
- 면접 방식에 따른 구분
  - 문답식 면접: 질문에 대한 대답을 통해 면접 대상자를 평가한다.
  - 토론 면접: 여러 명이 토론하도록 하여, 토론의 내용과 자세를 평가한다.
  - 문항 제시형 면접: 미리 제시한 주제에 대하여 발표하는 내용을 평가한다.

질문의 유형

폐쇄형 질문	면접자가 확인하고자 하는 특정의 사항에 대해 구체적으로 제시하는 질문
개방형 질문	피면접자로 하여금 광범위하게 생각하고 진술하도록 하는 질문
보충 질문	답변을 회피하거나 모호하게 할 경우 또는 좀 더 구체적인 정보를 원할 경우 추가하는 질문

CHAPTER

02 작문

01 작문의 이해

1. 작문의 본질

(1) 작문의 개념

① **의미 구성 과정으로서의 글쓰기**: 자신의 경험과 배경지식을 통해 알고 있는 내용이나 다양한 매체(인터넷, 신문, 책 등)에서 얻은 내용 중에서 글로 쓸 내용을 선정하고, 종합하여 조직한 내용을 글로 표현하여 새로운 의미를 구성하는 과정이다.

② **사회적 상호 작용으로서의 글쓰기**: 필자는 예상 독자의 수준이나 관심을 고려하여 그들의 요구나 반응을 예상하면서 글을 쓰고, 독자는 자신의 처지나 상황에 따라 글의 내용을 다양하게 수용한다. 글을 통해 필자와 독자가 생각을 주고받는 사회적 상호 작용을 하는 것이다.

(2) 작문의 성격

① **의사소통의 행위**: 필자와 독자가 글을 통해 의미를 주고받는 의사소통 행위이다. 즉 필자는 글쓰기를 통해 자신의 생각이나 느낌을 표현하고, 독자는 글 읽기를 통해 필자의 생각을 받아들인다.

② **창조적인 사고 과정**: 글을 쓰기 전 막연했던 생각이 글을 쓰는 과정을 통해 구체화되고, 새로운 의미를 형성해 간다는 점에서 글쓰기는 창조적 사고 과정이다.

③ **문제 해결의 과정**: 글쓰기는 사회관계 속에서 발생하는 여러 문제들을 해결해 나가는 활동이다. 이러한 내용이 들어있는 글의 경우 '문제 발견 → 문제 분석 → 해결 방법 탐색 → 문제 해결'의 과정을 거친다.

④ **자기 성찰의 과정**: 필자는 글쓰기를 통해 자기 자신을 돌아보게 된다.

➕ 개념 더하기

좋은 글의 요건
- 내용이 충실해야 한다.
- 독창적이어야 한다.
- 글쓴이의 정성과 진실이 담겨 있어야 한다.
- 내용이 쉽고 간결해야 한다.
- 정확하고 적절한 어휘를 사용해야 한다.
- 표현이 간결하여 경제적이어야 한다.

확인 문제

다음을 모두 만족시키는 표어로 적절한 것은?

- 공중도덕 지키기를 홍보한다.
- 대구의 표현 방식을 활용한다.
- 행위의 긍정적 효과를 비유적으로 표현한다.

① 신호 위반, 과속 운전
　모든 것을 앗아 갑니다
② 아파트를 뒤흔드는 음악 소리
　이웃들을 괴롭히는 고문 장치
③ 노약자에게 양보하는 한 자리
　당신에게 찾아오는 행복의 문
④ 공공 장소에서 실천하는 금연
　우리의 건강을 지켜 줍니다

정답 ③

해설 ①·④ 대구의 표현과 긍정적 효과에 대한 비유적 표현을 사용하지 않았다.
② 행위의 긍정적 효과를 가져 오는 비유적 표현을 사용하지 않았다.

(3) 작문의 구성 요소

① 발신자(필자)와 수신자(독자)

ㄱ 작문은 발신자와 수신자의 간접 대면이다.

ㄴ 발신자와 수신자는 시 · 공간적으로도 떨어져 있기 때문에 즉각적인 상호 작용이 이루어지지는 않는다.

ㄷ 발신자와 수신자가 누구냐에 따라 글의 종류나 내용, 조직 방식, 표현 방식, 어휘 등을 다르게 선택한다.

② 전언(전달하고자 하는 메시지)

ㄱ 언어적 메시지: 언어 기호에 담긴 메시지를 말한다.

ㄴ 관계적 메시지: 의사소통에 참여하는 사람들의 관계를 드러내는 메시지를 말한다.

③ 맥락: 같은 소재라도 쓰기 맥락에 따라 글의 내용이나 형식이 달라질 수 있다.

ㄱ 상황 맥락: 시간적 · 공간적 배경을 말한다.

ㄴ 사회 · 문화적 맥락: 규범과 관습, 가치와 신념, 역사적 · 사회적 상황 등을 말한다.

2. 작문의 절차

(1) 계획하기

① 목적 정하기: 글쓰기의 목적은 정보 전달, 설득, 사회적 상호 작용, 정서 표현 등으로 나눌 수 있다. 글을 쓰기 전 이러한 글의 목적을 고려해야 효과적으로 글을 쓸 수 있다.

② 예상 독자 고려하기: 독자가 누구냐에 따라 글의 표현 방식이나 글의 수준, 글쓰기 방법 등이 달라진다. 따라서 독자의 나이, 성별, 흥미 등을 고려해야 한다.

③ 주제 정하기: 주제란 글쓴이가 말하고자 하는 중심 내용이다. 좋은 글을 쓰기 위해서는 주제를 구체적이고 정확하게 표현해야 한다.

④ 맥락 파악하기: 글쓰기는 상황 맥락과 사회 · 문화적 맥락 안에서 이루어지는 의미 구성이므로, 주제와 관련된 맥락을 파악하는 것이 중요하다.

➕ 개념 더하기

주제문을 작성할 때 주의할 점

• 하나의 완전한 문장으로 쓴다.
• 평서문 · 직설법으로 쓴다.
• 의문문 · 비유법을 사용하지 않는다.
• 모호한 표현이나 추측의 표현은 사용하지 않는다.
• 일관성 없는 표현과 모순되는 표현은 피한다.

(2) 내용 생성하기(자료의 수집과 선택)

① 자료 수집하기

ㄱ 주제를 효과적으로 드러낼 수 있는 자료를 수집한다.

ㄴ 자신의 경험이나 배경 지식, 매체 자료(인터넷, 책, 신문) 등을 활용한다.

ㄷ 창의적 사고 활동을 통해 자료를 수집한다.

확인 문제   20 지방직 9급

'청소년 인터넷 중독의 현황과 문제 해결'에 대한 글을 작성하고자 한다. 글의 내용으로 포함하기에 적절하지 않은 것은?

① 국내 최대 게임 업체의 고객 개인 정보가 유출되어 청소년들에게 성인 광고 문자가 대량 발송된 사건을 예로 제시한다.

② 인터넷에 중독되는 청소년의 비율이 해마다 증가한다는 통계를 활용하여 해당 사안이 시급히 해결되어야 할 문제임을 강조한다.

③ 사회성 결여, 의사소통 장애, 집중력 저하 등 인터넷 중독이 야기할 수 있는 부정적 현상들을 열거하여 문제의 심각성을 환기한다.

④ 청소년 대상 인터넷 중독 상담 프로그램의 개발 및 운영을 위해 할당된 예산이 부족하다는 전문가의 의견을 인용하여 해당 문제에 대한 대처가 미온적임을 지적한다.

정답 ①

해설 글의 주제와 ①은 관련이 없다.

브레인스토밍	여러 사람들이 생각나는 대로 가능한 한 많은 아이디어를 떠올리는 방법
자유 연상	꼬리를 물고 떠오르는 생각의 흐름을 따라가며 내용을 떠올리는 방법
자유롭게 쓰기	떠오르는 내용을 빠르게 종이에 옮기는 방법

② 자료 선택하기

ㄱ 주제를 뒷받침할 수 있어야 한다.

ㄴ 글의 목적에 맞아야 한다.

ㄷ 근거가 확실하고 의문점이 없어야 한다.

ㄹ 독자의 관심을 끌 수 있는 독창적이고 새로운 것이어야 한다.

ㅁ 풍부하고 다양한 것이어야 한다.

(3) 내용 조직하기(구상 및 개요 작성)

① 구상하기

ㄱ 내용의 조직 방법

3단 구성	서론, 본론, 결론 / 머리말, 본문, 맺음말
4단 구성	발단, 전개, 절정, 결말 / 기, 승, 전, 결
5단 구성	발단, 전개, 위기, 절정, 결말 / 발단, 전개, 절정, 하강, 대단원

ㄴ 내용 전개의 일반 원리

시간적 순서	시간의 흐름에 따라 서술하는 글(일기, 기행문 등)
공간적 순서	대상이나 풍경을 묘사하는 글
논리적 순서	설명하거나 논증하는 글

ㄷ 내용의 전개 방법

동태적 방법	서사, 과정, 인과
정태적 방법	정의, 비교, 대조, 분류, 분석, 예시, 유추

② 개요 작성하기: 글에 포함되는 주요 내용을 위계와 구조를 고려하여 표현한다.

ㄱ 개요 작성 시 유의할 점

• 통일성: 세부 항목들이 하나의 주제로 통일되어야 한다.

• 위계성: 등위 관계와 종속 관계를 구별하여 위계를 갖추어야 한다.

• 논리성: 각 항목의 관계와 배열 순서는 논리적이어야 한다.

ㄴ 개요 수정 시 고려할 점

• 각 항목들이 주제와 통일성을 이루고 있는지 파악한다.

• 각 항목들이 논리적으로 연결되어 있는지 파악한다.

• 상위 항목이 하위 항목을 포함하고 있는지 파악한다.

• 결론이 제시된 주제와 논리적으로 연결되어 있는지 파악한다.

• 중요한 항목이 누락되어 있지 않은지 파악한다.

• 불필요한 항목이 들어가 있지 않은지 파악한다.

다음 개요의 결론으로 가장 적절한 것은?

제목: 장애인 문제와 사회적 관심

서론: 장애인 문제에 대한 사회적 관심의 증대

본론

가. 장애인을 위한 복지 실태
  - 장애인을 배려한 시설의 부족
  - 장애인에 대한 법적·제도적 장치 부족

나. 장애인 문제 해결을 위한 대책
  - 장애인을 배려한 시설 확충
  - 장애인 복지법 정비 및 제도의 개선

결론: (   )

① 장애인 복지 시설을 늘려야 한다.
② 장애인 중심으로 사회 구조를 바꾸어야 한다.
③ 장애인을 위한 사회적 배려와 실질적인 지원이 필요하다.
④ 장애인을 줄일 수 있는 대책을 마련해야 한다.

정답 ③

해설 개요의 본론을 보면 크게 두 가지 내용으로 구성됨을 알 수 있다. 장애인을 배려한 시설과 장애인에 대한 법과 제도에 대한 내용이 그것이다. 따라서 결론은 이 두 가지 내용을 포괄할 수 있어야 한다.

(4) 표현하기(집필)

① 집필의 과정

　ㄱ 제목 정하기: 글의 내용과 성격을 잘 드러내고, 주제를 함축·포괄하는 내용으로 정한다.

　ㄴ 서두 쓰기: 인용, 정의 등 다양한 방법을 사용하여 독자의 흥미를 유도한다.

　ㄷ 본문 쓰기: 서두에서 제시한 내용을 자세하게 풀어 쓴다.

　ㄹ 결말 쓰기: 본문에서 제시한 내용을 압축·요약하고, 새로운 과제나 전망을 제시한다.

② 집필 시 고려할 점

　ㄱ 예상 독자, 글의 목적 등 작문 상황과 내용을 고려한다.

　ㄴ 내용에 알맞은 어휘를 선택하고, 어법에 알맞은 문장을 사용한다.

　ㄷ 맞춤법, 문장 성분 간 호응, 중의적이거나 모호한 표현 등에 유의한다.

　ㄹ 적절한 수사적 표현 방법을 사용한다. 내용을 잘 드러내기 위해 비유법, 변화법, 강조법 등을 적절히 사용한다.

　ㅁ 효과적이고 개성적인 문체로 쓴다. 글쓰기 상황과 내용에 어울리며 개성을 드러낼 수 있도록 한다.

　ㅂ 시각 자료 그림이나 도표 등의 자료를 적절히 활용한다.

(5) 고쳐쓰기(퇴고)

① 고쳐쓰기의 원칙

첨가(부가)의 원칙	표현의 상세화를 위해, 빠뜨린 부분이나 미비한 부분을 보충할 것
삭제의 원칙	표현의 긴장성을 위해, 필요 없는 내용을 삭제할 것
재구성의 원칙	논리의 완결성을 위해, 배열이나 순서를 바꿀 것

② 단계별 고쳐쓰기의 방법

글 수준에서 고쳐쓰기	• 제목이 적절한가? • 주제가 적절한가? • 소제목이 적절한가? • 전체적인 구성이 체계적인가?
문단 수준에서 고쳐쓰기	• 문단의 중심 내용이 확실하게 드러나는가? • 중심 문장과 뒷받침 문장의 관계가 바른가? • 문단의 배열 순서가 자연스러운가? • 문단의 길이가 적절한가?
문장 수준에서 고쳐쓰기	• 문장의 호응 관계가 적절한가? • 접속어와 지시어가 올바르게 사용되었는가? • 모호한 문장이 있는가? • 중의적인 문장이 있는가?
단어 수준에서 고쳐쓰기	• 띄어쓰기가 올바른가? • 맞춤법이 올바른가? • 단어의 선택이 적절한가?

확인 문제　17 지방직 9급

ㄱ~ㄹ의 고쳐쓰기로 적절하지 않은 것은?

봄이면 어김없이 나타나 우리를 괴롭히는 황사가 본래 나쁘기만 한 것은 아니었다. ㄱ 황사의 이동 경로는 매우 다양하다. 황사는 탄산칼슘, 마그네슘, 칼륨 등을 포함하고 있어 봄철의 산성비를 중화시켜 토양의 산성화를 막는 역할을 했다. 또 황사는 무기물을 포함하고 있어 해양 생물에게도 도움을 줬다. ㄴ 그리고 지금의 황사는 생태계에 심각한 해를 끼치는 애물단지가 되어 버렸다. 이처럼 황사가 재앙의 주범이 된 것은 인간의 환경 파괴 ㄷ 덕분이다. 현대의 황사는 각종 중금속을 포함하고 있는 독성 황사이다. 황사에 포함된 독성 물질 중 대표적인 것으로 다이옥신을 들 수 있다. 다이옥신은 발암 물질이며 기형아 출산을 일으킬 수도 있는 것이다. 이러한 독성 물질을 다수 포함하고 있는 ㄹ 황사를 과거보다 자주 발생하고 정도도 훨씬 심해지고 있어 문제이다.

① ㄱ은 글의 논리적인 흐름을 방해하고 있으므로 삭제한다.

② ㄴ은 앞뒤 내용을 자연스럽게 연결해 주지 못하므로 '그러므로'로 바꾼다.

③ ㄷ은 어휘가 잘못 사용된 것이므로 '때문이다'로 고친다.

④ ㄹ은 서술어와 호응하지 않으므로 '황사가'로 고친다.

정답 ②

해설 ㄴ의 앞부분에서 황사의 긍정적인 효과를 서술하고 ㄴ의 뒷부분에서 황사의 부정적인 영향(생태계에 해를 끼침)을 서술하고 있으므로, ㄴ은 '그러나'로 바꾸는 것이 적절하다.

02 작문의 종류

1. 정보 전달을 위한 글쓰기

(1) 글의 종류

설명문	어떤 사실이나 현상 등에 대해, 이해하기 쉽게 객관적 · 논리적으로 서술한 글
안내문	사실, 모임, 행사 등에 대한 정보를 소개하여 알려 주는 글
기사문	실제 일어난 사건에 대해, 보고 들은 내용을 그대로 기록하여 전달하는 글

(2) 글쓰기 방법

① 다양한 매체를 이용하여 자료를 충분히 수집한다.

② 다양한 정보 가운데 가치 있고 신뢰할 만한 정보를 선별한다.

③ 정보의 정확성과 신뢰성을 확보하기 위해 노력한다.

④ 정보의 속성에 맞는 내용 조직 및 전개 방법을 선정한다.

⑤ 쉽게 그리고 정확하게 전달될 수 있도록 하는 데 중점을 둔다.

⑥ 함축적 의미보다는 사전적 · 지시적 의미를 환기하는 언어를 사용한다.

⑦ 정보를 효과적으로 전달하기 위해서는 글의 구조를 명확히 한다.

⑧ 중심 내용과 뒷받침 내용, 원인과 결과 등이 명확하게 전달되도록 내용을 구조화한다.

⑨ 정보를 효과적으로 전달하기 위한 표현법을 활용한다.

⑩ 주관적인 판단과 감정은 가급적 배제하고, 사실 그대로의 정보를 객관적으로 전달한다.

2. 설득을 위한 글쓰기

(1) 글의 종류

논설문	어떤 주제에 관하여 자기의 생각이나 주장을 체계적으로 밝혀 쓴 글
건의문	개인이나 단체가 내놓은 의견이나 희망을 적은 글
광고문	상품이나 서비스에 대한 정보를 매체를 통하여 소비자에게 널리 알리는 글
칼럼	신문이나 잡지에 시사, 사회, 풍속 등에 관하여 짧게 평을 하는 글

(2) 글쓰기 방법

① 주장하고자 하는 의견이나 관점을 명료하게 세운다.

② 주장을 뒷받침할 타당한 논거를 제시한다.

③ 다양한 매체를 활용하여 타당한 근거를 가능한 한 풍부하게 수집하여 비교 · 분석한다.

④ 수집한 자료의 타당성을 판단하여 논리적으로 선별한다.

⑤ 단계적이고 짜임새 있게 글의 내용을 구성한다.

⑥ 설득력 있는 표현 전략을 활용한다.

⑦ 글의 목적, 예상 독자, 주제 등 쓰기 맥락을 분석한다.

확인 문제 18 지방직 9급

다음 조건을 모두 참조하여 쓴 글은?

- 대구(對句)의 기법을 사용할 것
- 삶에 대한 통찰을 우의적으로 표현할 것

① 낙엽: 낙엽은 항상 패배한다. 시간이 지나고 낙엽이 지는 것은 어쩔 수 없는 일이다. 그리고 계절의 객석에 슬픔과 추위가 찾아온다. 하지만 이 패배가 없더라면, 어떻게 봄의 승리가 가능할 것인가.

② 비: 프랑스어로 '비가 내린다'는 한 단어라고 한다. 내리는 것은 비의 숙명인 것이다. 세월이 아무리 흘러도, 비는 주룩주룩 내리고, 토끼는 깡충깡충 뛴다. 자연은 모두 한 단어이다. 우리의 삶도 자연을 닮는다면 어떨까.

③ 하늘: 하늘은 언젠가 자기 얼굴이 알고 싶었다. 하지만 어디에도 자신을 비춰줄 만큼 큰 거울을 발견할 수 없었다. 그러다 어느 날 어떤 소녀를 발견했다. 포근한 얼굴로 자신을 바라보는 소녀의 눈동자를 하늘은 바라보았다. 거기에 자신이 있었다.

④ 새: 높이 나는 새는 낮게 나는 새를 놀려 댔다. "어째서 그대는 멀리 보는 것을 선택하지 않는가? 기껏 날개가 있는 존재로 태어났는데." 그러자 낮게 나는 새가 대답했다. "높은 곳의 구름은 멀리를 바라보고, 낮은 곳의 산은 세심히 보듬는다네."

정답 ④

해설 • 대구의 기법: 높은 곳의 구름은 멀리 바라보고 / 낮은 곳의 산은 세심히 보듬는다네
• 통찰의 우의적 표현: 자연물(새, 구름, 산)에 빗대어 높고 멀리 보는 것만이 훌륭한 것은 아니라는 삶의 통찰을 나타내고 있다.

3. 학습을 위한 글쓰기

(1) 글의 종류

요약문	글을 읽고 그 글의 요점을 잡아서 간추린 글
보고서	조사, 실험, 연구 등에 대한 내용과 결과를 일정한 체계에 따라 쓴 글
논문	어떤 것에 대하여 연구한 결과를 체계적으로 적은 글
논술문	지식을 종합하고 분석하며 가치를 평가하는 글

(2) 글쓰기 방법

① 지식이나 정보를 정리하고 정교화하며 내면화하는 것을 목적으로 한다.

② 기존의 지식 및 경험과 관련지어 주제를 구체적으로 정교화한다.

③ 주제와 관련된 글을 찾아 읽고 자신의 관점을 정리한다.

④ 자신의 관점에 따라 지식이나 정보를 선택적 · 비판적으로 수용하고 선별한다.

⑤ 주제에 대한 자신의 지식과 관점이 명료하게 드러나도록 쓴다.

4. 자기 성찰을 위한 글쓰기

(1) 글의 종류

수필	일정한 형식을 따르지 않고 자신의 느낌이나 체험을 생각나는 대로 쓴 글
감상문	어떤 사물이나 현상을 보고 느낌이나 생각을 정리하여 쓴 글
회고문	살아온 과거의 삶이나 경험을 되돌아보며 쓴 글

(2) 글쓰기 방법

① 글쓰기를 통해 자기 이해를 추구함으로써 정서적 · 심리적 성숙을 돕는 것을 목적으로 한다.

② 일상에 대한 관찰을 바탕으로 하여 의미를 발견하고, 이를 글의 중심 내용으로 선정한다.

③ 생활 경험 속에서 얻은 깨달음을 구체화하면서 글을 쓴다.

④ 추상적이거나 모호한 생각이나 느낌을 구체적인 언어로 표현한다.

⑤ 수사적 전략보다는 체험의 진술한 표현을 중시한다.

⑥ 자신의 생활 체험을 즐겨 쓰는 습관이 자기 성찰을 위한 글을 쓰는 데 효과적이다.

⑦ 필자에게 정서적 안정과 심리적 안정을 도모할 수 있도록 하는 글쓰기이다.

확인 문제   19 지방직 7급

다음을 고려한 보고서 작성 방안으로 적절하지 않은 것은?

- 주제: 주거지의 관광 명소화에 따른 문제점과 개선 방안
- 목적: 북촌 한옥 마을, 이화 마을 등의 주거 지역에 관광객이 몰리면서 기존 거주민의 쾌적한 주거 환경이 위협받는 문제에 대한 개선 방안을 마련하고자 한다.

① 외국의 유사한 정책 사례를 조사하고 시사점을 도출한다.
② 대상 지역에 주소지를 둔 관광 업체의 경영 실태 및 매출 실적을 분석한다.
③ 전문가 자문 회의와 주민 토론회를 열어 개선 방안에 대한 다양한 의견을 수렴한다.
④ 대상 지역 주민들과의 면담을 통해 피해 사례를 조사하고 일정한 기준에 따라 유형화한다.

정답 ②

5. 사회적 상호 작용을 위한 글쓰기

(1) 글의 종류

식사문	행사나 의식에서 주최자가 그 식의 취지를 되새길 수 있도록 쓴 글
서간문	안부, 소식, 용무 등을 적어 보내는 글
자기소개문	진학이나 취업 등을 목적으로 상대방에게 자신의 능력, 인성 등을 알리는 글

(2) 글쓰기 방법

① 독자와의 사회적 관계를 목적으로 글을 쓴다는 사실에 유의한다.

② 글의 목적에 알맞은 내용과 형식을 선정한다.

③ 글을 써야 하는 상황을 정확하게 분석하고 파악한다.

④ 독자를 고려하여, 격식을 갖추어 글을 쓴다.

⑤ 설득적인 글이나 사회적 상호 작용을 위한 글 모두 논리성과 진정성이 요구되는데, 설득적인 글에서는 논리성이, 사회적 상호 작용의 글에서는 진정성이 더 우선한다.

⑥ 솔직함, 타인에 대한 배려, 개인의 목소리 등이 글의 내용과 표현 방식에 잘 드러나도록 한다.

확인 문제　　　16 경찰 1차

이 글을 쓸 때 세운 글의 계획으로 가장 적절하지 않은 것은?

선생님, 그동안 안녕하셨습니까? 저는 방송반에서 활동하고 있는 2학년 박○○입니다. 어느새 추운 겨울바람이 자취를 감추고 훈훈한 봄바람이 불어오고 있습니다. 선생님께서도 봄기운을 느끼며 잘 지내고 계시지요?

지난 방송반 동아리 모임에서 선생님과 많은 이야기를 나눌 수 있어서 좋았습니다. 평소에 선생님과 많은 시간 동안 이야기를 나눌 수 있는 기회가 없었는데, 지난 모임에서는 오랜 시간을 보내면서 평소 궁금했던 것을 여쭐 수 있어서 무척 뜻깊은 시간이었다고 생각합니다. 바쁘실 텐데 시간을 내주셔서 감사드립니다.

특히 지난 모임에서 상담할 일이 있으면 언제든 연락 달라고 하신 말씀이 생각나 이렇게 편지를 씁니다. 2학년이 되면서 진로에 대한 고민이 많습니다. 아직까지 하고 싶은 일이나 진로계획이 없어서 앞으로 진로를 어떻게 선택하고 준비를 해야 할지 모르겠습니다. 방송반 활동을 하면서 방송 작가나 방송 제작에 관심이 있기는 하지만 그렇다고 직업으로 고민해 본 적이 없어서 망설여지기도 합니다. 실은 대학 진학도 고민이 됩니다. 선생님! 여러 학교 일로 바쁘시겠지만 진로나 진학 문제에 대해서 선생님의 조언을 부탁드립니다.

요즘 환절기라 일교차가 심합니다. 건강 유의하시기를 바랍니다. 답장을 기다리겠습니다. 안녕히 계십시오.

추신: 학기 초라 많이 바쁘실 텐데 답장은 편하신 때 보내 주시기 바랍니다.

① 계절 변화를 환기한 후 안부를 묻는다.

② 선생님께 편지의 용건을 명확하게 전달한다.

③ 선생님께 드리는 글이므로 정중하고 공손하게 표현한다.

④ 선생님께 지난 과거 일을 말씀드리며 실수한 일에 용서를 구한다.

정답 ④

해설 편지는 선생님께 진로·진학 문제에 대해 상담하는 내용으로, ④의 선생님께 지난 과거 일에 대한 용서를 구하는 내용은 찾아볼 수 없다.

01 다음 대화에서 '정민'의 의사소통 방식으로 가장 적절한 것은?

20 국가직 9급

> 상수: 요즘 짝꿍이랑 사이가 별로야.
> 정민: 왜? 무슨 일이 있었어?
> 상수: 그 애가 내 일에 자꾸 끼어들어. 사물함 정리부터 내 걸음걸이까지 하나하나 지적하잖아.
> 정민: 그런 일이 있었구나. 짝꿍한테 그런 말을 해 보지 그랬어.
> 상수: 해 봤지. 하지만 그때뿐이야. 아마 나를 자기 동생처럼 여기나 봐.
> 정민: 나도 그런 적이 있어. 작년의 내 짝꿍도 나한테 무척이나 심했거든. 자꾸 끼어들어서 너무 힘들었어. 네 얘기를 들으니 그때가 다시 생각난다. 그런데 생각을 바꿔 보니 그게 관심이다 싶더라고. 그랬더니 마음이 좀 편해졌어. 그리고 짝꿍과 솔직하게 얘기를 해 봤더니, 그 애도 자신의 잘못된 점을 고치더라고.
> 상수: 너도 그랬구나. 나도 생각을 바꾸려고 노력해 보고, 짝꿍하고 진솔한 대화를 나눠 봐야겠어.

① 상대방의 입장을 고려해 용서함으로써 갈등을 해결하고 있다.
② 자신의 경험을 들어 상대방이 해결점을 찾을 수 있도록 돕고 있다.
③ 상대방의 약점을 비판하면서 자신의 장점을 최대한 부각하고 있다.
④ 상대방이 말하는 내용을 경청하면서 그 타당성을 평가하고 있다.

02 다음 중 인성적 설득 전략에 해당하는 것은?

20 군무원 7급

① 청자의 어떤 감정에 호소할 것인가?
② 신뢰성을 높이기 위해 어떤 태도로 말할 것인가?
③ 주장이 분명하고 근거가 이를 논리적으로 뒷받침하는가?
④ 구체적 사례, 객관적 통계 자료, 전문가의 의견 등을 어떻게 근거로 활용할 것인가?

01

② 상수의 이야기에 대한 정민의 반응 '나도 그런 적이 있어. ~'를 보았을 때, 정민은 자신의 경험을 들어 상수 스스로 해결점을 찾도록 도와주고 있다. 이는 공감적 듣기 중에서 적극적인 들어주기에 해당한다.

오답의 이유

① 정민은 상수의 짝꿍과 연관이 없는 제삼자로, 이야기를 듣는 역할을 수행하고 있다. 또 상수 역시 짝꿍이 일방적으로 잘못하고 있다고 보기 어려운 주제를 이야기하는 것이므로, 상대의 입장을 고려해 용서함으로써 갈등을 해결한다는 것은 적절하지 않다.

③ 정민은 이전에 겪은 자신의 경험을 이야기하여 상수에게 도움을 주려고 할 뿐이므로, 상수를 비판하면서 스스로의 장점을 부각하고 있지는 않다.

④ 정민은 '왜? 무슨 일이 있었어?' 등의 말을 하며 상수의 말을 경청하고 있지만, 상수의 말에 대한 타당성을 평가하고 있지는 않다.

02

② 화자의 신뢰성을 높여서 청중을 설득하고자 하는 전략은 인성적 설득 전략에 해당한다.

오답의 이유

① 청자의 감정에 호소하고자 하는 감성적 설득 전략에 해당한다.

③ 주장과 근거의 논리성을 따지고 있으므로 이성적 설득 전략에 해당한다.

④ 근거의 타당성, 객관성, 신뢰성 등을 높이려는 전략이므로 이성적 설득 전략에 해당한다.

정답 01 ② 02 ②

03
① 손님의 말에는 상대방을 비난하는 표현은 최소화하고, 상대방을 칭찬하는 표현은 최대화하는 찬동(칭찬)의 격률이 드러난다.

오답의 이유
② 요령의 격률
③ 관용의 격률
④ 겸양의 격률

03 '손님'의 말에 나타난 공손성 원리로 가장 적절한 것은?

> 손님: 바쁘실 텐데 초대해 주셔서 감사합니다. 음식이 참 맛있네요. 요리 솜씨가 이렇게 좋으시니 정말 부럽습니다.
> 주인: 뭘요, 과찬이세요. 맛있게 드셨다니 감사합니다.

① 상대방에 대한 비난을 최소화하고 칭찬의 표현을 최대화한다.
② 상대방에 대한 부담은 최소화하고 혜택의 표현을 최대화한다.
③ 자신에 대한 혜택은 최소화하고 부담의 표현을 최대화한다.
④ 자신에 대한 칭찬은 최소화하고 비난의 표현을 최대화한다.

04
① 제시된 토론의 논제는 '학교 폭력을 방관한 학생에게도 책임을 물어야 한다.'이다. 반대 측은 '과연 누구까지를 학교 폭력의 방관자라고 규정지을 수 있을까요?'라고 의문을 제기하여 '폭력을 직접 행사해서 피해를 준 사실이 명백할 때에만 책임을 물어야 한다.'라는 주장을 강화하고 있다.

오답의 이유
② 반대 측은 '사건에 대한 개입과 방관은 개인의 자율적 의지에 달린 문제'라는 입장으로, 윤리적 방법으로 해결책을 제시하고 있지 않다.
③ 찬성 측은 '친구가 학교 폭력에 의해 희생되고 있는데도 자신에게 피해가 올까 두려워 아무런 조치를 취하지 않는 학생들이 많다.'라는 사례를 제시했을 뿐, 자신의 경험을 제시한 것은 아니다.
④ 찬성 측의 발언에서 친숙한 상황에 빗대어 표현하는 방식은 파악할 수 없다.

04 토론자들의 말하기 방식에 대한 설명으로 적절한 것은?

> 사회자: 학교 폭력 문제가 나날이 심각해지고 있습니다. 이와 관련해 오늘은 '학교 폭력을 방관한 학생에게도 책임을 물어야 한다.'를 주제로 토론을 해 보도록 하겠습니다. 먼저 찬성 측 말씀해 주시죠.
> 찬성 측: 친구가 학교 폭력에 의해 희생되고 있는데도 자신에게 피해가 올까 두려워 아무런 조치를 취하지 않는 학생들이 많다고 합니다. 이러한 행동으로 인해 학교 폭력은 점점 확산되고 있습니다. 학교 폭력을 행하는 것을 목격했음에도 어떤 조치도 취하지 않은 것은 폭력에 대해 묵시적으로 동의한 것과 같습니다. 폭력을 직접 행사하는 행위뿐 아니라, 불의에 저항하지 않는 정의롭지 못한 행위에 대해서도 합당한 책임을 물어야 할 것입니다.
> 사회자: 다음으로 반대 측 의견 말씀해 주시죠.
> 반대 측: 특정 학생에게 폭력을 직접 행사해서 피해를 준 사실이 명백할 때에만 책임을 물을 수 있을 것입니다. 또한 사건에 대한 개입과 방관은 개인의 자율적 의지에 달린 문제이므로 외부에서 규제할 성질의 문제가 아닙니다.
> 사회자: 그럼 이번에는 반대 측부터 찬성 측에 대해 반론해 주시지요.
> 반대 측: 과연 누구까지를 학교 폭력의 방관자라고 규정지을 수 있을까요? 집에 가는 길에 우연히 폭력을 목격했을 경우, 자신의 친구로부터 폭력에 관련된 소문을 접했을 경우 등 방관자라고 규정하기에는 애매한 경우가 많습니다. 어떠한 행위를 처벌하려면 확고한 기준이 필요한데, 방관자의 범위부터 규정하기가 불명확하다고 볼 수 있습니다.
> 찬성 측: 불의를 방관한 행위에 대해 사회가 책임을 묻지 않는다면 이후로도 사람들은 아무런 죄책감 없이 불의를 모른 체하고 방관할 것입니다. 결국 이는 사회 전체의 건전성과 도덕성을 떨어뜨릴 것이고, 정의에 근거한 시민의 고발정신까지 약화시킬 것입니다.

① 반대 측은 논제에 의문을 제기하여 주장을 강화하고 있다.
② 반대 측은 윤리적 방법으로 해결책을 제시하고 있다.
③ 찬성 측은 자신의 경험을 제시하여 논지를 보충하고 있다.
④ 찬성 측은 친숙한 상황을 빗대어 자신의 견해를 펼치고 있다.

05 다음 글을 참고할 때, 〈보기〉에서 아이의 말에 대한 엄마의 말이 '반영하기'에 해당하는 것은?

> 적극적인 듣기의 방법에는 '요약하기'와 '반영하기'가 있다. 화자가 자신의 상태에 대해 직접적으로 말하는 경우에는 요약하기와 같은 재진술이 가능하지만 그렇지 않으면 불가능하다. 한편 반영하기는 상대의 생각을 수용하고 상대의 현재 상태에 감정 이입을 하여 의미를 재구성하는 방법으로, 상대를 이해하고 있다는 청자의 적극적인 표현이기 때문에 원활한 의사소통에 도움이 된다.

보기

> 아이: 엄마, 모레가 시험인데 내일 꼭 치과에 가야 하나요?
> 엄마: ( )

① 너, 치과에 가기가 싫어서 그러지?
② 네가 치료보다 시험에 집중하고 싶구나.
③ 내일 꼭 치과에 가야 하는지가 궁금했구나.
④ 약속은 지켜야 하는 거니까 치과에 가야겠지.

05
② '반영하기'는 상대의 생각을 수용하고 상대의 현재 상태에 감정 이입을 하여 의미를 재구성하는 방법이다. 따라서 엄마의 말이 반영하기에 해당하는 것은 치료보다는 시험에 집중하고자 하는 아이의 마음을 이해하는 답변이다.

---

06 샛강을 어떻게 살릴 수 있을까?'라는 주제에 대해 토의하고자 한다. 이에 대한 설명으로 적절하지 않은 것은?

> 토의는 어떤 공통된 문제에 대해 최선의 해결안을 얻기 위하여 여러 사람이 의논하는 말하기 양식이다. 패널 토의, 심포지엄 등이 그 대표적 예이다. ⊙ 패널 토의는 3~6인의 전문가들이 사회자의 진행에 따라, 일반 청중 앞에서 토의 문제에 대한 정보나 지식, 의견이나 견해 등을 자유롭게 주고받는 유형이다. 토의가 끝난 뒤에는 청중의 질문을 받고 그에 대해 토의자들이 답변하는 시간을 갖는다. 이 질의·응답 시간을 통해 청중들은 관련 문제를 보다 잘 이해하게 되고 점진적으로 해결 방안을 모색하게 된다. ⓒ 심포지엄은 전문가가 참여한다는 점, 청중과 질의·응답 시간을 갖는다는 점에서는 패널 토의와 그 형식이 비슷하다. 다만 전문가가 토의 문제의 하위 주제에 대해 서로 다른 관점에서 연설이나 강연의 형식으로 10분 정도 발표한다는 점에서는 차이가 있다.

① ⊙과 ⓒ은 모두 '샛강 살리기'와 관련하여 전문가의 의견을 들은 이후, 질의·응답 시간을 갖는다.
② ⊙과 ⓒ은 모두 '샛강을 어떻게 살릴 수 있을까?'라는 문제에 대해 최선의 해결책을 얻기 위함이 목적이다.
③ ⓒ은 토의자가 샛강의 생태적 특성, 샛강 살리기의 경제적 효과 등의 하위 주제를 발표한다.
④ ⊙은 '샛강 살리기'에 대해 찬반 입장을 나누어 이야기한 후 절차에 따라 청중이 참여한다.

06
④ 찬반 입장을 나누어 이야기를 하는 것은 토의가 아니라 토론의 특징이다.

오답의 이유
① '전문가 참여'와 '청중과 질의·응답 시간'은 ⊙ '패널 토의'와 ⓒ '심포지엄'의 공통점이다.
② 토의의 목적은 최선의 해결안을 얻는 것이다.
③ '다만 전문가가 토의 문제의 하위 주제에 대해 서로 다른 관점에서 연설이나 강연의 형식으로 10분 정도 발표한다는 점에서는 차이가 있다.'를 통해서 파악할 수 있는 내용이다.

정답 05 ② 06 ④

07

③ 필자 역시 글을 선택하는 기준이 될 수 있으나, 다른 보기에 비해 그 중요도가 낮다고 볼 수 있다.

오답의 이유

① 글을 선택할 때는 독자 자신의 글을 읽는 목적과 배경지식, 수준 등을 고려해야 한다.
② 사회 · 문화적 맥락과 상황 맥락에 따라 글을 선택하는 기준이 달라질 수 있다.
④ 글의 내용은 좋은 글을 선택하는 중요한 기준이다.

08

〈보기2〉는 재래시장의 가치를 높이기 위하여 젊은이들이 찾는 시장을 만드는 방안에 대하여 말하고 있다. 〈보기1〉 ⓒ의 '장년층 고객 유도 방안'은 언급하고 있지 않으므로 적절하지 않다.

07 좋은 글을 선택하는 기준으로 가장 적절하지 않은 것은? 20 군무원 7급

① 독자
② 맥락
③ 필자
④ 글의 내용

08 〈보기1〉은 〈보기2〉의 글을 쓰기 위해 글쓴이가 작성한 개요이다. 개요와 글의 내용이 부합하지 않는 것은? 14 사복직 9급

보기1

(1) 재래시장 활성화 방안의 문제점
　가. 획일적인 시설 현대화 사업 ·········· ㉠
　나. 정착에 어려움을 겪고 있는 상품권 사업 ·········· ㉡
(2) 재래시장 활성화를 위한 해결 방안
　가. 장년층 고객 유도 방안 강구 ·········· ㉢
　나. 상인들의 사고 변화와 외부의 지원 촉구 ·········· ㉣

보기2

재래시장 활성화를 위해 현재 시행되고 있는 대표적인 방안은 시설 현대화 사업과 상품권 사업이다. 시설 현대화 사업은 시장의 지붕을 만드는 공사가 중심이었으나, 단순하고 획일적인 사업으로 효과를 내지 못하고 있다. 상품권 사업도 명절 때마다 재래시장 살리기를 호소하는 차원에서 이루어지기 때문에 사업이 정착되기까지는 많은 시간이 필요한 실정이다.
그렇다면 재래시장을 활성화할 근본 방안은 무엇일까? 기존의 재래시장은 장년층과 노년층이 주 고객이었다. 재래시장의 가치를 높이기 위해서는 젊은이들이 찾는 시장이어야 하며, 그러기 위해서는 대형 유통 업체와의 차별화가 중요하다. 또한 상인들은 젊은이들의 기호에 맞추려는 노력을 해야 한다. 다시 말해 주변 환경만 탓하지 말고 스스로 생존할 수 있는 힘을 길러야 한다. 이런 조건들이 갖추어졌을 때 대형 유통 업체와 경쟁할 수 있는 힘을 가지게 된다. 상인들 스스로 노력하여 신자유주의의 급변하는 파고 속에서도 물고기를 잡는 방법을 터득해야 한다. 여기에 정부나 지방 자치 단체의 행정적 · 재정적인 지원이 더해진다면 우리의 신명나는 전통이 묻어나는 재래시장이 다시 살아날 것이다.

① ㉠
② ㉡
③ ㉢
④ ㉣

09 다음 글의 ㉠~㉣에 대한 고쳐쓰기 방안으로 적절하지 않은 것은?

20 지방직 9급

> 현재 리셋 증후군이 인터넷 중독의 한 유형으로 ㉠ 꼽혀지고 있다. 리셋 증후군 환자들은 현실에서 잘못을 하더라도 버튼만 누르면 해결될 수 있다고 생각해서 아무런 죄의식이나 책임감 없이 행동한다. ㉡ '리셋 증후군'이라는 말은 1990년 일본에서 처음 생겨났는데, 국내에선 1990년대 말부터 쓰이기 시작했다. 리셋 증후군 환자들은 현실과 가상을 구분하지 못하여 게임에서 실행했던 일을 현실에서 저지르고 뒤늦게 후회하는 경우가 많다. 특히, 이러한 특성을 지닌 청소년들은 무슨 일이든지 쉽게 포기하고 책임감 없는 행동을 하며, 마음에 들지 않는 사람이 있으면 ㉢ 막다른 골목으로 몰 듯 관계를 쉽게 끊기도 한다. 리셋 증후군은 행동 양상이 명확히 나타나지 않는 편이라 쉽게 판별하기 어렵고 진단도 쉽지 않다. ㉣ 이와 같이 예방을 위해 지속적으로 주위 사람들과 대화를 나누고, 현실과 인터넷 공간을 구분하는 능력을 길러야 한다.

① 불필요한 이중 피동 표현으로 어법에 맞게 ㉠을 '꼽고'로 수정한다.
② 글의 맥락상 자연스럽지 않으므로 ㉡은 첫 번째 문장 뒤로 옮긴다.
③ 앞뒤 문맥을 고려할 때 ㉢은 '칼로 무를 자르듯'으로 수정한다.
④ 앞 문장과의 연결을 고려하여 ㉣을 '그러므로'로 수정한다.

---

10 다음의 개요를 기초로 하여 글을 쓸 때, 주제문으로 가장 적절한 것은?

17 지방직 9급

> 서론: 최근의 수출 실적 부진 현상
> 본론: 수출 경쟁력의 실태 분석
> 1. 가격 경쟁력 요인
> ㄱ. 제조 원가 상승
> ㄴ. 고금리
> ㄷ. 환율 불안정
> 2. 비가격 경쟁력 요인
> ㄱ. 기업의 연구 개발 소홀
> ㄴ. 품질 개선 부족
> ㄷ. 판매 후 서비스 부족
> ㄹ. 납기의 지연
> 결론: 분석 결과의 요약 및 수출 경쟁력 향상 방안 제시

① 정부가 수출 분야 산업을 적극 지원해야 한다.
② 내수 시장의 기반을 강화하는 데 역량을 모아야 한다.
③ 기업이 연구 개발비 투자를 늘리고 품질 향상에 많은 노력을 기울여야 한다.
④ 수출 경쟁력을 좌우하는 요인을 분석한 후 그에 맞는 방안을 마련해야 한다.

09

① '꼽혀지다'는 '꼽다'의 어간 '꼽-'에 피동 접미사 '-히-'와 '-어지다'를 결합하여 불필요한 이중 피동 표현인 것은 옳다. 그러나 '현재 리셋 증후군이 인터넷 중독의 한 유형으로 꼽혀지고 있다.'에서 문장의 주어는 '리셋 증후군'이므로 서술어에는 '꼽고 있다'가 아닌 '꼽히고 있다'로 피동 표현을 사용하여야 한다.

오답의 이유

② ㉡을 첫 번째 문장 뒤로 옮겨 '리셋 증후군'이라는 말이 언제부터 쓰이기 시작하였는지를 설명한 뒤 '리셋 증후군 환자들의 증상'을 설명하는 것이 글의 흐름상 적절하다.
③ ㉢이 포함된 문장은 '마음에 들지 않는 사람이 있으면 깊은 고민 없이, 쉽게 관계를 끊는다.'라는 의미이므로 '막다른 골목'을 '칼로 무를 자르듯'으로 수정하는 것은 적절하다. '막다른 골목'은 '더는 어떻게 할 수 없는 절박한 경우를 비유적으로 이르는 말'이다.
④ ㉣ 앞 문장은 '리셋 증후군의 판별과 진단의 어려움'에 대해 설명하고 있고, ㉣ 뒤 문장은 '리셋 증후군을 예방하기 위한 방법'에 대해 설명하고 있다. 따라서 '이와 같이'를 원인과 근거의 관계를 나타내는 '그러므로'로 수정하는 것은 적절하다.

10

개요를 통해 전체 글의 짜임새를 예상해 볼 수 있다. 개요에 따르면, 수출 경쟁력의 실태를 분석하고 그 결과를 토대로 수출 실적 부진 현상에 대한 해결 방안을 제시하는 글임을 알 수 있다. 따라서 ④가 주제문으로 적절하다.

정답 09 ① 10 ④

11
③ '좋은 책을 처음 읽는 것'을 '새 벗을 얻는 것'에 비유하고, '전에 정독한 책을 다시 읽는 것'을 '옛 친구를 만나는 것'에 비유하고 있다. '좋은 책을 처음 읽을 때는 새 벗을 얻는 것과 같고'와 '전에 정독한 책을 다시 읽을 때는 옛 친구를 만나는 것과 같다.'가 대구를 이룬다.

오답의 이유
① · ④ 비유의 표현을 활용하지 않았다.
② 대구의 표현을 활용하지 않았다.

12
㉠이 포함되어 있는 본론의 항목 2는 개인 정보 유출의 원인과 폐해에 대한 내용을 담고 있다. ㉠은 그중에서도 '개인 정보 보호에 대한 경각심 미흡' 실태에 대한 폐해를 담은 내용이어야 한다. 개인 정보 보호에 대한 경각심이 미흡하여 발생할 수 있는 폐해는 '개인 사생활 침해'가 있을 수 있다.
㉡이 포함되어 있는 본론의 항목 3은 앞서 다룬 폐해에 대한 대책을 다루는 부분이다. 따라서 '개인 정보 보호에 대한 경각심 미흡'에 대한 예방 방안이 제시되어야 한다. '개인 정보 보호 교육 강화'는 정보 보호에 대한 경각심을 심어줄 수 있는 방안이다.

11 도서관 휴게실에 독서를 권장하는 글을 써 붙이려고 한다. 〈보기〉의 조건에 따라 작성한 문구로 가장 적절한 것은?
13 법원직 9급

> **보기**
>
> • 의도: 독서의 가치를 일깨워 줌
> • 표현: 비유와 대구를 활용함

① 책을 한 권 읽으면 한 권의 이익이 있고, 책을 하루 읽으면 하루의 이익이 있다.
② 책은 꿈꾸는 것을 가르쳐 주는 진짜 선생이다.
③ 좋은 책을 처음 읽을 때는 새 벗을 얻는 것과 같고, 전에 정독한 책을 다시 읽을 때는 옛 친구를 만나는 것과 같다.
④ 사람은 음식물로 체력을 배양하고, 독서로 정신력을 배양한다.

12 ㉠, ㉡에 들어갈 내용으로 가장 적절한 것은?
17 교행직 9급

* 쓰기 주제: 민원인의 개인 정보를 보호하자.
* 예상 독자: 관내 공무원

단계		항목	내용 구성
서론		주장의 배경	• 공공 기관 개인 정보 유출 사례와 개인 정보 보호의 필요성
본론	1	개인 정보 유출의 실태	• 공공 기관 개인 정보 관리 및 유출 실태
	2	개인 정보 유출의 원인과 폐해	• 개인 정보 유출의 원인 – 개인 정보의 무분별한 열람 및 복제 – 개인 정보 보호에 대한 경각심 미흡 • 개인 정보 유출의 폐해 – 개인 정보의 범죄 악용 – (㉠)
	3	개인 정보 유출 예방 방안	• 개인 정보 접근 권한 제한 • 개인 정보 사용 동의 절차 준수 • (㉡)
결론		정리 및 제언	• 개인 정보 보호는 현대 사회의 필수 윤리

	㉠	㉡
①	공공 기관 불신 초래	개인 정보 피해 보험 가입
②	민원 처리의 지연	개인 정보 전자 문서 폐지
③	개인 사생활 침해	개인 정보 보호 교육 강화
④	공무원의 직권 남용	개인 정보 관계 법령 강화

정답 11 ③ 12 ③

13 다음 글을 근거로 할 때, 〈보기〉의 대화에서 ⓛ의 대답이 갖는 특징으로 적절하지 않은 것은?

16 국가직 9급

> 그라이스(Grice)는 원활한 대화 진행을 위한 요건으로 네 가지의 '협력의 원리'를 제시한 바 있다. 첫째, 주고받는 대화의 목적에 필요한 만큼만 정보를 제공하고 필요 이상의 정보를 제공하지 말라는 양의 격률이다. 둘째, 진실한 정보만을 제공하도록 노력하고 증거가 불충한 것은 말하지 말라는 질의 격률이다. 셋째, 해당 대화 맥락과 관련되는 말을 하라는 관련성의 격률이다. 넷째, 모호하거나 중의적인 표현을 피하고 간결하고 조리 있게 말하라는 태도의 격률이다. 그러나 모종의 효과를 위해 이 네 가지의 격률을 위배하는 일은 일상 대화에서 빈번하게 이루어지는데, 일반적으로 언중들은 그것을 자연스럽게 받아들일 뿐 아니라 때에 따라서는 협력의 원리를 지키는 것이 예의에 어긋난 경우도 많다.

보기

대화(1) ㉠: 체중이 얼마나 되니?
ㅤㅤㅤㅤⓛ: 55kg인데 키에 비해 가벼운 편입니다.
대화(2) ㉠: 얼마 전 시민 운동회가 있었다며?
ㅤㅤㅤㅤⓛ: 응. 백 미터 달리기에서 비행기보다 빠른 사람을 봤어.
대화(3) ㉠: 너 몇 살이니?
ㅤㅤㅤㅤⓛ: 형이 열일곱 살이고, 저는 열다섯 살이지요.
대화(4) ㉠: 점심은 뭐 먹을래?
ㅤㅤㅤㅤⓛ: 생각해 보고 마음 내키는 대로요.

① 대화(1): 관련성의 격률을 위배하였다.
② 대화(2): 질의 격률을 위배하였다.
③ 대화(3): 양의 격률을 위배하였다.
④ 대화(4): 태도의 격률을 위배하였다.

13

① 대화(1)에서 ⓛ은 양의 격률을 위배하였다.

MEMO

I wish you the best of luck!

시대로 win 시대로 www.sdedu.co.kr/winsidaero

좋은 책을 만드는 길
독자님과 함께하겠습니다.

도서나 동영상에 궁금한 점, 아쉬운 점, 만족스러운 점이
있으시다면 어떤 의견이라도 말씀해 주세요.
시대고시기획은 독자님의 의견을 모아 더 좋은 책으로 보답하겠습니다.

www.sidaegosi.com

2022 공무원 국어

초 판 발 행	2022년 01월 10일 (인쇄 2021년 12월 08일)
발 행 인	박영일
책 임 편 집	이해욱
편 저	SD 공무원시험연구소
편 집 진 행	강상희 · 임현희
표지디자인	조혜령
편집디자인	박지은 · 장성복
발 행 처	(주)시대고시기획
출 판 등 록	제 10-1521호
주 소	서울시 마포구 큰우물로 75 [도화동 538 성지 B/D] 9F
전 화	1600-3600
팩 스	02-701-8823
홈 페 이 지	www.sidaegosi.com
I S B N	979-11-383-0715-4 (13350)
정 가	38,000원

※ 이 책은 저작권법의 보호를 받는 저작물이므로 동영상 제작 및 무단전재와 배포를 금합니다.
※ 잘못된 책은 구입하신 서점에서 바꾸어 드립니다.